1급 직업상담사

[필기 + 실기] 통합본

[자격증 한 번에 따기]

직업상담사 1급

초판 인쇄 **2025년 05월 07일**
초판 발행 **2025년 05월 09일**

편 저 자 | 박선주, 박상우, 심현아, 이정미, 이진영, 최미미, 황부순
발 행 처 | ㈜서원각
등록번호 | 1999-1A-107호
주 소 | 경기도 고양시 일산서구 덕산로 88-45(가좌동)
교재주문 | 031-923-2051
팩 스 | 031-923-3815
교재문의 | 네이버 카페 행복한 생애진로연구소(https://cafe.naver.com/lifecareer)
홈페이지 | goseowon.com

PREFACE

안녕하십니까?

직업상담사 1급 자격증을 준비하는 수험생들에게 격려와 응원의 인사말을 전합니다.

「직업상담사 1급 자격시험 대비 1차, 2차 예상문제집」을 집필하며, 이 책이 여러분의 성공적인 자격증 취득에 도움이 되기를 바랍니다.

본 교재는 한국산업인력공단의 직업상담사 1급의 최신 출제 기준을 반영하여 1차 필기, 2차 실기를 한 권으로 준비할 수 있도록 필요한 핵심 지식과 실전 문제를 체계적으로 정리하였습니다.

올해부터 출제 기준에 큰 변화가 있어 기존 과목에 NCS(국가직무능력표준)기반 과목(14개 NCS능력단위)이 추가되었습니다. 이로 인해 출제 경향이 실무 능력을 평가하는 방식으로 변화할 가능성이 크고, 시험의 난이도 또한 한층 높아질 것으로 예상됩니다.

이에 본 교재는 **NCS(국가직무능력표준)기반 과목은 NCS학습모듈을 표준교재로 사용하여 예상 문제 중심으로 구성**하였으며, 각 문제에 대한 상세한 해설을 제공하여 이론 학습과 문제 풀이를 동시에 할 수 있도록 돕는 데 중점을 두었습니다. 또한, 기존의 '노동시장론'과 '고용노동 관계법규(Ⅱ)' 과목은 최근 5년간의 기출문제와 해설을 포함하여 효과적인 학습이 되도록 구성하였습니다.

이 책의 **집필진은 직업상담 분야 현장에서의 풍부한 실무 경험과 박사급 전문가들로 구성**되어 있습니다. 또한, 집필진은 다년간 과정평가형 직업상담사 1급 자격 취득 과정에도 참여하며, 국가기술 자격 취득을 위한 NCS기반 교육 훈련 및 문제 출제에 대한 풍부한 경험을 쌓았으며, 높은 합격률을 달성한 노하우가 있습니다. 이를 바탕으로 이번에 수험생 여러분의 학습 효과를 극대화할 수 있도록 최선을 다해 본서를 집필하였습니다.

이 책은 **단순한 시험 대비서가 아니라, 예상문제를 바탕으로 직업상담 실무에서 활용할 수 있는 실질적인 지식과 사례를 담고자 노력**하였습니다. 따라서 학습자들이 직업상담사로서의 전문성을 갖추고 현장에서 효과적으로 상담을 수행할 수 있도록 돕는 것이 이 책의 목표입니다.

끝으로 직업상담사 1급은 단순한 자격증이 아니라, 직업상담 및 진로 지도 분야에서 전문가로 활동하기 위한 중요한 관문입니다. 시험 준비 과정에서 많은 어려움이 있을 수 있지만, 본 교재가 여러분의 든든한 학습 파트너가 되기를 바랍니다.

여러분의 노력과 도전이 반드시 좋은 결실을 맺기를 기원하며, 이 책이 직업상담 전문가로서의 첫걸음을 내딛는 데 실질적인 도움이 되기를 바랍니다.

아울러 **'행복한 생애진로연구소' 네이버 카페(https://cafe.naver.com/lifecareer)**를 통해 **질의응답과 다양한 정보와 자료를 공유**하고자 하오니 많은 활용바랍니다. 감사합니다.

저자 일동

www.q-net.or.kr (출처 : Q-Net)

직업상담사 1급 직무 내용

노동시장, 신직업, 직업논점, 직업상담기법, 직업상담정책 등의 관련 정보를 생산 · 가공하고, 내담자의 직업 논점 진단, 역량분석, 심층상담과 전직지원의 변화동기, 생애설계, 목표설정을 지원하며, 사업 기획 · 평가, 직업상담 인력관리, 수련감독 등을 수행하는 직무이다.

검정형 직업상담사 1급 자격 시험일정

구분	필기원서접수 (인터넷) (휴일제외)	필기시험	필기합격 (예정자)발표	실기원서접수 (휴일제외)	실기시험	최종합격자 발표일
2025년 정기 기사 3회	2025.07.21 ~ 2025.07.24	2025.08.09 ~ 2025.09.01	2025.09.10	2025.09.22 ~ 2025.09.25	2025.11.01 ~ 2025.11.21	2025.12.24

- 원서접수시간은 원서접수 첫날 10:00부터 마지막 날 18:00까지임
- 필기시험 합격예정자 및 최종합격자 발표시간은 해당 발표일 09:00임
- 시험 일정은 종목별, 지역별로 상이할 수 있음
- '접수 일정 전에 공지되는 해당 회별 수험자 안내(Q-net공지사항 게시)' 참조 필수

진로 및 전망

노동부 지방노동관서, 고용안정센터, 인력은행 등 전국 19개 국립직업 안정기관과 전국 281개 시.군.구 소재 공공직업안정기관 및 민간 유 · 무료직업소개소 및 24개 국외 유료직업소개소 등의 직업상담원에 취업이 가능함. 노동부 지방노동관서 등 직업소개 기관 직업상담원 채용시 직업상담사 자격소지자에게 우대할 예정임.

직업상담사 1급 우대현황

우대법령	조문내역(하이퍼링크)	활용내용
공무원임용시험령	제27조 경력경쟁채용시험 등의 응시자격 등 (별표7, 별표8)	경력경쟁채용시험 등의 응시
공무원임용시험령	제31조 자격증소지자 등에 대한 우대(별표12)	6급이하 공무원채용시험가산대상자격증
교육감소속지방공무원평정규칙	제23조 자격증 등의 가산점	5급이하 공무원, 연구사 및 지도사 관련 가점사항
국가공무원법	제36조의2 채용시험의 가점	공무원채용시험 응시가점
군무원사법시행령	제10조 경력경쟁채용요건	경력경쟁채용시험으로 신규 채용할 수 있는 경우
군인사법시행규칙	제14조 부사관의 임용	부사관 임용자격
근로자직업능력개발법시행령	제24조 직업능력개발훈련시설의 지정	직업능력개발훈련시설의 지정을 받으려는 자의 인력
근로자직업능력개발법시행령	제27조 직업능력개발훈련을 위하여 근로자를 가르칠 수 있는 사람	직업능력개발훈련교사의 정의
근로자직업능력개발법시행령	제28조 직업능력개발훈련교사의 자격취득(별표2)	직업능력개발훈련교사의 자격
근로자직업능력개발법시행령	제44조 교원등의 임용	교원임용시 자격증 소지자에 대한 우대
기초연구진흥 및 기술개발지원에 관한 시행규칙	제2조 기업부설연구소등의 연구시설 및 연구전담 요원에 대한 기준	연구전담요원의 자격기준
중소기업인력지원특별법	제28조 근로자의 창업지원 등	해당 직종과 관련분야에서 신기술에 기반한 창업의 경우 지원
지방공무원수당등에관한규정	제14조 특수업무수당(별표9)	특수업무수당 지급
지방공무원임용령	제17조 경력경쟁 임용시험 등을 통한 임용의 요건	경력경쟁시험 등의 임용
지방공무원임용령	제55조의3 자격증 소지자에 대한 신규임용시험의 특전	6급이하 공무원 신규임용시 필기시럼 점수 가산
지방공무원평정규칙	제23조 자격증 등의 가산점	5급이하 공무원 연구사 및 지도사 관련가점 사함
국가기술자격법	제14조 국가기술자격취득자에 대한 우대	국가기술자격취득자 우대
국가기술자격법시행규칙	제21조 시험위원의 자격등(별표16)	시험위원의 자격
국가기술자격법시행령	제27조 국가기술자격취득자의 취업 등에 대한 우대	공공기관 등 채용시 국가기술자격취득자 우대
국회인사규칙	제20조 경력경쟁채용 등의 요건	동종직무에 관한 자격증소지자에 대한 경력경쟁 채용
군무원인사법시행규칙	제18조 채용시험의 특전	채용시험의 특전
비상대비자원관리법	제2조 대상자원의 범위	비상대비자원의 인력자원 범위

www.ncs.go.kr

NCS 개념

NCS(국가직무능력표준, National Competency Standards)은 산업 현장의 직무를 수행하기 위해 필요한 능력(지식, 기술, 태도)을 국가적 차원에서 표준화한 것으로 능력단위 또는 능력단위의 집합을 의미합니다.

직업상담사 1급 교과목 및 NCS능력단위(음영 처리된 과목)

필기 과목명	주요항목 (NCS능력단위명)	실기 과목명	주요항목 (NCS능력단위명)
직업심리 및 전직지원 (필기 20문항)	1. 진로발달 이론	직업상담 및 전직지원 실무	1. 직업상담 진단
	2. 직업상담진단		2. 직업상담 초기면담
	3. 직업상담 초기면담		3. 진로상담
	4. 변화동기지원		4. 취업상담
	5. 전직역량분석		5. 직업훈련 상담
	6. 전직목표 설정		6. 직업정보 분석
	7. 생애설계지원		7. 변화동기지원
심층직업상담 및 수퍼비전 (필기 20문항)	1. 진로상담		8. 전직역량분석
	2. 취업상담		9. 생애설계지원
	3. 직업훈련 상담		10. 전직목표 설정
	4. 심층 직업상담		11. 심층 직업상담
	5. 직업상담 수퍼비전		12. 직업상담 수퍼비전
	6. 취업지원 행사운영		13. 직업정보 가공
직업정보가공 (필기 20문항)	1. 직업정보의 제공		14. 취업지원 행사운영
	2. 직업 및 산업 분류의 활용		
	3. 직업정보 분석		
	4. 직업정보 가공		
노동시장 분석 (필기 20문항)	1. 고용정책분석		
	2. 임금		
	3. 노사관계		
고용노동관계법규(II) (필기 20문항)	1. 개별근로관계법규, 고용관련 법규		
	2. 기타 직업상담관련법규		

NCS능력단위

NCS(국가직무능력표준, National Competency Standards)의 직무수행능력 중 세분류(직무)를 구성하는 기본 단위로 직무의 세부 업무(Duty)에 해당합니다.

NCS학습모듈

NCS가 현장의 '직무 요구서'라고 한다면, NCS학습모듈은 NCS의 능력단위를 교육훈련에서 학습할 수 있도록 구성한 '교수 · 학습 자료'입니다. NCS학습모듈은 구체적 직무를 학습할 수 있도록 이론 및 실습과 관련된 내용을 상세하게 제시하고 있습니다.

직업상담사 1급 자격과정의 NCS학습모듈 활용법 (검색 일자 : 2025년 3월 30일)

www.ncs.go.kr로 검색 → 24개 산업 분야 중 대분류 '07.사회복지 · 종교' 선택 → 중분류 '02. 상담' 선택 → 소분류 '01.직업상담서비스' 선택 → 세분류 '01.직업상담 / 03.전직지원' 선택 → 해당 NCS학습모듈 선택

노동관계법규 법령 찾는 방법

노동관계법규를 법제처 국가법령정보센터(www.law.go.kr)에서 검색하는 방법은 다음과 같습니다.

① 법제처 국가법령정보센터(www.law.go.kr) 접속

국가법령정보센터 웹사이트로 이동합니다.

② 검색창 활용하여 법령 찾기

홈페이지 상단의 검색창에 찾고자 하는 법률명을 입력하고 검색합니다.

예 : 근로기준법, 고용보험법 등

③ 세부 검색 기능 활용

검색 결과에서 법령명을 클릭하면, 해당 법률의 전문, 개정 이력, 시행령, 시행규칙 등을 확인할 수 있습니다.

특정 조문을 검색하려면 검색창에 "법령명 + 조문번호" 입력

예: 근로기준법 제60조 (연차 유급휴가)

과목별 출제 기준[필기]

직무분야	사회복지, 종교	중직무분야	사회복지, 종교	자격종목	직업상담사1급	적용기간	2025.01.01 ~2027.12.31

○ **직무내용** : 노동시장, 신직업, 직업논점, 직업상담기법, 직업상담정책 등의 관련 정보를 생산·가공하고, 내담자의 직업 논점 진단, 역량분석, 심층상담과 전직지원의 변화동기, 생애설계, 목표설정을 지원하며, 사업 기획·평가, 직업상담 인력관리, 수련감독 등을 수행하는 직무이다.

필기검정방법	객관식	문제수	100	시험시간	2시간 30분

필기과목명	문제수	주요항목	세부항목	세세항목
직업심리 및 전직지원	20	1. 진로발달 이론	1. 진로사회학습 이론	1. 진로사회학습 이론적 접근 2. 진로사회학습 이론의 상담모형과 기법
			2. 사회인지진로 이론	1. 사회인지진로 이론적 접근 2. 사회인지진로 이론의 상담모형과 기법
			3. 진로혼돈 이론	1. 진로혼돈 이론적 접근 2. 진로혼돈 이론의 상담모형과 기법
			4. 진로구성 이론	1. 진로구성 이론적 접근 2. 진로구성 이론의 상담모형과 기법
			5. 진로전환 이론	1. 진로전환 이론적 접근 2. 진로전환 이론의 상담모형과 기법
		2. 직업상담 진단	1. 진단	1. 진단도구의 종류 및 측정 내용 – 직업카드 심리검사 – 미네소타 다면적 인성검사(MMPI) 2. 진단실시
			2. 진단결과 해석	1. 진단결과 해석

필기과목명	문제수	주요항목	세부항목	세세항목
직업심리 및 전직지원	20	3. 직업상담 초기면담	1. 친밀교감 형성	1. 수용적 상담분위기 조성 2. 관계 형성 기법
			2. 호소논점 파악	1. 내담자 정보수집과 초기면담 2. 내담자의 인지적 명확성 및 동기사정
			3. 구조화	1. 직업상담 구조화 2. 직업상담 윤리
			4. 전략 수립	1. 직업상담 개입 전략 2. 직업상담 평가
			5. 초기면담 종결	1. 초기면담 종결기법
		4. 변화동기 지원	1. 변화동기 확인	1. 변화동기 이론과 모형 2. 변화동기 평가
			2. 변화 지원	1. 변화목표 설정 2. 변화지원 전략
		5. 전직역량분석	1. 진로자본 파악	1. 진로자본 평가
			2. 직무역량 분석	1. 핵심직무역량 분석 2. 역량진단도구 활용
		6. 전직목표설정	1. 전직대안 도출	1. 전직대안 도출
			2. 전직목표 확정	1. 장단기 전직목표 설정
		7. 생애설계지원	1. 생애주기별 주요과제 상담	1. 생애 주요 영역별 과제 도출 2. 생애설계 상담
			2. 생애설계계획서	1. 생애설계계획서 작성

필기과목명	문제수	주요항목	세부항목	세세항목
심층직업상담 및 수퍼비전	20	1. 진로상담	1. 진로논점	1. 진로논점 분석 2. 내담자 특성파악
			2. 직업정보 탐색	1. 직업정보 탐색 지원
			3. 진로설계 지원	1. 진로목표 수립 2. 진로의사결정 기법
			4. 실행 지원	1. 진로 역량 확장 2. 동기 부여
		2. 취업상담	1. 구직역량 파악	1. 내담자 구직역량 분석 2. 취업효능감
			2. 취업목표 설정	1. 취업목표 설정
			3. 구인처 확보	1. 구인정보 수집 및 제공
			4. 구직활동 지원	1. 구직서류 작성 지원 2. 면접 지원
			5. 내담자 사후관리	1. 내담자 사후관리 기법
		3. 직업훈련 상담	1. 내담자 직무역량 파악	1. 직업능력개발 역량분석
			2. 직업훈련정보 수집	1. 훈련 및 자격정보 제공
			3. 훈련과정 선택지원	1. 훈련과정 선택지원
			4. 훈련목표관리	1. 훈련적응상담
		4. 심층 직업상담	1. 심층직업상담논점 진단	1. 부정적 정서 사정 - 면담의존 사정 - 진단도구 활용 사정 2. 심층직업상담 대상의 특성
			2. 심층직업상담 구조화	1. 직업상담모형 설정 2. 상담전략 수립
			3. 직업심리치료 및 변화 분석	1. 변화개입 및 평가 2. 과제부여 및 확인
		5. 직업상담 수퍼비전	1. 직업상담수퍼비전 논점 파악	1. 수퍼비전의 목적과 필요성 2. 수퍼비전 논점 구체화 3. 수퍼비전 목표 설정

필기과목명	문제수	주요항목	세부항목	세세항목
심층직업상담 및 수퍼비전	20	5. 직업상담 수퍼비전	2. 직업상담수퍼비전 및 평가	1. 역할 구체화 2. 수퍼비전 방법 및 절차 3. 사례 개념화 4. 직업상담윤리 5. 수퍼비전 종합 평가
		6. 취업지원행사운영	1. 행사운영	1. 행사기획 및 관리 2. 행사관련홍보 및 업체섭외 3. 행사평가
직업정보가공	20	1. 직업정보의 제공	1. 직업정보의 이해	1. 직업정보의 의의 2. 직업정보의 기능
		2. 직업 및 산업 분류의 활용	1. 직업분류의 이해	1. 직업분류의 개요 2. 직업분류의 기준과 원칙 3. 직업분류의 체계와 구조
			2. 산업분류의 이해	1. 산업분류의 개요 2. 산업분류의 기준과 원칙 3. 산업분류의 체계와 구조
		3. 직업정보 분석	1. 직업정보분석 목표 설정	1. 직업정보 분석의 접근 방식 2. 직업정보 분석의 목표
			2. 직업정보분석 범위 설정	1. 직업정보의 영역 2. 직업정보 영역별 분석 주제
			3. 직업정보분석 실행	1. 직업정보분석방법 2. 직무분석방법
			4. 분석정보 평가	1. 직업정보의 통합 및 평가 2. 대상에 따른 분석결과의 시사점
		4. 직업정보 가공	1. 직업정보요구도 분석	1. 대상자 특성 분석 2. 대상자 직업정보 단계에 대한 평가
			2. 직업정보가공기획	1. 직업정보 가공 기획서 구성
			3. 직업정보가공실행	1. 직업정보 매체의 종류와 장 · 단점 2. 직업정보 가공 방법
			4. 직업정보 가공결과 품질 검증	1. 직업정보 가공 결과 품질 점검기준

필기과목명	문제수	주요항목	세부항목	세세항목
노동시장분석	20	1. 고용정책분석	1. 사회안전망	1. 고용보험과 실업대책 2. 직업훈련과 인력개발정책
			2. 근로자보호	1. 적정임금보장 2. 근로여성복지
		2. 임금	1. 임금체계	1. 기본급임금체계 2. 직무급임금체계
			2. 임금형태	1. 정년과 임금피크제 2. 연봉제
			3. 임금격차	1. 노동력수급의 불균형 2. 노동력의 가치차이
		3. 노사관계	1. 노사관계의 의의와 특성	1. 노사관계의 의의 2. 노사관계의 유형
			2. 노동조합의 이해	1. 노동조합의 형태 2. 단체교섭 3. 노동조합의 운영 4. 조직률의 개념과 결정요인 5. 파업의 이론과 기능

필기과목명	문제수	주요항목	세부항목	세세항목
고용노동관계 법규(II)	20	1. 개별근로관계법규, 고용관련법규	1. 개별근로관계법규	1. 근로기준법 및 시행령, 시행규칙 2. 남녀고용평등과 일·가정 양립 지원에 관한 법률 및 시행령, 시행규칙 3. 근로자퇴직급여 보장법 및 시행령, 시행규칙 4. 파견근로자 보호 등에 관한 법률 및 시행령, 시행규칙 5. 기간제 및 단시간근로자 보호 등에 관한 법률 및 시행령, 시행규칙 6. 고용상 연령차별금지 및 고령자고용촉진에 관한 법률 및 시행령, 시행규칙
			2. 고용관련법규	1. 직업안정법 및 시행령, 시행규칙 2. 고용보험법 및 시행령, 시행규칙 3. 장애인고용촉진 및 직업재활법 및 시행령, 시행규칙 4. 외국인근로자의 고용 등에 관한 법률 및 시행령, 시행규칙 5. 구직자 취업촉진 및 생활안정지원에 관한 법률 및 시행령, 시행규칙
		2. 기타 직업상담관련법규	1. 개인정보보호관련법규	1. 개인정보 보호법 및 시행령

과목별 출제 기준[실기]

직무분야	사회복지, 종교	중직무분야	사회복지, 종교	자격종목	직업상담사1급	적용기간	2025.01.01 ~2027.12.31

○ 직무내용 : 직무내용 : 노동시장, 신직업, 직업논점, 직업상담기법, 직업상담정책 등의 관련 정보를 생산 · 가공하고, 내담자의 직업논점 진단, 역량분석, 심층상담과 전직지원의 변화동기, 생애설계, 목표설정을 지원하며, 사업 기획 · 평가, 직업상담 인력관리, 수련감독 등을 수행하는 직무이다.

○ 수행준거 :

1. 내담자의 직업 논점을 발견하고, 진단도구를 선택하도록 지원하며, 매뉴얼에 따라 진단을 실시하고, 진단결과를 판정하고 해석하며 보고서를 작성할 수 있다.
2. 내담자와 첫 대면으로서 내담자의 기초정보를 확인하고 특성분석, 진단결과 통합, 상담목표, 가설설정, 상담전략수립을 할 수 있다.
3. 진로논점을 파악하고, 내담자가 자기탐색을 하도록 지원하며, 직업정보를 제공하고, 진로에 대한 의사결정을 하도록 도우며 진로계획서를 작성하여 실행하도록 지원할 수 있다.
4. 신규 노동시장 진입자를 대상으로 취업효능감과 구직역량을 분석한 결과에 따라 취업 프로그램 운영, 이력서 · 면접 컨설팅, 상담 등을 진행하고 취업지원 할 수 있다.
5. 내담자의 직업능력개발 관련 진단 및 역량분석을 통하여 생애진로주기에 적합한 훈련과정에 대한 정보를 제공하고, 훈련과정에 대한 의사결정을 지원하며, 훈련과정 이수와 자격취득에 대한 목표달성을 지지하여 취업에 연계될 수 있도록 상담을 할 수 있다.
6. 분석 목표를 설정하고 그 목표에 따라 산업, 고용, 기업, 직무 분석 등의 범위를 정하여 분석을 실행하고 분석된 정보를 평가할 수 있다.
7. 전직대상자의 변화에 대한 수용정도와 변화동기 의지를 확인하고 전직대상자가 변화를 위한 보유자원과 필요 자원을 파악하여 구체적인 변화 목표와 계획을 수립할 수 있도록 지원하고 전직을 구체화하기 위하여 다음 단계로 나아갈 수 있도록 지원할 수 있다.
8. 전직대상자의 진로자본, 직무역량에 대한 분석결과를 통합하고 이를 통해 전직대상자의 강점과 가능직무분야를 구체화할 수 있다.
9. 전직대상자의 생애진로주기별 진로, 건강, 재무, 거주, 관계, 여가 등에 대한 전생애를 계획하도록 정보를 제공하여 의사결정하도록 지원할 수 있다.
10. 전직대상자의 직무경력, 진로욕구, 역량, 진로자본 등을 종합하여 전직대안을 도출하고 이에 대한 정보를 제공하여 전직대안에 대한 의사결정을 지원하고 장 · 단기 전직목표를 설정하고 활동계획서를 작성할 수 있도록 지원할 수 있다.
11. 직업에서 오는 심리적 논점에 대한 개입이 필요하다고 판단된 내담자를 대상으로 호소문제를 통하여 가설을 설정하고 상담목표에 따라 기법과 전략을 통하여 직업심리치료 등을 실시할 수 있다.
12. 직업상담원의 역량강화 및 직업상담의 질적 제고를 위해 직업상담의 과정에서 드러난 전략과 목표, 개입과 상담기법, 상담결과 등에 대하여 수퍼바이지를 도와 점검하고 평가할 수 있다.
13. 대상자의 요구도, 정보 격차, 정보매체이해력(literacy) 등의 특성에 따라 분석하여 체계화된 직업정보를 매체별 특성을 반영하여 형식과 내용의 측면에서 대상자에게 최적화된 정보로 만들 수 있다.
14. 취업지원을 위하여 박람회, 동아리, 카페 등의 형식을 빌려 구인자와 내담자가 한 장소에서 만나 서류접수, 면접 등을 진행하며, 동시에 직업정보 게시, 취업관련 홍보 및 특강 등의 행사를 운영할 수 있다.

실기검정방법	필답형	시험시간	3시간 정도

실기과목명	주요항목	세부항목	세세항목
직업상담 및 전직지원 실무	1. 직업상담 진단	1. 진단실시 결정하기	1. 내담자의 언어적, 비언어적 정보를 수집할 수 있다. 2. 내담자의 인지적 명확성을 사정할 수 있다. 3. 내담자의 요구에 따라 진단도구의 종류 및 측정 내용을 설명할 수 있다. 4. 내담자에게 진단에 소요되는 시간, 비용에 관한 제반 사항을 안내할 수 있다. 5. 진단방법과 참여에 대한 내담자의 의사결정을 도울 수 있다.
		2. 진단하기	1. 내담자가 진단실시에 대한 편견이나 지나친 기대감을 갖고 있는지 확인할 수 있다. 2. 내담자의 진단을 위해 물리적, 심리적 환경을 조성할 수 있다. 3. 진단도구 매뉴얼에 따라 선택된 진단도구의 목적, 실시방법, 주의점 등을 설명할 수 있다. 4. 진단도구 매뉴얼에 따라 제시된 소요시간 내에 진단할 수 있다. 5. 진단해석 등 다음 상담을 위해 내담자에게 일정을 안내하고 진단을 종료할 수 있다. 6. 채점기준에 따라 진단결과를 평정할 수 있다.
		3. 진단결과 해석하기	1. 진단 항목별 평정에 따라 내담자에게 의미 있는 내용을 도출할 수 있다. 2. 내담자의 이해수준과 반응을 고려하여 진단결과의 의미를 설명할 수 있다. 3. 진단결과해석에 내담자 참여를 유도하기 위해 구조화된 질문을 사용할 수 있다. 4. 진단도구의 결과에 대한 한계점을 설명할 수 있다.
		4. 진단결과 보고서 작성하기	1. 내담자의 경험, 중요한 타인, 자신에 대한 지각과 진술, 관찰된 행동, 성별과 연령특성을 포함하여 진단결과를 통합할 수 있다. 2. 보고 양식에 따라 진단결과 보고서를 작성할 수 있다. 3. 대상에 따라 추후 직업상담 과정을 설명하고 안내할 수 있다.

실기과목명	주요항목	세부항목	세세항목
직업상담 및 전직지원 실무	2. 직업상담 초기면담	1. 친밀교감 형성하기	1. 상담 동기를 촉진할 수 있는 편안한 상담환경을 조성할 수 있다. 2. 내담자의 언어적, 비언어적 정보에 따라 친밀감을 확장할 수 있다. 3. 공감과 무조건적인 존중, 진실성을 가지고 내담자를 대할 수 있다. 4. 내담자의 자발성과 언어표현 정도에 대응할 수 있다.
		2. 호소논점 파악하기	1. 내담자가 상담 신청서를 작성할 수 있도록 지원한다. 2. 상담 신청서의 내용을 근거로 내담자의 신상이나 호소 문제를 질문하고 경청할 수 있다. 3. 내담자의 언어적, 비언어적 행동의 불일치를 식별하고 직면시킬 수 있다. 4. 내담자가 호소하는 1차적 문제와 2차적 문제를 구분하여 파악할 수 있다. 5. 내담자가 호소하는 문제와 수집한 정보를 종합하여 내담자의 문제를 요약할 수 있다.
		3. 구조화하기	1. 상담내용의 비밀보장과 상담자와 내담자의 역할에 대해 설명할 수 있다. 2. 상담 시간, 회기, 비용 등 에 대하여 설명하고 합의할 수 있다. 3. 현실적 상황에 근거한 단기적 목표, 근본적 욕구에 근거한 장기적 목표를 구분하여 설정할 수 있다. 4. 상담 목표가 현실적이고 실현가능한지 검토하고 합의할 수 있다.
		4. 전략 수립하기	1. 상담목표에 적합한 이론과 모형을 선택할 수 있다. 2. 이론과 모형에 따라 상담 개입방법을 결정할 수 있다. 3. 상담성과의 평가기준과 평가방법을 정할 수 있다.
		5. 초기면담 종결하기	1. 상담의 과정을 요약하고 내담자의 생각과 일치하는지 확인할 수 있다. 2. 다음 상담회기까지 실천해 볼 수 있는 간단한 과제를 줄 수 있다. 3. 다음 상담에 올 수 있도록 내담자의 자존심을 배려하고 격려할 수 있다.
	3. 진로상담	1. 진로논점 파악하기	1. 초기면담 결과에 따라 내담자의 자각을 돕고 상담 동기를 파악할 수 있다. 2. 내담자 행동에 대하여 다른 관점에서의 해석하기를 할 수 있다. 3. 내담자의 경험과 상황을 바탕으로 진로논점의 중요도 순위를 정할 수 있다.

실기과목명	주요항목	세부항목	세세항목
직업상담 및 전직지원 실무	3. 진로상담	2. 자기탐색 지원하기	1. 내담자 특성을 다양한 방법으로 파악할 수 있다. 2. 내담자의 가족의 영향, 자원을 확인할 수 있다. 3. 내담자의 가족직업가계도 등으로 정리할 수 있다. 4. 내적 외적 자원을 바탕으로 내담자의 개인자원목록을 만들 수 있다.
		3. 직업정보 탐색 지원하기	1. 가장 최신의 정확한 직업정보의 중요성을 설명할 수 있다. 2. 내담자 특성에 부합하는 다양한 직업정보 목록을 제시할 수 있다. 3. 내담자의 관심있는 진로에 대하여 정보를 탐색할 수 있도록 지원할 수 있다. 4. 선택한 진로에 대하여 강점, 약점, 가능성과 전망을 표로 정리하여 비교할 수 있다.
		4. 진로설계 지원하기	1. 내담자의 진로의사결정 수준에 따라 대안을 마련하고 제시할 수 있다. 2. 내담자가 합리적 의사결정을 할 수 있도록 지원할 수 있다. 3. 내담자의 장 · 단기 진로목표를 수립할 수 있다. 4. 내담자의 의미있는 타인과 진로설계에 대하여 공유할 수 있도록 지원할 수 있다. 5. 객관적이고 유의미한 준거에 의해 내담자의 진로계획을 평가할 수 있다.
		5. 실행 지원하기	1. 진로목표와 현재 역량의 차이를 알아보고 개발해야할 역량을 확인할 수 있다. 2. 진로 역량 확장을 위한 지지체제와 교육 기회를 탐색할 수 있다. 3. 실행과정을 수시로 점검하고 지속할 수 있도록 동기를 부여할 수 있다. 4. 실행을 방해하는 것이 있는지 확인할 수 있다. 5. 실행에 장애가 되는 내적인 갈등과 상황적 변인을 파악하고 도움을 줄 수 있다.
	4. 취업상담	1. 내담자역량 파악하기	1. 내담자의 강점과 약점, 취업욕구를 파악할 수 있다. 2. 사회적 경제적 취약성분석에 따라 취업장애요인을 파악할 수 있다. 3. 내담자가 희망하는 취업분야 및 근로조건을 파악할 수 있다. 4. 내담자의 전공, 경력, 일경험, 교육내용, 자격정보를 파악하여 직무 수행 역량 여부를 확인할 수 있다.

실기과목명	주요항목	세부항목	세세항목
직업상담 및 전직지원 실무	4. 취업상담	1. 내담자역량 파악하기	5. 내담자의 입사지원횟수 및 구직활동 정도와 방법을 파악할 수 있다.
		2. 취업목표 설정하기	1. 내담자가 산업수요에 따른 채용동향을 분석하여 현재의 노동시장, 희망 직종의 채용 수요를 파악할 수 있도록 지원한다. 2. 직무분석사이트의 특징을 파악하고 희망 직무에 관해 다양한 사이트를 활용하여 정확한 직무를 분석할 수 있고 희망직무군을 좁힐 수 있도록 지원한다. 3. 희망기업의 기업정보를 적합한 기업정보 사이트를 활용하여 수집하고 분석, 가공 할 수 있도록 지원할 수 있다. 4. 채용동향, 직무분석, 기업분석을 통하여 취업목표를 설정하고 취업계획을 작성하도록 지원한다.
		3. 구인처 확보하기	1. 취업포털 사이트 등 직업정보원을 활용하여 구인업체 정보를 수집할 수 있다. 2. 지역기업체 현황파악 및 채용 가능업체 정보를 수집, 분류할 수 있다. 3. 내담자가 구인정보를 습득할 수 있도록 지원하고, 적합한 구인정보를 제공할 수 있다. 4. 구인업체와 구인조건을 확인할 수 있고, 적합한 내담자를 추천할 수 있다. 5. 구인업체에게 고용지원정책 등 기업활동에 유용한 정보를 제공할 수 있다.
		4. 구직활동 지원하기	1. 내담자의 이력서 및 자기소개서 작성을 지원할 수 있다. 2. 구인업체에 대한 기업분석과 직무분석을 지원할 수 있다. 3. 역량면접, PT면접, 토론면접, 인성면접, AI면접, 비대면면접 등 면접 준비를 지원할 수 있다. 4. 발굴한 구인업체와 준비된 내담자를 연계하기 위해 채용조건을 조율하고 설득할 수 있다. 5. 필요시 내담자의 채용 확률을 높이기 위해 동행면접이나 추천서 등을 활용하여 내담자를 적극적으로 추천할 수 있다. 6. 주기적으로 구인정보를 제공하여 지속적인 취업연계를 유지시킬 수 있다.

실기과목명	주요항목	세부항목	세세항목
직업상담 및 전직지원 실무	4. 취업상담	5. 내담자 사후관리하기	1. 취업한 경우 직장예절 등적응에 필요한 기본적인 내용을 내담자에게 제공하고 상담할 수 있다. 2. 내담자의 취업 성공 이후 직장에 안정적으로 적응할 수 있도록 확인하며, 직무만족도를 수시로 점검할 수 있다. 3. 내담자의 직업능력 향상을 위해 재직자 직업훈련 과정을 추천할 수 있다. 4. 취업이 지연되어도 내담자를 격려하고 지지하며 지속적으로 취업정보 및 구인정보를 제공할 수 있다. 5. 취업이 어렵거나 직장적응에 실패하면 다른 취업지원 프로그램을 추천하고 안내할 수 있다.
	5. 직업훈련 상담	1. 내담자 직무역량 파악하기	1. 내담자의 직업능력개발참여 이력을 확인할 수 있다. 2. 내담자를 진단하여 적합훈련분야를 분석할 수 있다. 3. 내담자의 직무역량을 분석할 수 있다. 4. 내담자의 생애진로주기별 직업능력개발 계획을 확인할 수 있다.
		2. 직업훈련정보 수집하기	1. 내담자의 직업훈련분야에 적합한 훈련기관, 훈련지역, 훈련기간 등의자료를 수집 할 수 있다. 2. 국가 및 민간 직업훈련의 정보를 수집 장·단점을 비교설명할 수 있다. 3. 내담자가 훈련하고자 하는 훈련분야 전망, 난이도와 수준에 관한 자료를 수집, 제공할 수 있다.
		2. 직업훈련정보 수집하기	4. 국가자격증(www.qnet.or.kr), 민간자격증(www.pqi.or.kr) 검색 사이트 활용하여 자격정보를 제공할 수 있다. 5. 훈련 성공사례를 수집하여 내담자에게 제공할 수 있다.
		3. 훈련과정 선택지원하기	1. 산업동향 분석, 훈련직종의 전망, 직업훈련정보 등을 바탕으로 직업훈련 가능성을 진단할 수 있다. 2. 훈련 종료 후 진출할 수 있는 분야, 도움이 되는 분야 등을 설명할 수 있다. 3. 내담자의 직업훈련 대안직종을 2~3개로 좁혀 훈련과정을 선택하도록 지원할 수 있다. 4. 내담자가 선택한 훈련과 정에 대한 목표를 수립하도록 지원할 수 있다.

실기과목명	주요항목	세부항목	세세항목
직업상담 및 전직지원 실무	5. 직업훈련 상담	4. 훈련목표달성 촉진하기	1. 훈련 참여자가 훈련과정에서 호소하는 제반문제를 진단하고 평가할 수 있다. 2. 훈련참여자와 협의를 통하여 훈련 목표를 단계별로 점검할 수 있다. 3. 훈련과 자격증 취득을 지속할 수 있도록 커뮤니티 모임을 구성하고 참여를 지원할 수 있다. 4. 훈련과정 수행을 통하여 스스로 변화유지계획을 수립하여 행동변화를 촉진할 수 있다. 5. 훈련종료 후 취업상담으로 연계할 수 있다.
	6. 직업정보 분석	1. 직업정보분석 목표 설정하기	1. 직업정보 분석의 의미와 필요성을 파악할 수 있다. 2. 직업정보 분석의 필요성에 따라 분석목표를 수립할 수 있다. 3. 직업정보 분석의 기준에 따라 분석목표를 수립할 수 있다.
		2. 직업정보분석 범위 설정하기	1. 산업, 고용, 기업, 직무 등 직업정보의 영역을 파악할 수 있다. 2. 직업정보 영역별 분석 범위를 결정할 수 있다. 3. 결정된 범위에 따라 정보의 질과 양, 장단점과 한계를 파악할 수 있다.
		3. 직업정보분석 실행하기	1. 경제동향보고서 및 중장기 인력수급전망서 등을 통해 산업동향을 파악할 수 있다. 2. 고용정책, 고용전망, 채용정보 등을 통해 고용시장을 분석할 수 있다. 3. 산업동향, 직업별 임금정보, 구인정보 통계 등을 통해 직업전망을 분석할 수 있다. 4. 기업평가, 주식시장자료, 재무제표 등을 통해 기업정보를 분석할 수 있다. 5. 작업자중심방법, 작업중심방법, 혼합방법 등을 통해 직무를 분석할 수 있다.
		4. 분석정보 평가하기	1. 각 영역의 분석된 정보들을 통합하여 분석보고서를 작성할 수 있다 2. 분석목표와 범위에 따라 직업정보가 분석됐는지 평가할 수 있다. 3. 통합된 분석결과 중에 대상에 맞는 시사점을 도출해 낼 수 있다.

실기과목명	주요항목	세부항목	세세항목
직업상담 및 전직지원 실무	7. 변화동기 지원	1. 변화동기 확인하기	1. 전직대상자의 심리적 · 물리적 변화 상태를 확인할 수 있다. 2. 전직대상자에게 변화관리의 성공 또는 실패 사례를 공유할 수 있다. 3. 전직대상자의 변화동기 의지를 확인할 수 있다.
		2. 변화계획 수립하기	1. 초기 변화목표를 구상하도록 지원할 수 있다. 2. 변화목표 달성을 위한 전직대상자의 자원을 확인할 수 있다. 3. 전직대상자의 최종 변화목표를 확정할 수 있다. 4. 변화목표에 따라 장 · 단기 실행계획을 작성하도록 지원할 수 있다.
		3. 변화 지원하기	1. 변화를 위한 참고 자료를 제공할 수 있다. 2. 변화를 위한 행동 방법을 제공할 수 있다. 3. 변화를 위한 성공 사례를 제공할 수 있다. 4. 변화를 위한 전직대상자의 장애요인을 확인할 수 있다. 5. 변화 지원 활동을 기록할 수 있다.
		4. 변화 점검하기	1. 변화를 위한 실천사항을 점검하여 변화결과를 확인할 수 있다. 2. 변화과정의 문제점을 확인하여 극복방안을 제시할 수 있다. 3. 변화목표와 계획을 수정 · 보완할 수 있다.
	8. 전직역량분석	1. 진로자본 파악하기	1. 전직대상자의 주요직무, 만족도, 주요성과 등 경력자본을 기술하도록 지원할 수 있다. 2. 전직대상자의 보유자격, 학위, 어학, 전문교육 등 자격자본을 기술하도록 지원할 수 있다. 3. 전직대상자의 사내 · 사외관계, 가족관계, 전문가 그룹과의 관계 등 관계자본을 기술하도록 지원할 수 있다. 4. 전직대상자의 주요관심, 흥미, 직업가치 등을 기술하도록 지원할 수 있다. 5. 파악된 진로자본을 토대로 전직대상자가 직업선택 우선순위를 확인하도록 지원할 수 있다.

실기과목명	주요항목	세부항목	세세항목
직업상담 및 전직지원 실무	8. 전직역량분석	2. 직무역량 분석하기	1. 역량진단검사 결과에 따라 전직대상자의 핵심역량을 분석하여 관련 직업을 도출할 수 있다. 2. 전직대상자가 기술한 경력자본의 내용을 분석하여 성과가 우수했던 주요 직무를 중심으로 관련 직업을 도출할 수 있다. 3. 전직대상자가 기술한 자격자본의 내용을 분석하여 관련 직업을 도출할 수 있다. 4. 전직대상자가 기술한 관계자본, 관심, 흥미, 직업가치 등의 분석내용을 통합하여 관련 직업을 도출할 수 있다.
		3. 역량진단결과 통합하기	1. 역량진단결과에 따른 핵심역량과 진로자본 분석결과를 종합하여 정리할 수 있다. 2. 역량진단결과에 대한 전직대상자의 역량평가를 검토하고 직무분야를 탐색할 수 있도록 지원할 수 있다. 3. 역량평가결과에 따라 탐색의 범위를 조정하고 전직대상자의 강점과 가능직무분야를 구체화할 수 있다.
	9. 생애설계지원	1. 생애주기별 주요과제 점검하기	1. 전직대상자의 생애 주요영역에 대한 현상태를 파악할 수 있다. 2. 전직대상자의 생애 주요영역에 대한 기대수준을 점검할 수 있다. 3. 생애 주요 영역별 주요과 제를 도출할 수 있다.
		2. 생애주기별 주요과제 상담하기	1. 도출된 주요과제를 우선순위화 할 수 있다. 2. 주요과제 순위에 따라 실행을 위해 필요한 자원을 검토할 수 있다. 3. 우선순위화된 과제 실행을 위한 생애계획서 작성을 지원할 수 있다.
		3. 생애설계계획서 작성 지원하기	1. 실행을 위한 자료와 사례를 제공할 수 있다. 2. 실천과정에서 발생가능한 문제점을 점검할 수 있다. 3. 생애설계계획서를 작성하고 수정 보완하도록 지원할 수 있다.

실기과목명	주요항목	세부항목	세세항목
직업상담 및 전직지원 실무	10. 전직목표설정	1. 전직대안 도출하기	1. 면담을 통해 전직대상자의 직무경력과 진로 욕구를 파악할 수 있다. 2. 진단과 역량분석 결과를 종합하여 전직 대안을 도출할 수 있다. 3. 전직 대안들에 대한 정보를 수집하여 제공할 수 있다. 4. 전직대상자와 전직대안별 타당성을 비교 검토할 수 있다.
		2. 전직목표 확정하기	1. 비교검토한 결과를 토대로 전직대안을 결정할 수 있다. 2. 전직대안의 진입경로를 분석할 수 있다. 3. 진입을 위한 보유 진로자본의 활용 가능성을 파악할 수 있다. 4. 장단기 전직목표를 설정할 수 있다.
		3. 실행계획 수립하기	1. 전직목표 달성에 필요한 정보를 수집 할 수 있다. 2. 자격증, 교육 훈련, 취업 등 필요한 실행계획을 결정할 수 있다. 3. 장 · 단기 전직목표 실행계획서를 작성할 수 있다.
	11. 심층 직업상담	1. 심층직업상담논점 진단하기	1. 상담신청서 및 기초자료를 확인하여 내담자의 특성을 파악하고 심층상담에 대한 내담자의 요구를 파악할 수 있다. 2. 내담자의 언어적 · 비언어적 표현과 태도를 관찰하여 상담 동기와 인지적 명확성을 분석할 수 있다. 3. 검사가 필요한 경우 표준화된 검사도구 활용 지침에 따라 검사를 실시하고 검사결과를 평정할 수 있다. 4. 면담기법을 통해 내담자의 진로자본과 진로장벽을 확인할 수 있다.
		2. 심층직업상담 구조화하기	1. 초기면담과 진단결과를 종합하여 내담자의 특성을 분석하여 가설을 설정할 수 있다. 2. 가설에 따라 상담목표를 결정하고 상담방법, 기간, 회기, 기법 등 상담전략을 수립할 수 있다. 3. 상담전략에 따라 상담계획을 설계하고 내담자의 동기를 촉진할 수 있다. 4. 상담목표 달성을 확인하기 위한 평가준거와 평가방법 등에 대해 내담자와 협의하고 결정할 수 있다.

실기과목명	주요항목	세부항목	세세항목
직업상담 및 전직지원 실무	11. 심층 직업상담	3. 직업심리치료하기	1. 인지적 · 행동적 · 정서적 논점에 따라 적절한 개입방법을 선택하고 상담기법을 활용하여 상담을 진행할 수 있다. 2. 내담자의 심리적 상황을 점검하고 현실성과 보편타당성을 검토하여 그 정도에 따라 변경된 상담기법을 적용할 수 있다. 3. 효과적인 상담결과를 위해 과제나 활동을 부여하고 수행여부를 확인할 수 있다.
		4. 변화분석하기	1. 상담을 통한 내담자의 변화를 분석하기 위해 논점에 대한 관점변화, 부정적 사고의 변화, 행동의 변화 등에 대한 지각을 확인할 수 있다. 2. 상담목표 달성을 위해 상담의 올바른 방향성을 검토하고 내담자의 변화수용 의지와 자신감을 점검하여 상담회기 및 상담기법을 변경할 수 있다. 3. 상담결과를 분석함에 있어 내담자의 긍정적 변화를 도출하기 위해 개입의 방법이 적절하였는지 평가할 수 있다.
		5. 사후관리하기	1. 상담 종결 이후 내담자의 활한 적응을 돕기 위해 정보수집과 처리, 선택 등을 통한 합리적 의사결정을 지원할 수 있다. 2. 내담자가 미래지향적 사고와 탐색을 지속할 수 있도록 목표설정과 실행을 점검할 수 있다. 3. 내담자가 복합적인 어려움을 해결해나가는 과정에서 도움받을 수 있도록 사회적 지지체계 구축을 지원할 수 있다. 4. 내담자가 진로경로(직업훈련, 취업, 창업, 귀농 등)를 추구해나가는데 필요한 정보를 제공할 수 있다.
	12. 직업상담 수퍼비전	1. 직업상담수퍼비전 준비하기	1. 직업상담 수퍼비전을 시작하기 전에 수퍼바이저로서의 자신을 점검할 수 있다. 2. 수퍼바이저로서의 자기점검 결과에 따라 자신이 도움을 줄 수 있는 수퍼바이지의 범위를 파악할 수 있다. 3. 효과적인 직업상담 수퍼비전을 위해 제반 환경과 도구, 시스템 등을 점검하여 준비할 수 있다. 4. 직업상담 수퍼비전을 진행하기 위해 수퍼바이지가 사전에 준비하여 제출해야 할 내용을 정리하여 수퍼바이지에게 안내할 수 있다.

실기과목명	주요항목	세부항목	세세항목
직업상담 및 전직지원 실무	12. 직업상담 수퍼비전	2. 직업상담수퍼비전 논점파악하기	1. 수퍼바이지와 존중과 신뢰의 상호협력적 관계를 형성할 수 있다. 2. 수퍼바이지의 요구사항을 점검하고 수퍼비전의 목적과 필요성에 대해 협의할 수 있다. 3. 직업상담 수퍼비전을 통해 다루고 싶은 수퍼바이지의 특별한 요구가 무엇인지 확인하고 논점을 구체화할 수 있다. 4. 수퍼비전의 주요 목적과 논점, 수퍼바이지의 전문적인 성장을 위해 적절한 수퍼비전의 목표를 설정할 수 있다.
		3. 직업상담수퍼비전 구조화하기	1. 수퍼바이지의 상담기술과 발달수준을 평가하고 적합한 수퍼비전의 목표를 합의할 수 있다. 2. 수퍼바이저와 수퍼바이지의 역할과 책임을 논의하고 구체화할 수 있다. 3. 수퍼비전 방법과 절차, 평가에 관한 전반적인 사항을 논의하여 구체화할 수 있다. 4. 수퍼바이저와 수퍼바이지가 서로 동의한 내용을 확인하여 약정서(계약서)를 작성할 수 있다.
		4. 직업상담수퍼비전 실행하기	1. 수퍼바이지의 상담기술과 발달수준을 평가하고 적합한 수퍼비전의 목표를 합의할 수 있다. 2. 수퍼바이저와 수퍼바이지의 역할과 책임을 논의하고 구체화할 수 있다. 3. 수퍼비전 방법과 절차, 평가에 관한 전반적인 사항을 논의하여 구체화할 수 있다. 4. 수퍼바이저와 수퍼바이지가 서로 동의한 내용을 확인하여 약정서(계약서)를 작성할 수 있다.
		5. 직업상담수퍼비전 평가하기	1. 수퍼비전의 매 회기를 종결하며 수퍼바이지와 소감을 나누고 피드백을 통해 회기별 평가를 실시할 수 있다. 2. 수퍼비전 참여 전·후의 변화와 수퍼비전 목표달성 여부에 대해 수퍼바이지의 지각과 느낌을 확인하고 수퍼비전에 대한 종합적인 평가를 실시할 수 있다. 3. 수퍼비전 종결 시 수퍼바이저로서 이론적 접근방법의 선택, 수퍼바이지와의 관계, 개입의 적절성, 개선사항 등을 점검하고 자기평가를 실시할 수 있다.

실기과목명	주요항목	세부항목	세세항목
직업상담 및 전직지원 실무	13. 직업정보 가공	1. 직업정보요구도 분석하기	1. 직업정보격차, 직업정보매체이해력(literacy), 진로발달 수준 등 대상자의 특성을 파악할 수 있다. 2. 대상자의 직업정보의 동기와 필요 단계를 파악할 수 있다. 3. 대상자의 직업정보관련 특성을 분석하여 직업정보 요구도를 정리할 수 있다.
		2. 직업정보기획하기	1. 내담자의 요구도 분석에 따라 직업정보 내용과 범위 및 매체선택 등 계획을 수립할 수 있다. 2. 직업정보에 필요한 예산과 인력 등을 고려할 수 있다. 3. 직업정보의 필요성, 계획, 예산과 인력 등을 반영한 직업정보기획서를 작성할 수 있다.
		3. 직업정보실행하기	1. 직업정보기획서에 따라 매체 특성을 고려하여 직업정보를 할 수 있다. 2. 대상자의 가독성과 사용성을 고려하여 직업정보를 할 수 있다. 3. 직업정보의 활용과 제공방식을 고려하여범위를 조정할 수 있다. 4. 확인된 정보에 따라 직업정보를 재구성할 수 있다.
		4. 결과 품질 검증하기	1. 대상자에게 사전검사를 통해 가독성과 사용성 등에 문제가 없는지 확인할 수 있다. 2. 전문가의 자문과 평가를 통해 산출물을 점검 할 수 있다. 3. 가공된 직업정보의 최신성과 신뢰성에 문제가 없는지 점검할 수 있다. 4. 점검결과를 통합하여 수 정 · 보완할 수 있다.
	14. 취업지원행사운영	1. 행사범위 결정하기	1. 행사주최의 취업지원 요구를 분석하여 행사의 목적을 명확히 할 수 있다 2. 취업지원 대상자의 특성, 행동방식, 요구에 따라 행사 내용을 결정할 수 있다. 3. 행사 참가 기업과 강사 등 섭외 범위를 결정할 수 있다. 4. 행사 기획 관련 법규, 규제, 정책을 조사하고 분석할 수 있다. 5. 정보수집과 분석한 결과를 통하여 행사계획을 위한 범위를 결정할 수 있다.

실기과목명	주요항목	세부항목	세세항목
직업상담 및 전직지원 실무	14. 취업지원행사운영	2. 행사 계획하기	1. 분석 결과에 따라 구체적 행사의 계획 및 목표를 설정할 수 있다. 2. 목표에 따라 행사 내용을 구성할 수 있다. 3. 행사 기획에 따라 조직과 인력운영 계획을 편성할 수 있다. 4. 행사 기획에 따라 예산, 일정, 홍보 전략 등 계획할 수 있다.
		3. 행사 홍보하기	1. 홍보 매체 및 대행업체를 선정할 수 있다. 2. 매체별 특성에 따라 홍보 초안 및 문안을 작성할 수 있다. 3. 매체 특성과 참여자 대상별 선호 매체에 따라 홍보를 실행할 수 있다. 4. 참가 안내 발송 대상 데이터베이스를 취합하고 분류할 수 있다.
		4. 행사 운영하기	1. 행사 진행을 위한 물품/기자재의 체크리스트를 만들고 준비할 수 있다. 2. 사전 리허설을 통하여 진행상의 문제점을 파악하여 대처할 수 있다. 3. 각 프로그램의 운영시간을 조절하여 계획된 일정대로 운영할 수 있다. 4. 현장상황에 따라 발생하는 요구사항과 돌발상황에 대처할 수 있다.
		5. 행사 평가하기	1. 행사 운영 회의를 통한 행사 진행상의 결과를 분석할 수 있다. 2. 행사 참여자의 특성과 만족도를 측정하고 분석할 수 있다. 3. 분석된 내용을 중심으로 성공요인과 개선방안들을 도출할 수 있다. 4. 결과보고서를 작성하여 차기 행사를 위한 자료로 활용할 수 있다.

STRUCTURE

2025년 시험 개편에 따른 새로운 출제 방식

본서는 예상문제와 기출문제를 통해 개념을 익히고 실전 감각을 키울 수 있는 학습서로서 구성되었습니다. **각 문항마다 상세한 해설을 제공**하며, 단순한 정답 설명이 아니라 **문제의 핵심 개념, 관련 이론, 유사 문제 접근법까지 포함**하여 학습자들이 기본 이론서를 별도로 보지 않고도 충분히 이해할 수 있도록 하였습니다. 또한, **1차 필기와 2차 실기를 한 권으로 준비**할 수 있도록 하여 효율적인 학습이 되도록 하였습니다.

예상문제 중심 학습

최신 출제 기준을 반영하여 1차 필기 과목인 '직업심리 및 전직 지원, 심층직업상담 및 수퍼비전, 직업정보 가공'과 2차 실기 과목인 '직업상담 및 전직지원 실무'는 NCS(국가직무능력표준)를 기반으로 한 14개의 능력단위 내용과 NCS학습모듈을 표준교재로 한 예상문제와 해설로 기본 개념서 없이도 학습이 가능하도록 하였습니다.

기출문제 중심 학습

1차 필기 과목인 '노동시장론'과 '고용노동 관계법규(Ⅱ)' 과목은 최근 5년간의 기출문제와 해설로 학습의 효과를 높이도록 구성하였습니다.

CHAPTER 01 진로발달이론

학습 1 진로 사회학습이론

1 진로 사회학습이론에서 제시한 진로발달과 직업선택에 영향을 주는 요인이 아닌 것은?

① 타고난 능력
② 과제 접근 기술
③ 학습경험
④ 개인의 인지적 요인

해설

④ 4번이 오답인 이유는 개인의 인지적 요인은 사회학습이론의 진로선택 결정요인에 해당하지 않기 때문이다.

TIP 크롬볼츠의 진로 사회학습이론의 진로선택 결정요인

㉠ 유전적 요인과 특별한 능력
- 개인의 진로선택은 개인의 유전적인 소인과 능력에 영향을 받는다. 이것은 개인의 진로기회를 제한하는 타고난 특질을 말한다. 즉, 교육적, 직업적 선호나 기술에 제한을 줄 수 있는 자질로서 인종, 성별, 신체적 특징, 지능, 예술적 재능을 포함한다.
- 예를 들어 키가 크고 건장한 신체를 타고난 사람이라면 농구선수와 같은 진로선택을 할 가능성이 높을 것이다. 예술가, 음악가, 운동선수들이 이러한 유전적 요인과 특별한 능력에 의하여 진로를 선택한다고 할 수 있다.

㉡ 환경적 조건과 사건
- 환경적 조건과 사건은 환경에서의 특정한 사건은 개인이 통제할 수 없는 요인으로서 환경적 조건과 사건으로 구성되어 있다. 이것은 개인을 둘러싸고 있는 상황이나 사건이 기술개발, 활동, 진로선호 등에 영향을 준다는 것을 의미한다.
- 예를 들어 직업을 조절하려는 정부의 시책(직업적 기회), 취업가능한 직종의 내용, 교육훈련이 가능한 분야, 사회적 정 … 노동법, 자연적 자원, 기술발전, 사회조직의 변화, 가족의 자원, 그리고 이웃과 지역사회의 영향을 들 수 있으며 이 … 통해 개인의 진로의사결정이 영향을 받을 수 있다.

… 경험
… 과거에 어떤 학습경험을 하였는가에 따라 진로의사결정에 영향을 미치게 되는데 크롬볼츠는 두 가지 유형의 … 험을 가정하였다.
… 학습경험 : 개인이 결과에 대한 반응을 통해서나 활동의 결과를 직접 관찰함으로서 또는 다른 사람의 반응을 … 우게 되는 것을 의미하며 도구적 학습은 선행사건과 행동, 결과를 포함한다.
… 학습경험 : 연상학습은 이전에 경험한 감정적으로 중립적인 사건이나 자극을, 정서적으로 비중립적인 사건이나 … 연결시킬 때 일어난다.

… 직업심리 및 전직지원

NCS 기반 과목 반영

2025년부터 새롭게 추가된 NCS능력단위 관련 교과목은 **NCS학습모듈을 반영한 예상문제**로 새로운 시험 유형에 대비할 수 있도록 하였으며, 기존 교과목은 기출문제를 포함하여, 각 문항마다 상세한 해설을 제공하여 학업성취도를 높이고자 하였습니다. 또한, NCS 기반 직무 수행 능력이 강조되는 만큼, **문제를 풀 때 단순한 암기보다는 실무적인 상황을 연계**하여 이해하는 연습이 필요합니다. 본서에서 제공하는 해설을 통해 문제 해결 능력을 기르고, 실무에서 활용할 수 있는 지식까지 함께 익혀나간다면, 시험뿐만 아니라 직업상담사로서의 역량을 키우는 데에도 큰 도움이 될 것입니다.

CHAPTER 01 고용정책분석

학습 1 사회안전망

2024년 4회 시행

1 실업률이 6%, 실업자 60만명일 때 취업자수를 올바른 것은?

① 60만명 ② 600만명
③ 360만명 ④ 940만명

해설

취업자수는 940만명이다.
실업률(Unemployment Rate) = (실업자 수 / 경제활동인구) × 100
경제활동인구(Labor Force) = 취업자 수 + 실업자 수

실업률 : 6% = 0.06
실업자 수 : 60만 명 = 600,000명

㉠ 경제활동인구 구하기

$$실업률 = \frac{실업자수}{경제활동인구} = \frac{실업자수}{실업률} = \frac{600,000}{0.06} = 10,000,000$$

㉡ 취업자 수 구하기

취업자수 = 경제활동인구 − 실업자 = 10,000,000 − 600,000 = 9,400,000

2024년 4회 시행

2 실업률과 물가상승률 간의 역의 관계를 나타내는 곡선으로 옳은 것은?

① 래퍼곡선 ② 필립스곡선
③ 로렌츠곡선 ④ 테일러곡선

534 _ PART. 04 노동시장분석

상세한 해설 및 개념 정리

또한 단순한 정답 풀이가 아니라, 문제에 포함된 핵심 개념을 상세히 설명하여 예상문제 및 기출문제 풀이만으로도 충분히 학습할 수 있도록 하였습니다. 오답을 피할 수 있도록, 유사 개념과 혼동하기 쉬운 개념을 비교 정리하였습니다. 본서를 최대한 효과적으로 활용하기 위해서는 단순히 문제를 풀고 정답을 확인하는 것이 아니라, 해설을 꼼꼼히 읽으며 개념을 학습하는 방식으로 접근하는 것이 중요합니다. 문제를 풀 때마다 해설을 통해 출제자의 의도를 파악하고, 관련 이론을 정리하면서 반복 학습한다면 자연스럽게 개념이 정립될 것입니다.

해설의 '오답'과 '정답'에 대한 정리

문항에서의 질문이 부정형 질문(~틀린 것은, ~아닌 것은, ~옳지 않은 것은 등)은 해설에서 '오답인 이유는~'으로, 질문이 긍정형 질문(~맞는 것은, ~옳은 것은, ~해당 하는 것은 등)은 해설에서 '정답인 이유는~'으로 정리하였습니다.

CONTENTS

직업상담사 1급 필기

01 직업심리 및 전직지원

02 심층직업상담 및 수퍼비전

03 직업정보 가공

04 노동시장분석

05 노동관계법규

CONTENTS

직업상담사 1급 실기

06 직업심리 및 전직지원

PART 01

직업심리 및 전직지원

CHAPTER

01 진로발달이론

학습 1 진로 사회학습이론

1 **진로 사회학습이론에서 제시한 진로발달과 직업선택에 영향을 주는 요인이 아닌 것은?**

① 타고난 능력
② 과제 접근 기술
③ 학습경험
④ 개인의 인지적 요인

해설

④ 4번이 오답인 이유는 개인의 인지적 요인은 사회학습이론의 진로선택 결정요인에 해당하지 않기 때문이다.

TIP 크롬볼츠의 진로 사회학습이론의 진로선택 결정요인

㉠ 유전적 요인과 특별한 능력
- 개인의 진로선택은 개인의 유전적인 소인과 능력에 영향을 받는다. 이것은 개인의 진로기회를 제한하는 타고난 특질을 말한다. 즉, 교육적, 직업적 선호나 기술에 제한을 줄 수 있는 자질로서 인종, 성별, 신체적 특징, 지능, 예술적 재능을 포함한다.
- 예를 들어 키가 크고 건장한 신체를 타고난 사람이라면 농구선수와 같은 진로선택을 할 가능성이 높을 것이다. 예술가, 음악가, 운동선수들이 이러한 유전적 요인과 특별한 능력에 의하여 진로를 선택한다고 할 수 있다.

㉡ 환경적 조건과 사건
- 환경적 조건과 사건은 환경에서의 특정한 사건은 개인이 통제할 수 없는 요인으로서 환경적 조건과 사건으로 구성되어 있다. 이것은 개인을 둘러싸고 있는 상황이나 사건이 기술개발, 활동, 진로선호 등에 영향을 준다는 것을 의미한다.
- 예를 들어 직업을 조절하려는 정부의 시책(직업적 기회), 취업가능한 직종의 내용, 교육훈련이 가능한 분야, 사회적 정책, 노동법, 자연적 자원, 기술발전, 사회조직의 변화, 가족의 자원, 그리고 이웃과 지역사회의 영향을 들 수 있으며 이것을 통해 개인의 진로의사결정이 영향을 받을 수 있다.

㉢ 학습경험
- 개인의 과거에 어떤 학습경험을 하였는가에 따라 진로의사결정에 영향을 미치게 되는데 크롬볼츠는 두 가지 유형의 학습경험을 가정하였다.
- 도구적 학습경험 : 개인이 결과에 대한 반응을 통해서나 활동의 결과를 직접 관찰함으로서 또는 다른 사람의 반응을 통해 배우게 되는 것을 의미하며 도구적 학습은 선행사건과 행동, 결과를 포함한다.
- 연상적 학습경험 : 연상학습은 이전에 경험한 감정적으로 중립적인 사건이나 자극을, 정서적으로 비중립적인 사건이나 자극에 연결시킬 때 일어난다.

㉣ 과제접근 기술
- 과제접근기술은 문제해결기술, 정보수집능력, 감성적 반응, 인지적 과정, 일의 습관, 수행의 경험과 같은 과제를 발달시키는 기술집합으로 개인이 환경을 이해하고 대처하는 능력이나 경향으로 파악할 수 있다.
- 과제접근기술은 종종 바람직하거나 그렇지 않은 경험들의 결과에 의해 수정되며 학습결과가 좋지 못한 학생이 이전의 노트필기와 공부하는 습관을 바꾸어 좋은 성적을 거둔 것은 과제접근기술의 좋은 예라 할 수 있다.

2 다음 내용의 진로 사회학습이론에서 제시한 진로발달 과정에 영향을 미치는 요인으로 옳은 것은?

> 고등학교 3학년인 A양은 가끔 수업 노트를 보며 공부한다. 고등학교에서는 이 방법으로 좋은 성적을 받을 수 있지만, 대학에서는 효과가 떨어질 수 있어 그녀의 노트 정리 방식과 학습 습관을 수정해야 할지도 모른다.

① 과제접근 기술
② 유전적 요인과 특별한 능력
③ 환경조건과 사건
④ 학습경험

해설

① 1번이 정답인 이유는 <u>학습 습관</u>을 수정하는 것은 크롬볼츠가 제시한 진로선택 결정 요인 중 '<u>과제접근 기술</u>'에 관한 방법과 밀접한 관계가 있기 때문이다.

TIP 크롬볼츠의 사회학습이론의 진로선택 결정요인
㉠ 유전적 요인과 특별한 능력
㉡ 환경적 조건과 사건
㉢ 학습경험(도구적 학습경험, 연상적 학습경험)
㉣ 과제접근기술

ANSWER 1.④ 2.①

3 **크롬볼츠(Krumboltz)의 진로 사회학습이론에 관한 설명으로 옳지 않은 것은?**

① 진로결정에 영향을 미치는 요인으로 유전적 요인, 환경적 조건, 학습경험, 과제접근 기술 등 4가지를 제시하고 있다.

② 강화이론, 고전적 행동주의이론, 인지적 정보처리 이론에 기원을 두고 있다.

③ 진로결정 요인들이 상호작용하여 자기관찰 일반화와 세계관 일반화를 형성한다.

④ 학과 전환 등 진로의사결정과 관련된 개인의 행동에 대해서는 관심을 두지 않고 있다.

해설

④ 4번이 오답이 이유는 학과 전환 등 진로와 관련된 주요한 사건들은 개인의 진로행동에 영향을 미치기 때문이다.

TIP 크롬볼츠의 진로 사회학습이론

㉠ 크롬볼츠(Krumboltz)와 그의 동료들은 행동주의 상담에 근거한 사회학습이론에 기초를 가지고 진로선택과정을 설명하였다.

㉡ 대표적인 사회학습이론가로는 크롬볼츠 이외에 미첼, 겔라트 등이 있다.

㉢ 사회학습이론은 진로발달에 있어서 내담자가 가지는 여러 가지 요인을 고려하여 진로선택을 하게 되며 이러한 진로의사결정은 개인의 학습경험에 의하여 나타나고 진로의사결정 역시 이러한 영향들의 상호작용에 의하여 발생한다고 주장한다.

㉣ 사회학습이론가들은 직업상담에 있어서 진로의사결정에 도움을 주기 위하여 직업정보를 제공하는 것에 업적을 남겼으며 크롬볼츠는 최초로 방사선사 등 20여 개의 직업에 대한 직업정보를 제시하였다.

4 **진로상담이론과 각 이론의 전제를 짝지은 것으로 옳지 않은 것은?**

① 특성-요인이론(trait-factor theory) : 개인은 자신의 성격에 맞는 직업을 찾아야 만족한다.

② 의사결정이론(decision making theory) : 개인은 자신의 이익을 극대화하는 방향으로 합리적인 결정을 할 수 있다.

③ 사회학습이론(social learning theory) : 개인의 진로 발달은 사회경제적 지위, 교육 정도, 주변의 기대 등에 영향을 받지 않는다.

④ 정신분석이론(psychoanalytic theory) : 개인의 진로는 6세 이전에 결정된다.

해설

③ 3번이 오답인 이유는 사회학습이론(social learning theory)에서 <u>개인의 진로발달은 사회경제적 지위, 교육 정도, 주변의 기대 등의 외부적 영향을 받기</u> 때문이다.

TIP 사회학습이론의 전제

사회학습이론은 진로발달에 있어서 내담자가 가지는 여러 가지 요인을 고려하여 진로선택을 하게 되며 이러한 진로의사결정은 개인의 학습경험에 의하여 나타나고 진로의사결정 역시 이러한 영향들의 상호작용에 의하여 발생한다고 주장한다.

5 **Mitchell과 Krumboltz가 제시한 진로 사회학습이론에서 개인의 진로발달 과정이 아닌 것은?**

① 유전 요인과 특별한 능력
② 환경조건과 사건
③ 과제접근 기술
④ 인간관계

해설

④ 4번이 오답인 이유는 인간관계는 사회학습이론의 '진로선택 결정요인'에 해당하지 않기 때문이다.

TIP 미첼과 크롬볼츠(Mitchell과 Krumboltz)의 사회학습이론의 진로선택 결정요인

㉠ 유전적 요인과 특별한 능력
㉡ 환경적 조건과 사건
㉢ 학습경험
㉣ 과제접근기술

6 **크롬볼츠(Klumboltz)의 진로 사회학습이론 중 삶에서 일어나는 우연한 일들을 자신의 진로에 유리하게 활용하는 데 도움 되는 기술이 아닌 것은?**

① 호기심(curiosity)
② 독립심(independece)
③ 낙관성(optimism)
④ 위험 감수(risk taking)

해설

② 2번이 오답인 이유는 '우연한 사건'이나 기회를 긍정적으로 활용하는 데 도움이 되는 기술은 '호기심, 인내심, 융통성, 낙관성, 위험 감수' 등 5가지이다. 따라서 독립심은 우연한 사건을 활용하는 기술에 해당하지 않는다.

TIP 우연한 사건을 활용하는 기술

㉠ **호기심** : 새로운 경험에 대한 호기심을 가지고 다양한 기회를 탐색하는 것이 중요합니다. 이는 우연한 사건을 긍정적으로 받아들이는 첫 걸음이다.
㉡ **인내심** : 우연한 사건이 즉각적인 결과를 가져오지 않을 수 있으므로, 인내심을 가지고 기다리는 것이 필요하다.
㉢ **융통성** : 변화하는 상황에 적응하고, 새로운 기회를 수용할 수 있는 융통성이 필요하다.
㉣ **낙관성** : 긍정적인 태도를 유지하며, 우연한 사건이 가져올 수 있는 긍정적인 결과를 기대하는 것이 중요하다.
㉤ **위험 감수** : 새로운 기회를 시도하는 데 있어 위험을 감수할 수 있는 용기가 필요하다.

ANSWER 3.④ 4.③ 5.④ 6.②

7 다음 중 크롬볼츠(Klumboltz)의 사회학습 진로이론에 대한 설명으로 옳지 않은 것은?

① 개인이 우연한 사건들을 어떻게 활용하여 자신의 진로를 개발할 수 있는지를 설명한다.

② 사람들이 사회적 상호작용을 통해 배우고 성장하여 진로 선택에 중요한 영향을 미친다고 간주한다.

③ 개인의 진로 발달은 사회경제적 지위, 교육 정도, 주변의 기대 등에 영향을 받지 않을 수 없다.

④ 우연한 사건을 긍정적으로 활용하는 능력을 호기심이라고 한다.

해설

④ 4번이 오답인 이유는 우연한 사건을 긍정적으로 활용하는 능력은 '계획된 우연'이라고 하며 개인이 우연한 기회를 자신의 진로에 유리하게 만들 수 있는 능력을 의미한다.

TIP 크롬볼츠(Klumboltz)의 진로 사회학습이론

개인이 우연한 사건들을 어떻게 활용하여 자신의 진로를 개발할 수 있는지를 설명한다. 이 이론에 따르면, 우연한 사건들은 개인의 진로 선택에 긍정적인 영향을 미칠 수 있으며, 이를 효과적으로 활용하기 위한 기술이 필요하다고 본다.

㉠ **사회적 상호작용** : 크롬볼츠는 사람들이 사회적 상호작용을 통해 배우고 성장한다고 주장한다. 이는 진로 선택에 중요한 영향을 미치게 된다.

㉡ **계획된 우연** : 우연한 사건을 긍정적으로 활용하는 능력을 '계획된 우연'이라고 부르며, 이는 개인이 우연한 기회를 자신의 진로에 유리하게 만들 수 있는 능력을 의미한다.

8 다음 중 크롬볼츠(Klumboltz)의 진로 사회학습이론의 내용으로 옳지 않은 것은?

① 진로신념은 개인이 자신과 직업 세계에 대해 추측하고 가정한 생각으로, 이 진로신념은 정확하든 정확하지 않든 진로결정과 행동에 영향을 준다.

② 자기관찰 일반화는 자기 자신에 대해 관찰 결과 얻어진 것으로 자신의 태도, 업무 습관, 가치관, 흥미, 능력 수준에 대한 일반화를 포함한다.

③ 세계관 일반화는 자신을 둘러싸고 있는 환경에 대한 일반화된 생각으로 학습경험의 결과이다.

④ 관찰학습은 개인이 특정 직업이나 전공을 선택하는 이유를 학습경험에 크게 의존한다고 보았으며, 교육적, 직업적 선호 및 기술을 형성하는 데 중요한 역할을 한다.

해설

④ 4번이 오답인 이유는 학습경험에 대한 설명이기 때문이다.

TIP Klumboltz의 사회학습이론의 주요개념

㉠ **진로신념**(Career Beliefs) : 진로신념은 개인이 직업 선택과 관련하여 가지고 있는 신념이나 가치관을 의미하며 이러한 신념은 개인의 경험, 사회적 상호작용, 그리고 문화적 배경에 의해 형성된다. Klumboltz는 진로신념이 개인의 직업적 결정에 영향을 미친다고 강조하며 진로신념은 긍정적이거나 부정적일 수 있으며, 개인이 직업적 기회를 어떻게 인식하고 접근하는지를 결정짓는 중요한 요소가 된다.

㉡ **자기관찰 일반화**(Self–Observation Generalizations) : 자기관찰 일반화는 개인이 자신의 경험과 행동을 관찰하고, 이를 바탕으로 일반적인 결론이나 패턴을 도출하는 과정을 의미한다. 이는 개인이 자신의 강점, 약점, 흥미, 그리고 능력을 이해하는 데 도움을 준다. 이 과정은 개인이 특정 상황에서의 행동을 관찰하고, 그 결과를 바탕으로 자신에 대한 신념을 형성하는 데 기여하며 이러한 자기관찰 일반화는 개인의 진로 선택에 영향을 미치며, 자신이 어떤 직업에 적합한지를 판단하는 데 중요한 역할을 한다.

㉢ **세계관 일반화**(World–View Generalization) : 개인이 자신이 살고 있는 환경을 관찰하고, 이를 통해 일반화된 지식을 형성하는 과정이다. 이러한 일반화는 다른 환경에서 발생할 수 있는 사건을 예측하는 데 도움을 준다.

9 **반두라의 진로 사회학습이론의 주요개념에 대한 설명으로 옳지 않은 것은?**

① 모델링은 직접적인 강화요인이 없어도 관찰하는 것만으로도 반응을 촉진할 수 있다.

② 억제는 어떤 행동을 수행한 것 때문에 벌을 받았을 때 일어나며, 결과적으로 관찰자가 그러한 행동을 그만두도록 하고 예방하는 데 도움을 준다.

③ 탈억제는 기존에 억제되었던 행동이 긍정적인 경험이나 환경의 변화로 인해 다시 시도되는 현상으로 모델이 성공하는 모습을 보거나, 격려를 받거나, 새로운 기회가 생길 때 발생한다.

④ 관찰학습단계는 동기유발–주의집중–재생–파지 순서로 나타난다.

해설

④ 4번이 오답인 이유는 관찰학습단계의 순서는 '주의집중–파지–재생–동기유발' 순으로 진행되기 때문이다.

TIP 반두라의 관찰학습 단계

㉠ **주의집중** : 관찰자의 주의를 끌어야한다.
㉡ **파지** : 관찰을 통해 학습한 정보를 기억하는 단계이다.
㉢ **재생** : 저장된 기억을 재생하는 단계이다.
㉣ **동기유발** : 학습한 내용을 행동으로 옮기기 전에 동기화 단계이다.

ANSWER 7.④ 8.④ 9.④

10 다음 중 반두라의 사회학습 진로이론에서 자기효능감에 영향을 주는 요인으로 옳지 않은 것은?

① 인지적 반응　　② 수행성취도
③ 대리경험　　④ 언어적 설득

해설

① 1번이 오답인 이유는 인지적 반응이 아닌 '생리적 반응'이기 때문이다.

TIP 반두라의 사회학습 진로이론에서 자기효능감에 영향을 주는 4가지 요인

㉠ 수행성취도
㉡ 대리경험
㉢ 언어적 설득
㉣ 생리적 반응

11 사회학습 진로이론의 주요한 개념으로 '자신이 성취할 수 있다고 믿는 신념' 정도를 의미하는 것은?

① 자아존중감　　② 자기효능감
③ 진로신념　　④ 자아정체성

해설

② 2번이 정답인 이유는 '자기효능감'은 '자신이 성취할 수 있다고 믿는 신념'으로 인지적 측면을 의미하며, '자아존중감'은 '자신이 가치 있는 존재라고 생각'하며 자신을 긍정적으로 받아들이는 감정을 의미한다.

TIP 주요 용어 이해

㉠ **자기효능감** : 자신이 성취할 수 있다고 믿는 신념을 의미한다.
㉡ **진로신념** : 특정 직업에 대해 사람들이 갖고 있는 믿음으로 진로에 대한 신화와 선입견과 유사하며 직업에 대해 갖고 있는 신념은 진로를 결정하고 직업을 탐색하는데 영향을 끼친다.
㉢ **자아정체성** : 자기 자신의 독특성에 대해 안정된 느낌을 갖는 것으로 행동이나 사고, 느낌의 변화에도 불구하고 내가 누구인가를 일관되게 인식하는 것을 의미한다.

12 **반두라는 3축 호혜성을 바탕으로 상호작용의 인과적 모형을 설명한다. 다음 중 인과적 모형의 변인이 아닌 것은?**

① 외형적 행동 ② 자기효능감
③ 외부환경 요인 ④ 개인과 신체적 속성

해설

② 2번이 오답인 이유는 자기효능감은 사회인지적 이론의 주요개념 중 하나로 '3축 호혜성 변인'인 개인(P), 행동(B), 환경(E)에 해당하지 않기 때문이다.

TIP Bandura의 3축 호혜성 모델

인간의 개인적 특성(P), 행동(B), 환경(E)은 상호적인 연관이 있기에 서로 영향을 미친다.
반두라(Bandura)는 개인과 환경 간에 상호작용하는 인과적 영향을 분류하고 개념화하기 위해 3축 호혜성(triadic reciprocal)이라고 불리는 인과적 모형을 구축하였다. 이러한 양방적 모형 안에는 3개의 변인인 개인적·신체적 속성, 외부환경요인, 외형적 행동이 있다.
이 세 변인은 모두 개인발달의 인과적 요인으로 서로 영향을 주면서 상호작용하는데, 이러한 논리를 이용한 사회인지적 진로이론은 개인과 행동 그리고 환경 사이에서 상호작용하는 힘들을 개념화하고 또 최종적으로 자신들의 사고와 행동에 영향을 주는 상황에 각 개인이 어떻게 영향을 주는지도 기술한다. 즉, 이 이론의 핵심은 개인－행동－상황의 상호작용에 있다. 사회인지적 발달이론에서는 진로발달의 개인적 결정요인으로서 자기효능감, 성과기대, 개인 목표를 중시한다.
Bandura의 사회인지적 이론에서는 자기효능감을 중시하지만, 자기효능감이 '3축 호혜성 인과적 모형'에는 포함되지 않는다는 점에 유의해야 한다.

ANSWER 10.① 11.② 12.②

학습 2 사회인지 진로이론

1 사회인지적 진로발달이론에 대한 설명으로 틀린 것은?

① 직업행동을 이해하는데 흥미를 중요하게 다룬다.
② 개인, 환경, 외형적 행동 간에 상호작용을 강조한다.
③ 성과기대나 개인목표와 같은 인지적 과정을 주로 다룬다.
④ 자기효능감을 진로발달의 중요한 개인적 결정요인으로 가정한다.

해설

① 1번이 오답인 이유는 직업행동을 이해하는데 흥미를 중요하게 다룬 이론은 '홀랜드 직업흥미이론'에 해당하기 때문이다.

TIP 반두라(Bandura)의 사회학습이론

㉠ 반두라는 초기에는 「행동주의학습이론」에서 출발해 나중에는 인지적 측면을 중시하는 사회학습이론을 발전시켰다.
㉡ 사회학습이론은 사람의 행동은 다른 사람의 행동이나 어떤 주어진 상황을 관찰하고 모방함으로써 이루어진다는 이론으로 해석한다. 이런 점에서 보상이나 처벌의 조작결과로 인간의 행동이 결정된다는 종래의 학설과는 다르다.
㉢ 반두라는 관찰학습으로 정의하고, 관찰학습에 모방의 범주까지 포함시켰다. 다시 말해 관찰학습에는 관찰한 것을 모방하는 모방학습뿐 아니라, 어떤 상황을 관찰하였으나 모방하지 않는 학습까지 포함된다.
㉣ 반두라는 강화를 이용한 자극 반응의 연합적 반응의 조작적 조건만이 아닌 모방을 통한 학습도 가능하다고 주장하였다.
㉤ **자기효능감** : 자신이 성취할 수 있다고 믿는 신념정도를 의미하며 성과-기대이론을 통하여 자기효능감 모형을 설명하기도 한다.
㉥ **3축 호혜성 모델** : 인간은 개인적 특성, 행동, 환경은 상호적인 연관이 있기에 서로 영향을 미친다.

TIP 홀랜드의 직업흥미이론

㉠ 홀랜드(Holland)는 로(Roe)의 욕구이론에서 직업흥미와 성격이라는 이질적인 특성을 통합하여 설명한 것에 영향을 받아 개인의 행동양식 및 성격유형이 직업선택과 발달에 영향을 미치며 개인의 성격과 직업적 성격의 일치정도에 따라 개인의 직업에서의 성공가능성을 예측할 수 있다고 주장하였다.
㉡ 홀랜드의 가정에 따르면 개인의 유전적 소질과 문화적, 개인적 요소간의 상호작용에 의하여 직업을 선택하게 하고 이러한 직업환경 역시 개인에게 영향을 미친다고 한다.
㉢ 따라서 개인은 환경에 대처하는 독특한 적응양식에 따라 자신에게 부합하는 직업환경을 선택하게 된다.

2 **다음 중 사회인지 진로이론(SCCT)에서 제시한 3가지 영역 모델로 옳지 않은 것은?**

① 흥미모형 ② 선택모형

③ 수행모형 ④ 발달모형

해설

④ 4번이 오답인 이유는 진로발달모형은 '사회인지이론과 다른 성격'의 진로이론이기 때문이다.

TIP 사회인지 진로이론의 3가지 영역 모델

㉠ **흥미모형** : 흥미는 결과기대, 자기효능감과 함께 목표를 예언하고 수행결과로 이어진다.

㉡ **선택모형** : 개인차와 그를 둘러싼 환경은 학습경험에 영향을 주고, 학습경험이 자기효능감과 결과기대에 영향을 주며, 자기효능감과 결과기대는 흥미에 영향을 미치고 흥미는 목표선택에 영향을 미친다. 교육 및 직업적 선택과정을 설명하는 모형으로 개인의 성, 인종, 장애, 성격, 성향 등 개인차와 그를 둘러싼 환경은 학습경험에 영향을 주고 학습경험이 자기효능감과 결과기대에 영향을 준다.

㉢ **수행모형** : 학업과 직업분야에서 성과를 설명하는 모형으로 개인이 그 목표를 추구함에 있어 어느 정도 지속할 것인가와 어느 정도 수준을 수행해낼 것인가를 예측한다.

3 **사회인지 진로이론(SCCT)에 대한 설명으로 옳지 않은 것은?**

① 내담자가 비현실적이라고 느꼈거나 부적절한 자기효능감이나 결과에 대한 부적절한 기대 때문에 배제한 진로대안들을 확인한다.

② 너무 일찍 배제한 진로대안에 대한 진로장벽을 확인한다.

③ 내담자의 잘못된 직업정보와 부적절한 자기효능감을 수정한다.

④ 내담자의 문제행동은 잘못된 학습의 결과로 이해하며 문제행동을 소거하는 것이 바람직하다.

해설

④ 4번이 오답인 이유는 '행동주의이론의 기본가정 및 상담목표에 해당'하기 때문이다.

TIP 사회인지이론의 진로상담 3가지 기본 지침

내담자가 비현실적이라고 느꼈거나 부적절한 자기효능감이나 결과에 대한 기대 때문에 배제한 진로대안들을 확인한다.
진로대안을 너무 일찍 배제한 진로장벽을 확인한다.
내담자의 잘못된 직업정보와 부적절한 자기효능감을 수정한다.

ANSWER 1.① 2.④ 3.④

4 **진로발달이론 중 여성의 성차와 관련한 설명이 시도된 이론은?**

① 인지적 정보처리 접근 ② 자기효능감이론
③ 가치중심이론 ④ 맥락주의이론

해설

② 2번이 정답인 이유는 렌트(Lent), 브라운(Brown), 헥커트(Hackett)가 제시한 사회인지적 진로이론(Social Cognitive Career Theory : SCCT)에서 '여성의 커리어 발달은 성차에 의한 자기효능감에 영향을 받는다'고 보았다.

TIP 사회인지적 진로이론(Social Cognitive Career Theory : SCCT)의 개요

㉠ 진로의사선택에 있어서 렌트(Lent), 브라운(Brown), 헥커트(Hackett)는 사회인지적진로이론(Social Cognitive Career Theory : SCCT)에서 기존의 이론들을 보완하고 진로발달에 대한 다른 이론들을 연결하는 교량적 역할을 담당한다.
㉡ 사회인지적 진로이론에서 자기개념과 자기효능감과 같은 개념을 통합적으로 이해하였으며 베츠(Betz)는 자기효능감을 "진로행동의 어떤 측면들에 관한 낮은 효능감 기대가 개인의 적절한 커리어 선택과 발달의 결정요인으로 작용할 가능성"이라고 정의한다. 진로개발의 개인적 결정요인으로 자기효능과 성과기대 및 개인목표를 중요한 요소로 간주하고 있다.
㉢ 헥커드와 베츠의 자기효능감이론은 반두라의 사회학습이론에 뿌리를 두고 있고 성차에 따른 진로선택에 대한 이론을 설명하고 있다. 초기 진로발달 이론이 남성의 진로발달을 설명한 것과 달리 성차를 설명하기 위한 시도로 자기효능감이론이 대두되었다.
㉣ 성차를 다룬 이론 중 대표적인 것이 헥커드와 베츠의 자기효능감이론으로 반두라의 사회학습이론에 뿌리를 두고 있다. 핵커드와 베츠는 자기효능감 부족이 특히 여성의 경우 사회적 신념과 기대 때문에 발달하게 된다고 주장하며 이 이론은 진로선택 내용(수학, 과학)과 진로선택과정에 대한 효능감을 설명한다.
㉤ 낮은 자기효능감을 가진 여성들은 스스로 진로유연성과 대안을 제안한다고 주장하였다. 그래서 자기효능감이 낮다고 판단되는 여성은 진로결정을 포기하거나 꾸물대거나 회피하는 경향이 있다는 것을 설명하고 있다.

5 **다음 중 사회인지 진로이론(SCCT)에 대한 설명으로 옳은 것은?**

① 진로장벽의 개념은 배제하고 진로과정을 탐색하였다.
② 개인 내적 요인과 진로의사결정에 초점을 두었다.
③ 수퍼(Super)의 진로발달이론을 발전시킨 이론이다.
④ 성, 인종, 사회계층 등 개인 특성과 환경적 배경 등을 이론 범위에 확장하였다.

해설

④ 4번이 정답인 이유는 사회인지 진로이론은 '성, 인종, 사회계층' 등을 확장하여 적용하였기 때문이다.

TIP 사회인지 진로이론(SCCT)의 특징

㉠ 사회인지 진로이론은 개인 내적 요인만 강조하는 이전의 진로 이론의 한계를 극복하고 맥락 요인에도 초점을 두는 새로운 관점을 제시했다.
㉡ 사회인지 진로이론은 진로장벽의 개념을 강조하였다.
㉢ 사회인지 진로이론은 반두라의 사회학습이론을 발전시켜 진로발달 및 선택을 설명하려는 시도에서 태동한 이론이다.

6 **사회인지 진로이론 중 선택 모형에 대한 설명으로 옳은 것은?**

① 흥미는 자기효능감과 결과기대에 의해 형성된다.

② 능력, 자기효능감, 결과기대, 목표 요인을 바탕으로 수행 수준과 수행의 지속성을 설명한다.

③ 과거의 수행이 미래 행동의 결과에 대한 기대와 자기효능감에 영향을 미친다.

④ 자기효능감 및 결과기대가 목표 선택에 영향을 미친다.

해설

④ 4번이 정답인 이유는 사회인지 진로이론은 선택모형에 있어서 '자기효능감, 결과기대가 목표 선택에 영향을 미친다'고 보았다.

TIP 사회인지 진로이론(SCCT)의 주요 개념

㉠ **자기효능감** : 목표한 과업을 완성하기 위해 필요한 행동을 계획하고, 주어진 특정 과제를 수행할 수 있다고 믿는 자신의 능력에 대한 신념을 의미한다.

㉡ **결과기대**(성과기대) : 특정한 과업을 수행했을 때 자신과 주변에 일어날 일에 대한 평가 또는 행동의 결과로 얻게 될 것에 대한 기대를 의미한다.

㉢ **목표** : 어떤 활동을 하겠다는 다짐과 어떤 결과를 이루어 내겠다는 다짐을 모두 포함한다.

㉣ **진로장벽** : 진로를 선택하고 실행하는 과정에서 개인의 진로목표 실현을 방해하거나 가로막는 내 · 외적 요인들을 의미한다.

ANSWER 4.② 5.④ 6.④

학습 3 진로혼돈 이론

1 **다음 중 진로혼돈 이론에 관한 설명으로 옳지 않은 것은?**

① 우리가 사는 세상은 불규칙하며, 질서를 찾기 힘들다는 전제에서 출발한다.
② 내담자의 진로 미결정 상태를 문제로 파악하고 합리적이며 이성적인 선택을 강조한다.
③ 낙관주의적 태도, 불완전성에 대한 수용 등 다소 추상적인 목표들을 염두에 두고 상담을 진행한다.
④ 우리가 살고 있는 현실 그 자체를 봐야 하며 진로 행동들의 비선형성을 강조한다.

해설

② 2번이 오답인 이유는 해당 내용은 '전통적 진로 이론의 관점'이기 때문이다. 진로혼돈 이론에서는 내담자가 갖는 진로 결정상의 어려움을 문제로 보기보다는 의미를 찾는 과정, 열정을 추구하는 여정, 유목적적인 탐색 과정이라는 긍정적인 부분으로 이해한다.

TIP 진로혼돈 이론의 개요

㉠ 우리가 사는 세상은 불규칙하며, 질서를 찾기 힘들다는 전제에서 출발한다.
㉡ 체제 내의 모든 요소들은 상호 연관되어 있고, 복잡하게 엉켜 있기 때문에 예측할 수도, 인과적으로 설명하기도 어렵다고 가정한다.
㉢ 체제는 변화에 적응하려 노력하기 때문에 무질서하게 움직여 가며 요소들 간의 관계는 상당히 역동적이다.
㉣ 개인을 둘러싼 세상 또한 다층적인 체제이기 때문에 역동적으로 상호작용하면서 무언가를 예측할 수 없이 만들어 나가고 있다는 점을 반영해야 한다고 주장한다.
㉤ 아무리 작은 변화라 할지라도 결과적으로는 전체 체제에는 큰 영향을 주게 된다.
㉥ 우리가 살고 있는 현실 그 자체를 봐야 하며 진로 행동들의 비선형성을 강조한다.
㉦ 프라이어와 브라이트(Pryor & Bright)는 현실은 닫힌 체제가 아닌 열린 체제라는 점을 고려할 때 전통적인 진로 이론이 체제의 복잡성, 변화의 가능성, 우연적 영향의 중요성, 인간의 의미 구성 가능성 등을 간과하고 있다고 지적하였다.
㉧ 전통적 진로 이론에서는 질서와 안정성을 토대로 수렴적 진로의사결정이 가능하다고 본다. 반면, 진로혼돈 이론에서는 우연과 변화가 우리 삶을 특징 짓는다는 전제 위에서 확산적인 관점도 고려해야 한다고 제안하였다.

- 수렴적 의사결정 과정은 개연성 있는 결과와 확인을 중시하며, 구체적인 분석, 표준화된 도구의 활용, 성과의 가능성 평가, 믿을 만한 정보의 수집, 신중한 진행, 합리적 의사결정 등의 특징을 갖고 있다.
- 확산적인 의사결정 과정은 가능성을 중시하며, 개인적 책임감 수용하기, 선택지 구성하기, 행동을 실행하는 데 두려움을 갖지 않기, 낙관주의와 흥미를 지닌 채 미래를 바라보기, 긍정적인 행동의 유지하기, 새롭고 계몽적인 지식을 추구하기, 상황에 대해 동시에 여러 가지로 묘사하기, 불완전한 지식으로 실행하고, 불확실성을 인식하고 이를 환영하기, 항상 그럴 수 밖에 없음을 인정하기, 호기심을 따르기, 위험을 감수하기 등의 특징을 갖고 있다.
- 이러한 관점은 내담자가 갖는 진로 결정상의 어려움을 문제로 보기보다는 의미를 찾는 과정, 열정을 추구하는 여정, 유목적적인 탐색 과정이라는 긍정적인 부분으로 이해하며, 그 행위를 격려한다.
- 진로혼돈 이론은 의사결정에 있어서 두 가지 관점들을 상호 보완해서 활용해야 한다는 점을 강조하고 있다.

2 **진로혼돈 이론에서 제시한 확산적인 의사결정 과정의 특징에 해당하지 않는 것은?**

① 낙관주의와 흥미를 지닌 채 미래를 바라보기

② 상황에 대해 동시에 여러 가지로 묘사하기

③ 불확실성을 인식하고 이를 환영하기

④ 완전한 지식을 갖춘 후 실행하기

해설

④ 4번이 오답인 이유는 진로혼돈 이론에서는 세상은 계속 변화하고 움직여 가는 복잡한 체제이기 때문에 완벽함, 완전함을 추구하기보다는 불완전한 지식으로 실행해 나가는 그 행위 자체를 격려한다.

TIP 진로혼돈 이론의 개요

㉠ 우리가 사는 세상은 불규칙하며, 질서를 찾기 힘들다는 전제에서 출발한다.

㉡ 체제 내의 모든 요소들은 상호 연관되어 있고, 복잡하게 엉켜 있기 때문에 예측할 수도, 인과적으로 설명하기도 어렵다고 가정한다.

㉢ 체제는 변화에 적응하려 노력하기 때문에 무질서하게 움직여 가며 요소들 간의 관계는 상당히 역동적이다.

㉣ 개인을 둘러싼 세상 또한 다층적인 체제이기 때문에 역동적으로 상호작용하면서 무언가를 예측할 수 없이 만들어 나가고 있다는 점을 반영해야 한다고 주장한다.

㉤ 아무리 작은 변화라 할지라도 결과적으로는 전체 체제에는 큰 영향을 주게 된다.

㉥ 우리가 살고 있는 현실 그 자체를 봐야 하며 진로 행동들의 비선형성을 강조한다.

㉦ 프라이어와 브라이트(Pryor & Bright)는 현실은 닫힌 체제가 아닌 열린 체제라는 점을 고려할 때 전통적인 진로 이론이 체제의 복잡성, 변화의 가능성, 우연적 영향의 중요성, 인간의 의미 구성 가능성 등을 간과하고 있다고 지적하였다.

㉧ 전통적 진로 이론에서는 질서와 안정성을 토대로 수렴적 진로의사결정이 가능하다고 본다. 반면, 진로혼돈 이론에서는 우연과 변화가 우리 삶을 특징 짓는다는 전제 위에서 확산적인 관점도 고려해야 한다고 제안하였다.

- 수렴적 의사결정 과정은 개연성 있는 결과와 확인을 중시하며, 구체적인 분석, 표준화된 도구의 활용, 성과의 가능성 평가, 믿을 만한 정보의 수집, 신중한 진행, 합리적 의사결정 등의 특징을 갖고 있다.
- 확산적인 의사결정 과정은 가능성을 중시하며, 개인적 책임감 수용하기, 선택지 구성하기, 행동을 실행하는 데 두려움을 갖지 않기, 낙관주의와 흥미를 지닌 채 미래를 바라보기, 긍정적인 행동의 유지하기, 새롭고 계몽적인 지식을 추구하기, 상황에 대해 동시에 여러 가지로 묘사하기, 불완전한 지식으로 실행하고, 불확실성을 인식하고 이를 환영하기, 항상 그럴 수 밖에 없음을 인정하기, 호기심을 따르기, 위험을 감수하기 등의 특징을 갖고 있다.
- 이러한 관점은 내담자가 갖는 진로 결정상의 어려움을 문제로 보기보다는 의미를 찾는 과정, 열정을 추구하는 여정, 유목적적인 탐색 과정이라는 긍정적인 부분으로 이해하며, 그 행위를 격려한다.
- 진로혼돈 이론은 의사결정에 있어서 두 가지 관점들을 상호 보완해서 활용해야 한다는 점을 강조하고 있다.

ANSWER 1.② 2.④

3 진로혼돈 이론을 주장한 학자로 옳은 것은?

① 프라이어와 브라이트(Pryor & Bright)
② 다위스와 롭퀴스트(Dawis & Lofquist)
③ 하켓과 베츠(Hackett & Betz)
④ 홉슨과 애덤스(Hopson & Adams)

해설

① 1번이 정답인 이유는 '프라이어와 브라이트(Pryor & Bright)는 진로혼돈 이론의 대표적인 학자'이기 때문이다. 반면, ② 다위스와 롭퀴스트는 직업적응 이론 학자, ③ 하켓과 베츠 사회인지진로 이론 학자, ④ 홉슨과 애덤스는 진로전환 이론 학자이다.

4 진로혼돈 이론에서 진로 행동의 패턴을 설명하는 4가지 유인이 아닌 것은?

① 패턴 유인
② 진동 유인
③ 결과 유인
④ 우연 유인

해설

③ 3번이 오답인 이유는 진로 행동 패턴을 설명하는 유인은 '㉠ 목표 유인, ㉡ 진동 유인, ㉢ 패턴 유인, ㉣ 우연 유인' 등 4가지로 구성된다.

TIP 진로 행동 패턴을 설명하는 4가지 유인

구분	내용
목표 유인 (Point Attractor)	체제가 특정 지점을 향해서 움직여 가는 것을 의미하며, 목표지향형(Goal Driven)으로 이해될 수 있다. 이는 어느 한 시점에 초점을 맞추고 복잡성과 변화에 대한 다른 모든 정보를 무시하기 때문에 융통성이 없어지고 기회를 인식하지 못할 수 있다.
진동 유인 (Pendulum Attractor)	두 개의 지점, 장소 또는 성과 사이를 규칙적으로 이동하는 것을 의미하며, 역할지향형(Role Driver)으로 이해될 수 있다. 이편 아니면 저편, 이것 아니면 저것, 즉 둘 중 하나라는 경직된 사고를 보이기 때문에 중요한 정보나 가능성 있는 대안들을 과소평가할 수 있다.
패턴 유인 (Torus Attractor)	복잡하지만 예측 가능한 방식으로 움직여가는 것을 의미하며, 시간의 흐름에 따라 일종의 패턴이나 규칙, 원칙, 절차를 만들어가면서 변화에 대응하는 규칙지향형(Routine Driver)으로 이해될 수 있다. 따라서 예외가 발생하는 상황에 즉각 대응하지 못하며, 이를 위협으로 받아들인다.
우연 유인 (Strange Attractor)	예측 불가능한 방식으로 복잡하게 움직여 가지만 나름의 질서를 조직해 가기도 하는 변화지향형(Change Driven)으로 이해될 수 있다. 우연의 가능성, 미래의 불확실성을 받아들이고, 지속적인 개선, 피드백, 새로운 아이디어 등을 열린 자세로 받아들이면서 변화를 다룬다.

5 **진로혼돈 이론에서 주장하는 '열린 체제 사고'에 해당하지 않는 것은?**

① 인간의 한계 인식
② 대안을 지닌 체 위험 감수
③ 현실에서의 단계 변화를 인정
④ 강력한 개인적 통제감

해설

④ 4번이 오답인 이유는 해당 설명은 '닫힌 체제 사고'에 해당하기 때문이다.

TIP 닫힌 체제와 열린 체제 사고의 비교

닫힌 체제 사고	열린 체제 사고
• 예상하지 못한 일은 일어나서는 안된다/일어나지 않을 것이다. • "나는 아무도 꺾을 수 없다." • 대안 없이 큰 위험을 감수 • "인생은 공정해야만 한다." • 강력한 개인적 통제감 • 우발적 사태를 무시 • 질서와 과거에 대한 자신감 • 변화의 선형성 • 예외는 제외-무시 • 변화에 반응하기 위해 제한적인 투입	• 예상하지 못한 일은 일어날 수 있다/때때로 발생한다. • "나는 때때로, 취약한 편이다." • 대안을 지닌 체 위험 감수 • "인생은 아무도 보증하지 않는다." • 인간의 한계 인식 • 비상 계획 • 현실에서의 단계 변화를 인정 • 변화의 비선형성 • 예외는 결정적이며 중요할 수 있다. • 창의적으로 변화에 반응

6 **진로혼돈 이론의 상담 과정 3단계 모델에 해당하지 않는 것은?**

① 관계 형성
② 기대 확인
③ 진로발달 문제의 파악
④ 상담 성과 확인

해설

① 1번이 오답인 이유는 진로혼돈 이론에서의 상담 과정 3단계 모델은 '1단계 : 기대 확인, 2단계 : 진로발달 문제의 파악, 3단계 : 상담 성과 확인'로 구성되기 때문이다.

ANSWER 3.① 4.③ 5.④ 6.①

7 진로혼돈 이론에서 활용하는 상담기법이 아닌 것은?

① 현실 체크리스트 활용
② 복잡성 지각 지표의 활용
③ 진로 양식 면접 활용
④ 행운 준비도 지표의 활용

해설

③ 3번이 오답인 이유는 진로 양식 면접은 '진로구성주의 이론에서 활용하는 상담기법'이기 때문이다.

TIP 진로혼돈 이론에서 활용하는 상담기법

㉠ 현실 체크리스트의 활용
㉡ 다양한 질문들
㉢ 복잡성 지각 지표의 활용
㉣ 행운 준비도 지표의 활용
㉤ 매체 활용
㉥ 다양한 게임의 활용 – 기회 카드, '그렇다면 무엇을' 게임, 마인드맵 등

진로혼돈 이론에서는 다양한 상담기법을 활용하고 있다. 이는 우리의 삶의 불안정성과 변화 가능성을 수용하고, 위험 감수의 필요성을 인정한 후 작은 시도라도 실행하는 것이 기회를 만드는 중요한 계기가 된다는 것을 일깨우는 데 목적을 두고 있기 때문이다.

8 진로혼돈 이론의 일반적인 상담 과정과 각 과정의 수행 내용 연결이 옳은 것은?

① 관계 형성 : 내담자의 문제 유형 파악과 상담 전략 구성하기
② 문제/내담자 평가와 상담 목표 수립 : 진로 선택이나 결정과 같은 구체적 상담 목표 설정하기
③ 행동계획 수립 및 활용 : 적극적으로 노력하면 미래를 통제할 수 있음을 인식시키기
④ 종결 : 상담자가 보다 주도적인 자세를 취하며 종결 과정 이끌기

해설

④ 4번이 정답인 이유는 진로혼돈 이론에서는 진로 선택이나 결정과 같은 구체적인 목표를 설정하기보다는 열린 진로에 대한 수용, 낙관적인 태도, 불완전성에 대한 수용, 모호함에 대한 인내 등 추상적인 목표를 염두에 두고 상담을 진행하기 때문에 종결 과정에서는 상담자가 보다 주도적인 자세를 취할 필요가 있다고 본다.

TIP 진로혼돈 이론의 일반적인 상담 과정

상담 과정	수행 내용
1단계 : 관계 형성	• 작업 동맹 형성 • 관계 형성에 실패할 경우 현실 체크리스트 활용할 수 있음
2단계 : 문제/내담자 평가와 상담 목표 수립	• 내담자의 문제 특성 또는 유형 파악 • 내담자의 문제 특성에 따른 상담 개입 전략 • 상담 목표는 좁은 시각 확장, 적극적인 태도 전환, 능동적인 행동 방식으로 전환 시키는 데 목적을 두고 진행
3단계 : 행동계획 수립 및 실행	• 불확실성 수용, 미래는 통제할 수 없음, 모든 정보를 모을 수 없음, 설령 모은다고 해도 좋은 선택은 가능하지 않음을 인정하는 것을 상담 과정에 다룸 • 복잡성 지각 지표, 행운 준비도 지표, 과학수사기법, 마인드맵, 다양한 질문 등 활용 • 강점에 기반한 상담
4단계 : 종결	• 초기 예상 상담 목표에 대한 어느 정도 달성 동의와 현실에서의 문제해결에 대한 자신감 형성이 생기면 상담 종결 • 진로 선택이나 결정과 같은 구체적 목표 설정보다는 열린 진로에 대한 수용, 낙관적인 태도, 불완전성에 대한 수용, 모호함에 대한 인내 등 다소 추상적인 목표를 염두에 두고 상담을 진행하기 때문에 종결 과정에서는 상담자가 보다 주도적인 자세로 진행 • 내담자가 변화의 주체이며 동인으로 기회를 만들어 가는 주역이었음을 부각, 칭찬을 통해 용기를 극대화할 수 있도록 조력

9 진로혼돈 이론의 일반적인 상담 과정에 대한 설명으로 옳지 않은 것은?

① 관계 형성에 실패할 경우 현실 체크리스트를 사용할 수 있다.

② 상담 목표는 진로 결정이나 선택에 한정하지 않는다.

③ 행동계획 수립 및 실행 단계에서는 약점을 보완하는 데 집중한다.

④ 종결 과정에서는 상담자가 보다 주도적인 자세를 취할 필요가 있다.

해설

③ 3번이 오답인 이유는 행동계획 수립 및 실행 단계는 강점에 기반한 상담을 진행해야 한다. 삶의 모호성과 불활성에 대해 수용하는 과정이 자칫하면 수동적인 삶의 태도로 수렴되지 않도록 자신의 자원과 강점에 초점을 두도록 해야 한다. 강점에 기반한 상담은 희망과 안녕감의 수준을 높여주어 진로 문제의 몰입도를 높이기 때문이다.

ANSWER 7.③ 8.④ 9.③

10 **진로혼돈 이론의 상담 과정에서 활용되는 '행운 준비도 지표'의 하위 요인이 아닌 것은?**

① 융통성　　② 낙관주의
③ 대인관계　　④ 효능감

해설

③ 3번이 오답인 이유는 행운 준비도 지표의 하위 요인은 '㉠ 융통성, ㉡ 낙관주의, ㉢ 위험부담, ㉣ 호기심, ㉤ 인내, ㉥ 전략, ㉦ 효능감, ㉧ 행운' 등 8가지로 구성되기 때문이다.

TIP 행운 준비도 지표

요인	높은 점수
융통성	• 변화할 준비가 되었으며 변화 필요성에 반응적임 • 행동이나 사고를 변경하는 데 어려움이 없음 • 자신을 적응적, 용감, 모험적으로 묘사
낙관주의	• 자유롭게 결정을 내릴 수 있는 통제력이 충분히 있다고 믿음 • 문제보다는 기회를 봄 • 자신을 희망적, 적응적, 새로운 경험에 개방적으로 묘사함
위험부담	• 실패가능성은 인정하지만 위축되지 않음 • 위협에 굴하지 않음 • 자신을 적응적, 희망적, 새로운 경험에 개방적, 모험적으로 묘사
호기심	• 새로운 지식을 추구하고 개척하며 연구하거나 타인에게서 배우는 것을 경험함 • 자신을 모험적이고 경험에 개방적이며, 인내심이 있고 탐구심이 많다고 묘사
인내	• 지루함, 좌절, 목표 달성에 대한 실망감을 견딜 수 있음 • 자신을 자신감 있고, 인내심이 있고, 희망적이며 집요하다고 묘사함
전략	• 목표를 성취할 기회를 높이기 위해 적극적으로 기회와 가능성을 찾음 • 행운이 영향을 줄 수도 있음을 믿음 • 자신을 대담하고, 모험적이며 적응적으로 묘사
효능감	• 기회와 능력에 초점을 둠 • 자신을 자신감 있고, 변화를 좋아하며, 희망적이고, 새로운 것을 배우고 시도하는 것을 좋아한다고 묘사
행운	• 행운을 믿거나 기대함

11 **진로혼돈 이론의 4가지 유인과 그에 따른 특징 연결이 옳지 않은 것은?**

① 목표 유인 – 목표지향형
② 진동 유인 – 방향지향형
③ 패턴 유인 – 규칙지향형
④ 우연 유인 – 변화지향형

해설

② 2번이 오답인 이유는 '진동 유인 – 역할지향형'이기 때문이다.

TIP 진로 행동 패턴을 설명하는 4가지 유인

목표 유인 (Point Attractor)	체제가 특정 지점을 향해서 움직여 가는 것을 의미하며, 목표지향형(Goal Driven)으로 이해될 수 있다. 이는 어느 한 시점에 초점을 맞추고 복잡성과 변화에 대한 다른 모든 정보를 무시하기 때문에 융통성이 없어지고 기회를 인식하지 못할 수 있다.
진동 유인 (Pendulum Attractor)	두 개의 지점, 장소 또는 성과 사이를 규칙적으로 이동하는 것을 의미하며, 역할지향형(Role Driver)으로 이해될 수 있다. 이편 아니면 저편, 이것 아니면 저것, 즉 둘 중 하나라는 경직된 사고를 보이기 때문에 중요한 정보나 가능성 있는 대안들을 과소평가할 수 있다.
패턴 유인 (Torus Attractor)	복잡하지만 예측 가능한 방식으로 움직여가는 것을 의미하며, 시간의 흐름에 따라 일종의 패턴이나 규칙, 원칙, 절차를 만들어가면서 변화에 대응하는 규칙지향형(Routine Driver)으로 이해될 수 있다. 따라서 예외가 발생하는 상황에 즉각 대응하지 못하며, 이를 위협으로 받아들인다.
우연 유인 (Strange Attractor)	예측 불가능한 방식으로 복잡하게 움직여 가지만 나름의 질서를 조직해 가기도 하는 변화지향형(Change Driven)으로 이해될 수 있다. 우연의 가능성, 미래의 불확실성을 받아들이고, 지속적인 개선, 피드백, 새로운 아이디어 등을 열린 자세로 받아들이면서 변화를 다룬다.

ANSWER 10.③ 11.②

12 **진로혼돈 이론의 3단계 모델과 각 단계에서의 상담사 역할에 대한 설명이 옳지 않은 것은?**

	단계	상담사 역할
①	기대 확인	인정과 책임, 패턴 파악, 불확실성과 더불어 살기, 창의성과 열린 마음자세, 행운 준비, 영성 개발 등 6개의 격려 전략 활용
②	진로발달 문제의 파악	문제에 대해 창조의 기회, 극복할 장애물, 탐색해 볼 가능성, 적응해야 할 변화원, 받아들여야 할 숙명으로 의미화하는 작업
③	상담 성과 확인	미래를 예측하고 대응하려는 자세에서 변화를 당연시하고 이에 적응하고 준비하려는 태도로 전환
④	종결	내담자가 변화의 주체이며 동인으로 기회를 만들어 가는 주역이었음을 부각시키고, 칭찬을 통해 용기를 극대화할 수 있도록 조력

해설

④ 4번이 오답인 이유는 3단계 모델에 종결은 없으며, 해당 내용은 '진로혼돈 이론의 일반적 상담 과정 중 종결 단계'에 해당하는 내용이기 때문이다.

TIP 진로혼돈 이론의 상담 과정 3단계 모델

단계	내용
기대 확인	• 내담자의 기대 확인 : 내담자가 어떻게 지각, 해석, 사실들을 평가하는가를 알려주는 지표 • 자신과 타인에 대한 기대 확인 • 상담자와 상담, 진로, 의미와 영성, 현재 문제에 대한 기대 확인 • 내담자를 미래를 예측하고 대응하려는 자세에서 변화를 당연시하고 이에 적응하고 준비하려는 태도로 전환시켜야 함
진로발달 문제의 확인	• 내담자의 문제 확인 : 복잡성, 변화, 기회(우연), 구성, 기여 또는 의미 등의 요인 중 한두 개 이상 포함 • 적응 문제는 4가지 유인(목표 유인, 진동 유인, 패턴 유인, 우연 유인) 간의 충돌 • 상담자는 문제에 대해 창조의 기회, 극복할 장애물, 탐색해 볼 가능성, 적응해야 할 변화원, 받아들여야 할 숙명으로 의미화하는 작업을 통해 내담자가 현실 문제를 다른 방식으로 이해하도록 접근
상담 성과 확인	• 내담자의 성취된 성과 확인 : 위기를 기회로 활용하도록 격려 • 6개의 요인을 포함한 격려 전략 활용 : 인정과 책임, 패턴 파악, 불확실성과 더불어 살기, 창의성과 열린 마음자세, 행운 준비, 영성 개발

13 **빈칸에 공통으로 들어갈 알맞은 용어(단어, 개념)는?**

> • 진로혼돈 이론에서는 체제의 기능을 (　　　)로/으로 묘사한다.
> • (　　　)란/이란 체제의 피드백 메커니즘, 목표 상태, 경계, 평형과 불평형 간의 조화와 같이 체제를 특징짓는 일종의 궤적으로 이해될 수 있다.
> • (　　　)들은 나름의 특징을 지니고 있으며 진로 행동 패턴을 설명하는 것으로 4가지 유형으로 구분된다.

① 기대　　② 복잡성
③ 유인　　④ 불확실성

해설

③ 3번이 정답인 이유는 질문의 내용은 '유인'에 대한 것이기 때문이다.

14 **진로혼돈 이론에서 활용하는 '복잡성 지각 지표'에 대한 설명으로 옳지 않은 것은?**

① 지속적인 변화에 대한 개인의 전형적인 반응들을 측정하기 위해 고안되었다.
② 20개의 문항으로 구성되어 있고, '그렇다' 또는 '아니다'에 체크하도록 한 후 '그렇다'는 반응이 12개 이상인 경우 진로혼돈에 대해 수용하고 있다고 평가한다.
③ 10개의 요인들로 구성되는데, 개인이나 집단에서 모두 활용 가능하며, 온라인 검사도 가능하다.
④ 검사를 통해 프로파일을 검토하기보다는 요인들의 내용을 개인 또는 집단원과 함께 검토하면서 자신이 어떠한 유형의 진로 행동을 선호하고 있는지, 변화 요인에는 어떠한 것들이 있는지 확인하는 선에서 활용하는 것을 권한다.

해설

② 2번이 오답인 이유는 해당 설명은 '현실 체크리스트'에 대한 것이기 때문이다.

ANSWER 12.④　13.③　14.②

15 **진로혼돈 이론의 상담기법 중 지속적인 변화에 대한 개인의 전형적인 반응들을 측정하기 위해 활용되는 것은?**

① 현실 체크리스트

② 행운 준비도 지표

③ 커리어-오-그램

④ 복잡성 지각 지표

해설

④ 4번이 정답인 이유는 질문의 설명은 '복잡성 지각 지표'에 대한 것이기 때문이다.
① 현실 체크리스트는 진로결정에 대한 현실을 깨닫는 자료로 활용한다.
② 행운 준비도 지표는 우연에 의해 만들어진 기회를 인식하고 활용하며, 적응하는 능력을 측정할 때 사용한다.
③ 커리어-오-그램은 개인의 진로 관련 역사를 파악할 때 사용한다.

16 **복잡성 지각 지표 검사 후 요인별 높은 점수의 해석 내용에 대한 설명으로 옳지 않은 것은?**

	요인	높은 점수
①	목표/목표에 이끌리는 자	복잡성은 목표지향 행동에 의해 감소 가능. 결정, 초점, 비전, 명확성과 헌신은 통제와 성취의 수단임, 기회와 변화는 극복할 수 있는 장벽임
②	우연/변화에 이끌리는 자	인간 경험의 일부로서 변화를 인정하고, 예상함, 인간의 통제력이 갖는 한계를 인정하고 적응하려 도전함
③	패턴/규칙에 이끌리는 자	복잡성은 절차와 선행인자들을 활용해서 다루어짐, 비전은 없고 단지 과정과 통상적인 규칙이 있을 뿐, 기회와 변화는 성가신 것임
④	진동/역할에 이끌리는 자	복잡성은 경쟁하는 요구 때문이며 결국 역할 갈등을 야기, 기대 충족을 어렵게 함, 의사결정에서의 흔들림, 좌절이 나타날 수 있음

해설

② 2번이 오답인 이유는 '우연/변화에 이끌리는 자 : 기회와 변화는 새로운 기회의 원천, 창의적인 도전과 예측하지 못한 것을 즐김, 패턴과 서프라이즈는 삶의 실재를 완성하는 것으로 포용됨'이기 때문이다.

TIP 복잡성 지각 지표

요인	높은 점수
지속적인 변화	• 인간 경험의 일부로서 변화를 인정하고, 예상함 • 인간의 통제력이 갖는 한계를 인정하고 적응하려 도전함
통제/불확실성	• 미래를 예상 가능하고 질서정연한 것으로 봄 • 통제력과 확실성은 개인적 노력과 비전을 통해 성취도리 수 있다고 믿음
비선형성 (작은 단계의 중요성 인정)	• 명백하게 작은 사건과 행동들이 큰 영향을 줄 가능성을 이해함 • 세부 사항과 작은 단계들에서의 변화 가능성을 이해함
단계 변화 (드라마틱한 변화)	• 삶에서의 급격한 변화를 경험했고 기대할 수 있음 • 이러한 변화들이 예상될 수 없음을 인정
출현(패턴 만들기)	• 시간이 흘러 의미의 패턴이 드러나고 행동 이후의 생각이 그 반대보다 더 유익할 수 있음을 인정
목표/목표에 이끌리는 자	• 복잡성은 목표지향 행동에 의해 감소 가능. 결정, 초점, 비전, 명확성과 헌신은 통제와 성취의 수단임 • 기회와 변화는 극복할 수 있는 장벽임
진동/역할에 이끌리는 자	• 복잡성은 경쟁하는 요구 때문이며 결국 역할 갈등을 야기하며 기대 충족을 어렵게 함 • 의사결정에서의 흔들림, 좌절이 나타날 수 있음
패턴/규칙에 이끌리는 자	• 복잡성은 절차와 선행인자들을 활용해서 다루어짐 • 비전은 없고 단지 과정과 통상적인 규칙이 있을 뿐 • 기회와 변화는 성가신 것임
우연/변화에 이끌리는 자	• 기회와 변화는 새로운 기회의 원천 • 창의적인 도전과 예측하지 못한 것을 즐김 • 패턴과 서프라이즈는 삶의 실재를 완성하는 것으로 받아들임
목적/영성	• 어떻게 일이 타인들과 연관되며 어떻게 그들이 더 큰 질서를 부합하는지를 봄 • 그들은 자기 지식과 통제력의 한계를 인정함

ANSWER 15.④ 16.②

학습 4 진로구성이론

1 사비카스(M. Savickas)가 제안한 진로구성주의 이론의 주요 개념이 아닌 것은?

① 직업적 성격
② 진로 적응성
③ 생애 주제
④ 진로 탄력성

해설

④ 4번이 오답인 이유는 진로구성주의 주요 개념은 '㉠ 직업적 성격, ㉡ 진로 적응성, ㉢ 생애 주제'이기 때문이다.

TIP 진로구성주의 주요 개념

㉠ 직업적 성격은 진로와 관련된 각 개인의 욕구, 가치, 흥미, 능력 등을 의미한다.
㉡ 진로 적응성은 일이 자신에게 맞도록 자신을 일에 맞추어 나가는 과정에 동원되는 개인의 태도, 능력, 행동을 의미한다.
㉢ 생애 주제는 직업적 선호를 표현하는 과정에서 자신을 어떤 사람으로 생각하는지를 직업적 용어를 써서 나타내고, 어떤 직업에 들어가서는 자신의 자아개념을 구현해 내려고 노력하며, 그 직업에서 안정을 찾은 후에는 자신의 잠재력을 실현하고 자기존중감을 유지하려고 한다는 수퍼(Super)의 가정에 근거하고 있다.

2 다음 중 진로구성주의 이론의 가정으로 옳지 않은 것은?

① 자기개념과 직업적 선호는 계속 변화한다.
② 진로적응도란 발달과업의 수행 정도로 정의할 수 있다.
③ 진로구성은 진로발달과업에 의해 시작되고 발달과업에 대한 반응으로 완성된다.
④ 진로는 성장, 탐색, 확립, 유지, 쇠퇴의 5단계를 반복한다.

해설

② 2번이 오답인 이유는 진로적응도란 '발달과업을 수행할 수 있는 준비도와 자원'을 의미한다. 발달과업의 수행 정도는 진로성숙도에 대한 정의다.

TIP 진로구성주의 이론의 16가지 가정

사비카스(M. Savickas)의 진로구성주의 이론은 수퍼(D. Super)의 진로발달 이론을 발전시킨 이론이며, 수퍼의 진로발달 이론의 주요 개념을 재개념화함으로써 수퍼의 아이디어를 현대적 시각으로 재구성한 이론이다.

㉠ 사회는 사회적 역할을 통해 개인의 삶의 과정을 구성한다.
㉡ 직업은 핵심적인 역할을 부여하고 성격조직의 중심이 된다.
㉢ 개인의 진로유형(직업지위, 직업의 순서, 지속기간, 변경빈도 등)은 부모의 사회경제적 지위, 교육수준, 능력, 성격, 자기개념, 기회에 대한 적응능력 등에 달려 있다.
㉣ 능력, 성격, 자기개념 등 직업 관련 특성에서 개인차가 존재한다.
㉤ 각 직업이 요구하는 직업 관련 특성은 서로 다르다.
㉥ 사람들은 다양한 직업을 가질 자질을 가지고 있다.
㉦ 일에서의 역할이 자신의 탁월한 직업 관련 특성과 맞는 정도가 직업적 성공을 좌우한다.

◎ 만족감은 직업적 자기개념의 실현 가능성에 비례한다.
ⓩ 진로구성 과정이란 직업적 자기개념의 발달 및 실현 과정이다.
ⓒ 자기개념과 직업적 선호는 계속 변화한다.
ⓚ 진로는 성장, 탐색, 확립, 유지, 쇠퇴 과정을 순환한다.
ⓣ 전환기에는 성장, 탐색, 확립, 유지, 쇠퇴의 5단계가 반복된다.
ⓟ 진로성숙도란 발달과업의 수행 정도로 정의할 수 있다.
ⓗ 진로적응도란 발달과업을 수행할 수 있는 준비도와 자원이다(태도, 신념, 능력).
㉮ 진로구성은 진로발달과업에 의해 시작되고 발달과업에 대한 반응으로 완성된다.
㉯ 어느 단계에선 발달과업을 설명하는 대화, 적응력 훈련, 자기개념을 명료화하는 활동으로 진로구성을 촉진할 수 있다.

3 **진로구성주의 이론의 상담 과정에서는 내담자의 진로 이야기를 이끌어내는 방법으로 진로 양식 면접과 커리어-오-그램을 활용하기도 한다. 다음 중 커리어-오-그램의 활용 절차를 순서대로 바르게 제시한 것은?**

① 진로포부 및 선택의 역사 – 최초의 진로포부 – 주제와 유형 찾기
② 주제와 유형 찾기 – 최초의 진로포부 – 진로포부 및 선택의 역
③ 최초의 진로포부 – 진로포부 및 선택의 역사 – 주제와 유형 찾기
④ 주제와 유형 찾기 – 진로포부 및 선택의 역사 – 최초의 진로포부

해설

③ 3번이 정답인 이유는 해당 설명은 '커리어-오-그램의 활용 절차'에 해당하기 때문이다.

TIP 커리어-오-그램(Career-O-Gram, Thorngren & Feit, 2001)의 절차

절차	내용
최초의 진로포부	• 기억할 수 있는 가장 어린 시절에 꿈꾸었던 것이 무엇인가를 질문하고, 그 직업을 종이에 기호와 함께 표시한다. • 최초 꿈을 바탕으로 문화, 인종, 성역할, 정치적 영향 등과 관련된 추가적인 질문을 통해 이후 진로포부를 더 탐색해 나간다. • ex) 이 꿈의 어떤 점이 가장 마음에 들었나요?, 선택 당시 사회적으로는 어떤 일이 있었나요?
진로포부 및 선택의 역사	• 최초의 진로포부에 대한 탐색을 마치면 그 이후 가졌던 꿈과 실제 직업이나 진로에 대해 다룬다. • 시간의 순서에 따라 진로와 관련된 개인의 역사를 그려 나간다. • ex) 청소년기에 가장 많이 했던 활동은 무엇이었나요?
주제와 유형 찾기	• 상담자와 내담자는 함께 진로의 역사가 어떤 영향을 받아 왔는지 보면서 그 주제와 유형을 알아본다. • 자신의 진로 역사를 탐색함으로써 사회풍토, 경제적 요인, 가족의 기대 등 자신의 삶이 얼마나 많은 사회적 영향을 받으며 형성되었는지를 이해하게 한다. • 자신 또한 환경에 영향을 미치고 있고, 자신과 환경이 서로 영향을 주고받고 있음을 깨닫게 도와준다. • ex) 자신의 성격이 의사결정 과정에 어떤 영향을 미쳤다고 생각하나요?

ANSWER 1.④ 2.② 3.③

4 **커리어-오-그램에서 사용하는 상징 기호와 의미 설명이 옳은 것은?**

① 원 : 대인관계

② 마름모 : 중요한 경험

③ 삼각형 : 목표 또는 실제 직업

④ 큰 화살표 : 생애 전반의 주제

해설

④ 4번이 정답인 이유는 커리어-오-그램의 '큰 화살표는 생애 전반의 주제'를 의미하기 때문이다.

TIP 커리어-오-그램의 상징 기호와 의미

㉠ **원** : 현재 자신의 진로발달단계

㉡ **직사각형** : 목표 또는 실제 직업

㉢ **마름모** : 대인관계

㉣ **삼각형** : 중요한 경험

㉤ **큰 화살표** : 생애 전반의 주제

㉥ **가는 화살표** : 변인 간의 관계와 발달단계에 미친 전체 영향

5 **진로구성주의 이론의 진로 양식 면접에서 선호하는 직무와 근로환경을 파악하기 위한 질문으로 가장 적합한 것은?**

① 여가 시간을 어떻게 보내고 싶은가요?

② 중학교 때나 고등학교 때 좋아하는 과목은 무엇이었나요? 그 이유는?

③ 성장하면서 가장 존경했던 사람은 누구인가요?

④ 가장 어릴 적 기억은 어떤 것인가요?

해설

② 2번이 정답인 이유는 해당 설명은 '교과목 영역으로 진로 양식 면접에서 선호하는 직무와 근로환경을 파악하기 위한 질문'이기 때문이다.

TIP 진로 양식 면접(Career Style Interview)에서 사용하는 질문

진로 양식 면접은 진로 유형 면접 또는 진로 이야기 면접으로 통용되기도 한다.

영역	질문	의미
준비도	• ○○씨의 진로를 만들어 나갈 때 저와 만나는 시간을 어떻게 활용할 수 있을까요?	• 상담의 출발점을 제시한다.
역할모델	• 성장하면서 가장 존경했던 사람은 누구인가요? • 어떤 사람의 삶을 따라서 살고 싶은가요? • 세 사람의 역할모델을 이야기해 보세요. - 이 사람들의 어떤 면을 특히 존경하나요? - 이 사람들을 각각 얼마나 좋아하나요? - ○○씨는 이 사람들과 어떻게 다른가요?	• 이상적 자아를 나타낸다. • 질문의 초점은 누구를 존경했는가가 아니라 어떤 점을 존경했는가이다.
잡지 · TV	• 정기적으로 구독하는 잡지가 있나요? 그 잡지의 어떤 점이 좋은가요? • 정말 좋아하는 TV 프로그램은 무엇인가요? 이유는?	• 개인의 생활양식에 맞는 환경에 대한 선호를 나타낸다.
책 · 영화	• 좋아하는 책이나 영화에 대해 이야기 해 주세요.	• 동일한 문제에 당면해 있는 주인공을 드러내고, 이 주인공이 어떻게 그 문제를 다루어 나가는지를 보여 준다.
여가와 취미	• 여가 시간을 어떻게 보내고 싶은가요? • 취미는 무엇인가요? • 취미생활의 어떤 점이 좋은가요?	• 자기표현(self-expression)을 다루고 겉으로 드러난 흥미가 무엇인지 나타낸다.
명언	• 좋아하는 명언이나 좌우명이 있나요? • 기억하고 있는 명언이 있으면 이야기해 주세요.	• 생애사(life story)의 제목을 제공한다.
교과목	• 중학교 때와 고등학교 때 좋아하는 과목이 무엇이었나요? 이유는? • 싫어했던 과목은? 이유는?	• 선호하는 직무와 근로환경을 나타낸다.
생애 초기 기억	• 가장 어릴 적 기억은 어떤 것인가요? • 3~6살 시기에 ○○씨에게 일어났던 일 중 기억에 남는 일 세 가지를 듣고 싶습니다.	• 무엇에 몰두하여 노력을 기울이고 있는지를 드러낸다.

ANSWER 4.④ 5.②

6 진로구성주의 이론에서 사용하는 진로 양식 면접의 영역, 질문 내용, 의미의 연결이 옳지 않은 것은?

	영역	질문	의미
①	역할모델	성장하면서 가장 존경했던 사람은 누구인가요?	이상적 자아를 나타낸다.
②	명언	좋아하는 명언이나 좌우명이 있나요?	개인의 생활양식에 맞는 환경에 대한 선호를 나타낸다.
③	교과목	좋아하거나 싫어하는 과목은 무엇이었나요? 그 이유는?	선호하는 직무와 근로환경을 나타낸다.
④	여가와 취미	취미는 무엇인가요?	자기표현을 다루고 겉으로 드러난 흥미가 무엇인지 나타낸다.

해설

② 2번이 오답이 아닌 이유는 해당 내용은 '명언 – 좋아하는 명언이나 좌우명이 있나요? – 생애사의 제목을 제공한다.'이기 때문이다.

TIP 진로 양식 면접(Career Style Interview)에서 사용하는 질문

진로 양식 면접은 진로 유형 면접 또는 진로 이야기 면접으로 통용되기도 한다.

영역	질문	의미
준비도	• ○○씨의 진로를 만들어 나갈 때 저와 만나는 시간을 어떻게 활용할 수 있을까요?	• 상담의 출발점을 제시한다.
역할모델	• 성장하면서 가장 존경했던 사람은 누구인가요? • 어떤 사람의 삶을 따라서 살고 싶은가요? • 세 사람의 역할모델을 이야기해 보세요. – 이 사람들의 어떤 면을 특히 존경하나요? – 이 사람들을 각각 얼마나 좋아하나요? – ○○씨는 이 사람들과 어떻게 다른가요?	• 이상적 자아를 나타낸다. • 질문의 초점은 누구를 존경했는가가 아니라 어떤 점을 존경했는가이다.
잡지 · TV	• 정기적으로 구독하는 잡지가 있나요? 그 잡지의 어떤 점이 좋은가요? • 정말 좋아하는 TV 프로그램은 무엇인가요? 이유는?	• 개인의 생활양식에 맞는 환경에 대한 선호를 나타낸다.
책 · 영화	• 좋아하는 책이나 영화에 대해 이야기 해 주세요.	• 동일한 문제에 당면해 있는 주인공을 드러내고, 이 주인공이 어떻게 그 문제를 다루어 나가는지를 보여 준다.
여가와 취미	• 여가 시간을 어떻게 보내고 싶은가요? • 취미는 무엇인가요? • 취미생활의 어떤 점이 좋은가요?	• 자기표현(self-expression)을 다루고 겉으로 드러난 흥미가 무엇인지 나타낸다.

명언	• 좋아하는 명언이나 좌우명이 있나요? • 기억하고 있는 명언이 있으면 이야기해 주세요.	• 생애사(life story)의 제목을 제공한다.
교과목	• 중학교 때와 고등학교 때 좋아하는 과목이 무엇이었나요? 이유는? • 싫어했던 과목은? 이유는?	• 선호하는 직무와 근로환경을 나타낸다.
생애 초기 기억	• 가장 어릴 적 기억은 어떤 것인가요? • 3~6살 시기에 ○○씨에게 일어났던 일 중 기억에 남는 일 세 가지를 듣고 싶습니다.	• 무엇에 몰두하여 노력을 기울이고 있는지를 드러낸다.

7 진로구성주의 이론의 대표적인 학자는?

① 크롬볼츠(J. Krumboltz)

② 사비카스(M. Savickas)

③ 긴즈버그(E. Ginzberg)

④ 롭퀴스트(L. Lofquist)

해설

② 2번이 정답인 이유는 '사비카스(M. Savickas)는 진로구성주의 이론 대표학자'이다.

① 크롬볼츠(J. Krumboltz)는 우연 학습이론 학자이다.

③ 긴즈버그(E. Ginzberg)는 진로발달 이론 학자이다.

④ 롭퀴스트(L. Lofquist)는 직업적응이론 학자이다.

ANSWER 6.② 7.②

8 진로구성주의 이론의 상담기법 중 보웬의 가계도에서 착안된 대화와 그림을 이용해 개인의 진로 관련 역사를 파악해 나가는 상담기법은?

① 생애진로무지개
② 진로 가계도
③ 진로 양식 면접
④ 커리어-오-그램

해설

④ 4번이 정답인 이유는 질문의 설명은 '커리어-오-그램'에 대한 것이기 때문이다.

TIP 상담 도구의 활용

㉠ 생애 진로 무지개는 수퍼(D. Super)의 진로발달이론에서 활용하는 것으로 개인이 각 시기마다 어떤 역할을 수행하는지 시각적으로 표현하고, 이를 통해 개인이 다양한 역할을 수행하는 동시에 시간에 따라 그 역할이 변화하는 과정을 설명해 주는 상담 도구이다.
㉡ 진로 가계도는 가족상담에서 많이 활용되는 보웬(M. Bowen)의 가계도를 진로상담 과정에 적용한 것이다. 3세대에 걸친 내담자 가족의 형상을 그리며, 내담자의 진로의사결정에 영향을 주는 요인들이 무엇인지 객관적으로 살펴볼 수 있도록 도움을 주며, (내담자의) '정보 수집' 단계에서 유용한 일종의 질적 평가 도구이다.
㉢ 진로 양식 면접은 진로구성주의 이론에서 활용하는 것으로 구조화된 면접 질문을 통해 얻은 자료를 바탕으로 내담자의 생애주제를 이끌어 낼 수 있고, 직업적 성격과 진로적응도를 파악하는데 활용하는 상담 도구이다.

9 사비카스(M. Savickas)가 제안한 진로적응도의 하위 차원 중 '누가 나의 미래의 주인인가' 질문과 관련 있는 적응 차원은?

① 관심
② 통제
③ 호기심
④ 자신감

해설

② 2번이 정답인 이유는 해당 질문은 '통제 적응 차원'과 관련 있는 질문이기 때문이다.
① 관심 적응 차원과 관련 있는 질문은 '미래가 있는가?'
③ 호기심 적응 차원과 관련 있는 질문은 '미래에 대해 원하는 것이 무엇인가?'
④ 자신감 적응 차원과 관련 있는 질문은 '할 수 있을까?'

10 **사비카스(M. Savickas)가 제안한 진로적응도의 하위 차원으로 옳은 것은?**

① 유연성 – 반응성 – 적응성 – 낙관성
② 일관성 – 변별성 – 계측성 – 일치성
③ 관심 – 통제 – 호기심 – 자신감
④ 호기심 – 융통성 – 회복성 – 인내심

해설

③ 3번이 정답인 이유는 사비카스의 진로적응도 하위 차원은 '㉠ 관심, ㉡ 통제, ㉢ 호기심, ㉣ 자신감' 등 4가지로 구성된다.

TIP 진로적응도(career adaptability)의 차원

질문	진로문제	적응 차원	태도와 신념	역량	대처 행동	관계 측면	개입
미래가 있는가?	무관심	관심	계획적인	계획하기	알아차리는 관여하는 준비하는	의존적	방향성을 잡는 활동
누가 나의 미래의 주인인가?	미결정	통제	결정적인	결정하기	주장적인 훈육된 의도저인	독립적	의사결정 연습
미래에 대해 원하는 것이 무엇인가?	비현실성	호기심	궁금해 하는	탐색하기	실험적인 위험을 감수하는 질문하는	의존적	정보탐색 활동
할 수 있을까?	억제	자신감	효과적인	문제해결	지속하는 노력하는 근면한	동등한	자기존중감 향상

㉠ 사비카스(M. Savickas)는 진로적응도(career adaptability)가 발휘되는 장면에 필요한 진로적응도의 차원과 전략에 따라 네 가지 차원으로 구분하였다. 즉, 적응적인 개인은 일하는 사람으로서 자신의 미래에 대한 관심(concern)을 갖고, 자신의 직업적 미래에 대한 통제력(control)을 높이고, 가능한 자신의 모습과 미래의 일에 대한 호기심(curiosity)을 가지고, 자신의 포부를 추구 함에 있어 자신감(confidence)을 키워 나가는 사람이다.

㉡ 생애설계 모델(Savickas et al., 2009)에서는 참여(commitment)의 차원을 추가하여 5C로 부르기도 하는데, 특정한 일이 아니라 자신의 삶의 과제에 얼마나 참여하고 있는가의 차원이다.

㉢ 진로적응도를 구성하는 요소로 태도(attitudes), 신념(beliefs), 역량(competencies)을 제시하였으며, 진로적응도의 ABC로 줄여서 부르기도 한다. 이 ABC가 바로 직업전환 수행, 발달과업 성취, 마음의 상처 해결 등을 위한 구체적인 대처 행동을 생산해 낸다는 것이다.

㉣ 태도는 대처 행동을 할 때 느끼는 감정(정서)적 측면, 신념은 행동을 이끌어 가는 능동성 측면, 역량은 이해력과 문제해결력을 포함하는 인지적 능력으로 진로 관련 선택과 수행에 필요한 자원을 의미한다.

㉤ 질문은 사회가 개인에게 촉진하는 질문, 문제는 그 질문에 잘 대처하지 못했을 때, 적응차원은 그 질문에 잘 대처했을 때를 나타낸다.

11 **사비카스(M. Savickas)는 진로적응도가 발휘되는 장면에 필요한 자원과 전략을 네 가지 차원으로 구분하였다. 적응 차원과 질문의 연결이 옳은 것을 모두 고르시오.**

> ㉠ 관심(concern) : 현실에 충실한가?
> ㉡ 통제(control) : 누가 내 미래의 주인인가?
> ㉢ 호기심(curiosity) : 미래에 대해 원하는 것이 무엇인가?
> ㉣ 자신감(confidence) : 할 수 있을까?

① ㉠, ㉡
② ㉢, ㉣
③ ㉡, ㉢, ㉣
④ ㉠, ㉡, ㉢, ㉣

해설

③ 3번이 정답인 이유는 관심 적응 차원과 관련 있는 질문은 '미래가 있는가?'이므로, ㉠을 제외한 나머지는 모두 맞는 것이기 때문이다.

TIP 진로적응도(career adaptability)의 차원

질문	진로문제	적응 차원	태도와 신념	역량	대처 행동	관계 측면	개입
미래가 있는가?	무관심	관심	계획적인	계획하기	알아차리는 관여하는 준비하는	의존적	방향성을 잡는 활동
누가 나의 미래의 주인인가?	미결정	통제	결정적인	결정하기	주장적인 훈육된 의도적인	독립적	의사결정 연습
미래에 대해 원하는 것이 무엇인가?	비현실성	호기심	궁금해 하는	탐색하기	실험적인 위험을 감수하는 질문하는	의존적	정보탐색 활동
할 수 있을까?	억제	자신감	효과적인	문제해결	지속하는 노력하는 근면한	동등한	자기존중감 향상

12 **진로구성주의 이론에서 제안한 생애설계 상담에 관한 설명으로 옳은 것은?**

① '해체 – 구성 – 협력구성 – 재구성'의 단계를 거치며 내러티브 방식을 기본으로 한다.
② 구성 단계는 내담자의 관점을 폭넓게 열어 주는 것을 목적으로 하는 단계이다.
③ 과정의 관점에서 처방의 관점으로의 변화를 추구한다.
④ '문제 확인 – 주관적 정체성 탐색 – 관점 확대 – 문제 재정의 – 정체성 실현을 위한 행동 정의 – 추수 지도' 등 6단계로 이루어진다.

해설

④ 4번이 정답인 이유는 해당 설명은 진로구성주의에서 제안한 '생애설계 상담의 6단계 모형'에 해당하기 때문이다.

TIP 생애설계 상담의 6단계 모형

㉠ 문제 확인 – 주관적 정체성 탐색 – 관점 확대 – 문제 재정의 – 정체성 실현을 위한 행동 정의 – 추수 지도 등
㉡ 이 중 첫 단계(문제 확인)와 마지막 단계(추수 지도)는 일반적 상담단계와 공통된 부분으로 두 단계를 제외한 나머지 네 단계가 핵심이며, 구성(construction) – 해체(deconstruction) – 재구성(reconstruction) – 협력구성(coconstruction)의 단계로 진행한다.

단계	내용
구성 단계 (주관적 정체성 단계)	개인이 자기자신과 진로를 어떻게 구성하고 있는지 이야기를 통해 구성해 가는 단계
해체 단계 (관점 전환)	내담자의 관점을 폭넓게 열어 주는 것을 목적으로 하는 단계
재구성 단계 (문제 재정의)	앞 단계에서 찾은 새로운 관점으로 문제를 재조명해 보는 단계
협력구성 단계 (정체성 실현을 위한 행동 정의)	재구성한 새로운 이야기 속에서 문제를 바라보면서 해결책을 찾고 행동의 변화를 촉진하는 단계

※ 생애설계 상담에서 필수적 변화로 소개하고 있는 5가지 관점

㉠ 특성과 상태라는 관점에서 맥락의 관점으로
㉡ 처방에서 과정의 관점으로
㉢ 선형적 인과관계에서 비선형적 역동성의 관점으로
㉣ 과학적 사실에서 내러티브적 실재의 관점으로
㉤ 기술하는 관점에서 관찰하면서 배우는 관점으로의 변화

ANSWER 11.③ 12.④

학습 5 진로전환 이론

1 진로전환의 특징에 대한 설명으로 옳지 않은 것은?

① 진로전환에는 개인차가 존재한다.
② 진로전환은 심리적으로 성장할 수 있는 기회만을 제공한다.
③ 진로전환은 위기이자 기회로서의 양가적 속성을 지니고 있다.
④ 개인의 삶의 맥락이 어떻게 변화했는지 등 문제는 진로전환을 이해하는 데 중요하다.

해설

② 2번이 오답인 이유는 진로전환은 심리적으로 성장할 수 있는 기회와 심리적으로 퇴화할 수 있는 기회를 모두 제공할 수 있기 때문이다.

TIP 진로전환 3가지 특징

개인차	진로전환에는 개인차가 존재해서 어떤 사람은 자신이 원하는 위치로 진로전환을 수월하게 하는데 반해 어떤 사람은 성공하지 못할 수 있다.
양가성	우리는 '위기는 곧 기회다'라는 말을 한다. 진로전환도 위기이자 기회로서의 양가적 속성을 지닌다. 즉, 전환은 심리적으로 성장할 수 있는 기회와 심리적으로 퇴화할 수 있는 기회를 모두 제공할 수 있다. 이는 전환 그자체나 그 결과뿐만 아니라 전환을 하는 당사자가 이러한 전환을 어떻게 인식하고 수용하는지도 중요함을 시사한다.
맥락성	개인에게 일어난 전환이 어떠한 맥락 속에서 발생했는지, 그러한 전환으로 개인의 삶의 맥락이 어떻게 변화했는지 등의 문제는 진로전환을 이해하는 데 매우 중요한 특징이다. 성공적인 전환은 내담자의 특성과 전환이 일어난 전후 맥락에 달려 있다.

2 진로전환의 특징으로 옳지 않은 것은?

① 개인차
② 양가성
③ 맥락성
④ 복잡성

해설

④ 4번이 오답인 이유는 '복잡성은 진로혼돈 이론의 특징'이기 때문이다.

TIP 진로전환 3가지 특징

개인차	진로전환에는 개인차가 존재해서 어떤 사람은 자신이 원하는 위치로 진로전환을 수월하게 하는데 반해 어떤 사람은 성공하지 못할 수 있다.
양가성	우리는 '위기는 곧 기회다'라는 말을 한다. 진로전환도 위기이자 기회로서의 양가적 속성을 지닌다. 즉, 전환은 심리적으로 성장할 수 있는 기회와 심리적으로 퇴화할 수 있는 기회를 모두 제공할 수 있다. 이는 전환 그자체나 그 결과뿐만 아니라 전환을 하는 당사자가 이러한 전환을 어떻게 인식하고 수용하는지도 중요함을 시사한다.
맥락성	개인에게 일어난 전환이 어떠한 맥락 속에서 발생했는지, 그러한 전환으로 개인의 삶의 맥락이 어떻게 변화했는지 등의 문제는 진로전환을 이해하는 데 매우 중요한 특징이다. 성공적인 전환은 내담자의 특성과 전환이 일어난 전후 맥락에 달려 있다.

3 **진로전환에서 정의하는 세 가지 상황이 아닌 것은?**

① 관계 변화
② 직무 변화
③ 위치 변화
④ 직업 변화

해설

① 1번이 오답인 이유는 진로전환은 환경과 자신의 변화를 동반하는 현상을 말한다. 이와 관련한 진로전환의 세 가지 상황은 '㉠ 직무 변화, ㉡ 위치 변화, ㉢ 직업 변화' 등으로 정의하기 때문이다.

TIP 진로전환의 3가지 상황

직무 변화(Task Change)	같은 직업 내에서 직무가 변동되는 경우이다. ex) 젖소를 키우던 농부 → 벼를 재배하는 농부
위치 변화(Position Change)	한 부서에서 다른 부서로, 한 직급에서 다른 직급으로의 변화이다. ex) 기획팀 → 마케팅팀, 대리 → 과장
직업 변화(Occupational Change)	한 직업에서 다른 직업으로 전환하는 것이다. ex) 농부 → 공장 근로자

ANSWER 1.② 2.④ 3.①

4 **진로전환의 영향 요소(4S)가 아닌 것은?**

① 자기(Self)
② 상황(Situation)
③ 전략(Strategies)
④ 지위(Status)

해설

④ 4번이 오답인 이유는 진로전환에 영향을 주는 요소는 '㉠ 상황(Situation), ㉡ 자기(Self), ㉢ 지원(Support), ㉣ 전략(Strategies)'이기 때문이다.

TIP 진로전환에 영향을 주는 요소(4S)

구분	내용
상황(Situation)	• 전환의 상황적 변별요인들로 유발요인, 전환의 발생시점, 통제력 · 자원, 지속성, 이전의 유사한 전환 경험, 스트레스 경험 등
자기(Self)	• 내담자의 이용가능한 대처 자원의 측면 • 내담자의 사회경제적 지원, 문화 및 인종적 배경, 성역할, 나이, 생애단계와 건강상태 등의 인구통계학적 변수들 • 내담자의 자아발달, 인성, 인생관, 능력 및 가치관과 같은 심리적 자원
지원(Support)	• 내담자의 사회적 지원체계 측면 • 가족, 친인척, 친구, 소속단체와 같은 조력자들의 조력(긍정화, 격려, 정보제공, 의지, 기회제공, 실제적 도움 등)
전략(Strategies)	• 문제해결을 위한 대처 방법을 효과적으로 갖추고 있는지를 확인 • 적극적인 문제해결 중심의 대처전략, 스트레스 대처전략 등 • 갖추고 있는 경우 성공적인 전환 가능성이 높다.

5 **홉슨과 애덤스(Hopsen & Adams, 1997)가 제시한 진로전환 7단계와 특징의 연결이 옳은 것은?**

① 최소화 단계 : 타인의 감정과 자신의 감정을 이해하려고 노력하는 과정을 경험한다.
② 시험하기 단계 : 일시적일 수도 있고 수개월 지속될 수도 있다.
③ 의미 찾기 단계 : 변화를 실제보다 더 작게 만들고 싶은 욕구가 생긴다.
④ 놓아주기 단계 : 자신에게 일어나는 상황을 직시하고 수용한다.

해설

④ 4번이 정답인 이유는 해당 설명은 '4단계, 놓아주기 단계의 특징'에 해당하기 때문이다.

TIP 홉슨과 애덤스(Hopsen & Adams, 1997)의 진로전환 7단계 모형

홉슨과 애덤스(Hopsen & Adams, 1997)는 진로위기와 전환에서 경험하는 정서적 변화에 따라 진로전환 7단계 모형을 제시했다. 실직과 같은 진로전환을 경험하는 사람은 시간에 따라 정서 변화를 경험하는 데 마비, 최소화, 회의감, 놓아주기, 시험하기, 의미 찾기, 내면화 과정을 거친다고 하였다.

단계	정서 상태	특징
마비	압도된, 계획을 세울 수 없는, 말문이 막힘	일시적일 수도 있고 수개월 지속될 수도 있다.
최소화	변화에 대한 부인, 변화를 무시, 다 잘될 것이라고 믿음	변화를 실제보다 더 작게 만들고 싶은 욕구가 생긴다.
회의감	자기에 대한 회의감, 미래에 대한 불안과 두려움, 슬픔, 분노 등 다양한 감정	다양한 감정이 매 순간마다 복잡하게 느껴지면서 괴로워한다.
놓아주기	화, 긴장, 좌절과 같은 감정들이 점차 풀어짐	자신에게 일어나는 상황을 직시하고 수용한다. 최초 상황에서 자신을 분리하고 미래를 바라보기 시작한다.
시험하기	조금씩 자신감이 느껴짐	자신감을 바탕으로 네트워크를 구축하거나 실제 계획을 세우기 시작한다.
의미 찾기	자신이 처한 처지에 대해 조금 더 객관적인 의미 부여	타인의 처지나 감정뿐만 아니라 자신의 감정과 처지를 이해하려고 노력하는 과정을 경험한다.
내면화	개인의 가치와 생활양식의 변화	힘든 위기를 겪어 내면서 새로운 대처기술을 발달시키고 정서적, 심리적, 영적으로 성장한다.

6 **홉슨과 애덤스(Hopsen & Adams, 1997)가 제시한 진로전환 7단계 과정을 순서대로 바르게 제시한 것은?**

① 마비 – 내면화 과정 – 최소화 – 회의감 – 시험하기 – 의미 찾기 – 놓아주기

② 마비 – 회의감 – 최소화 – 시험하기 – 의미 찾기 – 내면화 과정 – 놓아주기

③ 마비 – 최소화 – 회의감 – 놓아주기 – 시험하기 – 의미 찾기 – 내면화 과정

④ 마비 – 시험하기 – 회의감 – 최소화 – 놓아주기 – 의미 찾기 – 내면화 과정

해설

③ 3번이 정답인 이유는 홉슨과 애덤스(Hopsen & Adams, 1997)는 실직과 같은 진로전환을 경험하는 사람은 시간에 따라 정서 변화를 경험하는 데 '마비, 최소화, 회의감, 놓아주기, 시험하기, 의미 찾기, 내면화'의 7단계 과정을 거친다고 하였다.

ANSWER 4.④ 5.④ 6.③

7 헤프너(M. Heppner, 1991)가 개발한 진로전환검사(CTI)의 구성 요인이 아닌 것은?

① 진로동기 ② 개방성
③ 지각된 지지 ④ 자기효능감

해설

② 2번이 오답인 이유는 진로전환검사(CTI)는 개인의 경력개발 과정을 촉진하기도 하고 반대로 방해하기도 하는 심리적 자원들과 장벽을 평가하며, '㉠ 진로동기, ㉡ 자기효능감, ㉢ 내적 · 외적 통제, ㉣ 지각된 지지, ㉤ 자기중심 대 관계 중심'의 5가지 요인으로 구성되어 있기 때문이다.

TIP 진로전환검사(CTI)

구성 요인	내용
진로동기(준비도)	진로목표 달성을 위해 해야 할 일을 실제로 하려고 하는지에 관한 개인의 의지
자기효능감(자신감)	진로전환을 이루는 데 필요한 진로계획 활동을 성공적으로 수행하는 자신의 능력에 대한 믿음
지각된 지지(지지)	진로전환을 생각할 때 인생에서 다른 사람으로부터 얼마나 많은 지지를 느끼는지와 관련 있는 지각
내적 · 외적 통제(통제)	외부의 힘에 의해 직업전환의 결과가 결정된다고 느끼기보다 진로계획 과정에 자신이 개인적 통제력을 갖는다고 느끼는 정도
자기중심 대 관계 중심(독립-상호의존성)	직업선택이 보다 큰 관계적 맥락의 한 부분으로서 내려진 선택이 아니라 독립적인 결정을 간주하는 정도

8 헤프너(M. Heppner, 1991)가 개발한 진로전환검사(CTI) 구성 요인 중 다음 내용에 해당하는 요인은?

- 진로전환을 이루는 데 필요한 진로계획 활동을 성공적으로 수행하는 자신의 능력에 대한 믿음
- 이 요인 점수가 높으면 자신과 관련하여 별다른 장벽을 느끼지 않음을 의미한다.

① 진로동기 ② 내적 · 외적 통제
③ 지각된 지지 ④ 자기효능감

해설

④ 4번이 정답인 이유는 질문의 설명은 진로전환검사(CTI) 요인 중 '자기효능감'에 해당하기 때문이다.

TIP 진로전환검사(CTI) 수준별 해석

	높을 때	중간 정도	낮을 때
진로동기(준비도)	동기측면에서 장애가 거의 없다는 것을 의미한다. 높은 점수는 목표달성을 위해 더욱 속도를 내고 노력을 추가로 기울일 가능성이 높다.	직업전환에 대한 감정이 혼재되어 있음을 나타낸다. "그래 한번 해 보자"라는 감정과 "아니야, 현재 상태가 낫겠어"라는 감정이 공존한다.	동기에서 장애가 있음을 나타낸다. 동기의 부족은 삶의 많은 요인과 관련될 수 있다. 타이밍의 문제일 수도 있고 지금이 변화를 해야 할 적절한 시기가 아니라고 느낄 수도 있다.
자기효능감(자신감)	자신과 관련하여 별다른 장벽을 느끼지 않음을 의미한다. 결국 "이 직업전환을 성공시키는 데 필요한 것을 가지고 있다고 믿는다"는 의미이다.	직업전환에 대한 자신의 능력에 어느 정도 자신은 있지만, 이 자신감은 때때로 감소하거나 변화의 다른 측면과 관련될 수 있다.	자신감 부분에서 장애를 나타내고 있음을 의미한다. 성공적으로 직업전환을 수행하는 데 자신의 능력에 의구심을 갖거나 믿음이 부족함을 느낄 수 있다.
지각된 지지(지지)	직업전환 과정에서 지지를 상당히 많이 받고 있음을 의미한다. 사람들로부터 감정적 또는 실제적인 다양한 형태의 지지를 받고 있음을 의미한다.	지지감을 느끼고 있으나 직업전환 과정을 겪어 나가는데 필요한 만큼은 못 된다거나 혹은 원하는 만큼은 못 된다고 생각하고 있음을 나타낸다.	친구나 가족 등으로부터 사회적지지 정도와 관련하여 장벽이 있음을 의미한다. 이 과정에서 필요로 하는 지지감을 강하게 느끼지 못함을 의미한다.
내적 · 외적 통제(통제)	자신이 스스로 직업전환을 통제하고 있다고 생각함을 의미한다. 외적, 환경적, 우연적 요인들은 직업전환에 거의 영향을 미치지 못한다고 생각한다.	직업전환 과정에서 어떤 면은 통제할 수 있지만, 다른 면은 그렇지 못한 것으로 느끼고 있음을 의미한다.	진로계획 과정에 대한 장벽을 외부에서 온다고 보고 있다는 것을 의미한다. 스스로 직업전환에 강력한 영향을 미치지 못한다고 생각한다.
자기중심 대 관계 중심 (독립–상호의존성)	진로결정을 할 때 인생에서 중요한 사람들로부터 독립하여 결정을 내림을 의미한다. 현재 독립생활을 영위하거나 인생에서 중요한 사람이 있다 하더라도 이 결정은 독립적으로 내릴 결정으로 보고 있다.	결정을 종속적이면서도 상호의존적인 것으로 보고 있음을 의미한다. 이러한 결정에서 얼마나 독립적 또는 상호의존적인 것을 원하는지에 대해 양가감정을 느낄 수 있다.	의존적인 것으로 결정이 인생에서 맺고 있는 여러 관계들과 서로 얽혀 있는 것으로 보고 있음을 나타낸다. 직업선택이 가까운 사람에게 어떻게 영향을 미치는지의 관점에서 생각하고 있음을 나타낸다.

ANSWER 7.② 8.④

9 **헤프너(M. Heppner, 1991)가 개발한 진로전환검사(CTI)에 대한 설명으로 적합하지 않은 것은?**

① 진로전환검사(CTI)의 구성 요인은 준비도, 자신감, 통제, 지각된 지지, 독립-의존성 등 5가지이다.

② 개인의 경력개발 과정을 촉진하기도 하고 반대로 방해하기도 하는 심리적 자원들과 장벽을 평가한다.

③ 진로전환 과정에서 진로장벽이 될 수 있는 개인의 내적 과정 변인들을 측정하며, 50문항의 5점 리커트 척도로 구성되어 있다.

④ 구직자에게 작용하는 중요한 역동적인 요인들을 평가하기 위한 도구로써 상담자가 더욱 목표지향적이며, 구체적인 방법으로 개입할 수 있도록 돕는다.

해설

③ 3번이 오답인 이유는 진로전환 과정에서 자원이나 진로장벽이 될 수 있는 개인의 내적 과정 변인들을 측정하며, 40문항의 6점 리커트 척도로 구성되어 있기 때문이다.

10 **빈칸에 들어갈 학자와 이론명을 바르게 제시한 것은?**

> • (㉠)는 (㉡)을 '삶의 전환은 어떤 사건이나 비사건으로 인해 자기자신과 세계관에 변화가 생겨서, 자신의 행동과 관계 측면에서 그에 상응하는 변화가 요구될 때 발생한다.'로 언급했다.
> • (㉠)는 결국 (㉡)은 환경과 자신의 변화를 동반하는 현상을 말한다.

① ㉠ 슐로스베르그, ㉡ 진로전환

② ㉠ 사비카스, ㉡ 진로구성주의

③ ㉠ 프라이어, ㉡ 진로혼돈

④ ㉠ 크롬볼츠, ㉡ 우연학습

해설

① 1번이 정답인 이유는 질문의 설명은 '㉠ 슐로스베르그 학자의, ㉡ 진로전환 이론'에 대한 것이기 때문이다.

11 슐로스베르그(Schlossberg, 1984)가 분류한 진로전환 유형 중 다음 내용에 해당하는 유형은?

> 심리적 · 환경적으로 준비가 되어 있지 않다면 어려움에 처할 가능성이 높은 진로전환 유형이다.

① 규범적 역할 전환
② 비규범적 전환
③ 만성적인 직업문제
④ 갈등적인 직업문제

해설

② 2번이 정답인 이유는 해당 설명은 '실직이나 승진, 좌천과 같이 비규범적(예측 불가능하고 비자발적) 전환으로 인해 위기에 처할 가능성이 훨씬 높아서 심리적 · 환경적으로 준비가 되어 있지 않다면 어려움에 처할 가능성이 높은 진로전환 유형'에 대한 것이기 때문이다.

TIP 슐로스베르그(Schlossberg)의 진로전환 유형

유형	내용
규범적 역할 전환	• 학교를 졸업하고 취업하거나 은퇴하거나 출산 후 재취업을 하는 것과 같은 예측 가능하고 자발적인 경향의 진로전환 유형
비규범적 전환	• 실직이나 승진, 좌천과 같이 규범적 전환에 비해 위기에 처할 가능성이 훨씬 높은 진로전환 유형 • 심리적 · 환경적으로 준비가 되어 있지 않다면 어려움에 처할 가능성이 높은 진로전환 유형
만성적인 직업문제	• 오랫동안 지속되어 온 직업상의 문제가 누적되어 진로전환의 결과로 나타난 진로전환 유형 • 예) 너무 힘들고 위험한 작업환경에서 일하거나 압박감이 높은 직무, 주변 동료들과의 갈등 등으로 개인이 스트레스로 인한 진로전환

ANSWER 9.③ 10.① 11.②

CHAPTER

02 직업상담 진단

학습 1 진단 실시 결정하기

1 진단 도구 정의에 대한 설명으로 옳지 않은 것은?

① 검사에서 표준화가 중요한 것은 측정 과정과 채점 과정에서 생길 수 있는 편차를 줄일 수 있어서 정확한 측정이 가능하기 때문이다.

② 심리적 구성개념은 직접 측정할 수 없으므로 사람의 행동을 관찰함으로써 추론(inference)할 수 있다.

③ 측정은 대상 자체에 수치를 할당하는 과정이다.

④ 심리검사는 현재의 내적인 심리적 속성이나 특성을 진단하여, 향후 행동 또는 성과를 예측(prediction)할 수 있다.

해설

③ 3번이 오답인 이유는 '측정(measurement)이란 어떤 일정한 규칙에 따라 대상이나 사건에 대해 수치를 할당하는 과정을 말한다. 측정이란 엄밀히 말하면, 대상 자체가 아니라 그 대상의 속성(attribute)에 수치를 할당하는 과정이다.'이기 때문이다.

TIP 진단 도구 정의

㉠ 심리적 구성개념은 인간 행동을 설명해 주는 이론을 만들기 위해서 연구자들이 상상으로 만들어 낸 추상적이고 가설적인 개념으로서 직접 측정하는 것이 불가능하며, 직접적으로 측정할 수 없고, 다만 그 사람의 행동을 관찰함으로써 추론(inference)할 수 있다.

㉡ 표준화(standard)란 검사의 실시와 채점 절차의 동일성을 유지하기 위하여 검사 재료, 시간 제한, 검사의 순서, 검사 장소, 지시문 읽기 등 검사 실시의 모든 과정과 응답한 내용을 어떻게 점수화하는가 하는 채점 절차를 세부적으로 명시하는 것을 말한다. 검사에서 표준화가 중요한 이유는 그렇게 함으로써 측정 과정과 채점 과정에서 생길 수 있는 편차를 줄일 수 있어서 정확한 측정이 가능하기 때문이다.

㉢ 측정(measurement)이란 어떤 일정한 규칙에 따라 대상이나 사건에 대해 수치를 할당하는 과정을 말한다. 측정이란 엄밀히 말하면, 대상 자체가 아니라 그 대상의 속성(attribute)에 수치를 할당하는 과정이다.

㉣ 심리검사는 현재의 내적인 심리적 속성이나 특성을 진단하는 기능을 가지고 있고, 이런 진단을 통해 향후 행동 또는 성과를 예측(prediction)할 수 있다.

2 인지적 검사의 특징으로 옳은 것은?

① 인간의 전체가 아닌 일부 능력만을 측정하는 것으로 능력 검사라고도 한다.
② '~ 검사'라고 부르기보다는 '~ 목록 또는 항목표(inventory)'라고 부른다.
③ 자신이 가장 습관적으로 하는 행동을 선택하도록 한다는 측면에서 습관적 수행 검사(typical performance test)라고도 한다.
④ 시간제한이 없고 문항에 정답이 없다.

해설

① 1번이 정답인 이유는 ②③④는 '정서적 검사'의 특징이기 때문이다.

TIP 검사 내용에 따른 분류

인지적 검사	정서적 검사
• 인지 능력을 평가하기 위한 검사 • 인간의 전체가 아닌 일부 능력만을 측정하는 능력검사 • 일반적으로 문항의 정답이 있고, 시간제한이 엄격하게 적용 • 최대한의 능력 발휘 요구(극대 수행 검사)	• 비인지적 검사, 정서 · 동기 · 흥미 · 태도 · 가치 등을 재는 검사 • 정답이 없음, '~검사'라기보다 '~목록 또는 항목표'라고 함 • 응답시간을 제한하지 않음, 최대한의 정직한 응답 요구 • 가장 습관적으로 하는 행동을 선택(습관적 수행 검사)

3 검사의 사용 목적에 따른 분류에 대한 설명으로 틀린 것은?

① 준거 참조 검사는 '규준'을 가지고 있지 않다.
② 규준 참조 검사에서 비교 기준이 되는 점수들을 규준이라고 한다.
③ 규준 참조 검사는 다른 사람들의 점수와 비교해서 상대적으로 어떤 수준인지를 알아보는 것이 주목적인 검사이다.
④ 준거 참조 검사는 준거 집단이라고 부르는 대표적인 집단을 통해 비교 점수를 얻어 낸다.

해설

④ 4번이 오답인 이유는 해당 설명은 '규준 참조 검사'에 대한 것이기 때문이다.

TIP 사용 목적에 따른 분류

규준 참조 검사	• 개인의 점수를 다른 사람들의 점수와 비교해서 상대적으로 어떤 수준인지를 알아보는 것이 주목적인 검사 • 비교 기준이 되는 점수들을 규준(norm)이라고 하며, 이런 규준 집단(norm group)이라고 부르는 대표적인 집단을 통해 비교 점수들을 얻어 낸다.
준거 참조 검사	• 어떤 기준 점수와 비교해서 이용하려는 검사 • 검사를 사용하는 기관이나 조직의 특성에 따라, 시기에 따라 각각 달라질 수 있다. 따라서 준거 참조 검사는 '규준'을 가지고 있지 않다.

ANSWER 1.③ 2.① 3.④

4 습관적 수행 검사에 해당하는 검사 도구는?

① 성격검사 ② 지능검사

③ 적성검사 ④ 성취도 검사

해설

① 1번이 정답인 이유는 ②③④는 '인지적 검사(극대 수행 검사)'에 대한 것이기 때문이다.

TIP 검사 내용에 따른 분류

인지적 검사	• 인지 능력을 평가하기 위한 검사 • 인간의 전체가 아닌 일부 능력만을 측정하는 능력검사 • 일반적으로 문항의 정답이 있고, 시간제한이 엄격하게 적용 • 최대한의 능력 발휘 요구(극대 수행 검사)	• 지능검사 : – 유아용 웩슬러 지능검사(K-WPPSI-Ⅳ) – 아동용 웩슬러 지능검사(K-WISC-Ⅴ) – 한국판 웩슬러 지능검사(K-WAIS-Ⅴ) • 적성검사 : GATB, 성인용 직업 적성검사, 적성검사, 직업 적성검사 • 성취도 검사 : 대학수학능력시험, SAT, 토플(TOEFL), 토익(TOEIC) 등
정서적 검사	• 비인적 검사, 정서 · 동기 · 흥미 · 태도 · 가치 등을 재는 검사 • 정답이 없음, '~검사'라기보다 '~목록 또는 항목표'라고 함 • 응답시간을 제한하지 않음, 최대한의 정직한 응답 요구 • 가장 습관적으로 하는 행동을 선택(습관적 수행 검사)	• 성격검사 : 직업선호도검사 L형 중 성격검사, MMPI, MBTI • 흥미검사 : 직업선호도검사 S형, 직업선호도검사 L형 중 흥미검사, 직업카드 심리검사, 스트롱(Strong) 진로 탐색 검사, 직업 흥미검사 • 태도검사 : 직무만족도 검사, 학습 태도, 부모 양육 태도, 근무 태도

5 홀랜드 이론에 근거한 흥미검사가 아닌 것은?

① 직업선호도검사 S형 ② 직업카드 심리검사

③ 진로 성숙도 검사 ④ 스트롱(Strong) 진로 탐색 검사

해설

③ 3번이 오답인 이유는 홀랜드 이론을 근거한 흥미검사는 '직업선호도검사 S형, 직업선호도검사 L형 중 흥미검사, 직업카드 심리검사, 스트롱(Strong) 진로 탐색 검사, 직업 흥미검사' 등 이기 때문이다.

6 **홀랜드의 개인 · 환경 간 적합성 모형을 토대로 하여 개발된 검사의 이론적 배경이 아닌 것은?**

① 인간의 일부 능력만을 측정하는 검사이다.

② 사람들의 흥미는 6가지 유형으로 구분할 수 있다.

③ 환경도 그 환경에서 일하는 사람들의 흥미에 대응하는 6가지 유형으로 구분할 수 있다.

④ 6가지 유형 각각의 상대적 우열을 구분해 냄으로써 개인의 흥미 구조를 밝힐 수 있다고 주장했다.

해설

① 1번이 오답인 이유는 해당 설명은 '인지적 검사(극대 수행 검사)'의 특징으로, 홀랜드 이론으로 개발된 검사는 흥미검사로 정서적 검사이기 때문이다.

TIP 홀랜드의 흥미검사의 이론적 배경

㉠ 사람들의 흥미는 6가지 유형으로 구분할 수 있다[직업 흥미 유형].

㉡ 환경도 그 환경에서 일하는 사람들의 흥미에 대응하는 6가지 유형으로 구분할 수 있다[직업환경 유형].

㉢ 사람과 환경 유형이 일치하는 경우 최대한의 잠재력을 발휘한다. 이 이론에 따르면, 각 유형의 사람들은 성격이나 자신에 대한 평가, 선호하는 활동, 적성, 가치관 등 많은 분야에서 서로 독특함을 보인다. 홀랜드는 이를 이용해서 평소 활동, 자신의 유능함 지각, 선호하는 직업이나 분야, 일반적 성향 등의 영역에서 개인이 나타내는 6가지 유형 각각의 상대적 우열을 구분해 냄으로써 개인의 흥미 구조를 밝힐 수 있다고 주장했다. 또한, 각 직업환경은 그 환경에서 우세하게 생활하는 사람들의 흥미 유형을 반영하는 것이어서, 개인의 흥미 유형이 직업의 흥미 유형과 일치할 때 직업생활의 성과가 더 크다고 보았다.

7 **직업선호도검사 S형의 결과표로 도출된 흥미유형으로 옳은 것은?**

	현실형	탐구형	예술형	사회형	진취형	관습형
원점수	12	7	5	25	23	19
표준점수	67	51	42	61	63	59

① RE형(현실형, 진취형)

② SE형(사회형, 진취형)

③ RS형(현실형, 사회형)

④ ES형(진취형, 사회형)

해설

② 2번이 정답인 이유는 '원점수가 가장 큰 순서대로 2개가 흥미유형'이 되기 때문이다.

ANSWER 4.① 5.③ 6.① 7.②

8 **분류 방법에 따른 검사 도구별 특징으로 적합하지 않은 것은?**

① 인지적 검사는 인간 전체가 아닌 일부 능력만을 측정하는 것으로 능력 검사라고도 한다.

② 속도 검사는 쉬운 문제로 되어 있고 숙련도를 측정하는 검사이다.

③ 역량검사는 한 사람의 피검자를 심층적으로 연구하고자 하는 용도로 많이 사용한다.

④ 정서적 검사는 정답이 없기 때문에, 이런 것들을 재는 검사 도구를 '~ 검사'라고 부르기보다는 '~ 목록 또는 항목표(inventory)'라고 부른다.

해설

③ 3번이 오답인 이유는 해당 설명은 '개인 검사'의 특징이기 때문이다.

TIP 분류 방법에 따른 검사 도구별 특징

㉠ 검사의 실시 방식에 따른 분류

구분	검사	특징
속도 검사와 역량 검사	속도검사	• 시간제한 있음, 쉬운 문제로 구성 • 숙련도를 측정
	역량검사	• 시간제한 없음, 어려운 문제들로 구성 • 궁극적인 문제해결력을 측정
개인 검사와 집단 검사	개인검사	• 1:1로 하는 검사, 개인에 대해 심층적 연구 • GATB, 주제통각검사, 직업카드 심리검사
	집단검사	• 한 번에 여러 명에게 실시 • MMPI, MBTI, 직업카드 심리검사
지필 검사와 수행 검사	지필검사	• 종이에 인쇄된 문항에 응답하는 방식, 가장 일반적 방식
	수행검사	• 수검자가 대상이나 도구를 직접 다루는 검사 • 일상생활과 유사한 상황에서 직접 해보도록 하는 것
인터넷과 앱	• 검사도구의 실시, 채점, 해석 등이 컴퓨터나 휴대폰을 기반으로 개발되어 이용 즉시 평가가 가능함	

ⓛ 내용에 따른 분류

구분		내용
인지적 검사 =능력 검사 =극대 수행 검사		• 인지능력을 평가하기 위한 검사 • 인간의 전체가 아닌 일부 능력만을 측정하는 능력검사 • 일반적으로 문항의 정답이 있고, 시간제한이 엄격하게 적용 • 최대한의 능력발휘 요구
	지능검사	• 일반적인 정신 능력 측정 • 언어, 수리, 동작 능력 등을 종합적으로 측정 –유아용 웩슬러 지능검사(K-WPPSI-IV, 3~7세) –아동용 웩슬러 지능검사(K-WISC-V, 6~16세) –한국판 웩슬러 지능검사(K-WAIS-IV, 16~69세)
	적성검사	• 지능검사보다 더 특수하고 광범위한 영역의 능력을 시간제한 하에서 측정 • 주로 산업체나 학교에서 많이 사용 • GATB, 성인용 직업적성검사, 적성검사, 직업 적성검사
	성취도 검사	• 시험형태로 배운 수준을 측정 • 특정 교육이나 훈련의 성과를 알아보기 위해 실시 • 개인의 지식, 기술, 성취 수준을 측정하는 검사 • 대학 수능, 토익, 토플 등
정서적 검사 =성격 검사 =습관적 수행 검사		• 비인지적 검사, 정서 · 동기 · 흥미 · 태도 · 가치 등을 재는 검사 • 정답이 없음, '~검사'라기보다 '~목록 또는 항목표'라고 함 • 응답시간을 제한하지 않음, 최대한의 정직한 응답 요구 • 가장 습관적으로 하는 행동을 선택
	성격검사	• 개인이 가지고 있는 성향이나 기질 등을 측정하는 검사 • 직업선호도검사 L형 중 성격검사, MMPI, MBTI
	흥미검사	• 사람들이 특정 분야에 대해 가지고 있는 흥미를 비교하기 위한 검사 • 직업선호도검사 S형, 직업선호도검사 L형 중 흥미검사, 직업카드 심리검사, 스트롱(Strong) 진로 탐색 검사, 직업 흥미검사
	태도검사	• 특정 분야나 대상에 대한 태도 또는 의견을 측정하는 검사 • 직무만족도 검사, 학습 태도, 부모 양육 태도, 근무 태도

ANSWER 8.③

9 홀랜드의 6가지 흥미 유형의 특징이 아닌 것은?

① 현실형은 현장에서 몸으로 부대끼는 활동을 좋아한다.
② 탐구형은 창의성을 지향하며, 아이디어와 재료를 사용해서 자신을 새로운 방식으로 표현하는 작업을 한다.
③ 사회형은 다른 사람을 육성하고 계발하는 것을 좋아하며, 이익이 적더라도 도움이 필요한 사람을 돕는 일을 한다.
④ 진취형은 물질이나 아이디어보다는 사람에게 관심을 가지며, 특정 목표를 달성하기 위해 타인을 통제하고 지배하는 데 관심이 있다.

해설

② 2번이 오답인 이유는 해당 설명은 '예술형(A형)'의 특징이기 때문이다.

TIP 홀랜드의 6가지 흥미 유형의 특징

흥미유형	특징
현실형 (R : Realistic)	• 현장에서 몸으로 부대끼는 활동을 좋아함 〈신체활동 + 기술사용 선호〉
탐구형 (I : Investigative)	• 사람보다는 아이디어를 강조하고, 추상적인 사고 능력을 가지고 있음 〈(과학적인 지식에 대해) 연구 + 분석 + 사고 선호〉
예술형 (A : Artistic)	• 창의성을 지향하며, 아이디어와 재료를 사용해서 자신을 새로운 방식으로 표현하는 작업을 함 〈(사람들에 대한) 창의적 + 변화를 추구하는 일 선호〉
사회형 (S : Social)	• 다른 사람을 육성하고 계발하는 것을 좋아하며, 이익이 적더라도 도움이 필요한 사람을 돕는 일을 좋아함 〈(사람들에 대한) 조력 + 육성 + 지원 선호〉
진취형 (E : Enterprising)	• 물질이나 아이디어보다는 사람에게 관심을 가지며, 특정 목표를 달성하기 위해 타인을 통제하고 지배하는 데 관심이 있음 〈(사람들을) 관리 + 설득 선호〉
관습형 (C : Conventional)	• 일반적으로 잘 짜여진 구조에서 일을 잘하고, 세밀하고 꼼꼼한 일에 능숙함 〈비즈니스 사무행정 + 구조화된 상황 선호〉

10 'Big Five 이론'을 토대로 개발된 직업선호도검사 L형의 성격 5요인 검사에서 각 요인별 특징이 아닌 것은?

① 외향적인 사람은 사교적일 뿐만 아니라 활달하고 말을 많이 하며, 자기주장을 잘한다.
② 호감적인 사람은 기본적으로 이타적인데, 그는 타인과 공감을 잘하고 기꺼이 도와주며, 상대방도 자신에게 도움을 줄 것이라고 생각하는 사람이다.
③ 성실성 점수가 높은 사람은 꼼꼼하고 정확하며 믿을 만하다.
④ 경험에 대한 개방성은 창의성과 관계있는 지능과 상관이 있으므로 지능과 동일하다.

해설

④ 4번이 오답인 이유는 해당 설명에서 '경험 개방성 차원은 '지성(intellectance)'이라고 명명되기도 하는데, 개방성은 창의성과 관계있는 지능과 상관이 있기는 하지만 지능과 동일하지는 않다.'로 수정해야 되기 때문이다.

TIP 'Big Five 이론'을 토대로 개발된 성격 5요인 검사의 특징

성격 요인	점수	특징
외향성	높음	사교적일 뿐만 아니라 활달하고 말을 많이 하며, 자기주장을 잘한다. 그들은 흥분과 자극을 좋아하고, 명랑하고 힘이 넘치며, 선천적으로 낙관적이다.
	낮음	활기가 없다기보다는 꾸준하며 말수가 적고 독립적이다. 혼자 있기를 좋아하지만, 대인관계적 불안을 겪지는 않는다. 그리고 이들은 명랑하고 활달하지 않다고 해서 우울하거나 비관적이지도 않다.
호감성	높음	기본적으로 이타적인데, 그는 타인과 공감을 잘하고 기꺼이 도와주며, 상대방도 자신에게 도움을 줄 것이라고 생각하는 사람이다.
	낮음	자기중심적이고 타인의 의도를 의심하고 경쟁적이다.
성실성	높음	꼼꼼하고 정확하며 믿을 만하다. 또 이들은 목표를 가지고 행동하며, 의지가 강하다.
	낮음	점수가 낮은 사람이라고 해서 성실성에 대한 개념이 없는 것은 아니며, 단지 이들은 성실성의 측면들을 드러내는 데 있어서 점수가 높은 사람들에 비해 비교적 덜하다고 볼 수 있다.
정서적 불안정성	높음	쉽게 적응하지 못하고 스트레스를 잘 받으며 욕구통제에 어려움을 느낀다.
	낮음	정서적으로 안정되어 있고, 어려운 상황에 큰 두려움 없이 직면할 수 있다.
경험에 대한 개방성	높음	다양한 일들을 경험하기 좋아하고 관습에 얽매이지 않으며 새로운 가치관을 기꺼이 받아들이기도 한다.
	낮음	행동이나 외모에서 보수적인 경향이 있지만 권위주의적인 사람은 아니다.

ANSWER 9.② 10.④

11 'Big Five 이론'을 토대로 개발된 직업선호도검사 L형의 성격 5요인 검사에서 아래 소검사와 관련된 성격 요인은?

> 타인에 대한 믿음, 도덕성, 타인에 대한 배려, 수용성, 겸손, 휴머니즘

① 외향성 ② 호감성

③ 성실성 ④ 경험에 대한 개방성

해설

② 2번이 정답인 이유는 해당 소검사는 '호감성'과 관련된 것이기 때문이다.

TIP 성격 5요인 검사의 구성

요인 이름	소검사
외향성	온정성, 사교성, 리더십, 적극성, 긍정성
호감성	타인에 대한 믿음, 도덕성, 타인에 대한 배려, 수용성, 겸손, 휴머니즘
성실성	유능감(성), 조직화 능력, 책임감, 목표 지향(성), 자기통제력, 완벽성
정서적 불안정성	불안, 분노, 우울, 자의식, 충동성, 스트레스 취약성
경험에 대한 개방성	상상력, 문화, 정서, 경험 추구, 지적 호기심

12 다음의 설명에 해당하는 직업심리검사는?

> • '태도'와 '능력'으로 대별하고, 태도 영역에는 계획성, 독립성, 결정성 등, 능력 영역에는 직업 선택 능력, 의사결정 능력, 직업세계 이해 능력 등을 포함시켰다.
> • 미결정(indecision)과 무결정(undecided)의 분석뿐만 아니라 이와 같은 문제점을 발생시키는 요인들을 찾아내는 데 유용하다.

① 직업선호도검사 ② 성인용 일반적성 검사
③ 진로 성숙도 검사 ④ 구직 준비도 검사

해설

③ 3번이 정답인 이유는 해당 설명은 '진로 성숙도 검사(CMI : Career Maturity Inventory)'에 대한 것이기 때문이다.

TIP 진로 성숙도 검사(CMI : Career Maturity Inventory)

㉠ 진로 성숙도 검사는 인간의 진로발달 측면에서 각 단계별 계획성, 독립성, 결정성 등의 성숙 여부를 확인하는 도구이다.
㉡ 진로 성숙도 검사의 문항들은 진로 의사결정 과정에서 가장 일반적으로 제기되는 두 가지 문제점, 즉, 미결정(indecision)과 무결정(undecided)의 분석뿐만 아니라 이와 같은 문제점을 발생시키는 요인들을 찾아내는 데 유용하다.
㉢ 진단에 따라 진로교사나 상담교사가 학생 개인별로 어느 영역이 보다 많은 지도가 필요한가를 판단할 수 있는 자료를 제시하는 처방적 성격을 가지고 있는 검사이다.
㉣ 진로 성숙도 검사에서는 진로 성숙이라는 개념을 '태도'와 '능력'으로 대별하고, 태도 영역(정의적 영역)에는 계획성, 독립성, 결정성 등, 능력 영역(인지적 영역)에는 직업세계 이해능력, 직업선택능력, 합리적인 의사결정능력 등을 포함시켰다.
㉤ 진로 선택에 관한 인지적 영역과 정의적 영역을 측정하는 종합 검사의 성격을 지닌다.

영역	구분	내용
정의적 영역(태도영역)	계획성	자신의 진로 방향 선택 및 직업 결정을 위한 사전 준비와 계획정도
	독립성	자신의 진로를 탐색, 준비, 선택하는데 있어서 스스로 할 수 있는 정도
	결정성	자신의 진로 방향 및 직업 선택에 대한 확신의 정도
인지적 영역(능력영역)	직업세계 이해능력	직업의 종류, 직업의 특성, 작업 조건, 교육 수준, 직무 및 직업세계의 변화 경향과 직업정보 획득 등 6개 분야에 대한 지식과 이해의 정도
	직업선택능력	자신의 적성, 흥미, 학력, 신체적 조건, 가정환경 등과 직업세계에 대한 지식과 이해를 토대로 자신에게 적합한 직업을 선택할 수 있는 능력
	합리적인 의사결정 능력	자기 자신 및 직업 세계에 대한 올바른 이해와 지식을 바탕으로 진로와 관련된 의사결정 과정에서 부딪히는 갈등 상황을 합리적으로 해결하는 능력

ANSWER 11.② 12.③

13 **진로 성숙도 검사(CMI)에 대한 설명으로 적합하지 않은 것은?**

① 능력 영역에 계획성, 독립성, 결정성이 있다.

② 다양한 측면에서 개인 진로상담이나 집단의 진로 프로그램에 유용한 정보를 제공한다.

③ 개인의 진로 미결정과 무결정과 같은 문제점을 발생시키는 요인들을 찾아내는 데 유용하다.

④ 피험자의 진로 선택과 관련된 태도와 능력이 어느 정도 발달해 있는가를 진단 · 기술하는 목적으로 개발된 검사이다.

해설

① 1번이 오답인 이유는 해당 설명은 진로 성숙도 검사(CMI : Career Maturity Inventory)의 '태도영역'에 대한 것이기 때문이다.

TIP 진로성숙도 검사의 하위 요인

정의적 영역(태도영역)	계획성	자신의 진로 방향 선택 및 직업 결정을 위한 사전 준비와 계획정도
	독립성	자신의 진로를 탐색, 준비, 선택하는데 있어서 스스로 할 수 있는 정도
	결정성	자신의 진로 방향 및 직업 선택에 대한 확신의 정도
인지적 영역(능력영역)	직업세계 이해능력	직업의 종류, 직업의 특성, 작업 조건, 교육 수준, 직무 및 직업세계의 변화 경향과 직업 정보 획득 등 6개 분야에 대한 지식과 이해의 정도
	직업선택능력	자신의 적성, 흥미, 학력, 신체적 조건, 가정환경 등과 직업세계에 대한 지식과 이해를 토대로 자신에게 적합한 직업을 선택할 수 있는 능력
	합리적인 의사결정 능력	자기 자신 및 직업 세계에 대한 올바른 이해와 지식을 바탕으로 진로와 관련된 의사결정 과정에서 부딪히는 갈등 상황을 합리적으로 해결하는 능력

14 **직업카드 심리검사 활용의 관점이 아닌 것은?**

① 생애진로 주제 분석　　② 가치 사정
③ 흥미 사정　　④ 적성 사정

해설

④ 4번이 오답인 이유는 직업카드 심리검사의 활용의 관점은 '생애진로주제 분석, 가치 사정, 흥미 사정'이기 때문이다.

TIP 직업카드 심리검사의 활용의 관점

활용의 관점	목적
생애진로 주제 분석	생애진로 주제(life career themes)는 개인이 표현한 생각, 가치, 태도, 자신의 신념, 타인에 관한 신념, 세상에 대한 신념 등이 농축된 단어들이다. 어떠한 삶을 살고자 하는가에 관한 애매모호하고 막연한 생각들을 직업카드라는 도구를 통해 끌어내어(분석하여) 자신의 삶에 대한 중요한 주제를 찾아보는 것이다.
가치 사정	• 자기 인식(self-awareness)의 발전 • 역할 갈등의 근거에 대한 확정 • 저수준의 동기, 성취의 근거 확정 • 개인의 다른 측면들을 사정할 수 있는 예비 단계 • 직업 선택이나 직업 전환을 바로잡아 주는 한 전략
흥미 사정	• 자기 인식 발전시키기 • 직업 대안 규명하기 • 여가 선호와 직업 선호 구별하기 • 직업, 교육상 불만족의 원인 규명하기 • 직업 탐색 구체화하기

ANSWER 13.① 14.④

15 **직업카드 심리검사 활용의 관점 중 흥미 사정의 목적이 아닌 것은?**

① 자기 인식 발전시키기
② 역할 갈등의 근거에 대한 확정
③ 여가 선호와 직업 선호 구별하기
④ 직업 탐색 구체화하기

해설

② 2번이 오답인 이유는 해당 설명은 직업카드 심리검사의 목적 중 '가치 사정'에 대한 것이기 때문이다.

TIP 직업카드 심리검사의 목적

활용의 관점	목적
가치 사정	• 자기 인식(self-awareness)의 발전 • 역할 갈등의 근거에 대한 확정 • 저수준의 동기, 성취의 근거 확정 • 개인의 다른 측면들을 사정할 수 있는 예비 단계 • 직업 선택이나 직업 전환을 바로잡아 주는 한 전략
흥미 사정	• 자기 인식 발전시키기 • 직업 대안 규명하기 • 여가 선호와 직업 선호 구별하기 • 직업, 교육상 불만족의 원인 규명하기 • 직업 탐색 구체화하기

16 직업상담에서 사용되는 각 진단 도구에 대한 설명으로 옳은 것은?

① GATB는 진로 의사결정에서 무결정과 미결정의 문제점을 분석할 수 있다.
② 직업선호도검사 S형은 흥미검사, 성격검사, 생활사 검사로 이루어져 있다.
③ 진로 성숙도 검사(CMI)는 인지적 검사로 9개의 적성을 측정할 수 있다.
④ 직업카드 심리검사는 구성주의에 바탕을 두며, 생애진로 주제를 분석하여 진단하는 검사이다.

해설

④ 4번이 정답인 이유는 해당설명은 '직업카드 심리검사'에 대한 것이기 때문이다.

TIP 진단 도구별 주요 내용

검사명	주요 내용
GATB	모두 15개의 하위 검사를 통해 9개 분야의 적성을 측정할 수 있도록 제작된 것으로, 15개의 하위 검사 중 11개는 지필 검사이고, 4개는 수행 검사이다.
흥미검사	홀랜드의 개인 · 환경 간 적합성 모형을 토대로 하여 개발된 것으로 6가지의 흥미 유형으로 구분된다. (현실형(R), 탐구형(I), 예술형(A), 사회형(S), 진취형(E), 관습형(C))
성격 5요인 검사	'Big Five 이론'을 토대로 개발된 것으로, 정상인의 성격을 기술하는 기본 차원인 '외향성, 호감성, 성실성, 정서적 불안정성, 경험에 대한 개방성'을 말한다.
진로 성숙도 검사(CMI)	• 진로 의사결정 과정에서 가장 일반적으로 제기되는 두 가지 문제점, 즉, 미결정(indecision)과 무결정(undecided)의 분석뿐만 아니라 이와 같은 문제점을 발생시키는 요인들을 찾아내는 데 유용하다. • 진로 성숙이라는 개념을 태도(정의적 영역)와 능력(인지적 영역)으로 구분하여 측정하는 종합검사의 성격을 지닌다.
직업카드 심리검사	• 질적 진단 도구로서 구성주의 입장에서 출발한 검사로서 카드를 분류하고, 나타난 주제(생애진로주제)를 분석하여 진단하는 검사이다. • 직업카드 분류는 일련의 카드를 직업 선호도에 따라 분류하고, 분류에 대한 근거를 분석하여 진로에 대한 사고를 명료화하는 활동이다.

ANSWER 15.② 16.④

17 MMPI의 타당도 척도 중 왜곡 응답을 평가하는 척도로 연결된 것은?

① 무응답(?) 척도, 비전형-정신병리(FP) 척도
② 부인(L) 척도, 고정반응 비일관성(TRIN) 척도
③ 교정(K) 척도, 과장된 자기 제시(S) 척도
④ 무선반응 비일관성(VRIN) 척도, 비전형(F) 척도

해설

③ 3번이 정답인 이유는 왜곡 응답을 평가하는 타당도 척도는 '부인(L) 척도, 교정(K) 척도, 과장된 자기 제시(S) 척도, 비전형(F) 척도, 비전형-후반부(FB) 척도, 비전형-정신병리(FP) 척도'이기 때문이다.

TIP MMPI의 타당도 척도

무관한 응답 평가 척도	• 무응답(?) 척도 무응답 척도는 대답을 누락했거나 '그렇다' 또는 '아니다' 모두에 응답한 문항의 수이다. 이는 검사를 회피하려는 경우, 우유부단한 경우, 의미 있는 답변에 요구되는 정보나 경험 부족, 질문이 내담자에게 해당하지 않을 때 나타나며, 무응답이 30개 이상이면 해석을 보류한다. • 무선반응 비일관성(VRIN) 척도 전형적으로 문항의 내용을 제대로 읽지도 않고 응답했거나 문항에 완전히 혹은 대부분 무선적으로 응답한 사람들을 구별해 내는 것으로, 원점수가 13점 이상일 때 검사 자료의 타당성을 의심할 수 있다. • 고정반응 비일관성(TRIN) 척도 문항 내용과 상관없이 무분별하게 '그렇다'로 응답하는 경향이나 '아니다'로 응답하는 경향 때문에 비일관적인 반응을 보인 사람들을 탐지하기 위해 개발되었다.
왜곡 응답 평가 척도	• 부인(L) 척도 이 척도는 원래 자신을 실제보다 더 좋게 드러내려는 의도를 탐지하는 척도이다. 점수가 높으면 정직하고 성실하게 응답하지 않았을 가능성, 자신의 부정적 특성 부인, 통찰력이 제한되고 사고의 유창성이 부족, 스트레스나 압력에 대한 인내력이 약함을 보이고, 점수가 낮으면 자신감이 있고 허용적인 사람, 가벼운 결점이나 단점을 인정하면서 각 문항에 솔직하게 답함을 의미한다. • 교정(K) 척도 정신병리를 부인하고 자신을 매우 좋게 드러내려는 수검자의 시도 혹은 이와 반대로 이를 과장하거나 자신을 매우 나쁘게 드러내려는 수검자의 시도를 좀 더 효과적으로 탐지할 수 있다. • 과장된 자기 제시(S) 척도 자기 자신을 매우 정직하고 책임감이 있고 심리적인 문제가 없고 도덕적인 결점이 거의 없고 다른 사람들과 매우 잘 어울리는 사람인 것처럼 드러내려는 경향을 평가한다. • 비전형(F) 척도 문항 내용을 제대로 읽지 않고 응답하거나 무선적으로 응답하는 것과 같은 이상 반응 경향 혹은 비전형적인 반응 결과를 탐지하기 위해 개발하였다. 점수가 높으면 모든 문항에 '그렇다'로 응답한 반응 편향, 부정적 방향으로 왜곡하거나 꾀병으로 과장하려는 시도를 나타낸다. • 비전형-후반부(FB) 척도 표준적인 F척도에 속하는 문항들은 시험용 검사지의 전반부에 배치되어 있어 후반부에 위치한 문항들의 수검자가 타당하게 응답했는지를 평가하기 위해 사용한다. • 비전형-정신병리(FP) 척도 F척도 점수가 상승하는 이유는 내담자가 실제로 심각한 정신병리를 지니고 있기 때문일 수 있다는 점을 인식하여 F척도의 보완으로 설계하였다.

18 **미국 심리학회가 제정한 심리학자 윤리강령 8조의 내용으로 옳지 않은 것은?**

① 심리학자는 평가 기법을 이용할 때 그 기법과 본성을 의뢰인에게 충분히 설명해야 하고, 이런 권리를 제한할 때에는 사전에 문서로 동의를 받는다.

② 심리학자는 평가 결과와 그 해석을 다른 사람이 오용하지 않도록 노력한다.

③ 공공에 대한 자동 해석 서비스도 전문가끼리의 컨설팅과 같은 것으로 간주한다.

④ 심리학 전공자 외에는 심리검사 기법을 이용하는 것을 조장하거나 권장하지 않는다.

해설

④ 4번이 오답인 이유는 '심리학자는 적절한 훈련이나 교습, 후원이나 감독(수퍼비전)을 받지 않은 사람들이 심리검사 기법을 이용하는 것을 조장하거나 권장하지 않는다.'이기 때문이다.

TIP 미국 심리학회가 제정한 심리학자 윤리강령 8조

1. 심리학자는 평가 기법을 이용할 때 의뢰인이 그 기법의 목적과 본성을 자신이 이해할 수 있는 언어로 충분히 설명받을 권리가 있음을 인정하며, 이런 권리를 제한할 때는 사전에 문서로 동의를 받는다.
2. 심리학자는 심리검사나 다른 평가 기법을 개발하고 표준화할 때, 기존의 잘 확립한 과학적 과정을 따라야 하며, 미국 심리학회(APA)의 관련 기준을 참조한다.
3. 심리학자는 평가 결과를 보고할 때, 평가 환경이나 수검자를 위한 규준의 부적절성으로 인한 타당도나 신뢰도에 관한 모든 제한점을 지적한다. 심리학자는 평가 결과와 그 해석을 다른 사람이 오용하지 않도록 노력한다.
4. 심리학자는 평가 결과가 시대에 뒤떨어진 것일 수 있음을 인식한다. 심리학자는 이렇게 측정을 오용하지 않기 위해 노력한다.
5. 심리학자는 채점과 해석 서비스가 그런 해석에 이르기 위해 사용한 과정과 프로그램의 타당도에 대한 적절한 증거를 갖출 수 있게 한다. 공공에 대한 자동 해석 서비스도 전문가끼리의 컨설팅과 같은 것으로 간주한다.
6. 심리학자는 적절한 훈련이나 교습, 후원이나 감독을 받지 않은 사람들이 심리검사 기법을 이용하는 것을 조장하거나 권장하지 않는다.

ANSWER 17.③ 18.④

19 MMPI의 임상 척도명과 척도별 설명이 틀린 것은?

① 우울증(D)은 사기가 저하되고 미래에 대한 희망을 상실하며 자신의 생활 상황에 대해 전반적인 불만족감을 갖는 정도를 확인할 수 있다.

② 강박증(Pt)은 관계 사고, 피해의식, 웅대한 자기 개념, 의심성, 지나친 예민성, 경직된 의견 및 태도 등을 가려내기 위한 것이다.

③ 히스테리(Hy)는 신체적 증상을 이용하여 책임을 회피하는 경향이 있으며, 피상적이고 미성숙한 인간관계를 맺는다.

④ 경조증(Ma)은 고양된 기분, 말과 행동의 빠른 속도, 화를 잘 내며, 사고의 비약, 단기간의 우울증 등과 같은 증상을 가려내기 위해 개발되었다.

해설

② 2번이 오답인 이유는 해당 설명은 MMPI의 임상 척도 중 '편집증(Pa)'에 대한 것이기 때문이다.

TIP MMPI의 임상 척도

1번 건강염려증(Hs)	신체적 건강에 대해 집착하면서 질병에 대한 공포를 느끼는 상태이며, 점수가 높거나 극단적으로 점수가 높으면 극적이고 때로는 기이한 신체적 염려를 지닐 수 있고, 일반적으로 모호하고 불특정적인 신체적 불편감을 호소, 건강문제에 자주 집착하며 스트레스를 받으면 신체 증상을 나타내는 경향이 있다
2번 우울증(D)	사기가 저하되고 미래에 대한 희망을 상실하며 자신의 생활 상황에 대해 전반적인 불만족감을 갖는 것으로, 점수가 높으면 우울하고 슬프고 울적하고 불행하고 희망이 없다고 느낀다. 미래에 대해 대체로 비관적, 자살 시도의 가능성, 자신감 부족으로 자신을 쓸모없는 사람이라고 느끼며, 스트레스에 직면하면 쉽게 포기한다.
3번 히스테리(Hy)	스트레스 상황에서 히스테리 반응을 보이는 환자들을 가려내기 위한 것이며, 극단적으로 높은 점수는 고전적 히스테리 증상을 특징으로 하는 병리적 상태일 가능성 시사한다. 스트레스를 받으면 신체적 증상을 나타내고 신체적 증상을 이용하여 책임을 회피하는 경향이 있으며, 피상적이고 미성숙한 인간관계를 맺는다.
4번 반사회성(Pd)	반사회적 혹은 비도덕적인 유형의 반사회성 성격으로 진단되는 환자들을 가려내기 위한 것으로 점수가 높으면, 극단적으로는 비사교적이고 반사회적인 다양한 행동 심지어는 범죄 행동에 연루되기 쉽다. 권위적인 인물에 반항, 매우 충동적이며 이기적, 자기중심적, 공격적 등을 나타낸다.
5번 남성성-여성성(Mf)	원래는 동성애 남성을 가려내는 목적으로 개발되었으며, 점수가 높으면 남성은 남성적 흥미가 부족하고, 여성은 전통적인 여성의 역할을 강하게 거부한다.
6번 편집증(Pa)	관계 사고, 피해의식, 웅대한 자기 개념, 의심성, 지나친 예민성, 경직된 의견 및 태도 등과 같은 편집증상을 가려내기 위한 것으로, 점수가 높으면 극단적으로 분명한 정신병적 행동을 나타내고, 피해망상, 과대망상, 인간관계에서 오는 사고가 많다. 타인의 의견에 예민하며 과도한 반응, 타인에 대한 의심과 경계심이 높다.
7번 강박증(Pt)	신경쇠약이라고 명명된 지나친 회의, 강박 행동, 강박사고, 이치에 맞지 않는 두려움을 측정하는 것으로 점수가 높으면 지나치게 불안하고 긴장하고 초조해하는 모습을 띤다. 신경질적이고 과민하며 주의집중 곤란을 호소, 제정신을 잃어버리고 통제력을 상실할 것 같은 두려움 등이 있다.

8번 조현병(Sc)	사고, 기분 및 행동의 장애를 특징으로 하는 조현병 환자 혹은 이와 유사한 증상을 가진 자를 가려내기 위한 문항으로 구성되어 있고, 점수가 높으면 그릇된 해석, 망상, 환각을 볼 수 있으며 위축된 행동, 공격적인 행동, 기태적인 행동 등을 보인다.
9번 경조증(Ma)	고양된 기분, 말과 행동의 빠른 속도, 화를 잘 내며, 사고의 비약, 단기간의 우울증 등과 같은 증상을 가려내기 위해 개발되었다. 점수가 높으면 과도한 목적이 없는 활동을 보이며, 빠른 말의 속도, 환각이나 과대망상, 정서적으로 매우 불안정, 심리적인 혼란, 사고의 비약, 쉽게 지루함을 느끼고 안절부절못하는 경향, 알코올이나 다른 약물을 남용할 가능성 등이 있다.
0번 내향성(Si)	사회적인 접촉이나 책임으로부터 물러서는 경향을 평가하기 위해 개발되었으며, 점수가 높으면, 사회적인 상황에서 심한 불안정감과 불편감을 느낀다. 수줍음이 많고 마음을 터놓지 않고 소심하며 앞에 나서지 않으려 삼가는 경향, 걱정이 많고 과민하며 불안해하는 경향이 있다.

ANSWER 19.②

학습 2 진단하기

1 진단 실시에 대해 평가자로서 유념해야 할 내용으로 옳지 않은 것은?

① 훈련받은 자격 있는 상담자가 진단을 실시하여야 한다.

② 진단 도구는 예언 타당도가 낮고, 점수로 다른 사람을 규정한다는 것은 부당하므로 가급적 사용을 자제해야 한다.

③ 상담자는 여러 진단 도구들의 장점과 한계를 모두 알고 있어야 한다.

④ 측정된 행동에서 발견할 수 있는 심리학적 설명과 진단 도구의 심리 측정학적 특성에 대해서도 이해하여야 한다.

해설

② 2번이 오답인 이유는 '진단 도구는 예언 타당도가 낮지만 내담자를 예언하는데 정보 제공 매체로서 유효하기 때문에 상담장면에서 사용한다.'이기 때문이다.

TIP 평가자로서의 유념

> 대다수의 진단 도구는 중산층 이상의, 남자 중심적인 진단 도구 개발로 인하여 진단 도구의 예언 타당도가 낮으며, 또 진단 도구 점수를 통해 다른 사람을 규정한다는 것이 부당하고, 소수민족에게는 불리하다는 우려가 있지만, 상담 장면에서는 진단 도구를 사용하는 이유는 내담자를 예언하는 데 정보 제공 매체로서 유효하기 때문이다. 진단 도구의 이러한 단점의 지적 때문에 상담자는 매우 꼼꼼히 책임감 있게 결과를 활용하여야 한다. 또 훈련받은 자격 있는 상담자가 진단을 실시하여야 한다. 그리고 상담자는 여러 진단 도구들의 장점과 한계를 모두 알고 있어야 하고, 측정된 행동에서 발견할 수 있는 심리학적 설명과 진단 도구의 심리 측정학적 특성에 대해서도 이해하여야 한다(Anastasi, 1997).

2 진단 도구 선택 시 고려 사항이 아닌 것은?

① 피평가자 : 직업상담 장면에서의 진단은 자기 보고식이므로 내담자 스스로 평가하는 방법이 가장 적합하다.

② 진단 도구의 주제 : 인간의 심리적 평가, 정서적 특성, 인지적 변인, 행동 반응 등을 측정하는 것인지에 대한 판단이다.

③ 진단 실시일 : 진단은 내담자가 좋은 조건의 상태에 있을 때 실시하여야 한다.

④ 진단 장소 및 방법 : 조용하고 독립되어 방해받지 않는 검사실에서 실시하여야 하며, 컴퓨터, 휴대폰, 지필, 도구 등의 방법을 사용할지를 결정한다.

해설

① 1번이 오답인 이유는 '평가자'로 수정해야 되기 때문이다.

TIP 진단 도구 선택 시 고려 사항

㉠ **평가자** : 진단이 자기 보고의 내담자 스스로 평가하는 것인지, 아니면 타인의 보고에 의한 측정으로 할 것인지에 대한 것인지에 따라 평가자의 임무가 주어진다.

㉡ **진단 도구의 주제** : 인간의 심리적 평가, 정서적 특성, 인지적 변인, 행동 반응 등을 측정하는 것인지에 대한 판단이다.

㉢ **진단 실시 장소 및 방법** : 조용하고 독립되어 방해받지 않는 검사실에서 실시하여야 하며, 컴퓨터, 휴대폰, 지필, 도구 등의 방법을 사용할지를 결정한다.

㉣ **진단 실시일** : 진단은 내담자가 좋은 조건의 상태에 있을 때 실시하여야 한다. 가령 신체적으로 힘든 상황이거나, 아니면 충격을 받은 상태이거나 하는 경우는 내담자를 정확히 평가할 수 없다.

㉤ **진단 실시 이유** : 동일한 진단 도구라고 할지라도 다양하게 사용된다. 예를 들면, 직업카드 심리검사는 구체적인 적합한 직업을 안내, 진로 태도, 의사결정, 진로 신화, 진로 갈등, 성격적 성향 등을 평가하여 활용할 수 있다.

3 진단 실시 준비 시 유의사항으로 적합하지 않은 것은?

① 내담자의 검사 실시 목적을 확인하여야 하는데, 검사에 대한 편견이나 지나친 기대감을 가지고 있는지 확인할 필요가 있다.

② 검사 불안을 많이 느끼고 있는 내담자가 있다면, 이 검사가 시험이 아님을 안내하여야 한다.

③ 친밀교감은 내담자가 진단에 대한 관심과 흥미를 갖고 협조적으로 임하도록 돕는다.

④ 내담자가 검사 실시 목적이 중요한 타인에게 영향을 받아 이를 증명하거나 아니면 반증 자료로 활용할 의도가 있는지를 확인하고, 그렇다면 검사 실시를 보류하여야 한다.

해설

③ 3번이 오답인 이유는 해당 내용은 '평가동맹'에 대한 것이기 때문이다.

TIP

- **평가동맹** : 평가동맹 형성은 평가자의 개입으로 이루어지며, 내담자가 진단에 대한 관심과 흥미를 갖고 협조적으로 임하도록 돕는다(이우경 · 이원혜, 2019).
- **친밀교감** : 내담자에 대한 관심과 협조, 격려를 통해 내담자로 하여금 검사를 성실히 하도록 하려는 노력을 말한다. 친밀교감은 대단히 기술적인 문제이고 많은 수련이 필요하다. 검사 도입 시 친밀교감이 필요한 것은 그것이 수검자가 성실하고 솔직하게 답하려는 동기를 결정하기 때문이다.

ANSWER 1.② 2.① 3.③

4 진단 실시 시 보편적인 주의사항으로 적합하지 않은 것은?

① 속이기는 진단 도구의 결과가 자신에 관한 중요한 의사결정의 근거로 쓰인다는 것을 내담자가 알 때 나타날 가능성이 크다.

② 능력 검사는 과제에 집중해서 최선을 다해 능력을 발휘하도록 하는 것이 중요하다.

③ 성격검사는 솔직하고 정직하게 답하도록 하는 것이 중요하다.

④ 평가동맹이란 내담자에 대한 관심과 협조, 격려를 통해 내담자로 하여금 검사를 성실히 하도록 하려는 노력을 말한다.

해설

④ 4번이 오답인 이유는 해당 내용은 '친밀교감'에 대한 것이기 때문이다.

TIP 진단 실시 시 보편적인 주의사항

구분	내용	비고
평가동맹 (assessment alliance)	평가하는 상담자와 내담자 간에 적절한 관계 형성를 평가동맹이라 하며, 평가 동맹 형성은 평가자의 개입으로 이루어지며, 내담자가 진단에 대한 관심과 흥미를 갖고 협조적으로 임하도록 돕는다.	진단 실시 준비 시 주의사항
친밀교감 (rapport)	내담자에 대한 관심과 협조, 격려를 통해 내담자로 하여금 검사를 성실히 하도록 하려는 노력을 말한다. 친밀교감은 대단히 기술적인 문제이고 많은 수련이 필요하다. 검사 도입 시 친밀교감이 필요한 것은 그것이 수검자가 성실하고 솔직하게 답하려는 동기를 결정하기 때문이다.	진단실시 시 주의사항
속이기 (faking)	자기 보고식 검사에서 대개 진단 도구의 결과가 자신에 관한 중요한 의사결정의 근거로 쓰인다는 것을 내담자가 알 때 나타날 가능성이 크며, 자신의 이익을 위해 솔직하지 않은 답을 하거나, 최선을 다하지 않는 것을 말한다. 속이기는 좋게 속이기(긍정 왜곡 : faking good)와 나쁘게 속이기(부정 왜곡 : faking bad)로 나눌 수 있다.	진단실시 시 주의사항
능력검사	수검자가 과제에 집중해서 최선을 다해 자신의 능력을 발휘하도록 하는 것이 중요한데, 그래야 점수를 제대로 해석할 수 있기 때문이다.	진단실시 시 주의사항
성격검사	최선을 다하는 것보다는 내담자가 문항에 '솔직하고 정직하게' 답하도록 하는 것이 중요하다.	진단실시 시 주의사항

5 직업카드 심리검사의 실시 순서로 옳은 것은?

①	출발	카드 분류	'모르겠음' 카드 재분류	직업의 선호도 순위 결정하기	이유 또는 주제 찾기	결과 요약 및 정보 제공 단계
②	출발	카드 분류	'모르겠음' 카드 재분류	이유 또는 주제 찾기	직업의 선호도 순위 결정하기	결과 요약 및 정보 제공 단계
③	출발	카드 분류	이유 또는 주제 찾기	'모르겠음' 카드 재분류	직업의 선호도 순위 결정하기	결과 요약 및 정보 제공 단계
④	출발	카드 분류	이유 또는 주제 찾기	직업의 선호도 순위 결정하기	'모르겠음' 카드 재분류	결과 요약 및 정보 제공 단계

해설

② 2번이 정답인 이유는 직업카드 심리검사의 실시 순서는 '출발⇒카드 분류⇒'모르겠음' 카드 재분류⇒이유 또는 주제 찾기⇒직업의 선호도 순위 결정하기⇒결과 요약 및 정보 제공 단계' 이기 때문이다.

TIP 직업카드 심리검사의 실시 순서

출발⇒카드 분류⇒'모르겠음' 카드 재분류⇒이유 또는 주제 찾기(주제 찾기 방법→좋아하는 이유 주제 찾기→싫어하는 이유 찾기)⇒직업의 선호도 순위 결정하기(12가지 좋아하는 직업 선정하기→12가지 직업 우선순위 결정→홀랜드 부호 확인 및 계산→3코드 선정)⇒결과 요약 및 정보 제공 단계(직업 흥미 코드→결과 요약 및 정보 제공)

ANSWER 4.④ 5.②

6 직업카드 심리검사의 우선순위별 선호직업을 계산하여 도출된 3코드는?

순위	직업명	Holland 코드
1	여행 상품 개발자	AEI
2	호텔리어	ESC
3	무역 사무원	CES
4	쇼핑 호스트	AES
5	이미지 컨설턴트	SAE
6	의료 코디네이터	SEC
7	이벤트 기획 전문가	AES
8	사진작가	AIR
9	항공기 승무원	SRE
10	회의 기획자	ECI
11	카피라이터	AEI
12	네일아티스트	SAR

① AEI
② EAS
③ SEA
④ AES

해설

② 2번이 정답인 이유는 직업의 선호도가 높은 12개의 직업카드를 공식대로 계산하여 점수가 가장 큰 순서대로 3코드를 도출하면 'EAS'이기 때문이다.

TIP 직업카드 심리검사의 3코드 도출 방법

R	0	×	3	=	0	1	×	2	=	2	2	×	1	=	2	4
I	0	×	3	=	0	1	×	2	=	2	3	×	1	=	3	5
A	5	×	3	=	15	2	×	2	=	4	0	×	1	=	0	19
S	4	×	3	=	12	1	×	2	=	2	3	×	1	=	3	17
E	2	×	3	=	6	6	×	2	=	12	2	×	1	=	2	20
C	1	×	3	=	3	1	×	2	=	2	2	×	1	=	2	7
																72

⇒ 점수가 큰 순서대로 'EAS'가 3코드가 된다.(모든 점수의 합계가 72점인지 확인해야 된다)

7 직업카드 심리검사 실시 결과 홀랜드 코드가 'SEI/A' 일 때 가장 적합한 직업은?

① SEA
② EIS
③ ISE
④ AES

해설

① 1번이 정답인 이유는 SEI/A의 가장 적합한 직업은 3코드의 첫 번째 코드를 중심으로 'SEI, SEA, SIE, SAE'이며, 이 중 하나이기 때문이다.

TIP 직업 흥미 유형 코드별 직업 판정

직업 판정 수준	판정 방법 (예시 1 : EAS), (예시 2 : SEI/A=> I와 A가 동점)
가장 적합한 직업	3코드의 첫 번째 코드를 중심(예시 1 : EAS, ESA), (예시 2 : SEI, SEA, SIE, SAE)
적합한 직업	3코드의 두 번째 코드를 중심(예시 1 : AES, ASE), (예시 2 : ESI, EIS, EAS, ESA)
고려해 볼 만한 직업	3코드의 세 번째 코드를 중심(예시 1 : SEA, SAE), (예시 2 : ISE, IES, ASE, AES)

ANSWER 6.② 7.①

학습 3 진단 결과 해석하기

1 **검사의 채점과 해석에 대한 내용으로 틀린 것은?**

① 다각적인 채점 점수로 제시되는 내담자의 임상적 결과를 확인하여 해석한다.
② 채점 시에는 진단 도구 매뉴얼이 정한 판단 기준과 절차를 철저히 따르는 것이 가장 중요하다.
③ 검사의 채점과 해석은 표준화된 절차에 따라 진행해야 하므로 주관적 판단은 개입될 수 없다.
④ 해석은 매우 전문적인 문제로, 특히 규준표를 해석할 때 주의해야 한다.

해설

③ 3번이 오답인 이유는 채점과 해석 시 '어떤 검사의 경우는 채점에 채점자의 주관적 판단이 개입하는 경우도 있는데, 이런 검사의 채점과 해석에는 전문가의 감독을 통한 많은 수련이 필요하다.'이기 때문이다.

TIP 검사와 해석의 조건

㉠ 상담자는 다각적인 채점 점수로 제시되는 내담자의 임상적 결과를 확인하여 해석한다.
㉡ 채점 시에는 진단 도구 매뉴얼이 정한 판단 기준과 절차를 철저히 따르는 것이 가장 중요하다.
㉢ 어떤 검사의 경우는 채점에 채점자의 주관적 판단이 개입하는 경우도 있는데, 이런 검사의 채점과 해석에는 전문가의 감독을 통한 많은 수련이 필요하다.
㉣ 해석은 매우 전문적인 문제로, 특히 규준표를 해석할 때 주의해야 한다.

2 **향후 개입이나 경과 예측을 고려한 해석 수준에 대한 내용으로 옳지 않은 것은?**

① 개별적 수준은 내담자에 초점을 맞추어 진단 결과 점수를 해석한다.
② 워크넷(고용24)은 기계적 수준으로 소검사와 요인 검사 간의 차이에 초점이 맞추어 기술하고 이에 대한 결론을 내린다.
③ 직업카드 심리검사는 개별적 수준으로 해석한다.
④ 구체적 수준은 진단 결과 점수를 통합하여 결론을 내린다.

해설

④ 4번이 오답인 이유는 '구체적 수준(concrete level)은 진단 결과 점수에 초점을 맞추어 기술하는 데 그치며, 해석이나 결론을 제시하지 않는다.'이기 때문이다.

TIP 진단 결과 해석 수준

구체적 수준 (concrete level)	진단 결과 점수에 초점을 맞추어 기술하는 데 그치며, 해석이나 결론을 제시하지 않는다.
기계적 수준 (mechanical level)	소검사와 요인 검사 간의 차이에 초점이 맞추어 기술하고 이에 대한 결론을 내린다. 워크넷(고용24)에서 제공되는 해석 수준에 해당한다.
개별적 수준 (individualized level)	진단 결과 점수를 통합하여 결론을 내리되, 내담자에 초점을 맞추어 진단 결과 점수를 해석한다. 직업카드 심리검사 해석 수준에 해당한다.

3 홀랜드의 5개 개념 중 일관성 수준이 낮은 유형의 쌍으로 구성된 것은?

① RI−ES
② AE−IS
③ CA−EI
④ CR−AS

해설

③ 3번이 정답인 이유는 일관성 수준이 낮은 유형의 쌍은 '육각형 모형에서 첫 2개 문자 사이에 다른 문자가 2개 낀(서로 마주보고 있는 코드의 쌍) 문자로 이루어진 쌍'들이기 때문이다.

TIP 일관성 수준과 코드

일관성은 '유형들의 어떤 쌍들은 다른 유형의 쌍들보다 공통점을 더 많이 가지고 있다'라는 개념으로,
㉠ 높은 일관성은 육각형 모형에서 첫 2개 문자가 인접할 때,
㉡ 중간 정도의 일관성은 육각형에서 첫 2개의 문자 사이에 다른 문자가 1개 있을 때 나타나고,
㉢ 낮은 일관성은 육각형에서 첫 2개의 문자 사이에 다른 문자가 2개 낀 문자들로 인해 나누어질 때 나타난다.

일관성의 수준	흥미(성격) 유형
높음	RI, RC, IR, IA, AI, AS, SA, SE, ES, EC, CE, CR
중간	RA, RE, IS, IC, AR, AE, SI, SC, EA, ER, CS, CI
낮음	RS, IE, AC, SR, EI, CA

ANSWER 1.③ 2.④ 3.③

4 **홀랜드 이론의 주요 개념에 대한 설명으로 옳지 않은 것은?**

① 일관성 : 유형들의 어떤 쌍들은 다른 유형의 쌍들보다 공통점을 더 많이 가지고 있다.
② 정체성 : 자신의 유형과 비슷하거나 정체성이 있는 환경 유형에서 일하거나 생활할 때 높아진다.
③ 차별성 : 1개의 유형에는 유사성이 많이 나타나지만, 다른 유형에는 별로 유사성이 나타나지 않는다.
④ 계측성 : 육각형 모델에서 유형[환경]들 간의 거리는 그것들 사이의 이론적인 관계에 반비례한다.

해설

② 2번이 오답인 이유는 해당 설명은 '일치성'에 대한 설명이기 때문이다.

TIP 홀랜드의 5개의 주요 개념

주요 개념	내용
일관성	유형들의 어떤 쌍들은 다른 유형의 쌍들보다 공통점을 더 많이 가지고 있다. 홀랜드 코드 첫 2개 문자를 사용하여 일관성의 수준을 높음(인접), 중간(다른 문자 1개), 낮음(다른 문자 2개)으로 나눈다. 〈개인과 환경에 대한 개념〉
차별성	1개의 유형에는 유사성이 많이 나타나지만, 다른 유형에는 별로 유사성이 나타나지 않는다. SDS 또는 VPI 프로파일로 측정된다. 〈환경에 대한 개념〉
정체성	개인에게 있어서 정체성이란 개인의 목표, 흥미, 재능에 대한 명확하고 견고한 청사진을 말한다. 환경에 있어서 정체성이란 조직의 투명성, 안정성, 목표 · 일 · 보상의 통합이라고 규정된다. MVS의 직업정체성 척도는 개인의 정체성을 측정하는데 사용하고, 이 점수가 낮은 사람들은 반대되는 직업 목표를 가진 사람들이 많다. 〈환경에 대한 개념〉
일치성	개인과 환경 간의 일치 정도(적합도)를 측정하는 것으로, 사람은 자신의 유형과 비슷하거나 정체성이 있는 환경 유형에서 일하거나 생활할 때 일치성이 높아지게 된다. 환경과 개인의 가장 좋지 않은 일치의 정도는 육각형에서 유형들이 반대 지점에 있을 때 나타난다. 〈환경에 대한 개념〉
계측성	유형들[환경] 내 또는 유형들 간의 관계는 육각형 모델에 따라 정리될 수 있는데, 육각형 모델에서 유형[환경]들 간의 거리는 그것들 사이의 이론적인 관계에 반비례한다. 〈개인에 대한 개념〉

5 홀랜드 이론의 5개 주요 개념에 대한 설명으로 틀린 것은?

① RIC인 사람은 RES보다 더 일관성이 있다.
② MVS의 검사 점수가 낮은 사람들은 반대되는 직업 목표를 가진 사람들이 많다.
③ 환경과 개인의 가장 좋지 않은 일치의 정도는 육각형에서 유형들이 반대 지점에 있을 때 나타난다.
④ SDS 또는 VPI 프로파일에서 정체성이 측정된다.

해설

④ 4번이 오답인 이유는 해당 설명은 '차별성'에 대한 설명이기 때문이다.

TIP 홀랜드의 5개의 주요 개념

주요 개념	내용
일관성	유형들의 어떤 쌍들은 다른 유형의 쌍들보다 공통점을 더 많이 가지고 있다. 홀랜드 코드 첫 2개 문자를 사용하여 일관성의 수준을 높음(인접), 중간(다른 문자 1개), 낮음(다른 문자 2개)으로 나눈다. 〈개인과 환경에 대한 개념〉
차별성	1개의 유형에는 유사성이 많이 나타나지만, 다른 유형에는 별로 유사성이 나타나지 않는다. SDS 또는 VPI 프로파일로 측정된다. 〈환경에 대한 개념〉
정체성	개인에게 있어서 정체성이란 개인의 목표, 흥미, 재능에 대한 명확하고 견고한 청사진을 말한다. 환경에 있어서 정체성이란 조직의 투명성, 안정성, 목표 · 일 · 보상의 통합이라고 규정된다. MVS의 직업정체성 척도는 개인의 정체성을 측정하는데 사용하고, 이 점수가 낮은 사람들은 반대되는 직업 목표를 가진 사람들이 많다. 〈환경에 대한 개념〉
일치성	개인과 환경 간의 일치 정도(적합도)를 측정하는 것으로, 사람은 자신의 유형과 비슷하거나 정체성이 있는 환경 유형에서 일하거나 생활할 때 일치성이 높아지게 된다. 환경과 개인의 가장 좋지 않은 일치의 정도는 육각형에서 유형들이 반대 지점에 있을 때 나타난다. 〈환경에 대한 개념〉
계측성	유형들[환경] 내 또는 유형들 간의 관계는 육각형 모델에 따라 정리될 수 있는데, 육각형 모델에서 유형[환경]들 간의 거리는 그것들 사이의 이론적인 관계에 반비례한다. 〈개인에 대한 개념〉

ANSWER 4.② 5.④

6 검사 결과 통보(전달)시 유의사항으로 옳지 않은 것은?

① 기계적으로 전달해서는 안 된다.

② 그 정보를 받고 이용할 당사자의 특성을 참작해 보는 것이 바람직하다.

③ 검사의 신뢰도를 높이기 위해 전문적인 용어를 사용한다.

④ 검사 결과를 통보받는 사람이 경험하게 될 정서적인 반응도 고려할 필요가 있다.

해설

③ 3번인 오답인 이유는 '쉽고 일상적인 용어로 전반적인 수행을 설명하고 질적인 해설을 덧붙이는 것이 좋다.'이기 때문이다.

TIP 검사 결과의 통보(전달법)

㉠ 기계적으로 전달해서는 안 되며, 적절한 해석을 담은 설명과 함께 전달되어야 한다.
㉡ 쉽고 일상적인 용어로 전반적인 수행을 설명하고 질적인 해설을 덧붙이는 것이 좋다.
㉢ 그 정보를 받고 이용할 당사자의 특성을 참작해 보는 것이 바람직하다.
㉣ 검사 결과를 통보받는 사람이 경험하게 될 정서적인 반응도 고려할 필요가 있다.
㉤ 내담자에게 결과를 설명할 때에 내담자의 정서적 상태, 학력 수준, 연령 등에 따라 전문적 용어, 평가적 말투, 애매한 표현 등을 자제하고 잘 알아들을 수 있는 언어로 설명하여야 하며, 이때 내담자의 반응을 고려하여 필요하다면 다시 설명한다.

7 MMPI 결과표 해석 시 다음 설명의 (　　)에 해당하는 타당도 척도는?

• VRIN 척도 : T=46, 내담자는 검사 문항들을 일관성 있게 이해하고 반응하고 있습니다. • TRIN 척도 : T=51F, 내담자는 검사 문항들을 일관성 있게 반응하고 있습니다. • (　　　　) T=51, 내담자가 심리적 문제들을 정확하게 보고하고 있습니다. • K 척도 : T=37, 피검자가 나쁘게 보이려고 가장한 결과일 수 있습니다.

① F 척도　　② L 척도

③ 무응답(?) 척도　　④ S 척도

해설

① 1번이 정답인 이유는 F척도는 '내담자의 심리적인 문제'를 측정하는 척도이기 때문이다.

TIP F척도는 전형적이지 않은 수검자의 태도를 측정하는 척도이다. 이 척도의 점수가 높다는 것은 피검자가 문항들에 대하여 흔히 그렇게 응답하지 않는 방향으로 반응하는 경향이 강하다는 것이며, 심각한 심리적인 문제를 가지고 있거나 또는 심각한 심리적 문제를 가지고 있지 않지만 자신의 실제 상태보다 더 부정적인 것으로 보이고자 하는 경우일 수 있다.'라는 특징 때문이다(NCS학습모듈 : 심층직업상담 p.20 참고).

8 MMPI 결과표 해석 시 다음 설명의 (   )에 해당하는 임상 척도는?

> • 건강염려증(Hs) T=57, 신체적 호소가 있을 수 있습니다.
> • (   ) T=61, 과도하게 예민할 수 있으며, 경계하며, 잘 믿지 못할 수 있습니다.
> • 강박증(Pt) T=67, 중간 정도의 불안감과 우울감이 있을 수 있습니다.
> • 경조증(Ma) T=47, 에너지가 넘치며 사교적이고 외향적입니다.

① 우울증
② 히스테리
③ 편집증
④ 조현병

해설

③ 3번이 정답인 이유는 '편집증은 타인의 의견에 예민하며 과도한 반응, 타인에 대한 의심과 경계심이 높다.'라는 특징 때문이다.

TIP MMPI의 임상 척도

㉠ **건강염려증**(Hs : Hypochondriasis) : T=57, 신체적 호소가 있을 수 있습니다. 불만족스럽고, 우울하고, 냉소적이고, 비판적일 수 있습니다. 미성숙하고, 투덜대고, 요구가 많을 수 있습니다.
㉡ **우울증**(D : Depression) : T=69, 우울하며, 생활환경이 불만족스러울 수 있습니다. 에너지가 부족할 수 있으며 불안할 수 있습니다. 내성적이고, 위축되어 있고, 흥미의 범위가 제한적일 수 있으며, 자신감이 부족할 수 있습니다.
㉢ **히스테리**(Hy : Hysteria) : T=54, 정상 척도입니다.
㉣ **반사회성**(Pd : Psychopathic deviate) : T=53, 정상 척도입니다.
㉤ **남성특성-여성특성**(Mf : masculinity-femininity) : T=37, 전통적인 여성적 흥미가 있으나, 반드시 그런 모습만 있는 것은 아닐 수 있습니다.
㉥ **편집증**(Pa : Paranoia) : T=61, 과도하게 예민할 수 있으며, 경계하며, 잘 믿지 못할 수 있습니다. 분노하거나, 화를 잘 낼 수 있습니다.
㉦ **강박증**(Pt : Psychasthenia) : T=67, 중간 정도의 불안감과 우울감이 있을 수 있습니다. 피곤하며, 소진된 느낌이 있을 수 있으며, 불면증이 있을 수 있습니다. 죄책감을 느낄 수 있습니다.
㉧ **정신분열증**(Sc: Schizophrenia) : T=54, 정상척도입니다.
㉨ **경조증**(Ma : hypoMania : T=47, 에너지가 넘치며 사교적이고 외향적입니다.
㉩ **내향성**(Si : Social introversion) : T=73, 내향적이며 정서적으로 자신을 과도하게 통제하는 편입니다. 수동적이고 유순합니다.

ANSWER 6.③ 7.① 8.③

학습 4 진단 결과 보고서 작성하기

1 **진단 결과 보고서 구성 절차로 옳은 것은?**

> ㉠ 자료분석은 내담자의 초기면담지에 나타난 상담 주요 호소 문제를 확인하고, 진단 실시에서 나타난 내담자의 행동을 분석한다.
> ㉡ 주제 확인은 진단 결과와 초기면담지, 검사 태도 등에서 일관되게 나타나는 주제를 도출한다.
> ㉢ 육각형 모형 해석을 근간으로 하여 3코드를 해석하여 주제를 조직화한다.
> ㉣ 내담자의 통합된 맥락을 개념화한다.

① ㉠-㉡-㉢-㉣
② ㉡-㉠-㉣-㉢
③ ㉠-㉢-㉣-㉡
④ ㉡-㉢-㉣-㉠

해설

① 1번이 정답인 이유는 진단 결과 보고서 구성 절차가 '㉠ 자료분석 → ㉡ 주제 확인 → ㉢ 내담자 주제 조직화 → ㉣ 개념화'로 진행되기 때문이다.

TIP 진단 결과 보고서 구성 절차

자료 분석	진단 결과 보고서는 진단 결과에 근거하여 작성하되, 내담자의 초기면담지에 나타난 상담 주요 호소 문제를 확인하고, 진단 실시에서 나타난 내담자의 행동을 분석한다.
주제 확인	진단 결과와 초기면담지, 검사 태도 등에서 일관되게 나타나는 주제를 도출한다. 주제 분석을 통한 육각형 모형 해석과 도출된 주제와 어떤 연관이 있는지에 대해서도 확인해야 한다.
내담자 주제 조직화	육각형 모형 해석을 근간으로 하여 3코드를 해석하여 주제를 조직화한다.
개념화	내담자의 검사 자료에 대한 전체를 통합하고, 내담자에 대한 가설을 만들어 그 가설을 기초로 검사 보고서의 전체 맥락을 구성하여 구조를 만든다. 즉, 내담자의 통합된 맥락을 개념화한다.

2 **직업카드 심리검사 카드 분류 속도와 가설의 연결이 틀린 것은?**

① 1집단(매우 빠름 : 10분 이내) 자신보다 다른 세상과의 교류에 몰두

② 2집단(빠름 : 10~19분) 직관력 발달-의사결정 빠름.

③ 3집단(평균 : 20~29분) 자기 존중감, 자기 정체감 발달

④ 4집단(느림 : 30~39분) 인지적 명확성이 낮은 경우

해설

④ 4번이 오답인 이유는 해당 설명은 '5집단(매우 느림 : 40분 이상)'의 가설에 대한 것이기 때문이다.

TIP 직업카드 심리검사 카드 분류 속도별 가설

구분	분류 속도	분류 시간	가설
1집단	매우 빠름	10분 이내	• 분류 활동에 대한 거부감 • 진로, 직업에 대한 무관심 • 자신보다 다른 세상과의 교류에 몰두
2집단	빠름	10~19분	• 직관력 발달-의사결정 빠름 • 직업 탐색 부족 • 진로, 직업에 관심 부족 • 분류 활동에 대한 거부감
3집단	평균	20~29분	• 자기 존중감, 자기 정체감 발달 • 합리적 의사결정 유형 • 자신의 꿈을 이루고자 하는 진로, 직업에 관심이 많음
4집단	느림	30~39분	• 검사에 대한 기대가 큼 • 완벽 추구 • 우유부단
5집단	매우 느림	40분 이상	• 인지적 명확성이 낮은 경우 • 의사결정에 어려움이 있는 경우 • 검사 결과를 조작하려는 경우

ANSWER 1.① 2.④

3 **진단 결과에 의한 가설을 세울 때 진단 결과 간 유의 사항이 아닌 것은?**

① 일치성과 불일치성 ② 강조성

③ 결정성 ④ 통합성

해설

③ 3번이 오답인 이유는 진단 결과에 의한 가설을 세울 때 진단 결과 간 유의 사항은 '일치성과 불일치성, 강조성, 통합성'이기 때문이다.

TIP 진단 결과 간의 일치성과 불일치성

구분	내용
일치성과 불일치성	• 내담자의 각 진단 결과의 일치성과 불일치성의 영역을 확인 • 불일치가 있는 경우, 그 이유를 명확히 설명할 수 있도록 다각적 해석 • 이렇게 함으로써 직업상담가가 세운 가설을 지지하는 정보에 편향됨을 방지
강조성	• 내담자에게 적절하고 명확하게 강조점 제시 • 결론을 제시할 때에 분명히 기술해야 하며, 현재 행동과 앞으로 예견되는 상황 등에 대한 객관적 근거와 추론을 구분할 필요가 있음 • 강조점은 내담자의 진단 요구도와 관련이 있음
통합성	• 진단의 각 영역 간의 해석을 통합함으로써 보고서의 가치를 갖게 됨 ⇒ 잘못된 결론 방지

4 **진단 결과 보고서 작성(기술) 기법으로 틀린 것은?**

① 들어가기는 독자의 무의식적인 요구를 충족시켜 주도록 시작하는 것이 좋다.

② 누구나 이해할 수 있는 언어로 작성해야 하며, '칭찬 후에는 경계', '경계 뒤에는 칭찬'으로 이어질 수 있도록 문장을 구성한다.

③ 검사 점수가 지향하는 범위를 반드시 확인하여 내담자가 그 범위 내에 있음을 재차 강조하여야 한다.

④ 보편타당한 호칭을 사용하여 내담자와의 친밀감을 더한다.

해설

① 1번이 오답인 이유는 해당 설명은 기술 기법 중 '통일성'에 대한 설명이기 때문이다.

TIP 진단 보고서의 기술 기법

들어가기와 끝내기	• 들어가기 : 편안한 마음에서 읽어볼 수 있는 문장으로 시작 • 끝내기 : 검사 결과를 종합하는 내용으로 구성
누구나 이해할 수 있는 언어로 작성	• 전문가 수준에서 사용되는 용어나 분석적인 용어는 익숙하지 않고, 자칫 마음의 상처를 받을 수 있으므로 내담자의 교육수준, 지식수준 등을 고려하여 작성 • 내담자가 검사 결과서를 받고 나서 읽어보고 느끼는 충격도 고려 • 문장은 부드러워야 하며, '칭찬 후에는 경계', '경계 뒤에는 칭찬'으로 이어질 수 있도록 문장을 구성
검사 점수가 가지는 범위를 망라하여 기술	• 검사점수가 지향하는 범위를 반드시 확인 ⇒ 내담자가 그 범위(내담자가 스스로 생각하기에 안도할 수 있는, 또한 자신이 생각한 범위에 가깝게 다가가야 하는 의미)내에 있음을 재차 강조
통일성	• 좋은 글쓰기의 닻과 같음 • 독자의 주의가 흩어지지 않게 해줌 • 무의식적 요구를 충족시키고 독자에게 모든 것이 제대로 돌아가고 있다는 안심을 줌 • 대명사(내담자의 호칭)의 통일, 시제의 통일, 분위기의 통일
(보편타당한) 호칭사용	• OOO님이라는 보편 타당한 호칭 사용 • 여러 번 사용하여 내담자와의 친밀감을 더함

5 **진단 결과 보고서 기술 기법 중 '통일성'을 갖추어야 할 요소가 아닌 것은?**

① 대명사
② 시제
③ 주제
④ 분위기

해설

③ 3번이 오답인 이유는 진단 결과 보고서 기술 기법 중 '통일성'은 '대명사, 시제, 분위기의 통일'을 갖추어야 하기 때문이다.

TIP 진단 결과 보고서 기술 기법 중 '통일성'

㉠ **대명사의 통일** : 내담자의 호칭을 통일하여야 한다.
㉡ **시제의 통일** : 시제는 글 쓰는 사람이 여러 단계의 시간을, 즉 과거부터 가상의 미래까지를 다룰 수 있게 한다.
㉢ **분위기의 통일** : 글을 쓸 때 평상적인 목소리로 이야기하듯이 쓸 수도 있고, 심각한 사건에 대해 설명하거나 중요한 사실을 제시하기 위해 어느 정도 공식적인 어투를 쓸 수도 있다.

ANSWER 3.③ 4.① 5.③

6 **진단 결과 보고서 작성 시 유의점으로 옳지 않은 것은?**

① 내담자의 호칭을 통일하여 작성한다.

② 분명한 결론이 제시되어야 한다.

③ 검사 점수가 가지는 범위를 망라하여 기술한다.

④ 정확한 사실과 주관적인 근거에 기초해야 한다.

해설

④ 4번이 오답인 이유는 해당 내용은 '정확한 사실에 근거해야 한다.'이기 때문이다.

TIP 진단 결과 보고서 작성 시 유의점

㉠ 간단 명료한 내용이어야 한다. 보고서는 범위가 제한적일 수밖에 없으므로 너무 장황하게 서술할 경우 그 의미나 의도가 제대로 전달되지 못할 수 있다.

㉡ 정확한 사실에 근거해야 한다.

㉢ 객관적인 근거에 기초해야 한다.

㉣ 분명한 결론이 제시되어야 한다.

7 **진단 결과 보고서 작성 양식의 항목과 내용 연결이 틀린 것은?**

① 경험한 직무 : 그동안 내담자가 종사한 직무를 망라하여 작성

② 관찰된 행동 : 진단 실시 전 면담, 검사 실시의 태도, 검사 결과 등에서 나타난 특징들을 제시

③ 평가 결과 : 진단 도구 매뉴얼에 제시된 검사 평가 결과를 그대로 제시

④ 요약 : 내담자의 진단 목적에 부합한 내용

해설

② 2번이 오답인 이유는 해당 설명은 '진단적 인상'에 대한 설명으로, 관찰된 행동은 '진단 실시의 태도, 속도, 몰입도 등에 대하여 제시하고, 특히 검사 점수에 영향을 줄 정도의 정서적 상황도 제시'이기 때문이다.

TIP 진단 결과 보고서 작성 양식

㉠ **경험한 직무** : 그동안 내담자가 종사한 직무를 망라하여 작성

㉡ **실시한 진단 도구** : 진단 도구명을 작성

㉢ **진단 의뢰 사유** : 내담자와 진단 실시 전에 면담에서 나타난 내담자의 진단 요구도 및 직업상담가가 관찰한 진단 의뢰 사유를 기재

㉣ **관찰된 행동** : 진단 실시의 태도, 속도, 몰입도 등에 대하여 제시하고, 특히 검사 점수에 영향을 줄 정도의 정서적 상황도 제시

㉤ **평가 결과** : 진단 도구 매뉴얼에 제시된 검사 평가 결과를 그대로 제시

㉥ **진단적 인상** : 진단 실시 전 면담, 검사 실시의 태도, 검사 결과 등에서 나타난 특징들을 제시

㉦ **결론** : 진단 결과 전체를 통합하여 결론을 제시

㉧ **요약** : 내담자의 진단 목적에 부합한 내용을 요약

㉨ **제언** : 내담자의 진단 결과 다른 진단 실시가 요청되거나, 아니면 상담을 실시해야 되는 점 등을 제시

ANSWER 6.④ 7.②

CHAPTER

03 직업상담 초기면담

학습 1 친밀교감 형성하기

1 **초기면담 목적에 따른 정보지향적 면담이 아닌 것은?**

① 탐색해 보기
② 재진술
③ 폐쇄형 질문
④ 개방형 질문

해설

② 2번이 오답인 이유는 해당 설명은 '관계지향적 면담'에 대한 것이기 때문이다. 관계지향적 면담에서는 재진술과 감정의 반향 등이 주로 이용된다.

TIP 정보지향적 면담

구분	특징
탐색해 보기	• '누가, 무엇을, 어디서, 어떻게'로 시작되는 질문이다. • 이러한 질문은 한두 마디 단어 이상의 응답을 요구한다. • 예) '일자리를 구하기 위해서 당신은 어떤 계획을 가지고 있습니까?'와 같은 질문이 좋다.
폐쇄형 질문	• '예, 아니요'와 같은 특정하고 제한된 응답을 요구하는 것이다. • 짧은 시간에 상당한 양의 정보를 추출해 내는 데 아주 효과적이다. • 그러나 도움이 될 수 있을 만큼 정교화된 것은 아니다.
개방형 질문	• 폐쇄적인 질문과 대조적으로 통상적으로 '무엇을, 어떻게'등과 같은 단어로 시작된다. • 내담자가 말할 수 있는 응답 시간이 충분하게 주어져야 한다.

2 **정보지향적 면담에 대한 설명으로 옳지 않은 것은?**

① '누가, 무엇을, 어디서, 어떻게'와 같은 질문을 사용한다.

② 개방형 질문은 내담자가 말할 수 있는 응답시간을 충분히 제공한다.

③ 재진술과 감정의 반향 등을 주로 사용하여 수용적인 상담 분위기를 조성한다.

④ 짧은 시간에 상당한 양의 정보를 추출할 수 있는 것은 폐쇄형 질문이다.

해설

③ 3번이 오답인 이유는 해당 설명은 '관계지향적 면담'에 대한 것이기 때문이다.

TIP 관계지향적 면담

구분	특징
재진술 (restatement)	• 내담자에 대한 단순한 반사적 반응으로서 내담자에게 상담자가 적극적으로 듣고 있음을 알게 해 준다. • 상대적으로 스스로 알게 하는 것은 유효하지 않으며 비효과적이다.
감정의 반향 (echoing)	• 언어적 · 비언어적 표현을 제외하고는 재진술과 유사하다. • 반향은 여러 수준에서 이루어지며 다른 것 이상의 공감을 전달한다.

ANSWER 1.② 2.③

3 **직업상담에 참여하는 내담자의 동기를 점검할 때 보이는 내담자 유형이 아닌 것은?**

① 상담과정에서 반항적이거나 변화하기를 꺼리거나 변화를 거부하는 유형

② 유보적인 태도를 보이는 유형

③ 즉시성 유형

④ 솔선수범 유형

해설

③ 3번이 오답인 이유는 해당 유형은 '상담동기 확인에 따른 직업상담 내담자 유형'에 해당하지 않기 때문이다.

TIP 직업상담 내담자 유형 및 특성

유형	특성
솔선수범 유형	• 대부분의 상담자들은 내담자가 협력적인 것으로 생각하고 있으며, 실제로 내담자는 자발적으로 상담하러 오는 경우가 많다.
유보적인 태도를 보이는 유형	• 대부분 상담과정을 마음 내켜 하지 않기 때문에 상담자가 이 유형의 내담자를 만나면 무엇을 어떻게 해야 할지, 어떤 방법으로 진행해야 할지 당황하게 된다.
상담과정에서 반항적이거나 변화를 꺼리거나 변화를 거부하는 유형	• 이러한 내담자들은 상담과정에 적극적으로 참여할 수 있지만, 요구를 변화시키는 고통을 경험하고 싶어하지 않는다. 그 대신 현재 행동의 명확성에 집착한다. • 반항적인 내담자의 경우 결정 내리기를 거부하고, 문제를 다루는 데 있어서 피상적이며, 문제를 해결하려는 어떤 행동도 거부하고 상담자가 말하는 어떤 행위도 거부한다.

4 다음 설명에 해당하는 용어(단어, 개념)로 옳은 것은?

> 사회적, 경제적으로 취약한 위치에 있어서 정책과 제도에 의한 사회적 보호가 필요한 대상으로 저소득층, 청년, 고령자, 여성가장, 장애인, 장기실업자, 출소(예정)자 등이 해당된다.

① 재취업 ② 우울증

③ 사회취약계층 ④ 취업취약계층

해설

④ 4번이 정답인 이유는 해당 설명이 '취업취약계층'에 대한 것이기 때문이다. 국민취업지원제도에서 지원하는 취업취약계층(특정계층)의 유형은 2025년 기준으로 총 26가지 유형으로 분류되었다.

TIP 심층상담이 필요한 내담자의 유형 중 취업취약계층(예)

사회적, 경제적으로 취약한 위치에 있어서 정책과 제도에 의한 사회적 보호가 필요한 대상으로 저소득층, 청년, 고령자, 여성가장, 장애인, 장기실업자, 출소(예정)자 등이며, 국민취업지원제도에서 지원하는 취업취약계층의 유형은 총 25가지 유형으로 분류되어 있다. (2025년 기준으로, 취업취약계층의 유형은 아래와 같이 26가지 유형으로 분류되어 있다.)

※ 국민취업지원제도에서 지원하는 취업취약계층의 유형

기초연금 수급자 등	생계급여 수급자	노숙인 등 비주택거주자	북한이탈주민
여성가구주	결혼이민자	결혼이민자의 외국인 자녀	신용회복지원자 등 (정책서민금융이용자포함)
위기 청소년 등 (자립준비청년포함)	자유무역협정 피해실직자	건설일용직 근로자	국가유공자 가구원 중 취업지원 대상자
취업 맞춤 특기병	미혼모(부)·한부모 청소년 부모	구직단념청년	청년
대학교(대학원)졸업예정자	산업재해로 장해를 입은 사람	고용위기지역 및 고용재난지역 지정에 따른 실직자	일자리안정자금 지원요건에 해당하는 이직자
기업 활력 제고를 위한 특별법에 따른 참여자	특별고용지원업종의 실직자	영세 자영업자	소상공인 및 성실경영 실패자
노무제공자 등	직접일자리 참여자		

ANSWER 3.③ 4.④

5 다음 설명에 해당하는 상담자의 기본적 태도로 옳은 것은?

> 상담자와 내담자가 상호작용하는 동안에 발생하는 내담자의 경험과 감정들을 이해하려고 노력하는 것

① 공감적 이해 ② 일관적 성실성
③ 자기 노출 ④ 수용적 존중

해설

① 1번이 정답인 이유는 해당 설명이 '공감적 이해'에 대한 것이기 때문이다.

TIP 로저스의 촉진적 관계 형성을 위해 상담자가 갖추어야 할 기본적인 태도

상담자의 태도	내용
공감적 이해	• 상담자와 내담자가 상호작용하는 동안에 발생하는 내담자의 경험과 감정들을 이해하려고 노력하는 것을 말한다. • 공감은 동정이나 동일시와는 다르며, 상담자가 내담자의 입장이 되어 내담자를 깊이 있게 주관적으로 이해하면서도 자기 본연의 자세는 버리지 않는 것이다.
수용적 존중	• 상담자가 내담자를 평가하거나 판단하지 않고, 내담자가 나타내는 어떤 감정이나 행동도 있는 그대로 수용하여 소중히 여기고 존중하는 상담자의 태도를 말한다.
일관적 성실성	• 상담자가 내담자와의 관계에서 순간순간 경험하는 자신의 감정이나 태도를 있는 그대로 솔직하게 인정하고, 경우에 따라서는 솔직하게 표현하는 태도를 말한다. • 이러한 진실한 태도는 내담자와 순수한 인간 간의 만남을 가능하게 하고, 내담자의 개방적인 자기탐색을 촉진 · 격려하게 된다.

6 초기면담의 주요 요소에 대한 설명으로 옳지 않은 것은?

① 유머는 내담자의 저항을 우회할 수 있고 긴장을 없앨 수 있을 뿐만 아니라 내담자를 심리적 고통에서 벗어나도록 도울 수 있다.
② 친밀교감은 상담자가 상담자 자신의 바람은 물론 내담자의 느낌, 인상, 기대 등에 대해서 이를 깨닫고 대화를 나누는 것이다.
③ 감정이입은 상담자가 길을 전혀 잃어버리지 않고 마치 자신이 내담자 세계에서의 경험을 하는 듯한 능력이다.
④ 직면은 내담자가 인정하고 싶지 않은 자신의 모순된 모습을 똑바로 바라볼 수 있도록 하기 위한 상담자의 지적이다.

해설

② 2번이 오답인 이유는 해당 설명이 '즉시성'에 대한 것이기 때문이다.

TIP 초기면담의 주요 요소

주요 요소	특징
친밀교감(rapport) 형성	• 내담자가 가지고 있는 긴장감을 풀어 주도록 노력하고, 상담 관계에서 유지되는 윤리적 문제와 비밀 유지의 원칙을 설명함으로써 불안을 감소시키고 친밀감을 형성시키는 과정이다.
감정이입(empathy)	• 상담자가 길을 전혀 잃어버리지 않고 마치 자신이 내담자 세계에서의 경험을 하는 듯한 능력을 말한다. • 감정이입에는 특수한 두 가지 기법이 있는데, 그것은 지각과 의사소통이다.
언어적 행동 및 비언어적 행동	• 내담자에게 중요한 것이 무엇인가를 논의하거나 이해시키려는 열망을 보여주는 의사소통을 포함한다.
자기 노출	• 자신의 사적인 정보를 드러내 보임으로써 자기 자신에 대해서 다른 사람이 알 수 있도록 하는 것을 의미한다. • 내담자의 자기 노출은 성공적인 상담을 위해서 필요하지만, 상담자의 자기 노출은 꼭 필요한 것은 아니다.
즉시성(immediacy)	• 상담자가 상담자 자신의 바람은 물론 내담자의 느낌, 인상, 기대 등에 대해서 이를 깨닫고 대화를 나누는 것을 의미한다. • '즉시성'에는 관계 즉시성과 지금-여기 즉시성이 있다. 관계 즉시성이란 상담자-내담자 관계의 질에 대해서 그것이 긴장되어 있는 것인지, 지루한 것인지, 혹은 생산적인 것인지에 대해 내담자와 이야기를 나누는 상담자의 능력을 의미한다.
유머(humor)	• 상담에서 유머는 민감성과 시의성을 동시에 요구한다. 내담자의 저항을 우회할 수 있고 긴장을 없앨 수 있을 뿐만 아니라 내담자를 심리적 고통에서 벗어나도록 도울 수도 있으며, 상황을 보다 분명하게 지각할 수도 있다.
직면(confrontation)	• 내담자가 인정하고 싶지 않은 자신의 모순된 모습을 똑바로 바라볼 수 있도록 하기 위한 상담자의 지적이다.
계약(contracting)	• 목표 달성에 포함된 과정과 최종 결과에 초점을 두고 이루어지는 상담자와 내담자의 약속이다.
리허설(rehearsal)	• 내담자에게 선정된 행동을 연습하거나 실천하도록 함으로써 내담자가 계약을 실행하는 기회를 최대화하도록 도울 수 있다.

ANSWER 5.① 6.②

7 **초기면담 시 즉시성이 유용한 경우가 아닌 것은?**

① 신뢰성에 의문이 제기될 경우

② 방향감이 없는 관계의 경우

③ 내담자 의존성이 있을 경우

④ 편안하고 긴장이 없는 경우

해설

④ 4번이 오답인 이유는 초기면담 시 '긴장이 감돌고 있을 경우'에 즉시성이 유용하기 때문이다.

TIP 즉시성이 유용한 경우

㉠ 방향감이 없는 관계의 경우
㉡ 긴장이 감돌고 있을 경우
㉢ 신뢰성에 의문이 제기될 경우
㉣ 상담자와 내담자 간에 상당한 정도의 사회적 거리가 있을 경우
㉤ 내담자 의존성이 있을 경우
㉥ 역의존성이 있을 경우
㉦ 상담자와 내담자 간에 친화력이 있을 경우

8 **초기면담에서 도움이 되는 면담 행동이 아닌 것은?**

① 적절한 해석 ② 언어적 강화 사용
③ 충고하는 것 ④ 비판단적임

해설

③ 3번이 오답인 이유는 해당 설명은 '도움이 되지 않는 면담 행동'에 대한 것이기 때문이다.

TIP 도움이 되는 면담 행동

구분	내용
언어적 행동	• 이해 가능한 언어 사용 • 내담자의 진술을 되돌아보고 명백히 함 • 적절한 해석 • 근본적인 신호에 대한 반응 • 언어적 강화 사용[예 : '음', '알지요', '선생님은'] • 내담자에 대해 '성'이나 '선생님'으로 호칭 • 적절하게 정보를 제공 • 자아에 대한 질문에 답함 • 긴장을 줄이기 위해 가끔 유머 사용 • 비판단적임 • 내담자의 진술을 더 많이 이해하도록 도움 • 내담자로부터 성실한 피드백을 유도하기 위하여 시험적으로 해석하는 단계
비언어적 행동	• 내담자와 유사한 언어의 톤 • 기분 좋은 눈의 접촉을 유지 • 가끔 고개를 끄덕임 • 표정을 지음 • 가끔 미소를 지음 • 가끔 손짓을 함 • 내담자에게 신체적으로 가깝게 근접함 • 이야기의 부드러움 • 내담자에게로 몸을 기울임 • 가끔 접촉함

ANSWER 7.④ 8.③

9 다음 설명에 해당하는 공감적 이해의 수준으로 옳은 것은?

> 상담자는 대체로 내담자의 행동이나 말에 주의를 기울여 내담자의 현재 마음 상태나 전달하려는 내용을 정확하게 파악하고 그에 맞는 반응을 보인다.

① 공감적 이해의 1,2 수준[인습적 수준]
② 공감적 이해의 3수준[기본적 수준]
③ 공감적 이해의 4수준[심층적 수준]
④ 공감적 이해의 5수준[전문가 수준]

해설

② 2번이 정답인 이유는 해당 설명은 '공감적 이해의 3수준[기본적 수준]'에 대한 것이기 때문이다.

TIP 공감적 이해의 수준

수준	내용
공감적 이해의 1, 2수준 [인습적 수준]	상담자가 내담자의 말을 듣고 그에 반응을 보이기는 하지만 주로 자신의 생각에 사로잡혀 있기 때문에 자기 주장만을 할 뿐 내담자의 생각이나 느낌과 일치된 의사소통을 하지 못하는 경우이다. 내담자의 이야기를 듣고 난 후 성급하게 판단하여 섣부른 조언이나 상투적인 충고를 하게 되는 경우가 이에 해당된다.
공감적 이해의 3수준 [기본적 수준]	상담자는 대체로 내담자의 행동이나 말에 주의를 기울여 내담자의 현재 마음 상태나 전달하려는 내용을 정확하게 파악하고 그에 맞는 반응을 보인다. 내담자의 의견에 대하여 재언급이나 요약 등을 하면서 반응을 보이는 경우가 이에 해당한다.
공감적 이해의 4, 5수준 [심층적 수준]	상담자가 언어적으로 명백히 표현되지 않은 내담자의 내면적 감정, 사고를 지각하고 이를 자신의 개념 틀에 의하여 왜곡 없이 충분히 표현함으로써 내담자의 적극적인 성장 동기를 이해하고 표출한다.

10 **다음 지문에 대한 상담자의 반응과 공감적 이해의 수준이 3수준 반응으로 옳은 것은?**

> "열심히 노력해서 취업했더니만 사무실 남자직원들이 내가 커피나 타러 온 사람인 줄 알아요. 여자라고 무시하는 것도 아니고 열 받아서 더는 못 다니겠어요."

① "여직원이라는 이유로 무시당하는 것 같아서 화가 많이 나셨겠네요."

② "어디든 여자들이 대체로 그런 일을 많이 하긴 하죠."

③ "그 정도는 그냥 해주면 안 되나요? 처음 들어가면 원래 그런 일부터 시작하는 거예요."

④ "커피 심부름을 시키다니 기분이 나쁘셨겠어요."

해설

④ 4번이 정답인 이유는 해당 설명은 '공감적 이해 3수준'에 대한 것이기 때문이다.

TIP 상담자의 반응과 공감적 이해의 수준(예시)

수준	내용
1수준	"그 정도는 그냥 해주면 안 되나요? 처음 들어가면 원래 그런 일부터 시작하는 거예요."
2수준	"어디든 여자들이 대체로 그런 일을 많이 하긴 하죠."
3수준	"커피 심부름을 시키다니 기분이 나쁘셨겠어요."
4수준	"여직원이라는 이유로 무시당하는 것 같아서 화가 많이 나셨겠네요."
5수준	"더 중요한 일을 맡아서 동등하게 인정도 받고 싶었을 텐데 정말 실망이 크셨겠네요."

ANSWER 9.② 10.④

학습 2 호소논점 파악하기

1 **기스버스와 무어(Gysbers & Moore)가 제시한 직업상담의 단계에 대한 설명으로 옳지 않은 것은?**

① 상담 전기단계에서는 내담자의 논점을 명료화하는 것을 목표로 보았다.

② 직업상담의 단계를 상담의 전반부와 후반부로 나누어 제시하였다.

③ 상담 후기단계에서의 목표는 상담 전기단계에서 확인된 내담자의 논점을 해결하는 것이다.

④ 상담 전반부의 절차는 직업 관련 맺기, 내담자 정보 수집하기, 행동 취하기이다.

해설

④ 4번이 오답인 이유는 '상담 전반부의 절차는 직업 관련 맺기, 내담자 정보 수집하기, 내담자 행동 이해 및 가정하기'에 대한 것이기 때문이다.

TIP 기스버스와 무어(Gysbers & Moore)가 제시한 직업상담의 단계

절차	내용
상담 전기단계의 절차	㉠ 들어가기 – 직업 관련 맺기 • 내담자의 목표와 논점 확인하기 • 내담자의 내적인 사고, 느낌, 역량 듣기 • 상담자와 내담자 각각의 책임을 포함한 상호 간의 관계 확립하기 ㉡ 내담자 정보 수집하기 – 내담자의 목표, 논점을 표현하는 것을 분류하고 세분화하기 • 내담자가 타인과 자신의 세계를 보는 견해 탐색하기 • 내담자의 생애역할, 주변상황, 그리고 사태[과거, 현재, 미래]를 만드는 감각에 대한 내담자의 방법 탐색하기 • 개인적 가능성, 환경적 장벽 또는 강제성 탐색하기 • 내담자의 의사결정 방법 · 형태 탐색하기 ㉢ 내담자 행동 이해 및 가정하기 – 언어 적용, 직업의 구조, 상담, 성격이론, 내담자 정보 분석, 내담자의 현재 목표와 논점 등에 관련된 행동 • 내담자의 목표와 논점에 관련하여 개입 선택하기 • 내담자 행동에 영향을 줄 수 있는 특수한 변인들에 초점 맞추기 • 가능성이 있는 내담자 저항에 반응하거나 듣기
상담 후기단계의 절차	㉠ 행동 취하기 – 진단에 기초한 개입 선정, 직업상담 기법을 이용한 개입, 심리검사, 질적 및 양적 사정, 직업 관련 맺기를 위한 직업정보 및 노동시장 정보수집, 직업 관련 맺기를 위한 논점 해결, 목표 성취를 위한 내담자 지원하기 ㉡ 직업 목표 및 행동 계획 발전시키기 – 내담자의 진로목적을 발전시키고 진로 성취를 위한 행동을 계획하며 논점을 해결하고, 환경과 현재의 시간과 장소의 장벽에 대한 편견을 극복하기 ㉢ 사용된 개입의 영향 평가하기 – 개입을 통해 내담자의 목적 또는 논점을 해결하였는지 확인하기 ㉣ 목적 또는 목표가 해결되어 있지 않았으면 다시 한 번 순환하기 ㉤ 목적 또는 논점이 해결되었으면 상담 관계를 끝내기

2 **특성 · 요인 지향적 직업상담 과정의 순서로 옳은 것은?**

㉮ 직업 탐색	㉯ 내담자와의 관계 형성
㉰ 정보 통합과 선택	㉱ 진로와 관련된 개인적 사정

① ㉮-㉯-㉰-㉱　　② ㉯-㉮-㉰-㉱
③ ㉯-㉮-㉱-㉰　　④ ㉯-㉱-㉮-㉰

해설

④ 4번이 정답인 이유는 해당 설명은 '내담자와의 관계 형성, 진로와 관련된 개인적 사정, 직업 탐색, 정보 통합과 선택'의 순서대로 직업상담 과정이 진행되기 때문이다.

3 **다음 설명의 (　　)에 들어가는 용어(개념)로 옳은 것은?**

> 내담자가 인지적 명확성이 없으면 (　　　　) 후에 직업상담을 실시하며, 인지적 명확성이 있으면 직업상담을 실시한다. 그러므로 직업상담가는 (　　　　)도 직업상담 과정에 포함한다.

① 직업심리치료　　② 정신과 치료
③ 개인상담　　④ 동기면담

해설

③ 3번이 정답인 이유는 해당 설명은 '인지적 명확성을 위한 직업상담 과정'에 대한 설명으로 인지적 명확성이 없으면 개인상담 후 직업상담을 실시해야 하기 때문이다.

ANSWER 1.④ 2.④ 3.③

4 **다음 설명이 해당하는 인지적 명확성 문제의 범위로 옳은 것은?**

> 경험 부족에서 오는 관념, 편협된 가치관, 낮은 자기효능감, 의무감에 의한 집착성 등으로 분류된다.

① 정보 결핍
② 기타 외적 요인들
③ 경미한 정신건강의 문제
④ 고정관념

해설

④ 4번이 정답인 이유는 해당 설명은 '고정관념'에 대한 것이기 때문이다.

TIP 인지적 명확성의 범위 분류

분류	내용
정보 결핍	• 왜곡된 정보에 집착하거나 정보 분석 능력이 보통 이하인 경우, 변별력이 낮은 경우로 분류된다. 이와 같은 정보 결핍은 바로 직업상담의 진행으로 이어진다.
고정관념	• 경험 부족에서 오는 관념, 편협된 가치관, 낮은 자기효능감, 의무감에 의한 집착성 등으로 분류된다. 이와 같은 고정관념은 바로 직업상담의 진행으로 이어진다.
경미한 정신건강의 문제	• 잘못된 결정 방법이 진지한 결정 방법을 방해하는 경우, 낮은 자기효능감, 비논리적 사고, 공포증이나 말더듬 등을 포함한다. 이와 같은 경미한 정신건강은 심리치료 후 직업상담의 진행으로 이어진다.
심각한 정신건강의 문제	• 심각한 정신건강의 문제는 심각하게 손상된 정신건강이나 약물 남용 등에 의한 것으로, 직업심리 치료 후 직업상담을 실시해야 한다. 이와 같은 심각한 정신건강은 심리치료 후 직업상담의 진행으로 이어진다.
기타 외적 요인들	• 일시적인 위기나 일시적이거나 장기적인 스트레스에서 오는데, 이때에는 개인상담을 한 후에 직업상담을 실시한다. 이와 같은 기타 외적 요인들은 개인상담 후 직업상담의 진행으로 이어진다.

※ 인지적 명확성 문제의 원인과 특성에 따른 대처방법

인지적 명확성 문제의 원인과 특성	직업상담	심리치료 후 직업상담	개인상담 후 직업상담
1) 정보 결핍			
㉠ 자신과 직업에 대한 지식 부족에서 오는 단순 결핍	○		
㉡ 읽기 문제, 학습장해(학습장애) 등으로 정보 사용 불능과 같은 성장 결핍	○		
㉢ 필요한 정보와 불필요한 정보 간의 변별력 불능에서 오는 과도한 정보	○		
2) 고정관념			
㉠ 경험 부족에서 오는 고정관념[역할모델의 부족]	○		
㉡ 심한 가치관 고착에 따른 고정성[예 : 종교적 가르침]	○		
㉢ 어느 정도의 심리적 문제에 따른 고정성[자기가 경험한 역할들 이외의 역할에 대해선 생각하지 못하는 데서 오는 자기효능감]	○		
㉣ 어느 정도의 의무감이 다른 선택사항에 대한 고려를 제외시킴.	○		
3) 경미한 정신건강 문제			
㉠ 잘못된 결정방식이 진지한 결정 방해		○	
㉡ 낮은 효능감이 다른 선택사항에 대한 고려 방해		○	
㉢ 비논리적 사고가 명령이나 다른 배제적 사고유형에서 나옴		○	
㉣ 공포증이나 말더듬 같은 문제가 다른 직업선택 방해[예 : 비행공포증이 항공여행을 필요로 하는 직업을 제외시킴]		○	
4) 심각한 정신건강 문제			
㉠ 직업선택 능력이 심각하게 손상된 정신증[만성정신분열증이나 주정동장애]		○	
㉡ 심각한 약물남용 장애		○	
5) 기타 외적 요인들			
㉠ 일시적 위기[주변사람과의 사별이나 부부 간의 불화]			○
㉡ 일시적 또는 장기적 스트레스로 직업문제에 대해 집중하는 데 따르는 어려움[예 : 실업 충격]			○

ANSWER 4.④

5 인지적 명확성의 문제 유형과 예시의 연결이 바른 것은?

① 명령 – 진정한 남자는 간호사가 될 수 없다.

② 비논리적 사고 – 직업여성은 항상 이혼한다.

③ 극단적 사고 – 완벽한 직업을 찾아야 한다.

④ 고정성 – 나는 변호사가 될 것이다. 그렇게 하지 않으면 나는 어떤 일도 할 수 없다.

해설

② 2번이 정답인 이유는 해당 설명은 '비논리적 사고'에 대한 것이기 때문이다.

① 1번이 오답인 이유는 해당 예시가 '고정성'에 대한 것이기 때문이다.

③ 3번이 오답인 이유는 해당 예시가 '명령'에 대한 것이기 때문이다.

④ 4번이 오답인 이유는 해당 예시가 '극단적 사고'에 대한 것이기 때문이다.

6 다음 상담자가 내담자의 호소문제를 구체화하기 위해 사용하는 질문으로 옳은 것은?

> 내담자 : 사람들에 대한 기대가 없어요. 사람에게 상처를 많이 받았거든요. 조용히 혼자 일할 수 있는 곳이 있으면 알선해 주세요.
>
> 상담자 : 사람들과의 관계에서 안 좋은 경험이 있으셨나 보네요. 그런데 어떤 사람들을 말씀하신 건지 구체적으로 얘기해 주실 수 있을까요?

① 동기강화 질문

② 개방형 질문

③ 폐쇄형 질문

④ 해결중심 질문

해설

② 2번이 정답인 이유는 해당 설명은 상담자의 반응이 '개방형 질문'이기 때문이다.

TIP 개방형 질문(open question)

폐쇄적인 질문과 대조적으로 통상적으로 '무엇을, 어떻게' 등과 같은 단어로 시작되는 질문이다. 이러한 질문은 내담자가 말할 수 있는 응답 시간이 충분하게 주어져야 한다. 폐쇄형 질문과 개방형 질문은 내담자가 말을 하도록 용기를 돋우는 데 차이가 있다.

7 **다음 내담자의 시간 전망에 해당하는 용어(단어, 개념)로 옳은 것은?**

> 시간 전망이 현재를 향해 있는 내담자는 의사결정의 기준을 오로지 현재에다 두고 미래를 고려하지 않는 유형이다. 이 유형의 내담자는 진로경로를 고려하기보다는 현재의 상황에 치우쳐 있어 '지금 당장'이라는 급한 사고로 인하여 앞으로의 진전이 어려운 유형이다.

① 현재형　　② 결과형

③ 과거형　　④ 미래형

해설

① 1번이 정답인 이유는 해당 설명은 '시간전망이 현재형'에 대한 것이기 때문이다.

TIP 시간 전망에 따른 내담자의 상담동기

과거형	• 시간 전망이 과거를 향해 있는 내담자는 사고의 형태가 과거에 고정되어 있어 현재를 인정하지 않으려 하고 미래에 대하여도 진지하게 고려하지 않는다. 특히 내담자는 과거 진로경로와 연관되어 있으며, 진로경로가 반드시 앞으로 진전하고 상승한다는 법칙에 고정관념을 가진 경우가 많아 직업상담의 진행에 어려움을 준다.
현재형	• 시간 전망이 현재를 향해 있는 내담자는 의사결정의 기준을 오로지 현재에다 두고 미래를 고려하지 않는 유형이다. 이 유형의 내담자는 진로경로를 고려하기보다는 현재의 상황에 치우쳐 있어 '지금 당장'이라는 급한 사고로 인하여 앞으로의 진전이 어려운 유형이다.
미래형	• 시간 전망이 미래를 향해 있는 내담자는 자신의 진로경로를 깊게 고려하므로 직업상담을 진행하는 데 순조로운 과정을 거친다.

ANSWER 5.② 6.② 7.①

8　다음 내담자의 초기진술에서 상담자가 세울 수 있는 초기 가설로 옳지 않은 것은?

> "난 내게 무슨 문제가 있는지 몰라요. 엄마가 가보라고 해서 왔을 뿐이에요. 직업을 선택하는 것에 관심은 있지만, 부모님이 반대하시는 일은 하고 싶지 않아요. 내가 뭘 결정하는 것보다는 부모님의 결정이 더 나은 경우가 많아요."

① 역할갈등에 의한 진로갈등
② 낮은 자기효능감
③ 부모의 영향과 지나친 독립성
④ 낮은 진로성숙도

해설

③ 3번이 오답인 이유는 해당 설명은 '부모의 막대한 영향과 지나친 의존성'에 대한 것이기 때문이다.

9　내담자의 인지적 명확성을 확인하기 위한 질문으로 옳지 않은 것은?

① 진로를 선택하거나 현재의 진로를 바꾸는 것을 성공적으로 했는지에 대해 내담자가 어느 정도 확신하고 있는가?
② 진로를 선택하거나 바꾸는 데 있어 일을 잘한다는 것이 내담자에게 얼마나 중요한가?
③ 내담자가 자신의 상황이 나아질 것이라고 어느 정도 확신하는가?
④ 과거 시점에서 진로를 선택하였거나 과거 진로를 바꾼 것이 얼마나 중요한가?

해설

④ 4번이 오답인 이유는 해당 설명은 '지금 시점에서 진로를 선택하거나 현 진로를 바꾸는 것이 얼마나 중요한가?'에 대한 것이기 때문이다.

10 다음 사례에서 제시된 인지적 명확성 문제로 옳은 것은?

> 내담자 : 전 사업을 할까 생각 중이에요. 그런데 사업하는 여성들은 대부분 이혼을 한다고 해서 좀 망설이고 있어요.

① 파행적 의사소통
② 원인과 결과의 착오
③ 가정된 불가능/불가피성
④ 구체성의 결여

해설

② 2번이 정답인 이유는 해당 설명은 '원인과 결과의 착오'에 대한 것이기 때문이다.

TIP 인지적 명확성의 문제 유형

가정된 불가능/불가피성	내담자 : 전 의대를 졸업할 수 없을 것 같아요. 상담자 : 학생의 성적은 상당히 우수한 것으로 아는데요. 내담자 : 하지만 단념했어요. 내 친구는 의대 상급생인데 성적 때문에 그만뒀어요.
파행적 의사소통	상담자 : 제가 내준 과제를 하는 데 많은 어려움이 있다고 하셨지요. 선생님이 하시는 일을 조절하는 데에 제가 전화를 하면 도움이 될지 모르겠네요. 내담자 : 그거 괜찮은 생각인 것 같네요. 제가 작업하는 데 어떤 문제가 있을 수 있다는 걸 아셨어요? 그리고 오늘 저는 새 차를 하나 보아둔 것이 있어요. 그 생각만 하면 즐거워져요.
구체성의 결여	내담자 : 사람들이 요즘은 좋은 직장을 구하기가 힘들다고들 해요.
강박적 사고	내담자 : 저는 선생님이 될 거에요(거예요). 우리 아빠도 교사고, 할아버지도 교사이셨어요. 상담자 : 만약 교사가 안 된다면 어떤 일이 벌어질까요? 내담자 : 모든 것이 엉망이 될 거에요(거예요). 끔찍할 거에요(거예요).

ANSWER 8.③ 9.④ 10.②

학습 3 구조화하기

1 상담 구조화의 기능으로 옳지 않은 것은?

① 상담의 안정적 수행
② 상담자의 불안감 감소
③ 오리엔테이션의 기능
④ 면담 자체로서의 기능

해설

② 2번이 오답인 이유는 해당 설명은 '내담자의 불안감 감소'에 대한 것이기 때문이다.

TIP 상담 구조화의 기능

오리엔테이션의 기능	• 내담자에게 앞으로의 상담과정이 어떻게 진행될지, 무엇을 하고 하지 말아야 할지, 어떤 지원이 이루어질지 등에 관한 정보를 제공하고 안내하는 기능을 한다.
내담자의 불안감 감소	• 내담자가 상담에 참여하는 것에 대해 가지고 있을 막연한 두려움과 불안을 감소시켜 안심하고 상담에 임하도록 돕는다.
면담 자체로서의 기능	• 상담자와 내담자는 협의와 타협의 과정을 통해 계약을 맺게 되며, 상담구조를 정하는 것은 내담자의 동의가 필요한 과정이다. 이러한 구조화의 과정은 그 자체로 또 하나의 면담이 된다.
상담의 안정적 수행	• 상담을 시작하는 단계에서 상담의 틀을 설정함으로써 계획적으로 상담을 진행할 수 있고, 협의를 통해 모호하고 상충하는 부분을 확인하여 조정하게 되므로 안정적인 상담이 가능해진다.

2 **다음 설명에 해당하는 상담 구조화의 내용으로 바른 것은?**

> 상담시간, 상담장소, 상담비용, 상담빈도, 총 상담횟수, 연락방법, 상담시간 엄수 및 취소 등에 대한 정보를 설명하고 이해하도록 한다.

① 상담윤리의 구조화
② 명시적 구조화
③ 상담관계의 구조화
④ 상담실제의 구조화

해설

④ 4번이 정답인 이유는 해당 설명은 '상담실제의 구조화'에 대한 것이기 때문이다.

TIP 상담 구조화의 내용

구조화	내용
상담관계의 구조화	• 상담자와 내담자의 기대 조정 : 서로의 기대와 오해를 확인하고, 이것이 확실해지면 상담과정 동안 일어날 일에 대해 차이점을 해결하고 일치점을 만드는 것이 구조화 과정의 핵심이다. • 공식적 · 비공식적 역할의 구조화 : 상담자와 내담자의 역할과 규범 등을 설명하고 협의한다. 내담자는 스스로 문제해결능력을 키워야 하며, 상담자는 문제해결의 과정을 돕고 조력하는 역할임을 확인한다. 내담자는 자신의 변화가 문제해결의 실마리임을 알고 성실히 상담에 임하며, 상담자는 전문가로서 신뢰를 형성하는 데 노력하는 등 비공식적 역할에 대한 것도 구조화에 포함된다.
상담실제의 구조화	• 상담시간, 상담장소, 상담비용, 상담빈도, 총 상담횟수, 연락방법, 상담시간 엄수 및 취소 등에 대한 정보를 설명하고 이해하도록 한다.
상담윤리의 구조화	• 상담 관련 윤리적 내용은 비밀보장, 이중관계 금지, 내담자의 알 권리 보장 등에 대한 전문가로서 지켜야 할 내용을 포함한다.

※ 상담 구조화의 방법

방법	내용
명시적 구조화	• 상담 진행과 관련된 내용을 내담자에게 언어적으로 명확하게 설명한 다음 내담자와 협의를 거쳐 상담의 구조적 형태를 만들어 가는 것이다.
암시적 구조화	• 언어적으로 설명하지 않고 이면적이고 암시적으로 구조화하는 방식이다. • 상담자의 모든 행동이 암시적 구조화이므로 상담자는 원칙을 가지고 자신의 행동을 살피면서 신중하게 개입해야 한다.

ANSWER 1.② 2.④

3 **상담 구조화의 유의 사항으로 옳지 않은 것은?**

① 상담의 초기단계에서 한 번으로 확실하게 끝내야 한다.

② 구조화하는 이유를 내담자에게 설명해야 한다.

③ 구조화는 타협해야 하는 것이지 강요되어서는 안 된다.

④ 상담관계를 원활하게 하는 것이 목적이며 치료적 효과가 있는 것은 아니다.

해설

① 1번이 오답인 이유는 해당 설명은 '상담의 초기단계에서 한 번으로 끝나는 것이 아니라 지속적으로 반복해서 상담 전 과정에서 상담을 재구조화해 나간다.'에 대한 것이기 때문이다.

TIP 상담 구조화의 유의 사항(김춘경 외, 2016)

㉠ 구조화는 타협해야 하는 것이지 강요되어서는 안 된다.
㉡ 구조화는 내담자를 체벌하는 방식으로 이루어져서는 안 된다.
㉢ 구조화하는 이유를 내담자에게 설명해야 한다.
㉣ 내담자의 준비도와 상담관계의 흐름 등을 고려하여 구조화 시기를 정한다.
㉤ 지나치게 경직된 구조화는 내담자의 좌절과 저항을 유발할 수 있다.
㉥ 불필요하고 목적이 없는 규칙은 오히려 내담자의 활동을 억제한다.
㉦ 내담자의 인지, 정서, 행동적 특성을 고려해야 한다.
㉧ 상담관계를 원활하게 하는 것이 목적이며 치료적 효과가 있는 것은 아니다.
㉨ 상담의 초기단계에서 한 번으로 끝나는 것이 아니라 지속적으로 반복해서 상담 전 과정에서 상담을 재구조화해 나간다.

4 **직업상담 시 평가가 필요한 내담자의 정보들이 아닌 것은?**

① 직업정보, 직무경향, 직무를 유지하는 절차 등의 지식

② 전반적 기술, 자아 또는 주어진 영역에서 형성되는 지각된 능력과 관련된 인지[자기존중감]

③ 대인관계기술, 직무기술, 작업습관, 정보탐색기술, 검사수행기술, 의사결정기술 등을 포함한 행동

④ 태도, 흥미, 가치, 성격변인 등을 포함한 특성

해설

② 2번이 오답인 이유는 해당 설명은 '전반적 기술, 자아 또는 주어진 영역에서 형성되는 지각된 능력과 관련된 인지[자기효능감]'에 대한 것이기 때문이다.

5 **초기면담에서 유용하게 활용할 수 있는 생애진로사정의 구조로 옳지 않은 것은?**

① 진로사정 ② 결론

③ 전형적인 하루 ④ 강점 및 장애

해설

② 2번이 오답인 이유는 해당 설명은 '요약'에 대한 것이기 때문이다.

TIP 생애진로사정의 구조

구조	내용
진로사정	• 일의 경험 : 직업은 성격에 따라 시간제 · 정시제, 유급 · 무급 등으로 나뉜다. 일의 경험을 사정하려면 내담자에게 과거 또는 현재의 직업을 서술하게 한다. 내담자에게 수행했던 직무를 적도록 하고 직무에 관하여 가장 좋았던 것과 싫었던 것을 적도록 한다. • 교육 또는 훈련 과정 및 관심사 : 진로사정은 내담자에게 교육 또는 훈련 경험에 대한 일반적인 진로경로를 작성하게 하는 데서 시작된다. 그리고 내담자에게 가장 좋아하는 것과 가장 싫어하는 것을 질문하여 구조를 진전시키는데, 대개 주제는 좋음과 싫음으로 나타나기 시작한다. • 오락 : 생애진로사정에서 오락영역을 사정하기 위해서는 내담자들이 여가시간에 무엇을 하는지를 질문하여야 한다. 이때 오락활동이 일과 교육적 주제와 일치하는지의 여부가 중요하다. 여가시간의 사정은 사랑과 우정 관계를 탐색하는 데에도 유용하다.
전형적인 하루	• 생애진로사정을 실시하는 동안 나타난 많은 주제들은 활동적–수동적, 사교적–비사교적 등과 같은 본질적인 대립들을 보인다. 생애진로사정 부분에서 전형적인 하루 동안 검토되어야 할 성격 차원은 의존적–독립적 성격 차원, 그리고 자발적–체계적 성격 차원이다.
강점과 장애	• 생애진로사정의 강점 및 장애 부분에 대해서는 내담자가 믿고 있는 자기 자신의 주요 강점과 주요 장애가 무엇인지를 질문한다. 강점 및 장애에 대한 사정은 내담자가 다루고 있는 문제와 내담자를 돕기 위해 내담자가 마음대로 사용하는 자원 등에 대하여 직접적인 정보를 준다.
요약	• 면접하는 동안에 수집된 정보를 강조하는 것이다. • 요약할 때 수집된 모든 정보를 검토할 필요는 없지만, 주도적인 생애 주제, 강점, 장애 등은 반복해서 검토하여야 한다.

ANSWER 3.① 4.② 5.②

6 생애진로사정의 전형적인 하루에서 검토되어야 하는 성격 차원으로 옳은 것은?

① 자발적-의존적 성격 차원
② 외향적-내향적 성격 차원
③ 의존적-독립적 성격 차원
④ 사고적-감정적 성격 차원

해설

③ 3번이 정답인 이유는 해당 설명은 '의존적-독립적 성격 차원, 자발적-체계적 성격 차원'에 대한 것이다.

TIP 생애진로사정의 전형적인 하루에서 검토되어야 할 사항

생애진로사정을 실시하는 동안 나타난 많은 주제들은 활동적-수동적, 사교적-비사교적 등과 같은 본질적인 대립들을 보인다. 생애진로사정 부분에서 전형적인 하루 동안 검토되어야 할 성격 차원은 의존적-독립적 성격 차원, 그리고 자발적(임의적)-체계적 성격 차원이다.

7 생애진로사정을 통해 얻을 수 있는 내담자의 유용한 정보가 아닌 것은?

① 내담자의 일의 경험, 교육의 성취 등과 같은 비교적 주관적이고 사실적인 유형의 정보
② 상담자가 내담자의 기술과 능력을 추론하여 판단할 수 있음
③ 내담자의 기술과 유능에 대한 평가 정보
④ 내담자의 자신에 대한 인식으로서 내담자의 가치와 관련하여 정보

해설

① 1번이 오답인 이유는 해당 설명은 '내담자의 일의 경험, 교육의 성취 등과 같은 비교적 객관적이고 사실적인 유형의 정보'에 대한 것이기 때문이다.

TIP 생애진로사정 과정의 유용한 점

㉠ 내담자의 일의 경험, 교육의 성취 등과 같은 비교적 객관적이고 사실적인 유형의 정보를 얻으며,
㉡ 내담자의 기술과 유능에 대한 평가 정보를 얻을 수 있고,
㉢ 상담자가 내담자의 기술과 능력을 추론하여 판단할 수 있으며,
㉣ 내담자의 자신에 대한 인식으로서 내담자의 가치와 관련하여 정보를 얻을 수 있다는 점

8 내담자의 상담목표 설정과 검토 시 확인할 내용으로 옳지 않은 것은?

① 상담 하위목표 설정
② 내담자의 생애 주제 평가
③ 내담자의 상담목표 확인
④ 내담자의 목표 몰입도 수준 평가

해설

② 2번이 오답인 이유는 해당 설명은 'C-DAC의 평가모형'에 대한 것이기 때문이다.

TIP 상담목표 설정과 검토

단계	내용
내담자의 상담목표 확인	• 내담자의 결과 목표 결정 : 직업상담을 하러 오게 된 이유에 대한 내담자의 최초 진술은 내담자가 상담하기를 원하는 목표 또는 문제에 관한 가장 중요한 단서 중의 하나이다. 일단 현존하는 문제가 어느 정도 깊은 수준까지 평가되고 직업상담의 적절한 개입이 결정되면, 상담자는 초기목표 설정과정으로 이동할 수 있다. • 목표의 실현 가능성 결정 : 일단 전반적인 목표가 설정되면 목표의 실현 가능성은 내담자와 함께 탐색되어야 하는데, 앞에서 언급한 것처럼 목표의 실현 가능성은 나의 시간, 에너지, 능력, 자원과 관계된 현실성 등과 내담자가 그 상황을 통제할 수 있는 정도를 함께 고려해야 한다.
상담 하위목표 설정	• 일단 전반적인 목표가 결정되면, 하위목표를 확인함으로써 그 목표에 대한 안내지도를 확립하는 것이 중요하다. • 직업선택 상황에서 내담자들이 바람직한 결과를 성취하는 것에 대한 상담자의 암묵적 단계 모형은 ① 내담자의 가치, 기술, 자산에 대한 평가, ② 직업적 대안의 창출, ③ 직업정보의 수집, ④ 의사결정 모형의 적용 등으로 이루어진다. 이러한 계획을 내담자와 나누고, 하위목표들에 대한 동의를 얻음으로써 모호함을 줄이고 내담자가 과정에 몰입되는 가능성을 증가시킬 수 있다.
내담자의 목표 몰입도 수준 평가	• 구체적이고 실현 가능한 목표와 하위목표는 필요하지만, 내담자가 그 목표 추구에 필요한 시간과 에너지를 투자할 마음이 없으면 무용지물이 된다. • 그러므로 목표에 대한 내담자의 몰입도를 평가하는 것이 중요하다.

ANSWER 6.③ 7.① 8.②

9 내담자의 결과 목표 결정 시 사용하는 질문으로 옳지 않은 것은?

① 상담의 결과물로 원하는 것이 무엇인가?

② 상담의 결과로 달성하기를 원하는 것이 무엇인가?

③ 이러한 것이 발생하도록 하기 위해 필요한 것이 정확히 무엇인가?

④ 상담의 끝이라고 가정할 때 지금과 어떤 것들이 달라져 있을까?

해설

③ 3번이 오답인 이유는 해당 설명은 '상담 하위목표 설정'에 대한 것이기 때문이다.

TIP 하위목표 설정을 위한 질문 예시

1. 이러한 것이 발생하도록 하기 위해 필요한 것이 정확히 무엇인가?
2. 지금 현재 상태에서 되고 싶은 상태까지 필요한 단계들을 생각해 보고, 당신에게 가장 쉬운 것부터 어려워 보이는 것까지 배열할 수 있는가?
3. 당신의 목표에 도달하기 위해서 또는 자신의 자원을 최대화하기 위해서 이 단계들을 어떻게 정렬할 수 있는가?
4. 당신의 목표로 나아가기 위해서 어떤 일을 하기 전에 먼저 해야 될 필요가 있는 일을 생각할 수 있는가?

학습 4 전략 수립하기

1 **특성-요인이론의 윌리엄슨(Williamson)이 주장한 상담 과정으로 옳지 않은 것은?**

① 분석
② 예후
③ 진단
④ 탐색

해설

④ 4번이 오답인 이유는 윌리엄슨의 상담 과정은 '분석-종합-진단-예후-상담-추수지도'이다.

TIP 윌리엄슨(Williamson)은 특성·요인 이론의 상담 단계

상담 단계	내용
분석 단계	• 내담자의 정보와 자료를 수집하는데, 적성, 흥미, 동기, 신체 건강, 정서적 균형, 적응 및 억제 촉진 단서 등에 대하여 누가(cumulative) 기록, 면접, 시간할당, 자서전, 일화 기록, 심리 검사 등을 사용한다.
종합 단계	• 종합한 분석된 자료를 요약하고 조직화하는 단계이다.
진단 단계	• 내담자의 문제들과 자질, 경향성, 장점 등에 대하여 자료를 해석한다. 이때 논점을 확인하고 원인을 발견한다.
예후 단계	• 대안을 찾아 처치 또는 처방하고 논점 해결을 위한 중점적 변화를 예언하는 과정이다.
상담 단계	• 일반화된 방식으로 생활 전체를 다루는 것을 학습하는 단계이며, 내담자가 능동적으로 참여하는 과정이다.
추수지도 단계	• 새로운 문제나 문제의 재발에 대하여 도와주는 과정이다.

2 **수퍼(Super)의 생애진로발달에서 제시한 직업발달 단계에 해당하지 않는 것은?**

① 확립기
② 성장기
③ 환상기
④ 탐색기

해설

③ 3번이 오답인 이유는 해당 설명은 '긴즈버그(Ginzberg)의 이론'에 대한 것이기 때문이다. 긴즈버그는 처음으로 발달적 관점에서 직업 선택 이론을 제시하였다.

ANSWER 9.③ / 1.④ 2.③

TIP 수퍼(Super)의 직업발달 단계

단계	특징
성장기(0~14, 15세)	• 아동은 부모, 교사 등 주변의 중요한 인물을 모방하거나 동일시하면서 자기개념을 형성해 나간다. • 환상기, 흥미기, 능력기로 나뉜다.
탐색기(15~24세)	• 청소년기에서 성인 초기까지의 시기로, 개인은 학교, 아르바이트, 사회적 경험 등을 통해 진로를 탐색하고 자아를 검증한다. • 결정화기, 구체화기, 실행기로 나뉜다.
확립기(25~44세)	• 개인은 자신의 흥미와 능력에 맞는 직업 분야를 선택하고, 직업적 안정과 성취를 위해 노력하는 시기이다. • 정착, 공고화, 발전기로 나뉜다.
유지기(45~64세)	• 이미 확립된 직업적 위치를 바탕으로, 개인은 성과를 유지하거나 개선하며 직업적 지속성을 추구하는 시기이다. • 유지, 갱신, 혁신기로 나뉜다.
쇠퇴기(65세 이상)	• 은퇴를 준비하거나 은퇴 이후의 삶에 적응하는 시기로, 직업 중심의 삶에서 벗어나 여가, 가족, 사회적 기여 등 새로운 역할을 모색한다. •감속, 은퇴 준비, 은퇴 생활로 나뉜다.

※ 긴즈버그(Ginzberg)의 진로발달 단계

단계	특징
환상기	• 초기에는 놀이 중심의 진로 인식 • 점차 놀이가 일 중심으로 변화되며, 현실 세계의 직업에 대한 관심이 생김
잠정기	• 흥미, 능력, 보상, 가치 등에 대한 인식이 확장됨 • 일이 요구하는 조건과 현실성에 대해 점차적으로 이해함
현실기	• 흥미와 능력의 통합, 가치의 명료화, 직업 선택의 구체화가 이루어지는 시기 • 직업 형태에 대한 이해와 진로 실행 준비가 본격화됨

3 생애진로발달 이론에서 활용하는 상담전략인 C-DAC 평가 모형에 해당하지 않는 것은?

① 직업적 정체성 평가

② 직업적 자기개념과 생애주제 평가

③ 내담자의 생애구조와 직업역할의 평가

④ 내담자의 진로발달 수준과 환경에 대한 평가

해설

④ 4번이 오답인 이유는 해당 설명은 '내담자의 진로발달 수준과 자원에 대한 평가'에 대한 것이기 때문이다.

TIP 생애진로발달 이론의 상담전략(C-DAC : Career Development Assessment Counseling) 평가 모형

㉠ 내담자의 생애구조와 직업역할의 평가
㉡ 내담자의 진로발달 수준과 자원에 대한 평가
㉢ 직업적 정체성 평가
㉣ 직업적 자기개념과 생애주제 평가

4 다음 설명에 해당하는 진로 학자로 옳은 것은?

> 에릭슨(Erikson, 1950)이 제시한 심리사회적 발달의 8단계로부터 영향을 받아 이론을 전개하였다. 자기정체감이 발달하면서 분화와 통합의 과정을 거쳐 의사결정이 이루어진다고 하였다.

① 수퍼(Super)
② 로(Roe)
③ 타이드만과 오하라(Tiedman & O'Hara)
④ 고트프레드슨(Gottfredson)

해설

③ 3번이 정답인 이유는 해당 설명이 '타이드만과 오하라'에 대한 것이기 때문이다. 타이드만과 오하라(Tiedman & O'Hara, 1963)는 에릭슨(Erikson, 1950)이 제시한 심리사회적 발달의 8단계인 ㉠ 신뢰감 대 불신감, ㉡ 자율성 대 수치심과 의심, ㉢ 주도성 대 죄의식, ㉣ 근면성 대 열등감, ㉤ 정체성 대 혼돈, ㉥ 친밀감 대 고립감, ㉦ 생산성 대 침체성, ㉧ 자기통합 대 절망감으로부터 영향을 받아 이론을 전개하였다.

TIP 진로 학자별 직업상담 이론

학자	내용
수퍼(Super)	• 직업문제를 일회적인 선택의 문제가 아니라 인간이 전 생애에 걸친 과정으로 보았다.
로(Roe)	• 매슬로우(Maslow, 1954)의 욕구위계 이론에 영향을 받아 욕구에 따른 직업선택과 직업분류를 제시하였다. • 로는 흥미에 기초해서 직업을 8개의 군집(group)으로 나누고 직업에서의 곤란도와 책무성을 고려하여 직능수준 6단계를 매트릭스(matrix)의 형태로 제시하였다.
고트프레드슨(Gottfredson)	• 개인이 자기심상에 알맞은 직업을 원하며 자기개념을 진로 선택의 중요한 요인으로 보았다. 자기개념이 발달하면서 진로포부의 한계가 설정된다고 하였다.

ANSWER 3.④ 4.③

5 **로(Roe)의 욕구 이론에 대한 설명으로 옳지 않은 것은?**

① 매슬로우(Maslow, 1954)의 욕구위계 이론에 영향을 받아 욕구에 따른 직업선택과 직업분류를 제시하였다.

② 사람들은 자신의 기술과 능력을 발휘하고 태도와 가치를 표현할 수 있는 환경을 찾으려 한다.

③ 흥미에 기초해서 직업을 8개의 군집(group), 직업에서의 곤란도와 책무성을 고려하여 직능수준 6단계를 매트릭스(matrix)의 형태로 제시하였다.

④ 사람 지향은 서비스, 사업적 접촉, 조직, 보편문화, 예술과 연예 등, 사물 지향은 기술직, 옥외직, 과학직 등으로 구분하였다.

해설

② 2번이 오답인 이유는 해당 설명은 '홀랜드(Holland)의 성격유형 이론의 기본 가정'에 대한 것이기 때문이다.

TIP 홀랜드의 4가지 기본 가정

㉠ 개인의 성격유형은 현실형, 탐구형, 예술형, 사회형, 진취형, 관습형의 6가지 유형으로 구분될 수 있다.
㉡ 직업적 환경도 개인의 성격유형과 마찬가지로 6가지 유형으로 구분될 수 있다.
㉢ 사람들은 자신의 기술과 능력을 발휘하고 태도와 가치를 표현할 수 있는 환경을 찾으려 한다.
㉣ 행동은 성격과 환경의 상호작용이며, 개인의 성격과 환경이 일치성이 높을수록 만족과 성과도 높아질 수 있다.

6 **다음 ( )에 해당하는 용어(명칭, 개념)로 옳은 것은?**

다위스와 롭퀴스트는 개인의 특성에 해당하는 욕구와 능력을 환경에서의 요구사항과 연관지어 진로선택, 직무만족이나 직무유지 등의 진로행동을 설명하는 ( ) 이론을 제시하였다.

① 진로선택
② 사회학습
③ 직업적응
④ 성격유형

해설

③ 3번이 정답인 이유는 해당 설명이 '직업적응이론'에 대한 것이기 때문이다.

TIP 직업적응 이론

개인과 환경 간의 상호작용과 조화의 관점에서 직업문제를 바라보았고, 개인의 만족과 조직의 충족에 영향을 미치는 요인들을 진단하고 부조화의 원인을 파악하여 적응할 수 있도록 돕는 것이 직업적응 이론에서의 접근이다.

7 인지적 정보처리 이론에서 진로문제 해결을 위해 제시한 일련의 절차를 순서대로 배열한 것은?

㉮ 집행	㉯ 분석
㉰ 의사소통	㉱ 가치부여
㉲ 통합	

① ㉲-㉮-㉯-㉰-㉱
② ㉯-㉲-㉮-㉱-㉰
③ ㉰-㉯-㉲-㉱-㉮
④ ㉰-㉮-㉯-㉱-㉲

해설

③ 4번이 정답인 이유는 '의사소통-분석-통합-가치부여-집행'의 순이기 때문이다.

TIP 진로문제 해결은 일차적으로 인지적 과정이며, 다음의 일련의 절차(CASVE)를 통해 증진할 수 있다.

㉠ **의사소통**(Communication) : 질문들을 받아들여 부호화하며 송출하는 것
㉡ **분석**(Analysis) : 한 개념적 틀 안에서 문제를 찾고 분류하는 것
㉢ **통합**(Synthesis) : 일련의 행위를 형성시키는 것
㉣ **가치부여**(Valuing) : 승·패의 확률에 관해 각각의 행위를 판단하고 다른 사람에게 미칠 여파를 판단하는 것
㉤ **집행**(Execution) : 책략을 통해 계획을 실행시키는 것

8 사회인지이론의 진로발달과 진로선택에 영향을 주는 요인이 아닌 것은?

① 과제접근기술
② 학습경험
③ 타고난 능력
④ 개인의 인지적 요인

해설

① 1번이 오답인 이유는 해당 설명은 '환경적 상황과 사건'에 대한 것이기 때문이다. 즉, 사회인지이론에서는 타고난 능력, 환경적 상황과 사건, 학습경험, 개인의 인지적 요인[자기효능감, 결과기대, 목표]의 요인을 강조한다.

TIP 사회학습 이론의 진로발달과 진로선택 영향 요인

㉠ 유전요인과 특별한 능력
㉡ 환경조건과 사건
㉢ 학습경험
㉣ 과제접근기술

ANSWER 5.② 6.③ 7.③ 8.①

9 **다음 (　　)에 해당하는 진로 이론으로 옳은 것은?**

> (　　　　) 이론에서 개인은 이미 존재하는 사실을 발견하는 것이 아니라 적극적으로 의미화하는 과정을 통해 진로행동을 이끌고, 조절하고, 유지할 수 있다고 보았다.

① 사회학습　　② 사회인지
③ 직업적응　　④ 진로구성주의

해설

④ 4번이 정답인 이유는 해당 설명은 '진로구성주의'에 대한 것이다. 사빅카스(Savickas et al., 2009)는 개인이 자신의 진로 관련 행동과 직업적 경험에 의미를 부여하면서 스스로의 진로를 구성해 간다고 보았으며, 생애설계라는 새로운 패러다임을 제시하였다.

10 **직업문제 관련 관점 및 접근에 따른 직업상담 이론의 유형 분류 중 구조이론의 설명으로 옳지 않은 것은?**

① 개인의 특성과 그에 상응하는 직업 간에 분명한 연결 관계를 강조하였다.
② 선택의 과정은 평생에 걸쳐 일어나는 것이라고 주장하였다
③ 왜 사람들은 특정 직업을 선택하는가를 설명하려는 이론들이다.
④ 특성-요인 이론, 로(Roe)의 욕구이론, 홀랜드의 인성이론 등이 있다.

해설

② 2번이 오답인 이유는 해당 설명은 '직업상담 이론의 유형 분류 중 발달이론'에 대한 것이기 때문이다.

TIP 직업문제 관련 관점 및 접근에 따른 직업상담 이론의 유형 분류

㉠ 발달이론
- 개인의 진로의식을 발달해 가는 과정으로 이해하고 설명하려는 이론들이다.
- 선택의 과정은 평생에 걸쳐 일어나는 것이라고 주장하였다.
- 수퍼의 생애공간 접근, 고트프레드슨의 제한과 타협이론 등이 있다.

㉡ 구조이론
- 왜 사람들은 특정 직업을 선택하는가를 설명하려는 이론들이다.
- 개인의 특성과 그에 상응하는 직업 간에 분명한 연결 관계를 강조하였다.
- 특성-요인 이론, 로(Roe)의 욕구이론, 홀랜드의 인성이론 등이 있다.

㉢ 과정이론
- 진로선택의 내용 또는 개인과 직업 간의 연결 관계보다는 진로선택이나 진로결정의 과정 자체에 더 큰 비중을 두는 이론이다.
- 인지적 정보처리 이론, 사회학습 이론, 사회인지적 접근 이론 등이 있다.

11 **상담목표 설정 시 고려해야 할 사항이 아닌 것은?**

① 상담목표는 실현 가능해야 한다.

② 상담목표는 최대한 크게 잡아야 한다.

③ 상담목표는 상담자의 기술과 양립 가능한 것이어야 한다.

④ 상담목표는 내담자가 원하고 바라는 것이어야 한다.

해설

② 2번이 오답인 이유는 해당 설명은 '상담목표는 구체적이어야' 하기 때문이다.

TIP 상담목표 설정 시 고려해야 할 사항

㉠ 상담목표는 구체적이어야 한다.
㉡ 상담목표는 실현 가능해야 한다.
㉢ 상담목표는 내담자가 원하고 바라는 것이어야 한다.
㉣ 상담목표는 상담자의 기술과 양립 가능한 것이어야 한다.

ANSWER 9.④ 10.② 11.②

학습 5 초기면담 종결하기

1 초기면담 종결 시 유의점으로 옳지 않은 것은?

① 내담자와 상담자 간의 역할과 비밀 유지에 관해 상호 약속한 동의 내용을 요약한다.
② 상담을 진행하면서 필요하더라도 과제물을 부여할 수 없다.
③ 상담 시 반드시 지켜야 할 준수 사항을 모두 지킨다.
④ 요약은 상담자가 할 수도 있고, 내담자가 할 수도 있다.

해설

② 2번이 오답인 이유는 해당 설명은 '상담을 진행하면서 필요하다면 과제물을 부여'할 수 있기 때문이다.

TIP 초기면담 종결 시 유의점

㉠ 내담자와 상담자 간의 역할과 비밀 유지에 관해 상호 약속한 동의 내용을 요약한다. 이 요약은 상담자가 할 수도 있고, 내담자가 할 수도 있다.
㉡ 상담을 진행하면서 필요하다면 과제물을 부여할 수 있다.
㉢ 상담 시 반드시 지켜야 할 준수 사항을 모두 지킨다.

2 초기면담에서 요약의 목적으로 볼 수 없는 것은?

① 상담을 통해 확인된 정보와 합의된 주요 사항들에 대해 한 번 더 강조하고, 필요한 경우 과제를 제시하기 위한 목적이 있다.
② 상담이 어디까지 이루어졌는지 진행 과정을 명확히 하고, 다음 회기에 대한 계획을 점검하는 데 목적이 있다.
③ 상담에 참여하는 내담자의 동기와 기대를 조정하고 불안을 완화하는데 목적이 있다.
④ 상담 과정 중 나누었던 대화의 내용에 대해 상담자와 내담자가 상호 간에 제대로 이해했는지 확인하기 위한 목적이 있다.

해설

③ 3번이 오답인 이유는 해당 설명은 '상담 구조화의 기능'에 대한 것이기 때문이다. 상담 구조화의 기능에는 오리엔테이션의 기능, 내담자의 불안감 감소, 면담 자체로서의 기능, 상담의 안정적 수행을 하도록 하는 기능이 포함된다.

TIP 요약의 목적

㉠ 상담과정 중 나누었던 대화의 내용에 대해 상담자와 내담자가 상호 간에 제대로 이해했는지 확인하기 위한 목적이 있다.
㉡ 상담을 통해 확인된 정보와 합의된 주요 사항들에 대해 한 번 더 강조하고, 필요한 경우 과제를 제시하기 위한 목적이 있다.
㉢ 상담이 어디까지 이루어졌는지 진행과정을 명확히 하고, 다음 회기에 대한 계획을 점검하는 데 목적이 있다.

3 **초기면담의 종결 시 상담자가 자신을 점검할 수 있는 내용으로 옳지 않은 것은?**

① 상담에 대한 내담자의 기대와 상담자의 기대는 얼마나 일치하는가?
② 사전 자료를 통해 내린 내담자에 대한 당신의 결론이 얼마나 정확한가?
③ 상담자의 어떤 관심이 부가적 평가를 필요로 하는가?
④ 상담에 대한 내담자의 기대와 상담자의 기대는 얼마나 일치하는가?

해설

3번이 오답인 이유는 해당 설명은 상담자가 아니라 '내담자의 어떤 관심이 부가적 평가를 필요로 하는가?'에 대한 것이기 때문이다.

TIP 초기면담의 종결 시 유의사항

㉠ 사전 자료를 통해 내린 내담자에 대한 당신의 결론이 얼마나 정확한가? 더 중요한가? 얼마나 많이 잘못되었는가?
㉡ 상담에 대한 내담자의 기대와 상담자의 기대는 얼마나 일치하는가? 이러한 차이점을 밝히지 못한다면, 상담에서 내담자들은 어떻게 문제를 일으킬 것인가?
㉢ 내담자의 어떤 관심이 부가적 평가를 필요로 하는가? 상담자는 이러한 평가를 수행하기 위해 어떤 계획을 세우고 있는가?
㉣ 다음 상담 회기를 어떻게 시작할 것인가?

4 **초기면담 종결 시 상담자의 점검 사항으로 볼 수 없는 것은?**

① 내담자에 대한 정보를 얻을 수 있는 모든 자료를 검토하여 내담자에 대해 결론을 내렸는지 점검한다.
② 직업상담 과정과 역할에 대한 서로의 기대를 명확히 하였는지 점검한다.
③ 상담목표에 적합한 과제를 제안하였는지 확인한다.
④ 상담자의 기대와 동기를 평가하고 조정하였는지 점검한다.

해설

④ 4번이 오답인 이유는 해당 설명은 상담자가 아니라 '내담자의 기대와 동기를 평가하고 조정하였는지 점검한다.'에 대한 것이기 때문이다.

TIP 초기면담 종결 시 상담자의 점검 사항(예)

㉠ 내담자에 대한 정보를 얻을 수 있는 모든 자료를 검토하여 섣불리 내담자에 대해 결론을 내리지 않도록 한다.
㉡ 찾아올 내담자에게 초점을 맞추기 위해 상담자는 어떤 준비를 하였는지 점검한다.
㉢ 내담자를 따뜻하게 맞이하고, 좋은 관계를 형성할 수 있는 기법을 사용하였는지 점검한다.
㉣ 직업상담 과정과 역할에 대한 서로의 기대를 명확히 하였는지 점검한다.
㉤ 비밀 유지에 대해 논의하고, 충분히 설명하였는지 점검한다.
㉥ 어떤 자료와 평가방법을 사용할지 협의를 통해 결정하였는지 점검한다.
㉦ 내담자의 논점에 맞는 상담목표 설정과정이 적절하였는지 점검한다.
㉧ 내담자의 기대와 동기를 평가하고 조정하였는지 점검한다.
㉨ 종결과정에서 다음 면담으로 넘어갈 근거를 명확히 했는지 점검한다.
㉩ 상담목표에 적합한 과제를 제안하였는지 확인한다.

ANSWER 1.② 2.③ 3.③ 4.④

CHAPTER

04 변화동기 지원

학습 1 변화동기 확인하기

1 동기의 개념에 대한 설명으로 옳은 것은?

① 행동의 방향과 특성을 결정하는 정신적 힘이다.

② 주로 환경적 요인에 의해 발생한다.

③ 인간의 능력을 억제하는 심리적 기제이다.

④ 일시적인 감정 상태를 의미한다.

해설

① 1번이 정답인 이유는 동기는 '움직이게 하다'라는 의미의 라틴어 'movere'에서 유래한 개념으로, 일정하게 행동하도록 하는 근원이자 행동의 방향과 특성을 결정하는 정신적인 힘 또는 작용의 과정이기 때문이다.

TIP 동기의 개념

여러 학자는 동기를 행동을 유발하고 방향을 결정하는 심리적 과정으로 정의하며, 인간의 행동을 유지하고 목표지향적인 태도를 형성하는 핵심적인 요소로 설명

Buck (1988)	• 동기는 행동을 활성화하고 정의할 수 있도록 하는 과정이며, 행동의 통제와 목표 지향성을 강조함.
Petri (1996)	• 동기는 유기체 내에서 행동을 일으키고 방향을 잡아주는 힘으로 정의됨.
Reeve (2005)	• 동기는 행동의 에너지와 방향을 제공하는 과정이며, 인간 행동을 설명하고 예측하는 중요한 변인으로 작용함.
Ryan & Deci (2000)	• 동기는 행동의 유지, 집중, 증진, 창의적 수행 등에 핵심적인 역할을 하며, 인간의 자기결정과 동기화된 행동에 영향을 줌.
Bandura (1991)	• 동기는 선택, 활성화, 행동의 지속적 방향을 지배하는 심리적 기제이며, 인간 행동을 이끌고 지속하게 하는 기능을 함.
Beck (1978)	• 동기는 선택, 지속, 목표지향적 행동을 위한 정신력과 관련이 있으며, 각성과 방향성을 결정하는 심리적 과정으로 설명됨.
Steers & Porter (1987)	• 동기는 목표지향적이고 자발성을 가진 행동을 지속하는 요소로, 각성과 행동 수행을 촉진하는 역할을 함.

2 다음 중 포드(Ford)가 제안한 동기체계 요소에 포함되지 않는 것은?

① 개인의 목표
② 개인작인신념
③ 정서
④ 사회적 보상

해설

④ 4번이 오답인 이유는 포드(Ford, 1992)의 동기체계이론(Motivational Systems Theory)에서는 개인의 동기를 결정하는 핵심 요소로 '개인적 목표', '개인작인신념(personal agency beliefs)', 그리고 '정서'를 제시하고 있기 때문이다.

TIP 동기체계의 요소

개인적 목표 (personal goals)	• 성취하고자 하는 목표 또는 회피하려는 목표 설정에 대한 개념
개인작인신념 (personal agency beliefs)	• 한 사람이 원하는 결과를 성취하거나 목표를 달성하기가(달성할 기회가) 있는지 또 능력이 되는지 등에 대한 평가를 나타냄
정서(emotion)	• 행동을 촉진하거나 억제하는 감정적 요소

3 동기체계이론의 개인작인신념(personal agency belief)에 대한 설명으로 옳지 않은 것은?

① 한 사람이 원하는 결과를 성취하거나 목표를 달성할 기회가 있는지 또 능력이 되는지 등에 대한 평가이다.
② 개인작인신념은 능력신념과 맥락신념으로 이뤄져 있다.
③ 맥락신념은 주로 물리적 환경만을 고려하여 평가된다.
④ 개인작인신념은 개인의 목표 설정과 행동 계획에 중요한 역할을 한다.

해설

③ 3번이 오답인 이유는 맥락신념은 목표를 달성하기에 적합한 환경인지에 대한 평가로, 단순한 물리적 환경뿐만 아니라 사회적, 심리적 지원까지 포함하기 때문이다.

TIP 포드(Ford)의 개인작인 신념(personal agency belief)

㉠ 능력신념 : 기능을 효율적으로 수행하는 데 필요한 기술이 있는지에 대한 평가
㉡ 맥락신념 : 기능을 효율적으로 발휘할 수 있는 환경에 있는지에 대한 평가

ANSWER 1.① 2.④ 3.③

4 **다음 중 개인작인신념(personal agency belief) 유형과 그 특징의 연결이 옳지 않은 것은?**

① 강인한(Robust) 유형 : 강한 능력신념과 긍정적인 맥락신념을 가진 유형으로, 목표 성취에 대한 높은 자신감을 유지한다.

② 고집스러운(Tenacious) 유형 : 강한 능력신념과 부정적인 맥락신념을 가진 유형으로, 도전적인 상황에서도 지속적으로 목표를 추구한다.

③ 실망한 유형(Discouraged) 유형 : 보통 또는 기타 수준의 능력신념과 부정적인 맥락신념을 가진 유형으로, 스트레스 상황에서 위험에 처하기 쉽다.

④ 깨지기 쉬운(Fragile) 유형 : 약한 능력신념과 긍정적인 맥락신념을 가진 유형으로, 실패 시 주로 환경보다는 자신을 탓하는 경향이 있다.

해설

② 2번이 오답인 이유는 고집스러운(Tenacious) 유형은 강한 능력신념과 보통의 맥락신념을 가진 유형으로, 도전적인 상황에서도 지속적으로 목표를 추구하는 유형이기 때문이다.

TIP 개인작인신념(personal agency beliefs)유형 10가지

개인작인신념(personal agency beliefs)은 동기체계이론(Motivational System Theory)에서 한 개인이 목표를 달성할 수 있는 능력과 환경에 대한 믿음을 의미한다. 이는 능력 신념(capability beliefs)과 맥락 신념(context beliefs)으로 구분되며, 이 두 가지 요소의 조합에 따라 다음과 같은 10가지 유형으로 분류된다.
각 유형은 능력 신념(강함, 보통/기타, 약함)과 맥락 신념(긍정적, 보통/기타, 부정적)의 조합으로 나타난다.

유형	특징
강인한 유형 (Robust : R)	• 강한 능력신념 + 긍정적인 맥락신념 • 동기가 가장 높은 유형, 부정적 사건에 대하여는 파급성과 연속성을 적고, 긍정적 사건에 대해서는 반대로 크게 생각하는 경향
고집스러운 유형 (Tenacious : T)	• 강한 능력신념 + 보통 수준의 맥락신념 • 너무 도전적이거나 스트레스 상황에서도 지속적인 노력을 이끌어냄, 예상된 장애물과 어려움에 대해 미리 행동적 · 심리적으로 준비하도록 만듦
수용하는 유형 (Accepting : A1)	• 강한 능력신념 + 부정적인 맥락신념 • 현실을 인정하고 받아들이는 경향
대립하는 유형 (Antagonistic : A2)	• 강한 능력신념 + 부정적인 맥락신념 • 환경에 대한 적대성이 크고 일반적으로 실패나 문제에 대해 자기 자신보다는 맥락의 여러 측면을 비난함
적당한 유형 (Modest : M)	• 보통 수준의 능력신념 + 긍정적인 맥락신념 • 맥락을 목표 성취의 잠재적 장애물이기보다 강점의 근거로서 생각, 자신과 다른 지식을 가지고 있는 사람들과 협력해야 하고, 학습해야 하는 상황에서 유리
상처받기 쉬운 유형 (Vulnerable : V)	• 보통 수준의 능력신념 + 보통 수준의 맥락신념 • 목표 성취를 위한 우호적 기대와 비우호적 기대 사이에 불확실성이나 망설임

실망한 유형 (Discouraged : D)	• 보통 수준의 능력신념 + 부정적인 맥락신념 • 좋은 성과에서 비롯되는 작은 희망의 원인을 맥락보다는 자기 자신의 능력에서 찾으려고 하지만, 전체적으로 동기가 매우 상실된 상태
깨지기 쉬운 유형 (Fragile : F)	• 약한 능력신념 + 긍정적인 맥락신념 • 자기비판과 자기평가 절하하는 경향이 있으나, 맥락에 대해서는 긍정적 신념을 가진다. 이러한 유형을 나타내는 사람은 문제나 실패 시 맥락보다는 자신을 비난
자기의심 유형 (Self-doubting : S)	• 약한 능력신념 + 보통 수준의 맥락신념 • 자신의 능력에 대한 자신감이 근본적으로 너무 부족하다는 점에서 깨지기 쉬운 유형을 가진 사람들과 유사하다. 그러나 맥락이 자신을 도와 주거나 지원하는 환경으로 보이지 않기 때문에 동기는 이 경우 더 심각하게 손상되며 바라는 성과를 추구하는 노력을 지속하는데 어려움을 갖음
절망한 유형 (Hopeless : H)	• 약한 능력신념 + 부정적인 맥락신념 • 자신이나 맥락 어느 것이나 예상되는 부정적 사건을 나아지게 하려는 어떠한 잠재성도 발견할 수 없기 때문에, 동기가 가장 악화된 유형. 좋은 성과는 불가능한 것으로, 나쁜 성과는 필연적인 것으로 보이며 행동의 과정에 이러한 기대가 변할 것이라는 어떠한 상상도 할 수 없다. 우울과도 연관될 수 있다.

5 틴슬리, 워크마나, 카사(Tinsley, Workmana, Kassa, 1980)의 상담 기대 요인으로 옳지 않은 것은?

① 내담자 자신의 개인적 관여

② 삶의 질 향상

③ 촉진적 조건

④ 전직지원 전문가의 전문성

해설

② 2번이 오답인 이유는 '삶의 질 향상'은 틴슬리, 워크마나, 카사(Tinsley, Workmana, Kassa, 1980)의 상담 기대 요인에 해당하지 않기 때문이다. 상담 기대 요인은 내담자 자신의 개인적 관여(personal commitment), 촉진적 조건(facilitative conditions), 전직지원 전문가의 전문성(counselor expertise), 돌봄(nurturance)에 대한 기대이다.

ANSWER 4.② 5.②

6 변화동기 원리를 설명하는 이론에 대한 설명으로 옳지 않은 것은?

① 동기강화 상담은 내담자의 저항을 강화한다.
② 초이론은 행동 변화의 5단계를 설명한다.
③ 자기결정이론은 내재적 동기의 중요성을 강조한다.
④ 건강행동 접근은 자기효능감에 주목한다.

해설

① 1번이 오답인 이유는 '동기강화상담(Motivational Interviewing, MI)'은 내담자의 저항을 강화하는 것이 아니라, 양가감정을 탐색하고 해결함으로써 행동 변화를 촉진하는 상담 방법으로 '내담자의 저항을 강화한다'라는 내용은 동기강화 상담의 특징에 해당하지 않기 때문이다.

TIP 변화동기 관련 4가지 이론의 주요 특징 요약

이론	주요 특징
자기결정이론 (Self-Determination Theory, SDT)	• 데시(Deci)와 라이언(Ryan)이 제안한 이론 • 내재적 동기의 중요성을 강조 • 동기 상태를 무동기, 외재적 동기, 내재적 동기로 구분
초이론 모델 (Transtheoretical Model, TTM)	• 행동 변화를 5단계로 구분 • 숙고 전(precontemplation)/ 숙고(contemplation)/ 준비(preparation)/ • 실행(action)/ 유지(maintenance)
동기강화상담 (Motivational Interviewing, MI)	• 양가적 감정을 탐색하고 해결하도록 내담자를 도움으로써 행동변화를 이끌어내는 직접적이고, 내담자 중심적인 상담 방법
건강행동 과정적 접근 (Health Action Process Approach, HAPA)	• 의도가 실제 행동으로 옮겨지거나 그렇지 못한 과정에 대한 관심을 기초한 이론 • 변화의 단계를 동기단계에서 의지단계로의 이행과 유지 • 자기효능감 강조(행동자기효능감, 유지(대처)자기효능감, 회복 자기효능감)

7 변화동기 원리를 설명하는 이론 중 자기결정이론에 대한 설명으로 옳은 것은?

① 동기 상태 구분에 중점을 둔다.
② 의지 단계로의 이행과 유지에 초점을 둔다.
③ 행동 변화의 5단계를 제안했다.
④ 변화 대화를 촉진한다.

해설

① 1번이 정답인 이유는 자기결정이론(Self-Determination Theory, SDT)은 Deci와 Ryan에 의해 제안된 이론으로, 내재적 동기의 중요성을 강조하면서(인간의 자기결정에는 내재적으로 동기화된 행동뿐 아니라 약간의 외재적 동기가 관련되지만 자기결정적 행동은 자기 내적으로 지각된 원인소재에 의한 의도된 행동인 반면, 성과에 의해 통제된 것은 자기결정적 행동이라고 보기 어렵다는 것) , 인간의 동기를 내재적 동기, 외재적 동기, 무동기로 구분하여 '동기 상태에 따른 행동 변화를 설명'하기 때문이다.

TIP 동기 상태의 구분

내재적 동기 (Intrinsic Motivation)	• 외부의 어떠한 물질적 보상에 의존하지 않고 자신이 맡은 일 자체에 내재되어 있는 즐거움이나 만족을 경험하기 위한 내면의 욕구(Deci, 1975 ; Deci & Ryan, 1992). • 내재적 동기는 개인이 가치와 신념 등을 통해 행동하게 만드는 힘(Deci & Ryan, 1999). • 인간은 내재적 동기에 의해 능력을 확장하고, 새로운 시도나 과제를 성취하는 데 관여 • 내재적 동기는 외부의 보상이나 통제와는 무관하며, 보다 큰 창의성, 융통성, 자발성 등과 관련
외재적 동기 (Extrinsic Motivation)	• 자신의 행동이 실체적인 보상을 끌어낼 수 있다고 인지할 때 발생하는 동기(Ryan & Deci, 2000). • 외재적 동기는 집단의 목표달성에 영향을 미침(예 : 인센티브, 성과급, 포상 등)
무동기(Amotivation)	• 행동과 그 행동 결과 간의 관계를 전혀 지각하지 못하는 상태

8 초이론 모델에 대한 설명으로 옳지 않은 것은?

① 초이론 모델은 행동 변화를 단계별로 설명한다.

② 변화의 5단계에는 숙고 전 단계, 숙고 단계, 준비 단계, 행동 단계, 유지 단계가 포함된다.

③ 초이론 모델에서는 변화 단계가 선형적이며, 상호보완적으로 진행된다고 가정한다.

④ 전직지원 대상자의 실업 기간이 길 어질수록 초이론에 근거하여 변화동기를 지원한다.

해설

③ 3번이 오답인 이유는 행동변화 단계는 5단계를 거치며, 이 '단계들은 불연속적이며, 상호배타적이고 질적으로 다른 단계로 가정' 되기 때문이다. 따라서 3번은 초이론 모델에 대한 잘못된 설명이다.

TIP 초이론 행동변화 5단계와 단계별 특징

숙고 전(precontemplation)	• 6개월 안에 행동을 취할 의도를 갖지 않는다.
숙고(contemplation)	• 6개월 안에 행동을 취할 의도를 갖는다.
준비(preparation)	• 30일 안에 즉각 행동에 옮길 의도가 있고, 이러한 방향으로 약간의 행동을 취한다.
행동(action)	• 외현적인 행동변화가 6개월 이내 기간 동안 나타난다.
유지(maintenance)	• 6개월 이상 외현적인 행동변화가 나타나고 재발을 예방하는 행동을 한다.

ANSWER 6.① 7.① 8.③

9 **동기강화상담의 주요 원리를 포함한 4가지 기법에 해당하지 않은 것은?**

① 공감표현 ② 직면하기

③ 불일치감 만들기 ④ 자기효능감 지지하기

해설

② 2번이 오답인 이유는 '직면하기'는 동기강화 상담의 기법에 포함되지 않기 때문이다. 동기강화상담의 주요원리를 포함한 4가지 기법은 '공감표현', '불일치감 만들기', '저항과 함께 구르기', '자기효능감 지지하기'이다.

TIP 동기강화상담(Motivational Interviewing, MI)의 개념과 주요 특징

㉠ 내담자가 변화에 대한 양가감정을 탐색하고 해결할 수 있도록 돕는 내담자 중심의 상담방법이다. 즉, 내담자의 저항을 감소시키면서 행동 변화를 촉진하는 상담 기법이다.

㉡ 동기강화상담은 부분적으로 구조화된 방법이지만, 변화를 주도하는 역할의 중심을 내담자에게 두는 내담자 중심의 방법임을 강조

㉢ 전직지원전문가는 내담자로부터 변화 대화(change talk)를 끌어내어 동기를 선택적으로 강화하고, 의도적인 방법으로 저항에 반응한다.

10 **건강행동 과정적 접근(HAPA)에 대한 설명으로 옳은 것은?**

① 건강행동 과정적 접근은 행동 변화 과정에서 동기 단계와 의지 단계로 나뉜다.

② 행동 변화 과정에서 자기효능감은 의도 형성, 실행, 유지 과정 전반에 중요한 역할을 한다.

③ 행동 자기효능감(action self-efficacy)은 행동을 실행한 후의 자기효능감을 의미한다.

④ 대처 계획(coping planning)은 장애물을 극복하는 자기조절 전략으로 행동 유지에 중요한 역할을 한다.

해설

③ 3번이 정답인 이유는 '행동 자기효능감(action self-efficacy)은 행동 전 자기효능감'이며, 아직 행동으로 옮기지는 않았으나 그렇게 할 수 있는 동기를 발전시킨다. 즉 행동 자기효능감은 행동을 실행하기 이전에 전의 자기효능감이지, 실행 후의 자기효능감이 아니기 때문이다.

TIP 건강행동 과정적 접근(HAPA)의 개념 및 주요 특징

㉠ 의도가 실제 행동으로 옮겨지거나 그렇지 못한 과정에 대한 관심을 기초한 이론(Schwarzer, 2008).

㉡ 행동변화과정의 단계는 첫째, 의도를 형성하는 동기단계(motivational phase)로서 자기효능감, 성과기대, 위험지각, 의도가 포함되고, 둘째, 의지단계(volitional phase)에는 자기효능감, 행동계획, 대처계획이 중요(Schwarzer, 2008).

㉢ 이론의 주요개념은 자기효능감이다. 자기효능감을 행동 자기효능감, 유지 자기효능감, 회복 자기효능감으로 구분(Schwarzer, 2008).

- 행동 자기효능감(action self-efficacy) : 행동 전 자기효능감이며, 아직 행동으로 옮기지는 않았으나 그렇게 할 수 있는 동기를 발전시킨다. 행동 자기효능감이 높은 개인은 성공을 떠올리고, 다양한 전략에 대한 긍정적인 기대를 가지며 새로운 행동을 할 가능성이 높다.
- 유지 자기효능감(maintenance self-efficacy) : 대처 자기효능감으로도 불리며, 유지기 동안 나타나는 장해를 다루는 능력에 관한 낙관적인 신념을 나타낸다.
- 회복 자기효능감(recoveryself-efficacy) : 실패와 후퇴 경험 후에도 제 궤도로 돌아올 수 있다는 신념과 관련된다.

학습 2 변화계획 수립하기

1 **재무설계에 대한 설명으로 옳은 것은?**

① 재무설계는 미래에 대한 계획으로 현재 당면하고 있는 재무적 문제가 있을 때 필요한 작업이다.
② 재무설계는 개인의 재무 의사결정을 목적으로 한다.
③ 재무설계는 주로 부채 문제해결에 초점을 맞춰 소비자의 재정위기를 해결하는 과정이다.
④ 재무설계는 현재 또는 미래의 소득과 자산을 보존하고 증대하여 기대하는 생활양식을 유지하는 과정이다.

해설

④ 4번이 정답인 이유는 재무설계는 현재 또는 미래의 소득, 자산 등 재정자원을 보존시키고 증대하여 소비자 개인과 가계가 기대하는 생활양식에 적합한 재무 목표를 달성해 가는 '전 생애에 걸친 과정'이기 때문이다.

TIP 재무설계의 개요

국제재무설계표준위원회(Financial Planning Standards Board)에 따르면, 개인 재무설계는 개인이 자신이 삶의 목표를 파악하고 그 목표를 달성하기 위해 가지고 있는 재무적, 비재무적 자원을 적절하게 관리하는 일련의 과정으로 개인의 재무를 둘러싼 현금 흐름, 신용과 부채관리를 포함한 소득관리, 세금설계, 위험관리, 투자설계, 노후설계, 상속설계 등을 포함하는 것으로 규정하였다.

2 **가족의 기능에 대한 설명으로 옳지 않은 것은?**

① 친밀한 관계의 근원을 제공한다.
② 상호 의존 관계를 최소화하는 교육을 담당한다.
③ 경제적 협조의 단위로서 기능한다.
④ 가족구성원에게 지위와 사회적 역할을 할당한다.

해설

② 2번이 오답인 이유는 가족의 기능(디볼트와 스트롱(Devaul & Strong)이 제시한 가족의 기능)은 가족은 독립성을 강조하여 상호의존을 최소화하는 것이 아니라, 오히려 '협력과 지원을 통해 친밀한 관계를 형성하는 기능'을 수행하기 때문이다.

TIP Devault와 Strong은 가족의 기능

Devault와 Strong은 가족의 기능을 '친밀한 관계의 근원 제공', '경제적 협조의 단위로서의 기능', '자녀를 출산하고 사회화', '가족구성원에게 지위와 사회적 역할을 할당'으로 설명하였다.

ANSWER 9.② 10.③ / 1.④ 2.②

3 두발(Duball)이 제시한 가족생활주기 중 8단계의 발달과업으로 옳은 것은?

① 가족구성원들 사이의 의사소통을 유지하기

② 자녀가 가정을 떠날 때 책임을 재할당하기

③ 생활 배치에서의 변화에 적응하기

④ 은퇴에 적응하기

해설

③ 3번이 정답인 이유는 '생활 배치에서의 변화에 적응하기'는 가족생활주기 중 8단계 발달과업에 해당하기 때문이다.

TIP 두발(Duball)이 제시한 가족생활주기(6단계~8단계)와 발달과업

40대 이후 전직지원 대상자는 가족생활주기의 발달단계에서 6단계, 7단계, 8단계에 해당한다.

가족생활주기	발달과업
6단계 성인자녀를 갖는 가족	• 가정의 물리적 설비와 자원을 재배치하기 • 성인 생활로 들어가는 자녀들에게 필요한 생활비용을 충족시키기 • 자녀가 가정을 떠날 때 책임을 재할당하기 • 부부관계를 재조정하기 • 가족구성원들 사이의 의사소통을 유지하기 • 자녀의 결혼을 통하여 새로운 가족구성원을 받아들임으로써 가족 범위를 확대 시키기
7단계 중년기 가족	• 텅 빈 보금자리에 적응하기 • 부부 사이의 관계를 계속해서 재조정하기 • 조부모의 생활에 적응하기 • 성인 부모의 부모를 돌보기 • 은퇴에 적응하기 • 쇠퇴하는 신체적, 정신적 기술에 대처하기
8단계 노화하는 가족	• 배우자의 죽음에 적응하기 • 계속되는 노화 과정에 적응하기 • 타인, 특히 그들의 자녀에 대한 의존에 대처하기 • 생활 배치에서의 변화에 적응하기 • 경제적 문제에서의 변화에 적응하기 • 임박한 죽음에 대처하기

4 국가직무능력(NCS)의 전문성 수준과 각 수준에 해당하는 설명으로 옳은 것은?

① 5수준은 포괄적인 권한 내에서 해당 분야의 이론 및 지식을 사용하여 매우 복잡하고 비일상적인 과업을 수행, 타인에게 해당 분야의 지식을 전달할 수 있는 수준이다.

② 6수준은 독립적 권한 내에서 고도의 숙련으로 광범위한 작업을 수행, 타인의 결과에 대하여 의무와 책임이 필요한 수준이다.

③ 7수준은 포괄적인 권한 내에서 해당 분야의 이론 및 지식을 자유롭게 활용하고, 고도의 숙련으로 다양한 과업을 수행, 타인에게 해당 분야의 지식 및 노하우를 전달할 수 있는 수준이다.

④ 8수준은 최고도의 숙련으로 광범위한 기술 작업과 매우 복잡하고 비일상적인 과업을 수행하고, 조직에 대한 권한과 책임을 질 수 있는 수준이다.

해설

① 1번이 정답인 이유는 전문성 수준 5수준은 포괄적인 권한 내에서 특정 분야의 이론과 지식을 활용하여 복잡하고 비일상적인 과업을 수행할 수 있으며, '다른 사람에게 해당 분야의 지식을 전달할 수 있는 수준'을 의미하기 때문이다.

TIP 국가능력표준(NCS)에서의 직무수준 (8수준~5수준)

전직지원 대상자가 한 직무에 상당 기간 종사하였을 경우 깊은 전문성을 유지하고 있으므로 전직 시에 이러한 전문성에서의 유사한 직무로의 전환이 순조롭다. 전직지원 대상자는 (한 곳에 오랜 기간 종사하였기 때문에) 5수준 이상만을 제시한다.

수준	직무수준 정의
8수준	• 해당 분야에 대한 최고도의 이론 및 지식을 활용하여 새로운 이론을 창조할 수 있고, 최고도의 숙련으로 광범위한 기술적 작업을 수행할 수 있으며 조직 및 업무 전반에 대한 권한과 책임이 부여된 수준
	[지식기술] • 해당 분야에 대한 최고도의 이론 및 지식을 활용하여 새로운 이론을 창조할 수 있는 수준 • 최고도의 숙련으로 광범위한 기술적 작업을 수행할 수 있는 수준
	[역량] • 조직 및 업무 전반에 대한 권한과 책임이 부여된 수준
	[경력] • 수준 7에서 2~4년 정도의 계속 업무 후 도달 가능한 수준
7수준	• 해당 분야의 전문화된 이론 및 지식을 활용하여, 고도의 숙련으로 광범위한 작업을 수행할 수 있으며 타인의 결과에 대하여 의무와 책임이 필요한 수준
	[지식기술] • 해당 분야의 전문화된 이론 및 지식을 활용할 수 있으며, 근접 분야의 이론 및 지식을 사용할 수 있는 수준 • 고도의 숙련으로 광범위한 작업을 수행하는 수준
	[역량] • 타인의 결과에 대하여 의무와 책임이 필요한 수준
	[경력] • 수준 6에서 2~4년 정도의 계속 업무 후 도달 가능한 수준

ANSWER 3.③ 4.①

6수준	• 독립적인 권한 내에서 해당 분야의 이론 및 지식을 자유롭게 활용하고, 일반적인 숙련으로 다양한 과업을 수행하고, 타인에게 해당 분야의 지식 및 노하우를 전달할 수 있는 수준
	[지식기술] • 해당 분야의 이론 및 지식을 자유롭게 활용할 수 있는 수준 • 일반적인 숙련으로 다양한 과업을 수행할 수 있는 수준
	[역량] • 타인에게 해당 분야의 지식 및 노하우를 전달할 수 있는 수준 • 독립적인 권한 내에서 과업을 수행할 수 있는 수준
	[경력] • 수준 5에서 1~3년 정도의 계속 업무 후 도달 가능한 수준
5수준	• 포괄적인 권한 내에서 해당 분야의 이론 및 지식을 사용하여 매우 복잡하고 비일상적인 과업을 수행하고, 타인에게 해당 분야의 지식을 전달할 수 있는 수준
	[지식기술] • 해당 분야의 이론 및 지식을 자유롭게 사용할 수 있는 수준 • 매우 복잡하고 비일상적인 과업을 수행할 수 있는 수준
	[역량] • 타인에게 해당 분야의 지식을 전달할 수 있는 수준 • 포괄적인 권한 내에서 과업을 수행할 수 있는 수준
	[경력] • 수준 4에서 1~3년 정도의 계속 업무 후 도달 가능한 수준

5 **여가의 기본적 특징으로 옳지 않은 것은?**

① 해방성 ② 자기표현성

③ 가치생산성 ④ 노동관계성

해설

③ 3번이 오답인 이유는 여가는 의무적 노동이나 생산 활동과 구별되며, 경제적 이익 창출이 목적이 아닌 자발적인 즐거움, 휴식, 자기계발을 위한 활동이기 때문에 '가치생산성'은 여가의 기본적 특징으로 제시되지 않았기 때문이다.
여가의 기본적 특징은 해방성(free), 자유선택성(free-choice), 자기표현성(self-expression), 가치창조성(creation of values), 노동관계성(work-relation)이다.

TIP 여가의 기본적 특징 6가지

해방성 (Freedom)	• 여가는 인간이 처한 여러 가지 의무나 구속으로부터의 해방을 의미하며, 무엇인가를 해야만 하는 당위성과 구별되는 속성을 지님.
자유선택성(Free-choice)	• 자발적인 활동으로, 개인이 스스로 좋아서 선택하고 즐겁게 참여하는 활동을 포함함. • 자유재량성과 노동연관성 간의 함수관계에 따라 4가지 여가 형태로 나타날 수 있음 ㉠ 순수여가 : 행위자가 자유로운 선택을 하였으므로 노동과의 관계에서 독립성을 지닌다(전체 여가 중 31% 차지). ㉡ 보충적 여가 : 행위자가 자유로운 선택은 아니지만 노동과는 독립된 것이다(전체 여가 중 30% 차지). ㉢ 조정적 여가 : 행위자가 자유로운 선택을 하였지만 노동과 관련이 있는 것이다(전체 여가 중 22% 차지). ㉣ 준비 · 회복적 여가 : 선택의 자유는 없으나 노동과는 관계가 있는 것이다(전체 여가 중 17% 차지).
자기표현성(Self-expression)	• 여가는 개인의 자기표현과 자기해방, 자기만족을 위한 수단으로 작용함.
가치창조성 (Creation of values)	• 여가는 순수한 즐거움을 위한 가치창조적 활동이며, 쾌락과 가치 추구의 성격을 가짐.
노동관계성 (Work-relation)	• 여가의 중요한 특징 중 하나는 노동과의 긴밀한 상호작용관계에 있다. • 노동과 여가의 관계는 확대관계, 대립관계, 중립관계로 나누고 있다(Parker & Smith, 1976). ㉠ 확대관계(extension) : 노동과 여가의 구분이 불분명하나 대체로 노동을 중시하는 형태이며, 노동환경에 고도의 자율성이 존재하고 노동을 통하여 자신의 능력발휘를 추구하며 진정한 만족감을 얻게 되는 형태 ㉡ 대립관계(opposition) : 노동과 여가의 구분이 뚜렷하며 생활의 주된 관심은 비노동 분야. 그 결과 노동에 있어서 자율성이 낮고 능력의 발휘가 소극적이다. 이에 해당하는 대표적 집단으로는 육체노동자들이며, 이들 계층은 노동 외적 활동을 통하여 생활의 만족을 얻고자 하며 노동에 대한 보상을 여가에서 얻으려는 경향이 있다. ㉢ 중립관계(neutrality) : 노동과 여가의 구분이 보통 수준이며 생활 중심을 여가에 두기 때문에 노동에 대한 자율성이 부족하고 능력발휘의 정도가 약하다. 여기에는 반숙련 육체노동자, 성직자, 소수의 전문가 등이 해당한다.
생활양식성 (Lifestyle)	• 여가는 하나의 사회적 행동범주(category)로만 볼 수 없으며, 어떠한 생활에 서든 나타날 수 있는 행동양식(style of behavior)이라 주장

ANSWER 5.③

6 **여가를 자유재량성과 노동연관성 간의 함수관계에 따라 구분한 여가 형태와 설명으로 옳은 것은?**

① 순수여가 : 행위자의 자유로운 선택은 아니지만 노동과 관계가 있는 것이다.
② 보충적 여가 : 행위자의 자유로운 선택은 아니지만 노동과의 관계는 독립된 것이다.
③ 조정적 여가 : 행위자의 자유로운 선택이나 노동과의 관계는 독립된 것이다.
④ 준비적 회복적 여가 : 행위자의 자유로운 선택이나 노동과 관련이 있는 것이다.

해설

④ 4번이 정답인 이유는 여가를 자유재량성과 노동연관성 간의 함수관계에 따라 구분할 때, '준비적 · 회복적 여가'는 행위자의 자유로운 선택과 노동과의 연관성을 모두 포함하기 때문이다.

TIP 여가의 자유선택성 : 자유재량성(freedom discretion)과 노동연관성(work-relation) 간의 함수관계에 따른 여가형태

여가형태	개념
순수여가	• 행위자가 자유로운 선택을 하였으므로 노동과의 관계에서 독립성을 지닌다(전체 여가 중 31% 차지).
보충적 여가	• 행위자가 자유로운 선택은 아니지만 노동과는 독립된 것이다(전체 여가 중 30% 차지).
조정적 여가	• 행위자가 자유로운 선택을 하였지만 노동과 관련이 있는 것이다(전체 여가 중 22% 차지).
준비 · 회복적 여가	• 선택의 자유는 없으나 노동과는 관계가 있는 것이다(전체 여가 중 17% 차지).

7 **쿠블러 로스(Kubler-Ross, 1975)의 상실감 이해 모델에서 전직지원 대상자가 실직 후 처음으로 경험하는 감정 반응으로 옳은 것은?**

① 분노의 감정을 가장 먼저 경험하며, 직장을 잃게 된 이유에 대해 강한 원망을 표현한다.
② 충격과 불신감을 느끼며, 실직이 자신에게 큰 영향을 미치지 않는 듯한 행동을 보이기도 한다.
③ 슬픔이 분노로 바뀌며, 자신이 해고된 것에 대한 강한 분노를 느낀다.
④ 직업을 잃은 현실을 받아들이고, 새로운 일자리를 찾기 위해 구체적인 계획을 세운다.

해설

② 2번이 정답인 이유는 실직 후 첫 번째 단계에서는 실업 충격(unemployment shock)으로 전직지원 대상자에게 충격과 불신감에 개인적 방호벽을 만들고 겉으로는 마치 실직이 나에게는 크게 영향을 미치지 않는다는 듯한 행동을 보여주기 때문이다.

TIP 쿠블러 로스(Kubler-Ross, 1975)의 상실감 이해 모델

㉠ 첫 번째 단계에서는 실업 충격(unemployment shock)으로 전직지원 대상자에게 충격과 불신감에 개인적 방호벽을 만들고 겉으로는 마치 실직이 나에게는 크게 영향을 미치지 않는다는 듯한 행동
㉡ 두 번째 단계는 슬픔이 분노로 표출
㉢ 세 번째 단계는 슬픔이나 걱정거리가 더욱 깊어지며 혼란스러운 상태에 빠지는 단계
㉣ 네 번째 단계는 미래에 대한 상실감을 느끼는 단계

학습 3 변화 지원하기

1 변화계획 수립을 위한 '행동 변화'를 위한 내용으로 옳지 않은 것은?

① 시간 소비 형태 분석하기
② 역할 확대하기
③ 가족에게 이해 구하기
④ 정보 수집하기

해설

② 2번이 오답인 이유는 행동 변화 과정에서 '역할을 조정'하는 것은 필요하지만, 무조건적인 역할 확대가 필수 요소는 아니기 때문이다.

TIP 변화계획 수립을 위한 '행동 변화'

변화계획 수립을 위한 '행동 변화'를 위한 내용으로는 '시간 소비 형태 분석하기', '역할 조정하기', '가족에게 이해 구하기', '정보 수집하기' 등이 있다.

㉠ **시간 소비 형태분석 하기** : 전직지원 대상자가 자신의 시간 소비 형태를 들여다보고 좀 더 합리적인 시간 소비가 되도록 지원함으로써 전직지원의 목표 달성에 가깝게 접근할 수 있다.
㉡ **가족에게 이해 구하기** : 새로운 일을 계획하려면 가족과 토론하여 동의를 구하거나 양해를 구할 필요가 있다.
㉢ **역할 조정하기** : 역할들은 서로 잘 조화로워야 스스로도 편안하다. 상충 된 역할들은 갈등을 초래하게 되므로 전직지원 전문가는 역할에 대한 질문을 통하여 전직지원 대상자들이 역할들을 조정하는 작업을 하도록 돕는다.
㉣ **정보 수집하기** : 전직지원 대상자가 구하고자 하는 정보를 수집하고 분석하는 능력이야말로 미래 직업시장에서 반드시 갖추어야 하는 능력이다.

2 다음 중 진로일기에 대한 설명으로 옳지 않은 것은?

① 진로일기는 현재 어디쯤 가고 있는지를 알 수 있어서 목표를 항상 점검할 때 활용하는 것이 좋다.
② 진로일기는 일반적인 기준을 세워 목표를 일주일마다 점검하는 데 바람직하다.
③ 진로일기란 인생 설계도 작성의 최종적인 단계로서 전직 활동의 종합계획서이다.
④ 진로일기는 1주일을 단위로 작성하는 것을 원칙으로 한다.

해설

① 1번이 오답인 이유는 현재 어디쯤 가고 있는지를 알 수 있어서 목표를 항상 점검할 때 활용하는 것이 좋은 것은 '진로공정표'에 대한 설명이기 때문이다.

ANSWER 6.④ 7.② / 1.② 2.①

TIP 전직활동계획서(진로공정표 VS 진로일기)

전직활동계획서는 구체적인 목표와 그 목표를 달성하기 위해 추진해야 할 활동들을 모두 망라한 형태로 개발되어야 한다. 하나는 진로공정표(career pert)이고, 다른 하나는 진로일기장이다

진로공정표	• 공정 전체를 한눈에 볼 수 있도록 통일된 기호를 사용하여 작업의 흐름을 시각적으로 나타내는 도구 • 작업의 시작과 완료 시점, 연결 지점, 진행 중 중요한 상태를 표시하여 계획을 명확히 함 • 진행 방향을 명확히 하기 위해 활동들을 점선(——)이나 화살표(→)로 표시 • 각 결합점마다 번호를 부여하여 작업 간 유기적인 연관성을 쉽게 식별할 수 있도록 구성 • 진로공정표는 어디쯤 가고 있는지 확인할 수 있으며, 항상 점검할 수 있도록 눈에 띄는 곳에 부착하는 것이 좋음
진로일기	• 진로일기는 인생 설계도 작성의 최종 단계로서 전직활동의 종합계획서 • 진로 개척 과정에서 용기를 잃거나 무기력해질 때 유용한 도구로 활용 • 1주일 단위로 작성하는 것이 원칙 • 먼저 생애주기별 목표를 설정하고, 1주일, 1개월, 3개월, 6개월, 1년, 3년, 5년, 10년 등 기간별 목표를 명시 • 1주일이 지나면 자신이 설정한 목표를 얼마나 달성했는지 평가하고, 결과를 백분율(%)로 나타냄. • 평가한 결과에 따라 목표를 조정하거나 새로운 목표를 수립하는 과정이 포함됨 • 오랫동안 간직할 수 있도록 간편하게 휴대할 수 있는 노트를 준비하는 것이 좋음

3 **다음 중 집단상담 프로그램의 효과로 옳지 않은 것은?**

① 다른 전직지원 대상자의 관점을 이해할 수 있다.

② 유사한 문제를 겪고 있는 대상자와 관심사 및 아이디어를 공유하는 방법을 익힐 수 있다.

③ 개별 상담보다 개인적인 문제 해결에 집중할 수 있다.

④ 다른 사람의 지원과 격려를 받을 수 있다.

해설

③ 3번이 오답인 이유는 '개별 상담보다 개인적인 문제 해결에 집중할 수 있다.' 내용은 집단상담 프로그램의 효과에 해당하지 않기 때문이다.

TIP 집단상담 프로그램의 효과

㉠ 다른 전직지원 대상자의 관점 이해
㉡ 더욱 효과적인 사회관계망 형성에 도움.
㉢ 유사 문제를 겪고 있는 전직지원 대상자와의 관심사와 아이디어의 공유 방법 숙지
㉣ 제시된 문제에 대한 다양한 대응책 강구
㉤ 다른 사람의 지원과 격려 획득
㉥ 유용한 정보수집

학습 4 변화 점검하기

1 전직지원 대상자의 자기평가 수행 내용에 해당하지 않는 것은?

① 자기신념 확인하기
② 타인의 평가
③ 나를 둘러싼 인간관계망 점검하기
④ 재무 상황 파악하기

해설

④ 4번이 오답인 이유는 전직지원 대상자가 자기평가를 위해 수행하는 주요 내용은 '자기신념 확인하기', '타인의 평가', '인간관계망 점검'으로 '재무 상황 파악하기'는 자기평가의 수행 내용에 해당하지 않기 때문이다.

2 전직지원 대상자의 변화를 촉진할 수 있도록 상담사가 지원해야 할 내용에 해당하지 않는 것은?

① 스스로의 지원체계 구축 활동 지원
② 타인을 평가하며 변화동기 향상 지원
③ 습관적 행동 수정을 위한 활동 지원
④ 자기효능감 증진을 위한 활동 지원

해설

② 2번이 오답인 이유는 전직지원 상담에서 상담사는 전직지원 대상자가 변화를 촉진 시킬 수 있는 '스스로의 지원체계 구축', '효능감 증진', '습관 행동 수정' 등을 위한 활동들을 지원하여야 한다. 또한, 스스로의 지원체계 구축 활동 중 하나로 타인의 평가를 통해 변화동기를 고무시키는 것이지 타인을 평가하며 변화동기를 고무시키는 것은 바람직하지 않기 때문이다.

ANSWER 3.③ / 1.④ 2.②

CHAPTER

05 전직역량분석

학습 1 진로자본 파악하기

1 **다음 진로자본에 대한 설명으로 옳은 것은?**

① 진로자본은 직업생활을 시작하면서 점차 형성해 나간다.

② 진로자본은 한 번 형성되면 변화하지 않으며, 일정한 형태로 유지된다.

③ 진로자본은 개인의 직무 관련 지식과 기술만을 의미하며, 인적 관계는 포함되지 않는다.

④ 진로자본은 개인이 가지고 있는 지식, 역량, 특성으로, 소득을 창출할 수 있는 자원이다.

해설

④ 4번이 정답인 이유는 진로자본은 '개인이 자신의 경력과 삶에서 활용할 수 있는 지식, 역량, 특성 등을 포함하며, 이러한 요소들은 궁극적으로 소득 창출과 직결될 수 있는 자원이 된다.'는 의미 때문이다.

TIP 진로자본의 의미

진로자본은 경제적 개념을 확장하여 사용된 용어이며, 한 개인의 전 생애에 걸쳐 반드시 필요한 요소로, 일생 동안 자본을 형성해 나가기도 하지만 어느 시점에 가면 형성된 자본의 상당 부분을 변화를 꾀하거나 아니면 조금씩 소진해 나가야 한다. 과거에는 진로자본을 형성하고 소진시키는 과정이었다면, 현대에서는 새로움으로 변화를 꾀하고 형성해 나가는 과정이 되풀이되는 시대가 도래되었다.

㉠ 델피리피와 아서(Defillipi & Arther, 1994)가 '경계 없는 진로(boundaryless career) 전망을 기반으로 한 능력'에서 처음 제시한 개념으로, 진로자본을 3가지 진로역량이 제시되었는데, 진로동기 부여, 진로정체성과 연관된 '이유 알기(knowing why) ⇒ 진로성숙 역량', 직무 관련 지식이나 기술과 관련된 '방법 알기(knowing-how) ⇒ 전문지식 역량', 사회적 관계를 형성하는 '사람 알기(knowing-who) ⇒ 인적관계 역량' 등이다.

㉡ 말호퍼 등(Mayrhofer 등, 2004)은 진로자본을 경제자본, 사회자본, 문화자본의 세 가지 유형으로 구분하였으며, 진로자본은 개인의 일과 삶, 진로에 있어 가지고 있는 지식, 역량, 특성으로 소득을 창출할 수 있는 자원이라고 하였다.

2 다음 중 델피리피와 아서의 진로자본의 역량이 아닌 것은?

① 진로성숙 역량　　② 전문지식 역량
③ 정보자원 역량　　④ 인적관계 역량

해설

③ 3번이 오답인 이유는 델피리피와 아서의 진로자본의 3가지 역량은 '진로성숙 역량', 전문지식 역량, 인적관계 역량'이기 때문이다.

TIP 진로자본의 3가지 역량

구분	내용
이유 알기(knowing-why) : 진로성숙 역량	• 진로 동기 부여 및 진로 정체성과 관련된 역량 • 개인이 자신의 진로에 대해 갖고 있는 태도와 관점을 뜻함 • 내재적 동기, 개인적 학습 모색, 성장 경험 등을 포함 • 자신의 일과 직업에 대한 열정, 동기, 목적, 정체성
방법 알기(knowing-how) : 전문지식 역량	• 개인들이 자신의 일과 관련하여 갖는 진로 관련 기술과 업무 지식을 의미 • 즉, 실제적인 업무 지식과 방법에 대한 지식 • 자신의 일과 경력에서 쌓이는 전문지식, 기술, 전문성
사람 알기(knowing-who) : 인적관계 역량	• 개인들이 진로 안에서 갖게 되는 다양한 형태의 인간관계 및 사회적 연결망을 발전시키는 능력을 의미 • 자신의 일과 직업에서 형성된 애착, 관계, 명성, 정보, 상호의무

ANSWER 1.④ 2.③

3 **다음 중 전직지원 대상자의 진로자본에 대한 설명으로 옳지 않은 것은?**

① 전직지원 대상자가 일자리에서 습득한 전문지식과 경험은 진로자본 형성의 주요 핵심역량으로 광범위한 분야에 대한 전문성을 가지고 있다.

② 전직지원 대상자의 진로자본에는 전문성과 관계 자본뿐만 아니라 여가활동, 사회봉사활동, 취미활동도 포함된다.

③ 전직지원 대상자의 관계자본은 이 자본으로도 전직지원 대상자가 전직을 시도 하는 단초를 제공한다.

④ 전직지원 대상자는 주된 일자리에 어떤 상태로 있었느냐에 따라 열정과 동기에 개인 차이가 있으나, 대부분 재취업에 대한 요구도가 높게 나타난다.

해설

① 1번이 오답인 이유는 전직지원 대상자의 전문지식과 역량은 '광범위한 분야가 아닌' '일자리에서 습득한 지식과 경험'으로 진로자본 형성의 주요 핵심역량이지만, 이 또한 한편으로 쏠린 형태이며, 이미 최고위까지 도달한 상태'이기 때문이다.

TIP 전직지원 대상자의 진로자본

㉠ **전직지원 대상자의 전문성** : 전직지원 대상자가 일자리에서 습득한 지식과 경험의 전문지식은 진로자본 형성의 주요 핵심역량이지만, 이 또한 한편으로 쏠린 형태이다. 전직에서 현재의 직무를 바탕으로 다른 직업으로의 전환이 가능하려면 유사 및 관련 직무로의 전환이 되어야 하는데, 전직지원 대상자는 이미 최고위까지 도달한 상태이기 때문에 직위로 볼 때에 더 이상의 전직이 가능하지 않다.

㉡ **전직지원 대상자의 관계성** : 전직지원 대상자에서 진로자본을 풍성하게 해석할 수 있는 부분은 여가활동과 관계자본이다. 여가활동은 직무를 수행하면서 만들어진 역량으로 일자리 창출의 바탕이 될 수 있다. 또 관계자본은 이 자본으로도 전직지원 대상자가 전직을 시도하는 단초를 제공하기도 하다. 특히 관계자본은 진로성숙과 전문성은 물론 일과 관련된 모든 활동, 즉 여가활동, 사회봉사활동, 취미활동 등을 망라한다. 특히 관계자본은 이러한 자본들을 묶어 효과를 배가하는 중요한 진로자본이다.

㉢ **전직지원 대상자의 진로성숙** : 전직지원 대상자는 퇴직 전까지 직업유지를 하면서 진로성숙을 꾀하여 왔다. 그러나 주된 일자리에서 어떤 상태로 있었느냐에 따라 일에 대한 열정, 동기 등이 개인차를 보이지만, 대부분의 전직지원 대상자는 재취업에 대한 요구도가 높게 나타난다.

4 다음 중 개인 특성에 의한 진로자본 유형에 해당하지 않는 것은?

① 태어난 순
② 대뇌반구의 기능 차이
③ 개인이 후천적으로 습득한 직무 기술과 경험
④ 직업 가계도

해설

③ 3번이 오답인 이유는 개인 특성에 의한 진로 자본으로는 '태어난 순', '대뇌반구', '타고난 자질', '직업 가계도', '흥미, 적성', '가치'가 해당되기 때문이다.

TIP 개인 특성에 의한 진로자본

㉠ 태어난 순과 진로는 관련이 있으며(Peper, 1971), 연구에 따르면 첫째 아이는 책임감이 강하고 전통적인 직업을 선호하는 경향이 있으며, 둘째 이후의 자녀들은 더 창의적이고 자유로운 성향을 보일 가능성이 크다.

㉡ 대뇌반구의 기능 차이에 관한 연구인 스플리트(Split)의 뇌 연구에 따르면 왼쪽 및 오른쪽 대뇌반구가 다른 방법으로 정보를 투과하는 것을 보여주었는데 즉, 인간의 좌뇌(논리적 사고, 분석적 사고)와 우뇌(직관적 사고, 창의적 사고)의 차이는 개인이 정보를 처리하는 방식과 직업적 성향에 영향을 미친다는 것이다.

㉢ 타고난 자질은 4가지로 분류된다.

다중잠재 소유자 (multi-potentialed)	• 다중잠재 소유자(multi-potentialed)는 광범위한 흥미와 적성을 가졌기 때문에 진로 결정에 혼돈과 무결정의 결과를 가져옴
조기 판명자 (early emergers)	• 어릴 때부터 과학, 수학, 음악 등의 분야에서 진로에 대한 흥미를 확고하게 나타냄 • 어렸을 때부터 그 흥미 영역에 홀로 많은 시간을 보냈으며, 따라서 친구가 적은 편
창조성 재능(소질)자 (creatively gifted)	• 독립적이고, 불순응자이며 자주 규칙을 깨뜨리는 사람들 • 자신에게 필요할지도 모르는 기초적 학문 과정에 특별히 관심을 가지지 않고, 오히려 시간의 낭비로 여김
학문적 재능(소질)자 (academically gifted)	• 수준 높은 언어적 추론 기술, 학문적 우수성의 이력, 사회적 기대에 부응하는 경향, • 자기존중감의 주된 자원을 타인의 인정 여부에 의존하는 부류

㉣ 직업가계도(vocational genograms)는 생물학적 친조부모와 양조부모, 양친, 숙모와 삼촌, 형제자매 등의 직업들을 도해로 표시하는 것으로, 가족 구성원의 직업 경로를 분석하여, 개인의 진로 선택과 직업적 경향에 미치는 영향을 분석한다.

㉤ 흥미, 적성은 성격의 특성모형과 밀접한 관련이 있는 홀랜드(1985)는 6개의 기본적 흥미유형을 현실형, 탐구형, 예술형, 사회형, 진취형, 관습형 등으로 가정하였다. 적성검사는 일반적성검사(GATB : general aptitude test battery)로서 지능, 언어능력, 수리능력, 공간적성, 형태지각, 사무력, 운동 반응, 손가락 재능, 손재능 등 9개의 요인으로 구성

㉥ 가치는 개인이 삶에서 지향하는 목표나 신념을 의미하며, 자신의 행동을 결정하는 기준이 된다(Dawis, 1991). 가치는 개인의 중요한 신념을 나타내며, 자신과 타인의 행동을 판단하는 기준이 된다. 특정한 상황이 아닌 광범위한 상황에서 적용되는 행동, 목표, 바람직한 상태를 의미한다. 여러 가지 행동 방식 중에서 선택을 할 때 기준이 되는 규범적 표준이다. 학자마다 다르게 구분하나, 외재적 가치와 내재적 가치 그리고 외재적·내재적 가치 모두를 나타내는 양가적 가치 등으로 분류한다.

ANSWER 3.① 4.③

5 **다음 중 타고난 자질의 분류에 대한 설명으로 옳지 않은 것은?**

① 다중잠재 소유자(multi-potentialed)는 다양한 흥미와 적성을 가지고 있어, 진로 결정이 수월하다.

② 조기 판명자(early emergers)는 어릴 때부터 특정 분야에서 진로에 대한 흥미가 뚜렷하게 나타난다.

③ 창조성 재능자(creatively gifted)는 독립적이고, 불순응자이며 자주 규칙을 깨뜨리고 기초적 학문과정에 특별히 관심을 가지지 않는다.

④ 학문적 재능자(academically gifted)는 높은 언어적 추론 능력을 가지며, 사회적 기대에 부응하려는 경향이 있다.

해설

① 1번이 오답인 이유는 '다중잠재 소유자(multi-potentialed)는 광범위한 흥미와 적성을 가졌기 때문에 진로결정에 혼돈과 무결정의 결과를 가져온다.'이기 때문이다.

TIP 타고난 자질의 4가지 분류

분류	설명
다중잠재 소유자 (multi-potentialed)	• 다중잠재 소유자(multi-potentialed)는 광범위한 흥미와 적성을 가졌기 때문에 진로 결정에 혼돈과 무결정의 결과를 가져온다.
조기 판명자 (early emergers)	• 어릴 때부터 과학, 수학, 음악 등의 분야에서 진로에 대한 흥미를 확고하게 나타냄 • 어렸을 때부터 그 흥미 영역에 홀로 많은 시간을 보냈으며, 따라서 친구가 적인 편이다
창조성 재능(소질)자 (creatively gifted)	• 독립적이고, 불순응자이며 자주 규칙을 깨뜨리는 사람들 • 자신에게 필요할지도 모르는 기초적 학문과정에 특별히 관심을 가지지 않고, 오히려 시간의 낭비로 여김
학문적 재능(소질)자 (academically gifted)	• 수준 높은 언어적 추론 기술, 학문적 우수성의 이력, 사회적 기대에 부응하는 경향 • 자기존중감의 주된 자원을 타인의 인정 여부에 의존하는 부류이다.

학습 2 직무역량 분석하기

1 **다음 중 역량(competence)에 대한 설명으로 옳지 않은 것은?**

① 역량은 높은 성과를 내도록 하는 개인의 행동 특성이나 태도를 의미한다.

② 역량은 조직의 성과 창출을 위한 자질로, 기존의 '능력' 개념과 동일한 의미로 사용된다.

③ 역량은 개인 성과를 예측하거나 설명할 수 있는 다양한 심리적 · 행동적 특성을 포함한다.

④ 역량은 조직의 목표 달성과 연계하여 뛰어난 직무 수행을 보이는 고성과자의 차별화된 행동 특성과 태도를 의미한다.

해설

② 2번이 오답인 이유는 역량(competence)은 단순한 '능력'과 동일한 개념이 아니라, 조직의 성과 창출을 위한 자질이라는 점에서 차이가 있기 때문이다.

TIP 역량의 개념

㉠ 역량의 개념에 대해 맥클랜드(McClelland, 1974)는 "역량을 개인 성과를 예측하거나 설명할 수 있는 다양한 심리적 · 행동적 특성이라고 정의하였다.

㉡ 스펜서(Spencer, 1993)는 핵심역량을 "특정한 업무 또는 상황에서 효과적이고 우수한 성과 기준과 인과적으로 관계가 있는 개인의 내적 특성"이라고 설명하였다.

㉢ 인사혁신처(2010)에서는 역량을 "조직의 목표 달성과 연계하여 뛰어난 직무 수행을 보이는 고성과자의 차별화된 행동 특성과 태도"라고 정의하였다.

㉣ 기존의 '능력' 개념이 개인의 자질에 초점을 맞춘 것이라면, 역량은 조직 측면에서 조직의 성과 창출을 위한 자질이라 할 수 있다.

2 **다음 중 핵심역량의 구분에 대한 설명으로 옳지 않은 것은?**

① 한계역량은 직무 수행자가 최소한 갖춰야 하는 필수적인 능력이다.

② 차이역량은 우수한 직무 수행자와 평범한 직무 수행자를 구분할 수 있게 한다.

③ 영업사원에게 제품 지식은 한계역량, 높은 목표를 설정하여 이루려고 하는 성취 지향은 차이역량에 해당한다.

④ 직위가 높아질수록 표면적인 지식 · 기술보다 '조정 · 통합', '전략적 사고', '변화관리' 등의 역량이 덜 중요해진다.

해설

④ 4번이 오답인 이유는 직위가 높아질수록 표면적인 지식 · 기술보다 '조정 · 통합', '전략적 사고', '변화관리' 등의 역량이 더 중요해지기 때문이다.

ANSWER 5.① / 1.② 2.④

TIP 역량의 구분

역량은 한계역량(threshold competencies)과 차이역량(differentiating competencies)으로 구분된다.

㉠ 한계역량은 직무 수행자가 최소한 갖춰야 하는 필수적인 능력(예 : 영업사원에게 제품 지식은 한계역량에 해당)

㉡ 차이역량은 우수한 직무 수행자와 평범한 직무 수행자를 구분할 수 있는 역량을 의미(예 : 반면 높은 목표를 설정하고 이를 달성하려는 성취 지향적 태도는 차이역량에 해당)

3 **다음 중 스펜서(Spencer)의 역량 5가지 유형에 대한 설명으로 옳지 않은 것은?**

① 지식(knowledge)은 신체적 혹은 정신적 과제를 수행할 수 있는 능력이다.

② 특질(traits)은 신체적 특성, 상황 정보에 대한 일관된 반응 성향이다.

③ 자기 개념(self-concept)은 태도, 가치관, 자기상이다.

④ 동기(motive)는 개인이 일관되게 마음에 품고 있거나 원하는 어떤 것이다.

해설

① 1번이 오답인 이유는 지식(knowledge)은 특정 분야에 대해 가지고 있는 정보를 의미하기 때문이다. '신체적 · 정신적 과제를 수행할 수 있는 능력'은 기술(skill)에 해당하기 때문이다.

TIP 스펜서(Spencer)의 역량 5가지 유형

구분	설명 및 예시
기술(skill)	• 특정한 신체적 혹은 정신적 과제를 수행할 수 있는 능력 • 예) 치과의사가 신경을 건드리지 않고 치료하는 능력 • 5만 행의 코드를 논리적이고 순차적으로 조직화하는 프로그래머의 능력
지식(knowledge)	• 특정 분야에 대해 가지고 있는 정보 • 예) 인체의 신경과 근육에 대해 외과의사가 가지고 있는 정보
자기 개념(self-concept)	• 태도, 가치관 혹은 자기상 • 예) 자기 확신, 즉 어떤 상황 속에서도 잘 해낼 수 있다는 신념 • 주어진 상황에서 단기적으로 나타내는 반응적 행동에 영향을 줌.
특질(traits)	• 신체적 특성, 상황 정보(상황이나 정보)에 대한 일관된 반응 성향을 의미한다. • 예) 신속한 반응이나 좋은 시력 같은 전투기 조종사에게 필요한 신체적 특질 • 개인의 장기적 직무 행동을 예측할 수 있는 역량 유형
동기(motive)	• 개인이 일관되게 마음에 품고 있거나 원하는 어떤 것이다. • 예) 성취동기에 따라 움직이는 사람들은 스스로 도전적인 목표를 설정하고 목표 달성의 책임을 지며, 성과에 대한 피드백을 바탕으로 더 나은 방도를 취함

4 **스펜서(Spencer)의 역량의 빙산모델에서 빙산의 드러나는 부분에 해당하는 것은?**

① 동기(motives)　　② 자기 개념(self-concept)
③ 지식(knowledge)　　④ 특질(traits)

해설

③ 3번이 정답인 이유는 지식과 기술(skills)은 빙산의 드러난 부분에 해당하기 때문이다. 역량의 빙산모델은 역량 유형의 가시성을 빙산에 비유하여 설명하는 것이다. 스펜서(Spencer)의 역량의 빙산 모델에서 드러나지 않는 부분은 동기, 특질, 자기 개념이기 때문이다.

TIP 스펜서(Spencer)의 역량 5가지 유형

구분	설명 및 예시
기술(skill)	• 특정한 신체적 혹은 정신적 과제를 수행할 수 있는 능력 • 예시) 치과의사가 신경을 건드리지 않고 치료하는 능력 • 5만 행의 코드를 논리적이고 순차적으로 조직화하는 프로그래머의 능력
지식(knowledge)	• 특정 분야에 대해 가지고 있는 정보 • 예시) 인체의 신경과 근육에 대해 외과의사가 가지고 있는 정보
자기 개념(self-concept)	• 태도, 가치관 혹은 자기상 • 예시) 자기 확신, 즉 어떤 상황 속에서도 잘 해낼 수 있다는 신념 • 주어진 상황에서 단기적으로 나타내는 반응적 행동에 영향을 줌.
특질(traits)	• 신체적 특성, 상황 정보(상황이나 정보)에 대한 일관된 반응 성향을 의미한다. • 예시) 신속한 반응이나 좋은 시력 같은 전투기 조 종사에게 필요한 신체적 특질 • 개인의 장기적 직무 행동을 예측할 수 있는 역량 유형
동기(motive)	• 개인이 일관되게 마음에 품고 있거나 원하는 어떤 것이다. • 예시) 성취동기에 따라 움직이는 사람들은 스스로 도전적인 목표를 설정하고 목표 달성의 책임을 지며, 성과에 대한 피드백을 바탕으로 더 나은 방도를 취함

ANSWER 3.① 4.③

5 **다음 중 역량의 개념적 특징에 대한 설명으로 옳지 않은 것은?**

① 역량은 행동이므로 보유 능력이 아니라 발휘 능력이며, 실천 능력이다.

② 역량은 직무마다 다르게 요구되며, 동일한 직무라면 상황이 바뀌어도 필요한 역량은 같다.

③ 역량은 행동이므로 관찰 가능하며, 측정 · 개발할 수 있다.

④ 역량은 성과와 연계된 행동이다.

해설

② 2번이 오답인 이유는 역량은 직무마다 다르게 요구되며, 동일한 직무라도 상황이 바뀌면 필요한 역량이 달라질 수 있기 때문이다. 따라서 모든 직무에서 동일한 방식으로 적용된다는 것은 틀린 설명이다.

TIP 역량 개념의 특징

역량(competence)은 '능력'이라는 뜻과 구분하지 않고 사용하지만, 엄밀하게는 분명한 차이가 존재한다. 역량의 개념적 특징은 다음과 같이 4가지로 요약할 수 있다.

㉠ 역량은 행동이다.
역량은 보유하고 있는 지식이나 기술 그 자체가 아니라 내면의 동기, 가치, 태도 등이 지식이나 기술과 결합하여 나타나는 행동이다. 즉, 보유 능력이 아니라 발휘 능력이자 실천 능력을 의미한다.

㉡ 역량은 성과와 연계된 행동이다.
본인 의사를 상대에게 논리적으로 전달하는 능력이 매우 뛰어나더라도 그러한 특성이 해당 직무의 성과 창출을 위한 중요한 행동이 아니라면 일반적인 의미에서 '의사소통' 능력이 뛰어나다고 할 수 있지만, 해당 직무에 적합한 '역량'을 갖췄다고 할 수는 없다.

㉢ 역량은 직무마다 다르고, 동일한 직무라도 상황이 바뀌면 요구되는 역량이 다를 수 있다.
동일한 영업 직무라도 기업마다, 상품마다 경쟁하는 환경이 다르기 때문에 영업 사원에게 필요한 역량도 다를 수밖에 없다. 또 군대 조직의 관리자, 공공부문의 관리자, 민간부문의 관리자에게 요구되는 리더십 특성은 다르게 나타날 수 있다.

㉣ 역량은 행동이기 때문에 관찰이 가능하며, 측정 · 개발할 수 있다.
역량은 행동이기 때문에 객관적으로 측정할 수 있고, 그 측정 결과를 기반으로 피드백, 코칭, 자기성찰 등의 방법을 통해 개발이 가능하다.

예컨대, 토익(TOEIC) 980점을 획득한 학생이라고 해서 그가 역량이 뛰어나다고 말할 수는 없다.
점수는 그가 영어 구사 능력을 보유했다는 증거일 뿐이다. 역량은 실제로 외국인을 만나서 설득하고 거래를 성사시키는 행동을 보일 때 관찰됐다고 말한다.

6 다음 중 역량 모델의 의미와 유형에 대한 설명으로 옳지 않은 것은?

① 집단 간 역량 차이를 명확히 하고, 구성원이 필요한 역량을 쉽게 이해할 수 있다.
② 역량 모델은 직무별로 요구되는 기술과 경험만을 기준으로 분류한 것이다.
③ 역량 모델은 리더십 역량, 직무역량, 공통 역량으로 구분될 수 있다.
④ 역량 모델은 조직의 계층과 직종별로 필요한 역량을 체계적으로 표현한 것이다.

해설

② 2번이 오답인 이유는 역량 모델은 단순히 직무별 기술과 경험만을 기준으로 분류하는 것이 아니라, 조직에서 계층이나 직종에 따라 구분된 각 집단의 구성원이 갖춰야 할 역량을 체계적으로 표현하는 것이기 때문이다.

TIP 역량의 의미와 유형

㉠ 집단에 필요한 역량을 표현하면 집단 간의 역량 차이를 일목요연하게 알 수 있으며, 해당 구성원에게 어떤 역량이 필요한지를 쉽게 이해시킬 수 있다.
㉡ 통상 조직 계층에 따른 리더십 역량(수직적 측면), 각 직종에 따른 직무역량(수평적 측면), 그리고 전체 조직 구성원이 갖춰야 할 공통역량(구성원 전체) 등으로 구분할 수 있으며, 각 세부 집단별로 3~5개의 역량을 제시하는 것이 일반적이다.

7 다음 중 역량 모델링 과정에서 가장 먼저 수행해야 할 단계에 해당하는 것은?

① 역량 모델의 검증
② 정보수집
③ 역량 모델 적용 집단 및 도출 방법 결정
④ 역량 사전 작성

해설

③ 3번이 정답인 이유는 역량 모델링 과정의 첫 단계는 기획 단계로, 적용할 집단을 명확히 하고 도출 방법을 결정해야 한다. 즉, 기획 → 정보수집 → 분석 도출 → 검증의 과정을 거치기 때문이다.

TIP 역량 모델링의 단계(절차)

1단계	기획	목적, 적용 집단, 도출 방법 등
2단계	정보수집	직무 특성 등 파악, 우수성과 확인, 행동 사례 채집, 능력 요소 확인
3단계	분석 도출	인과 관계 분석, 핵심역량 선정, 역량 사전 작성
4단계	검증	역량 검증 확정

ANSWER 5.② 6.② 7.③

8 **다음 중 역량 모델링 과정에서 조사 방법으로 가장 많이 사용되는 방법이 아닌 것은?**

① 행동사건 인터뷰(BEI)

② 무작위 표본 추출(Random Sampling)

③ 직무전문가(SME) 워크숍

④ 설문지 조사법

해설

② 2번이 오답인 이유 역량 모델링 과정에서 조사 방법으로 무작위 표본 추출(Random Sampling)이 아닌 '행동사건 인터뷰(BEI)', '직무전문가(SME) 워크숍', '설문지 조사법'이기 때문이다.

TIP 조사 방법

행동사건 인터뷰 (BEI : Behavioral Event Interview)	• 전문적 훈련을 받은 역량 평가사가 집단의 고성과자의 과거 특정한 성과를 발휘했을 당시에 대한 경험을 인터뷰 형식으로 구체적인 상황(situation), 업무(task), 행동(action), 결과(result)로 도출하는 방법이다. • 정확한 행동 특성을 파악할 수 있으나 시간이 많이 소요된다.
직무전문가 (SME : Subject Matter Expert) 워크숍	• 행동사건 인터뷰의 단점을 줄일 수 있는 방법으로 해당 직무의 전문가들을 한 자리로 모아 각 직무를 성공적으로 수행하기 위한 조건들을 검토함으로써 역량을 도출하는 방법으로 주관적 판단에 의존하는 측면이 있지만, 복수의 전문가의 공통된 의견을 수렴하여 보완한다.
설문지 조사법	• 사전에 표준화된 설문지를 제작 배포하여 집단 구성원들로부터 필요한 핵심 정보를 입수하는 방식이다.

9 행동 사건 인터뷰(BEI)에 대한 설명으로 옳지 않은 것은?

① 행동 사건 인터뷰는 전문적으로 훈련된 역량 평가사가 집단의 고성과자 행동 특성을 인터뷰 형식으로 찾아내는 것이다.

② 고성과자의 행동 특성을 파악하기 위해 특정한 성과를 발휘했을 당시를 떠 올리게 한 후 질문을 이어 나간다.

③ 고성과자의 정확한 행동 특성을 끌어낼 수 있으나, 시간이 많이 소요되는 단점이 있다.

④ 행동 사건 인터뷰는 응답자의 주관적 판단에 의존하므로 신뢰성이 낮다.

해설

④ 4번이 오답인 이유는 행동사건 인터뷰(BEI)는 과거 고성과자가 특정한 성과를 발휘했을 때의 상황, 행동, 결과를 분석하여 객관적인 행동 특성을 도출하는 기법으로 주관적 판단이 아닌 '실제 행동'을 기반으로 분석하므로 신뢰성을 확보할 수 있기 때문이다.

TIP 행동사건 인터뷰(BEI)

㉠ 행동사건 인터뷰는 전문적 훈련을 받은 역량평가사(assessor)가 집단의 고성과자 행동 특성을 인터뷰 형식으로 찾아내는 것이다.

㉡ 과거 고성과자가 특정한 성과를 발휘했을 당시를 떠올리게 한 후 질문을 이어가는데, 이런 질문을 통해 얻고 자 하는 것은 당시의 구체적 상황(situation), 수행했던 업무(task), 구체적으로 취한 행동들(action), 그리고 그에 따른 결과(result)이다.

㉢ 실제 집단의 고성과자를 통해 정확한 행동 특성을 끌어낼 수 있다는 장점이 있는데, 반해 상대적으로 시간이 많이 소요된다는 것은 단점이다.

10 역량 사전에 포함되지 않는 항목은?

① 역량의 정의

② 역량 도출 배경

③ 역량 수준의 구분 기준

④ 조직 내 개인 간 성과 차이 분석

해설

④ 4번이 오답인 이유는 역량사전은 조직 내 역량 모델링의 최종 결과물로, 구성원들이 이해하기 쉽도록 역량을 정리한 문서로 '조직 내 개인 간 성과 차이 분석'은 포함되지 않고 역량의 정의, 도출 배경, 수준 구분 기준, 행동지표 등이 포함되기 때문이다.

ANSWER 8.② 9.④ 10.④

11 **다음 중 중장년 직업역량 검사에 대한 설명으로 맞지 않은 것은?**

① 이 검사는 45세 이상 중장년 근로자를 대상으로 하며, 후기 경력 개발에 도움이 되는 정보를 제공한다.

② 중장년 근로자의 개인 특성뿐만 아니라 후기 진로 발달에 영향을 미치는 다양한 환경요인을 측정한다.

③ 중장년 직업역량 검사는 특성 이론에 확고한 베이스를 두고 개발된 검사이다.

④ 피검사자의 현재 직업역량과 기초 직무능력을 고려하여 15개 직종 중 재취업에 알맞은 3개 직종을 추천한다.

해설

③ 3번이 오답인 이유는 특성 이론에 기반한 검사로는 'IT 직무 기본 역량 검사', '영업직무 기본 역량 검사'가 해당되기 때문이다.

TIP 중장년 직업역량 검사의 특징

㉠ 중장년 직업역량는 우리나라 고용 환경 특성과 중장년 근로자의 특성을 고려하여 개발된 검사이다.
㉡ 검사는 45세 이상의 중장년 근로자를 대상으로 한다.
㉢ 근로자의 개인 특성뿐만 아니라 후기 진로발달에 영향을 미치는 다양한 환경요인을 측정하여, 후기 진로발달과 관련된 의사결정에 도움이 되는 정보를 제공한다.
㉣ 연령/학력/연봉을 기준으로 집단을 구분하여, 피검사자와 동일한 집단과의 비교를 통해 상대적인 수준을 확인할 수 있다.
㉤ 피검사자의 현 직종 및 최근 퇴직 직종에 종사하는 사람들, 이직 희망 직종에 종사하는 사람들과 기초 직무능력 수준을 비교할 수 있도록 정보를 제공한다.
㉥ 피검사자의 현재 직업역량과 기초 직무능력을 통합적으로 고려하여 15개 직종 중 재취업에 알맞은 3개 직종을 추천한다.
㉦ 검사 점수는 T점수로 제공되며 57점 이상은 '강점'을, 43점 이하는 '약점'을, 44점~56점은 '보통' 수준임을 의미한다.

※ 중장년 직업역량 검사의 구성

주요 역량	하위요인	설명
경력활동	재취업자신감	자신이 재취업하기 위한 능력 및 노력에 대해 자신감을 갖고 있는지에 대한 내용
	경력계획	자신의 경력을 위해서 장기적이고 실행 가능한 목표를 세우고, 목표 달성을 위해 얼마나 노력하는지에 대한 내용
직무태도	직무적합도	현재 하고 있는 일이 자신의 특성 및 적성에 알맞은 정도
	직무만족	자신이 현재 하고 있는 일에 대해 만족하는 정도
직무능력	업무능력	지식을 사용하여 업무를 수행하는 능력
	관계능력	다른 사람과의 관계에서 발생하는 문제를 적절히 해결하는 기술
개인특성	자기평가	삶을 살아가는 능력에 대해 스스로 판단하는 정도
	개방성	자기 자신을 둘러싼 세계에 대한 관심, 호기심, 다양한 경험에 대한 추구 및 포용 정도
기초자산	가족의 지지	자신과 가족이 서로 얼마나 믿고 의지할 수 있는지에 대한 내용
	건강	자신의 정신적, 신체적 건강에 대한 내용

학습 3 역량진단 결과 통합하기

1 **다음 중 행동 지표(behavioral indicator)에 대한 설명으로 옳지 않은 것은?**

① 고성과자의 일관된 행동 특성을 찾아 일반화한 것이다.

② 조직과 직무가 다른 사람들이 행동 기준으로 삼을 수 있도록 정리한다.

③ 행동 지표는 모든 직무에서 동일하게 적용되며 변하지 않는다.

④ 수동적 행동에서 전환적 행동까지 강도를 높이는 방식으로 구성된다.

해설

③ 3번이 오답인 이유는 행동지표는 모든 직무에서 동일하게 적용되는 것이 아니라, '조직과 직무의 특성'에 따라 달라질 수 있기 때문이다.

TIP 행동지표(behavioral indicator)

행동지표를 제시하는 일반적인 원칙은 5단계 수준으로 구성되며, 수동적 행동 → 통상적 행동 → 능동적 행동 → 혁신적 행동 → 전환적 행동 순서로 강도가 높아진다.

2 **다음 중 전직지원 대상자의 역량평가에 대한 설명으로 옳지 않은 것은?**

① 전직지원 대상자의 역량평가는 전직지원 대상자의 진로자본과 역량 분석을 통합하여 수행된다.

② 전직지원 대상자의 역량평가는 대상자의 학력 수준에 따라 역량 수준을 결정한다.

③ 재취업을 돕기 위한 역량평가는 가능 직무 확인에 중요한 단서가 된다.

④ 기업에서 요구하는 인재와의 적합성을 확인할 수 있는 도구로 사용된다.

해설

② 2번이 오답인 이유는 전직지원 대상자의 역량평가는 학력 수준을 기준으로 역량을 결정하는 것이 아니라, 전직지원 대상자가 일자리를 통하여 습득한 지식, 기술 등을 망라한 것이 '전직지원 대상자의 역량'이므로 역량평가는 곧 진로자본과 역량분석을 통합한 것이기 때문이다.

TIP 전직지원 대상자의 역량평가

㉠ 전직지원 대상자의 진로자본은 유전적인 면과 환경적인 면을 고려한 요인으로 구성되었다.

㉡ 진로자본 요인과 전직지원 대상자가 일자리를 통하여 습득한 지식, 기술 등을 망라한 것이 전직지원 대상자의 역량이므로 역량평가는 곧 진로자본과 역량분석을 통합한 것이다.

㉢ 전직지원 대상자의 재취업을 돕기 위한 역량평가는 가능 직무 확인에 중요한 단서가 되고 있으며, 기업에서 요구하는 인재에 적합성을 확인할 수 있다. 또 역량평가는 기업에서 인재선발의 기준으로 활용된다.

ANSWER 11.③ / 1.③ 2.②

3 다음 중 전통적 인터뷰와 행동사건 인터뷰에 대한 설명으로 옳지 않은 것은?

① 전통적 인터뷰는 면접관의 임의적 판단에 따라 진행된다.

② 행동사건 인터뷰는 특정 역량에 집중한다.

③ 전통적 인터뷰는 주로 성공했거나 실패한 일반 사건들을 질문한다.

④ 행동사건 인터뷰는 주로 의사결정권자가 실행한다.

해설

④ 4번이 오답인 이유는 주로 '의사결정권자가 실행하는 것은 전통적 인터뷰'이기 때문이다.

TIP 행동 사건 인터뷰(BEI : Behavioral Event Interview)와 전통적 인터뷰

구분	내용
행동사건 인터뷰	• 상세하게 사전 설계된 프로세스에 따라 진행 • 특정 역량들에 집중 • 개인 인터뷰 • 평가할 역량이 이미 정해져 있어 그 역량들에 대해서만 질문 • 평가해야 할 역량을 확인할 때까지 시간을 소요 • 성과와 직결된 역량에 초점을 맞추고, 피평가자의 실제 행동을 증거로 평가
전통적 인터뷰	• 면접관의 임의적 판단에 따라 진행 • 의사결정권자가 실행 • 개인 또는 집단 인터뷰 • 성공했거나 실패한 일반 사건들을 질문 • 소요시간은 임의로 결정 • 질문에 따라 응답 내용이 달라질 수 있으며, 바람직한 응답 유도 가능

4 다음 중 행동 사건 인터뷰(BEI)의 특징으로 옳은 것은?

① 면접관의 임의적 판단에 따라 진행되며, 질문 내용은 자유롭게 설정된다.

② 성과와 직접적으로 연결된 역량에 초점을 맞추고, 피평가자의 실제 행동을 근거로 평가한다.

③ 성공하거나 실패한 구체적인 사건에 관한 질문이 주로 이루어진다.

④ 질문에 따라 응답 내용이 달라질 수 있으며, 바람직한 응답 유도가 가능하다.

해설

② 2번이 정답인 이유는 행동 사건 인터뷰(BEI)는 성과와 직접적으로 연결된 역량에 초점을 맞추고, '피평가자의 실제 행동'을 근거로 평가하기 때문이다. 보기 ①, ③, ④는 모두 전통적 인터뷰의 특징에 대한 설명이기 때문이다.

TIP 행동 사건 인터뷰(BEI : Behavioral Event Interview)과 전통적 인터뷰

행동사건 인터뷰	• 상세하게 사전 설계된 프로세스에 따라 진행 • 특정 역량들에 집중 • 개인 인터뷰 • 평가할 역량이 이미 정해져 있어 그 역량들에 대해서만 질문 • 평가해야 할 역량을 확인할 때까지 시간을 소요 • 성과와 직결된 역량에 초점을 맞추고, 피평가자의 실제 행동을 증거로 평가
전통적 인터뷰	• 면접관의 임의적 판단에 따라 진행 • 의사결정권자가 실행 • 개인 또는 집단 인터뷰 • 성공했거나 실패한 일반 사건들을 질문 • 소요 시간은 임의로 결정 • 질문에 따라 응답 내용이 달라질 수 있으며, 바람직한 응답 유도 가능

5 다음 중 역량평가의 기대효과로 옳지 않은 것은?

① 전직을 앞둔 대상자들에게 전직 성공을 위한 방법을 설득력 있게 제시할 수 있다.

② 국가지원금 등 자원 배분의 효율성을 높인다.

③ 재취업 및 창업 등 향후 경력 이동에 대한 의사결정을 돕는다.

④ 규명된 역량 모델과 직접적으로 매칭되는 교육훈련 프로그램을 개발할 수 있다.

해설

① 1번이 오답인 이유는 역량평가의 기대효과는 전직 성공을 위한 방법이 아닌 "전직을 앞둔 대상자들에게 사전 준비 차원의 자기계발을 위해 어떤 노력을 해야 하는 가를 보다 설득력 있게 제시할 수 있다."가 기대효과이기 때문이다.

TIP 역량평가의 기대효과

㉠ 전직지원 대상자가 재취업, 창업, 혹은 제3의 경로 등 향후 어떤 경력 코스로 이동할 것인지 의사결정을 돕는 자료가 된다.
㉡ 역량평가를 통해 대상자를 정확히 선별하면 국가지원금 등 자원의 효율적 배분을 위한 기초 자료가 된다.
㉢ 역량평가 결과서는 중소기업 사장 등 전직지원 대상자의 재취업을 결정하는 의사결정자들에게 신속한 판단을 돕는다.
㉣ 전직지원 대상자에게 역량평가 결과서를 제공하면 부족한 역량을 확인하여 역량 개발 프로그램 참여 의지가 높아지고, 입사 서류와 함께 활용할 수 있다.
㉤ 역량평가 결과서가 헤드헌팅 업계 등에서 공신력 있게 유통되면 사회 전체적으로 경력자 채용 의사결정이 원활해질 수 있다.
㉥ 규명된 역량 모델과 직접 연계된 교육훈련 프로그램을 개발할 수 있다.
㉦ 전직을 앞둔 대상자들에게 자기계발을 위해 어떤 노력이 필요한 지 보다 설득력 있게 제시할 수 있다.
㉧ 전직지원을 위한 역량 모델링 및 교육훈련 프로그램 개발은 정부가 추진하는 NCS(국가직무능력표준) 작업과 연계되므로 국가적 정책 추진 방향과 일치한다.
㉨ 공공부문에서는 이미 여러 정부 부처 및 공기업에서 역량평가를 기반으로 승진 평가 등이 이루어지고 있으며, 민간 부문에서도 다양한 형태로 활용되고 있다.

ANSWER 3.④ 4.② 5.①

CHAPTER

06 전직목표설정

학습 1 전직대안 도출하기

1 전직목표 설정의 중요성에 대한 설명으로 옳지 않은 것은?

① 자신에게 적합한 기회를 선택하는 기준이 된다.

② 생애관점에서 성취하고자 하는 명확한 그림을 갖게 된다.

③ 단기적으로 전직목표를 달성하기 위함이다

④ 보유 진로자본을 효율적으로 활용하고 배분할 수 있다.

해설

③ 3번이 오답인 이유는 전직목표 설정은 단기적인 전직목표를 달성함은 물론 장기적인 관점에서 '지속적으로 전직목표를 수립'해야 하기 때문이다.

TIP 전직목표 설정의 중요성

전직은 재취업, 창업, 창직, 귀농 · 귀촌, 신진로 개발 등 다양한 형태로 설정된다.

㉠ 자신의 역량과 필요의 관점에서 자신에게 적합한 기회를 선택하는 기준이 된다.

㉡ 단기목표뿐만 아니라 생애 관점에서 성취하고자 하는 명확한 그림을 갖게 된다.

㉢ 지속적으로 전직목표를 달성하기 위해, 필요한 지식, 요건을 달성하기 위한 단계별 과정 관리가 용이하다.

㉣ 본인의 역량과 보유 진로자본을 효율적으로 활용하고 배분할 수 있다.

2 전직대안의 유형에 대한 설명으로 옳지 않은 것은?

① 귀촌은 농업인이 되기 위하여 농촌지역으로 이주한 후 농업경영을 하는 것이다.

② 창업은 영리를 목적으로 수익 창출 활동을 하기 위해 경영자원을 확보하여 사업을 하는 것이다.

③ 신진로 개발은 보유한 역량과 진로자본을 토대로 새롭게 진로를 개발하는 것이다.

④ 창직은 새로운 직업을 개발 또는 발굴하여 일자리를 창출하는 것이다.

해설

① 1번이 오답인 이유는 농업경영을 하는 것은 농업경영체에 등록함을 말하므로 '귀농'에 해당되기 때문이다. 귀촌은 농촌지역으로 이주하는 것을 말하기 때문이다.

TIP 전직대안의 유형

재취업	• 퇴직 후 본인의 직무경력과 진로자본을 기반으로 퇴직 후 동일업종 또는 다른 업종으로 취업하는 것이다.
창업	• 영리를 목적으로 수익 창출 활동을 하기 위해 아이템을 가지고 경영자원을 확보하여 사업을 시작하는 것을 말한다.
창직	• 개인이 자신의 지식, 기술, 능력, 흥미, 적성 등을 활용한 창조적 아이디어와 활동을 통해 새로운 직업을 개발 또는 발굴하고 이를 통해 일자리를 창출하는 것이다.
귀농귀촌	• 귀농은 농촌지역으로 이주하기 직전에 도시지역에 1년 이상 주민등록이 되어 있던 사람이 농촌지역으로 이주한 후 주민등록 전입신고를 하고 농업경영체에 등록함을 말한다. • 귀촌은 농촌지역으로 이주하기 직전에 도시지역에 1년 이상 주민등록이 되어 있던 사람이 농촌지역으로 이주한 후 주민등록 전입신고를 한 사람을 의미한다.
신진로 개발	• 보유한 역량과 진로자본을 토대로 새롭게 진로를 개발하는 것을 말한다.

3 **진로자본으로 전직대안 도출방법으로 옳지 않은 것은?**

① 관계자원으로 전직대안을 도출한다.

② 보유 전문성으로 전직대안을 도출한다.

③ 직무경험, 전문성, 관계를 혼합해서 전직대안을 도출한다.

④ 가장 최근 직무만으로 전직 대안을 도출한다.

해설

④ 4번이 오답인 이유는 미경험 직무로 전직대안을 도출하는 것이 아니라 '직무 경험'을 토대로 전직대안을 도출해야 하기 때문이다.

TIP 전직대안을 도출하는 방법

㉠ 과거 직무경력으로 전직대안 도출하기
㉡ 보유 전문성으로 전직대안 도출하기
㉢ 관계자원으로 전직대안 도출하기
㉣ 직무경력, 보유 전문성, 관계자원을 혼용하여 전직대안 도출하기

ANSWER 1.③ 2.① 3.④

4　진로자본과 개인특성을 조합하여 전직대안을 도출하는 방법이 아닌 것은?

① 진로자본과 직업 적성, 흥미를 조합하여 전직대안을 도출한다.
② 직무경력, 보유전문성, 관계자원을 혼용하여 전직대안을 도출한다.
③ 진로자본과 직업가치를 조합하여 전직대안을 도출한다.
④ 진로자본과 직업흥미, 직업가치를 조합하여 전직대안을 도출한다.

해설

② 2번이 오답인 이유는 개인특성을 활용하는 방법이 아니라 '진로자본으로 전직대안을 도출하는 방법'이기 때문이다.

TIP 진로자본과 개인특성을 활용하여 전직대안을 도출하는 방법

진로자본으로 전직대안 도출방법	• 과거 직무경력으로 전직대안 도출하기 • 보유 전문성으로 전직대안 도출하기 • 관계자원으로 전직대안 도출하기 • 직무경력, 보유 전문성, 관계자원을 혼용하여 전직대안 도출하기
개인특성으로 전직대안 도출방법	• 진로자본과 직업 적성, 흥미를 조합하여 전직대안 도출하기 • 진로자본과 직업가치를 조합하여 전직대안 도출하기 • 진로자본과 직업흥미, 직업가치를 조합하여 전직대안 도출하기

5　직무경력과 진로자본을 기반으로 퇴직 후 동일 업종 또는 다른 업종으로 취업하는 유형으로 옳은 것은?

① 재취업
② 창업
③ 창직
④ 신진로 개발

해설

① 1번이 정답인 이유는 재취업은 전직지원 대상자 본인의 직무경력과 진로자본을 활용하여 '동일 업종 또는 다른 업종'으로 취업하는 것이기 때문이다.

TIP 전직대안의 유형

전직대안의 유형에는 재취업, 창업, 창직, 귀농귀촌, 신진로 개발 등이 있다.

구분	내용
재취업	• 퇴직 후 본인의 직무경력과 진로자본을 기반으로 퇴직 후 동일업종 또는 다른 업종으로 취업하는 것이다.
창업	• 영리를 목적으로 수익 창출 활동을 하기 위해 아이템을 가지고 경영자원을 확보하여 사업을 시작하는 것을 말한다.
창직	• 개인이 자신의 지식, 기술, 능력, 흥미, 적성 등을 활용한 창조적 아이디어와 활동을 통해 새로운 직업을 개발 또는 발굴하고 이를 통해 일자리를 창출하는 것이다.
귀농귀촌	• 귀농은 농촌지역으로 이주하기 직전에 도시지역에 1년 이상 주민등록이 되어 있던 사람이 농촌지역으로 이주한 후 주민등록 전입신고를 하고 농업경영체에 등록함을 말한다. • 귀촌은 농촌지역으로 이주하기 직전에 도시지역에 1년 이상 주민등록이 되어 있던 사람이 농촌지역으로 이주한 후 주민등록 전입신고를 한 사람을 의미한다.
신진로 개발	• 보유한 역량과 진로자본을 토대로 새롭게 진로를 개발하는 것을 말한다.

6 전직대안의 재취업 정보수집을 위한 방법으로 공무원 채용과 관련된 사이트로 옳은 것은?

① 인디드 ② 나라일터

③ 리쿠르트 ④ 스카우트

해설

② 2번이 정답인 이유는 나라일터는 '개방형 직위 및 공무원 채용정보'를 확인할 수 있는 사이트이기 때문이다.

TIP 재취업 관련 유용한 취업정보 탐색 사이트

사이트	내용
사람인	• 취업 플랫폼.
스카우트	• 일반 취업정보 사이트
고용24	• 고용노동부 고용정보시스템.
인디드	• 취업정보 사이트에 게재된 수많은 취업정보를 한번에 검색해주는 검색엔진
인쿠르트	• 일반 취업정보 사이트
잡코리아	• 일반 취업정보 사이트
나라일터	• 공무원 및 공공기관 개방형 직위 채용정보 제공 사이트
잡알리오	• 공공기관 정보, 채용정보, 박람회
서울일자리포털	• 서울시민을 위한 종합 취업지원 서비스, 중장년층 및 청년 대상 채용정보 제공

ANSWER 4.② 5.① 6.②

7 **다음 내용에서 설명하는 전직대안의 유형을 고르시오.**

> 개인이 자신의 지식, 기술, 능력, 흥미, 적성 등을 활용한 창조적 아이디어와 활동을 통해 새로운 직업을 개발 또는 발굴하고 이를 통해 일자리를 창출하는 것이다.

① 창업 ② 창직

③ 재취업 ④ 신진로개발

해설

② 2번이 정답인 이유는 창직은 개인이 자신의 지식, 기술, 능력, 흥미, 적성 등을 활용한 창조적 아이디어와 활동을 통해 새로운 직업을 개발 또는 발굴하고 이를 통해 '일자리를 창출'하는 것이기 때문이다.

TIP 전직대안의 유형

전직대안의 유형에는 재취업, 창업, 창직, 귀농귀촌, 신진로 개발 등이 있다.

유형	내용
재취업	• 퇴직 후 본인의 직무경력과 진로자본을 기반으로 퇴직 후 동일업종 또는 다른 업종으로 취업하는 것이다.
창업	• 영리를 목적으로 수익 창출 활동을 하기 위해 아이템을 가지고 경영자원을 확보하여 사업을 시작하는 것을 말한다.
창직	• 개인이 자신의 지식, 기술, 능력, 흥미, 적성 등을 활용한 창조적 아이디어와 활동을 통해 새로운 직업을 개발 또는 발굴하고 이를 통해 일자리를 창출하는 것이다.
귀농귀촌	• 귀농은 농촌지역으로 이주하기 직전에 도시지역에 1년 이상 주민등록이 되어 있던 사람이 농촌지역으로 이주한 후 주민등록 전입신고를 하고 농업경영체에 등록함을 말한다. • 귀촌은 농촌지역으로 이주하기 직전에 도시지역에 1년 이상 주민등록이 되어 있던 사람이 농촌지역으로 이주한 후 주민등록 전입신고를 한 사람을 의미한다.
신진로 개발	• 보유한 역량과 진로자본을 토대로 새롭게 진로를 개발하는 것을 말한다.

8 **전직대안 도출을 위한 정보수집 시 수행해야 할 전직지원전문가의 역할로 옳지 않은 것은?**

① 발굴된 전직대안 목록은 최대 10개 미만으로 줄이는 것이 좋다.

② 대안목록은 고용시장과 진입가능성을 고려하여 일부 대안은 제거할 수 있다.

③ 전직대안의 유형에 따라 유용한 사이트를 활용하여 정보를 수집한다.

④ 전직대안목록에 대한 정보수집은 전직지원전문가가 직접 수행한다.

해설

④ 4번이 오답인 이유는 전직대안목록에 대한 정보수집은 전직지원전문가가 전직지원 대상자에게 '과제로 부여'하여 수행해야 하기 때문이다.

TIP 전직대안 목록을 도출하는 정보수집 방법

㉠ 발굴된 전직대안의 개수가 많다면 최대 10개 미만으로 줄여서 직업정보를 수집하는 것이 좋다.
㉡ 전직대안 목록을 줄이는 방법은 유사한 대안목록은 병합하고, 전직지원전문가가 고용시장과 진입 가능성을 감안하여 직관적인 판단을 통해 일부 대안은 제거할 수 있다.
㉢ 전직대안 목록에 대한 정보수집은 전직지원 대상자에게 과제를 부여하여 수행토록 하고, 전직지원전문가는 과제를 발굴하고 정보수집을 위한 방법을 지도해 준다.
㉣ 전직지원전문가는 전직지원 대상자의 정보수집 역량을 감안하여 적절한 개입을 통해 과제를 완성할 수 있도록 지원하여야 한다.
㉤ 전직대안의 유형에 따라 유용한 사이트를 활용하여 관련 정보를 수집한다.

9 **전직대안 도출을 위해 전직지원 대상자에게 확인해야 할 고려요소로 옳지 않은 것은?**

① 전직지원 대상자의 기대소득과 부합하는지 검토한다
② 단기적으로 선택할 수 있는 직업인지 확인한다.
③ 전직지원대상자의 직업가치와 맞는 직업인지 확인한다.
④ 전직지원대상자가 생각하는 다른 중요한 기준과 부합하는지 검토한다.

해설

② 2번이 오답인 이유는 전직대안 도출은 '지속적'으로 할 수 있는 직업을 선택해야 하기 때문이다.

TIP 전직대안 고려요소 도출 방법

전직지원 대상자는 전직대안 우선순위를 도출하기 어려워하는 경우가 대부분이다. 따라서 전직지원 대상자의 의견과 생각을 우선 들어보고, 다음의 고려요소를 통해 우선순위를 도출할 수 있다.

㉠ "기대소득과 부합되는 직업인지 "
㉡ "지속성을 가질 수 있는 직업인지 "
㉢ "나의 직업가치와 맞는 직업인지 "
㉣ "부가적으로 내가 생각하는 또 다른 중요한 기준이 있다면 그 기준과 부합하는지"

ANSWER 7.② 8.④ 9.②

학습 2 전직목표 확정하기

1 전직대안 결정을 위한 탐색 사이트에 대한 설명으로 옳은 것은?

> • 금융감독원에서 운영하며, 상장법인을 조회할 수 있다.
> • 회사명, 사업연도를 입력하면 조회가 가능하다.
> • 정기 공시를 포함한 주요 공시 내용과 재무제표 및 감사보고서를 열람할 수 있다.

① 전자공시 시스템(DART) ② 중소기업 현황 정보시스템(SMINFO)
③ 공공기관 경영정보 공개시스템(ALIO) ④ 기업 정보 조회(Jobplanet)

해설

① 1번이 정답인 이유는 금융감독원에서 운영하는 전자공시 시스템(DART)는 '상장법인을 조회'할 수 있는 탐색 사이트이기 때문이다.

TIP 재취업과 전직대안 진입 가능성 검토를 위한 기업정보 탐색 사이트.

사이트	내용
전자공시 시스템(DART)	• 금융감독원에서 운영, 상장법인 조회
중소기업 현황정보 시스템(SMINFO)	• 중소벤처기업부에서 운영, 중소기업 관련 정보 조회
공공기관 경영정보 공개시스템(ALIO)	• 기획재정부에서 운영, 공공기관 관련 정보 조회
잡플래닛(Jobplanet)	• 브레인커머스 기업에서 운영, 직장인들이 남기는 기업 리뷰, 연봉정보 등 조회
크레딧 잡(Credit Job)	• 원티드 랩 기업에서 운영, 기업 연봉정보와 입퇴사자 현황 조회에 특화
캐치(Catch)	• 진학사에서 운영, 취준생의 기업 재무정보, 기업분석정보를 제공

2 전직대안 우선순위를 고려할 때 진입가능성 조건으로 옳지 않은 것은?

① 전직을 위해 필요한 자격, 기술, 경력 요건
② 고용시장에서 요구되거나 여건을 나타내는 구인빈도
③ 기대 임금 수준과 실제 임금의 차이
④ 고용 가능 기간

해설

① 1번이 오답인 이유는 전직을 위해 필요한 자격, 기술, 경력 요건 등은 '준비도'에 해당하기 때문이다.

TIP 전직대안 우선순위화

전직대안 우선순위화를 위한 기준은 준비도와 진입 가능성으로 구분된다.

준비도	• 필요한 자격 • 기술 • 경력 요건
진입 가능성	• 고용시장에서 요구되거나 여건을 나타내는 구인빈도 • 기대임금 수준과 실제 임금 수준의 차이 • 연령 조건 • 고용 가능 기간

3 전직대안으로서 재취업을 위한 일자리 유형의 설명으로 옳은 것은?

> 특정 산업에 대한 이해도가 높고, 2개 이상의 분야에 직무 전문성을 보유하고 있는 경우에 고려할 수 있다.

① 동종산업 동일직무로 재취업 ② 동종산업 다른 직무로 재취업

③ 다른 산업 동일직무로 재취업 ④ 다른 산업 다른 직무로 재취업

해설

② 2번이 정답인 이유는 특정 산업에 대한 이해도가 높고, 2개 이상의 직무 전문성을 보유하고 있는 경우 '동종산업 다른 직무'로 재취업하는 형태이기 때문이다.

TIP 전직목표 대안으로서 재취업 형태

동종산업 동일직무로 재취업	• 기존 경력을 잘 활용할 수 있는 가장 이상적인 재취업 형태이다.
동종산업 다른직무로 재취업	• 특정 산업에 대한 이해도가 높고 2개 이상의 분야에 직무 전문성을 보유하고 있는 경우에 고려할 수 있다.
다른산업 동일직무로 재취업	• 직무 전문성을 기초로 업종의 폭을 넓혀서 재취업하는 형태이다.
다른산업 다른직무로 재취업	• 새로운 진로 개발을 통해 해당 직무가 요구하는 조건을 충족한 후 도전할 수 있는 재취업 형태이다. 중장년의 경우 네트워킹을 통해 재취업되는 경우도 있다.
전문계약직	• 기업의 매출 확대, 연구과제 수행, 시장전략 수립 등 다양하고 특화된 단기과제를 해결하기 위해 전문가를 단기계약 형태로 채용하여 문제해결을 하는 경우에 해당된다.

ANSWER 1.① 2.① 3.②

4 전직대안으로서 재취업을 위한 일자리 유형의 설명으로 옳은 것은?

> 직무 전문성을 기초로 업종의 폭을 넓혀서 재취업하는 형태이다. 특정 직무에 대해 보유하고 있는 전문성이 높을수록 다른 산업으로 확장할 수 있는 기회가 높다.

① 동종산업 동일직무로 재취업
② 동종산업 다른 직무로 재취업
③ 다른 산업 동일직무로 재취업
④ 다른 산업 다른 직무로 재취업

해설

③ 3번이 정답인 이유는 '직무전문성을 기초'로 업종의 폭을 넓혀서 재취업하는 형태에 해당하기 때문이다.

TIP 전직목표 대안으로서 재취업 형태

구분	내용
동종산업 동일직무로 재취업	• 기존 경력을 잘 활용할 수 있는 가장 이상적인 재취업 형태이다.
동종산업 다른직무로 재취업	• 특정 산업에 대한 이해도가 높고 2개 이상의 분야에 직무 전문성을 보유하고 있는 경우에 고려할 수 있다.
다른산업 동일직무로 재취업	• 직무 전문성을 기초로 업종의 폭을 넓혀서 재취업하는 형태이다.
다른산업 다른직무로 재취업	• 새로운 진로개발을 통해 해당 직무가 요구하는 조건을 충족한 후 도전할 수 있는 재취업 형태이다. 중장년의 경우 네트워킹을 통해 재취업되는 경우도 있다.
전문계약직	• 기업의 매출확대, 연구과제 수행, 시장전략 수립 등 다양하고 특화된 단기과제를 해결하기 위해 전문가를 단기계약 형태로 채용하여 문제해결을 하는 경우에 해당된다.

5 전직대안으로서 창업 유형에 대한 설명으로 옳은 것은?

> 자신의 직무 전문성, 취미, 관심 영역 등을 강의 또는 컨설팅 형태의 지식서비스로 스스로 제공하거나 지식상품을 고객에게 판매하는 형태이다. 최초 창업비용은 거의 들지 않고, N잡러로 활동이 가능하다.

① 독립창업
② 전문가 창업
③ 외주창업
④ 1인 지식기업

해설

④ 4번이 정답인 이유는 자신의 직무 전문성 등을 활용하여 '지식 서비스와 지식상품'을 판매하는 형태는 창업의 형태 중 1인 지식기업에 해당하기 때문이다.

TIP 전직목표 대안으로서 창업 형태

독립창업	• 가맹본부에 속하지 않고 독립 브랜드와 아이템으로 창업하는 것을 말한다.
프랜차이즈 창업	• 가맹본부의 브랜드, 규모, 본인의 관심업종을 감안하여 아이템을 결정하는 창업방법이다.
외주창업	• 자신이 근무하던 기업으로부터 비용 절감이나 효율화를 목적으로 외부에 업무를 위탁하거나 외주를 주는 일감을 직접 받아서 서비스를 제공하는 형태의 창업이다.
전문가 창업	• 전문성을 기반으로 개인 또는 유사 전문가와 협업하여 창업하는 형태이다.
1인 지식기업	• 자신의 직무 전문성 취미, 관심 영역 등을 강의 또는 컨설팅 형태의 지식 서비스로 제공하거나 지식상품을 고객에게 판매하는 형태이다. • 최초 창업비용은 거의 들지 않고 N잡러로 활동이 가능하다.

6 **다음에서 설명하는 용어(명칭, 개념)으로 옳은 것은?**

> 개인이 자신의 지식, 기술, 능력, 흥미, 적성 등을 활용한 창조적 아이디어와 활동을 통해 새로운 직업을 개발 또는 발굴하고 이를 통해 일자리를 창출하는 것이다.

① 창업　② 창직
③ 재취업　④ 귀농귀촌

해설

② 2번이 정답인 이유는 전직대안의 유형 중 '창직'을 설명하는 내용이기 때문이다.

TIP 전직대안의 유형

재취업	• 퇴직 후 본인의 직무경력과 진로자본을 기반으로 퇴직 후 동일업종 또는 다른 업종으로 취업하는 것이다.
창업	• 영리를 목적으로 수익 창출 활동을 하기 위해 아이템을 가지고 경영자원을 확보하여 사업을 시작하는 것을 말한다.
창직	• 개인이 자신의 지식, 기술, 능력, 흥미, 적성 등을 활용한 창조적 아이디어와 활동을 통해 새로운 직업을 개발 또는 발굴하고 이를 통해 일자리를 창출하는 것이다.
귀농귀촌	• 귀농은 농촌지역으로 이주하기 직전에 도시지역에 1년 이상 주민등록이 되어 있던 사람이 농촌지역으로 이주한 후 주민등록 전입신고를 하고 농업경영체에 등록함을 말한다. • 귀촌은 농촌지역으로 이주하기 직전에 도시지역에 1년 이상 주민등록이 되어 있던 사람이 농촌지역으로 이주한 후 주민등록 전입신고를 한 사람을 의미한다.
신진로 개발	• 보유한 역량과 진로자본을 토대로 새롭게 진로를 개발하는 것을 말한다.

ANSWER 4.③ 5.④ 6.②

7 **전직목표 대안 중 창직을 위한 조건으로 옳지 않은 것은?**

① 임금을 목적으로 육체적, 정신적, 노동력이 제공되어야 한다.

② 생계를 유지할 목적으로 노동 활동을 지속적으로 수행해야 한다.

③ 사회의 윤리나 법적으로 문제가 되지 않아야 한다.

④ 봉사활동 수준이나 개인의 취미로 만드는 것도 포함해야 한다.

해설

④ 4번이 오답인 이유는 전직대안으로서 창직은 '직업의 요건'에 충족되어야 한다. ①은 경제성, ②는 지속성, ③은 윤리성과 사회성을 설명하고 있다. 봉사활동 수준이나 개인의 취미로 만드는 것은 포함되지 않기 때문이다.

TIP 전직대안으로서 창직의 요건

전직목표 대안으로서 창직은 직업으로 인정받기 위해서는 경제성, 윤리성, 계속성, 사회성 등의 조건을 만족해야 한다.

㉠ 직업은 임금(수입)을 목적으로 육체적, 정신적 노동력이 제공되어야 한다(경제성). 따라서 봉사활동 수준이나 개인의 취미로 새로운 것을 만드는 것은 큰 의미가 없다.

㉡ 생계를 유지할 목적으로 노동 활동을 지속적으로 수행해야 한다(지속성). 일시적으로 하는 수준에서 머무른다면 직업으로 볼 수 없다. 즉 꾸준한 활동으로 지속되어야 한다.

㉢ 직업활동이 사회의 윤리나 법적으로 문제가 되지 않아야 한다(윤리성). 즉 사회에서 정한 법이나 윤리에 저촉되어서는 안 된다(자료 : 통계청, 2007 한국표준직업분류)

8 **다음 중 협동조합에 대한 설명으로 옳지 않은 것은?**

① 보험, 금융을 제외한 사업종류의 제한이 없다.

② 의결권은 출자규모와 상관없이 1인 1표제이다.

③ 책임범위는 조합원의 출자자산에 한정한 무한책임이다.

④ 배당은 전체 배당액의 100분의 50 이상을 협동조합 사업 이용 실적에 따라 배당하게 되어 있다.

해설

③ 3번이 오답인 이유는 책임범위는 조합원의 출자자산에 한정한 '유한책임'을 지기 때문이다. 즉 협동조합 조합원은 유한책임을 지며, 출자한 금액까지만 책임을 진다. 반면 무한책임은 조합원의 개인 자산까지 책임지는 것이므로, 협동조합의 책임범위와 다르다.

TIP 전직대안으로서 협동조합의 정의와 특징

정의	• 공동의 목적을 가진 5인 이상이 모여 조직한 사업체 • 공동으로 소유되고 민주적으로 운영되는 사업체
특징	• 보험, 금융을 제외한 사업 종류의 제한이 없다. • 의결권은 출자규모와 상관없이 1인 1표제이다. • 책임 범위는 조합원의 출자 자산에 한정한 유한책임이다. • 가입과 탈퇴는 자유롭다. • 배당은 전체 배당액의 100분의 50 이상을 협동조합 사업이용 실적에 따라 배당하게 되어 있다.

9 **다음 설명에 해당하는 전직목표 대안의 내용으로 옳은 것은?**

> 취약 계층에게 사회 서비스 또는 일자리를 제공하여 지역주민의 삶의 질을 높이는 등의 사회적 목적을 추구하면서 재화 및 서비스의 생산 판매 등 판매 활동을 수행하는 기업이다.

① 협동조합 ② 사회적 기업

③ 사회공헌 ④ 자원봉사

해설

② 2번이 정답인 이유는 취약 계층에게 사회 서비스 또는 일자리를 제공할 목적으로 설립된 '사회적 기업'을 설명하고 있기 때문이다.

TIP 사회적 기업의 정의와 유형

정의	• 취약 계층에게 사회 서비스 또는 일자리를 제공하여 지역주민의 삶의 질을 높이는 등의 사회적 목적을 추구하면서 재화 및 서비스의 생산 판매 등 판매 활동을 수행하는 기업이다.
특징	• '빅이슈'와 같은 일자리 제공형 • '휴먼케어'와 같은 돌봄 서비스를 제공하는 사회 서비스 제공형 • '사단법인 감천문화마을지역협의회'와 같은 지역사회 공헌형
정부 지원	• 전문인력 인건비 지원 • 사업개발비, 경영 컨설팅, 세제 지원, 사회보험료 지원 • 판로 지원, 금융지원, 민간자원 연계 프로그램

ANSWER 7.④ 8.③ 9.②

10 전직대안으로서 사회공헌에 대한 설명으로 옳지 않은 것은?

① 완전한 자원봉사의 개념이다.

② 자신이 가진 것을 사회에 환원하는 일거리를 말한다.

③ 사회공헌은 실비가 지원되는 경우도 있다.

④ 보다 더 전문성을 기초로하여 활동이 이루어진다.

해설

① 1번이 오답인 이유는 사회공헌은 실비를 지원받는 경우도 있으므로 '완전한 자원봉사의 개념'으로 볼 수 없기 때문이다.

TIP 사회공헌의 정의와 의미

정의	자신이 가진 것을 사회에 환원하는 일거리를 말한다.
의미	어떤 의미에서는 순수한 자원봉사와 같은 개념으로 볼 수 있으나 사회공헌은 실비가 지원되는 경우도 있고 보다 더 전문성을 기초로 하여 활동이 이루어진다.

학습 3 실행계획 수립하기

1 전직대안의 우선순위화를 위한 단 · 장기 전직목표 설정 시 고려요소로 옳은 것은?

① 진로자본과 진로성숙도

② 진입조건과 진로자본

③ 진입가능성과 준비도

④ 진로성숙도와 준비도

해설

③ 3번이 정답인 이유는 전직대안 우선순위를 위해서는 '준비도'와 '진입 가능성'을 고려해야 하기 때문이다.

TIP 전직대안 우선순위화 고려요소

전직대안 우선순위화를 위한 기준은 준비도와 진입 가능성으로 구분된다.

구분	내용
준비도	• 필요한 자격 • 기술 • 경력 요건
진입 가능성	• 고용시장에서 요구되거나 여건을 나타내는 구인빈도 • 기대임금 수준과 실제 임금 수준의 차이 • 연령 조건 • 고용 가능 기간

2 구체적인 단기, 장기 전직목표 수립의 중요성에 대한 설명으로 옳지 않은 것은?

① 실행력 제고

② 동기부여

③ 전직 활동에 몰입

④ 주변인들에게 전직 기회에 대한 도움주기가 용이

해설

④ 4번이 오답인 이유는 전직 목표를 수립하면 주변인들에게 도움을 받기가 용이해지며, 주변인들에게 전직 기회를 제공하는 것은 아니기 때문이다. 전직목표를 수립할 경우 전직지원 대상자는 '주변인들에게 도움받기'가 용이해진다.

ANSWER 10.① / 1.③ 2.④

TIP 구체적인 단기, 장기 전직목표 수립의 중요성

목표를 구체화할수록 동기부여와 실행력을 높일 수 있다. 단기 전직목표는 1년 이내에 실행을, 중기 전직목표는 2~5년 내 실행을, 장기 전직목표는 5년 이후에 실행을 목표로 설정한다.

구분	내용
실행력 제고	• 목표를 통해 진행 상황을 측정하고 현재 위치를 쉽게 점검할 수 있다. • 진행 상황을 분명하게 점검함으로 인해 추진력을 제고할 수 있다.
동기부여	• 목표수립은 동기부여의 원천이다. • 진행 과정이 힘들 때 계속 추진하기 위한 동기를 부여해 준다.
전직활동에 몰입	• 스스로에게 가치 있는 것이 무엇인지 상기시켜주고 무엇을 위해 활동하고 있는지에 대한 명확한 초점을 제공한다. • 무의미한 작업에 시간을 낭비하지 않고 지금 이 순간에 집중할 목표를 통해 전직활동에 몰입도를 높여주고 조급해하지 않으면서 시간 관리를 가능하도록 도와준다.
주변인들에게 전직기회에 대한 도움받기가 용이	• 명확한 목표는 주변인에게 전직 기회와 관련한 도움 요청을 구체화하여 전달가능하도록 한다. • 전직지원 대상자의 구체적인 니즈를 명확하게 인식시켜줌으로써 구체화된 전직 관련 정보수집에 도움을 받을 수 있다.

3 전직목표 수립을 위한 단기 전직목표와 장기 전직목표에 대한 설명으로 옳지 않은 것은?

① 단기 전직목표는 장기 전직목표의 차선으로 실행할 수 있는 전직목표들이다.

② 단기 전직목표는 진입 가능성과 준비도가 가장 높은 영역으로 목표달성에 대한 기대가 가장 높은 목표이다.

③ 단기 전직목표는 장기적인 목표보다 더 구체적이고 측정 가능하도록 실행계획을 수립하여야 한다.

④ 장기 전직목표는 단기 전직목표를 수행하지 못 할 경우 단기 전직목표의 대안형태의 목표일 수도 있다.

해설

① 1번이 오답인 이유는 단기 전직목표는 장기 전직목표의 차선책이 아니라, 장기 목표를 이루기 위한 '필수적인 단계'를 의미하기 때문이다.

TIP 단기, 장기 전직목표의 특징

전직목표는 실행 시기에 따라 단기 전직목표와 장기 전직목표로 구분한다.

단기 전직목표	• 당장에 실행하여야 하는 우선순위가 가장 높은 목표이다. • 장기적인 목표보다 더 구체적이며 측정 가능하도록 실행계획을 수립하여야 한다. • 진입가능성과 준비도가 가장 높은 영역으로 목표달성에 대한 기대가 가장 높은 목표이다.
장기 전직목표	• 단기 전직목표를 실행 후 차선으로 실행할 수 있는 전직목표이다. • 단기 전직목표를 더 전문화하거나 발전시킨 단기 전직목표의 확장개념의 목표이다. • 생애주기에 따라 단기 전직목표를 수행하지 못 할 경우 단기 전직목표의 대안형태의 목표일 수 있다. • 준비도와 진입가능성을 고려하여 우선순위를 낮추어 목표를 수립하는 경우이다. • 장기 전직목표는 2~10년 이상의 기간으로 설정한다. • 단기 전직목표보다 더 열망적이며 구체적일 필요는 없지만, 현실적인 계획을 수립하여야 한다.

4 **단기, 장기 전직목표의 설명으로 옳지 않은 것은?**

① 단기 전직목표는 당장 실행하여야 하는 우선순위가 가장 높은 목표이다.

② 장기 전직목표는 단기 전직목표를 실행 후 차선으로 실행할 수 있는 목표이다.

③ 장기 전직목표는 더 구체적이고 측정 가능하도록 실행계획을 수립해야 한다.

④ 단기 전직목표는 진입 가능성과 준비도가 가장 높은 영역으로 목표달성에 대한 기대가 가장 높은 목표이다.

해설

③ 3번이 오답인 이유는 장기 전직목표가 아니라 '단기 전직목표'가 더 구체적이고 측정 가능하도록 실행계획을 수립해야 하기 때문이다.

TIP 단기, 장기 전직목표의 특징

㉠ **단기 전직목표**
- 당장에 실행하여야 하는 우선순위가 가장 높은 목표이다.
- 장기적인 목표보다 더 구체적이며 측정 가능하도록 실행계획을 수립하여야 한다.
- 진입가능성과 준비도가 가장 높은 영역으로 목표달성에 대한 기대가 가장 높은 목표이다.

㉡ **장기 전직목표**
- 단기 전직목표를 실행 후 차선으로 실행할 수 있는 전직목표이다.
- 단기 전직목표를 더 전문화하거나 발전시킨 단기 전직목표의 확장개념의 목표이다.
- 생애주기에 따라 단기 전직목표를 수행하지 못 할 경우 단기 전직목표의 대안형태의 목표일 수 있다.
- 준비도와 진입가능성을 고려하여 우선순위를 낮추어 목표를 수립하는 경우이다.
- 장기 전직목표는 2~10년 이상의 기간으로 설정한다.
- 단기 전직목표보다 더 열망적이며 구체적일 필요는 없지만, 현실적인 계획을 수립하여야 한다.

ANSWER 3.① 4.③

5 **재취업 전직목표 달성에 필요한 정보수집 방법으로 옳지 않은 것은?**

① 구인구직 잡포털 검색을 한다.

② 기업 및 유관기관의 사이트 검색을 한다.

③ 교육훈련 기관을 통해 시사점을 얻고 재취업 정보를 수집한다.

④ 재취업 목표기업의 재직자 또는 해당기업 전문가와 인터뷰를 한다.

해설

③ 3번이 오답인 이유는 '교육훈련 기관'은 직업훈련을 제공하는 곳으로, 직접적인 재취업 정보수집 방법으로 적합하지 않기 때문이다.

TIP 재취업 전직목표 달성에 필요한 정보수집

전직목표 유형에 따라 필요한 정보를 수집하여 실행계획을 수립하여야 한다.

㉠ 구글, 네이버 등 검색엔진에서 키워드 검색
㉡ 기업 및 유관기관의 사이트 검색
㉢ 구인구직 잡포털 검색
㉣ 해당업종에 특화된 헤드헌터 인터뷰
㉤ 재취업 목표기업의 재직자 또는 해당기업 전문가 인터뷰

6 **창업 전직목표 달성에 필요한 정보수집 방법으로 옳지 않은 것은?**

① 공공기관에서 제공하는 창업 관련 사이트의 정보를 활용한다.

② 창업 관련 박람회에 참관하여 정보를 수집한다.

③ 창업전문가와 직접 인터뷰를 통해 정보를 수집한다.

④ 창업은 자신이 스스로 업종을 정하고 분석도록 해야 한다.

해설

④ 4번이 오답인 이유는 창업자는 스스로 업종을 정하고 분석해야 하지만, '전문가의 조언과 시장조사(정보수집)'를 병행하는 것이 성공 확률을 높이는 데 중요하기 때문이다.

TIP 창업 전직목표 달성에 필요한 정보수집

전직목표 유형에 따라 필요한 정보를 수집하여 실행계획을 수립하여야 한다.

㉠ 공공기관에서 제공하는 창업관련 사이트의 정보 활용
㉡ 프랜차이점 창업의 경우 관련 기업 홈페이지 내 창업 관련 정보 검색
㉢ 창업 관련 박람회 참석
㉣ 창업 아이템과 동일하거나 유사한 업종의 점포 방문
㉤ 창업전문가 인터뷰
㉥ 사례연구

7 **귀농귀촌 전직목표 달성에 필요한 정보수집 방법으로 옳지 않은 것은?**

① 공공기관에서 제공하는 귀농귀촌 관련 사이트의 정보를 활용한다.
② 인터넷, 유튜브 등에서 제공하는 정보를 수집하여 활용한다.
③ 지자체에서 제공하는 귀농귀촌관련 사이트의 정보를 활용한다.
④ 귀농귀촌전문가와 직접 인터뷰를 통해 필요한 정보를 수집한다.

해설

② 2번이 오답인 이유는 인터넷 또는 유튜브에서 '제공하는 정보는 왜곡되게 전달'될 수 있으므로 지양하는 것이 좋기 때문이다. 즉, 인터넷 또는 유튜브에서 제공하는 정보는 검증되지 않은 경우가 많아, 객관적이고 신뢰할 수 있는 공식적인 자료와 전문가 조언을 함께 활용하는 것이 중요하기 때문이다.

TIP 귀농귀촌 전직목표 달성에 필요한 정보수집

전직목표 유형에 따라 필요한 정보를 수집하여 실행계획을 수립하여야 한다.
㉠ 공공기관에서 제공하는 귀농귀촌 관련 사이트의 정보 활용
㉡ 지자체에서 제공하는 귀농귀촌 관련 사이트의 정보 활용
㉢ 귀농귀촌 관련 박람회 참석
㉣ 귀농귀촌전문가 인터뷰
㉤ 사례연구

ANSWER 5.③ 6.④ 7.②

8 **스마트 목표설정기법에 대한 설명으로 옳지 않은 것은?**

① 목표는 구체적으로 기록한다.

② 목표는 측정 가능해야 한다.

③ 목표달성 시기를 정해둔다.

④ 목표는 사회적 측면의 목표와 부합되어야 한다.

해설

④ 4번이 오답인 이유는 SMART 목표설정기법은 사회적 측면의 목표와 부합하는 것이 아니라 '자신과 관계있는 목표'를 수립해야 하기 때문이다.

TIP 스마트(SMART) 목표설정기법

스마트 목표설정기법은 조지 도란(George T. doran)이 제시한 목표설정기법으로 5단계로 구성되어 있다.

5단계	• S(specific) : 목표는 구체적으로 기록해야 한다. • M(measurable) : 목표는 측정 가능해야 한다. • A(achievable) : 목표란 성취 가능해야 한다. • R(relevant) : 자신과 관계있는 목표여야 한다. • T(time–bound) : 목표달성 시기를 정해 둔다.
S의 6W	• who : 누구의 목표이며, 누가하는 것인가? • what : 무엇을 달성하고 싶은 것인가? • where : 어디서 달성하려는 것인가? • when : 목표달성에 필요한 시간은? • which : 목표달성에 필요한 조건이나 제약은? • why : 목표달성의 이유와 목적 나에게 주어진 보상은?

9 다음에서 설명하는 전직목표 실행계획 수립을 위한 목표설정기법으로 옳은 것은?

> 환경변화에 예산과 특성을 맞추어 프로젝트 작업들을 시간 내에 완료하기 위해 사용하는 기법이다. 예를 들어 ○○○자격증 취득을 기준으로 한다면 예측상황을 시간의 흐름에 따라 도식화하고 필요한 일정, 예산, 구분 단위의 결과물을 예측하여 관리하는 기법이다.

① 상황대응 계획법
② 시나리오 계획법
③ 프로젝트 관리기법
④ 스마트 목표설정기법

해설

③ 3번이 정답인 이유는 해당 설명은 '프로젝트 관리기법'에 대한 것이기 때문이다.

TIP 실행계획서 작성을 위한 계획수립기법

계획은 목표를 관리하는 가장 중요하고 핵심적인 요인이다. 계획 작성을 위해 참고할만한 계획수립기법의 종류로는 상황대응 계획법, 시나리오 계획법, 프로젝트 관리기법, 스마트 목표설정기법 등이 있다.

기법	내용
상황대응 계획법	• 환경변화에 부적절하다고 판단되는 경우 신 환경에 적절히 대응하기 위한 기법이다. • 예 : IMF 경제위기와 같은 대외 상황이 갑자기 발생할 때 대응하기 위한 기법
시나리오 계획법	• 미래에 전개될 시나리오를 가정하여 여러 시나리오를 통해 예측하는 기법이다. • 예 : 남북이 통일된다는 가정하에 통일을 위한 여러 가지 방법을 시나리오를 통해 예측하고 대응책을 마련하는 기법
프로젝트 관리기법	• 환경변화에 예산과 특성을 맞추어 프로젝트 작업들을 시간 내에 완료하기 위해 사용하는 기법이다. • 예 : ○○○자격증 취득을 위해 필요한 일정, 예산, 결과물을 예측하여 관리하는 기법
스마트 목표설정기법	• 조지 도란에 의해 제시된 목표설정기법 • 일반적인 계획과 목표를 수립할 때 많이 사용하는 기법으로 5단계로 구성

ANSWER 8.④ 9.③

CHAPTER

07 생애설계지원

학습 1 생애주기별 주요과제 점검하기

1 **성인 후기(60세 이후)의 진로발달 영역과 과업의 연결이 옳은 것은?**

① 지적 영역 – 세대차의 사회변화 이해하기
② 정의적 영역 – 동년배 노인들과 친교 유지하기
③ 신체적 영역 – 소외감과 허무감을 극복하고 인생의 의미 찾기
④ 사회적 영역 – 지병이나 쇠약에 대해 바르게 처방하기

해설

① 1번이 정답인 이유는 해설에서 설명한 바와 같이 '세대차의 사회변화 이해하기'는 지적 영역에 해당하는 과업이기 때문이다.

TIP 성인 후기(60세 이후) 진로발달 영역과 과업

영역	과업
지적 영역	• 세대차의 사회변화 이해하기 • 은퇴 생활에 필요한 지식과 생활 배우기 • 정치 · 경제 · 사회 · 문화에 대한 최신동향 알기 • 건강 증진을 위한 폭넓은 지식 가지기
정의적 영역	• 적극적으로 일하고 생활하려는 태도 유지하기 • 취미를 계속 살리고 여가를 즐겁게 보내기 • 정년퇴직과 수입 감소에 적응하기 • 소외감과 허무감을 극복하고 인생의 의미 찾기 • 배우자 사망 후의 생활에 적응하기 • 동료 또는 자신의 죽음에 대하여 심리적으로 준비하기
사회적 영역	• 동년배 노인들과 친교 유지하기 • 가정과 직장에서 일과 책임을 합당하게 물려주기 • 가정이나 사회에서 어른 구실 하기 • 자녀 또는 손자들과 원만한 관계 유지하기
신체적 영역	• 줄어가는 체력과 건강에 적응하기 • 노년기에 알맞은 간단한 운동 규칙적으로 하기 • 건강 유지에 필요한 섭생하기 • 지병이나 쇠약에 대해 바르게 처방하기

2 **우리나라 전직지원 대상자의 생애형태에 해당하지 않는 것은?**

① 자유로운 삶 ② 앙코르커리어
③ 재취업 ④ 취미 및 여가생활

해설

④ 4번이 오답인 이유는 우리나라 전직지원 대상자의 생애형태는 '자유로운 삶', '앙코르커리어', '재취업'으로 구분되기 때문이다.

TIP 우리나라 전직지원자의 생애형태

구분	내용
자유로운 삶	• '일로부터 해방'을 꿈꾸고 일을 통해 자유를 가지고자 역동적이고 진취적인 삶을 영위하고자 하며, 여가 중심적이면서 허락되면 사회봉사의 일을 하며, 수입 창출에 소극적인 유형
앙코르 커리어	• 문제 해결 능력, 헌신, 유연성, 책임감, 낙천성, 판단력 등의 역량을 가진 전직지원 대상자들이 • 직업을 통해 삶의 의미를 찾고 • 사회적으로 기여할 수 있으며 • 지속적으로 수입을 창출할 수 있음에 관건을 두고 선택
재취업	• 주된 일자리, 주변 일자리 등과 관련하여 지속적으로 경제적 활동을 희망

3 **전직지원자의 생애형태 중 앙코르커리어에 대한 설명으로 옳지 않은 것은?**

① 직업을 통해서 삶의 의미를 찾는다.
② 여가 중심적이며, 사회봉사에 중점을 둔다.
③ 사회적으로 기여한다
④ 지속적으로 수입 창출을 희망한다.

해설

② 2번이 오답인 이유는 여가 중심적이며, 사회봉사에 중점을 두는 것은 우리나라 전직지원 대상자의 생애형태 중 '자유로운 삶'에 해당하기 때문이다.

TIP 앙코르 커리어

문제 해결 능력, 헌신, 유연성, 책임감, 낙천성, 판단력 등의 역량을 가진 전직지원 대상자들이 직업을 통해 삶의 의미를 찾고, 사회적으로 기여할 수 있으며, 지속적으로 수입을 창출할 수 있음에 관건을 두고 선택한다.

ANSWER 1.① 2.④ 3.②

4 **전직지원 대상자들에게 나타날 수 있는 심리적 특성에 대한 설명으로 옳지 않은 것은?**

① 퇴직에 대한 불안 반응
② 퇴직이라는 고정관념에 의한 자기효능감 훼손
③ 목표설정과 시간관념 명확
④ 새로운 역할 탐색

해설

③ 3번이 오답인 이유는 전직지원 대상자들에게 나타나는 심리적 특성은 '목표설정과 시간관념이 상실'되기 때문이다.

TIP 전직지원 대상자의 심리적 특성

㉠ 퇴직에 대한 불안 반응
㉡ 퇴직에 대한 우울 반응
㉢ 퇴직이라는 고정관념에 의한 자기효능감 훼손
㉣ 목표설정과 시간관념 상실
㉤ 새로운 역할 탐색
㉥ 직업복귀 욕구

5 **전직지원 대상자들에게 나타날 수 있는 심리적 특성 중 자기효능감 훼손에 대한 설명으로 옳지 않은 것은?**

① 생리적으로 노후화되어 생산적인 일을 할 수 없다고 스스로 평가한다.
② 퇴직이란 곧 '할 일이 없다'라는 의미로 받아들인다.
③ 과거보다 새로움에 집착하고 새로움을 대하면 도전하고자 하는 행동들이 일어난다.
④ 이미 은퇴한 자들이 목표가 없고, 할 일 없이 시간을 보낸다는 대리적 경험을 그대로 받아들인다.

해설

③ 3번이 오답인 이유는 전직지원 대상자는 '새로움보다 과거에 집착하고 새로움을 대하면 회피'하고자 하는 행동들이 일어나기 때문이다.

TIP 전직지원 대상자의 퇴직이라는 고정관념에 의한 자기효능감 훼손

㉠ 전직지원 대상자는 퇴직이란 곧 연령이 고령화되었다는 것을 의미한다고 느낀다. 생리적으로 노후화되어 생산적인 일을 할 수 없다고 스스로 평가한다.
㉡ 전직지원 대상자는 퇴직이란 곧 '할 일이 없다'라는 의미로 받아들인다. 전직지원 대상자는 퇴직의 의미가 쉬는 것이라는 주위 사람들의 공통된 인식으로 인하여 전직지원 대상자 스스로 쉬어야 한다고 학습한다.
㉢ 새로움보다 과거에 집착하고 새로움을 대하면 회피하고자 하는 행동들이 나타난다. 이러한 전직지원 대상자의 각성된 신념은 부정적 자극제로 작용하여 효능감을 훼손한다.
㉣ 이미 은퇴한 자들이 목표가 없고, 할 일 없이 시간을 보내며, 병을 얻어 고생하다가 죽음을 맞이하는 것을 대리적 경험을 통하여 은퇴 이후의 생애를 그대로 받아들인다.

6 **전직지원 대상자의 심리적 특성을 설명한 내용으로 옳지 않은 것은?**

① 비자발적 은퇴자는 불안감이 더 높을 수 있다.
② 은퇴는 생리적으로 노후화되어 생산적인 일을 할 수 없다고 스스로 평가한다.
③ 생애목표와 시간 관리에 대해 도전적이고 생산적이기보다는 소극적인 방법으로 소비하고 관리한다.
④ 전직지원 대상자는 새로운 능력에 집착하고 새로운 능력을 키우는 활동이 증진된다.

해설

④ 4번이 오답인 이유는 전직지원 대상자는 '새로움보다 과거에 집착하고 새로움을 대하면 회피'하고자 하는 행동들이 나타나며, 이는 자기효능감을 훼손하는 이유이기 때문이다.

TIP 전직지원 대상자의 심리적 특성

구분	내용
퇴직에 대한 불안 반응	• 미래에 대한 염려를 포함하는 일반화된 불안장애는 퇴직 이후 기간에 나타난다. • 개인이 미래에 관해 염려한다는 것인데, 비자발적인 전직지원 대상자, 특히 직업을 찾으려는 전직지원 대상자들은 불안 반응에 대해 높은 위험에 놓여 있다.
퇴직에 대한 우울 반응	• 우울증은 전직지원 대상자들이 퇴직 후 가끔 경험하는 또 다른 정서적 반응이다. • 퇴직으로 인해 심리적으로 상실이 축적되었을 때 우울증이 나타날 수 있다.
퇴직이라는 고정관념에 의한 자기효능감 훼손	• 전직지원 대상자는 퇴직이란 곧 연령이 고령화되었다는 것을 의미한다고 느낀다. • 생리적으로 노후화되어 생산적인 일을 할 수 없다고 스스로 평가한다. • 전직지원 대상자는 퇴직이란 곧 '할 일이 없다'라는 의미로 받아들인다. 전직지원 대상자는 퇴직의 의미가 쉬는 것이라는 주위 사람들의 공통된 인식으로 인하여 전직지원 대상자 스스로 쉬어야 한다고 학습한다. • 새로움보다 과거에 집착하고 새로움을 대하면 회피하고자 하는 행동들이 나타난다. 이러한 전직지원 대상자의 각성된 신념은 부정적 자극제로 작용하여 효능감을 훼손한다. • 이미 은퇴한 자들이 목표가 없고, 할 일 없이 시간을 보내며, 병을 얻어 고생하다가 죽음을 맞이하는 것을 대리적 경험을 통하여 은퇴 이후의 생애를 그대로 받아들인다.
목표설정과 시간관념 상실	• 전직지원 대상자들은 생애목표와 시간관리에 대해 도전적이고 생산적이기보다는 소극적인 방법으로 소비하고 관리한다.
새로운 역할 탐색	• 전직지원 대상자들은 퇴직 이후의 삶에 효능감을 유지하기 위하여 제약된 사회 속에서 탐구를 계속한다. • 전문성을 가진 전직지원 대상자들은 그 분야에서 사회봉사를 하거나 새로운 역할을 탐색한다.
직업 복귀 욕구	• 전직지원 대상자에게 직업의 의미는 생활에 필요한 경제적 소득의 의미를 비롯하여 인간관계 형성을 통한 사회에 대한 소속감, 규칙적인 생활을 기반으로 한 건강 유지 등의 적극적 의미를 가진다.

ANSWER 4.③ 5.③ 6.④

7 전직지원 대상자에게 필요한 생애설계에 관한 설명으로 옳지 않은 것은?

① 생애설계는 인생의 각 발달단계에서 달성해야 할 과제를 미리 작성하는 것이다.
② 자신을 객관화시킴으로써 보다 나은 미래를 위한 삶의 준비과정이다.
③ 은퇴 이후의 의존적인 삶을 위한 기본적인 토대를 마련하는 것이다.
④ 인생의 경험을 토대로 미래의 삶에 대한 목표와 실천 가능한 계획을 수립하는 것이다.

해설

③ 3번이 오답인 이유는 은퇴 이후의 '의존적인 삶'을 살기 위함이 아니라 '자립과 공존의 삶'을 살기 위한 기본 토대를 마련하는 것이 생애 설계의 목적이기 때문이다.

TIP 생애설계의 정의와 목적

생애설계의 정의	• 생애설계는 인생의 각 발달단계에서 달성해야 할 과제를 미리 작성하여 앞으로 나타날 변화에 미리 준비하는 과정이다. • 생애설계를 통해 현시점에서 자신을 되돌아보는 자기 인식의 기회를 가지고, 이를 객관화시킴으로써 보다 나은 미래를 위한 삶의 준비와 노력을 포함한 구체적인 준비 과정이다. • 인생의 경험을 토대로 미래의 삶에 대한 목표와 실천 가능한 계획을 수립하는 것이다.
생애설계의 목적	• 생애설계 작성을 통한 적극적이고 주체적인 계획과 대응은 필연적 변화에 대한 적응과 준비를 하는 데 도움을 주는 작업이다. • 나아가 은퇴 이후의 자립과 공존의 삶을 위한 기본 토대를 마련하는 것이다. • 생애설계 작성의 궁극적 목적은 전직지원 대상자의 심리, 신체, 경제 사회적 측면에서의 삶을 사전에 미리 계획하고 설계해 나감으로써 궁극적으로 노년기 이후의 행복한 삶을 영위할 수 있도록 하는 것이다.

8 생애설계 상담의 전제조건에 대한 설명으로 옳지 않은 것은?

① 장기적이고 포괄적인 생애설계를 통하여 은퇴기의 삶을 위한 정보를 제공한다.
② 인생 후반부에 대한 전반적인 지식 습득을 통해 생산적인 삶의 인식 전환을 모색한다.
③ 은퇴기이므로 직업과 일에 대한 능력을 함양시킬 필요는 없다.
④ 미래의 삶과 생활을 준비함으로써 생산적이고 통합적인 성공적 미래를 준비한다.

해설

③ 3번이 오답인 이유는 은퇴 이후에도 주체적이고 독립적인 삶을 위해 요구되는 '직업과 일을 탐색하여 실천'할 수 있는 능력을 함양해야 하기 때문이다.

TIP 생애설계상담의 전제

생애설계상담의 전제는 고령화 사회에서 삶에 관한 제반 영역에 대한 준비와 함께 정년 또는 일로부터 은퇴하는 시점 이전과 이후의 삶을 미리 조망하고 준비하고자 하는 인식 전환을 위해 체계적인 상담 접근이 중요한 관건이다.

㉠ 생애 단계에 따른 장기적이고 포괄적인 생애 영역별 설계를 통하여 삶을 보다 적극적이고, 체계적으로 계획해 나갈 수 있도록 필요한 정보를 제공한다.

㉡ 중장년은 퇴직 후 후반부 삶에 대한 전반적 지식 습득을 통하여 발생 가능한 위험에 대한 대처 능력의 함양과 적응 능력을 키우고 구체적으로 실천하여 생산적인 삶으로의 인식 전환을 모색한다.

㉢ 주체적이고 독립적인 삶을 위해 요구되는 직업과 일을 탐색하여 실천할 수 있는 능력을 함양한다.

㉣ 개인적 · 환경적 자원을 개선하여 미래의 삶과 생활을 구체적으로 계획하고 준비함으로써 생산적이고 주체적이며 통합적인 성공적 미래를 준비한다.

9 **생애설계상담의 초기 면담 시 유의해야 할 내용으로 옳지 않은 것은?**

① 상담 시작 전에 전직지원 대상자 자료 평가하기

② 전직지원 대상자의 초기목표 확인하기

③ 전직지원 대상자의 생애 설계 상담에 대한 기대 결정하기

④ 생애 설계 상담에 대한 평가 실시하기

해설

④ 4번이 오답인 이유는 생애설계 상담의 초기 면담 단계에서 전직지원 대상자의 자료를 평가하고 '초기목표를 설정하며, 상담에 대한 기대를 파악하는 과정'이 중요하다. 반면, '생애설계 상담에 대한 평가 실시하기'는 상담이 끝난 후 '끝맺음 단계'에서 이루어지는 과정이다. 생애설계상담에 대한 평가 실시하기는 생애설계상담의 '끝맺음 단계'에서 검토해야 할 내용이기 때문이다.

TIP 생애설계상담의 초기 면담 시 유의할 점

㉠ 상담 시작 전에 전직지원 대상자 자료 평가하기

㉡ 전직지원 대상자의 초기목표 확인하기

㉢ 전직지원 대상자의 생애설계상담에 대한 기대 결정하기

㉣ 전직지원 대상자가 전직지원 전문가의 기대를 얼마나 잘 수용하는지 관찰하기

㉤ 비밀 유지에 대해 설명하기

㉥ 요약하기

㉦ 반드시 짚고 넘어가야 할 상담 시 필수 질문들을 확인하기

㉧ 과제물 부여하기(자기 이해 등에 대한 직업심리검사, 흥미 생각해 보기 등)

ANSWER 7.③ 8.③ 9.④

10 생애설계상담의 목표로 옳지 않은 것은?

① 전 생애 발달 관점에서 은퇴기의 직업과 일에 관한 능력을 증진시킨다.

② 자신의 역할을 재점검하고 기존의 관계에 집중한다.

③ 신체적 노화 과정을 이해하여 건강한 생활 습관을 증진하고 질병에 대한 노출을 감소시킨다.

④ 자기평가를 통하여 자기 가치를 재발견하고 은퇴의 심리적 위기에 대비하여 안녕을 꾀한다.

해설

② 2번이 오답인 이유는 기존의 관계에 집중하는 것이 아니라 '새로운 인간관계를 구축'해야 하기 때문이다.

TIP 생애설계상담의 목표

㉠ 생애주기별 특성에 관한 기초적 이해를 바탕으로 고령화 사회에서 인구학적인 변화 추이를 검토하고, 삶의 전체적인 특성을 전반적으로 파악한다.
㉡ 풍요로운 삶과 생산적인 미래 설계를 위한 경제적 대비의 필요성을 인식하여 자산관리에 대한 계획을 수립한다.
㉢ 전 생애 발달 관점에서 생애주기별 직업과 일에 대한 능력을 증진시킨다.
㉣ 신체적 노화과정을 이해하여 건강한 생활 습관을 증진하고, 질병에 대한 노출을 감소시킨다.
㉤ 자신의 역할을 재점검하여 능동적인 사회활동을 촉진하고 새로운 인간관계를 구축한다.
㉥ 자신의 인적자본을 인식하고 환경에 대한 지식을 높여 지속적인 자기완성을 이룬다.
㉦ 자기평가를 통하여 자기가치를 재발견하고, 퇴직 후의 심리적 위기에 대비하여 안녕을 꾀한다.
㉧ 세대 간의 화합을 추구하고 원활한 가족관계를 이룬다.

11 다음 교육적 욕구에 해당하는 용어(단어, 개념)로 옳은 것은?

> 노년기에 현저하게 나타나는 신체적 퇴락을 경험하면서 신체적 젊음보다 더 중요한 인생의 본질적 의미를 찾으려는 욕구가 있다.

① 초월적 욕구　　② 표현적 욕구

③ 사회에 공헌하고자 하는 욕구　　④ 환경 적응 욕구

해설

① 1번이 정답인 이유는 해당 설명은 '초월적 욕구'에 대한 것이기 때문이다.

TIP 초월적 욕구

전직지원 대상자들은 노년기에 현저하게 나타나는 신체적 퇴락을 경험하면서 신체적 젊음보다 더 중요한 인생의 본질적 의미를 찾으려고 하는 욕구가 있다.

12 전직지원 대상자의 교육적 욕구가 아닌 것은?

① 초월적 욕구
② 표현적 욕구
③ 사회에 공헌하고자 하는 욕구
④ 영향을 받으려는 욕구

해설

④ 4번이 오답인 이유는 전직지원 대상자의 교육적 욕구 중 개인적 또는 집단적 활동을 통한 기술훈련, 사회적인 지식, 그리고 활동에 대한 평가 등을 (통해 영향을)'제공해 주려는 욕구'를 갖기 때문이다.

TIP 전직지원 대상자의 교육적 욕구

환경적응 욕구 (coping needs)	• 전직지원 대상자들은 자신들의 노화에 따라 능력과 지식이 감퇴하여 일상생활에서 곤란을 겪게 되기 때문에, 사회에서 정상적인 기능을 유지하기 위한 교육을 받으려고 한다.
표현적 욕구 (expressive needs)	• 전직지원 대상자들은 자발적인 신체운동, 사회적 활동, 새로운 경험 등의 그 자체로부터 만족을 얻으려고 한다. 전직지원 대상자들은 여러 가지 활동을 통하여 친구를 사귀고, 그 친교 관계를 장기간 유지시킴으로써 심리적 적응과 높은 정신건강 수준의 유지를 바라고 있다.
사회에 공헌하고자 하는 욕구 (contributive needs)	• 전직지원 대상자들에게 새로운 교육을 통하여 어떤 기관이나 방향으로 자신의 에너지를 투입할 수 있는가에 대한 정보를 얻고, 사회봉사 활동에 필요한 기능훈련을 받음으로써 자신뿐만 아니라 다른 사람을 위해 헌신하고자 하는 욕구를 가지고 있다.
영향을 주려는 욕구 (influence needs)	• 전직지원 대상자들은 교육을 통해서 지역사회에 대해 자신들이 할 수 있는 사회적 역할, 개인적 또는 집단적 활동을 통한 기술훈련, 사회적인 지식 그리고 활동에 대한 평가 등을 제공해 주려는 욕구가 있다.
초월적 욕구 (trancendence needs)	• 전직지원 대상자들은 노년기에 현저하게 나타나는 신체적 퇴락을 경험하면서 신체적 젊음보다 더 중요한 인생의 본질적 의미를 찾으려고 하는 욕구가 있다.

ANSWER 10.② 11.① 12.④

학습 2 생애주기별 주요과제 상담하기

1 전직지원 대상자의 우선순위화를 위한 선택 기준을 정하는 내용으로 옳지 않은 것은?

① 실행 가능한 것과 불가능한 것을 모두 포함한다.

② 가능한 많은 선택권을 포함하여 대안의 폭을 넓힌다.

③ 새로운 정보를 수집하여 대안을 첨삭한다.

④ 한 가지를 선택할 수 있도록 집중한다.

해설

④ 4번이 오답인 이유는 우선순위화를 위해서는 실행 가능한 것과 불가능한 것들을 모두 포함하여 '가능한 선택의 폭을 넓혀야'하기 때문이다. 또한 가능한 많은 선택권을 포함하여 다양한 대안을 비교하며 새로운 정보를 수집하여 대안을 계속 보완해야 한다. 따라서 한 가지 선택에만 집중하는 것은 우선순위화 과정의 핵심 원칙과 맞지 않는 내용이기 때문이다.

TIP 주요과제 우선순위화 단계

주요과제의 우선순위화 단계의 중요한 과제는 우선순위화를 위한 선택기준을 정하는 것이다. 우선순위화를 위해서는 다음 내용을 참고해야 한다.

㉠ 실행 가능한 것과 불가능한 것들을 모두 포함하여 가능한 많은 선택권을 포괄함으로써 선택의 폭을 넓혀야 한다.

㉡ 그다음 선택의 폭을 좁혀서 몇 개의 주요과제들만 면밀히 평가하는 것이 좋다.

㉢ 이런 과정이 반드시 일련의 절차에 따라 이루어지는 것은 아니다.

㉣ 새로운 정보가 수집됨에 따라 대안의 목록이 첨삭되기도 하고, 새로운 대안들이 새 정보의 수요를 자극하기도 한다.

㉤ 이런 과정에서 생기는 어려운 문제는 가치판단을 하지 않고 정보를 삭제하지 않은 상태에서 너무 일찍 선택권을 폭넓게 열어 놓은 데 있다.

2 생애설계 주요과제 우선순위화 실행을 위한 방법에 대한 설명으로 옳지 않은 것은?

① 주요과제 우선순위화 단계는 생애설계상담에서 하나의 전환점이 된다.

② 전직지원 대상자가 생애 주요과제로 선택한 것을 평가한다.

③ 전직지원 대상자가 문제를 일으키고 주의를 끄는 것은 의사결정의 심리적 측면이 아니라 기술적 측면이다.

④ 전직지원 대상자가 적극적으로 행동하더라도 의사결정을 요청해서는 안 된다.

해설

③ 3번이 오답인 이유는 우선순위화를 위한 평가 시 전직지원 대상자가 문제를 일으키고 주의를 끄는 것은 의사결정의 기술적 측면이 아니라 '심리적 측면'이기 때문이다.

TIP 주요과제 우선순위화 실행

㉠ 주요과제의 우선순위화 선택 단계는 생애설계상담에서 하나의 전환점이 된다.
㉡ 이 단계에서는 전직지원 대상자가 생애 주요과제로 선택한 것들을 평가하게 되는데, 평가 시 전직지원 대상자는 긴박감, 흥분, 두려움 등이 있을 수도 있다.
㉢ 이때 전직지원전문가는 아무리 전직지원 대상자가 적극적으로 행동하더라도 의사결정을 요청해서는 안 된다.
㉣ 여기에서 전직지원 대상자들에게 문제를 일으키고, 전직지원전문가의 주의를 끄는 것은 의사결정의 기술적 측면이 아니라 심리적 측면이다.

3 **생애설계 주요과제의 우선순위화를 위한 정보수집 방법으로 옳지 않은 것은?**

① 정보 자체에 편견을 가지지 않도록 주의한다.
② 특정 분야에서는 전직지원 대상자의 전문지식이 가장 좋은 출처라는 것을 밝힐 필요는 없다.
③ 최신의 정보에 민감하고, 최근의 직업추세도 명확히 파악해야 한다.
④ 정보가 소멸적인 특성을 지니고 있으며, 현재의 추이를 분석하기가 쉽지 않다.

해설

② 2번이 오답인 이유는 특정 분야에서는 전직지원 대상자의 전문지식이 '가장 좋은 출처'라는 것을 확실하게 밝혀 두어야 한다.

TIP 우선순위화 정보수집의 유의사항

㉠ 정보에 접근할 때 전직지원 전문가와 전직지원 대상자 모두는 정보 자체에 편견을 가지지 않도록 주의한다.
㉡ 전직지원 전문가는 최신의 정보에 민감하고 최근의 직업추세도 명확히 파악해야 한다.
㉢ 전직지원 대상자는 종종 왜 자신들이 상세히 정보를 탐색해야 하는지, 그리고 왜 전직지원전문가가 자신들에게 필요한 정보를 간단하게 제공하지 못하는지 잘 이해하지 못할 때가 있다.
㉣ 전직지원 전문가는 전직지원 대상자에게 정보가 소멸적인 속성을 지니고 있으며, 여러 출처에서 수집한 자료들의 양이 방대하여 현재의 추이를 분석하기가 그리 쉽지 않다는 것을 설명할 필요가 있다.
㉤ 전직지원 전문가가 전직지원 대상자의 신뢰를 얻으려면 자신이 잘 알고 있는 여러 출처들에 관해 설득력 있게 전달해야 한다.
㉥ 전직지원 대상자에게 어떤 특정 분야에서는 자신의 전문지식이 가장 좋은 출처라는 사실도 확실히 밝혀 두어야 한다.

ANSWER 1.④ 2.③ 3.②

4 **전직지원 대상자의 주요과제 우선 순위화 과정의 유의 사항으로 틀린 것은?**

① 우선 순위화한 주요과제를 선택할 수 있도록 집중하기

② 주요과제 추가하기

③ 주요과제들 가운데에서 우선 순위화한 주요과제들 선택하기

④ 우선 순위화한 주요과제 결정하기

해설

② 2번이 오답인 이유는 주요과제를 추가하는 것이 아니라 '주요과제 평가'를 해야 하기 때문이다.

TIP 우선 순위화 과정의 유의 사항

우선 순위화를 진행하는 과정에서 유의해야 할 과제가 있으며, 이러한 점을 감안하여 전직지원 대상자가 우선 순위화를 진행하도록 조력한다.

㉠ 우선 순위화한 주요과제를 선택할 수 있도록 집중하기

㉡ 주요과제 평가하기

㉢ 주요과제들 가운데에서 우선 순위화한 주요과제들 선택하기

㉣ 우선 순위화한 주요과제 결정하기

5 **다음 (　　)에 해당하는 용어(단어, 개념)로 옳은 것은?**

> 주요과제의 (　　)는 선택기준을 정하는 것이다. 먼저 실행 가능한 것과 불가능한 것들을 모두 포함하여 가능한 한 많은 선택권을 포괄함으로써 선택의 폭을 넓혀야 한다.

① 우선순위화　　② 준비도

③ 생애설계상담　　④ 정보수집

해설

① 1번이 정답인 이유는 해당 설명은 '우선순위화'에 대한 것이기 때문이다.

TIP 우선순위화의 의의

㉠ 주요과제의 우선순위화 단계의 중요한 과제는 우선순위화를 위한 선택기준을 정하는 것이다.

㉡ 주요과제의 우선순위화는 먼저 실행 가능한 것과 불가능한 것들을 모두 포함하여 가능한 한 많은 선택권을 포괄함으로써 선택의 폭을 넓혀야 한다.

㉢ 그다음 선택권의 폭을 좁혀서 몇 개의 주요과제들만 면밀히 평가하는 것이 좋은데, 이런 과정이 반드시 일련의 절차에 따라 이루어지는 것은 아니다. 즉 새로운 정보가 수집됨에 따라 대안의 목록이 첨삭되기도 하고, 새로운 대안들이 새 정보의 수요를 자극하기도 한다.

6 **전직지원 대상자의 퇴직준비 부족형에 대한 설명으로 옳지 않은 것은?**

① 심리 · 정서적 지원, 건강관리 등의 기본적 지원이 필요하다.
② 퇴직 이후의 삶에 대한 태도와 방향에 대한 점검이 필요하다.
③ 우선적으로 해결해야 할 분야를 대안 탐색 및 계획 수립, 지원이 필요하다.
④ 정보제공을 중점으로 하되, 향후 대한 수정, 보완하는 방향으로 진행한다.

해설

④ 4번이 오답인 이유는 생애설계를 수정, 보완하는 방향은 '퇴직준비 완료형'의 특징에 해당되기 때문이다.

TIP 퇴직준비 부족형

특징	• 퇴직 준비 필요성의 인식이 낮거나, 퇴직에 대한 준비 부족으로 퇴직 이후의 적응이 어려운 상태임 • 전반적 영역과 자기관리에서 취약함 • 네 가지 영역(재무, 건강, 관계, 여가 및 사회 참여)에서 특히 우선적으로 해결해야 할 대안 탐색 및 계획 수립 지원이 필요함 • 퇴직 이후의 삶에 대한 태도와 방향에 대한 점검이 필요함 • 지역 내 다양한 지원 시스템과 연계하여 체계적 관리
필요 지원서비스	• 생애설계 지원 시스템 정보제공 • 생애설계 프로그램 • 자기효능감 프로그램 • 비합리적 신념 깨기 프로그램 • 의사결정 프로그램 제공 • 직업정보 제공 • 훈련상담

ANSWER 4.② 5.① 6.④

7 **다음 중 퇴직준비 양호형에 대한 설명으로 옳은 것은?**

① 어느 정도 퇴직 이후의 삶에 대한 준비의 필요성을 인식하고 있으나, 비교적 실질적인 준비가 부족한 상태이다.
② 전반적인 영역과 자기관리에 취약하다.
③ 의식적인 노력으로도 개선하기 어렵다.
④ 퇴직 이후의 삶에 대한 태도와 방향에 대한 점검이 필요하다.

해설

① 1번이 정답인 이유는 퇴직 이후의 삶에 대한 준비의 필요성을 인식하고 있지만, 실질적인 준비는 부족한 상태는 '퇴직준비 양호형'을 설명하는 내용이기 때문이다.

TIP 퇴직준비 양호형

특징	• 어느 정도 퇴직 이후의 삶에 대한 준비의 필요성을 인식하고 있으나, 비교적 실질적인 준비가 부족함 • 의식적으로 노력하면 개선의 여지가 많음 • 정보제공을 비롯하여 취약한 영역에 보완할 수 있는 프로그램의 연계가 필요함
필요 지원서비스	• 생애설계 지원 시스템 정보제공 • 생애설계 프로그램 • 재무관리 정보제공 • 관리모드에서 실무모드 프로그램 • 훈련상담

8 **전직지원대상자 유형 중 퇴직준비 완료형에게 필요한 생애설계 지원서비스가 아닌 것은?**

① 자기효능감 프로그램
② 생애설계 프로그램
③ 재무 및 투자 프로그램
④ 자원봉사 프로그램

해설

① 1번이 오답인 이유는 자기효능감 프로그램은 '퇴직 준비 부족형'에게 필요한 지원 서비스에 해당되기 때문이다.

TIP 퇴직준비 완료형

특징	• 비교적 퇴직 이후의 삶에 대한 준비가 잘 되어 있어 일과 여가를 균형감 있게 맞추면서 퇴직 이후의 삶을 보내고자 하는 유형 • 정보제공을 중심으로 하되, 향후 대안 탐색에 대한 수정 · 보완하는 방향으로 진행함
필요 지원서비스	• 생애설계 프로그램 • 자원봉사 프로그램 • 투자 및 재무관리 • 교육 및 동아리 활동 지원

9 다음 용어(단어, 개념)에 대한 설명으로 옳은 것은?

> 생애주기의 지속적인 단계로 인식하고, 이에 대해 사전에 주도성을 가지고 설계해 나가는 행위를 의미한다. 퇴직 이후의 삶에 대한 설계가 성공적으로 수행될 수 있도록 지원하는 일종의 실행계획서이다.

① 생애설계계획서　　② 생애설계
③ 생애설계상담　　④ 주요과제 우선순위화

해설

① 1번이 정답인 이유는 해당 설명은 '생애설계계획서'에 대한 것이기 때문이다.

TIP 생애설계계획서

의미	• 전직지원 대상자의 생애설계계획서는 생애주기의 지속적인 단계로 인식하고, 이에 대해 사전에 주도성을 가지고 설계해 나가는 행위를 의미한다. • 생애설계계획서는 이러한 퇴직 이후의 삶에 대한 설계가 성공적으로 수행될 수 있도록 지원하는 일종의 실행계획서이다.
구성요소	• 생애설계는 퇴직 이후의 삶의 질에 영향을 미치는 일상생활 영역 전반인 재무, 건강, 인간관계, 여가 및 사회참여 등 다양한 분야에서 접근이 이루어져야 한다. • 생애설계의 구성요소 중에서 전직지원 대상자의 개인적 특성에 따라 어느 분야에 중점을 두고 균형을 맞추어 나갈 것인가에 대한 관점에서 작성되어야 한다.

10 생애설계계획서 작성 시 여가관리를 위해 검토되어야 할 사항이 아닌 것은?

① 여가생활을 위해 필요한 지식과 활동들　　② 재원의 충당과 시간의 배분
③ 여가활동 후의 방향　　④ 가족의 동의

해설

④ 4번이 오답인 이유는 여가생활을 하는 데 '가족의 동의'를 구할 필요는 없기 때문이다.

TIP 여가관리 검토 항목

㉠ 여가생활을 위해 필요한 지식과 활동들
㉡ 재원의 충당
㉢ 시간의 배분
㉣ 여가활동 후의 방향

ANSWER 7.① 8.① 9.① 10.④

학습 3 생애설계계획서 작성 지원하기

1 생애설계 실행을 위한 유의사항으로 옳지 않은 것은?

① 완벽하게 상담목표를 달성하고 마무리하여야 한다.

② 실행의 어려움이 있을 수 있음을 알려 주고, 다음에 준비되었을 때 도움을 줄 것임을 재확인시켜야 한다.

③ 문제가 해결되지 않더라도 전직지원 대상자의 초기 강한 정서적 반응이 줄어들면 상담을 마칠 수 있다.

④ 가장 효과적인 끝맺음은 전직지원 대상자가 상담에서 원했던 것이 만족 되었을 때 종결이 이루어지는 것이다.

해설

① 1번이 오답인 이유는 생애설계상담은 전직지원 대상자가 상담에서 '원했던 것이 만족' 되었을 때 종결이 이루어지는 것이 가장 바람직하며, 완벽하게 목표를 달성해야만 마무리되는 것이 아니기 때문이다.

TIP 생애설계 실행을 위한 유의사항

㉠ 생애설계상담에서 가장 바람직한 것은 전직지원 대상자가 상담에서 원했던 것이 만족되었을 때 종결이 이루어지는 것이다.
㉡ 전직지원 대상자에게 원하면 언제든 다시 전직지원전문가를 찾을 수 있다고 확인시켜줄 필요가 있다.
㉢ 전직지원 대상자는 생애설계 과정에서 다음에 무엇을 해야 하는지 알고 있지만, 그 시점에 적절한 행동을 취하지 않을 수 있다.
㉣ 전직지원 대상자는 행동으로 옮길 수 있는 동기, 자신감, 지지, 독립심, 통제감 등이 부족할 수 있다.
㉤ 전직지원 전문가는 행동으로 옮길 수 없는 상황이 있다는 것을 전직지원 대상자에게 알려 주어야 한다.
㉥ 생애설계 영역별로 수립한 실행계획을 최소 월간 단위로 세분화하여 실행 목표를 수립하도록 하고, 실행에 대한 점검을 스스로 할 수 있도록 해야 한다.

2 생애설계상담의 끝맺음과 관련된 느낌이 아닌 것은?

① 수용

② 기대감

③ 거리감

④ 끝맺음에 대한 회피

해설

② 2번이 오답인 이유는 전직지원 대상자는 생애계획의 과정에 대해 이야기하는 것을 '편안'하게 여길 수 있지만, 행동은 더 많은 두려움과 불편함을 일으킬 수 있다. '기대감은 상담 초기에 갖는 느낌'이기 때문이다.

TIP 생애설계상담의 끝맺음과 관련된 느낌

㉠ 편안함
㉡ 수용
㉢ 끝맺음에 대한 회피
㉣ 거리감
㉤ 감사

3 **생애설계상담의 끝맺음 회기와 관련된 내용으로 틀린 것은?**

① 처음에 전직지원 대상자가 상담에 왔을 때 어떤 상태였는지, 어떤 길을 거쳐 지금의 종료까지 오게 되었는지를 확인한다.
② 끝맺음 회기는 중요한 삶의 이슈들을 다루는 전직지원 대상자의 강점을 다시 강조하는 시간이다.
③ 생애설계상담의 상담평가는 상담자의 몫이므로 전직지원 대상자의 평가는 배제한다.
④ 전직지원 대상자는 다음 단계로 한 발 내딛는 데 압박감을 느낄 수 있다.

해설

③ 3번이 오답인 이유는 평가시간은 전직지원전문가는 '전직지원 대상자와 함께 평가에 대한 질문'을 통해 함께 생각하고, 상담의 변화과정을 이해하도록 돕는 과정이기 때문이다.

TIP 효과적인 끝맺음 상담

끝맺음 회기 되돌아보기	• 처음에 전직지원 대상자가 상담에 왔을 때 어떤 상태였는지, 어떤 길을 거쳐 지금의 종료까지 오게 되었는지 등을 돌아보는 시간이다. • 전직지원 대상자가 상담 과정의 개별적인 부분들이 어떻게 전체 상담 과정을 구성하게 되는지를 이해하는 데 도움을 준다.
전직지원 대상자의 강점 되돌아보기	• 끝맺음 회기는 중요한 삶의 이슈들을 다루는 전직지원 대상자의 강점을 다시 강조하는 시간이다. • 상담과정에서 효과적이었던 것을 전직지원 대상자가 자기 것으로 만드는 것은 어려운 일이다. • 따라서 종결 시점에서 강점들을 되새겨 보는 것이 중요하다.
평가시간	• 전직지원 대상자와 함께 상담자는 상담 과정 평가에 대한 질문을 통해 함께 생각해 볼 수 있다. • 모든 상담이 좋을 때도 있고, 잘 안될 때도 있다는 사실을 자연스럽게 여긴다. • 전직지원 대상자 개인적 경험을 더 많이 이해하는 것은 전직지원전문가와 전직지원 대상자로 하여금 상담의 변화과정을 이해하도록 돕는다.
다음 단계로 나아가는 시간	• 상담 후 전직지원 대상자는 다음에 무엇을 해야 할지에 대한 명확한 그림을 가지고, 그것을 수행하는 데 자신감을 느껴야 한다. • 전직지원 대상자는 필요한 경우 언제든 다시 전직지원전문가를 찾을 수 있다는 것을 전달받고 격려받는 느낌을 주도록 한다.

ANSWER 1.① 2.② 3.③

4 **전직지원대상자의 효과적인 끝맺음 상담을 위해 필요한 내용으로 틀린 것은?**

① 끝맺음 회기 되돌아보기
② 전직지원 대상자의 약점 되돌아보기
③ 평가시간
④ 다음 단계로 나가는 시간

해설

② 2번이 오답인 이유는 끝맺음 회기는 삶의 이슈들을 다루는 전직지원 대상자의 '강점을 다시 강조하는 시간'이기 때문이다.

TIP 효과적인 끝맺음 상담을 위한 내용

전직지원전문가는 생애설계상담의 효과적인 끝맺음을 위하여 다음 내용을 수행해야 한다.
㉠ 끝맺음 회기 되돌아보기
㉡ 전직지원 대상자의 강점 되돌아보기
㉢ 평가시간
㉣ 다음 단계로 나아가는 시간

5 **생애설계 상담을 마치며 끝맺음 회기에 적용해 볼 질문으로 옳지 않은 것은?**

① 가장 도움이 되었거나 반대로 가장 도움이 되지 않은 부분은 무엇인가?
② 자신에 대해 배운 가장 중요한 것은 무엇인가?
③ 참여한 계기는 무엇이며 어떤 기대를 가지고 있는가?
④ 아직 이야기되지 않았지만 지금 나눌 수 있는 이야기가 있는가?

해설

③ 3번이 오답인 이유는 생애설계상담의 '초기에 질문'해야 할 내용에 해당하기 때문이다.

TIP 전직지원 대상자에게 끝맺음 회기를 위한 질문

생애설계상담을 끝내기 위해서는 전직지원 대상자에게 상담에 대한 평가를 받을 필요가 있다. 다음은 전직지원 대상자에게 질문할 사항이다.
㉠ 끝맺음과 관련하여 느끼는 감정들은 어떤 것이 있는가?
㉡ 상담의 어떤 내용이 당신에게 가장 도움이 되었고, 반대로 가장 도움이 되지 않은 부분은 무엇인가?
㉢ 당신 자신에 대해 배운 가장 중요한 것은 무엇인가?
㉣ 우리 사이에 아직 이야기되지 않았지만, 지금 나눌 수 있는 이야기가 있는가?
㉤ 당신이 다음으로 해야 할 일은 무엇인가?

6 **생애설계상담의 사후관리를 위한 내용으로 틀린 것은?**

① 추후 면담은 그동안 진행했던 상담에 대한 실행 여부 점검에 주안점을 둔다.

② 실행하는 과정에서 발생 되는 문제에 있어 격려하고 지지하는 방향으로 추후 면담을 진행한다.

③ 기존의 상담을 통해 작성된 생애설계계획서의 기본적 목표가 어느 정도 실행되고 있는지가 그 기준이 된다.

④ 추후 면담은 전직지원 대상자의 완전한 성숙과 문제해결을 하는 데 있다.

해설

④ 4번이 오답인 이유는 전직지원 대상자의 완전한 성숙과 문제 해결을 위해 상담을 하는 것이 아니라 '현실적 한계에서 타협점'을 찾도록 지원하는 데 있기 때문이다.

TIP 생애설계상담의 사후관리 의미와 방법

사후관리는 생애설계상담이 종결된 이후 일정한 시간이 지난 뒤에 전직지원 대상자와 촉진하는 활동으로 다음과 같이 진행된다.

㉠ 전직지원 대상자의 변화가 얼마나 유지되고 있는지를 점검하고 생애설계계획서의 계획대로 진행되고 있는지를 파악하는 활동이다.

㉡ 전직지원 대상자의 추후 면담은 그동안 진행했던 상담에 대한 실행여부 점검에 주안점을 둔다.

㉢ 실행하는 과정에서 발생되는 문제에 있어 격려하고 지지하는 방향으로 추후 면담을 진행한다.

㉣ 생애설계에 따라 수행하는지 여부에 대한 관찰, 격려 등이 필요하다.

㉤ 상담 종결 이후 진행되는 과정이기 때문에 전직지원 대상자의 완전한 성숙과 문제해결을 위해 상담을 하는 것이 아니라 현실적 한계에서 타협점을 찾도록 지원하는 데 있다.

㉥ 추후 면담 과정에서 발생되는 전직지원 대상자의 새로운 논점이나 문제가 있을 경우에는 전직지원 대상자 스스로 해결을 할 수 있도록 하거나, 관련 기관을 안내하는 것이 바람직하다.

ANSWER 4.② 5.③ 6.④

직업상담사 1급 필기

PART 02

심층직업상담 및 수퍼비전

CHAPTER

01 진로상담

학습 1 진로 논점 파악하기

1 **진로상담의 대상에 포함되지 않는 것은?**

① 청소년 ② 입직 이전의 성인
③ 직업전환자 ④ 실업자 · 은퇴자

해설

④ 4번이 오답인 이유는 '실업자 · 은퇴자는 직업상담의 대상'이기 때문이다.

TIP 진로상담과 직업상담의 비교

구분	진로상담가	직업상담가
대상	• 청소년 • 입직 이전의 성인 • 직업전환자	• 입직 및 재직자 • 실업자 · 은퇴자 • 제대군인 • 외국인 근로자 • 직업전환자 • 장애인 • 북한 이탈주민
상담자의 직무내용	• 진로계획 • 개인 · 직업 · 미래사회 정보 수집, 분석, 가공, 제공 • 검사 실시 • 의사결정 • 진로수정 • 프로그램 개발 및 운영 • 진로경로 개척 • 상담실 관리	• 진로경로 계획 • 개인 · 직업 · 미래사회 정보 수집, 분석, 가공, 제공 • 검사 실시 • 의사결정 • 직업전환 • 은퇴 후진로 • 상담실시 • 취업알선 • 진로경로 개척 • 상담실 관리
상담 종류	• 진로일반상담 • 진로경로 개척 상담 • 진로수정 상담 • 진로문제 치료	• 직업일반 상담 • 진로경로 개척 상담 • 직업적응 상담 • 직업문제 치료 • 취업 상담 • 직업전환 상담 • 직업건강 상담 • 은퇴 상담

2 **사례 개념화에 대한 설명으로 옳지 않은 것은?**

① 상담자가 내담자로부터 얻은 정보들을 통합하여 내담자의 문제 형성 배경과 원인에 대해 가설을 세우고 치료에 필요한 개입 계획과 목표를 설정하는 과정을 의미한다.

② 진로상담이 이루어지는 상황[대상, 회기 등]이 다양하기 때문에 사례 개념화의 효율성을 높이기 위해서는 한정된 사례 개념화 요소 목록을 활용하기보다는 상황에 맞춰 자유롭게 접근하는 것이 좋다.

③ 수준 높은 사례 개념화는 내담자와의 상담 관계 형성 및 중기 이후의 상담을 효과적으로 이끌어 나가는 데 토대가 되며, 상담 개입을 이끄는 청사진으로써 상담의 성과에는 영향을 미친다.

④ 내담자의 호소 문제 및 문제의 배경, 문제를 발생시키고 유지되도록 하는 여러 요소를 통합적으로 검토하여 내담자들의 문제를 해결하는 개입 전략을 세우는 데 도움을 준다.

해설

② 2번이 오답인 이유는 해당 설명은 '진로상담이 이루어지는 상황[대상, 회기 등]이 다양하기 때문에 사례 개념화 요소 목록 중에서 필요한 요소를 선택해서 사례 개념화를 하는 것이 효율적'이기 때문이다.

TIP 사례 개념화(case conceptualization)

㉠ 사례 개념화는 상담자가 내담자로부터 얻은 정보들을 통합하여 내담자의 문제 형성 배경과 원인에 대해 가설을 세우고 치료에 필요한 개입 계획과 목표를 설정하는 과정을 의미한다.

㉡ 사례 개념화는 내담자의 호소문제 및 문제의 배경, 문제를 발생시키고 유지되도록 하는 여러 요소를 통합적으로 검토하여 내담자들의 문제를 해결하는 개입 전략을 세우는 데 도움을 주는 것으로 나타났다.

※ 사례 개념화 요소의 활용

㉠ 수준 높은 사례 개념화는 내담자와의 상담 관계 형성 및 중기 이후의 상담을 효과적으로 이끌어 나가는 데 토대가 되며, 상담 개입을 이끄는 청사진으로써 상담의 성과에도 중요한 영향을 미친다.

㉡ 진로상담이 이루어지는 상황[대상, 회기 등]이 다양하기 때문에 사례 개념화 요소 중에서 필요한 요소를 선택해서 사례 개념화를 하는 것이 효율적이다.

㉢ 스페리와 스페리(Len Sperry & Jonathan Sperry, 2012)는 상담 장면이나 환경의 현실적인 이유에 따라 정보수집 차원의 '잠정적 사례 개념화', 사례 개념화의 모든 요소가 포함된 '종합형 사례 개념화', 상황이나 장면에 따라 몇 가지 요소를 선택적으로 추린 '간편형 사례 개념화' 등 3가지 방법을 제시하고 있다.

ANSWER 1.④ 2.②

3 **상담 참여 동기의 자발성에 따른 내담자 유형에 관한 설명으로 옳은 것은?**

① 상담 참여 동기의 자발성에 따라 고객, 방문자, 실험자, 불평자 유형 등 4가지로 구분한다.

② 방문자 유형은 불평자나 고객 유형보다 상담 참여 동기가 가장 높은 사람이다.

③ 불평자 유형은 자신보다는 주변 다른 삶의 문제를 호소하며 주로 불평하는 사람이다.

④ 실험자 유형은 여러 종류의 상담을 받으면서 상담의 효과성을 검증해 보려고 실험하는 사람이다.

해설

③ 3번이 정답인 이유는 해당 설명은 '불평자 유형의 특징'이기 때문이다.

TIP 내담자의 자발성에 따른 상담자 유형(내담자의 상담동기 자발성에 따른 내담자와 상담자의 관계 유형)

유형	설명
고객 유형	• 자신의 문제를 인식하고, 그 문제를 상담을 통해 변화시키려는 의지나 동기가 강한 사람 • 상담에 대해 현실적인 기대를 갖고 있다.
방문자 유형	• 본인의 의지와 상관없이 기관이나 부모에 의해서 비자발적으로 온 사람 • 상담에 대하여 알아보려고 하는 내담자
불평자 유형	• 자신보다는 주변의 다른 사람의 문제를 호소하며 주로 불평만 하는 사람 • 변화에 대한 의지나 동기 수준이 낮고 자신이 변화해야 한다는 인식이 부족한 내담자

해당 내용은 해결 중심 상담에서 분류하는 내담자 유형이다. 해결 중심 상담에서는 내담자의 상담 동기와 원하는 것, 상담자와의 상호작용 특성 등을 기준으로 상담자와 내담자의 관계성을 쉽고 편리하게 이해하기 위해 '고객 유형, 방문자 유형, 불평자 유형'으로 구분한다.

4 **진로상담에서 심리 문제와 진로 문제가 서로 분리될 수 없는 이유로 가장 거리가 먼 것은?**

① 진로상담은 전인적인 관점에서 개인의 삶을 돕는 총체적인 접근이다.

② 개인의 삶과 진로는 분리될 수 없는 것이어서 두 문제를 통합해서 다루어 주어야 한다.

③ 진로상담은 상담 협력 관계에 기초를 두고 있는 심리상담의 과정과 유사한 부분이 많다.

④ 심리 문제가 해결되지 않더라도 진로 준비 행동으로 이어질 수 있다.

해설

④ 4번이 오답인 이유는 해당 설명은 '심리 문제가 해결되지 않으면 진로상담 종료 후에도 진로 준비 행동으로 이어지지 못한다.'이기 때문이다.

TIP 진로상담에서 심리문제와 진로문제가 분리될 수 없는 이유

㉠ **총체적인 접근** : 진로상담은 중요하고 의미 있는 역할들을 포함하여 전인적인 관점에서 개인의 삶을 돕는 총체적인 접근이므로 심리문제를 진로문제와 구별하는 것은 무의미하다.

㉡ **삶과 진로** : 개인의 삶과 진로는 분리될 수 없는 것이어서 진로상담에서 이 둘을 함께 고민해야 한다.

ⓒ **진로상담과 심리상담의 과정** : 진로상담과 심리상담의 과정은 유사한 부분이 매우 많으며, 진로상담 역시 무엇보다 내담자와 상담자의 목표에 대한 합의, 과제에 대한 합의, 유대감으로 구성되는 상담 협력 관계에 기초를 두고 있다.
ⓔ **심리문제의 해결과 진로상담** : 진로상담 과정에서 심리문제가 해결되지 않는 내담자들은 진로상담 종료 후에도 진로준비 행동으로 이어지지 못함을 지적하였으며, 진로상담에서 이러한 문제들을 함께 개입해야 함을 제시하였다.

5 다음은 내담자의 진로 관심사를 확인하기 위해 진로탐색에서 전형적으로 다루는 문제 영역에 대한 설명이다. 해당하는 문제 영역은?

> 이 영역에서 문제를 가진 내담자는 진로 선택에 확신이 없고 결정을 내리는 것을 어려워한다. 노동시장에 대한 정보가 부족하거나 기술, 가치, 흥미 및 개인적 스타일에 대한 자기 이해가 부족한 것과 관련된 문제일 수 있다.

① 진로탐색과 의사결정
② 직업적 또는 일반적 기술
③ 직업탐색 기술
④ 직업유지 기술

해설

① 1번이 정답인 이유는 해당 설명은 '진로탐색과 의사결정'에 대한 것이기 때문이다.

TIP 진로탐색 과정에서 전형적으로 다루는 문제 영역

초기상담 관계가 형성되면 문제를 다루는 과정에 집중하게 된다. 이때 내담자의 진로 관심사를 확인하기 위한 진로탐색 과정에서 전형적으로 다루는 문제 영역으로 내담자가 호소하는 진로 문제 영역으로 볼 수 있다.

문제 영역	내용
진로탐색과 의사결정	이 영역에서 문제를 가진 내담자는 진로 선택에 확신이 없고 결정을 내리는 것을 어려워한다. 노동시장에 대한 정보가 부족하거나 기술, 가치, 흥미 및 개인적 스타일에 대한 자기 이해가 부족한 것과 관련된 문제일 수 있다.
직업적 또는 일반적 기술 발달	이 영역에서 문제를 가진 내담자는 구직 기회를 활용하는 기술의 훈련이 부족하다. 교육을 받을 수 있는 공신력 있는 기관에 대한 정보를 상담자가 가지고 있는 것이 중요하다.
직업탐색 기술	직업탐색 기술은 시간에 따라 변화한다. 직업탐색 기술에 대하여 상담자가 방법을 제안해 주기를 내담자가 기대할 수 있으나, 내담자 스스로 기술에 대한 정보를 탐색할 수 있도록 지원하는 것이 중요하다.
직업유지 기술	취업도 중요하지만 그 자리를 유지하고 성취하는 방법에 대하여도 진로 관심을 가질 수 있음을 확인한다.

ANSWER 3.③ 4.④ 5.①

6 몰입이론을 적용한 진로상담에 대한 설명으로 틀린 것은?

① '개인이 일에서 추구하고자 하는 즐거움과 유능함을 동시에 얻는 것이 가능하다.'는 전제에서 출발한다.

② 개인의 능력과 흥미를 평가하여 개인적 특성을 이해하는 것과 직업 세계에 대한 정보수집, 그 두 가지 측면이 조화되는 영역에서 직업 선택의 단계로 진행된다고 보았다.

③ 기본적으로 내담자가 흥미와 능력이 균형을 이룬 상태인 몰입을 특정한 영역에서 경험하고, 일에서의 그러한 경험이 자신의 진로발달 및 진로결정과도 연결될 수 있도록 돕는 것이 진로상담가의 역할이라고 보았다.

③ 몰입 경험의 두 가지 구조[일상의 몰입 경험과 삶의 의미]에 따라 진로 문제의 성격과 대처 방안이 달라질 수 있다고 보았다.

해설

② 2번이 오답인 이유는 해당 설명은 '몰입이론을 적용한 진로상담은 개인의 능력과 흥미를 따로 평가하는 기존 방식과는 달리 개인이 어디에서 어떤 방식으로 몰입 경험을 하는지 탐색하고 평가한다.'이기 때문이다.

TIP 몰입이론을 적용한 진로상담의 내용과 방법

㉠ '개인이 일에서 추구하고자 하는 즐거움과 유능함을 동시에 얻는 것이 가능하다.'는 전제에서 출발한다.

㉡ 기본적으로 내담자가 흥미와 능력이 균형을 이룬 상태인 몰입을 특정한 영역에서 경험하고, 그러한 일에서의 경험이 자신의 진로발달 및 진로결정과도 연결될 수 있도록 돕는 것이 진로상담가의 역할이라고 본다.

㉢ 기존의 진로상담이 개인적 특성의 이해와 직업 세계에 대한 정보수집, 그 두 가지 측면이 조화를 이루는 영역에서 직업 선택의 단계로 진행된다고 볼 때, 몰입이론을 적용한 진로상담은 다음과 같은 내용과 방법으로 이루어진다.

몰입이론 적용 진로상담 단계	내용과 방법
개인적 특성을 이해하는 방법	개인의 능력과 흥미를 따로 평가하는 기존 방식과는 달리 개인이 어디에서 어떤 방식으로 몰입 경험을 하는지 탐색하고 평가한다.
직업정보 제공 방법	그 직업을 가진 사람들이 성장기에 가지고 있던 흥미나 적성 영역을 기초로 직업의 특성을 밝히기보다는 그 직업을 가진 사람들이 그들의 성장기에 어떤 영역에서 몰입 경험을 했었는지를 기초로 직업의 특성을 밝힐 수 있다.
몰입 경험 통제 능력 촉진 방법	몰입 경험을 통제하는 능력을 촉진하는 방법으로서 ㉠ 동기 수준의 유지 방법, ㉡ 목표의 구체화 방법, ㉢ 피드백 통로 마련 방법 등에 대한 상담이 필요하다.

7 **몰입이론에서 제시하는 진로문제 유형과 유형별 기제에 따른 분류 집단, 발생 가능한 진로문제의 연결이 틀린 것은?**

① 제1유형 : 통합 발달, 분화 발달 집단 – 보다 높은 자기발전 추구
② 제2유형 : 통합 미발달, 분화 발달 집단 – 부정적인 몰입 경험
③ 제3유형 : 통합 발달, 분화 미발달 집단 – 삶의 불만족
④ 제4유형 : 통합 미발달, 분화 미발달 집단 – 무망감

해설

③ 3번이 오답인 이유는 해당 설명은 '제3유형 : 통합 발달, 분화 미발달 집단 – 비현실적 기대'이기 때문이다.

TIP 몰입 경험에 따른 진로문제 유형

㉠ 몰입 경험의 두 가지 구조[삶의 의미와 일상의 몰입 경험]
㉡ 몰입 경험의 두 가지 기제[통합과 분화]

유형	삶의 의미	일상의 몰입 경험	통합 · 분화 집단		발생 가능한 진로문제
제1유형	○	○	통합 발달	분화 발달	보다 높은 자기발전 추구
제2유형	×	○	통합 미발달	분화 발달	부정적인 몰입 경험
제3유형	○	×	통합 발달	분화 미발달	비현실적인 기대
제4유형	×	×	통합 미발달	분화 미발달	무망감

ANSWER 6.② 7.③

8 **진로논점 파악 단계에서는 내담자의 행동이나 표현 뒤에 담겨 있는 오류를 확인하고 정정할 수 있는 기회를 제공한다. 다음 내용에 해당하는 정보의 오류는?**

> 내담자 : "아이들 문제로 항상 부인과 부딪혀요."
> 상담자 : "어떤 식으로 부딪히고 있죠?"

① 삭제 ② 불분명한 동사 사용
③ 불확실한 인물 사용 ④ 제한된 어투 사용

해설

② 2번이 정답인 이유는 해당 설명은 '불분명한 동사 사용'을 하고 있기 때문이다.

TIP 정보의 오류

삭제 or 이야기 삭제	㉠ 삭제된 부분이 있으면 보충할 수 있는 기회를 제공한다. 내담자의 경험을 이야기하면서 중요한 부분이 빠졌는지 확인한다. 예를 들어 "나는 항상 피해만 끼치는 사람이에요."라고 말했을 때 "누구에게, 어떤 피해를 끼친다는 뜻이지요?"라고 보충 질문을 통해 삭제된 부분을 보충할 수 있는 기회를 제공한다.
불분명한 동사 사용	㉡ 불확실한 인물을 확실히 한다. 동사를 사용함에 있어서 동사가 갖는 의미를 정확하게 짚어서 문제가 무엇인지 좀 더 접근할 수 있도록 한다. 예를 들어, "아이들 문제로 항상 부인과 부딪혀요."라고 말하면 "어떤 식으로 부딪히고 있죠?"라고 보충 질문을 통하여 자신의 문제를 내담자가 스스로 찾아갈 수 있도록 돕는다.
불확실한 인물 사용	㉢ 불분명한 동사의 뜻을 분명히 한다. 대명사 등을 인용하여 인물에 대하여 이야기할 때 불확실한 점이 있다면 질문을 통하여 인물이 누구인지 정확하게 밝히도록 한다. 예를 들어 "사람들은 나를 계속 재촉해요."라고 말하면 "구체적으로 어떤 사람들이 당신을 재촉한다고 생각하나요?"라고 질문을 통하여 일반적인 사람에서 구체적인 사람으로 범위를 좁혀간다.

정보의 오류에는 위 3가지 이외에 참고 자료 결여, 제한된 어투 사용 등이 더 포함된다.

9 **진로논점 파악 단계에서는 내담자의 행동이나 표현 뒤에 담겨 있는 오류를 확인하고 정정할 수 있는 기회를 제공한다. 다음 내용에 해당하는 한계의 오류는?**

> 내담자 : "사표를 내는 거 말고 다른 대안은 없어요."
> 상담자 : "사표를 내는 것도 하나의 안이고 그걸 선택하려는 거네요."

① 예외를 인정하지 않는 것
② 불확실한 인물을 사용하는 것
③ 불가능을 가정하는 것
④ 어쩔 수 없음을 가정하는 것

해설

④ 4번이 정답인 이유는 해당 설명은 '어쩔 수 없음을 가정'하고 있기 때문이다.

TIP 한계의 오류

예외를 인정하지 않는 것	㉠ 예외의 인정 여부를 확인하고 정정한다. 내담자가 '항상, 절대로' 등의 말을 습관적으로 사용하는 경우, 예외가 없다는 생각을 가진 경우가 많이 있다. 내담자가 표현 속에 이런 말들이 내포되어 있는 정도, 그 말을 사용하는 의도 등에 대하여 확인한다. 예를 들어, "나는 항상 지각을 해요."라고 하면 "지금까지 한 번도 빠짐없이 지각을 했다는 뜻인가요? 제 시간에 간 적은 없었나요?"라고 예외가 있음을 확인한다.
불가능을 가정하는 것	㉡ 불가능을 가정하는 표현을 확인하고 정정한다. '할 수 없다.', '해서는 안 된다' 등의 용어를 사용하면서 자신의 능력에 대하여 한계를 가정하는지 확인한다. 예를 들어 "나는 그런 말을 할 수가 없어요."라는 말에 대해서는 "그런 말을 어떻게 표현해야 할지 방법을 알 수 없다는 뜻인가요?"라고 불가능의 수준을 낮추도록 노력한다.
어쩔 수 없음을 가정하는 것	㉢ 어쩔 수 없음을 가정하고 있는지 확인하고 정정한다. '~ 말고는 방법이 없어요.' 등의 표현으로 강제로 그렇게 할 수밖에 없다는 포기의 뜻을 내포하는 내담자가 있다. 예를 들어 "사표를 내는 거 말고 다른 대안은 없어요."라고 말하면 "사표를 내는 것도 하나의 안이고 그걸 선택하려는 거네요."라고 대안의 의미를 확대하여 '어쩔 수 없음'이 '선택'으로 이어지도록 정정한다.

ANSWER 8.② 9.④

10 진로논점 파악하기에 관한 내용으로 틀린 것은?

① 호소논점 각각을 살펴보면서 가능하면 호소논점을 동시에 다루도록 한다.
② 진로논점의 중요도 순위를 정할 때는 상담자의 의견을 적극적으로 제안하지 않는다.
③ 한 영역에서 바람직한 변화가 일어나면 다른 영역에서도 변화가 이어서 일어날 수도 있다.
④ 진로상담이 내담자와 상담자의 협동작업이라는 것을 느낄 수 있도록 계속 자극한다.

해설

① 1번이 오답인 이유는 '모든 것을 동시에 다루는 것은 불가능하기 때문에 취사선택을 하고 중요도의 순서를 매기는 것이 중요하다.'이기 때문이다.

TIP 진로논점 파악하기 단계의 상담자 수행 내용

㉠ 내담자의 호소문제(호소논점) 중에서 문제가 딱 하나만 있는 것이 아니다. 모든 것을 동시에 다루는 것은 불가능하기 때문에 취사선택을 하고 중요도의 순서를 매기는 것이 중요하다.
㉡ 진로논점의 중요도 순위를 정하는 데 있어서 내담자의 입장을 충분히 경청하도록 하고, 상담자의 의견을 적극적으로 제안하지 않는다.
㉢ 내담자가 호소하는 진로논점 목록을 만들어 정리하면서 호소논점 간의 관계를 살펴보면 인과 관계를 파악할 수 있다. 호소논점 각각을 살피기보다는 먼저 논점 간의 관계를 정리하는 것이 바람직하다.
㉣ 진로논점에서 한두 가지 문제에 초점을 두고 다른 것은 뒤로 미루는 것이 바람직하지만, 한 영역에서 바람직한 변화가 일어나면 다른 영역에서도 변화가 이어서 일어날 수도 있다.
㉤ 진로상담이 진로상담가 중심의 지시적 상담이 아니라 내담자와 상담자의 협동작업이라는 것을 느낄 수 있도록 계속 자극한다.

11 상담자가 내담자로부터 얻은 정보들을 통합하여 내담자의 문제 형성 배경과 원인에 대해 가설을 세우고 치료에 필요한 개입 계획과 목표를 설정하는 과정은?

① 구조화
② 사례 개념화
③ 내담자 평가
④ 사례관리

해설

② 2번이 정답인 이유는 질문의 설명이 '사례 개념화'에 대한 것이기 때문이다.

TIP 진로상담 사례 개념화(case conceptualization)

㉠ 사례 개념화는 상담자가 내담자로부터 얻은 정보들을 통합하여 내담자의 문제 형성 배경과 원인에 대해 가설을 세우고 치료에 필요한 개입 계획과 목표를 설정하는 과정을 의미한다.
㉡ 사례 개념화는 내담자의 호소문제 및 문제의 배경, 문제를 발생시키고 유지되도록 하는 여러 요소를 통합적으로 검토하여 내담자들의 문제를 해결하는 개입 전략을 세우는 데 도움을 주는 것으로 나타났다.

※ 사례 개념화 요소의 활용

㉠ 수준 높은 사례 개념화는 내담자와의 상담 관계 형성 및 중기 이후의 상담을 효과적으로 이끌어 나가는 데 토대가 되며, 상담 개입을 이끄는 청사진으로써 상담의 성과에도 중요한 영향을 미친다.

㉡ 진로상담이 이루어지는 상황[대상, 회기 등]이 다양하기 때문에 사례 개념화 요소 중에서 필요한 요소를 선택해서 사례 개념화를 하는 것이 효율적이다.

㉢ 스페리와 스페리(Len Sperry & Jonathan Sperry, 2012)는 상담 장면이나 환경의 현실적인 이유에 따라 정보수집 차원의 '잠정적 사례 개념화', 사례 개념화의 모든 요소가 포함된 '종합형 사례 개념화', 상황이나 장면에 따라 몇 가지 요소를 선택적으로 추린 '간편형 사례 개념화' 등 3가지 방법을 제시하고 있다.

12 다음 내용에 해당하는 진로상담 이론은?

- 이 이론을 적용한 진로상담은 '개인이 일에서 추구하고자 하는 즐거움과 유능함을 동시에 얻는 것이 가능하다'라는 전제에서 출발한다.
- 내담자가 특정 영역에서 흥미와 능력이 균형을 이룬 상태의 경험을 강조하며, 일에서의 이러한 경험이 자신의 진로발달 및 진로결정과도 연결될 수 있도록 돕는 것이 진로상담가의 역할이라고 본다.

① 동기체계이론 ② 욕구위계이론
③ 몰입이론 ④ 직업흥미이론

해설

③ 3번이 정답인 이유는 해당 설명은 '몰입이론'에 대한 것이기 때문이다.

TIP 몰입이론을 적용한 진로상담의 내용과 방법

㉠ '개인이 일에서 추구하고자 하는 즐거움과 유능함을 동시에 얻는 것이 가능하다.'는 전제에서 출발한다.

㉡ 기본적으로 내담자가 흥미와 능력이 균형을 이룬 상태인 몰입을 특정한 영역에서 경험하고, 그러한 일에서의 경험이 자신의 진로발달 및 진로결정과도 연결될 수 있도록 돕는 것이 진로상담가의 역할이라고 본다.

㉢ 기존의 진로상담이 개인적 특성의 이해와 직업 세계에 대한 정보수집, 그 두 가지 측면이 조화를 이루는 영역에서 직업 선택의 단계로 진행된다고 볼 때, 몰입이론을 적용한 진로상담은 다음과 같은 내용과 방법으로 이루어진다.

몰입이론 적용 진로상담 단계	내용과 방법
개인적 특성을 이해하는 방법	개인의 능력과 흥미를 따로 평가하는 기존 방식과는 달리 개인이 어디에서 어떤 방식으로 몰입 경험을 하는지 탐색하고 평가한다.
직업정보 제공 방법	그 직업을 가진 사람들이 성장기에 가지고 있던 흥미나 적성 영역을 기초로 직업의 특성을 밝히기보다는 그 직업을 가진 사람들이 그들의 성장기에 어떤 영역에서 몰입 경험을 했었는지를 기초로 직업의 특성을 밝힐 수 있다.
몰입 경험 통제 능력 촉진 방법	몰입 경험을 통제하는 능력을 촉진하는 방법으로서 ㉠ 동기 수준의 유지 방법, ㉡ 목표의 구체화 방법, ㉢ 피드백 통로 마련 방법 등에 대한 상담이 필요하다.

ANSWER 10.① 11.② 12.③

학습 2 자기탐색 지원하기

1 **피터슨과 셀리그만이 제시한 강점 분류체계(VIA)의 덕목과 요소의 연결이 옳지 않은 것은?**

① 용기 : 용감성, 끈기, 활력, 진실성

② 정의 : 시민의식, 리더십, 공정성

③ 절제 : 감상력, 낙관성, 감사, 영성, 유머 감각

④ 지혜 및 지식 : 창의성, 호기심, 개방성, 학구열, 지혜

해설

③ 3번이 오답인 이유는 절제의 요소는 '자기조절, 신중성, 겸손, 용서' 등에 해당하기 때문이다.

TIP 강점 분류체계 : VIC(VIA) : value in action

덕목	내용	요소
지혜 및 지식	더 나은 삶을 위해 지식을 습득하고 활용하는 것과 관련된 인지적 강점	창의성, 호기심, 개방성, 학구열, 지혜
용기	목표 추구 과정에서 난관에 직면하더라도 이를 극복하면서 목표를 성취하려는 강인한 투지의 성격적 강점	용감성, 끈기, 활력, 진실성
자애	다른 사람을 보살피고 이해하며, 그들과 따뜻하고 친밀한 관계를 형성하도록 돕는 성격적 강점	친절, 사회지능, 사랑
절제	지나침으로부터 우리를 보호해주는 성격적 강점	자기조절, 신중성, 겸손, 용서
정의	모든 개인과 개인을 둘러싼 사회 간의 건강한 상호작용에 기여하는 성격적 강점	시민의식, 리더십, 공정성
초월성	현상과 행위에 대해 의미를 부여하고 보다 큰 우주와의 연결성을 추구	감상력, 낙관성, 감사, 영성, 유머 감각

2 다음은 피터슨과 셀리그만이 제시한 강점 분류체계(VIA)이다. 빈칸에 해당하는 덕목은?

덕목	요소
㉠	창의성, 호기심, 개방성, 학구열, 지혜
용기	용감성, 끈기, 활력, 진실성
자애	친절, 사회지능, 사랑
절제	자기조절, 신중성, 겸손, 용서
정의	시민의식, 리더십, 공정성
㉡	감상력, 낙관성, 감사, 영성, 유머감각

① ㉠ 지혜 및 지식, ㉡ 초월성

② ㉠ 정의, ㉡ 자애

③ ㉠ 용기, ㉡ 절제

④ ㉠ 정의, ㉡ 초월성

해설

① 1번이 정답인 이유는 질문에 해당 요소의 덕목은 '㉠ 지혜 및 지식, ㉡ 초월성'이기 때문이다.

TIP 강점 분류체계 : VIC(VIA) : value in action

덕목	내용	요소
지혜 및 지식	더 나은 삶을 위해 지식을 습득하고 활용하는 것과 관련된 인지적 강점	창의성, 호기심, 개방성, 학구열, 지혜
용기	목표 추구 과정에서 난관에 직면하더라도 이를 극복하면서 목표를 성취하려는 강인한 투지의 성격적 강점	용감성, 끈기, 활력, 진실성
자애	다른 사람을 보살피고 이해하며, 그들과 따뜻하고 친밀한 관계를 형성하도록 돕는 성격적 강점	친절, 사회지능, 사랑
절제	지나침으로부터 우리를 보호해주는 성격적 강점	자기조절, 신중성, 겸손, 용서
정의	모든 개인과 개인을 둘러싼 사회 간의 건강한 상호작용에 기여하는 성격적 강점	시민의식, 리더십, 공정성
초월성	현상과 행위에 대해 의미를 부여하고 보다 큰 우주와의 연결성을 추구	감상력, 낙관성, 감사, 영성, 유머 감각

ANSWER 1.③ 2.①

3 진로 가계도에 대한 설명으로 옳지 않은 것은?

① 진로 가계도는 진로상담 과정에서 활용될 수 있는 하나의 도구로서 진로상담의 '정보수집' 단계에서 유용한 일종의 질적 평가 과정이다.
② 진로 가계도를 분석할 때는 먼저 확장 질문을 하고 일반적인 질문의 순서로 진행한다.
③ 진로 가계도에서 가족 구성원의 관계를 표시하기 위해 친밀한 관계는 =, 갈등 관계는 ⪯, 소원한 관계는 ....의 기호를 사용한다.
④ 진로 가계도를 그릴 때 상담자가 주도하는 것이 아니라 내담자가 주도하여 직접 가족관계를 표현할 수 있도록 한다.

해설

② 2번이 오답인 이유는 해당 설명은 '진로 가계도를 분석할 때는 먼저 일반적인 질문을 하고 확장 질문의 순서로 진행한다.'이기 때문이다.

TIP 진로 가계도에 대한 설명

㉠ 진로 가계도는 진로상담 과정에서 활용될 수 있는 하나의 도구로서 진로상담의(내담자의) '정보수집' 단계에서 유용한 일종의 질적 평가 과정이다.
㉡ 진로 가계도는 가족상담에서 많이 활용되는 보웬(Bowen)의 가계도(genogram, 제노그램)를 진로상담 과정에 적용한 것이다.
㉢ 가계도라는 용어에 '진로'라는 단어를 추가한 이유는 내담자들이 자신의 사회화 과정에 대한 이야기를 하는 과정에서 진로에 관한 다양하면서도 유용한 탐색의 단서들을 제공해 줄 수 있기 때문이다.
㉣ 가족 구성원의 관계를 기호와 선으로 표기한 그림이 가계도이다. 구성원과 구성원 간의 관계를 표시하기 위해서 가계도에서는 이를 상징할 수 있는 기호를 사용한다.

※ 가계도의 기호

남성	네모 (□)	밀착된 관계	≡
여성	동그라미 (○)	친밀한 관계	=
사망	기호 안에 ×	소원한 관계	······
중심인물	중심인물은 두 겹 ◎	갈등관계	⪯

㉤ 진로 가계도를 분석할 때는 먼저 일반적인 질문을 하고 확장 질문의 순서로 진행한다.
㉥ 진로 가계도를 그릴 때 상담자가 주도하는 것이 아니라 내담자가 주도하여 직접 가족관계를 표현할 수 있도록 하고, 상담자는 내담자가 가계도를 그리는 데 집중할 수 있도록 촉진하는 역할을 한다.

4 **진로 가계도를 해석할 때 고려할 사항으로 옳지 않은 것은?**

① 가족 형상과 형제 순위 등의 가족관계를 확인하여 가족의 전체적인 구조를 이해한다.

② 가계도를 탐색하면서 가족 구성원의 역할과 관련하여 사회 · 경제적 지위와 직업적 특성을 알아본다.

③ 가계도 상에서 세대 간 반복되는 성별 구성비를 알아본다.

④ 가족 상호작용의 유형을 설명하는 선을 탐색하여 밀착, 친밀, 소원, 갈등적인 관계를 이해한다.

해설

③ 3번이 오답인 이유는 해당 설명은 '가계도 상에서 세대 간 반복되는 직업의 유형 탐색한다.'이기 때문이다.

TIP 진로 가계도 해석 시 고려할 사항

구분	내용
가족의 구조	가계도의 선과 기호가 어떻게 연결되어 있는지 탐색함으로써 가족의 구조를 확인한다. 가족 형상과 형제 순위 등의 가족관계를 확인하여 가족의 전체적인 구조를 이해한다.
세대 간 반복되는 유형	가계도 상에서 반복되는 직업의 유형을 탐색한다. 가족 유형은 세대를 거쳐 반복되는 경향이 있는데, 이러한 유형은 직업 유형에서도 나타날 가능성이 높다. 사회 변화에 따라 직업의 형태는 시대상을 반영하지만 전문성과 역량 면에서(측면에서) 살펴볼 수 있다.
가족의 역할과 직업	가족 구성원의 역할과 이들 직업 사이의 관계를 알아본다. 가계도를 탐색하면서 가족의 역할과 관련하여 직업의 사회 · 경제적 지위와 직업적 특성을 알아본다.
가족의 관계 유형	가족 상호작용의 (관계) 유형을 설명하는 선을 탐색하여 밀착, 친밀, 소원, 갈등적인 관계를 이해한다.

ANSWER 3.② 4.③

5 **가족체계이론에 대한 설명으로 옳지 않은 것은?**

① 가족을 바라보는 관점은 체계적 관점으로 접근하고 가족원들이 삶과 죽음 가운데 서로 뒤얽혀 있으며, 모든 사회 구성원들도 궁극적으로 서로 연관되어 있다고 본다.

② 초기 아동기의 경험은 가정환경에 의해 주로 영향을 받는데, 특히 부모와의 관계에 의해 영향을 받기 때문에 부모 행동에 관심을 기울였고, 부모와 자녀 간의 관계가 직업선택에 핵심 역할을 하는 것으로 보았다.

③ 가족이라는 한 시스템 속에서 개인이 어떤 경험을 했는지 체제적 관점으로 관계를 정의하는데, 이는 관계의 질을 맥락적 관점에서 이해할 수 있도록 도와준다.

④ 한 개인의 행동은 개인을 둘러싼 가족구성원의 의사소통 방식, 상호작용의 패턴, 심리적 거리감, 구성원의 독립심, 구성원간의 일체감 등으로 구성된 체계적 특징과 관련이 있다고 본다.

해설

② 2번이 오답인 이유는 해당 설명은 '로(Roe)의 욕구 이론'이기 때문이다.

TIP 진로 가계도를 뒷받침하는 이론

㉠ 가족체계이론
- 가족체계이론은 가족을 하나의 복잡하고 상호작용하는 체계(system)로 이해하며, 각 구성원이 서로에게 영향을 미치고, 서로의 행동을 조정하며, 공동으로 기능하는 복합적인 체계로 인식한다.
- 가족 구성원 각자의 역할과 책임, 그리고 그들이 상호작용하는 방식이 가족의 전체적인 기능과 안정성에 어떻게 기여하는지를 설명하는 이론이다.
- 개인의 행동이나 감정은 가족 내의 상호작용과 관계의 결과로 나타나며, 가족의 구조, 역할, 규칙, 경계 등이 개인의 행동에 영향을 미친다고 보기 때문에 개인의 심리적 문제를 이해하기 위해서는 그 개인이 속한 가족 체계를 살펴보아야 한다고 강조한다.

㉡ 로(Roe)의 욕구 이론
- 욕구이론에서는 부모와 자녀 간의 관계가 직업선택에 핵심 역할을 하는 것으로 본다. 초기의 경험은 가정환경에 의해 주로 영향을 받으며, 특히 부모와의 관계에 의해 영향을 받기 때문에 부모 행동에 대해 관심을 기울였다.

6 내담자의 자원 탐색에 사용되는 SWOT 분석에 대한 설명으로 옳지 않은 것은?

① SWOT는 강점(S : strength), 약점(W : weakness), 기회(O : opportunity), 위협(T : threat)을 의미한다.

② 기회(O)는 분석 대상의 지속적인 생존이나 긍정적인 영향을 주는 외부 요소를 의미한다.

③ 강점과 약점은 미래에, 기회와 위협은 현실에 우선시 된다고 한다.

④ 개인의 내부 역량과 외부 환경을 분석해서 진로를 개발하는 도구로도 사용할 수 있다.

해설

③ 3번이 오답인 이유는 해당 설명은 '강점과 약점은 현재에, 기회와 위협은 미래에 우선 된다.'이기 때문이다.

TIP SWOT 분석에 대한 설명

㉠ SWOT 분석은 특정한 사안에 대한 의사결정을 합리적이고 체계적으로 할 수 있도록 개발된 분석 기법이다.

㉡ SWOT는 강점(S : strength), 약점(W : weakness), 기회(O : opportunity), 위협(t : Threat)의 뜻을 가진 영어 단어 첫 글자로 만들어진 용어이다.

㉢ 외부 환경의 분석과 내부 역량을 평가해서 체계적이며 문제해결을 위한 새로운 방법을 찾는 경영기법에서 출발하고 있으나, 개인의 자기 분석을 통해서 진로를 개발하는 도구로도 사용할 수 있다.

㉣ 외·내부 환경의 분석을 바탕으로 기회와 위협의 요인들을 도출하고, 도출된 기회와 위협을 강점을 통하여 활용하고 약점을 보완하거나 회피할 수 있도록 전략적 계획을 수립하는 경영기법이다.

㉤ 강점과 약점은 현재에, 그리고 기회와 위협은 미래에 우선시 된다고 한다.

㉥ 강점(S)은 분석 대상이 가지고 있는 유·무형의 자산으로 성과를 만드는 데 긍정적인 역할을 하는 (내부) 요소, 약점(W)은 특정한 목표를 달성하거나 성과를 만드는 데 방해가 되는 내부 요소, 기회(O)는 분석 대상의 지속적인 생존이나 긍정적인 영향을 주는 외부 요소, 위협(T)은 목표를 달성하는 데 장애(장해)가 되거나 위험이 되는 외부 요소를 의미한다.

ANSWER 5.② 6.③

7 **내담자의 자원 탐색에 사용되는 SWOT 전략 수립 중 WO 전략에 대한 설명으로 옳지 않은 것은?**

① 다양화 전략

② 외부 환경의 기회를 활용해 자신의 약점을 보완할 수 있는 전략

③ 약점을 회피하기 위한 기회 발굴

④ 약점을 강점으로 전환하여 기회를 살리고, 기회를 살릴 수 없는 약점은 무시

해설

① 1번이 오답인 이유는 'WO : 방향 전환 전략'이기 때문이다.

TIP 진로 SWOT 전략 수립

㉠ 전략을 수립하는 방법은 두 가지 중, 하나는 강점과 기회 요소를 짝지어 경쟁력을 강화하는 전략을 마련하는 것이고, 다른 하나는 약점과 위협 요소를 짝지어 이를 극복하는 방안을 찾는 것이다.

㉡ 가장 먼저 세워야 할 전략은 자신의 강점과 기회를 활용하는 전략[SO]이다. 두 번째는 자신의 강점은 살리되 위험을 줄이는 전략[ST]이다. 세 번째는 기회를 살리되 자신의 약점을 감안하는 전략[WO]이다. 마지막으로 약점과 위협요인을 고려한 전략[WT]은 목표를 달성하기 위해서 반드시 고려해야 할 전략이다.

		내부 요소(현재에 우선 활용)			
공격적 전략	긍정요소	강점(Strength) 분석 대상이 가지고 있는 유무형의 자산으로 성과창출에 긍정적인 역할을 하는 내부 요소	약점(Weakness) 특정한 목표 달성 및 성과창출에 방해가 되는 내부 요소	부정요소	방어적 전략
		기회(Opportunity) 분석 대상의 지속적 생존, 성장에 긍정적인 영향을 주는 외부 요소	위협(Threat) 목표 달성에 장애가 되거나 위험이 되는 내부 요소		
		외부(외부 환경) 요소 (미래에 우선 활용)			

※ 진로 SWOT 매트릭스

SO : 공격적인 전략	ST : 다양화 전략
• 강점을 가지고(활용해) 기회를 살리는 전략 • 기회를 살리기 위한 강점 발굴	• 강점을 활용해 외부 환경의 위협 요소를 최소화하는 전략 • 위협을 회피하기 위한 강점 발굴
WO : 방향 전환 전략 • 외부 환경의 기회를 활용해 자신의 약점을 보완할 수 있는 전략 • 약점을 회피하기 위한 기회 발굴(약점 보완하여 기회를 살리는 전략) • 약점을 강점으로 전환하여 기회를 살리고, 기회를 살릴 수 없는 약점은 무시	**WT : 방어적 전략** • 약점을 보완하여 외부 환경의 위협 요소를 최소화하는 전략 • 약점을 보완할 수 없고 위협을 회피할 수 없다면 정면 대결 또는 철수

8 **다음 설명에 해당하는 용어(단어, 개념)로 알맞은 것은?**

> • 진로상담 과정에서 활용될 수 있는 하나의 도구로서 진로상담의 '정보수집' 단계에서 유용한 일종의 질적 평가 과정이다.
> • 내담자들이 자신의 사회화 과정에 대한 이야기를 하는 과정에서 진로에 관한 다양하면서도 유용한 탐색의 단서들을 제공해 준다.
> • 가족 구성원의 관계를 기호와 선으로 표시하기 위해 상징할 수 있는 기호를 사용한다.

① 커리어-오-그램
② 진로 가계도
③ 진로수레바퀴
④ 생애진로무지개

해설

② 2번이 정답인 이유는 질문의 설명은 '진로 가계도'에 대한 것이기 때문이다.

TIP 진로 가계도에 대한 설명

㉠ 진로 가계도는 진로상담 과정에서 활용될 수 있는 하나의 도구로서 진로상담의(내담자의) '정보수집' 단계에서 유용한 일종의 질적 평가 과정이다.
㉡ 진로 가계도는 가족상담에서 많이 활용되는 보웬(Bowen)의 가계도(genogram, 제노그램)를 진로상담 과정에 적용한 것이다.
㉢ 가계도라는 용어에 '진로'라는 단어를 추가한 이유는 내담자들이 자신의 사회화 과정에 대한 이야기를 하는 과정에서 진로에 관한 다양하면서도 유용한 탐색의 단서들을 제공해 줄 수 있기 때문이다.
㉣ 가족 구성원의 관계를 기호와 선으로 표기한 그림이 가계도이다. 구성원과 구성원 간의 관계를 표시하기 위해서 가계도에서는 이를 상징할 수 있는 기호를 사용한다.

※ 가계도의 기호

남성	네모 (□)	밀착된 관계	≡
여성	동그라미 (○)	친밀한 관계	=
사망	기호 안에 ×	소원한 관계	……
중심인물	중심인물은 두 겹 ◎	갈등관계	≶

㉤ 진로 가계도를 분석할 때는 먼저 일반적인 질문을 하고 확장 질문의 순서로 진행한다.
㉥ 진로 가계도를 그릴 때 상담자가 주도하는 것이 아니라 내담자가 주도하여 직접 가족관계를 표현할 수 있도록 하고, 상담자는 내담자가 가계도를 그리는 데 집중할 수 있도록 촉진하는 역할을 한다.

ANSWER 7.① 8.②

9 다음 설명에 해당하는 분석 기법은?

> • 특정한 사안에 대한 의사결정을 합리적이고 체계적으로 할 수 있도록 개발된 분석 기법이다.
> • 외부 환경의 분석과 내부 역량을 평가해서 체계적이며 문제해결을 위한 새로운 방법을 찾는 경영기법에서 출발하고 있으나, 개인의 자기 분석을 통해서 진로를 개발하는 도구로도 사용할 수 있다.

① PEST 분석　　② SWOT 분석
③ 3C 분석　　④ 5Why 분석

해설

② 2번이 정답인 이유는 질문의 설명은 'SWOT 분석'에 대한 것이기 때문이다.

TIP SWOT 분석에 대한 설명

㉠ SWOT 분석은 특정한 사안에 대한 의사결정을 합리적이고 체계적으로 할 수 있도록 개발된 분석 기법이다.
㉡ SWOT는 강점(S : strength), 약점(W : weakness), 기회(O : opportunity), 위협(t : threat)의 뜻을 가진 영어 단어 첫 글자로 만들어진 용어이다.
㉢ 외부 환경의 분석과 내부 역량을 평가해서 체계적이며 문제해결을 위한 새로운 방법을 찾는 경영기법에서 출발하고 있으나, 개인의 자기 분석을 통해서 진로를 개발하는 도구로도 사용할 수 있다.
㉣ 외 · 내부 환경의 분석을 바탕으로 기회와 위협의 요인들을 도출하고, 도출된 기회와 위협을 강점을 통하여 활용하고 약점을 보완하거나 회피할 수 있도록 전략적 계획을 수립하는 경영기법이다.
㉤ 강점과 약점은 현재에, 그리고 기회와 위협은 미래에 우선시 된다고 한다.
㉥ 강점(S)은 분석 대상이 가지고 있는 유 · 무형의 자산으로 성과를 만드는 데 긍정적인 역할을 하는 (내부) 요소, 약점(W)은 특정한 목표를 달성하거나 성과를 만드는 데 방해가 되는 내부 요소, 기회(O)는 분석 대상의 지속적인 생존이나 긍정적인 영향을 주는 외부 요소, 위협(T)은 목표를 달성하는 데 장애(장해)가 되거나 위험이 되는 외부 요소를 의미한다.

10 **피터슨과 셀리그만이 사고, 정서 및 행동에 반영되어 있는 긍정적 특질로 정의한 것은?**

① 강점 인식
② 능력 강점
③ 성격 강점
④ 강점 활용

해설

③ 3번이 정답인 이유는 질문의 설명은 '성격 강점'에 대한 것이기 때문이다.

TIP 강점에 대한 설명

㉠ 셀리그만(Seligman)은 심리학에 대해 "인간의 약점, 장애에 대한 것만이 아니라 인간의 강점과 덕성에 대한 학문"이기도 하며, 진정한 치료는 "손상된 것을 고치는 것뿐만 아니라 개인이 지니고 있는 최선의 역량을 이끌어내는 것"이어야 한다고 하였다.
㉡ 피터슨과 셀리그만은 성격 강점(character strengths)을 사고, 정서 및 행동에 반영되어 있는 긍정적 특질로 정의하였다.
㉢ 보다 포괄적인 관점으로 정의된 강점은 긍정적인 특질뿐만 아니라 타고난 능력이나 지식과 기술로 길러진 재능으로도 정의된다.
㉣ 강점 인식이란 자신의 강점을 자각하고 인지하는 것으로 정의된다. 강점 인식이 인지적인 측면을 강조한 것이라면, 강점 활용은 행동적인 측면을 강조했다고 볼 수 있다.
㉤ 강점 인식과 강점 활용의 연구 결과 이 둘은 구분되는 개념이며, 긍정적인 적응과 발달을 위해서는 강점 인식 이후에 강점 활용이 이루어져야 한다는 것을 시사한다.

ANSWER 9.② 10.③

학습 3 직업정보 탐색하기

1 직업정보의 효과성에 대한 설명으로 옳지 않은 것은?

① 리드(Reid, 1972)는 노동자가 노동시장에 대한 정확한 정보가 부재할 경우, 직업을 찾기도 힘들며 직업을 얻었다 하더라도 그 직업에 오래 머무르지 못한다고 제안하였다.

② 오하라(O'Hara, 1968)는 직업정보 없이는 직업 발달은 습관적이며 비합리적으로 될 가능성이 높다고 제안하고 있다.

③ 권경애(2000)는 직업정보가 직업 결정에 어떠한 영향을 주는지에 대한 연구 결과, 직업정보를 많이 제공받을수록 취업 결정에 성공할 확률이 높다고 하였다.

④ 김봉환(2010)은 준비가 되지 않은 상태라도 내담자가 정보를 요구할 때 직업정보를 제공하게 되면 자신의 진로를 계획할 수 있다고 하였다.

해설

④ 4번이 오답인 이유는 '준비가 되지 않은 상태에서는 단순히 정보를 요구했다고 해서 정보를 주게 되면 오히려 혼란을 일으킬 수 있고, 정보에 압도될 수도 있고, 전혀(정보가) 부적절한 것처럼 보일 수도 있다. 언제 어떻게 그 정보를 제공할 것인지를 판단하는 것이 진로정보를 활용하는 상담가의 주요 역량이라고 할 수 있다(Norman C. G, Mary J. H, Joseph A. J, 2003. 김봉환, 2010).'이기 때문이다.

TIP 진로정보의 효과성

㉠ Reid(1972)는 근로자에게 노동시장에 대한 정확한 정보가 부재할 경우, 근로자들은 직업을 찾기도 힘들며 직업을 얻었다 하더라도 그 직업에 오래 머무르지 못한다고 제안함.

㉡ O'Hara(1968)은 직업정보 없이는 직업발달은 습관적이며 비합리적으로 될 가능성이 높다고 제안함.

㉢ 권경애(2000)는 직업정보가 직업결정에 어떠한 영향을 주는지 알아보고자 했는데, 연구 결과 직업정보를 많이 제공받을수록 취업결정에 성공할 확률이 높다고 제안함– 더 나아가 노동시장 상황에 대한 정보의 제공, 장래의 직업전망 등 구직자가 보다 풍부하고 정확한 직업정보를 가지고 취업 및 자신의 미래를 결정할 수 있도록 지원해야 한다고 강조함.

㉣ Hoppock(1976)는 직업선택 과정에서 알아두어야 할 사항으로, ㉮ 선택 가능한 직업의 종류, ㉯ 직업에 관한 정보의 수집방법과 정확성을 가지고 선택하는 방법, ㉰ 직업선택 방법, ㉱ 자기가 설정한 목표를 객관적으로 재검토하고 자신의 선택범위 내에 있는 직업군의 세부 내용을 탐색하는 방법, ㉲ 직업선택 이전에 그 직업의 세부적인 내용의 이해 등을 제안하면서 직업정보의 중요성을 강조함.

㉤ Jepsen & Dilly(1974)는 개인의 훌륭한 직업결정 과정에는 반드시 그 개인에게 적절하고 의미있는 직업정보가 제공되었음을 제안하면서,– 직업정보 서비스를 양적 · 질적으로 향상시키는 것은 합리적 직업선택의 가능성을 높이는 핵심이라 강조함.

㉥ 박상철(2008), 「해외 직업연구 및 직업정보 개발 동향」, 한국고용정보원, p.6–7의 내용 중 ㉠~㉢만 NCS학습모듈(진로상담)에 수록되어 있어서 ㉣~㉤은 추가로 참고할 내용임.

2 **내담자의 필요에 따라 진로정보를 제공할 때 동기부여를 위한 목적이 아닌 것은?**

① 자극하기
② 도전감을 갖도록 하기
③ 발전 및 확장하기
④ 확신감을 갖도록 하기

해설

③ 3번이 오답인 이유는 해당 내용은 '교육적 목적'에 해당하기 때문이다.

TIP 내담자의 필요에 따른 진로정보 제공 목적

교육적 목적	동기부여를 위한 목적
정보 알려주기	자극하기
발전 및 확장하기	도전감을 갖도록 하기
수정하기	확신감을 갖도록 하기

3 **내담자의 진로정보에 대한 필요 수준에 따라 상담자가 수행할 내용으로 가장 적합한 것은?**

① 진로정보에 대한 관심이 높으면서 가지고 있는 정보량이 적다면 그 이유를 물어보고 내담자의 정확한 욕구를 탐색한다.
② 진로정보에 대한 관심이 낮으면서 정보량은 필요 이상으로 많이 가지고 있다면 적극적으로 직업정보를 탐색한다.
③ 진로정보에 대한 관심도 높고 가지고 있는 정보량도 많다면 적극적으로 집단상담 참여를 안내한다.
④ 진로정보에 대한 관심도 낮고 가지고 있는 정보량이 적다면 내담자의 문제를 다시 검토해 본다.

해설

④ 4번이 정답인 이유는 해당 설명은 '내담자가 진로정보에 대한 관심도 낮고 가지고 있는 정보량이 적다면 내담자의 문제를 다시 검토해 본다.'이기 때문이다.

TIP 내담자의 진로정보에 대한 필요 수준에 따라 내담자에게 제공하는 정보의 수준과 방법

㉠ 진로정보에 대한 관심이 낮으면서 정보량은 필요 이상으로 많이 가지고 있다면 그 이유를 물어보고 내담자의 정확한 욕구를 탐색한다.
㉡ 진로정보에 대한 관심도 낮고 가지고 있는 정보량이 적다면 내담자의 문제를 다시 검토해 본다.
㉢ 진로정보에 대한 관심이 높으면서 가지고 있는 정보량이 적다면 적극적으로 직업정보를 탐색한다.

ANSWER 1.④ 2.③ 3.④

4 다음 중 직업상담가와 진로상담가의 역할 비교가 옳지 않은 것은?

① 해석자 역할의 경우 직업상담가는 심리검사를 실시하고 해석하여 자신을 잘 이해하도록 돕지만 진로상담가는 해석 과정에 내담자를 적극적으로 참여시켜 검사가 성장의 도구가 되도록 지원한다.

② 분석자 역할의 경우 직업상담가는 직업정보를 분석하여 개인에게 적합한 정보를 제공하지만 진로상담가는 직업정보 분석 과정에서 내담자의 개입 정도를 점차 늘려서 자신감을 회복하도록 지원한다.

③ 조언자 역할의 경우 직업상담가는 내담자의 정보량을 확인하고 탐색 방법을 조언하지만, 진로상담가는 직업정보를 가지고 내담자를 조언하고 지원한다.

④ 관리자 역할의 경우 직업상담가는 상담 과정에서 전반의 업무를 관리하고 통제하지만 진로상담가는 상담 과정에서 일어나는 내담자의 변화를 격려하고 지원한다.

해설

③ 3번이 오답인 이유는 해당 설명은 '조언자 역할의 경우 직업상담가는 직업정보를 가지고 내담자를 조언하는 조언자이다. 진로상담에서는 내담자 스스로가 직업정보를 대하는 태도를 보고 격려한다.'이기 때문이다.

TIP 직업상담가와 구별되는 진로상담가의 역할

역할	직업상담가	진로상담가
상담	내담자의 정보, 직업세계 정보, 미래사회 정보를 통합하여 직업선택에 도움을 주는 일련의 상담활동을 수행한다.	직업선택 과정까지의 내담자의 건강한 성장을 지원한다.
처치	직업문제를 갖고 있는 내담자에게 문제를 인식하도록 문제를 진단하고 처치할 수 있는 처치자이다.	내담자의 내적 갈등을 발견하고 이를 지원한다.
조언	직업정보를 가지고 내담자를 조언하는 조언자이다.	내담자 스스로가 직업정보를 대하는 태도를 보고 격려한다.
지원	내담자가 스스로 직업문제를 해결하도록 도우며 진로지도 프로그램을 적용하는 지원자이다.	직업문제가 발생하게 된 내담자의 내적 갈등을 지원한다.
해석	진로상담의 도구인 내담자의 성격, 흥미, 적성, 진로성숙도 등에 관한 검사를 실시하고 결과를 분석 · 해석하여 내담자가 자신을 잘 이해하도록 돕는 해석자이다.	그 해석 과정에 내담자를 적극적으로 참여시켜 검사가 성장의 도구가 되도록 지원한다.
분석	직업정보를 수집하고 이를 분석 · 가공 · 관리하며, 피드백을 통하여 정보를 축적하는 임무를 수행하고 개인에게 적합한 정보를 제공하는 직업정보 분석자이다.	직업정보 분석 과정에서 내담자의 개입 정도를 점차 늘려서 자신감을 회복하도록 지원한다.
관리	상담과정에서 일어나는 일련의 업무를 관리하고 통제하는 관리자이다.	내담자의 상담과정에서 일어나는 변화를 격려하고 지원한다.

5 **다음 중 진로상담가의 역할에 관한 설명으로 옳지 않은 것은?**

① 내담자가 스스로 직업문제를 해결하도록 도우며 진로지도 프로그램을 적용하여 지원한다.
② 직업심리 검사 해석 과정에 내담자를 적극적으로 참여시켜 검사가 성장의 도구가 되도록 지원한다.
③ 직업문제가 발생하게 된 내담자의 내적 갈등을 지원한다.
④ 직업정보 분석 과정에서 내담자의 개입 정도를 점차 늘려서 자신감을 회복하도록 지원한다.

해설

① 1번이 오답인 이유는 해당 설명은 '직업상담가의 역할'이기 때문이다.

TIP 직업상담가와 구별되는 진로상담가의 역할

역할	직업상담가	진로상담가
상담	내담자의 정보, 직업세계 정보, 미래사회 정보를 통합하여 직업선택에 도움을 주는 일련의 상담활동을 수행한다.	직업선택 과정까지의 내담자의 건강한 성장을 지원한다.
처치	직업문제를 갖고 있는 내담자에게 문제를 인식하도록 문제를 진단하고 처치할 수 있는 처치자이다.	내담자의 내적 갈등을 발견하고 이를 지원한다.
조언	직업정보를 가지고 내담자를 조언하는 조언자이다.	내담자 스스로가 직업정보를 대하는 태도를 보고 격려한다.
지원	내담자가 스스로 직업문제를 해결하도록 도우며 진로지도 프로그램을 적용하는 지원자이다.	직업문제가 발생하게 된 내담자의 내적 갈등을 지원한다.
해석	진로상담의 도구인 내담자의 성격, 흥미, 적성, 진로성숙도 등에 관한 검사를 실시하고 결과를 분석 · 해석하여 내담자가 자신을 잘 이해하도록 돕는 해석자이다.	그 해석 과정에 내담자를 적극적으로 참여시켜 검사가 성장의 도구가 되도록 지원한다.
분석	직업정보를 수집하고 이를 분석 · 가공 · 관리하며, 피드백을 통하여 정보를 축적하는 임무를 수행하고 개인에게 적합한 정보를 제공하는 직업정보 분석자이다.	직업정보 분석 과정에서 내담자의 개입 정도를 점차 늘려서 자신감을 회복하도록 지원한다.
관리	상담과정에서 일어나는 일련의 업무를 관리하고 통제하는 관리자이다.	내담자의 상담과정에서 일어나는 변화를 격려하고 지원한다.

ANSWER 4.③ 5.①

6 **조앤(Joann)의 직업선택 의사결정과정 6단계를 순서대로 바르게 제시한 것은?**

① 개인의 직업 특성 평가 – 직업선택의 인식 – 적합한 직업의 목록화 – 직업정보의 수집 – 선택 직업의 결정 – 진입을 위한 실천 행동

② 직업선택의 인식 – 개인의 직업 특성 평가 – 적합한 직업의 목록화 – 직업정보의 수집 – 선택 직업의 결정 – 진입을 위한 실천 행동

③ 개인의 직업 특성 평가 – 직업정보의 수집 – 적합한 직업의 목록화 – 선택 직업의 결정 – 직업선택의 인식 – 진입을 위한 실천 행동

④ 직업선택의 인식 – 개인의 직업 특성 평가 – 직업정보의 수집 – 적합한 직업의 목록화 – 선택 직업의 결정 – 진입을 위한 실천 행동

해설

② 2번이 정답인 이유는 해당 내용은 '조앤(Joann)의 직업선택 의사결정과정 6단계'를 순서대로 제시하고 있기 때문이다.

TIP 조앤(Joann, 2002)의 직업선택 의사결정과정 6단계

㉠ 1단계 : 직업선택의 인식
㉡ 2단계 : 개인의 직업특성 평가
㉢ 3단계 : 적합한 직업의 목록화
㉣ 4단계 : 직업목록에 관한 직업정보의 수집
㉤ 5단계 : 선택 직업의 결정
㉥ 6단계 : 선택 직업 진입을 위한 실천 행동

7 **다음은 조앤(Joann)의 직업선택 의사결정과정에 대한 설명이다. 내용에 따른 단계별 순서를 바르게 제시한 것은?**

> ㉠ 개인에게 적합한 직업목록을 생성하는 단계이다.
> ㉡ 정확한 비교를 위해 다양한 경로를 통해 직업정보를 탐색하고 수집하는 단계이다.
> ㉢ 심리검사 등을 통하여 개인의 특성을 평가하는 단계이다.
> ㉣ 내담자들이 직업에 바로 진입이 가능한지 혹은 훈련, 자격 취득, 진학 등과 같이 진입을 위한 준비 과정을 거쳐야 하는지를 결정하는 단계이다.
> ㉤ 많은 정보 중에서 내담자가 자신의 특성에 맞게 정보를 정리하고 비교한 다음, 최종적으로 선택 직업을 결정하는 단계이다.
> ㉥ 직업선택을 왜 해야 하는지 인식하는 단계이다.

① ㉥ – ㉤ – ㉠ – ㉡ – ㉣ – ㉢
② ㉥ – ㉢ – ㉠ – ㉡ – ㉤ – ㉣
③ ㉥ – ㉠ – ㉢ – ㉤ – ㉡ – ㉣
④ ㉥ – ㉡ – ㉠ – ㉢ – ㉣ – ㉤

해설

② 2번이 정답인 이유는 해당 설명은 'ⓗ 1단계 : 직업선택의 인식 – ⓒ 2단계 : 개인의 직업특성 평가 – ㉠ 3단계 : 적합한 직업의 목록화 – ⓛ 4단계 : 직업목록에 관한 직업정보의 수집 – ⓜ 5단계 : 선택 직업의 결정 – ⓡ 6단계 : 선택 직업 진입을 위한 실천 행동'에 대한 것이기 때문이다.

TIP 조앤(Joann, 2002)의 직업선택 의사결정과정 6단계

조앤(Joann)은 의사결정과정에서의 직업정보의 역할에 초점을 두고 의사결정과정을 구체화하였다.

단계	내용
1단계 : 직업선택의 인식	• 자신이 직업을 선택해야 하는 필요성을 인식하게 되는 단계이다. • 내담자가 직업선택 및 변화의 필요성을 인식한다는 것은 직업선택 과정을 시작하고 수행하게 되는 시작점으로 중요한 단계이다. • 개인의 내적인 과정이며, 1단계에 도달할 때까지 내담자는 직업정보를 활용하지 않으며, 내담자의 진로정보에 대한 욕구를 파악하는 중요한 이유가 된다.
2단계 : 개인의 직업특성 평가	• 내담자가 자신의 직업특성에 관해 객관적으로 탐색하고 확인하는 과정을 거쳐야 할 것이다. • 이 단계에서는 커리어넷과 워크넷(고용24)에서 제공하는 심리검사 등을 통하여 개인의 특성을 평가하며, 결과에 따라 적합한 직업을 탐색할 수 있다.
3단계 : 적합한 직업의 목록화	• 다양한 심리검사를 하고 결과를 종합하여 개인에게 적합한 직업목록을 생성한다.
4단계 : 직업목록에 관한 직업정보의 수집	• 직업선택 의사결정을 한 경우에는 직업정보를 가장 필요로 하게 되고, 다양한 경로를 통해 수집된 정보는 직업 목록상의 비교 준거로써 활용된다. • 4단계에서 필요로 하는 주요 정보는 직업 내용, 근로조건, 전망 등과 같은 직업 자체에 대한 정보와 요구하는 학력 수준, 능력 등과 같은 직업에 종사하는 인적 자원에 대한 정보로 유형화할 수 있다.
5단계 : 선택 직업의 결정	• 수집한 직업정보들을 활용하여 직업 간 비교를 통해 최종적으로 선택 직업을 결정하게 된다. • 이 단계에서는 많은 정보 중에서 내담자가 자신의 특성에 맞게 정보를 정리하고 비교할 수 있도록 도와준다.
6단계 : 선택 직업 진입을 위한 실천 행동	• 6단계에서는 내담자들이 선택 직업에 진입하기 위한 정보들을 요구하게 된다. • 자신이 선택한 직업에 바로 진입이 가능한지 혹은 훈련, 자격 취득, 진학 등과 같이 진입을 위한 준비 과정을 거쳐야 하는지를 결정하게 된다.

ANSWER 6.② 7.②

8 인터넷상의 진로정보 평가 기준과 내용이 옳지 않은 것은?

① 신뢰성 : 얼마나 증명 가능한 정보인가?
② 정확성 : 왜 해당 정보가 해당 위치에 존재하는가?
③ 최신성 : 언제 작성된 정보인가?
④ 객관성 : 해당 정보가 혹시 다른 사이트를 홍보하고 있지는 않은가?

해설

② 2번이 오답인 이유는 '객관성 : 왜 해당 정보가 해당 위치에 존재하는가?'이기 때문이다.

TIP 인터넷상의 진로정보 평가 기준(Bolles, 2009)

㉠ **권한** : 누가 왜 해당 정보를 제공하거나 작성하였는가?
㉡ **신뢰성** : 얼마나 증명 가능한 정보인가?
㉢ **객관성** : 왜 해당 정보가 해당 위치에 존재하는가? 해당 정보가 혹시 다른 사이트를 홍보하고 있지는 않은가?
㉣ **최신성** : 언제 작성된 정보인가? 작성 시기를 파악할 수 있는가?
㉤ **전문성** : 정보가 전문성 있게 제시되어 있는가?

9 워크넷(고용24)을 이용하여 직업정보를 탐색하는 방법으로 옳지 않은 것은?

① 연령별 찾기
② 대상별 찾기
③ 신직업 · 창직 찾기
④ 이색 직업별 찾기

해설

① 1번이 오답인 이유는 워크넷(고용24)에서는 '연령별로 직업정보를 검색할 수 없다.'이기 때문이다.

TIP 워크넷(고용24)을 이용하여 직업정보를 탐색하는 방법

㉠ 직종명으로 찾기, ㉡ 분류별 찾기, ㉢ 대상별 찾기, ㉣ 주제별(테마별) 찾기, ㉤ 지식별 찾기, ㉥ 업무수행 능력별 찾기, ㉦ 신직업 · 창직 찾기, ㉧ 이색 직업별 찾기, ㉨ 통합 찾기[지식 · 능력 · 흥미] 등이 있다.

10 다음 설명에 해당하는 용어(단어, 개념)로 알맞은 것은?

> • 개인이 진로에서 어떤 선택이나 결정할 때 또는 직업 적용이나 직업 발달을 꾀할 때 필요로 하는 모든 자료를 총칭하는 개념
> • 개인의 진로선택 및 결정 등 진로발달을 지원하는 메시지 혹은 서비스 기능을 갖춘 구조화된 자료

① 직업사전
② 진로정보
③ 진로가이드
④ 직업인 인터뷰

해설

② 2번이 정답인 이유는 해당 설명은 '진로정보'에 대한 것이기 때문이다.

11 빈칸에 들어갈 알맞은 용어(단어, 개념)는?

> (　　　)은/는 국무총리 산하 국책기관으로서 그 아래에 진로 · 직업정보센터를 설치하여 각종 진로정보에 대한 연구뿐만 아니라 수요자가 직접 필요로 하는 진로정보를 생산하여 커리어넷 홈페이지(www.career.go.kr)를 통해 보급하고 있다.

① 한국고용정보원
② 직업능력평가심사원
③ 한국고용노동교육원
④ 한국직업능력연구원

해설

④ 4번이 정답인 이유는 해당 설명은 '한국직업능력연구원'에 대한 것이기 때문이다.

TIP 한국직업능려연구원

㉠ 한국직업능력연구원은 국무총리 산하 국책기관으로서 그 아래에 진로 · 직업정보센터를 설치하여 각종 진로정보에 대한 연구뿐만 아니라 수요자가 직접 필요로 하는 진로정보를 생산하여 커리어넷 홈페이지(www.career.go.kr)를 통해 보급하고 있다.

㉡ 한국직업능력연구원에서 제공하는 직업정보로는 직업사전, 직업정보서, 직업[직업인] 동영상, 직업카드, 직업 지표 전망[연구보고서] 등이 생산 및 제공되고 있다.

㉢ 수록된 직업정보에는 대체로 해당 직업에서 하는 일, 흥미와 적성, 관련 자격 등과 같은 기본적인 정보뿐만 아니라 해당 분야의 취업 현황, 직업 전망, 준비 방법, 관련 학과 등 다양한 사항을 포함하고 있다. 그러나 개인이 원하는 직업에서 일정 수준에 도달하기 위하여 어떠한 경력 경로를 밟아야 하는지, 해당 직업 이후의 경력개발은 어떻게 이루어지고 있는지 등의 정보는 구체적인 제시가 부족하고 소개 수준에 그치고 있다.

ANSWER 8.② 9.① 10.② 11.④

12 빈칸에 들어갈 알맞은 용어(단어, 개념)는?

> (　　　)에서 제공하는 직업정보는 한국고용정보원 미래직업 연구팀이 매년 실시하는 재직자 조사 결과를 바탕으로 제공하는 것으로서 각 직업이 어떤 일을 하는지, 그 일을 하기 위해서 어떤 교육훈련이나 자격이 필요한지, 각 직업은 어떤 특성을 지니는지 소개하고 있다.

① HRD－Net　　② 커리어넷
③ 고용24　　④ HRD4U

해설

③ 3번이 정답인 이유는 해당 설명은 '고용24'에 대한 것이기 때문이다.

TIP 한국고용정보원

㉠ 한국고용정보원은 고용노동부 산하 기관으로서 직업연구센터와 생애진로개발센터를 중심으로 수요자가 직접 활용할 수 있는 진로정보를 생산하고 있다. 생산된 진로정보는 대체로 워크넷 홈페이지(www.work.go.kr), 고용24(www.work24.go.kr)를 통해 제공되고 있다.

㉡ 한국고용정보원에서 제공하는 직업정보는 우리나라 전체 직업 및 유사 직업을 발굴하여 직업사전으로 제작하고 있으며, 한국 직업 전망, 이색 및 테마별 직업 탐방, 신직업, 외국직업 등을 발굴하여 제공하고 있다.

㉢ 각 직업별 직무, 관련 교육, 자격훈련 전반에 대한 사항과 전망을 제시하고 직업별로 요구되는 성격, 흥미, 가치관 등도 제시하고 있다.

㉣ 직업 · 직장에 대한 정보 외에도 일자리나 취업 관련 뉴스, 이력서 작성 등 필요 정보, 취업 가이드, 일자리나 구인 정보 등 취업과 고용에 관한 정보들도 생산 및 제공되고 있다.

학습 4 진로계획 지원하기

1 **다음 중 진로 미결정자에 대한 설명으로 옳지 않은 것은?**

① 진로 미결정자는 발달적 미결정자와 만성적 미결정자로 나뉜다.
② 발달적인 관점에서 미결정자는 정보와 의사결정능력이 부족해서 결정하지 못하고 있는 유형이다.
③ 발달적인 관점에서 진로미결정자는 직업을 결정하는 발달의 비정상적인 과정에 존재하는 '아직 결정에 이르지 않은' 상태를 의미한다.
④ 우유부단한 성격 특성을 동반하여 만성적인 미결정 상태에 남아 있는 진로 미결정자도 있다.

해설

③ 3번이 오답인 이유는 해당 설명은 발달적인 관점에서 진로미결정자는 직업을 결정하는 발달의 정상적인 과정에 존재하는 '아직 결정에 이르지 않은' 상태를 의미하기 때문이다.

TIP 진로 미결정

㉠ 발달적인 관점에서 진로 미결정은 직업을 결정하는 발달의 정상적인 과정에 존재하는 '아직 결정에 이르지 않은' 상태를 의미한다.
㉡ '발달적인 미결정자'는 정보가 부족하거나 의사결정 능력이 부족하여 아직 결정을 못했거나 결정에 몰입하지 못하고 있는 개인일 수 있다.
㉢ 발달 과정에 있는 진로 미결정자와는 달리, 우유부단한 성격 특성을 동반하여 만성적인 미결정 상태에 남아 있는 진로 미결정자도 있다. 이들은 '우유부단함'이라는 성격 특성 때문에 시간이 지나거나 정보가 제공되더라도 여전히 의사결정을 하지 못하는 경우이다.
㉣ 미결정자 중에는 미결정 상태를 불편하게 여기고 결정에 이르고 싶어 하는 동기를 가진 경우와 미결정 상태를 변화시키고자 하는 의지를 갖지 않은 편안한 미결정자 집단으로 분류하기도 한다.
㉤ 진로 미결정을 다룰 때는 발달적 미결정자와 만성적 미결정자를 구분하고 편안 상태를 점검하여 접근할 필요가 있다.

ANSWER 12.③ / 1.③

2 진로 의사결정의 수준과 관련한 내용 중 옳은 것은?

① 진로 미결정 유형은 확인형, 수행형, 갈등 회피형 등으로 구분하는 견해도 있다.
② '미결정-편안 집단'은 미결정에도 불구하고 도움의 필요를 느끼지 않을 것이다.
③ 진로 결정 유형은 지연형, 발달형, 다재다능형 등으로 나누는 견해도 있다.
④ 우유부단은 성격 특성이므로 정보가 제공되어도 의사결정을 하지 못할 수 있다.

해설

② 2번이 정답인 이유는 해당 설명은 '미결정-편안 집단'은 결정을 연기할 만한 합당한 이유를 가진 집단이기 때문에 미결정에도 불구하고 도움의 필요를 느끼지 않을 것이기 때문이다.

TIP 진로의사결정 상태(또는 수준)

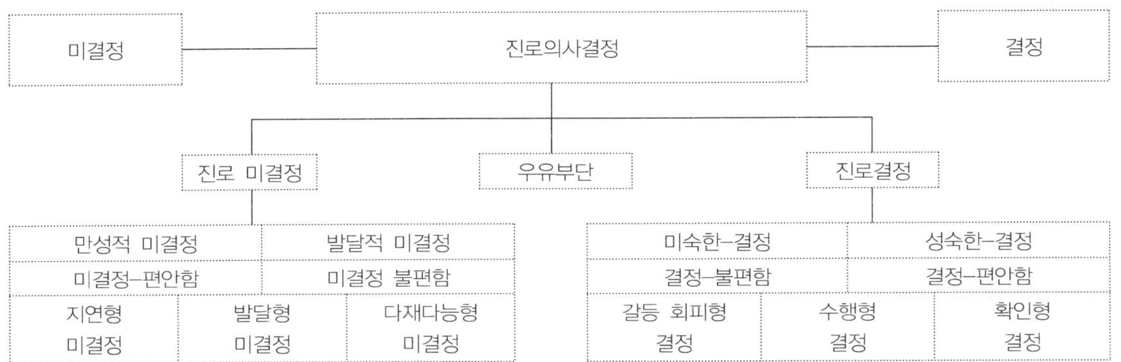

㉠ 진로 미결정

- 발달적인 관점에서 진로 미결정은 직업을 결정하는 발달의 정상적인 과정에 존재하는 '아직 결정에 이르지 않은' 상태를 의미한다.
- '발달적인 미결정자'는 정보가 부족하거나 의사결정 능력이 부족하여 아직 결정을 못했거나 결정에 몰입하지 못하고 있는 개인일 수 있다.
- 발달 과정에 있는 진로 미결정자와는 달리, 우유부단한 성격 특성을 동반하여 만성적인 미결정 상태에 남아 있는 진로 미결정자도 있다. 이들은 '우유부단함'이라는 성격 특성 때문에 시간이 지나거나 정보가 제공되더라도 여전히 의사결정을 하지 못하는 경우이다.
- 미결정자 중에는 미결정 상태를 불편하게 여기고 결정에 이르고 싶어 하는 동기를 가진 경우와 미결정 상태를 변화시키고자 하는 의지를 갖지 않은 편안한 미결정자 집단으로 분류하기도 한다.
- 진로 미결정을 다룰 때는 발달적 미결정자와 만성적 미결정자를 구분하고 편안 상태를 점검하여 접근할 필요가 있다.

㉡ 진로 결정

- 진로 결정을 다룰 때는 만성적 결정자와 발달적 결정자로 구분하고 편안한 상태를 점검하여 접근할 필요가 있다.
- '결정-불편 집단'은 진로를 결정했음에도 불구하고 도움이 필요한 집단이며, '미결정-편안 집단'은 결정을 연기할 만한 합당한 이유를 가진 집단이기 때문에 미결정에도 불구하고 도움의 필요를 느끼지 않을 것이다(Jones, 1989). 진로 미결정자뿐만 아니라 '결정-불편 내담자'에 대해서도 차별적인 진단과 처치를 하도록 한다.

3 **딘클라게(Dinklage)의 의사결정 유형에 대한 설명으로 옳지 않은 것은?**

① 의사결정 유형에 관한 연구는 딘클라게에 의해 처음 시작되었다.
② 논리형, 망설이는 형, 생각 없이 결정하는 형, 직관형, 감정형, 순응형의 6가지 유형으로 구분하였다.
③ 분류된 의사결정 행동이 여러 종류의 의사결정에서 일관되게 나타난다고 주장하였다.
④ 특성 개념의 중요성을 제시해 주고 의사결정 유형에 대한 계속적인 탐구를 자극시켰다.

해설

② 2번이 오답인 이유는 해당 설명은 '아로바(Arroba)의 의사결정 유형'에 대한 것이기 때문이다.

TIP 딘클라게(Dinklage)의 의사결정 유형

㉠ 의사결정 유형에 관한 연구는 딘클라게에 의해 처음 시작되었다.
㉡ 딘클라게는 계획형, 직관형, 순응형, 운명론형, 충동형, 지연형, 번민형, 마비형의 8가지 의사결정 유형을 분류했다.
㉢ 딘클라게의 8가지 유형 가운데 계획적 유형은 가장 효과적인 것으로, 직관적 유형은 어느 정도 효과적인 것으로, 그 외의 다른 유형들은 비효과적인 것으로 보았다.
㉣ 딘클라게의 분석은 분류된 의사결정 행동이 여러 종류의 의사결정에서 일관되게 나타난다고 주장하며 특성 개념의 중요성을 제시해 주고 의사결정 유형에 대한 계속적인 탐구를 자극시켰다.

4 **아로바(Arroba)의 의사결정 유형에 대한 설명으로 옳은 것은?**

① 의사결정 유형에 관한 연구는 아로바(Arroba)에 의해 처음 시작되었다.
② 계획형, 직관형, 순응형, 운명론형, 충동형, 지연형, 번민형, 마비형의 8가지 의사결정 유형을 분류했다.
③ 개인은 의사결정 상황에 따라 의사결정 전략을 다양하게 활용한다고 주장하였다.
④ 특성 개념의 중요성을 제시해주고 의사결정 유형에 대한 계속적인 탐구를 자극시켰다.

해설

③ 3번이 정답인 이유는 해당 설명은 '딘클라게(Dinklage)의 의사결정 유형'에 대한 것이기 때문이다.

TIP 아로바(Arroba)의 의사결정 유형

㉠ 아로바는 의사결정 유형을 논리형, 망설이는 형, 생각 없이 결정하는 형, 직관형, 감정형, 순응형의 6가지 유형으로 구분하였다.
㉡ 딘클라게와 달리 아로바는 개인은 의사결정 상황에 따라 의사결정 전략을 다양하게 활용한다고 주장하였다.

ANSWER 2.② 3.② 4.③

5 **다음 중 의사결정 유형에 대한 설명으로 옳은 것은?**

① 아로바(Arroba)는 적절한 자기존중감을 지니고 잘 분화되고 통합된 자아개념을 가지며 자신의 의사결정에 책임을 지는 사람이 효과적인 의사결정을 할 수 있는 사람이라고 하였다.

② 하렌(Harren)의 의사결정 유형 중 신중형은 자신과 상황에 대한 정확한 정보를 수집하고 신중하고 논리적으로 의사결정을 수행해 나가며 의사결정에 대한 책임을 진다고 보았고, 감정형은 의사결정의 기초로 상상을 사용하고 현재의 감정에 주의를 기울이며 정서적 자각을 사용한다.

③ 딘클라게(Dinklage)는 의사결정 유형을 계획형, 직관형, 순응형, 운명론형, 충동형, 지연형, 번민형, 마비형의 8가지로 분류하였으며, 의사결정 행동이 여러 종류의 의사결정에서 일관되게 나타난다고 하였다.

④ 아로바(Arroba)의 의사결정 유형 중 논리형 유형은 가장 효과적인 것으로, 직관적 유형은 어느 정도 효과적인 것으로, 그 외의 다른 유형들은 비효과적인 것으로 보았다.

해설

③ 3번이 정답인 이유는 해당 설명은 '딘클라게(Dinklage)의 의사결정 유형'에 대한 것이기 때문이다.

TIP 의사결정 유형에 대한 설명

㉠ 딘클라게(Dinklage)의 의사결정 유형
- 의사결정 유형에 관한 연구는 딘클라게에 의해 처음 시작되었다.
- 딘클라게는 계획형, 직관형, 순응형, 운명론형, 충동형, 지연형, 번민형, 마비형의 8가지 의사결정 유형을 분류했다.
- 딘클라게의 8가지 유형 가운데 계획적 유형은 가장 효과적인 것으로, 직관적 유형은 어느 정도 효과적인 것으로, 그 외의 다른 유형들은 비효과적인 것으로 보았다.
- 딘클라게의 분석은 분류된 의사결정 행동이 여러 종류의 의사결정에서 일관되게 나타난다고 주장하며 특성 개념의 중요성을 제시해 주고 의사결정 유형에 대한 계속적인 탐구를 자극시켰다.

㉡ 아로바(Arroba)의 의사결정 유형
- 아로바는 의사결정 유형을 논리형, 망설이는 형, 생각 없이 결정하는 형, 직관형, 감정형, 순응형의 6가지 유형으로 구분하였다.
- 딘클라게와 달리 아로바는 개인은 의사결정 상황에 따라 의사결정 전략을 다양하게 활용한다고 주장하였다.

㉢ 하렌(Harren)의 의사결정 유형
- 하렌은 효과적인 의사결정자는 적절한 자아존중감과 잘 분화되고 통합된 자아개념을 갖고 있으며, 합리적 의사결정 유형을 활용하고 의사결정에 대한 책임을 지는 사람으로, 성숙한 대인관계와 분명한 목적의식을 가진 사람이다.
- 개인이 의사결정 과제를 지각하고 그에 반응하는 특징적인 방식을 말하며 합리적 유형, 직관적 유형, 의존적 유형으로 나누고 있다.

유형	특징
합리적 유형	• 충분한 정보를 바탕으로 합리적으로 결정하지만 결정에 시간이 오래 걸림 • 정확한 [정보]를 바탕으로 의사결정을 한다.
직관적 유형	• 순간적으로 판단하여 다소 충동적으로 결정하지만 결정에 책임을 짐 • 자신의 결정에 따른 결과에 대해 [책임]을 진다.
의존적 유형	• 타인의 의견을 받아들여 결정하지만 결과의 책임을 남에게 돌림 • 주변에 도움을 줄 수 있는 사람의 [조언]을 듣는다.

6 **진로상담에서 의사결정 수준에 따라 내담자를 분류할 때 진로 결정자 유형에 해당하지 않는 것은?**

① 종속형 결정
② 확인형 결정
③ 수행형 결정
④ 갈등회피형 결정

해설

① 1번이 오답인 이유는 진로 결정자 유형은 '㉠ 갈등 회피형 결정, ㉡ 수행형 결정, ㉢ 확인형 결정'에 해당하기 때문이다.

TIP 진로의사결정 상태(또는 수준)

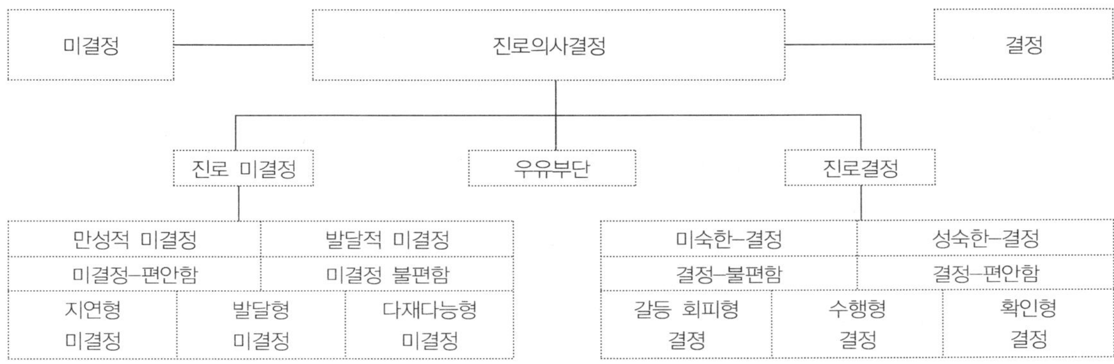

ANSWER 5.③ 6.①

7 다음 설명에 해당하는 진로대안을 평가하는 방법은?

> 내담자의 선호도 목록에 준해 각 직업들을 점검하는 데 목적이 있으며, 이 선호도들은 이전의 상담 단계에서 최근의 선호하는 직업 종류들을 찾아낸 것들이다. 수행 방법으로는, 우측에는 고려 중인 직업들의 명세표를 만들고 좌측에는 선호하는 가치를 적는다. 다음에는 내담자에게 한 개의 직업을 각 가치에 대응하여 5점 척도로 대안을 평가하게 한다.

① 원하는 성과 연습
② 대차대조표 연습
③ 확률 추정 연습
④ 찬반 연습

해설

① 1번이 정답인 이유는 해당 설명은 '원하는 성과 연습'에 대한 것이기 때문이다.

TIP 원하는 성과 연습

㉠ 원하는 성과 연습의 목적은 내담자의 선호도 목록에 준해 각 직업들을 점검하는 데 있있으며, 이 선호도들은 이전의 상담 단계에서 최근의 선호하는 직업 종류들을 찾아낸 것들이다.

㉡ 우측에는 고려 중인 직업들의 명세표를 만들고 좌측에는 선호하는 가치를 적는다. 다음에는 내담자에게 한 번에 한 개의 직업을, 그 직업들이 원하는 성과를 제공할 가능성을 추정하게 한다.

요인 \ 진로대안	귀농귀촌 창업	독립 출판자	방과 후 지도자	공유 숙박업
도전	5	5	3	2
자유	4	5	5	5
유연성	4	3	2	5
능력 활용	4	2	1	1
흥미	4	3	1	1
창의성	4	4	1	1
급여	2	4	1	2
열심히 일한 대가	3	2	1	3
다른 사람 돕기	5	5	5	5
여행 기회	5	5	5	2
합계	35	33	20	25

8 **요스트(Yost)가 제시한 진로대안 평가 방법이 아닌 것은?**

① 원하는 성과 연습
② 확률추정 연습
③ 대차대조표 연습
④ 동기추정 연습

해설

④ 4번이 오답인 이유는 (요스트(Yost)가 제시한) 진로대안 평가 방법은 '㉠ 원하는 성과 연습 ㉡ 찬반 연습 ㉢ 대차대조표 연습 ㉣ 확률추정 연습 ㉤ 미래를 내다보는 연습'에 해당하기 때문이다.

9 **의미 있는 타인의 역할 4가지로 옳지 않은 것은?**

① 의미 있는 타인은 사회적 지지자로서의 역할을 한다.
② 유사성이 많을수록 의미 있는 타인으로 여겨진다.
③ 의미 있는 타인은 타인평가에 중요한 영향력을 미친다.
④ 영향력의 상호성이 의미 있는 타인의 기준이 될 수 있다.

해설

③ 3번이 오답인 이유는 해당 설명은 '의미 있는 타인은 자기평가에 영향력을 미친다.'이기 때문이다.

TIP 의미 이는 타인의 역할(Larus, 1989)

㉠ 의미 있는 타인은 사회적 지지자로서의 역할을 한다.
㉡ 의미 있는 타인은 자기평가에 영향력을 미친다.
㉢ 유사성이 많을수록 의미 있는 타인으로 여겨진다.
㉣ 영향력의 상호성(영향력을 주고받는 상호적 영향력이 큰 사람일수록)이 의미 있는 타인의 기준이 될 수 있다.

ANSWER 7.① 8.④ 9.③

10 **진로상담에서 진로목표와 행동계획을 수립할 때 유의 사항으로 옳지 않은 것은?**

① 목표는 관찰, 측정 가능해야 한다.

② 목표는 달성 가능해야 한다.

③ 목표는 기록하고 내담자가 계획을 언어화하도록 한다.

④ 목표는 의미 있는 타인의 기대를 반영한 목표이어야 한다.

해설

④ 4번이 오답인 이유는 해당 설명은 '목표는 내담자가 원하고 바라는 것이어야 한다.'이기 때문이다.

TIP 진로목표와 행동계획을 수립할 때는 유의점

㉠ 목표는 구체적이어야 한다.
- 상담 과정에서 내담자의 모호한 표현은 상담가가 주도적으로 바꾸어 구체적인 목표를 설정하도록 이끌어나간다.

㉡ 목표는 관찰, 측정 가능해야 한다.
- "나는 ~대학원에 진학할 것이다.", "나는 ~ 자격증을 취득할 것이다."와 같이 관찰이 가능하도록, "토익 점수를 700점 도달하겠다."와 같이 측정이 가능하도록 한다.

㉢ 목표가 달성되는 시간이 정해져야 한다.
- "졸업하기 전에 토익 점수를 700점 도달하겠다."와 같이 마감 시간과 함께 언급된다면 더 효과적이다.

㉣ 목표는 달성 가능해야 한다.
- "9월에 대학원에 진학하여 1년 이내에 석사학위를 받겠다."와 같은 목표는 대학원 과정이 2년 과정이라는 점에서 비현실적인 것이다.
- 상담자의 역할은 새로운 일을 시작하려는 내담자의 열정을 꺾지 않으면서 합리적이고 달성 가능한 목표를 세우도록 안내하는 것이다.

㉤ 목표는 기록될 필요가 있다.
- 기록하기를 싫어하는 내담자들에게 적절한 양식을 제공하여 목표를 기록하고 정리해 나가는 연습을 하도록 한다.

㉥ 목표는 명확히 표현될 필요가 있다.
- 내담자가 상담하는 과정에서 계획을 언어화하도록 격려한다.

㉦ 목표는 내담자가 원하고 바라는 것이어야 한다.
- 타인[부모, 주변 또래 집단 등]의 기대를 반영하는 목표들은 내담자의 동기를 저해하며 능동적으로 상담에 참여하지 않게 한다.

11 **타인 관여 요청 방식 중 진로 미결정 집단에 비해 진로 결정 집단에서 많이 사용하는 것으로 나타난 요인은?**

① 협조적 관계 유지, 조언을 얻음

② 정보를 얻음, 진로선택 공유

③ 진로선택 공유, 조언을 얻음

④ 진로선택 공유, 협조적 관계 유지

해설

② 2번이 정답인 이유는 해당 설명은 '진로를 결정한 집단은 미결정한 집단에 비해 정보를 얻음과 진로선택 공유 방식의 타인 관여 요청을 많이 사용한다.'이기 때문이다.

TIP 타인 관여 요청 방식 척도

타인 관여 요청 방식	내용
불확실한 타인 활용	나는 혼자서 진로를 결정할 수 있다는 자신이 없기 때문에 다른 사람들의 도움이 반드시 필요하다.
협조적 관계 유지	내가 진로를 결정하는 것은 가족과 주변 사람들에게도 영향을 주는 것이기 때문에 모두가 만족할 수 있는 진로를 선택하고 싶다.
신중한 의사결정	나는 진로를 선택할 때 실수를 줄이고 신중하게 결정하기 위해 다른 사람들의 도움을 받고 싶다.
자신에 대한 정보 획득	나는 진로를 결정할 때 나에 대해 내가 몰랐던 부분[흥미, 능력 등]을 알려줄 수 있는 사람들에게 도움을 요청한다.
대안의 가중 판단	나는 여러 가지 관심 있는 진로들 중에서 하나를 선택하기 위해서 다른 사람들의 도움을 받고 싶다.
조언을 얻음	나는 스스로 진로를 선택한 후 나의 선택에 대해 다른 사람들의 조언이나 의견을 요청한다.
정보를 얻음	나는 내가 관심 있는 분야가 무엇이고 또 그것을 잘 해내기 위해서 무엇이 필요한지 알고 있지만, 그 분야에 대해 나보다 더 잘 알고 있는 사람들의 도움을 받고 싶다.
진로선택 공유	나는 내가 결정한 진로에 대해 다른 사람들에게 말하지만 실제로 그들의 조언이나 도움이 필요한 것은 아니다.
실패한 관여 요청	나는 진로에 대해서 나를 도와줄 수 있는 사람이 없기 때문에 어쩔 수 없이 나 혼자서 진로를 결정해야만 한다.

ANSWER 10.④ 11.②

12 다음 중 타인 관여 방식의 하위 요인이 아닌 것은?

① 소극적 지지 ② 진로정보 제공
③ 사회적 지지 ④ 진로대안 제공

해설

③ 3번이 오답인 이유는 타인 관여 요청 방식 하위 요인은 '㉠ 소극적 지지, ㉡ 무조건적 지지, ㉢ 진로정보 제공, ㉣ 진로대안 제공, ㉤ 권유, ㉥ 지도, ㉦ 비판' 등으로 구성되기 때문이다.

TIP 타인 관여 방식 척도

타인 관여 방식	내용
소극적 지지	내가 진로를 결정하는 데 있어서 적극적으로 관심을 표현하거나 조언하지는 않지만 나를 지지해준다고 느낀다.
무조건적 지지	내가 결정한 어떤 진로에 대해서도 적극적으로 지지해주고 긍정적으로 말해준다.
진로정보 제공	내가 관심 있어 하는 분야에 대해서 알고 있는 정보를 알려준다.
진로대안 제공	내가 관심 있는 분야에 대해 실제로 입학/취업할 수 있는 기회나 방법에 대해 구체적으로 알려준다.
권유	나에게 가장 적합하다고 생각하는 분야를 권해 준다.
지도	내가 관심 있는 분야보다는 의미 있는 타인이 경험하였거나 잘 알고 있는 분야를 적극적으로 권한다.
비판	진로에 대한 나의 결정이나 능력에 부정적이다.

13 내담자가 연습지의 좌측에 고려할 여러 개의 범주들을 나열하고 각 직업들에 대해 범주별로 긍정적 · 부정적 효과를 제시하도록 한 다음 다른 직업들도 이런 방법으로 처리한 후 이들을 비교하여 평가하는 진로대안 평가 방법은?

① 원하는 성과 연습 ② 확률추정 연습
③ 찬반 연습 ④ 대차대조표 연습

해설

④ 4번이 정답인 이유는 해당 설명은 '대차대조표 연습'에 대한 것이기 때문이다.

TIP 대차대조표 연습

㉠ 대차대조표 연습은 좀 더 구조화된 방법으로서 내담자로 하여금 특정 직업의 선택에 의해 가장 영향을 받게 될 영역이나 사람들에게 초점을 맞추는 것이다.

㉡ 내담자는 연습지의 좌측에 이상의 범주들을 나열하고 각 직업들에 대해 범주별로 긍정적(+) 효과, 부정적(−) 효과를 제시하도록 한다. 다른 직업들도 이런 방법으로 처리한 후 이들을 비교하여 평가한다.

직업 : 귀농귀촌	긍정적인 효과	부정적인 효과
경제적 측면	당장은 경제적인 면에서 부족하지만 장기적으로 안정적이라고 볼 수 있다.	어느 일정 수준의 수입이 있을 때까지 경제적 준비가 필요하다.
정신적 여유	욕심을 내지 않는다면 정신적으로 여유를 가질 수 있다.	자리가 잡히면 정신적으로 여유가 있겠지만 단기적으로는 조급해질 수 있다.
시간의 활용	내 시간은 내가 마음대로 관리할 수 있다.	시간을 계획적으로 관리하지 못하면 원하는 성과를 낼 수 없고 게으름에 빠질 수 있다.
여자 친구	여자 친구와 함께 있는 시간이 많고 같은 일을 할 수 있다.	여자 친구의 노동력을 착취한다는 점에서 미안해질 수 있다.
부모님	부모님에게 좋은 자연환경을 제공할 수 있다.	부모님이 표현하지 않지만 불안해 할 수 있다.
장래성	성공하면 농촌 지도자로 새로운 삶을 살 수 있다.	실패하면 자신에 대해서 부정적인 생각을 할 수 있다.

14 빈칸에 해당하는 용어(단어, 개념)로 알맞은 것은?

> • (　　　)을/를 활용하는 방법은 하나의 대안에서 출발하는 것이다. 하나의 대안을 가운데 두고, 각 영역에 얼마나 맞는지 살펴본다.
> • (　　　)의 각 칸에는 교육 배경, 경험(직업 또는 여가), 개인의 특성 등을 적도록 한다.
> • (　　　)은/는 내담자의 진로목표, 내담자의 자기이해 수준, 내담자의 진로요구 수준 등을 종합해 보는 활동이므로 합리적인 의사결정을 위한 기초자료로 활용한다.

① 원하는 성과 연습　　② 진로수레바퀴

③ 겔라트 의사결정 과정　　④ 생애 진로 사정

해설

② 2번이 정답인 이유는 해당 설명은 '진로 수레바퀴'에 대한 것이기 때문이다.

TIP 진로수레바퀴를 활용한 내담자의 진로대안 탐색과 정리 방법

㉠ 진로 대안 브레인스토밍을 위해서 진로수레바퀴에 있는 각각의 요소에 대하여 질문한다.
㉡ 진로목표는 구체적으로 무엇인지 알아본다.
㉢ 진로목표를 도달하는 데 도움이 되는 것과 방해가 되는 것은 무엇인지 알아본다.
㉣ 도움이 되는 것은 왜 도움이 되는지 알아본다.
㉤ 방해가 되는 것은 왜 방해가 된다고 느꼈는지 알아본다.
㉥ 예기치 않는 사건이 있었다면 그 사건을 어떻게 받아들이고 있는지, 어떻게 활용할 수 있는지 알아본다.

ANSWER 12.③ 13.④ 14.②

15 **타인 관여 요청 방식 중 하렌이 제시한 의존적 의사결정 유형에 가장 가까운 요인은?**

① 협조적 관계 유지
② 불확실한 타인 활용
③ 신중한 의사결정
④ 조언을 얻음

해설

② 2번이 정답인 이유는 해당 설명은 '불확실한 타인 활용'에 대한 것이기 때문이다.

TIP 타인 관여 요청 방식

㉠ 의사결정자가 타인을 자신의 의사결정과정에 참여시키는 방법이다.
㉡ 하위 요인은 불확실한 타인 활용, 협조적 관계 유지, 신중한 의사결정, 자신에 대한 정보 획득, 대안의 가중 판단, 조언을 얻음, 정보를 얻음, 진로선택 공유, 실패한 관여 요청 등 9가지로 구성된다.
㉢ 불확실한 타인 활용의 의사결정자는 자신의 진로선택 능력에 대한 확신이 부족하기 때문에 타인의 충고나 지식에 의존하며 타인의 도움을 적극적으로 구한다. 따라서 타인의 의견은 의사결정자에게 매우 중요하다. 하렌이 제시한 의사결정 유형 중에서 의존적 의사결정에 가장 가깝다.

학습 5 진로계획 실행 지원하기

1 **GROW 코칭 모델을 적용한 진로상담 단계를 순서대로 바르게 제시한 것은?**

① 목표 설정 – 현실 파악 – 대안 탐색 – 실행 의지
② 대안 탐색 – 현실 파악 – 목표 설정 – 실행 의지
③ 현실 파악 – 대안 탐색 – 목표 설정 – 실행 의지
④ 현실 파악 – 목표 설정 – 대안 탐색 – 실행 의지

해설

① 1번이 정답인 이유는 해당 설명은 'GROW 코칭 모델' 절차이기 때문이다.

2 **다음은 GROW 코칭 모델 단계에 대한 설명이다. 내용에 따른 단계별 순서를 바르게 제시한 것은?**

> ㉠ 구체적인 실행계획에 대해 합의하고 지속적으로 실행할 수 있는 후원 환경들을 점검하며 다짐하는 단계로 상담자는 내담자와의 수평적 파트너십을 통해 지속적인 시스템을 구축한다.
> ㉡ 실제로 벌어지고 있는 이슈와 그것에 대한 내담자의 시각을 함께 관찰하면서 새로운 관점을 갖게 되는 단계로 상담자는 내담자의 고정관념이나 인식에 대한 비합리적 신념이나 가정들을 직면할 수 있도록 안내한다.
> ㉢ 내담자가 원하는 이상적인 상태를 인식하게 함으로써 해결하려는 목적은 결국 내담자 자신으로부터 출발함을 인식하게 한다.
> ㉣ 목표를 이루기 위해 그동안 시도했던 실패와 성공의 경험들은 무엇이었고, 시도하지 않았던 방법들과 새롭게 시도해 볼 만한 것들은 무엇인지 등에 대해 새로운 대안을 탐색한다.

① ㉠ – ㉡ – ㉣ – ㉢
② ㉠ – ㉢ – ㉡ – ㉣
③ ㉡ – ㉠ – ㉢ – ㉣
④ ㉢ – ㉡ – ㉣ – ㉠

해설

④ 4번이 정답인 이유는 해당 설명은 '㉢ 목표 설정 – ㉡ 현실 파악 – ㉣ 대안 탐색 – ㉠ 실행 의지'에 해당하기 때문이다.

ANSWER 15.② / 1.① 2.④

3 **GROW 모델에 따라 단계별 질문을 활용하여 진로목표와 현재 역량의 차이를 알아보고 개발해야 할 역량을 확인하고자 한다. 다음에 제시한 질문을 GROW 모델 단계에 맞게 순서대로 바르게 나열한 것은?**

> ㉠ "나의 부족한 점에도 불구하고 극복할 수 있는 새로운 방법들이 있다면 무엇입니까?"
> ㉡ "다양한 방법 중 한 가지만 선택한다면 무엇입니까?"
> ㉢ "정말 원하는 것을 목표로 잡았는데 그에 비해 나의 부족한 점은 무엇이라고 생각합니까?"
> ㉣ "기적이 일어난다면 당신이 진짜 원하는 것은 무엇입니까?"

① ㉠ – ㉡ – ㉣ – ㉢

② ㉣ – ㉢ – ㉠ – ㉡

③ ㉡ – ㉠ – ㉢ – ㉣

④ ㉢ – ㉡ – ㉣ – ㉠

해설

② 2번이 정답인 이유는 해당 설명은 '㉣ 목표 설정 – ㉢ 현실 파악 – ㉠ 대안 탐색 – ㉡ 실행 의지'에 대한 것이기 때문이다.

4 **GROW 코칭 모델에 대한 설명으로 옳지 않은 것은?**

① GROW 모델은 코칭 모델로서 반드시 절차를 지켜서 진행해야 한다.

② GROW에서는 해결 과제와 문제점을 보기 전에 먼저 내담자가 원하는 이상적인 상태를 인식하게 함으로써 해결하려는 목적은 결국 내담자 자신으로부터 출발한다는 철학이 반영되었다.

③ GROW 모델은 목표, 현실, 대안, 실행 의지 등 일반적인 문제해결 프로세스에 따라 진행된다.

④ GROW 모델의 특징은 초기에 대화 주제에 대한 초점을 목표(goal)에 둔다는 점이다.

해설

① 1번이 정답인 이유는 해당 설명은 'GROW 모델은 코칭 모델로서 반드시 절차를 지켜야 하는 것은 아니다.'이기 때문이다.

TIP GROW 코칭 모델

㉠ GROW(goal, realty, option, will) 모델은 문제 정의(목표 설정), 원인 파악(현실 파악), 해결안 모색(대안 탐색), 실행(실행 의지) 등 일반적인 문제해결 프로세스를 따르고 있어 단순하며 적용이 쉬워 가장 많이 사용되는 모델이다.

㉡ 코칭은 질문과 경청, 피드백을 통한 과정에서 개인의 생각을 자극하고 사고의 지평을 넓혀 새로운 인식을 통해 스스로 현재 직면하고 있는 문제와 해결방법을 찾도록 돕는 과정이라고 할 수 있다.

㉢ GROW 모델은 코칭 모델로서 반드시 절차를 지켜야 하는 것은 아니다. 진로상담에서 내담자가 자신의 진로를 꾸준히 개발할 수 있는 역량을 키워주기 위한 수단일 뿐이므로 절차보다는 내담자의 흐름을 존중해 준다.

단계		내용
Goal	목표(목표 설정)	• 초기에 대화 주제에 대한 초점을 목표(goal)에 둔다는 점이다. • GROW에서는 해결 과제와 문제점을 보기 전에 먼저 내담자가 원하는 이상적인 상태를 인식하게 함으로써 해결하려는 목적은 결국 내담자 자신으로부터 출발한다는 철학이 반영되어 있다. • 상담가는 내담자가 긍정적인 에너지를 갖게 하고, 한 단계 사고를 진전시키는 것으로써 진로상담의 가치를 갖게 된다.
Realty	현실(현실 파악)	• 현재의 문제 상황, 즉 현실(realty)에 대해 살펴본다. • 실제로 벌어지고 있는 이슈와 그것에 대한 내담자의 시각을 함께 관찰하면서 새로운 관점을 갖게 되는 단계이다. • 상담가는 내담자의 고정관념이나 인식에 대한 비합리적 신념이나 가정들을 직면할 수 있도록 안내한다.
Option	대안(대안 탐색)	• 목표를 이루기 위해 그동안 시도했던 실패와 성공의 경험들은 무엇이었고, 거기에서 배울 것은 무엇이었는지, 시도하지 않았던 방법들과 새롭게 시도해 볼 만한 것들은 무엇인지 등에 대해 새로운 대안을 탐색하게 된다.
Will	실행 의지	• 구체적인 실행계획에 대해 합의하고 지속적으로 실행할 수 있는 후원 환경들을 점검하며 다짐하는 단계이다. • 상담자는 내담자와의 수평적 파트너십을 통해 지속적인 시스템을 구축할 수 있다.

ANSWER 3.② 4.①

5 **사회적 지지에 대한 설명으로 옳지 않은 것은?**

① 사회적 지지는 사회적 관계를 통하여 얻을 수 있는 모든 형태의 긍정적인 자원을 말한다.

② 사회적 지지의 '주 효과 가설'은 대인관계를 통해 얻게 되는 자원이 생활 환경을 보다 안정되고 예측 가능하게 하여 적응에 긍정적인 영향을 미치게 된다는 것이다.

③ 사회적 지지의 '완충 역할 가설'은 개인이 스트레스 상황에 처했을 때 대인관계를 통해 얻게 되는 자원이 스트레스의 영향을 완충시켜 준다는 것이다.

④ 사회적 지지는 정서적 지지, 정보적 지지, 비판적 지지, 물질적 지지의 네 가지 요인으로 구성되어 있다.

해설

④ 4번이 오답인 이유는 사회적 지지는 '㉠ 정서적 지지, ㉡ 정보적 지지, ㉢ 평가적 지지, ㉣ 물질적 지지'의 네 가지 요인으로 구성되기 때문이다.

TIP 사회적 지지 척도

하위 요인	내용
정서적 지지	인간의 기본적인 사회 정서적 욕구를 만족시켜 주는 지지로 사랑, 이해, 격려, 신뢰, 관심, 공감적 경청 등에 관한 7개의 문항으로 구성
평가적 지지	자신의 행위를 인정해 주거나 부정하는 등 자기평가와 관련된 정보를 전달하는 지지로 칭찬, 소질 인정, 인격 존중, 공정한 평가, 가치 고양, 의사 존중에 관한 6개의 문항으로 구성
정보적 지지	개인이 문제에 대처하는 데 이용할 수 있는 정보를 제공하는 지지로 문제해결, 의사결정, 적응, 위기 등의 상황에서 제공되는 충고, 조언, 지도와 사회에 대한 지식 제공 등의 6문항으로 구성
물질적 지지	일을 대신해 주거나 필요 시 돈, 물건, 서비스, 시간 등의 필요 시 직접적으로 돕는 지지로 5개의 문항으로 구성

6 진로동기 모델에 대한 설명이 옳은 것은?

① 진로정체성, 진로통찰력, 진로적응성의 세 가지 개념을 포함한다.
② 진로정체성은 진로동기를 유지하는 요소이다.
③ 진로통찰력은 진로동기를 촉발하는 요소이다.
④ 진로적응성은 진로동기의 방향성을 결정하는 요소이다.

해설

③ 3번이 정답인 이유는 해당 설명은 '진로 통찰력'에 대한 것이기 때문이다.

TIP 진로동기 모델(career motivation theory)

㉠ 론돈(London)이 스트레스 대처 모형에 근거하여 제시한 이론으로서 진로탄력성(career resilience)을 최초로 개념화하여 제시한 모델이다.

㉡ 론돈(1983)의 진로동기 모델은 진로정체성과 진로통찰력, 진로탄력성 등 세 가지 개념을 포함한다.

㉢ 진로정체성은 진로동기의 방향성을 결정하는 요소, 진로통찰력은 진로동기를 촉발하는 요소, 진로탄력성은 진로동기를 유지하는 요소로 보았다. 진로동기의 세 요소는 각각 진로장벽이 발생했을 때 극복할 수 있도록 돕는다.

㉣ 진로장벽을 극복하기 위하여 개인은 단지 자신의 작업환경을 이해하고[진로통찰력], 설정된 목표를 따르는 것이 아니라[진로정체성], 불안정한 직업 상황의 어려움을 이겨내는 능력[진로탄력성]을 길러야 한다. 이러한 진로정체성, 진로통찰력, 진로탄력성의 관계는 아래와 같다.

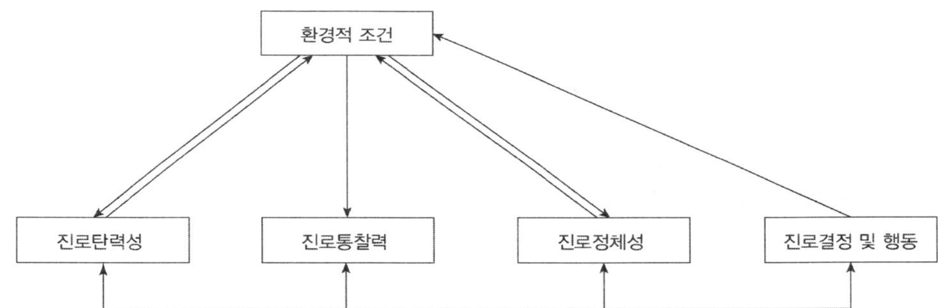

ANSWER 5.④ 6.③

7 진로동기 모델에 대한 설명으로 옳지 않은 것은?

① 론돈(London)이 스트레스 대처 모형에 근거하여 제시한 이론으로서 진로탄력성(career resilience)을 최초로 개념화하여 제시한 모델이다.

② 진로동기 모델은 진로정체성, 진로통찰력, 진로탄력성 등 세 요소로 구성되었으며, 진로동기의 세 요소는 각각 진로장벽이 발생했을 때 극복할 수 있도록 돕는다.

③ 진로동기의 세 요소는 환경적 조건과 상호작용하면서 진로탄력성은 진로통찰력에 영향을 주고, 진로통찰력은 진로정체성에 영향을 주며 최종적으로 진로 결정 및 행동에 영향을 주어 진로 과정에서 발생하는 다양한 진로장벽을 극복하게 한다고 하였다.

④ 진로정체성은 진로동기를 촉발하는 요소, 진로통찰력은 진로동기를 유지하는 요소, 진로탄력성은 진로동기의 방향성을 결정하는 요소로 보았다.

해설

④ 4번이 오답인 이유는 해당 설명은 '진로정체성은 진로동기의 방향성을 결정하는 요소, 진로통찰력은 진로동기를 촉발하는 요소, 진로탄력성은 진로동기를 유지하는 요소'이기 때문이다.

TIP 진로동기 모델(career motivation theory)

㉠ 론돈(London)이 스트레스 대처 모형에 근거하여 제시한 이론으로서 진로탄력성(career resilience)을 최초로 개념화하여 제시한 모델이다.

㉡ 론돈(1983)의 진로동기 모델은 진로정체성과 진로통찰력, 진로탄력성 등 세 가지 개념을 포함한다.

㉢ 진로정체성은 진로동기의 방향성을 결정하는 요소, 진로통찰력은 진로동기를 촉발하는 요소, 진로탄력성은 진로동기를 유지하는 요소로 보았다. 진로동기의 세 요소는 각각 진로장벽이 발생했을 때 극복할 수 있도록 돕는다.

㉣ 진로장벽을 극복하기 위하여 개인은 단지 자신의 작업환경을 이해하고[진로통찰력], 설정된 목표를 따르는 것이 아니라[진로정체성], 불안정한 직업 상황의 어려움을 이겨내는 능력[진로탄력성]을 길러야 한다. 이러한 진로정체성, 진로통찰력, 진로탄력성의 관계는 아래와 같다.

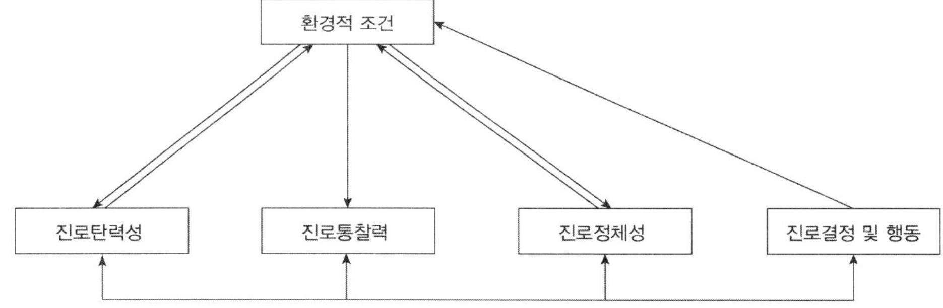

8 **진로탄력성에 대한 설명으로 옳지 않은 것은?**

① 진로탄력성의 하위 요소는 자기 신뢰, 성취 열망, 진로 자립, 변화 대처, 관계 활용 등으로 구성되었다.

② 진로탄력성은 이미 닥쳐와서 극복해 낸 과거 역경 상황에 대한 회복력을 나타낸다.

③ 진로탄력성은 진로 좌절을 극복하는 능력으로서 진로탄력성이 높은 사람은 부정적인 일 상황에 좀 더 효과적으로 대처한다.

④ 수퍼(Super)가 진로성숙이라는 용어를 성인에게 사용할 때 나타나는 문제를 피하기 위해 '진로탄력성'이라는 새로운 용어를 도입하였다.

해설

④ 4번이 오답인 이유는 해당 설명은 '진로적응성'에 대한 것이기 때문이다.

TIP 진로탄력성

㉠ 진로탄력성은 진로 좌절을 극복하는 능력으로서 진로탄력성이 높은 사람은 부정적인 일 상황에서 좀 더 효과적으로 대처하는 반면에 그 반대 개념인 진로취약성(career vulnerability)은 최적의 진로 조건에 미치지 못하는 상황에 직면할 때 드러나는 심리적인 허약성을 의미한다.

㉡ 진로탄력성은 위기 상황을 성공적으로 극복해 내는 회복력으로써 시간상으로 과거 역경 상황을 극복해 냈는가를 다루는 과거 지향이다.

척도	내용
자기 신뢰	자신에 대한 긍정적인 지각과 어려운 상황이나 스트레스에도 불구하고 자신을 믿고 확신하며 자기 긍정성을 발휘하는 것
성취 열망	개인이 세운 목표를 달성하고자 하는 의지이며, 어려움과 역경에 부딪혔을 때에도 자신의 미래를 낙관적으로 보고 인내와 끈기로 더 높은 목표를 달성하고자 하는 태도나 행동
진로 자립	개인이 원하는 진로목표를 달성하는 능력과 노력을 의미하며, 지속적으로 학습하고 새로운 기술과 훈련을 주도적으로 계획하여 직무기술을 향상시키는 태도나 행동
변화 대처	개인이 세운 진로목표를 달성하는 과정에서 예기치 않게 발생한 사건 또는 그로 인한 결과를 받아들이며 실패를 두려워하지 않고 부정적인 결과에서도 긍정적인 요소를 찾아 대처하는 태도나 행동
관계 활용	진로상황에서 어려움이나 역경에 부딪혔을 때 개인이 활용할 수 있는 사회적 자원을 확보하고 대인관계 네트워크 구축과 긍정적인 관계를 활용하는 태도나 행동

ANSWER 7.④ 8.④

9 **탁진국·이기학(2001)이 제시하는 진로 장애 척도의 구성 요인이 아닌 것은?**

① 우유부단한 성격
② 인지적 명확성 부족
③ 외적 장애
④ 직업정보 부족

해설

② 2번이 오답인 이유는 진로 장애 척도 요인은 '㉠ 직업정보 부족, ㉡ 자기명확성 부족, ㉢ 우유부단한 성격, ㉣ 필요성 인식 부족, ㉤ 외적 장애, ㉥ 사회적 인식 부족' 등 6개로 구성되기 때문이다.

TIP 진로 장애 척도

척도	내용
직업정보 부족	충분한 직업정보를 가지고 있지 못해서 적합한 직업을 선택한지(선택하지) 못한다.
자기명확성 부족	자기 자신의 이해와 자신의 장단점을 정확히 파악하지 못해서 어떤 진로를 결정해야 할지 모른다.
우유부단한 성격	개인적인 성격 특성에 기인하여 진로선택의 어려움이 있다.
필요성 인식 부족	필요성을 인식하지 못하기 때문에 진로선택을 하지 못한다.
외적 장애	부모나 주변 사람의 기대에 대한 갈등 혹은 사회적인 요구 조건과의 불일치로 진로선택에 어려움이 있다.
사회적 인식 부족	직업에 대한 사회적 인식에 영향을 받아 진로선택에 어려움이 있다.

10 **진로적응성에 관한 설명으로 옳지 않은 것은?**

① 성인의 진로발달을 기술할 때 일반적으로 청소년의 진로발달에서 사용되는 진로성숙이라는 용어가 적절하지 않다는 문제에서 진로적응성이라는 개념이 제기되었다.
② 일부 학자들은 진로적응성을 외부 환경의 변화와 요구에 개인이 자신을 맞추는 것뿐만 아니라 자신의 변화에 맞게 상황이나 환경을 변화시키는 것까지 포함하여 진로적응의 개념을 확장할 필요가 있다고 제안하였다.
③ 진로적응성은 위기 상황을 성공적으로 극복해내는 회복력으로써 시간상으로 과거 역경 상황을 극복해냈는가를 다루는 과거 지향이다.
④ 수퍼(Super)는 진로성숙이라는 용어를 성인에게 사용할 때 나타나는 문제를 피하기 위해 '진로적응성'이라는 새로운 용어를 도입하였으며, 이는 성인의 진로발달에 대한 관심이 의사결정을 위한 준비도로서의 진로성숙에서 변화하는 일과 일하는 조건에 대처하기 위한 준비도로서의 진로적응성으로 이동한다는 것을 의미한다.

해설

③ 3번이 오답인 이유는 해당 설명은 '진로탄력성'에 대한 것이기 때문이다.

TIP 진로적응성

㉠ 수퍼(Super)는 진로성숙(vocational maturity)이라는 용어를 성인에게 사용할 때 나타나는 문제를 피하기 위해서 '진로적응성(career adaptability)'이라는 새로운 용어를 도입하였다.

㉡ 진로적응성은 변화하는 일과 일하는 조건에 대처하기 위한 준비도, 예측할 수 있는 과제를 준비하고 일 역할에 참여하며 일과 일하는 조건의 변화로 야기된 예측할 수 없는 적응에 대처하기 위한 준비도로서 아직 도래하지 않은 미래 상황을 염두에 두고 현재 상황을 긍정적, 적극적으로 대처하는 능력 혹은 태도를 의미한다.

척도	내용
목표의식	비전과 추구하는 목표를 명확히 하고 그 목표를 향해 착실히 준비하고 실행하는 것
대인관계	다른 사람들을 배려하고 협력해서 일하고 의견 조율과 갈등 해결을 잘 하며 여러 사람들과 원만한 관계를 유지하는 것
개방성	다양하고 새로운 의견과 문화, 환경을 편견 없이 수용하고 활용하며, 불확실한 상황에서도 편안한 마음을 유지하는 것
주도성	누가 시키지 않아도 솔선해서 일하거나 모임을 이끌고 새로운 상황을 만드는 데 적극적으로 참여하여 새로운 기회를 찾는 것
긍정성 (긍정적 태도)	자신의 상황을 긍정적으로 보고 실패나 시련 위기를 발전의 원동력으로 삼으며 희망과 가능성을 가지고 즐겁게 일하는 것

ANSWER 9.② 10.③

11 **릭우드(Rickwood)가 제시한 진로탄력성 틀(CRF)를 활용하여 내담자의 진로탄력성을 증진시켜 진로계획을 수행할 수 있도록 지원하고자 한다. 수행 내용으로 옳지 않은 것은?**

① 자신의 기질과 부합되지 않더라도 현실성을 갖고 직장에 맞추기 위해 직업세계를 탐색해 보도록 한다.

② 구직활동을 하는 동안 취미생활을 함으로써 행복감을 증가시키도록 안내한다.

③ 사회적 자원들을 연합하고 구직모임을 형성하여 구직활동을 하는 다른 사람들과 유대할 수 있는 방안을 모색한다.

④ 진로를 계획하는 과정에서 어려움에 직면했을 때 내담자가 자신을 비난하지 않도록 적극적으로 막는다.

해설

① 1번이 오답인 이유는 해당 설명은 '자신의 기질과 부합되지 않는 직장에 맞추기보다는 내담자의 기호와 꿈, 목표를 탐색해 보도록 한다.'이기 때문이다.

TIP 진로탄력성 틀(CRF : career resiliency framework)

㉠ 릭우드(Rickwood, 2002)가 제시한 모델로 진로선택과 관련하여 개인의 탄력성을 밝히고 무엇이 탄력성을 증진시키는지를 평가하기 위한 모델이다.

㉡ 급변하는 업무 환경에 처한 내담자를 돕기 위한 방법으로 내담자의 진로탄력성을 증진시켜 내담자가 스스로 진로계획을 수행할 수 있도록 지원한다.

요인	내용
주제수용	조직의 관리자나 정책을 통하여 탄력적 특성과 관련된 직업 발달을 적극적으로 촉진하는 환경을 만든다.
자기인식 돕기	개인이 자신의 핵심 가치와 흥미에 대한 이해를 발달시키도록 돕는다.
전환	내담자의 내적 동기를 찾는 행동 계획을 세움으로써 진로 상황을 분명히 하고 현실에서 꿈을 실현하기 위하여 진로 장벽을 극복하도록 돕는다.
관계성	직장 내 공동체의식을 가지며 다른 사람들과 의미 있는 상호작용을 하도록 장려한다.

12 빈칸에 해당하는 용어(단어, 개념)로 알맞은 것은?

> 취업, 진학, 승진 등 진로와 관련된 여러 가지 경험들을 수행해 가는 과정에서 개인의 진로 선택과 목표, 포부, 동기 등에 영향을 미치거나 역할 행동을 방해할 것으로 지각되는 여러 부정적 사건이나 사태를 (　　　)이라고/라고 한다.

① 인지적 명확성 부족
② 진로장애
③ 진로취약성
④ 진로혼돈

해설

② 2번이 정답인 이유는 해당 설명은 '진로장애'에 대한 것이기 때문이다.

ANSWER 11.① 12.②

CHAPTER

02 취업상담

학습 1 내담자 구직역량 파악하기

1 **취업상담에 관한 설명으로 옳지 않은 것은?**

① 실직자 혹은 미취업자의 취업이나 재취업을 목표로 이들에게 관련된 취업정보를 제공하고, 현실 적합한 취업계획을 세우도록 보조하며, 효과적인 구직활동 수행과 관련된 기술 및 조언을 제공하고, 필요시 심리적 · 정서적 지원까지 제공한다.

② 취업상담의 개념은 취업상담과 직업훈련상담으로 분류하여 정리할 수 있으며, 취업상담과 취업계획 수립 절차를 거쳐 직업훈련이 진행된다.

③ 취업 관련 개인의 능력과 적성에 맞는 직업 선택이 이루어지도록 함으로써 취업 가능성 제고를 목적으로 하는 상담으로 효율적인 인력관리에 도움을 주는 역할을 한다.

④ 내담자의 자기 책임 강화와 취약계층 취업 가능성 확장, 취업 장애요인 해소를 위한 고용 · 복지 서비스 연계 지원 강화, 강점 자원 발견 및 삶의 태도 변화 등을 상담의 목표로 삼는다.

해설

② 2번이 오답인 이유는 취업상담의 개념은 '취업상담과 취업알선으로 분류하여 정리할 수 있으며, 취업상담과 취업계획 수립 절차를 거쳐 취업알선이 진행된다'이기 때문이다.

TIP 취업상담의 개념

㉠ 취업상담의 개념은 취업상담과 취업알선으로 분류하여 정리할 수 있으며, 취업상담과 취업계획 수립 절차를 거쳐 취업알선이 진행된다.

㉡ 취업상담은 실직자 혹은 미취업자의 취업이나 재취업을 목표로 이들에게 관련된 취업정보를 제공하고, 현실 적합한 취업계획을 세우도록 보조하며, 효과적인 구직활동 수행과 관련된 기술 및 조언을 제공하고, 필요시에는 심리적 · 정서적 지지까지 제공하는 일련의 상담 활동을 지칭한다.

㉢ 개인의 능력과 적성에 맞는 직업 선택이 이루어지도록 함으로써 취업 가능성 제고를 목적으로 하는 상담으로 효율적인 인력 관리에 도움을 주는 역할을 한다.

㉣ 내담자의 자기 책임 강화와 취약계층 취업가능성 확장, 취업 장애요인 해소를 위한 고용 · 복지 서비스 연계 지원 강화, 강점자원 발견 및 삶의 태도 변화 등을 상담의 목표로 삼는다.

2 취업상담의 주요 대상이 아닌 것은?

① 재직 근로자

② 불완전 취업자

③ 취업 애로 계층

④ 근로 능력이 없는 비경제 활동 인구

해설

④ 4번이 오답인 이유는 취업상담 대상은 기본적으로 '근로 능력이 있는 자'이다.

TIP 취업상담의 주요 대상

㉠ 실업자, ㉡ 재직 근로자, ㉢ 신규 학교 졸업(예정)자 및 각급 학교 재학생, ㉣ 불완전 취업자, ㉤ 취업 애로 계층, ㉥ 근로 능력이 있는 비경제 활동 인구, ㉦ 근로 능력이 있는 사회보장 급여 수급자로 분류된다.

※ 국민취업지원제도에 참여할 수 없는 대상

1유형	2유형
• 취업 중인 자(단, 임금근로자 주 30시간 미만, 사업소득자 월 소득 250만 원 미만은 불완전 취업자로 참여 가능) • 근로능력, 취업 및 구직의사가 없는 사람 • 생계급여 수급자 • 구직급여를 수급 중이거나 수급 종료 후 6개월이 지나지 않은 사람 • 재정지원 일자리사업에 참여 중이거나 참여 종료 후 6개월이 지나지 않은 사람. 단 일부사업의 경우 참여 종료 후 즉시 참여 가능 • 국가 또는 지방자치단체가 구직활동에 필요한 비용을 지원하는 수당을 수급 중이거나 수급 종료 후 6개월이 지나지 않은 사람 • 신청인 본인의 월평균 소득이 1인 가구 기준 중위소득의 60%(1,435,208원)가 넘는 사람 • 상급학교 진학 및 전문자격증 취득을 목적으로 각종학교에 재학 또는 학원 등에서 수강 중인 사람	• 취업 중인 자(단, 임금근로자 주 30시간 미만, 사업소득자 월 소득 250만 원 미만은 불완전 취업자로 참여 가능) • 근로능력, 취업 및 구직의사가 없는 사람 • 구직급여 수급자(수급 종료 후 참여 가능) • 재정지원 일자리사업에 참여 중인 사람(종료 후 참여 가능) • 국가 또는 지방자치단체가 구직활동에 필요한 비용을 지원하는 수당을 수급 중인 사람(수급 종료 후 참여 가능) • 상급학교 진학 및 전문자격증 취득을 목적으로 각종학교에 재학 또는 학원 등에서 수강 중인 사람

2025년 국민취업지원제도 업무 매뉴얼(p.19)에 의하면 본인의 정신·육체적 질병 또는 부상, 환경적 요인에 의해 명백히 근로가 불가능한 경우 근로 능력이 없는 것으로 판단하여 국민취업지원제도 참여가 불가능하기 때문이다. 다만, 근로 능력이 없는 생계급여 수급자는 원칙적으로 참여가 불가능하나 본인이 적극적으로 참여를 희망하여 고용센터에 신청서를 직접 제출한 경우 취업의지 등을 확인하고 자활·복지 담당 공무원의 의견 등을 종합적으로 고려하여 운영위원회 심의를 통해 참여 결정한다.

ANSWER 1.② 2.④

3 **취업상담 주요 대상과 상담사의 취업지원 활동 내용의 연결이 바르지 않은 것은?**

① 불완전 취업자 – 복지 서비스 연계를 염두에 두고 상담을 진행하여야 한다.

② 신규 학교 졸업(예정)자 – 진로지도, 직업상담, 취업알선, 노동시장 정보 제공 등을 통하여 학교로부터 노동시장으로의 원활한 이행을 촉진한다.

③ 근로 능력이 있는 사회보장 급여 수급자 – 적극적 노동시장 정책 프로그램을 통해 노동시장에 참여시켜야 한다.

④ 근로 능력이 있는 비경제 활동 인구 – 진로지도, 직업상담, 노동시장 정보 제공 등을 통해 노동시장에 참여하도록 해야 한다.

해설

① 1번이 오답인 이유는 불완전 취업자는 '진로지도, 직업상담, 취업알선, 노동시장 정보 제공, 적극적 노동시장 정책 프로그램 상담 및 안내 등을 통해 보다 나은 안정된 일자리로의 상향 이동을 지원'해야 하기 때문이다.

TIP 취업상담 대상과 상담사의 취업지원 활동

대상	내용
불완전 취업자	비정규직 근로자, 기술 변화에 따른 구조조정 대상인 노동 집약적 사업에 종사하는 근로자, 장애인, 북한 이탈주민, 기초생활 수급자 및 차상위계층, 영세 자영업자, 특수형태 근로자 등 근로 빈곤에 처해 있는 계층을 의미한다. 불완전 취업자에 대해서는 진로지도, 직업상담, 취업알선, 노동시장 정보 제공, 적극적 노동시장 정책 프로그램 상담 및 안내 등을 통해 보다 나은 안정된 일자리로의 상향 이동을 지원한다.
취업 애로 계층	기초생활 수급자, 출산 및 육아로 인한 진로단절 여성, 장애인 등을 의미한다. 특히 여성 가장과 미혼모 및 한부모의 공통적인 특성은 돌봄과 노동이라는 이중적인 책임과 전적으로 도맡아 해야 하는 부담으로 인한 심리적 불안, 불확실한 취업목표, 정보 부족 등에 처해 있다. 복지 서비스 연계를 염두에 두고 상담을 진행하여야 한다.
신규 학교 졸업(예정)자나 각급 학교 재학생	진로지도, 직업상담, 취업알선, 노동시장 정보 제공 등을 통하여 학교로부터 노동시장으로의 원활한 이행을 촉진한다.
근로 능력이 있는 사회보장 급여 수급자	근로 능력이 있으나 현재 경제 활동을 하지 않고 사회보장 급여로 생계를 유지하는 사람을 의미하며, 적극적 노동시장 정책 프로그램을 통해 노동시장에 참여시켜야 하는 대상이다.
근로 능력이 있는 비경제 활동 인구	근로 능력이 있으나 현재 경제 활동을 하지 않고 있는 주부, 퇴직자 등을 의미한다. 진로지도, 직업상담, 노동시장 정보 제공 등을 통해 노동시장에 참여하도록 해야 하는 대상이다.

4 **'실직이나 미취업 상태에 있는 개인이 직업 또는 직장을 찾기 위해 자신의 부정적인 감정을 다스리고, 구체적인 계획을 세우고 실행하도록 하는 힘'에 해당하는 것은?**

① 구직희망 ② 구직기술
③ 구직역량 ④ 구직욕구

해설

④ 4번이 정답인 이유는 해당 설명은 '구직욕구'에 대한 것이기 때문이다.

TIP '구직' 관련 용어 정리

㉠ 구직욕구란 실직이나 미취업 상태에 있는 개인이 직업 또는 직장을 찾기 위해 자신의 부정적인 감정을 다스리고, 구체적인 계획을 세우고 실행하도록 하는 힘이다.
㉡ 구직역량은 '구직'이라는 상황이나 맥락에서 발생하는 요구에 성공적으로 대응하여 이를 충족시킬 수 있는 총체적 능력을 의미한다.

5 **다음 설명에 해당하는 용어(단어, 개념)로 알맞은 것은?**

> '구직'이라는 상황이나 맥락에서 발생하는 요구에 성공적으로 대응하여 이를 충족시킬 수 있는 총체적 능력을 의미한다.

① 구직기술 ② 구직역량
③ 구직욕구 ④ 구직희망

해설

② 2번이 정답인 이유는 해당 설명은 '구직역량'에 대한 것이기 때문이다.

TIP '구직' 관련 용어 정리

㉠ 구직욕구란 실직이나 미취업 상태에 있는 개인이 직업 또는 직장을 찾기 위해 자신의 부정적인 감정을 다스리고, 구체적인 계획을 세우고 실행하도록 하는 힘이다.
㉡ 구직역량은 '구직'이라는 상황이나 맥락에서 발생하는 요구에 성공적으로 대응하여 이를 충족시킬 수 있는 총체적 능력을 의미한다.

ANSWER 3.① 4.④ 5.②

6 내담자의 구직욕구 분석 후 구직자 유형별 취업지원 서비스의 방향 설정이 서로 바르게 연결된 것은?

① 고능력 · 고의지(C형) – 빠른 취업지원형 – 취업 알선

② 고능력 · 저의지(A형) – 심층 지원형 – 구직의지 고취

③ 저능력 · 고의지(B형) – 의욕향상 지원형 – 취업의지 제고

④ 저능력 · 저의지(D형) – 능력향상 지원형 – 직업훈련 연계

해설

① 1번이 정답인 이유는 '고능력 · 고의지(C형)은 취업 알선을 통해 빠르게 취업할 수 있도록 지원'해야 하기 때문이다.

TIP 내담자의 구직욕구 분석 후 구직자 유형 분류 및 취업지원 서비스의 방향

구직욕구 유형	유형별 특징 및 취업지원 서비스 방향
A형 (고능력 · 저의지)	• 의욕향상 지원형 → 취업의지 제고 – 희망 직업 선택 및 취업의지 제고에 중점, 직업목표 수립에 중점 • 취업의지는 낮으나, 취업능력이 높은 자 → 집단상담 프로그램 등 의욕 증진 서비스 제공
B형 (저능력 · 고의지)	• 능력향상 지원형 → 직업훈련 연계 – 직무수행능력, 직업기초능력 향상이 필요함 • 취업의지는 높으나, 취업능력이 낮은 자 → 직업훈련, 취업특강 등 구직기술 향상 서비스 제공
C형 (고능력 · 고의지)	• 빠른 취업 지원형 →취업 알선 – 취업에 대한 의사 및 희망 직업이 명확함 • 취업의지와 취업능력이 높은 자 → 직업정보 제공 등의 지원
D형 (저능력 · 저의지)	• 심층 지원형 → 구직의지 고취, 직무능력 향상 동시 지원 – 취업목표 수립과 직무수행능력 향상, 구직기술 향상에 초점 • 취업의지와 취업능력이 낮은 자 → 심층상담 등 밀착 서비스 필요

7 직업기초능력과 하위 능력이 바르게 연결되지 않은 것은?

① 의사소통 능력 – 팀워크 능력, 리더십 능력, 갈등관리 능력, 협상 능력, 고객서비스 능력

② 조직이해 능력 – 국제 감각, 조직체제 능력, 경영이해 능력, 업무이해 능력

③ 문제해결 능력 – 사고력, 문제 처리 능력

④ 자기개발 능력 – 자아인식 능력, 자기관리 능력, 경력개발 능력

해설

① 1번이 오답인 이유는 의사소통 능력 하위 역량은 '문서 이해 능력, 문서 작성 능력, 경청 능력, 의사 표현 능력, 기초 외국어 능력'이기 때문이다.

TIP 직업기초능력의 정의 및 하위 역량(능력)

직업기초능력	정의 및 하위 능력
의사소통 능력	업무를 수행함에 있어서 글과 말을 읽고 들음으로써 다른 사람이 뜻한 바를 파악하고, 자기가 뜻한 바를 글과 말을 통해 정확하게 쓰거나 말하는 능력
	문서 이해 능력, 문서 작성 능력, 경청 능력, 의사 표현 능력, 기초 외국어 능력
수리 능력	업무를 수행함에 있어서 사칙연산, 통계, 확률의 의미를 정확하게 이해하고, 이를 업무에 적용하는 능력
	기초 연산 능력, 기초 통계 능력, 도표 분석 능력, 도표 작성 능력
문제해결 능력	업무를 수행함에 있어서 문제 상황이 발생하였을 경우, 창조적이고 논리적인 사고를 통하여 이를 올바르게 인식하고 적절히 해결하는 능력
	사고력, 문제 처리 능력
자기개발 능력	업무를 추진하는 데 있어서 스스로를 관리하고 개발하는 능력
	자아 인식 능력, 자기관리 능력, 경력 개발 능력
자원관리 능력	업무를 수행함에 있어서 시간, 자본, 재료 및 시설, 인적 자원 등의 자원 가운데 무엇이 얼마나 필요한지를 확인하고, 이용 가능한 자원을 최대한 수집하여 실제 업무에 어떻게 활용할 것인지를 계획하고 계획대로 업무 수행에 이를 할당하는 능력
	시간 관리 능력, 예산 관리 능력, 물적 자원 관리 능력, 인적 자원 관리 능력
대인관계 능력	업무를 수행함에 있어서 접촉하게 되는 사람들과 문제를 일으키지 않고 원만하게 지내는 능력
	팀워크 능력, 리더십 능력, 갈등 관리 능력, 협상 능력, 고객 서비스 능력
정보 능력	업무와 관련된 정보를 수집하고, 이를 분석하여 의미 있는 정보를 찾아내며, 의미 있는 정보를 업무 수행에 적절하도록 조직하고, 조직된 정보를 관리하며, 업무 수행에 이러한 정보를 활용하고, 이러한 제(모든) 과정에 컴퓨터를 사용하는 능력
	컴퓨터 활용 능력, 정보 처리 능력
기술 능력	업무를 수행함에 있어서 도구, 장치 등을 포함하여 필요한 기술에는 어떠한 것들이 있는지 이해하고, 실제로 업무를 수행함에 있어 적절한 기술을 선택하여 적용하는 능력
	기술 이해 능력, 기술 선택 능력, 기술 적용 능력
조직이해 능력	업무를 원활하게 수행하기 위해 국제적인 추세를 포함하여 조직의 체제와 경영에 대해 이해하는 능력
	국제 감각, 조직 체제 이해 능력, 경영 이해 능력, 업무 이해 능력
직업윤리	업무를 수행함에 있어서 원만한 직업 생활을 위해 필요한 태도, 매너, 올바른 직업관
	근로 윤리, 공동체 윤리

ANSWER 6.① 7.①

8 **구직역량의 역량군에 해당하지 않은 것은?**

① 구직 지식군
② 구직 기술군
③ 구직 태도군
④ 구직 적응군

해설

④ 4번이 오답인 이유는 구직역량의 역량군은 '㉠ 구직 지식군, ㉡ 구직 기술군, ㉢ 구직 태도군, ㉣ 직무 적응군' 등 4가지로 구성되기 때문이다.

TIP 구직역량의 역량군별 하위 역량

역량군	하위 역량
구직 지식군	자기 이해, 구직 희망 분야 이해, 전공지식, 외국어 능력, 구직 일반 상식
구직 기술군	구직 의사결정 능력, 구직 정보탐색 능력, 인적 네트워크 활용 능력, 구직서류 작성 능력, 구직 의사소통 능력
구직 태도군	긍정적 가치관, 도전 정신, 글로벌 마인드, 직업윤리
직무 적응군	직무 및 조직 몰입, 현장 직무수행 능력, 대인관계 능력, 문제 해결 능력, 자원 활용 능력, 자기 관리 및 개발 능력

9 **구직 역량군에 관한 설명으로 옳은 것은?**

① 구직 지식군은 자신에게 적합한 직장을 탐색하고 입직하기 위해 갖추어야 할 지식을 말한다.
② 구직 기술군은 직장에서 직무를 성공적으로 수행하고 지속적인 발전을 가능하게 하는 능력을 의미한다.
③ 구직 태도군은 직장을 선택하고 그곳에 취업하는 데 필요한 실제적 기술을 말한다.
④ 직무 적응군은 직장에 취업하고 적응하는 데 갖추어야 할 태도 및 가치관이다.

해설

① 1번이 정답인 이유는 ②의 설명은 '구직 적응군', ③의 설명은 '구직 기술군', ④의 설명은 '구직 태도군'에 해당한다.

TIP 구직 역량군의 정의 및 하위 역량

구직 역량군	하위 역량
구직 지식군	자신에게 적합한 직장을 탐색하고 입직하기 위해 갖추어야 할 지식을 말한다.
	자기 이해, 구직 희망 분야 이해, 전공지식, 외국어 능력, 구직 일반 상식
구직 기술군	직장을 선택하고 그곳에 취업하는 데 필요한 실제적 기술을 말한다.
	구직 의사결정 능력, 구직 정보탐색 능력, 인적 네트워크 활용 능력, 구직서류 작성 능력, 구직 의사소통 능력
구직 태도군	직장에 취업하고 적응하는 데 갖추어야 할 태도 및 가치관이다.
	긍정적 가치관, 도전 정신, 글로벌 마인드, 직업윤리
직무 적응군	직장에서 직무를 성공적으로 수행하고 지속적인 발전을 가능하게 하는 능력을 의미한다.
	직무 및 조직 몰입, 현장 직무수행 능력, 대인관계 능력, 문제 해결 능력, 자원 활용 능력, 자기 관리 및 개발 능력

10 **구직 기술군의 하위 역량으로 옳지 않은 것은?**

① 구직 의사결정 능력
② 구직서류 작성 능력
③ 인적 네트워크 활용 능력
④ 현장 직무수행 능력

해설

④ 4번이 오답인 이유는 구직 기술군의 하위 역량은 '㉠ 구직 의사결정 능력, ㉡ 구직 정보탐색 능력, ㉢ 인적 네트워크 활용 능력, ㉣ 구직서류 작성 능력, ㉤ 구직 의사소통 능력' 등으로 구성되기 때문이다.

TIP 구직 역량군의 정의 및 하위 역량

구직 역량군	하위 역량
구직 지식군	자신에게 적합한 직장을 탐색하고 입직하기 위해 갖추어야 할 지식을 말한다.
	자기 이해, 구직 희망 분야 이해, 전공지식, 외국어 능력, 구직 일반 상식
구직 기술군	직장을 선택하고 그곳에 취업하는 데 필요한 실제적 기술을 말한다.
	구직 의사결정 능력, 구직 정보탐색 능력, 인적 네트워크 활용 능력, 구직서류 작성 능력, 구직 의사소통 능력
구직 태도군	직장에 취업하고 적응하는 데 갖추어야 할 태도 및 가치관이다.
	긍정적 가치관, 도전 정신, 글로벌 마인드, 직업윤리
직무 적응군	직장에서 직무를 성공적으로 수행하고 지속적인 발전을 가능하게 하는 능력을 의미한다.
	직무 및 조직 몰입, 현장 직무수행 능력, 대인관계 능력, 문제 해결 능력, 자원 활용 능력, 자기 관리 및 개발 능력

ANSWER 8.④ 9.① 10.④

학습 2 취업목표 설정하기

1 **국가직무능력표준(NCS)의 '표준'의 특성에 대한 설명으로 옳지 않은 것은?**

① 한 사람의 근로자가 해당 직업 내에서 소관 업무를 성공적으로 수행하기 위하여 요구되는 실제적인 수행 능력을 의미한다.

② 해당 직무를 수행하기 위한 모든 종류의 수행 능력을 포괄하여 제시한다.

③ 모듈형태로 구성하며, 유사한 여러 직업 내에서 근로자가 수행하는 개별 역할인 직무 능력을 능력단위화 하여 개발하므로, NCS는 여러 개의 능력단위로 구성되어 있다.

④ 산업계 단체가 주도적으로 참여하여 개발한다.

해설

③ 3번이 오답인 이유는 '유사한 여러 직업 내에서'가 아닌 '모듈형태로 구성하며, 한 직업 내에서 근로자가 수행하는 개별 역할인 직무능력을 능력단위화하여 개발하므로, NCS는 여러 개의 능력단위 집합으로 구성'되어 있기 때문이다.

TIP 국가직무능력표준(NCS)의 '표준'의 특성

NCS는 산업현장에서 직무를 수행하기 위하여 요구되는 지식·기술·소양 등의 내용을 국가가 산업 부문별 · 수준별로 체계화한 것으로, 산업현장의 직무를 성공적으로 수행하기 위해 필요한 능력[지식, 기술, 태도]을 국가적 차원에서 표준화한 것을 의미한다. 표준의 특성을 살펴보면 다음과 같다.

㉠ 한 사람의 근로자가 해당 직업 내에서 소관 업무를 성공적으로 수행하기 위하여 요구되는 실제적인 수행 능력을 의미한다.

㉡ 해당 직무를 수행하기 위한 모든 종류의 수행 능력을 포괄하여 제시한다.

㉢ 모듈(module) 형태로 구성하며, 한 직업 내에서 근로자가 수행하는 개별 역할인 직무 능력을 능력단위(unit)화하여 개발하므로, NCS는 여러 개의 능력단위 집합으로 구성되어 있다.

㉣ 산업계 단체가 주도적으로 참여하여 개발한다.

2 **직업 대안 개발과 의사결정 단계에서 취업상담자의 태도로 옳지 않은 것은?**

① 상담자는 직업 선택이 단순히 정보와 직무를 고려하는 문제라는 편견에서 벗어나야 한다.

② 구직자에게 여러 가지 다른 요인을 검토하며 하나의 완벽한 선택에 접근하는 과정임을 인식하도록 한다.

③ 선택은 상담자가 아닌 구직자 스스로 할 수 있도록 한다.

④ 상담자는 직업에 대한 자신의 편견이 있는지를 고려해야 한다.

해설

② 2번이 오답인 이유는 '구직자에게 직업이나 직무 선택에 완벽한 선택은 없으며, 여러 가지 다른 요인을 검토하며 하나의 만족스러운 선택에 접근하는 과정이라는 것을 인식시켜 주어야 한다.'이기 때문이다.

TIP 직업 대안 개발과 의사결정 단계에서 취업상담자의 태도

㉠ 상담자는 직업 선택이 단순히 정보와 직무를 고려하는 문제라는 편견에서 벗어나야 한다.

㉡ 상담자는 구직자에게 직업이나 직무 선택에 완벽한 선택은 없으며, 여러 가지 다른 요인을 검토하며 하나의 만족스러운 선택에 접근하는 과정이라는 것을 인식시켜 주어야 한다.

㉢ 선택 이후의 삶을 영위해야 하는 사람은 구직자 자신이므로, 선택은 상담자가 아닌 구직자 스스로가 해야만 하기 때문이다.

㉣ 상담자는 대안 개발과 의사결정 단계에서 직업에 대한 자신의 편견이 있는지를 고려해야 한다.

3 **직업 대안 개발을 위한 직무분석을 실시할 때 활용할 수 있는 것이 아닌 것은?**

① 전자공시시스템(DART)
② 기업 채용 홈페이지 활용
③ 국가직무능력표준(NCS)
④ 취업포털의 현직자 인터뷰

해설

① 1번이 오답인 이유는 '전자공시시스템은 대체로 기업분석 시 활용'하는 편이다.

TIP 전자공시시스템(DART : data analysis, retrieval and transfer system)

상장법인 등이 공시 서류를 인터넷으로 제출하고, 투자자 등 이용자는 제출 즉시 인터넷을 통해 조회할 수 있도록 하는 종합적 기업 공시 시스템이다. 일정 기간 동안 기업의 사업내용, 재무상황 및 경영실적 등 기업에 대한 정보(사업보고서, 감사보고서, 영업보고서 등)를 쉽게 접할 수 있게 만든 시스템이다.

4 **표준화된 직업정보 수집 과정의 순서로 옳은 것은?**

① 직업 분류 제시하기 – 대안 목록 줄이기 – 대안 만들기 – 직업정보 수집하기
② 직업정보 수집하기 – 대안 만들기 – 대안 목록 줄이기 – 직업 분류 제시하기
③ 대안 만들기 – 직업정보 수집하기 – 대안 목록 줄이기 – 직업 분류 제시하기
④ 직업 분류 제시하기 – 대안 만들기 – 대안 목록 줄이기 – 직업정보 수집하기

해설

④ 4번이 정답인 이유는 표준화된 직업정보 수집 과정은 '㉠ 직업 분류 제시하기, ㉡ 대안 만들기, ㉢ 대안 목록 줄이기, ㉣ 직업정보 수집하기' 순서로 진행되기 때문이다.

ANSWER 1.③ 2.② 3.① 4.④

5 상담사는 수집된 직업정보가 유용한 것인지 평가 후 구직자에게 제공해야 한다. 인쇄된 직업정보 자료를 평가하기 위해 유의할 사항으로 옳지 않은 것은?

① 자료 발행일이 3년 이내의 최신 자료에 해당하는지 점검해야 한다.

② 가독 수준이 구직자에게 적합한 것인지 점검해야 한다.

③ 자료가 성(性)이나 사회적 · 윤리적 · 종교적 편견에서 탈피한 것인지 점검해야 한다.

④ 출처가 불명확하더라도 직업정보의 가변성을 고려한 최신의 인쇄물이나 영상정보인지 점검해야 한다.

해설

④ 4번이 오답인 이유는 직업정보는 '노동시장 추이는 중요한 직업정보인데, 이는 영원히 지속되는 것이 아니라 수시로 변화하는 과정임을 고려한다. 인쇄물이나 영상정보에 대한 평가도 정부에서 간행한 것을 신뢰한다.'이기 때문이다.

TIP 인쇄된 자료(직업정보)의 평가 기준

㉠ 자료 발행일이 3년 이상 된 자료는 과거 자료에 해당되므로 유의해야 한다. (최신성)

㉡ 인쇄물이나 영상정보에 대한 평가도 정부에서 간행한 것을 신뢰한다. (신뢰성)

㉢ 가독 수준이 구직자에게 적합한 것인지 점검해야 한다. (가독성)

㉣ 자료가 성(性)이나 사회적 · 윤리적 · 종교적 편견에서 탈피한 것인지 점검해야 한다. (편파성)

㉤ 노동시장 추이는 중요한 직업정보인데, 이는 영원히 지속되는 것이 아니라 수시로 변화하는 과정임을 고려한다. (가변성)

㉥ 상담자는 표준화된 직업정보 출처, 직업정보 수집 방법 등을 정확히 알고 있어야 한다. 또한 다양한 직업 분야와 다양한 수준에서 종사하는 사람들의 목록을 만들어 구직자에게 제공하는 경우, 그 분야의 대표가 될 만한 사람인지, 그 정보가 얼마나 정확한지를 확인해야 한다. 직업정보를 찾는 사람은 구직자이지만, 상담자도 구직자와 함께 해당 정보의 정확도, 편파성, 대표성 등에 초점을 맞추어 정보를 평가해야 한다. (정확성, 편파성, 대표성)

6 취업상담의 상담 목표 설정에 관한 설명으로 옳은 것은?

① 상담 목표 설정은 상담의 방향을 제공해 주고, 상담 전략을 선택하고 개입에 대한 기초를 마련해 주며, 상담 결과를 평가하는 기초를 제공해 준다.

② 상담자는 구직자와의 초기면담에서 사전 목표를 이해하게 되는데, 초기면담만으로도 정보가 충분하므로 장기 목표 설정 시에는 초기 목표가 변경되지 않도록 한다.

③ 상담이 진행되면서 구직자가 변화를 보이거나 새로운 문제가 발생할 경우라도 목표가 변화되거나 수정되지 않도록 하여 목표를 분명히 한다.

④ 상담의 전반적인 목표는 구직자와의 대화와 욕구에 의해 결정되므로, 구직자가 명확하고 구체적인 목표를 설정하도록 돕기 위해서 상담사가 개입해서는 안된다.

해설

① 1번이 정답인 이유는 해당 설명은 '취업상담 목표 설정의 의의'로 맞는 내용에 해당하기 때문이다.

TIP 취업상담 목표 설정의 의의

㉠ 상담 목표 설정은 상담의 방향을 제공해 주고, 상담 전략을 선택하고 개입에 대한 기초를 마련해 주며, 상담 결과를 평가하는 기초를 제공해 준다.

㉡ 상담자는 구직자와의 초기면담에서 사전 목표를 이해하게 되는데, 초기면담만으로는 정보가 불충분하므로 장기 목표 설정 시에는 초기 목표가 재검토되거나 바뀔 수 있다.

㉢ 상담이 진행되면서 구직자가 변화를 보이거나 새로운 문제가 발생할 경우, 목표는 변화되거나 수정될 필요가 있다.

㉣ 상담의 전반적인 목표는 구직자와의 대화와 욕구에 의해 결정되지만, 구직자가 명확하고 구체적인 목표를 설정하도록 돕기 위해서 상담자의 개입이 필요하다.

7 **상담 목표 설정의 특성으로 옳지 않은 것은?**

① 목표는 추상적이거나 모호해서는 안 되며, 명확하고 구체적이어야 한다.

② 구직자가 목표를 통제할 수 있도록 목표는 실현 가능해야 한다.

③ 의미 있는 타인의 기대를 반영한 목표이어야 한다.

④ 구직자의 목표가 상담자의 기술과 양립 가능해야 한다.

해설

③ 3번이 오답인 이유는 목표는 '내담자가 원하고 바라는 것이어야 한다.'이기 때문이다.

TIP 상담 목표 설정의 특성

㉠ **목표는 구체적이어야 한다.** : 목표는 추상적이거나 모호해서는 안 되며, 명확하고 구체적이어야 한다.

㉡ **목표는 실현 가능해야 한다.** : 구직자의 시간, 에너지, 능력, 자원을 가지고 성취 가능한 목표로 통제할 수 있는 정도이며, 구직자의 가능성을 과대 · 과소 추정하지 않도록 한다.

㉢ **내담자가 원하고 바라는 것이어야 한다.** : 어떤 경우 구직자는 자신이 통제하기 어렵다고 믿는 상황 때문에 어떤 목표를 달성해야만 한다고 느끼는데, '해야만 하는 것' 또는 타인의 기대를 반영하는 목표는 구직자의 동기를 저해할 수 있다.

㉣ **목표는 상담자의 기술과 양립 가능해야 한다.** : 구직자의 목표가 상담자의 능력을 벗어난 것이라면 효과적인 상담이 이루어질 수 없다. 이런 경우에는 다른 기관이나 전문가에게 의뢰하는 것을 고려한다.

ANSWER 5.④ 6.① 7.③

8 취업 목표 설정 단계에서 상담사가 구직자의 목표 확인을 위해 수행하는 내용으로 옳지 않은 것은?

① 구직자의 현재 문제가 평가되고 적절한 개입이 결정되면 구체적인 목표를 제시한다.

② 전반적인 목표가 설정되면 구직자와 함께 목표의 실현 가능성을 탐색한다.

③ 실현 가능성이 검토되면 하위 목표를 확인함으로써 목표에 대한 세부 계획을 확인한다.

④ 목표 추구에 필요한 시간과 에너지를 투자하여 달성해 낸 목표에 대한 구직자의 성취도를 평가한다.

해설

④ 4번이 오답인 이유는 '목표 추구에 필요한 시간과 에너지를 투자하는 것이 중요하므로 목표에 대한 구직자의 몰입도를 평가한다.'이기 때문이다.

TIP 상담 목표의 실현 가능성을 염두에 두고 상담사가 단계별 목표 확인 진행

㉠ **구직자의 목표 결정** : 구직자가 직면한 현재 문제가 어느 정도 깊은 수준까지 평가되고 적절한 개입이 결정되면 분명하고 구체적인 목표를 제시한다.

㉡ **목표의 실현 가능성 결정** : 전반적인 목표가 설정되면 내담자와 함께 실현 가능성을 탐색한다.

㉢ **하위 목표설정** : ㉮ 구직자의 가치 · 기술 · 자산에 대한 평가, ㉯ 직업적 대안의 창출, ㉰ 직업정보의 수집, ㉱ 의사결정 모형의 적용 등을 협의하고 하위 목표들에 대한 동의를 얻음으로써 모호함을 줄일 수 있다.

㉣ **목표 몰입도 평가** : 목표 추구에 필요한 시간과 에너지를 투자하는 것이 중요하므로 목표에 대한 구직자의 몰입도를 평가한다.

9 자기효능감 향상에 영향을 줄 수 있는 요인이 아닌 것은?

① 대리 경험 ② 언어적 설득

③ 사회경제적 여건 ④ 수행 성취

해설

③ 3번이 오답인 이유는 자기효능감 구성 요인은 '수행 성취, 대리 경험, 언어적 설득, 정서적 안정'이기 때문이다.

TIP NCS학습모듈별 '자기효능감 구성 요인' 용어 정리

㉠ **취업상담** : ㉮ 수행 성취, ㉯ 대리 경험, ㉰ 언어적 설득, ㉱ 정서적 안정

㉡ **직업상담 초기면담** : ㉮ 성공 경험, ㉯ 대리학습, ㉰ 언어적 강화, ㉱ 정서적 각성

㉢ **심층직업상담** : ㉮ 수행 성취도, ㉯ 대리 경험, ㉰ 언어적 설득, ㉱ 생리적 반응

10 직업 대안 선택 단계에서 구직자가 달성해야 하는 과제가 아닌 것은?

① 3~5가지 선택을 하도록 준비하기
② 직업 평가하기
③ 직업들 가운데에서 한 가지를 선택하기
④ 선택 조건에 이르기

해설

① 1번이 오답인 이유는 '한 가지 선택을 하도록 준비하기'이기 때문이다.

TIP 직업 대안 선택 단계에서 구직자가 달성해야 하는 과제

㉠ 한 가지 선택을 하도록 준비하기
㉡ 직업 평가하기
㉢ 직업들 가운데에서 한 가지를 선택하기
㉣ 선택 조건에 이르기

11 취업 활동 계획 수립 시 고려할 사항으로 옳지 않은 것은?

① 상담 등 개인별 취업활동계획 수립을 위한 일련의 과정과 내용을 공유하여 참여자의 수용 가능성을 제고한다.
② 참여자의 욕구와 특성을 최대한 반영하고 불합리한 주장이나 요구는 적극적으로 수용하여 수립한다.
③ 집중 취업알선 기간을 최소 3개월 이상 확보할 수 있도록 취업활동 계획 상세 일정을 수립한다.
④ 취업 활동 계획 수립은 수급자격의 인정결정 통지를 한 날의 다음 날부터 1개월 이내에 완료하되, 수급자의 취업역량 등을 고려하여 필요한 경우에는 7일의 범위에서 연장할 수 있다.

해설

② 2번이 오답인 이유는 '참여자의 욕구와 특성을 최대한 반영하여 수립하되, 불합리한 주장이나 요구를 단순 수용하는 것은 지양'해야 하기 때문이다.

TIP 취업 활동 계획(IAP : Individual Action Plan) 수립 시 고려 사항

㉠ 상담 등 개인별 취업활동 계획 수립을 위한 일련의 과정과 내용을 공유하여 참여자의 수용 가능성을 제고한다.
㉡ 참여자의 욕구와 특성을 최대한 반영하여 수립하되, 불합리한 주장이나 요구를 단순 수용하는 것은 지양한다.
㉢ 3단계 집중 취업알선 기간을 최소 3개월 이상 확보할 수 있도록 취업활동 계획 상세 일정을 수립한다.
㉣ ④번의 내용은 2025년 국민취업지원제도 업무 매뉴얼 p.68에 수록되어 있다.

ANSWER 8.④ 9.③ 10.① 11.②

12 일학습 병행제에 관한 설명으로 옳지 않은 것은?

① 독일, 스위스 등 기술 강국에서 활용하고 있는 일터 기반 학습을 우리나라 현실에 맞게 설계하고 도입한 현장 기반 훈련으로 한국형 도제식 교육훈련 제도이다.

② 고숙련 일학습 병행(P-TECH)은 산학일체형 도제학교 훈련 졸업생을 대상으로 폴리텍 · 전문대 등과 연계하여 실시하는 중 · 고급 수준의 기술훈련 과정이다.

③ 일학습 병행제 재직자 단계는 재직 1년 이내 소속 근로자에 실시한다. Off-JT 실시 주체에 따라 단독 기업형과 공동훈련센터형으로 구분한다.

④ 일학습 병행제 재학생 단계는 특성화고[도제 학생], 전문대, 4년제 재학생을 정규직 근로자로 채용한 후 실시한다.

해설

④ 4번이 오답인 이유는 일학습 병행제 '재학생 단계는 특성화고[도제 학생], 전문대, 4년제 재학생을 기간제 근로자로 채용한 후 실시'하기 때문이다.

TIP 일학습병행제

㉠ 일학습 병행은 독일, 스위스 등 기술 강국에서 활용하고 있는 일터 기반 학습을 우리나라 현실에 맞게 설계하고 도입한 현장기반 훈련으로 '한국형 도제제도'이다.

㉡ 재직 1년 이내 소속 근로자에 실시한다. Off-JT(off the job learning)(off the job Training) 실시 주체에 따라 단독 기업형[기업 자체]과 공동훈련센터형[훈련기관 위탁]으로 구분한다.

㉢ 특성화고[도제 학생], 전문대, 4년제 재학생을 기간제 근로자로 채용한 후 실시한다. 학교 수업이 Off-JT에 해당한다.

㉣ 일학습 병행에 참여한 학습근로자가 계속하여 산업 · 기업 내에서 필요로 하는 핵심 인재로 성장할 수 있도록 후학습 경로도 다양화한다. 이를 위해 고숙련 일학습 병행(P-TECH) 참여 학교를 확대할 계획이다.

13 직업훈련의 역할 변화 과정을 바르게 제시한 것은?

① 인력 개발 역할 – 평생직업 교육훈련 체제 – 직업능력개발 체제 – 인력 수급 조절

② 인력 수급 조절 – 인력 개발 역할 – 평생직업 교육훈련 체제 – 직업능력개발 체제

③ 인력 수급 조절 – 평생직업 교육훈련 체제 – 직업능력개발 체제 – 인력 개발 역할

④ 인력 개발 역할 – 직업능력개발 체제 – 평생직업 교육훈련 체제 – 인력 수급 조절

해설

② 2번의 정답인 이유는 직업훈련은 '인력 수급 조절–인력 개발 역할–평생직업 교육훈련 체제–직업능력개발 체제'로 역할이 변화되어 왔기 때문이다.

TIP 직업훈련 역할의 변화

직업훈련은 경제성장과 산업 · 인력 구조의 변화에 따라 1970년대 인력 수급 조절, 1980년대 인력 개발 역할, 1990년대 평생직업 교육훈련 체제, 2000년대 직업능력개발 체제로 그 역할이 변화되어 왔다.

14 **국가기술자격 제도의 기능에 대한 설명으로 옳은 것은?**

① 근로자 또는 근로자가 되려는 자의 직무수행능력의 수준(level)과 분야(type)를 객관적으로 나타내 주는 선별 기능을 하고 있다.

② 기업이 근로자의 인사관리[채용, 승진, 전보, 보수 등]를 위한 선도 기능을 하고 있다.

③ 근로자의 직업능력개발 촉진 및 경력경로 개발을 지원하는 신호(signal)로서의 기능을 하고 있다.

④ 기업에서의 보상과 연결되는 국가기술자격의 취득을 위하여 근로자가 직업훈련을 통해 직무수행능력을 습득 · 향상하도록 유인하는 기능을 하고 있다.

해설

④ 4번이 정답인 이유는 해당 설명은 '국가기술자격 제도의 유인 기능'에 해당하기 때문이다.

TIP 국가기술자격제도의 기능 및 역할

㉠ 직업능력에 대한 신호 및 선별
- 근로자 또는 근로자가 되려는 자의 직무수행능력의 수준(level)과 분야(type)를 객관적으로 나타내 주는 신호(signal)로서 기능
- 신호 기능은 구직자와 구인자 간의 직무수행능력에 대한 평가가 달라(구직자는 자신의 직무수행능력을 과대평가, 구인자는 구직자의 직무수행능력을 과소평가) 발생하는 skill mismatch 문제 해소에 도움
- 기업이 근로자의 인사관리(채용, 승진, 전보, 보수 등) 시 국가기술자격을 선별 장치(screening device)로 활용

㉡ 근로자의 직업능력 촉진 및 경력개발 선도
- 기업에서의 보상과 연결되는 국가기술자격의 취득을 위하여 근로자가 직업훈련을 통해 직무수행능력을 습득 · 향상하도록 유인(guide)하는 기능
- 근로자가 국가기술자격의 수직적 등급 체계를 통해 경력을 개발할 수 있도록 선도
- 특히, 별도의 경력경로개발이 어려운 중소기업의 경우 국가기술자격을 소속 근로자의 경력경로개발에 활용 가능

㉢ 국가 인적자원의 확충
- 국가기술자격의 신호 · 선별 · 선도 기능이 복합되어 국가적으로 양질의 인적자원을 확보할 수 있는 기반 구축
- 중소기업의 경우 근속연수나 학력 중심에서 능력 중심의 인적자원관리로 전환함에 있어 국가기술자격 활용 가능

㉣ 2024년 국가직업능력개발 사업현황 p.28~29 수록되어 있다.

ANSWER 12.④ 13.② 14.④

15 다음 설명에 해당하는 용어(단어, 개념)로 알맞은 것은?

> 개인이 취업이라는 결과를 얻는 과정에서 필요한 취업정보 획득 기술, 서류전형에 임하는 기술, 면접 기술 등 직업을 얻기 위해 성공적으로 수행할 수 있는 능력과 자신감을 말한다.

① 취업효능감
② 개인작인신념
③ 자기존중감
④ 자기효능감

해설

① 1번이 정답인 이유는 해당 설명은 '취업효능감'에 대한 것이기 때문이다.

16 다음 설명에 해당하는 용어(단어, 개념)로 알맞은 것은?

> 사업주가 납부한 고용보험료를 재원으로 사업주가 소속 근로자, 채용예정자 등의 직무능력 향상을 위해 실시하는 직업훈련으로 자체 훈련시설에서 직접 실시하거나 훈련기관에 위탁하게 된다. 훈련기관에서는 집체훈련, 현장훈련, 원격훈련[인터넷, 우편], 혼합훈련 등의 방법으로 실시한다. 훈련비와 훈련수당, 유급휴가 훈련 인건비, 숙식비 등이 지원된다.

① 국가 기간 · 전략 산업 직종 훈련
② 일학습 병행제
③ 사업주 직업훈련 지원
④ 국가 인적자원개발 컨소시엄 훈련

해설

③ 3번이 정답인 이유는 해당 설명은 '사업주 직업훈련 지원 또는 사업주 직업능력개발훈련 지원'에 대한 것이기 때문이다.

TIP 직업능력개발훈련

㉠ **사업주 직업훈련(또는 사업주 직업능력개발훈련)** : 사업주가 납부한 고용보험료를 재원으로 사업주가 소속 근로자, 채용예정자 등의 직무능력 향상을 위해 실시하는 직업훈련이다.

㉡ **국가 기간 · 전략 산업 직종 훈련** : 국가기간 및 전략 산업 중 인력 부족 직종과 산업현장의 인력수요 증대에 따라 인력양성이 필요한 직종에 대하여 기술 · 기능 인력의 양성 · 공급으로 기업의 인력난을 해소하기 위해 실시하는 훈련이다.

㉢ **일학습 병행제** : 일학습 병행은 독일, 스위스 등 기술 강국에서 활용하고 있는 일터 기반 학습을 우리나라 현실에 맞게 설계하고 도입한 현장기반 훈련으로 '한국형 도제제도'이다.

㉣ **국가 인적자원개발 컨소시엄 훈련** : 중소기업 재직근로자의 직업훈련 참여 확대와 신성장동력분야, 융복합분야 등의 전략 산업 전문인력육성, 산업계 주도의 지역별 직업훈련기반 조성 등을 위해 복수의 중소기업과 인적자원개발 컨소시엄 협약)을 구성한 기업 등에게 공동훈련에 필요한 훈련 인프라와 훈련비 등을 지원하는 대한민국의 대표적인 직업능력개발훈련 사업이다. (www.hrd4u.or.kr) 사이트 참고)

학습 3 구인처 확보하기

1 **진로경로 중기 단계의 특징으로 옳지 않은 것은?**

① 유지 단계의 시작으로 작업하는 직책 및 상황을 증진시키기 위해서 계속 적응하는 것이 특징이다.
② 새롭고 이질적인 기술, 생산 수요, 노동시장의 변화 등과 같은 다양한 원인들로부터 변화가 생긴다.
③ 진로경로 중기 단계는 반드시 연령과 관련이 있다.
④ 개인은 실제의 장벽[성장이 전혀 없음, 느린 성장, 사양화된 조직]과 지각된 장벽[역할 혼동, 진로경로 정체 · 부진, 진로경로 성공과 방향에 대한 막연한 지각]을 반드시 구분해야 한다.

해설

③ 3번이 오답인 이유는 진로경로 중기 단계는 '반드시 연령과 관련된 것은 아니다.'이기 때문이다.

TIP 진로경로 단계

진로경로 단계	특징
진로경로 초기	• 개인은 조직에서 스스로 자리를 확립하는 기회를 가지며, 자신의 능력을 증명해 보이기 위한 역할을 수행한다. • 작업 환경에서 조화로운 관계 구축하기, 조직의 규칙과 규율에 적응하기, 성과적인 성과 수행 증명하기 등의 과제를 수행하게 된다. • 객관적 지표들[봉급, 규율, 정책 등]과 주관적 지표들[기대 충족, 목적 달성, 개인적 욕구와 조직상의 욕구 간의 경험 등]은 평가용 준거로서 개인이 조직에서의 미래 방향을 결정하거나, 다른 작업 환경에서의 변화를 결정하는 데 사용된다. • 진로경로 초기 단계에서 주요한 전환 과정은 사회화 과정이다.
진로경로 중기	• 생산성 유지 단계의 시작으로도 생각할 수 있는데, 작업하는 직책 및 상황을 증진시키기 위해서 계속 적응하는 것이 특징이다. • 새롭고 이질적인 기술, 생산 수요, 노동시장의 변화 등과 같은 다양한 원인들로부터 변화가 생긴다. • 개인은 실제의 장벽[성장이 전혀 없음, 느린 성장, 사양화된 조직]과 지각된 장벽[역할 혼동, 진로경로 정체 · 부진, 진로경로 성공과 방향에 대한 막연한 지각]을 반드시 구분해야 하는데, 이런 것들은 실제로 개인의 목적을 달성하려는 능력에 영향을 미치게 된다. • 조직에서 긍정적 성장 가능성을 발전시키고, 개인을 독려해 변화에 적응하게 하는 것은 바람직한 태도이다. • 진로경로 중기 단계는 반드시 연령과 관련된 것은 아니다.
진로경로 후기	• 개인 생애의 초점은 조직의 외부에서 활동하는 데 있다. 개인은 외부의 흥미를 구축하고 조직으로 이탈하기 시작하며, 조직 활동도 권력 역할(power role)에서 사소한 역할(minor role)로 바뀌게 된다. • 조직 안에서 개인은 점점 책임을 줄이고 일을 넘길 준비를 하게 되는데, 진로경로 후기 단계의 주요한 적응 문제는 감소된 일 역할을 수용하는 것이다. • 개인은 진로경로 중기의 불확실성을 해소하여 조직을 하나의 전체로 보게 되고, 자신들의 미래와 같은 폭넓은 문제들에 초점을 맞추는 경향이 있다. • 진로경로 후기 단계에서의 정서적 지지는 일차적으로 동료로부터 나온다.

ANSWER 15.① 16.③ / 1.③

2 **진로경로 후기 단계의 특징에 해당하는 것은?**

① 조직의 규칙과 규율에 적응
② 사회화 전환 과정
③ 생산성 유지 단계의 시작
④ 감소된 일 역할 수용

해설

④ 4번이 정답인 이유는 해당 설명은 '진로경로 후기'에 대한 것이기 때문이다.

TIP 진로경로 단계

진로경로 단계	특징
진로경로 초기	• 개인은 조직에서 스스로 자리를 확립하는 기회를 가지며, 자신의 능력을 증명해 보이기 위한 역할을 수행한다. • 작업 환경에서 조화로운 관계 구축하기, 조직의 규칙과 규율에 적응하기, 성과적인 성과 수행 증명하기 등의 과제를 수행하게 된다. • 객관적 지표들[봉급, 규율, 정책 등]과 주관적 지표들[기대 충족, 목적 달성, 개인적 욕구와 조직상의 욕구 간의 경험 등]은 평가용 준거로서 개인이 조직에서의 미래 방향을 결정하거나, 다른 작업 환경에서의 변화를 결정하는 데 사용된다. • 진로경로 초기 단계에서 주요한 전환 과정은 사회화 과정이다.
진로경로 중기	• 생산성 유지 단계의 시작으로도 생각할 수 있는데, 작업하는 직책 및 상황을 증진시키기 위해서 계속 적응하는 것이 특징이다. • 새롭고 이질적인 기술, 생산 수요, 노동시장의 변화 등과 같은 다양한 원인들로부터 변화가 생긴다. • 개인은 실제의 장벽[성장이 전혀 없음, 느린 성장, 사양화된 조직]과 지각된 장벽[역할 혼동, 진로경로 정체 · 부진, 진로경로 성공과 방향에 대한 막연한 지각]을 반드시 구분해야 하는데, 이런 것들은 실제로 개인의 목적을 달성하려는 능력에 영향을 미치게 된다. • 조직에서 긍정적 성장 가능성을 발전시키고, 개인을 독려해 변화에 적응하게 하는 것은 바람직한 태도이다. • 진로경로 중기 단계는 반드시 연령과 관련된 것은 아니다.
진로경로 후기	• 개인 생애의 초점은 조직의 외부에서 활동하는 데 있다. 개인은 외부의 흥미를 구축하고 조직으로 이탈하기 시작하며, 조직 활동도 권력 역할(power role)에서 사소한 역할(minor role)로 바뀌게 된다. • 조직 안에서 개인은 점점 책임을 줄이고 일을 넘길 준비를 하게 되는데, 진로경로 후기 단계의 주요한 적응 문제는 감소된 일 역할을 수용하는 것이다. • 개인은 진로경로 중기의 불확실성을 해소하여 조직을 하나의 전체로 보게 되고, 자신들의 미래와 같은 폭넓은 문제들에 초점을 맞추는 경향이 있다. • 진로경로 후기 단계에서의 정서적 지지는 일차적으로 동료로부터 나온다.

3 **직업정보의 범위에 대한 설명으로 옳지 않은 것은?**

① 개인에 대한 정보는 청소년기의 직업탐색에서부터 성인기의 직업 선택, 중 · 고령기, 은퇴기 등에 이르기까지 개인이나 직업상담가가 수집해야 할 정보를 제시한 것이다.

② 직업에 대한 정보는 주로 노동시장이나 직업세계에 관한 정보로서 개인이 직업을 선택하거나 구인처를 결정할 때에 필요한 정보들이다.

③ 미래에 대한 정보는 개인이 직업을 결정하는 데에 필요한 정보로서 생애주기에서 직업을 전환하거나 은퇴 시 고려해야 되어야 할 정보이다.

④ 개인에 대한 정보는 아동기의 흥미가 중시되는 시기부터 성인기의 진로선택 및 결정 등 진로발달 지원 시 필요한 정보를 말한다.

해설

④ 4번이 오답인 이유는 해당 설명은 '개인에 대한 정보는 청소년기의 직업탐색에서부터 성인기의 직업 선택, 중 · 고령기, 은퇴기 등에 이르기까지 개인이나 직업상담가가 수집해야 할 정보를 제시한 것이다.'이기 때문이다.

4 **고용24(work24.go.kr)에서 채용정보[일자리]를 검색하는 방법에 대한 설명으로 옳지 않은 것은?**

① 최대 10개까지 직종 선택이 가능하다.

② 연령별 검색이 가능하다.

③ 키워드로 검색이 가능하다.

④ 역세권별 검색이 가능하다.

해설

② 2번이 오답인 이유는 「고용상 연령차별금지 및 고령자 고용촉진에 관한 법률」이 시행됨에 따라 채용정보에서 '연령별 검색이 불가능'하기 때문이다.

TIP 워크넷(고용24, work24.go.kr)의 채용정보 활용(또는 검색) 방법

㉠ **키워드 검색** : 카워드(키워드)는 직무, 직업명, 프로그램명 등 다양하게 검색이 가능하다.

㉡ **직종 선택** : 1차 분류, 2차 분류, 3차 분류로 나누어 최대 10개까지 선택이 가능하다. 직종 분류는 한국고용직업분류에 따른다.

㉢ **지역 검색** : 지역별 검색과 역세권별 검색으로 나누어져 있다. 시, 구, 군 단위 검색이 가능하다. 역세권 검색은 지하철 호선별 역명을 중심으로 검색이 가능하다.

㉣ **기타** : 재택근무 가능 여부, 고용 형태, 경력, 학력, 희망 임금, 워크넷 입사지원 여부, 기업 형태, 채용 구분, 근무 형태, 격일근무 여부, 근로시간 단축 여부, 교대근무 여부, 식사비 제공 여부, 기타 복리후생[통근버스, 기숙사, 차량유지비 등], 장애인 희망 채용, 병역특례, 자격면허, 전공, 외국어, 기타우대사항[문서작성, 회계 프로그램 등]에 대한 추가 검색이 가능하다.

ANSWER 2.④ 3.④ 4.②

5 **고용24(work24.go.kr)에서 채용정보 상세 검색 시 선택할 수 있는 기업형태가 아닌 것은?**

① 일 · 생활 균형 우수기업
② 일학습병행기업
③ 가족친화인증기업
④ 청년친화강소기업

해설

① 1번이 오답인 이유는 고용24(work24.go.kr)에서 채용정보 상세 검색 시 선택할 수 있는 기업형태 중 '일 · 생활 균형 우수기업은 검색할 수 없다.'이기 때문이다.

TIP 워크넷(고용24, work24.go.kr)에서 채용정보 상세 검색 시 선택할 수 있는 기업형태

'고용24(work24.go.kr) → 채용정보 → 일자리 찾기 → 추가 검색조건 열기 → 기업형태' 발췌 내용이다.

기업형태	☑ 전체	□ 대기업	□ 공무원/공기업/공공기관
	□ 강소기업	□ 코스피 / 코스닥	□ 중견기업
	□ 외국계기업	□ 일학습병행기업	□ 벤처기업
	□ 청년친화강소기업	□ 가족친화인증기업	

6 **다음 설명에 해당하는 고용24(work24.go.kr)의 서비스는?**

> 구인 기업에게 지역별, 직종별, 전공계열별 등 다양한 인재 정보를 비롯하여 온라인 구인 신청, 인재 정보 관리, 맞춤 정보 서비스, 찜하기, e-채용마당 등의 서비스를 제공한다.

① 취업지원 서비스
② 채용지원 서비스
③ 고용동향 서비스
④ 채용정보 서비스

해설

② 2번이 정답인 이유는 해당 설명은 '채용지원 서비스'에 대한 것이기 때문이다.

TIP 고용24(work24.go.kr)의 서비스 내용

㉠ 취업지원 서비스(현재 '채용정보 서비스'로 변경)
- 개인 구직자에게 지역별, 역세권별, 직종별, 기업 형태별 등 다양한 일자리 정보를 비롯하여 온라인 구직 신청, 이메일 입사 지원, 맞춤정보 서비스, 구직활동 내역 조회/출력, 메일링 서비스 등의 취업지원 서비스를 제공한다.

㉡ 채용지원 서비스
- 구인 기업에게 지역별, 직종별, 전공계열별 등 다양한 인재정보를 비롯하여 온라인 구인 신청, 인재정보 관리, 맞춤정보 서비스, 찜하기, e-채용마당 등의 채용지원 서비스를 제공한다.

㉢ 고용동향 서비스
- 직업심리 검사, 직업 · 학과정보 검색, 직업탐방, 진로상담 등 직업 · 진로 서비스와 직업 지도(job map), 일자리/인재 동향, 통계 간행물/연구자료 등의 고용동향 서비스를 제공한다.

※ 변경된 고용24(work24.go.kr)의 서비스 내용은 아래와 같다.

채용정보	취업지원	실업급여	직업 능력 개발	출산휴가 · 육아휴직
일자리 찾기	취업역량강화	수급자격	훈련 찾기 · 신청	출산휴가
구직신청	취업가이드	실업인정	국민내일배움카드	육아휴직
채용행사	국민취업지원제도	취업촉진수당	훈련 기관 · 강사	
강소기업	미래내일 일경험	이직확인서		
	취업지원금			

개인(구직자)	기업(구인자)	공통
• 채용정보 • 취업지원 • 실업급여 • 직업능력개발 • 출산휴가 · 육아휴직	• 채용지원 • 직업능력개발 • 기업지원금 • 확인 및 신고 → 이직/출산 · 육아휴직	• 통합검색 • 정책/제도 • 고객센터

ANSWER 5.① 6.②

7 **「직업안정법」 기준 고용안정 정보망인 인트라넷 사용 권한을 부여받을 수 있는 직업상담가의 자격에 해당하지 않은 것은?**

① 직업훈련개발 훈련시설에서 3년 이상 근무한 경력자

② 직업소개 사업의 사업소에서 1년 이상 근무한 경력자

③ 교원자격증 소지하고 4년 이상 근무한 경력자

④ 노무관리 업무 공무원으로 2년 이상 근무한 경력자

해설

② 2번이 오답인 이유는 '직업소개 사업의 사업소에서 2년 이상 근무한 경력이 필요'하기 때문이다.

TIP 직업상담가의 자격(「직업안정법」 시행규칙 제19조)

㉠ 고용안정 정보망은 내부망(인트라넷)이기 때문에 자격이 있는 직업상담가가 사용 권한을 부여받아 구인 · 구직 등록, 취업 알선, 취업 마감 등에 활용한다.

㉡ 「직업안정법」 시행규칙 제19조(직업상담원의 자격) 법 제22조제2항 본문에서 "고용노동부령으로 정하는 자격을 갖춘 직업상담원"이란 다음 각 호의 어느 하나에 해당하는 사람을 말한다.

- 소개하려는 직종별로 해당 직종에서 2년 이상 근무한 경력이 있는 사람
- 「국민 평생 직업능력 개발법」에 따른 직업능력개발훈련시설, 「초 · 중등교육법」 및 「고등교육법」에 따른 학교, 「청소년 기본법」에 따른 청소년 단체에서 직업상담, 직업지도, 직업훈련, 그 밖에 직업소개와 관련이 있는 상담 업무에 2년 이상 종사한 경력이 있는 사람
- 「공인노무사법」에 따른 공인노무사
- 노동조합의 업무, 사업체의 노무관리업무 또는 공무원으로서 행정 분야에 2년 이상 근무한 경력이 있는 사람
- 「사회복지사업법」에 따른 사회복지사
- 「초 · 중등교육법」에 따른 교원자격증을 가진 사람으로서 교사 근무 경력이 2년 이상인 사람 또는 「고등교육법」에 따른 교원으로서 교원 근무 경력이 2년 이상인 사람
- 직업소개 사업의 사업소에서 2년 이상 근무한 경력이 있는 사람
- 「국가기술자격법」에 따른 직업상담사 1급 또는 2급

8 **직업안정기관의 고용안정 정보망 활용 시 구인 등록 원칙으로 옳지 않은 것은?**

① 상담자는 구인을 신청하는 업체의 경우 사업자등록증, 구인 신청자의 경우 신분증을 확인한다.

② 모집 직종이 2개 이상인 경우에는 직종별로 구인 신청서를 각각 작성한다.

③ 구인 신청 후 채용 또는 사정 변경 등으로 구인 신청을 취소 또는 변경하려는 경우에는 구인 신청을 한 직업 안정 기관에 즉시 해당 내용을 알려 구인 신청과 관련된 사항을 수정 또는 변경하여야 한다.

④ 구인 신청의 유효기간[15일 이상 2개월 이내] 중에 구인 신청을 취소하는 경우에는 취소 다음 날부터 같은 직종에 대한 구인 신청을 다시 신청할 수 있다.

해설

④ 4번이 오답인 이유는 구인 신청의 유효기간[15일 이상 2개월 이내] 중에 구인 신청을 취소하는 경우에는 '해당 기간 동안 같은 직종에 대한 구인 신청을 다시 신청할 수 없기' 때문이다.

TIP 고용안정 정보망(인트라넷)의 구인 등록 원칙

㉠ 구인 등록은 직업안정 기관[고용복지플러스센터, 지자체 일자리센터 등]의 고용안정 정보망 사용 자격이 부여된 직업상담가가 여러 가지를 확인 후 등록한다.

㉡ 실물 구인표 작성이 필수이다. 사실과 다르지 않음을 확인하고 허위 공고를 분별하여 등록한다.

- 상담자는 구인을 신청하는 업체의 경우 사업자등록증, 구인 신청자의 경우 신분증을 확인한다.
- 모집 직종이 2개 이상인 경우에는 직종별로 구인 신청서를 각각 작성한다.
- 구인 신청 후 채용 또는 사정 변경 등으로 구인 신청을 취소 또는 변경하려는 경우에는 구인 신청을 한 직업 안정 기관에 즉시 해당 내용을 알려 구인 신청과 관련된 사항을 수정 또는 변경하여야 한다.
- 구인 신청의 유효기간[15일 이상 2개월 이내] 중에 구인 신청을 취소하는 경우에는 해당 기간 동안 같은 직종에 대한 구인 신청을 다시 신청할 수 없다.
- 거짓 구인 광고를 하거나 거짓 구인 조건을 제시하는 경우에는 「직업안정법」 제47조에 따라 5년 이하의 징역 또는 5천만 원 이하의 벌금형을 받을 수 있음을 안내한다.

ANSWER 7.② 8.④

9 **구직자 알선을 위해 시행되고 있는 채용행사 중 다음 내용에 해당하는 것은?**

> • 고용복지플러스센터 등의 취업알선 기관이 주최가 되어 입사 과정을 대행해 주는 서비스이다.
> • 고용24의 해당 시스템을 통해서 이력서를 접수하고 서류심사를 업체의 요구에 맞게 진행해 주는 서비스이다.

① 구인 · 구직 만남의 날
② e채용마당
③ 일자리 수요데이
④ 채용박람회

해설

② 2번이 정답인 이유는 질문의 설명은 'e채용마당'에 대한 것이기 때문이다.

TIP 채용행사를 활용한 구직자 알선 방법

㉠ **구인 · 구직 만남의 날** : 고용복지플러스센터, 일자리센터 등에서 진행하는 채용행사로 보통 매월 19일 진행하여 '일구데이'라고도 한다. 구인업체를 섭외해서 직접 면접을 진행한다.

㉡ **채용박람회** : 대규모로 진행되는 채용행사이며, 사전에 미리 면접을 신청하고 행사 당일 면접을 진행하기도 하고, 현장에서 바로 면접을 진행하기도 한다.

㉢ **e채용마당** : 고용복지플러스센터 등의 취업알선 기관에서(기관이) 주최가 되어 입사과정을 대행해주는 서비스이다. 워크넷(고용24)의 e채용마당 시스템을 통해서 이력서를 접수하고 서류심사를 업체의 요구에 맞게 진행해주는 서비스이다. 이 채용공고는 여기서만 입사지원이 가능하다.

㉣ **채용대행 서비스 및 채용행사** : 구인업체의 요구에 따라 모집, 홍보, 서류접수 등 채용과정을 고용센터 등 취업알선 기관에서 대행해 준다. 이 채용공고도 직접 업체로 지원하는 것이 안 되고 채용대행 기관을 통해서만 가능하다. 지자체 일자리센터나 고용센터에서 진행하며, 구인 · 구직 만남의 날보다는 적은 규모로 불특정하게 진행이 된다.

㉤ **일자리 수요데이** : 고용서비스 기관의 시설 또는 다른 장소를 이용하여 구인자와 구직자 간 만남(현장 채용면접)의 기회를 제공하는 소규모 채용행사로 구직자가 직접 기업을 방문해야 하는 부담없이 기업 인사담당자를 만나 면접기회를 얻을 수 있다.(2025년 국민취업지원제도 p.168에 수록)

10 **다음 설명에 해당하는 용어(단어, 개념)로 알맞은 것은?**

> • 고용복지플러스센터에서 주로 진행이 되며 CAP@, 취업희망 등 집단상담 및 단기집단프로그램, 취업특강 등으로 구성되어 있다.
> • 프로그램 내용과 참여 대상 등에 대한 설명과 더불어 프로그램 일정도 검색할 수 있고, 전국의 고용센터와 고용복지플러스센터의 프로그램 운영 일정을 한눈에 볼 수 있다.
> • 구직자의 취업의욕 강화와 자신감 회복은 물론 본인에 대한 이해와 강점 발견, 구직기술 습득 등 성공적인 취업을 돕는 프로그램이다.

① 구직자 취업역량강화 프로그램
② 미래내일 일경험
③ 구직활동지원 프로그램
④ 심리안정 프로그램

해설

① 1번이 정답인 이유는 질문의 설명은 '구직자 취업역량강화 프로그램'에 대한 것이기 때문이다.

TIP 구직자 취업역량강화 프로그램

'고용24(work24.go.kr) → 취업지원 → 취업역량강화' 발췌 내용이다.

안내 : 구직자 분들의 취업의욕강화와 자신감 화복은 물론 본인에 대한 이해와 강점 발견, 구직기술 습득 등 성공적인 취업을 돕는 다양하고 실효성 있는 프로그램을 지속적으로 운영하고 있습니다.

구직자취업역량 강화프로그램	
취업특강	고용시장에 대해 이해하고 구직에 필요한 정보를 빠르게 알 수 있도록 50명 내외로 진행되는 강의식 프로그램(2시간) • 채용동향, 취업정보 수집, 구직서류 작성법, 면접방법, 이미지메이킹 등 구직 관련 특강 • 구직에 필요한 정보를 습득하고자 하는 구직자
단기집단프로그램	자신에게 부족한 구직기술을 주제별로 선택하여 습득할 수 있도록 25명 이내로 구성된 그룹에 단기(3~4시간)로 참여하는 실습 중심 프로그램 • 구직스트레스 다루기, 취업을 위한 "나"이해하기, 직장인을 위한 대화의 기술, 면접기술 습득하기 등 주제별 실습 프로그램 • 기초직업능력 및 구직기술 향상이 필요한 구직자
집단상담프로그램	12명 내외의 소규모 그룹으로 참여하여 다양한 실습과 체험을 통해 취업의욕을 높이고 구직기술도 습득할 수 있는 집단상담 방식의 프로그램(2~5일 참여)

ANSWER 9.② 10.①

학습 4 구직활동 지원하기

1 유형별 면접과 그에 따른 설명으로 옳지 않은 것은?

① PT 면접은 주제가 주어지면 기승전결로 나누어 구조화하고 두괄식으로 표현해 내도록 하며, 구조화 능력 및 발표력 등이 평가된다.

② 인바스켓 면접은 과거의 경험을 통해 미래의 행동을 유추하는 꼬리 물기식 면접이다. 구조화된 질문을 바탕으로 면접자를 평가한다.

③ 토론 면접은 논리 싸움이 우선이 아니고 합의된 결과물을 잘 만들어 내는 것이 가장 중요하다. 또 자신의 역할이 반드시 있어야 하며, 다른 의견을 수용하고 발전시키는 모습이 평가에서 좋게 반영이 된다.

④ 인성 면접은 지원자의 마인드, 가치관 등을 중점적으로 볼 수 있고, 조직 적합성을 평가한다. 열정이나 입사에 대한 의지를 묻는다.

해설

② 2번이 오답인 이유는 해당 설명은 '역량 면접'에 대한 것이기 때문이다.

TIP 인바스켓(In-Basket) 면접

㉠ '서류함 기법'이라고도 한다. 서류함(Basket)에 담긴 다양한 과제들을 실제 업무를 처리하듯 해결해 나가는 면접 기법이다.

㉡ 기업에서의 일상 상황과 비슷한 장면을 설정하고 결재 서류를 인바스켓(미결함)에 넣어 두면 지원자는 인바스켓(미결함)에 있는 서류를 차례로 의사결정을 하여 아웃바스켓(기결함)으로 옮겨 넣는 것으로 30~45분 정도의 단시간에 20~30통 분량에 해당하는 다량의 서류를 처리하도록 함으로써 독해력 · 판단력 · 결단력 등을 파악하는 면접 기법이다.

2 고용노동부에서 지정하는 강소기업의 선정 기준에 해당하지 않는 것은?

① 고용유지율이 높은 기업[3년 이내 2회 연속 동종 업종 및 규모별 평균 대비 고용유지율이 높은 기업]

② 신용평가 등급이 높은 기업[신용등급이 B- 이상 기업]

③ 3년 이내 산재 · 사망 발생 사고가 없으며, 임금 체불이 없는 기업

④ 3년 평균 매출액이 1,500억 원 이상인 기업

해설

④ 4번이 오답인 이유는 해당 설명은 강소기업 선정 기준이 아닌 '중견기업 지정 요건'에 해당하기 때문이다.

TIP 중견기업 지정 요건

자산 규모가 5,000억 원이 넘는 기업이거나, 3년 평균 매출이 1,500억 원 이상, 자기자본 1,000억 원 이상, 상시 직원 수 1,000명 이상 중에서 하나라도 충족이 되면 중견기업에 해당된다. 다만 공공기관이나 연금업 및 금융 · 보험 서비스업, 외국 법인의 주식 및 출자 지분율이 30% 이상을 소유하거나 최대 출자자인 기업의 경우 중견기업에서 제외된다.

※ 강소기업 선정 요건[고용노동부 선정]

㉠ 고용유지율[3년 이내 2회 연속 동종 업종, 규모별 평균 대비 고용유지율이 높은 기업]과 신용평가 등급이 높고[신용등급이 B- 이상 기업], 3년 이내 산재·사망 발생 사고가 없으며, 임금 체불이 없는 기업이 선정된다.

㉡ '고용24(work24.go.kr) → 취업지원 → 강소기업 → 소개' 발췌 내용이다. 현재 기준 강소기업 선정 조건으로, 해당 내용은 제외 기업 요건이므로 선정 기준은 반대로 이해하면 된다.

예) '신용평가 등급'이 B-미만 기업 → '신용평가 등급'이 B-이상 기업

〈강소기업 선정기준〉

일반기업	제외 기업요건이 아닌 기업 선정 ⇨	강소기업
나이스평가정보 기반의 195만개의 기업정보	제외 기업 요건 • 3년 이내 근로기준법 43조의2 및 시행령 23조의 2에 따른 체불명단 공개기업(사업주) • 3년 이내 2회연속 동종업종 · 규모별 평균 대비 '고용유지율'이 낮은 기업 • 3년 이내 '산재사망' 발생기업 • '신용평가등급'이 B-미만 기업 • 상호출자제한기업 집단 및 공기업 • 10인 미만 기업(건설업 30인 미만) • 소비향락업(호텔업과 휴양콘도업은 선정대상 포함), 부동산업 등 • 대통령령으로 정하는 업종(중소기업인력지원특별법), 고용알선업, 인력공급업	고용유지율 및 신용평가 등급이 높고, 임금체불이 없으며 3년 이내 산재사망 발생이 없는 우수한 중소기업

※ 2025년 고용노동부와 중소벤처기업부의 청년일자리 강소기업 선정 기준에 따르면 다음 어느 하나에 해당하는 기업은 제외된다(결격 요건).

㉠ 공고일 기준 국세 또는 지방세 미납 중인 기업

㉡ 공고일 기준 「근로기준법」 제43조의2에 따른 체불사업주 명단공개 중인 기업 : 명단공개 기준일 이전 3년 이내 임금 등을 체불하여 2회 이상 유죄가 확정된 자로서 명단공개 기준일 이전 1년 이내 체불 총액이 3천만 원 이상인 경우

㉢ 공고일 기준 2년 이내 「산업안전보건법」 제10조에 따른 산업재해 발생건수 등 공표 기업

㉣ 공고일 기준 2년 이내 근로자가 부당해고 구제를 신청하여 부당해고로 판정 확정된 기업

㉤ 공고일 기준 2년 이내 직장 내 괴롭힘 · 성희롱으로 처벌 또는 과태료 부과 기업(대표자 포함)

㉥ 공고일 기준 2년 이내 「채용절차의 공정화에 관한 법률」 위반으로 과태료 부과 기업

㉦ 공고일 기준 「근로기준법」 제93조에 따른 취업규칙 미신고 기업

㉧ 신용평가등급 BB- 미만 기업(NICE평가정보 자료 기준)

㉨ 상호출자제한기업집단, 공공기관, 지방공기업

㉩ 기타 서비스업 등 아래의 업종에 해당하는 기업(고용보험전산망 기준)

- 소비 · 향락업(「청소년보호법」, 「풍속영업의 규제에 관한 법률」, 「사행행위등 규제 및 처벌특례법」에서 정하는 업종) : 숙박업(호텔업과 휴양콘도업은 제외), 단란주점, 유흥주점, 노래연습장업, 비디오물 감상실업, 무도장업, 복권발행업 등
- 「중소기업인력지원특별법」 제외 업종 : 일반유흥주점업, 무도유흥주점업, 기타 주점업, 기타 사행시설관리 및 운영업, 무도장 운영업
- 고용알선업, 인력공급업

ANSWER 1.② 2.④

3 다음 설명에 해당하는 면접지도 대상자는?

> • 평균 이상의 학력을 갖춘 경우가 많은 편이나, 구직정보를 얻는 곳은 부족한 경우가 많다.
> • 경제적 관리 능력이 부족한 편으로 이와 관련하여 신뢰할 수 있게 표현할 수 있도록 준비한다.
> • 일하는 회사에 지장이 없고, 업무에 지장이 없다는 부분을 먼저 잘 어필하도록 한다.
> • 일에 열심히 몰두할 수 있는 환경임을 다시 한번 어필할 수 있게 준비하도록 지원한다.

① 결혼 이민자 ② 장년층
③ 신용회복 지원자 ④ 여성 가장

해설

③ 3번이 정답인 이유는 질문의 설명은 '신용회복 지원자'에 대한 것이기 때문이다.

TIP 대상자별 면접 지도 방법

㉠ 여성 가장
- 자녀 양육에 대한 대안 준비 후 정리하여 면접 시 잘 대처하도록 한다.
- 일에 대한 절박한 의지를 표현하도록 하여 꾸준히 근속하여 일을 할 수 있다는 부분을 어필하도록 준비한다.
- 경력 단절이 긴 경우 조직 적응에 대해 무리가 없음을 잘 어필하도록 정리해서 답변을 준비한다.
- 자신감이 많이 떨어져 있는 분이 많아 자존감을 높이는 피드백이 필요하다. 충분히 모의 면접을 준비하여 면접에 임하도록 한다.
- 여성인력개발센터, 새일센터, 고용복지플러스센터 구직자 역량강화 프로그램 등을 연계하여 참여할 수 있도록 지원한다.

㉡ 결혼 이민자
- 한국어 능력을 확인하여 의사소통 가능 수준으로 면접을 대비하도록 돕는다.
- 질문에 대한 이해를 먼저 할 수 있도록 면접 질문을 학습시키는 것이 우선이다.
- 단답형부터 답변을 준비한다.
- 변형된 질문에 대한 대처를 하도록 준비한다.
- 고용복지플러스센터에서 실시하는 구직자 역량강화 프로그램 참여를 독려한다.

㉢ 신용회복 지원자
- 신용회복 과정에 대해 정리하여 간략하지만 신뢰할 수 있게 표현할 수 있도록 준비한다.
- 일하는 회사에 지장이 없고, 업무에 지장이 없다는 부분을 먼저 잘 어필하도록 한다.
- 일에 열심히 몰두할 수 있는 환경임을 다시 한 번 어필할 수 있게 준비하도록 지원한다.
- 회사에 대한 관심, 직무에 대한 역량을 잘 표현하도록 지도한다.
- 본인의 역량과 지원 분야에 대한 관심을 표현하도록 안내한다.

㉣ 저소득층
- 면접 예상 질문에 대한 답변을 작성하고 단문 문장부터 연습하도록 돕는다.
- 충분한 연습을 한 후, 눈 맞춤, 면접 태도 등에 대한 컨설팅을 진행한다.
- 자존감을 살려주는 피드백이 필요하다.
- 할 수 있을 만큼 최대한 모의 면접을 많이 하도록 지원한다.
- 고용복지플러스센터에서 실시하는 구직자 역량강화 프로그램 참여를 독려한다.

㉤ 장년층 면접
- 장년층 면접은 면접 태도가 가장 중요하다. 과거에 연연하는 태도보다는 새로운 마음가짐으로 앞으로의 일과 직장 적응에 초점을 맞추어 면접에 임하도록 지도해야 한다.

• 과거의 경력은 사실에 기반을 두어 경력기술서를 작성하여 답변을 준비하도록 한다. 업무에 있어서 큰 성과를 창출할 수 있음을 강조하도록 한다.
• 새로운 조직에서의 직장 적응이 무난함을 잘 설명할 수 있도록 답변을 준비하도록 지원한다.
• 지원한 회사에 대한 충실한 조사를 바탕으로 회사에 대한 관심을 면접 시 충분히 어필하도록 한다.
• 중장년희망일자리센터, 고용복지플러스센터, 지자체 일자리센터 등의 중장년 취업 프로그램을 소개하고 참여를 독려한다.

4 **「직업안정법」에 따라 직업정보제공 사업자가 구인공고 등록 시 준수할 사항이 아닌 것은?**

① 구인자가 구인 신청 당시 「근로기준법」 제43조의 2에 따라 명단이 공개 중인 체불사업주인 경우 그 사실을 구직자가 알 수 있도록 게재해야 한다.

② 「최저임금법」 제10조에 따라 결정 · 고시된 최저임금에 미달되는 구인정보를 제공하지 아니한다.

③ 직업정보 제공 매체의 구인 · 구직의 광고에는 구인자 · 구직자 및 직업정보 제공 사업자의 주소 또는 전화번호를 모두 기재해야 한다.

④ 구인자의 업체명[또는 성명]이 표시되어 있지 아니하거나 구인자의 연락처가 사서함 등으로 표시되어 구인자의 신원이 확실하지 아니한 구인광고를 게재하면 안 된다.

해설

③ 3번이 오답인 이유는 해당 내용은 '직업정보 제공 매체의 구인 · 구직의 주소 또는 전화번호를 기재하고, 직업정보 제공 사업자의 주소 또는 전화번호는 기재하지 아니한다.'이기 때문이다.

TIP 구인공고 등록 시 유의점 : 「직업안정법」 제25조 및 동법시행령 제28조

제28조(직업정보 제공 사업자의 준수사항) 법 제25조제3호에서 "대통령령으로 정하는 사항"이란 다음 각 호의 사항을 말한다.

㉠ 구인자가 구인신청 당시 「근로기준법」 제43조의 2에 따라 명단이 공개 중인 체불 사업주인 경우 그 사실을 구직자가 알 수 있도록 게재해야 한다.

㉡ 「최저임금법」 제10조에 따라 결정 · 고시된 최저임금에 미달되는 구인정보를 제공하지 아니한다. 2021년 기준 시급 8,720원(10,030원)이며, 월 182만 2,480원(2,096,270원)이다.

㉢ 구인자의 업체명[또는 성명]이 표시되어 있지 아니하거나 구인자의 연락처가 사서함 등으로 표시되어 구인자의 신원이 확실하지 아니한 구인 광고를 게재하면 안 된다.

㉣ 직업정보 제공 매체의 구인 · 구직의 광고에는 구인자 · 구직자의 주소 또는 전화번호를 기재하고, 직업정보 제공 사업자의 주소 또는 전화번호는 기재하지 아니해야 한다.

㉤ 직업정보 제공 매체 또는 직업정보 제공 사업의 광고문에 '(무료)취업상담', '취업추천', '취업지원' 등의 표현을 사용하지 말아야 한다.

㉥ 구직자의 이력서 발송을 대행하거나 구직자에게 취업 추천서를 발부하지 말아야 한다.

㉦ 직업정보 제공 매체[홈페이지 등]에 정보 이용자들이 알아보기 쉽게 법 제23조에 따른 신고로 부여받은 신고번호(직업소개사업을 겸하는 경우에는 법 제18조에 따른 신고로 부여받은 신고번호 또는 법 제19조에 따른 등록으로 부여받은 등록번호를 포함한다)를 표시해야 한다.

㉧ 「성매매알선 등 행위의 처벌에 관한 법률」 제4조에 따른 금지행위가 행하여지는 업소에 대한 구인 광고를 게재하지 말아야 한다.

ANSWER 3.③ 4.③

5 결혼이민자의 면접 지도가 아닌 것은?

① 구직자 취업역량강화 프로그램 참여를 독려한다.
② 변형된 질문에 대처하도록 준비한다.
③ 단답형보다는 서술식 완성형 문장으로 답변하도록 지도한다.
④ 질문에 대한 이해를 위해서 면접 질문을 우선 학습시키도록 한다.

해설

③ 3번이 오답인 이유는 결혼이민자의 경우 '짧은 단답형부터 답변을 준비할 수 있도록 지도해야 한다.'이기 때문이다.

TIP 결혼이민자 면접 지도

성장 배경과 문화가 달라서 한국 사회 이해 및 적응 능력이 부족하고, 경제적 기반이 미약한 경우가 많다. 또 사회적 지지체계도 부족한 편이고, 한국어 능력도 부족한 경우가 많다.
㉠ 한국어 능력을 확인하여 의사소통 가능 수준으로 면접을 대비하도록 돕는다.
㉡ 질문에 대한 이해를 먼저 할 수 있도록 면접 질문을 학습시키는 것이 우선이다.
㉢ 단답형부터 답변을 준비한다.
㉣ 변형된 질문에 대한 대처를 하도록 준비한다.
㉤ 고용복지플러스센터에서 실시하는 구직자 역량강화 프로그램 참여를 독려한다.

6 동행 면접에 대한 설명으로 가장 적합하지 않은 것은?

① 취업 가능성을 높이기 위해 청년층의 경우 반드시 동행 면접 실시가 원칙임을 사전에 안내한다.
② 구직자에게는 안정감을 주고 구인업체에는 신뢰감을 주는 장점이 있다.
③ 구인 발굴의 일환으로 직접 인사담당자를 만날 수 있는 공식적인 루트로 단골 기업을 만드는 중요한 출발점이 되기도 한다.
④ 동행 면접 전 구직자에게 동행 면접 절차에 대해 설명해 주고, 기업 방문의 유의점, 면접에 대한 예의범절에 대해서도 설명해 준다.

해설

① 1번이 오답인 이유는 해당 설명은 '청년층들의 동행 면접은 오히려 부정적 영향을 끼칠 수 있으니 동행 면접의 취지를 사전에 잘 설명하고 이해시키는 것이 선행되어야 한다.'이기 때문이다.

TIP 동행 면접에 대한 설명

㉠ 동행 면접은 취업 자신감이 부족하거나 면접에 계속 실패하는 구직자들을 대상으로 진행하지만, 구인 발굴의 의미도 있기 때문에 가능한 동행 면접은 다 진행하는 것이 좋다.
㉡ 다만, 청년층들의 동행 면접은 오히려 부정적 영향을 끼칠 수 있으니 동행 면접의 취지를 사전에 잘 설명하고 이해시키는 것이 선행되어야 한다.
㉢ 동행 면접 전 구직자에게 동행 면접 절차에 대해 설명해 주고, 기업 방문의 유의점, 면접에 대한 예의범절에 대해서도 설명해 준다.

학습 5 내담자 구직 사후관리

1 **다음 설명에 해당하는 용어(단어, 개념)로 알맞은 것은?**

> '구직자 취업촉진 및 생활안정 지원에 관한 법률'에 근거한 한국형 실업부조 제도로서 1유형에게는 구직촉진수당 및 취업지원서비스를 제공하고, 2유형에게는 취업활동비용 및 취업지원 서비스를 제공한다.

① 국민취업지원제도
② 재취업 지원 서비스 의무화 제도
③ 실업급여 제도
④ 희망리턴 패키지 제도

해설

① 1번이 정답인 이유는 해당 설명은 '국민취업지원제도'에 대한 것이기 때문이다.

TIP 희망리턴 패키지

중소벤처기업부 소상공인시장진흥공단이 운영하는 폐업 소상공인의 재기를 돕는 프로그램이다. 이는 폐업 후 취업을 희망하거나 준비하는 사람에게 폐업에서 취업에 이르기까지 전 과정을 지원한다.

2 **실업급여의 종류에 대한 설명으로 옳지 않은 것은?**

① 구직급여는 소정의 수급요건을 만족시키는 수급 자격자의 생활안정을 도모하기 위해 지급되는 기본적 성격의 급여이다.
② 취업촉진수당은 조기 재취업 수당, 직업능력개발 수당, 광역 구직활동비, 이주비 등으로 구분된다.
③ 연장급여는 훈련연장급여, 개별연장급여, 특별연장급여, 구직활동연장급여가 있다.
④ 상병급여는 출산으로 인해 취업이 불가능한 경우 출산일로부터 45일간 지급된다.

해설

③ 3번이 오답인 이유는 해당 설명은 '연장급여는 훈련연장급여, 개발(개별)연장급여, 특별연장급여' 등 3종류로 구성되어 있기 때문이다.

ANSWER 5.③ 6.① / 1.① 2.③

3 **노동 이동에 대한 설명으로 옳지 않은 것은?**

① 노동 이동(labor mobility)은 노동력 상태의 변경, 노동시장의 유입 및 퇴출, 노동시장 내의 움직임, 노동시장 간의 이동을 의미한다.

② 노동 이동의 원인으로 임금 격차설과 취업 기회설은 상호 배타적인 이론으로 임금 격차가 존재하면 취업 기회가 없어 이동이 발생하지 않게 된다는 것이다.

③ 일시 해고'는 근로자의 귀책사유 없이 기업의 가동률 저하로 인하여 근로자가 기업으로부터 일시적으로 해고되는 경우를 말한다.

④ '해고'는 기업이 정당한 사유[회사의 규칙을 위반하는 등 근로자 귀책사유]로 근로자를 면직시키는 경우를 말한다. '기타 이직'은 군 복무, 정년퇴직, 신체적 장애, 사망 등으로 이직하는 경우이다.

해설

② 2번이 오답인 이유는 임금 격차가 존재해도 취업 기회가 없으면 이동이 발생하지 않을 것이며, 취업 기회가 존재하더라도 임금이 낮으면 이동이 없을 것이기 때문에 노동 이동에 있어 임금 격차와 취업 기회는 상호 배타적인 이론이 아니라 상호 보완적인 성격을 갖고 있기 때문이다.

TIP 노동 이동(labor mobility)에 대한 설명

㉠ 노동 이동은 노동력 상태의 변경, 노동시장의 유입 및 퇴출, 노동시장 내의 움직임, 노동시장 간의 이동을 의미한다.

㉡ 입직은 신규 채용과 일시 해고 중에 있던 근로자의 소환으로 이루어지고, 이직은 보통 사직, 일시 해고, 해고, 기타 이직의 네 가지 경로로 이루어진다.

- '사직'은 자진 사직 또는 자발적 이직이라고 하며, 정년퇴직이나 군 입대, 동일 기업의 타 사업장으로의 배치전환 등의 이유가 아닌 다른 사유로 근로자가 자신의 희망에 의하여 또는 스스로 이직하는 경우를 의미한다.
- '일시 해고'는 근로자의 귀책사유 없이 기업의 가동률 저하로 인하여 근로자가 기업으로부터 일시적으로 해고되는 경우를 말한다.
- '해고'는 기업이 정당한 사유[회사의 규칙을 위반하는 등 근로자 귀책사유]로 근로자를 면직시키는 경우를 말한다.
- '기타 이직'은 군 복무, 정년퇴직, 신체적 장애, 사망 등으로 이직하는 경우이다.

※ 노동 이동(labor mobility)을 설명하는 이론

구분	내용
임금 격차설	• 노동시장이 완전 경쟁 시장이라고 할 때, 노동력이 부족한 부문에서는 임금 및 노동 제(모든) 조건이 여타 분야에 비해 상대적으로 개선되므로 이 분야에 소요되는 새로운 노동력이 유입되며, 반대로 노동력이 초과 공급되는 분야에서는 노동력이 유출되는 경향을 의미한다. • 즉, 자본이 이윤율 격차를 중심으로 이동한다면 임금 노동은 임금률 격차를 중심으로 상향 이동한다는 것이다 • '임금 격차설'이 저임금의 산업 · 지역에서 고임금의 산업 · 지역으로 근로자가 이동한다는 노동력의 공급 측면을 강조
취업 기회설	• '취업 기회설'은 타 산업 · 타 지역으로의 이동은 취업 기회의 증감에 의해 규정된다는 것으로 노동력의 수요 측면을 강조 • 임금 격차가 존재해도 취업 기회가 없으면 이동이 발생하지 않을 것이며, 취업 기회가 존재하더라도 임금이 낮으면 이동이 없을 것이기 때문에 노동 이동에 있어 임금 격차와 취업 기회는 상호 배타적인 이론이 아니라 상호 보완적인 성격을 가진다.

4 **임금 격차설에 대한 설명으로 옳지 않은 것은?**

① 노동시장이 완전 경쟁 시장이라고 할 때, 노동력이 부족한 부문에서는 새로운 노동력이 유입되며, 반대로 노동력이 초과 공급되는 분야에서는 노동력이 유출되는 경향을 의미한다.

② 자본이 이윤율 격차를 중심으로 이동한다면 임금 노동은 임금률 격차를 중심으로 상향 이동한다는 것이다.

③ 타 산업 · 타 지역으로의 이동은 취업 기회의 증감에 의해 규정된다는 것으로 노동력의 수요 측면을 강조한다.

④ 저임금의 산업 · 지역에서 고임금의 산업 · 지역으로 근로자가 이동한다는 노동력의 공급 측면을 강조한 것이다.

해설

③ 3번이 오답인 이유는 해당 설명은 '취업 기회설'에 대한 설명이기 때문이다.

TIP 노동 이동(labor mobility)을 설명하는 이론

구분	내용
임금 격차설	• 노동시장이 완전 경쟁 시장이라고 할 때, 노동력이 부족한 부문에서는 임금 및 노동 제(모든) 조건이 여타 분야에 비해 상대적으로 개선되므로 이 분야에 소요되는 새로운 노동력이 유입되며, 반대로 노동력이 초과 공급되는 분야에서는 노동력이 유출되는 경향을 의미한다. • 즉, 자본이 이윤율 격차를 중심으로 이동한다면 임금 노동은 임금률 격차를 중심으로 상향 이동한다는 것이다. • '임금 격차설'이 저임금의 산업 · 지역에서 고임금의 산업 · 지역으로 근로자가 이동한다는 노동력의 공급 측면을 강조
취업 기회설	• '취업 기회설'은 타 산업 · 타 지역으로의 이동은 취업 기회의 증감에 의해 규정된다는 것으로 노동력의 수요 측면을 강조 • 임금 격차가 존재해도 취업 기회가 없으면 이동이 발생하지 않을 것이며, 취업 기회가 존재하더라도 임금이 낮으면 이동이 없을 것이기 때문에 노동 이동에 있어 임금 격차와 취업 기회는 상호 배타적인 이론이 아니라 상호 보완적인 성격을 가진다.

ANSWER 3.② 4.③

5 취업자 사후관리의 내용으로 옳지 않은 것은?

① 내담자 출근 일주일 후 반드시 통화하고, 재직자 직무향상 교육도 추천한다.

② 근로계약, 취업규칙 등의 준수사항에 대하여 관련 자료를 제공한다.

③ 이메일, SNS, 유선 등을 통하여 수시로 구직자의 직무만족을 점검한다.

④ 직장 적응에 실패한 경우 재취업 지원 서비스 의무화 제도를 안내한다.

해설

④ 4번이 오답인 이유는 해당 설명은 '직장 적응에 실패한 경우 전직 프로그램을 안내해야 한다.'이기 때문이다.

TIP 구지자 취업 후 사후 관리

㉠ 구직자 출근 전 사전교육을 실시한다.
㉡ 구직자 출근 후 일주일 뒤 사후관리를 실시한다.
㉢ 재직자 직무향상 교육도 추천하여 업무역량을 높이도록 도와주어야 한다.
㉣ 지속적으로 구인업체를 관리한다.
㉤ 근속 독려 시 재직자 교육 등 경력개발 계획 수립을 유도하고, 장기 경력관리 및 경력개발의 중요성을 인식하게 한다.
㉥ 문자, SNS를 통해 친근하고 지속적인 격려를 하며, 스트레스 관리법을 안내하여 건강한 직장생활을 영위해 가도록 돕는다.
㉦ 정기예금 등 재무관리에 대해서 정보를 제공하고 계획을 세울 수 있도록 지원한다. 또 경력 인정요건 등 개인목표 수립을 유도하고 근속을 지속적으로 관리한다.
㉧ 근로계약, 취업규칙 등의 준수사항에 대하여 관련 자료를 제공한다.
㉨ 취업 후 애로점에 대하여 수시로 이메일, SNS, 유선 등으로 상담이 가능함을 알려준다.
㉩ 이번 취업이 구직자의 욕구보다 낮다고 하더라도 다음에 가능성을 높이기 위하여 취업의 중요성을 다시 한 번 강조한다.
㉪ 입사 후 직무 만족에 대하여 수시로 점검한다.
㉫ 직무 만족이 낮은 경우, 전직에 대한 의도가 있는지 확인하고, 전직에 대비하여 상담 일정을 확정한다.
㉬ 직장 적응에 실패한 경우 전직 프로그램을 안내한다.

6 실업급여의 종류가 아닌 것은?

① 구직급여 ② 교육급여

③ 취업촉진수당 ④ 연장급여

해설

② 2번이 오답인 이유는 실업급여는 크게 '㉠ 구직급여, ㉡ 취업 촉진 수당, ㉢ 연장급여, ㉣ 상병급여' 등 4종류로 나뉘기 때문이다.

TIP 실업급여의 종류

㉠ **구직급여** : 소정의 수급 요건을 만족시키는 수급 자격자의 생활안정을 도모하기 위해 지급되는 기본적인 성격의 급여이다.
㉡ **취업 촉진 수당** : 조기 재취업 수당, 직업능력개발 수당, 이주비, 광역 구직활동비 등으로 구분된다.
㉢ **연장급여** : 특별연장급여, 개발(개별)연장급여, 훈련연장급여가 있다.
㉣ **상병급여** : 출산으로 인해 취업이 불가능한 경우 출산일로부터 45일간 상병급여가 지급되며, 건강상의 문제로 실업 인정이 안 된다면 관련 증명서[의사 진단서 등]를 첨부해서 청구하면 된다.

7　**다음에 제시하는 제도와 해당 법령의 연결이 바르지 않은 것은?**

① 국민취업지원제도 –「구직자 취업촉진 및 생활안정지원에 관한 법률」
② 재취업 지원 서비스 의무화 제도 –「고용상 연령차별 금지 및 고령자 고용촉진에 관한 법률」
③ 내일배움카드 –「국민 평생 직업능력 개발법」
④ 실업급여 –「직업안정법」

해설

④ 4번이 오답인 이유는 실업급여는 「고용보험법」에 해당한다.

8　**다음은 구직급여 소정급여일수 산정표이다. 빈칸에 들어갈 소정급여일수를 순서대로 바르게 제시한 것은?**

이직일 2019.10.1.일 이후　　　　연령은 퇴사 당시의 만 나이입니다.

연령 및 가입 기간	1년 미만	1년 이상 3년 미만	3년 이상 5년 미만	5년 이상 10년 미만	10년 이상
50세 미만	120일	150일	180일	210일	240일
50세 이상 및 장애인	㉠	㉡	㉢	㉣	㉤

① ㉠120일 – ㉡180일 – ㉢210일 – ㉣240일 – ㉤270일
② ㉠150일 – ㉡180일 – ㉢210일 – ㉣240일 – ㉤270일
③ ㉠ 90일 – ㉡120일 – ㉢150일 – ㉣180일 – ㉤210일
④ ㉠180일 – ㉡210일 – ㉢240일 – ㉣270일 – ㉤300일

해설

① 1번이 정답인 이유는 50세 이상 및 장애인의 고용보험 가입 기간별 급여 일수는 '㉠120일 – ㉡180일 – ㉢210일 – ㉣240일 – ㉤270일'이기 때문이다.

ANSWER 5.④ 6.② 7.④ 8.①

9 다음 내용을 읽고 사례자에게 산정된 소정급여일수로 옳은 것은?

> • 2020년 1월 1일에 입사하여 2025년 2월 15일에 회사의 경영악화로 인해 퇴사하였다.
> • 2017년 군에서 의무복무 당시 교통사고로 인해 지체장애 장애인 등급을 받은 상태이다.
> • 퇴사 당시 만 30세였으며, 월 급여는 세전 270만 원이었다.
> • 장애인이란 「장애인고용촉진 및 직업재활법」에 따른 장애인을 말한다.

① 150일
② 180일
③ 210일
④ 240일

해설

④ 4번이 정답인 이유는 사례자는 '50세 이상 및 장애인' 대상에 해당하며, 근무 일수를 계산하면 5년 46일이다. 따라서 5년 이상 10년 미만 구간인 '240일'에 해당하기 때문이다.

TIP 구직급여 소정급여일수 산정표(연령은 퇴사 당시 만 나이로 산정)

이직일 2019.10.1.일 이후　　연령은 퇴사 당시의 만 나이입니다.

연령 및 가입 기간	1년 미만	1년 이상 3년 미만	3년 이상 5년 미만	5년 이상 10년 미만	10년 이상
50세 미만	120일	150일	180일	210일	240일
50세 이상 및 장애인*	120일	180일	210일	240일	270일

*장애인이란 「장애인고용촉진 및 직업재활법」에 따른 장애인을 말함.

10 다음 설명에 해당하는 용어(단어, 개념)로 알맞은 것은?

> 「고용상 연령차별금지 및 고령자고용촉진에 관한 법률」 제21조의3 등에 따라 피보험자 1,000인 이상 사업주는 50대 이상의 비자발적 이직예정자에게 진로설계, 취업알선, 재취업 또는 창업에 관한 교육 등 재취업에 필요한 서비스를 의무적으로 제공해야 한다.

① 실업급여 제도
② 재취업 지원 서비스 의무화 제도
③ 국민취업지원제도
④ 전직지원 프로그램

해설

② 2번이 정답인 이유는 질문의 설명은 '재취업 지원 서비스 의무화 제도'에 대한 것이기 때문이다.

11 **고용보험 가입 근로자가 실직하여 재취업 활동을 하는 기간에 소정의 급여를 지급함으로써 실업으로 인한 생계 불안을 극복하고 생활의 안정을 도와주며 재취업의 기회를 지원해 주는 제도는?**

① 상병급여　　② 연장급여
③ 실업급여　　④ 훈련급여

해설

③ 3번이 정답인 이유는 해당 설명은 '실업급여'에 대한 것이기 때문이다.

TIP 고용보험과 실업급여

㉠ 고용보험이란 전통적 의미의 실업보험 사업을 비롯하여 고용안정 사업과 직업능력 사업 등의 노동시장 정책을 적극적으로 연계하여 통합적으로 실시하는 사회보장 보험이다.

㉡ 실업급여는 고용보험 가입 근로자가 실직하여 재취업 활동을 하는 기간에 소정의 급여를 지급함으로써 실업으로 인한 생계 불안을 극복하고 생활의 안정을 도와주며 재취업의 기회를 지원해 주는 제도이다. 실업급여 종류는 구직급여, 취업촉진 수당, 연장급여, 상병급여 등 4가지가 있다.

㉢ 구직급여는 소정의 수급 요건을 만족시키는 수급 자격자의 생활 안정을 도모하기 위해 지급되는 기본적인 성격의 급여이다.

ANSWER 9.④ 10.② 11.③

CHAPTER

03 직업훈련상담

학습 1 내담자 직무역량 파악하기

1 **네들러(Nadler, L. 1984)가 제시한 인적자원개발의 특성으로 옳지 않은 것은?**

① 직무성과의 향상 가능성을 증대시켜야 한다.

② 반드시 의도적이고 계획적이며 조직적인 학습이어야 한다.

③ 학습은 제한된 특정 기간 내에 이루어져야 하며, 시간 개념은 학습 성취 및 성취 여부의 평가 시점보다 비용 측면을 더욱 중요시한다.

④ 조직의 현재 또는 미래의 직무와 관련이 있어야 한다.

해설

③ 3번이 오답인 이유는 '학습은 제한된 특정 기간 내에 이루어져야 하며, 시간 개념은 비용 측면보다 학습 성취 및 성취 여부의 평가 시점을 더욱 중요시한다.'이기 때문이다.

TIP 네들러(Nadler, L. 1984)가 제시한 인적자원개발의 특성

㉠ 반드시 의도적이고 계획적이며 조직적인 학습이어야 한다.

㉡ 이러한 학습은 제한된 특정 기간 내에 이루어져야 하며, 시간 개념은 비용 측면 보다 학습 성취 및 성취 여부의 평가 시점을 더욱 중요시한다.

㉢ 조직의 현재 또는 미래의 직무와 관련이 있어야 하므로 뚜렷한 목적하에 조직의 직무성과 향상을 위하여 효과적인 방법과 내용을 계획적으로 추진하여야 한다.

㉣ 직무성과의 향상 가능성을 증대시켜야 한다.

㉤ 개인과 조직의 가능성을 증대시켜야 한다.

2 인적자원 관리 영역과 각 영역에 대한 내용으로 옳은 것은?

① 인적자원 관리 영역은 인적자원 개발, 인적자원 평가, 인적자원 활용 영역으로 구분된다.
② 인적자원 평가 영역에는 선발 및 배치, 보상/유인, 고용정보 체계, 고용인 지원 등이 해당된다.
③ 인적자원 활용 영역에는 조직/직무 설계, 인적자원 기획, 수행관리 체계, 노사관계 등이 해당된다.
④ 인적자원 개발 영역에는 훈련과 계발, 조직개발, 진로 경로 개척이 해당된다.

해설

④ 4번이 정답인 이유는 '인적자원 개발 영역에는 훈련과 계발, 조직개발, 진로 경로 개척'이 해당되기 때문이다.

TIP 인적자원 관리 영역

인적자원 관리 영역은 인적자원 개발 영역, 인적자원 환경 영역, 인적자원 활용 영역으로 구분된다.
㉠ **인적자원 개발 영역** : 훈련과 계발, 조직개발, 진로 경로 개척
㉡ **인적자원 환경 영역** : 조직/직무 설계, 인적자원 기획, 수행관리 체계, 노사관계
㉢ **인적자원 활용 영역** : 선발 및 배치, 보상/유인, 고용정보 체계(직업정보 체계), 고용인 지원

3 다음 설명에서 ( )에 해당하는 용어(단어, 개념)로 옳은 것은?

> ( )은/는 산업현장에서 필요에 따라 사람을 구해 임시로 계약을 맺고 일을 맡기는 형태의 고용방식이다. 노동자 입장에서는 고용돼 있지 않고 필요할 때 일시적으로 일을 하는 임시직 경제를 의미한다.

① 특수형태근로종사자　　② 긱 경제
③ 시간제 근로자　　④ 비기간제 근로자

해설

② 2번이 정답인 이유는 해당 설명은 '긱 경제'에 대한 것이기 때문이다.

TIP 긱 경제(Gig economy)

㉠ 산업현장에서 필요에 따라 사람을 구해 임시로 계약을 맺고 일을 맡기는 형태의 고용 방식
㉡ 노동자 입장에서는 고용돼 있지 않고 필요할 때 일시적으로 일을 하는 임시직 경제를 의미

ANSWER 1.③ 2.④ 3.②

4 다음 설명에 해당하는 인적자원 관리 영역으로 옳은 것은?

> • 조직/직무 설계 : 과제, 권한, 체제 등의 방법에 대한 한계는 조직적 단위와 개인의 직무를 조직하고 통합
> • 인적자원 기획 : 조직의 주요 인간자원 욕구, 전략, 원칙 등을 결정
> • 수행관리 체계 : 개인 및 조직의 목표와의 연결을 결정, 매일 개인이 수행하는 것을 조직의 목표로서 결정
> • 노사관계 : 노동조합과 조직과의 건전한 관계를 확립

① 인적자원 환경
② 인적자원 개발
③ 인적자원 개선
④ 인적자원 활용

해설

① 1번이 정답인 이유는 해당 설명은 '인적자원 환경 영역'에 대한 것이기 때문이다.

TIP 인적자원 관리 영역

인적자원 관리 영역은 인적자원 개발 영역, 인적자원 환경 영역, 인적자원 활용 영역으로 구분된다.

구분		내용
인적자원 개발	훈련과 계발	• 계획된 학습을 통해 확산시키고 인식케 함 • 개인의 미래 직무나 현재 직무를 잘 수행할 수 있는 능력의 계발
	조직개발	• 건전한 대내 · 대외 단위 관계를 확립시킴 • 초보 집단 지원 • 변화 대응
	진로 경로 개척	• 개인과 조직의 욕구와 부합된 개인 진로 계획 및 진로 경로의 개척에 대한 과정과의 조정
인적자원 환경	조직/직무 설계	• 과제, 권한, 체제 등의 방법에 대한 한계는 조직적 단위와 개인의 직무를 조직하고 통합
	인적자원 기획	• 조직의 주요 인간자원 욕구, 전략, 원칙 등을 결정
	수행관리 체계	• 개인 및 조직의 목표와의 연결을 결정 • 매일 개인이 수행하는 것을 조직의 목표로서 결정
	노사관계	• 노동조합과 조직과의 건전한 관계를 확립
인적자원 활용	선발 및 배치	• 인간과 진로 욕구, 직무와 진로 경로 등의 부합
	고용인 지원	• 개인의 문제해결을 지원 • 고용인에 대한 상담
	보상/유인	• 보상과 유인에 대한 공평성과 지속성의 확인
	직업정보 체계 (고용정보 체계)	• 인적 자원과 관련된 정보 확인 • 관련 연구

5 **인적자원 개발의 중요성에 대한 설명으로 옳지 않은 것은?**

① 우리나라는 선진국에 비해 10% 이상 낮은 여성의 경제활동참가율, 40세 중반이 되면 노동시장에서 퇴출, 북한이탈주민 및 외국인 근로자 등의 증가 등이 고령화와 맞물려 인적자원 개발의 난제이다.

② 시간제 일자리, 취업과 실업을 빈번하게 넘나드는 사람의 실직 전 최소 고용기간 유지에 어려움이 있으며, 중숙련 일자리가 감소하였다.

③ 인적자원의 양적 투입 확대에 의한 경제성장 전략은 인구 정체, 노령화 등 노동력 공급 부족으로 한계에 봉착하였다.

④ 4차 산업혁명과 비대면 시대로 인하여 실업 유입률이 감소하고, 실업 유출률은 증가하였다.

해설

④ 4번이 오답인 이유는 '4차 산업혁명과 비대면 시대로 인하여 실업 유입률이 증가(예 : 정리해고 등 증가)하고, 실업 유출률은 감소(예 : 채용의 감소 및 실직 기간의 장기화)하였다.'이기 때문이다.

TIP 인적자원 개발의 중요성

㉠ 우리나라는 선진국에 비해 10% 이상 낮은 여성의 경제활동참가율, 40세 중반이 되면 노동시장에서 퇴출, 북한이탈주민 및 외국인 근로자 등의 증가 등이 고령화와 맞물려 인적자원 개발의 난제이다.

㉡ 시간제 일자리, 취업과 실업을 빈번하게 넘나드는 사람의 실직 전 최소 고용기간 유지에 어려움이 있으며, 중숙련 일자리가 감소[예 : 트럭운전, 경리, 매장계산원, 비서]하였다.

㉢ 인적자원의 양적 투입 확대에 의한 경제성장 전략은 인구 정체, 노령화 등 노동력 공급 부족으로 한계에 봉착하였다.

㉣ 4차 산업혁명과 비대면 시대로 인하여 실업 유입률이 증가하고, 실업 유출률은 감소하였다.

㉤ 급속한 기술진보로 지식과 정보의 유통기한이 단축되는 한편, 긱 경제(gig economy) 등 새로운 고용 형태가 등장하였다.

㉥ 여성은 가정에서 무급 노동 부담이 증가하였고, 실업급여도 급증하였다.

ANSWER 4.① 5.④

6 다음 중 직업훈련에 대한 설명으로 옳지 않은 것은?

① 직업과 직업군 내에서 효율적인 수행을 위해 요구되는 지식, 기능, 태도를 준비하기 위한 목적을 가진 활동이다.

② 직업능력을 갖추기 위한 체계적이고, 계획적인 활동으로, 교육보다 실제적인 면을 내포한다.

③ 직업훈련은 교육계와 상호작용 관계를 유지하므로 교육법에 의한 교육과 같아야 한다.

④ 직업훈련은 기초적, 보충적, 향상적이며 새롭고 특별한 직무와 관련된 모든 것을 포함하나 일반교육은 포함하지 않는다.

해설

③ 3번이 오답인 이유는 '직업훈련은 교육법에 의한 교육과 다르나 교육계와 상호작용 관계를 유지한다.'이기 때문이다.

TIP 직업훈련의 의미

㉠ 직업과 직업군 내에서 효율적인 수행을 위해 요구되는 지식, 기능, 태도를 준비하기 위한 목적을 가진 활동으로, 기초적, 보충적, 향상적이며 새롭고 특별한 직무와 관련된 모든 것을 포함하나 일반교육은 포함하지 않는다고 규정(국제노동기구(ILO : International Labour Organization)

㉡ 직업훈련은 교육법에 의한 교육과 다르나 교육계와 상호작용 관계를 유지

㉢ 직업훈련은 자신에게 적합한 교육수준을 가지고 특정한 직업에 필요한 기술 · 기능 등 직업능력을 갖추기 위한 체계적이고, 계획적인 활동으로 교육보다 실제적인 면을 내포한다.

7 국가직무능력표준(NCS)에 대한 설명으로 옳은 것은?

① 현재 26개의 대분류로 구성되어 있다.

② 국민평생직업능력개발법 제2조에 명시되어 있다.

③ 산업현장에서 직무를 수행하기 위하여 요구되는 지식 · 기술 · 소양 등의 내용을 체계화한 것이다.

④ 한국산업분류를 참고하여 분류하였다.

해설

③ 3번이 정답인 이유는 해당 설명이 '국가직무능력표준의 정의'이기 때문이다.

TIP 국가직무능력표준(NCS)

㉠ "국가직무능력표준"이란 산업현장에서 직무를 수행하기 위하여 요구되는 지식 · 기술 · 소양 등의 내용을 국가가 산업부문별 · 수준별로 체계화한 것이다(자격기본법 제2조).

㉡ 한국고용직업분류 등을 참고하여 분류

㉢ 대분류(24) → 중분류(81) → 소분류(273) → 세분류(1,100개)의 순으로 구성(2025년 기준)

㉣ 국가직무능력표준은 능력단위의 수준과 능력단위 요소마다 수행준거를 제시하였는데, 수행준거는 직무수행 기준과 지식, 기술, 태도 등으로 구성되었다. 이 준거는 학습 목표이면서 역량을 판단하는 기준이다.

8 **공공직업훈련에 대한 설명으로 옳지 않은 것은?**

① 비영리법인이 고용노동부장관의 인가를 받아 실시하는 훈련이다.
② 생활보호대상자, 국가유공자녀에게는 소정의 훈련수당이 지급된다.
③ 훈련비 전액이 국비 지원되며 여기에는 수업료, 실습비, 실습복, 교재비 등이 포함된다.
④ 훈련생 전원에게 기숙사가 제공된다.

해설

① 1번이 오답인 이유는 해당 설명은 '인정직업훈련'에 대한 것이기 때문이다.

TIP 직업훈련 형태

구분	내용
공공직업훈련	• 국가, 지방자치단체 또는 공공직업훈련법인이 숙련된 다능공 양성을 목표로 실시하는 정규 훈련방식의 직업훈련 형태 • 국비 지원 : 훈련비 전액(수업료, 실습비, 실습복, 교재비 등 포함) • 훈련생 전원에게 기숙사 제공 및 수료 후 취업 알선 • 생활보호대상자, 국가유공자녀에게는 소정의 훈련수당 지급
인정직업훈련	• 공공직업훈련법인 이외에 개인이나 비영리법인이 고용노동부장관의 인가를 받아 실시하는 기능공 양성목표를 가진 정규 훈련방식의 직업훈련 형태 • 법인과 개인이 각각 추구하는 영리 및 비영리 목적에 따라 훈련 직종을 선정하여 운영한다. 비영리단체인 사업주 단체나 지역 공단 그리고 종교적 또는 복지적 측면이 강한 각종 기관과 단체가 참여하고 있으며 개인이 설립한 직업훈련원도 있다.
사업 내 직업훈련	• 기업주가 단독 또는 타 기업주와 공동으로 사업체 내에서 기능공을 양성하거나 고용된 근로자에게 직무 향상 및 직무 보충 등을 훈련하는 직업훈련 형태 • 기업체가 필요로 하는 직종에 대한 훈련을 실시하는 것으로 훈련 수료 후 소속 기업에 취업이 가능하다.

ANSWER 6.③ 7.③ 8.①

9 다음 설명에 해당하는 법령으로 옳은 것은?

> 이 법은 모든 국민의 평생에 걸친 직업능력개발을 촉진·지원하고 산업현장에서 필요한 인력을 양성하며 산학협력 등에 관한 사업을 수행함으로써 국민의 고용창출, 고용촉진, 고용안정 및 사회·경제적 지위 향상과 기업의 생산성 향상을 도모하고 능력중심사회의 구현 및 사회·경제의 발전에 이바지함을 목적으로 한다.

① 직업안정법
② 국민평생직업능력개발법
③ 자격기본법
④ 국가기술자격법

해설

② 2번이 정답인 이유는 해당 설명은 '국민평생직업능력개발법'의 목적이기 때문이다.

TIP 국민평생직업능력개발법

직업훈련상담 관련법령 중 하나인 국민평생직업능력개발법은 2023년 7월 개정되었습니다. 이 법의 개정으로 인하여 기본 교재인 직업훈련상담 NCS학습모듈 근로자직업능력개발법의 주요 내용은 국민평생직업능력개발법에서 다루고 있으므로 관련 내용은 국민평생직업능력개발법으로 변경하여 학습해 두어야 할 필요가 있습니다.

※ 직업상담 및 직업훈련 관련 법령과 법령별 목적

㉠ 직업안정법은 모든 근로자가 각자의 능력을 계발·발휘할 수 있는 직업에 취업할 기회를 제공하고, 정부와 민간부문이 협력하여 각 산업에서 필요한 노동력이 원활하게 수급되도록 지원함으로써 근로자의 직업안정을 도모하고 국민경제의 균형있는 발전에 이바지함을 목적으로 한다.

㉡ 자격기본법은 자격에 관한 기본적인 사항을 정함으로써 자격제도의 관리·운영을 체계화하고 평생직업능력개발을 촉진하여 국민의 사회경제적 지위를 높이고 능력중심사회의 구현에 이바지함을 목적으로 한다.

㉢ 국가기술자격법은 국가기술자격제도를 효율적으로 운영하여 산업현장의 수요에 적합한 자격제도를 확립함으로써 기술인력의 직업능력을 개발하고, 기술인력의 사회적 지위 향상과 국가의 경제발전에 이바지함을 목적으로 한다.

10 국민평생직업능력개발법령상 용어 정의에 관한 설명으로 옳지 않은 것은?

① "직업능력개발훈련"이란 모든 국민에게 평생에 걸쳐 직업에 필요한 직무수행능력(지능정보화 및 포괄적 직업 · 직무기초능력을 포함한다)을 습득 · 향상시키기 위하여 실시하는 훈련을 말한다.

② "공공직업훈련시설"이란 국가 · 지방자치단체 및 대통령령으로 정하는 공공단체(이하 "공공단체"라 한다)가 직업능력개발훈련을 위하여 설치한 시설로서 고용노동부장관과 협의하거나 고용노동부장관의 승인을 받아 설치한 시설이다.

③ "지정직업훈련시설"이란 직업능력개발훈련을 위하여 설립 · 설치된 직업전문학교 · 실용전문학교 등의 시설로서 대통령이 지정한 시설이다.

④ "기능대학"이란 고등교육법에 따른 전문대학으로서 학위과정인 다기능기술자과정 또는 학위전공심화과정을 운영하면서 직업훈련과정을 병설운영하는 교육 · 훈련기관을 말한다.

해설

③ 3번이 오답인 이유는 '지정직업훈련시설은 직업능력개발훈련을 위하여 설립 · 설치된 직업전문학교 · 실용전문학교 등의 시설로서 고용노동부장관이 지정한 시설'이기 때문이다.

TIP 국민평생직업능력개발법 제2조(정의)

㉠ "직업능력개발훈련"이란 모든 국민에게 평생에 걸쳐 직업에 필요한 직무수행능력(지능정보화 및 포괄적 직업 · 직무기초능력을 포함한다)을 습득 · 향상시키기 위하여 실시하는 훈련을 말한다.

㉡ "직업능력개발사업"이란 직업능력개발훈련, 직업 · 진로 상담 및 경력개발 지원, 직업능력개발훈련 과정 · 매체의 개발 및 직업능력개발에 관한 조사 · 연구 등을 하는 사업을 말한다.

㉢ "기능대학"이란 고등교육법 제2조제4호에 따른 전문대학으로서 학위과정인 제40조에 따른 다기능기술자과정 또는 학위전공심화과정을 운영하면서 직업훈련과정을 병설운영하는 교육 · 훈련기관을 말한다.

㉣ "직업능력개발훈련시설"이란 다음 각 목의 시설을 말한다.

- 공공직업훈련시설 : 국가 · 지방자치단체 및 대통령령으로 정하는 공공단체(이하 "공공단체"라 한다)가 직업능력개발훈련을 위하여 설치한 시설로서 제27조에 따라 고용노동부장관과 협의하거나 고용노동부장관의 승인을 받아 설치한 시설
- 지정직업훈련시설 : 직업능력개발훈련을 위하여 설립 · 설치된 직업전문학교 · 실용전문학교 등의 시설로서 제28조에 따라 고용노동부장관이 지정한 시설

ANSWER 9.② 10.③

학습 2 직업훈련정보 수집하기

1 다음 (　　)에 해당하는 용어(단어, 개념)로 옳은 것은?

> (　　　　　　　)는 국가가 개인의 기술 · 기능 및 지식의 정도를 측정하기 위하여 그 능력이 일정한 수준에 있음을 공증하는 제도이다.

① 과정평가형 자격　　② 국가기술자격제도
③ 일학습병행　　④ 직업훈련

해설

② 2번이 정답인 이유는 해당 설명이 '국가기술자격제도'에 대한 것이기 때문이다.

TIP 국가기술자격제도

국가가 개인의 기술 · 기능 및 지식의 정도를 측정하기 위하여 그 능력이 일정한 수준에 있음을 공증하는 제도

2 국가기술자격의 응시자격에 대한 설명으로 옳지 않은 것은?

① 산업기사 자격을 취득한 후 응시하려는 종목에 속하는 동일 및 유사 직무 분야에서 1년 이상 실무에 종사한 사람은 기사 등급의 응시자격을 충족한다.
② 기능사에 대한 응시자격은 고등학교 졸업 이상이다.
③ 기사 자격을 취득한 후 응시하려는 종목에 속하는 동일 및 유사 직무 분야에서 4년 이상 실무에 종사한 사람은 기술사 등급의 응시자격을 충족한다.
④ 응시하려는 종목이 속하는 동일 및 유사 직무 분야에서 9년 이상 종사한 사람은 기능장 등급의 응시자격을 충족한다.

해설

② 2번이 오답인 이유는 '기능사 등급의 응시자격은 제한이 없다.'이기 때문이다.

TIP 국가기술자격 검정형 응시자격

<table>
<tr><th rowspan="2">등급</th><th colspan="2">응시요건</th><th rowspan="2">순수
경력자</th></tr>
<tr><th>기술자격 소지자</th><th>관련학과 졸업자</th></tr>
<tr><td>기술사</td><td>• 동일 및 유사 직무 분야 경력
–기술사
–기사+4년
–산업기사+5년
–기능사+7년
• 동일종목의 외국자격취득</td><td>• 대졸+6년
• 3년제 전문대졸+7년
• 2년제 전문대졸+8년
• 기사(산업기사) 수준의 훈련과정 이수자+6년(8년)</td><td>9년</td></tr>
<tr><td>기능장</td><td>• 동일 및 유사 직무 분야 경력
–기능장
–산업기사+5년
–기능사+7년
• 동일종목의 외국자격취득</td><td>• 해당 직무 분야 산업기사 또는 기능사 자격 취득 후 기능대학 기능장과정 이수자(예정자)</td><td>9년</td></tr>
<tr><td>기사</td><td>• 동일 및 유사 직무 분야 경력
–기사
–산업기사+1년
–기능사+3년
• 동일종목의 외국자격취득</td><td>• 대졸(졸업예정자)
• 3년제 전문대졸+1년
• 2년제 전문대졸+2년
• 기사 수준 훈련과정 이수자
• 산업기사 수준 훈련과정 이수+2년</td><td>4년</td></tr>
<tr><td>산업
기사</td><td>• 동일 및 유사 직무 분야 경력
–산업기사
–기능사+1년
• 동일종목의 외국자격취득
• 기능경기대회 입상</td><td>• 전문대졸(졸업예정자)
• 산업기사 수준의 훈련과정 이수자</td><td>2년</td></tr>
<tr><td>기능사</td><td colspan="3">• 제한 없음</td></tr>
<tr><td rowspan="2">서비스</td><td colspan="3">(기초사무) 제한 없음</td></tr>
<tr><td colspan="3">(전문사무) 대학졸업자, 해당 종목의 2급 자격취득 후 해당 실무경력을 가진 자 등 종목에 따라 다름.</td></tr>
</table>

ANSWER 1.② 2.②

3 직업능력개발훈련의 목적에 따른 구분이 아닌 것은?

① 양성훈련
② 집체훈련
③ 향상훈련
④ 전직훈련

해설

② 2번이 오답인 이유는 '훈련의 목적에 따른 구분은 양성훈련, 향상훈련, 전직훈련'이기 때문이다.

TIP 직업능력개발훈련의 구분(국민평생직업능력개발법 시행령 제3조)

㉠ 훈련의 목적에 따른 구분 : 양성훈련, 향상훈련, 전직훈련
㉡ 훈련의 방법에 따른 구분 : 집체훈련, 현장훈련, 원격훈련, 혼합훈련

4 다음 설명에 해당하는 훈련명칭으로 옳은 것은?

직업능력개발훈련을 실시하기 위하여 설치한 훈련전용시설이나 그 밖에 훈련을 실시하기에 적합한 시설(산업체의 생산시설 및 근무장소는 제외한다)에서 실시하는 훈련

① 원격훈련
② 집체훈련
③ 현장훈련
④ 혼합훈련

해설

② 2번이 정답인 이유는 해당 설명이 '집체훈련'에 대한 것이기 때문이다.

TIP 훈련의 실시 방법에 따른 구분(국민평생직업능력개발법 시행령 제3조 참조)

㉠ **집체(集體)훈련** : 직업능력개발훈련을 실시하기 위하여 설치한 훈련전용시설이나 그 밖에 훈련을 실시하기에 적합한 시설(산업체의 생산시설 및 근무장소는 제외한다)에서 실시하는 방법
㉡ **현장훈련** : 산업체의 생산시설 또는 근무장소에서 실시하는 방법
㉢ **원격훈련** : 먼 곳에 있는 사람에게 정보통신매체 등을 이용하여 실시하는 방법
㉣ **혼합훈련** : 훈련방법을 2개 이상 병행하여 실시하는 방법

5 **직업능력개발훈련 중 향상훈련에 대한 설명으로 옳은 것은?**

① 양성훈련을 받은 사람이나 직업에 필요한 기초적 직무수행능력을 가지고 있는 사람에게 더 높은 직무수행능력을 습득시키거나 기술발전에 맞추어 지식 · 기능을 보충하게 하기 위하여 실시하는 직업능력개발훈련이다.

② 먼 곳에 있는 사람에게 정보통신매체 등을 이용하여 실시하는 방법이다.

③ 종전의 직업과 유사하거나 새로운 직업에 필요한 직무수행능력을 습득시키기 위하여 실시하는 직업능력개발훈련이다.

④ 직업에 필요한 기초적 직무수행능력을 습득시키기 위하여 실시하는 직업능력개발훈련이다.

해설

① 1번이 정답인 이유는 해당 설명이 '향상훈련'에 대한 것이기 때문이다.

TIP 직업능력개발훈련의 구분 및 실시방법(국민평생직업능력개발법 시행령 제3조 참조)

구분	명칭	내용
훈련의 목적에 따른 구분	양성(養成)훈련	직업에 필요한 기초적 직무수행능력을 습득시키기 위하여 실시하는 직업능력개발훈련
	향상훈련	양성훈련을 받은 사람이나 직업에 필요한 기초적 직무수행능력을 가지고 있는 사람에게 더 높은 직무수행능력을 습득시키거나 기술발전에 맞추어 지식 · 기능을 보충하게 하기 위하여 실시하는 직업능력개발훈련
	전직(轉職)훈련	종전의 직업과 유사하거나 새로운 직업에 필요한 직무수행능력을 습득시키기 위하여 실시하는 직업능력개발훈련
훈련의 방법에 따른 구분	집체(集體)훈련	직업능력개발훈련을 실시하기 위하여 설치한 훈련전용시설이나 그 밖에 훈련을 실시하기에 적합한 시설(산업체의 생산시설 및 근무장소는 제외한다)에서 실시하는 방법
	현장훈련	산업체의 생산시설 또는 근무장소에서 실시하는 방법
	원격훈련	먼 곳에 있는 사람에게 정보통신매체 등을 이용하여 실시하는 방법
	혼합훈련	훈련방법을 2개 이상 병행하여 실시하는 방법

ANSWER 3.② 4.② 5.①

6 다음 설명에 해당하는 용어(단어, 개념)로 옳은 것은?

역진행 수업방식으로 관련 정보 등을 훈련생이 선행학습 후 강의실에서 토의-토론식 수업을 진행하는 훈련방식이다.

① 플립러닝
② 원격훈련
③ blended learning
④ MOOC(Massive Open Online Courses)

해설

① 1번이 정답인 이유는 해당 설명은 '플립러닝'에 대한 것이기 때문이다.

TIP 4차 산업혁명에 대응하고, 현장 수용에 부응하기 위한 훈련방법의 다양화, 맞춤 · 개별식 훈련의 활성화

㉠ MOOC : 대규모 온라인 공개강좌
㉡ 플립러닝(flipped learning) : 역진행 수업방식으로 관련 정보 등 선행학습 후 강의실에서는 토의-토론식 수업을 진행
㉢ 블렌디드 러닝(blended learning) : 온라인과 오프라인을 병행하는 학습 방식

7 자격기본법령상 용어 정의에 관한 설명으로 옳지 않은 것은?

① "자격"이란 직무수행에 필요한 지식 · 기술 · 소양 등의 습득 정도가 일정한 기준과 절차에 따라 평가 또는 인정된 것이다.
② "자격검정"이란 자격을 부여하기 위하여 필요한 직무수행능력을 평가하는 과정이다.
③ "국가자격"이란 법령에 따라 국가가 신설하여 관리 · 운영하는 자격을 말한다.
④ "공인자격"이란 주무부장관이 공인한 국가자격이다.

해설

④ 4번이 오답인 이유는 '공인자격이란 주무부장관이 공인한 민간자격을 말한다.'이기 때문이다.

TIP 자격기본법 제2조(정의)

㉠ "자격"이란 직무수행에 필요한 지식 · 기술 · 소양 등의 습득 정도가 일정한 기준과 절차에 따라 평가 또는 인정된 것을 말한다.
㉡ "국가직무능력표준"이란 산업현장에서 직무를 수행하기 위하여 요구되는 지식 · 기술 · 소양 등의 내용을 국가가 산업부문별 · 수준별로 체계화한 것을 말한다.
㉢ "자격체제"란 국가직무능력표준을 바탕으로 학교교육 · 직업훈련(이하 "교육훈련"이라 한다) 및 자격이 상호 연계될 수 있도록 한 자격의 수준체계를 말한다.
㉣ "국가자격"이란 법령에 따라 국가가 신설하여 관리 · 운영하는 자격을 말한다.
㉤ "민간자격"이란 국가 외의 자가 신설하여 관리 · 운영하는 자격을 말한다.
㉥ "등록자격"이란 해당 주무부장관에게 등록한 민간자격 중 공인자격을 제외한 자격을 말한다.

ⓢ "공인자격"이란 주무부장관이 공인한 민간자격을 말한다.
ⓞ "자격검정"이란 자격을 부여하기 위하여 필요한 직무수행능력을 평가하는 과정을 말한다.
ⓙ "공인"이란 자격의 관리 · 운영 수준이 국가자격과 같거나 비슷한 민간자격을 이 법에서 정한 절차에 따라 국가가 인정하는 행위를 말한다.

8 **과정평가형과 일학습병행에 대한 설명으로 옳지 않은 것은?**

① 일학습병행은 학습 근로자의 고용 촉진 및 사회적 경제적 지위 향상을 도모하고자 함으로서 국민의 경제발전에 이바지함을 목적으로 한다.
② 과정평가형은 국가직무능력표준에 기반하여 일정 요건을 충족하는 교육훈련 과정을 이수 한 자에게 내 · 외부 평가를 거쳐 합격 기준에 충족되면 자격을 부여하는 제도이다.
③ 과정평가형 자격제도 운영은 한국직업능력연구원에서 위탁 · 시행 중이다.
④ 일학습병행은 사업주가 실시하는 직업교육훈련인 일학습병행의 내용과 방법 및 일학습병행에 참여하는 학습근로자의 근로조건의 보호 등에 관한 사항을 정한다.

해설

③ 3번이 오답인 이유는 '과정평가형 자격제도 운영은 한국산업인력공단에서 위탁 · 시행 중이다.'이기 때문이다.

TIP 과정평가형과 일학습병행

㉠ 과정평가형
- 국가직무능력표준(NCS)에 기반하여 일정 요건을 충족하는 교육훈련과정을 이수한 자에게 내 · 외부 평가를 거쳐 합격기준에 충족되면 자격을 부여하는 제도
- 자격제도 운영은 한국산업인력공단에서 위탁 · 시행 중이다.

㉡ 일학습병행
- 사업주가 실시하는 직업교육훈련인 일학습병행의 내용과 방법 및 일학습병행에 참여하는 학습근로자의 근로조건의 보호 등에 관한 사항을 정하고, 일학습병행과 자격을 연계하여 학습근로자의 고용촉진 및 사회적 · 경제적 지위의 향상을 도모함으로써 국민경제의 발전에 이바지함을 목적으로 한다(산업현장 일학습병행 지원에 관한 법률).

ANSWER 6.① 7.④ 8.③

9 과정평가형 자격 운영체제에 대한 설명으로 옳지 않은 것은?

① 한국산업인력공단 : 연간 시행계획 수립 지원, 외부평가 시행, 자격지원단 구성 · 운영
② 고용노동부 : NCS 기반 정규교육 교과과정 개편, 학습모듈 개발
③ 국가기술자격 정책심의회 : 대상 종목 확정, 시행계획 승인, 교육 · 훈련과정 승인
④ 종목별 자격지원단 : 과정운영 확인, 외부평가 문제 출제, 교육 · 훈련과정 심사

해설

② 2번이 오답인 이유는 '고용노동부에서는 국가기술자격법령 개정, 제도 운영 감독을 진행한다.'이기 때문이다.

TIP 과정평가형 자격 운영체제

구분	내용
주무부장관	• 대상 종목 선정 • 자격취득자 활용
고용노동부	• 국가기술자격법령 개정 • 제도 운영 감독
교육부	• NCS 기반 정규교육 교과과정 개편 • 학습모듈 개발
산업계(협회/단체)	• 종목 선정 의견 제시 • NCS 개발 – 교육 · 훈련 기준안 도출 • NCS 기반 자격 재설계
국가기술자격 정책심의회	• 대상 종목 확정 • 시행계획 승인 • 교육 · 훈련과정 승인
한국산업인력공단	• 연간 시행계획 수립 지원 • 과정평가형 자격 전산 시스템 구축 • 과정평가형 자격 관리 · 운영규정 • 종목별 교육 · 훈련과정 편성기준 • 외부평가 시행 • 자격지원단 구성 · 운영 • 자격증 발급 및 사후관리 • 제도운영 성과분석
교육 · 훈련기관	• NCS기반 교육 · 훈련과정 개편 • 교육 · 훈련과정 지정신청서 작성 • 교육 · 훈련과정 운영 • 내부평가(NCS 능력단위별 평가) 계획 수립 및 내부평가 실시 • 내부평가 결과 관리(3년) • 외부평가 시험장 제공
종목별 자격지원단	• 과정운영 확인 • 외부평가 문제 출제 • 교육 · 훈련과정 심사

10 **직업훈련상담을 위한 훈련과 자격정보를 얻을 수 있는 사이트의 연결이 옳은 것은?**

① 국가자격정보 : Q-net(q-net.or.kr)

② 직업훈련정보 : PQI(pqi.or.kr)

③ 과정평가형 · 일학습병행자격 포털 : 고용24(work24.go.kr)

④ 민간자격정보 : CQ-Net(c.q-net.or.kr)

해설

① 1번이 정답인 이유는 '국가자격정보 사이트는 Q-net(q-net.or.kr)'이기 때문이다.

TIP 직업훈련상담 시 관련 정보를 얻을 수 있는 인터넷 사이트

㉠ 직업훈련정보 : 고용24(work24.go.kr)
㉡ 국가자격정보 : Q-net(q-net.or.kr)
㉢ 민간자격정보 : PQI(pqi.or.kr)
㉣ 과정평가형 · 일학습병행자격 포털 : CQ-Net(c.q-net.or.kr)

ANSWER 9.② 10.①

학습 3 훈련과정 선택 지원하기

1 직업훈련상담 시 내담자의 훈련 참여 의지와 요구에 대한 설명으로 옳지 않은 것은?

① 훈련 참여 의지란 훈련과정에 참여하는 동안 견디고 이수할 수 있는 스스로의 다짐과 격려할 수 있는 역량을 의미한다.

② 요구는 현재 상태를 점검하고 그것을 미래의 상태나 조건과 비교해 봄으로써 도출될 수 있다.

③ 의지란 어떠한 목적을 실현하기 위하여 자발적으로 의식적인 행동을 하게 하는 내적 욕구이다.

④ 직업훈련 요구도는 직무역량을 증가시키기 위한 의지의 강도를 의미한다.

해설

④ 4번이 오답인 이유는 '직업훈련 요구도는 직무역량을 증가시키기 위한 목적의 강도를 의미한다.'이기 때문이다.

TIP 훈련생의 훈련 참여 의지와 요구도

구분	내용
훈련 참여 의지	• 의지(국어사전) –심리선택이나 행위의 결정에 대한 내적이고 개인적인 역량 –어떠한 목적을 실현하기 위하여 자발적으로 의식적인 행동을 하게 하는 내적 욕구 • 훈련 참여 의지 : 훈련과정에 참여하는 동안 견디고 이수할 수 있는 스스로의 다짐과 격려할 수 있는 역량
훈련 요구도	• 요구 –'요구'를 명사로 사용하는 경우 : 현재 상태와 바람직한 상태 또는 미래의 상태 간의 차이(또는 격차)를 의미하며, 요구는 그 자체로 존재하는 것이 아니라 현재 상태를 점검하고 그것을 미래의(더 나은) 상태나 조건과 비교해 봄으로써 도출될 수 있음 –'요구'를 동사로 사용하는 경우 : 격차를 메우기 위해 요구되는 것, 즉 해결책이나 목적을 위한 수단 • 직업훈련 요구도 : 직무역량을 증가시키기 위한 목적의 강도

2 홀랜드(Holland) 이론은 직업훈련상담 시 전공 및 직업선택에서 유효한 이론이다. 홀랜드 이론의 4가지 가정으로 옳지 않은 것은?

① 개인의 적성과 환경이 상호작용하여 행동으로 나타난다.

② 대부분의 사람들은 6가지 성격유형으로 구분할 수 있다.

③ 작업환경도 사람들의 흥미에 대응하는 6가지 유형으로 구분할 수 있다.

④ 사람들은 자신의 성격유형과 직업환경유형이 일치하는 환경을 찾는다.

해설

① 1번이 오답인 이유는 '개인의 성격과 환경이 상호작용하여 행동으로 나타난다.'이기 때문이다.

TIP 홀랜드 이론의 4가지 가정

㉠ **6가지 성격유형** : 대부분의 사람들은 6가지 성격유형인 현실형, 탐구형, 예술형, 사회형, 진취형, 관습형을 가지고 있다.
㉡ **6가지 작업환경유형** : 작업환경도 현실적, 탐구적, 예술적, 사회적, 진취적, 관습적 등으로 분류되는 6가지 유형 중의 하나로 분류된다.
㉢ **성격유형과 작업환경유형과 일치** : 사람들은 자신에게 맞는 환경을 찾는다.
㉣ **성격유형과 작업환경유형의 상호작용** : 성격과 환경이 상호작용하여 행동으로 나타난다.

3 **다음 중 고용24에서 확인할 수 있는 국민내일배움카드 훈련 과정이 아닌 것은?**

① 과정평가형 훈련
② 고숙련 신기술 훈련
③ 국가기간전략산업직종
④ 실업자 원격훈련

해설

② 2번이 오답인 이유는 '고숙련 신기술 훈련은 사업주 훈련과정'이기 때문이다.

TIP 고용24 훈련과정(2025년 기준)

아래 훈련과정은 노동시장 수요에 따라 변경됩니다. 변경되는 훈련과정은 고용24 홈페이지에서 확인할 수 있습니다.
㉠ 국민내일배움카드 훈련과정
㉡ 국가기간전략산업직종
㉢ 과정평가형 훈련
㉣ 기업맞춤형 훈련
㉤ 스마트혼합 훈련
㉥ 일반고특화 훈련
㉦ K-디지털트레이닝, K-디지털기초역량 훈련
㉧ 실업자 원격훈련
㉨ 산업구조변화대응
㉩ 근로자 원격훈련
㉪ 근로자 외국어 훈련
㉫ 돌봄서비스 훈련

ANSWER 1.④ 2.① 3.②

4 홀랜드(Holland)는 5가지 주요 개념을 제시하였다. 다음 (　　)에 들어갈 내용으로 옳은 것은?

> 자신에게 갖는 (　　　) 또는 환경에 대해 갖는 (　　　)이 얼마나 분명하고 안정되어 있는가를 평가하는 것이다. 개인적 (　　　)은 분명하고 안정된 인생의 목표, 흥미, 재능을 가짐으로써 얻게 되며, 환경적 (　　　)은 환경이나 조직이 분명하고도 통합된 목표, 직무, 보상이 일관되게 주어질 때 생긴다.

① 차별성　　② 일관성

③ 정체성　　④ 일치성

해설

③ 3번이 정답인 이유는 해당 설명은 '정체성'에 대한 것이기 때문이다.

TIP 홀랜드 이론의 5가지 주요 개념

개념	설명
일관성	성격유형과 환경모형을 연결지을 때, 어떤 쌍이 다른 쌍보다 더 가깝게 관련되어 있다. 즉, 일관성이란 성격유형과 환경모형 간의 관련 정도를 말한다. 일관성 또는 관련성은 어떤 직업을 얼마나 더 선호할 것인가에 영향을 준다.
차별성	어떤 성격과 환경은 다른 성격과 환경보다 더 분명하게 구별된다. 예컨대, 어떤 사람은 한 가지 성격유형과 유사하면서 다른 유형과는 거의 유사성을 발견할 수 없는 경우가 있다. 그리고 환경도 마찬가지로 어떤 한 가지 유형에만 지배되는 경우가 있다. 이와 반대로 여러 가지 성격유형과 골고루 유사한 사람, 또는 6가지 성격유형과 비슷한 특징을 가진 환경은 잘 구분되지 않을 뿐만 아니라 그 특징이 거의 구별되지 않는다. 이처럼 사람이나 환경이 얼마나 잘 구별되고 규정되는가를 나타내는 정도를 차별성이라고 한다.
정체성	자신에게 갖는 정체성 또는 환경에 대해 갖는 정체성이 얼마나 분명하고 안정되어 있는가를 평가하는 것이다. 개인적 정체성은 분명하고 안정된 인생의 목표, 흥미, 재능을 가짐으로써 얻게 되며, 환경적 정체성은 환경이나 조직이 분명하고도 통합된 목표, 직무, 보상이 일관되게 주어질 때 생긴다.
일치성	서로 다른 성격유형의 사람들은 각기 다른 환경을 필요로 한다. 왜냐하면 환경은 그 환경에 맞는 성격유형을 가진 사람들에게 더 많은 기회와 보상을 주기 때문이다. 그러나 어떤 환경모형이 그 환경에 맞지 않는 능력을 가진 사람에게 기회와 보상을 주었을 때, 성격유형과 환경모형은 조화를 이루지 못하게 된다.
계측성	성격유형과 환경모형 간의 관계는 육각형 모형에 따라 결정할 수 있다. 이때 6각형 모형은 "성격유형 또는 환경모형 간의 거리는 그들의 이론적 관계와 반비례한다."는 것을 시사해 주는 모형으로서 개인과 환경의 일관성 및 일치성을 분명하게 규정해 준다.

5 **훈련운영기관의 인정 및 선정과 관련한 설명으로 옳지 않은 것은?**

① 직업능력개발 훈련과정 인정 신청서는 훈련과정이 실시되는 주된 장소의 소재지를 관할하는 한국산업인력공단 분사무소에 제출한다.

② 공단은 신청에 대한 결과를 훈련과정 개시일 또는 인정내용의 변경 예정일 전날까지 신청인에게 통지하여야 한다.

③ 훈련운영기관의 인정 및 선정과 관련한 내용은 직업안정법에 규정되어 있다.

④ 직업능력개발훈련과정의 인정을 받으려는 자는 그 직업능력개발훈련과정의 개시 7일 전까지 직업능력개발 훈련과정 인정신청서를 제출하여야 한다.

해설

③ 3번이 오답인 이유는 '훈련운영기관의 인정 및 선정과 관련한 내용은 국민평생직업능력개발법에 규정되어 있다.'이기 때문이다.

TIP 국민평생직업능력개발법 시행규칙에 따른 훈련운영기관의 인정 및 선정

㉠ 직업능력개발훈련과정의 인정을 받으려는 자는 그 직업능력개발훈련과정의 개시 7일 전까지 직업능력개발훈련과정 인정(변경인정) 신청서를 직업능력개발훈련과정이 실시되는 주된 장소의 소재지를 관할하는 한국산업인력공단법에 따른 한국산업인력공단의 분사무소에 제출하여야 한다.

㉡ 공단은 신청에 대한 결과를 그 훈련과정의 개시일 또는 인정 내용의 변경 예정일 전날까지 직업능력개발훈련과정 인정(변경인정) 통지서를 이용하여 그 결과를 신청인에게 통지하여야 한다.

6 **내담자의 훈련과정 선택을 지원하기 위해 상담자가 고려해야 할 사항으로 옳지 않은 것은?**

① 내담자의 직무역량

② 내담자에게 적합한 분야 및 전공

③ 미래사회에서의 직업 변화

④ 훈련기관의 낙후성과 최신성

해설

④ 4번이 오답인 이유는 '훈련과정을 선택을 위하여 상담자가 고려해야 할 사항은 내담자의 직무역량, 적합한 분야 및 전공, 미래사회에서의 직업 변화'이기 때문이다.

TIP 훈련과정 선택을 위하여 상담자가 고려해야 할 사항

훈련과정 선택은 개인의 10년 후 미래 직업세계를 전망하여 결정

㉠ 내담자의 직무역량

㉡ 적합한 분야 및 전공

㉢ 미래사회에서의 직업 변화

ANSWER 4.③ 5.③ 6.④

7 직종에 대한 직업정보, 시험일정, 접수 및 합격률, 시험등록, 합격 여부의 확인이 가능한 정보망은?

① CQ-Net(c.q-net.or.kr)

② Q-net(q-net.or.kr)

③ PQI(pqi.or.kr)

④ 고용24(work24.go.kr)

해설

② 2번이 정답인 이유는 질문의 설명이 'Q-net(큐넷)'에 대한 것이기 때문이다.

TIP 큐넷(Q-net)

국가자격정보를 얻을 수 있는 사이트로, 직종에 대한 직업정보, 시험일정, 접수 및 합격률 등을 검색할 뿐만 아니라 시험등록, 합격 여부까지 진행한다.

8 국민내일배움카드 신청 제한 대상자로 옳지 않은 것은?

① 75세 이상인 사람

② 졸업까지 남은 수업연한이 2년 이상인 대학/대학원 재학생

③ 대규모 기업 근로자로서, 월 임금 200만 원 이하이고, 만 45세 이상인 사람

④ 월 소득 500만 원 이상의 특수형태근로종사자

해설

③ 3번이 오답인 이유는 '대규모 기업 근로자로서, 월 임금 300만 원 이상이고, 만 45세 미만인 사람'이기 때문이다.

TIP 국민내일배움카드 신청 제한자(고용24 참조)

㉠ 현직 공무원
㉡ 사립학교 교직원
㉢ 75세 이상인 자
㉣ 대규모 기업 근로자로서, 월 임금 300만 원 이상이고, 만 45세 미만인 자
㉤ 월 소득 500만 원 이상의 특수형태근로종사자
㉥ 사업기간이 1년 미만이거나 월 소득이 300만 원 이상인 법인대표
㉦ 사업기간이 1년 미만이거나 연 매출 4억 이상의 자영업자
㉧ 월 소득이 300만 원 이상인 비영리단체 대표
㉨ 졸업까지 남은 수업연한이 2년 이상인 대학/대학원 재학생
㉩ 고등학교 1~2학년 또는 졸업예정학년이 아닌 고등학교 재학생

9 직업능력개발 훈련기관으로 옳지 않은 것은?

① 평생교육시설　② 고용지원센터
③ 평생직업교육학원　④ 학교

해설

② 2번이 오답인 이유는 '직업능력개발 훈련기관은 직업능력개발 훈련시설, 학교, 평생교육시설, 평생직업교육학원, 그 밖에 직업능력개발훈련을 위탁하여 실시하려는 기관의 장이 그 직업능력개발훈련을 실시할 능력이 있다고 인정하는 시설 또는 기관'이기 때문이다.

TIP 직업능력개발 훈련기관(국민평생직업능력개발법 시행령 제12조)

㉠ 직업능력개발 훈련시설
㉡ 고등교육법 제2조에 따른 학교
㉢ 평생교육법에 따라 인가 · 등록 · 신고 또는 보고된 평생교육시설
㉣ 학원의 설립 · 운영 및 과외교습에 관한 법률에 따른 평생직업교육학원
㉤ 그 밖에 직업능력개발훈련을 위탁하여 실시하려는 기관의 장이 그 직업능력개발훈련을 실시할 능력이 있다고 인정하는 시설 또는 기관

ANSWER 7.② 8.③ 9.②

학습 4 훈련목표 달성 촉진하기

1 직업훈련기관의 기능으로 옳지 않은 것은?

① 훈련과정 운영
② 훈련 홍보 활동
③ 훈련에 대한 계획서 작성
④ 훈련교사에 대한 법적 처리 문제 및 행정적인 절차 수행

해설

④ 4번이 오답인 이유는 '훈련생에 대한 법적 처리 문제 및 행정적인 절차 수행'이기 때문이다.

TIP 훈련기관의 기능

㉠ 훈련에 대한 계획서 작성
㉡ 훈련생에 대한 개인, 진로, 현장 적응 등에 대한 상담
㉢ 훈련생에 대한 법적 처리 문제 및 행정적인 절차 수행
㉣ 기업체와의 섭외 활동 및 훈련 홍보 활동
㉤ 기업체 기술 지원
㉥ 훈련과정 운영
㉦ 훈련 성과에 대한 평가 및 훈련생의 훈련능력 평가
㉧ 사후지도 실시

2 훈련기관이 취업알선을 진행하기 위하여 취업대상 기업에 대해 수집하는 정보로 옳지 않은 것은?

① 직원의 연간 이직률
② 훈련 내용에 맞는 장비 및 시설
③ 초임금 및 근로조건
④ 취업처 내에서 충원이 요구되는 직종

해설

② 2번이 오답인 이유는 '훈련 내용에 맞는 장비 및 시설은 훈련기관에 대해 점검할 사항에 해당'하기 때문이다.

TIP 훈련기관의 취업처에 대한 정보 수집

㉠ 취업처 내에서 충원이 요구되는 직종
㉡ 취업처의 향후 충원계획 및 감원계획
㉢ 초임금 및 근로조건
㉣ 취업처의 직종별 분포
㉤ 직원의 연간 이직률
㉥ 직원에 대한 복지
㉦ 시설 및 장비의 최신성 및 낙후성

3 **훈련기관에서는 훈련 대상에 대하여 선발 기준을 마련한다. 훈련생 선발기준으로 옳지 않은 것은?**

① 직업목표가 분명한 자

② 인간관계가 원만하고 자기 자신에 대한 이해가 필요한 자

③ 수료 후 전공 분야에 계속 취업할 의사가 있는 자

④ 교과 내용과 적성이 적합한 자

해설

② 2번이 오답인 이유는 '인간관계가 원만하고 자기 자신에 대한 이해가 있는 자'이기 때문이다.

TIP 훈련기관에서의 훈련생 선발기준

㉠ 훈련 프로그램의 참가하기를 희망하는 자

㉡ 직업목표가 분명한 자

㉢ 교과 내용과 적성이 적합한 자

㉣ 수료 후에도 전공 분야에 계속 취업할 의사가 있는 자

㉤ 단정하고 성실하며 인내성이 있는 자

㉥ 우수한 인력으로서 기초적인 소질과 능력과 태도를 겸비한 자

㉦ 인간관계가 원만하고 자기 자신에 대한 이해가 있는 자

4 **취업이나 직무수행에 필요한 교육 및 훈련 비용을 5년간 300만 원~500만 원 지원하는 제도는?**

① 과정평가형 훈련

② 일학습병행제

③ 사업주훈련

④ 국민내일배움카드

해설

④ 4번이 정답인 이유는 질문의 설명이 '국민내일배움카드'에 대한 것이기 때문이다.

TIP 국민내일배움카드

㉠ **개요** : 취업이나 직무수행에 필요한 교육/훈련 비용을 5년간 300만 원~500만 원 지원

㉡ **지원내용**

- 훈련비 지원액 : 5년간 300만 원 + 200만 원 추가지원
- 구체적인 지원금액은 훈련의 종류, 취업률, 소득수준 등에 달라짐

ANSWER 1.④ 2.② 3.② 4.④

5 **훈련생의 훈련 참여를 위한 훈련기관 선정 시 점검해야 할 사항으로 옳지 않은 것은?**

① 훈련교사의 취업률과 및 이직률
② 우수한 강사 보유
③ 기업체의 훈련 필요점에 대한 분석 능력
④ 해당 직종 산업계와의 네트워크 구축

해설

① 1번이 오답인 이유는 '훈련생의 탈락률 및 취업률'이기 때문이다.

TIP 훈련기관에 대한 점검 부분

㉠ 기업체의 훈련 필요점에 대한 분석 능력
㉡ 훈련 대상자의 훈련 요구도에 대한 분석 능력
㉢ 기업체의 관련 직무분석
㉣ 직무분석 결과에 적합한 훈련교재 선정
㉤ 기업주가 요구하는 훈련 내용 선정
㉥ 훈련교재에서 누락된 훈련 내용 추출 및 교안 작성
㉦ 훈련 내용에 맞는 장비 및 시설
㉧ 우수한 강사 보유
㉨ 훈련생의 탈락률 및 취업률
㉩ 해당 직종 산업계와의 네트워크 구축

6 **노동시장에 처음 진입하기 전에 실시하는 직업훈련인 양성훈련이 갖는 효과가 아닌 것은?**

① 고용의 기회
② 작업장에 형식적인 문화에 유입
③ 직업선택의 신중성
④ 경험의 성숙

해설

② 2번인 오답인 이유는 '작업장에 비형식적인 문화에 유입'이기 때문이다.

TIP 양성훈련이 갖는 효과

㉠ 사회교육적 입장에서 생활 기법을 개발
㉡ 자신에 대한 이해
㉢ 사회에 대한 인식과 지식
㉣ 경험의 성숙
㉤ 직업에 관한 지식 확장
㉥ 직업에 대한 표집활동과 직업인으로서 전이 가능
㉦ 직업정보에 관한 선택
㉧ 직업선택의 신중성
㉨ 작업장에 비형식적인 문화에 유입
㉩ 고용의 기회

7 직업훈련 생계비 대부(융자) 대상자로 옳지 않은 것은?

① 고용보험 피보험자격을 상실한 비정규직 노동자(특수형태근로종사자 포함)

② 고용보험 피보험자격을 상실한 자 중 실업상태에 있는 자

③ 자영업자 고용보험 임의가입중인 자

④ 고용보험 피보험자격을 취득한 근로자로서 휴직수당 등 금품을 받지 않고 휴직 중인 자

해설

① 1번이 오답인 이유는 '고용보험 피보험자격을 취득한 비정규직 노동자(특수형태근로종사자 제외)'이기 때문이다.

TIP 직업훈련 생계비 융자(근로복지공단 근로복지넷)

㉠ 대상
- 실업자 : 고용보험 피보험자격을 상실한 자 중 실업상태에 있는 자
  (※ 실업급여 수급중인 자, 노무제공자 상실이력만 있는 자는 제외)
- 비정규직 근로자 : 고용보험 피보험자격을 취득한 비정규직 노동자(특수형태근로종사자는 제외)
- 무급휴직자 : 고용보험 피보험자격을 취득한 근로자로서 휴직수당 등 금품을 받지 않고 휴직 중인 자
- 자영업자인 피보험자 : 자영업자 고용보험 임의가입중인 자

㉡ 대부조건
- 대부한도 : 월별 50만 원에서 200만 원, 1인당 1,000만 원 이내
- 고용위기지역 및 특별고용지원업종 대상자는 1인당 2천만 원 이내
- 신청방법 : 근로복지공단 근로복지넷

ANSWER 5.① 6.② 7.①

8 **독자적인 사무실, 점포 또는 작업장을 보유하지 않고 비독립적인 형태로 업무를 수행하면서도, 다만 근로제공의 방법, 근로시간 등은 독자적으로 결정하면서, 개인적으로 모집 · 판매 · 배달 · 운송 등의 업무를 통해 고객을 찾거나 맞이하여 상품이나 서비스를 제공하고 그 일을 한 만큼 소득을 얻는 근무 형태는?**

① 가정 내 근로자
② 특수형태근로종사자
③ 시간제 근로자
④ 일일(단기) 근로자

해설

② 2번이 정답인 이유는 질문의 설명이 '특수형태근로종사자'에 대한 것이기 때문이다.

TIP 정규직 이외의 비정규직 개념

구분	내용
㉠ 한시적 근로자	근로계약기간을 정한 근로자[기간제 근로자] 또는 정하지 않았으나 계약의 반복 갱신으로 계속 일할 수 있는 근로자와 비자발적 사유로 계속 근무를 기대할 수 없는 근로자[비기간제 근로자]를 포함
• 기간제 근로자	근로계약기간을 설정한 근로자가 해당
• 비기간제 근로자	근로계약기간을 정하지 않았으나 계약의 반복 갱신으로 계속 일할 수 있는 근로자와 비자발적 사유[계약만료, 일의 완료, 이전 근무자 복귀, 계절근무 등]로 계속 근무를 기대할 수 없는 근로자
㉡ 시간제 근로자	직장[일]에서 근무하도록 정해진 소정의 근로시간이 동일 사업장에서 동일한 종류의 업무를 수행하는 근로자의 소정 근로시간보다 1시간이라도 짧은 근로자로, 평소 1주에 36시간 미만 일하기로 정해져 있는 경우 해당
㉢ 비전형 근로자	파견근로자, 용역근로자, 특수형태근로종사자, 가정 내[재택, 가내] 근로자, 일일[단기]근로자
• 파견근로자	임금을 지급하고 고용관계가 유지되는 고용주와 업무 지시를 하는 사용자가 일치하지 않는 경우로 파견 사업주가 근로자를 고용한 후 그 고용관계를 유지하면서 근로자 파견계약의 내용에 따라 사용 사업주의 사업장에서 지휘, 명령을 받아 사용 사업주를 위하여 근무하는 형태
• 용역근로자	용역업체에 고용되어 이 업체의 지휘하에 이 업체와 용역계약을 맺은 다른 업체에서 근무하는 형태[예 : 청소용역, 경비용역업체 등에 근무하는 자]
• 특수형태근로종사자	독자적인 사무실, 점포 또는 작업장을 보유하지 않고 비독립적인 형태로 업무를 수행하면서도, 다만 근로제공의 방법, 근로시간 등은 독자적으로 결정하면서, 개인적으로 모집 · 판매 · 배달 · 운송 등의 업무를 통해 고객을 찾거나 맞이하여 상품이나 서비스를 제공하고 그 일을 한 만큼 소득을 얻는 근무 형태
• 가정 내 근로자	재택근무, 가내하청 등과 같이 사업체에서 마련해 준 공동 작업장이 아닌 가정 내에서 근무[작업]가 이루어지는 근무 형태
• 일일(단기) 근로자	근로계약을 정하지 않고, 일거리가 생겼을 경우 며칠 또는 몇 주씩 일하는 형태의 근로자

CHAPTER

04 심층직업상담

학습 1 심층직업상담 논점 진단하기

1 **취업취약계층 취업지원대상자 중 여성가장(여성가구주)의 기준으로 옳지 않은 것은?**

① 미혼으로 장애인 동거가족을 부양하는 경우
② 사별 후 만 18세 미만 자녀를 양육하는 경우
③ 이혼한 후 만 55세 이상 부모를 부양하는 경우
④ 별거한 후 장애인 자녀와 동거 중인 경우

해설

④ 4번이 오답인 이유는 해당 설명은 '배우자와 사별 또는 이혼하거나 배우자로부터 유기(遺棄)된 사람'에 대한 것이기 때문이다.

TIP 국민취업지원제도의 대상자 중 특정계층인 여성가장(여성가구주)의 기준

구분	기준
여성가장	• 여성실업자 중 가족부양의 책임이 있고, 본인과 이전 배우자의 직계존비속[60세(55세) 이상 또는 18세 미만]을 부양하고 있는 경우, 근로 능력이 없는 배우자를 부양하고 있는 경우, 본인과 이전 배우자의 직계존비속이나 형제자매 중 근로 능력이 없는 사람을 부양하는 경우이다. * NCS학습모듈 중 [심층직업상담]은 60세 이상으로 되어 있으나 [직업정보 분석]은 55세 이상으로 제시되었다.
여성가구주	• 만 18세 미만(취학 또는 병역 의무 이행 중인 경우 24세 미만)인 자녀를 양육하거나, 55세 이상의 부모 또는 배우자의 부모를 부양하거나, 장애인인 동거가족 (형제자매 등, 나이 무관)을 부양하면서, 아래의 어느 하나에 해당하는 여성 * 자녀가 2명 이상인 경우 1명이라도 18세 미만(취학 또는 병역의무 이행 중인 경우 24세 미만)인 자녀를 양육하는 경우 해당 ① 배우자와 사별 또는 이혼하거나 배우자로부터 유기된 사람 ② 배우자가 「장애인복지법 시행규칙」 별표1 각 호의 장애의 정도가 심한 장애인으로서 「장애인고용촉진 및 직업재활법 시행령」 제4조의 중증장애인에 해당하지 않는 경우 ③ 혼인한 적이 없는 사람으로서 동거가족을 부양해야 하는 경우

ANSWER 8.② / 1.④

2 **다음 설명에 해당하는 용어(단어, 개념)로 알맞은 것은?**

> 사회 · 경제적 측면에서 상대적으로 상당한 어려움을 겪고 있어 취업을 위해서는 제도적 지원과 특별한 지지가 필요한 대상이다.

① 기능공 ② 취업취약계층
③ 미래시간 전망 ④ 대리학습

해설

② 2번이 정답인 이유는 해당 설명은 '취업취약계층'에 대한 것이기 때문이다.

TIP 취업취약계층의 의미

- 사회 · 경제적 측면에서 상대적으로 상당한 어려움을 겪고 있어 취업을 위해서는 제도적 지원과 특별한 지지가 필요한 대상이다.
- 취업취약계층 분류에는 다양한 기준이 적용되고 있으며, 행정부처나 사업 목적에 따라 지원 가능한 대상과 범위는 달라질 수 있다.

3 **검사도구의 심리 측정적 속성이 아닌 것은?**

① 흥미도 ② 신뢰도
③ 적합도 ④ 타당도

해설

① 1번이 오답인 이유는 검사도구의 심리 측정적 속성은 '신뢰도, 적합도, 타당도'이기 때문이다.

TIP 검사도구의 심리 측정적 속성

- **타당도** : 검사를 실시하고자 하는 목적이 특정 내담자에 대해 적합한 타당도를 가지고 있는가 하는 점이다.
- **적합도** : 정상 집단에서의 적합성이다. 내담자가 35세인데, 검사용 준거가 18세 이하의 사람들에게 적용하면 내담자에게 그다지 유용하지 않을 것이기 때문이다.
- **신뢰도** : 개인마다 검사를 사용했을 때 정확하다고 확신하는 정도이다.

4 다음 설명을 읽고 해당하는 MMPI 타당도 척도로 맞는 것은?

> 자신을 실제보다 좋게 보이고자 하는 수검자의 태도를 반영하는 것, 사회적으로 바람직하게 보이고자 하는 경향성을 측정한다.

① 비전형(F) 척도
② 부인(L) 척도
③ 교정(K) 척도
④ 과장된 자기제시(S) 척도

해설

② 2번이 정답인 이유는 해당 설명은 '부인(L) 척도'에 대한 것이기 때문이다.

TIP MMPI의 타당도 척도

무응답(?) 척도	수검자가 응답하지 않은 문항의 점수를 측정하는 척도이다.
부인(L) 척도	자신을 실제보다 좋게 보이고자 하는 수검자의 태도를 반영하는 것으로, 사회적으로 바람직하게 보이고자 하는 경향성을 측정한다.
비전형(F) 척도	전형적이지 않은 수검자의 태도를 측정하는 척도이다.
교정(K) 척도	수검자가 검사 문항에 방어적으로 응답하는 정도를 측정하며 점수가 높으면 문항에 대한 신뢰성에 문제가 있을 수 있음을 염두에 둘 필요가 있다. 또한 다른 임상척도의 점수를 교정하는 데도 활용된다.
무선반응 비일관성(VRIN) 척도	내용적으로 유사하거나 정반대되는 문항쌍에 대해서 비일관적으로 반응할 때 척도의 점수가 상승한다. 문항 내용을 잘 파악하지 않고 응답하거나 문항에 우선적으로 답했기 때문에 비일관성을 보이는 사람들을 걸러내기 위한 척도이다
고정반응 비일관성(TRIN) 척도	문항 내용에 관계없이 '예'라고 긍정 반응을 하거나 '아니요'에 부정 편향되는, 고정적인 비일관적 반응을 보이는 수검자들을 판별하기 위한 척도이다.
과장된 자기제시(S) 척도	자신을 도덕적으로 흠이 없고 심리적인 문제가 없으며, 성실하고 정직한, 책임감 있는 것 같이 매우 긍정적인 사람으로 보이려는 경향을 측정하는 척도이다.
기타 타당도 척도	F-K 척도 간의 점수 차이를 통한 타당도, 가장(Ds) 척도, 부정 왜곡(FBS) 척도 등이 있다.

ANSWER 2.② 3.① 4.②

5 MMPI 타당도 척도와 설명이 잘못 연결된 것은?

① 무응답(?) 척도 : 수검자가 응답하지 않은 문항의 점수를 측정하는 척도이다.

② 부인(L) 척도 : 자신을 실제보다 좋게 보이고자 하는 수검자의 태도를 반영하는 것으로, 사회적으로 바람직하게 보이고자 하는 경향성을 측정한다

③ 비전형(F) 척도 : 전형적이지 않은 수검자의 태도를 측정하는 척도이다

④ 교정(K) 척도 : 자신을 도덕적으로 흠이 없고 심리적인 문제가 없으며, 성실하고 정직한, 책임감 있는 것 같이 매우 긍정적인 사람으로 보이려는 경향을 측정하는 척도이다.

해설

④ 4번이 오답인 이유는 해당 설명은 '과장된 자기제시(S) 척도'에 대한 것이기 때문이다.

TIP MMPI의 타당도 척도

척도	설명
무응답(?) 척도	수검자가 응답하지 않은 문항의 점수를 측정하는 척도이다.
부인(L) 척도	자신을 실제보다 좋게 보이고자 하는 수검자의 태도를 반영하는 것으로, 사회적으로 바람직하게 보이고자 하는 경향성을 측정한다.
비전형(F) 척도	전형적이지 않은 수검자의 태도를 측정하는 척도이다.
교정(K) 척도	수검자가 검사 문항에 방어적으로 응답하는 정도를 측정하며 점수가 높으면 문항에 대한 신뢰성에 문제가 있을 수 있음을 염두에 둘 필요가 있다. 또한 다른 임상척도의 점수를 교정하는 데도 활용된다.
무선반응 비일관성(VRIN) 척도	내용적으로 유사하거나 정반대되는 문항쌍에 대해서 비일관적으로 반응할 때 척도의 점수가 상승한다. 문항 내용을 잘 파악하지 않고 응답하거나 문항에 우선적으로 답했기 때문에 비일관성을 보이는 사람들을 걸러내기 위한 척도이다.
고정반응 비일관성(TRIN) 척도	문항 내용에 관계없이 '예'라고 긍정 반응을 하거나 '아니요'에 부정 편향되는, 고정적인 비일관적 반응을 보이는 수검자들을 판별하기 위한 척도이다.
과장된 자기제시(S) 척도	자신을 도덕적으로 흠이 없고 심리적인 문제가 없으며, 성실하고 정직한, 책임감 있는 것 같이 매우 긍정적인 사람으로 보이려는 경향을 측정하는 척도이다.
기타 타당도 척도	F-K 척도 간의 점수 차이를 통한 타당도, 가장(Ds) 척도, 부정 왜곡(FBS) 척도 등이 있다.

6 다음 설명에 해당하는 MMPI 임상 척도로 옳은 것은?

> ⓐ 검사 실시 당시의 그 사람의 비관 및 슬픔, 사기 저하, 무기력, 절망감 등의 정도를 나타내는 기분의 척도
> ⓑ 오랫동안 지속되어 온 만성적 불안을 측정한다.

① ⓐ 우울증, ⓑ 경조증
② ⓐ 히스테리, ⓑ 정신분열증
③ ⓐ 반사회성, ⓑ 편집증
④ ⓐ 우울증, ⓑ 강박증

해설

④ 4번이 정답인 이유는 해당 설명은 'ⓐ 우울증, ⓑ 강박증'에 대한 것이기 때문이다.

TIP MMPI의 임상 척도

건강 염려증(Hs)	신체기능에 대한 과도한 집착 및 이와 관련되는 질환이나 비정상적인 상태에 대한 불안의 정도
우울증(D)	검사 실시 당시의 그 사람의 비관 및 슬픔, 사기 저하, 무기력, 절망감 등의 정도를 나타내는 기분의 척도
히스테리(Hy)	현실적 어려움이나 갈등 등 심리적 어려움을 회피하는 방법으로 부인(denial) 기제를 사용하는 경향 및 정도를 진단
반사회성(Pd)	주로 가정이나 권위적 대상 일반에 대한 불만, 일탈 행동, 성 문제, 자신 및 사회와의 괴리, 권태 등을 진단
남성 특성-여성 특성(Mf)	직업 및 취미에 대한 관심, 심미적 및 종교적 취향, 능동성-수동성, 대인 감수성 등을 진단
편집증(Pa)	대인관계에서의 민감성, 의심성, 집착증, 피해의식, 경직된 사고, 관계망상, 자기 정당성 등을 포함하는 내용을 진단
강박증(Pt)	오랫동안 지속되어 온 만성적 불안을 측정, 강박적 행동 외에 자기비판, 자신감의 저하, 주의 집중 곤란, 우유부단 및 죄책감 등을 측정
정신분열증(Sc)	기괴한 사고방식이나 행동양식을 가진 사람을 판별하는 척도
경조증(Ma)	정신적 에너지를 측정하는 척도
내향성(Si)	피검사자의 내향성과 외향성을 측정하는 척도

ANSWER 5.④ 6.④

7 검사 해석 시 주의 사항에 해당하지 않는 것은?

① 검사 결과에 대한 중립적 판단
② 검사 결과에 대한 내담자의 방어 최소화
③ 해석에 대한 내담자의 반응 고려
④ 검사 결과에 대해 전문적인 언어 사용

해설

④ 4번이 오답인 이유는 검사 결과 해석 시 '전문적인 언어 사용'이 아닌 '이해하기 쉬운 언어'를 사용해야 하기 때문이다.

TIP 검사 해석 시 주의 사항

㉠ 해석에 대한 내담자의 반응 고려
㉡ 검사 결과에 대해 이해하기 쉬운 언어 사용
㉢ 내담자의 점수 범위 고려
㉣ 검사 결과에 대한 중립적 판단
㉤ 검사 결과에 대한 내담자의 방어 최소화
㉥ 검사 대상과 용도의 명확화

8 다음 설명에 해당하는 검사도구와 검사지의 한계로 옳은 것은?

> 검사지는 완벽하게 정확하지도 않고, 모든 가능성을 다 측정할 수도 없다는 점을 간과해서는 안 된다.

① 문화적 편차
② 내담자의 마술적 바람 강화
③ 내담자의 검사 선택 여부
④ 내담자 유형에 따른 결과

해설

② 2번이 정답인 이유는 해당 설명은 '내담자의 마술적 바람 강화'에 대한 것이기 때문이다.

TIP 검사도구와 검사지의 한계

㉠ **내담자의 마술적 바람 강화** : 검사지는 완벽하게 정확하지도 않고, 모든 가능성을 다 측정할 수도 없다는 점을 간과해서는 안 된다.
㉡ **내담자 유형에 따른 결과** : 내담자의 유형에 따라 검사를 더 잘 이용할 수도 있고, 그렇지 않을 수도 있다. 따라서 검사를 처음 실시하기 전에 일반적으로 검사에 대한 내담자의 태도를 탐색한다.
㉢ **문화적 편차** : 성별과 문화적 편차가 있을 수 있다. 모든 검사는 편향적 경향이 있기 때문에 소용없다고 보는 입장도 옳지 않고, 모든 검사가 모든 집단에 대해 공정한 평가를 제공하므로 건전하며 정보 제공적 입장이라고 보는 것도 옳지 않다.

9 다음 설명에 해당하는 용어(단어, 개념)로 알맞은 것은?

> 사람들이 표현한 생각, 가치, 태도, 자신의 신념['나'라고 진술한 것], 타인에 관한 신념['타인'이라고 진술한 것], 세상에 대한 신념['생애 '라고 진술한 것] 등의 단어들

① 생애 진로 사정
② 생애 진로 주제
③ 진로사정
④ 참고자료

해설

② 2번이 정답인 이유는 해당 설명은 '생애 진로 주제'에 대한 것이기 때문이다.

TIP 생애 진로 주제와 생애 진로 주제 분석

㉠ 생애 진로 주제(life career themes)는 사람들이 표현한 생각, 가치, 태도, 자신의 신념['나'라고 진술한 것], 타인에 관한 신념['타인'이라고 진술한 것], 세상에 대한 신념['생애'라고 진술한 것] 등의 단어들이다.

㉡ 생애 진로 주제 분석은 내담자의 언어를 분석하는 것이며, 내담자가 자신의 세계를 어떻게 표현하는가를 분석하는 것은 내담자가 자신과 타인, 그리고 세상에 대해 어떻게 지각하는지를 분석하는 것이며, 즉 내담자의 언어는 '생애 진로 주제(life career themes)' 또는 지각의 구조, 개요라 할 수 있는 내담자들의 개념적 개요를 반영하고 있다고 보는 것이다(Gerber, 1983).

10 생애 진로 주제분석의 역할 모형에서 (   )에 적합한 생애 역할은?

생애 역할	모형
( )	– 자료–관념–사람–사물 – 직업적 성격 및 일 환경 – 전이된 기술 확인

① 학습자
② 개인
③ 작업자
④ 상담자

해설

③ 3번이 정답인 이유는 (   )에 해당하는 생애 역할은 '작업자'에 대한 것이기 때문이다.

ANSWER 7.④ 8.② 9.② 10.③

TIP 생애 진로 주제분석의 역할 모형

작업자	• 자료–관념–사람–사물 • 직업적 성격 및 일 환경 • 전이된 기술 확인
학습자	• 학습자 형태 • 학습 형태
개인	• 생애 형태 • 대뇌반구상의 기능

11 진로자본을 구성하는 세 가지 역량(Defillippi 외, 1994)이 아닌 것은?

① 재무 관리 역량 ② 진로 성숙 역량
③ 인적 관계 역량 ④ 전문 지식 역량

해설

① 1번이 오답인 이유는 Defillippi 외(1994)가 제시한 진로자본 역량은 '진로 성숙 역량, 전문 지식 역량, 인적 관계 역량'이기 때문이다.

TIP 진로자본의 특징

㉠ 진로 분야에 있어 가치가 있는 자본의 독특한 형태로서 진로 역량이 진로자본으로 바뀐 용어이다.
㉡ 진로자본은 자본이라는 경제적 관점에서 비롯된 용어를 확장시켜 사용하고 있는 개념이며, 축적된 진로 역량이며 개인의 일과 삶, 진로에 있어 가지고 있는 지식, 역량, 특성으로 소득을 창출할 수 있는 자원으로 본다.
㉢ Defillippi 외(1994)는 진로 역량을 진로 동기부여, 진로 정체성과 연관된 '이유 알기(knowing why)', 직무 관련 지식이나 기술과 관련된 '방법 알기(knowing–how)', 사회적 관계를 형성하는 '사람 알기(knowing–how)'로 제시하고, 진로자본을 구성하는 세 가지 역량으로 '진로 성숙 역량, 전문 지식 역량, 인적 관계 역량'으로 설명하였다.
- 진로 성숙 역량(Knowing–why) : 개인이 자신의 진로에 대해 갖고 있는 태도와 관점
- 전문 지식 역량(Knowing–how) : 개인들이 자신의 일과 관련하여 가지는 진로 관련 기술과 업무 지식을 의미
- 인적 관계 역량(knowing–who) : 개인들이 진로 안에서 갖게 되는 다양한 형태의 인간관계 및 사회적 연결망을 발전시키는 능력

㉣ 말호퍼 등(Mayrhofer 외, 2004)은 진로자본을 경제자본, 사회자본, 문화자본 세 가지 유형으로 구분하였다.

12 **오리어리(O'Leary)가 주장한 여성의 진로장벽 유형 중 내적장벽이 아닌 것은?**

① 성공에 대한 공포 ② 관리직 여성에 대한 태도
③ 낮은 자존감 ④ 실패에 대한 두려움

해설

② 2번이 오답인 이유는 해당 설명은 '외적 장벽'에 대한 것이기 때문이다.

TIP 오리어리(O'Leary, 1974)의 진로장벽 세분화

㉠ **내적 장벽** : 낮은 자존감, 성공에 대한 공포, 역할 갈등, 직업 승진에 따른 부정적 결과, 실패에 대한 두려움, 결과에 대한 낮은 기대 등 6가지

㉡ **외적 장벽** : 관리직 여성에 대한 태도, 사회적 성역할에 대한 고정관념, 여성 능력에 대한 태도 등

크라이티스(Crites)는 여성의 진로장벽에 대해 내적 장벽과 외적 장벽으로 구분하였고, 오리어리(O'Leary, 1974)는 이를 세분화하였다.

ANSWER 11.① 12.②

학습 2 심층직업상담 구조화하기

1 **직업상담에서 내담자에 대한 단순 가설 설정 단계로 바른 것은?**

ⓐ 내담자의 동기 존재－있음.	ⓑ 내담자의 자기 진단 탐색－확인
ⓒ 인지적 명확성 존재－있음.	ⓓ 내담자의 자기 진단－제공

① ⓐ－ⓑ－ⓒ－ⓓ
② ⓒ－ⓐ－ⓓ－ⓑ
③ ⓐ－ⓓ－ⓒ－ⓑ
④ ⓒ－ⓓ－ⓐ－ⓑ

해설

② 2번이 정답인 이유는 내담자에 대한 단순 가설 설정 단계는 '인지적 명확성 존재–있음 → 내담자의 동기 존재–있음 → 내담자의 자기 진단–제공 → 내담자의 자기 진단 탐색–확인'의 순서이기 때문이다.

TIP 내담자에 대한 가설 설정

직업상담에서의 사정은 매우 복잡하다. 직업상담가는 내담자의 직업 관련 문제와 내담자가 최대한의 선택을 할 수 있을 가능성 모두에 대한 일련의 가설을 세워야 하는데, 초기에 수립한 가설은 상담의 진행과정 동안 수집된 새로운 정보들을 통해 검증 절차를 거쳐 수정 또는 변경될 수 있다. 상담은 수립된 가설을 검증해 나가는 절차이며, 가설을 어떻게 설정하느냐에 따라 상담목표와 전략이 달라질 수 있다.

단순 가설	복잡 가설
1단계 : 인지적 명확성 존재－있다. 2단계 : 내담자의 동기 존재－있다. 3단계 : 내담자의 자기 진단－제공 한다. 4단계 : 내담자의 자기 진단 탐색－확인	1단계 : 자기 진단 2단계 : 자기 진단을 확인하지 못함.－인지적 명확성을 문제점으로 진단 3단계 : 개인적 문제를 인식 4단계 : 내담자의 자기 진단 다시 제시 5단계 : 자기 진단을 확인하지 못함.－상담자는 진단 가설을 공유 6단계 : 내담자가 상담자의 견해를 수용

2 **인지적 명확성에 대한 사정에 대한 연결이 틀린 것은?**

① 양면적 사고 – 구체화 시키기

② 강박적 사고 – REBT기법

③ 원인과 결과 착오 – 논리적 분석

④ 파행적 의사소통 – 저항에 다시 초점 맞추기

해설

① 1번이 오답인 이유는 '양면적 사고는 역설적 사고–증상을 기술한다.'로 수정해야 하기 때문이다.

TIP 인지적 명확성에 대한 사정과 수정

인지적 명확성에 대한 사정	수정	인지적 명확성에 대한 사정	수정
단순 오정보	정보제공	하늘은 스스로 돕는 자를 돕는다(순교자형)	논리적 분석
복잡 오정보	논리적 분석	비난하기	직면, 논리적 분석
구체성의 결여	구체화 시키기	잘못된 의사결정 방식	불안에 대처하기, 의사결정 돕기
가정된 불가능/불가피성	논리적 분석, 격려	자기 인식의 부족	은유나 비유
원인과 결과의 착오	논리적 분석	무력감	지시적 상상
파행적 의사소통[아직, 그러나]	저항에 다시 초점 맞추기	고정성	정보 제공, 가정에 도전하기
강박적 사고	합리적, 정서적, 행동적 치료(REBT 기법)	미래 시간에 대한 미계획	정보 제공, 실업 극복하기
양면적 사고	역설적 사고–증상을 기술한다.	높고 도달할 수 없는 기준에 기인한 낮은 자긍심	비합리적 신념에 대해 논박하기–역설적 기법/ 상상
걸러내기–좋다 나쁘다만 듣는 경우	재구조화(지각을 바꾸기), 역설적 기법 쓰기(긍정적인 측면을 강조)	실업 충격 완화하기	실업충격완화 프로그램 제공

ANSWER 1.② 2.①

3 다음 내용을 읽고 (　　)에 공통적으로 들어가는 용어(개념)으로 맞는 것은?

> • 크롬볼츠는 홀란과 켄덜(Hollon & Kendall, 1981)이 개발한 (　　　　　　　)기법이 직업상담에 유용하다고 보았다.
> • (　　　　　　　)접근 기법에서 내담자는 자신의 비합리적 신념에 직면하게 된다. 이것은 엘리스(Ellis, 1973)가 발전시킨 기법이다.

① 직업심리치료　　② 정신과 치료
③ 인지치료　　④ 역기능적 사고 기록지

해설

④ 4번이 정답인 이유는 해당 설명은 '역기능적 사고 기록지' 기법에 대한 것이기 때문이다.

TIP 역기능적 사고 기록지 기법

㉠ 크롬볼츠(Krombotz)는 여러 다른 인지적 명확성의 사정 전략을 검증하였는데, 내담자가 상담자와 함께 진로계획에 대한 생각을 검증해 보아야 한다고 했다. 이런 사고는 가능한 인지적 명확성 문제에 대해, 특히 문제들이 부정적일 때 몇 가지 통찰을 제공한다.
㉡ 크롬볼츠는 홀란과 켄덜(Hollon & Kendall, 1981)이 개발한 역기능적 사고 기록지(dysfunctional thought record) 기법이 직업상담에 유용하다고 보았다.
㉢ 역기능(적) 사고 기록지를 사용하면, 내담자는 직업을 선택하거나, 대안 중에서 선택하는 문제를 말하도록 요구받는다. 그러고 나서 그 문제와 관련되어 자신의 감정과 사고를 확인해 보도록 요청받는다. 역기능적 사고 기록지 접근 기법에서 내담자는 자신의 비합리적 신념에 직면하게 된다. 이것은 엘리스(Ellis, 1973)가 발전시킨 기법이다.

4 홀랜드(Holland)의 기본 가정으로 틀린 것은?

① 대부분의 사람은 6가지 성격 유형으로 설명할 수 있다.
② 직업적 환경도 6가지 유형 중 하나로 분류될 수 있다.
③ 사람들은 자신에게 적합한 역할을 찾으려고 한다.
④ 성격과 환경은 상호 작용하여 행동으로 나타난다.

해설

③ 3번이 오답인 이유는 해당 설명은 사람들은 자신에게 '적합한 역할'이 아닌 '적합한 환경'을 찾으려고 하기 때문이다.

TIP 홀랜드(Holland, 1997)의 기본 가정

㉠ 대부분의 사람은 6가지 성격 유형으로 설명할 수 있다.
㉡ 직업적 환경도 6가지 유형 중 하나로 분류될 수 있다.
㉢ 사람들은 자신에게 적합한 환경을 찾으려고 한다.
㉣ 성격과 환경은 상호 작용하여 행동으로 나타난다.

5 **직업적응 이론에 대한 설명으로 틀린 것은?**

① 직업적응 유형으로 '민첩성, '속도', '지구력', '리듬' 등 4가지를 제시하였다.

② 개인과 환경 간의 상호작용과 조화를 강조하였다.

③ 직업적응을 알기 위해 다위스와 롭퀴스트는 개인의 능력과 흥미에 대한 객관적인 측정[일반 적성검사, 미네소타 중요도 검사]을 강조하였다.

④ 개인은 환경이 원하는 기술을 가지고 있고 직업 환경은 개인의 욕구를 충족시켜 줄 강화안을 가지고 있을 때 조화로운 상태로 보았다.

해설

③ 3번이 오답인 이유는 직업적응 이론에서는 '개인의 능력과 흥미' 가 아닌 '개인의 능력과 직업 가치'에 대한 객관적 측정을 강조하였기 때문이다.

TIP 직업적응 이론의 주요 개념

㉠ 개인과 환경 간의 상호작용과 조화를 강조하면서, 개인은 환경이 원하는 기술을 가지고 있고 직업 환경은 개인의 욕구를 충족시켜 줄 강화안을 가지고 있을 때 조화로운 상태로 보았다.

㉡ 직업적응을 알기 위해 다위스와 롭퀴스트(Dawis & Lofquist, 1984)는 개인의 능력과 직업 가치에 대한 객관적인 측정[일반 적성검사, 미네소타 중요도 검사]을 강조하였다.

㉢ 직업적응 유형으로 '민첩성(celerity)', '속도(pace)', '지구력(endurance)', '리듬(rhythm)' 등 4가지를 제시하였다.

㉣ '유연성', '인내력'의 적응 유형 변인이 개인의 만족, 조직의 만족, 적응을 매개한다고 보았으며, '유연성'의 한계를 넘어선 지점에서 '적극적 방식', '소극적 방식'에 따라 적응 행동이 나타날 수 있다고 하였다.

6 **진로발달 이론에 대한 설명으로 틀린 것은?**

① 수퍼는 진로발달을 개인과 환경의 상호작용에 의한 선택과 타협의 적응 과정으로 보았다.

② 진로발달의 과정에 대해 자기가 할 수 있겠다고 생각하는 직업의 수를 '줄여나가는 과정'으로 본다.

③ 진로선택을 자기개념의 실행 과정으로 보았으며, 자기개념은 객관적 관점과 주관적 관점을 포함한다.

④ '진로 아치문 모형', '생애진로 무지개'를 통해 '자기개념의 발달', '생애 주기[발달 단계]', '생애 공간[생애 역할]', '진로성숙', '진로적응' 등의 주요 개념을 설명하였다.

해설

② 2번이 오답인 이유는 해당 설명은 '진로타협 이론'에 대한 내용이기 때문이다. 진로타협 이론에서 고트프레드슨은 진로발달의 과정에 대해 자기가 할 수 있겠다고 생각하는 직업의 수를 '줄여 나가는 과정'으로 본다.

ANSWER 3.④ 4.③ 5.③ 6.②

TIP 진로발달 이론의 주요 개념

㉠ 수퍼의 진로발달 이론의 주요 개념
- 수퍼는 진로발달을 개인과 환경의 상호작용에 의한 선택과 타협의 적응 과정으로 보고, 인간의 전 생애에 걸쳐서 이루어지고 변화하는 것으로 보았다.
- 수퍼는 '진로 아치문 모형', '생애진로 무지개'를 통해 '자기개념의 발달', '생애 주기[발달 단계]', '생애 공간[생애 역할]', '진로성숙', '진로적응' 등의 주요 개념을 설명하였다.
- 진로선택을 자기개념의 실행 과정으로 보았으며, 자기개념은 객관적 관점과 주관적 관점을 포함한다.

㉡ 고트프레드슨의 진로타협 이론의 주요 개념
- 고트프레드슨은 진로발달의 과정에 대해 자기가 할 수 있겠다고 생각하는 직업의 수를 '줄여나가는 과정'으로 본다.
- 진로 포부의 '제한' 과정으로 진로발달 단계를 4단계(힘과 크기 지향, 성역할 지향, 사회적 가치 지향, 내적 고유 자아 지향)로 나눈다.
- 현실적 고려에 의해 특정 진로대안을 포기하는 과정을 '타협'으로 보고, 타협에 대한 개인의 심리적 적응이 중요하다고 보았다.

7 진로 정보처리 이론에 대한 설명으로 틀린 것은?

① 진로 정보처리 영역 피라미드는 진로 의사결정이나 진로 문제 해결의 내용을 의미한다.
② 개인이 통제할 수 없는 환경 요인으로 '진로장벽'을 제시하였다.
③ 패터슨 외는 진로 의사결정이나 진로 문제 해결이 기본적으로 학습되고 연습될 수 있는 기술이다.
④ CASVE는 진로 의사결정이나 진로 문제해결의 과정을 의미한다.

해설

② 2번이 오답인 이유는 사회 인지 진로 이론에서는 개인이 통제할 수 없는 환경 요인으로 인해 '진로장벽'이 발생한다는 점을 강조하였기 때문이다.

TIP 직업상담 이론의 주요 개념

㉠ 진로 정보처리 이론의 주요 개념
- 패터슨 외는 진로 의사결정이나 진로 문제 해결이 기본적으로 학습되고 연습될 수 있는 기술이라고 보았다.
- 진로 정보처리 영역 피라미드는 진로 의사결정이나 진로 문제 해결의 내용을 의미하며, 자기에 대한 지식, 직업에 대한 지식, 진로 의사결정 과정, 초인지의 4가지 영역으로 구성된다.
- CASVE는 진로 의사결정이나 진로 문제해결의 과정을 의미하며, 의사소통(Communication), 분석(Analysis), 종합(Synthesis), 평가(Valuing), 실행(Execution)의 5단계로 구성되는 각 단계의 앞 글자를 따서 'CASVE'라 한다.

㉡ 사회 인지 진로 이론의 주요 개념
- 타고난 능력, 환경적 상황과 사건, 학습 경험 등의 객관적 요소와 더불어 이에 대한 개인의 인지적 해석[자기효능감, 결과 기대, 목표]이 진로발달과 선택 과정에서 영향을 미친다고 본다.
- 개인이 통제할 수 없는 환경 요인으로 '진로장벽'을 제시한다. 높은 진로장벽에 대한 지각은 진로 준비 행동에 부정적인 영향을 미친다.

8 **사회 인지 진로 이론에서 진로발달과 선택 과정에 영향을 주는 개인의 인지적 해석이 아닌 것은?**

① 결과 기대
② 자기효능감
③ 과제 접근 기술
④ 목표

해설

③ 3번이 오답인 이유는 사회학습 이론에서는 '개인의 타고난 유전적 재능, 환경적 조건과 사건, 학습 경험, 과제 접근 기술' 등 4가지를 진로결정의 요인으로 강조하였기 때문이다.

TIP 직업상담 이론의 주요 개념

㉠ 사회 인지 진로 이론의 주요 개념
- 타고난 능력, 환경적 상황과 사건, 학습 경험 등의 객관적 요소와 더불어 이에 대한 개인의 인지적 해석[자기효능감, 결과 기대, 목표]이 진로발달과 선택 과정에서 영향을 미친다고 본다.
- 개인이 통제할 수 없는 환경 요인으로 '진로장벽'을 제시한다. 높은 진로장벽에 대한 지각은 진로 준비 행동에 부정적인 영향을 미친다.

㉡ 사회학습 이론
- 크롬볼츠는 진로선택의 과정에서 개인과 환경이 상호 작용하는 과정에 초점을 두고, 개인이 환경과의 상호작용을 통해 무엇을 '학습'했는가를 강조한다.
- 진로결정의 요인으로 개인의 타고난 유전적 재능, 환경적 조건과 사건, 학습 경험, 과제 접근 기술 등 4가지 요인을 제안한다.

ANSWER 7.② 8.③

9 **직업적응 이론에 따른 상담목표로 알맞은 것은?**

① 내담자의 직업 가치와 능력을 평가하여 불일치의 원인을 찾고 적응의 기회를 찾도록 한다.

② 자기 스스로 현실에 반하는 자기개념을 검토하도록 한다.

③ 현명한 직업선택을 하도록 돕는 것

④ 진로 관련 심리검사를 활용하여 내담자의 새로운 학습기회를 찾도록 한다.

해설

① 1번이 정답인 이유는 직업적응 이론의 상담목표는 '내담자의 직업 가치와 능력을 평가하여 불일치의 원인을 찾고 적응의 기회를 찾도록 하기' 때문이다.

TIP 직업상담의 상담목표

㉠ 직업적응 이론에 따른 상담목표
- 내담자의 호소 문제를 개인과 환경의 불일치로 개념화하여 접근한다.
- 내담자의 직업 가치와 능력을 평가하여 불일치의 원인을 찾고 적응의 기회를 찾도록 한다.
- 적응을 위해 내담자의 변화 혹은 직업 환경의 변화 가능성을 탐색하고 내담자의 직업 적응을 돕는다.

㉡ 진로발달 이론에 따른 상담목표
- 내담자 스스로 자신의 생애 역할에 대한 통합적이고 적합한 개념을 형성하여 이를 수용할 수 있도록 한다.
- 자기 스스로 현실에 반하는 자기개념을 검토하도록 한다.
- 내담자가 자기개념을 실현시키고 일에서의 성공, 사회적 기여, 개인적 만족을 기대할 수 있는 진로선택을 하도록 한다.

㉢ 특성-요인 이론에 따른 상담목표
- 현명한 직업선택을 하도록 돕는 것
- 내담자가 자신의 특성을 명확히 이해하도록 하는 것
- 내담자가 직업의 특성에 대해 명확히 이해하도록 하는 것
- 의사결정에서 나타나는 문제를 확인하고 합리적 의사결정을 돕는 것

㉣ 사회학습 이론에 따른 상담목표
- 만족스러운 진로와 인생을 선택하기 위한 행동을 학습하도록 돕는다[ex. 우연한 사건을 진로에 유리하게 활용하는 데 도움이 되는 기술로 호기심, 인내심, 융통성, 낙관성, 위험 감수 등을 학습하도록 도움].
- 진로 관련 심리검사를 활용하여 내담자의 새로운 학습기회를 찾도록 한다.
- 계획하지 않은 활동들을 적극적으로 도전하게 하고, 진로에 유리하게 작용하도록 잘 관리하게 한다.

10 **진로 구성주의 이론의 상담전략에 대한 질문이다. (　　)에 공통으로 들어갈 용어(개념)로 옳은 것은?**

> 진로 이야기 속에서 내담자의 직업적 성격, (　　), 생애 주제를 찾아갈 수 있도록 돕는다.
> (　　)는 변화에 대한 개인의 적응도를 뜻한다.

① 역기능적 인지도식　　② 진로 신화

③ 진로 적응성　　④ 진로 탄력성

해설

③ 3번이 정답인 이유는 진로 구성주의 이론의 상담전략 중 해당 설명은 '진로 적응성'에 대한 것이기 때문이다.

TIP 진로 구성주의 이론의 상담 전략

진로 구성주의의 상담전략은 진로 이야기 속에서 내담자의 직업적 성격(vocational personality), 진로 적응성(personal adaptability), 생애 주제(life theme)를 찾아갈 수 있도록 돕는 것이기 때문이다.

㉠ **직업적 성격** : 진로 구성주의에서는 성격과 직업의 연결이 홀랜드의 주장보다 주관적이라고 보며, 사람들이 특정한 진로행동을 보이는 이유와 행동이 생애 주제로 표현되는 방법을 이해하고자 노력한다. 표준화된 직업 흥미 검사나 결과를 가지고 내담자의 진짜 흥미라고 해석하지 않고, 하나의 가능성으로 보며, 가설을 만드는데 활용한다는 점이 큰 차이라 할 수 있다.

㉡ **진로 적응성** : 변화에 대한 개인의 적응도를 뜻하는 진로 적응성은 자신의 진로를 구성해나가는 과정에서 극복 과정을 강조한다. 현재 당면한 진로발달 과업, 직업 전환, 마음의 상처 등 극복에 필요한 개인의 준비도와 자원을 의미하는 개념이기 때문에 진로 적응성을 통해 개인은 자신의 자아개념을 직업적 역할 속에서 실현해내고, 자신의 진로를 새롭게 만드는 과정으로 선순환될 수 있다. 진로 적응성은 자원과 전략에 따라 관심, 통제, 호기심, 자신감의 4가지 요소를 포함한다. 즉, 자신의 진로에 관삼을(관심을) 가지고 통제감을 느끼며, 진로에 대한 호기심과 자신감을 갖는 것이 진로 적응성을 나타내는 주요 요소이다.

㉢ **생애 주제** : 사비카스는 개인의 생애 주제를 담은 개인의 진로 관련 경험담을 듣는 것이 중요함을 강조하였다. 이러한 이야기를 진로 이야기라고 명명하였고, 내담자의 여러 진로 이야기를 통합하여 생애 주제를 찾아나가는 과정이 바로 직업상담의 과정이라도 보았다. 직업상담가의 주된 역할은 내담자가 자신의 생애 주제를 발견하고, 그것을 직업과 연결시키며, 직업에 보다 깊은 의미를 부여하고, 사회에 공헌하도록 도와주는 것이기 때문이다.

ANSWER 9.① 10.③

11 수퍼(Super)의 진로발달 이론과 모형을 적용한 상담전략이 아닌 것은?

① 진로발달 평가 상담(C-DAC 모형)의 적용

② 평가도구의 활용(진로발달 검사 및 진로 성숙도 검사)

③ 진로 의사결정 준비도[능력, 복잡성]를 측정

④ 생애 진로 무지개 모형을 적용

해설

③ 3번이 오답인 이유는 해당 설명은 진로 정보처리 이론의 상담 전략 중 '예비평가로 진로 의사결정 준비도[능력, 복잡성]를 측정'에 대한 것이기 때문이다.

TIP 수퍼(Super)의 진로발달 이론과 모형을 적용한 상담전략

㉠ 진로발달 평가 상담(C-DAC 모형 : Career Development Assessment Counseling)의 적용
- 내담자의 생애 구조와 직업 역할을 평가한다.
- 내담자의 진로발달 수준과 자원에 대해 평가한다.
- 내담자의 직업적 정체성에 대해 평가한다.
- 내담자의 직업적 자기개념과 생애 주제를 평가한다.

㉡ 평가도구의 활용
- 진로발달 검사 및 진로 성숙도 검사를 활용한다.
- 내담자들의 진로발달 수준 및 성숙도 결과에 따라 개인별로 어느 영역에 더 많은 지도와 조언이 필요한가를 판단할 수 있는 근거를 얻을 수 있다.

㉢ 생애 진로 무지개 모형을 적용
- 내담자가 어떤 역할을 수행하고 어떤 가치관을 추구하며 현재 자신의 생활에서 어떤 측면을 중요하게 생각하는지 등을 효과적으로 탐색할 수 있다.
- 내담자의 현재 또는 미래의 역할 갈등을 확인해 볼 수 있다.
- 미래 시간 전망을 촉진하고 조화로운 삶을 살기 위해 한정된 시간과 에너지를 어떻게 활용해야 할지 숙고해 볼 수 있는 기회를 부여한다.

※ 진로 정보처리 이론의 상담 과정과 전략

㉠ **초기 면접** : 관계 형성 및 내담자 정보를 수집한다.

㉡ **예비 평가** : 진로 의사결정 준비도[능력, 복잡성]를 측정한다.

㉢ **문제 규정 및 원인 파악** : 진로 정보처리 영역 피라미드와 CASVE 과정을 활용하여 문제를 확인한다.

㉣ **목표설정** : 문제 해결을 위해 내담자와 함께 달성 가능한 목표를 설정한다.

㉤ **개별 학습계획 개발** : 목표달성을 위한 활동의 내용, 활동을 통한 성취, 소요 시간, 우선순위 등을 포함하는 구체적인 학습계획을 수립한다.

㉥ **개별 학습계획 시행** : 상담목표를 달성하기 위해 개별 학습계획을 지속적으로 수행할 수 있도록 격려하고 지원한다.

㉦ **종합 및 일반화** : 개별 학습계획의 시행 결과를 평가하고, 학습한 진로 의사결정 방식을 미래의 진로문제 해결에 일반화하도록 돕는다.

12 **사회 인지 진로 이론의 상담전략으로 옳지 않은 것은?**

① 자기효능감을 점검하고 강화한다.

② 진로장벽 탐색 및 제거

③ 현실적이고 구체적인 결과 기대를 갖도록 한다.

④ 직업의 요구사항과 강화인을 중심으로 직업환경을 평가한다.

해설

④ 4번이 오답인 이유는 해당 내용은 직업적응 이론의 개입전략인 '직업의 요구사항과 강화인을 중심으로 직업환경을 평가'에 대한 것이기 때문이다.

TIP 직업상담 이론의 상담전략

㉠ 사회 인지 진로 이론의 상담전략

- 자기효능감을 점검하고 강화한다.
  진로결정 자기효능감, 직무 수행에 대한 자기효능감, 진로 준비 행동에 대한 자기효능감 등 내담자의 자기효능감을 탐색한다. 진로효능감을 강화하기 위해 성공 경험, 대리 학습, 언어적 설득, 정서-생리적 경험 등의 요인을 활용한다.
- 현실적이고 구체적인 결과 기대를 갖도록 한다.
  결과에 대해 현실적인 기대를 갖도록 하기 위해서 내담자의 관심 직업에 대한 구인 동향, 근무조건, 생활양식, 안정성, 직무 내용 등 정보를 구체적으로 파악한다.
- 환경의 영향 검토
  내담자의 환경적 요인과 그에 대한 내담자의 지각이 학습 경험, 직업 흥미, 직업 대안, 진로 준비 행동 등에 어떤 영향을 미치는지 탐색하고 적절히 대응할 수 있도록 돕는다.
- 진로 준비 행동 촉진
  내담자가 목표달성에 도움이 되는 진로준비 행동을 계획하고 수행하도록 격려하고 돕는다.
- 진로장벽 탐색 및 제거
  내담자의 진로발달과 선택 과정에서 무능력과 비능률을 초래하는 진로장벽이 무엇인지 탐색한다.
  정보 제공, 재평가, 객관화, 논박, 현실 검증, 격려 등의 방법으로 내담자 스스로 장벽에서 벗어나도록 돕는다.

㉡ 직업적응 이론에 따른 상담전략

- 상담에의 적용
  - 자기 이해를 위해 주관적인 평가를 먼저 실시 후 객관적인 평가를 실시한다.
  - 내담자가 직업환경에 적응하도록 돕는다.
  - 개인과 환경 부조화가 일어나고 있는 영역과 그 정도에 대한 평가를 기반으로 부조화를 줄일 수 있는 적응전략을 세운다.
- 직업적응 이론의 개입전략
  - 욕구, 능력, 성격 양식 면에서 내담자의 자기 이미지를 평가한다.
  - 직업의 요구사항과 강화인을 중심으로 직업환경을 평가한다.
  - 개인-환경 부조화에 대한 내담자의 적응 양식을 평가한다.
  - 개인과 환경 간의 충분한 조화가 있는데도 내담자의 만족도가 낮다면 다른 불만족의 요인을 탐색한다[(가족 문제, 직장 동료 문제 등).

ANSWER 11.③ 12.④

13 **구성주의 진로발달 이론에 기반한 진로 양식 면접 질문이 아닌 것은?**

① 전형적인 하루
② 생애 초기 기억
③ 역할 모형[존경하는 인물]
④ 교과목에 대한 선호

해설

① 1번이 오답인 이유는 해당 설명은 '생애진로사정에서 의존적–독립적 성격 차원과 자발적–체계적 성격 차원'을 검토하기 위해서 활용하는 것이기 때문이다.

TIP 진로 양식 면접을 구성하는 8개 질문

㉠ 내담자의 준비도를 파악하고 상담목표를 설정하기 위한 질문 ㉡ 역할 모형[존경하는 인물],
㉢ 좋아하는 잡지/TV 프로그램, ㉣ 좋아하는 책/영화, ㉤ 여가와 취미, ㉥ 좋아하는 명언이나 좌우명,
㉦ 교과목에 대한 선호, ㉧ 생애 초기기억 등

14 **직업문제 관련 관점 및 접근에 따른 직업상담 이론의 유형 분류 중 발달이론으로 옳지 않은 것은?**

① 수퍼는 생애공간적접근으로 생애공간, 자기개념, 직업성숙 등의 개념을 제시하였다.
② 로는 작업자의 환경과 일의 환경을 일치시키는 개인–환경 적합 접근 모형을 5단계로 구분하였다.
③ 긴즈버그는 진로발달 단계를 환상기, 잠정기, 현실기 3단계로 구분하였으며, 11~17세 혹은 초기 청소년기에서 끝난다고 제시하였다.
④ 고트프래드슨은 타협이 성유형, 직업수준, 직업분야 등 선택할 직업의 영역 또는 한계를 결정 짓는다고 하였다.

해설

② 2번이 오답인 이유는 해당 설명은 '홀랜드의 인성이론'으로 직업상담 이론의 유형 분류로 보면 구조이론에 해당하기 때문이다.

TIP 직업문제 관련 관점 및 접근에 따른 직업상담 이론의 유형 분류

㉠ 발달이론
- 개인의 진로의식을 발달해 가는 과정으로 이해하고 설명하려는 이론들이다.
- 선택의 과정은 평생에 걸쳐 일어나는 것이라고 주장하였다.
- 수퍼의 생애공간 접근, 고트프레드슨의 제한과 타협이론, 긴즈버그의 직업 선택 이론 등이 있다.

㉡ 구조이론
- 왜 사람들은 특정 직업을 선택하는가를 설명하려는 이론들이다.
- 개인의 특성과 그에 상응하는 직업 간에 분명한 연결 관계를 강조하였다.
- 특성–요인 이론, 로(Roe)의 욕구이론, 홀랜드의 인성이론 등이 있다.

㉢ 과정이론
- 진로선택의 내용 또는 개인과 직업 간의 연결관계보다는 진로선택이나 진로결정의 과정 자체에 더 큰 비중을 두는 이론이다.
- 인지적 정보처리 이론, 사회학습 이론, 사회인지적 접근 이론 등이 있다.

학습 3 직업심리 치료하기

1 **REBT 이론의 기본 가정으로 옳지 않은 것은?**

① 만약 비합리적으로 상황을 받아들일 경우 심리적 장애를 경험할 수 있다.

② REBT 이론의 근본적인 전제는 동일한 부정적 상황이라도 개인마다 자신과 타인을 둘러싼 세계에 대한 의미와 철학, 평가하는 신념 등에 따라서 각자 다르게 받아들일 수 있다.

③ 인간은 이성에 따라 합리적이고 올바른 사고를 할 수 있는 동시에 왜곡된 사고를 할 수도 있는 잠재 기능을 가지고 태어났다.

④ 사람들이 인지적 오류를 많이 범할수록 심리적 문제를 겪게 될 가능성이 더 커진다.

해설

④ 4번이 오답인 이유는 해당 설명은 '인지치료의 인지적 오류에 대한 내용'이기 때문이다.

TIP 엘리스(Ellis)의 합리적 · 정서적 · 행동적 치료(REBT : Rational Emotive Behavior Therapy)

인간의 비합리적인 사고는 비합리적인 신념 체계에서 일어난다고 믿는다. 이 접근법에서는 내담자의 정서적 혼란과 관계되는 비합리적인 신념 체계를 논박하여 이를 최소화하거나 보다 합리적인 신념 체계로 바꾸도록 하여 현실적으로 효과적이며 융통성 있는 인생관을 가질 수 있도록 하는 데 중점을 둔다.

- REBT 이론의 기본 가정
  - ㉠ 인간은 이성에 따라 합리적이고 올바른 사고를 할 수 있는 동시에 왜곡된 사고를 할 수도 있는 잠재 기능을 가지고 태어났다.
  - ㉡ REBT 이론의 근본적인 전제는 동일한 부정적 상황이라도 개인마다 자신과 타인을 둘러싼 세계에 대한 의미와 철학, 평가하는 신념 등에 따라서 각자 다르게 받아들일 수 있다.
  - ㉢ 만약 비합리적으로 상황을 받아들일 경우 심리적 장애를 경험할 수 있다.

※ 벡(Beck)의 인지치료(CT : Cognitive Therapy)

벡은 내담자가 지닌 정서적 불편감 또는 행동 문제들과 관련된 역기능적 사고를 찾고 내담자와 협동적으로 역기능적인 사고를 수정하여, 정서적 불편감 또는 행동 문제들을 해결해 나가는 치료법으로 인지치료를 제안하였다.

- 인지적 오류

  역기능적 인지도식은 자동적 사고와 인지적 오류를 발생시키는 역할을 하는데, 인지적 오류(cognitive errors)란 현실을 제대로 지각하지 못하거나 사실 또는 그 의미를 왜곡하여 받아들이는 것을 뜻한다. 사람들이 이러한 오류를 많이 범할수록 심리적 문제를 겪게 될 가능성이 더 커진다.

ANSWER 13.① 14.② / 1.④

2 다음이 설명하는 단어(용어, 명칭 등)로 옳은 것은?

> 타당화될 수 없고, 융통성 없는 사고방식으로 주로 "~을 절대 해서는 안 된다.", "~을 하면 비참해질 것이기 때문이다. " 등의 형태를 띤다. 선행 사건을 신념 체계를 통해 해석함으로써 정서적-행동적 결과가 생긴다.

① 역설적 사고　　② 인지적 오류

③ 비합리적 신념　　④ 진로신화

해설

③ 3번이 정답인 이유는 해당 설명은 '비합리적 신념'에 대한 것이기 때문이다.

TIP 비합리적 신념의 구분

비합리적 신념은 타당화될 수 없고, 융통성 없는 사고방식으로 주로 "~을 절대해서는 안 된다.", "~을 하면 비참해질 것이기 때문이다." 등의 형태를 띤다. 선행 사건을 신념 체계를 통해 해석함으로써 정서적-행동적 결과가 생긴다. 만약 비합리적 신념 체계를 통해 선행 사건을 받아들였을 경우 심리적 장애 또는 심할 경우 정신적 질환이 발생한다.

• 비합리적 신념의 판단 기준

구분	내용
융통성	• '모든', '항상', '반드시', '꼭', '결코', '당연히', '~이어야만' 등과 같은 단어가 들어가는 생각들은 융통성이 없고, 따라서 비합리적이다.
현실성	• 현실적으로 실현 불가능한 생각들이다. 예를 들어 '나는 완벽한 딸이 되어야 한다'라는 생각에서 '완벽한 딸'이라는 것은 이상적인 얘기일 뿐 현실적이지 않은 비합리적 신념이다.

3 다음이 설명하는 단어(용어, 명칭 등)로 옳은 것은?

> 내담자가 지닌 정서적 불편감 또는 행동 문제들과 관련된 역기능적 사고를 찾고 내담자와 협동적으로 역기능적인 사고를 수정하여, 정서적 불편감 또는 행동 문제들을 해결해 나가는 치료법

① 게슈탈트치료　　② 인지치료

③ 합리적 정서적 행동적 치료　　④ 현실치료

해설

② 2번이 정답인 이유는 해당 설명은 '인지치료'에 대한 것이기 때문이다.

TIP 벡(Beck)의 인지치료(CT : Cognitive Therapy)

벡은 내담자가 지닌 정서적 불편감 또는 행동 문제들과 관련된 역기능적 사고를 찾고 내담자와 협동적으로 역기능적인 사고를 수정하여, 정서적 불편감 또는 행동 문제들을 해결해 나가는 치료법으로 인지치료를 제안하였다.

4 **다음 설명에 해당하는 용어(단어, 개념)로 알맞은 것은?**

> 심리적 부적응(우울증 등)을 가져오는 (　　　　　)을 크게 3가지 내용으로 구성되는데, 이를 '인지삼제'라고 한다.
> 인지삼제 내용은 아래와 같다.
>
> ※ 인지삼제
> 첫째, 자기에 대해 비관적인 생각[예 : 나는 무가치한 사람이다.]
> 둘째, 앞날에 염세주의적 생각[예 : 나의 앞날은 희망이 없다.]
> 셋째, 세상에 대한 부정적인 생각[예 : 세상은 살기가 매우 힘든 곳이다.]

① 비합리적 신념　　② 인지적 오류
③ 근거 없는 믿음　　④ 자동적 사고

해설

④ 4번이 정답인 이유는 해당 설명은 '자동적 사고'에 대한 것이기 때문이다.

TIP 부정적 자동적 사고

사람들은 대개 어떤 사건에 접하게 되면 자동적으로 어떤 생각들을 떠올리게 되는데, 이를 자동적 사고(automatic thoughts)라 한다. 사람들이 경험하는 심리적인 문제는 스트레스 사건을 경험했을 때 자동적으로 떠올리는 부정적인 내용의 자동적 사고에 의해 발생하는 것이기 때문이다. 심리적 부적응[우울증 등]을 가져오는 자동적 사고는 크게 3가지의 내용으로 구성되는데 이를 '인지삼제(cognitive triad)'라 한다.

> ※ **인지삼제**(cognitive triad)
> 첫째, 자기에 대해 비관적인 생각[예 : 나는 무가치한 사람이다.]
> 둘째, 앞날에 대한 염세주의적 생각[예 : 나의 앞날은 희망이 없다.]
> 셋째, 세상에 대한 부정적인 생각[예 : 세상은 살기가 매우 힘든 곳이다.]

ANSWER 2.③ 3.② 4.④

5 다음 (   )에 공통으로 해당하는 단어(용어, 명칭 등)로 옳은 것은?

> 역기능적 인지도식은 자동적 사고와 (   )를 발생시키는 역할을 하는데, (   )란 현실을 제대로 지각하지 못하거나 사실 또는 그 의미를 왜곡하여 받아들이는 것을 뜻한다.

① 인지적 오류 ② 비합리적 사고
③ 진로 신화 ④ 극단적 사고

해설

① 1번이 정답인 이유는 해당 설명은 인지치료의 '인지적 오류'에 대한 것이기 때문이다.

TIP 인지적 오류

역기능적 인지도식은 자동적 사고와 인지적 오류를 발생시키는 역할을 하는데, 인지적 오류(cognitive errors)란 현실을 제대로 지각하지 못하거나 사실 또는 그 의미를 왜곡하여 받아들이는 것을 뜻한다. 사람들이 이러한 오류를 많이 범할수록 심리적 문제를 겪게 될 가능성이 더 커진다.

• 인지적 오류의 몇 가지 종류들

구분	내용
흑백논리	• 사건의 의미를 이분법적인 범주의 둘 중의 하나로 해석하는 오류 • 회색지대를 인정하지 않는 것
과잉 일반화	• 한두 번의 사건에 근거하여 일반적인 결론을 내리고 무관한 상황에도 그 결론을 적용시키는 오류
선택적 추상화	• 상황이나 사건의 주된 내용은 무시하고 특정한 일부의 정보에만 주의를 기울여 전체의 의미를 해석하는 오류
의미 확대, 의미축소	• 사건의 중요성이나 의미를 지나치게 과장하거나 축소하는 것

6 엘리스의 A-B-C-D-E 모형의 단계가 바른 것은?

① B : 선행 사건 ② A : 신념 체계
③ C : 결과 ④ E : 논박

해설

③ 3번이 정답인 이유는 해당 설명은 'C : 결과'로 바르게 연결된 것이기 때문이다.

TIP 엘리스의 A-B-C-D-E 모형

엘리스의 A-B-C-D-E 모형은 비합리적 신념을 다루기 위하여 타당한 근거가 없는 비합리적 사고를 파악한 다음 A-B-C-D-E의 모형에 따라 비합리적 신념을 논박하는 것이기 때문이다.

㉠ A(Activating event) : 선행 사건
개인에게 일반적인 감정 동요 및 행동에 영향을 끼치는 사건, 앞서 일어난 사건

㉡ B(Belief system) : 신념 체계
선행 사건에 대해 개인이 갖게 되는 신념, 합리적이거나 비합리적인 결과를 초래

㉢ C(Consequence) : 결과
선행 사건과 신념이 결합되어 나타나는 정서적 · 행동적 결과, 합리적 신념은 합리적 결과를 비합리적 신념은 비합리적 결과를 초래

㉣ D(Dispute) : 논박
비합리적 결과를 초래한 신념을 합리적 신념으로 바꿀 수 있도록 촉구하고 설득하며 논박

㉤ E(Effect) : 효과
논박의 효과로 인해 비합리적 신념이 합리적 신념으로 바뀌는 효과

7 인지적 오류와 그 내용을 바르게 연결한 것은?

① 과잉 일반화 – 사건의 중요성이나 의미를 지나치게 과장하거나 축소하는 것
② 선택적 추상화 – 상황이나 사건의 주된 내용은 무시하고 특정한 일부의 정보에만 주의를 기울여 전체의 의미를 해석하는 오류
③ 흑백 논리 – 한두 번의 사건에 근거하여 일반적인 결론을 내리고 무관한 상황에도 그 결론을 적용시키는 오류
④ 의미 확대, 의미 축소 – 사건의 의미를 이분법적인 범주의 둘 중의 하나로 해석하는 오류, 회색지대를 인정하지 않는 것

해설

② 2번이 정답인 이유는 해당 설명은 '선택적 추상화'에 대한 것이기 때문이다.

TIP 인지적 오류의 몇 가지 종류들

구분	내용
흑백논리	• 사건의 의미를 이분법적인 범주의 둘 중의 하나로 해석하는 오류 • 회색지대를 인정하지 않는 것
과잉 일반화	• 한두 번의 사건에 근거하여 일반적인 결론을 내리고 무관한 상황에도 그 결론을 적용시키는 오류
선택적 추상화	• 상황이나 사건의 주된 내용은 무시하고 특정한 일부의 정보에만 주의를 기울여 전체의 의미를 해석하는 오류
의미 확대, 의미축소	• 사건의 중요성이나 의미를 지나치게 과장하거나 축소하는 것

ANSWER 5.① 6.③ 7.②

8 벡의 인지치료 5단계의 순서가 옳은 것은?

> ㉠ 내담자를 도와 현실과 이성의 사고를 조사해 보도록 개입한다.
> ㉡ 내담자의 사고들을 1~2개의 문장으로 요약 · 정리한다.
> ㉢ 감정과 연합된 사고, 신념, 태도 등을 확인한다.
> ㉣ 과제를 부여하여 신념들과 생각들의 적절성을 검증하게 한다.
> ㉤ 내담자가 느끼는 감정의 속성이 무엇인지를 확인한다.

① ㉣ - ㉠ - ㉡ - ㉢ - ㉤
② ㉠ - ㉡ - ㉢ - ㉣ - ㉤
③ ㉤ - ㉢ - ㉡ - ㉠ - ㉣
④ ㉤ - ㉠ - ㉢ - ㉡ - ㉣

해설

③ 3번이 정답인 이유는 벡의 인지치료 5단계는 '㉤-㉢-㉡-㉠-㉣'이기 때문이다.

TIP 벡의 인지치료 단계

㉠ 내담자가 느끼는 감정의 속성이 무엇인지를 확인한다.
㉡ 감정과 연합된 사고, 신념, 태도 등을 확인한다.
㉢ 내담자의 사고들을 1~2개의 문장으로 요약 • 정리한다.
㉣ 내담자를 도와 현실과 이성의 사고를 조사해 보도록 개입한다.
㉤ 과제를 부여하여 신념들과 생각들의 적절성을 검증하게 한다.

9 다음 설명에 해당하는 단어(용어, 명칭 등)로 옳은 것은?

> – 기업의 구조조정 과정에서 살아남은 직장인들이 겪는 정신적 황폐 현상
> – 일명 '남은 자의 증후군'이라고도 함.

① 황무지 증후군
② 조현병
③ ADHD 증후군
④ 조울증

해설

① 1번이 정답인 이유는 해당 설명은 '황무지 증후군'에 대한 것이기 때문이다.

TIP 황무지 증후군(ADD syndrome : After Downsizing Desertification syndrome)

기업의 구조조정 과정에서 살아남은 직장인들이 겪는 정신적 황폐 현상으로 일명 '남은 자의 증후군'이라고도 하며, 황무지 증후군의 단계를 보면, 1단계 정신적 혼돈기, 2단계 정신적 억압기, 3단계 정신적 황무지화 시기로 나뉜다.

10 **비타민 모델(Warr, 1987)의 9가지 환경적 기능 특성이 실업에 의해 미치는 영향이 아닌 것은?**

① 개인의 전문성과 기술을 발휘할 수 있는 기회가 상실된다.

② 실업은 의사결정 범위를 확장시킨다.

③ 실직 때문에 심리적으로 고통스러운 일들이 증가할 수 있다.

④ 생계유지 자체가 직접적인 위협을 받게 된다.

해설

② 2번이 오답인 이유는 해당 설명은 실업은 의사결정 범위를 확장시키는 것이 아니라 '제한시키기' 때문이다.

TIP 워가 제시한 비타민 모델의 9가지 환경적 기능 특성이 실업에 의해 미치는 영향

㉠ 생계유지 자체가 직접적인 위협을 받게 된다.
㉡ 실업은 개인의 생활 반경을 급격하게 감소시킨다.
㉢ 실업은 개인으로 하여금 목표와 방향성을 상실하게 한다.
㉣ 실업은 의사결정 범위를 제한시킨다.
㉤ 개인의 전문성과 기술을 발휘할 수 있는 기회가 상실된다.
㉥ 실직 때문에 심리적으로 고통스러운 일들이 증가할 수 있다.
㉦ 실업은 미래에 대한 불안감을 초래한다.
㉧ 실업은 대인관계의 접촉 범위를 제한한다.
㉨ 실업 상태가 되면 사회적 위치가 달라진다.

11 **리프탁(Liptak)이 제시한 실업자의 비합리적 신념이 아닌 것은?**

① 직업을 구하기 위해 완전한(perfect) 직업 탐구가 이루어져야 한다는 신념

② 직업 탐색 과정에 대하여 신경을 써야 하고 몰두해야만 한다는 신념

③ 직업상담가는 전문가이기 때문에 내담자에게 직업을 찾아 줄 것이라는 신념

④ 실업자가 된 것은 본인의 탓이라는 신념

해설

④ 4번이 오답인 이유는 해당 설명은 고르두스(Gordus, 1986)가 '리프탁(Liptak, 1991)의 실업자의 비합리적 신념 사례'에 추가한 내용이기 때문이다.

ANSWER 8.③ 9.① 10.② 11.④

TIP 리프탁(Liptak, 1991)의 실업자의 비합리적 신념 사례

㉠ 직업을 구하기 위해 완전한(perfect) 직업 탐구가 이루어져야 한다는 신념
㉡ 그들이 더 이상 필요로 하지 않을 것이기 때문에 직업 탐색 기법을 습득할 필요가 없다는 신념
㉢ 직업상담가는 전문가이기 때문에 내담자에게 직업을 찾아 줄 것이라는 신념
㉣ 면접 후 거절당하는 것은 재앙과도 같다라는 신념
㉤ 직업 탐색 과정에 대하여 신경을 써야 하고 몰두해야만 한다는 신념

※ 고르두스(Gordus, 1986) : 몇 가지 내담자의 잘못된 신념들을 추가

㉠ 실업자가 된 것은 본인의 탓이라든가
㉡ 많은 실업자인 내담자들이 새로운 직업을 통해 바라는 비현실적인 임금 수준 등

12 만성적 우유부단의 이유로 옳지 않은 것은?

① 선택에 대한 만족
② 실패에 대한 공포
③ 완벽하려는 욕구
④ 중요한 타인들의 영향

해설

① 1번이 오답인 이유는 만성적 우유부단의 이유는 '선택에 대한 불만족'이기 때문이다.

TIP 만성적 우유부단

㉠ 우유부단의 의미
의사결정 단계에서 생기는 가장 보편적인 문제는 하나의 선택에 도달하는 데 있어서 실패를 경험하는 것이기 때문이다. 살로몬(Salomone, 1982)은 내담자들을 미결정 상태(undecided)의 내담자들과 우유부단한(indecisive) 내담자들로 구분하였다. 우유부단한 내담자는 직업 결정뿐만 아니라 심리 기능의 여러 국면들을 어렵게 하는 개인적인 문제들을 지니고 있으며, 자기강도, 자존심, 명확한 정체감 등이 부족할 수 있다. 또한 대체로 직업에 대해 부정적인 태도를 가지고 있으며, 의사결정에 내포된 위험 부담을 두려워하기도 한다. 만성적으로 우유부단한 사람들은 대부분 높은 수준의 불안을 경험하는데, 지나친 우유부단함을 가진 내담자들이 이 영역의 어려움을 드러내지 않으면서 직업 선택을 하는 단계까지 도달하기란 보통 어려운 것이 아니다.

㉡ 우유부단의 이유
- 실패에 대한 공포
- 중요한 타인들의 영향
- 완벽하려는 욕구
- 성급한 결정 내리기
- 우유부단함에 대한 강화
- 다재다능
- 좋은 직업들의 부재, 선택에 대한 불만족

13 **취업취약계층의 부적응적 논점 중 정신병리적 논점에 대한 다음 설명 중 (　　)에 해당하는 단어(용어, 개념 등)로 알맞은 것은?**

> (　　　　　)과 불안장애와 같이 흔한 정신질환은 실업자의 건강 문제의 중요한 부분을 차지하고 있고, 장애의 중요 원인이 된다.

① 조증　　② 공황장애

③ 사회공포증　　④ 우울증

해설

④ 4번이 정답인 이유는 설명에 해당하는 정신병리적 논점은 '우울증'이기 때문이다.

TIP 실업자의 건강 문제의 중요한 부분을 차지하는 정신질환

우울증과 불안장애와 같이 흔한 정신질환은 실업자의 건강 문제의 중요한 부분을 차지하고 있고, 장애의 중요 원인이 된다.

정신질환	특징
불안장애	• 취약계층의 환경과 상황은 스트레스와 불안의 일상적 원인이 될 수 있다. 스트레스와 불안 증상이 보편적으로 경험하는 현상이라고 하더라도, 불안으로 인한 고통이 있거나 그것으로 인해 사회적, 직업적 영향이 있을 때 장애, 이런 경우 도움이 필요
공황장애	• 매우 흔한 질환으로 25세 전후의 청년기에 주로 발병하며 일상생활 중 갑자기 발생한다. 공황 발작은 호흡 곤란, 현훈감 내지는 휘청거리는 느낌, 발한, 질식감, 오심, 흉통 등의 신체 증상이 동반하며 수 초에서 수 분간 지속된다.
사회공포증	• 특정 대상, 특정 행동 혹은 특정한 상황[공포의 대상, 행동 또는 상황에 대해 회피하고자 하는 욕구를 일으키는 상황]에 대한 지속적이고 불합리한 공포
우울장애	• 일시적인 우울한 기분이나 사별로 인한 고통을 제외하고, 우울장애는 가장 흔한 정신 건강 문제 – 우울증이 동반된 적응 장애는 가장 덜 심한 우울증 – 주요우울장애는 대부분의 날들에서 우울한 기분과 대부분의 활동에서 흥미나 즐거움이 상실되는 증상이 2주 이상 지속되는 경우 – 기분부전장애는 주요우울장애의 경한 상태로 보기도 하나 증상이 만성적 – 양극성 장애는 조증과 우울증이 교대로 또는 조증이 반복적으로 나타나는 정신질환

ANSWER 12.① 13.④

14 **다음 취업취약계층 대상에 따른 접근방법으로 (　)에 해당하는 대상을 바르게 연결한 것은?**

대상	접근방법
(ⓐ)	자기이해와 직업탐색, 의사결정 훈련을 통해 직업선택의 과정을 학습할 수 있도록 지원하고, 개인의 흥미, 적성, 가치 등의 자기평가의 기회를 제공한다.
(ⓑ)	현실적인 선택을 위한 합의점을 찾을 수 있도록 지원하고, 정서적 불안정성을 낮추고 자기효능감을 증진시키는 전략이 필요하다.

① ⓐ－청년, ⓑ－진로단절 여성

② ⓐ－청년, ⓑ－장기구직자

③ ⓐ－진로단절여성, ⓑ－장기구직자

④ ⓐ－고령자, ⓑ－북한이탈주민

해설

② 2번이 정답인 이유는 해당 설명은 '청년', '장기구직자'에 대한 것이기 때문이다.

TIP 취업취약계층의 대상에 따른 접근

청년	• 자기이해와 직업탐색, 의사결정 훈련을 통해 직업선택의 과정을 학습할 수 있도록 지원하고, 개인의 흥미, 적성, 가치 등의 자기평가의 기회를 제공 • 객관적인 직업정보 이해와 습득 요령을 익히고, 직무능력과 결합한 적합한 직업을 선택할 수 있도록 조력
장기 구직자	• 현실적인 선택을 위한 합의점을 찾을 수 있도록 지원하고, 정서적 불안정성을 낮추고 자기효능감을 증진시키는 전략이 필요 • 현실적으로 접근 가능한 선택에 주력하고, 미래 시간 전망에 기초한 진로목표를 설정하여 단계별로 접근 • 취업 후에도 사후관리를 통해 직업적응에 조력
진로단절여성	• 자기효능감을 증진하고, 직업탐색 및 직업능력을 향상시킬 수 있는 기회를 제공 • 직업의식을 고취할 수 있도록 지원하고, 직업훈련 및 보육정보를 함께 제공 • 진로 타협 및 커리어 비전 설계[가족계획, 역할계획], 노동시장의 이해, 객관적인 직업정보 등 현실적으로 접근 가능한 직업선택에 주력 • 양질의 시간제 일자리 발굴 및 사후관리를 통한 직업 적응을 조력
고령자	• 구직자의 취업 의지와 태도, 건강상태, 욕구 등을 파악하고, 새로운 생애 목표설정과 인생계획, 새로운 역할 탐색, 다양한 여가생활과 건강 관리를 위한 계획 등을 수립할 수 있도록 지원 • 현실 수용과 변화 관리를 통해 취업의 목적을 설정하고 심리적 지지를 통해 자신감을 회복하도록 격려 • 이전 직업 경험을 최대한 활용할 수 있는 직업탐색, 사회적 일자리 등을 제안
북한이탈주민 및 결혼이민여성	• 신뢰감 형성이 중요하며, 문화적 충돌 극복 및 직업능력 향상 등을 위한 사회적응 프로그램이나 진로계획 프로그램을 지원 • 다양하고 현실적인 직업정보 제공을 통해 노동시장의 이해 수준을 증진하고 지원 제도를 활용하여 적극적으로 구인처를 발굴

학습 4 변화 분석하기

1 내담자 정보 및 행동 분석 기법 중 가정 사용하기의 예가 아닌 것은?

① 당신의 직업에서 마음에 드는 것은 어떤 것들입니까?
② 어떤 사람이 상사가 되었으면 좋겠습니까?
③ 당신은 당신의 일이 마음에 듭니까?
④ 당신은 어떤 일을 해서 상사에게 미움을 받았습니까?

해설

③ 3번이 오답인 이유는 '가정 사용하기'의 예는 ①②④이기 때문이다.

TIP 가정 사용하기

가정의 사용법은 가설에 의하여 결정되며(Bandler, Grinder, Satir, 1976), 이를 통해 내담자의 행동을 추측할 수 있다. 즉, 가정의 사용법은 상담자가 내담자에게 그러한 행동이 이미 존재했다는 것을 가정한다.

• 가정 사용의 예

가정을 사용하지 않은 예	가정을 사용한 예
– 당신은 당신의 일이 마음에 듭니까? – 당신의 상사는 어때요?	• 당신의 직업에서 마음에 드는 것은 어떤 것들입니까? • 당신의 직업에서 좋아하지 않는 것은 무엇입니까? • 어떤 사람이 상사가 되었으면 좋겠습니까? • 당신은 어떤 일을 해서 상사에게 미움을 받았습니까?

2 직업상담 기법 중 '의미 있는 질문 및 지시 사용하기'에 해당하는 예가 아닌 것은?

① 공손한 명령
② 대결하기
③ 언제 어떻게 반응할지 대답의 범위를 광범위하게 개방하는 것
④ 대답을 원하지 않으면서도 내담자의 주의를 요하는 질문

해설

② 2번이 오답인 이유는 해당 설명은 '저항감 다루기 전략' 중 하나이기 때문이다.

ANSWER 14.② / 1.③ 2.②

TIP 의미 있는 질문 및 지시 사용하기

- 가정법을 지지하는 의미 있는 질문과 지식을 사용하는 기법이다.
- 면접 기법에서도 질문이 실제로는 질문의 의미를 담고 있지 않은 경우가 많은데, 이러한 질문들은 주로 공손한 명령이 된다. 그러한 질문 · 명령의 예로는 '당신이 특별히 좋아하는 것이 있으면 말씀해주시겠어요? 당신이 이러한 일을 할 수 있을까 하는 생각이 드는데….' 등이 있다. 반대로 대답을 원하지 않으면서도 내담자의 주의를 요하는 질문들을 자주 사용하기도 하는데, 예컨대 '이게 맞는건지 잘 모르겠네요, 이 직업이 쉬운 건지, 어려운 건지 잘 모르겠어요, 당신이 능력을 발휘할 수 있을지….'와 같은 형태의 질문들은 언제 어떻게 반응할지 대답의 범위를 광범위하게 개방하는 것들이다. 내담자들은 이러한 질문들에 대해서 대답하는 것이 아니라 변호할 수 있기 때문에 명령하거나 강제적인 것보다 대답하기 쉽게 느낀다. 노련한 상담자들은 '어떻게 생각해야 할지 이해가 잘 가지 않는군요. 잘 모르겠어요. 제가 좀 더 확실하게 이해할 수 있도록 도와주시겠어요?'와 같은 질문을 사용한다. 그러나 대부분의 상담자들은 숨을 깊게 내쉬거나 얼굴을 찡그리거나 놀라워하거나 고심하는 표정을 지으면서 이와 같은 질문을 사용한다.

※ 저항감 다루기 전략(학습모듈 128쪽 (3) 논리적 오류는 저항감 다루기 전략으로 바로 잡음)

㉠ 변형된 오류 수정하기
내담자의 변형된 오류에 초점을 맞추는 것은 내담자가 때때로 결부되어 있고, 피하고 싶은 유형과 부정적인 독백을 부정하는 데 도움이 된다.

㉡ 내담자와 친숙해지기
친숙해진다는 것은 내담자 중심 상담과 연관된 감정이입, 감정의 반성 또는 다른 관련된 개념 그 이상을 말한다.

㉢ 은유 사용하기
직업상담에서 은유를 사용하는 것은 은유의 단순하고 솔직한 측면을 강조한다는 뜻이다. 그렇게 함으로써 우리는 사건을 재구성할 수 있다. 마음이 내키지 않고, 저항적이며 솔직한 내담자에게 처치하기 위한 의사소통 장치로서 이야기, 일화, 관용어 등을 사용하는데, 은유를 통해서 찾아낼 수 있는 해결책에는 여러 가지 방법이 있다.

㉣ 대결하기
대결이란 기법을 사용하면서 몇 가지 불편을 느낀 경험이 있더라도 이 방법을 효과적으로 사용하려면 다른 방법과 함께 사용하는 것이 좋다. 아들러 학파(Adlerian)는 '달래고 공격하기' 전략을 많이 사용한다. 대결의 완화를 위해서 유머와 과장 등을 사용하기도 한다. 이러한 접근은 경계나 방어 행위의 가망성을 줄여 준다.

3 내담자 정보 및 행동 분석 기법 중 '전이된 오류 정정하기'에 해당하지 않는 것은?

① 정보의 오류 ② 논리적 오류
③ 가정의 오류 ④ 한계의 오류

해설

③ 3번이 오답인 이유는 해당 설명은 '전이된 오류 정정하기'에 해당하지 않기 때문이다.

TIP 전이된 오류 정정하기

정보의 오류	삭제	• 내담자의 경험을 이야기함에 있어서 중요한 부분이 빠졌을 때 일어난다. 예를 들면, 내담자가 "나는 맞지 않아요."고 말할 때 "어디에 맞지 않는다는 거지요?"라는 보충 질문이 필요한데, 이러한 질문은 내담자가 빠뜨린 것을 보충할 수 있는 기회를 마련해 준다.
	불확실한 인물의 인용	• 불확실한 인물의 인용에 대한 오류는 명사나 대명사를 잘못 사용했을 경우에 일어나기 쉽다. 상담을 하면서 "그들은 나를 잘 몰라요."라고 할 때 "누가 당신을 이해하지 못한다고요?"하고 되물음으로써 '그들'을 분명히 해 둘 필요가 있다.
	불분명한 동사의 사용	• "내 상관은 나를 무시하려 들죠."라는 모호한 동사를 내담자가 사용했을 경우에 '당신의 상관이 특히 어떤 점에서 당신을 무시한다는 생각이 드나요?"라고 되물음으로써 불분명한 동사[무시한다]의 뜻을 분명히 해 둘 수 있다.
	참고 자료	• 내담자가 어떤 사람이나 장소, 사건을 이야기할 때 구체적으로 말하지 않는 경우에 일어난다.
	제한된 어투의 사용	• 어떤 내담자들은 '그러나 나는 할 수 없어요.'라든가, '나는 이렇게 해야만 해요.'라는 말을 사용함으로써 자기 자신의 세계를 제한시키려 든다(Bandler, Grinder and Satir, 1976).
한계의 오류	예외를 인정하지 않는 것	• 직업상담에서 '항상, 절대로, 모두, 아무도'와 같은 말을 자주 사용하는 내담자들을 만나게 된다. 이런 말들은 예외가 없다는 뜻을 내포한다. 이런 경우에는 '항상 그러하다는 말입니까?', '매번 한 가지 경우만 합니까?' 하고 그런 내담자의 말들이 그릇된 것임을 상기시켜 줄 필요가 있다.
	불가능을 가정하는 것	• 내담자들은 '할 수 없다', '안 된다', '해서는 안 된다'등의 용어를 사용하면서 변화에 대한 자신의 능력에 한계를 지운다. 예를 들면 내담자가 '나는 사장님께 말을 할 수 없어요.'라고 말하면, '당신은 사장님과 대화하는 방법을 찾지 못한 것이겠죠.'라든가, '사장님과 별로 이야기할 필요가 없다는 거지요.'와 같이 말을 받아 주는 것이 좋다.
	어쩔 수 없음을 가정하는 것	• 내담자들은 보통 '해야만 한다', '필요하다', '된다', '선택의 여지가 없다', '강요되다', '하지 않으면 안 된다' 등의 용어를 사용한다. "나는 우리 사장의 의견과 정반대이기 때문에 사표를 내는 것 말고는 다른 방법이 없어요."라고 내담자가 말할 때, "당신은 사표 외에 아무런 선택도 하지 않는다는 것을 이미 선택했어요. 당신은 사장님과 이런 상황을 해결하고 일을 할 수 있어요. 아니면 정상적으로 의견 일치가 되지 않음을 받아들일 수도 있습니다. 따라서 선택의 여지가 없다는 것은 선택의 폭이 많다는 것을 의미하지요."라고 답할 수 있다.
논리적 오류	잘못된 인간관계 오류	• 한 사람의 행동이 다른 사람의 변화에 직접적이고 물리적인 원인이 된다고 믿는 내담자들에게서 찾아볼 수 있다. 이런 내담자들은 사실상 자신이 실제 경험했던 것보다 경험의 세계를 다스릴 수 있는 능력을 인정하지 않는다. 이럴 경우에는 내담자가 겪은 경험에 관한 느낌이나 감각이 어떤 사람에게 원인이 있는지 세부적인 과정을 나열하게 함으로써 하나하나 짚어 가며 내담자가 선택을 재인식하도록 지원할 필요가 있다.
	마음의 해석	• 내담자들은 다른 사람과 직접 이야기해 본 적도 없으면서 그 사람의 생각이나 느낌을 결정짓는 경우가 있다. 마음의 해석은 다른 사람의 경험에 대해 직접 의사소통을 해 보지도 않고 그 사람의 마음을 읽을 수 있다고 자신하는 사람에게서 자주 발생한다.
	제한된 일반화	• 한 사람의 견해가 모든 사람에게 공유된다는 개인의 생각에서 비롯된다. 내담자가 '그 느낌에 대해서 이야기하는 것은 아주 좋은 생각입니다."고 말할 때에는 '누구에게 좋은 생각이란 말입니까?" 하고 반문할 필요가 있다.

ANSWER 3.③

4 내담자가 진술하는 동안 보이는 한계의 오류 중 '어쩔 수 없음을 가정하는 것'으로 옳은 것은?

① 한 사람의 견해가 모든 사람에게 공유된다는 개인의 생각에서 비롯된다.
② 내담자들이 '항상, 절대로, 모두, 아무도'와 같은 말을 자주 사용하는 경우이다.
③ 내담자가 '할 수 없다', '안 된다', '해서는 안 된다' 고 표현하는 경우이다.
④ 내담자들은 보통 '해야만 한다', '필요하다', '된다', '선택의 여지가 없다' 등의 용어를 사용한다.

해설

④ 4번이 정답인 이유는 해당 설명은 '어쩔 수 없음을 가정하는 것'에 대한 것이기 때문이다.

TIP 어쩔 수 없음을 가정하는 것

내담자들은 보통 '해야만 한다', '필요하다', '된다', '선택의 여지가 없다', '강요되다', '하지 않으면 안 된다' 등의 용어를 사용한다. "나는 우리 사장의 의견과 정반대이기 때문에 사표를 내는 것 말고는 다른 방법이 없어요."라고 내담자가 말할 때, "당신은 사표 외에 아무런 선택도 하지 않는다는 것을 이미 선택했어요. 당신은 사장님과 이런 상황을 해결하고 일을 할 수 있어요. 아니면 정상적으로 의견 일치가 되지 않음을 받아들일 수도 있습니다. 따라서 선택의 여지가 없다는 것은 선택의 폭이 많다는 것을 의미하지요."라고 답할 수 있다.

5 한계의 오류 중 '불가능을 가정하는 것'에 대한 설명으로 옳은 것은?

❶ 내담자들이 '할 수 없다', '안 된다', '해서는 안 된다' 등의 용어를 사용하는 경우이다.
② 내담자들은 다른 사람과 직접 이야기해 본 적도 없으면서 그 사람의 생각이나 느낌을 결정짓는 경우가 있다.
③ 내담자가 '선택의 여지가 없다'고 표현하는 경우이다.
④ 내담자가 중요한 정보를 빠뜨리고 말하는 경우이다.

해설

① 1번이 정답인 이유는 해당 설명은 '불가능을 가정하는 것'에 대한 것이기 때문이다.

TIP 전이된 오류 정정하기

<table>
<tr><td rowspan="5">정보의 오류</td><td>삭제</td><td>• 내담자의 경험을 이야기함에 있어서 중요한 부분이 빠졌을 때 일어난다. 예를 들면, 내담자가 "나는 맞지 않아요."고 말할 때 "어디에 맞지 않는다는 거지요?"라는 보충 질문이 필요한데, 이러한 질문은 내담자가 빠뜨린 것을 보충할 수 있는 기회를 마련해 준다.</td></tr>
<tr><td>불확실한 인물의 인용</td><td>• 불확실한 인물의 인용에 대한 오류는 명사나 대명사를 잘못 사용했을 경우에 일어나기 쉽다. 상담을 하면서 "그들은 나를 잘 몰라요."라고 할 때 "누가 당신을 이해하지 못한다고요?"하고 되물음으로써 '그들'을 분명히 해 둘 필요가 있다.</td></tr>
<tr><td>불분명한 동사의 사용</td><td>• "내 상관은 나를 무시하려 들죠."라는 모호한 동사를 내담자가 사용했을 경우에 '당신의 상관이 특히 어떤 점에서 당신을 무시한다는 생각이 드나요?"라고 되물음으로써 불분명한 동사 [무시한다]의 뜻을 분명히 해 둘 수 있다.</td></tr>
<tr><td>참고 자료</td><td>• 내담자가 어떤 사람이나 장소, 사건을 이야기할 때 구체적으로 말하지 않는 경우에 일어난다.</td></tr>
<tr><td>제한된 어투의 사용</td><td>• 어떤 내담자들은 '그러나 나는 할 수 없어요.'라든가, '나는 이렇게 해야만 해요.'라는 말을 사용함으로써 자기 자신의 세계를 제한시키려 든다(Bandler, Grinder and Satir, 1976).</td></tr>
<tr><td rowspan="3">한계의 오류</td><td>예외를 인정하지 않는 것</td><td>• 직업상담에서 '항상, 절대로, 모두, 아무도'와 같은 말을 자주 사용하는 내담자들을 만나게 된다. 이런 말들은 예외가 없다는 뜻을 내포한다. 이런 경우에는 '항상 그러하다는 말입니까?', '매번 한 가지 경우만 합니까?' 하고 그런 내담자의 말들이 그릇된 것임을 상기시켜 줄 필요가 있다.</td></tr>
<tr><td>불가능을 가정하는 것</td><td>• 내담자들은 '할 수 없다', '안 된다', '해서는 안 된다'등의 용어를 사용하면서 변화에 대한 자신의 능력에 한계를 지운다. 예를 들면 내담자가 '나는 사장님께 말을 할 수 없어요.'라고 말하면, '당신은 사장님과 대화하는 방법을 찾지 못한 것이겠죠.'라든가, '사장님과 별로 이야기할 필요가 없다는 거지요.'와 같이 말을 받아 주는 것이 좋다.</td></tr>
<tr><td>어쩔 수 없음을 가정하는 것</td><td>• 내담자들은 보통 '해야만 한다', '필요하다', '된다', '선택의 여지가 없다', '강요되다', '하지 않으면 안 된다' 등의 용어를 사용한다. "나는 우리 사장의 의견과 정반대이기 때문에 사표를 내는 것 말고는 다른 방법이 없어요."라고 내담자가 말할 때, "당신은 사표 외에 아무런 선택도 하지 않는다는 것을 이미 선택했어요. 당신은 사장님과 이런 상황을 해결하고 일을 할 수 있어요. 아니면 정상적으로 의견 일치가 되지 않음을 받아들일 수도 있습니다. 따라서 선택의 여지가 없다는 것은 선택의 폭이 많다는 것을 의미하지요."라고 답할 수 있다.</td></tr>
<tr><td rowspan="3">논리적 오류</td><td>잘못된 인간관계 오류</td><td>• 한 사람의 행동이 다른 사람의 변화에 직접적이고 물리적인 원인이 된다고 믿는 내담자들에게서 찾아볼 수 있다. 이런 내담자들은 사실상 자신이 실제 경험했던 것보다 경험의 세계를 다스릴 수 있는 능력을 인정하지 않는다. 이럴 경우에는 내담자가 겪은 경험에 관한 느낌이나 감각이 어떤 사람에게 원인이 있는지 세부적인 과정을 나열하게 함으로써 하나하나 짚어가며 내담자가 선택을 재인식하도록 지원할 필요가 있다.</td></tr>
<tr><td>마음의 해석</td><td>• 내담자들은 다른 사람과 직접 이야기해 본 적도 없으면서 그 사람의 생각이나 느낌을 결정짓는 경우가 있다. 마음의 해석은 다른 사람의 경험에 대해 직접 의사소통을 해 보지도 않고 그 사람의 마음을 읽을 수 있다고 자신하는 사람에게서 자주 발생한다.</td></tr>
<tr><td>제한된 일반화</td><td>• 한 사람의 견해가 모든 사람에게 공유된다는 개인의 생각에서 비롯된다. 내담자가 '그 느낌에 대해서 이야기하는 것은 아주 좋은 생각입니다."고 말할 때에는 '누구에게 좋은 생각이란 말입니까?" 하고 반문할 필요가 있다.</td></tr>
</table>

ANSWER 4.④ 5.①

6 **대화 속에서 소유권을 나타내는 '당신, 그것' 등을 사용할 때 상대방에게 위협적인 것이 되는데 이때 상황을 피해가는 방식의 의사소통에 해당하는 것은?**

① 마음의 해석
② 이중 방어기제
③ 책임에 대한 두려움
④ 상황 얼버무리기

해설

④ 4번이 정답인 이유는 해당 설명은 '상황 얼버무리기'에 대한 것이기 때문이다.

TIP 상황 얼버무리기

우리는 어린 시절에 "잠자코 있으면 중간은 간다."라는 말을 듣고 자랐으며, '소유하는 것'을 나타내는 것을 어떻게 피하는지도 배웠다. 아주 가끔 명백한 신념을 가지고 토론하는 동안 "당신은 ~생각 안 합니까?"라고 묻게 되는데, 대화 속에서 소유권을 나타내는 '당신, 그것' 등을 빈번히 사용할 때 이러한 단어는 상대에게 위협적인 것이 된다. 상황을 적당히 얼버무리는 것은 많은 이점이 있으며, 항상 의심의 여지가 있어 비활동이 정당화된다. 그러나 상황이 분명해지는 경우에는 뒤로 물러설 수 있는 여지가 없어진다. 이러한 측면에서 의사소통을 완전히 하지 않는 것도 우리의 행동의 자유를 보장해 준다.

7 **내담자가 고의로 방해하는 의사소통으로 옳지 않은 것은?**

① 직설
② 수용
③ 상담자의 능력과 방법 헐뜯기
④ 책임에 대한 도전

해설

② 2번이 오답인 이유는 '수용은 어떤 것을 받아들임'으로 '고의로 방해하는 의사소통'에 해당하지 않기 때문이다.

TIP 고의로 방해하는 의사소통

구분	내용
직설	다른 사람이 하는 말에는 뚜렷한 반대 의사 없이 무조건 거부 반응을 보이는 경우이다.
불신	다른 사람의 말을 받아들일 때 사람들은 자신의 지식과 도덕적 판단에 근거해서 듣는다. 불신의 전략은 변화의 과정이 너무 빠르거나 너무 멀리 나아가지 않게 하려는 것으로, 책임이 없는 위치에서는 '험담'에 해당하는 언어 형태를 계속하게 된다. 험담하는 경우에는 조건을 이해하고 나서 그들의 상황에서 조건을 공격하거나 부인하기 시작한다.
상담자의 능력과 방법 헐뜯기	내담자는 상담자가 자격을 갖추고 있는지, 상담 전문가라고 할 수 있는지, 상담기술은 뛰어난지 등에 관심을 가진다. 상담자의 능력은 간단한 전략으로 파악할 수 있다.
함축에 대한 도전	해석된 진술의 함축은 내담자가 현실성이 없고 불가능한 성취라고 생각했던 목표를 제시할 수 있다.
책임에 대한 도전	책임은 독특한 기질과 분위기, 과거 외상 치료의 경험, 형이상학이나 종교적 경험 등과 같은 다른 근거와 연관될 수 있다. '희망이 없는'상황일 때 내담자는 책임을 지지 않는다.

8 다음 직업상담 과정에서 발생하는 부정적인 인지들의 범주로 맞는 것은?

> '난 실수해서는 안 돼.', '난 모든 이를 즐겁게 해야 돼.', '난 이 일을 다른 사람보다 더 빨리, 그리고 더 잘해야만 해.', '난 일과 가족, 모든 것에 대해 완벽해야 해.', '내 자신을 바보로 만들 순 없어.'

① 수행에 대한 기대들
② 자기와 자기 역할을 보는 시각
③ 다른 사람이나 삶 자체에 대한 기대들
④ 세상 조건에 대한 기대들

해설

① 1번이 정답인 이유는 해당 설명은 '수행에 대한 기대들'에 대한 것이기 때문이다.

TIP 부정적 인지

범주	예
내담자들이 가지는 자기 비난, 불안, 죄의식을 초래할 수 있는 수행에 대한 기대들	'난 실수해서는 안 돼.', '난 모든 이를 즐겁게 해야 돼.', '난 이 일을 다른 사람보다 더 빨리, 그리고 더 잘해야만 해.', '난 일과 가족, 모든 것에 대해 완벽해야 해.', '내 자신을 바보로 만들 순 없어.'
적어도 직업 선택의 맥락하에서 혼동, 자기 한계, 자기 멸시 방식으로 자기와 자기 역할을 보는 시각	'난 너무 어리석어.', '난 항상 실패해.', '난 이기적인 사람이 될 권리가 없어', '난 먼저 어머니가 되어야 해.', '난 할 수 없는 일을 해 본 적이 결코 없어.', '난 그런 일을 할 사람 같아 보이지 않아.'
다른 사람이나 삶 자체에 대한 기대들	'그것은 공정치 않아.', '결국 안 할 텐데 왜 노력해?', '다른 이들이 나의 선택을 인정하지 않아.', '다른 사람들이 나한테 더 도움을 주어야 해.', '이 일은 그리 힘들지는 않지만 시간이 오래 걸려', '한번 직업을 선택했는데, 다시 다른 직업을 결정하는 일은 안 하겠어.'

ANSWER 6.④ 7.② 8.①

9 **의사결정의 문제와 해결에 대한 내용으로 적절하지 않은 것은?**

① 불완전한 정보는 직업상담의 선택 단계에서 적극적으로 활동하도록 준비시킨다.

② 내담자들이 처음에 수집한 대안 목록이 실현 불가능해 보이면 바로 제거한다.

③ 내담자에게는 가능한 많은 대안이 있는 것이 좋다.

④ 면담에 대한 두려움은 인지적 기법들을 적용한다.

해설

② 2번이 오답인 이유는 해당 설명은 '내담자들이 처음에 수집한 대안 목록은 실현이 불가능해 보일 수 있는데, 이때는 브레인스토밍을 통하여 격려해 주어야'하기 때문이다.

TIP 의사결정의 문제

불완전한 정보	직업상담의 선택 단계에서 적극적으로 활동하도록 준비시키면, 대부분의 내담자들은 단독 작업을 하는 부담스러운 일에도 잘 적응한다. 또 적절한 수준에 맞도록 기대를 조절하는 것도 중요하다. 말하자면, 처음에는 많은 조력을 통해 자신감을 가지도록 해 주다가 내담자가 과제 수행에 필요한 잠재력을 가지게 됨에 따라 점차 도움을 줄여 나가는 것이기 때문이다.
면담에 대한 두려움	내담자가 정보수집에 실패하는 일반적인 이유는 면담에 대한 공포 때문이다. 때로 "내가 그 사람들의 시간을 빼앗을 권리는 없다."거나, "나는 한심해 보일거야[그리고 그것은 끔찍한 일이지.]."와 같은 생각들을 다루기 위해 인지적 기법들이 필요하다.
다양한 대안의 부족	이상적인 대안의 수에 대해서는 정해져 있지 않지만, 내담자에게는 가능한 많은 대안이 있는 것이 좋다. 때로 내담자는 몇 개 안 되는 대안밖에 가지고 있지 않아 자신에게 적절하고 흥미있는 대안을 선택하기가 어려울 수도 있다.
부적절한 대안들	내담자들이 처음에 수집한 대안 목록은 실현이 불가능해 보일 수 있는데, 이때는 브레인스토밍을 통하여 격려해 주어야 한다.
내담자 저항	내담자 중에는 면밀한 조직 생활을 요하는 세밀한 직무에 관해 낮은 수준의 인내심을 보이고 상당히 많은 시간을 들이는 사람들도 있는데, 이들은 보통 정보 탐색 과정과 목록 작성에 지쳐있는 상태이다. 그러므로 무턱대고 이력서 작성 및 각종 목록을 작성하게 하는 것은 그다지 좋은 방법이 아니다.
선택할 때의 어려운 점	의사결정 단계에서 미결정과 무결정의 상태에 있는 내담자는 선택에 어려움을 호소한다. 이들은 만성적 우유부단이나 홀랜드 프로파일에서 제시된 관습형과 예술형을 동시에 가지고 있는 내담자일 경우이다. 이러한 경우 오히려 여러 가지를 선택하게 하고, 그리고 난 후에 다시 선택하게 하는 과정을 거친다.

학습 5 사후관리하기

1 **대안 작성 시 제안 방법 중에서 '개인 출처에서 나온 것들'이 아닌 것은?**

① 어린 시절의 꿈들

② 전문 분야의 고찰

③ 작업 관련 선호도

④ 브레인스토밍

해설

② 2번이 오답인 이유는 해당 설명은 '직업정보 관련 자료에서 나온 것들'의 범주에 속하는 것이기 때문이다.

TIP 대안 작성 시 제안 방법

개인 출처에서 나온 것들	직업정보 관련 자료에서 나온 것들
• 어린 시절의 꿈들 • 자극적인 문제점들 • 환경의 모델들 • 브레인스토밍 • 작업 관련 선호도	• 흥미 검사 • 목록 짝짓기 • 고용 정보 워크넷 • 전문 분야의 고찰

ANSWER 9.② / 1.②

2 **내담자 의사결정 준비 상태 평가하기의 단계로 옳지 않은 것은?**

① 내담자의 목표와 기호 확인
② 대안 간 요인 확인
③ 외적 요인 확인
④ 체크 목록 활용

해설

③ 3번이 정답인 이유는 해당 설명은 '내적 요인 확인'에 대한 것이기 때문이다.

TIP 내담자 의사결정 준비 상태 평가하기

내담자의 목표와 기호 확인	내담자의 목표와 기호는 시간 경과나 새로운 정보에 따라 흔히 변할 수 있으며, 초기 상담에서 제시된 시간 틀(time frame)을 바꾸는 일이 발생한다. 그러므로 대안들을 평가하기 전에 원하는 성과를 만족시키려면 어떤 종류의 의사결정을 언제쯤 내릴 것인지에 대해 명확한 계획을 세울 필요가 있다.
대안 간 요인 확인	의사결정 준비 상태의 최종 요소는 대안 간 요인이다. 때때로 의사결정을 내리기 위한 준비는 특정의 대안 관계가 처리될 때까지 되어 있지 않은 경우도 있다.
내적 요인 확인	미성숙이나 심리적 장애 같은 내적인 이유들 때문에 때로는 내담자가 의사결정을 보류해야 하는 경우도 있다. 어떤 내담자는 자신의 제한 조건에도 불구하고 의사결정을 내리기도 한다.
체크 목록 활용	모든 준비의 측면들이 포함되어 있는지를 확인해 보며, 준비도 점검 목록을 활용하는 것이기 때문이다.

3 **상담 성과를 확인하는 질문이 아닌 것은?**

① 상담 과정에서 변하게 된 본인의 생각, 정서, 행동에는 무엇이 있나요?
② 우리가 어떤 변화의 과정을 거쳤는지 기억해 보고, 구체적으로 이야기 해 주세요.
③ 이러한 변화는 무엇을 통해서 일어났다고 생각하나요?
④ 무엇이 바뀌면 상담 성과가 있을 거라고 예상하세요?

해설

④ 4번이 오답인 이유는 해당 설명은 '상담에 대한 기대'에 대한 질문이기 때문이다.

TIP 상담 성과를 확인하는 질문들

㉠ 상담 과정에서 변하게 된 본인의 생각, 정서, 행동에는 무엇이 있나요?
㉡ 우리가 어떤 변화의 과정을 거쳤는지 기억해 보고, 구체적으로 이야기 해주세요.
㉢ 이러한 변화는 무엇을 통해서 일어났다고 생각하나요?

ANSWER 2.③ 3.④

CHAPTER

05 직업상담 수퍼비전

학습 1 직업상담 수퍼비전 준비하기

1 직업상담 수퍼비전의 개념에 대한 설명이 아닌 것은?

① 경험이 많은 감독자가 경험이 적은 전문가가 수행한 방법, 내용 등에 대하여 지도하고 감독하는 개입 일체를 의미한다.

② 내담자에 대한 문제, 문제의 원인과 배경 등 전체적인 가설적 틀을 세우는 것을 말한다.

③ 상담자들의 직업상담 역량을 지속적으로 강화시키며, 직업상담 윤리적 입장을 지속할 수 있도록 촉구하는 역할을 한다.

④ 직업상담 분야에 입문하는 사람들에게 문지기(a gatekeeper) 역할을 한다.

해설

② 2번이 오답인 이유는 해당 설명은 '사례 개념화'에 대한 것이기 때문이다.

TIP 수퍼비전과 사례개념화의 개념 정리

용어	내용
수퍼비전	• 직업상담 영역에서 그 분야에 경험이 많은 감독자가 경험이 적은 전문가가 수행한 방법, 내용 등에 대하여 지도하고 감독하는 개입 일체를 의미한다. • 이 관계는 감독이나 지도의 입장에서 수퍼바이지를 평가하여 이들이 수행하는 전문적 서비스의 질을 감독하고, 이들의 직업상담 역량을 지속적으로 강화시키며, 직업상담 윤리적 입장을 지속할 수 있도록 촉구하는 역할을 한다. • 또 이 분야에 입문하는 사람들에게 문지기(a gatekeeper) 역할을 한다.
사례 개념화	• 녹화, 녹음 등으로 기록된 상담의 과정과 내용을 점검하여 상담자가 이해한 내담자의 논점, 상담목표의 설정과 전략, 개입 방법 등에 대해 이론적 근거에 따라 틀을 정리하는 것이다. • 내담자의 인지적 · 행동적 · 정서적 · 대인관계적 측면을 통합하여 포괄적으로 이해하고 상담목표와 상담계획을 수립하는 것이다. • 심리검사, 면접과 행동 관찰, 내담자의 가족이나 관계자로부터 얻은 정보 등을 통합하여 내담자에 대한 가설적 모형을 수립하는 것이다. • 내담자에 대한 문제, 문제의 원인과 배경 등 전체적인 가설적 틀을 세우는 것을 말한다.

2 다음 설명에 해당하는 수퍼바이저의 유형으로 옳은 것은?

평등하고 협력적인 방법으로 수퍼바이저가 친절하며, 개방적이고 지지적인 태도를 보이는 유형이다.

① 호의적 유형
② 대인 민감적 유형
③ 관계 중심적 유형
④ 과업 지향적 유형

해설

① 1번이 정답인 이유는 해당 설명은 수퍼바이저의 유형 중 '호의적 유형'에 대한 것이기 때문이다.

TIP 수퍼바이저의 유형(Friedlander, M. L. & Ward(1984.)의 수퍼바이저 유형)

수퍼바이저 유형	특징
호의적 유형	평등하고 협력적인 방법으로 수퍼바이저가 친절하며, 개방적이고 지지적인 태도를 보이는 유형이다. ※ 호의적 (유형) 예시 친근하고, 융통성이 있으며, 믿어 주고, 따뜻하며, 개방적이고, 긍정적이며, 지지적인 태도
대인 민감적 유형	관계 지향적인 접근으로서 수퍼바이지에 초점을 두고, 이들의 감정과 문제를 지각하여 치료적 · 반응적 방식으로 수퍼바이지가 새롭고 창의적인 관심을 가지도록 하는 유형이다. ※ 대인 민감적 (유형) 예시 사려 깊고, 헌신적이고, 정성을 들이고, 창의적이면서 직관력이 있고, 역량이 있으며, 치료적 관계
과업 지향적 유형	주로 내용과 과업 중심으로 접근하며, 수퍼비전의 목표를 분명히 하고, 이에 적합한 실제적이고 체계적이며 구체적인 방안을 제시하며, 구조화된 형식의 유형이다. ※ 과업 지향적 (유형)예시 초점이 분명하고, 목표 지향적이며, 철저하고, 구조화되며, 명백하고, 실제적이며, 구체적인 형태

ANSWER 1.② 2.①

3 수퍼바이저의 역할과 이에 대한 설명으로 옳지 않은 것은?

① 교사 역할은 강점을 발견하고 자기 이해를 촉진하며, 실용적 가치를 전파한다.

② 자문가 역할은 상담에 대한 사례의 자문을 실시하고 점검하며, 상담의 목표를 달성할 수 있도록 일을 지도하고 감독한다.

③ 코치 역할은 강점을 평가하며, 임상적 접근을 다각화로 할 수 있도록 촉진하고, 초보 상담자에게 지지적 역할을 제공한다.

④ 멘토 역할은 역할로서 롤모델링하고, 전문적인 성장을 촉진시키며, 미래 수퍼바이저를 양성하는 역할을 한다.

해설

② 2번이 오답인 이유는 해당 설명은 '상담자' 역할에 대한 것이기 때문이다.

TIP 수퍼바이저의 역할

수퍼바이저 역할	특징
교사	수퍼바이지의 강점을 발견하고 자기 이해를 촉진하며, 실용적 가치를 전파하고 전문적 성장을 도움으로써 상담가로서의 지식과 기술의 발전을 돕는 역할을 한다.
상담자	수퍼바이지가 수행한 상담에 대한 사례의 자문을 실시하고 점검하며, 상담의 목표를 달성할 수 있도록 일을 지도하고 감독한다. 또 새롭게 이직하는 상담원에게 교육을 실시하거나 지도하는 역할을 한다.
코치	수퍼바이지의 사기를 돋우고, 강점을 평가하며, 임상적 접근을 다각화로 할 수 있도록 촉진하고, 초보 상담자에게 지지적 역할을 제공한다.
멘토	수퍼바이지에게 역할로서 롤모델링하고, 전문적인 성장을 촉진시키며, 정체성을 확립하고 미래 수퍼바이저를 양성하는 역할을 한다
	특징
교사	수퍼비전을 통해 가설 설정, 사례 개념화, 개입 방법의 선택과 적용, 상담목표 설정과 전략 수립 등을 토의하고 가르칠 수 있다.
자문가	상담 사례나 기법 등에 대한 수퍼바이지의 다양한 질문 및 조언 요구에 대응하여 적절한 자문을 제공할 수 있다.
치료자	수퍼바이지의 개인적 문제[역전이를 알아차리지 못하는 등]로 인해 상담과정 수행에 영향을 받는 경우, 수퍼바이저는 치료자의 역할을 수행할 수 있다.
평가자	수퍼바이지의 발달 수준, 장점과 약점, 개인적인 문제 보유 여부 등 상담전문가로서의 자격 및 수행을 평가할 수 있다.
멘토	수퍼바이지는 수퍼바이저를 모델 삼아 비슷한 수준으로 발전하고자 하는 기대를 가질 수 있으며, 수퍼바이저는 멘토로서 역할을 수행할 수 있다.

4 **다음 ( )안에 설명에 해당하는 수퍼바이저의 다중적 역할은?**

> 수퍼비전의 과정에서 내담자의 호소를 알아차리지 못하는 원인이 수퍼바이지 개인의 문제에서 비롯되었다고 판단되는 경우 ( )로서 역할을 할 수 있으며, 동시에 사례 개념화에 대한 검토와 같이 고도의 인지적 분석을 요하는 사례 연구자로서 역할을 수행하게 된다.

① 지도자 ② 감독자
③ 치료자 ④ 평가자

해설

③ 3번이 정답인 이유는 해당 설명은 '치료자'에 대한 것이기 때문이다.

TIP 수퍼바이저의 다중적 역할

㉠ 지도자 대 감독자
수퍼바이저와 수퍼바이지가 같은 기관에 종사하는 상급자와 하급자인 경우 수퍼바이저는 수퍼바이지의 상담과정을 점검하고 평가하는 지도자의 역할뿐만 아니라 상급자로서 하급자의 업무 수행이 규정대로 잘 이루어지고 있는지 관리하는 감독자의 역할을 수행하게 된다.

㉡ 치료자 대 사례 연구자
수퍼비전의 과정에서 내담자의 호소를 알아차리지 못하는 원인이 수퍼바이지 개인의 문제에서 비롯되었다고 판단되는 경우 치료자로서 역할을 할 수 있으며, 동시에 사례 개념화에 대한 검토와 같이 고도의 인지적 분석을 요하는 사례 연구자로서 역할을 수행하게 된다.

㉢ 단회성 수퍼비전에 따른 다중역할의 압력
수퍼비전이 단회성으로 이루어지는 경우 수퍼바이지의 요구가 제한된 시간에 다 다루기 어려울 정도로 다양하고 복잡할 수 있다. 이 경우 수퍼바이저는 평가자, 멘토, 사례 연구자 등 다중적 역할 수행에 대한 압력을 경험할 수 있다.

ANSWER 3.② 4.③

5 **프리드랜더와 와드가 제시한 수퍼바이저의 특성을 결정짓는 요소로 적합하지 않은 것은?**

① 세계관
② 이론적 정향
③ 스타일-역할
④ 교육 구조

해설

④ 4번이 오답인 이유는 프리드랜더와 와드가 제시한 수퍼바이저의 특성을 결정짓는 6가지 요소는 '수퍼바이저의 세계관, 이론적 정향, 스타일-역할, 전략-초점, 형식, 기법'이기 때문이다.

TIP 프리드랜더와 와드가 제시한 수퍼바이지의 특성을 결정짓는 6가지 요소

수퍼바이저의 세계관, 이론적 정향, 스타일-역할, 전략-초점, 형식, 기법

6 **이상적인 수퍼바이저의 공통점에 해당하지 않은 것은?**

① 객관성 있고 정확하며, 일관성 있는 피드백은 주관적인 요인에 영향 받은 피드백보다 더 신뢰할 수 있다.
② 중요한 사건이 일어난 직후에 피드백을 한다.
③ 피드백이 긍정적이든 부정적이든 명백하고 구체적인 준거를 기초로 제시하고 분명하게 이해된다.
④ 양방적인 의사소통으로 대화가 되기 때문에 수퍼바이저가 능동적으로 참여하여 제안이 만들어진다.

해설

④ 4번이 오답인 이유는 수퍼비전은 수퍼바이지의 요구도와 수퍼바이저와 수퍼바이지의 합의로 합리적인 수퍼비전 목표를 세워서 진행하는 것이 효과적이므로 '수퍼바이지가 능동적으로 참여'하여야 한다.

TIP 이상적인 수퍼바이저의 공통점[Carifio & Hess,1987]

㉠ 피드백을 체계적으로 한다. 객관성 있고 정확하며, 일관성 있는 피드백은 주관적인 요인에 영향받은 피드백보다 더 신뢰할 수 있다.
㉡ 중요한 사건이 일어난 직후에 피드백을 한다.
㉢ 피드백이 긍정적이든 부정적이든 명백하고 구체적인 준거를 기초로 제시하고(해야) 분명하게 이해된다.
㉣ 양방적인 의사소통으로 대화가 되기 때문에 수퍼바이지가 능동적으로 참여하여 제안이 만들어진다(만들어져야 한다).

7 **직업상담 수퍼비전 준비 시 유의사항으로 적합하지 않은 것은?**

① 수퍼바이저의 경험에 따라 수퍼비전을 준비할 수 있도록 한다.
② 수퍼바이저는 자신이 상담자로서 수련 받았던 경험을 수퍼비전 상황에 일반화하고 있는 것은 아닌지 점검해야 한다.
③ 수퍼바이저가 자신이 수퍼비전 받고 싶은 주제를 수퍼비전하려고 하지 않았는지 점검하여야 한다.
④ 수퍼바이지의 수퍼비전 신청과 자기 점검 결과 등을 고려하여 수퍼비전 가능 여부 및 수퍼비전 방법이 적절하게 선택되었는지 점검하여야 한다.

해설

① 1번이 오답인 이유는 직업상담 수퍼비전 준비 시 '수퍼바이저로서의 역할과 자질에 대하여 정확히 숙지하고, 수퍼비전 매뉴얼에 따라 수퍼비전을 준비'해야 한다.

TIP 직업상담 수퍼비전 준비 시 유의사항

- 수퍼바이저로서의 역할과 자질에 대하여 정확히 숙지하도록 한다.
- 수퍼비전 매뉴얼에 따라 수퍼비전을 준비할 수 있도록 한다.
- 수퍼바이저는 자신이 상담자로서 수련 받았던 경험을 수퍼비전 상황에 일반화하고 있는 것은 아닌지 점검해야 한다.
- 수퍼바이저가 자신이 수퍼비전 받고 싶은 주제를 수퍼비전하려고 하지 않았는지 점검하여야 한다.
- 수퍼바이지의 수퍼비전 신청과 자기 점검 결과 등을 고려하여 수퍼비전 가능 여부 및 수퍼비전 방법이 적절하게 선택되었는지 점검하여야 한다.

ANSWER 5.④ 6.④ 7.①

8 직업상담 수퍼비전을 수행할 준비를 위해 수퍼바이저로서 스스로 점검해야 하는 내용으로 옳지 않은 것은?

① 수퍼바이저로서의 역할을 이해하고, 자기 자신을 점검한다.
② 수퍼바이저로서 자신의 발달단계에 대해 평가하고 점검한다.
③ 수퍼바이저로서 자신의 전문성 및 역량의 범위와 수준을 점검한다.
④ 수퍼바이저로서 자신의 태도와 스타일을 점검하고 효과적인 수퍼비전을 위한 태도를 준비한다.

해설

② 2번이 오답인 이유는 수퍼바이저는 효과적인 수퍼비전을 위해 '수퍼바이지의 발달단계와 수준을 파악'하여 수퍼비전을 진행한다.

TIP 수퍼바이저의 자기 점검 내용

직업상담 수퍼비전 준비 시 수퍼바이저로서 스스로 점검해야 되는 부분은 '㉠ 역할, ㉡ 전문성과 역량의 범위와 수준, ㉢ 태도와 스타일에 대해 점검'하고, 자기 점검의 결과에 따라 '수퍼바이지의 발달단계와 수준에 대해서 평가 후 발달 수준에 맞는 논점을 명확히 파악하여 효과적인 수퍼비전을 진행'한다.

학습 2 직업상담 수퍼비전 논점 파악하기

1 스톨텐버그와 델워스(Stoltenberg & Delworth, 1987)의 상담가 통합 발달 모형(IDM)에서 상담가의 발달단계를 구분하는 주요 요소가 아닌 것은?

① 상담가의 자율성　　② 상담가의 동기
③ 내담자의 욕구　　④ 자기 자각 · 타인 자각

해설

③ 3번이 오답인 이유는 스톨텐버그와 델워스(Stoltenberg & Delworth)의 상담가 통합 발달 모형(IDM)에서는 상담가의 '자율성과 동기, 자기 자각 · 타인 자각'을 주요 요소로 발달단계가 성장한다고 보았다.

TIP 스톨텐버그와 델워스(Stoltenberg & Delworth)의 상담가 통합 발달 모형(IDM)의 발달단계 전문가로서의 성장을 평가하는 3가지 요소 : 상담가의 자율성, 동기, 자기 자각 · 타인 자각

- **동기** : 수퍼바이지가 임상적 훈련과 실제에 쏟는 관심, 투자, 노력을 반영
- **자율성** : 수퍼바이지가 수퍼바이저로부터 독립한 정도를 반영
- **자기 자각 · 타인 자각**(자신과 타인에 대한 인식) : 자심과 내담자에 대한 자기인식의 정도를 반영

※ 상담가 통합발달 모형(IDM)에서 전문가로서의 성장을 평가하는 태도적 특성의 세 가지 측면

발달 단계	자율성	동기	자기 자각 · 타인 자각	수퍼비전 환경
1수준 의존 단계	• 의존적이고 모방적	• 높은 동기 수준 • 높은 불안 수준	• 자기–타인 자각 부족	• 상담 기술 교육, 심리적지지 • 구조화된 수퍼비전 제공.
2수준 의존–자율간의 갈등단계	• 독립욕구 • 의존–자율간의 갈등	• 대체로 자신감 • 혼란, 절망, 우유부단	• 상담과 자신에 대한 자각이 늘어남 • 내담자에게 집중, 가끔 과도한 밀착	• 상담자를 지지 • 요청할 때 적극적이고 지시적인 수퍼비전 개입
3수준 조건적인 의존단계	• 자율적인 상담자	• 안정됨	• 자신에 대한 통찰과 함께 내담자에게 공감적	• 수퍼바이저는 상담자를 동료로 대하고 자율을 허락 • 주로 자문형식, 성찰적 수퍼비전
4수준 대선배 상담가 단계	• 세 가지 특성에서 모두 수준 3에 도달, 대인관계적, 인지적 측면, 직업적으로도 원숙한 상태			• 수퍼바이저와 상담자는 동료로서 협동 관계를 유지

ANSWER 8.② / 1.③

2 스톨텐버그와 델워스(Stoltenberg & Delworth, 1987)의 상담가 통합 발달 모형(IDM)에서 제시하는 상담자의 발달단계와 수준에 대한 설명이 옳은 것은?

① 의존 단계 : 수퍼바이저 모방에 만족하지 않고 나름대로 새로운 시도를 한다.

② 의존-자율 간의 갈등 단계 : 상담가로서의 정체감과 전문인으로서의 자신감이 증진된다. 상담 기술을 맹목적으로 사용하지 않고 융통성 있게 사용한다.

③ 조건적 의존단계 : 자신의 동기와 행동에 대해 통찰하려고 노력한다. 상담 기술이 습득되고, 선택할 대안들이 많아짐에 따라 자신감이 느는 한편, 상담에 대한 책임감 증가에 부담을 갖는다.

④ 대선배 상담가 단계 : 자신의 개인적 한계점을 이해하고, 스스로 상담할 수 있는 단계에 이른다. 자신의 가치, 개인적 특징, 능력에 대한 이해가 증가하고 자신의 가치관 안에 전문인으로서의 정체감을 효과적으로 통합한다.

해설

④ 4번이 정답인 이유는 해당 설명은 '대선배 상담가 단계'에 대한 것으로 적합하기 때문이다.

TIP 상담가 통합발달 모형(IDM)의 상담가 발달단계와 수준별 특징

발달 단계	특징
1수준 의존 단계	• 인간 행동에 대한 지적 이해는 있으나 상담 경험이 없다. • 상담의 기본적 기술인 공감, 반영, 명료화 등이 훈련되어야 한다. • 이 수준의 상담가는 의존적이라 수퍼바이저의 지시와 충고를 듣고 싶어한다. • 상담가는 불안하여 자신이 내담자에게 미치는 영향에 대한 통찰이 없다.
2수준 의존-자율간의 갈등단계	• 자신의 동기와 행동에 대해 통찰하려고 노력한다. • 상담 기술이 습득되고, 선택할 대안들이 많아짐에 따라 자신감이 느는 한편, 상담에 대한 책임감 증가에 부담을 갖는다. • 수퍼바이저 모방에 만족하지 않고 나름대로 새로운 시도를 한다.
3수준 조건적인 의존단계	• 상담가로서의 정체감과 전문인으로서의 자신감이 증진된다. • 자신의 의존적 욕구, 신경증적 동기에 대한 통찰이 는다. • 상담 기술을 맹목적으로 사용하지 않고 융통성 있게 사용한다.
4수준 대선배 상담가 단계	• 자신의 개인적 한계점을 이해하고, 스스로 상담할 수 있는 단계에 이른다. • 자신의 가치, 개인적 특징, 능력에 대한 이해가 증가하고 자신의 가치관 안에 전문인으로서의 정체감을 효과적으로 통합한다.

3 스톨텐버그와 델워스(Stoltenberg & Delworth, 1987)의 상담가 통합 발달 모형(IDM)에서 제시하는 상담자의 발달단계 중 3수준(조건적인 의존 단계)의 특징이 아닌 것은?

① 상담가는 불안하여 자신이 내담자에게 미치는 영향에 대한 통찰이 없다.
② 상담가로서의 정체감과 전문인으로서의 자신감이 증진된다.
③ 자신의 의존적 욕구, 신경증적 동기에 대한 통찰이 는다.
④ 상담 기술을 맹목적으로 사용하지 않고 융통성 있게 사용한다.

해설

① 1번이 오답인 이유는 해당 설명은 '1수준 의존 단계'에 대한 설명이다.

TIP 상담가 통합발달 모형(IDM)의 상담가 발달단계와 수준별 특징

발달 단계	특징
1수준 의존 단계	• 인간 행동에 대한 지적 이해는 있으나 상담 경험이 없다. • 상담의 기본적 기술인 공감, 반영, 명료화 등이 훈련되어야 한다. • 이 수준의 상담가는 의존적이라 수퍼바이저의 지시와 충고를 듣고 싶어한다. • 상담가는 불안하여 자신이 내담자에게 미치는 영향에 대한 통찰이 없다.
2수준 의존-자율간의 갈등단계	• 자신의 동기와 행동에 대해 통찰하려고 노력한다. • 상담 기술이 습득되고, 선택할 대안들이 많아짐에 따라 자신감이 느는 한편, 상담에 대한 책임감 증가에 부담을 갖는다. • 수퍼바이저 모방에 만족하지 않고 나름대로 새로운 시도를 한다.
3수준 조건적인 의존단계	• 상담가로서의 정체감과 전문인으로서의 자신감이 증진된다. • 자신의 의존적 욕구, 신경증적 동기에 대한 통찰이 는다. • 상담 기술을 맹목적으로 사용하지 않고 융통성 있게 사용한다.
4수준 대선배 상담가 단계	• 자신의 개인적 한계점을 이해하고, 스스로 상담할 수 있는 단계에 이른다. • 자신의 가치, 개인적 특징, 능력에 대한 이해가 증가하고 자신의 가치관 안에 전문인으로서의 정체감을 효과적으로 통합한다.

ANSWER 2.④ 3.①

4 **상담자의 발달 수준에 따라 제시한 수퍼비전의 논점과 내용의 연결이 틀린 것은?**

① 상담 대화 기술은 내담자의 비언어적 표현(얼굴 표정, 시선, 자세, 동작 등)의 특징을 관찰하고, 억양, 목소리 변화를 감지하는 것이다.

② 알아차리기는 내담자의 감정 양식, 표현 양식, 대응 양식, 대인관계 양식을 파악하고, 내담자의 기능 상태, 문제를 지속시키는 내 · 외적 역동, 스트레스원(stressor)을 파악하는 것이다.

③ 상담계획(목표, 전략, 개입 등)은 내담자의 변화를 촉진시키고, 증폭시키고자 하는 상담자의 의도가 담긴 대화를 포함한다.

④ 상담자의 태도는 상담자 자신에 대한 객관적이고 폭넓은 이해, 상담자로서의 자신감, 가치판단 보류, 내담자에 대한 인내심, 윤리적인 태도, 상담에 대한 신념 등도 이 영역에 해당한다.

해설

② 2번이 오답인 이유는 해당 설명은 '사례 이해'에 대한 것이기 때문이다.

TIP 우리나라 수퍼바이저들이 구분한 상담자의 발달 수준에 따라 제시한 논점

논점	내용
상담 대화 기술	• 내담자가 말로 표현하는 내용을 정확하게 알아듣고 이해하는 것이며, 내담자에게 상담자의 의사를 효과적으로 표현하는 것이다. • 내담자의 비언어적 표현[얼굴 표정, 시선, 자세, 동작]의 특징을 관찰하고, 억양, 목소리 변화를 감지하는 것이다.
사례 이해	• 내담자의 호소 논점, 상담 받고자 하는 이유를 파악하는 것이다. • 내담자의 핵심 문제, 결점, 강점, 사회적 · 심리적 자원에 대한 평가를 포함한다. • 내담자의 감정 양식, 표현 양식, 대응 양식, 대인관계 양식을 파악하고, 내담자의 기능 상태, 문제를 지속시키는 내 · 외적 역동, 스트레스원(stressor)을 파악하는 것이다. • 또한 내담자 문제와 역동을 이해하고, 이를 이론적 틀에 근거해서 파악하는 것이다.
알아차리기	• 내담자 말의 내용뿐만 아니라 의미[핵심 메시지]까지 이해하는 것이다. • 내담자의 내부에서 일어나는 감정, 생각, 의도, 의문, 기타 감각 등을 알아차리는 능력, 상담자의 내부에서 일어나는 감정, 생각, 의도, 의문, 기타 감각 등을 알아차리는 능력, 내담자-상담자 사이에 일어나는 상호작용 과정을 보고, 그 의미를 이해하는 것이다. • 내담자 비언어적 표현의 특징이 의미하는 바를 아는 것이다.
상담계획 [목표, 전략, 개입 등]	• 사례 이해에 기초하여 합리적인 상담목표를 세우고 이를 합의하는 것이다. • 상담목표에 맞는 체계적인 상담계획을 수립하고, 목표에 적합한 상담방법을 선택하는 것이다. • 내담자의 변화를 촉진시키고, 증폭시키고자 하는 상담자의 의도가 담긴 대화를 포함한다. • 각종 처치 및 개입기술[해석, 직면, 빈 의자 기법]이 이에 해당한다.
상담자의 태도	• 내담자를 한 인간으로 존중하고, 내담자를 사랑하고 수용하는 태도를 말한다. • 인간에 대한 긍정적인 시각, 융통성 있는 태도도 이에 포함된다. 상담자 자신에 대한 객관적이고 폭넓은 이해, 상담자로서의 자신감, 가치판단 보류, 내담자에 대한 인내심, 윤리적인 태도, 상담에 대한 신념 등도 이 영역에 해당한다.

5 **다음에서 설명하는 감정노동 강도의 결정요인에 해당하는 것은?**

> 상담자에게 더 많은 정신적인 에너지와 신체적인 노력이 요구되며 감정표현에 있어서 더 많은 노동이 필요하게 되며, 감정의 강도는 "얼마나 강하게 또는 어떠한 태도로 감정을 경험하는가 또는 표현하는가?"와 관련된 것이다.

① 감정표현의 빈도　② 표현규범에 대한 주의성
③ 감정의 다양성　④ 감정적 부조화

해설

② 2번이 정답인 이유는 해당 설명은 '표현규범에 대한 주의성'에 대한 것이기 때문이다.

TIP 감정노동 강도의 결정요인

㉠ **감정표현의 빈도**
상담자와 내담자 간의 상호작용 빈도에 초점을 둔다.

㉡ **표현규범에 대한 주의성**
표현규범에 대한 주의성이 클수록 상담자에게 더 많은 정신적인 에너지와 신체적인 노력이 요구되며 감정표현에 있어서 더 많은 노동이 필요하게 된다. 주의성에는 감정표현 기간과 강도의 개념이 포함된다. 감정의 강도는 "얼마나 강하게 또는 어떠한 태도로 감정을 경험하는가 또는 표현하는가?"와 관련된 것이다.

㉢ **감정의 다양성**
특별한 상황에 맞추어 감정표현을 자주 바꾸어야 하는 상담자는 더 많은 계획과 자신의 행동에 대한 의식적인 관찰이 더 많이 필요하다. 제한적인 시간 내에 표현하는 감정이 자주 바뀌는 것은 상담자로 하여금 더 많은 계획과 예측을 요구하며, 이는 더 많은 감정노동을 수반하게 한다.

㉣ **감정적 부조화**
감정적 부조화는 상담자들이 실제로 느끼는 감정과 조직에서 요구하는 감정표현이 충돌할 때 발생한다. 감정적 부조화로 인해 정서적 소진이 발생하고, 직무만족도가 감소한다.

ANSWER 4.② 5.②

6 **감정노동 근로자의 상담자 개인 차원에서의 스트레스 관리에 해당하지 않은 것은?**

① 근육이완법

② 자기주장 훈련

③ 직무순환

④ 생활습관 개선

해설

③ 3번이 오답인 이유는 해당 설명은 '사업주, 보건관리자 및 관리감독자가 감정노동 근로자의 직무 스트레스 예방과 관리를 위해 지원'해야 하는 사항이기 때문이다.

TIP 감정노동 근로자의 보호와 스트레스 관리

사업주, 보건관리자 및 관리감독자의 관리	• 감정노동이 직무 스트레스의 중요한 요인이라는 인식을 한다. • 안전 · 보건 교육에 감정노동에 관한 내용을 포함한다. • 감정노동 자체를 완화시키는 방안을 마련한다.(서비스 제공 고객의 적정 수, 친절교육 등의 영향 고려, 직무순환, 서비스에 대한 기준 마련, 휴식을 위한 편안한 공간 제공) • 고객과의 갈등이 발생할 때 (근로자와 고객의 이야기를 경청하고, 회사 차원에서 개선해야 할 점, 지원해야 할 점을 먼저) 조치한다. • 적정 서비스의 제공(근로자, 회사, 고객 '모두가 행복한 서비스' 문화 정착을 위한 조치를 한다.)
개인 차원의 관리	• 자신의 감정을 다스리는 방법을 습득한다. • 감정노동으로 인한 스트레스 증상 완화법을 활용한다.(근육이완법, 복식호흡, 긍정적으로 생각하기, 자신의 감정 털어놓기, 자기주장 훈련, 생활습관 개선) • 힘들 때, 어려움을 나눌 수 있는 상사나 동료를 만든다. • 효율적 의사소통 방법을 익힌다. • 규칙적 운동, 규칙적 식생활 등 긍정적이고 올바른 생활습관을 갖는다. • 동호회 활동이나 봉사활동 등을 통해 심리적으로 재충전할 수 있는 기회를 갖는다.

7 **다음 설명에 해당하는 용어로 옳은 것은?**

> 감정적인 요구가 큰 상황에 장기간 노출됨으로써 나타나는 신체적, 감정적, 정서적 탈진상태를 말한다.[특히 사람들을 직접 대하는 서비스 종사자들에게 생길 수 있으며 감정적 탈진, 비인격화 그리고 개인적 성취의 저하로 나타난다.]

① 감정노동
② 직무 스트레스
③ 적응장애
④ 소진

해설

④ 4번이 정답인 이유는 해당 설명은 '소진'에 대한 것이기 때문이다.

TIP ㉠ **소진** : 감정적인 요구가 큰 상황에 장기간 노출됨으로써 나타나는 신체적, 감정적, 정서적 탈진상태를 말한다.
㉡ **감정노동** : 적절한 감정을 표현하는 것이 일터에서 업무 성과와 연관되는 사람들의 노동을 말한다.

8 **버나드와 굿이어(Bernard & Goodyear)가 제안한 수퍼바이지 평가에서 고려해야 할 요소가 아닌 것은?**

① 수퍼바이저는 수퍼비전 관계가 동등한 관계임을 명심해야 한다.
② 수퍼바이저는 자신의 임상적 역할뿐만 아니라 관리자로서의 역할도 분명하게 언급할 필요가 있다.
③ 수퍼바이지의 기대와 역할의 명료성 또한 필수적이다.
④ 평가 과정은 수퍼바이지에게 미리 자세히 설명되어야 하며, 수퍼비전 평가는 수퍼비전 전체 과정의 구조화 속에서 계획적으로 이루어져야 한다.

해설

① 1번이 오답인 이유는 '수퍼바이저는 수퍼비전 관계가 동등한 관계가 아니라는 점을 명심해야 한다.'이기 때문이다.

TIP 버나드와 굿이어(Bernard & Goodyear)의 제안에서 '수퍼바이저는 수퍼비전 관계가 동등한 관계가 아니라는 점을 명심해야 한다. 수퍼바이지는 수퍼비전에서 상처받기 쉬운, 취약한 입장이라는 점을 수퍼바이저는 인식하고 있어야 한다'고 하였다.

ANSWER 6.③ 7.④ 8.①

9 **수퍼바이지가 일반적으로 수퍼비전에서 가장 습득하기 원하는 기술에 해당하는 것은?**

① 사례 개념화
② 면접 기술
③ 처치 개입 기술
④ 알아차림

해설

① 1번이 정답인 이유는 수퍼바이지가 일반적으로 수퍼비전에서 가장 습득하기 원하는 기술은 '사례 개념화'이기 때문이다.

TIP 수퍼바이지가 일반적으로 수퍼비전에서 요구하는 상담 기술 요인

㉠ 상담 기법
- 사례 개념화 : 수퍼바이지들이 수퍼비전을 통해 가장 습득하기 원하는 기술은 사례 개념화이며, 내담자 사례 이해 및 문제 평가와 목표 및 전략 수립 등에 관한 것이다.
- 면접 기술 : 두 번째로 습득하기 기대하는 것은 면접 기술이며 접수 면접 기술, 상담 대화 기술 등 상담을 이끌어가는 기술이다.
- 처치 개입 기술 : 세 번째로 기대하는 요인은 내담자에 대한 치료적 개입을 의미하는 처치 개입기술이다.
- 알아차림 : 네 번째 요구는 알아차림인데 내담자 말의 내용과 의미, 내담자와 상담자 내부에서 일어나는 감정, 생각, 의도, 둘 간의 상호작용 과정에 대한 이해 등이다.

㉡ 상담자 개인 발달
- 상담자 개인적 이슈 : 다섯째는 상담자 개인의 문제 다루기, 전이와 역전이 다루기, 내담자와 상담자의 저항과 방어 등 상담자의 개인적 이슈에 관한 것이다.

10 **수퍼바이지가 일반적으로 수퍼비전에서 요구하는 상담 기술 요인 중 상담자 개인적 이슈에 해당하지 않은 것은?**

① 상담자 개인의 문제 다루기
② 전이와 역전이 다루기
③ 내담자와 상담자의 저항과 방어
④ 처치 개입 기술

해설

④ 4번이 오답인 이유는 '처치 개입 기술'은 상담 기술 요인 중 '상담 기법'에 해당한다.

TIP 수퍼바이지가 일반적으로 수퍼비전에서 요구하는 상담 기술 요인

㉠ 상담 기법
- 사례 개념화 : 수퍼바이지들이 수퍼비전을 통해 가장 습득하기 원하는 기술은 사례 개념화이며, 내담자 사례 이해 및 문제 평가와 목표 및 전략 수립 등에 관한 것이다.
- 면접 기술 : 두 번째로 습득하기 기대하는 것은 면접 기술이며 접수 면접 기술, 상담 대화 기술 등 상담을 이끌어가는 기술이다.
- 처치 개입 기술 : 세 번째로 기대하는 요인은 내담자에 대한 치료적 개입을 의미하는 처치 개입기술이다.
- 알아차림 : 네 번째 요구는 알아차림인데 내담자 말의 내용과 의미, 내담자와 상담자 내부에서 일어나는 감정, 생각, 의도, 둘 간의 상호작용 과정에 대한 이해 등이다.

㉡ 상담자 개인 발달
- 상담자 개인적 이슈 : 다섯째는 상담자 개인의 문제 다루기, 전이와 역전이 다루기, 내담자와 상담자의 저항과 방어 등 상담자의 개인적 이슈에 관한 것이다.

11 **상담자의 발달 수준 별 수퍼비전에서의 요구사항 중 초보 상담자의 상담 관련 기술 요구 내용으로 적합하지 않은 것은?**

① 치료 계획 개발하기를 요구함
② 접수 면접 기술 개발, 상담에서의 교육적 수련, 자기 알아차림 개발을 요구함
③ 개인적 문제에 직면하기, 개입에 자신감 갖기를 요구함
④ 대화 맥락의 영향을 받는 과정적인 기술, 내담자의 호소 문제 파악 능력, 상담 구조화 능력을 요구함

해설

③ 3번이 오답인 이유는 해당 설명은 '숙련 상담자'의 상담 관련 기술 요구 내용'이다.

TIP 상담자 발달 수준별 수퍼비전에서의 요구 사항

발달수준	Rabinowitz, Heppner & Roehlke (1986)	Worthen & McNeill (1996)	문수정과 김계현(2000)
초보	치료 계획 개발하기	접수 면접 기술 개발, 상담에서의 교육적 수련, 자기 알아차림 개발	대화 맥락의 영향을 받는 과정적인 기술, 내담자의 호소 문제 파악 능력, 상담 구조화 능력
중간	–	대안적인 개념화 기술 개발, 하나의 이론에 집중해서 작업하기, 분명한 의사소통 하기, 개인적 발달에 초점을 두기	내담자의 성격 또는 특성에 관한 평가, 내담자의 상태 알아차림, 내담자와의 관계 형성
숙련	개인적 문제에 직면하기, 개입에 자신감 갖기	개인 발달, 전이-역전이, 병렬 과정, 내담자와 상담자의 저항과 방어 등 보다 복잡한 이슈	내담자 문제 평가, 핵심 메시지 알아차림, 상담자-내담자의 상호작용 과정 알아차림, 치료 목표의 수립과 처치 계획, 처치 개입 기술

ANSWER 9.① 10.④ 11.③

12 **효과적인 수퍼비전에 대한 수퍼바이지의 지각에 관한 설명으로 옳은 것은?**

① 설교적, 교수적 수퍼비전을 좋지 않은 것으로 여김

② 도전적, 성장을 도와주는 개입을 효과적인 수퍼비전 구성 요소로 지각

③ 직접적인 도움을 긍정적으로 평가[모델링하기, 수퍼바이저의 경험 나누기 등]

④ 자율성 신장을 중요하게 생각[자신감 고취, 정서적 지지, 스스로 평가하도록 하기 등]

해설

③ 3번이 정답인 이유는 ①②④는 '수퍼바이저의 지각'에 대한 설명이기 때문이다.

TIP 효과적인 수퍼비전에 대한 수퍼바이저와 수퍼바이지의 지각 차이

연구자	수퍼바이저 지각	수퍼바이지 지각
Wortington & Roehlke (1979)	설교적, 교수적 수퍼비전을 좋지 않은 것으로 여김.	직접적인 도움을 긍정적으로 평가[모델링하기, 수퍼바이저의 경험 나누기 등]
Worthen & McNeill (1996)	도전적, 성장을 도와주는 개입을 효과적인 수퍼비전 구성 요소로 지각	도전적, 성장을 도와주는 개입을 효과적인 수퍼비전을 부정적으로 지각할 수 있음
손진희 (2004)	자율성 신장을 중요하게 생각[자신감 고취, 정서적 지지, 스스로 평가하도록 하기 등]	직접적인 대안 제안, 구체적인 상담 방법 가르쳐주기를 더 선호[시범 보이기 등]

13 **직업상담 수퍼비전의 논점을 구체화 하기 위한 질문들에 해당하지 않은 것은?**

① 내담자 특성별 · 직업적 논점별 관련 이론들을 활용할 수 있는가?

② 진단 평가 해석을 내담자 특성과 검사 점수에 적합하게 보고할 수 있는가?

③ 직업정보 수집과 분석 과정에서 보완하여야 할 방법이 있는가?

④ 자신의 능력과 한계를 넘어 지속적으로 성장하려고 노력하였는가?

해설

④ 4번이 오답인 이유는 '자신의 능력과 한계에 대하여 충분히 이해하고 있는가?'이기 때문이다.

TIP 직업상담 수퍼비전의 논점을 구체화하기 위한 질문들

1. 수퍼바이지가 통합되고 정확한 이론적 배경을 가지고 있는가?
2. 내담자 특성별 · 직업적 논점별 관련 이론들을 활용할 수 있는가?
3. 진단 평가 능력이 전문적인가?
4. 진단 평가 도구 선택에 기준이 맞는 것인가?
5. 진단 평가 해석을 내담자 특성과 검사 점수에 적합하게 보고할 수 있는가?
6. 상담 진행 시 특정 사례에 사용된 기법과 개입 방법에 대하여 설명할 수 있는가?
7. 직업정보 수집과 분석 과정에서 보완하여야 할 방법이 있는가?
8. 자신이 개입한 것이 바람직하지 못한 결과를 낳았는지 이해하고 있는가?
9. 수퍼바이지가 향후 보강해야 할 능력이 있다면 무엇인가?
10. 윤리적 지침에 대하여 정확히 이해하고 실천하려고 노력하였는가?
11. 자신의 능력과 한계에 대하여 충분히 이해하고 있는가?

ANSWER 12.③ 13.④

학습 3 직업상담 수퍼비전 구조화하기

1 **헤인즈, 코레이와 멀톤(Haynes, Corey & Moulton, 2006)이 제시한 수퍼비전의 목표에 해당하지 않은 것은?**

① 상담 이론, 방법, 실무에 대한 지식 갖추기

② 자신의 능력적 한계를 알고 자문과 수퍼비전을 요구하기

③ 임상 실습에 영향을 미치는 윤리적 측면에 대해 자각하기

④ 다문화 문제가 상담 과정에 미치는 영향과 내담자와 동료들 간의 문화적 차이점에 대한 작업 방법 파악하기

해설

③ 3번이 오답인 이유는 '임상 실습에 영향을 미치는 법적 측면에 대해 자각하기'이기 때문이다.

TIP 헤인즈, 코레이와 멀톤(Haynes, Corey & Moulton, 2006)이 제시한 수퍼비전의 목표

㉠ 상담 이론, 방법, 실무에 대한 지식 갖추기
㉡ 다양한 내담자와 작업할 수 있는 상담 방법의 적용 능력 기르기
㉢ 진단과 개입 방법에 대한 폭넓은 이해 능력 기르기
㉣ 자신의 능력적 한계를 알고 자문과 수퍼비전을 요구하기
㉤ 공감, 존중과 진솔성의 기본적 상담 기술을 발달시키기
㉥ 개인의 문제가 어떻게 상담에 영향을 주고, 이러한 문제들이 내담자에게 어떠한 영향을 주는지를 지각하기
㉦ 어떤 내담자와 작업하기가 쉽고, 어떤 내담자와는 더 어려운지, 그리고 그 이유가 무엇인지를 탐색하기
㉧ 내담자들의 저항을 알아차리고, 그것에 대해 어떻게 작업해야 하는지를 알기
㉨ 관련된 윤리 조항을 알기
㉩ 상담에서 경험하는 윤리적 문제에 대한 올바른 판단과 분명한 의사결정 모형을 발달시키기
㉪ 임상 실습에 영향을 미치는 법적 측면에 대해 자각하기
㉫ 다문화 문제가 상담 과정에 미치는 영향과 내담자와 동료들 간의 문화적 차이점에 대한 작업 방법 파악하기
㉬ 다문화적 문제가 상담 과정에 어떤 영향을 미치는지, 그리고 내담자와 동료들 간의 문화적 차이에 대해 어떻게 작업해야 하는지에 대해 알기
㉭ 상담 실무 과정에서 자신에 대한 확신을 발달시키기
㉮ 상담자로서 자신의 개인적 역할을 검토하는 능력을 발달시키기
㉯ 실수 위험이 있더라도 도전하고, 이런 점에 대해 수퍼비전에서 다루기
㉰ 자기 자신의 상담 스타일을 발달시키려고 노력하기
㉱ 스스로 자신을 평가하는 방법을 개발하기

2 **헤인즈, 코레이와 멀톤(2006)의 수퍼비전 발달 단계와 목표의 연결이 바르지 않은 것은?**

① 1단계 : 수퍼바이저의 철저한 점검과 관리
② 2단계 : 책임감의 공유
③ 3단계 : 숙련된 수퍼바이지의 독립적인 역할 수행
④ 4단계 : 대선배 상담가로서의 역할 수행

해설

④ 4번이 오답인 이유는 '대선배 상담가로서의 역할 수행'은 스톨텐버그와 델워스의 '수퍼바이지의 발달 단계 중 4수준'에 해당하는 설명이기 때문이다.

TIP 헤인즈, 코레이와 멀톤(2006)의 수퍼비전 발달 단계와 목표

㉠ **1단계** : 수퍼바이저의 철저한 점검과 관리
㉡ **2단계** : 책임감의 공유
㉢ **3단계** : 숙련된 수퍼바이지의 독립적인 역할 수행

※ 스톨텐버그와 델워스의 수퍼바이지의 발단 단계

㉠ **1수준** : 의존 단계
㉡ **2수준** : 의존–자율간의 갈등단계
㉢ **3수준** : 조건적인 의존단계
㉣ **4수준** : 대선배 상담가 단계

3 **수퍼비전 목표 설정에 대한 내용 중 틀린 것은?**

① 수퍼바이저의 목표와 수퍼바이지의 목표가 서로 다를 경우, 수퍼비전에 대한 만족감이나 효율성 평가를 고려하여 목표를 합의한다.
② 지나친 욕심을 피하고 현실적으로 가능한 목표를 세워 수퍼바이지가 자신감을 가지고 향상할 수 있도록 한다.
③ 수퍼바이지는 이전에 기술한 목표 달성 기준에 이르렀을 때(목표를 달성했을 때), 수퍼비전을 종결한다.
④ 수퍼바이저는 자기평가, 수퍼바이저의 피드백, 사례연구, 내담자에 대한 기록, 내담자의 보고, 목표 진술, 치료 계획들, 개인적인 수퍼비전 과정을 기록하도록 권한다.

해설

③ 3번이 오답인 이유는 '수퍼바이지는 이전에 기술한 목표 달성 기준에 이르렀을 때, 계속적으로 새로운 목표를 선택한다.'이기 때문이다.

ANSWER 1.③ 2.④ 3.③

TIP 수퍼비전 목표 설정 및 합의

㉠ 수퍼바이저의 목표와 수퍼바이지의 목표가 서로 다를 경우, 목표를 합의하는 것은 수퍼비전에 대한 만족감이나 효율성 평가를 고려할 때 중요한 과제가 된다.

㉡ 지나친 욕심을 피하고 현실적으로 가능한 목표를 세워 수퍼바이지가 자신감을 가지고 향상할 수 있도록 한다.

㉢ 수퍼바이지는 자신이 목표를 향해 진보하고 있는 것을 평가할 기회를 갖고, 이전에 기술한 목표 달성 기준에 이르렀을 때, 계속적으로 새로운 목표를 선택한다.

㉣ 수퍼바이지는 자기평가, 수퍼바이저의 피드백, 사례연구, 내담자에 대한 기록, 내담자의 보고, 목표 진술, 치료 계획들, 개인적인 수퍼비전 과정을 기록하도록 권한다. 기록이 쌓이면 자신의 변화 과정을 파악할 수 있게 된다.

4 수퍼비전 첫 회기가 끝나기 전 수퍼바이저와 수퍼바이지가 논의하여 명료화해야 되는 사항이 아닌 것은?

① 얼마나 자주, 어느 정도의 시간으로, 어디서 만날 것인가? 등을 논의한다.

② 수퍼바이저의 주요 역할은 무엇인가? 등을 논의한다.

③ 자살 시도와 같은 위기를 어떻게 다룰 것인가? 등을 논의한다.

④ 수퍼바이지를 어떤 기준으로 어떻게 평가할 것인가? 등을 논의한다.

해설

② 2번이 오답인 이유는 '수퍼바이저의 주요 역할'은 '수퍼바이저의 자기 점검'에 해당하는 설명이기 때문이다.

TIP 수퍼비전 첫 회기가 끝나기 전 수퍼바이저와 수퍼바이지가 논의하여 명료화해야 되는 사항

㉠ 얼마나 자주, 어느 정도의 시간으로, 어디서 만날 것인가? 등을 논의한다.

㉡ 녹음 자료, 동영상 자료, 기록 등은 무엇을 사용할 것인가? 매번 같은 내담자로 할 것인가? 등을 논의한다.

㉢ 어떻게 내담자에게(의) 비밀을 보장할 것인가? 수퍼바이지는 어떻게 녹음 자료를 준비할 것인가? 녹음된 자료를 모두 사용할 것인가? 일부만 발췌할 것인가? 등을 논의한다.

㉣ 어떤 구조와 순서로 진행할 것인가? 내담자에 대한 요약으로 시작할 것인가? 상담자의 질문으로 시작할 것인가? 사례연구로 할 것인가? 등을 논의한다.

㉤ 자살 시도와 같은 위기를 어떻게 다룰 것인가? 위기 시 수퍼바이저가 나와 접촉할 수 있는 방법은? 만약 연결되지 않을 때에는 어떻게 대응할 것인가? 등을 논의한다.

㉥ 수퍼바이지를 어떤 기준으로 어떻게 평가할 것인가? 평가 도구로 할 것인가? 장점과 보완해야 할 점을 기술하도록 할 것인가? 표준화된 평가지에 점검하도록 할 것인가? 등을 논의한다.

㉦ 수퍼바이지는 어떤 유형의 내담자와 상담할 것인가? 그리고 수퍼바이저는 수퍼바이지가 상담하는 기관을 방문하고 관찰할 것인가? 등을 논의한다.

5 **수퍼비전 계약서에 포함될 정보가 아닌 것은?**

① 업무 시간, 복장 규정, 문서 보존과 같은 항목, 수퍼바이지와 수퍼바이저 모두를 보호하기 위한 기관 한계의 투명성 등의 기관 규칙 준수 사항

② 수퍼바이저가 교육을 향상시키기 위해 사용할 수 있는 시청각 기술이나, 병행 치료, 필수 독서 분량 등의 교육 구조

③ 수퍼비전의 횟수, 회기의 길이, 그리고 수퍼비전 경험의 지속 기간 등의 시간적 요소

④ 해당 기관에서 수퍼바이지에게 습득하기를 요청하는 지식과 기술, 전문성, 특정한 평가도구 사용 등의 보편적 조건

해설

④ 4번이 오답인 이유는 해당 설명은 수퍼비전 계약서에 포함될 정보 중 '특수 조건'에 대한 것이기 때문이다.

TIP 수퍼비전 계약서에 포함될 정보

㉠ 시간적 요소
시간적 요소에는 수퍼비전의 횟수, 회기의 길이, 그리고 수퍼비전 경험의 지속 기간 등이 포함된다.

㉡ 교육 구조
교육 구조에는 수퍼바이저가 교육을 향상시키기 위해 사용할 수 있는 시청각 기술이나, 병행 치료, 필수 독서 분량 등 수퍼비전과 함께하는 교육에 대한 내용이 포함된다.

㉢ 수퍼비전 구조
수퍼비전 구조는 수퍼비전 양식[예 : 개인 수퍼비전, 집단 수퍼비전, 또는 혼합], 수퍼바이저의 교체에 대한 정보 등을 포함한다.

㉣ 기관 규칙 준수
기관 규칙 준수는 업무 시간, 복장 규정, 전화번호와 전자메일 공유에 관한 기관의 규칙, 문서 보존과 같은 항목, 수퍼바이지와 수퍼바이저 모두를 보호하기 위한 기관 한계의 투명성 등을 포함한다.

㉤ 특수 조건
특수 조건은 현장의 독특한 요구사항, 기관에서 수퍼바이지에게 습득하기를 요청하는 지식과 기술, 전문성, 특정한 평가도구에 대한 사용 등을 포함한다.

ANSWER 4.② 5.④

6 직업상담 수퍼비전 구조화 시 유의 사항이 아닌 것은?

① 수퍼바이지의 기대를 조정하고 수퍼바이지의 발달 수준을 고려하여 협의를 통해 수퍼비전 목표를 설정한다.

② 기본적으로 수퍼바이지에게 요구하는 사항뿐만 아니라 수퍼바이지의 권리를 보장해 주는 내용이 포함될 수 있도록 한다.

③ 수퍼바이지의 성격, 경력, 보유 지식, 수행 직무 능력 등을 평가하여 수퍼비전 요구도를 확인한다.

④ 수퍼바이저는 수퍼바이지가 소속되어 있는 기관의 수퍼비전 규정 및 상담자 윤리규정 등을 미리 검토하고, 이를 참고하여 구조화 및 계약 설정을 해야 한다.

해설

③ 3번이 오답인 이유는 해당 설명은 '수퍼비전 방법 선택'에 대한 것이기 때문이다.

TIP 직업상담 수퍼비전 구조화 시 유의 사항

㉠ 수퍼바이지의 기대를 조정하고 수퍼바이지의 발달 수준을 고려하여 협의를 통해 수퍼비전 목표를 설정한다.
㉡ 기본적으로 수퍼바이지에게 요구하는 사항뿐만 아니라 수퍼바이지의 권리를 보장해 주는 내용이 포함될 수 있도록 한다.
㉢ 수퍼바이저는 수퍼바이지가 소속되어 있는 기관의 수퍼비전 규정 및 상담자 윤리규정 등을 미리 검토하고, 이를 참고하여 구조화 및 계약 설정을 해야 한다.

※ 수퍼비전 방법 선택

㉠ 수퍼바이저는 수퍼바이지의 성격, 경력, 보유 지식, 수행 직무내용, 수행 직무기술, 발전 가능성 등을 분석하고, 수퍼바이저에게 제공할 수퍼비전의 가설을 설정한다. 기술 이전의 경우 이러한 가설들을 단계적으로 구상한다.
㉡ 수퍼바이지에게 그동안의 직무 수행 내용 및 사용한 기법, 수퍼비전의 요구도 등을 작성하도록 하고, 분석된 내용을 함께 고려하여 설정된 가설을 수정 · 보완한다.

7 **직업상담 수퍼비전 구조화를 위한 수행 Tip으로 틀린 것은?**

① 수퍼비전의 방법을 결정하고 구체적인 방법을 목록화하여 체계적으로 구조화한다.
② 수퍼비전의 핵심은 수퍼비전 관계 발달이므로 수퍼비전의 발달 단계와 수퍼비전 평가 동맹을 고려하여 구조화하고 수퍼비전 목표를 설정한다.
③ 구조화 및 계약 설정의 과정에서 수퍼바이저나 수퍼바이지의 어느 한쪽의 의견이 일방적으로 반영되지 않도록 유의한다.
④ 구조화의 과정이 너무 수용적이거나 너무 강압적이 되지 않도록 한다.

해설

② 2번이 오답인 이유는 '수퍼비전의 핵심은 수퍼비전 관계 발달이므로 수퍼바이지의 발달 수준과 수퍼비전 작업 동맹을 고려하여 구조화하고 수퍼비전 목표를 설정한다.'이기 때문이다.

TIP 직업상담 수퍼비전 구조화를 위한 수행 Tip

㉠ 수퍼비전의 방법을 결정하고 구체적인 방법을 목록화하여 체계적으로 구조화한다.
㉡ 수퍼비전의 핵심은 수퍼비전 관계 발달이므로 수퍼바이지의 발달 수준과 수퍼비전 작업 동맹을 고려하여 구조화하고 수퍼비전 목표를 설정한다.
㉢ 구조화 및 계약 설정의 과정에서 수퍼바이저나 수퍼바이지의 어느 한쪽의 의견이 일방적으로 반영되지 않도록 유의하고 구조화의 과정이 너무 수용적이거나 너무 강압적이 되지 않도록 한다.

ANSWER 6.③ 7.②

학습 4 직업상담 수퍼비전 실행하기

1 **다음 설명에 해당하는 공통적인 용어로 적합한 것은?**

> • 녹화, 녹음 등으로 기록된 상담의 과정과 내용을 점검하여 상담자가 이해한 내담자의 논점, 상담목표의 설정과 전략, 개입 방법 등에 대해 이론적 근거에 따라 틀을 정리하는 것이다.
> • 내담자의 인지적 · 행동적 · 정서적 · 대인관계적 측면을 통합하여 포괄적으로 이해하고 상담목표와 상담 계획을 수립하는 것이다.
> • 심리검사, 면접과 행동 관찰, 내담자의 가족이나 관계자로부터 얻은 정보 등을 통합하여 내담자에 대한 가설적 모형을 수립하는 것이다.
> • 내담자에 대한 문제, 문제의 원인과 배경 등 전체적인 가설적 틀을 세우는 것을 말한다

① 수퍼비전
② 작업 동맹
③ 사례 개념화
④ 상담 사례 보고서

해설

③ 3번이 정답인 이유는 모두 '사례 개념화'에 대한 설명이다.

TIP 사례 개념화, 수퍼비전, 상담 사례 보고서 비교 설명

용어	내용
사례 개념화	• 녹화, 녹음 등으로 기록된 상담의 과정과 내용을 점검하여 상담자가 이해한 내담자의 논점, 상담목표의 설정과 전략, 개입 방법 등에 대해 이론적 근거에 따라 틀을 정리하는 것이다. • 내담자의 인지적 · 행동적 · 정서적 · 대인관계적 측면을 통합하여 포괄적으로 이해하고 상담목표와 상담 계획을 수립하는 것이다. • 심리검사, 면접과 행동 관찰, 내담자의 가족이나 관계자로부터 얻은 정보 등을 통합하여 내담자에 대한 가설적 모형을 수립하는 것이다. • 내담자에 대한 문제, 문제의 원인과 배경 등 전체적인 가설적 틀을 세우는 것을 말한다
수퍼비전	• 직업상담 영역에서 그 분야에 경험이 많은 감독자가 경험이 적은 전문가가 수행한 방법, 내용 등에 대하여 지도하고 감독하는 개입 일체를 의미한다. • 이 관계는 감독이나 지도의 입장에서 수퍼바이지를 평가하여 이들이 수행하는 전문적 서비스의 질을 감독하고, 이들의 직업상담 역량을 지속적으로 강화시키며, 직업상담 윤리적 입장을 지속할 수 있도록 촉구하는 역할을 한다. • 또 이 분야에 입문하는 사람들에게 문지기(a gatekeeper) 역할을 한다.
상담 사례 보고서	• 상담자가 상담한 내용을 다른 상담전문가가 쉽게 이해할 수 있도록 하는 소통의 수단이며, 상담 사례를 수퍼비전 받기 위해 준비하는 양식이기도 하다. • 사례 개념화한 내용을 보고서의 양식에 따라 작성하는 일은 상담자가 자신의 상담 경험을 반추하면서 배우고 점검하는 활동이기도 하다.

	• 따라서 상담자는 상담 사례를 형식에 맞추어 보고할 수 있는 역량을 갖추어야 하며, 상담 사례 보고서는 전문가와 비전문가를 구분해 주는 하나의 수단이라고도 할 수 있다. 〈상담 사례 보고서에 포함되는 내용〉 상담 사례 보고서의 양식은 기관이나 이론적 접근 방법 등에 따라 차이가 있지만, 대체로는 내담자에 대한 기본 정보, 내담자 문제의 이해, 상담목표와 상담전략, 회기별 상담 내용의 요약 등을 포함한다.
작업 동맹	〈수퍼바이지의 성장을 목표로 하여 수퍼바이저와 수퍼바이지가 상호 신뢰를 바탕으로 친밀한 관계를 형성하는 것을 의미한다.〉 • 수퍼비전 과정에서 수퍼바이지와 수퍼바이저가 함께 목표를 설정하는 과정은 신뢰할 수 있는 수퍼비전 분위기를 조성하고 수퍼바이지에게 동기를 부여하며 작업 동맹을 형성하는 데 도움이 된다. • 수퍼비전의 핵심은 수퍼비전 관계 발달이므로 수퍼바이지의 발달 수준과 수퍼비전 작업 동맹을 고려하여 구조화하고 수퍼비전 목표를 설정한다.

2 **상담 수퍼비전의 개입 방법 중 '축어록'의 장점이 아닌 것은?**

① 사례 개념화와 서술 능력을 향상시켜 준다.
② 회상과 반성 능력을 기를 수 있다.
③ 회귀(회기)들에 대한 서면화된 기록이 남게 된다.
④ 기록의 일관성을 보장할 수 있다.

해설

④ 4번이 오답인 이유는 해당 설명은 '기록 검토'의 장점이기 때문이다.

TIP 상담 수퍼비전의 개입 방법과 장점

개입 방법	내용	장점
축어록	진행 기록들, 전체 회기 또는 회기 중 일부의 축어록	• 치료 계획을 현재 진행 중인 세션에 적응(적용)할 수 있다. • 사례 개념화와 서술 능력을 향상시켜 준다. • 회상과 반성 능력을 기를 수 있다. • 회귀(회기)들에 대한 서면화된 기록이 남게 된다.
기록 검토	회기 노트, 차트 등의 문서 검토	• 수퍼바이저의 중요한 역할 중 하나는 문서의 기준 준수를 인증하는 것이다. • 질적 통제를 위한 수단을 제공한다. • 기록의 일관성을 보장할 수 있다.

ANSWER 1.③ 2.④

3 다음 설명에 해당하는 수퍼비전 개입 방법으로 적합한 것은?

> 상담 중의 생각, 느낌을 회상하게 하는 IPR 방법도 상담 기술을 숙련하고 내담자에게 도움을 주는 데 효과적이다. "당신 마음에 어떤 그림들, 기억들, 단어들이 떠올랐느냐?", "다른 사람이 당신을 어떻게 보기를 바랬느냐?", "다른 사람이 당신을 어떻게 보는 것 같았느냐?", "그때 하고 싶었지만 생각이 안나 못했던 말을 적합하게 표현한다면 무엇이냐?" 등을 물음으로, 상담 장면을 회상하여 표현하지 못한 생각, 느낌, 지각 등을 자각케 하는 경험은 상담자의 자각 수준을 높여주고 상담자로서 자신을 이해하는 데 도움이 된다. 뿐만 아니라 내담자, 상담자와 내담자의 상호작용에 대한 이해를 높이는 데에도 효과적이다

① 사례 자문
② 대인관계 과정 회상(IPR)
③ 역할연기
④ 구두발표

해설

② 2번이 정답인 이유는 해당 설명은 '대인관계 과정 회상(IPR : Interpersonal Process Recall)'에 대한 것이기 때문이다.

TIP 상담 수퍼비전의 개입 방법과 장점

개입 방법	내용	장점
사례 자문/사례관리	사례에 관한 논의, 간략한 사례 개관	• 정보를 조직화하고, 문제를 개념화하며, 임상적 개입을 결정하는 것을 돕는다. • 이슈들[예 : 문화적 이슈들], 이론과 시술(사례)을 통합하고, 더 나은 자기 인식을 촉진한다. • 치료 계획의 중요한 요소이다. 〈사례 자문의 특징〉 사례 자문 방식은 수퍼바이지의 사례에 대한 논의를 포함하며, 가장 일반적인 수퍼비전 방식이다(Goodyear & Nelson, 1997). 사례 자문은 보통 대화로 진행되는데, 수퍼바이지가 상담 사례와 관련된 중요한 내용들을 사례 보고서 형식으로 정리해 와서 말로 설명하게 된다. 사례 보고서에 포함되어야 할 사항으로는 일반적인 내용[예 : 내담자의 인적사항과 가족 사항, 내방 경위, 호소 문제와 주요 심리검사 결과 등] 외에도 내담자에 대한 상담자의 평가, 상담자의 상담목표와 전략, 상담자가 수퍼비전에서 도움 받고 싶은 점 등 다양하다.
역할연기	임상 상황을 역할 연기함	• 학습 과정을 북돋운다. • 수퍼바이저가 수퍼바이지의 기술을 직접 관찰할 수 있다. • 수퍼바이지에게 다른 관점을 배울 수 있게 할 수 있다. • 수퍼바이지에게 새로운 기술을 연습할 수 있는 안전한 환경을 제공한다.
구두발표	임상적 상황에 대한 구두 보고, 임상적 상황에 대한 집단 토의	• 격식에 얽매이지 않는다. • 시간 대비 효과적이다. • 임상적 상황에 즉각적으로 대응할 수 있다. • 임상가가 보고에 포함하는 내용을 통해 임상가의 관점과 이해도를 가늠할 수 있다.

4 상담 수퍼비전의 개입 방법 중 '직접 관찰'의 장점으로 적합한 것은?

① 수퍼바이지를 관찰하면서 동시에 기술을 시연해 줄 수 있다.
② 내담자에게 더 도움이 될 수 있다.
③ 가장 일반적인 것은 수퍼바이저나 수퍼바이저를 포함한 관찰팀이 수퍼바이지가 상담하는 장면을 일방경(one-way glass)이나 비디오 화면을 통해 직접 관찰하는 방식이다.
④ 대안적 개입을 제공하기 용이하다.

해설

③ 3번이 정답인 이유는 ①②는 '공동촉진과 모델링'의 장점이고, ④는 '비디오 녹화'의 장점이기 때문이다.

TIP 상담 수퍼비전의 개입 방법과 장점

개입 방법	내용	장점
직접 관찰	수퍼바이저가 회기를 직접 (관)찰하고, 임상가에게 제한적인 제안이나 코멘트를 제공함.	• 치료의 질을 보호하는 가운데 기본적인 기술들을 가르칠 수 있다. • 수련생은 회기의 방향이 긍정적으로 바뀌는 것을 보고 경험하게 된다. • 수퍼바이저로 하여금 내담자의 안녕을 위해 개입해야 할 시점에 개입할 수 있도록 한다. 〈직접관찰의 특징〉 직접 관찰 방식은 수퍼바이지의 상담 장면을 직접 관찰할 수 있는 다양한 방법이다. 1. 수퍼바이저나 수퍼바이저를 포함한 관찰팀이 수퍼바이지가 상담하는 장면을 일방경(one-way glass)이나 비디오 화면을 통해 직접 관찰하는 방식이다. 2. 상담을 진행하는 방에 수퍼바이저가 직접 들어가서 관찰을 하는 방식도 있다. 이렇게 직접 관찰을 하는 경우에는 내담자의 얼굴이 수퍼바이저에게 공개되기 때문에 내담자가 경험하는 부담이 다른 수퍼비전 방식에 비해 더 클 수 있다. 따라서 직접 관찰을 하는 경우, 수퍼비전 방식에 대해 수퍼바이지는 내담자에게 미리 알리고 반드시 동의를 구해야 한다.
공동촉진과 모델링	수퍼바이저와 수퍼바이지가 회기를 함께 운영함. 수퍼바이지가 지켜보는 가운데 수퍼바이저가 특정한 기술을 시연함. 수퍼바이지가 해당 기술을 역할 연기하는 과정이 뒤따르기도 함	• 수퍼바이지를 관찰하면서 동시에 기술을 시연해 줄 수 있다. • 내담자에게 더 도움이 될 수 있다. • 수퍼바이지의 기술 습득을 점진적으로 촉진하며, 향상 정도를 관찰할 수 있다. • 다루기 어려운 내담자의 경우, 수퍼바이저가 회기 진행을 직접 도와줄 수 있다.
비디오 녹화	회기를 녹화하고, 검토함.	• 언어적/비언어적 정보를 모두 검토할 수 있는 매체이다. • 임상적 기술에 대한 자료를 제공한다. • 집단 수퍼비전 회기에서 함께 볼 수 있다. • 직접 관찰의 대안으로 사용할 수 있다. • 대안적 개입을 제공하기 용이하다. • 회기 내용, 회기의 인지적, 정서적 측면을 아울러 다룰 수 있다.

ANSWER 3.② 4.③

5 **다음 설명에 해당하는 파렌더와 샤프란스크(Falender & Shafranske, 2004)의 수퍼바이지에게 제공하는 피드백으로 적합한 것은?**

> 내가 ~라고 이야기할 때 무슨 생각을 하고 어떻게 느꼈는지 궁금하군요.
> 수퍼바이지와 내담자의 관계가 어떻게 느껴지는지 궁금합니다.

① 반영적 피드백 ② 통합적 피드백
③ 반응적 피드백 ④ 중립적 피드백

해설

① 1번이 정답인 이유는 해당 설명은 '반영적 피드백'에 대한 것이기 때문이다.

TIP 파렌더와 샤프란스크(Falender & Shafranske, 2004)의 수퍼바이지에게 제공하는 피드백

피드백 방법	예시
반영적 피드백	• 내가 ~라고 이야기할 때 무슨 생각을 하고 어떻게 느꼈는지 궁금하군요. • 수퍼바이지와 내담자의 관계가 어떻게 느껴지는지 궁금합니다
통합적 피드백	• 어떤 선택을 하고 있습니까? • 기회가 이미 지났을 때 당신은 무슨 생각을 하나요?
중립적 피드백	• ~에 대해 아는 것이 흥미롭군요. • ~에 대해 좀 더 설명해 주세요.
강화적 피드백	• 자료를 통합하는 능력과 기술이 눈에 띄게 확장되었네요. • 내담자의 말을 정확하게 요약하고 반영하는군요. • 지난번에 당신이 유사한 감정을 느꼈을 때 어떻게 대처했는지 생각해 보세요. • 불안에 대한 당신의 경험이 이러한 상황에서 어떻게 접근할 것인지에 대해 어떤 전망을 제공하는지 기억하세요. • 당신은 내담자에게 적절한 검사를 사용하고 있네요.
분석적 피드백	• 앞으로 몇 회기 동안 반응의 패턴을 살펴봅시다. • 과거 당신이 경험했던 것과 이번 일이 유사한 점이 있다면 무엇일까요?
반응적 피드백	• 당신은 어떻게 진행했는지 궁금한 것 같군요. • 퇴사를 당한 것에 대해 내담자가 화냈을 때 당신은 어땠나요?
교정적 피드백	• 당신이 사용할 수 있는 대안을 미리 탐색하는 것은 도움이 될 것입니다. • 내담자가 종결할 것이라고 말했을 때 당황했고, 내담자와 종결에 대해 제대로 이야기하지 못했다는 점이 걱정이 되는군요. 왜 그런 일이 있어났다고 생각하나요?
평가적 피드백	1. 긍정적 평가 • 당신의 개입은 이번 회기에 매우 효과적으로 작동했군요. 2. 부정적 평가 • 당신은 내담자가 표현하는 정서를 계속 무시하고 있네요. 내담자의 정서 표현에 집중하는 것이 앞으로 중요한 목표입니다.

6 **로젠버그(Rosonberg)의 수퍼비전 초급 전략 중 '교사 기능'에 해당하지 않은 것은?**

① 관찰된 상담 회기의 상호작용을 평가한다.
② 수퍼바이지가 개인 역량과 성장을 위한 영역을 설정하는 것을 돕는다.
③ 수퍼바이지에게 내담자에 관한 가설을 제공하도록 한다.
④ 개입 기법을 가르치거나, 시범을 보이거나, 모델 역할을 한다.

해설

② 2번이 오답인 이유는 해당 설명은 '상담자 기능'에 대한 것이기 때문이다.

TIP 로젠버그(Rosonberg)의 수퍼비전 초급 수준 전략

초급	전략
교사 기능	• 전략 1. 관찰된 상담 회기의 상호작용을 평가한다. • 전략 2. 수퍼바이지에게 내담자에 관한 가설을 제공하도록 한다. • 전략 3. 적절한 개입 방법을 확인한다. • 전략 4. 개입 기법을 가르치거나, 시범을 보이거나, 모델 역할을 한다. • 전략 5. 구체적인 전략과 개입 방법 이면의 근거를 설명한다. • 전략 6. 상담 회기에서 중요한 사건들을 해석한다.
상담자 기능	• 전략 7. 상담 회기 동안 수퍼바이지의 감정을 탐색한다. • 전략 8. 수퍼비전 회기 동안 수퍼바이지의 감정을 탐색한다. • 전략 9. 구체적인 기법이나 개입 방법에 관한 수퍼바이지의 감정을 탐색한다. • 전략 10. 상담 회기에서 자신감, 불안에 대한 수퍼바이지의 자기탐색을 격려한다. • 전략 11. 수퍼바이지가 개인 역량과 성장을 위한 영역을 설정하는 것을 돕는다. • 전략 12. 수퍼바이지에게 자신의 정동[情動, 감정의 움직임]과 방어를 처리할 수 있는 기회를 제공한다.
자문가 기능	• 전략 13. 수퍼바이지용 대안적 개입 방법이나 사례 개념화를 제공한다. • 전략 14. 수퍼바이지가 전략과 개입 방법에 대해 브레인스토밍 하도록 격려한다. • 전략 15. 수퍼바이지가 내담자의 문제와 동기에 대해 논의하도록 격려한다. • 전략 16. 수퍼비전 회기 중 수퍼바이지의 욕구 충족을 추구하고 시도한다. • 전략 17. 수퍼바이지가 수퍼비전 회기를 구조화하게 한다.

ANSWER 5.① 6.②

7 로젠버그(Rosonberg)의 수퍼비전 초급 전략 중 '자문가 기능'에 해당하는 것은?

① 적절한 개입 방법을 확인한다.
② 상담 회기에서 자신감, 불안에 대한 수퍼바이지의 자기탐색을 격려한다.
③ 수퍼바이지가 전략과 개입 방법에 대해 브레인스토밍 하도록 격려한다.
④ 수퍼비전 회기 동안 수퍼바이지의 감정을 탐색한다.

해설

③ 3번이 정답인 이유는 ①은 '교사 기능', ②④는 '상담자 기능'에 대한 것이기 때문이다.

TIP 로젠버그(Rosonberg)의 수퍼비전 초급 수준 전략

초급	전략
교사 기능	• 전략 1. 관찰된 상담 회기의 상호작용을 평가한다. • 전략 2. 수퍼바이지에게 내담자에 관한 가설을 제공하도록 한다. • 전략 3. 적절한 개입 방법을 확인한다. • 전략 4. 개입 기법을 가르치거나, 시범을 보이거나, 모델 역할을 한다. • 전략 5. 구체적인 전략과 개입 방법 이면의 근거를 설명한다. • 전략 6. 상담 회기에서 중요한 사건들을 해석한다.
상담자 기능	• 전략 7. 상담 회기 동안 수퍼바이지의 감정을 탐색한다. • 전략 8. 수퍼비전 회기 동안 수퍼바이지의 감정을 탐색한다. • 전략 9. 구체적인 기법이나 개입 방법에 관한 수퍼바이지의 감정을 탐색한다. • 전략 10. 상담 회기에서 자신감, 불안에 대한 수퍼바이지의 자기탐색을 격려한다. • 전략 11. 수퍼바이지가 개인 역량과 성장을 위한 영역을 설정하는 것을 돕는다. • 전략 12. 수퍼바이지에게 자신의 정동[情動, 감정의 움직임]과 방어를 처리할 수 있는 기회를 제공한다.
자문가 기능	• 전략 13. 수퍼바이지용 대안적 개입 방법이나 사례 개념화를 제공한다. • 전략 14. 수퍼바이지가 전략과 개입 방법에 대해 브레인스토밍 하도록 격려한다. • 전략 15. 수퍼바이지가 내담자의 문제와 동기에 대해 논의하도록 격려한다. • 전략 16. 수퍼비전 회기 중 수퍼바이지의 욕구 충족을 추구하고 시도한다. • 전략 17. 수퍼바이지가 수퍼비전 회기를 구조화하게 한다.

8 로젠버그(Rosonberg)의 수퍼비전 고급 전략이 아닌 것은?

① 수퍼바이지용 대안적 개입 방법이나 사례 개념화를 제공한다.
② 변화이론에 대한 수퍼바이지의 탐색을 격려한다.
③ 내담자에 대한 이해를 촉진하기 위해 수퍼바이지의 감정을 탐색한다.
④ 발달상의 도전거리를 제시한다.

해설

① 1번이 오답인 이유는 해당 설명은 초급 전략 중 '자문가 기능'에 대한 것이기 때문이다.

TIP 로젠버그(Rosonberg)의 수퍼비전 고급 수준 전략

고급	전략
교사, 상담가, 자문가 역할을 결합	• 전략 18. 변화이론에 대한 수퍼바이지의 탐색을 격려한다. • 전략 19. 수퍼바이지의 사례 개념화를 돕는다. a. 내담자의 이야기를 경청하고 대인 패턴을 탐색한다. b. 내담자의 문제에서 사회적 · 역사적 맥락을 탐색한다. c. 내담자의 강점과 자원을 평가한다. d. 가설을 설정한다. e. 목표를 설정하고, 접근법을 선택하며, 계약을 체결한다. • 전략 20. 내담자에 대한 이해를 촉진하기 위해 수퍼바이지의 감정을 탐색한다. • 전략 21. 수퍼바이지가 내담자와의 행동에서 단서를 확인, 사용하도록 격려한다. • 전략 22. 한 회기 내에서 수퍼바이지의 의도를 탐색한다. • 전략 23. 발달상의 도전거리를 제시한다. • 전략 24. 수퍼바이지 · 내담자의 경계 문제를 탐색한다. • 전략 25. 내담자를 다루기 위한 적절한 전략을 모델링할 수 있도록 평행 과정을 사용한다. • 전략 26. 수퍼바이지의 아이디어와 행동을 긍정적 방식으로 재구성하고 그 위에 구축한다. • 전략 27. 내담자의 경험에 의해 발생한 수퍼바이지의 고통스러운 감정을 처리하도록 돕는다.

ANSWER 7.③ 8.①

9 다음 사례 개념화의 적절성 검토사항에 대한 내용 중 ㉠~㉢ 안에 들어갈 내용이 올바르게 연결된 것은?

> • 논점 파악을 위해 (㉠)
> • 논점 진단과 상담목표 설정 시 (㉡)
> • 내담자의 논점, 상담 목표, 상담전략과 개입 기법 등이 (㉢)

	㉠	㉡	㉢
①	내담자의 정보를 종합적으로 검토 하였는가?	공식적인 이론에 기반을 두었는가?	일관된 맥락으로 구조화되었는가?
②	공식적인 이론에 기반을 두었는가?	일관된 맥락으로 구조화되었는가?	내담자의 정보를 종합적으로 검토 하였는가?
③	내담자의 정보를 종합적으로 검토 하였는가?	일관된 맥락으로 구조화되었는가?	공식적인 이론에 기반을 두었는가?
④	공식적인 이론에 기반을 두었는가?	내담자의 정보를 종합적으로 검토 하였는가?	일관된 맥락으로 구조화되었는가?

해설

① 1번이 정답인 이유는 해당 내용의 설명이 '사례 개념화의 적절성 검토사항'에 적합하기 때문이다.

TIP 사례 개념화의 적절성 검토사항

㉠ 논점 파악을 위해 내담자의 정보를 종합적으로 검토하였는가?
㉡ 논점 진단과 상담목표 설정 시 공식적인 이론에 기반을 두었는가?
㉢ 내담자의 논점, 상담 목표, 상담전략과 개입 기법 등이 일관된 맥락으로 구조화되었는가?

10 효과적인 수퍼비전의 원리와 개입 전략이 아닌 것은?

① 수퍼바이지의 기대와 요구를 탐색하고, 이를 충족시키도록 노력한다.
② 가설에 맞는 적절한 상담 개입 방법을 합의하여 결정한다.
③ 내담자의 행동과 수퍼바이지 자신의 행동에 나타난 단서를 인식하고, 이를 활용하는 능력을 개발하도록 돕는다.
④ 수퍼바이지가 이론적인 틀에서 사례를 이해하도록 돕는다.

해설

② 2번이 오답인 이유는 '가설에 맞는 적절한 상담 개입 방법을 수퍼바이지가 스스로 찾도록 돕는다.'이기 때문이다.

TIP 효과적인 수퍼비전의 원리와 개입 전략

㉠ 수퍼바이지의 기대와 요구를 탐색하고, 이를 충족시키도록 노력한다.
㉡ 수퍼바이지와 수퍼바이저는 수퍼비전 목표를 합의하여 결정한다.
㉢ 내담자의 주 호소 문제, 상담 동기, 문제 원인, 상황적 배경 등에 대해 수퍼바이지가 가설을 세우도록 격려한다.
㉣ 수퍼바이지가 상담전략과 개입 방법에 대해 가능한 여러 가지 대안을 탐색한다.
㉤ 가설에 맞는 적절한 상담 개입 방법을 수퍼바이지가 스스로 찾도록 돕는다.
㉥ 상담 시간 중 수퍼바이지 반응에 대해 수퍼바이지의 의도를 탐색하도록 한다.
㉦ 내담자의 행동과 수퍼바이지 자신의 행동에 나타난 단서를 인식하고, 이를 활용하는 능력을 개발하도록 돕는다.
㉧ 상담 회기 중에 나타난 수퍼바이지와 내담자의 상호작용을 평가한다.
㉨ 수퍼바이저가 수퍼바이지에게 대안적인 개입 방법과 사례에 대한 이론적 이해를 제시한다.
㉩ 수퍼바이지가 이론적인 틀에서 사례를 이해하도록 돕는다.

11 직업상담 수퍼비전 실행 시 수행 Tip으로 적합하지 않은 것은?

① 수퍼비전은 지속적으로 이루어져야 하며, 정기적으로 이루어져야 한다.
② 개입의 시기와 방법에 대해서 수퍼바이저는 동료와 지식을 나누고 보다 독립적으로 기능할 수 있도록 한다.
③ 수퍼바이지가 스스로 자신의 장단점을 이해하도록 하고, 수퍼바이저는 칭찬과 용기를 주어야 한다.
④ 수퍼비전 결과는 수퍼비전 진행 시에 실시되지만, 결과 보고서를 작성하여 수퍼바이지와 그 내용에 대하여 다시 한번 토의하여 확정한다.

해설

② 2번이 오답인 이유는 '개입의 시기와 방법에 대해서 수퍼바이저도 동료의 수퍼비전을 받아야 한다.'이기 때문이다.

TIP 직업상담 수퍼비전 실행 시 수행 Tip

㉠ 수퍼비전은 지속적으로 이루어져야 하며, 정기적으로 이루어져야 한다.
㉡ 아무리 뛰어난 수퍼바이저라고 할지라도 개입의 시기와 방법에 대한 논란의 여지가 많다. 그러므로 수퍼바이저도 동료의 수퍼비전을 받아야 한다.
㉢ 수퍼바이지가 스스로 자신의 장단점을 이해하도록 하고, 수퍼바이저는 칭찬과 용기를 주어야 한다.
㉣ 수퍼비전 결과는 수퍼비전 진행 시에 실시되지만, 결과 보고서를 작성하여 수퍼바이지와 그 내용에 대하여 다시 한번 토의하여 확정한다.
㉤ 윤리적인 면이 강조되고 있는 시대에 부응하여 윤리적인 자세와 태도를 촉구하여야 한다.

ANSWER 9.① 10.② 11.②

학습 5 직업상담 수퍼비전 평가하기

1 **직업상담 수퍼비전 평가 단계가 순서대로 연결된 것은?**

> ㉠ 수퍼바이지의 수퍼비전 요구도에 의한 구조화
> ㉡ 수퍼비전의 목표 및 목적 설정의 타당성
> ㉢ 수퍼비전 진행
> ㉣ 수퍼바이지의 만족도 조사
> ㉤ 수퍼비전 결과 보고서 작성

① ㉠ − ㉡ − ㉢ − ㉣ − ㉤
② ㉡ − ㉠ − ㉢ − ㉣ − ㉤
③ ㉠ − ㉢ − ㉣ − ㉡ − ㉤
④ ㉡ − ㉢ − ㉣ − ㉠ − ㉤

해설

② 2번이 정답인 이유는 직업상담 수퍼비전의 평가 단계는 '수퍼비전 목표 및 목적 설정의 타당성 ⇒ 수퍼바이지의 수퍼비전 요구도에 의한 구조화 ⇒ 수퍼비전 진행 ⇒ 수퍼바이지의 만족도 조사 ⇒ 수퍼비전 결과 보고서 작성'이기 때문이다.

TIP 직업상담 수퍼비전 평가 단계

㉠ **수퍼비전 목표 및 목적 설정의 타당성**
수퍼바이지가 주로 활동한 영역 및 대상, 수련 활동, 관련 자격증 등을 검토하고, 수퍼바이지에게 필요한 수퍼비전을 확인하며 목표와 목적을 설정하고 계획을 수립하였는지를 평가한다.

㉡ **수퍼바이지의 수퍼비전 요구도에 의한 구조화**
수퍼바이저는 수퍼바이지와 면담하여 진단 평가, 직업상담, 직업정보 가공, 교육 지도 등에서 발생하는 수퍼비전의 요구도를 파악하며, 수퍼비전의 구조를 구상하고 수퍼바이지의 의견을 듣는다.

㉢ **수퍼비전 진행**
수퍼비전의 구조와 다음의 수퍼비전 항목에 따라 수퍼비전을 실시한다.

㉣ **수퍼바이지의 만족도 조사**
수퍼바이저는 수퍼비전이 끝나고 수퍼바이저(지)에게 만족도를 질문하거나 기술하도록 하고, 그 결과에 대하여 응답해 준다.

㉤ **수퍼비전 결과 보고서 작성**
수퍼비전의 각 항목에 의거하여 평가 보고서를 작성한다.

2 직업상담 윤리 수퍼비전 단계 중 아래 설명에 해당하는 단계는?

> 내담자의 호소 문제를 해결하고 종결하는 것이 수퍼바이지의 임무이다. 그러나 상담 회기가 지나도 나아지지 않거나, 내담자와의 관계에서 오해의 소지가 있거나, 수퍼바이지의 영역 밖이라면 다른 전문가에게 의뢰하거나 적절한 기관으로 안내하여야 한다. 수퍼바이저는 내담자 호소와 수퍼바이지의 태도에 대하여 수퍼비전을 한다.

① 인간 존중과 내담자 권리
② 내담자에 대한 책임
③ 비밀의 보장
④ 유인, 유도, 속임수

해설

② 2번이 정답인 이유는 해당 설명은 '내담자에 대한 책임'에 대한 것이기 때문이다.

TIP 직업상담 윤리 수퍼비전 단계

㉠ 인간 존중과 내담자 권리
어떤 경우라도 내담자가 인간으로서의 가치를 존중받아야 하며, 상담 내용이 보호받아야 하는 원칙을 수퍼바이지가 정확히 인식하고 있는지에 대하여 평가한다.

㉡ 내담자에 대한 책임
내담자의 호소 문제를 해결하고 종결하는 것이 수퍼바이지의 임무이다. 그러나 상담 회기가 지나도 나아지지 않거나, 내담자와의 관계에서 오해의 소지가 있거나, 수퍼바이지의 영역 밖이라면 다른 전문가에게 의뢰하거나 적절한 기관으로 안내하여야 한다. 수퍼바이저는 내담자 호소와 수퍼바이지의 태도에 대하여 수퍼비전을 한다.

㉢ 비밀의 보장
내담자의 정보는 개인 식별이 가능한 정보를 보호하여야 하며, 정보의 파기에 대하여 구체적인 방법을 세워야 한다. 그러나 자신이나 타인, 혹은 사회에 심각한 위해를 가할 상황이 분명하면 상담자는 적절한 절차를 거쳐 정보를 공개할 수 있지만, 내담자의 위험을 최소화하여야 한다. 상담의 전 과정에서 이러한 문제들이 지켜졌는지 수퍼바이저는 점검한다.

㉣ 유인, 유도, 속임수
내담자가 검사 실시, 상담 진행 과정 등에 대해 동의하에 상담을 실시하여야 하는데, 수퍼바이지가 내담자의 동의 없이 직업 심리검사를 실시하거나, 과도한 상담 효과를 제시하거나 하는 등의 유인, 유도가 있었는지 수퍼바이저는 점검해야 한다. 내담자에게 점점 상담 효과가 나타난다는 속이기(deception)는 사용이 필요할 수도 있지만, 반드시 필요했는지에 대한 수퍼바이저의 점검이 필요하다.

ANSWER 1.② 2.②

3 **수퍼비전 종결 시 다룰 수 있는 주제들로 적합하지 않은 것은?**

① 수퍼바이지의 종결과 이별에 대한 감정을 다룬다.

② 수퍼비전에서 학습한 것을 정리한다.

③ 수퍼비전에서 배운 것은 무엇인지, 아직 남아 있는 학습 과제는 무엇인지 확인한다.

④ 수퍼바이저와 수퍼비전 종결 후에도 작업동맹을 형성하며 지속적으로 도움을 받는다.

해설

④ 4번이 오답인 이유는 해당 내용은 수퍼비전 종결 시 다루는 주제가 아니라, '수퍼비전 자체가 지속적이며, 정기적으로 이루어져야 한다.'이기 때문이다.

TIP 수퍼비전 종결시 다룰 수 있는 주제들

㉠ 수퍼바이지의 종결과 이별에 대한 감정을 다루고, ㉡ 수퍼비전에서 학습한 것을 정리하며, ㉢ 이를 실제 상담에 적용하고 앞으로 남은 과제를 점검하는 것이다. 구체적으로 이번 수퍼비전에서 배운 것은 무엇인지, 아직 남아 있는 학습 과제는 무엇인지, 이번 수퍼비전에 참여한 것의 개인적인 의미는 무엇인지, 이러한 내용에 대해 수퍼바이지가 수퍼비전에서 학습한 것을 이해하고 통합하고 정리하여 자신의 것으로 만들 수 있도록 돕는 것이 필요하다.

4 직업상담 수퍼비전 평가 시 유의해야 하는 점이 아닌 것은?

① 수퍼비전의 종결에 대해 수퍼바이지와 협의하고 수퍼바이저의 의견을 충분히 전달한다.

② 수퍼비전의 평가가 수퍼바이지의 만족도에만 의존하지 않도록 하고 수퍼비전 목표가 얼마나 효과적으로 달성되었는지에 대해 평가할 수 있도록 한다

③ 수퍼비전 평가의 목적은 수퍼바이지의 성장과 수퍼비전 관계의 발달, 수퍼비전의 효과적 수행에 대한 점검 등이다.

④ 수퍼비전의 평가가 너무 부정적인 방향으로 진행되지 않도록 하고, 지나친 비판이나 비난, 지적, 요구 등을 주의한다.

해설

① 1번이 오답인 이유는 '수퍼비전의 종결에 대해 수퍼바이지와 협의하고 수퍼바이지의 의견을 청취하도록 한다.'이기 때문이다.

TIP 직업상담 수퍼비전 평가 시 유의사항 및 수행 Tip

㉠ 수퍼비전의 종결에 대해 수퍼바이지와 협의하고 수퍼바이지의 의견을 청취하도록 한다.
㉡ 수퍼비전의 각 회기를 종결하는 시점에서의 평가와 전체 수퍼비전 과정을 종결하는 시점에서의 평가는 절차와 내용에 있어서 유사점과 차이점을 구분하여 진행한다.
㉢ 수퍼비전의 평가가 수퍼바이지의 만족도에만 의존하지 않도록 하고 수퍼비전 목표가 얼마나 효과적으로 달성되었는지에 대해 평가할 수 있도록 한다.
㉣ 수퍼비전 평가의 목적은 수퍼바이지의 성장과 수퍼비전 관계의 발달, 수퍼비전의 효과적 수행에 대한 점검 등 이다.
㉤ 수퍼비전의 평가가 너무 부정적인 방향으로 진행되지 않도록 하고, 지나친 비판이나 비난, 지적, 요구 등을 주의한다.
㉥ 수퍼비전 과정상의 윤리적 사항들에 대한 평가도 함께 이루어질 수 있도록 한다.

ANSWER 3.④ 4.①

5 **다음 빈칸에 알맞은 평가방법으로 연결된 것은?**

> 1. 수퍼비전의 각 회기를 종결하며 수퍼바이지와 소감을 나누고 (㉠)를 실시한다.
> 2. 수퍼비전을 종결하는 시점에서 수퍼비전 전 과정을 되돌아보고 평가도구나 문서를 활용하여 수퍼비전 목표 달성 여부, 수퍼바이지의 만족도 등에 대해 (㉡)를 실시한다.

	㉠	㉡
①	규준지향 평가	준거지향 평가
③	준거지향 평가	규준지향 평가
②	형성평가	종합평가
④	종합평가	형성평가

해설

② 2번이 정답인 이유는 평가는 '각 회기마다 진행되는 형성평가'와 '종결 시점에 이루어 지는 종합평가'를 실시하기 때문이다.

TIP 교육평가 모형

평가 방법	내용
형성평가	과정이 진행되고 있는 도중에 실시하는 평가로 점검의 성격을 띠고 있는 평가방법
종합평가	과정 종결(종료)시 목표 달성 여부 등에 대해 종합적으로 판정하는 평가방법
규준지향 평가	개인의 성취 수준을 비교 집단(규준)의 사람들의 점수와 비교해서 상대적으로 어떤 수준인지를 알아보기 위한 평가방법
준거지향 평가	점수를 타인과 비교하는 것이 아니라, 어떤 기준(목표) 점수와 비교해서 이용하려는 평가방법

6 **직업상담 윤리 수퍼비전에 해당하는 것이 아닌 것은?**

① 인간 존중과 내담자 권리
② 수퍼바이지에 대한 책임
③ 비밀의 보장
④ 유인, 유도 속임수

해설

② 2번이 오답인 이유는 '내담자에 대한 책임'이기 때문이다.

TIP 직업상담 윤리 수퍼비전 단계

단계	내용
인간 존중과 내담자 권리	어떤 경우라도 내담자가 인간으로서의 가치를 존중받아야 하며, 상담 내용이 보호받아야 하는 원칙을 수퍼바이지가 정확히 인식하고 있는지에 대하여 평가한다.
내담자에 대한 책임	내담자의 호소 문제를 해결하고 종결하는 것이 수퍼바이지의 임무이다. 그러나 상담 회기가 지나도 나아지지 않거나, 내담자와의 관계에서 오해의 소지가 있거나, 수퍼바이지의 영역 밖이라면 다른 전문가에게 의뢰하거나 적절한 기관으로 안내하여야 한다. 수퍼바이저는 내담자 호소와 수퍼바이지의 태도에 대하여 수퍼비전을 한다.
비밀의 보장	내담자의 정보는 개인 식별이 가능한 정보를 보호하여야 하며, 정보의 파기에 대하여 구체적인 방법을 세워야 한다. 그러나 자신이나 타인, 혹은 사회에 심각한 위해를 가할 상황이 분명하면 상담자는 적절한 절차를 거쳐 정보를 공개할 수 있지만, 내담자의 위험을 최소화하여야 한다. 상담의 전 과정에서 이러한 문제들이 지켜졌는지 수퍼바이저는 점검한다
유인, 유도 속임수	내담자가 검사 실시, 상담 진행 과정 등에 대해 동의하에 상담을 실시하여야 하는데, 수퍼바이지가 내담자의 동의 없이 직업 심리검사를 실시하거나, 과도한 상담 효과를 제시하거나 하는 등의 유인, 유도가 있었는지 수퍼바이저는 점검해야 한다. 내담자에게 점점 상담 효과가 나타난다는 속이기(deception)는 사용이 필요할 수도 있지만, 반드시 필요했는지에 대한 수퍼바이저의 점검이 필요하다.

ANSWER 5.② 6.②

CHAPTER

06 취업지원행사운영

학습 1 행사범위 결정하기

1 **다음 행사의 의의 중 국가나 지방자치단체가 운영하는 행사의 의의에 해당하지 않는 것은?**

① 고용률과 취업률을 높이는 효과가 있다.

② 주최하는 국가 및 지방자치단체의 이미지 제고와 같은 긍정적 효과가 있다.

③ 지역경제 활성화에 도움이 된다.

④ 위탁기관 및 기업에 수익창출을 돕는다.

해설

④ 4번이 오답인 이유는 '위탁기관 및 기업에 수익창출을 돕는다'는 '위탁기관 및 기업의 행사 의의'에 해당하기 때문이다.

TIP 행사 의의

㉠ 국가나 지방자치 단체
- 고용률과 취업률 향상효과가 있다.
- 주최하는 국가 및 지방자치단체의 이미지 제고와 같은 긍정적 효과가 있다.
- 지역경제 활성화에 도움이 된다.
- 일자리 창출 효과가 있다.
- 위탁기관 및 기업으로부터 전문성을 확보한다.

㉡ 위탁기관 및 기업
- 위탁기관 및 기업에 수익창출을 돕는다.
- 주관기관이나 기업의 홍보 효과가 있다.
- 기업의 전문성을 높인다.

㉢ 개인 : 진로 및 취업 관련 정보를 수집하고 현장면접을 통해 취업에 성공하는 기회

2 **다음 중 행사계획을 위해 분석할 내용에 해당하지 않는 것은?**

① 인구통계학적 특성과 사회통계학적 분석
② 행사 주최/주관 분석
③ 참가동기 분석
④ 행사 개최장소 분석

해설

④ 4번이 오답인 이유는 행사계획을 위해 분석할 내용은 '행사 개최장소 분석'이 아니라 '행사 개최시기 분석'이 해당하기 때문이다.

TIP 행사계획 전 분석

㉠ 인구통계학적 특성과 사회통계학적 분석
㉡ 행사 주최/주관 분석
㉢ 참가동기 분석
㉣ 참여자의 체류시간 분석
㉤ 참여자의 지역분석
㉥ 행사 개최시기 분석

3 **다음 중 행사계획 시 유의할 사항으로 옳지 않은 것은?**

① 실현 가능해야 한다.
② 세부사항 계획 시에는 전체적인 전략에서 벗어날 수 있다.
③ 행사계획은 한 번 확정했다고 끝이 아니라 지속적으로 조정하고, 수정하는 과정이다.
④ 행사는 종합예술과 같아 다양한 분야 전문가들과의 협업의 과정이므로 전문가 의견을 존중한다.

해설

② 2번이 정답인 이유는 '세부사항 계획 시에는 전체적인 전략에서 벗어날 수 없기 때문'이다.

TIP 행사계획 시 유의사항

㉠ 실현 가능해야 한다.
㉡ 세부사항 계획 시에는 전체적인 전략에서 벗어나지 않아야 한다.
㉢ 행사계획은 한번 확정했다고 끝이 아니라 지속적으로 조정하고, 수정하는 과정이다.
㉣ 행사는 종합예술과 같아 다양한 분야 전문가들과의 협업과정이므로 전문가 의견을 존중한다.

ANSWER 1.④ 2.④ 3.②

4 **다음 중 지방계약법 시행령으로 정한 수의계약에 의할 수 있는 경우에 해당하지 않는 것은?**

① 천재지변, 감염병의 발생 및 유행, 작전상의 병력이동, 긴급한 행사, 원자재의 가격급등, 그 밖에 이에 준하는 경우로서 입찰에 부칠 여유가 없는 경우

② 입찰에 부칠 여유가 없는 긴급 복구가 필요한 재난 등 행정안전부령에 따른 재난복구 등의 경우

③ 국가기관, 다른 지방자치단체(「지방자치법」 제159조에 따른 지방자치단체조합을 포함한다)와 계약을 하는 경우

④ 특정인의 기술 · 용역 또는 특정한 위치 · 구조 · 품질 · 성능 · 효율 등으로 인하여 경쟁이 가능한 경우

해설

④ 4번이 오답인 이유는 '수의계약'이 가능한 경우는 특정인의 기술 · 용역 또는 특정한 위치 · 구조 · 품질 · 성능 · 효율 등으로 인하여 경쟁이 불가한 경우이기 때문이다.

TIP 지방자치단체를 당사자로 하는 계약에 관한 법률 시행령 (약칭 : 지방계약법 시행령) [시행 2024. 7. 10.] [대통령령 제34657호, 2024. 7. 2., 타법개정]

25조(수의계약에 의할 수 있는 경우) ① 지방자치단체의 장 또는 계약담당자는 다음 각 호의 어느 하나에 해당하는 경우에는 법 제9조 제1항 단서에 따라 수의계약을 할 수 있다.

㉠ 천재지변, 감염병의 발생 및 유행, 작전상의 병력이동, 긴급한 행사, 원자재의 가격급등, 그 밖에 이에 준하는 경우로서 입찰에 부칠 여유가 없는 경우

㉡ 입찰에 부칠 여유가 없는 긴급복구가 필요한 재난 등 행정안전부령에 따른 재난복구 등의 경우

㉢ 국가기관, 다른 지방자치단체(「지방자치법」 제159조에 따른 지방자치단체조합을 포함한다)와 계약을 하는 경우

㉣ 특정인의 기술 · 용역 또는 특정한 위치 · 구조 · 품질 · 성능 · 효율 등으로 인하여 경쟁을 할 수 없는 경우로서 다음 각 목의 경우

㉤ 다음 각 목의 어느 하나에 해당하는 계약

㉥ 다른 법률에 따라 특정 사업자로 하여금 특수한 물품 · 재산 등을 매입하거나 제조하도록 하는 경우로서 다음 각 목의 경우

㉦ 특정 연고자, 지역주민 및 특정 물품 생산자 등과 계약할 필요가 있거나 그 밖에 이에 준하는 사유가 있는 경우로서 다음 각 목의 경우

㉧ 그 밖에 계약의 목적 · 성질 등에 비추어 경쟁에 따라 계약을 체결하는 것이 비효율적이라고 판단 되는 경우로서 다음 각 목의 경우

5 다음 설명하는 용어(단어, 개념)로 옳은 것은?

> 대한민국이 만든 전자조달 세계 대표 브랜드 '국가종합전자조달시스템'을 말한다. 국가종합전자조달시스템은 조달업무 전 과정을 온라인으로 처리하는 선진 전자조달시스템으로 모든 공공기관의 입찰정보가 공고되고, 1회 등록으로 어느 기관 입찰에나 참가할 수 있는 공공조달 단일창구(single window)를 말한다.

① 전자보증
② 온비드
③ 누리장터
④ 나라장터

TIP 나라장터(g2b)

대한민국이 만든 전자조달 세계 대표 브랜드 '국가종합전자조달시스템을 말한다. 국가종합전자조달시스템은 조달업무 전 과정을 온라인으로 처리하는 선진 전자조달시스템으로 모든 공공기관의 입찰정보가 공고되고, 1회 등록으로 어느 기관 입찰에나 참가할 수 있는 공공조달 단일창구(single window) 역할을 수행한다.

㉠ 모든 공공기관과 조달기업이 이용하는 공공조달 단일 창구
- 조달기업은 분야별 면허 등 자격요건을 미리 나라장터에 등록하면 1회 등록만으로 모든 공공기관의 입찰에 참가할 수 있습니다.
- 조달기업은 나라장터 한 곳에서 모든 공공기관의 입찰 정보를 획득할 수 있습니다.

㉡ 입찰공고, 입찰, 계약, 대금지급 등 조달 프로세스 전 과정을 전자화
- 입찰부터 계약, 대금지급까지 조달 전 과정이 인터넷에서 편리하게 처리되고, 입찰 · 계약 등의 관련 서류를 전자화해 빠르게 처리함으로써 공공기관, 조달기업 모두 효율적인 조달 업무를 수행할 수 있습니다.

㉢ 나라장터의 기능
- 전자입찰 : 입찰 공고, 조달기업의 입찰참가 신청, 투찰, 개찰 및 자격심사를 통해 낙찰자 선정
- 전자계약 : 공동인증, 최신 생체지문인식 기술을 적용하여 계약서 작성 및 전자 서명, 각종 보증서 처리 인지세 납부, 채권매입 등 계약 체결에 필요한 모든 업무를 처리
- 전자지불 : 제품, 서비스, 시설물에 대한 검사, 대금청구, 지불까지 전 과정을 국가, 지자체, 교육기관 등 3대 주요 재정정보시스템과 연계하여 처리
- 종합쇼핑몰 : 수시 구매가 필요한 상용 물품이나 서비스 등의 경우, 조달기업은 자사의 상품을 종합쇼핑몰에 등록하고, 공공기관은 종합쇼핑몰에서 직접 검색하여 원하는 상품 구매
- 목록정보 : 406만 개 품목의 상품 정보를 UNSPSC 분류체계를 활용하여 빠르게 등록, 조회하여 공공기관, 조달기업은 구매 대상이 되는 물품, 서비스 등의 설명, 규격, 품질 정보 등 공유

ANSWER 4.④ 5.④

6 취업지원행사를 위한 위탁업체의 법적 요건에 대한 설명으로 옳지 않은 것은?

① 취업지원행사를 위탁하기 위해서는 위탁받는 업체의 법적 요건이 전제되어야 한다.
② 유료직업소개소, 무료직업소개소, 국외유료직업소개업 등의 등록한 기업에 자격을 부여한다.
③ 위탁업체의 법적 요건에 대한 법적 자격요건을 갖추었다고 해도 실적, 운영인력, 시설 등 요건을 추가로 요구하는 경우가 있다.
④ 직업정보제공업, 행사용역업, 근로자파견업 등의 인허가를 득한 기업의 경우 취업지원행사가 가능하다.

해설

② 2번이 오답인 이유는 취업지원행사를 위한 위탁업체의 법적 요건에는 '등록' 기업이 아닌 '인허가'를 득한 기업을 말하기 때문이다.

TIP 위탁업체의 법적 요건

취업지원행사를 위탁하기 위해서는 위탁받는 업체의 법적 요건이 전제되어야 한다. 일반적으로 유료직업소개소, 무료직업소개소, 국외유료직업소개업, 직업정보제공업, 행사용역업, 근로자파견업 등의 인허가를 득한 기업에 자격을 부여한다. 그러나 법적 자격요건을 갖추었다고 해도 실적, 운영인력, 시설 등 요건을 추가로 요구하는 경우도 있다.

7 다음은 행사범위에 대한 내용이다. 행사범위에 따른 분류를 바르게 연결한 것은?

① 장소에 따른 분류 – 국내, 해외
② 내용에 따른 분류 – 박람회, 캠프, 세미나, 워크숍
③ 지역에 따른 분류 – 광역시, 지자체, 전국단위행사
④ 규모에 따른 분류 – 실내, 실외

TIP 취업지원행사 지역 및 장소에 따른 분류

내용 위주가 아닌 장소에 따른 범위 설정으로 실내, 실외 또는 특정지역, 국내, 해외 등으로 구분한다.

㉠ 장소에 따른 분류
- 실내 : 날씨 영향을 받지 않는 장점, 참여인원 제한
- 실외 : 기후, 온도, 일출, 일몰 등 영향을 받으며 비교적 많은 인원 참여 가능

㉡ 지역에 따른 분류
- 국내 : 지방행사, 중앙행사
- 해외 : 해외 참가형

㉢ 규모에 따른 분류
- 광역시, 지자체 단위 행사
- 전국단위 행사
- 국제행사

㉣ 내용에 따른 분류
- 박람회
- 캠프
- 세미나
- 워크숍

8 **취업지원행사의 법적 검토와 관련된 내용으로 옳지 않은 것은?**

① 계약이란 어떤 일에 대하여 지켜야 할 의무를 미리 정해 놓고 서로 어기지 않을 것을 다짐하는 것이다.

② 각 중앙관서의 장 또는 계약담당공무원은 국제입찰의 경우에는 신의성실의 원칙에 따라 차별되는 특약(特約)이나 조건을 정하여서는 아니 된다.

③ 법률적 의미로는 일정한 법률적 효과의 발생을 목적으로 두 사람 이상이 의사표시의 합의를 이룸으로써 이루어지는 법률행위를 말한다.

④ 기본적으로 계약 당사자들의 자유의사에 의한 계약자유의 원칙이 있으므로 당사자들의 청약과 승낙만으로 법적 효력이 인정된다.

해설

② 2번이 오답인 이유는 '호혜의 원칙'에 대한 설명이기 때문이다.

TIP 계약의 원칙

㉠ 계약은 서로 대등한 입장에서 당사자의 합의에 따라 체결되어야 하며, 당사자는 계약의 내용을 신의성실의 원칙에 따라 이행하여야 한다.

㉡ 각 중앙관서의 장 또는 계약담당공무원은 제4조 제1항에 따른 국제입찰의 경우에는 호혜(互惠)의 원칙에 따라 정부조달협정 가입국(加入國)의 국민과 이들 국가에서 생산되는 물품 또는 용역에 대하여 대한민국의 국민과 대한민국에서 생산되는 물품 또는 용역과 차별되는 특약(特約)이나 조건을 정하여서는 아니 된다.

㉢ 각 중앙관서의 장 또는 계약담당공무원은 계약을 체결할 때 이 법 및 관계 법령에 규정된 계약상대자의 계약상 이익을 부당하게 제한하는 특약 또는 조건(이하 "부당한 특약 등"이라 한다)을 정해서는 아니 된다.

㉣ 제3항에 따른 부당한 특약 등은 무효로 한다.

9 **행사범위 결정 시 먼저 고려해야 할 범위의 순서를 바르게 나열한 것은?**

① 행사시기 → 행사장소 → 지역 → 규모 → 내용

② 행사장소 → 지역 → 규모 → 내용 → 행사시기

③ 행사시기 → 행사장소 → 지역 → 내용 → 규모

④ 행사장소 → 행사시기 → 규모 → 지역 → 내용

해설

① 1번이 정답인 이유는 행사시기 → 행사장소 → 지역 → 규모 → 내용 순으로 행사범위를 결정하기 때문이다.

ANSWER 6.② 7.② 8.② 9.①

학습 2 행사 계획하기

1 **취업지원행사의 목표에 대한 설명으로 옳지 않은 것은?**

① 행사는 목표와 목적에 따라 박람회, 캠프, 잡콘서트, 워크숍 등으로 구분하여 실시한다.
② 취업캠프의 목적은 구인기업과 구직자들에게 면접의 장을 마련하여 직접 취업으로 연계할 수 있도록 하는 것이다.
③ 행사의 일반적 목적에는 국민이나 지역주민의 니즈 충족, 애국심과 애향심 발로, 주최지역의 정체성 확립, 지역주민의 연대의식 고취, 정보취득과 정보교류 확대 등이 있다.
④ 행사 계획단계에서 콘셉트 설정은 궁극적으로 행사의 목표와 목적을 결정하는데 중요한 역할을 한다.

해설

② 2번이 오답인 이유는 '취업캠프'는 특성화고등학교, 대학교 등 청소년들의 입직을 돕기 위하여 입사서류 작성법, 면접 등 구직역량을 강화할 목적으로 1박 2일 또는 2박 3일 동안 수련원, 콘도 등에서 행해지는 행사이다.

TIP 행사의 일반적 목적

㉠ 국민이나 지역주민의 니즈 충족
㉡ 애국심과 애향심 발로
㉢ 주최지역의 정체성 확립
㉣ 지역주민의 연대의식 고취
㉤ 정보취득과 정보교류 확대
㉥ 지역의 경쟁력 강화
㉦ 취업률, 고용률 향상
㉧ 지역발전에 이바지

2 **다음 중 취업지원행사 장소 결정 시 고려사항에 해당하지 않는 것은?**

① 누구나 찾기 쉬운 지명도가 있는 곳
② 행사 타깃층과 친밀성 여부와 교통의 편리성 및 주차시설 확보 상황
③ 행사장의 안전성과 행사장 동선 계획 부합 여부
④ 행사 개최시기의 날씨, 기후, 계절 동향

해설

④ 4번이 오답인 이유는 취업지원행사 '시기 결정 시 고려사항'에 해당하기 때문이다.

TIP 행사 장소 결정시 고려사항

㉠ 누구나 찾기 쉬운 지명도가 있는 곳
㉡ 행사 장소의 주변 환경
㉢ 행사장의 안전성
㉣ 행사장 동선 계획과 사고 예방 주의
㉤ 장소 이용료 및 인허가 상황
㉥ 교통의 편리성(접근성)
㉦ 주차시설 확보 상황
㉧ 행사 타깃층과 친밀도 있는 장소(학교, 체육관, 복지관 등)
㉨ 행사장 외의 편의시설 상황
㉩ 행사 취지와 목적 등 성격과 부합하는 곳

3 **행사 시기 결정 시 고려사항에 해당하지 않은 것은?**

① 행사 취지와 목적 등 성격과 부합하는 것
② 행사 표적 고객의 개최시기 동향 분석(시험기간, 졸업시즌 등)
③ 국내외적으로 행사에 영향을 줄 수 있는 정치 · 경제적 동향
④ 행사 개최시기의 날씨, 기후, 계절 동향

해설

① 1번이 오답인 이유는 '행사 장소 결정 시 고려사항'에 해당하기 때문이다.

TIP 행사 시기 결정 시 고려사항

㉠ 행사 개최시기의 날씨, 기후, 계절 동향
㉡ 행사 대상자의 개최시기 동향 분석(시험기간, 졸업시즌 등)
㉢ 국내외적으로 행사에 영향을 줄 수 있는 정치 · 경제적 동향
㉣ 행사장소의 사용이 용이한 시점
㉤ 충분한 행사 준비 기간 확보(홍보기간, 인원 및 물적 자원 확보 가능 여부 등)
㉥ 타 취업행사의 중복 여부
㉦ 지역의 협업기관의 동향

ANSWER 1.② 2.④ 3.①

4　다음에서 설명하는 행사 구성 조직으로 옳은 것은?

국가적 행사인 대규모 엑스포, 박람회, 올림픽 등에 대응하기 위하여 임시적으로 구성하는 조직이다.

① 단순운영 조직　　② 네트워크 조직
③ 기능 조직　　④ 프로젝트팀 조직

해설

④ 4번이 정답인 이유는 국가적 행사인 대규모 엑스포, 박람회, 올림픽 등에 대응하기 위하여 '임시적으로 구성하는 조직은 프로젝트팀조직'에 해당하기 때문이다.

TIP 프로젝트팀 조직

국가적 행사인 대규모 엑스포, 박람회, 올림픽 등에 대응하기 위하여 임시적으로 구성하는 조직이다. 수평적 조직으로서 숙련된 전문가들이 배치되고 많은 자원봉사자 필요하다.

㉠ 행사의 규모나 성격이 프로젝트팀 조직에 적합한지 확인한다.
㉡ 핵심부서인 마케팅과 재정부문의 연속성을 고려하여 구성한다.
㉢ 분야별 외주업체를 파악한다.
㉣ 분야별 외주업체를 선정한다.
㉤ 많은 자원봉사자 수요를 파악한다.
㉥ 숙련된 전문가 정보를 파악한다.
㉦ 프로젝트 팀 조직을 구성한다.
㉧ 수요 인력을 채용한다.

5　다음 중 취업박람회의 행사 목표에 해당하지 않은 것은?

① 구직자들의 구직역량 향상　　② 구직자들에게 취업정보 제공
③ 현장경험을 통한 기업 및 직무 이해　　④ 예비구직자의 취업 서류 및 면접체험

해설

③ 3번이 오답인 이유는 '현장경험을 통한 기업 및 직무 이해는 기업탐방의 목표에 해당'하기 때문이다.

TIP 취업박람회의 행사 목표

㉠ 구직자들의 구직역량 향상
㉡ 구직자들에게 취업정보 제공
㉢ 기업홍보
㉣ 예비구직자의 취업 서류 및 면접체험
㉤ 직업훈련기관 및 고용서비스기관의 정보제공
㉥ 구인기업과 구직자의 현장면접을 통한 취업지원

6 **다음에서 제시된 CI의 이점 중 내부적 이점에 해당하지 않는 것은?**

① 기업 구성원의 사기를 높이고 동기를 유발

② 종업원의 이직률 감소

③ 제품 및 서비스 질 향상

④ 기업합병 및 주식 취득 용이

해설

④ 4번이 오답인 이유는 '기업합병 및 주식 취득 용이는 재무적 이점'에 해당하기 때문이다..

TIP CI의 기능(김한석, 2003)

㉠ 내부적 이점
- 기업 구성원의 사기를 높이고 동기를 유발
- 종업원의 이직률 감소
- 제품 및 서비스 질 향상
- 우수인재 채용 용이
- 구성원 간의 통합 증진

㉡ 재무적 이점
- 기업의 안정성을 유도하여 주식 가격 상승
- 기업합병 및 주식 취득 용이
- 경쟁기업 공격으로부터 보호

㉢ 마케팅 이점
- 기업 및 브랜드에 대한 긍정적 태도 상승
- 이해관계자 친밀감 유도
- 광고 및 홍보 효율성 상승
- 기업의 신시장 진입 용이
- 브랜드 로열티 증가

ANSWER 4.④ 5.③ 6.④

7 **다음의 내용을 읽고 적합한 취업관련 행사로 옳은 것은?**

> 최신 산업동향과 고용동향, 지역의 고용특성 등에 대한 정보를 제공하고 기업 인사 담당자로 하여금 직접 해당 기업의 인재상, 인재채용 기준 등의 정보를 제공함으로써 구직자에게 중장기적 취업준비를 지원하는 행사이다.

① 채용설명회 ② 직종설명회
③ 구인구직 만남의 날 ④ 취업캠프

해설

① 1번이 정답인 이유는 해당 기업의 인재상, 인재채용 기준 등의 정보를 제공함으로써 구직자에게 중장기적 취업준비를 지원하는 행사는 '채용설명회'에 대한 설명이다.

TIP 행사내용의 구성

㉠ **구인구직 만남의 날** : 소규모로 진행하는 박람회라고 할 수 있으며 부대행사를 거의 하지 않고 오로지 구인기업과 구직자의 면접에 초점을 맞추어 취업촉진을 지원하는 행사로서 정례화되고 있는 추세이다.
㉡ **채용설명회** : 최신 산업동향과 고용동향, 지역의 고용특성에 대한 정보뿐만 아니라 기업 인사 담당자로 하여금 직접 해당 기업의 인재상, 인재채용 기준 등의 정보를 제공하는 행사로서 구직자에게 중장기적 취업준비를 지원한다.
㉢ **직종설명회** : 직종개요, 전망, 인력수급, 직종평균임금, 관련 자격증 등 직종별로 세부적이며 종합적인 정보를 제공한다.

8 **다음 내용의 설명에서 해당하는 조직운영 구성방식으로 옳은 것은?**

> 행사를 위해 필요한 업무를 아웃소싱(outsourcing)을 통해 외부 위탁하거나 전략적 제휴 등을 통해 외부 전문가에게 맡기는 조직을 말한다.

① 단순운영 조직 ② 기능 조직
③ 네트워크 조직 ④ 프로젝트팀 조직

해설

③ 3번이 정답인 이유는 아웃소싱(outsourcing)을 통해 외부 위탁하거나 전략적 제휴 등을 통해 외부 전문가에게 맡기는 조직은 '네트워크 조직'에 대한 설명이다.

TIP 행사 운영조직 구성방식

㉠ **단순운영 조직** : 소규모 행사에 적합. 소수인원으로 탄력적으로 운영할 수 있는 장점에 비해 1인이 다양한 업무를 소화해야 하므로 전문성이 떨어지는 단점이 있다.

㉡ **네트워크 조직** : 아웃소싱을 통해 외부 위탁하거나 전략적 제휴로 외부 전문가에게 맡기는 조직 형태. 관주도형 행사에 많이 사용. 특화된 외부업체를 활용하여 전문성을 충분히 이용할 수 있고 소수인원으로도 가능하여 예산절감효과가 있는 장점이 있고, 계약이행과정에서 업체와의 갈등이 발생할 수 있다거나 관리를 철저히 하지 않으면 정보가 유출되는 단점이 있다.

㉢ **기능 조직** : 전문성과 창의성을 극대화할 수 있으며 단순한 조직에서 복잡한 조직으로 변화가 용이함. 대규모 취업박람회 운영에 적합하다.

㉣ **프로그램 중심 조직** : 프로그램 간 관련성이 적어 독립된 장소에서 산발적으로 개최. 프로그램의 요소들이 매트릭스처럼 얽혀 있는 구조를 지님. 독립적으로 운영되어도 전체적인 흐름을 파악하고 관리하는 책임자가 필요하다.

㉤ **프로젝트팀 조직** : 국가적 행사를 위해 임시적으로 구성하는 조직. 수평적 조직으로서 숙련된 전문가들이 배치되고 많은 자원봉사자 필요하다.

9 행사 예산에 관한 설명으로 옳지 않은 것은?

① 행사의 예산구조는 인건비, 행사비, 시설투자비, 홍보비, 추진운영비 등으로 구성된다.

② 한눈에 예산을 파악할 수 있도록 수입과 지출 내역을 하나의 도표로 간략하게 정리한다.

③ 취업행사 예산은 운영기관의 자체예산으로 진행되는 경우가 많다.

④ 어느 정도의 예산이 소요될지를 추정하여 기획서에 포함하고, 행사가 확정되어 실제 개최 결정을 하면 다시 예산계획을 세운다.

해설

③ 3번이 오답인 이유는 '취업행사 예산은 국비, 도비 및 시비에 의존'하는 경우가 대부분이다.

TIP 행사의 예산

㉠ 행사의 예산은 인건비, 행사비, 시설투자비, 홍보비, 추진운영비 등으로 구성된다.

㉡ 예산은 한눈에 파악할 수 있도록 수입과 지출 내역을 하나의 도표로 간략하게 정리한다.

㉢ 취업행사 예산은 국비, 도비 및 시비에 의존하는 경우가 대부분인데 관 주도형으로 「기부금품모집규제법」 저촉을 받아 정부보조금에 전적으로 의존하기 때문이다.

ANSWER 7.① 8.③ 9.③

10 다음 중 잡콘서트의 목표로 옳지 않은 것은?

① 멘토를 통한 자기자존감 및 자기효능감 상승

② 할 수 있다는 자신감 부여

③ 취업역량 강화

④ 질의응답을 통한 궁금증 해소

해설

③ 3번이 오답인 이유는 취업역량강화는 취업(진로)캠프, 워크샵 등의 '행사목표'에 해당하기 때문이다.

TIP 잡콘서트 목표

㉠ 멘토를 통한 자기자존감 및 자기효능감 상승
㉡ 할 수 있다는 자신감
㉢ 질의응답을 통한 궁금증 해소

11 다음 중 취업박람회의 목표로 옳지 않은 것은?

① 구인기업과 구직자의 현장면접을 통한 취업 지원

② 예비구직자의 취업서류 및 면접 체험

③ 직업훈련기관 및 고용서비스 기관 홍보

④ 구직자들의 구직역량 향상

해설

③ 3번이 오답인 이유는 직업훈련기관 및 고용서비스 기관 홍보가 아닌 '직업훈련기관 및 고용서비스 기관들의 정보제공'이기 때문이다.

TIP 취업박람회 목표

㉠ 구인기업과 구직자의 현장면접을 통한 취업 지원
㉡ 예비구직자의 취업서류 및 면접 체험
㉢ 직업훈련기관 및 고용서비스 기관들의 정보 제공
㉣ 구직자들에게 취업정보 제공
㉤ 구직자들의 구직역량 향상
㉥ 기업홍보

12 **다음은 메튜스의 예산계획 5단계이다. 순서를 바르게 연결한 것은?**

㉠ 비용추적 시스템 개발 단계	㉡ 추가비용 처리 단계
㉢ 항목별 실제비용 산출 단계	㉣ 비용산정과 업데이트 단계
㉤ 항목별 지출리스트 작성 단계	

① ㉠ - ㉡ - ㉢ - ㉣ - ㉤
② ㉠ - ㉤ - ㉢ - ㉣ - ㉡
③ ㉠ - ㉢ - ㉡ - ㉣ - ㉤
④ ㉠ - ㉤ - ㉣ - ㉢ - ㉡

TIP 메튜스의 예산계획 5단계

㉠ 비용 추적 시스템 개발 단계
㉡ 항목별 지출리스트 작성 단계
㉢ 항목별 실제비용 산출 단계
㉣ 비용 산정과 업데이트 단계
㉤ 추가비용 처리 단계

13 **행사 운영 조직 중 프로젝트팀 조직을 구성 시 고려할 사항으로 옳지 않은 것은?**

① 숙련된 전문가 정보를 파악한다.
② 전문성과 창의성이 필요한지 확인한다.
③ 분야별 외주업체를 선정한다.
④ 많은 자원봉사자 수요를 파악한다.

해설

② 2번이 오답인 이유는 전문성과 창의성의 요구는 '기능조직'의 특성에 해당하기 때문이다.

TIP 프로젝트팀 조직

㉠ 행사의 규모나 성격이 프로젝트팀 조직에 적합한지 확인한다.
㉡ 핵심부서인 마케팅과 재정부문의 연속성을 고려하여 구성한다.
㉢ 분야별 외주업체를 파악한다.
㉣ 분야별 외주업체를 선정한다.
㉤ 많은 자원봉사자 수요를 파악한다.
㉥ 숙련된 전문가 정보를 파악한다.
㉦ 프로젝트 팀 조직을 구성한다.
㉧ 수요 인력을 채용한다.

ANSWER 10.③ 11.③ 12.② 13.②

학습 3 행사 홍보하기

1 다음은 홍보매체의 장단점을 나타낸 것이다. ㉠, ㉡, ㉢에 각각 해당되는 홍보매체로 옳은 것은?

홍보매체	장점	단점
㉠	즉시성 다양한 크리에이티브 창출 다양한 형태로 제공 가능	작은 화면 개인정보 문제 기기에 따라 한계
㉡	수용자 선별성 쌍방향 커뮤니케이션 저렴한 비용	개인정보 문제 제한된 도달 범위 낮은 노출 비율
㉢	광고의 크기 높은 빈도수 브랜드 인지도 상승	짧은 노출시간 효과 측정의 어려움 환경적 문제에 대한 비판

	㉠	㉡	㉢
①	옥외 광고	모바일	신문
②	모바일	온라인	옥외 광고
③	신문	온라인	모바일
④	온라인	옥외 광고	신문

해설

② 2번이 정답인 이유는 '모바일, 온라인, 옥외광고의 장단점'을 각각 설명하였기 때문이다.

TIP 홍보매체별 장단점

홍보매체	장점	단점
TV	• 넓은 범위 • 시청자 선별성 • 비용대비 효율성 • 친밀감 및 호감 부여 • 다각적 커뮤니케이션 가능(영향력 증가) • 통일성과 보편성 제공	• 고 비용 • 짧은 광고시간(자세한 정보제공 불가능) • 짧은 회피 현상 • 광고 혼잡도 높음 • 광고 규제 심화 • 낮은 융통성
라디오	• 청취자 계층 선별성 • 병행성과 수용성 높음 • 지역 밀착형 광고 가능 • 상대적 낮은 비용 • 접근 용이 • 높은 빈도수 • 광고 제작의 유연성과 융통성 • 상상력 자극(TV와 연계 이미지 전이 가능)	• 짧은 노출 시간(일회성) • 광고 혼잡도 • 백그라운드 매체 가능성 • 소리에 의존한 한계 • 낮은 주목도 • 낮은 도달률 • 정보제공의 한계성
신문	• 기록성, 보존성 • 융통성, 편리성 • 지역성	• 짧은 수명 • 낮은 품질 • 수용자 세분화 어려움 • 광고 혼잡도 높음 • 표현에 한계 • 주목도 저하
잡지	• 수용자 선별성 높음 • 쿠폰 등 프로모션과 연동 가능 • 자세하고 심층적 정보 제공 가능 • 미디어 믹스 용이(다양성) • 긴 수명 • 높은 회독 및 재독 • 컬러의 질이 높음(표현성 좋음)	• 긴 광고 집행 준비기간 • 정보의 즉시성 부족 • 낮은 도달률 • 수용자에 의한 스킵이 용이 • 고비용 • 광고 혼잡도 높음
옥외광고	• 광고의 크기 • 높은 빈도수 • 브랜드 인지도 상승 • 미디어 믹스 시 보조매체 용이 • 주의를 끌기 쉬움	• 짧은 노출시간 • 효과 측정의 어려움 • 환경적 문제에 대한 비판
온라인	• 수용자 선별성 • 쌍방향 커뮤니케이션 • 정보의 양 • 다양한 크리에이티브 창출 • 저렴한 비용 • 다양한 광고 효과 측정 가능	• 개인정보 문제 • 제한된 도달 범위 • 낮은 노출 비율 • 표준화된 광고 효과 측정방법 부재 • 광고 회피 현상
모바일	• 즉시성 • 다양한 크리에이티브 창출 • 다양한 형태로 제공 가능	• 작은 화면 • 개인정보 문제 • 기기에 따라 한계

ANSWER 1.②

2 온라인 홍보의 특징으로 옳지 않은 것은?

① 여과 과정 없이 직접적으로 홍보 대상자에게 메시지 전달이 가능하다.

② 실시간으로 쌍방향 커뮤니케이션이 가능하다.

③ 시간과 공간의 제약 없이 홍보가 가능하다.

④ 자발적이며 주도적인 정보 접근이 어려워 합리적 의사결정이 불가능하다.

해설

④ 4번이 오답인 이유는 온라인 홍보는 자발적이며 주도적인 정보 접근이 이루어지므로 '합리적 의사결정'이 가능하기 때문이다.

TIP 온라인 홍보의 특징

㉠ 여과 과정 없이 직접적으로 홍보 대상자에게 메시지 전달이 가능하다.
㉡ 실시간으로 쌍방향 커뮤니케이션이 가능하다.
㉢ 시간과 공간의 제약 없이 홍보가 가능하다.
㉣ 타깃을 설정하여 홍보의 선택과 집중을 할 수 있다.
㉥ 제공하는 홍보 내용의 변경을 실시간으로 할 수 있다.
㉦ 자발적이며 주도적인 정보 접근이 이루어지므로 합리적 의사결정이 가능하다.
㉧ 홍보 효과를 실시간으로 측정 가능하다.

3 홍보매체 선정을 위해 타깃을 선정할 때 고려해야 할 사항으로 옳지 않은 것은?

① 취업행사 취지와 목적에 맞는 대상자인가?

② 대상자가 필요로 하는 욕구는 무엇인가?

③ 대상자 특성에 따른 적합한 매체는 무엇인가?

④ 선택한 홍보매체에 투입되는 예산이 예산 범위 안에 있는가?

해설

④ 4번이 오답인 이유는 홍보매체 선정을 위해 '타깃 선정 시 고려사항'이 아닌 '예산 확인 시 고려사항'에 해당하기 때문이다.

TIP 홍보매체 선정 시 고려사항

㉠ 타깃 선정 : 매체를 선정할 때 기초가 되는 것은 타깃 선정이다. 타깃은 행사를 홍보하기 위한 구체적 소비자 집단으로 그들의 수요를 읽을 수 있는 통찰력이 필요하다.
- 취업행사 취지와 목적에 맞는 대상자인가?
- 대상자가 필요로 하는 욕구는 무엇인가?
- 대상자 특성에 따른 적합한 매체는 무엇인가?

㉡ **홍보 시기** : 홍보가 결정되면 홍보는 언제 할 것이며 기간은 얼마나 할 것인지를 결정해야 한다.
㉢ **홍보지역 결정** : 홍보를 어느 곳에 할 것인가에 대한 결정이다. 행사 범위가 나라 전체인지, 광역시도 또는 자치단체인지에 따라 홍보지역을 결정한다.
㉣ **홍보매체 결정** : 홍보대상자 특성, 홍보시기와 지역, 매체유형별 장단점을 파악하여 어떤 매체를 활용할 것인가 결정한다.
㉤ 예산 확인 : 선택한 홍보매체에 투입되는 예산이 예산 범위 안에 있는지 확인한다.

4 **다음에서 설명하는 홍보매체로 옳은 것은?**

> 장점 : 넓은 범위, 시청자 선별성, 비용대비 효율성, 친밀감 및 호감 부여, 통일성과 보편성 제공
> 단점 : 고비용, 짧은 광고시간, 짧은 회피 현상, 광고 혼잡도 높음, 광고 규제 심화, 낮은 융통성

① 신문　② 잡지
③ TV　④ 라디오

해설

③ 3번이 정답인 이유는 'TV의 장단점'을 설명하였기 때문이다.

TIP 홍보매체 중 TV의 장단점

㉠ **장점** : 넓은 범위, 시청자 선별성, 비용대비 효율성, 친밀감 및 호감 부여, 통일성과 보편성 제공
㉡ **단점** : 고비용, 짧은 광고시간, 짧은 회피 현상, 광고 혼잡도 높음, 광고 규제 심화, 낮은 융통성

5 **다음에서 설명하는 홍보의 종류로 옳은 것은?**

> 행사의 중요 이슈를 기관장 또는 관련부서 책임자가 직접 설명하는 것

① 인터뷰　② 기자간담회
③ 기자회견　④ 뉴스릴리스

해설

③ 3번이 정답인 이유는 사의 중요 이슈를 기관장 또는 관련부서 책임자가 직접 설명하는 것은 '기자회견'을 의미하기 때문이다.

TIP 홍보의 종류

㉠ **뉴스릴리스** : 언론 보도를 위한 자료의 작성과 제공
㉡ **기자간담회** : 정보를 제공하면서 긍정적 기사를 유도하거나 언론과의 우호적 관계유지를 위해 실시
㉢ **인터뷰** : 전달하고자 하는 정보가 매우 중요하고 홍보효과를 극대화할 때 사용
㉣ **기자회견** : 행사의 중요 이슈를 기관장 또는 관련부서 책임자가 직접 설명

ANSWER 2.④ 3.④ 4.③ 5.③

6 홍보 실행에 관한 설명으로 옳지 않은 것은?

① 홍보 카피를 작성하기 전에 목표시장을 정확하게 정의해야 한다.

② 잠재적 학습자들의 요구를 알고 나서, 이러한 요구를 충족시킬 수 있도록 돕는 목표를 작성해야 한다.

③ 처음 3~4초 내에 독자의 관심을 포착할 수 있어야 한다.

④ 홍보는 공익의 목적이 있기에 지적재산권의 관련 법률에 저촉되지 않는다.

해설

④ 4번이 오답인 이유는 홍보물은 '지식재산 기본법', '옥외광고물 등 관리법' 등에 의한 법률적 구속을 받기 때문이다.

TIP 홍보 관련 법률로 파악해야 하는 법률

㉠ **지식재산기본법**(국가법령정보센터, 2011)

제2조(기본 이념)

- 저작자, 발명가, 과학기술자 및 예술가 등 지식재산 창출자가 창의적이고 안정적으로 활동할 수 있도록 함으로써 우수한 지식재산의 창출을 촉진한다.
- 지식재산을 효과적이고 안정적으로 보호하고, 그 활용을 촉진하는 동시에 합리적이고 공정한 이용을 도모한다.
- 지식재산이 존중되는 사회환경을 조성하고 전문인력과 관련 산업을 육성함으로써 지식재산의 창출 · 보호 및 활용을 촉진하기 위한 기반을 마련한다.
- 지식재산에 관한 국내 규범과 국제 규범 간의 조화를 도모하고 개발도상국의 지식재산 역량 강화를 지원함으로써 국제사회의 공동발전에 기여한다.

제3조(정의)

- "지식재산"이란 인간의 창조적 활동 또는 경험 등에 의하여 창출되거나 발견된 지식 · 정보 · 기술, 사상이나 감정의 표현, 영업이나 물건의 표시, 생물의 품종이나 유전자원, 그 밖에 무형적인 것으로서 재산적 가치가 실현될 수 있는 것을 말한다.
- "신지식재산"이란 경제 · 사회 또는 문화의 변화나 과학기술의 발전에 따라 새로운 분야에서 출현하는 지식재산을 말한다.
- "지식재산권"이란 법령 또는 조약 등에 따라 인정되거나 보호되는 지식재산에 관한 권리를 말한다.

㉡ **옥외광고물 등 관리법**(국가법령정보센터, 2016)

제1조(목적)

이 법은 옥외광고물의 표시 · 설치 등에 관한 사항과 옥외광고물의 질적 향상을 위한 기반 조성에 필요한 사항을 정함으로써 안전하고 쾌적한 생활환경을 조성하고 옥외광고 산업의 경쟁력을 높이는 데 이바지함을 목적으로 한다.

제2조(정의)

- "옥외광고물"이란 공중에게 항상 또는 일정 기간 계속 노출되어 공중이 자유로이 통행하는 장소에서 볼 수 있는 것(대통령령으로 정하는 교통시설 또는 교통수단에 표시되는 것을 포함한다)으로서 간판 · 디지털광고물(디지털 디스플레이를 이용하여 정보 · 광고를 제공하는 것으로서 대통령령으로 정하는 것을 말한다) · 입간판 · 현수막 · 벽보 · 전단과 그 밖에 유사한 것을 말한다.
- "게시시설"이란 광고탑 · 광고판과 그 밖의 인공 구조물로서 옥외광고물(이하 "광고물"이라 한다)을 게시하거나 표시하기 위한 시설을 말한다.
- "옥외광고 사업"이란 광고물이나 게시시설을 제작 · 표시 · 설치하거나 옥외광고를 대행하는 영업을 말한다.

7 **홍보를 위한 카피에는 표제, 바디카피, 슬로건이 있다. 다음 중 표제의 예시로 옳은 것은?**

① 뉴스형 : 새로운 소식을 전달한다.
② 직접혜택형 : 상품을 내세운다.
③ 호기심형 : 상품의 장점을 과장한다.
④ 지시형 : 궁금증과 흥미 유발한다.

해설

① 1번이 정답인 이유는 '새로운 소식을 전달'하는 것은 '뉴스형'의 표제이다.

TIP 표제의 유형

㉠ **뉴스형** : 새로운 소식을 전달
㉡ **직접혜택형** : 주로 소비자 이익을 강조
㉢ **호기심형** : 궁금증과 흥미 유발
㉣ **지시형** : 소비자 행동을 촉구
㉤ **허풍형** : 상품의 장점을 과장
㉥ **질문형** : 궁금증을 질문하는 형식
㉦ **주장형** : 상품을 내세움
㉧ **비교형** : 경쟁 상품과 비교
㉨ **레이블형** : 상표명이나 캠페인 주제를 강조
㉩ **감정형** : 감성을 자극

8 **다음 중 인터넷 광고에 대한 설명으로 옳지 않은 것은?**

① 다양한 형태와 쌍방향 커뮤니케이션이 가능하다.
② 인적 네트워크를 통하여 정보를 전달하는 방식, 버즈 마케팅이라고도 한다.
③ 시간과 공간 확장, 광고내용 변경이 용이하다.
④ 방송광고에 비해 상대적으로 저렴하다.

해설

② 2번이 오답인 이유는 '바이럴마케팅'에 대한 설명이기 때문이다.

ANSWER 6.④ 7.① 8.②

9 홍보방법에 관한 설명으로 옳은 것은?

① 옥외광고는 전문화, 세분화되고 있어 광고주가 특정 대상으로 광고할 때 유용하다.
② 신문은 특정 또는 불특정한 사람들에게 다양한 사건 사고 소식 등을 널리 신속하게 알리는 정기간행물이다.
③ 방송광고는 즉시성, 동시성, 효과성이 뛰어나며 비용까지 저렴하여 홍보에 효과적이다.
④ 바이럴 마케팅은 비교적 적은 예산으로 효과적인 홍보효과를 거둘 수 있는 방법으로 읽혀질 가능성이 크고, 자유성, 융통성, 즉시성, 효율성이 크다.

해설

② 2번이 정답인 이유는 특정 또는 불특정한 사람들에게 다양한 사건 사고 소식 등을 널리 신속하게 알리는 정기간행물은 인쇄매체 중 '신문'에 해당하기 때문이다.

TIP 홍보방법

㉠ 인쇄매체
- 신문 : 특정 또는 불특정한 사람들에게 다양한 사건사고 소식, 해설을 비롯한 정보, 지식, 오락, 광고 등을 널리 신속하게 알리는 정기간행물이다.
- 잡지 : 일정 제호를 가지고 연속적으로 다양한 내용을 다루는 정기간행물을 말한다. 전문화 세분화되고 있어 광고주가 특정 대상으로 할 때 유용하다.
- 신문, 잡지 외에 행사 및 프로그램 정보를 알려주기 위해 가장 많이 사용되는 방법으로 팸플릿(pamphlet), 카달록(catalogs), 브로셔(brochure), 서큘러(circulars), 브로사이드(broadside), 스터프(stuffers) 등이 있다.

㉡ 옥외광고
- 옥외광고의 법률적 정의로는 공중에서 항상 또는 일정 기간 계속 노출되어 자유로이 통행하는 장소에서 볼 수 있는 것(옥외광고물 등의 관리와 옥외광고산업 진흥에 관한 법률 제13726호)이라 정의한다. 일반적으로는 옥외매체를 이용하여 통행인이 잦은 일정 공간을 점유하여 불특정 다수에게 노출하는 광고로 도로 주변에 부착하는 야립 광고물, 버스, 지하철, 택시 등에 부착하는 교통 광고물, 애드벌룬, 비행선을 활용한 공중 광고물, 현수막, 홍보탑 등이 있다.
- 현수막 : 유동 인구가 많은 시내 곳곳에 현수막을 배치하여 가시적 효과를 누리는 홍보방법으로 투자대비 효과가 크지만 지속성이 요구된다. 단속 대상이 되지 않도록 사전에 신고하거나 적법한 곳에 부착한다.
- 홍보(광고)탑 : 홍보를 위하여 건물옥상, 산중턱, 도로가 등에 세운 탑
- 교통광고 : 모든 교통광고 매체는 교통시설을 활용하여 구축

㉢ 방송광고
- 방송매체를 이용한 광고로 TV, 라디오 등이 가장 일반적이나 최근 유선TV, 유튜브, 개인방송 등 매체가 다양화되고 있다.
- 즉시성, 동시성, 효과성이 뛰어나지만 비용이 높게 든다.

10 슬로건 유형에 따른 예시가 바르게 설명된 것은?

① 브랜드 표현형 – Life is Art

② 표기 문자형 – 새로운 삶의 도전, OOO이 함께 하겠습니다.

③ 대구와 대조형 – 작은 차, 큰 기쁨

④ 대상표현형 – 생활은 스포츠처럼, 삶은 레저처럼

해설

③ 3번이 정답인 이유는 '대구(비슷한 어조나 어세를 가진 어구를 짝지어 표현의 효과를 나타내는 수사법), 대조(둘 이상인 대상의 내용을 맞대어 같고 다름을 검토)'의 예시로 적절하기 때문이다.

TIP 슬로건의 유형

㉠ 브랜드 표현형 – 새로운 삶의 도전

㉡ 표기문자형 – Life is Art

㉢ 직유형 – 생활은 스포츠처럼

11 다음은 오프라인 마케팅과 온라인 마케팅의 특징을 비교한 것이다. 옳지 않은 것은?

구분	오프라인 마케팅	온라인 마케팅
① 시간	제약조건이 있음	제약조건이 없음
② 비용	비용 부담이 적음	비용 부담이 큼
③ 공간	홍보시 특정 영역에서만 효과	공간의 제약을 받지 않고 홍보 가능
④ 형태	전단지, 플랜카드, 거리 이벤트	포털광고, 바이럴마케팅

해설

② 2번이 오답인 이유는 비용면에서 오프라인 마케팅은 부담이 크지만 온라인 마케팅은 '비용 부담이 적기' 때문이다.

ANSWER 9.② 10.③ 11.②

학습 4 행사운영하기

1 **다음에서 설명하는 용어(단어, 개념)로 옳은 것은?**

> 사전연습으로 박람회, 페스티벌, 엑스포 등 행사에 앞서 스태프, 출연진, 자원봉사자 등이 참석하여 시설 · 장비 등을 체크하고 업무분장에 따른 역할을 수행해 봄으로써 실제 행사 시 발생할 수 있는 돌발요소를 줄이고 원활한 행사를 진행하기 위해 실시한다.

① 멘토링
② 취업박람회
③ 리허설
④ 평가회의

해설

③ 3번이 정답인 이유는 실제 행사 시 발생할 수 있는 돌발요소를 줄이고 원활한 행사를 진행하기 위해 실시하는 것은 '리허설'에 대한 설명이다.

TIP 리허설(rehearsal)

사전연습으로 박람회, 페스티벌, 엑스포 등 행사에 앞서 스태프, 출연진, 자원봉사자 등이 참석하여 시설 · 장비 등을 체크하고 업무분장에 따른 역할을 수행해 봄으로써 실제 행사 시 발생할 수 있는 돌발요소를 줄이고 원활한 행사를 진행하기 위해 실시한다.

㉠ **제1단계 기술 리허설(technical rehearsal)** : 영상, 조명, 음향 등 장비 설치를 끝낸 후 담당 엔지니어와 총감독이 이상 유무를 확인하는 것
㉡ **제2단계 사전 리허설(pre rehearsal)** : 기술 리허설 후 행사에 참여하는 스태프과 출연자, 엔지니어 등이 총감독과 동선 및 흐름을 맞춰보는 것
㉢ **제3단계 최종 리허설(final rehearsal)** : 실제 행사와 동일하게 진행하는 리허설

2 **다음 중 리허설의 종류와 그 설명으로 옳지 않은 것은?**

① 리딩 리허설(reading rehearsal) : 작가와 연출자가 참여대본을 읽어봄으로써 연출 의지를 출연진, 스태프에게 인지 시키는 것
② 드레스 리허설(dress rehearsal) : 영상, 조명, 음향 등 장비 설치를 끝낸 후 담당 엔지니어와 총감독이 이상 유무를 확인하는 것
③ 카메라 리허설(camera rehearsal) : 실제 촬영을 하듯이 카메라 위치, 동선에 따른 카메라 위치, 기술문제 등을 점검
④ 런 스루 리허설(run through rehearsal) : 카메라를 작동하지 않은 상태에서 실제와 같이 마지막으로 진행

해설

② 2번이 오답인 이유는 '기술 리허설(1단계)'에 설명이기 때문이다.

TIP 리허설의 종류

㉠ 리딩 리허설(reading rehearsal)
작가와 연출자가 참여대본을 읽어봄으로써 연출 의지를 출연진, 스태프에게 인지시키는 것

㉡ 드레스 리허설(dress rehearsal)
실제 본 공연이나 방송에서 사용되는 화장, 의상, 조명, 음향 등 모든 조건을 완비하고 실제와 동일하게 실시하는 것

㉢ 카메라 리허설(camera rehearsal)
실제 촬영을 하듯이 카메라 위치, 동선에 따른 카메라 위치, 기술문제 등을 점검

㉣ 런 스루 리허설(run through rehearsal)
카메라를 작동하지 않은 상태에서 실제와 같이 마지막으로 진행

3 다음 중 벨롱기가 제안한 위기 대응방법에 해당하지 않은 것은?

① 행사 연기　　② 위험요소 제거
③ 위험요소 축소　　④ 대안 선택

해설

① 1번이 오답인 이유는 '행사 연기'가 아닌 '행사 취소'이기 때문이다.

TIP 벨롱기(Belrlonghi, 1990)의 위기 대응방법

㉠ 행사 취소
㉡ 위험요소 제거
㉢ 위험요소 축소
㉣ 대안선택
㉤ 위험분산 및 이전

ANSWER 1.③ 2.② 3.①

4 위기대응 전략과 그에 대한 설명으로 옳지 않은 것은?

① 부인전략 : 전략의 준비로는 사건이나 위기사항이 행사와 무관하다고 주장하거나 사고를 은폐한다.
② 책임회피 전략 : 책임을 모두 인정하고 사과하며 나아가 피해보상에 대한 책임도 진다.
③ 사건의 공격성 축소 전략 : 비난은 인정하나 입지강화, 최소화, 차별화, 초월, 공격자 공격, 보상 등의 방법으로 사건의 심각성을 심각하게 인정하지 않는다.
④ 교정행위 : 위기상황에 대한 비난을 인정하고 차후 재발 방지 노력을 약속한다.

해설

② 2번이 오답인 이유는 '사과'에 해당하기 때문이다.

TIP 위기대응 전략

㉠ **부인전략** : 전략의 준비로는 사건이나 위기사항이 행사와 무관하다고 주장하거나 사고를 은폐하는 전략
㉡ **책임회피 전략** : 위기상황을 벗어나기 위하여 도발, 불가피성, 사고, 좋은 의도 등으로 책임을 회피하는 전략
㉢ **사건의 공격성 축소 전략** : 비난은 인정하나 입지강화, 최소화, 차별화, 초월, 공격자 공격, 보상 등의 방법으로 사건의 심각성을 심각하게 인정하지 않는 전략
㉣ **교정행위** : 위기상황에 대한 비난을 인정하고 차후 재발방지 노력을 약속하는 전략
㉤ **사과** : 책임을 모두 인정하고 사과하며 나아가 피해보상에 대한 책임도 지는 전략

5 게츠는 위기관리 과정을 8단계로 세분화하였다. 다음 중 옳지 않은 것은?

① 분야별 위기 파악
② 위기에 의한 결과 조사
③ 피드백
④ 중재

해설

④ 4번이 오답인 이유는 '중재는 공식적인 갈등 해결 방법에 해당'하기 때문이다.

TIP 게츠의 위기관리 과정

㉠ 분야별 위기 파악
㉡ 위기에 의한 결과 조사
㉢ 위기가 발생할 확률
㉣ 위기로 인한 잠재적 영향 추정
㉤ 위기 위험순위
㉥ 위기관리 전략수립(회피전략, 위험분산, 위험재배치, 보험 등)
㉦ 전략실행 결과 평가
㉧ 피드백

6 **다음 중 행사운영시 체크리스트 작성을 통해 확인해야 할 행사를 위한 주요 시설, 물품, 기자재에 포함되지 않는 것은?**

① 무대/시스템
② 부스
③ 음향
④ 조직도

해설

④ 4번이 오답인 이유는 '조직도'는 시설, 기자재 등에 포함되지 않기 때문이다.

TIP 행사운영시 확인해야 할 주요 시설, 물품, 기자재

㉠ 무대/시스템
㉡ 부스
㉢ 음향
㉣ 기념품
㉤ 배부홍보물

7 **다음 중 행사 리허설 체크사항에 해당하지 않는 것은?**

① 시설/장비 테스트
② 스태프/출연자 역할 테스트
③ 평가회의
④ 운영시간

해설

③ 3번이 오답인 이유는 '평가회의는 행사종료 후' 진행하는 것이기 때문이다.

TIP 리허설 체크사항

㉠ **시설/장비 테스트** : 행사진행에 필요한 부스, 구조물 등의 설치와 기자재의 기능검사
㉡ **소프트 테스트** : 행사 BGM, 특수효과, 연상 등 행사에 사용될 소프트웨어 검사
㉢ **스태프/출연자 역할 테스트** : 주최, 주관기관 담당자, 유관기관 담당자, 총 연출자, 출연자, 스태프, 자원봉사자 등이 참여하여 행사 당일 역할에 대하여 사전연습
㉣ **운영시간** : 전체 행사시간 확인과 각 프로그램별 큐시트에 맞는 진행 소요시간, 행사 프로그램 운영 시 지체될 수 있는 프로그램 확인

ANSWER 4.② 5.④ 6.④ 7.③

8 **행사운영과 관련한 위기관리에 대한 설명으로 옳지 않은 것은?**

① 행사운영에 있어 위기관리란 행사의 잠재적인 손해나 문제점을 파악하고 그 영향을 진단한 후 예방하거나 최소화시키는 과정이다

② 벨롱기의 위기 대응방법은 행사취소, 위험요소 제거, 위험요소 축소, 대안선택, 위험분석 및 이전이 있다.

③ 위기는 일어날 수 있는 가능성과 잠재성을 중심으로 평가하고 위기관리 대비를 위한 주요 점검 및 평가항목을 매뉴얼화한다.

④ 위기 가능성은 책임구역을 나누어 확인하고 위기 모니터링은 행사기간 종료 후 행사 위험을 평가한다.

해설

④ 4번이 오답이 이유는 '행사 모니터링은 행사기간 중에 지속적'으로 이루어져야 하며 책임구역을 나누어 위기 가능성을 끊임없이 확인해야 하기 때문이다.

9 **다음 중 하인리히의 위기 평가 단계의 체크리스트에 해당하지 않는 것은?**

① 비상대피 안내표지판
② 화재 진압장비
③ 방송실 위치 안내시설
④ 종합상황실 안내

해설

④ 4번이 오답인 이유는 종합상황실은 하인리히의 '위기평가 단계 체크리스트'에 해당하지 않기 때문이다.

TIP 하인리히의 위기평가 단계 체크리스트

㉠ 비상대피 안내표지판
㉡ 화재 진압장비
㉢ 위험 표지 안내판
㉣ 의무실 안내시설
㉤ 방송실 위치 안내시설
㉥ 경찰위치 안내시설
㉦ 응급실 위치 안내시설

10 **갈등관리를 위한 공식적인 해결방식에 해당하지 않는 것은?**

① 명령
② 중재
③ 소통
④ 청문

해설

③ 3번이 오답인 이유는 '갈등관리의 비공식적인 해결방식'에 해당하기 때문이다.

TIP 갈등관리를 위한 공식적인 해결방식

㉠ **명령 단계** : 당사자들의 이야기를 들어본 후 무엇을 할 것인가를 결정한다.
㉡ **중재 단계** : 제삼자가 문제해결을 위해 개입하는 것으로 강제력을 가질 수도 있지만 권유에 그칠수도 있다.
㉢ **청문 단계** : 갈등과 관련 개인이나 부서에서 자신의 입장을 설명하고 가능한 한 해결방법을 논의해서 도출한다.

ANSWER 8.④ 9.④ 10.③

학습 5 행사 평가하기

1 **다음 중 결과보고서에 포함되는 내용 중 정성적 평가 항목에 해당하지 않는 것은?**

① 행사장 분위기에 대한 참가들과 진행 직원들의 말이나 의견

② 현장 참석인원 및 구인업체 수

③ 언론사들이나 SNS의견 등의 추가 의견

④ 동선의 효율적 배치와 공간의 활용 분석

해설

② 2번이 오답인 이유는 현장 참석인원 및 구인업체 수는 '정량적 평가 항목에 해당'하기 때문이다.

TIP 결과보고서에 포함되는 정성적 평가(행사관계자 및 참여자 의견 기록)

㉠ 보고서에는 통계수치뿐만 아니라, 사람들의 의견도 포함

행사장의 분위기나 반응을 전달하기 위해서는 참가자들과 행사 진행팀 직원들의 말이나 의견을 보고서에 포함시킨다. 그러면 행사가 성공적이었는지 여부를 보고서 작성자 혼자서 평가한 것이 아니라 모두 함께 평가한 것이 된다. 당연히 보고서의 신뢰도도 상승한다.

㉡ 제3자의 보고서도 포함

전문 연구기관에서 언론사들이나 SNS 의견을 분석한 내용을 추가한다.

㉢ 공간 활용 분석

장소는 효율적으로 배치되었는지, 동선은 괜찮았는지, 사람들은 발표회, 행사 순서에 따라 공간을 어떻게 활용했는지 분석한다.

2 **행사기획의 효과성 분석방법과 그에 대한 설명으로 옳은 것은?**

① 직접파급 효과 : 협업기관, 협력업체와의 관계 개선 및 직원 상호 간의 결속 여부 등을 분석할 수 있다.

② 커뮤니케이션 효과 : 홍보매체를 통한 효과로 매스미디어의 노출빈도를 파악하여 측정할 수 있다.

③ 다이렉트 효과 : 행사 참여자 수, 참가기업 수, 면접자 수, 취업자 수 등으로 측정할 수 있다.

④ 인센티브 효과 : 정치, 경제, 지역 등 매우 복잡하고 다양한 영역에서 평가작업이 요구되는데 효과 측정이 매우 어렵다.

해설

③ 3번이 정답인 이유는 행사 참여자 수, 참가기업 수, 면접자 수, 취업자 수 등으로 측정하는 것은 '다이렉트 효과'에 해당하기 때문이다.

TIP 행사기획의 효과성 분석방법

㉠ **다이렉트 효과** : 먼저 행사 참여자 수, 참가기업 수, 면접자 수, 취업자 수 등은 효과 측정이 비교적 용이하다.
㉡ **퍼블리시티 효과** : 홍보매체를 통한 효과로 매스미디어의 노출빈도를 파악하여 측정 가능하다.
㉢ **커뮤니케이션 효과** : 행사 주최자의 지명도, 행사의 주제, 콘셉트를 분석한다.
㉣ **인센티브 효과** : 협업기관, 협력업체와의 관계 개선 및 직원 상호간의 결속 여부 등을 분석할 수 있다.
㉤ **직접 파급효과** : 행사를 인지하고 참여했던 사람들의 구전효과를 파악한다.
㉥ **간접 파급효과** : 정치, 경제, 지역 등 매우 복잡하고 다양한 영역에서 평가작업이 요구되는데 효과 측정이 매우 어렵다.

3 **다음 중 행사기획의 효과성 분석방법과 설명으로 옳은 것은?**

① 인센티브 효과 : 협업기관, 협력업체와의 관계 개선 및 직원 상호간의 결속 여부 등을 분석할 수 있다.
② 퍼블리시티 효과 : 행사 참여자 수, 참가기업 수, 면접자수, 취업자 수 등은 효과 측정이 비교적 용이하다.
③ 커뮤니케이션 효과 : 홍보매체를 통한 효과로 매스미디어의 노출빈도를 파악하여 측정 가능하다.
④ 다이렉트 효과 : 행사 주최자의 지명도, 행사의 주제, 콘셉트를 분석한다.

해설

① 1번이 정답인 이유는 협업기관, 협력업체와의 관계 개선 및 직원 상호간의 결속 여부 등을 분석하는 것은 '인센티브 효과'를 의미한다.

TIP 행사기획의 효과성 분석방법

㉠ **다이렉트 효과** : 먼저 행사 참여자 수, 참가기업 수, 면접자 수, 취업자 수 등은 효과 측정이 비교적 용이하다.
㉡ **퍼블리시티 효과** : 홍보매체를 통한 효과로 매스미디어의 노출빈도를 파악하여 측정 가능하다.
㉢ **커뮤니케이션 효과** : 행사 주최자의 지명도, 행사의 주제, 콘셉트를 분석한다.
㉣ **인센티브 효과** : 협업기관, 협력업체와의 관계 개선 및 직원 상호간의 결속 여부 등을 분석할 수 있다.
㉤ **직접 파급효과** : 행사를 인지하고 참여했던 사람들의 구전효과를 파악한다.
㉥ **간접 파급효과** : 정치, 경제, 지역 등 매우 복잡하고 다양한 영역에서 평가작업이 요구되는데 효과 측정이 매우 어렵다.

ANSWER 1.② 2.③ 3.①

4 **행사 결과보고서의 내용에 관한 설명으로 옳지 않은 것은?**

① 행사보고서에는 전체 보고서 내용을 짧게 요약한 종합보고가 들어가야 한다.

② 수치적 변화는 숫자로 표현하되, 행사현장의 사진을 포함시킨다.

③ 홍보 성과에는 발행비용 및 광고비용의 대비효과도 분석한다.

④ 정성적 평가에는 행사가 성공적이었는지 여부를 모두 함께 평가한 것이 되도록 참가자들과 행사 진행팀 직원들의 말이나 의견을 보고서에 포함시킨다.

해설

② 2번이 오답인 이유는 '수치적 변화는 그래프로 표현'하는 것이 효과적이기 때문이다.
행사 시작과 운영, 결과보고서 작성 과정에서 활용된 자료, 사진 등을 분류하여 정리하고 보관한다.
또한 행사보고서에 사진과 그래프 추가하여 작성하는데 수치적 변화는 숫자로 표현하는 것보다는 그래프로 표현하는 것이 효과적이다. 또 행사현장의 이모저모를 찍은 행사현장의 사진을 포함시킨다.

TIP 행사결과보고서 내용

㉠ 종합보고(executive summary)를 작성한다.
- 행사보고서에는 전체 보고서 내용을 짧게 요약한 종합보고가 들어가야 한다.
- 행사결과에 관심을 갖는 사람들을 위한 '종합보고서'와 행사를 직접 계획하고, 진행하고, 후원한 사람들을 위한 '상세보고서' 등 두 가지 보고서를 작성한다.

㉡ 행사보고서에 사진과 그래프를 추가한다.

㉢ 홍보 성과를 정리한다.
- 목표한 만큼 행사가 얼마나 언론에 노출이 되었는지 확인한다.
- 종이광고나 기사에 후원사의 이름이나 광고가 얼마나 등장했는지 살펴보고 발행비용 및 광고비용의 대비효과도 분석한다.

㉣ 행사목적 서술
- 행사의 목적을 결과와 함께 서술하는 것은 중요하다.
- 행사의 원래 목적과 어떤 목표를 세웠는지 기록하고 행사 프로그램에 관한 정보를 포함한다.

㉤ 예산과 결산
- 항상 기획된 예산과 실제비용, 예상수익과 실제수익을 비교한다.
- 계획과 결과를 비교한 후 효과적이었던 부분과 개선이 필요한 부분을 분석한다.

㉥ **정량적 평가**(성과를 통계로 확인)
- 행사의 성공 여부는 가시적으로 얼마나 많은 사람이 행사장을 방문했으며 얼마나 많은 기업이 참여했고 취업자 수는 얼마인가 등등의 정량적 수치이다.
- 행사 참석 인원, 참여 구인업체 수, 현장 면접 인원수, 현장 채용 인원수, 추후 최종합격자 확인 후 그 숫자, 각 프로그램별 참여자 수 등등 성과를 통계로 확인할 수 있도록 최대한 세세하게 분석함으로써 보고서의 신뢰도를 높인다.

㉦ **정성적 평가**(행사관계자 및 참여자 의견 기록)
- 보고서에는 통계수치뿐만 아니라, 사람들의 의견도 포함한다.
- 제3자의 보고서도 포함한다.
- 공간 활용 분석한다.

5 **행사보고서 마무리에 대한 설명으로 옳지 않은 것은?**

① 행사가 끝난 후 최대한 빨리 작성하도록 노력한다.

② 깊이 있는 분석을 포함하기 위해 노력하고 말하지 말고 보여주라는 글쓰기 원칙을 지키기 위해 노력한다.

③ 맞춤법 오류나 오탈자, 문장부호 오류 같은 것들이 없는지 확인한다.

④ 행사보고서는 권위와 전문성이 있어야 하며 보고서 작성자의 입장에서 작성해야 한다

해설

④ 4번이 오답인 이유는 '행사보고서는 독자 입장'에서 작성해야 하기 때문이다.

TIP 행사보고서 마무리

㉠ 시간에 맞추기 위해 노력(행사가 끝난 후 최대한 빨리 작성)

㉡ 보고서 교정

맞춤법 오류나 오탈자, 문장부호 오류 같은 것들이 없는지 확인한다. 깊이 있는 분석을 포함하기 위해 노력하고 "말하지 말고 보여주라"는 글쓰기 원칙을 지키기 위해 노력한다.

㉢ 보고서는 독자 입장에서 작성

행사보고서는 일상적인 글이 아니다. 행사가 해볼 만한 가치가 있었는지 판단하는 데 필요한 중요한 기준이 되는 문서이다. 따라서 권위와 전문성이 있어야 하며 보고를 받는 사람의 입장에서 작성해야 한다.

ANSWER 4.② 5.④

PART 03

직업정보 가공

CHAPTER 01

직업정보의 제공

학습 1 직업정보 제공하기

1 직업정보의 역할에 대한 설명으로 옳지 않은 것은?

① 구직자의 직업탐색, 직업결정, 직업전환 등의 의사결정의 대안으로서의 역할을 한다.
② 직업상담 시 상담의 기초자료로서 직업대안들의 정보를 제공한다.
③ 직무, 노동시장의 수요, 직업 관련 조사 연구의 기초자료로서의 역할을 한다.
④ 상담자가 자신의 역량을 점검하고 재조정해 볼 수 있도록 한다.

해설

④ 4번이 오답인 이유는 상담자가 아닌 '내담자로 하여금 자신의 선택을 점검하고 재조정'하는 것이기 때문이다.

TIP 직업정보의 역할

역할	• 구직자의 직업탐색, 직업결정, 직업전환 등의 의사결정의 대안으로서의 역할을 한다. • 직업상담 시 상담의 기초자료로서 직업대안들의 정보를 제공한다. • 직무, 노동시장의 수요, 직업 관련 조사 연구의 기초자료로서의 역할을 한다.

2 **직업상담 시 제공하는 직업정보의 기능과 역할에 대한 설명으로 옳지 않은 것은?**

① 여러 가지 직업적 대안들을 명료하게 한다.
② 내담자의 흥미, 적성, 가치 등을 파악할 수 있다.
③ 경험이 부족한 내담자에게 다양한 직업들을 간접적으로 접할 기회를 제공한다.
④ 내담자가 자신의 선택이 현실에 비추어 부적당한 선택이었는지를 점검하고 재조정해 볼 수 있는 기회를 제공한다.

해설

② 2번이 오답인 이유는 내담자의 흥미, 적성, 가치 등을 파악하는 것은 '심리검사의 기능'이기 때문이다.

TIP 직업정보의 기능

기능	• 여러 가지 직업적 대안들을 명료하게 한다. • 경험이 부족한 내담자에게 다양한 직업들을 간접적으로 접할 기회를 제공한다. • 내담자가 자신의 선택이 현실에 비추어 부적당한 선택이었는지를 점검하고 재조정해 볼 수 있는 기회를 제공한다.

3 **브레이필드(Brayfield)가 제시한 직업정보의 기능으로 옳지 않은 것은?**

① 정보제공 기능
② 재조정 기능
③ 동기화 기능
④ 결정화 기능

해설

④ 4번이 오답인 이유는 브레이필드가 제시한 '직업정보의 기능'에 해당하지 않기 때문이다.

TIP 브레이필드(Brayfield) 직업정보의 기능

브레이필드는 상담자가 내담자에게 제공해 주는 직업정보의 기능을 세 가지로 분류하였다.

정보제공 기능	• 진로 미결정 내담자로 하여금 적절한 선택이 이루어지도록 하며, 진로선택에 대한 내담자의 의사결정에 관한 지식을 증가시키는 기능
재조정 기능	• 진로 미결정 내담자로 하여금 현실 상황에 비추어 자신이 적절한 진로선택을 했는지를 점검해 보는 기능
동기화 기능	• 동기가 부족한 내담자로 하여금 직업정보 제공 과정을 통해 직업선택 의사결정에 적극적인 참여를 가능하게 하는 기능

ANSWER 1.④ 2.② 3.④

4 직업정보의 부문별 기능에 대한 설명으로 옳은 것은?

> • 직업훈련 정책을 수립하고 고용정책 결정의 기초자료로 활용
> • 체계적인 직업정보를 기초로하여 직업훈련의 기준을 설정

① 기업 ② 국가
③ 노동시장 ④ 노동조합

해설

② 2번이 정답인 이유는 직업정보의 부문별 기능 중 '국가의 기능'이기 때문이다.

TIP 직업정보의 부문별 기능

기업	• 직업별 직무수행 통해 합리적이고 효율적인 인적자원관리 기능 • 직무분석을 통한 효율적인 인재관리
국가	• 직업훈련 정책을 수립하고 실업대책 및 고용정책 결정의 기초자료로 활용 • 체계적인 직업정보를 기초로하여 직업훈련의 기준을 설정
노동시장(개인)	• 개인의 진로탐색 및 진로선택의 참고자료로 활용 • 개인의 구직과정에서 직업결정을 위한 구직활동을 촉진

5 고용정보의 유형 중 거시적 정보에 대한 것으로 옳지 않은 것은?

① 노동시장의 동향 ② 산업별 · 직종별 인력수급전망
③ 구인구직정보 ④ 미래고용전망

해설

③ 3번이 오답인 이유는 구인구직정보는 '미시적 직업정보'에 해당하기 때문이다.

TIP 거시적 정보와 미시적 정보의 유형

거시적 정보	• 국가와 관련된 정보 • 정보로서 기한이 길며, 그 범위가 포괄적이다. • 노동시장 동향, 고용정책 방향, 산업별 · 직종별 인력수급현황, 미래직업전망, 고용률, 실업률 등이 해당된다.
미시적 정보	• 개인과 관련된 정보 • 정보로서 기한이 짧으며, 그 범위가 제한적이다. • 구인구직정보, 자격정보, 교육 및 훈련정보, 임금정보 등이 해당된다.

6 민간직업정보의 일반적인 특성으로 옳지 않은 것은?

① 국내 또는 국제적으로 인정되는 객관적인 기준에 근거한 직업분류
② 필요한 시기에 최대한 활용되도록 한시적으로 신속하게 생산되어 운영
③ 특정한 목적에 맞게 해당 분야 및 직종을 제한적으로 선택
④ 정보생산자의 임의적 기준에 따라 해당 직업을 분류

해설

① 1번이 오답인 이유는 민간직업정보는 '임의적 기준'에 근거한 직업분류를 하기 때문이다.

TIP 민간직업정보와 공공직업정보의 특성

민간직업정보	• 민간직업안정기관이나 유료직업소개소 등 민간업체가 생산 및 관리하는 직업정보이다. • 필요한 시기에 최대한 활용되도록 한시적으로 신속하게 생산되어 운영된다. • 단시간에 조사되어 집중적으로 제공된다. • 특정한 목적에 맞게 해당 분야 및 직종을 제한적으로 선택된다. • 정보생산자의 임의적 기준 시사적인 흥미나 관심의 직업정보로 구성된다. • 정보 자체의 효과가 큰 반면, 부가적인 파급효과는 적다. • 유료로 제공되며, 민간주도로 생산된다. • 다른 직업정보와의 비교가 적고 활용성이 낮다.
공공직업정보	• 정부 및 공공기관 등의 공공직업안정기관에서 생산 및 관리하는 정보이다. • 정부 및 공공단체와 같은 비영리기관에서 공익적인 목적으로 생산, 제공된다. • 특정한 시기에 국한되지 않고 지속적으로 조사, 분석하여 제공된다. • 특정 분야 및 대상에 국한되지 않고 전체 산업 및 업종에 걸친 직업을 대상으로 한다. • 국내 또는 국제적으로 인정되는 객관적인 기준에 근거하여 직업을 분류한다. • 직업별로 특정한 정보만을 강조하지 않고 보편적인 항목으로 이루어진 기초적인 직업정보체계로 구성된다. • 관련 직업정보 간의 비교, 활용이 용이하다. • 무료로 제공된다.

ANSWER 4.② 5.③ 6.①

7 공공직업정보에 관한 설명으로 옳지 않은 것은?

① 장기적인 계획 및 목표에 따라 주기적으로 생산한다.
② 직업정보 간의 비교활용이 용이하도록 생산하여 제공한다.
③ 특정한 목적에 맞게 해당 분야 및 직종을 제한하여 제공한다.
④ 한국직업사전은 전형적인 공공직업정보이다.

해설

③ 3번이 오답인 이유는 특정한 목적에 맞게 제한적인 정보제공은 '민간직업정보'의 속성에 해당되기 때문이다.

TIP 공공직업정보와 민간직업정보의 비교

구분	공공직업정보	민간직업정보
정보제공 속성	• 연속적, 지속적	• 불연속적, 단절적
직업의 분류 및 기준	• 기준에 의한 객관적 분류	• 생산자의 자의적 분류
조사, 수록되는 직업범위	• 전체 산업 및 업종의 포괄적인 정보	• 특정 직업에 대한 제한적인 정보
정보의 구성	• 기초적인 정보체계	• 완결적 정보체계
타 정보와의 관계	• 다른 정보에 미치는 영향이 크며, 관련성이 높음	• 다른 정보와의 관련성이 낮음
정보획득 비용	• 무료	• 유료

8 한국고용정보원에서 제공하는 고용DB 분석 자료로 옳지 않은 것은?

① 구인구직통계
② 고용동향(경제활동인구조사)
③ 직업능력개발사업통계
④ 고용보험 통계현황

해설

② 2번이 오답인 이유는 고용동향은 '통계청'에서 제공하고 있기 때문이다.

TIP 한국고용정보원 고용DB

연구결과물	• 연구사업보고서, 직업진로정보서, 인력수급전망
정기간행물	• 고용이슈, 고용동향브리프, 지역산업과 고용, 산업일자리 전환 지도
고용패널조사	• 청년패널(YP), 고령화패널(KLoSA), 고령화고용패널(KLoEE), 대졸자직업이동경로조사(GOMS)
고용DB분석자료	• 구인구직통계, 고용보험 통계, 직업능력개발사업통계

9 한국직업전망서(2023)에서 제공하는 정보에 관한 설명으로 옳지 않은 것은?

① 직업전망은 5가지 수준으로 구분하여 제시하였다.
② 수록직업은 한국고용직업분류(KECO)에 근거하여 선정하였다.
③ 직업전망은 청소년의 진로선택을 지원하기 위해 향후 10년간의 일자리 전망을 제시하고 있다.
④ 해당 직업에 종사하는 데 유리한 적성, 흥미, 성격 등을 수록하였다.

해설

③ 3번이 오답인 이유는 한국직업전망서 발간의 목적은 청소년의 진로선택을 지원하기 위한 목적이 아니라 '청소년 및 구직자'에게 진로직업정보 제공을 목적으로 발간하기 때문이다.

TIP 한국직업전망서 개요

「2023 한국직업전망」은 연구, 건설, 정보통신, 환경 · 인쇄 · 목재 · 가구 · 공예, 영업 · 판매, 운전 · 운송, 농업 등 7개 분야 150개 직업이 포함된다. 이들 직업은 한국고용직업분류(KECO)의 세분류를 기준으로 종사자 수, 직업정보 제공가치, 직무의 배타성 등을 고려하여 선정하였다. 다만, 직업에 따라서는 유사직무이거나 통합정보를 제공하는 것의 가치 등을 고려하여 한국고용직업분류의 소분류 단위의 직업이 포함되기도 한다.

「2023 한국직업전망」에서의 일자리 전망은 향후 10년간 해당 직업의 일자리(고용) 전망을 소개하며 증가, 다소 증가, 현 상태 유지, 다소 감소, 감소 등 총 5영역의 전망 중 해당하는 전망을 중심으로 고용전망에 영향을 미치는 요인을 설명한다. 각 직업의 일자리 전망은 양적 전망 「2021–2031 중장기인력수급전망」(한국고용정보원, 2022), 「정성적 직업전망조사」를 비롯해 직업별 재직자조사 결과, 내외부 직업전망 전문가, 각 직업 분야의 전문가 검토 등을 종합하여 최종 일자리 전망을 도출하였다. 이때, 상반되는 일자리 전망이 도출되거나 예년과 달리 직업전망에 영향을 미치는 새로운 요인이 반영된 직업, 정량적 분석자료에서 파악되지 않는 수록직업 등에 대해서는 원내 · 외 연구진, 직업 분야별 현장전문가들을 대상으로 더 심도 있는 의견수렴과 협의 과정을 거쳐 전망을 도출하였으며 향후 일자리 전망에 영향을 미치는 10개 주요 요인에 대해 핵심키워드를 중심으로 도표로 제시하였다.

발간목적	• 청소년 및 구직자에게 진로직업정보 제공
조사대상	• 7개 분야 150개 직업
일자리 전망 절차	• 1차 : 정량적 분석(2021~2031) 중장기 인력수급 전망과 정성적 분석(정성적 직업전망 조사, KNOW 재직자 조사, 산업경기전망, 정부정책 등 각종 보고서 참조자료 분석을 통한 일자리 전망 요인 추출 • 2차 : 전망 결과 검토(전문가 의견수렴 및 검증) • 3차 : 최종 일자리 전망 결과 도출
직업별 수록내용	• 대표직업명, 하는 일, 업무환경, 되는 길, 적성 및 흥미, 경력개발 등 • 일자리전망결과 : 감소/ 다소 감소/ 현 상태 유지/ 다소 증가 / 증가 5개 유형

ANSWER 7.③ 8.② 9.③

10 직업정보에 관한 설명으로 옳지 않은 것은?

① 직업적 기회나 직업 자체에 관련된 사실의 기술이나 설명도 포함된다.

② 직업에 필요한 자질과 훈련, 직업의 전망 등과 같이 일의 세계에 관련된 넓은 사실을 기술, 설명, 전망하는 정보이다.

③ 직업정보에는 취업기회, 소요인원, 장래성, 직장의 근무 조건, 보수, 필요한 자격과 직업에 요청되는 행동특성도 포함될 수 있다.

④ 직업정보에는 잘못된 직업선택에 따른 사적비용, 사회적 비용을 개인에게 부담시키는 데 목적이 있다.

해설

④ 4번이 오답인 이유는 직업정보는 잘못된 직업선택에 따른 '개인적 비용이나 사회적 비용'을 줄여주는 역할을 하기 때문이다.

TIP 직업정보의 의의와 직업상담에서 직업정보의 역할

직업정보의 의의	• 직업정보는 직업을 결정하고자 하는 의사결정 단계에 가치를 갖는다. • 직업정보는 노동력에 관한 것, 직업구조, 직업군, 취업 경향, 노동에 관한 제반 규정, 직업의 분류와 직종, 직업에 필요한 자격요건, 준비과정, 취업 정보, 취업처 등에 대한 자세한 내용을 포함하여 이용자가 이해하고 적응하도록 도움을 주는 데 그 목적이 있다. • 근본적으로 특별한 문제를 해결하는 데 도움을 주어서 직업에 대해 좀 더 책임감을 받아들일 수 있도록 하는 데 그 의미가 있다. • 직업을 결정하는 단계에서는 직업탐색, 지식의 습득, 최종적 행동 등으로 나타날 때까지 각 단계마다 적절한 직업정보가 필요하다. • 적절한 직업정보는 직업의식을 높이고 장래의 진로를 선택하고 결정하는 능력을 증가시키며, 또한 생활에 대한 적응과 자기실현을 도모하는 것이 가능하도록 능력을 배양하는 데 큰 도움을 줄 수 있다.
직업상담에서의 직업정보의 역할	• 직업상담은 직업탐색 단계에서 실시됨으로써 내담자가 합리적인 의사결정을 하도록 지원할 수 있다. • 즉 직업상담은 자기개념의 구체화를 통해 현실적 자기 이미지를 형성하여 직업을 갖기 위한 계획을 수립하는 단계에서, 자신의 능력이나 성격 적성 등을 정확히 객관적으로 판단할 수 있도록 돕는 활동을 한다. • 또한 자기 이해를 돕는 활동이 전개된 후에는 직업 세계 이해단계를 거쳐야 하는데, 이때는 직업정보를 제공하여 개인이 수집한 정보가 왜곡되거나 단편적일 경우 이를 수정토록 도와주는 활동을 해야 한다. • 따라서 직업정보는 잘못된 직업선택에 따른 개인적 비용이나 사회적 비용을 줄여주는 역할을 한다.

11 직업정보 수집과정을 연결한 내용으로 옳은 것은?

① 직업분류 제시하기 – 대안 만들기 – 목록 줄이기 – 직업정보 수집하기
② 직업정보 수집하기 – 직업분류 제시하기 – 대안 만들기 – 목록 줄이기
③ 대안 만들기 – 목록 줄이기 – 직업정보 수집하기 – 직업분류 제시하기
④ 직업정보 수집하기 – 대안 만들기 – 목록 줄이기 – 직업분류 제시하기

해설

① 1번이 정답인 이유는 '직업정보 수집과정'의 순서에 대해 설명하는 내용이기 때문이다.

TIP 직업정보 수집과정

직업분류 제시하기	• 내담자에게 직업분류체계를 제공한다.
대안 만들기	• 내담자와 함께 대안직업들에 대한 광범위한 목록을 작성한다.
목록 줄이기	• 내담자와 함께 2~5개의 가장 적합한 대안으로 목록을 줄인다.
직업정보 수집하기	• 내담자에게 최종 선정된 목록의 직업들에 관한 정보를 수집하도록 한다.

12 직업정보의 관리과정에 대한 설명으로 옳지 않은 것은?

① 수집은 요구에 맞게 명확한 목표를 세우는 과정이다.
② 분석은 목적에 부합하도록 자료의 내용을 파악, 배열하는 과정이다.
③ 가공은 사용자가 사용하기 편리하도록 요약 · 정리하는 과정이다.
④ 제공은 분류를 통하여 정보를 생산하는 과정이다.

해설

④ 4번이 오답인 이유는 제공은 '사용자가 이용하기 쉬운 형태로 제공'하는 과정이다.

TIP 직업정보 관리과정

수집	• 이용자의 요구에 맞도록 명확한 목표를 세우고, 최신의 자료를 기준으로 수집해야 한다.
분석	• 이용목적에 부합하도록 수집된 자료를 다양한 논점에서 분석해야 한다.
가공	• 사용자가 이용하기 편리하도록 정보를 가공한다.
체계화	• 체계화된 분류를 통하여 정보를 생산 및 활용해야 한다.
제공	• 사용자가 이용하기 쉬운 형태로 제공되어야 한다.
평가	• 정보 이용자의 요구사항에 맞도록 제공되었는지, 효용성을 평가한다.

ANSWER 10.④ 11.① 12.④

13 앤드류스(Andrus)가 제시한 직업정보의 효용으로 옳지 않은 것은?

① 형태효용
② 제공효용
③ 장소효용
④ 소유효용

해설

② 2번이 오답인 이유는 '직업정보의 효용'에 해당하지 않기 때문이다.

TIP 직업정보의 효용

형태효용	• 제공되는 정보가 사용자의 요구에 족합한 형태로 제공될 때 정보효용이 커진다.
시간효용	• 정보가 필요한 시기에 적절하게 제공되어야 효용이 증가한다.
장소효용	• 정보에 쉽게 접근할 수 있으면 효용이 커진다.
소유효용	• 정보 소유자가 타인에게 정보전달을 차단함으로써 정보소유자의 효용이 증가한다.

14 직업정보의 원리에 대한 설명으로 옳지 않은 것은?

① 상담자는 내담자에게 직업정보를 자진해서 제공해 주어야 한다.
② 내담자에게 영향을 주거나 조작하기 위해 사용되어서는 안 된다.
③ 내담자가 직업과 관련된 사람들로부터 정보를 얻도록 격려하는 것이다.
④ 상담자의 역할은 평가가 아닌 내담자가 직업정보를 탐색하고 명료화하는 것을 도와주는 것이다.

해설

① 1번이 오답인 이유는 상담자는 내담자에게 '직업정보를 자진해서 제공'해 주어서는 안 되기 때문이다.

TIP 패터슨이 제시한 직업정보의 원리

직업정보 원리	• 상담자는 직업정보를 자진하여 제공하지는 않는다. • 직업정보는 내담자에게 영향을 주거나 조작하기 위해 사용되어서는 안 된다. 그리고 평가적인 방법으로 직업정보를 사용해서는 안 된다는 원리이다. • 가장 결정적이고 내담자의 자발성과 책임감을 극대화시킬 수 있는 방법은 내담자가 원자료 즉 출판물, 고용주, 그리고 그 직업과 관련된 사람들로부터 정보를 얻도록 격려하는 것이다(가장 중요한 정보제공의 원리) • 상담자의 역할은 평가자가 아닌 내담자가 직업정보를 탐색하고 명료화하는 것을 도와주는 것이다.

15 **직업정보 제공을 위한 축적에 대한 내용의 설명으로 옳지 않은 것은?**

① 정보관리 정책과 정보의 표준화가 함께 추구되어야 더 효과적이다.

② 시간과 공간의 구애없이 신속하게 정보를 공유해야 의사결정의 효율성을 기할 수 있다.

③ 직업정보에 대한 분석과정을 거쳐 환류시켜야 한다.

④ 직업정보는 가장 최신의 정보로 쉬지 않고 움직이는 흐름을 갖추어야 한다.

해설

③ 3번이 오답인 이유는 '직업정보 평가과정'을 거쳐 환류시켜야 하기 때문이다.

TIP 직업정보의 축적

직업정보의 축적에서는 직업정보 입력, 흐름, 관리, 보관 등을 설정에 맞게 설계하면서 컴퓨터의 용량, 정보통신 기술, 정보기술의 기반 구조를 구축하기 위한 정보관리 정책과 정보의 표준화가 함께 추구되어야 효과적일 수 있다.

㉠ 직업정보의 관리는 '수집→ 분석→ 가공→ 체계화→ 제공→ 축적→ 평가' 등의 과정을 거치게 된다.

㉡ 직업정보는 최신의 가장 정확한 정보로서 존재하기 위하여 쉬지 않고 움직이는 흐름, 즉 체계를 갖추어야 한다.

㉢ 적정한 정보관리 시스템을 적용하여 서로 합의된 자료를 제공하고 교환하며, 보급된 정보를 축적하는 과정이다.

㉣ 이 과정에서는 직업정보에 대한 평가과정을 거쳐 이를 환류시키며, 직업정보 서비스에 대한 홍보 이후 이용자의 검색 방법의 차이, 선호도, 요구사항 등에 대한 의견을 수렴하여 이를 수정 · 보완한다.

16 **다음 내용에 대한 설명으로 옳은 것은?**

> 개인의 직업탐색, 진로계획, 직업 결정, 취업준비, 취업, 직업생활 유지, 전직, 은퇴 등의 과정에서 공급하고 환류되는 과정을 거치면서 필요한 정보를 생산하는 곳을 말한다.

① 직업정보제공처
② 직업정보제공원
③ 직업상담소
④ 취업알선처

해설

② 2번이 정답인 이유는 직업정보원은 '국가, 기관, 단체, 학교, 개인' 등으로 정보를 생산하는 곳이기 때문이다.

TIP 직업정보제공원의 개념

직업정보제공원은 직업정보원, 상담소, 취업알선처, 기업 등과 상호교류를 통하여 직업정보의 흐름을 이끌어 나가며, 개인의 직업탐색, 진로계획, 직업 결정, 취업 준비, 취업, 직장생활 유지, 전직, 은퇴 등의 과정에서 공급하고 환류되는 과정을 거치면서 필요한 정보를 생산하는 곳을 말한다. 직업정보제공원은 국가, 기관, 단체, 학교, 개인 등이 해당된다.

ANSWER 13.② 14.① 15.③ 16.②

17 직업정보 중개정보원에 대한 설명으로 옳지 않은 것은?

① 직업정보는 최신성과 정확성이 생명이기 때문에 전산화된 시스템 가동이 필수적이다.

② 전산시스템과 중개정보원인 보조자료는 이용자가 쉽게 접할 수 있도록 비치해야 한다.

③ 이용자가 의사결정 시에 다양한 자료로 접근할 수 있도록 검토해야 한다.

④ 전산시스템은 정보 전달에 있어 인간-기계 시스템에서 오는 한계를 갖지 않는다.

해설

④ 4번이 오답인 이유는 직업정보 시스템은 정보 전달에 있어 인간-기계 시스템에서 오는 '한계'를 갖는다. 따라서 직업정보 중개정보원을 필요로 하기 때문이다.

TIP 직업정보 중개정보원의 의미

전산시스템은 정보 전달에 있어 인간-기계 시스템에서 오는 한계를 가지고 있으므로 이를 위한 보조자료를 준비해야 한다. 보조자료는 개발에 소요되는 시간으로 인하여 구 정보가 될 가능성이 높다. 전산시스템의 내용을 더 상세히 설명하거나 부가적인 내용을 곁들인 자료를 중개정보원이라고 한다. 중개정보원은 보조적인 매체로서 서적, 잡지, 신문, TV, 영화, 오디오, CD, 인터넷, 박람회, 직업정보 자료실, 안내판, 전화, 상담소, 구인 · 구직정보지 등을 말한다.

매체의 특성에 따라 시각적 · 청각적 효과를 최대로 이용하여 직업정보의 난해성을 극복해야 하는 사명이 부과된다.

18 통계품질 진단의 규정을 활용하여 직업정보 품질을 진단할 경우 해당 항목으로 옳지 않은 것은?

① 통계작성 인력과 조직, 예산규모 등 통계작성의 환경

② 통계작성 기획, 자료수집, 자료처리와 분석 등 통계작성의 절차

③ 통계의 이용 빈도, 통계이용의 편리성, 등 통계활용의 실태

④ 통계의 작성을 위한 지침서 또는 요령서

해설

④ 4번이 오답인 이유는 통계법령에 통계의 작성을 위한 지침서 또는 요령서는 '통계법 시행규칙'에 포함되는 사항이기 때문이다.

TIP 통계법 시행령

통계품질과 공표에 대한 통계법을 확인하고 직업정보 흐름 및 축적에 반영하여야 하며, 통계의 목적, 생산 시기 및 기간, 생산형태 등을 확인해야 한다.

제9조(정기통계품질진단의 실시). 통계청장은 다음의 사항에 대하여 정기통계품질진단을 실시하여야 한다.

㉠ 통계작성 인력과 조직, 예산규모 등 통계작성의 환경

㉡ 통계작성 기획, 자료수집, 자료처리와 분석 등 통계작성의 절차

㉢ 통계의 이용 빈도, 통계이용의 편리성, 등 통계활용의 실태

㉣ 표준분류 등 법 제18조 제1항에 따라 승인을 받은 사항의 준수여부

㉤ 그 밖에 통계의 정확성과 시의성 등을 점검하기 위해 통계청장이 필요하다고 인정하는 사항

19 **직업정보의 효율적인 사용을 위한 생산과정의 공개로 옳지 않은 것은?**

① 통계작성 기관의 장은 통계를 이용할 수 있도록 필요한 사항을 중심으로 공표해야 한다.
② 직업정보 이용자는 적정한 정보사용을 위하여 정보의 생산과정을 확인해야 한다.
③ 직업정보를 제공할 때는 직업정보 생산과정에 대해 공개해야 한다.
④ 정보의 공개는 신뢰성을 부각시켜 주고, 이용자가 의사결정을 하는 데 도움을 준다.

해설

① 1번이 오답인 이유는 통계법에서 제시된 통계를 공표하는 때에는 통계 이용자가 통계를 정확하게 이용할 수 있도록 '조사의 대상 · 방법 등 필요한 사항'을 함께 공표해야 하기 때문이다.

TIP 통계법에서 제시된 통계의 공표

통계법 제27조(통계의 공표)에 의해 통계작성 기관의 장은 "통계를 작성한 때에는 그 결과를 공표예정 일시를 별도로 정하여 고지한 경우를 제외하고는 지체 없이 공표하여야 한다. 통계를 공표할 때에는 통계 이용자가 통계를 정확하게 이용할 수 있도록 조사의 대상 · 방법 등 필요한 사항을 함께 공시하여야 한다."라고 명시하고 있다.

통계를 공표하지 않아도 되는 경우	• 국가 안전보장 · 질서유지 또는 공공복리에 현저한 지장을 초래할 것으로 인정되는 경우 • 통계의 신뢰성이 낮아 그 이용에 혼란이 초래될 것으로 인정되는 경우 • 그 밖에 통계를 공표하지 아니할 필요가 있다고 인정되는 상당한 이유가 있는 경우

20 **정보생산 공개를 위해 공표를 하지 않아도 되는 경우에 대한 설명으로 옳지 않은 것은?**

① 공표할 경우 국가 안전보장 질서유지에 문제를 초래할 것으로 인정되는 경우
② 통계의 신뢰성이 낮아 이용에 혼란이 초래될 것으로 인정되는 경우
③ 막대한 국민재산권 침해에 지장을 초래할 것으로 인정되는 경우
④ 그 밖에 통계를 공표하지 아니할 필요가 있다고 인정되는 상당한 이유가 있는 경우

해설

③ 3번이 오답인 이유는 '국민재산권 침해에 지장을 초래할 경우'에는 해당사항이 되지 않기 때문이다.

TIP 통계를 공표하지 않아도 되는 경우

통계작성 기관의 장은 작성한 통계가 다음 각 호의 어느 하나에 해당하는 경우에는 통계를 공표하지 아니할 수 있다.

통계를 공표하지 않아도 되는 경우	• 국가 안전보장 · 질서유지 또는 공공복리에 현저한 지장을 초래할 것으로 인정되는 경우 • 통계의 신뢰성이 낮아 그 이용에 혼란이 초래될 것으로 인정되는 경우 • 그 밖에 통계를 공표하지 아니할 필요가 있다고 인정되는 상당한 이유가 있는 경우

ANSWER 17.④ 18.④ 19.① 20.③

학습 2 직업정보 평가하기

1 **직업정보의 평가를 위한 권고항목에 대한 내용으로 옳지 않은 것은?**

① 직업의 본질, 직업 분야, 산업 및 그 중요성

② 단일직업에서 수행하는 일, 또는 그 직업분야에 있어서의 직무의 다양성

③ 직업 환경

④ 과제 설정

해설

③ 3번이 오답인 이유는 직업정보 평가를 위한 '권고항목에 직업 환경'은 포함되지 않기 때문이다.

TIP 직업정보의 평가 권고항목

미국에서는 「진로 정보매체의 준비와 평가를 위한 지침들(Guidelines for the Preparation and Evaluation of Career Information Media)」을 발간하여 직업정보개발자, 직업정보분석가, 직업상담가, 직업상담 프로그램 개발자 등에게 직업정보의 선별을 위한 도움을 주고 있다. 이 지침에서 직업정보를 평가하는 데 있어서의 권고 항목들은 다음과 같으며, 이 항목들은 주로 정보의 질에 대한 평가로 구성되었다.

㉠ 직업의 본질, 직업분야, 산업 및 그 중요성
㉡ 단일직업에서 수행하는 일, 또는 그 직업분야에 있어서의 직무의 다양성
㉢ 과제 설정
㉣ 직업에서 가능한 개인적 보상
㉤ 입직 자격 요건
㉥ 발전 가능성
㉦ 전망(장래 고용기회에 미칠 기술적 · 경제적 · 인구학적 요인들을 포함)
㉧ 관련 직업들
㉨ 자격면허 또는 조합원 자격과 전문가 집단
㉩ 성공을 위해 필요한 개인적 자격조건들

2 직업정보를 평가할 시 주제와 관련된 평가내용으로 옳지 않은 것은?

① 고정관념으로부터의 자유 ② 어휘
③ 형식 ④ 삽화와 그림

해설

① 1번이 오답인 이유는 고정관념이 아니라 '편견으로부터의 자유'를 제시하고 있기 때문이다.

TIP 직업정보 평가내용

직업정보 평가에 있어 내용과 더불어 중요한 것은 주제와 관련된 활자와 형식을 위한 평가에서 신뢰성과 타당성 그리고 이용자의 평가 등을 포함한다.

구분	내용
어휘	• 직업 관련 인쇄물은 이용자들의 읽기 수준에 맞춰 쓰여져야 한다.
형식	• 직업정보의 내용이 자세하게 제시되었다 하더라도 직업정보 매체는 영상물, 인쇄물 등의 형식에 따라 서로 다르다.
삽화와 그림	• 인쇄매체는 체제가 산뜻하고, 전체적인 형식은 흥미를 끌 수 있어야 한다. • 삽화는 자료의 효능을 높일 수 있을 만큼의 질적 조건을 갖추어야 한다.
편견으로부터의 자유	• 정보는 편견, 즉 성별, 종교, 민족적 배경 또는 사회적 집단 등에서 추구하는 이기적 목적을 위한 선동적 행동으로부터 벗어나 있어야 한다.
신뢰성	• 신뢰성은 다음과 같은 항목들, 즉 ① 발행인, ② 전문적인 컨설턴트, ③ 후원자, ④ 기고가, ⑤ 기금의 출처 등에 대한 신뢰성이 포함된다. • 자료는 인정받은 권위자 또는 타당한 조사연구 등에 의해 정당성이 확보되어야 한다.
예비심사	• 정보의 타당성을 평가하는 직업상담가, 직업정보분석가, 진로진학상담교사 혹은 이용자들이 사용할 수 있는 간단한 방법은 자료를 시험적으로 심사해 보는 것이다.
평가 점검 항목	• 예비검사를 통과한 자료들이 모두 적절하다고 볼 수 없다. 따라서 평가 점검 항목의 적용은 좀 더 엄격하고 신뢰할 만한 평가방법이다. • 평가 점검 항목은 상식 수준에서 적용되어야 한다. • 정보에 대해 4가지로 구분하여 평가할 수 있는데, 적극 추천할 만함, 추천할 만함, 유용함, 추천 불가 등이다
이용자들의 평가	• 직업정보물은 정보의 최종 소비자의 욕구와 태도, 선호 경향을 간과해서는 안 된다. • 정보에 대한 이용자들의 특수한 반응으로부터 얻어지고 그들의 사용범위에 의해 측정된 평가는 유용성의 중요한 지표가 된다.

ANSWER 1.③ 2.①

3 직업정보의 신뢰성 부여를 위한 내용으로 옳지 않은 것은?

① 발행인
② 전문적인 컨설턴트
③ 투자자
④ 기금의 출처

해설

③ 3번이 오답인 이유는 투자자는 '신뢰성 부여'를 위한 대상에 포함되지 않기 때문이다.

TIP 직업정보의 신뢰성 부여

직업정보의 신뢰성 부여를 위해서는 신망 있는 후원을 받아야 하고, 어떤 조직 또는 집단이 연구를 후원하며, 누가 정보에 대해 책임을 지는가, 그리고 자격요건과 입장은 어떤 것인가와 같은 질문들에 분명히 답할 수 있어야 한다.
정보를 획득하는 데 사용된 방법들은 이용자들에게 공개한다. 즉, 가공된 정보의 방법에 대한 자료조사, 학교 및 단체, 기업체 방문, 정부 관련 기관과의 면담 등에 관한 정보들은 공개한다. 다양한 조사방법들을 사용한 증거를 제시함으로써 신뢰성을 더할 수 있다.
신뢰성 점검 항목은 발행인, 전문적인 컨설턴트, 후원자, 기고가, 기금의 출처 등에 대한 신뢰성이 포함된다.

4 직업정보 평가를 위한 항목 중 예비심사 질문으로 옳지 않은 것은?

① 발행일자는 언제인가?
② 정보의 내용이 전문가의 수준에 비춰 볼 때 적절한가?
③ 정보는 아직 유효한가?
④ 정보가 관심을 끌 수 있는 형식으로 제공되는가?

해설

② 2번이 오답인 이유는 정보는 전문가의 수준이 아닌 '이용자의 수준'에 맞게 사용되어야 하기 때문이다.

TIP 직업정보 평가를 위한 예비심사 질문

예비심사는 직업상담가, 직업정보분석가, 전직지원전문가 등을 대상으로 정보의 타당성을 평가하는 것으로 다음의 사항들에 대해 질문방식으로 심사하는 것이다.
㉠ 발행일자는 언제인가?
㉡ 정보는 아직 유효한가?
㉢ 저자와 후원자는 그들의 분야에서 권위자로서 인정받았거나 전문적인 면에서 유능한가?
㉣ 정보가 연구분야의 활동과 관련하여 균형 있고, 편견 없는 사진들을 제공하는가?
㉤ 정보가 관심을 끌 수 있는 형식으로 제공되는가?
㉥ 정보의 내용이 이용자의 수준에 비춰 볼 때 적절한가?

5 **직업정보의 평가 점검 항목은 장단점을 평가하는 데 중요한 단서를 제공한다. 평가기준으로 옳지 않은 것은?**

① 적극 추천할 만함
② 추천할 만함
③ 일부 추천
④ 추천 불가

해설

③ 3번이 오답인 이유는 '적극 추천할 만함', '추천할 만함', '유용함', '추천 불가'로 평가하기 때문이다.

TIP 직업정보 평가내용

㉠ 예비검사를 통과한 자료들이 모두 적절하다고 볼 수 없다. 따라서 평가 점검 항목의 적용은 좀 더 엄격하고 신뢰할 만한 평가방법이다.
㉡ 평가 점검 항목은 상식 수준에서 적용되어야 한다.
㉢ 직업정보 평가를 위한 평가 점검 항목은 '적극 추천할 만함', '추천할 만함', '유용함', '추천 불가' 등 4가지로 구분하여 평가한다.

6 **직업정보 평가 시 직업상담가로서 유의해야 할 사항에 대한 설명으로 옳지 않은 것은?**

① 직업추이와 전망에 관한 정보를 제시해야 한다.
② 내담자와 함께 정보의 정확도, 편파성, 대표성 등에 초점을 맞추어야 한다.
③ 직업정보분석가와 협업을 통해 정보를 수집 · 분석 · 가공해야 한다.
④ 직업정보의 내용을 단점보다는 장점 위주로 제시한다.

해설

④ 4번이 오답인 이유는 직업정보의 내용을 단점보다는 '장점 위주'로 제시했다면 정보가 정확하지 않다고 볼 수 있기 때문이다.

TIP 직업정보 평가 시 직업상담가의 유의점

직업정보를 평가하기 위해서는 먼저 생산 일을 살펴보아야 하는데, 3년 이상 된 자료라면 해당 직종의 과거 자료에 불과하다. 또 내용이 장점만 부각하고 단점은 거의 없는 것처럼 제시하였다면 이는 직업의 자격과 관련된 이익집단이 생산하였기 때문에 정확하지 않다고 보아야 한다.

ANSWER 3.③ 4.② 5.③ 6.④

7 **직업정보의 역할은 내담자의 의사결정을 돕는 데 있다. 다음 설명에 해당하는 의사결정 지원시스템으로 옳은 것은?**

> 충돌하는 목표와 선택 사이에 균형점을 찾는데 이용하는 강력한 도구이며, 의사결정 선택방안, 선택방안의 기준과 가중치, 판단 기준의 충족도 등을 도표로 작성한다.

① 의사결정 매트릭스
② 의사결정 나무
③ SWOT분석
④ 영향력 매트릭스

해설

① 1번이 정답인 이유는 의사결정 지원시스템의 '의사결정 매트릭스'를 설명하고 있기 때문이다.

TIP 의사결정 지원 시스템과 종류

직업상담에서 직업정보의 역할은 내담자의 의사결정을 지원하는 데 있다. 상담자는 내담자가 고려하는 선택방안에 대하여 타당성을 검토하고, 목표나 판단기준에 근거하여 가장 적합한 대안을 선택하도록 도와야 한다. 내담자의 의사결정시스템을 지원하는 분석기법은 7가지로 구분할 수 있다.

구분	내용
의사결정 나무	• 의사결정 나무(decision trees)는 선택방안의 범위를 도표로 표시하고 선택방안에 대한 가능성을 평가하여 그 결과를 보여준다.
의사결정 매트릭스	• 의사결정 매트릭스(decision matrix)는 충돌하는 목표와 선택 사이에 균형점을 찾는데 이용하는 강력한 도구이며, 의사결정 선택방안, 선택방안의 기준과 가중치, 판단 기준의 충족도 등을 도표로 작성한다.
장단점 보완	• 장단점 보완(pros-cross-faults and fixes)은 결론을 내리려고 하는 대안에 대하여 장단점의 리스트를 작성하고 단점을 보완한다.
추동력 영역분석	• 추동력 영역분석(force field analysis)은 문제를 해결하거나 목표를 달성하는 데 도움이 되거나 방해가 되는 요소 또는 추동력을 망라하여 상대적 중요성을 판단하는 것이다.
SWOT분석	• SWOT분석(SWOT analysis)은 강점(Strengths), 약점(Weaknesses), 기회(Opportunities), 위협(Threats) 등을 의미한다.
영향력 매트릭스	• 영향력 매트릭스(impact matrix)는 의사결정자 외 참여자에게 미치는 영향력을 평가하는 것이다.
복잡성 관리자	• 복잡성 관리자(complexity manager)는 관련 있는 많은 변수, 수시로 변화하는 복잡한 시스템 이해를 위한 접근법이다.

8 직업정보 평가 시 직업상담가의 유의점에 관한 내용으로 옳지 않은 것은?

① 직업정보 생산일자　　② 직업추이와 전망
③ 직업정보분석가와 협업　　④ 직업정보 자원 인사의 다양성

해설

④ 4번이 오답인 이유는 직업정보 자원 '인사의 대표성'을 갖추고 있어야 하기 때문이다.

TIP 직업정보 평가 시 직업상담가의 유의점

수집한 많은 직업정보들이 모두 내담자에게 도움이 되는 것은 아니므로, 직업상담가는 내담자가 그 정보 내용에 너무 의존하기 전에 그 정보들을 평가하는 일을 해야 한다.

직업정보 생산일자	• 직업정보를 평가하기 위해서는 먼저 생산 일을 살펴보아야 하는데, 3년 이상 된 자료라면 해당 직종의 과거 자료에 불과하다.
직업추이와 전망	• 노동시장 추이는 직업계획을 수립할 때 또는 평가 시 잘 이용해야 한다. 노동시장 추이는 영원히 지속되는 것이 아니라 수시로 변화하는 과정이다.
직업정보 자원인사의 대표성	• 직업상담가 중에는 다양한 직업 분야에 다양한 수준에서 종사하는 사람들의 목록을 만들어서 그들이 무슨 일을 하는지를 내담자에게 말해 주는 자원 인사를 파악한다.
직업정보분석가와 협업	• 직업상담가는 모두 전문가는 아니므로 직업정보분석가를 배치해서 정보를 수집 · 분석 · 가공하는 일을 전문적으로 수행토록 해야한다.

9 직업정보 평가요소로 옳지 않은 것은?

① 보편성　　② 정확성
③ 신뢰성　　④ 최신성

해설

① 1번이 오답인 이유는 보편성은 '직업정보 평가요소'로 적합하지 않기 때문이다.

TIP 직업정보의 평가

직업정보 평가를 위해서는 최신성, 정확성, 신뢰성, 객관성, 가독성, 타당성, 내용과 질 등을 중심으로 평가해야 한다.

ANSWER 7.① 8.④ 9.①

학습 3 직업정보 환류하기

1 내담자들이 새로운 정보를 접했을 때 인지편향의 오류로 옳지 않은 것은?

① 증거편향 ② 인과관계 인식의 편향

③ 확률 추정의 편향 ④ 습관

해설

④ 4번이 오답인 이유는 습관은 '인지편향의 오류'에 해당하지 않기 때문이다.

TIP 인지편향 오류

사람들은 정보에 대한 무한한 욕구를 갖고 다른 사람보다 현명한 의사결정을 할 것이라고 자신을 미화하지만, 이는 사실과 다르다. 인간은 어림짐작의 기술이 발달되어 있다. 어림짐작은 인지편향에서 오는데, 인지편향이란 단순화된 정보처리 전략에 의해 처리되는 정신적 오류이다. 인지편향의 오류에는 증거편향, 인간관계 인식의 편향, 확률 추정의 편향, 사후편향 등을 보인다(양병찬 역, 2019).

증거편향	• 생생하고 구체적이고 개인적인 정보는 추상적인 정보보다 더 많은 영향을 끼친다. • 사람들은 자기 눈으로 보거나, 귀로 듣는 정보 등과 같이 직접적으로 인식한 정보로부터 간접적으로 입수된 정보에 비해 더 많은 영향을 받는다.
인간관계 인식의 편향	• 사람들은 추론이 타당하지 않은 상황에서도 동일한 방식으로 추론을 하는 경향이 있다. • 인간이 행동을 판단하는 데 근본적인 오류는 내적 요인의 역할을 과대평가하고, 외적 요인의 역할을 과소평가한다. • 특히 자신이 타인의 행동에 영향을 미치는 데 성공하는 정도를 과대평가하는 경향이 있다.
확률 추정의 편향	• 사람들은 추정하려는 사례가 얼마나 쉽게 기억하느냐, 상상할 수 있느냐 등에서 빈도나 확률을 추적할 때가 있다. • 이때 상상할 수 있는 가능성이나 기억에서 인출할 수 있는 가능성은 가용성의 법칙을 이용한다.
사후편향	• 사람들은 통상적으로 자신의 과거 판단을 과대평가한다. • 이와 반대로 사람들은 정보자료에 얼마나 많이 인식했는지를 과소평가한다.

2 새로운 정보를 접했을 때 나타나는 판단오류에 대한 설명으로 옳은 것은?

> 사람들은 마치 정보에 대한 무한한 욕구를 갖고 다른 사람보다 현명한 의사결정을 할 것이라고 자신을 미화하지만, 이는 사실과 다르다. 인간은 어림짐작의 기술이 발달되어 있으며, 단순화된 정보처리 전략에 의해 초래되는 정신적 오류이다.

① 인지편향 ② 인과관계 인식의 편향

③ 확률추정의 편향 ④ 사후편향

해설

① 1번이 정답인 이유는 단순화된 정보처리 전략에 의해 초래되는 정신적 오류는 '인지편향'이기 때문이다.

TIP 정보판단의 종류

인지편향 오류에는 증거편향, 인과관계 인식의 편향, 확률추정의 편향, 사후편향 등이 있다.

증거편향	• 생생하고 구체적이고 개인적인 정보는 추상적인 정보보다 더 영향을 받음
인간관계 인식의 편향	• 내적 요인의 역할을 과대평가하고 외적 요인의 역할을 과소평가하는 오류
확률 추정의 편향	• 추정하려는 사례가 얼마나 쉽게 기억하느냐, 상상할 수 있느냐 등에서 빈도나 확률을 추적할 때 나타나는 오류
사후편향	• 자신의 과거 판단을 과대평가하는 오류

3 **정보판단 오류로 확률 추정의 편향으로 옳지 않은 것은?**

① 닻의 효과

② 증거의 부재

③ 불확실성

④ 시나리오의 확률 평가

해설

② 2번이 오답인 이유는 증거의 부재는 '증거편향 오류'에 해당하기 때문이다.

TIP 확률추정의 편향

사람들은 추정하려는 사례가 얼마나 쉽게 기억하느냐, 상상할 수 있느냐 등에서 빈도나 확률을 추적할 때가 있다. 확률 추정의 오류에는 닻의 효과, 불확실성, 시나리오의 확률 평가, 기저율의 오류 등이 있다.

닻의 효과	• 사람들이 판단을 내릴 때 단순화하고 직관적이고 무의식적으로 사용하는 전략이다.
불확실성	• 사람들은 일어날 확률에 대하여 통계적 확률과 같이 실증적 증거에 기반하거나, 주관적인 확률 또는 개인적인 확률에 기반해서 판단을 내린다.
시나리오의 확률평가	• 대부분 사건이 일어나기 전에 기대되는 결과에 대한 시나리오를 작성하게 되는데, 실제 시나리오에 제시된 양과 내용이 개연성과 무관한 방법으로 제시되었다 할지라도 판단에 영향을 미친다.
기저율의 오류	• 자료가 인과관계를 설명하지 않는다는 이유로 무시되는 것이다.

ANSWER 1.④ 2.① 3.②

4　어림짐작의 기술에 의존하는 습관에 의해 정보를 판단하는 내용으로 옳지 않은 것은?

① 일관성에 대한 반응　　② 집단추종
③ 손실회피　　④ 현재가치 선호

해설

① 1번이 오답인 이유는 일관성에 대한 반응은 '증거편향'에 해당하기 때문이다.

TIP 정보판단의 오류 습관

사람들의 인지판단 오류는 크게 인지편향과 습관으로 나누어진다. 인간의 뇌는 지속적으로 어림짐작의 기술(heuristics, 휴리스틱)에 의존하게 되는데, 시간이나 정보가 불충분해서 합리적인 판단을 할 수 없거나, 체계적이고 합리적인 판단을 할 필요가 없는 상황에서도 그동안의 경험을 통해 나름대로 발견한 편리한 기준에 따라 신속하게 사용하는 기술을 말한다. 어림짐작 기술에는 집단추종, 손실 회피, 현재가치 선호 등이 있다.

5　사람들이 판단을 내릴 때 단순화하고 직관적이고 무의식적으로 사용하는 전략으로 옳은 것은?

① 불확실성　　② 시나리오의 확률 평가
③ 닻의 효과　　④ 기저율의 오류

해설

③ 3번이 정답인 이유는 단순화하고 직관적이고 무의식적으로 사용하는 판단오류는 '닻의 효과'이다.

TIP 확률추정의 편향

사람들은 추정하려는 사례가 얼마나 쉽게 기억하느냐, 상상할 수 있느냐 등에서 빈도나 확률을 추적할 때가 있다. 확률 추정의 오류에는 닻의 효과, 불확실성, 시나리오의 확률 평가, 기저율의 오류 등이 있다.

닻의 효과	• 사람들이 판단을 내릴 때 단순화하고 직관적이고 무의식적으로 사용하는 전략이다.
불확실성	• 사람들은 일어날 확률에 대하여 통계적 확률과 같이 실증적 증거에 기반하거나, 주관적인 확률 또는 개인적인 확률에 기반해서 판단을 내린다.
시나리오의 확률평가	• 대부분 사건이 일어나기 전에 기대되는 결과에 대한 시나리오를 작성하게 되는데, 실제 시나리오에 제시된 양과 내용이 개연성과 무관한 방법으로 제시되었다 할지라도 판단에 영향을 미친다.
기저율의 오류	• 자료가 인과관계를 설명하지 않는다는 이유로 무시되는 것이다.

6 사람들은 통상적으로 자신의 과거 판단을 과대평가하는데, 이에 해당하는 판단오류로 옳은 것은?

① 인지편향
② 인과관계 인식의 편향
③ 확률추정의 편향
④ 사후편향

해설

④ 4번이 정답인 이유는 자신을 과대평가하는 오류는 '사후편향'이다.

TIP 인지편향 오류

사람들은 정보에 대해 무한한 욕구를 갖고 있으며, 다른 사람보다 현명한 의사결정을 할 것이라고 자신을 믿는다. 하지만 인간은 어림짐작의 기술이 발달되어 있어 이는 사실과 다르게 나타난다. 어림짐작은 인지편향에서 오는데, 인지편향이란 단순화된 정보처리 전략에 의해 처리되는 정신적 오류를 말한다. 인지편향의 오류에는 증거편향, 인간관계 인식의 편향, 확률 추정의 편향, 사후편향 등을 포함한다.

증거편향	• 단순화된 정보처리 전략에 의해 초래되는 정신적 오류
인간관계 인식의 편향	• 내적 요인의 역할을 과대평가하고 외적 요인의 역할을 과소평가하는 오류
확률 추정의 편향	• 추정하려는 사례가 얼마나 쉽게 기억하느냐, 상상할 수 있느냐 등에서 빈도나 확률을 추적할 때 나타나는 오류
사후편향	• 자신의 과거 판단을 과대평가하는 오류

7 내담자의 의사결정을 돕기 위하여 환류 과정에서 상담자가 수행해야 할 내용으로 옳지 않은 것은?

① 교육
② 면접 결과 확인
③ 가설의 확정
④ 내담자와 적합성

해설

③ 3번이 오답인 이유는 가설의 확정이 아니라 '가설을 수립'해야 하기 때문이다.

TIP 가설과 검증의 환류

상담자는 내담자의 의사결정을 돕기 위하여 가설을 설정하고, 검증한 결과도 직업정보 시스템에 환류하여 상담자들과 공유한다. 즉 상담자는 다른 상담자들과 교육, 면접 결과 확인, 가설의 수립, 내담자와 적합성 등에 대해 공유해야 한다.

ANSWER 4.① 5.③ 6.④ 7.③

8 **직업정보는 평가 결과를 환류하여 최신의 정보로서 시스템이 운영되어야 하는데 분석적 측면의 내용으로 옳지 않은 것은?**

① 다각적 시각
② 이용자의 수준
③ 직업정보원과 제공원
④ 전문적 시각

해설

② 2번이 오답인 이유는 직업정보 분석 시 유의점에 대한 설명으로 이용자의 수준은 '가공적 측면'에 해당되기 때문이다.

TIP 직업정보 평가 환류

직업정보는 평가 결과를 환류(feedback)하여 늘 최신의 정확한 정보로서 시스템이 운영되도록 하여야 한다. 평가는 분석적 측면과 가공적 측면에서 검토되어야 한다. 분석적 측면에서 검토되어야 할 내용은 다음과 같다.

구분	내용
다각적 시각	• 동일한 정보라 할지라도 다각적인 분석을 시도하여 해석을 풍부히 하였는지 확인한다. • 정보는 여러 가지 측면에서 분석하면 다양한 의미를 갖게 된다.
전문적 시각	• 직업정보는 다양한 변인에 의하여 계속해서 변화하기 때문에 전문적인 시각에서 분석하여 가공하여 정보 본래의 가치에 충실했는지 확인이 필요하다. • 이는 전문지식이 없는 개인이 정보를 왜곡되게 받아들이지 않도록 하는 장치이다.
분석과 해석	• 정보생산자가 의도한 정보생산 목적에 부합한 분석과 해석이어야 하며, 비교 기준에 적합하지 않은 정보들과 비교하는 일이 없는지 확인한다. • 직업상담사는 제공된 정보를 원자료의 생산일, 자료 표집방법, 대상 등을 면밀히 검토하고 정보가 갖는 시간적 생명을 확인하는 한편, 각종 자료와의 비교가 가능한 자료인지 검토한다.
직업정보원과 제공원	• 이용자가 분석된 자료에서 2차적인 정보를 얻기 원할 경우가 있으므로 각 정보에 대하여는 직업정보원과 제공원에 대하여 분명히 밝혀야 한다 • 이용자들이 제시한 평가결과를 환류하여야 한다.

9 **직업정보는 평가 결과를 환류하여 최신의 정보로서 시스템이 운영되어야 하는데 가공적 측면의 내용으로 옳지 않은 것은?**

① 직업에 대한 장단점을 편견 없이 제공

② 현황은 가장 최신의 자료를 활용하되, 표준화된 정보 활용

③ 주관적인 정보, 문장, 어투

④ 정보제공 방법의 적절성

해설

③ 3번이 오답인 이유는 직업정보는 '객관적인 정보'를 활용해야 하기 때문이다.

TIP 직업정보의 가공적 측면

직업정보 가공에 대하여 환류 시 검토해야 할 점은 다음과 같다.

㉠ 이용자는 직업에 관한 전문적 지식이 없는 청소년에서부터 직업 생활 경험으로 직업에 관한 지식을 습득한 성인에 이르기까지 그 폭이 매우 넓다. 따라서 이용자의 수준을 고려해야 한다.

㉡ 직업은 그 특성상 장 · 단점을 갖고 있다. 직업정보 가공 시에 객관적 자료에 의한 장 · 단점을 제시하여야 의사결정을 하는 데에 도움을 줄 수 있다.

㉢ 직업정보의 생명은 가장 최신의 것이어야 하므로 현황은 가장 최신의 자료를 활용하되, 표준화된 정보를 활용해야 한다.

㉣ 정보를 제공한다는 것은 긍정적인 입장에서부터 출발해야 한다는 강박관념에 의하는 경우가 많다. 그러므로 직업정보 제공 시에는 가능한 한 객관적인 언어나 메시지로 전달되었는지를 평가하고 그 결과를 환류해야 한다.

㉤ 직업정보는 전문성으로 인하여 매우 딱딱하고 지루한 내용이 많다. 이러한 내용에 대하여는 시청각 효과를 부여하여 이용자가 쉽게 접근할 수 있도록 구성한다.

㉥ 직업정보의 전달 매체는 인쇄자료, 방송, 인터넷, 앱, 유튜브 등이 주류를 이룬다. 이에는 매체의 특성을 살려 적절한 형태로 제공되는 부분에 대한 지속적인 연구가 필요하다.

ANSWER 8.② 9.③

CHAPTER

02 직업 및 산업분류의 활용

학습 1 직업분류의 이해

1 **직업은 유사성을 갖는 직무를 계속하여 수행하는 계속성을 가져야 하는데 직업의 정의 및 성립 요건에 대한 설명으로 올바르지 않은 것은?**

① 매일, 매주, 매월 등 주기적으로 행하는 것

② 계절적으로 행해지는 것

③ 명확한 주기는 없으나 계속적으로 행해지는 것

④ 현재 하고 있는 일을 계속적으로 하는 것

해설

④ 4번이 오답인 이유는 직업의 성립요건은 현재 하고 있는 일을 '계속적으로 행할 의지와 가능성'이 있는 것이기 때문이다.

TIP 직업의 계속성

㉠ 매일, 매주, 매월 등 주기적으로 행하는 것

㉡ 계절적으로 행해지는 것

㉢ 명확한 주기는 없으나 계속적으로 행해지는 것

㉣ 현재 하고 있는 일을 계속적으로 행할 의지와 가능성이 있는 것

2 다음 중 직업의 성립요건에 해당하지 않는 것은?

① 계속성 ② 경제성
③ 속박성 ④ 윤리성

해설

③ 3번이 오답인 이유는 직업의 성립 요건에 '속박성'은 해당되지 않기 때문이다.

TIP 직업의 성립요건

㉠ 계속성
㉡ 경제성
㉢ 비속박성

3 다음 중 직업으로 보지 않는 활동에 대한 설명으로 옳지 않은 것은?

① 이자, 주식배당, 임대료 등과 같은 자산 수입이 있는 경우
② 연금법, 국민기초생활보장법, 국민연금법 및 고용보험법 등의 사회보장이나 민간보험에 의한 수입이 있는 경우
③ 경마, 경륜, 복권 등에 의한 배당금이나 주식투자에 의한 시세차익이 있는 경우
④ 시민봉사활동 등에 의한 유급 봉사의 경우

해설

④ 4번이 오답인 이유는 시민봉사활동 등은 '무급봉사'이기 때문이다.

TIP 직업으로 보지 않는 활동

㉠ 이자, 주식배당, 임대료(전세금, 월세금) 등과 같은 자산 수입이 있는 경우
㉡ 연금법, 국민기초생활보장법, 국민연금법 및 고용보험법 등의 사회보장이나 민간보험에 의한 수입이 있는 경우
㉢ 경마, 경륜, 복권 등에 의한 배당금이나 주식투자에 의한 시세차익이 있는 경우
㉣ 예·적금 인출, 보험금 수취, 차용 또는 토지나 금융자산을 매각하여 수입이 있는 경우
㉤ 자기 집의 가사 활동에 전념하는 경우
㉥ 교육기관에 재학하며 학습에만 전념하는 경우
㉦ 시민봉사활동 등에 의한 무급 봉사적인 일에 종사하는 경우
㉧ 의무로 복무 중인 사병, 단기 부사관, 장교와 같은 군인
㉨ 사회복지시설 수용자의 시설 내 경제활동
㉩ 수형자의 활동과 같이 법률에 의한 강제노동을 하는 경우
㉪ 도박, 강도, 절도, 사기, 매춘, 밀수와 같은 불법적인 활동

ANSWER 1.④ 2.③ 3.④

4 **다음 중 경제성이 인정되지 않아 직업으로 보지 않는 활동에 해당하지 않는 것은?**

① 자기 집의 가사 활동에 전념하는 경우
② 교육기관에 재학하며 학습에만 전념하는 경우
③ 시민봉사활동 등에 의한 무급 봉사적인 일에 종사하는 경우
④ 의무로 복무 중인 사병, 단기 부사관, 장교와 같은 군인

해설

④ 4번이 오답인 이유는 의무로 복무 중인 사병, 단기 부사관, 장교와 같은 군인은 '속박된 상태'이기에 직업으로 볼 수 없기 때문이다.

TIP 경제성이 인정되지 않아 직업으로 보지 않는 활동
㉠ 자기 집의 가사 활동에 전념하는 경우
㉡ 교육기관에 재학하며 학습에만 전념하는 경우
㉢ 시민봉사활동 등에 의한 무급 봉사적인 일에 종사하는 경우

5 **속박된 상태에서의 제반활동은 직업으로 보지 않는다. 다음 중 직업으로 보지 않는 활동으로 적합하지 않은 것은?**

① 의무로 복무 중인 사병, 단기 부사관, 장교와 같은 군인
② 사회복지시설 수용자의 시설 내 경제활동
③ 수형자의 활동과 같이 법률에 의한 강제노동을 하는 경우
④ 도박, 강도, 절도, 사기, 매춘, 밀수와 같은 불법적인 활동

해설

④ 4번이 오답인 이유는 윤리성, 사회성이 인정되지 않아 직업으로 보지 않는 활동인 도박, 강도, 절도, 사기, 매춘, 밀수와 같은 '불법적인 활동'은 직업으로 보지 않기 때문이다.

6 **직업분류의 목적 및 활용에 대한 설명으로 옳지 않은 것은?**

① 직업관련 통계를 작성하는 단일 기관이 독자적으로 제작하여 통계자료의 독립성과 전문성을 확보하기 위한 것이다.

② 직업분류는 행정자료 및 인구총조사 등 고용관련 통계조사를 통하여 얻어진 직업정보를 분류하고 집계하기 위한 것이다.

③ 각종 직업정보에 관한 국내통계를 국제적으로 비교·이용할 수 있도록 하기 위하여 ILO의 국제표준직업분류(ISCO)를 근거로 설정되고 있다.

④ 직업관련 통계는 각종 장 · 단기 인력수급 정책수립과 직업연구를 위한 기초자료뿐만 아니라 다양한 자료로 활용되고 있다.

해설

① 1번이 오답인 이유는 직업분류는 단일기관이 아닌 모든 기관이 통일적으로 사용하도록 하여 '통계자료의 일관성과 비교성'을 확보하기 위함이다.

TIP 직업분류의 목적 및 활용

㉠ 직업분류의 목적

직업분류는 행정자료 및 인구총조사 등 고용관련 통계조사를 통하여 얻어진 직업정보를 분류하고 집계하기 위한 것으로, 직업관련 통계를 작성하는 모든 기관이 통일적으로 사용하도록 하여 통계자료의 일관성과 비교성을 확보하기 위한 것이다. 또한 각종직업정보에 관한 국내통계를 국제적으로 비교·이용할 수 있도록 하기 위하여 ILO의 국제표준직업분류(ISCO)를 근거로 설정되고 있다.

㉡ 직업정보의 활용

직업관련 통계는 각종 장 · 단기 인력수급 정책수립과 직업연구를 위한 기초자료뿐만 아니라 다음과 같은 자료로 활용되고 있다.

- 각종 사회·경제통계조사의 직업단위 기준
- 취업알선을 위한 구인·구직안내 기준
- 직종별 급여 및 수당지급 결정기준
- 직종별 특정질병의 이환율, 사망률과 생명표 작성 기준
- 산재보험률, 생명보험률 또는 산재보상액, 교통사고 보상액 등의 결정 기준

ANSWER 4.④ 5.④ 6.①

7 **한국표준직업분류 제7차 개정 주요내용(2018년)에 대한 설명으로 옳지 않은 것은?**

① 대분류는 2007년 6차 개정과 동일하나 중분류 이하 단위 분류 체계 중심으로 개정을 추진하였다

② 전문 기술직의 직무영역 확장 등 지식 정보화 사회 변화상을 반영하였다

③ 사회서비스 일자리 직종을 통합하였다

④ 고용규모 대비 분류 항목이 적은 사무 및 판매.서비스직을 세분하였다

해설

③ 3번이 오답인 이유는 한국표준직업분류는 '사회서비스 일자리 직종 세분 및 신설'하였기 때문이다.

TIP 한국표준직업분류 제7차 개정 주요내용(2018년)

㉠ 개정 방향

- 대분류는 2007년 6차 개정과 동일하나 중분류 이하 단위 분류 체계 중심으로 개정을 추진하였다
- 전문 기술직의 직무영역 확장 등 지식 정보화 사회 변화상을 반영하였다
- 사회서비스 일자리 직종 세분 및 신설하였다
- 고용규모 대비 분류 항목이 적은 사무 및 판매.서비스직을 세분하였다
- 자동화.기계화 진전에 따른 기능직 및 기계 조작직 직종을 통합하였다

8 **직업관련 통계는 각종 장 · 단기 인력수급 정책수립과 직업연구를 위한 기초자료뿐만 아니라 다양한 자료로 활용되고 있다. 다음 중 옳지 않은 것은?**

① 고용보험률 기준

② 취업알선을 위한 구인·구직안내 기준

③ 직종별 급여 및 수당지급 결정기준

④ 직종별 특정질병의 이환율, 사망률과 생명표 작성 기준

해설

① 1번이 오답인 이유는 '고용보험률 기준'으로는 활용되지 않기 때문이다.

TIP 직업분류의 활용

- 각종 사회·경제통계조사의 직업단위 기준
- 취업알선을 위한 구인·구직안내 기준
- 직종별 급여 및 수당지급 결정기준
- 직종별 특정질병의 이환율, 사망률과 생명표 작성 기준
- 산재보험률, 생명보험률 또는 산재보상액, 교통사고 보상액 등의 결정 기준

9 **포괄적인 업무의 개념을 및 직업분류의 원칙으로 옳지 않은 것은?**

① 주된 직무 우선 원칙　　② 최상급 직능수준 우선 원칙
③ 생산업무 우선 원칙　　④ 최근 직무 우선 원칙

해설

④ 4번이 오답인 이유는 '포괄적인 직업분류 원칙'에 해당되지 않기 때문이다.

TIP 포괄적인 업무에 대한 직업분류 원칙

동일한 직업이라 할지라도 사업체 규모에 따라 직무범위에 차이가 날 수 있다. 어떤 직업의 경우에 있어서는 직무의 범위가 분류에 명시된 내용과 일치하지 않을 수도 있다. 이러한 경우 다음과 같은 순서에 따라 분류원칙을 적용한다.

㉠ 주된 직무 우선 원칙
㉡ 최상급 직능수준 우선 원칙
㉢ 생산업무 우선 원칙

10 **한국표준직업분류에서 한 사람이 전혀 상관성이 없는 두 가지 이상의 직업에 종사할 경우 그 직업을 결정하는 일반원칙에 해당하지 않는 것은?**

① 취업시간 우선의 원칙　　② 주된 직무 우선의 원칙
③ 수입 우선의 원칙　　④ 조사 시 최근 직업 우선의 원칙

해설

② 2번이 오답인 이유는 '포괄적인 직업분류 원칙'에 해당하기 때문이다.

TIP 다수 직업 종사자의 분류원칙

㉠ 취업시간 우선의 원칙
가장 먼저 분야별로 취업시간을 고려하여 보다 긴 시간을 투자하는 직업으로 결정한다.
㉡ 수입 우선의 원칙
취업시간 우선의 원칙으로 분별하기 어려운 경우는 수입(소득이나 임금)이 많은 직업으로 결정한다.
㉢ 조사시 최근 직업 우선의 원칙
위의 두 가지 경우로 판단할 수 없는 경우에는 조사시점을 기준으로 최근에 종사한 직업으로 결정한다.

ANSWER 7.③ 8.① 9.④ 10.②

11 **한국표준직업분류의 동일한 분류수준에서 직무단위를 분류하는 순서배열원칙에 해당하지 않는 것은?**

① 한국표준산업분류(KSIC)
② 일반-특수분류
③ 고용자수 고려
④ 직능수준, 직능유형 고려

해설

② 2번이 오답인 이유는 '특수-일반분류'로 배열의 순서가 바뀌었기 때문이다.

TIP 순서배열 원칙

동일한 분류수준에서 직무단위의 분류는 다음의 원칙을 가능한 준수하여 배열하였다.

㉠ 한국표준산업분류(KSIC)
동일한 직업단위에서 산업의 여러 분야에 걸쳐 직업이 있는 경우에 한국표준산업분류의 순서대로 배열하였다. 대분류 7과 8의 기능원과 조작직 종사자인 경우에는 거의 모든 산업에 종사하는 직업이 중분류 수준에서 발견되고 있으므로, 중분류의 순서를 한국표준산업분류에 따라 분류하였다.

㉡ 특수-일반분류
직업의 구분이 특수와 그 특수 분야를 포함하는 일반이 있을 경우에는 특수를 먼저 배열하고 일반을 나중에 배열하였다. 예를 들어 생명과학 연구원을 먼저 위치시키고, 곧이어 자연과학 연구원을 배열하였다.

㉢ 고용자 수와 직능수준, 직능유형 고려
직능수준이 비교적 높거나 고용자 수가 많은 직무를 우선하여 배치한 것을 말한다. 예를 들어 대분류 1 관리자의 중분류에서 공공 및 기업 고위직을 먼저 배열한 것은 이 분야가 직능수준이 상대적으로 높아 관리자를 관리하는 직종이기 때문이다. 또 직능유형이 유사한 것끼리 묶어 분류하였는데, 이는 직업분류의 용이성과 활용성을 높이기 위함이다.

12 **한국표준직업분류에서 제시한 직업분류 개념에 대한 설명 중 옳지 않은 것은?**

① 직능 : 직무수행능력을 말하며, 주어진 업무와 과업을 수행할 수 있는 능력을 의미한다.
② 직능수준 : 직무수행능력의 높낮이를 말하며, 정규교육, 직업훈련, 직업경험, 선천적 능력 등에 의해 결정된다.
③ 직능유형 : 직무수행에 요구되는 지식의 전문성, 도구 및 장비의 사용, 생산된 재화와 서비스의 종류 등과 관련된다.
④ 직위 : 작업자에 의해 수행될 수 있는 책무, 과제, 활동, 요소들의 세트로 작업자들은 직무보다는 직위와 관련되어 있다.

해설

④ 4번이 오답인 이유는 한국표준직업분류에서 제시한 직업분류 개념에는 직능, 직능수준과 직능유형을 고려하며 '직위'와는 관련성이 없기 때문이다.

TIP 직능과 직무관련 용어

㉠ **직능** : 직무수행능력을 말하며, 주어진 업무와 과업을 수행할 수 있는 능력을 의미한다.
㉡ **직능수준** : 직무수행능력의 높낮이를 말하며, 정규교육, 직업훈련, 직업경험, 선천적 능력 등에 의해 결정된다.

㉢ **직능유형** : 직무수행에 요구되는 지식의 전문성, 도구 및 장비의 사용, 생산된 재화와 서비스의 종류 등과 관련된다.
㉣ **요소(element)** : 작업의 가장 작은 단위이다.
㉤ **활동(activity)** : 작업 필요조건을 채울 수 있는 요소의 집단 혹은 묶음이다.
㉥ **과업(task)** : 활동의 수집으로 직무분석을 통해 전형적인 직무는 30개에서 100개의 과업으로 구성된다.
㉦ **책무(duty)** : 과제의 모음으로 전형적인 직무는 5개에서 12개의 책무로 구성된다.
㉧ **직위(position)** : 작업자에 의해 수행될 수 있는 책무, 과제, 활동, 요소들의 세트로 각각의 작업자들은 직무보다는 직위를 가진다.
㉨ **직무(job)** : 한 사람이 수행하는 일의 집합체[책무와 과업]로 선발, 훈련, 직무분류 및 과업배분의 단위이다. 조직의 모든 사람들을 직위와 같은 직무명으로 불러 조직을 위해 가져야 하는 목표 혹은 수행된 작업의 측면에서 충분히 유사한 연관된 직위들의 모음을 의미한다.

13 포괄적인 업무를 수행하는 경우 직업분류의 원칙으로 옳은 것은?

① 2개 이상의 직무를 수행하는 경우는 수행되는 직무내용과 관련 분류 항목에 명시된 직무내용을 비교 · 평가하여 관련 직무 내용상의 상관성이 가장 많은 항목에 분류한다
② 수행된 직무가 상이한 수준의 훈련과 경험을 통해서 얻어지는 직무능력을 필요로 한다면, 가장 낮은 수준의 직무능력을 필요로 하는 일에 분류하여야 한다
③ 재화의 생산과 공급이 같이 이루어지는 경우는 생산단계에 관련된 업무를 우선적으로 분류한다.
④ 가장 높은 수준의 직무능력을 필요로 하는 직업으로 결정한다.

해설

② 2번이 정답인 이유는 수행된 직무가 상이한 수준의 훈련과 경험을 통해서 얻어지는 직무능력을 필요로 한다면, '가장 높은 수준의 직무능력'을 필요로 하는 일에 분류하여야 하기 때문이다.

TIP 포괄적인 업무에 대한 직업분류 원칙

동일한 직업이라 할지라도 사업체 규모에 따라 직무범위에 차이가 날 수 있다. 어떤 직업의 경우에 있어서는 직무의 범위가 분류에 명시된 내용과 일치하지 않을 수도 있다. 이러한 경우 다음과 같은 순서에 따라 분류원칙을 적용한다.

㉠ 주된 직무 우선 원칙
2개 이상의 직무를 수행하는 경우는 수행되는 직무내용과 관련 분류 항목에 명시된 직무내용을 비교·평가하여 관련 직무 내용상의 상관성이 가장 많은 항목에 분류한다. 예를 들면 교육과 진료를 겸하는 의과대학 교수는 강의, 평가, 연구 등과 진료, 처치, 환자상담 등의 직무내용을 파악하여 관련 항목이 많은 분야로 분류한다.

㉡ 최상급 직능수준 우선 원칙
수행된 직무가 상이한 수준의 훈련과 경험을 통해서 얻어지는 직무능력을 필요로 한다면, 가장 높은 수준의 직무능력을 필요로 하는 일에 분류하여야 한다. 예를 들면 조리와 배달의 직무비중이 같을 경우에는, 조리의 직능수준이 높으므로 조리사로 분류한다.

㉢ 생산업무 우선 원칙
재화의 생산과 공급이 같이 이루어지는 경우는 생산단계에 관련된 업무를 우선적으로 분류한다. 예를 들면 한 사람이 빵을 생산하여 판매도 하는 경우에는, 판매원으로 분류하지 않고 제빵원으로 분류하여야 한다.

ANSWER 11.② 12.④ 13.②

14 **국제표준직업분류(ISCO)에서 정의한 직능수준(Skill Level)은 정규교육을 통해서만 얻을 수 있는 것은 아니며, 비정규적인 직업훈련과 직업경험을 통하여서도 얻게 된다. 직능수준에 대한 설명으로 올바르지 않은 것은?**

① 제1직능 수준 : 일반적으로 단순하고 반복적이며 때로는 육제적인 힘을 요하는 과업을 수행한다

② 제2직능 수준 : 일반적으로 완벽하게 읽고 쓸 수 있는 능력과 정확한 계산능력, 그리고 상당한 정도의 의사소통 능력을 필요로 한다. 보통 중등 이상의 교육과정의 정규교육 이수 또는 이에 상응하는 직업훈련이나 직업경험을 필요로 한다.

③ 제3직능 수준 : 복잡한 과업과 실제적인 업무를 수행할 정도의 전문적인 지식을 보유하고 수리계산이나 의사소통 능력이 상당히 높아야 한다.

④ 제4직능 수준 : 매우 높은 수준의 이해력과 창의력 및 의사소통 능력이 필요하다. 일반적으로 중등교육을 마치고 1~3년 정도의 추가적인 교육과정 정도의 정규교육 또는 직업훈련을 필요로 한다.

해설

④ 4번이 오답인 이유는 '제4직능 수준'은 일반적으로 4년 또는 그 이상 계속하여 학사, 석사나 그와 동등한 학위가 수여되는 교육수준(ISCED 수준6)의 정규교육 또는 훈련을 필요로 하기 때문이다.

TIP 국제표준직업분류(ISCO)

㉠ 제1직능 수준

일반적으로 단순하고 반복적이며 때로는 육체적인 힘을 요하는 과업을 수행한다. 간단한 수작업 공구나 진공청소기, 전기장비들을 이용한다. 과일을 따거나 채소를 뽑고 단순 조립을 수행하며, 손을 이용하여 물건을 나르기도 하고 땅을 파기도 한다. 이러한 수준의 직업은 최소한의 문자이해와 수리적 사고능력이 요구되는 간단한 직무교육으로 누구나 수행할 수 있다. 제1직능 수준의 일부 직업에서는 초등교육이나 기초적인 교육(ISCED 수준1)을 필요로 한다.

㉡ 제2직능 수준

일반적으로 완벽하게 읽고 쓸 수 있는 능력과 정확한 계산능력, 그리고 상당한 정도의 의사소통 능력을 필요로 한다. 보통 중등 이상의 교육과정의 정규교육 이수(ISCED 수준2, 수준3) 또는 이에 상응하는 직업훈련이나 직업경험을 필요로 한다. 이러한 수준의 직업에 종사하는 자는 일부 전문적인 직무훈련과 실습과정이 요구되며, 훈련실습기간은 정규훈련을 보완하거나 정규훈련의 일부 또는 전부를 대체할 수 있다. 운송수단의 운전이나 경찰 업무를 수행하기도 한다. 일부의 직업은 중등학교 졸업 후 교육(ISCED 수준4)이나 직업교육기관에서의 추가적인 교육이나 훈련을 요구할 수도 있다.

㉢ 제3직능 수준

복잡한 과업과 실제적인 업무를 수행할 정도의 전문적인 지식을 보유하고 수리계산이나 의사소통 능력이 상당히 높아야 한다. 이러한 수준의 직업에 종사하는 자는 일정한 보충적 직무훈련 및 실습과정이 요구될 수 있으며, 정규훈련과정의 일부를 대체할 수도 있다. 또한 유사한 직무를 수행함으로써 경험을 습득하여 이에 해당하는 수준에 이를 수도 있다. 시험원과 진단과 치료를 지원하는 의료관련 분류나 스포츠 관련 직업이 대표적이다. 일반적으로 중등교육을 마치고 1~3년 정도의 추가적인 교육과정(ISCED 수준5) 정도의 정규교육 또는 직업훈련을 필요로 한다.

㉣ 제4직능 수준

매우 높은 수준의 이해력과 창의력 및 의사소통 능력이 필요하다. 이러한 수준의 직업에 종사하는 자는 일정한 보충적 직무훈련 및 실습이 요구된다. 또한 유사한 직무를 수행함으로써 경험을 습득하여 이에 해당하는 수준에 이를 수도 있다. 분석과 문제해결, 연구와 교육 그리고 진료가 대표적인 직무분야이다. 일반적으로 4년 또는 그 이상 계속하여 학사, 석사나 그와 동등한 학위가 수여되는 교육수준(ISCED 수준6)의 정규교육 또는 훈련을 필요로 한다.

15 **한국표준직업분류에서 대분류와 직능수준과의 관계로 옳지 않은 것은?**

① 관리자 – 제4직능 수준 혹은 제3직능 수준

② 사무 종사자 – 제2직능 수준 필요

③ 판매 종사자 – 제2직능 수준 필요

④ 군인 – 제1직능 수준 필요

해설

④ 4번이 오답인 이유는 군인은 '2직능 수준 이상'이 필요하기 때문이다.

TIP 한국표준직업분류 및 직능수준

직업분류	직능수준
1. 관리자	제4직능 수준 혹은 제3직능 수준 필요
2. 전문가 및 관련종사자	
3. 사무 종사자	제2직능 수준 필요
4. 서비스 종사자	
5. 판매 종사자	
6. 농림 · 어업 숙련 종사자	
7. 기능원 및 관련 기능 종사자	
8. 장치기계 조작 및 조립 종사자	
9. 단순노무 종사자	제1직능 수준 필요
A. 군인	제2직능 수준 이상 필요

ANSWER 14.④ 15.④

학습 2 산업분류의 이해

1 한국표준산업분류 개요 중 산업, 산업활동의 정의 및 산업활동의 범위에 대한 설명으로 옳은 것은?

① 산업활동이란 유사한 성질을 갖는 산업활동에 주로 종사하는 생산단위의 집합을 말한다.

② 산업이란 각 생산단위가 노동, 자본, 원료 등 자원을 투입하여, 재화 또는 서비스를 생산 또는 제공하는 일련의 활동과정을 말한다.

③ 산업활동의 범위로 영리적 활동은 포함되나, 비영리적 활동은 제외된다.

④ 가정 내 가사활동은 산업활동에서 제외된다.

해설

④ 4번이 정답인 이유는 산업활동의 범위에서 영리적, 비영리적 활동이 모두 포함되나, 가정 내 '가사활동은 제외'되기 때문이다.

TIP 생산단위의 산업결정 방법

㉠ **산업의 정의** : 유사한 성질을 갖는 산업활동에 주로 종사하는 생산단위의 집합(유.성.산.생산)

㉡ **산업활동의 정의** : 각 생산단위가 노동, 자본, 원료 등 자원을 투입하여, 재화 또는 서비스를 생산 또는 제공하는 일련의 활동과정

㉢ **산업활동의 범위** : 영리적, 비영리적 활동이 모두 포함되나, 가정 내 가사활동은 제외된다.

2 한국표준산업분류의 산업분류는 주로 수행하고 있는 산업활동을 그 유사성에 따라 유형화한 것으로 분류기준에 의해 분류된다. 다음 중 산업분류기준이 아닌 것은?

① 산출물의 특성 ② 투입물의 특성

③ 생산활동의 일반적인 결합형태 ④ 생산요소의 비중

해설

④ 4번이 오답인 이유는 '산업분류 기준'에 해당되지 않기 때문이다.

TIP 산업분류기준

산업분류는 생산단위가 주로 수행하고 있는 산업활동을 그 유사성에 따라 유형화한 것으로 이는 다음과 같은 분류기준에 의하여 분류된다.

㉠ **산출물(생산된 재화 또는 제공된 서비스)의 특성**
- 산출물의 물리적 구성 및 가공단계
- 산출물의 수요처
- 산출물의 기능 및 용도

㉡ **투입물의 특성**

원재료, 생산 공정, 생산기술 및 시설 등

㉢ 생산활동의 일반적인 결합형태

3 **표준산업분류에서 통계단위에 대한 설명이다. 다음 설명으로 옳지 않은 것은?**

① 통계단위란 생산단위의 활동에 관한 통계작성을 위하여 필요한 정보를 수집 또는 분석할 대상이 되는 관찰 또는 분석단위를 말한다

② 관찰단위는 산업 활동과 지리적 장소의 동질성, 의사결정의 자율성, 자료수집 가능성이 있는 생산단위가 설정되어야 한다.

③ 하나 이상의 장소 및 하나 이상의 산업활동을 한 통계단위를 한 통계단위를 사업체단위라고 한다.

④ 생산 활동과 장소의 동질성의 차이에 따라 통계단위는 구분된다.

해설

③ 3번이 오답인 이유는 하나 이상의 장소 및 하나 이상의 산업활동을 한 통계단위를 '기업집단 또는 기업체단위'라고 한다.

TIP 통계단위

㉠ 통계단위란 생산단위의 활동(생산, 재무활동 등)에 관한 통계작성을 위하여 필요한 정보를 수집 또는 분석할 대상이 되는 관찰 또는 분석단위를 말한다.

㉡ 관찰단위는 산업 활동과 지리적 장소의 동질성, 의사결정의 자율성, 자료수집 가능성이 있는 생산단위가 설정되어야 한다.

㉢ 생산 활동과 장소의 동질성의 차이에 따라 통계단위는 구분된다.

ANSWER 1.④ 2.④ 3.③

4 **다음 빈 칸에 적합한 통계단위로 옳은 것은?**

구분	하나 이상의 장소	단일 장소
하나 이상의 산업활동	기업집단 단위 기업체 단위	(　　　　　)
단일 산업활동	활동유형 단위	사업체 단위

① 지역단위
② 기업체단위
③ 사업체단위
④ 활동유형단위

해설

① 1번이 정답인 이유는 '지역단위' 통계단위를 설명하는 내용이기 때문이다.

TIP 통계단위

구분	하나 이상의 장소	단일 장소
하나 이상의 산업활동	기업집단 단위 기업체 단위	지역단위
단일 산업활동	활동유형 단위	사업체 단위

5 **통계단위의 산업결정시 생산단위의 활동 형태에 대한 설명으로 옳지 않은 것은?**

① 생산단위의 산업활동은 일반적으로 주된 산업활동, 부차적 산업활동 및 보조적 활동이 결합되어 복합적으로 이루어진다.

② 주된 산업활동이란 산업활동이 복합 형태로 이루어질 경우 생산된 재화 또는 제공된 서비스 중에서 매출액이 가장 큰 활동을 말한다

③ 부차적 산업활동은 주된 산업활동 이외의 재화생산 및 서비스제공활동을 말한다.

④ 주된 활동과 부차 활동은 보조활동의 지원 없이는 수행될 수 없으며 보조 활동에는 회계, 창고, 운송, 구매, 판매촉진, 수리서비스업 등이 포함된다.

해설

② 2번이 오답인 이유는 '부가가치(액)'이 가장 큰 활동으로 결정되기 때문이다.

TIP 생산단위의 활동 형태

㉠ 생산단위의 산업활동은 일반적으로 주된 산업활동, 부차적 산업활동 및 보조적 활동이 결합되어 복합적으로 이루어진다.

㉡ 주된 산업활동이란 산업활동이 복합 형태로 이루어질 경우 생산된 재화 또는 제공된 서비스 중에서 부가가치(액)가 가장 큰 활동을 말하며 부차적 산업활동은 주된 산업활동 이외의 재화생산 및 서비스 제공 활동을 말한다.

㉢ 주된 활동과 부차 활동은 보조활동의 지원 없이는 수행될 수 없으며 보조 활동에는 회계, 창고, 운송, 구매, 판매촉진, 수리서비스업 등이 포함된다.

㉣ 보조 활동은 모 생산단위에서 사용되는 비내구재 또는 서비스를 제공하는 활동으로서 생산 활동을 지원해 주기 위하여 존재한다.

㉤ 생산활동과 보조활동이 별개의 독립된 장소에서 이루어질 경우 지역 통계작성을 위하여 보조단위에 관한 정보를 별도로 수집할 수 있다.

ANSWER 4.① 5.②

6 **한국표준산업분류상의 통계단위의 산업결정방법에 대한 설명으로 옳지 않은 것은?**

① 산업활동은 주된 산업활동의 종류에 따라 주된 산업활동은 산출물의 부가가치액의 크기에 따라 부가가치액의 측정이 어려운 경우 산출액에 의해 결정한다.

② 단일사업체의 보조단위는 그 사업체의 일부 부서로 포함하고, 여러 사업체를 관리하는 중앙보조단위는 동일의 사업체로 처리한다.

③ 계절에 따라 정기적으로 산업을 달리하는 사업체는 조사대상 기간 중 산출액이 가장 많았던 산업활동으로 결정한다.

④ 휴업 중일 때는 영업 중이었을 때의 산업활동으로, 자산을 청산 중인 사업체는 청산을 시작하기 전의 산업활동으로 결정한다.

해설

② 2번이 오답인 이유는 '단일사업체의 보조단위'는 그 사업체의 일부 부서로 포함하고, 여러 사업체를 관리하는 중앙보조단위는 '별도의 사업체'로 처리하기 때문이다.

TIP 산업결정방법

㉠ 생산단위의 산업 활동은 그 생산단위가 수행하는 주된 산업활동(판매 또는 제공되는 재화 및 서비스)의 종류에 따라 결정된다. 이러한 주된 산업활동은 산출물(재화 또는 서비스)에 대한 부가가치(액)의 크기에 따라 결정되어야 하나, 부가가치(액)의 측정이 어려운 경우에는 산출액에 의하여 결정한다.

㉡ 상기의 원칙에 따라 결정하는 것이 적합하지 않을 경우에는 그 해당 활동의 종업원 수 및 노동시간, 임금 및 급여액 또는 설비의 정도에 의하여 결정한다.

㉢ 계절에 따라 정기적으로 산업을 달리하는 사업체의 경우에는 조사시점에서 경영하는 사업과는 관계없이 조사대상 기간 중 산출액이 많았던 활동에 의하여 분류된다.

㉣ 휴업 중 또는 자산을 청산 중인 사업체의 산업은 영업 중 또는 청산을 시작하기 전의 산업활동에 의하여 결정하며, 설립 중인 사업체는 개시하는 산업활동에 따라 결정한다.

㉤ 단일사업체의 보조단위는 그 사업체의 일개 부서로 포함하며, 여러 사업체를 관리하는 중앙보조단위(본부)는 별도의 사업체로 처리한다.

7 한국표준산업분류에서 산업결정방법과 산업분류의 적용원칙에 대한 설명으로 옳지 않은 것은?

① 생산단위는 산출물뿐만 아니라 투입물과 생산공정 등을 함께 고려하여 그들의 활동을 가장 정확하게 설명된 항목에 분류해야 한다.

② 복합적인 활동단위는 우선적으로 최상급 분류단계(대분류)를 정확히 결정하고, 순차적으로 중 · 소 · 세 · 세세분류 단계 항목을 결정하여야 한다.

③ 산업활동이 결합되어 있는 경우에는 그 활동단위의 주된 활동에 따라서 분류하여야 한다.

④ 수수료 또는 계약에 의하여 활동을 수행하는 단위는 자기계정과 자기책임 하에서 생산하는 단위와 별도항목에 분류되어야 한다.

해설

④ 4번이 오답인 이유는 수수료 또는 계약에 의하여 활동을 수행하는 단위는 자기계정과 자기책임 하에서 생산하는 단위와 '동일항목'에 분류되어야 하기 때문이다.

TIP 산업분류의 적용원칙

㉠ 생산단위는 산출물뿐만 아니라 투입물과 생산공정 등을 함께 고려하여 그들의 활동을 가장 정확하게 설명된 항목에 분류해야 한다.

㉡ 복합적인 활동단위는 우선적으로 최상급 분류단계(대분류)를 정확히 결정하고, 순차적으로 중 · 소 · 세 · 세세분류 단계 항목을 결정하여야 한다.

㉢ 산업활동이 결합되어 있는 경우에는 그 활동단위의 주된 활동에 따라서 분류하여야 한다.

㉣ 수수료 또는 계약에 의하여 활동을 수행하는 단위는 자기계정과 자기책임 하에서 생산하는 단위와 동일 항목에 분류되어야 한다.

㉤ 자기가 직접 실질적인 생산활동은 하지 않고, 다른 계약업자에 의뢰하여 재화 또는 서비스를 자기계정으로 생산케 하고, 이를 자기명의로, 자기 책임하에서 판매하는 단위는 이들 재화나 서비스 자체를 직접 생산하는 단위와 동일한 산업으로 분류하며, 제조업의 경우에는 그 제품의 고안에 중요한 역할을 하고 자기계정으로 재료를 제공하여야 한다.

㉥ 각종 기계장비 및 용품의 개량활동, 개조활동 및 재제조 등 재생활동은 그 기계장비 및 용품의 제조업과 동일 산업으로 분류하나 이들의 경상적인 유지수리를 전문으로 수행하는 독립된 사업 체의 산업활동은 "95 : 수리업"으로 분류한다. 수수료 또는 계약에 의하여 운송사업장 내에서 철도차량, 선박 및 항공기의 경상적인 점검, 보수 및 유지관리활동은 "52 : 창고 및 운수관련 서비스업"으로 분류되며, 고객의 특정 사업장 내에서 건물 및 산업시설의 경상적인 유지관리를 대행하는 경우는 "741 : 사업시설 유지관련 서비스업"에 분류한다.

㉦ 동일단위에서 제조한 재화의 소매활동은 별개 활동으로 파악되지 않고 제조활동으로 분류되어야 한다. 그러나 자기가 생산한 재화와 구입한 재화를 함께 판매한다면 그 주된 활동에 따라 분류한다.

㉧ "공공행정 및 국방, 사회보장사무" 이외의 다른 산업활동을 수행하는 정부기관은 그 활동의 성질에 따라 분류하여야 한다.

ANSWER 6.② 7.④

CHAPTER

03 직업정보 분석

학습 1 분석목표 설정하기

1 직업정보 분석의 접근방식에 대한 설명으로 옳지 않은 것은?

① 직업정보 분석의 접근방식은 직업정보를 어떤 이론적 관점으로 접근하느냐에 따라 분석의 필요성과 기준은 달라질 수 있다.

② 사회학적 접근방식 중 지위획득 모델은 개인의 사회적(특히 가족) 배경을 통해 향후 그 개인이 얻을 직업적 명성 수준을 예측한다는 이론과 관련이 있다.

③ 분석의 접근방식을 실업, 기업의 임금분배, 직함, 성, 인종과 같은 요인을 고려한 심리학적 관점을 제시한다.

④ 경제학적 접근방식 중 인적자본이론은 개인이 더 높은 명성과 더 많은 소득을 얻을 수 있는 직업을 갖기 위해 교육과 훈련에 투자한다고 본다.

해설

③ 3번이 오답인 이유는 실업, 기업의 임금분배, 직함, 성, 인종과 같은 요인을 고려한 관점은 '사회학적, 경제학적 접근(Sharf, 2016)'에 해당되기 때문이다.

TIP 직업정보분석 접근방식

㉠ 사회학적, 경제학적 접근(Sharf, 2016)
- 실업과 기업의 임금분배 변수 및 가정적, 문화적 요인, 그 외 다른 사회적 요인을 다룬다.
- 지위획득모델 : 개인의 사회적 배경이 개인이 얻을 직업의 명성수준을 예측 가능하다.
- 인적자본이론 : 개인이 더 높은 명성과 더 많은 소득을 얻을 수 있는 직업을 갖기 위해 교육과 훈련에 투자한다.

㉡ 심리학적 접근
- 개인의 감각, 지각, 사고, 성격, 지능, 적성 등의 인간특성에 관심
- 인지 및 정서, 행동 등의 영역에서 문제를 발견하고 변화를 이끔

2　직업정보 분석시 유의해야 할 사항으로 옳지 않은 것은?

① 기존의 이론과 연구를 토대로 일반적인 관점에서 분석한다.
② 동일한 직업정보일지라도 다각적인 분석 틀을 통해 다양한 논점에 대해 해석한다.
③ 직업정보원과 제공원은 제시한다.
④ 분석과 해석은 원자료의 생산일, 자료표집 방법, 대상, 자료의 양 등을 검토하여 실시한다.

해설

① 1번이 오답인 이유는 직업정보 분석 시 '전문적인 관점'에서 분석해야 하기 때문이다.

TIP 직업정보 분석 시 유의점

㉠ 동일한 직업정보일지라도 다각적인 분석 틀을 통해 다양한 논점에 대해 해석한다.
㉡ 기존의 이론과 연구를 토대로 전문적인 관점에서 분석한다.
㉢ 분석과 해석은 원자료의 생산일, 자료표집 방법, 대상, 자료의 양 등을 검토하여야 하는 한편 분석 비교도 이에 준하여 실시한다.
㉣ 직업정보원과 제공원에 대해 제시한다.

3　직업정보의 주제별 분석 방법에 해당하지 않는 것은?

① 미래사회 분석
② 노동시장 분석
③ 개인 분석
④ 직무분석

해설

④ 4번이 오답인 이유는 직무분석은 '주제별 분석'에 해당하지 않기 때문이다.

TIP 직업정보의 주제별 분석

① 미래사회분석
② 직업세계 분석
③ 노동시장 분석
④ 개인 분석

ANSWER 1.③ 2.① 3.④

4 다음 내용에 대한 설명을 읽고 해당하는 용어로 옳은 것은?

> 직업정보 분석의 접근방식 중 사회학적인 관점으로 개인의 사회적(특히 가족) 배경을 통해 향후 그 개인이 얻을 직업적 명성 수준을 예측한다는 이론

① 개인심리학적 이론
② 인적자본이론
③ 지위획득모델
④ 선별이론

해설

③ 3번이 정답인 이유는 '지위획득모델'의 설명이기 때문이다.

TIP 직업정보분석 접근방식

㉠ 사회학적, 경제학적 접근(Sharf, 2016)
- 실업과 기업의 임금분배 변수 및 가정적, 문화적 요인, 그 외 다른 사회적 요인을 다룸
- 지위획득모델 : 개인의 사회적 배경이 개인이 얻을 직업의 명성수준을 예측
- 인적자본이론 : 개인이 더 높은 명성과 더 많은 소득을 얻을 수 있는 직업을 갖기 위해 교육과 훈련에 투자한다.

㉡ 심리학적 접근
- 개인의 감각, 지각, 사고, 성격, 지능, 적성 등의 인간특성에 관심
- 인지 및 정서, 행동 등의 영역에서 문제를 발견하고 변화를 이끔

5 직업정보는 분석의 필요성이 있다. 직업정보 분석의 필요성 기준에 맞춰서 진로단절여성의 직업정보 분석 기준에 대한 설명으로 옳지 않은 것은?

① 진로단절여성의 진로경로 개척의 유형, 진로단절기간, 자녀 수와 연령, 일경험 등을 고려한다.
② 진로단절여성의 지지체계, 자기효능감, 진로동기, 진로미래 등을 의미 있게 해석한다.
③ 진로단절여성의 단절원인에 대해 개인, 가정, 기업, 사회문화적 등 통합적 관점을 갖는다.
④ 진로단절여성의 직업유지의 지속성과 진로단절을 예방하는 것보다 직업복귀가 중요하다.

해설

④ 4번이 오답인 이유는 '진로단절여성의 직업복귀뿐만 아니라 직업유지의 지속성과 진로단절을 예방을 예방'하는 것의 중요하기 때문이다.

TIP 진로단절여성의 직업정보 분석 기준

㉠ 진로단절여성의 진로경제 개척의 유형, 진로단절기간, 자녀 수와 연령, 일경험 등을 고려한다.
㉡ 진로단절여성의 지지체계, 자기효능감, 진로동기, 진로미래 등을 의미 있게 해석한다.
㉢ 진로단절여성의 단절원인에 대해 개인, 가정, 기업, 사회문화적 등 통합적 관점을 갖는다.
㉣ 여성의 생애주기를 고려한 진로발달의 관점과 성인지적 관점을 갖는다.
㉤ 진로단절여성의 직업복귀뿐만 아니라 직업유지의 지속성과 진로단절을 예방하는 것의 중요성을 인식한다.

6 **다음 중 아동기 진로발달 특성에 적합한 직업정보의 필요성으로 옳지 않은 것은?**

① 다양한 교육적 · 직업적 기회에 대해 얼마나 많이 생각하고 계획하고 있는지 탐색한다.

② 직업정보에 성적 편견이 없어야 하며 용인 가능한 성별경계를 넓히는 노력이 필요하다.

③ 아동이 가진 시간 조망의 한계 때문에 상담자는 미래의 입직보다는 현재 어른이 하는 일에 초점을 맞춘다.

④ 직업에 대한 학습은 버거워서는 안 되며 작은 단위로 이루어져야 한다.

해설

① 1번이 오답인 이유는 '청소년기'의 직업정보 필요성에 해당되기 때문이다.

TIP 진로발달단계에 따른 직업정보의 필요성

㉠ 아동기의 진로발달
- 학습발달적 측면을 고려하면 정보는 구체적이고 분명해야 함.
- 직업에 대한 학습은 버거워서는 안 되며 작은 단위로 이루어져야 함.
- 아동이 가진 시간 조망의 한계 때문에 상담자는 미래의 입직보다는 현재 어른이 하는 일에 초점을 맞춤
- 직업정보에 성적 편견이 없어야 하며 용인 가능한 성별경계를 넓히려는 노력이 필요

㉡ 청소년기의 진로발달
- 다양한 교육적 · 직업적 기회에 대해 얼마나 많이 생각하고 계획하고 있는지 탐색
- 직업정보를 얻기 위한 구체적인 노력과 방법에 대한 지원
- 심리대화와 직업대화를 통해 직업정체성 발달 지원

7 **직업정보 분석 시에는 주제와 형식에 따라 분석목표를 수립할 수 있다. 다음 중 대표적 주제에 따른 분석목표 수립으로 적합하지 않은 것은?**

① 직무
② 자격과 훈련
③ 능력과 근무환경
④ 패널데이터

해설

④ 4번이 오답인 이유는 '대표적 형식'에 따른 기준이기 때문이다.

※ 직업정보 가공을 위한 관점에서 주제별 직업정보의 기준을 미국의 오넷과 우리나라의 워크넷, 직업정보론(김병숙, 2007)등을 참조하여 제시하면 다음과 같다. 직무, 관련 기술, 지식, 능력, 근무환경, 관련 자격, 필요한 교육과 훈련, 관련 흥미, 직업가치관, 일 유형(work style), 임금, 고용전망, 채용정보, 기업 정보, 기업문화, 조직풍토, 직종, 업종, 취업규칙, 직업윤리, 관련 법규 등이다.

ANSWER 4.③ 5.④ 6.① 7.④

8 **다음 중 직업정보 분석 목표 설정 과정에 대한 내용으로 옳지 않은 것은?**

① 내담자의 요구가 적시에 충족되기 위해 직업정보 분석의 시간, 양, 질 등이 고려된다.

② 직업정보 원자료를 내담자의 특성에 맞게 추출하고, 기존의 이론과 선행 연구를 토대로 해석하고 원인을 진단한다.

③ 어느 한 자료만을 분석하기보다는 다양한 자료를 통찰력을 가지고 분석한다.

④ 직업정보 분석은 주로 내담자에 의해 이루어지는데 수집된 직업정보를 직업호소논점에 따라 선택하고 항목별로 분류한다.

해설

④ 4번이 오답인 이유는 직업정보 분석은 주로 '직업전문가'에 의해 이루어지기 때문이다.

TIP 직업정보 분석의 목표설정

내담자의 요구가 적시에 충족되기 위해 직업정보 분석의 시간, 양, 질 등이 고려된다. 직업정보 분석은 주로 직업전문가에 의해 이루어지는데 수집된 직업정보를 필요조건에 따라 선택하고 항목별로 분류하며, 다양한 직업과 관련 통계정보를 해석하고, 그 숨은 의미를 찾아낼 수 있다. 다른 사람에 의해 분석된 직업정보를 보기보다는 원자료를 통해 새로운 의미와 해석을 기반으로 전문가의 시각으로 분석하는 것을 권장한다. 특히 신문이나 방송에서 기자들이 원자료를 인용하여 자신의 목적대로 가공한 자료를 참조하는 것은 지양하는 것이 좋다.

원자료를 내담자의 특성에 맞게 추출하고, 그것의 분석에 있어 기존의 이론과 선행 연구를 토대로 해석하고 그 원인을 진단한다. 분석 틀에 문제가 있으면 직업정보가 왜곡되거나 과장되게 분석될 가능성이 있다. 어느 한 자료만을 분석하기보다는 다양한 자료를 통찰력을 가지고 분석해 내는 것이 필요하다.

9 **다음 중 청소년 진로발달 특성에 적합한 직업정보의 필요성으로 옳지 않은 것은?**

① 다양한 교육적 · 직업적 기회에 대해 얼마나 많이 생각하고 계획하고 있는지 탐색

② 직업정보를 얻기 위한 구체적인 노력과 방법에 대한 지원

③ 직업정보에 성적 편견이 없어야 하며 용인 가능한 성별경계를 넓히려는 노력이 필요

④ 심리대화와 직업대화를 통해 직업정체성 발달 지원

해설

③ 3번이 오답인 이유는 '아동기'의 진로발달 특성에 적합한 직업정보에 해당되기 때문이다.

TIP 청소년기의 진로발달

- 다양한 교육적 · 직업적 기회에 대해 얼마나 많이 생각하고 계획하고 있는지 탐색
- 직업정보를 얻기 위한 구체적인 노력과 방법에 대한 지원
- 심리대화와 직업대화를 통해 직업정체성 발달 지원

10 **직업정보 분석의 기준에 따라 분석목표를 수립하고자 한다. 대표적 형식을 기준으로 직업정보의 분석목표를 수립할 때 옳지 않은 것은?**

① 통계자료를 기준으로 직업정보의 분석목표를 수립한다.

② 패널데이터를 기준으로 직업정보의 분석목표를 수립한다.

③ 직종과 업종, 기업을 기준으로 직업정보의 분석목표를 수립한다.

④ 직업 관련 정책자료를 기준으로 직업정보의 분석목표를 수립한다.

해설

③ 3번이 오답인 이유는 '대표적 주제' 기준이기 때문이다.

TIP 직업정보 분석의 기준에 따라 분석목표를 수립

㉠ 대표적 주제를 기준으로 직업정보의 분석목표를 수립한다.
- 직무를 기준으로 직업정보의 분석목표를 수립한다.
- 관련 기술, 지식, 능력 등을 기준으로 직업정보의 분석목표를 수립한다.
- 근무환경과 임금을 기준으로 직업정보의 분석목표를 수립한다.
- 자격과 훈련을 기준으로 직업정보의 분석목표를 수립한다.
- 직종과 업종, 기업을 기준으로 직업정보의 분석목표를 수립한다.

㉡ 대표적 형식을 기준으로 직업정보의 분석목표를 수립한다.
- 통계자료를 기준으로 직업정보의 분석목표를 수립한다.
- 패널데이터를 기준으로 직업정보의 분석목표를 수립한다.
- 직업 관련 법규자료를 기준으로 직업정보의 분석목표를 수립한다.
- 직업 관련 정책자료를 기준으로 직업정보의 분석목표를 수립한다.
- 실태조사를 기준으로 직업정보의 분석목표를 수립한다.
- 학술연구물을 기준으로 직업정보의 분석목표를 수립한다.

ANSWER 8.④ 9.③ 10.③

학습 2 직업정보 분석범위 설정하기

1 **한국표준직업분류의 직능수준에 대해 바르게 연결되지 않은 것은?**

① 전문가 및 관련 종사자 – 제4직능 수준 혹은 제3직능 수준 필요
② 단순노무 종사자 – 제2직능 수준 필요
③ 서비스 종사자 – 제2직능 수준 필요
④ 기능원 및 관련 기능 종사자 – 제2직능 수준 필요

해설

② 2번이 오답인 이유는 '제1직능 수준'이 필요하기 때문이다.

TIP 한국표준직업분류 및 직능수준

직업분류	직능수준
1. 관리자	• 제4직능 수준 혹은 제3직능 수준 필요
2. 전문가 및 관련종사자	
3. 사무 종사자	• 제2직능 수준 필요
4. 서비스 종사자	
5. 판매 종사자	
6. 농림• 어업 숙련 종사자	
7. 기능원 및 관련 기능 종사자	
8. 장치기계 조작 및 조립 종사자	
9. 단순노무 종사자	• 제1직능 수준 필요
A. 군인	• 제2직능 수준 이상 필요

2 **산업분류는 생산단위가 주로 수행하고 있는 산업활동을 그 유사성에 따라 유형화한 것인데, 한국표준산업분류의 기준에 해당하지 않는 것은?**

① 산출물의 특성
② 투입물의 특성
③ 생산활동의 일반적인 결합형태
④ 생산단위가 수행하는 산업활동의 차별성

해설

④ 4번이 오답인 이유는 '생산단위가 수행하는 산업활동의 차별성'은 해당하지 않기 때문이다.

TIP 산업분류 기준

① 산출물[생산된 재화 또는 제공된 서비스]의 특성
② 투입물의 특성
• 원재료, 생산공정, 생산기술 및 시설 등
③ 생산활동의 일반적인 결합형태

3 **한국표준산업분류의 생산단위 결정방법에 대한 설명으로 옳지 않은 것은?**

① 생산단위의 산업활동은 그 생산단위가 수행하는 주된 산업활동에 의해 결정된다.
② 영리적 · 비영리적 활동 및 가정 내의 가사활동 등을 모두 포함한다.
③ 산업결정 우선순위로서 주된 산업활동은 산출물에 대한 부가가치액의 크기에 따라 결정한다.
④ 부가가치의 측정이 어려운 경우 산출액 또는 종업원 수 및 노동시간, 임금, 설비의 정도 등을 고려하여 결정한다.

해설

② 2번이 오답인 이유는 산업활동의 범위에는 영리적 · 비영리적 활동이 모두 포함되나 '가정 내의 가사활동은 제외'되기 때문이다.

TIP 생산단위 산업결정방법

㉠ 산업이란 유사한 성질을 갖는 산업활동에 종사하는 생산단위의 집합을 의미한다.
㉡ 산업활동의 범위에는 영리적 · 비영리적 활동이 모두 포함되나 가정 내의 가사활동은 제외한다.
㉢ 생산단위의 산업활동은 그 생산단위가 수행하는 주된 산업활동의 종류에 따라 결정한다.
㉣ 주된 산업활동은 산출물에 대한 부가가치의 크기에 따라 결정, 부가가치 측정이 어려운 경우 산출액 또는 종업원 수 및 노동시간, 임금, 설비의 정도 등을 고려한다.

ANSWER 1.② 2.④ 3.②

4 **노동수요의 탄력성을 결정하는 요인에 대한 설명으로 옳지 않은 것은?**

① 다른 생산요소의 수요의 가격탄력성

② 다른 생산요소와의 대체 가능성

③ 총생산비에 대한 노동의 비중

④ 상품에 대한 수요의 탄력성

해설

① 1번이 오답인 이유는 '노동수요탄력성'은 다른 생산요소의 공급탄력성에 의해 영향을 받기 때문이다.

TIP 노동수요 탄력성의 결정 요인

㉠ 노동수요의 탄력성은 기업의 생산물 시장에 있어서 생산물의 수요탄력성에 의해 영향을 받게 된다.

㉡ 기업의 노동수요에 대한 탄력성은 총비용에서 차지하는 노동비용의 비율에 의해서도 영향을 받는다.

㉢ 노동수요의 탄력성에 영향을 미치는 또 다른 요인은 노동과 자본의 대체 가능성이다.

㉣ 노동수요의 탄력성에 영향을 주는 요인은 노동을 대체할 수 있는 자본 또는 다른 생산요소의 공급탄력성이다.

5 **노동수요를 결정하는 요인에 대한 설명이다. 올바르지 않은 것은?**

① 노동의 가격(임금)

② 생산되는 상품에 대한 소비자 수요의 크기

③ 다른 생산요소의 공급가능성

④ 노동생산성의 변화

해설

③ 3번이 오답인 이유는 노동수요는 다른 생산요소의 공급가능성이 아닌 '다른 생산요소의 가격'에 의해 영향을 받기 때문이다.

TIP 노동수요를 결정하는 요인

노동의 수요는 여러 가지 요인에 의해 달리 결정될 수 있는데, 노동의 수요는 노동의 가격(임금률), 다른 생산요소의 가격, 소비자의 수요의 크기, 노동의 생산성 및 생산기술 등에 의해 결정된다. 노동의 수요를 결정하는 요인은 다음과 같다.

㉠ 노동의 가격에 의해 영향을 받는다.
임금이 상승하면 노동의 수요는 감소하고 임금이 하락하면 노동의 수요는 증가한다.

㉡ 생산되는 상품에 대한 소비자 수요의 크기에 의해서도 좌우된다.
상품에 대한 소비자의 수요가 증가하면 그 상품을 만드는 사람이 더 많이 필요해서 노동의 수요는 증가한다.

㉢ 다른 생산요소의 가격에 의해 영향을 받는다.
자본량의 변화는 자본재 가격의 변화에 따라 이루어지므로 다른 생산요소의 가격이 노동수요에 영향을 미치게 된다.

㉣ 노동생산성의 변화나 생산기술방식의 변화도 노동수요에 영향을 미친다.
기술변화나 생산성의 향상은 노동수요의 증가나 감소에 일정한 방향으로 영향을 미치는 것이 아니라, 생산비용의 감소나 생산증대를 통한 상품가격의 하락으로 추가적인 노동수요를 가져오는 등 그 영향이 일정하지 않음에 주의해야 한다.

6 **다음의 내용을 읽고, 설명하는 용어(단어, 개념)로 옳은 것은?**

> 우리나라 노동시장의 상황과 수요, 현실적 직업구조 등을 반영하여 직무를 체계적으로 분류한 것으로 직업정보를 전달하는 기본 틀이다.

① 한국표준직업분류
② 한국고용직업분류
③ 한국표준산업분류
④ 한국직업전망서

해설

② 2번이 정답인 이유는 '한국고용직업분류'에 대한 설명이기 때문이다.

TIP 한국고용직업분류

한국고용직업분류(KECO : Korean employment classification of occupations)는 우리나라 노동시장의 상황과 수요, 현실적 직업구조 등을 반영하여 직무를 체계적으로 분류한 것으로 직업정보를 전달하는 기본 틀이다. 이를 위해 개인이 수행하는 일에 대해 일의 유형이나 수준에 따라 체계적으로 유형화한 것으로 특히 고용통계 파악뿐 아니라 고용실무에 적합하도록 우리나라 직업구조와 일반인의 인식수준에 부합하도록 분류한 것이다.

이 분류체계는 고용 관련 행정자료와 통계조사의 결과를 집계하고 비교하기 위한 통계목적으로 활용될 뿐 아니라 공공 부문의 취업알선 업무에도 활용되며, 국가능력표준(NCS), 직업훈련, 자격, 직업정보 제공, 직업상담 등 고용실무 전반에 관한 분류의 기본 틀로 활용된다.

한국고용직업분류에서는 대분류와 중분류 단위에서 직능유형이 우선적으로 적용되며 소분류 단위에서 직능수준이 함께 적용된다.

ANSWER 4.① 5.③ 6.②

7　다음은 미국의 노동부에서 만든 O*NET 직업정보의 영역별 분석 주제를 설명한 내용으로 옳은 것은?

① 능력 : 학습을 촉진하거나 지식을 보다 빠르게 습득할 수 있는 것을 의미한다.

② 기술 : 인지, 심리운동, 신체, 감각 등을 의미한다.

③ 일가치 : 여러 작업에서 발생하는 일반적인 작업행동 유형을 의미한다.

④ 작업맥락 : 일의 본질에 영향을 미치는 신체적, 사회적 요인들을 의미한다.

해설

④ 4번이 정답인 이유는 O*NET의 '작업맥락'에 대한 설명으로 맞는 내용이기 때문이다.

TIP O*NET 직업정보 기준

㉠ 능력

- 인지능력(cognitive abilities) : 문제해결에서 지식의 습득과 활용에 영향을 미치는 능력을 의미하며, 범주 유연성, 연역적 추론, 종결의 유연성, 아이디어의 유창성, 귀납적 추론, 정보 순서, 수학추론, 기억력, 수리력, 언어이해력, 언어표현력, 독창성, 지각속도, 문제 민감성, 선택집중력, 마감속도, 시각화, 시간분할능력, 문해력, 글쓰는 능력 등이 포함된다.
- 심리운동능력(psychomotor abilities) : 객체를 조작하고 제어하는 용량에 영향을 미치는 능력으로 팔-손 균형, 정밀제어, 손가락 재능, 손재능, 다지 조정력, 속도제어, 반응시간, 반응 방향성, 팔다리 운동 속도, 손목 손가락 속도 등을 포함한다.
- 신체적 능력(physical abilities) : 힘, 지구력, 유연성, 균형 및 조정에 영향을 미치는 능력으로 동적 유연성, 동적 강도, 순간적 힘, 광범위한 유연성, 총체 조정, 체력, 고정강도, 동체 강도 등이 포함된다.
- 감각능력(sensory abilities) : 시각, 청각 및 언어 지각에 영향을 미치는 능력으로 청각주의력, 깊이 지각력, 밝기 민감성, 청각 민감성, 근시력, 야간시력, 주변시력, 소리 위치화, 색감 구별력 등을 포함한다.

㉡ 기술(skill) : 학습을 촉진하거나 지식을 보다 빠르게 습득할 수 있는 능력을 의미한다.

- 기본기술 : 능동학습, 능동청취, 비판적 사고, 학습전략, 수학, 모니터링, 독해력, 과학, 말하기, 쓰기 등 10개의 요소가 있다.
- 복잡한 문제해결 기술 : 복잡하거나 실제 환경에서 새롭고 정의되지 않은 문제를 해결하는 데 사용되는 개발된 능력을 의미한다.
- 자원관리 기술 : 자원을 효율적으로 할당하는 데 사용되는 개발된 용량을 의미하며 재정자원 관리, 물질자원 관리, 인사자원 관리, 시간 관리 등의 요소가 있다.
- 사회적 기술 : 목표를 달성하기 위해 사람들과 함께 작업하는 데 사용되는 개발된 능력을 의미하며, 조정, 지시, 협상, 설득, 서비스 지향, 사회적 지각 등의 요소가 있다.
- 시스템 기술 : 사회-기술 시스템을 이해하고 모니터링하고 개선하는 데 사용되는 개발된 용량을 의미하며, 판단과 의사결정, 시스템 분석, 시스템 평가 등의 요소가 있다.
- 전문적인(technical) 기술 : 기계 또는 기술 시스템의 적용과 관련된 오작동을 설계, 설정, 작동 및 수정하는 데 사용되는 개발된 용량을 의미하며, 설비유지 관리, 설비 선택, 설치, 운영 및 제어, 작동 모니터링, 운영분석, 프로그래밍, 수리, 기술설계, 문제해결 등의 요소가 있다.

㉢ 작업활동(work activities) : 여러 작업에서 발생하는 일반적인 작업행동 유형을 의미한다.

- 정보 입력 : 이 작업을 수행하는 데 필요한 정보와 데이터는 어디서 어떻게 얻는지와 관련된 활동을 의미하며 제품, 이벤트 또는 정보의 정량적 특성 추정, 정보획득, 작업 및 이벤트 식별, 설비, 구조물 및 재료 검사, 과정, 재료, 환경을 모니터링 등의 요소를 포함한다.
- 다른 사람들과의 상호작용 :이 작업을 수행하는 동안 다른 사람과의 상호작용이나 감독활동을 의미하며, 다른 사람을 위한 지원 및 배려, 다른 사람을 발전시키고 코칭, 조직 외부의 사람들과 소통, 감독자, 동료 또는 하위 조직과의 의사소통, 다른 사람들의 일과 활동을 조정하는 것, 팀 개발과 구축, 대인관계의 확립과 유지, 부하직원의 안내, 지시, 동

기부여, 다른 사람을 위한 정보의 의미 해석, 자원 모니터링과 관리, 행정 활동 수행, 대중을 위해 또는 대중과 직접 작업, 다른 사람에게 상담과 조언 제공, 갈등해결 및 다른 사람들과의 협상, 다른 사람에게 팔거나 영향을 미치는 것, 조직단위 직원채용, 타인을 훈련하고 가르치는 일 등을 포함한다.

- 정신과정 : 직무 관련 정보를 가지고 처리, 계획, 문제해결, 의사결정, 혁신활동 등을 의미하며, 자료나 정보 분석, 목표 및 전략 개발, 표준 준수 여부를 결정하기 위한 정보 평가, 사물, 서비스 또는 사람들의 자질을 판단하는 것, 의사결정과 문제해결, 업무의 조직, 계획 및 우선 순위화, 정보처리, 일정관리 업무와 활동, 창의적으로 생각하는 것, 관련 지식 업데이트 및 사용 등을 포함한다.
- 작업출력 : 어떤 신체활동을 수행하고, 어떤 장비와 차량을 작동·제어하며, 작업 출력으로 어떤 복잡하고 기술적인 활동을 수행하는지와 관련된다. 기계 및 공정 제어, 문서 화·기록, 정보기술 장치, 부품 및 장비의 초안 작성, 배치 및 지정 핸들링 및 이동객체, 컴퓨터와의 상호작용 차량, 기계화 장치 또는 장비 작동, 일반 신체활동 수행, 전자장비 수리 및 유지관리, 기계장치 수리 및 유지관리 등을 포함한다.

㉣ **작업맥락(work context)** : 일의 본질에 영향을 미치는 신체적, 사회적 요인들을 의미한다.

- 대인관계 : 이 범주는 인간 상호작용 과정의 관점에서 직업의 맥락을 설명하며, 타인과의 접촉, 다른 사람들을 조정하거나 이끄는 것, 외부 고객과의 거래, 신체적으로 공격적인 사람들과의 거래, 불쾌하거나 성난 사람들과의 거래, 전자우편 대면토론, 갈등상황의 빈도, 편지와 메모, 대중연설, 성과와 결과에 대한 책임, 타인의 건강과 안전에 대한 책임, 전화, 작업 그룹 또는 팀과 함께 일하기 등이 포함된다.
- 물리적 작업조건 : 이 범주는 작업자와 물리적 작업 환경 간의 상호작용과 관련된 작업 맥락을 설명한다.

㉤ **작업유형(work styles)** : 누군가가 일을 얼마나 잘 수행하는지에 영향을 줄 수 있는 개인적인 특성으로 성취·노력, 적응성·유연성, 분석적 사고, 세부 사항에 주의, 다른 사람에 대한 걱정, 협력, 의존성, 독립성, 주도성, 혁신성, 정직함, 리더십, 끈기, 자기조절력, 사회적 지향성, 스트레스 내성 등을 포함한다.

㉥ **일 가치(work value)** : 개인의 만족에 중요한 일의 세계적인 측면으로 성취, 독립, 인정, 관계, 지원, 작업조건 등을 포함한다.

8 다음 중 한국표준직업분류에 대한 설명으로 틀린 것은?

① 한국표준직업분류는 주어진 직무의 업무와 과업을 수행하는 능력인 직능을 근거로 편제되었다.

② 한국표준직업분류에서는 세분류단위에서 최소 1,000명의 고용을 기준으로 설정하였다.

③ 고용자 수가 많은 세분류에는 5,000~10,000명이 분포되어 있을 것으로 판단된다.

④ 한국표준직업분류는 직능유형을 대분류에서 우선 적용하였다.

해설

④ 4번이 오답인 이유는 한국표준직업분류는 직능수준을 '대분류'에서 우선 적용하기 때문이다.

TIP 한국표준직업분류

우리나라 직업구조 및 실태에 맞도록 표준화한 것으로 주어진 직무의 업무와 과업을 수행하는 능력인 직능을 근거로 편제되며, 직능수준과 직능유형을 고려하고 있다.

한국표준직업분류는 개념상의 분류구조, 즉 직무와 직무능력(직능)의 개념을 근거로 한 분류구조를 갖는다.

ANSWER 7.④ 8.④

9 **다음 중 직무능력에 대한 설명으로 옳은 것은?**

❶ 직능이란 특정 직무를 수행할 수 있는 능력을 말한다.

② 주어진 업무 및 임무 기능의 복잡성과 범위에 따른 개념으로 직능유형이 있다.

③ 생산된 재화 및 서비스의 종류, 원재료, 전용 기계 및 도구, 필요한 지식분야에 의하여 결정되는 직능의 전문성을 직능수준이라고 한다.

④ 직업분류의 통계단위가 되는 개별 근로자에 의하여 수행되었거나 수행되도록 설정한 일련의 업무 및 임무를 직능이라고 한다.

해설

① 1번이 정답인 이유는 '직능'에 대한 설명으로 맞기 때문이다.

TIP 직능과 직무

㉠ **직능** : 특정 직무를 수행할 수 있는 능력
㉡ **직능수준** : 주어진 업무 및 임무 기능의 복잡성과 범위에 따른 개념
㉢ **직능유형** : 생산된 재화 및 서비스의 종류, 원재료, 전용 기계 및 도구, 필요한 지식분야에 의하여 결정되는 개념
㉣ **직무** : 직업분류의 통계단위가 되는 개별 근로자에 의하여 수행되었거나 수행되도록 설정한 일련의 업무 및 임무

10 **다음 중 한국고용직업분류에 대한 설명으로 옳지 않은 것은?**

① 개인이 수행하는 일에 대해 일의 유형이나 수준에 따라 체계적으로 유형화하였다.

② 고용통계 파악뿐만 아니라 고용실무에 적합하도록 우리나라 직업구조와 일반인의 인식수준에 부합하도록 분류하였다.

③ 고용 관련 행정자료와 통계조사의 결과를 집계하고 비교하기 위한 통계목적으로 활용된다.

④ 대분류와 중분류 단위에서 직능수준이 우선적으로 적용되며 소분류 단위에서 직능유형이 함께 적용된다.

해설

④ 4번이 오답인 이유는 대분류와 중분류 사이에서 '직능유형'이 우선적으로 적용되며, 소분류 단위에서 '직능수준'이 함께 적용되기 때문이다.
한국고용직업분류는 대분류와 중분류 단위에서 직능유형이 우선적으로 적용되며 소분류 단위에서 직능수준이 함께 적용된다.

11 다음에서 설명하는 고용분석 용어(단어, 개념)로 옳은 것은?

> 비경제활동인구 중 취업희망과 취업가능성이 있으나 아래의 사유 노동시장적 사유로 지난 4주간 구직활동을 하지 않은 자 중 지난 1년 내 구직경험이 있었던 자를 말한다.
> • 적당한 일거리가 없을 것 같아서(전공 경력, 임금수준 근로조건, 주변지역)
> • 지난 4주간 이전에 구직하여 보았지만, 일자리를 찾을 수 없어서
> • 자격이 부족하여

① 무급가족 종사자 ② 비자발적 실업자
③ 비임금근로자 ④ 구직단념자

해설

④ 4번이 정답인 이유는 '구직단념자'에 대한 설명이기 때문이다.

TIP 구직단념자

비경제활동인구 중 취업희망과 취업가능성이 있으나 아래의 사유(노동시장적 사유)로 지난 4주간에 구직활동을 하지 않은 자 중 지난 1년 내 구직경험이 있었던 자 중

㉠ 적당한 일거리가 없을 것 같아서(전공 경력, 임금수준 근로조건, 주변지역)
㉡ 지난 4주간 이전에 구직하여 보았지만 일거리를 찾을 수 없어서
㉢ 자격이 부족하여 구직을 포기한 대상을 의미한다.

ANSWER 9.① 10.④ 11.④

12 고용분석 용어에 대한 설명으로 옳지 않은 것은?

① 경제활동인구는 만 15세 이상 인구 중에서 취업자와 실업자를 말한다.

② 실업률(%)은 경제활동인구에서 실업자가 차지하는 비율로 (실업자/만 15세 이상 인구) X 100이다.

③ 지니계수는 전체가구(인구)의 소득불평등정도를 나타내는 지표로 0에서 1사이 값을 가지며 1에 가까울수록 불평등도가 높다.

④ 고용률(%)은 만 15세 이상 인구 중 취업자가 차지하는 비율로 (취업자/만 15세 이상 인구) X 100이다.

해설

② 2번이 오답인 이유는 만 15세 이상 인구는 '생산가능인구'를 의미하며 경제활동인구가 아니기 때문이다.

TIP 고용분석 단어

㉠ **실업률** : 실업자가 경제활동인구(취업자 + 실업자)에서 차지하는 비율
실업률(%) = 실업자/경제활동인구 × 100

㉡ **지니계수** : 전체가구(인구)의 소득불평등도를 나타내는 지표로 0에서 1사이 값을 가지며 1에 가까울수록 불평등도가 높은 상태임.

㉢ **15세 이상 인구** : 매월 15일 현재 만 15세 이상인 자(=생산가능인구 : 경제활동을 할 수 있는 연령의 인구)

㉣ **경제활동인구** : 만 15세 이상 인구 중 조사대상 기간 동안 상품이나 서비스를 생산하기 위하여 실제로 수입이 있는 일을 한 취업자와 일을 하지는 않았으나 구직활동을 한 실업자를 말함.

㉤ **고용률** : 만 15세 이상 인구 중 취업자가 차지하는 비율
고용률(%) = 취업자/15세 이상 인구 × 100

13 한국표준산업분류의 개요에 대한 설명으로 옳지 않은 것은?

① 산업 관련 통계자료의 정확성, 비교성을 확보하기 위하여 작성된다.

② 산업분류는 생산단위가 주로 수행하고 있는 산업활동을 그 유사성에 따라 유형화한 것이다.

③ 기업체 단위는 공장, 광산, 상점, 사무소 등으로 산업활동과 지리적 장소의 양면에서 가장 동질성이 있는 통계단위이다.

④ 통계단위는 생산단위의 활동에 관한 통계작성을 위하여 필요한 정보를 수집 또는 분석할 대상이 되는 관찰 또는 분석단위를 말한다.

해설

③ 3번이 오답인 이유는 '사업체 단위'는 공장, 광산, 상점, 사무소 등으로 산업활동과 지리적 장소의 양면에서 가장 동질성이 있는 통계단위이기 때문이다.

TIP 한국표준산업분류

한국표준산업분류는 산업 관련 통계자료의 정확성, 비교성을 확보하기 위하여 작성된 것으로 1963년 3월 경제활동 중에서 우선 광업과 제조업 부분에 대한 산업분류를 제정하였고, 1964년 4월 비제조업 부문에 대한 산업분류를 추가로 제정함으로써 우리나라의 표준산업분류체계를 완성하였다.

통계단위는 생산단위의 활동[생산, 재무활동 등]에 관한 통계작성을 위하여 필요한 정보를 수집 또는 분석할 대상이 되는 관찰 또는 분석단위를 말한다. 관찰단위는 산업활동과 지리적 장소의 동질성, 의사결정의 자율성, 자료수집 가능성이 있는 생산단위가 설정되어야 한다. 생산활동과 장소의 동질성의 차이에 따라 통계단위는 구분된다.

사업체 단위는 공장, 광산, 상점, 사무소 등으로 산업활동과 지리적 장소의 양면에서 가장 동질성이 있는 통계단위이다. 이 사업체 단위는 일정한 물리적 장소에서 단일 산업활동을 독립적으로 수행하며, 영업 잉여에 관한 통계를 작성할 수 있고 생산에 관한 의사결정에 있어서 자율성을 갖고 있는 단위이므로 장소의 동질성과 산업활동의 동질성이 요구되는 생산통계 작성에 가장 적합한 통계단위라고 할 수 있다. 한편, 기업체 단위란 재화 및 서비스를 생산하는 법적 또는 제도적 단위의 최소 결합체로 자원배분에 관한 의사결정에서 자율성을 갖고 있다. 기업체는 하나 이상의 사업체로 구성될 수 있다는 점에서 사업체와 구분되며, 재무 관련 통계작성에 가장 유용한 단위이다.

14 **한국표준산업분류의 생산단위 결정방법과 내용에 대한 설명으로 옳은 것은?**

① 생산단위의 산업활동은 그 생산단위가 수행하는 부차적 산업활동에 의해 결정된다.
② 주된 산업활동은 우선 순위로 종업원 수 및 노동시간, 임금, 설비의 정도 등을 고려하여 결정한다.
③ 영리적 · 비영리적 활동 및 가정 내의 가사활동 등을 모두 포함한다.
④ 산업이란 "유사한 성질을 갖는 산업활동에 주로 종사하는 생산단위의 집합"이라고 정의할 수 있다.

해설

④ 4번이 정답인 이유는 '산업'에 대한 정의를 설명하고 있기 때문이다.

TIP 생산단위의 산업결정 방법

산업이란 "유사한 성질을 갖는 산업활동에 주로 종사하는 생산단위의 집합"이라 정의되며, 산업활동이란 "각 생산단위가 노동, 자본, 원료 등 자원을 투입하여 재화 또는 서비스를 생산 또는 제공하는 일련의 활동과정"이라 정의된다. 산업활동의 범위에는 영리적·비영리적 활동이 모두 포함되나, 가정 내의 가사활동은 제외된다. 생산단위의 산업활동은 그 생산단위가 수행하는 주된 산업 활동(판매 제공되는 재화 및 서비스)의 종류에 따라 결정된다. 산업결정 우선순위로서 주된 산업활동은 산출물(재화 또는 서비스)에 대한 부가가치(액)의 크기에 따라 결정되어야 하며, 부가가치의 측정이 어려운 경우 산출액 또는 종업원 수 및 노동시간, 임금, 설비의 정도 등을 고려하여 결정한다.

ANSWER 12.② 13.③ 14.④

학습 3 직업정보 분석 실행하기

1 **다음 중 직무분석 방법의 분류 중 성격이 아닌 것은?**

① 작업자 중심 방법 ② 작업 중심 방법
③ 데이컴법 ④ 혼합 방법

해설

③ 3번이 오답인 이유는 '직무분석 방법'은 작업자 중심, 작업 중심, 혼합 방법 등 세 가지로 나누어지기 때문이다.

TIP 직무분석 방법의 분류

㉠ 작업자 중심 직무분석
㉡ 작업중심 직무분석
㉢ 혼합적 직무분석

2 **다음 중 작업자 중심 직무분석 방법에 해당되지 않는 것은?**

① 면담법 ② 직무요소방법론
③ 시간-동작연구 ④ 인지적 과업분석

해설

③ 3번이 오답인 이유는 '시간-동작연구'는 작업중심 직무분석방법에 해당하기 때문이다.

TIP 작업자 중심 직무분석 방법(worker-oriented methods)

㉠ 면담법
최초분석법의 하나로 분석대상이 산업발전에 따라 새롭게 발생한 직무 또는 직업인 경우에 참고할 만한 자료가 없을 때 활용된다. 참고문헌이나 관련 자료가 드물고 그 분야에 많은 경험과 지식을 갖춘 사람이 없을 때 직접 작업현장을 방문하여 분석을 실시하는 경우가 많은데 많은 시간과 노력이 소요된다.

㉡ 직무요소 방법론(JEM : job element method)
JEM은 작업자 중심 직무분석 방법 중 가장 오래된 방법으로 추상적인 특성보다는 작업행위와 이 행위의 결과에 초점을 맞춘 것으로 JEM의 요소는 행위와 관련 근거의 조합이다.

㉢ 직위분석 질문지법(PAQ : position analysis questionnaire)
PAQ는 어니스트 맥코믹(Ernest McCormick)에 의해 1960년대에 개발되어 유기체(o)가 자극(s)을 받고 반응(r)하는 행동주의자들의 S-O-R 공식을 바탕으로 설계되었다. PAQ는 모든 직무에 같은 요소를 적용하기 위해 설계되었으며, 미국 사회보장 장애결정에 사용되는 직업분석 질문에 추가함으로써 오늘날 PAQ의 주 용도는 장애를 결정하는 것으로 많은 장애보험회사에서 사용된다.

㉣ 데이컴법(DACUM)

데이컴이란 'Developing A Curriculum'의 줄인 말로서 교과과정을 개발하는 데 활용되어 온 직업분석의 한 가지 기법을 말한다. 이 방법은 교육훈련을 목적으로 교육목표와 교육내용을 비교적 단시간 내에 추출하는 데 효과적이다. 이 기법은 미국과 캐나다의 교육계에서 일반화되고 있으며, 우리나라에서도 가장 일반적으로 사용하는 방법 중 하나이다.

㉤ 인지적 과업분석(CTA : cognitive task analysis)

인지심리학과 인지과학에 근간을 두고 개발되었으며, 1990년대부터 적용되기 시작하였다. 인지과학은 인지심리학, 컴퓨터 과학, 공학, 철학 등을 혼합한 형태이며, 정신적 행동들의 모델을 만들어서 마음을 이해하는 것을 지향한다.

3 작업중심 직무분석 방법에 해당되지 않는 것은?

① 직위분석질문지법 ② 중요사건 기법
③ 기능적 직무분석 ④ 과업 목록

해설

① 1번이 오답인 이유는 '직위분석질문지법'은 작업자 중심 직무분석법에 해당하기 때문이다.

TIP 작업 중심 직무분석법

㉠ 시간-동작연구

산업심리학보다 산업공학에서 먼저 발달하여 장애를 가진 직원들을 위해 많이 활용되었다. 작업의 효율성과 능률성 향상을 강조한다.

㉡ 기능적 직무분석(FJA : functional job analysis)

미국 노동부의 노동력을 배치하기 위해 사용했던 방법으로 1930년대 구직자와 직업을 연결시키는 데 기여하였다. 미국의 직업사전에 근거하여 많이 활용된 방법으로 자료, 사람, 사물 등 세 가지 측면 중 하나에 관련하여 일한다는 전제에 근거하는 데 설정되었다. FJA의 주된 관심은 작업에 있지만, 작업자 특성과 작업환경에 대한 실질적인 정보도 제공하며, 작업분석보고에 사용하는 노동부보고서 양식에는 다섯 분야의 직무에서 요구하는 작업자의 습성에 대한 평가가 포함한다.

㉢ 중요사건 기법(critical incident technique)

제2차 세계대전에 개발되어 여러 미국 공군 프로젝트에 사용되었으며, 작업근로자 행동의 특정사건을 재생하기 위해 주제 관련 전문가가 필요하다. 전후 관계의 설명, 행동 또는 문제의 원인이 되었던 것 또는 작업자가 직면하고 있는 기회, 직원의 행위 그 자체, 행동의 결과 등을 기술하는 것으로 작업자가 한 일을 명확하게 작성하며, 특정한 추론이나 진술은 피해야 한다. 실제 작업 동작에 관한 풍성한 세부사항을 제공하고 성능평가에 적용 틀로 사용되며 훈련 평가, 교육, 디자인 등에 사용한다.

㉣ 과업 목록(TI : task inventories)

TI는 하나 이상의 직무를 완료하기 위해 수행하는 모든 업무 활동의 목록이다. 각 활동은 일반적으로 과제라고 간주하며 작업 전문가, 보통 현직자와 그들의 감독관에게 어떤 작업 활동을 수행하는지 여러 가지 항목의 목록에 응답하는 조사를 통해 작성된다. 이것은 기능적 직무분석의 과제목록보다 더 좁게 정의된 경향이 있다. 1919년 기술거래를 위한 훈련을 개발하는 데 처음 사용되었고, 일반화는 1950년대 이후 미국 공군(USAF)에 의해 이루어졌다.

ANSWER 1.③ 2.③ 3.①

4 **다음 중 직무분석 방법 중 중요사건기법을 활용할 때 유의사항에 대한 설명으로 옳지 않은 것은?**

① 기억과 결과의 왜곡 가능성을 고려하여 사건은 6~12개월 사이 발생한 것으로 한정한다.
② 성과에 대한 질문부터 하지 말아야 한다.
③ 작업자가 한 일을 명확하게 작성하며, 특정한 추론이나 진술을 포함해야 한다.
④ 부정적인 사고가 먼저 수집되는 경우 데이터 수집의 목적이 의심받을 수 있다.

해설

③ 3번이 오답인 이유는 특정한 추론이나 진술은 피해야 하기 때문이다.

TIP 중요사건 기법의 실용적인 전략 및 유의점

㉠ 성과에 대한 질문부터 하지 말아야 한다.
㉡ 기억과 결과를 왜곡하거나 직업의 특성이 변경되었을 수 있기 때문에, 사건은 지난 6~12개월 사이 발생한 것으로 한정한다.
㉢ 부정적인 사고가 먼저 수집되는 경우 데이터 수집의 목적이 의심받을 수 있기 때문에 작업자는 부정적인 사건 전에 긍정적인 사고를 생성해야 한다.
㉣ 작업자가 한 일을 명확하게 작성하며, 특정한 추론이나 진술은 피해야 한다.

5 **한국직업전망서에 대한 설명으로 옳지 않은 것은?**

① 한국직업전망서는 한국고용정보원이 발간하는 대표적인 자료이다.
② 향후 10년간의 일자리 전망과 이유를 제공함으로써 이용자들이 미래의 직업세계 변화에 대한 이해도를 높이도록 하고 있다.
③ 조사과정은 크게 세 부분으로 3차에 걸친 과정을 통해 최종 전망 결과를 확정하였다.
④ 한국직업전망서는 한국표준직업분류의 세분류 직업에 기초하여 선정되었다.

해설

④ 4번이 오답인 이유는 한국직업전망서는 '한국고용직업분류'체계에 기초하여 선정되었기 때문이다.

TIP 한국직업전망서

한국의 직업전망 자료는 한국고용정보원이 발간하는 직업전망서가 대표적인 자료이다. 「2019 한국직업전망」은 우리나라를 대표하는 17개 분야 196개 직업에 대한 상세 정보를 수록하고 있다. 하는 일, 근무환경 등 일반적인 직업정보 외에 향후 10년간(2018~2027년)의 일자리 전망과 이유를 제공함으로써 이용자들이 미래의 직업세계 변화에 대한 이해도를 높이도록 하였다는 점에 의의가 있다. 「2019 한국직업전망」의 수록 직업 선정은 「한국고용직업분류(KECO)」의 세분류(4-digits) 직업에 기초하여 종사자 수가 일정 규모(3만 명) 이상인 경우를 원칙으로 하며, 그 밖에 청소년 및 구직자의 관심이 높거나 직업정보를 제공할 가치가 있다고 판단되는 직업을 추가 선정하였다. 직업 선정 시, KECO의 세분류 직업 중 승진을 통해 진입하게 되는 관리직은 제외하였다. 또 직무가 유사한 직업들은 하나로 통합하거나 소분류(3-digits) 수준에서 통합하였다.

6 **다음 내용에서 제시하는 용어(단어, 개념)로 옳은 것은?**

> • 기업의 내재적 특성으로 심리학적 관점으로 출발하여 유형화하는 경향이 있다.
> • 구성원들의 의식과 무의식 수준에서 모두 존재하며, 오랜 기간 시간을 두고 축적된 학습의 과정을 거쳐 형성된다.
> • 일반적으로 깊고, 안정적이고, 조직전체로 볼 수 있다.
> • 사회학적 관점으로 출발하여 유형화하는 경향이 있다.

① 조직문화 ② 조직풍토
③ 사회문화 ④ 조직적응

해설

① 1번이 정답인 이유는 '조직문화'를 설명하는 내용이기 때문이다.

TIP 조직문화(organizational culture)

조직문화는 구성원들에 의해 공유되며 무의식적으로 작용하면서 당연한 것으로 받아들여지는 기본 가정과 신념으로 어떤 구성원들이 다른 구성원들을 구별하는 총체적 정신 프로그램으로 개념화하였다. 조직문화는 한 기업이나 조직의 구성원들이 공유하는 기본전제들을 바탕으로 중요하게 생각하는 신념과 가치가 다양한 형태의 문화적 표상으로 드러나며, 구성원들의 의식과 무의식 수준에서 모두 존재하며, 오랜 기간 시간을 두고 축적된 학습의 과정을 거쳐 형성된다.
조직문화에 대해 보편적으로 인정되는 정의가 존재하지 않기에 어떤 요소들이 조직문화를 구성하는지로 설명되기도 한다. 조직문화는 한 조직은 외부환경과 내부경영과의 관계에서 문제를 해결하는 과정에서 계속 발전한다는 것을 전제를 기본으로 하는 패턴이다.

7 **직업정보의 영역 중 직업분류 정보에 해당하지 않는 것은?**

① 한국표준산업분류 ② 한국표준직업분류
③ 한국고용직업분류 ④ 취업알선직업분류

해설

① 1번이 오답인 이유는 '산업분류 정보'에 해당하기 때문이다.

TIP 직업분류 정보

㉠ 한국표준직업분류
㉡ 한국고용직업분류
㉢ 취업알선직업분류

ANSWER 4.③ 5.④ 6.① 7.①

8 다음 내용에서 제시하는 용어(단어, 개념)로 옳은 것은?

> 기업의 내재적 특성으로 작업장 내 구성원들의 전체적인 인상과 기대, 그리고 감정으로 내부적 또는 더 넓게는 외부환경과의 접촉과 업무처리 과정을 통해서 매일매일 변화한다. 또한 구성원들이 인식하는 심리적 측면으로 구체적인 내용으로 구성된다.

① 조직문화　　② 조직풍토
③ 사회문화　　④ 조직적응

해설

② 2번이 정답인 이유는 '조직풍토'를 설명하는 내용이기 때문이다.

TIP 조직풍토(organizational climate)

조직풍토란 작업장 내 구성원들의 전체적인 인상과 기대, 그리고 감정으로 내부적 또는 더 넓게는 외부환경과의 접촉과 업무처리 과정을 통해서 매일매일 변화한다. 조직풍토는 조직의 개인이나 집단에게는 환경이 되는 반면, 조직 자체로서는 특성을 이루며 조직에도 다른 조직과 구별되는 특성을 의미하며, 조직구성원들이 가진 일반적인 태도, 가치규범, 느낌 등의 결과로 만들어지며 개인 행태의 기반이 된다(심리학용어사전). 또한 구성원들이 인식하는 심리적 측면으로 구체적인 내용으로 구성된다. 기업의 형태로 존재하는 조직문화와 풍토는 신생기업이 아니라면 오랜 시간을 두고 만들어져 그 안의 구성원들의 가치관에 긍정적 혹은 부정적 영향을 미친다. 기업의 규모 및 재무상태, 직원 수 등의 외재적 정보도 중요하지만, 외부에서는 잘 파악이 되지 않는 내재적 정보가 내담자들의 일상적 직업생활에 미치는 영향력을 무시할 수 없다.

9 직업별 고용변동 영향요인으로 옳지 않은 것은?

① 정부정책 및 법, 제도 도입　　② 가치관과 라이프 스타일
③ 기업의 경영방식　　④ 고임금 정책

해설

④ 4번이 오답인 이유는 기업의 '고임금 정책'은 경쟁외적 요인으로 간주하며 직업별 고용변동과는 관련성이 없기 때문이다.

TIP 직업별 고용변동 영향요인

㉠ 정부정책 및 법, 제도 도입
㉡ 가치관과 라이프 스타일
㉢ 기업의 경영방식
㉣ 환경과 에너지 문제
㉤ 글로벌라이제이션
㉥ 인구구조의 변화
㉦ 기업의 기술발전(변화)과 혁신
㉧ 대내외 경제상황 변화
㉨ 산업특성 및 산업구조 변화

10 기업의 외재적 특성을 파악하기 위한 기업정보 분석 방법에 해당하지 않는 것은?

① 채용정보를 활용한 기업정보 분석
② 재무중심의 기업정보 분석
③ 기업의 경영방식 분석
④ 중소 및 벤처기업 정보 분석

해설

③ 3번이 오답인 이유는 '기업의 외재적 특성'에 해당하지 않기 때문이다.

TIP 기업의 외재적 특성 분석

㉠ **채용정보를 활용한 기업정보 분석**
- 일반적 기업정보 : 제공되는 정보는 산업, 기업구분, 자본금, 사원 수, 설립일, 매출액, 대표자, 주요사업, 홈페이지, 주소, 계열사 등
- 채용사이트 내 재무정보 : 연도에 따른 분기별 사업분석, 매출액(매년 및 업계평균 대비), 영업이익(매년 영업이익 및 업계평균 대비), 당기순이익, 산업 내 위치, 기업등급 등
- 기타 채용관련 정보 : 해당 기업의 지난 채용정보, 연봉정보, 인 · 적성면접, 채용설명회, 합격스펙 등의 정보

㉡ **재무중심의 기업정보 분석**
- 금융감독원 전자공시시스템 : 회사 기본정보, 연혁, 재무제표와 재무상태, DART 보고서 사례를 통해 회사의 안정성을 확인할 수 있다.
- 중소기업현황정보시스템 : 주로 중소기업에 국한된 정보를 얻을 수 있다.
- 기업별 IR 보고서, 한국기업을 평가하는 정보제공 사이트를 운영하는 기업들, 기업운영 경제연구소 등

㉢ **중소 및 벤처기업 정보**
중소벤처기업부(www.mss.go.kr)를 통해 볼 수 있다.
- 중소기업 경기전망 조사 : 중소기업의 경기 동향을 업종별로 조사하여 업계의 경영 계획 수립과 정부의 중소기업 지원 시책에 필요한 기초자료 제공을 목적으로 제조업과 비제조업의 모집단을 대상으로 조사한다.
- 중소기업 실태조사 : 매년 중소기업의 모집단을 대상으로 제조업 등의 정보를 조사한다.
- 주제별 정보 : 경영지표, 인력실태, 기술실태, 임금실태, 수출부문, 혁신형기업, 여성기업, 중소기업 경기전망 등의 정보가 포함되며 이외에 창업기업과 벤처기업 정보 등도 포함된다.

ANSWER 8.② 9.④ 10.③

학습 4 분석정보 평가하기

1 직업정보 분석 결과의 평가 시 유의할 점에 대한 설명으로 옳지 않은 것은?

① 분석목표를 이루기 위해 제한된 직업정보만 분석했는지 평가한다.
② 원자료 통계 분석 시에 누락된 해석이나 결과의 충돌이 없는지 평가한다.
③ 활용도가 높았던 직업정보를 중심으로 단편적으로 분석해야 한다.
④ 분석목표에 따라 정량적, 정성적 연구들이 통합적으로 분석됐는지 평가한다.

해설

③ 3번이 오답인 이유는 활용도가 높았던 '익숙한 방법론'으로 분석하지 말아야 하기 때문이다.

TIP 분석 결과의 평가 시 유의할 점

㉠ 분석목표를 이루기 위해 제한된 직업정보만 분석했는지 평가한다.
㉡ 원자료 통계 분석 시에 누락된 해석이나 결과의 충돌이 없는지 평가한다.
㉢ 분석목표에 따라 정량적, 정성적 연구들이 통합적으로 분석됐는지 평가한다.

2 직업정보 분석 평가하기의 수행순서로 옳은 것은?

㉠ 대상에 따른 분석결과의 시사점을 도출한다.
㉡ 분석범위에 따라 직업정보가 분석됐는지 평가한다.
㉢ 분석 목표에 따라 직업정보가 분석됐는지 평가한다.
㉣ 직업정보 분석목표를 재확인한다.

① ㉣ – ㉢ – ㉡ – ㉠
② ㉡ – ㉠ – ㉢ – ㉣
③ ㉢ – ㉠ – ㉡ – ㉣
④ ㉠ – ㉡ – ㉢ – ㉣

해설

① 1번이 정답인 이유는 '분석정보 평가히기 수행순서'를 설명하고 있기 때문이다.

TIP 분석정보 평가하기 수행순서

㉠ 직업정보 분석목표를 재확인한다.
㉡ 분석 목표에 따라 직업정보가 분석됐는지 평가한다.
㉢ 분석범위에 따라 직업정보가 분석됐는지 평가한다.
㉣ 대상에 따른 분석결과의 시사점을 도출한다.

3 **대상자의 특성을 파악하기 위한 직업적 논점이 다른 차별점을 중심으로 자료를 수집하여 분석하는 것이 바람직하다. 다음 중 대상자에 대한 설명이 옳지 않은 것은?**

① 저소득층 : 기초생활수급자 및 차차상위 이하 저소득층(가구단위 소득인정액이 기준 중위소득의 60% 이하인 가구)

② 노숙인 및 비주택거주자 : 「노숙인 등의 복지 및 자립지원에 관한 법률」 제2조 제1호의 '노숙인 등'에 해당하는 자로서 노숙인 생활시설 또는 지방자치단체로부터 비주택 거주사실에 대한 확인서를 받은 사람

③ 북한이탈주민 : 「북한이탈주민의 보호 및 정착지원에 관한 법률」로부터 보호 및 지원을 받는 자로서 거주지 보호기간(5년) 이내에 있는 북한이탈주민

④ 결혼이민자 및 결혼이민자의 외국인(중도입국) 자녀 : 「다문화가족지원법」 제2조 제2호에 따른 결혼이민자와 그 가족인 만 15세 이상의 외국인(중도입국) 자녀

해설

① 1번이 오답인 이유는 '저소득층'에 대한 설명으로 적합하지 않기 때문이다.

TIP 저소득층

기초 생활수급자 및 차차상위 이하 저소득층(가구단위 소득인정액이 기준 중위소득의 50% 이하인 가구)

ANSWER 1.③ 2.① 3.①

4 **직업정보 분석을 위한 대상자의 특성에 대한 설명으로 옳은 것은?**

① 위기청소년 : 학교 중도탈락, 가출 등으로 진로가 불안정한 만 15세 이상 19세 이하의 청소년

② 여성가장 : 배우자 없거나, 장애 등으로 장기간 노동능력을 상실한 배우자를 가진 자 중 만15세 미만인 자녀를 양육하거나, 55세 이상의 부모 또는 배우자의 부모를 부양하거나, 장애인인 동거가족(형제자매 등, 나이 무관)을 부양하는 자

③ 신용회복지원자 : 한국자산관리공사, 신용회복위원회, 서민금융진흥원의 조정을 통해 채무조정합의서를 체결하거나, 국민행복기금 지원대상자로 확정되어 '취업성공패키지 참여대상자 추천서' 또는 '신용회복지원 확인서'를 발급받은 자, 법원으로부터 개인회생절차 개시·파산선고 이전에 해당하는 자

④ 진로단절여성 : 비취업여성 중 결혼, 임신출산, 육아, 자녀교육(초등학생), 가족돌봄 때문에 직장을 그만둔 여성

해설

④ 4번이 정답인 이유는 '진로단절 여성'을 설명하고 있기 때문이다.

TIP 대상자 특성

㉠ **위기청소년** : 학교 중도탈락, 가출 등으로 진로가 불안정한 만 15세 이상 24세 이하의 청소년

㉡ **여성가장** : 만18세 미만(취학 또는 병역의무 이행 중인 경우 24세 미만)인 자녀를 양육하거나, 55세 이상의 부모 또는 배우자의 부모를 부양하거나, 장애인인 동거가족(형제자매 등, 나이 무관)을 부양하면서, 아래의 어느 하나에 해당하는 여성

- 배우자와 사별 또는 이혼하거나 배우자로부터 유기된 자
- 정신이나 신체장애로 장기간 노동능력을 상실한 배우자를 가진 자
- 미혼자이나 동거가족을 부양해야 하는 경우

㉢ **신용회복지원자** : 한국자산관리공사, 신용회복위원회, 서민금융진흥원의 조정을 통해 채무조정합의서를 체결하거나, 국민행복기금 지원대상자로 확정되어 '취업성공패키지 참여대상자 추천서' 또는 '신용회복지원 확인서'를 발급받은 자, 법원으로부터 개인회생절차 개시·파산선고 등을 받고 면책(복권) 결정이 되지 아니한 자

5 **다음 내용에서 제시하는 각각의 용어(단어, 개념)로 옳지 않은 것은?**

> ㉠은(는) 대상자의 특수 논점에 따라 가진 특성 이외에 내담자 개인의 인식체계를 파악하는 모델로서 정보수집의 맥락은 매우 개별적이며, 지속적으로 변화 가능하며, 사이클을 따라 순환한다.
> ㉡은(는) 자기자신에 대한 정보를 발전시키는 것을 말하며 ㉢은(는) 현재 자신의 진로발달 요구에 부합되는 일의 세계에 대한 정보수집을 의미한다. ㉣은(는) 습득된 정보를 체계상에서 이용하거나, 그 체계 자체를 변화시키는 것을 말한다.

① ㉠ 합리적 추론 접근법
② ㉡ 자기
③ ㉢ 검색
④ ㉣ 종합

해설

① 1번이 오답인 이유는 '자기, 검색 및 통합모델'의 내용이기 때문이다.

TIP 자기, 검색 및 통합모델

대상자의 특수 논점에 따라 가진 특성 이외에 내담자 개인의 인식체계를 파악하는 것도 중요하다. 자기, 검색 및 통합 모델(self, search & synthesis model, Bloch, 1989)에 의하면, 자기(self)는 자기자신에 대한 정보를 발전시키는 것이며, 검색(search)은 현재 자신의 진로발달 요구에 부합되는 일의 세계에 대한 정보를 수집하는 것이고, 종합(synthesis)은 습득된 정보를 체계(framework) 상에서 이용하거나, 그 체계 자체를 변화시키는 데 활용한다.
정보수집의 맥락은 매우 개별적이며, 지속적으로 변화 가능하며, 이 모델은 '자기–검색–통합'의 사이클을 따라 순환한다.

ANSWER 4.④ 5.①

CHAPTER

04 직업정보 가공

학습 1 직업정보 요구도 분석하기

1 **직업정보 격차의 문제에 대한 설명으로 옳지 않은 것은?**

① 직업과 관련된 다양한 의사결정의 순간에 필요한 정보들을 접근하고 활용하는 데 격차를 만들어 낸다.

② 선택 직업을 얻기 위한 구체적 실행단계 등 직업정보가 필요한 모든 과정에 해당될 수 있다.

③ 노인 등 생애주기의 특정한 시기에 더욱 두드러지게 나타날 수 있다.

④ 직업정보는 다른 정보와 비교하여 경제적 · 사회적 지위를 획득하고 사회적 역할과 관련하여 정보격차로 인한 부정적인 영향력은 크지 않다.

해설

④ 4번이 오답인 이유는 직업정보는 다른 정보와 비교하여 경제적 · 사회적 지위를 획득하고 사회적 역할과 관련하여 정보격차로 인한 '부정적인 영향력은 크게' 나타나기 때문이다.

TIP 직업정보 격차의 문제

직업정보 격차는 의사결정의 순간에 필요한 정보들을 접근하고 활용하는 데 격차를 만들어낸다. 이는 직업선택의 인식, 내담자의 직업 관련 다양한 특성 평가, 적합직무의 범위 구체화, 도전 가능한 직업에 대한 정보수집, 직업선택 결정, 선택 직업을 얻기 위한 구체적 실행단계 등 직업정보가 필요한 모든 과정에 해당될 수 있다. 또 노인 등 생애주기의 특정한 시기에 더욱 두드러지게 드러날 수 있다. 직업정보는 다른 정보와 비교하여 경제적 · 사회적 지위를 획득하고 사회적 역할과 관련이 크므로 정보격차로 인한 부정적인 영향력은 더욱 클 수 있다.

직업정보의 격차는 장애인, 노인, 결혼이민여성, 북한 이탈주민 등 취업에 취약한 계층들에 주로 나타나며, 사회적 지위와 계층과 지역에 따라 다양한 양상으로 나타난다.

2 **대상자의 직업정보 문해력 수준을 평가하는 내용으로 옳지 않은 것은?**

① 직업정보의 특성과 범위를 결정할 수 있는 역량이다.

② 직업정보에 효과적이고 전략적으로 접근하는 역량이다.

③ 비판 없이 수용하고 선택한 직업정보를 자신의 가치와 지식체계에 통합하는 역량이다.

④ 직업정보를 필요한 과정에 효과적으로 사용하는 역량이다.

해설

③ 3번이 오답인 이유는 '비판적으로 평가하고 선택한 직업정보를 자신의 가치와 지식체계에 통합할 수 있는 역량'이 있어야 하기 때문이다.

TIP 직업정보 문해력 수준

대상자의 직업정보 수준은 정보 문해력을 기반으로 직업정보의 특수함을 고려하여 직업정보에 대한 내담자의 역량을 평가하는 것이 필요하다.

㉠ 대상자가 필요한 직업정보의 특성과 범위를 결정할 수 있는 역량
㉡ 필요한 직업정보에 효과적이고 전략적으로 접근하는 역량
㉢ 직업정보와 제공원을 비판적으로 평가하고 선택한 정보를 자신의 가치와 지식체계에 통합하는 역량
㉣ 구체적인 목표를 이루기 위한 직업정보를 필요한 과정에 효과적으로 사용하는 역량
㉤ 직업윤리적 기준에 적합하게 직업정보에 접근하고 사용하는 역량

3 **다음 설명에 해당하는 용어(단어, 개념)로 옳은 것은?**

> 정보활용능력을 나타내는 용어로서 정보가 필요한 때를 인식하고 이 정보를 효과적으로 찾아내고 평가하며 사용할 줄 알도록 개인에 요구되는 일련의 능력을 말한다.

① 정보격차 ② 직업정보 요구도

③ 정보 수준 ④ 정보 문해력

해설

④ 4번이 정답인 이유는 해당 설명은 '정보 문해력'에 대한 용어의 설명을 하기 때문이다.

TIP 정보 문해력

정보 문해력이란 정보활용능력을 나타내는 용어로서 정보가 필요한 때를 인식하고, 이 정보를 효과적으로 찾아내고 평가하며 사용할 줄 알도록 개인에 요구되는 일련의 능력을 말한다. 정보 문해력은 오늘날과 같이 기술적 변화가 빠르게 이루어지고 정보자원 자체가 양적으로 팽창하는 환경에서는 더욱 그 중요성이 강조되고 있다. 이러한 상황은 학습환경이나 작업환경, 심지어는 개인의 일상생활에 이르기까지 예외 없이 적용되는 점에 주목할 필요가 있다.

ANSWER 1.④ 2.③ 3.④

4 **생애주기에 단계에 따른 직업정보의 역할에 대한 설명으로 옳지 않은 것은?**

① 아동기는 학습단계와 정보처리 능력에 맞게 구성해야 한다.

② 청소년기는 개인이 환경으로부터 얻은 정보를 자기개념과 직업세계에 연결시켜야 한다.

③ 성인진입기는 진로성숙과 직업정체성에 대한 정보가 필요하다.

④ 성인기는 다시 진로목표를 세우고 건설적인 구직전략을 개발해야 한다.

해설

③ 3번이 오답인 이유는 성인진입기는 청소년기에서 성인기로 넘어가는 단계로 직업활동이 구체화 되는 시기다. 진로성숙과 직업정체성에 대한 정보가 필요한 시기는 '청소년기'에 해당하기 때문이다.

TIP 대상자의 생애주기에 따른 진로발달과 직업정보의 역할

샤프(Sharf, 2016)는 직업정보 단계는 대상자의 생애주기에 따른 진로발달을 고려하여 아동기, 청소년기, 후기 청소년기, 성인기 등으로 나누었다. 단계별 직업정보의 역할은 다음과 같다.

단계	역할
아동기	• 아동기는 인지발달을 고려하여 주어지는 직업정보는 구체적이고 분명해야 한다. • 직업에 대한 학습은 부담을 주지 않는 범위 안에서 작은 단위로 이루어져야 한다. • 주로 학교 프로그램을 통해 전달되는 경우가 많다. • 프로그램의 활동은 가족이나 가정에 초점을 두고 체험활동이나 놀이, 관찰을 통해 가능하다. • 활동을 구성할 때는 아동의 학습단계와 정보처리 능력에 맞게 구성하는 것이 바람직하다. • 제공되는 정보에는 성적편견이 없어야 한다.
청소년기	• 진로선택을 염두에 두고 교육적으로 전념하는 단계로 추상적 사고를 할 수 있게 되어 문제를 해결하고 계획을 세우는 능력이 발달하고 진로계획을 크게 촉진시킨다. • 정체성과 역할 혼미라는 과정을 거치므로 가치체계가 성립되는 중요한 과정이며, 자신의 역량을 평가할 수 있는 능력이 생긴다. • 개인의 다른 특징을 기술하기 위해 자기개념을 직업세계에 연결해주는 작업이 필요하다. • 직업 정체성을 발달시키는 과정이 중요한데, 개인은 환경으로부터 얻은 정보를 점차 자기개념과 정체성에 통합시키기 위해 노력해야 한다. • 청소년의 진로성숙과 직업정체성에 맞는 적절한 직업정보를 제공해야 한다.
성인진입기	• 청소년기에서 성인기로 넘어가는 하나의 독립적인 단계이다. • 자신이 하고 싶은 일이 무엇인지 명확히 하기 위한 단계로 실질적인 직업활동이 구체화되어야 한다. • 막연한 직업정보가 아니라 실제 어떤 직무를 어떤 작업환경과 조직문화 안에서 펼칠 것인가 등 직무중심의 구체적이고 실질적인 지원이 필요하다. • 정체성, 역할에 대한 고민 등 심리적 지원도 함께 이루어져야 하며, 이 시기에 갖게 되는 불안감을 낮추고, 미래 가능성에 대한 낙관적 태도를 심어주는 것이 바람직하다.
성인기	• 다양한 생애역할 변화와 실직, 진로전환, 은퇴 등을 경험하게 된다. • 충격과 부정적인 정서적 영향에 적절하게 대처하도록 도와야 한다. • 다시 진로목표를 세우고 건설적인 구직전략을 개발하도록 도와야 한다.

5 아네트(Arnett, 2015)에 의해 제시된 하나의 독립적인 단계로 제시된 생애주기로 옳은 것은?

① 아동기
② 성인진입기
③ 청소년기
④ 성인기

해설

② 2번이 정답인 이유는 아네트에 의해 새롭게 제시된 독립적인 단계는 '성인진입기'에 해당하기 때문이다.

TIP 아네트(Arnett)의 성인진입기

수퍼(Super)가 진로탐색의 결정화, 구체화, 실행을 강조했다면, 아네트(Arnett)는 가족이나 연인 관계 등과 같은 다른 심리적 요인들과 측면을 강조했다. 성인진입기는 일련의 사회 경제와 사회문화적 변화 등을 반영하면서 청소년기에서 성인기로 넘어가는 단계의 하나의 독립적인 단계로 강조되기 시작했다.

이 시기의 특성은 여전히 끝나지 않는 정체성 탐구를 위해 사랑과 일에서 다양한 삶의 선택, 사랑과 일 및 거주지의 불안정성, 다른 사람들에 대한 의무가 아닌 자기 자신에게 초점을 맞춰 집중, 사춘기와 성인이 아닌 전환의 시기로 중간에 낀 느낌을 가지며, 그러면서도 미래에 대한 가능성을 가지고 낙관적으로 생각한다.

6 아동기의 진로발달과 직업정보의 역할에 대한 설명으로 옳지 않은 것은?

① 수퍼는 진로의사 결정을 위해서는 자기발달과 시간조망이 이루어져야 함을 강조하였다.
② 아동의 자기개념은 탐색 행동에서 비롯되며, 직업정보의 습득, 주요인물의 모방, 흥미의 발달로 이어진다.
③ 직업에 대한 학습은 그들에게 부담을 주지 않는 범위 내에서 큰 단위로 이루어져야 한다.
④ 주로 학교 프로그램을 통해 전달되는 경우가 많으며, 활동은 가족과 가정에 초점을 둔다.

해설

③ 3번이 오답인 이유는 아동기에는 직업에 대한 학습을 부담을 주지 않는 범위 내에서 '작은 단위'로 이루어져야 하기 때문이다.

TIP 아동기의 진로발달과 직업정보의 역할

아동기의 진로발달과 직업정보의 역할은 다음과 같다.
㉠ 아동기는 인지발달을 고려하여 주어지는 직업정보는 구체적이고 분명해야 한다.
㉡ 직업에 대한 학습은 부담을 주지 않는 범위 안에서 작은 단위로 이루어져야 한다.
㉢ 주로 학교 프로그램을 통해 전달되는 경우가 많다.
㉣ 프로그램의 활동은 가족이나 가정에 초점을 두고 체험활동이나 놀이, 관찰을 통해 가능하다.
㉤ 활동을 구성할 때는 아동의 학습단계와 정보처리 능력에 맞게 구성하는 것이 바람직하다.
㉥ 제공되는 정보에는 성적편견이 없어야 한다.

ANSWER 4.③ 5.② 6.③

7 청소년기의 진로발달과 직업정보의 역할에 대한 설명으로 옳지 않은 것은?

① 진로선택을 염두에 두고 교육적으로 전념하는 단계로 구체적 사고를 할 수 있게 된다.

② 정체성과 역할 혼미라는 과정을 거치므로 가치체계가 성립되는 중요한 과정이다.

③ 자신의 진로성숙을 구성하게 되는데, 직업선택의 지향성, 선호직업에 대한 정보와 계획 수립 등을 포함한다.

④ 개인은 환경으로부터 얻은 정보를 점차 자기개념과 정체성에 통합시키기 위해 노력해야 한다.

해설

① 1번이 오답인 이유는 청소년기에는 진로선택을 염두에 두고 교육적으로 전념하는 단계로 '추상적 사고'를 하기 때문이다.

TIP 청소년기의 진로발달과 직업정보의 역할

청소년기의 진로발달과 직업정보의 역할은 다음과 같다.

㉠ 진로선택을 염두에 두고 교육적으로 전념하는 단계로 추상적 사고를 할 수 있게 되어 문제를 해결하고 계획을 세우는 능력이 발달하고 진로계획을 크게 촉진시킨다.

㉡ 정체성과 역할 혼미라는 과정을 거치므로 가치체계가 성립되는 중요한 과정이며, 자신의 역량을 평가할 수 있는 능력이 생긴다.

㉢ 개인의 다른 특징을 기술하기 위해 자기개념을 직업세계에 연결해주는 작업이 필요하다.

㉣ 직업 정체성을 발달시키는 과정이 중요한데, 개인은 환경으로부터 얻은 정보를 점차 자기개념과 정체성에 통합시키기 위해 노력해야 한다.

㉤ 청소년의 진로성숙과 직업정체성에 맞는 적절한 직업정보를 제공해야 한다.

8 성인진입기의 진로발달과 직업정보의 역할에 대한 설명으로 옳지 않은 것은?

① 일련의 경제와 사회문화적 변화 등을 반영하면서 하나의 독립적인 단계로 강조되기 시작한다.

② 더 길고 광범위한 교육기간과 안정된 고용이 어려워진 기운데 이 시기만의 주어진 과제와 특성이 존재한다.

③ 막연한 직업정보가 아니라 직무 중심의 구체적이고 실질적인 정보가 필요하다.

④ 심리적 지원보다는 미래 가능성에 대한 낙관적 태도를 심어주는 것이 바람직하다.

해설

④ 4번이 오답인 이유는 성인진입기에는 심리적 지원과 함께 '미래 가능성에 대한 낙관적 태도'를 심어주어야 하기 때문이다.

TIP 성인진입기의 진로발달과 직업정보의 역할

성인진입기의 진로발달과 직업정보의 역할은 다음과 같다.

㉠ 청소년기에서 성인기로 넘어가는 하나의 독립적인 단계이다.
㉡ 자신이 하고 싶은 일이 무엇인지 명확히 하기 위한 단계로 실질적인 직업활동이 구체화되어야 한다.
㉢ 막연한 직업정보가 아니라 실제 어떤 직무를 어떤 작업환경과 조직문화 안에서 펼칠 것인가 등 직무 중심의 구체적이고 실질적인 지원이 필요하다.
㉣ 정체성, 역할에 대한 고민 등 심리적 지원도 함께 이루어져야 하며, 이 시기에 갖게 되는 불안감을 낮추고, 미래 가능성에 대한 낙관적 태도를 심어주는 것이 바람직하다.

9 **성인기의 진로발달과 직업정보의 역할에 대한 설명으로 옳지 않은 것은?**

① 생애역할 변화와 실직, 진로전환, 은퇴 등 다양한 진로전환과 위기들을 경험하게 된다.
② 진로위기와 전환은 예측적이고 자발적일 때 가장 어려움이 클 수 있다.
③ 충격과 부정적인 영향에 적절하게 대처하면서 새로운 진로목표를 세우도록 도와야 한다.
④ 진로전환의 유형에 따라 필요한 직업정보는 다르게 구성되어야 한다.

해설

② 2번이 오답인 이유는 진로위기와 전환은 '비예측적'이고 '비자발적'일 때 가장 어려움이 클 수 있기 때문이다.

TIP 성인기의 진로발달과 직업정보의 역할

성인기의 진로발달과 직업정보의 역할은 다음과 같다.

㉠ 다양한 생애역할 변화와 실직, 진로전환, 은퇴 등을 경험하게 된다.
㉡ 진로위기와 전환은 비예측적이고 비자발적일 때 가장 어려움이 클 수 있다.
㉢ 충격과 부정적인 정서적 영향에 적절하게 대처하도록 도와야 한다.
㉣ 다시 진로목표를 세우고 건설적인 구직전략을 개발하도록 도와야 한다.
㉤ 진로전환이 이전 직무와는 완전 다른 도전인지 여부에 따라 혹은 진로전환이 오랫동안의 진로단절 이후에 복귀하는지에 따라 필요한 직업정보는 다르게 구성되어야 한다.

ANSWER 7.① 8.④ 9.②

10 생애주기에 따른 직업정보의 역할에 대한 설명으로 옳은 것은?

> 미래 가능성에 대한 낙관적 태도를 심어주는 것이 바람직하며, 그들이 가진 문화적, 배경과 경험 맺고 있는 인간관계 등의 차이로 진로발달 단계와 수준이 다를 수 있음을 고려하여 적절한 직업정보를 기획해야 한다.

① 아동기

② 청소년기

③ 성인진입기

④ 성인기

해설

③ 3번이 정답인 이유는 미래 가능성에 대한 낙관적인 태도를 심어주는 시기는 '성인진입기'에 해당하기 때문이다.

TIP 성인진입기의 진로발달과 직업정보의 역할

성인진입기의 진로발달과 직업정보의 역할은 다음과 같다.

㉠ 청소년기에서 성인기로 넘어가는 하나의 독립적인 단계이다.

㉡ 자신이 하고 싶은 일이 무엇인지 명확히 하기 위한 단계로 실질적인 직업활동이 구체화되어야 한다.

㉢ 막연한 직업정보가 아니라 실제 어떤 직무를 어떤 작업환경과 조직문화 안에서 펼칠 것인가 등 직무 중심의 구체적이고 실질적인 지원이 필요하다.

㉣ 정체성, 역할에 대한 고민 등 심리적 지원도 함께 이루어져야 하며, 이 시기에 갖게 되는 불안감을 낮추고, 미래 가능성에 대한 낙관적 태도를 심어주는 것이 바람직하다.

11 직업선택 과정의 단계에 대한 순서로 옳은 것은?

> ㉠ 직업선택을 인식하는 과정으로 진학이나 취업을 위해 직업선택의 필요성을 인식하는 시기
> ㉡ 개인의 직업관련 다양한 특성을 평가하는 과정으로 흥미, 적성, 가치 등의 직업심리를 파악한다.
> ㉢ 도전 가능한 직업에 대한 정보를 구체적으로 수집하는 과정에 해당된다.
> ㉣ 적합직무의 범위를 구체화하는 과정으로 많은 직업 중에서 그 선택범위를 좁혀 나간다.
> ㉤ 자신이 결정한 직업을 얻기 위한 진학, 훈련, 자격증 등 실행에 필요한 정보를 필요로 한다.
> ㉥ 여러 선택지에서 하나를 결정하는 과정으로 직업에서 실제 이루어지는 직무에 대한 정보를 인식한다.

① ㉠ − ㉡ − ㉣ − ㉢ − ㉥ − ㉤
② ㉠ − ㉡ − ㉢ − ㉣ − ㉤ − ㉥
③ ㉥ − ㉡ − ㉠ − ㉢ − ㉣ − ㉤
④ ㉥ − ㉠ − ㉡ − ㉢ − ㉣ − ㉤

해설

① 1번이 정답인 이유는 '직업선택 과정 단계'를 순서대로 설명하고 있기 때문이다.

TIP 직업선택 6단계

진로발달에 따라 단계를 나누어 필요한 직업정보를 평가하는 방식 이외에 직업을 선택하는 단계로 나눌 수 있다. 이 단계는 순차적으로 진행되기도 하고, 이전 단계로 다시 이동하기도 하며, 전 단계가 순환되기도 한다. 6단계로 나누어지며 다음과 같다.

단계	내용
1단계	• 직업선택을 인식하는 과정으로 진학이나 취업을 위해 직업선택의 필요성을 인식하는 시기이다.
2단계	• 개인의 직업관련 다양한 특성을 평가하는 과정으로 흥미, 적성, 가치 등의 직업심리를 파악한다.
3단계	• 적합직무의 범위를 구체화하는 과정으로 많은 직업 중에서 그 선택범위를 좁혀 나간다.
4단계	• 도전 가능한 직업에 대한 정보를 구체적으로 수집하는 과정에 해당된다.
5단계	• 여러 선택지에서 하나를 결정하는 과정으로 직업에서 실제 이루어지는 직무에 대한 정보를 인식한다.
6단계	• 자신이 결정한 직업을 얻기 위한 진학, 훈련, 자격증 등 실행에 필요한 정보를 필요로 한다.

ANSWER 10.③ 11.①

학습 2 직업정보 가공 기획하기

1 **문헌자료가 거의 없거나 부족한 경우 활용할 수 있는 대상자 특성조사 방법으로 옳은 것은?**

① 문헌자료조사 ② 면담법
③ 관찰법 ④ 설문조사

해설

② 2번이 정답인 이유는 직업정보 가공 기획을 위한 대상자 특성조사방법 중에서 '면담법'은 대상자에 대한 문헌자료가 거의 없거나 부족한 경우, 최근 자료가 없는 경우 사용하는 방법이기 때문이다.

TIP 대상자 특성 조사방법

대상자의 특성 분석은 직업정보 가공을 위한 중요한 단계로 조사방법은 다음과 같다.

문헌자료조사	• 문헌자료조사는 필수적으로 포함되어야 하며, 대상자와 관련된 다양한 연구보고서, 학술지, 논문 등 자료를 수집한다.
설문조사	• 대상자들에게 필요한 문항으로 설문지를 구성하여 대상 이용자들에게 배포하여, 응답한 뒤 설문지를 수거한다.
면담법	• 대상자에 대한 문헌자료가 거의 없거나 부족한 경우, 최근 자료가 없는 경우 대상에 대한 심층적 이해와 직접적 요구를 들을 수 있는 측면에서 좋은 방법이다.
관찰법	• 관련 대상들이 자주 이용하는 단체, 기관, 모임 등에 참여하여 행동특성을 이해하는 데 도움이 된다.
델파이기법	• 전문가 위원회를 구성하여 접촉하지 않고 3~4회에 걸쳐 개방형 질문에 대한 답을 수집한다.

2 **다음 설명에 해당하는 용어(단어, 개념)로 옳은 것은?**

> 전문가 위원회를 구성하여 3~4회에 걸쳐 진행되며, 위원 구성원들과 접촉하지 않고 연구문제에 대한 개방형 질문에 대한 답을 수집한다. 1차 개방형 질문의 답변들을 정리하고 구조화하여 객관식 문항으로 구성한 뒤 동일 패널들에게 질문하는 방식이다.

① 문헌자료조사 ② 면담법
③ 관찰법 ④ 델파이기법

해설

④ 4번이 정답인 이유는 '델파이기법'은 위원 구성원들과 접촉하지 않고 연구문제에 대한 개방형 질문에 답을 수집하는 방법이기 때문이다.

TIP 델파이기법

직업정보 가공기획을 위한 대상자 특성조사 방법 중 델파이기법은 다음과 같다.
전문가 위원회를 구성하여 3~4회에 걸쳐 진행되며, 위원 구성원들과 접촉하지 않고 연구문제에 대한 개방형 질문에 대한 답을 수집한다. 1차 개방형 질문의 답변들을 정리하고 구조화하여 객관식 문항으로 구성한 뒤 동일 패널들에게 질문하는 방식이다.

3 **직업정보 가공을 위한 대상자 특성 분석 시 고려해야 할 사항으로 옳지 않은 것은?**

① 대상자의 특성을 조사하는데 가장 적합한 방법을 선택하여 자료를 수집한다.
② 설문조사는 필수적으로 포함되며, 부족한 부분을 보충할 조사방법을 추가한다.
③ 조사된 내용 중에서 상반된 자료는 없는지, 문제가 되는 논점이 없는지 검토한다.
④ 수집된 자료 중에서 내담자의 직업심리 및 직업행동에 영향을 미치는 특성들을 분석한다.

해설

② 2번이 오답인 이유는 설문조사가 아닌 '문헌자료조사'가 필수적으로 진행되어야 하기 때문이다.

TIP 직업정보 가공을 위해 고려해야 할 사항

㉠ 대상자의 특성을 조사하는데 가장 적합한 방법을 선택하여 자료를 수집한다.
㉡ 조사된 내용 중에서 상반된 자료는 없는지, 문제가 되는 논점이 없는지 검토한다.
㉢ 수집된 자료 중에서 내담자의 직업심리 및 직업행동에 영향을 미치는 특성들을 분석한다.
㉣ 문헌자료조사는 필수적으로 포함되며, 부족한 부분을 보충할 조사방법을 추가한다.
㉤ 조사방법을 선택할 때는 대상의 특성뿐만 아니라 조사비용, 조사인력, 조사목적 등 현실적인 것을 고려하여 적합한 조사방법을 선택한다.
㉥ 조사인력들에게 선택된 조사방법에 대한 철저한 교육이 미리 이루어져야 효과적인 조사가 가능하다.
㉦ 설문지를 구성할 때 조사대상의 학력, 읽기 능력 등을 고려하여 쉬운 용어를 사용하고 가독성을 고려하여 글자 크기 및 편집양식 등에 신경을 쓴다.
㉧ 설문지 사용언어는 조사대상이 한국어가 능통하지 않을 경우 조사 대상자의 모국어로 번역하는 것을 고려한다.

ANSWER 1.② 2.④ 3.②

4 **직업정보 가공을 위한 대상자 특성 조사방법 중 면담법 설명으로 옳지 않은 것은?**

① 전문가 위원회를 구성하여 3~4회에 걸쳐 진행한다.

② 대상자의 심층적 이해와 직접적 요구를 파악할 수 있는 장점이 있다.

③ 대상자에 대한 참고자료가 부족하거나 없는 경우 사용한다.

④ 자신의 이야기를 솔직하고 편안하게 할 수 있도록 분위기 조성이 필요하다.

해설

① 1번이 오답인 이유는 대상자 특성 조사방법 중 '델파이기법'을 설명하고 있기 때문이다.

TIP 직업정보 가공 기획을 위한 대상자 특성 조사방법

면담법은 대상자에 대한 문헌자료가 거의 없거나 부족한 경우, 최근 자료가 없는 경우 대상에 대한 심층적 이해와 직접적 요구를 들을 수 있는 측면에서 좋은 방법이다.

대상자의 심층적 이해와 직접적 요구를 파악할 수 있는 장점이 있다. 자신의 이야기를 솔직하고 편안하게 할 수 있도록 분위기 조성이 필요하다.

5 **직업정보 가공 기획서 구성을 위해 필요한 항목에 대한 설명으로 옳은 것은?**

> 직업정보를 직접 제공받는 개인이나 집단으로서 취업률과 실업률, 고용형태, 취업직종, 근속기간 등이 분석되어야 한다. 이뿐만 아니라 이들의 진로장벽, 구직활동의 어려움, 취업욕구 등이 파악되어야 한다.

① 문제의 제기 및 필요성 ② 직업정보 가공의 목적

③ 직업정보 대상의 특성 ④ 활용할 직업정보의 내용 및 범위

해설

③ 3번이 정답인 이유는 직업정보 가공기획서 구성항목 중 '직업정보 대상의 특성'을 설명하고 있기 때문이다.

TIP 직업정보 가공기획서 구성항목

직업정보 대상은 직업정보를 직접 제공받는 개인이나 집단으로서 이 가공 결과물을 활용하려는 사람이나 기관과 일치하지 않을 수도 있다. 예를 들어 실제 발달장애인에게 필요한 직업정보를 분석하고 가공해야 하지만, 실제 가공된 직업정보를 활용하고 제공하는 주체는 장애인복지관의 직업상담가일 수 있다. 따라서 이 항목에서 파악해야 하는 대상의 특성을 조사하기 위해 취업률과 실업률, 고용형태, 취업직종, 근속기간 등이 분석되어야 한다. 이뿐만 아니라 이들의 진로장벽, 구직활동의 어려움, 취업욕구 등이 중요한 특성으로 파악되어야 한다.

6 **직업정보 가공기획서 구성을 위해 필요한 항목에 대한 설명으로 옳은 것은?**

> 직업정보 가공의 필요성에 기반하여 대상자의 특성과 상황을 고려할 때 이루고자 하는 것이 무엇인지 제시한다. 제시한 문제를 해결하고 궁극적으로는 대상자가 당면하고 있는 직업적 논점을 개선하려는 구체적인 내용을 담는다.

① 문제의 제기 및 필요성

② 직업정보 가공의 목적

③ 직업정보 대상의 특성

④ 활용할 직업정보의 내용 및 범위

해설

② 2번이 정답인 이유는 직업정보 가공기획서 구성항목 중 '직업정보 가공의 목적'을 설명하고 있기 때문이다.

TIP 직업정보 가공기획서 구성항목

직업정보 가공의 필요성에 기반하여 가공을 통해 대상자의 특성과 상황을 고려할 때 직업정보 가공을 통해 이루고자 하는 것을 제시한다. 앞서 제시한 문제를 해결하고 궁극적으로는 대상자가 당면하고 있는 직업적 논점을 개선하려는 구체적인 내용을 담는다.

ANSWER 4.① 5.③ 6.②

7 직업정보 가공을 위한 기획서의 구성내용을 순서대로 연결한 것으로 옳은 것은?

㉠ 문제의 제기 및 필요성	㉡ 직업정보 가공의 목적
㉢ 활용할 직업정보의 내용 및 범위	㉣ 직업정보 대상의 특성
㉤ 직업정보 가공 및 설계 과정	㉥ 매체 선택 이유 및 특성
㉦ 활용방안 및 기대효과	㉧ 추진 일정 및 예산

① ㉠ - ㉡ - ㉢ - ㉣ - ㉤ - ㉥ - ㉦ - ㉧
② ㉠ - ㉡ - ㉣ - ㉢ - ㉥ - ㉤ - ㉧ - ㉦
③ ㉠ - ㉢ - ㉣ - ㉡ - ㉤ - ㉥ - ㉦ - ㉧
④ ㉠ - ㉡ - ㉢ - ㉣ - ㉥ - ㉤ - ㉧ - ㉦

해설

② 2번이 정답인 이유는 '직업정보 가공기획서 구성항목'의 순서를 설명하고 있기 때문이다

TIP 직업정보 가공기획서 구성항목

직업정보 가공을 위한 구성항목은 다음과 같다.
㉠ 문제의 제기 및 필요성
㉡ 직업정보 가공의 목적
㉢ 직업정보 대상의 특성
㉣ 활용할 직업정보의 내용 및 범위
㉤ 매체 선택 이유 및 특성
㉥ 직업정보 가공 및 설계 과정
㉦ 추진 일정 및 예산
◎ 활용방안 및 기대효과

학습 3 직업정보 가공 실행하기

1 **정보매체의 특성에 대한 설명으로 옳지 않은 것은?**

① 정보매체가 수록할 수 있는 기호에 의해 전달의 강도가 달라진다.

② 정보매체가 달라지면 수록할 수 있는 정보의 양이 달라진다.

③ 정보매체에 따라 정보 전달자의 인지체계 달라진다.

④ 정보매체가 달라지면 정보의 전달속도가 달라진다.

해설

③ 3번이 오답인 이유는 정보매체에 따라서 '정보 수용자의 인지체계'가 달라지기 때문이다.

TIP 정보매체의 특성

직업정보 가공을 위해 매체의 특성을 파악해야 그에 맞는 콘텐츠의 구성과 이후 체계화 및 전달과정까지 적절하게 연결될 수 있다. 이병기(2017)가 제시한 정보매체의 특성은 다음과 같다.

㉠ 정보매체가 달라지면 수록할 수 있는 기호가 달라진다.
㉡ 정보매체가 수록할 수 있는 기호에 의해 전달의 강도가 달라진다.
㉢ 정보매체가 달라지면 수록할 수 있는 정보의 양이 달라진다.
㉣ 정보매체가 달라지면 정보의 전달속도가 달라진다.
㉤ 정보매체에 따라 정보 수용자의 인지체계가 달라진다.
㉥ 정보매체에 따라서 보편성의 정도가 달라진다.
㉦ 휴대 이동 및 이용의 편리성과 경제성이 달라진다.

ANSWER 7.② / 1.③

2　직업정보 매체의 중요성에 대한 설명으로 옳지 않은 것은?

① 직업정보 매체는 직업정보를 어떤 형식으로 담아서 어떻게 전달할 것인가의 의미이다..
② 직업정보 매체는 대상과 목적 또는 어떤 맥락에서 전달되는가에 따라 정보 매체는 동일하게 선택해야 한다.
③ 직업정보의 특성과 직업정보를 제공받는 대상의 특성을 정확하게 파악해야 가장 최적의 매체 선택이 가능하다.
④ 정보매체는 과학기술의 발전과 산업화 시대와 함께 발전해 왔다.

해설

② 2번이 오답인 이유는 직업정보 매체는 '대상과 목적에 따라 다르게 전달'되어야 하기 때문이다

TIP 직업정보 매체의 중요성

직업정보 매체는 직업정보를 어떤 형식으로 담아서 어떻게 전달할 것인가의 의미로 직업정보를 누구에게 왜 어떤 목적으로 어떤 맥락에서 전달하는가에 따라 정보전달의 매체는 달라져야 한다. 다른 정보매체와 마찬가지로 사회문화와 과학기술의 변화에 따라 직업정보를 전달하는 매체는 다르지만, 직업의 근대적 개념을 고려한다면 산업화 시대와 함께 발전해 왔다고 볼 수 있다. 전달하려고 하는 직업정보의 특성과 직업정보를 제공받는 대상의 특성을 정확하게 파악해야 가장 최적의 매체 선택이 가능하다. 이를 통해 같은 직업정보라고 할지라도 더 빠르게, 더 많이, 더 편리하게 전달할 수 있다.

3　직업정보 매체 종류의 특징에 대한 설명으로 옳지 않은 것은?

① 인쇄자료는 사람들에게 친숙한 매체로 비교적 간편하게 사용이 가능하다.
② 영상자료는 세대를 걸쳐 사람들에게 관심과 집중을 이끌어낼 수 있으나 왜곡되게 전달될 수 있다.
③ 직업체험은 다른 자료에 비해 검색이 용이하고 전달성과 편리성이 높고 경제적이다.
④ 직업프로그램 온오프라인 형태로 운영이 가능하며, 초기구축비용과 유지비용이 높다.

해설

③ 3번이 오답인 이유는 다른 자료에 비해 검색이 용이하고, 전달성이 높은 매체는 '전자자료'이기 때문이다.

TIP 직업체험의 특징

직업정보 매체는 직업정보를 어떤 형식으로 담아서 어떻게 전달할 것인가의 의미로 직업정보를 누구에게 왜 어떤 목적으로 어떤 맥락에서 전달하는가에 따라 정보전달의 매체는 달라져야 한다.

㉠ 다양한 직업을 대상의 눈높이에 맞게 실제 재현된 직업현장에서 다양한 직무를 경험할 수 있는 장점이 있다.
㉡ 반면에 특정 직업의 모든 직무를 체험할 수 없으므로 일부의 단면만 보여주는 것이라 실제 직업에 비해 더 긍정적으로 혹은 더 부정적으로 그려질 가능성이 있다.

4 직업정보 매체의 종류와 장단점에 대한 설명으로 옳지 않은 것은?

① 인쇄물은 직업정보를 수동적으로 수용하며, 동기유발을 통한 효율적인 전달에 유리하다.
② 영상자료는 질 높은 콘텐츠와 스토리를 가지고 제작할 수 있다.
③ 전자자료는 다른 자료에 비해 검색이 용이하며 전달성과 편리성이 높다.
④ 직무경험은 현장에 가장 가까운 지식과 경험을 얻을 수 있어 취업 시에 관련 경력으로 인정받을 수 있다.

해설

① 1번이 오답인 이유는 인쇄매체는 수동적으로 수용하며, 특히 '청소년들에게는 동기유발에 효율적'이지 않기 때문이다.

TIP 직업정보 매체의 종류와 장단점

직업정보 매체는 직업정보를 어떤 형식으로 담아서 어떻게 전달할 것인가의 의미로 직업정보를 누구에게 왜 어떤 목적으로 어떤 맥락에서 전달하는가에 따라 정보전달의 매체는 달라져야 한다.

인쇄자료	• 특별한 툴이 없어도 열람이 가능하며 비교적 간편하게 사용이 가능하다. • 모든 사람들의 접근이 용이하다는 장점을 갖고 있다. • 평면적이고 일방적이라 직업정보를 수동적으로 수용하고, 학생들에게는 동기유발을 통한 효율적인 전달에 어려움이 있다
영상자료	• 그림, 사진, TV, 영화 등 영상으로 표현된 모든 영상물을 포함하는 것으로 질 높은 콘텐츠와 스토리를 가지고 제작된 동영상은 세대를 걸쳐 사람들에게 관심과 집중을 이끌어낼 수 있는 장점이 있다. • 전체 내용을 다 보지 않고 일부 내용을 선택적으로 시청함으로써 원래의 취지나 의도와는 달리 왜곡되게 전달될 위험도 고려해야 한다.
전자자료	• 다른 자료에 비해 검색이 용이하며, 전달성과 편리성이 높고, 한 번 제작된 이후에는 반복적으로 사용 가능하여 경제적이다. • 정보통신기술에 익숙하지 않은 사람에게는 접근성이 떨어진다는 단점이 있다.
직업프로그램	• 온라인 오프라인 형태로 운영될 수 있는데, 서로 다른 요소들을 한꺼번에 제공받을 수 있다는 장점이 있다. • 초기 구축비용과 유지비용이 높다는 단점이 있다.
직업체험	• 다양한 직업을 대상의 눈높이에 맞게 실제 재현된 직업현장에서 다양한 직무를 경험할 수 있는 장점이 있다. • 반면에 특정 직업의 모든 직무를 체험할 수 없으므로 일부의 단면만 보여주는 것이라 실제 직업에 비해 더 긍정적으로 혹은 더 부정적으로 그려질 가능성이 있다.
직무경험	• 직무에 대해 현장에 가장 가까운 지식과 경험을 얻을 수 있는 좋은 방법이다. • 이후 취업 시에 관련 경력으로 인정받을 수 있다.

ANSWER 2.② 3.③ 4.①

5 **다음 직업정보 매체의 설명으로 옳은 것은?**

> • 온라인 오프라인 형태로 운영이 가능하다.
> • 초기 구축비용과 유지비용이 높다.
> • 다른 직업정보 자료들에 비해 직업 관련 검사, 직업정보 제공, 직업탐색, 직업설계 및 실행 등 서로 다른 요소들을 한꺼번에 제공받을 수 있다는 장점이 있다.

① 인쇄자료 ② 전자자료
③ 직업체험 ④ 직업프로그램

해설

④ 4번이 정답인 이유는 직업정보 매체의 '직업 프로그램'에 대한 설명이기 때문이다.

TIP 직업프로그램의 특징

직업정보 매체는 직업정보를 어떤 형식으로 담아서 어떻게 전달할 것인가의 의미로 직업정보를 누구에게 왜 어떤 목적으로 어떤 맥락에서 전달하는가에 따라 정보전달의 매체는 달라져야 한다.
㉠ 온라인 오프라인 형태로 운영될 수 있는데, 서로 다른 요소들을 한꺼번에 제공받을 수 있다는 장점이 있다.
㉡ 초기 구축비용과 유지비용이 높다는 단점이 있다.

6 **다음 직업정보 매체에 대한 설명으로 옳은 것은?**

> • 참여하는 사람들이 직업정보에 적극적으로 접근할 수 있다.
> • 어린이들의 경우 미래의 꿈에 대한 흥미와 긍정적 직업관을 줄 수 있다.
> • 다른 직업정보 매체에 비해 구축과정에 많은 비용이 필요하다.

① 영상자료 ② 전자자료
③ 직무경험 ④ 직업체험

해설

④ 4번이 정답인 이유는 직업정보 매체의 '직업체험'에 대한 설명이기 때문이다.

TIP 직업체험의 특징

직업정보 매체는 직업정보를 어떤 형식으로 담아서 어떻게 전달할 것인가의 의미로 직업정보를 누구에게 왜 어떤 목적으로 어떤 맥락에서 전달하는가에 따라 정보전달의 매체는 달라져야 한다.
㉠ 다양한 직업을 대상의 눈높이에 맞게 실제 재현된 직업현장에서 다양한 직무를 경험할 수 있는 장점이 있다.
㉡ 반면에 특정 직업의 모든 직무를 체험할 수 없으므로 일부의 단면만 보여주는 것이라 실제 직업에 비해 더 긍정적으로 혹은 더 부정적으로 그려질 가능성이 있다.

7 **직업정보 가공을 위한 가공 설계서 항목에 포함될 사항으로 옳지 않은 것은?**

① 직업정보 제공 대상자
② 활용할 직업정보의 내용 및 범위
③ 직업정보 가공과정 및 평가 단계
④ 직업정보 콘텐츠 가공 샘플 제시

해설

③ 3번이 오답인 이유는 직업정보 가공을 위한 가공설계서 항목에 가공과정 및 '평가단계'는 포함하지 않기 때문이다.
직업정보 가공기획서에 따라 가공을 실행하기 전에 예산과 일정 등에 따라 변경된 가공의 범위가 있다면 수정하여 이를 반영한 가공설계안을 가지고 가공을 실행한다. 이때 직업정보 가공설계안에 들어갈 항목과 내용을 구체화해야 한다.

TIP 직업정보 가공기획서 포함해야 할 항목

㉠ 직업정보 제공 대상자
㉡ 직업정보 제공 이용자
㉢ 활용할 직업정보의 내용과 범위
㉣ 직업정보 가공과정 및 단계
㉤ 직업정보 콘텐츠 가공 샘플 제시

8 **직업 의사결정 단계별 직업정보의 특성에 대한 설명으로 옳은 것은?**

> 모든 가능성을 다 열어놓는 진로선택의 과정에서 막연하게 직업정보를 탐색하던 과정보다 좀 더 실질적이고 현실적인 정보가 필요한 단계이다. 내담자의 진로발달 단계에 따른 진로성숙의 문제, 역할갈등이나 현재 고민하는 진로장벽과 진로갈등을 종합적으로 판단하여 직업정체성의 단계에 대한 사정이 필요하다.

① 직업선택을 인식하는 단계
② 내담자의 다양한 직업 관련 다양한 특성 평가 단계
③ 적합직무의 범위 구체화 단계
④ 도전 가능한 직업에 대한 정보수집 단계

해설

① 1번이 정답인 이유는 직업선택 6단계의 '직업선택을 인식하는 단계'를 설명하고 있기 때문이다.

TIP 직업선택을 인식하는 단계

직업선택 인식 단계는 모든 가능성을 다 열어놓는 진로선택의 과정에서 막연하게 직업정보를 탐색하던 과정보다 좀 더 실질적이고 현실적인 정보가 필요한 단계이다. 내담자의 진로발달 단계에 따른 진로성숙의 문제, 역할갈등이나 현재 고민하는 진로장벽과 진로갈등을 종합적으로 판단하여 직업 정체성의 단계에 대한 사정이 필요하다.

ANSWER 5.④ 6.④ 7.③ 8.①

9 **내담자의 직업 의사결정 단계의 순서에 대한 설명으로 옳은 것은?**

> ㉠ 직업선택을 인식하는 단계
> ㉡ 내담자의 직업 관련 다양한 특성 평가 단계
> ㉢ 적합직무의 범위 구체화 단계
> ㉣ 도전 가능한 직업에 대한 정보수집 단계
> ㉤ 직업선택 결정 단계
> ㉥ 선택 직업을 얻기 위한 구체적 실행 단계

① ㉠ − ㉡ − ㉢ − ㉣ − ㉤ − ㉥
② ㉠ − ㉡ − ㉣ − ㉢ − ㉥ − ㉤
③ ㉠ − ㉢ − ㉣ − ㉡ − ㉤ − ㉥
④ ㉠ − ㉡ − ㉢ − ㉣ − ㉥ − ㉤

해설

① 1번이 정답인 이유는 '직업선택 6단계 의사결정' 내용의 순서를 설명하고 있기 때문이다.

TIP 직업선택 6단계

내담자의 직업의사결정 단계에 따라 필요한 직업정보와 제공되는 방식도 다를 수 있다. 이 단계는 내담자가 동일한 순서로 거치는 것은 아니며, 특정 단계를 건너뛰기도 하고 비순차적으로 혹은 순환적으로 진행되기도 한다.

㉠ 직업선택을 인식하는 단계
㉡ 내담자의 직업 관련 다양한 특성 평가 단계
㉢ 적합직무의 범위 구체화 단계
㉣ 도전 가능한 직업에 대한 정보수집 단계
㉤ 직업선택 결정 단계
㉥ 선택 직업을 얻기 위한 구체적 실행 단계

10 **직업 의사결정 단계별 직업정보의 특성에 대한 설명으로 옳은 것은?**

> 내담자가 직업을 선택하는 데 있어 자신을 명확하게 분석하고 이해하도록 지원할 수 있어야 한다. 내담자의 흥미, 적성, 가치관, 역량 등을 진단할 수 있는 다양한 검사 관련 정보를 제공하여 직접 내담자가 스스로 결과를 보고 이해할 수 있도록 돕는 단계이다.

① 직업선택을 인식하는 단계
② 내담자의 다양한 직업 관련 다양한 특성 평가 단계
③ 적합직무의 범위 구체화 단계
④ 도전 가능한 직업에 대한 정보수집 단계

해설

② 2번이 정답인 이유는 직업선택 6단계의 '내담자의 다양한 직업 관련 다양한 특성 평가 단계'를 설명하고 있기 때문이다.

TIP 내담자의 다양한 직업 관련 다양한 특성 평가 단계

내담자의 다양한 직업 관련 다양한 특성 평가 단계는 직업선택의 필요성을 인식하고 자신에 대한 이해와 탐색을 하는 단계로 내담자의 흥미, 적성, 직업 가치관을 토대로 생애진로 주제를 확인하고 과거의 일 경험과 직업역량을 평가하는 단계이다. 내담자가 직업을 선택하는 데 있어 자신을 명확하게 분석하고 이해하도록 지원할 수 있어야 한다. 내담자의 흥미, 적성, 가치관, 역량 등을 진단할 수 있는 다양한 검사 관련 정보를 제공하여 직접 내담자가 스스로 결과를 보고 이해할 수 있도록 돕는 단계이다.

11 다음 설명에 해당하는 의사결정 함정으로 옳은 것은?

> 시간, 돈, 자원 등의 사전지출로 인하여 다른 선택을 하지 못하는 유형으로 버티는 것만이 능사가 아니라 일보 전진을 위한 일보 후퇴가 필요하다. 늦었다고 할 때가 가장 빠른 것처럼 지난 노력에 대한 아쉬움과 미련으로 인해 더 좋지 않은 결과가 올 수 있음을 인식하고 결정의 선택과 집중을 위해 노력한다.

① 시간지연의 함정
② 악화의 함정
③ 무지의 함정
④ 투자의 함정

해설

④ 4번이 정답인 이유는 내담자의 의사결정의 함정에서 나타나는 '투자의 함정'을 설명하고 있기 때문이다.

TIP 의사결정의 함정

직업선택 결정 단계에서는 진로의사결정 과정에서 빠질 수 있는 함정들에 대한 정보가 필요하다. 내담자가 의사결정과정에서 함정에 빠져 비합리적인 선택을 하지 않도록 안내해야 한다. 의사결정 함정에 대한 내용은 다음과 같다.

구분	내용
시간지연의 함정	• 일시적인 불편함을 회피하고자 의사결정을 지속적으로 미루는 유형
악화의 함정	• 아닌 것을 알면서도 멈추지 못해서 늘 후회하는 유형
무지의 함정	• 추측을 근거로 자신이 보고 싶은 정보만을 취사 선택해서 의사결정을 성급하게 내리는 유형
투자의 함정	• 시간, 돈, 자원의 사전지출로 인하여 다른 선택을 하지 못하는 유형
무선택의 함정	• 할까 말까 고민에서는 안 하는 것을, 이것과 저것 중에서 선택하는 고민에서는 아무것도 선택하지 않는 유형
몰이사냥의 함정	• 여러 사람들의 압박 속에 시간이 부족하여 충분한 의사결정의 과정 없이 궁지에 몰려 선택하는 유형

ANSWER 9.① 10.② 11.④

12 다음 설명에 해당하는 의사결정 함정으로 옳은 것은?

- 일시적인 불편함을 회피하고자 의사결정을 지속적으로 미루는 유형이다.
- 의사결정자는 더 이상 매력적인 대안을 만들어 낼 수 없을 때까지 불편한 의사결정을 계속해서 미루느라 의사결정의 주기가 길다.

① 무선택의 함정
② 시간지연의 함정
③ 무지의 함정
④ 악화의 함정

해설

② 2번이 정답인 이유는 내담자의 의사결정 함정에서 나타나는 '시간지연의 함정'을 설명하고 있기 때문이다.

TIP 시간지연의 함정

일시적인 불편함을 회피하고자 의사결정을 지속적으로 미루는 유형이다. 의사결정자는 더 이상 매력적인 대안을 만들어낼 수 없을 때까지 불편한 의사결정을 계속해서 미루느라 의사결정의 주기가 길다. 일시적인 만족은 장기간 후의 결과와 반대되는 현상을 가져올 수 있음에 유의해야 한다. '고통은 잠시, 열매는 달다'란 말처럼 어려움이나 고통을 피하기 위한 후퇴보다 '지금 · 여기 · 바로'에 필요한 의사결정을 할 수 있는 연습을 하도록 해야한다.

13 다음 설명에 해당하는 의사결정 함정으로 옳은 것은?

- 여러 사람들의 압박 속에 시간이 부족하여 충분한 의사결정의 과정 없이 궁지에 몰려 선택하는 유형이다.
- 중요한 결정일수록 선택을 잘못해 제대로 된 의사결정의 과정 없이 벼랑 끝에 선 선택일 가능성이 있다.

① 몰이사냥의 함정
② 시간지연의 함정
③ 투자의 함정
④ 무지의 함정

해설

① 1번이 정답인 이유는 내담자의 의사결정 함정에서 나타나는 '몰이사냥의 함정'을 설명하고 있기 때문이다.

TIP 몰이사냥의 함정

여러 사람들의 압박 속에 시간이 부족하여 충분한 의사결정의 과정 없이 궁지에 몰려 선택하는 유형으로 중요한 결정일수록 선택을 잘못해 제대로 된 의사결정을 과정 없이 벼랑 끝에 선 선택일 가능성이 있다. 압박이 어디에서부터 오는지 파악해서 그 압박이 스스로 만들어낸 궁지가 아닌지 진지하게 생각해 보고, 시간이 없는 상황에서도 합리성과 집중을 발휘하는 것이 요구된다.

14 직업정보 제공 시 고려해야 할 사항으로 옳지 않은 것은?

① 기술 수준으로 정보를 얼마나 정확히 전달할 수 있는가를 고려해야 한다.

② 정보의 표현양식이 얼마나 정확하게 바라는 의미를 전달할 것인가를 고려해야 한다.

③ 직업정보는 너무 전문적이어서 그 내용이 난해하더라도 그대로 제공해야 한다.

④ 인간행동의 동기부여 수단으로 얼마나 적합한가 등의 수준이 고려되어야 한다.

해설

③ 3번이 오답인 이유는 직업정보는 내담자에게 '쉽게 이용'할 수 있도록 제공해야 하기 때문이다.

직업정보는 이용자의 구미에 맞도록 제공되어야 한다. 직업정보는 너무 전문적이어서 그 내용을 이해하기 쉽지 않은 경향이 있다. 따라서 이용자가 즐겁게 정보를 대할 수 있는 형태로 제공하는 것이 가장 바람직하다.

㉠ 기술 수준으로(기술 수준에 의해) 정보를 얼마나 정확히 전달할 수 있는가

㉡ 정보의 표현양식이 얼마나 정확하게 바라는 의미를 전달할 것인가(정보의 표현양식이 바라는 의미를 얼마나 정확하게 전달할 것인가)

㉢ 인간행동의 동기부여 수단으로 얼마나 적합한가 등의 수준이 고려되어야 한다.

ANSWER 12.② 13.① 14.③

학습 4 가공 결과 품질 점검하기

1 **ISO 9241에서 제시한 사용성의 속성으로 옳지 않은 것은?**

① 효과성 ② 효율성

③ 만족도 ④ 신뢰성

해설

④ 4번이 오답인 이유는 ISO 9241에서 제시한 사용성 속성은 '효과성', '효율성', '만족도'이기 때문이다.

TIP ISO 9241 사용성 속성

ISO 9241에 따르면 사용성의 속성은 크게 3가지로 표현되는데 효과성, 효율성, 만족도 등이다.

㉠ 효과성은 사용자의 사용을 위한 수행을 통해 원하는 요구달성의 완성도와 정확도를 기준으로 판단하며, 일반적으로 성공 및 실패율을 기준으로 한다.

㉡ 효율성은 사용자의 요구달성을 위해 사용을 위한 수행에 소용되는 자원의 효율성으로 물리적 시간과 이해도나 학습도가 요구되는 노력을 포함한다.

㉢ 만족도는 사용자의 사용경험에 대한 즐겁고 유쾌하고 사용하기 좋은 주관적 만족도로(를 나타내는 것으로) 정서적 느낌으로 판단한다.

2 **두마스와 레디쉬가 제시한 사용성 평가 기준에 대한 설명으로 옳은 것은?**

① 제품이 사용하기 쉬운지는 사용자가 결정한다.

② 생산자는 제품을 통해 과제를 완수하고자 한다.

③ 생산자는 제품을 사용하여 생산성을 높이고자 한다.

④ 사용성이란 생산자에게 초점을 맞춘다.

해설

① 1번이 정답인 이유는 사용성 평가 기준은 '사용자에게 초점'을 맞추고 있기 때문이다.

TIP 사용성 평가 기준

적용 가능한 사용성의 평가 기준을 위해 두마스와 레디쉬(Dumas & Redish, 2004)는 사용성을 사용자가 제품을 사용하여 직무를 빠르고 쉽게 완수하는 것에 의미를 두고 다음과 같은 네 가지 기준을 제시하였다.

㉠ 사용성이란 사용자에게 초점을 맞춘다.

㉡ 사용자는 제품을 사용하여 생산성을 높인다.

㉢ 사용자는 제품을 통해 과제를 완수한다.

㉣ 제품이 사용하기 쉬운지는 사용자가 결정한다.

3 직업정보 가공 결과 품질 점검을 위한 사용성 검사 과정의 순서로 옳은 것은?

㉠ 사전검사 준비	㉡ 검사 참여자 결정
㉢ 사용성 측정 방법 결정하기	㉣ 검사 과제 선택 및 과제 시나리오 제작
㉤ 검사결과 정리	㉥ 사용성 검사 실시하기

① ㉠－㉡－㉢－㉣－㉤－㉥

② ㉠－㉡－㉣－㉢－㉥－㉤

③ ㉠－㉢－㉣－㉡－㉤－㉥

④ ㉠－㉡－㉢－㉣－㉥－㉤

해설

② 2번이 정답인 이유는 '사용성 검사과정'의 순서를 설명하고 있기 때문이다.

TIP 직업정보 가공 품질 점검을 위한 사용성 검사 과정

직업정보 가공 결과 품질 점검을 위해 대상자에게 사전 검사를 위해 필요한 준비와 유의사항은 다음과 같다.

㉠ 사전검사 준비
㉡ 검사 참여자 결정
㉢ 검사 과제 선택 및 과제 시나리오 제작
㉣ 사용성 측정 방법 결정하기
㉤ 사용성 검사 실시하기
㉥ 검사결과 정리

ANSWER 1.④ 2.① 3.②

PART 04

노동시장분석

CHAPTER

01 고용정책분석

학습 1 사회안전망

2024년 4회 시행

1 실업률이 6%, 실업자 60만명일 때 취업자수를 올바른 것은?

① 60만명 ② 600만명
③ 360만명 ④ 940만명

해설

취업자수는 940만명이다.
실업률(Unemployment Rate) = (실업자 수 / 경제활동인구) × 100
경제활동인구(Labor Force) = 취업자 수 + 실업자 수

실업률 : 6% = 0.06
실업자 수 : 60만 명 = 600,000명

㉠ 경제활동인구 구하기

$$\text{실업률} = \frac{\text{실업자수}}{\text{경제활동인구}} = \frac{\text{실업자수}}{\text{실업률}} = \frac{600{,}000}{0.06} = 10{,}000{,}000$$

㉡ 취업자 수 구하기

취업자수 = 경제활동인구 − 실업자 = 10,000,000 − 600,000 = 9,400,000

2024년 4회 시행

2 실업률과 물가상승률 간의 역의 관계를 나타내는 곡선으로 옳은 것은?

① 래퍼곡선 ② 필립스곡선
③ 로렌츠곡선 ④ 테일러곡선

해설

㉠ **래퍼곡선**(Laffer Curve) : 조세 수입과 세율 간의 관계를 보여주는 곡선

㉡ **필립스곡선**(Phillips Curve) : 실업률과 인플레이션(물가상승률) 간의 역의 관계를 보여주는 곡선으로 단기적으로는 실업률이 낮을수록 인플레이션은 높아지고, 반대로 실업률이 높을수록 인플레이션은 낮아진다. 따라서 물가안정과 완전고용은 동시에 달성하기 어려운 정책 목표라는 것을 의미한다.

㉢ **로렌츠곡선**(Lorenz Curve) : 소득 또는 부의 분포의 불평등 정도를 시각적으로 나타내는 곡선으로 인구 누적 비율과 소득 누적 비율 간의 관계를 그래프로 표시한다. 곡선이 45도 대각선에 가까울수록 평등하며 아래로 굽을수록 불평등함을 의미한다.

㉣ **테일러곡선**(Taylor Curve) : 인플레이션 변동성과 실업률 변동성 간의 관계를 나타내는 곡선으로 중앙은행이 안정적인 경제를 위해 고려해야 할 정책 딜레마를 설명한다.

종류	주요 관계	주요 개념	정책적 시사점
래퍼곡선	세율 ↔ 세수	조세 수입의 최적화	감세 논리의 이론적 근거
필립스곡선	실업률 ↔ 인플레이션	고용과 물가의 트레이드오프	통화정책의 고민
로렌츠곡선	인구비 ↔ 소득비	소득 불평등 시각화	지니계수 산출 근거
테일러곡선	인플레이션 변동성 ↔ 실업률 변동성	중앙은행의 정책 딜레마	경기 안정화의 복잡성

2024년 4회 시행

3 **다음 중 노동수요곡선을 좌측으로 이동시키는 경우로 볼 수 없는 것은?**

① 노동생산성의 감소　　② 다른 생산요소의 가격 하락

③ 생산물 수요의 감소　　④ 인구증가

해설

④ 노동수요곡선은 기업이 고용하려는 노동의 양과 임금 수준 간의 관계를 나타내며 좌측으로 이동한다는 것은 특정 임금 수준에서 고용하려는 노동의 양이 줄어든다는 의미한다.

TIP 노동수요곡선(Labor Demand Curve) 좌측이동 원인

㉠ **노동생산성의 감소** : 노동생산성이란 한 단위의 노동력이 생산하는 상품이나 서비스의 양을 의미하며 노동생산성이 감소하면, 동일한 노동력을 투입해도 생산량이 줄어들게 되므로, 기업은 비효율적인 노동을 줄이려 하게 된다. 이로인해 고용을 줄이게 되어 노동수요곡선이 좌측으로 이동한다.

㉡ **다른 생산요소의 가격 하락** : 다른 생산요소란 자본(기계, 설비 등), 원자재 등을 말하며 다른 생산요소의 가격이 하락하면, 기업은 그 생산요소를 더 많이 투입한다. 예를 들어, 기계나 자동화 설비가 저렴해지면 노동보다 설비 및 기계로 대체한다.

㉢ **생산물 수요의 감소** : 생산물 수요란 기업이 생산하는 상품이나 서비스에 대한 소비자들의 수요를 의미하며 생산물 수요의 감소는 기업이 생산을 줄이거나 고용을 줄이게 되는 요인이 된다.

ANSWER 1.④ 2.② 3.④

2024년 4회 시행

4　다음 중 분단노동시장이론과 거리가 먼 것은?

① 빈곤퇴치를 위한 정책적 노력은 쉽게 성공하지 못하고 있다.

② 내부노동시장과 외부노동시장은 현저하게 다른 특성을 가지고 있다.

③ 근로자는 임금을 중심으로 경쟁하는 것이 아니라 직무를 중심으로 경쟁하기도 한다.

④ 고학력 실업자가 증가하면 단순노무직 임금도 하락한다.

해설

분단노동시장

분단노동시장 가설에서는 노동시장을 연속적이고 경쟁적인 시장으로 인식하지 않고 근로자 및 직종의 차이로 인하여 노동시장의 형태가 분리된다고 간주한다. 노동시장의 불완전경쟁요인으로 노동시장에 대한 정보 부족, 독점력과 기술, 제도 등의 구조적인 차이로 인해 노동시장이 분리된다고 주장한다.

㉠ 1차 노동시장 VS 2차 노동시장

- 1차 노동시장은 고임금, 양호한 근로조건, 안정된 고용조건과 합리적인 노무관리, 승진의 기회를 제공 받는다. 이에 비해 2차 노동시장은 저임금, 열악한 근로조건, 고용의 불안정과 높은 이직률이 나타난다.
- 2차 노동시장에 종사하는 근로자들은 1차 노동시장의 근로자에 비해 교육이나 훈련을 받을 기회가 적고 노동이동률이 높으며, 결과적으로 생산 잠재능력이 낮게 나타난다.

㉡ 내부노동시장 VS 외부노동시장

- 내부노동시장 : 내부노동시장이란 임금, 상여금, 부가급여로 구성되는 노동의 가격결정과 직무배치, 직무전환, 현장훈련 및 승진 등과 같은 고용의 여러 측면이 기업내부의 관리규칙 · 절차에 의해 지배되는 양호한 시장을 의미한다.
- 내부노동시장의 형성요인
  - 숙련의 특수성
  - 현장훈련
  - 관습
- 외부노동시장 : 외부노동시장이란 근로조건의 보호를 받지 못하는 열악한 노동시장을 의미한다.

2024년 4회 시행

5　실업조사 등에 관한 설명으로 옳은 것은?

① 경제가 완전고용상태일 때 실업률은 0이다.

② 실업률은 실업자수를 생산가능인구로 나눈 것이다.

③ 일기불순 등의 이유로 일하지 않고 있는 일시적 휴직자는 실업자로 본다.

④ 실업률 조사 대상 주간에 수입을 목적으로 1시간 이상 일한 경우 취업자로 분류한다.

해설

㉠ 완전고용상태일 때 실업률은 0이다.

㉡ 실업률(Unemployment Rate) = (실업자 수 / 경제활동인구) × 100

2024년 4회 시행

6 **다음 중 최저임금제가 고용에 미치는 부정적인 효과가 가장 큰 상황으로 옳은 것은?**

① 노동수요곡선과 노동공급곡선이 모두 탄력적일 때
② 노동수요곡선과 노동공급곡선이 모두 비탄력적일 때
③ 노동수요곡선이 탄력적이고 노동공급곡선이 비탄력적일 때
④ 노동수요곡선이 비탄력적이고 노동공급곡선이 탄력적일 때

해설

최저임금제도란 노동시장에서 결정되는 시장임금이 노동자의 생활안정을 보장하기에는 지나치게 낮다고 판단하여 정부가 임금의 최저한도를 정하여 고용주에게 그 이상의 임금을 강제하는 제도이며 이러한 제도에 의해 규정된 임금을 최저임금이라고 한다.

㉠ **노동수요곡선과 노동공급곡선이 모두 탄력적일 때** : 초과공급이 크므로 실업 대량 발생

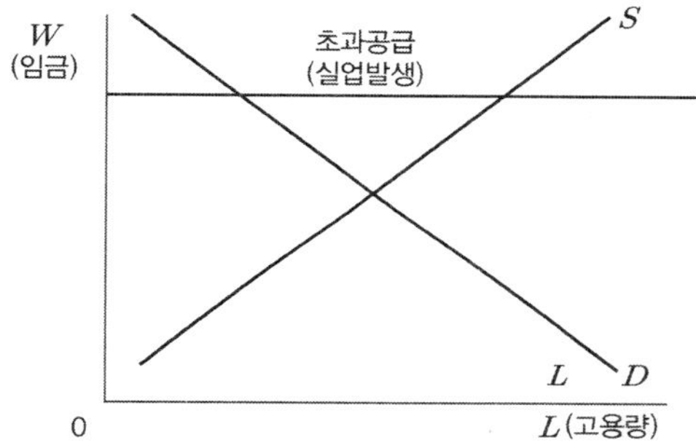

㉡ **노동수요곡선과 노동공급곡선이 모두 비탄력적일 때** : 초과공급에 따른 실업 최소 발생

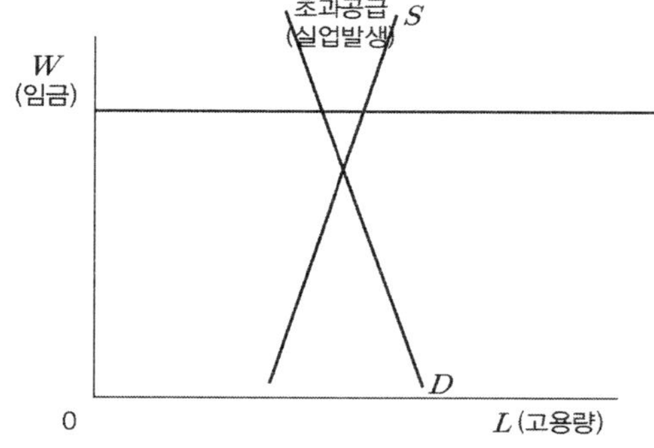

ANSWER 4.④ 5.④ 6.①

2024년 4회 시행

7 **2차 노동시장의 특징으로 옳은 것은?**

① 높은 임금
② 높은 안정성
③ 높은 이직률
④ 높은 승진률

해설

2차 노동시장에 종사하는 노동자들은 1차 노동시장에 비해 교육이나 훈련을 받을 기회가 적고 노동이동률이 높다.

2024년 4회 시행

8 **만일 여가가 열등재라면 개인의 노동공급곡선의 형태는?**

① 후방골절한다.
② 완전 비탄력적이다.
③ 완전 탄력적이다.
④ 우상향한다.

해설

여가가 열등재라는 의미는 여가를 선호하지 않는다는 의미이므로 여가를 선호하는 후방굴절의 부문이 나타나지 않는다는 것이다. 그러므로 여가가 열등재라고 가정을 했을 경우 대체효과가 발생하여, 노동공급곡선은 항상 우상향한다.

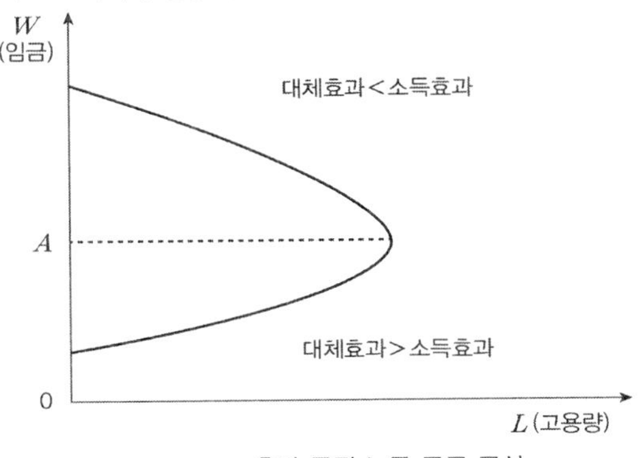

후방 굴절 노동 공급 곡선

TIP 노동공급의 소득효과와 대체효과

㉠ **대체효과** : 노동 선호, 고임금이 존재하지 않을 경우
임금이 상승하게 되면 여가에 활용하는 시간이 상대적으로 비싸져, 노동자는 상대적으로 비싸진 여가시간을 활용하는 대신에 근로를 선호하게 되어 노동공급이 증가하는 효과를 말한다.

㉡ **소득효과** : 여가선호, 일반적으로 선진국에서 발생, 고임금이 존재할 경우
일정수준 이상에서 임금이 상승할 경우 부유해진 노동자는 노동에 투입하려는 시간보다는 여가를 더 선호하려는 경향을 가지고 있으므로 여가시간은 늘고, 노동공급은 감소하는 효과를 말한다.

이러한 두가지 효과의 반작용의 크기에 의해 임금과 노동공급의 관계가 성립된다.

2024년 4회 시행

9 **경쟁시장에서 아이스크림 가게를 운영하는 A씨는 5명을 고용하여 1개당 2,000원에 판매하고 있으며 시간당 12,000원을 임금으로 지급하면서 이윤을 극대화하고 있다. 만일 아이스크림 가격이 3,000원으로 오른다면 현재의 고용수준에서 노동의 한계생산물가치는 시간당 얼마이며. 이때 A씨는 노동의 투입량을 어떻게 변화시킬 것인가?**

① 9,000원, 증가시킨다.
② 18,000원, 증가시킨다.
③ 9,000원, 감소시킨다.
④ 18,000원, 감소시킨다.

해설

A씨는 한계생산물 가치와 임금을 비교해 고용량을 결정한다.
㉠ $W< VMP_L$: 고용 증가, ㉡ $W> VMP_L$: 고용 감소, ㉢ $W= VMP_L$: 최적 고용 유지
즉, 한계생산물 가치가 임금보다 크므로 A씨는 고용을 증가시킨다.

노동자 한명당 6개(/1H)의 아이스크림을 생산하고 있는 상태에서 아이스크림가격을 3,000원으로 조정할 경우, 한계생산물(MP)은 6으로 동일하다면 노동의 한계생산물가치가 시간당 18,000원으로 상승하게 된다.
따라서 MRP 〉임금이므로, A씨는 노동 한 단위당 더 많은 이윤을 창출할 수 있다.

2024년 4회 시행

10 **내부노동시장 형성요인으로 잘못된 것은?**

① 관습
② 현장훈련
③ 노동강도
④ 숙련의 특수성

해설

내부노동시장의 형성요인
㉠ 숙련의 특수성
㉡ 현장훈련
㉢ 관습

ANSWER 7.③ 8.④ 9.② 10.③

2024년 4회 시행

11 **정부가 노동시장에서 구인, 구직 정보의 흐름을 원활하게 하면 직접적으로 감소하는 실업의 유형으로 적합한 것은?**

① 마찰적 실업 ② 경기적 실업
③ 구조적 실업 ④ 계절적 실업

해설

실업의 종류

㉠ **마찰적 실업** : 실업과 미충원 상태의 공석이 공존하는 경우로 신규, 전직자가 노동시장에 진입하는 과정에서 직업정보의 부족에 의하여 일시적으로 발생하는 실업의 유형이다. 구인과 구직을 위한 탐색활동의 과정에서 일시적이고 단발적인 원인에 의하여 발생한다. 경제가 완전고용 상태라고 할 때는 일반적으로 2~3%의 실업률을 전제로 하는데, 이때의 실업을 말한다. 대책으로서는 노동시장정보시스템의 효율적인 구축과 정보제공, 직업안정기관의 기능 강화, 직업정보제공 시설의 확충, 구인구직 전산망 확충 등이 있다. 즉 구인 · 구직에 대한 정보를 원활하게 제공하면 해소되므로 사회적 비용이 가장 적게 든다.

㉡ **구조적 실업** : 산업 및 직종, 지역 간의 노동력 수급상의 불균형이나 노동시장에 교육 및 훈련시장과의 괴리 등에 의해 실업이 발생하게 된다. 특정 산업이나 특정 직종에 노동수요가 증가(혹은 감소)하는 상황에서 공급이 신축적으로 이루어지지 못하는 경우, 교육 및 훈련 시장과 산업체의 요구가 부합하지 않는 경우에도 발생한다. 구조적 실업의 대책은 교육훈련 프로그램과 직업전환 프로그램의 공급, 산업구조의 변화와 예측에 따른 인력수급정책, 이주에 대한 보조금 등이 있다.

㉢ **경기적 실업** : 재화와 서비스에 대한 총수요(유효수요)의 부족으로 인해 노동력에 대한 수요가 감소하여 발생하는 실업이다. 전형적인 수요부족실업에 해당되고 경기변동과 밀접히 연관되며, 경기침체시에 기업의 인원감축 결과로 나타나게 된다. 경기적 실업의 대책으로서는 각종의 재정금융정책(감세정책, 금리인하정책, 지급준비율인하정책, 대출한도제 등), 공공사업을 통한 실업 흡수정책, 근무제도의 변경방법(교대근무제도, 연장근무과 휴일근무를 다른 사람으로 대체 등)이 있다.

㉣ **계절적 실업** : 농업, 건설업, 관광업 등과 같이 기후나 계절적 요인에 의해 생산이나 서비스 활동이 결정되는 산업에서 발생하는 실업이다. 따라서 계절성에 의해 예상할 수 있다는 점에서 경기적 실업과는 차이가 있다. 정부대책으로는 농한기나 관광비수기에 비닐하우스나 특화작물 재배기술을 가르쳐 보급시키는 것이다.

2023년 4회 시행

12 **이중노동시장론에서 1차 노동시장의 특성으로 옳은 것은?**

① 노동이동률이 상대적으로 높다.
② 직업훈련의 기회가 상대적으로 부족하다.
③ 근로조건이 상대적으로 열악하다.
④ 고용이 상대적으로 안정적이다.

해설

이중노동시장이론은 노동시장을 1차 노동시장과 2차 노동시장으로 구분하며, 두 시장은 서로 독립적이고 임금 및 고용 구조에서 차이를 보인다.

TIP 이중노동시장의 특징 비교

1차 노동시장	2차 노동시장
고임금	저임금
양호한 근로조건	열악한 근로조건
고용의 안정성	고용의 불완전성
승진 및 승급의 기회	승진 및 승급기회의 결여
합리적인 노무관리	자의적인 관리감독

2023년 4회 시행

13 인적자본투자에 대한 설명으로 틀린 것은?

① 개인 또는 그 집단의 수입력을 증대시켜주는 특정 기술수준 및 훈련 등을 인적자본이라 하며 이에 투자하는 행위를 인적자본투자라고 한다.

② 인적자본투자에는 정규교육, 현장훈련, 이주, 건강, 정보 등을 들 수 있다.

③ 일반훈련이란 어떤 기업에서나 쓸 수 있는 기능과 기술을 습득하는 것이며, 기업특수적 훈련이란 특정 기업에만 한정된 특수한 기능과 기술을 배우는 것을 말한다.

④ 기업특수적 훈련에 대하여는 훈련비용을 개인이 부담하는 것이 바람직하다.

해설

인적자본은 교육과 훈련을 통해 축적된 지식, 기술력, 창의력 등 인간의 생산력을 의미하며, 노동시장에서 인적자본 투자가 많은 사람일수록 임금과 고용에서 유리한 위치를 차지하게 된다.

기업은 차별화된 제품 생산, 생산공정의 특수성, 생산장비의 특수성 유지 등을 위해 기업특수적 인적자본에 투자하며, 이는 기업의 필요에 의해 형성되는 것이므로 훈련비용도 기업이 부담하는 것이 바람직하다.

ANSWER 11.① 12.④ 13.④

2023년 4회 시행

14 **필립스곡선이 이동하는 요인과 가장 거리가 먼 것은?**

① 기대인플레이션의 증가
② 노동인구 구성비율의 변화
③ 부문 간 실업률 격차 심화
④ 실업률의 증가

해설

④ 실업률이 증가하면 필립스곡선 상에서 기존 점에서 우상향 방향으로 이동하지만, 이는 단기적인 변동일 뿐 필립스곡선 자체가 이동하는 것은 아니다

TIP 필립스곡선이 이동한다는 것은 곡선 자체가 좌측 또는 우측으로 이동하는 것을 의미하며, 주요 이동 요인은 다음과 같다.

㉠ **기대인플레이션 증가** : 사람들이 미래의 인플레이션을 높게 예상하면 임금과 가격 상승 압력이 커져 필립스곡선이 우측으로 이동.
㉡ **노동인구 구성 변화** : 청소년 및 여성 노동자의 비율 증가로 노동시장 특성이 변화하면 필립스곡선이 이동할 수 있음.
㉢ **부문 간 실업률 격차** : 1차 · 2차 노동시장 간의 격차 또는 학력별 실업률 차이가 커지면 노동시장 불균형이 심화되어 필립스곡선이 이동할 수 있음.

2023년 4회 시행

15 **다음 중 실업에 관한 설명으로 틀린 것은?**

① 수요부족실업의 가장 전형적인 것은 경기적 실업이다.
② 취업에 관한 정보제공을 포함한 노동시장기능이 효과적일수록 마찰적 실업은 감소한다.
③ 공석과 실업이 공존하더라도 구인처에서 요구하는 기술수준을 갖춘 근로자가 없거나 노동자의 지역 간의 이동이 불완전할 경우 구조적 실업이 발생된다.
④ 실망노동자가설에 의하면 실업이 증가함에 따라 가구원들의 노동시장 참가율은 증가하게 된다.

해설

경기침체 시 부가노동자효과와 실망노동자효과가 나타날 수 있다.

㉠ **부가노동자효과** : 주 노동자의 실직이나 소득 감소로 인해 부가 노동자가 노동시장에 진입하여 경제활동참가율과 실업률이 증가함.
㉡ **실망노동자효과** : 일자리 부족으로 구직을 포기한 노동자가 비경제활동인구로 전환되어 경제활동참가율이 감소하고 실업률도 낮아짐.

2023년 4회 시행

16 비수요부족실업에 해당하지 않는 것은?

① 경기적 실업　　② 마찰적 실업

③ 구조적 실업　　④ 계절적 실업

해설

경기적 실업은 수요부족실업에 속하며, 불경기 시 소비 감소로 인해 기업의 생산이 줄어들면서 노동수요가 감소하여 발생한다. 반면, 비수요부족실업에는 마찰적 실업, 구조적 실업, 계절적 실업이 포함된다.

2023년 4회 시행

17 어떤 나라의 생산가능인구가 1,000만 명이고, 취업자는 570만 명, 실업자는 30만 명이다. 다음에서 옳지 않은 것은?

① 비경제활동인구 참가율은 40%이다.

② 경제활동인구는 600만 명이다.

③ 고용률은 60%이다.

④ 실업률은 5%이다.

해설

① 비경제활동인구 참가율 400만 명 / 1,000만 명 × 100 = 40%이다.
② 경제활동참가인구는 취업자(570만) + 실업자(30만) = 600만 명이다.
③ 고용률은 570만/1,000만 × 100 = 57%이다.
④ 실업률은 30만 / 600만 × 100 = 5% 이다.

ANSWER 14.④ 15.④ 16.① 17.③

2023년 4회 시행

18 임금이 일정수준 이상으로 상승할 경우 노동공급곡선이 후방으로 굴절하게 되는 이유는?

① 소득효과가 대체효과를 압도하게 되어 노동공급을 감소시키기 때문이다.

② 대체효과가 소득효과를 압도하게 되어 노동공급을 감소시키기 때문이다.

③ 대체효과가 소득효과를 압도하게 되어 노동공급을 증가시키기 때문이다.

④ 소득효과가 대체효과를 압도하게 되어 노동공급을 증가시키기 때문이다.

해설

임금 상승 시 여가비용 증가로 노동시간이 늘어나는 대체효과와, 소득 증가로 여가를 선호해 노동시간이 줄어드는 소득효과가 발생하며, 소득효과가 더 커지면 후방굴절형 노동공급곡선이 형성된다.

2023년 4회 시행

19 고임금 경제가 존재할 때의 노동수요에 대한 설명으로 틀린 것은?

① 노동의 수요곡선이 보다 가파른 모습을 띠게 된다.

② 노동의 한계생산력이 임금의 영향을 받는 것으로 가정한다.

③ 한계생산력이 임금과는 무관하다고 가정한다.

④ 임금이 상승하면 노동의 한계생산력이 상승하게 된다.

해설

고임금의 경제효과는 임금 상승이 노동의 한계생산을 증가시키는 경우를 의미한다. 일반적으로 임금 상승은 노동수요를 감소시키지만, 고임금의 경제가 존재하면 노동수요 감소 폭이 줄어들어 노동수요탄력성이 작아지고 노동수요곡선이 가파르게 변화한다. 또한, 임금이 상승하면 노동의 한계생산력이 함께 증가하는 특징을 가진다.

2023년 4회 시행

20 **노동수요의 임금탄력성에 대한 설명으로 옳지 않은 것은?**

① 노동에 대한 대체가능성이 클수록 노동수요의 임금탄력성이 작아진다.

② 자본의 공급이 탄력적일수록 노동수요의 임금탄력성은 커진다.

③ 총 생산비에서 차지하는 임금의 비중이 작을수록 노동수요의 임금탄력성은 작아진다.

④ 생산하는 상품에 대한 수요의 가격탄력성이 클수록 노동수요의 임금탄력성은 커진다.

해설

① 노동의 대체 가능성이 클수록 노동수요의 임금탄력성도 증가한다.

TIP 노동수요의 임금탄력성(혹은 노동수요탄력성)을 결정하는 요인(힉스-마샬의 법칙)

㉠ **생산물 수요의 탄력성** : 생산물 수요가 탄력적일수록 노동수요 탄력성도 증가.

㉡ **총 생산비 중 노동비용의 비중** : 노동비용이 차지하는 비율이 높을수록 노동수요 탄력성 증가.

㉢ **노동의 대체 가능성** : 노동을 대체할 수 있는 생산요소가 많을수록 노동수요 탄력성 증가.

㉣ **노동 이외 생산요소의 공급탄력성** : 다른 생산요소의 공급이 탄력적일수록 노동수요 탄력성 증가.

이 네 가지 요인은 노동수요탄력성과 정(+)의 관계를 가지므로, 값이 커질수록 노동수요 탄력성도 커진다.

2023년 4회 시행

21 **노동시장이 완전경쟁적일 때, 법정최저임금을 시장균형임금보다 높게 책정하는 최저임금제의 실시가 임금과 고용에 미치는 효과는? (단, 최저임금의 적용범위는 완전하다.)**

① 임금 상승, 고용 증가

② 임금 상승, 고용 감소

③ 임금 하락, 고용 증가

④ 임금 하락, 고용 감소

해설

최저임금이 시장임금보다 높게 설정되면 임금은 상승하지만, 중소기업이나 2차 노동시장에서는 실업이 발생하여 고용이 감소할 수 있다. 이는 기업이 증가한 인건비 부담을 감당하기 어려워 고용을 줄이거나 자동화 · 대체기술을 도입하기 때문이다.

ANSWER 18.① 19.③ 20.① 21.②

2023년 4회 시행

22 **아래 표는 A기업의 노동공급(근로시간), 임금 및 한계수입생산을 나타내고 있다. 다음 중 옳은 것은?**

노동공급	임금	한계수입생산
5	6	–
6	8	50
7	10	38
8	12	26
9	14	14
10	16	2

① 노동공급 7일 때, 한계노동비용은 20이다.

② 이윤을 극대화하기 위한 노동공급은 7이다.

③ 노동공급이 7일 때, 임금탄력성은 0.5이다.

④ 이윤을 극대화하기 위한 한계노동비용은 26이다.

해설

④ 기업이 이윤을 극대화하기 위한 조건은 한계노동비용(MC) = 한계수입생산(MR)이 성립하는 지점이다. 주어진 조건에서 한계노동비용이 26일 때 이윤극대화가 이루어지므로, 기업은 고용을 이 수준에서 결정하는 것이 최적이다.

① 노동공급이 7일 때 한계노동비용은 22이다.

② 이윤을 극대화하기 위한 최적의 노동공급은 8이다[MC(MFC) = MR(MRP)인 지점에서 노동공급을 결정하는 것이 이윤극대화를 이루는 지점이다.]

③ 노동공급이 7일 때 임금탄력성은 0.66이다.[노동공급탄력성 = 노동공급변화율(0.1666)/임금변화율(0.25) = 0.6664이다.]

TIP 상기 도표를 통해 한계노동비용을 계산하면 아래의 표와 같다.

노동공급	임금	노동총비용	한계노동비용	한계수입생산
5	6	30		–
6	8	48	48–30=18	50
7	10	70	70–48=22	38
8	12	96	96–70=26	26
9	14	126	126–96=30	14
10	16	160	160–126=34	2

㉠ 노동공급이 7일 때 한계노동비용은 22이다.
㉡ 이윤을 극대화하기 위한 노동공급은 8이다.
[MC(MFC)=MR(MRP)인 지점에서 노동공급을 결정하는 것이 이윤극대화를 이루는 지점이다.]
㉢ 노동공급이 7일 때 임금탄력성은 0.5가 아니라 0.66이다.
[노동공급탄력성 = 노동공급변화율(0.1666) / 임금변화율(0.25) = 0.6664이다.]
㉣ 이윤을 극대화하기 위한 한계노동비용은 26이다.
[기업의 이윤극대화를 이루기 위한조건은 MC(한계비용, 한계노동비용) = MR(한계수입, 한계수입생산)이 이루어지는 곳이며 이때가 26이다.]

2023년 4회 시행

23 상품시장과 노동시장이 완전경쟁일 때, 현재 고용수준에서 한계생산물가치는 60이고, 시장임금률은 50이다. 이윤극대화를 추구하는 기업의 균형고용량은?

① 증가할 것이다.
② 감소할 것이다.
③ 균형이므로 불변한다.
④ 증가할 수도 감소할 수도 있다.

해설

기업의 입장은 한계생산물 가치와 임금률을 비교해 고용량을 결정한다.
㉠ $W < VMP_L$: 고용 증가, ㉡ $W > VMP_L$: 고용 감소, ㉢ $W = VMP_L$: 최적 고용 유지
문제에서는 $W(50) < VMP_L(60)$일 때이므로 이윤극대화를 추구하는 기업은 고용량을 증가시키려 할 것이다.

2022년 4회 시행

24 다음 중 인적자본론에 관한 설명으로 틀린 것은?

① 예상투자수익과 내부수익률을 비교하여 투자량을 결정한다.
② 교육수준이 높아지면 개인의 생산성도 증대된다.
③ 인적자본 투자의 내부수익률이 시장이자율보다 크면 인적자본에 투자한다.
④ 노동자의 건강과 노동시장 정보도 인적자본이다.

해설

투자량을 결정할 때 예상투자수익과 내부수익률을 비교하는 방식은 자본투자에 해당하며, 인적자본 투자와는 구별된다. 인적자본의 주요 투자대상은 정규교육 · 학교교육, 현장훈련, 이주 또는 노동 이동, 건강 투자, 노동시장 정보 습득이 해당된다.

ANSWER 22.④ 23.① 24.①

2022년 4회 시행

25 **케인즈의 화폐이론에 대한 다음 설명 중 옳지 않은 것은?**

① 소득이 증가하면 화폐수요량이 증가한다.

② 화폐수요가 증가하면 이자율이 상승한다.

③ 화폐공급이 증가하면 이자율이 하락한다.

④ 이자율이 하락하면 화폐수요량이 감소한다.

해설

케인즈의 화폐수요이론에 따르면, 거래적 및 예비적 동기로 인한 화폐수요는 실질소득에 의해 결정되고, 투기적 동기의 화폐수요는 실질소득과 이자율에 의해 결정된다. 따라서 이자율이 하락하면 화폐를 보유하는 비용이 줄어들어 화폐수요가 증가하고, 이자율이 상승하면 그 반대 효과로 화폐수요가 감소한다고 주장한다.

2022년 4회 시행

26 **노동 수요곡선을 좌측으로 이동시키는 요인을 모두 고른 것은? (단, 노동수요곡선은 우하향함)**

㉠ 노동을 대체하는 산업로봇의 이용 증가
㉡ 노동의 한계생산을 증가시키는 기술진보
㉢ 노동을 대체하는 다른 생산요소의 공급 증가

① ㉠, ㉡ ② ㉡, ㉢

③ ㉠, ㉢ ④ ㉠, ㉡, ㉢

해설

문제의 보기 중 ㉠와 ㉢은 노동수요곡선을 좌측으로 이동시키는 요인이며, ㉡은 노동수요곡선을 우측으로 이동시키는 요인이다. 구체적으로 설명하면 다음과 같다.

㉠ 산업로봇 이용 증가로 노동 대신 자본을 사용하게 되어 임금과 관계없이 노동수요가 감소하므로, 노동수요곡선은 좌측으로 이동한다.

㉡ 노동의 한계생산을 증가시키는 기술진보는 근로자의 생산성을 향상시켜 임금과 관계없이 노동수요를 증가시키므로, 노동수요곡선을 우측으로 이동시키는 요인이 된다.

㉢ 노동을 대체하는 다른 생산요소의 공급 증가로 노동 수요가 감소하므로, 임금과 관계없이 노동수요곡선은 좌측으로 이동한다.산성이 더 크게 증가하여 기업의 이윤이 늘어난다는 개념이다. 이 경우, 임금 상승에 따라 한계생산성이 증가하지만, 한계생산체감의 법칙이 적용되지 않는 것으로 가정한다. 따라서 고임금경제가 성립하면 임금이 오르더라도 노동 수요가 크게 줄어들지 않으므로 노동 수요의 탄력성이 비탄력적이게 된다. 반면, 일반적인 경제 상황에서는 임금이 상승하면 고용이 그만큼 줄어드는 경향이 있다.

2022년 4회 시행

27 **경쟁노동시장 경제모형의 가정으로 옳지 않은 것은?**

① 모든 노동자는 동질적이다.

② 노동자의 단결조직과 사용자의 단결조직은 없다.

③ 모든 직무의 공석은 내부노동시장을 통해서 채워진다.

④ 노동자와 고용주는 완전정보를 갖는다.

해설

완전경쟁 노동시장의 가정에서는 모든 노동자의 질이 동일하다고 보기 때문에, 기업은 내부노동시장에서 인력을 충원할 필요 없이 외부노동시장을 통해 쉽게 채용할 수 있다. 또한, 사용자는 노동자의 차이를 고려할 필요 없이 임금 수준만을 기준으로 채용을 결정하는 구조를 갖는다.

2022년 4회 시행

28 **다음 ( ) 안에 알맞은 것은?**

노동공급탄력성이 2일 때 임금이 10% 상승하면 근로시간은 ( )% 상승한다.

① 10　　② 15

③ 20　　④ 30

해설

노동공급탄력성은 [노동공급량변화율 / 임금변화율]의 공식으로 구한다. 노동공급탄력성이 2이고 임금 변화율이 10%일 때, 노동공급량 변화율은 10% × 2 = 20%이다.

ANSWER 25.④ 26.③ 27.③ 28.③

2022년 4회 시행

29 다음은 휴대폰케이스를 생산하는 A사의 생산표를 나타낸다. 이 회사가 생산하는 휴대폰케이스의 개당 가격이 2,000원이고 근로자의 시간당 임금은 10,000원이다. 다음 중 가장 큰 이윤을 얻기 위해 고용해야 할 근로자수는?

근로자수(명)	시간당 생산량
0	0
1	10
2	18
3	24
4	28
5	30

① 2명
② 3명
③ 4명
④ 5명

해설

기업은 이윤극대화를 위해 고용량이 $W > VMP_L$일 경우는 고용량을 감소시키고, $W = VMP_L$일 때 고용량을 결정하고, $W < VMP_L$일 경우는 고용량을 증가시킨다. 문제에서 제시된 내용을 바탕으로 A사의 한계생산물 가치를 구할경우 아래의 표와 같으며, 근로자수를 3명 고용할 때가 해당된다.

근로자 수(명)	0	1	2	3	4	5
생산량(EA)	0	10	18	24	28	30
한계생산량(MP_L)	0	10	8	6	4	2
한계생산물가치 ($P \times MP_L = VMP_L$)	0	20,000	16,000	12,000	8,000	4,000

2022년 4회 시행

30 **필립스곡선이 이동하는 요인과 가장 거리가 먼 것은?**

① 실업률의 증가

② 노동인구 구성비율의 변화

③ 부문 간 실업률 격차 심화

④ 기대인플레이션의 증가

해설

① 필립스 곡선에서 실업률 증가는 곡선 위에서 우하향 이동하는 것을 의미한다. 반면, 필립스 곡선 자체의 이동은 곡선이 전체적으로 좌측 또는 우측으로 이동하는 것을 뜻한다.

TIP 필립스곡선의 이동요인

㉠ 가격인플레이션에 대한 예상 (기대인플레이션의 증가)

㉡ 노동인구 구성비율의 변화 (청소년과 여성 비율의 증가)

㉢ 실업률의 각 부문 간의 격차 (1차와 2차 노동시장 간의 격차 혹은 학력 간의 격차 등)

2020년 4회 시행

31 **자연실업률이 4%로 알려져 있는데, 현재의 실업률은 3% 수준에 머무르고 있을 때의 설명으로 가장 적합한 것은?**

① 경기적 실업이 존재한다.

② 물가의 상승이 예견된다.

③ 부가노동자효과가 나타나고 있다.

④ 잠재실업이 존재한다.

해설

자연실업률은 노동시장이 균형을 이루는 상태에서의 실업률로, 완전고용 상태에서도 마찰적 실업(구직 · 이직 과정에서 발생하는 실업)이 존재하기 때문에 실업률이 0이 되지는 않는다. 만약 자연실업률보다 실제 실업률이 낮다면, 정부가 적극적인 경기 부양 정책을 시행했을 가능성이 크다. 하지만 이러한 정책은 통화량 증가로 인해 인플레이션을 유발할 수 있으며, 장기적으로 실업률을 낮추는 효과는 미미해지고 물가 상승만 초래할 위험이 있다.

ANSWER 29.② 30.① 31.②

2021년 4회 시행

32 국민 전체 인구가 5천만 명이고, 이 중 취업자가 2천 5백만 명이고, 실업자가 2백만 명이며, 비경제활동 인구가 2천 3백만 명이다. 이 때 실업률은 약 얼마인가?

① 4.0% ② 7.4%
③ 8.7% ④ 10.0%

해설

실업률은 경제활동인구 중에서 실업자가 차지하는 비율이며, 공식은 [실업률 = 실업자 / 경제활동인구 × 100]이다. 문제에서 실업자 숫자는 주어졌으므로 경제활동인구를 구하면, 취업자 2,500만 명과 실업자 200만 명을 합한 2,700만 명이다. 따라서, 실업률 = 2백만 / 2천 7백만 × 100 = 7.4%이다

2022년 4회 시행

33 노동시장 내 경제활동인구는 총 400만 명이고, 이 중 취업자가 250만 명일 경우 실업률은?

① 20.5% ② 30.7%
③ 37.5% ④ 62.5%

해설

실업률은 [실업자 / 경제활동인구]의 공식으로 구하며, 경제활동인구는 취업자 + 실업자이다. 따라서, 경제활동인구 400만 명 중 취업자 250만 명을 제외한 실업자는 150만 명이며, 실업률은 150만 명 / 400만 명 × 100 = 37.5%이다.

2022년 4회 시행

34 자연실업률이 4%로 알려져 있는데, 현재의 실업률은 3% 수준에 머무르고 있을 때의 설명으로 가장 적합한 것은?

① 경기적 실업이 존재한다. ② 물가의 상승이 예견된다.
③ 부가노동자효과가 나타나고 있다. ④ 잠재실업이 존재한다.

해설

자연실업률은 노동시장이 균형을 이루는 상태에서의 실업률로, 완전고용 상태에서도 존재하는 마찰적(자발적) 실업을 포함한다. 따라서, 완전고용 상태에서도 실업률이 0이 될 수는 없다.

문제에서 자연실업률이 실질실업률보다 높게 나타났다면, 이는 정부가 인위적인 정책을 통해 실업률을 낮추려 했을 가능성이 크다. 이러한 정책은 고용을 개선하기 위한 공적자금 투입 및 통화량 증가를 초래하며, 결과적으로 물가 상승(인플레이션)을 유발할 수 있다. 특히, 자연실업률보다 낮은 실질실업률을 유지하기 위한 정책은 실업률 감소 효과는 제한적인 반면, 물가 상승을 촉진하는 요인으로 작용할 수 있다.

2022년 4회 시행

35 경기침체 시 일자리를 찾을 확률이 낮아져 노동시장에서 취업을 포기하고 비경제활동인구로 전환되는 경우가 발생하는 데 이러한 경우 실업자 수는 어떻게 변하는가?

① 실업자가 증가한다.
② 실업자가 감소한다.
③ 실업자가 증가하지도 감소하지도 않는다.
④ 실업자 수는 변동 없고, 경제활동인구만 증가한다.

해설

실망노동자 효과는 경기침체 시 일자리 찾기가 어려워 취업을 포기하고 비경제활동인구로 전환되는 것으로 경제활동인구 감소시키며, 실업률도 감소하게 된다. 반대로 부가노동자 효과는 경기불황으로 가장이 실직하거나 소득이 줄면 부가노동자가 노동시장에 진입하고 이로 인하여 경제활동인구가 증가하며 실업률 역시 증가시키게 된다.

2021년 4회 시행

36 지식기반사회에서는 근로자 경영참가의 필요성이 강조되고 있다. 그 논리로서 가장 적합한 것은?

① 경영참가로 경쟁이 촉진되면 생산성이 향상된다.
② 근로자들의 권한 증가로 정보의 비대칭성이 감소한다.
③ 물적 자산과 마찬가지로 인적 자본의 재산권이 존중되면 역선택이 감소한다.
④ 팀 작업을 통한 경영참가로 숙련형성이 이루어지면 주인-대리인 문제가 감소한다.

해설

기업이 특수적 인적자본을 키우면 근로자가 회사를 떠나는 역선택이 줄어들고, 기업의 이윤 극대화에 도움이 된다. 이를 촉진하는 것이 경영참가 제도로, 근로자가 경영에 참여하면 회사와 함께 성장하려는 동기가 생기고, 기업도 숙련 인력을 유지할 수 있다.

2021년 4회 시행

37 다음 중 수요부족 실업에 해당하는 것은?

① 경기적 실업
② 마찰적 실업
③ 구조적 실업
④ 계절적 실업

해설

경기적 실업은 경기 침체로 인해 상품과 노동 수요가 줄어 발생하는 수요부족 실업이다. 이를 해결하려면 정부지출 확대, 세율 인하, 이자율 인하(통화량 증가) 등의 정책으로 총수요를 증가시켜야 한다.

ANSWER 32.② 33.③ 34.② 35.② 36.③ 37.①

2021년 4회 시행

38 불경기에는 실망노동자효과(discouraged worker effect)와 부가노동자효과(added worker effect)가 동시에 나타난다. 다른 사정이 일정할 때 경제활동참가율이 낮아지는 경우는?

① 실망노동자효과가 부가노동자효과보다 클 때이다.

② 실망노동자효과가 부가노동자효과보다 작을 때이다.

③ 실망노동자효과와 부가노동자효과가 같을 때이다.

④ 실망노동자효과와 부가노동자효과의 합이 0일 때이다.

해설

실망노동자효과는 경기 침체 시 일자리를 찾기 어려워 구직을 포기하고 비경제활동인구로 전환되는 현상으로, 경제활동인구 감소로 인해 실업률이 낮아지는 효과를 초래한다. 반면, 부가노동자효과는 경기 불황 시 가구 소득 감소로 인해 부가적인 가족 구성원이 노동시장에 진입하는 현상으로, 경제활동인구가 증가하면서 실업률이 상승할 가능성이 커진다.

따라서, 경제활동참가율이 낮아지는 경우는 실망노동자효과가 부가노동자효과보다 클 때 발생한다.

2021년 4회 시행

39 구조적 실업을 줄이기 위한 가장 적합한 정책은?

① 정부지출의 증대

② 직업소개소의 활성화

③ 재훈련 혹은 향상훈련의 활성화

④ 고용보험의 적용대상 확대

해설

구조적 실업은 산업 구조 변화로 인해 특정 기술을 보유한 노동자가 부족하거나 일자리와 노동자가 지역적으로 불일치하여 발생하는 실업으로, 해결책으로는 직업훈련, 이주 지원, 인력 수급 정책 등이 있다.

2021년 4회 시행

40 **노동수요곡선 L = 300 − 2w, 노동공급곡선 L = −100 + 8w이다. 최저임금이 50일 경우, 시장고용량(ㄱ)과 노동수요의 임금탄력성(ㄴ)은? (단, L은 노동량, w는 임금, 임금탄력성은 절댓값으로 표시함)**

① ㄱ : 200, ㄴ : 0.4
② ㄱ : 200, ㄴ : 0.5
③ ㄱ : 220, ㄴ : 2
④ ㄱ : 300, ㄴ : 0.5

해설

최저임금이 50일 때 노동수요량은 200이고, 균형임금 40에서는 노동수요량이 220이 된다. 이를 통해 노동수요 탄력성을 계산하면, 임금 변화율은 −0.2, 노동수요량 변화율은 0.1이며, 노동수요 탄력성은 −0.5로 도출된다. 음수는 임금이 감소하면 노동수요가 증가하는 수요의 법칙을 반영한 것이며, 탄력성의 크기는 0.5이다.

2021년 4회 시행

41 **노동수요곡선의 탄력성이 작아지는 경우는?**

① 생산요소간의 대체가 용이할 때
② 자본의 공급이 탄력적일 때
③ 총 생산비에서 임금비용이 차지하는 비중이 작을 때
④ 생산하는 상품에 대한 수요의 가격탄력성이 클 때

해설

노동수요탄력성은 노동 수요가 임금 변화에 얼마나 민감하게 반응하는지를 나타내며, 이 탄력성은 다음 네 가지 요인에 의해 결정된다.
㉠ **생산물 수요의 탄력성** : 생산물 가격 변화에 따른 수요 변화.
㉡ **노동비용의 비중** : 총 생산비에서 노동비용이 차지하는 비율이 클수록 탄력성 증가.
㉢ **대체 가능성** : 노동이 다른 생산요소로 대체 가능할수록 탄력성 증가.
㉣ **생산요소 공급탄력성** : 다른 생산요소의 공급이 탄력적일수록 노동 수요의 변화에 민감해짐.
결론적으로, 임금비용 비중이 작을수록 노동수요탄력성은 낮아진다.

ANSWER 38.① 39.③ 40.② 41.③

2021년 4회 시행

42 **생산물시장에서 독점인 A기업은 노동시장의 수요독점자이다. 이 기업이 직면하는 노동공급곡선이 w=50+10L이고, 노동자의 추가 고용으로 얻는 노동의 한계수입생산물은 $MPL_L = 200 - 5L$일 때 이윤극대화를 추구하는 이 기업이 노동자에게 지급하는 임금은?**

① 90
② 100
③ 110
④ 120

해설

수요독점시장에서는 MC(한계노동비용)는 임금(w)보다 2배의 급격한 기울기를 나타낸다. 즉, MFC_L(한계요소비용곡선) = 50 + 2 × (10L) = 50 + 20L이 된다. 기업은 이윤극대화를 추구하므로, 한계요소비용=한계수입생산물($MFC_L = MRP_L$)이 성립되어, 50 + 20L = 200 − 5L, L = 6이 나온다. 이를 노동공급곡선에 대입하면 임금(w)은 110으로 계산된다.

2021년 4회 시행

43 **상품시장과 노동시장이 완전경쟁일 때 현 고용수준에서 한계생산물가치는 60이고, 임금률은 50이다. 이윤극대화를 추구하는 기업의 균형고용량은?**

① 증가할 것이다.
② 감소할 것이다.
③ 균형이므로 불변한다.
④ 증가할 수도 감소할 수도 있다.

해설

기업의 입장은 한계생산물 가치와 임금률을 비교해 고용량을 결정한다.
㉠ $W < VMP_L$: 고용 증가, ㉡ $W > VMP_L$: 고용 감소, ㉢ $W = VMP_L$: 최적 고용 유지
즉, 한계생산물 가치가 임금률보다 크므로 기업은 고용을 증가시킨다.

2020년 4회 시행

44 지식기반경제에서 나타나는 특징으로 볼 수 없는 것은?

① 다품종 소량생산

② 대립적 노사관계

③ 기업 내 의사결정과정의 분권화

④ 숙련노동자의 다능공화

해설

② 대립적 노사관계는 산업사회의 특징이다.
지식기반경제(OECD)는 지식과 정보가 경제성장의 핵심 요소가 되는 경제를 의미한다. 노동 · 자본 중심의 산업사회에서 벗어나, 다품종 소량생산, 기업 의사결정의 분권화, 숙련노동자의 다능공화 등의 변화가 나타난다.

2020년 4회 시행

45 실업률과 물가 상승률 간에 상충관계에 있다는 필립스곡선에 대한 설명 중 옳은 것은?

① 총수요를 증가시키면 물가상승률과 실업률을 동시에 낮출 수 있다.

② 총수요를 감소시키면 물가상승률과 실업률을 동시에 낮출 수 있다.

③ 총수요를 증가시키면 물가상승률은 낮출 수 있지만 실업률이 높아진다.

④ 총수요를 증가시키면 물가상승률은 높아지지만 실업률은 낮출 수 있다.

해설

필립스곡선(Phillips Curve)은 물가상승률과 실업률이 역의 상관관계를 가진다는 개념을 나타낸다. 정부가 재정 · 통화정책을 통해 총수요를 확대하면 실업률 감소한다. 하지만 실업률이 낮아지면 인플레이션 상승한다. 즉, 물가 안정과 경기 부양(저실업)은 동시에 달성하기 어렵다. 따라서 필립스곡선은 경제정책의 딜레마(물가안정 및 고용과 성장의 두가지 측면을 모두 측면을 모두 달성하기 어렵다는 경제정책의 딜레마)를 보여주는 중요한 개념이다.

ANSWER 42.③ 43.① 44.② 45.④

2020년 4회 시행

46 연령이 많은 근로자들이 임금이 높은 현상을 정보의 불완전성을 이용하여 잘 설명하고 있는 것은?

① 종업원지주제에 의해 많은 주식을 보유하고 있기 때문이다.

② 이연임금으로 한계생산물보다 높은 임금이 지급되기 때문이다.

③ 개수제임금 적용으로 숙련이 향상되어 생산성이 향상되기 때문이다.

④ 인적자본이론에 의하면 학력이 높아져 생산성이 높아지기 때문이다.

해설

② 정보의 불완전성에 의해 이루어지는 경제행위이다.
①③④ 양측이 모두 알고 있거나 인정하는 정보에 의해 이루어지는 행위이다.
전통적 경제학에서는 완전경쟁시장을 가정하며, 구매자와 판매자가 동일한 정보를 공유한다고 본다. 그러나 현실에서는 정보가 비대칭적이며, 한쪽이 더 많은 정보를 가지고 있는 경우가 많다. 이러한 현실을 반영하여 등장한 것이 정보경제학이며, 핵심 연구 주제는 정보의 불완전성이다.

2020년 4회 시행

47 필립스곡선이 이동하는 요인과 가장 거리가 먼 것은?

① 기대인플레이션의 증가

② 노동인구 구성비율의 변화

③ 부문 간 실업률 격차 심화

④ 실업률의 증가

해설

필립스곡선이 우측으로 이동하는 요인은 실업률과 인플레이션 간의 상충관계가 악화되는 경우며, 주요 원인은 다음과 같다.
㉠ **기대인플레이션 증가** : 미래의 물가 상승이 예상될수록 임금과 가격이 선제적으로 오르며 필립스곡선이 우측 이동.
㉡ **노동력 구성 변화** : 청소년 · 여성 근로자 비율 증가 시 평균 실업률이 상승하여 상충관계 악화.
㉢ **부문별 실업률 격차 확대** : 산업 또는 지역 간 실업률 차이가 커질수록 상충관계가 악화되어 필립스곡선 이동.
반면, 실업률의 증가는 필립스곡선 자체를 이동시키는 것이 아니라, 곡선 위에서의 이동을 의미한다.

2020년 4회 시행

48 다음과 같은 인구와 노동력 구성을 가진 나라의 경제활동참가율(㉠)과 실업률(㉡)은? (단, 소수점 둘째자리에서 반올림)

[단위 : 만 명]

• 총인구 4,700 • 남자 2,370 • 여자 2,330
• 군복무자 65 • 생산가능인구 3,500 • 취업자 2,300
• 비경제활동인구 1,100

① ㉠ : 60.7%, ㉡ : 4.8%
② ㉠ : 68.6%, ㉡ : 4.8%
③ ㉠ : 68.6%, ㉡ : 4.2%
④ ㉠ : 60.7%, ㉡ : 4.2%

해설

경제활동참가율은 [경제활동인구 / 생산가능인구(15세 이상 인구) × 100]의 공식으로 구할 수 있다.
생산가능인구(노동가능인구) = 경제활동인구 + 비경제활동인구
경제활동인구 = 생산가능인구 – 비경제활동인구 = 3,500 – 1,100 = 2,400
따라서, 경제활동참가율 = 2,400/3,500 × 100 = 68.57142...(%)이며, 약 68.6%이다.
실업률은 [실업자 / 경제활동인구 × 100]의 공식으로 구할 수 있다.
앞서 경제활동인구 수는 2,400이었으며, 실업자수는 경제활동인구에서 취업자를 뺀 수치이다.
따라서, 실업률 = 100/2,400 × 100 = 4.1666...(%)이며, 약 4.2%이다.

2020년 4회 시행

49 총수요의 부족에서 나타난 경기적실업의 원인과 가장 거리가 먼 것은?

① 기업의 투자 위축
② 가계 소비성향의 감소
③ 낮은 이자율
④ 화폐보유 성향의 증대

해설

③ 낮은 이자율은 경기적 실업의 대책에 해당한다.
경기적 실업은 경기 침체로 상품 수요가 줄어 노동 수요가 감소하면서 발생한다. 기업은 투자보다 현금을 보유하려 하고, 가계는 소비를 줄인다. 이러한 경기적 실업을 해결하기 위한 대책으로는 기업의 투자 위축, 가계 소비성향 감소, 화폐보유 성향의 증대 등이 있다. 이러한 정책들은 경기적 실업을 완화하는 데 도움을 줄 수 있다.

ANSWER 46.② 47.④ 48.③ 49.③

2020년 4회 시행

50 **다음 중 후방굴절 노동공급곡선이 나타나는 이유에 관한 설명으로 옳은 것은?**

① 임금이 상승하는 경우, 소득효과가 대체효과를 압도하면 노동시간은 증가하고 대체효과가 소득효과를 압도하면 노동시간이 감소하기 때문이다.

② 임금이 상승하는 경우, 대체효과가 소득효과를 압도하면 노동시간은 증가하고 소득효과가 대체효과를 압도하면 노동시간이 감소하기 때문이다.

③ 임금이 상승하면 대체효과와 소득효과와 상관없이 노동시간을 늘리기 때문이다.

④ 임금이 상승하면 대체효과와 소득효과와 상관없이 노동시간을 줄이기 때문이다.

해설

여가가 정상재라는 기본 전제에서

㉠ **대체효과**(여가 → 노동(소득)) : 임금이 상승하면 여가의 기회비용도 증가하여 근로자는 여가를 줄이고 노동시간을 늘려 소득을 증가시키려는 경향이 있다. 이를 대체효과라고 한다.

㉡ **소득효과** : 임금이 일정 수준 이상 상승하면 실질소득이 증가하여 근로자는 증가한 소득을 활용하여 노동시간을 줄이고 여가를 더 소비하려는 경향이 있다. 이를 소득효과라고 한다.

㉢ 대체효과 〈 소득효과 경우에는 후방굴절하는 노동 공급곡선이 형성되며, 소득효과 〈 대체효과 경우에는 우상향하는 노동공급곡선이 형성된다.

2020년 4회 시행

51 **고임금 경제가 존재할 때의 노동수요에 대한 설명으로 틀린 것은?**

① 노동의 수요곡선이 보다 가파른 모습을 띠게 된다.

② 노동의 한계생산력이 임금의 영향을 받는 것으로 가정한다.

③ 임금 상승 시의 고용 감소폭이 고임금경제가 존재할 때 더 크다.

④ 임금이 상승하면 노동의 한계생산력이 상승하게 된다.

해설

③ 고임금경제는 임금이 상승할 때 발생하는 비용 증가보다 생산성이 더 크게 증가하여 기업의 이윤이 늘어난다는 개념이다. 이 경우, 임금 상승에 따라 한계생산성이 증가하지만, 한계생산체감의 법칙이 적용되지 않는 것으로 가정한다. 따라서 고임금경제가 성립하면 임금이 오르더라도 노동 수요가 크게 줄어들지 않으므로 노동 수요의 탄력성이 비탄력적이게 된다. 반면, 일반적인 경제 상황에서는 임금이 상승하면 고용이 그만큼 줄어드는 경향이 있다.

2020년 4회 시행

52 **다음 표에는 근로자 수가 증가할 때 볼펜 생산량의 변화가 나타나 있다. 임금이 시간당 5,000원이고 볼펜 가격이 개당 2,000원이라면, 이윤극대화기업은 몇 명의 근로자를 고용할 것인가?**

근로자수(명)	0	1	2	3	4	5
시간당 총생산량(개)	0	6	13	18	21	23

① 2명 ② 3명
③ 4명 ④ 5명

해설

이윤극대화 노동수요의 조건은 한계생산가치(MVP)가 임금(W)과 같을 때 충족된다. 만약 MVP가 임금보다 크다면 기업은 고용을 늘려야 하며, MVP가 임금보다 작다면 고용을 줄여야 합니다. 주어진 조건에서 한계생산가치를 계산한 결과, 임금 5,000원일 때 고용량이 4이면 MVP = 5,000원이 되어 이윤극대화가 이루어진다. 따라서 고용량 4가 최적의 고용 수준이다.

근로자수(명)	0	1	2	3	4	5
시간당 총생산량(개)	0	6	13	18	21	23
한계생산량(MP_L)	0	6	7	5	3	2
$VMP_L(P \times MP_L)$	0	12,000	14,000	10,000	6,000	4,000

2020년 4회 시행

53 **임금이 당초 120만 원에서 144만 원으로 변함에 따라 고용인원이 110명에서 98명으로 변했을 경우 노동수요의 탄력성은?**

① 0.2 ② 0.45
③ 0.5 ④ 2

해설

노동수요의 탄력성 공식은 [노동수요량 변화율 / 임금의 변화율]이다. 임금의 변화율(단위 만원) = 144 − 120 / 120 = 0.2이며, 노동수요량의 변화율 = 110 − 98/110 = 0.1이다. 따라서, 노동수요의 탄력성 = 0.1 / 0.2 = 0.5이다.

ANSWER 50.② 51.③ 52.③ 53.③

학습 2 근로자 보호

2024년 4회 시행

1 **한국의 임금 패리티 지수(Wage Parity Index)는 100이고 일본의 임금 패리티 지수는 80이라 가정할 때, 아래의 설명 중 옳은 것은?**

① 국민소득을 감안한 한국의 임금수준이 일본보다 높다.
② 한국의 생산성과 삶의 질이 일본보다 낮다.
③ 국민소득을 감안한 한국의 임금수준이 일본보다 낮다.
④ 한국의 생산성과 삶의 질이 일본보다 높다.

해설

임금 패리티 지수가 100에 가까울수록 임금 격차가 작아 임금 평등에 가깝다.

TIP 임금 패리티 지수

특정 집단 간 임금 격차 수준을 비교하기 위해 사용하는 지표로 보통 두 집단의 평균 임금을 비교하여, 하위 집단이 상위 집단 임금의 몇 퍼센트 수준인지를 나타낸다.

$$\text{임금 패리티 지수} = \left(\frac{\text{하위집단 평균임금}}{\text{상위집단 평균임금}}\right) \times 100$$

2022년 4회 시행

2 **민서–폴라책(Mincer–Polachek)가설을 근거로 여성의 경력단절에 의한 임금손실을 분해한 요인이 아닌 것은?**

① 노동시장에서 임금 및 고용차별에 의한 임금의 감소분
② 인적자본의 부식에 따른 임금감소분
③ 경력단절의 예상으로 투자되지 않은 인적자본으로 야기된 임금감소분
④ 근속연수 상실에 의한 임금감소분

해설

민서–폴라첵(Mincer–Polachek) 가설은 남녀 간의 임금 격차가 출산과 육아로 인한 경력 단절에서 비롯된다고 주장한다. 여성들이 경제활동에 비연속적으로 참여하게 되면 인적자본이 감소하고, 이는 임금에 부정적인 영향을 미친다. 또한, 노동 시장에서의 차별도 임금 격차를 심화시키는 요인으로 작용한다. 요약하자면, 경력 단절과 차별이 여성의 임금을 낮추는 주요 원인이다.

2022년 4회 시행

3 기혼여성의 경제활동참가율을 결정하는 요인이 될 수 있는 것을 모두 고른 것은?

> ㉠ 취학 이전의 자녀의 수
> ㉡ 기혼여성의 교육수준
> ㉢ 배우자의 실질임금

① ㉠, ㉡　　② ㉠, ㉢
③ ㉡, ㉢　　④ ㉠, ㉡, ㉢

TIP 기혼여성의 경제활동참가를 촉진하는 요인

㉠ **배우자의 소득수준** : 배우자의 소득이 높으면 경제활동 필요성이 줄어든다.
㉡ **교육수준** : 교육이 높을수록 취업 기회가 많아져 참여 가능성이 증가한다.
㉢ **자녀의 수와 연령** : 어린 자녀가 많으면 경제활동 참여가 어려워질 수 있다.
㉣ **실질임금률** : 높은 임금은 경제활동에 참여할 유인을 제공한다.
㉤ **생산기술 발달** : 가정 내 생산성이 높아지면 경제활동에 참여할 여유가 생긴다.
㉥ **기업의 수용태도** : 기업이 기혼여성을 지원하면 참여가 촉진된다.
㉦ **파트타이머 시장 발달** : 유연한 근무 형태가 많으면 경제활동 참여가 쉬워진다.
㉧ **법과 제도** : 육아휴직 등 제도가 잘 마련되면 참여에 긍정적 영향을 미친다.
또한, 여가 시간이 많으면 노동에 투여할 시간이 부족해져 경제활동 참가가 감소할 수 있다.

2021년 4회 시행

4 기업의 통합형 숙련형성제도와 가장 거리가 먼 것은?

① 정규직 업무와 비정규직 업무를 동시에 수행하도록 훈련시킨다.
② 채용 후 각 업무에 배치하기 전에 장시간 이론과 실기교육을 실시한다.
③ 전문직에 비해 생산직 노동자에 대해서는 별로 투자를 하지 않는다.
④ 현장훈련과 배치전환훈련을 통해 생애경력경로가 폭이 넓고 깊어진다.

해설

통합형 숙련형성제도는 생산직 노동자를 포함하여 모든 노동자에게 숙련 형성을 위한 투자가 필요하다고 보는 제도이다. 이를 통해 직무 역량을 강화하고 생산성을 높이는 것이 목표이다.

ANSWER 1.① 2.① 3.④ 4.③

2021년 4회 시행

5 **여성의 경제활동 참가를 증가시키는 요인으로 적절하지 않은 것은?**

① 시간집약적인 여가패턴을 가지고 있다.

② 가사에 관련된 가정재(home goods) 생산의 효율성이 증대되었다.

③ 여성의 보상요구임금(reservation wage)을 감소시켰다.

④ 여성의 시장임금이 상승하였다.

TIP 기혼여성의 경제활동참가를 촉진하는 요인

㉠ **배우자의 소득수준** : 배우자의 소득이 높으면 경제활동 필요성이 줄어든다.
㉡ **교육수준** : 교육이 높을수록 취업 기회가 많아져 참여 가능성이 증가한다.
㉢ **자녀의 수와 연령** : 어린 자녀가 많으면 경제활동 참여가 어려워질 수 있다..
㉣ **실질임금률** : 높은 임금은 경제활동에 참여할 유인을 제공한다.
㉤ **생산기술 발달** : 가정 내 생산성이 높아지면 경제활동에 참여할 여유가 생긴다.
㉥ **기업의 수용태도** : 기업이 기혼여성을 지원하면 참여가 촉진된다.
㉦ **파트타이머 시장 발달** : 유연한 근무 형태가 많으면 경제활동 참여가 쉬워진다.
㉧ **법과 제도** : 육아휴직 등 제도가 잘 마련되면 참여에 긍정적 영향을 미친다.
또한, 여가 시간이 많으면 노동에 투여할 시간이 부족해져 경제활동 참가가 감소할 수 있다.

2021년 4회 시행

6 **민서–폴라첵(Mincer–Polachek)가설을 근거로 여성의 경력단절에 의한 임금손실을 분해한 요인이 아닌 것은?**

① 인적자본의 부식에 따른 임금감소분

② 근속년수 상실에 의한 임금감소분

③ 경력단절의 예상으로 투자되지 않은 인적자본으로 야기된 임금감소분

④ 노동시장에서 임금 및 고용차별에 의한 임금감소분

해설

민서–폴라첵(Mincer–Polachek) 가설은 남녀 간의 임금 격차가 출산과 육아로 인한 경력 단절에서 비롯된다고 주장한다. 여성들이 경제활동에 비연속적으로 참여하게 되면 인적자본이 감소하고, 이는 임금에 부정적인 영향을 미친다. 또한, 노동시장에서의 차별도 임금 격차를 심화시키는 요인으로 작용한다. 요약하자면, 경력 단절과 차별이 여성의 임금을 낮추는 주요 원인이다.

2020년 4회 시행

7 다른 모든 자격과 조건이 동일하다는 전제하에, 성차별에 해당되는 것으로 가장 적합한 것은?

① 대졸 남성근로자의 임금이 고졸 여성근로자보다 높다.

② 근속연수가 높은 남성근로자의 임금이 근속연수가 적은 여성 근로자보다 높다.

③ 대졸 남성근로자의 임금이 대졸 여성근로자보다 높다.

④ 대졸 여성근로자의 임금이 고졸 남성근로자보다 높다.

해설

대졸 남성과 대졸 여성은 동일한 인적자본(학력, 기술, 경험 등)을 보유하고 있으므로, 동일한 조건에서 동일한 임금을 받아야 한다. 그러나 현실에서 임금 차이가 발생한다면, 이는 인적자본의 차이가 아니라 성별에 의한 차별로 볼 수 있다.

ANSWER 5.① 6.④ 7.③

CHAPTER

02 임금

학습 1 임금체계

2024년 4회 시행

1 근로자의 직무수행능력을 기준으로 하여 각 근로자의 임금을 결정하는 임금체계를 무엇이라고 하는가?

① 직무급 ② 직능급
③ 부가급 ④ 성과급

해설

임금체계
㉠ **직무급**(Job-based Pay) : 수행하는 직무의 가치(난이도, 책임도, 중요도 등)를 기준으로 임금을 결정하는 방식으로 동일한 직무를 수행하면 동일한 임금을 받는다.
㉡ **직능급**(Skill-based Pay) : 개인의 능력, 자격, 숙련도 등 직무를 수행할 수 있는 능력 수준에 따라 임금 결정한다.
㉢ **부가급**(Supplementary Pay) : 기본급 외에 추가로 지급되는 임금을 의미하며, 수당이나 특별 수당의 형태로 나타나며 위험수당, 교통비, 야근수당, 자격수당 등이 있다.
㉣ **성과급**(Performance-based Pay) : 개인 또는 조직의 성과에 따라 차등 지급되는 보상 방식으로 성과를 인센티브로 연결하여 동기 부여함

2023년 4회 시행

2 직무급에 관한 설명으로 가장 거리가 먼 것은?

① 직무의 상대적 가치를 기준으로 임금의 배분공정성을 확보할 수 있다.
② 직무중심의 합리적 인사관리에 기여해 인건비 절감과 작업능률을 향상시킨다.
③ 근속연수에 따른 연공서열형 임금체계이다.
④ 연공급에 비해 상대적으로 유능한 인재의 확보나 유지가 가능하다.

해설

③ 근속연수에 따른 연공서열형 임금체계는 직무급이 아닌 연공급이다.
직무급은 직무의 상대적 가치를 기준으로 임금을 결정하는 방식으로, 직무 중심의 합리적 인사관리가 가능하며, 연공급에 비해 유능한 인재의 확보와 유지에 유리한 장점이 있다.

2021년 4회 시행

3 직능급 임금체계에 대한 설명으로 틀린 것은?

① 근로자의 직무능력을 중심으로 임금을 결정한다.
② 개별 근로자에 대한 동기부여효과가 강하다.
③ 직무급처럼 적정배치가 반드시 전제되어야 한다.
④ 연공급의 속인적 요소와 직무급의 직무적 요소를 결합한 것이다.

해설

직무급은 직무의 난이도, 업무 강도, 책임, 요구 기술 등에 따라 임금이 결정되는 체계이며, 적정 배치가 필수적이다.
반면, 직능급은 근로자의 직무 수행 능력이나 숙련도에 따라 임금이 결정되며, 적정 배치가 필수는 아니다. 이를 숙련급이라고도 한다.

2021년 4회 시행

4 생산성임금제를 따른다고 할 때, 물가상승률이 5%이고 노동생산성 변화율이 3%라면 실질임금변화율은 얼마가 되어야 하는가?

① 8%　　② 5%
③ 3%　　④ 2%

해설

생산성 임금제에서는 노동생산성 증가율 = 실질임금 증가율이므로, 노동생산성 증가율이 3%라면 실질임금 변화율도 3%가 된다.

ANSWER 1.② 2.③ 3.③ 4.③

2020년 4회 시행

5 **동일 노동에 동일임금이 지급되는 임금체계는?**

① 자격급
② 직능급
③ 연공급
④ 직무급

해설

직무급은 직무의 가치에 따라 임금을 결정하는 방식으로 공정한 임금 체계를 구축하고 동일 노동 동일 임금 원칙을 실현한다는 장점이 있으나, 직무평가의 공정성 확보가 어렵다는 단점이 있다.

2020년 4회 시행

6 **다음 중 성과급제의 장점과 가장 거리가 먼 것은?**

① 생산성향상에 기여한다.
② 근로 중 사고의 위험을 줄인다.
③ 노동자의 소득증대에 기여한다.
④ 적절한 감독의 필요성을 줄인다.

해설

성과급제는 근로자의 작업 시간과 관계없이 성과나 능률을 기준으로 임금을 지급하는 제도이다. 장점으로는 공정성과 작업 능률 향상, 원가 계산의 용이성이 있지만, 단점으로는 과로로 인한 피로와 사고 위험 증가, 임금의 불안정성, 품질 저하 가능성이 있다.

2020년 4회 시행

7 **다음 중 고정적 임금에 해당되지 않는 것은?**

① 기본급
② 가족수당
③ 직책수당
④ 초과근무수당

해설

고정적 임금은 매월 일정하게 지급되는 임금으로, 기본급, 가족수당, 직책수당 등이 포함된다. 반면, 초과근무수당은 근로자의 초과근무 시간에 따라 지급액이 변동되므로 변동적 임금에 해당한다.

학습 2 임금형태

2024년 4회 시행

1 다음 중 유보임금에 관한 설명으로 옳은 것은?

㉠ 유보임금의 상승은 실업기간을 연장한다. ㉡ 유보임금의 상승은 기대임금을 하락시킨다. ㉢ 유보임금은 기업이 근로자에게 제시한 최고의 임금이다. ㉣ 유보임금은 근로자가 받고자 하는 최저의 임금이다.

① ㉠, ㉡
② ㉠, ㉣
③ ㉡, ㉢
④ ㉡, ㉣

해설

유보임금(Reservation Wage)이란 구직자가 일자리를 선택할 때 최소한으로 받아야 한다고 생각하는 임금 수준을 말하며 이 수준보다 낮은 임금의 일자리라면, 구직자는 취업을 거부하고 실업 상태를 유지하려 할 가능성이 크다.
㉠ 유보임금의 상승은 실업기간을 연장하는 효과가 있다.
㉡ 유보임금의 상승은 기대임금을 상승시킨다.
㉢ 유보임금은 근로자가 받고자 하는 최저의 임금이다.

2023년 4회 시행

2 효율임금(efficiency wage)에 관한 설명과 가장 거리가 먼 것은?

① 효율임금을 추구하는 기업은 임금을 기업 외부의 경쟁 임금보다 높게 책정한다.
② 장기적으로 이직비용과 훈련비용을 절약하여 총 노동비용을 감소시키는 효과를 가질 수 있다.
③ 생산성 향상에 따라 임금이 결정되는 것이다.
④ 근로자로 하여금 근로 노력을 고취시키는 장점이 있다.

해설

③ 성과급제에 해당하는 내용이다.
효율성 임금정책(효율임금정책)은 기업이 시장 균형임금보다 높은 임금을 지급하여 근로자의 생산성을 향상시키는 전략이다. 이를 통해 ㉠ 채용 및 교육훈련비 절감, ㉡ 양질의 근로자 확보, ㉢ 장기근속 유도, ㉣ 통제력 강화, ㉤ 노동수요곡선 비탄력성 증가 등의 효과가 발생한다.

ANSWER 5.④ 6.② 7.④ / 1.② 2.③

2022년 4회 시행

3 근로자들이 현금이 아닌 부가급여형태의 보상을 선호하게 되는 이유와 가장 거리가 먼 것은?

① 조세감면의 혜택이 있으므로

② 현금보다 현물이 근로자의 효용을 더욱 증가시키므로

③ 이연보수형태가 저축의 성격을 지니므로

④ 현물형태의 급여는 대량 내지 할인된 가격으로 구입이 가능하므로

해설

부가급여는 근로자가 실제 근로시간에 대한 임금 외에 받는 모든 형태의 보상으로, 법정복리비(4대 보험), 퇴직금, 유급휴가, 경조휴가비, 기숙사, 통근차량, 구내식당 및 식권 제공 등이 포함된다. 비록 현금이 현물보다 효용성이 크지만, 부가급여는 조세 감면, 저축성 혜택, 할인된 가격으로 제공되는 이점이 있어 높은 효용을 제공하므로 근로자들이 선호한다.

2022년 4회 시행

4 다음은 무엇에 관한 설명인가?

> 노동자의 과거 생산기록에 의해 일정 생산량 완성에 필요한 표준시간을 설정한 후 작업이 표준시간보다 일찍 완성된 경우, 실제 작업시간에 대해서는 보장된 시간당 임금률을 지급하고, 표준시간보다 절약된 시간에 대해서는 절약된 시간의 일정비율에 해당하는 임금을 프리미엄으로 지불하는 방식

① 디머(Diemer) 할증급제

② 할시(Halsey) 할증급제

③ 테일러(Taylor) 성과급제

④ 로완(Rowan) 할증급제

해설

할증급제(Gain Sharing Plan)는 근로자에게 최저한의 임금을 보장하면서, 표준 이상의 성과를 달성하면 추가급을 지급하는 방식으로, 근로자의 수입 안정과 생산성 향상을 동시에 목표로 한다. 할시 할증급제는 표준작업시간보다 절약된 시간의 일정 비율을 근로자에게 배분하는 방식이며, 배분율이 고정적이다. 반면, 로완 할증급제는 절약된 시간에 따라 배분율이 가변적이라는 점에서 차이가 있다. 문제의 내용은 할시 할증급제를 설명한 것이다.

2022년 4회 시행

5 매월 정해진 금액이 지급되는 고정적 임금이 아닌 것은?

① 가족수당 ② 초과근무수당
③ 직책수당 ④ 기본급

해설

고정적 임금은 매월 일정한 금액이 지속적으로 지급되는 임금을 의미한다. 반면, 초과근무수당은 초과 근로한 시간에 따라 지급되므로 고정적이지 않고 변동적이다.

2021년 4회 시행

6 사용자가 노동자에게 시장평균임금보다 더 높은 임금을 지급함으로써 노동자로 하여금 더 열심히 작업하도록 하는 동기를 유발하여 생산성을 향상시키려는 임금제도에 해당하는 것은?

① 이연임금제 ② 효율성임금제
③ 토너먼트임금제 ④ 헤도닉임금제

해설

효율성 임금정책(효율임금정책)은 기업이 근로자에게 시장 균형임금보다 더 높은 임금을 지급하여 근로 의욕과 생산성을 높이려는 전략이다. 이를 통해 이직률 감소, 우수 인재 유치, 장기근속 유도, 노동 통제 강화, 고용 안정성 증가 등의 효과가 기대된다. 그러나 임금 부담이 커질 수 있어 신중한 운영이 필요하다.

2021년 4회 시행

7 다음 중 부가급여가 아닌 것은?

① 유급휴가 ② 법정복리비
③ 급식제공 ④ 상여금

해설

부가급여는 기본 임금 외에 근로자에게 제공되는 복리후생 혜택이다. 법정복리비(4대 보험), 유급휴가, 퇴직금, 경조사 지원, 기숙사, 통근 차량, 구내식당 등이 포함된다. 반면, 상여금은 임금의 일부로 간주된다.

ANSWER 3.② 4.② 5.② 6.② 7.④

학습 3 임금격차

2024년 4회 시행

1 **임금격차의 원인을 고른 것으로 옳은 것은?**

> ㉠ 인적자본 투자의 차이로 인한 생산성 격차
> ㉡ 보상적 격차
> ㉢ 차별

① ㉠, ㉡
② ㉠, ㉢
③ ㉡, ㉢
④ ㉠, ㉡, ㉢

해설

임금격차의 주요 원인을 인적자본 투자, 생산성 격차, 보상적 격차, 차별 등으로 이해할 수 있다.

TIP 임금격차의 원인

㉠ **인적자본 투자 차이에 따른 임금격차**(인적자본 이론 (Human Capital Theory))
- 개인이 교육, 훈련, 경력개발 등에 얼마나 투자했느냐에 따라 임금 차이가 발생한다.
- 고학력자나 특수 기술 보유자는 기업에서 더 높은 생산성을 발휘할 것으로 기대되며, 이에 따라 더 높은 임금을 받는다.

㉡ **생산성 격차에 따른 임금격차** : 기업은 보통 생산성에 비례하여 보상을 지급하므로, 개인 또는 직무의 생산성 차이는 곧 임금 차이로 이어진다.

㉢ **보상적 임금격차**(Compensating Wage Differentials) : 업무가 위험하거나 불쾌하거나 불규칙한 경우, 이를 감수하게 하기 위한 보상으로 임금이 더 높게 책정된다.

2023년 4회 시행

2 **효율적 직장이동(efficient turnover)가설에 관한 설명으로 틀린 것은?**

① 모든 이직은 노동자와 기업 양자에게 상호 혜택을 제공할 수 있다.
② 노동자와 기업은 적재적소 배치상태를 위해 사직하거나 해고한다.
③ 임금수준은 사직률에는 부(−)의 영향을, 해고율에는 정(+)의 영향을 준다.
④ 이직을 통해 인적자원의 효율적 배분이 이루어질 수 있다.

해설

효율적 직장이동 가설은 직원의 이직이 효율적으로 이루어질 때 조직의 성과와 안정성이 향상된다는 이론이다. 효율적 직장이동 가설에 따르면, 높은 임금은 직원의 충성도를 높여 사직률을 낮추고, 기업이 해고 시 부담해야 할 비용이 증가하여 해고율도 낮아진다.

2023년 4회 시행

3 **다음 중 보상적 임금격차가 발생하게 되는 경우가 아닌 것은?**

① 노동생산성이 높다.

② 벽지에서 근무한다.

③ 교육훈련을 많이 받아야 한다.

④ 산업재해의 발생 가능성이 높다.

해설

아담 스미스는 나쁜 노동조건, 불규칙한 근무, 긴 훈련과정, 높은 훈련비용 등의 불이익이 있는 직업에서는 이를 보상하기 위해 더 높은 임금을 지급해야 한다고 보았으며, 이를 균등화 임금격차(보상적 임금격차)라고 했다. 또한, 노동생산성 격차설은 임금격차의 경쟁적 요인 중 노동자의 생산성 차이를 설명하는 개념이다.

2022년 4회 시행

4 **효율성 임금이론(efficiency wage theory)에 관한 설명으로 옳은 것은?**

① 높은 임금을 지급하면 근로자의 생산성이 높아져 기업의 수익이 증가된다.

② 노동조합이 결성된 기업의 경우 노동조합의 임금협상력이 크기 때문에 협상된 임금이 시장균형임금보다 높게 형성된다.

③ 직업 간의 비금전적인 속성의 차이를 보상해야 한다.

④ 노동시장에서 수요와 공급에 의하여 결정된 균형임금이 효율성 임금이다.

해설

효율성 임금정책(효율임금정책)은 기업이 시장(균형)임금보다 높은 임금을 지급하여 근로자의 근로의욕을 높이고 생산성을 향상시키려는 정책이다.

TIP 효율성 임금정책의 효과

㉠ **채용 및 교육훈련비 절감** : 높은 임금으로 근로자의 이직률이 낮아져 채용과 교육훈련 비용이 줄어듦
㉡ **양질의 근로자 채용 가능** : 경쟁력 있는 임금이 우수한 인재 유인
㉢ **장기근속 유도** : 높은 임금이 직장상실 비용을 증가시켜 근로자가 장기간 근무하도록 유도
㉣ **통제상실 방지** : 근로자들이 높은 임금을 받으므로 근무 태만 및 기강 해이를 방지
㉤ **노동수요곡선 비탄력화** : 높은 임금을 유지하려는 경향으로 인해 기업의 노동수요가 임금 변화에 덜 반응

ANSWER 1.④ 2.③ 3.① 4.①

2022년 4회 시행

5 임금률이 상승할 때 노동시간을 감소시키는 요인에 관한 설명으로 맞는 것은?

① 임금률이 상승하는 경우, 대체효과보다 소득효과가 크게 나타나는 경우
② 임금률이 상승하는 경우, 소득효과보다 대체효과가 크게 나타나는 경우
③ 임금률이 상승하는 경우, 소득효과와 대체효과가 동일하게 나타나는 경우
④ 임금률이 상승하면 노동공급을 증가시키는 경우

해설

여가가 정상재일 경우, 임금 상승이 대체효과와 소득효과를 가져온다. 대체효과(여가 → 노동)는 임금 상승 → 여가 비용 증가 → 소득 증대를 위해 노동 시간이 증가하는 것이고, 소득효과(노동 → 여가)는 임금이 계속 상승 → 소득 증가 → 여가 소비 증가, 노동 시간이 감소하는 것이다. 소득효과 〉 대체효과인 경우, 임금이 올라가도 노동시간이 줄어들어 후방굴절 노동공급곡선이 나타난다.

2021년 4회 시행

6 다음 중 임금이 상승함에도 불구하고 노동시간이 늘어나는 이유는?

① 소득효과가 대체효과보다 크기 때문이다.
② 대체효과가 소득효과보다 크기 때문이다.
③ 대체효과와 소득효과가 같기 때문이다.
④ 대체효과와 소득효과는 노동시간에 영향이 없다.

해설

임금이 상승하면 여가 비용 증가로 노동시간이 늘어나는 대체효과가 발생하지만, 소득이 충분히 증가하면 여가를 더 소비하려 노동시간을 줄이는 소득효과가 나타난다. 대체효과가 크면 노동시간 증가, 소득효과가 크면 노동시간 감소한다.

TIP 노동시간에 따른 대체효과 소득효과

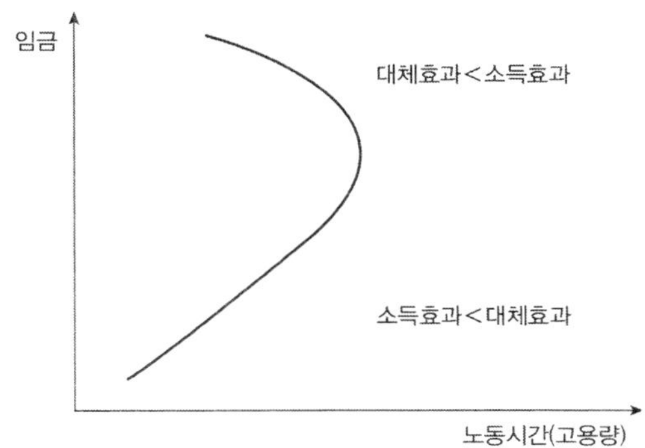

2020년 4회 시행

7 시장균형 수준보다 임금이 현실적으로 높게 유지되는 이유가 아닌 것은?

① 강력한 노동조합의 존재

② 정부에 의해 강제되는 최저임금제

③ 공급을 초과하는 노동에 대한 수요

④ 시장균형 수준보다 높은 임금을 지불하고자 하는 일부 기업

해설

완전경쟁시장에서 노동의 수요와 공급은 시장균형임금에 의해 결정되지만, 현실의 노동시장은 여러 요인으로 인해 다르게 작동한다.

㉠ **노동조합** : 강력한 노동조합이 임금 인상을 요구하면, 시장균형임금보다 높은 임금이 형성될 수 있다.

㉡ **최저임금제** : 정부의 최저임금이 시장균형임금보다 높으면, 기업이 고용을 줄이거나 하지 않을 수 있다.

㉢ **효율임금정책** : 일부 기업은 생산성을 높이기 위해 시장균형임금보다 높은 임금을 지급한다.

㉣ **실업** : 노동시장에서 실업자는 항상 존재하며, 이는 공급이 수요를 초과하는 상황을 만들어 낸다.

ANSWER 5.① 6.② 7.③

CHAPTER

03 노사관계

학습 1 노사관계의 의의와 특성

2024년 4회 시행

1 **다음 중 힉스(Hicks. J. R)의 교섭모형에 대한 설명으로 틀린 것은?**

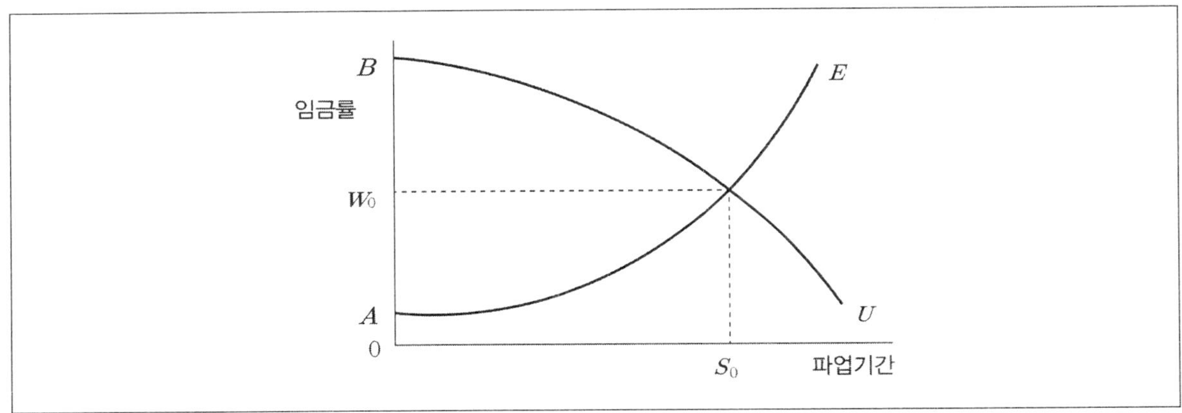

① AE곡선은 사용자의 양보곡선이다.

② BU곡선은 노동조합의 저항곡선이다.

③ A는 노동조합이 없거나 노동조합이 파업을 하기 이전 사용자들이 지불하려고 하는 임금수준이다.

④ 노동조합이 W보다 더 높은 임금을 요구하면 사용자는 쉽게 수락하겠지만, 노동조합 내부에서 교섭 대표자들과 일반조합원간의 마찰이 불가피하다.

해설

힉스(Hicks. J. R)의 교섭모형

단체교섭이 결렬되어 파업이 발생하면 파업의 기간에 따라 노사 양측의 요구임금 및 제시임금의 수준이 달라진다고 생각하였다. 즉 노사 양측이 수락하는 임금수준은 그 임금수준에 도달시키기까지 필요한 파업기간의 함수라고 한다.

㉠ 사용자의 양보곡선

노사가 임금에 관해서만 교섭을 한다고 가정할 때, 사용자의 입장에서 보면 파업기간이 길어질수록 소비자를 잃게 되므로 비용은 커진다. 사용자는 파업이 진행될수록 임금제시율을 높일 수 밖에 없고 따라서 우상향의 양보곡선이 그려진다. 이것은 상당기간 동안 계속 우상향하며 일정수준에 도달하면 더 이상 양보할 수 없기 때문에 그것이 평행선이 된다.

㉡ 노동조합의 저항곡선

노동조합의 입장에서 보면 노조원들이 파업의 초기에는 강경한 입장을 고수하여 임금요구가 증대할 수 있으나, 파업이 진행됨에 따라 사실상 많은 손실, 즉 비용이 발생하므로 이에 따라 노동조합의 태도가 바뀌어서 자신의 임금요구율을 낮출 수 밖에 없게 된다. 우하향하는 곡선이 노동조합의 저항곡선이다.

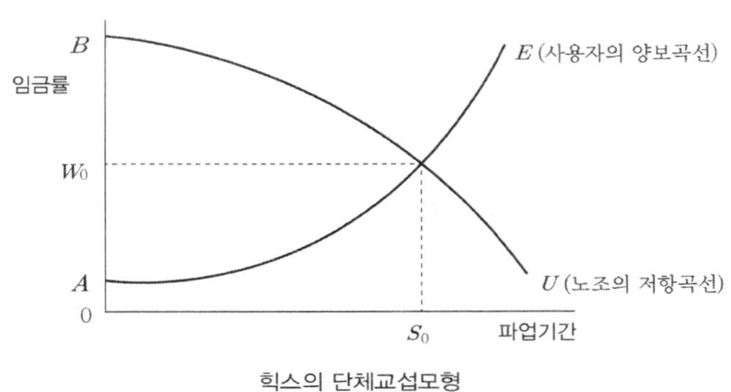

힉스의 단체교섭모형

2024년 4회 시행

2 노사관계의 주체를 사용자 및 단체, 노동자 및 단체, 정부로 규정하고 이들간의 관계는 기술, 시장 또는 예산상의 제약, 권력구조에 의해 결정된다는 노사관계이론으로 옳은 것은?

① 시스템이론 ② 분산이론

③ 수렴이론 ④ 단체교섭이론

해설

시스템이론을 제시한 던롭은 "노사관계란 경영자, 근로자 및 정부간 상호관계의 복합체"라고 정의하고 있다. 한편 레스터는 "근로자 조직과 경영자간의 갈등처리뿐 아니라 임금, 생산성, 고용보장, 고용관행, 노동조합의 정책 및 노동정책에 대한 정부의 행동을 포괄하는 노동의 모든 영역을 포함한다"라고 정의를 내리고 있다.

ANSWER 1.④ 2.①

2024년 4회 시행

3 **단체교섭에서 사용자의 교섭력에 관한 설명으로 가장 거리가 먼 것은?**

① 기업의 재정능력이 좋으면 사용자의 교섭력은 높아진다.

② 사용자 교섭력의 원천 중 하나는 직장 폐쇄를 할 수 있는 권리이다.

③ 사용자는 쟁의행위기간 중 그 쟁의행위로 중단된 업무를 원칙적으로 도급 또는 하도급 줄 수 있다.

④ 비조합원이 조합원의 일을 대신할 수 있는 여지가 크다면 그만큼 사용자의 교섭력이 높아진다.

해설

사용자는 쟁의행위기간 중 그 쟁의행위로 중단된 업무를 원칙적으로 도급 또는 하도급 줄 수 없다.

TIP 단체교섭

노동조합은 노동공급자인 근로자들이 연합하여 시장지배력을 행사하려는 조직이다. 대부분의 근로자들은 개별적으로 임금, 부가급여 혜택, 근로조건 등에 관해 고용주들과 직접 교섭한다. 이에 반해 노조에 가입한 근로자들은 이러한 문제에 대해 단체로 교섭한다. 노조와 기업주가 고용조건에 합의하는 과정을 '단체교섭'이라고 한다.

㉠ 노동자측의 쟁의 행위

- 파업(Strike) : '보상이나 노동조건의 변경이 있을 때까지 종업원이 집단으로 노동을 거부하는 것' 또는 '노동자가 단결하여 임금, 노동시간 및 기타 노동조건의 유지 또는 개선이라는 목적을 쟁취하기 위해 조직적인 방법으로 노무의 제공을 공동으로 거부하는 쟁의행위'
- 태업(Sabotage) : 고의적 기계설비 손상, 불량품 생산 등의 적극적인 태업과 사용자의 비밀폭로, 상품의 비판 등을 거래처에 알리는 개구(開口)태업, 의식적으로 작업능률 내지 기업 전체의 능률을 저하시키는 소극적 태업 등을 총칭한다.
- 준법투쟁 : 노동조합의 통제 하에서 다수의 근로자들이 근로기준법, 노동조합 및 노동관계조정법 등 관련법령에 규정된 권리를 동시에 행사하거나, 의무를 동시에 이행하여 파업이나 태업과 같은 효과를 발생시키는 것을 말한다.
- 생산관리 : 노동자가 단결하여 사용자의 지휘명령을 거부하면서 사업장 또는 공장을 점거함으로써 조합간부의 지휘 하에 노무를 제공하는 투쟁행위
- 보이코트 : 노동자들이 그들의 사용자에 대하여 압력을 가하는 것
- 피케팅(Picketing) : 파업과 같은 주된 쟁의행위에 부수하여 다른 노동자 및 일반시민에게 쟁의 중임을 알려 노동자 측에 유리한 여론을 형성하거나, 쟁의행위에서 노동자의 이탈을 방지하고 대체근로를 저지함으로써 쟁의행위의 실효성을 높이기 위해서 필요한 장소에 감시하는 인원을 배치하거나 사업장의 출입통행을 제한하는 쟁의행위
- 직장점거는 쟁의기간 중에 노동자가 기업시설에 머물면서 집회나 시위를 계속하면서 파업과 같은 주된 쟁의행위의 실효성을 확보하기 위해서 기업시설을 점거하는 형태의 쟁의행위

㉡ 사용자측의 쟁의행위

- 직장폐쇄 : 노동자의 쟁의행위에 대하여 사용자가 직장을 폐쇄하고, 노동자들의 노동수령을 거부하고 임금을 지급하지 아니하는 사용자의 유일한 대항수단이다. 직장폐쇄란 노동자 측의 쟁의행위에 대한 사용자의 대항수단으로 사용자가 일시 집단적으로 노동자의 노무수령을 거부하는 쟁의행위를 말한다.

2024년 4회 시행

4 사회민주주의형 정치조직이 무력하여 국가차원보다 개별 기업단위의 복지제도가 광범위하게 시행되고 있는 마이크로 코포라티즘이 특징은 국가로 알맞은 것은?

① 스페인 ② 일본

③ 핀란드 ④ 독일

해설

코포라티즘(Corporatism)은 정부, 노동자, 사용자(기업)가 제도적 협의를 통해 경제 · 노동정책을 조율하는 체계를 의미하며 마이크로 코포라티즘은 이러한 협의가 국가 전체 수준(거시적)이 아니라, 개별기업 혹은 산업수준(미시적)에서 이루어지는 것을 말한다.

TIP 일본식 마이크로 코포라티즘(Micro-Corporatism)의 특징

㉠ **기업 중심의 노사관계** : 국가 수준의 중앙 조정보다는, 개별 기업 내 노사관계에 집중한다.

㉡ **장기고용과 연공서열** : 전통적으로 장기고용을 전제로 한 연공서열식 임금체계를 운영한다.

㉢ **춘투(春闘, Spring Offensive) 제도** : 매년 봄, 기업별로 임금과 노동조건에 대해 교섭하는 일본 특유의 협상 방식으로 전 산업 단위가 아닌 기업 단위로 임금 인상 협상이 이뤄지는 점이 대표적인 마이크로 코포라티즘의 사례이다.

구분	거시적 코포라티즘	마이크로 코포라티즘(일본형)
협의 수준	국가 · 산업 단위	기업 단위
예시 국가	독일, 스웨덴	일본
장점	노동시장 전체 조율 가능	기업별 유연한 적용 가능

2023년 4회 시행

5 다음 중 가장 높은 수준의 노동자의 의사결정 참가유형은?

① 품질관리 ② 자율작업팀

③ 노사협의회에의 참가 ④ 노동자대표의 이사회 참가

해설

의사결정 참가유형은 근로자가 경영 의사결정에 참여하는 방식으로, 품질관리, 자율작업팀, 노사협의회는 제한적인 참여가 가능하지만, 노동자대표의 이사회 참가는 기업 경영 전반에 대한 참여가 가능하여 가장 높은 수준의 경영참가 형태이다.

ANSWER 3.③ 4.② 5.④

2023년 4회 시행

6 힉스의 파업모형에 대한 설명으로 옳지 않은 것은?

① 사용자곡선의 기울기가 가파르면 파업기간이 길어진다.

② 제시임금 수준이 낮으면 파업기간이 길어진다.

③ 요구임금 수준이 높으면 파업기간이 길어진다.

④ 노동조합의 저항곡선이 완만하면 파업기간이 길어진다.

해설

사용자곡선의 기울기가 가파르면 사용자가 빠르게 양보한다는 의미이므로, 노조의 요구임금과 합의에 도달하는 속도가 빨라진다. 따라서 파업기간이 길어지는 것이 아니라 짧아지게 된다.

TIP 힉스의 파업모형

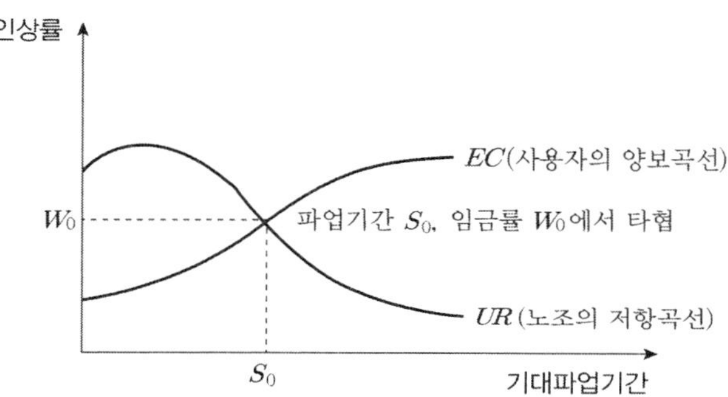

2022년 4회 시행

7 다음 중 기업노조주의(business unionism)에 대한 설명으로 틀린 것은?

① 노조원의 경제적 이익을 가장 중요한 목표로 설정한다.

② 개혁적 노동운동세력과 제휴하여 노동문제를 해결한다.

③ 단체교섭을 통하여 노조원의 권익을 증진시킨다.

④ 제도학파 경제학자의 기여가 컸으며, 미국 노동조합의 주요 이념이다.

해설

② 개혁적 노동조합주의를 설명하고 있다.

TIP 기업노동조합주의(Business Unionsism)

제도학파(토스타인 베블린, 웨슬리 미첼, 존 커먼스)의 영향을 받았다.

㉠ 자유주의에 기반하며 실리적 노동조합주의 혹은 경제적 노동조합주의로 불린다.

㉡ 노동자를 개인의 이익을 중시하는 존재로 간주

㉢ 노동조합의 역할은 임금 · 노동조건 개선을 위한 단체교섭

㉣ 단체협약 체결이 궁극적 목표

2021년 4회 시행

8 근로교섭의 당사자인 노동조합이 노동조합원 여부와 관계없이 모든 종업원에게 수수료를 징수하는 제도는?

① closed shop ② agency shop

③ union shop ④ open shop

해설

에이전시 숍(Agency Shop)은 대리기관 숍제도로, 노조원이 아니더라도 노동조합이 조합비를 징수하는 제도이다. 이를 통해 비노조원도 조합원과 동일한 혜택(단체교섭 결과 등)을 받을 수 있다

2021년 4회 시행

9 다음 중 가장 높은 수준의 노동자의 의사결정 참가유형은?

① 품질관리 ② 자율작업팀

③ 노사협의회에의 참가 ④ 노동자대표의 이사회 참가

해설

의사결정 참가유형은 근로자가 경영 의사결정에 참여하는 방식이다. 노사협의회와 자율작업팀은 일부 의사결정만 가능하지만, 노동자대표의 이사회 참여는 기업 경영 전반에 참여하는 것으로 가장 높은 수준의 노동자 의사결정 참가유형이다.

ANSWER 6.① 7.② 8.② 9.④

2020년 4회 시행

10 다음 중 기업노조주의(Business Unionism)에 대한 설명으로 틀린 것은?

① 노조원의 경제적 이익을 가장 중요한 목표로 설정한다.

② 개혁적 노동운동 세력과 제휴하여 노동문제를 해결한다.

③ 단체교섭을 통하여 노조원의 권익을 증진시킨다.

④ 제도학파 경제학자의 기여가 컸으며, 미국 노동조합의 주요 이념이다.

해설

② 개혁적 노동조합주의를 설명하고 있다.

TIP 기업노동조합주의(Business Unionsism)

제도학파(토스타인 베블린, 웨슬리 미첼, 존 커먼스)의 영향을 받았다.

㉠ 자유주의에 기반하며 실리적 노동조합주의 혹은 경제적 노동조합주의로 불린다.

㉡ 노동자를 개인의 이익을 중시하는 존재로 간주

㉢ 노동조합의 역할은 임금 · 노동조건 개선을 위한 단체교섭

㉣ 단체협약 체결이 궁극적 목표

학습 2 노동조합의 이해

2024년 4회 시행

1 **노동조합의 단체교섭 결과가 비조합원에게도 혜택이 돌아가는 현실에서 노동조합의 조합원이 아닌 비조합원에게도 단체교섭의 당사자인 노동조합이 회비를 징수하는 숍제도로 알맞은 것은?**

① 유니온 숍

② 에이전시 숍

③ 클로즈드 숍

④ 오픈 숍

해설

해당 설명은 노동조합의 유형 중 유니온 숍에 대한 설명이다.

TIP 노동조합 가입 형태

㉠ **오픈 숍**(open Shop) : 노동조합 가입 여부가 고용이나 해고에 영향을 미치지 않으며, 근로자는 조합원 여부와 관계없이 근무할 수 있다.

㉡ **클로즈드 숍**(closed shop) : 오직 조합원만 고용 가능하며, 비조합원은 근로할 수 없다.

㉢ **에이전시 숍**(agency shop) : 비조합원도 노동조합의 혜택을 받으며, 조합비를 납부해야 하는 제도이다.

㉣ **유니온 숍**(union shop) : 채용 시 조합원 여부는 무관하지만, 일정 기간 후 노동조합에 가입해야 하는 제도이다.

㉤ **프레퍼런셜 숍**(preferential shop) : 노동조합 조합원에게 고용 시 우선권을 부여하는 형태의 노동조합 가입 방식이다.

ANSWER 10.② / 1.①

2023년 4회 시행

2 **다음이 설명하고 있는 노동조합의 조직형태는?**

> 기업이 근로자를 채용할 때에는 노동조합원 자격 보유 여부에 관계없이 채용할 수 있지만, 일단 채용된 후에는 일정한 기간 내에 특정 노동조합에 가입해야 하고, 또 그 조합으로부터 탈퇴하거나 제명되어 조합원 자격을 상실할 때에는 종업원 자격도 상실하도록 하는 제도

① 프레퍼런셜 숍(preferential shop)
② 클로즈드 숍(closed shop)
③ 유니온 숍 (union shop)
④ 에이전시 숍(agency shop)

해설

③ 해당 설명은 유니온 숍에 대한 것이다.

TIP 노동조합 가입 형태

㉠ **오픈 숍(open Shop)** : 노동조합 가입 여부가 고용이나 해고에 영향을 미치지 않으며, 근로자는 조합원 여부와 관계없이 근무할 수 있다.
㉡ **클로즈드 숍(closed shop)** : 오직 조합원만 고용 가능하며, 비조합원은 근로할 수 없다.
㉢ **에이전시 숍(agency shop)** : 비조합원도 노동조합의 혜택을 받으며, 조합비를 납부해야 하는 제도이다.
㉣ **유니온 숍(union shop)** : 채용 시 조합원 여부는 무관하지만, 일정 기간 후 노동조합에 가입해야 하는 제도이다.
㉤ **프레퍼런셜 숍(preferential shop)** : 노동조합 조합원에게 고용 시 우선권을 부여하는 형태의 노동조합 가입 방식이다.

2023년 4회 시행

3 **다음에 관한 설명으로 틀린 것은?**

> 노조가 조직되어 있는 부문과 노조가 조직되어 있지 않는 부문으로 나누어져 있다고 가정하자, 노조가 임금인상에 성공하였을 때 나타나는 노조부문과 비노조부문의 상대적 격차는 노조가 조합원의 실질임금에 미치는 절대적 효과보다 작을 수 있다.

① 비노조부문의 근로자가 일부 노조부문으로 이동하기 때문이다.
② 비노조부문의 사용자가 노조결성을 하는 것을 방지하기 위해 높은 임금을 지불하기 때문이다.
③ 일자리를 잃은 노조부문의 실업자들이 그대로 노조부문에 머물러 있고 비노조부문의 근로자들이 노조부문에서의 일자리를 탐색하기 때문이다.
④ 노조가 노조부문에서의 생산물수요를 증가시키는데 성공할 수 있기 때문이다.

해설

노조 조직부문과 비조직부문의 임금격차는 파급효과(이전효과, 해고효과)뿐만 아니라 위협효과와 대기실업효과로 인해 일정 부분 해소될 수 있다. 그러나 노조가 존재함으로써 임금 상승 효과가 발생하며, 이는 사용자 자의로 임금이 인상되는 경우보다 클 수 있다. 따라서 노조부문과 비노조부문의 상대적 임금격차는 노조가 실질임금에 미치는 전체적인 영향보다 작을 수 있다. 하지만, 노조가 생산물 수요를 증가시켜 임금을 인상한다는 실증적 근거는 없다.

2022년 4회 시행

4 **노동조합의 임금효과에 관한 설명으로 틀린 것은?**

① 노동조합이 임금인상을 관철하게 되면, 조직부문에서 해고된 근로자들이 비조직부문으로 이동하여 비조직부문의 임금이 하락한다.

② 동종산업의 일부 기업에 노조가 조직될 때, 노조가 조직되어 있지 않은 기업에서 과거에 비해 임금을 자발적으로 높게 인상하려고 한다.

③ 조직부문과 비조직부문 간의 임금격차는 호경기에 확대되고 불경기에 감소하게 된다.

④ 노조의 조직화로 임금이 높아지면, 비조직부문 근로자들이 조직부문에 취업하려고 이동하기 때문에 비조직부문의 임금이 인상된다.

해설

① 파급효과(이전효과)에 대한 설명이다.
② 위협효과에 대한 설명이다.
④ 대기실업효과에 대한 설명이다.

TIP 노동조합이 조직됨으로써 노동조합이 조직되지 않은 비조직부문에 미치는 임금효과

㉠ **파급효과(이전효과)** : 노동조합이 조직되어 임금이 상승할 경우 고용이 감소하고 실업이 발생, 이때 실업자가 비조직부문으로 이동하면서 비조직부문의 임금이 하락하게 되는 현상
㉡ **위협효과** : 비조직 부문의 기업들이 노동조합 결성을 막기 위해 노동자들의 임금과 근로조건을 개선하는 현상
㉢ **대기실업효과** : 노동조합이 임금을 시장균형 수준보다 높게 설정할 때, 노동자들이 높은 임금을 받기 위해 노동조합 부문에서의 취업을 기다리면서 실업이 증가하는 현상

ANSWER 2.③ 3.④ 4.③

2022년 4회 시행

5 산업별 노동조합이 개별기업 사용자와 개별적으로 행하는 경우의 단체교섭 방식은?

① 통일교섭
② 집단교섭
③ 대각선교섭
④ 공동교섭

해설

③ 대각선 교섭은 상급노조단체(산업별 노조, 연합체 노조)와 개별기업 또는 상급 기업체단체와 개별기업노조 간에 이루어지는 교섭 방식이다.
① 통일 교섭은 연합체 노조와 사용자 단체 간의 교섭을 의미한다.
② 집단 교섭은 여러 개별기업 노조와 여러 개별기업 사용자 집단이 교섭하는 형태로 이루어진다.
④ 공동 교섭은 상급노조단체와 개별기업 노조가 함께 개별기업과 교섭하는 방식이다.

2020년 4회 시행

6 노동조합이 비노조 부문의 임금에 미치는 영향에 관한 옳은 설명을 모두 짝지은 것은?

> ㉠ 노조부문에서 해고된 노동자들이 비노조부문으로 이동하여 비노조부문의 임금을 하락시킨다.
> ㉡ 비노조부문의 노동자들이 노동조합 결성을 사측에 위협함으로서 임금을 인상시켜 노조부문과의 임금격차를 줄인다.
> ㉢ 비노조부문으로부터 유입되어온 노동자들이 노조부문에 대기 상태로 있는 동안, 비노조부문의 임금이 상승한다.

① ㉠
② ㉠, ㉡
③ ㉡, ㉢
④ ㉠, ㉡, ㉢

해설

노동조합이 조직됨으로써 그렇지 않은 부문(비조노부문)에 미치는 효과는 다음과 같다.
㉠ **파급효과**(이전효과, 해고효과) : 노조 부문에서 임금 상승 → 기업이 일부 노동자를 해고 → 해고된 노동자가 비조직 부문으로 이동 → 비조직 부문의 노동 공급 증가 → 임금 하락 가능
㉡ **위협효과** : 비조직 부문의 기업이 노조 결성을 막기 위해 사전에 임금 인상
㉢ **대기실업효과** : 노조 부문의 높은 임금 때문에 많은 노동자가 그곳에서 일하려 함 → 일자리 부족으로 일부는 실업 상태 → 비조직 부문의 노동 공급 증가 → 임금 하락 가능

2020년 4회 시행

7 다음은 어떤 노동조합의 유형에 관한 설명인가?

기업은 조합원이 아닌 노동자를 채용할 수 있고 채용된 노동자가 노동조합에 가입하건 안하건 기업의 종업원으로 근무하는 데 아무 제약이 없는 제도

① 오픈 숍
② 에이전시 숍
③ 클로즈드 숍
④ 유니온 숍

해설

해당 설명은 노동조합의 유형 중 오픈 숍에 대한 설명이다.

TIP 노동조합 가입 형태

㉠ **오픈 숍**(open Shop) : 노동조합 가입 여부가 고용이나 해고에 영향을 미치지 않으며, 근로자는 조합원 여부와 관계없이 근무할 수 있다.
㉡ **클로즈드 숍**(closed shop) : 오직 조합원만 고용 가능하며, 비조합원은 근로할 수 없다.
㉢ **에이전시 숍**(agency shop) : 비조합원도 노동조합의 혜택을 받으며, 조합비를 납부해야 하는 제도이다.
㉣ **유니온 숍**(union shop) : 채용 시 조합원 여부는 무관하지만, 일정 기간 후 노동조합에 가입해야 하는 제도이다.
㉤ **프레퍼런셜 숍**(preferential shop) : 노동조합 조합원에게 고용 시 우선권을 부여하는 형태의 노동조합 가입 방식이다.

2020년 4회 시행

8 노동조합이 추구하는 목표로써 적절하지 않은 것은?

① 임금소득 증가
② 정치적 안정
③ 고용안정
④ 작업조건 개선

해설

② 정치적 안정은 노동조합이 추구하는 목표에 해당하지 않는다.

TIP 노동조합 및 노동관계조정법 제2조 참조

'노동조합'이라 함은 근로자가 주체가 되어 자주적으로 단결하여 근로조건의 유지 · 개선 기타 근로자의 경제적 · 사회적 지위의 향상을 도모함을 목적으로 조직하는 단체 또는 그 연합단체를 말한다. 다만, 다음에 해당하는 경우에는 노동조합으로 보지 아니한다.

㉠ 사용자 또는 항상 그의 이익을 대표하여 행동하는 자의 참가를 허용하는 경우
㉡ 경비의 주된 부분을 사용자로부터 원조받는 경우
㉢ 공제 · 수양 기타 복리사업만을 목적으로 하는 경우
㉣ 근로자가 아닌 가입을 허용하는 경우
㉤ 주로 정치운동을 목적으로 하는 경우

ANSWER 5.③ 6.④ 7.① 8.②

직업상담사 1급 필기

PART 05

노동관계법규

01 개별근로관계법규, 고용관련법규
02 기타 직업상담관련법규

CHAPTER

01 개별근로관계법규, 고용관련법규

학습 1 개별근로관계법규

2024년 4회 시행

1 **근로기준법상 재해보상에 관한 설명으로 옳지 않은 것은?**

① 사용자는 요양 중에 있는 근로자에게 그 근로자의 요양 중 평균임금의 100분의 60의 휴업보상을 하여야 한다.

② 근로자가 업무상 사망한 경우에는 사용자는 근로자가 사망한 후 지체없이 평균임금 90일분의 장례비를 지급하여야 한다.

③ 근로자가 업무상 사망한 경우에는 사용자는 근로자가 사망한 후 지체없이 그 유족에게 평균임금 360일분의 유족보상을 하여야 한다.

④ 요양보상을 받는 근로자가 요양을 시작한지 2년이 지나도 부상 또는 질병이 완치되지 아니하는 경우에는 사용자는 그 근로자에게 평균임금 1,340일분의 일시보상을 하여 그 후의 이 법에 따른 모든 보상책임을 면할 수 있다.

해설

근로자가 업무상 사망한 경우에는 사용자는 근로자가 사망한 후 지체없이 그 유족에게 평균임금 1,000일분의 유족보상을 하여야 한다(근로기준법 제28조 제1항).

2024년 4회 시행

2 **근로기준법령상 사용자가 3년간 보존하여야 하는 근로계약에 관한 중요한 서류로 명시되지 않은 것은?**

① 임금대장
② 휴가에 관한 서류
③ 고용 · 해고 · 퇴직에 관한 서류
④ 퇴직금 중간정산에 관한 증명서류

해설

계약서류의 보존(근로기준법 제42조 및 시행령 제22조 제1항 참조)
사용자는 근로자 명부와 근로계약에 관한 다음의 서류를 3년간 보존하여야 한다.
㉠ 근로계약서
㉡ 임금대장
㉢ 임금의 결정 · 지급방법과 임금계산의 기초에 관한 서류
㉣ 고용 · 해고 · 퇴직에 관한 서류
㉤ 승급 · 감급에 관한 서류
㉥ 휴가에 관한 서류
㉦ 탄력적 근로시간제, 선택적 근로시간제, 근로시간연장, 대체휴일, 보상휴가제, 근로시간 계산의 특례, 근로시간 및 휴게시간의 특례, 유급휴가의 대체에 관한 서면 합의 서류
㉧ 연소자의 증명에 관한 서류

2024년 4회 시행

3 **근로기준법령상 용어의 정의에 관한 설명으로 틀린 것은?**

① "근로"란 정신노동과 육체노동을 말한다.
② "사용자"란 사업주 또는 사업 경영 담당자, 그 밖에 근로자에 관한 사항에 대하여 사업주를 위하여 행위하는 자를 말한다.
③ "통상임금"이란 이를 산정하여야 할 사유가 발생한 날 이전 3개월 동안에 그 근로자에게 지급된 임금의 총액을 그 기나의 총일수로 나눈 금액을 말한다.
④ "단시간근로자"란 1주 동안의 소정근로시간이 그 사업장에서 같은 종류의 업무에 종사하는 통상근로자의 1주 동안의 소정근로시간에 비하여 짧은 근로자를 말한다.

해설

"통상임금"이란 근로자에게 정기적이고 일률적으로 소정근로 또는 총 근로에 대하여 지급하기로 정한 시간급 금액, 일급 금액, 주급 금액, 월급 금액 또는 도급 금액을 말한다(근로기준법 시행령 제6조).

ANSWER 1.③ 2.④ 3.③

2024년 4회 시행

4 **근로기준법령상 이행강제금에 관한 설명으로 옳은 것은?**

① 노동위원회는 구제명령 받은 후 이행기한까지 구제 명령을 이행하지 아니한 사용자에게 3천만원 이하의 이행강제금을 부과한다.

② 노동위원회는 이행강제금 납부의무자가 납부기한까지 이행강제금을 내지 아니하면 즉시 국세 체납처분의 예에 따라 징수할 수 있다.

③ 노동위원회는 최초의 구제명령을 한 날을 기준으로 매년 4회의 범위에서 구제명령이 이행될 때까지 반복하여 이행강제금을 부과·징수할 수 있다.

④ 근로자는 구제명령을 받은 사용자가 이행기한까지 구제명령을 이행하지 아니하면 이행기한이 지난 때부터 30일 이내에 그 사실을 노동위원회에 알려줄 수 있다.

해설

② 노동위원회는 이행강제금 납부의무자가 납부기한까지 이행강제금을 내지 아니하면 기간을 정하여 독촉을 하고 지정된 기간에 이행강제금을 내지 아니하면 국세 체납처분의 예에 따라 징수할 수 있다.

③ 노동위원회는 최초의 구제명령을 한 날을 기준으로 매년 2회의 범위에서 구제명령이 이행될 때까지 반복하여 이행강제금을 부과·징수할 수 있다.

④ 근로자는 구제명령을 받은 사용자가 이행기한까지 구제명령을 이행하지 아니하면 이행기한이 지난 때부터 15일 이내에 그 사실을 노동위원회에 알려 줄 수 있다.

2024년 4회 시행

5 **근로기준법상 경영상 이유에 의한 해고에 대한 설명으로 틀린 것은?**

① 사용자가 경영상 이유에 의하여 근로자를 해고하려면 긴박한 경영상의 필요가 있어야 한다.

② 사용자는 해고를 피하기 위한 노력을 다하여야 하며, 합리적이고 공정한 해고의 기준을 정하고 이에 따라 그 대상자를 선정하여야 한다.

③ 사용자는 해고를 피하기 위한 방법과 해고의 기준 등에 관하여 그 사업 또는 사업장에 근로자의 과반수로 조직된 노동조합이 있는 경우에는 그 노동조합에 해고를 하려는 날의 50일 전까지 통보하고 성실하게 협의하여야 한다.

④ 사용자는 일정한 규모 이상의 인원을 해고하려면 고용노동부장관의 승인을 얻어야 한다.

해설

사용자는 대통령령으로 정하는 일정한 규모 이상의 인원을 해고하려면 대통령령으로 정하는 바에 따라 고용노동부장관에게 신고하여야 한다(근로기준법 제24조 참조).

2024년 4회 시행

6 근로기준법상 사용자가 근로계약 체결시 명시해야 할 사항이 아닌 것은?

① 근로계약 위반 시 손해배상액　　② 임금의 구성항목

③ 임금의 계산방법　　④ 취업장소

해설

근로계약 체결 시 서면으로 명시해야 하는 사항(근로기준법 제17조 및 시행령 제8조)

㉠ 임금

㉡ 소정근로시간

㉢ 주휴일

㉣ 연차 유급휴가

㉤ 그 밖에 대통령령으로 정하는 사항(취업 장소와 업무, 취업규칙에 정해진 사항, 기숙사)

TIP 서면 명시 후 교부해야 하는 사항(근로기준법 제17조)

㉠ 임금의 구성항목, 계산방법, 지급방법

㉡ 소정근로시간

㉢ 주휴일

㉤ 연차 유급휴가

2024년 4회 시행

7 남녀고용평등과 일 · 가정 양립 지원에 관한 법령상 과태료를 부과하는 위반행위는?

① 근로자의 교육 · 배치 및 승진에서 남녀를 차별한 경우

② 성희롱 예방 교육을 하지 아니한 경우

③ 동일한 사업 내의 동일 가치의 노동에 대하여 동일한 임금을 지급하지 아니한 경우

④ 육아기 근로시간 단축을 이유로 해당 근로자에 대하여 해고나 그 밖의 불리한 처우를 한 경우

해설

① 500만원 이하의 벌금에 해당한다.

③ 3년 이하의 징역 또는 3천만원 이하의 벌금에 해당한다.

④ 3년 이하의 징역 또는 3천만원 이하의 벌금에 해당한다.

ANSWER 4.① 5.④ 6.① 7.②

2024년 4회 시행

8 남녀고용평등과 일 · 가정 양립 지원에 관한 법률에 대한 설명으로 틀린 것은?

① 근로자란 사업주에게 고용된 자와 취업할 의사를 가진 자를 말한다.

② 사업주가 임금차별을 목적으로 설립한 별개의 사업은 동일한 사업으로 본다.

③ 사업주가 육아기 근로시간 단축을 하고 있는 근로자의 명시적 청구가 있으면 단축된 근로시간 외에 주 12시간 이내에서 연장근로를 시킬 수 있다.

④ 사업주는 사업을 계속할 수 없는 경우에도 육아휴직 중인 근로자를 육아휴직 기간에 해고하지 못한다.

해설

사업주는 육아휴직을 이유로 해고나 그 밖의 불리한 처우를 하여서는 아니 되며, 육아휴직 기간에는 그 근로자를 해고하지 못한다. 다만, 사업을 계속할 수 없는 경우에는 그러하지 아니하다(남녀고용평등과 일 · 가정 양립 지원에 관한 법률 제19조 제3항 참조).

2024년 4회 시행

9 남녀고용평등과 일 · 가정 양립 지원에 관한 법령상 괄호 (　　)안에 들어갈 숫자의 연결이 옳은 것은?

> 육아휴직과 육아기 근로시간 단축의 사용 형태
> • 근로자는 육아휴직을 (㉠)회에 한정하여 나누어 사용할 수 있다.
> • 근로자는 육아기 근로시간 단축을 나누어 사용할 수 있다. 이 경우 나누어 사용하는 (㉡)회의 기간은 (㉢)개월 이상이 되어야 한다.

① ㉠ : 1, ㉡ : 2, ㉢ : 2

② ㉠ : 2, ㉡ : 1, ㉢ : 2

③ ㉠ : 1, ㉡ : 2, ㉢ : 3

④ ㉠ : 3, ㉡ : 1, ㉢ : 1

해설

육아휴직과 육아기 근로시간 단축의 사용형태(남녀고용평등과 일 · 가정 양립 지원에 관한 법률 제19조의4)

㉠ 근로자는 육아휴직을 3회에 한정하여 나누어 사용할 수 있다. 이 경우 임신 중인 여성 근로자가 모성보호를 위하여 육아휴직을 사용한 횟수는 육아휴직을 나누어 사용한 횟수에 포함하지 아니한다.

㉡ 근로자는 육아기 근로시간 단축을 나누어 사용할 수 있다. 이 경우 나누어 사용하는 1회의 기간은 1개월(근로계약기간의 만료로 1개월 이상 근로시간 단축을 할 수 없는 기간제근로자에 대해서는 남은 근로계약기간을 말한다) 이상이 되어야 한다.

※ 해당 법령은 2024년 개정되어 2025년 2월부터가 시행일입니다. 개정된 최신 법령의 변경된 숫자를 확인하여 기억해 두시기를 바랍니다.

2024년 4회 시행

10 남녀고용평등과 일 · 가정 양립 지원에 관한 법률상 직장 내 성희롱에 대한 설명으로 틀린 것은?

① 사업주는 직장 내 성희롱 발생이 확인된 경우 7일 이내에 행위자에 대하여 징계나 그 밖에 이에 준하는 조치를 하여야 한다.

② 사업주는 직장 내 성희롱과 관련하여 피해를 입은 근로자 또는 성희롱 피해 발생을 주장하는 근로자에게 해고나 그 밖의 불리한 조치를 하여서는 아니된다.

③ 사업주는 직장 내 성희롱을 예방하고 근로자가 안전한 근로환경에서 일할 수 있는 여건을 조성하기 위하여 직장 내 성희롱의 예방을 위한 교육을 실시하여야 한다.

④ 사업주는 직장 내 성희롱 예방을 위한 교육을 연 1회 이상 하여야 한다.

해설

사업주는 직장 내 성희롱 발생 사실의 신고를 받거나 직장 내 성희롱 발생 사실을 알게 된 경우에는 지체없이 그 사실 확인을 위한 조사를 하여야 한다(남녀고용평등과 일 · 가정 양립 지원에 관한 법률 제14조)

2024년 4회 시행

11 근로자퇴직급여 보장법령상 용어의 정의에 관한 설명으로 틀린 것은?

① 퇴직급여제도란 확정급여형퇴직연금제도, 확정기여형퇴직연금제도 및 개인형퇴직연금제도를 말한다.

② 사용자란 사업주 또는 사업의 경영담당자 또는 그 밖에 근로자에 관한 사항에 대하여 사업주를 위하여 행위하는 자를 말한다.

③ 임금이란 사용자가 근로의 대가로 근로자에 임금, 봉급, 그 밖에 어떠한 명칭으로든지 지급하는 일체의 금품을 말한다.

④ 확정급여퇴직연금제도란 근로자가 받을 급여의 수준이 사전에 결정되어 있는 퇴직연금제도를 말한다.

해설

퇴직급여제도란 확정급여형퇴직연금제도, 확정기여형퇴직연금제도, 중소기업퇴직연금기금제도 및 제8조에 따른 퇴직금제도를 말한다(근로자퇴직급여 보장법 제2조).

ANSWER 8.④ 9.④ 10.① 11.①

2024년 4회 시행

12 기간제 및 단시간근로자 보호 등에 관한 법률상 차별시정제도에 대한 설명으로 틀린 것은?

① 기간제근로자는 차별적 처우를 받은 경우 노동위원회에 차별적 처우가 있은 날부터 6개월이 경과하기 전에 그 시정을 신청할 수 있다.

② 기간제근로자가 차별적 처우의 시정신청을 하는 때에는 차별적 처우의 내용을 구체적으로 명시하여야 한다.

③ 노동위원회는 차별적 처우의 시정신청에 따른 심문의 과정에서 관계당사자 쌍방 또는 일방의 신청 또는 직권에 의하여 조정(調停) 절차를 개시할 수 있다.

④ 시정신청을 한 근로자는 사용자가 확정된 시정명령을 이행하지 아니한 경우 이를 중앙노동위원회에 신고하여야 한다.

해설

시정신청을 한 근로자는 사용자가 확정된 시정명령을 이행하지 아니한 경우 이를 고용노동부장관에 신고할 수 있다(기간제 및 단시간근로자 보호 등에 관한 법률 제15조).

2023년 4회 시행

13 근로기준법령에서 정하는 근로계약 체결 시 의무적으로 명시해야 하는 사항이 아닌 것은?

① 근로계약기간

② 취업의 장소와 종사하여야 할 업무

③ 임금의 지급방법

④ 연차유급휴가에 관한 사항

해설

① 근로계약기간은 근로기준법령에서 정하는 근로계약 체결 시 의무적 명시 사항에 해당하지 않는다.

TIP 근로체약 체결 시 근로조건의 의무적 명시(근로기준법 제17조 및 시행령 제8조)

㉠ 임금(구성항목, 계산방법, 지급방법)
㉡ 소정근로시간
㉢ 휴일
㉣ 연차 유급휴가
㉤ 대통령령으로 정하는 근로조건
- 취업의 장소와 종사하여야 할 업무에 관한 사항
- 취업규칙에서 정한 사항
- 사업장의 부속 기숙사에 근로자를 기숙하게 하는 경우에는 기숙사 규칙에서 정한 사항

2023년 4회 시행

14 근로기준법에서 규정하고 있는 기본원칙에 속하지 않는 것은?

① 강제 근로의 금지
② 차별적 처우 금지
③ 공민권 행사의 보장
④ 국제협약의 준수

해설

④ 근로기준법에 명시된 내용 중에는 국제협약의 준수는 없다.
근로기준법에서 정하고 있는 기본원칙은 균등한 처우(차별적 처우 금지), 강제 근로의 금지, 폭행의 금지, 중간착취의 배제, 공민권(정치적 권리) 행사의 보장 등이 해당한다.

2022년 4회 시행

15 근로기준법상 직장 내 괴롭힘의 금지 및 발생 시 조치에 관한 설명으로 옳은 것은?

① 근로자에게 신체적 · 정신적 고통을 주는 행위 외에 근무환경을 악화시키는 행위는 직장 내 괴롭힘에 관한 규정으로 규율되지 아니한다.
② 사용자는 직장 내 괴롭힘 사실을 인지하더라도 그 신고의 접수가 없으면 사실 확인을 위한 조사를 실시할 수 없다.
③ 사용자는 조사 결과 직장 내 괴롭힘 발생 사실이 확인된 때에는 피해근로자와의 요청과 무관하게 피해근로자의 근무장소 변경, 배치전환 등 적절한 조치를 하여야 한다.
④ 사용자는 직장 내 괴롭힘의 피해근로자는 물론 그 발생 사실을 신고한 근로자에게도 해고나 그 밖의 불리한 처우를 하여서는 아니 된다.

해설

① 근로자에게 신체적 · 정신적 고통을 주는 행위 외에 근무환경을 악화시키는 행위는 직장 내 괴롭힘에 관한 규정으로 정의하고 있다.
② 사용자는 직장 내 괴롭힘 발생 사실을 인지하면 지체 없이 조사를 실시해야 한다.
③ 사용자는 직장 내 괴롭힘이 확인된 경우 피해 근로자의 의사를 존중하여 적절한 조치를 해야 한다.

ANSWER 12.④ 46.① 14.④ 15.④

2023년 4회 시행

16 근로기준법상 재해보상에 관한 설명으로 틀린 것은?

① 사용자는 매월 1회 이상 휴업보상 및 유족보상을 하여야 한다.

② 근로자가 업무상 부상 또는 질병에 걸리면 사용자는 그 비용으로 필요한 요양을 행하거나 필요한 요양비를 부담하여야 한다.

③ 장해보상은 근로자의 부상 또는 질병이 완치된 후 지체 없이 하여야 한다.

④ 근로자가 중대한 과실로 업무상 부상 또는 질병에 걸리고 또는 사용자가 그 과실에 대하여 노동위원회의 인정을 받으면 휴업보상이나 장해보상을 하지 아니하여도 된다.

해설

① 사용자가 매월 1회 이상 지급해야 하는 것은 휴업보상 및 유족보상이 아니라, 휴업보상 및 요양보상이다(근로기준법 시행령 제46조(요양 및 휴업보상의 시기))

2023년 4회 시행

17 남녀고용평등과 일 · 가정 양립 지원에 관한 법률이 규정하고 있는 내용이 아닌 것은?

① 육아휴직급여

② 배우자 출산휴가

③ 직장보육시설 설치

④ 출산전후휴가에 대한 지원

해설

① 남녀고용평등과 일 · 가정 양립 지원에 관한 법률에서는 육아휴직, 출산전후휴가, 배우자 출산휴가 등의 휴가 규정을 정하고 있지만, 육아휴직 급여 지원에 관한 내용은 고용보험법에서 규정하고 있다.

2023년 4회 시행

18 **근로자퇴직급여 보장법령에서 정하는 있는 중간정산의 사유에 해당하지 않는 것은?**

① 근로자의 형제자매가 3개월 이상의 요양을 필요로 하는 경우

② 무주택자인 근로자가 주거를 목적으로 「민법」에 따른 전세금 또는「주택임대차보호법」에 따른 보증금을 부담하는 경우

③ 퇴직금 중간정산을 신청하는 날부터 거꾸로 계산하여 5년 이내에 근로자가「채무자 회생 및 파산에 관한 법률」에 따라 개인회생절차개시 결정을 받은 경우

④ 무주택자인 근로자가 본인 명의로 주택을 구입하는 경우

해설

① 형제자매가 요양을 필요로 하는 경우에는 3개월 이상의 요양이 필요한 경우가 아니라 6개월 이상이 해당한다.

TIP 퇴직금의 중간정산 사유(근로자퇴직급여 보장법 시행령 제3조)

㉠ 무주택자인 근로자가 본인 명의로 주택을 구입하는 경우

㉡ 무주택자인 근로자가 주거를 목적으로 「민법」 제303조에 따른 전세금 또는 「주택임대차보호법」 제3조의2에 따른 보증금을 부담하는 경우. 이 경우 근로자가 하나의 사업에 근로하는 동안 1회로 한정한다.

㉢ 근로자가 6개월 이상 요양을 필요로 하는 사람의 질병이나 부상에 대한 의료비를 해당 근로자가 본인 연간 임금총액의 1천분의 125를 초과하여 부담하는 경우(근로자 본인, 근로자의 배우자, 근로자 또는 그 배우자의 부양가족)

㉣ 퇴직금 중간정산을 신청하는 날부터 거꾸로 계산하여 5년 이내에 근로자가 「채무자 회생 및 파산에 관한 법률」에 따라 파산선고를 받은 경우

㉤ 퇴직금 중간정산을 신청하는 날부터 거꾸로 계산하여 5년 이내에 근로자가 「채무자 회생 및 파산에 관한 법률」에 따라 개인회생절차개시 결정을 받은 경우

㉥ 사용자가 기존의 정년을 연장하거나 보장하는 조건으로 단체협약 및 취업규칙 등을 통하여 일정나이, 근속시점 또는 임금액을 기준으로 임금을 줄이는 제도를 시행하는 경우

- 사용자가 근로자와의 합의에 따라 소정근로시간을 1일 1시간 또는 1주 5시간 이상 단축함으로써 단축된 소정근로시간에 따라 근로자가 3개월 이상 계속 근로하기로 한 경우
- 근로기준법 일부 개정 법률의 시행에 따른 근로시간의 단축으로 근로자의 퇴직금이 감소되는 경우

㉦ 재난으로 피해를 입은 경우로서 고용노동부장관이 정하여 고시하는 사유에 해당하는 경우 등이 해당한다.

평균임금이 적용되는 급여 및 수당	통상임금이 적용되는 급여 및 수당	비고
• 퇴직금 • 연차유급수당 • 휴업수당 • 재해보상금 • 감급(減給) 제대의 제한 • 구직급여 • 산업재해보상 보험급여	• 해고예고수당 • 연차유급수당 • 시간외근무수당(연장근로수당) • 육아휴직급여 • 출산전후휴가급여 등	연차수당은 해당 회사의 취업규칙에 따라 평균임금 또는 통상임금으로 지급할 수 있음

ANSWER 16.① 17.① 18.①

2023년 4회 시행

19 파견근로자 보호 등에 관한 법령에 관한 설명으로 틀린 것은?

① 사용사업주는 파견근로자를 사용하고 있는 업무에 근로자를 직접 고용하려는 경우에는 해당 파견근로자를 우선적으로 고용하도록 노력하여야 한다.

② 파견사업주와 사용사업주는 파견근로자임을 이유로 사용사업주의 사업 내의 동종 또는 유사한 업무를 수행하는 근로자에 비하여 차별적 처우를 하여서는 아니 된다.

③ 파견사업주는 쟁의행위 중인 사업장에 그 쟁의행위로 중단된 업무의 수행을 위하여 근로자를 파견하여서는 아니 된다.

④ 「선원법」에 따른 선원의 업무에 대하여는 일시적으로 인력을 확보하여야 할 필요가 있는 경우 근로자파견사업을 행할 수 있다.

해설

④ 선원의 업무는 파견이 불가능하다.

TIP 근로자 파견 대상 업무(다(파견근로자 보호 등에 관한 법률 제5조 및 시행령 제2조)

파견근로자 보호 등에 관한 법령에 따르면, 근로자파견 대상 업무는 제조업의 직접생산공정 업무를 제외하고, 전문지식 · 기술 · 경험 또는 업무의 성질 등을 고려하여 적합하다고 판단되는 대통령령이 정한 직종에서만 허용된다. 그럼에도 불구하고 파견이 불가능한 업무는 다음과 같다(파견근로자 보호 등에 관한 법류 제5조 및 시행령 제2조)

㉠ 건설현장에서 이루어지는 업무
㉡ 근로자공급사업 허가를 받은 지역의 업무
㉢ 선원의 업무
㉣ 유해하거나 위험한 업무
㉤ 근로자 보호 등의 이유로 근로자파견사업의 대상으로는 적절하지 못하다고 인정하여 대통령령으로 정하는 업무(분진작업, 건강관리카드 발급대상, 간호조무사, 의료기사, 여객자동차운송사업 및 화물자동차운송사업에서의 운전)

2023년 4회 시행

20 고용상 연령차별 금지 및 고령자고용촉진에 관한 법률상 무료직업소개 사업을 하는 공익단체로서 고령자인재은행의 사업범위가 아닌 것은?

① 고령자에 대한 구인 · 구직 등록, 직업지도 및 취업알선

② 취업희망 고령자에 대한 직업상담 및 정년 퇴직자의 재취업 상담

③ 고령자의 직업능력개발훈련

④ 고령자 고용촉진을 위하여 필요하다고 인정하여 고용노동부장관이 정하는 사업

해설

③ 무료직업소개사업을 하는 비영리기관의 사업범위가 아니라 직업능력개발훈련기관의 사업범위에 해당한다.

TIP 고령자인재은행의 지정(고용상 연령차별금지 및 고령자고용촉진에 관한 법률 제11조)

㉠ 무료직업소개사업을 하는 비영리법인이나 공익단체
- 고령자에 대한구인 · 구직 등록, 직업지도 및 취업알선
- 취업희망 고령자에 대한 직업상담 및 정년퇴직자의 재취업 상담
- 그 밖에 고령자 고용촉진을 위해 필요하다고 인정하여 고용노동부장관이 정하는 사업

㉡ 국민평생직업능력 개발법에 따른 직업능력개발훈련기관
- 고령자의 직업능력개발훈련
- 그 밖에 고령자 고용촉진을 위해 필요하다고 인정하여 고용노동부장관이 정하는 사업

2023년 4회 시행

21 고용상 연령차별금지 및 고령자고용촉진에 관한 법률에 관한 설명으로 옳은 것은?

① 근로자는 노동조합 및 노동관계조정법상의 근로자를 말한다.

② 제조업은 그 사업장의 상시 근로자수의 100분의 3을 고령자로 고용하여야 한다.

③ 고령자는 50세 이상인 사람으로 한다.

④ 상시 300명 이상의 근로자를 사용하는 사업주는 기준고용률 이상의 고령자를 고용하도록 노력하여야 한다.

해설

④ 고용상 연령차별금지 및 고령자고용촉진에 관한 법률 제12조에 따라 상시 300명 이상의 근로자를 사용하는 사업장의 사업주는 기준고용률 이상의 고령자를 고용하도록 노력하여야 한다.

고용상 연령차별금지 및 고령자고용촉진에 관한 법률에 따르면,

① 해당 설명은 근로자는 근로기준법상의 근로자를 의미한다.

② 제조업은 그 사업장의 상시 근로자수의 100분의 2를 고령자로 고용하여야 한다.

③ 고령자는 55세 이상인 사람으로 한다(준고령자는 50세 이상 55세 미만인 사람으로 한다).

ANSWER 19.④ 20.③ 21.④

2023년 4회 시행

22 남녀고용평등과 일 · 가정 양립 지원에 관한 법률상 육아휴직에 대한 설명으로 틀린 것은?

① 육아휴직을 신청할 수 있는 자는 원칙적으로 만 8세 이하 또는 초등학교 2학년 이하의 자녀를 가진 근로자이다.

② 육아휴직 기간은 1년 이내로 한다.

③ 사업주는 근로자가 배우자의 출산을 이유로 배우자 출산휴가를 청구하는 경우에 5일의 휴가를 주어야 한다.

④ 기간제 및 파견근로자의 육아휴직 기간은 사용기간에 산입하지 아니한다.

해설

③ 남녀고용평등과 일 · 가정 양립 지원에 관한 법 제18조의2(배우자 출산휴가)에 따르면, 사업주는 근로자가 배우자의 출산을 이유로 청구할 경우 10일의 유급휴가를 부여해야 한다.

2022년 4회 시행

23 고용상 연령차별금지 및 고령자고용촉진에 관한 법률상 고령자 고용정보센터가 수행하는 업무를 모두 고른 것은?

㉠ 고령자에 대한 구인 · 구직 등록, 직업지도 및 취업알선 ㉡ 고령자에 대한 직장 적응훈련 및 교육 ㉢ 정년연장과 고령자 고용에 관한 인사 · 노무관리와 직업 환경 개선 등에 관한 기술적 상담 · 교육 및 지도 ㉣ 고령자 고용촉진을 위한 홍보

① ㉠, ㉢
② ㉠, ㉡, ㉣
③ ㉡, ㉢, ㉣
④ ㉠, ㉡, ㉢, ㉣

해설

④ ㉠㉡㉢㉣ 모두 고령자 고용정보센터가 수행하는 업무에 해당한다.

TIP 고령자 고용정보센터가 수행하는 업무

㉠ 고령자에 대한구인 · 구직 등록, 직업지도 및 취업알선
㉡ 고령자에 대한 직장 적응훈련 및 교육
㉢ 정년연장과 고령자 고용에 관한 인사 · 노무관리와 작업환경 개선 등에 관한 기술적 상담 · 교육 및 지도
㉣ 고령자 고용촉진을 위한 홍보
㉤ 그 밖에 고령자 고용촉진을 위하여 필요한 업무

2022년 4회 시행

24 파견근로자 보호 등에 관한 법률에 대한 설명으로 틀린 것은?

① 근로기준법 제24조에 따른 경영상 이유에 의한 해고를 한 후 1년이 경과되기 전에는 해당 업무에 파견근로자를 사용하여서는 아니 된다.

② 파견 중인 근로자의 파견근로에 관하여는 원칙적으로 사용사업주를 산업안전보건법상의 사업주로 본다.

③ 파견사업주는 쟁의행위 중인 사업장에 그 쟁의행위로 중단된 업무의 수행을 위하여 근로자를 파견하여서는 아니 된다.

④ 파견사업주는 근로자를 파견근로자로서 고용하려는 경우에는 미리 해당 근로자에게 그 취지를 서면으로 알려 주어야 한다.

해설

① 근로기준법 제24조(경영상 이유에 의한 해고)와 관련하여 해고된 업무에 파견근로자를 사용하는 제한기간은 기본적으로 2년이며, 단, 노동조합 또는 근로자 대표의 동의가 있는 경우 그 기간이 6개월로 단축될 수 있다. 즉, 경영상 이유로 근로자를 해고한 경우, 해고된 업무에 대해 2년 동안 파견근로자를 사용할 수 없지만, 노동조합(근로자의 과반수로 조직된 노동조합이 없는 경우 근로자의 과반수를 대표하는 자)의 동의가 있을 경우 그 제한기간이 6개월로 단축될 수 있다.

2022년 4회 시행

25 근로기준법령상 근로계약에 관한 설명으로 옳지 않은 것은?

① 명시된 근로조건이 사실과 다를 경우에 근로자는 근로조건 위반을 이유로 손해의 배상을 청구할 수 있으며 즉시 근로계약을 해제할 수 있다.

② 사용자는 근로할 것을 조건으로 하는 전대(前貸)채권과 임금을 상계하지 못한다.

③ 취업규칙에서 정한 기준보다 좋은 근로조건을 정한 근로계약은 그 부분에 관하여는 무효로 한다. 이 경우 무효로 된 부분은 취업규칙에 정한 기준에 따른다.

④ 사용자는 근로계약 불이행에 대한 위약금 또는 손해배상액을 예정하는 계약을 체결하지 못한다.

해설

③ 근로기준법 제97조(위반의 효력)에 따르면, 취업규칙에서 정한 기준보다 미달하는 근로조건을 정한 근로계약은 그 부분이 무효이며, 해당 부분은 취업규칙에서 정한 기준이 적용된다. 그러나, 취업규칙보다 더 유리한 근로조건을 정한 근로계약에 대해서는 별도의 제재 규정이 없다.

ANSWER 22.③ 23.④ 24.① 25.③

2022년 4회 시행

26 **근로기준법상 근로감독관에 관한 설명으로 옳지 않은 것은?**

① 근로감독관은 사용자와 근로자에 대하여 심문할 수 있다.

② 사용자나 근로자에 대하여 노동관계법령에 따른 현장조사, 서류의 제출, 심문 등의 수사 뿐만 아니라, 근로감독관의 직무에 관한 범죄의 수사도 담당한다.

③ 근로감독관은 사업장, 기숙사, 그 밖의 부속 건물을 현장조사하고 장부와 서류의 제출을 요구할 수 있다.

④ 근로감독관의 위촉을 받은 의사는 취업을 금지하여야 할 질병에 걸릴 의심이 있는 근로자에 대하여 검진할 수 있다.

해설

② 근로감독관의 직무에 관한 범죄의 수사에 관해서는 수행하지 않는다.

TIP 사법경찰권 행사자의 제한(근로기준법 제105조)

이 법이나 그 밖의 노동관계법령에 따른 현장조사, 서류의 제출, 심문 등의 수사는 검사와 근로감독관이 전담하여 수행한다. 다만, 근로감독관의 직무에 관한 범죄의 수사는 그러하지 아니하다.

2022년 4회 시행

27 **남녀고용평등과 일 · 가정 양립 지원에 관한 법률상 모성보호에 관한 설명으로 옳지 않은 것은?**

① 배우자 출산휴가는 근로자의 배우자가 출산한 날부터 90일이 지나면 청구할 수 없다.

② 사업주는 근로자가 난임치료를 받기 위하여 휴가를 청구하는 경우에 연간 5일 이내의 휴가를 주어야 한다.

③ 육아휴직의 기간은 1년 이내로 한다.

④ 사업주는 임신 중인 여성 근로자가 모성을 보호하거나 근로자가 만 8세 이하 또는 초등학교 2학년 이하의 자녀를 양육하기 위하여 육아 휴직을 신청하는 경우에 이를 허용하여야 한다.

해설

② 난임치료휴가는 5일이 아니라 3일 이내의 휴가를 부여할 수 있게 되어 있다.

TIP 난임치료휴가(남녀고용평등과 일 · 가정 양립 지원에 관한 법 제 18조의3)

사업주는 근로자가 인공수정 또는 체외수정 등 난임치료를 받기 위하여 휴가(이하 "난임치료휴가"라 한다)를 청구하는 경우에 연간 3일 이내의 휴가를 주어야 하며, 이 경우 최초 1일은 유급으로 한다. 다만, 근로자가 청구한 시기에 휴가를 주는 것이 정상적인 사업 운영에 중대한 지장을 초래하는 경우에는 근로자와 협의하여 그 시기를 변경할 수 있다.

2022년 4회 시행

28 기간제 및 단시간근로자 보호 등에 관한 법률의 내용으로 옳지 않은 것은?

① 국가 및 지방자치단체의 기관에 대하여는 상시 사용하는 근로자의 수에 관계없이 이 법을 적용한다.

② 사용자는 가사, 학업 그 밖의 이유로 근로자가 단시간근로를 신청하는 때에는 당해 근로자를 단시간근로자로 전환하도록 노력하여야 한다.

③ 사용자는 단시간근로자임을 이유로 해당 사업 또는 사업장의 동종 또는 유사한 업무에 종사하는 통상근로자에 비하여 차별적 처우를 하여서는 아니 된다.

④ 사용자는 기간제근로자와 근로계약을 체결하는 때에는 근로일 및 근로일별 근로시간을 서면으로 명시하여야 한다.

해설

④ 근로일 및 근로일별 근로시간 서면 명시는 단시간 근로자만 해당한다.

TIP 근로조건의 서면명시(기간제 및 단시간근로자 보호 등에 관한 법률 제17조)

㉠ 근로계약기간에 관한 사항
㉡ 근로시간 · 휴게에 관한 사항
㉢ 임금의 구성항목 · 계산방법 및 지불방법에 관한 사항
㉣ 휴일 · 휴가에 관한사항
㉤ 취업의 장소와 종사하여야 할 업무에 관한 사항
㉥ 근로일 및 근로일별 근로시간(단시간 근로자만 해당)

2022년 4회 시행

29 남녀고용평등과 일 · 가정 양립 지원에 관한 법률에 대한 설명으로 옳지 않은 것은?

① 이 법과 관련한 분쟁에서 입증책임은 사업주와 근로자가 각각 부담한다.

② 사업주는 근로자를 모집 · 채용할 때 그 직무의 수행에 필요하지 아니한 용모 · 키, 체중 등의 신체적 조건, 미혼 조건을 제시하거나 요구하여서는 아니 된다.

③ 사업주가 임금차별을 목적으로 설립한 별개의 사업은 동일한 사업으로 본다.

④ 누구든지 직장 내 성희롱 발생 사실을 알게 된 경우 그 사실을 해당 사업주에게 신고할 수 있다.

해설

① 남녀고용평등과 일 · 가정 양립 지원에 관한 법 제30조(입증책임)에 따르면, 이 법과 관련한 법적 분쟁이 발생했을 경우, 입증책임은 사업주가 부담한다.

ANSWER 26.② 27.② 28.④ 29.①

2021년 4회 시행

30 **근로기준법령 상 근로시간에 관한 설명으로 옳지 않은 것은?**

① 1일의 근로시간은 휴게시간을 제외하고 8시간을 초과할 수 없다.

② 1주간의 근로시간은 휴게시간을 제외하고 40시간을 초과할 수 없다.

③ 2주 단위 탄력적 근로시간제는 15세 이상 18세 미만 근로자에게 적용된다.

④ 3개월 단위 탄력적 근로시간제는 임신 중인 여성근로자에게 적용되지 않는다.

해설

③ 근로기준법에서는 탄력적 근로시간제의 적용 대상에서 15세 이상 18세 미만의 근로자와 임신 중인 여성 근로자를 제외하고 있다(근로기준법 제51조, 제51조의2).

2021년 4회 시행

31 **근로기준법령상 사용자가 근로계약을 체결할 때 근로자에게 서면으로 명시하고 교부하여야 하는 근로조건이 아닌 것은?**

① 임금의 구성항목

② 연차 유급휴가

③ 소정근로시간

④ 취업의 장소와 종사하여야 할 업무에 관한 사항

해설

④ 근로기준법 제17조에 따르면 취업의 장소와 종사하여야 할 업무에 관한 사항은 근로계약서 체결 시 서면으로 명시 후 교부해야 하는 사항에 포함되지 않는다.

TIP 근로계약 체결 시 서면으로 명시해야 하는 사항(근로기준법 제17조 및 시행령 제8조)

㉠ 임금
㉡ 소정근로시간
㉢ 주휴일
㉣ 연차 유급휴가
㉤ 그 밖에 대통령령으로 정하는 사항(취업 장소와 업무, 취업규칙에 정해진 사항, 기숙사)

※ 서면 명시 후 교부해야 하는 사항(근로기준법 제17조)

㉠ 임금의 구성항목, 계산방법, 지급방법
㉡ 소정근로시간
㉢ 주휴일
㉤ 연차 유급휴가

2021년 4회 시행

32 근로기준법령상 상시 4명 이하의 사업장에 적용되는 규정은?

① 제17조 근로조건의 명시
② 제34조 퇴직급여 제도
③ 제46조 휴업수당
④ 제93조 취업규칙의 작성 · 신고

해설

① 상시 4명 이하의 근로자를 사용하는 사업 또는 사업장에 적용하는 법 규정에 따라 근로조건을 명시한 근로계약서 작성 및 교부(근로기준법 제17조) 하여야 한다.

TIP 상시 4명 이하의 근로자를 사용하는 사업 또는 사업장에 적용하는 법 규정 별표 1의 내용(근로기준법 시행령 제7조)

상시 4인 이하(5인 미만) 사업장에 적용해야 하는 주요 사항	
근로기준법을 적용하지 않아도 되는 경우	근로기준법을 적용해야 하는 경우
• 근로계약기간 제한 • 해고 등의 제한(부당해고 및 구제신청) • 휴업수당 지급의무 • 연장근로시간 제한 및 연장근로수당 • 연차 유급휴가 규정 및 생리휴가 • 취업규칙 신고의무 • 법정의무교육 조항	• 근로계약서 작성, 근로조건 명시 • 해고예고 • 임금관련 조항 • 휴게 및 휴일 조항 • 여성과 소년 보호 조항(임산부 포함) • 안전과 보건 조항 • 재해예방 및 재해보상 조항 • 근로감독관 조항

2021년 4회 시행

33 남녀고용평등과 일 · 가정 양립 지원에 관한 법령상 (   ) 안에 들어갈 내용을 순서대로 나열한 것은?

> 사업주가 근로자에게 육아기 근로시간 단축을 허용하는 경우 단축 후 근로시간은 주당 (   )시간 이상이어야 하고 (   )시간을 넘어서는 아니 된다.

① 10, 15
② 10, 20
③ 15, 30
④ 15, 35

해설

④ 남녀고용평등과 일 · 가정 양립 지원에 관한 법 제19조의2 제3항에 따르면, 사업주는 근로자에게 육아기 근로시간 단축을 허용할 경우, 단축 후 근로시간이 주당 15시간 이상 35시간 이하여야 한다.

ANSWER 30.③ 31.④ 32.① 33.④

2021년 4회 시행

34 남녀고용평등과 일 · 가정 양립 지원에 관한 법령상 육아휴직에 관한 설명으로 틀린 것은?

① 사업주는 근로자가 만 8세 이하 또는 초등학교 2학년 이하의 자녀를 양육하기 위하여 육아휴직을 신청하는 경우에 이를 허용하여야 한다.

② 육아휴직의 기간은 1년 이내로 한다.

③ 사업주는 사업을 계속할 수 없는 경우에도 육아휴직 기간에는 그 근로자를 해고하지 못한다.

④ 육아휴직 기간은 근속기간에 포함한다.

해설

③ 남녀고용평등과 일 · 가정 양립 지원에 관한 법률 제19조 제3항에 따르면, 사업주는 육아휴직을 이유로 근로자를 해고하거나 불리한 처우를 해서는 안 되며, 육아휴직 기간 동안에는 해고할 수 없다. 다만, 도산 · 폐업 등 사업을 계속할 수 없는 경우에는 예외적으로 해고가 가능하다.

2021년 4회 시행

35 근로자퇴직급여 보장법에 관한 설명으로 옳지 않은 것은?

① "퇴직연금제도"란 확정급여형 퇴직연금제도, 확정기여형 퇴직연금제도 및 개인형 퇴직연금제도를 말한다.

② 사용자는 퇴직급여제도를 설정하는 경우에 하나의 사업에서 급여 및 부담금산정방법의 적용 등에 관하여 차등을 두어서는 아니 된다.

③ 사용자는 계속근로기간이 1년 미만인 근로자에 대하여는 퇴직급여제도를 설정하지 않아도 된다.

④ 사용자는 계속근로기간 1년에 대하여 30일분 이상의 통상임금을 퇴직금으로 퇴직근로자에게 지급할 수 있는 제도를 설정하여야 한다.

해설

④ 퇴직금을 산정하는 기준은 통상임금이 아니라 평균임금이다.

2021년 4회 시행

36 남녀고용평등과 일 · 가정 양립 지원에 관한 법령에서 규정하고 있는 내용이 아닌 것은?

① 육아휴직급여
② 출산전후휴가에 대한 지원
③ 직장어린이집 설치 및 지원
④ 배우자 출산휴가

해설

① 남녀고용평등과 일 · 가정 양립 지원에 관한 법령에서는 육아휴직의 허용 및 기간에 대해 규정하고 있으며, 육아휴직 급여 지원에 관한 사항은 고용보험법에서 정하고 있다.

2021년 4회 시행

37 파견근로자 보호 등에 관한 법률상 근로자 파견사업이 금지되는 업무가 아닌 것은?

① 공연예술가의 업무
② 의료기사의 업무
③ 간호조무사의 업무
④ 선원의 업무

해설

① 창작 및 공연예술가의 업무는 파견 가능 직종에 해당한다.

TIP 근로자 파견 대상 업무(다(파견근로자 보호 등에 관한 법률 제5조 및 시행령 제2조)

파견근로자 보호 등에 관한 법령에 따르면, 근로자파견 대상 업무는 제조업의 직접생산공정 업무를 제외하고, 전문지식 · 기술 · 경험 또는 업무의 성질 등을 고려하여 적합하다고 판단되는 대통령령이 정한 직종에서만 허용된다. 그럼에도 불구하고 파견이 불가능한 업무는 다음과 같다(파견근로자 보호 등에 관한 법류 제5조 및 시행령 제2조)

㉠ 건설현장에서 이루어지는 업무
㉡ 근로자공급사업 허가를 받은 지역의 업무
㉢ 선원의 업무
㉣ 유해하거나 위험한 업무
㉤ 근로자 보호 등의 이유로 근로자파견사업의 대상으로는 적절하지 못하다고 인정하여 대통령령으로 정하는 업무(분진작업, 건강관리카드 발급대상, 간호조무사, 의료기사, 여객자동차운송사업 및 화물자동차운송사업에서의 운전)

ANSWER 34.③ 35.④ 36.① 37.①

2021년 4회 시행

38 **기간제 및 단시간근로자 보호 등에 관한 법률의 내용으로 옳지 않은 것은?**

① 국가 및 지방자치단체의 기관에 대하여는 상시 사용하는 근로자의 수에 관계없이 이 법을 적용한다.

② 사용자는 가사, 학업 그 밖의 이유로 근로자가 단시간근로를 신청하는 때에는 당해 근로자를 단시간근로자로 전환하도록 노력하여야 한다.

③ 사용자는 단시간근로자임을 이유로 해당 사업 또는 사업장의 동종 또는 유사한 업무에 종사하는 통상근로자에 비하여 차별적 처우를 하여서는 아니 된다.

④ 사용자는 기간제근로자와 근로계약을 체결하는 때에는 근로일 및 근로일별 근로시간을 서면으로 명시하여야 한다.

해설

④ 근로일 및 근로일별 근로시간 서면 명시는 단시간근로자만 해당한다.

TIP 근로조건의 서면명시(기간제 및 단시간근로자 보호 등에 관한 법률 제17조)

㉠ 근로계약기간에 관한 사항
㉡ 근로시간 · 휴게에 관한 사항
㉢ 임금의 구성항목 · 계산방법 및 지불방법에 관한 사항
㉣ 휴일 · 휴가에 관한사항
㉤ 취업의 장소와 종사하여야 할 업무에 관한 사항
㉥ 근로일 및 근로일별 근로시간(단시간 근로자만 해당)

2020년 4회 시행

39 **근로기준법령상 상시근로자 수를 산정하는 경우 연인원에 포함되지 않는 근로자는?**

① 통상 근로자

② 파견근로자 보호 등에 관한 법률에 따른 파견근로자

③ 외국인근로자의 고용 등에 관한 법률에 따른 외국인 근로자

④ 기간제 및 단시간근로자보호 등에 관한 법률에 따른 기간제 근로자

해설

② 파견근로자 보호 등에 관한 법률에 따른 파견근로자 근로기준법 시행령에서 상시근로자 수의 산정에 포함되지 않는다.

TIP 상시근로자 수의 산정에 포함되는 인원(근로기준법 시행령 제7조의2 제4항)

㉠ 해당 사업 해당 사업 또는 사업장에서 사용하는 통상 근로자, 「기간제 및 단시간근로자 보호 등에 관한 법률」 제2조제1호에 따른 기간제근로자, 단시간근로자 등 고용형태를 불문하고 하나의 사업 또는 사업장에서 근로하는 모든 근로자
㉡ 해당 사업 또는 사업장에 동거하는 친족과 함께 제1호에 해당하는 근로자가 1명이라도 있으면 동거하는 친족인 근로자

2020년 4회 시행

40 근로기준법령상 근로계약 체결 시 근로조건의 의무적 명시사항이 아닌 것은?

① 근로계약기간 ② 소정근로시간
③ 임금 ④ 연차유급휴가에 관한 사항

해설

① 근로계약기간은 기간제 및 단시간근로자 보호 등에 관한 법률에서 기간제와 단시간근로자의 근로계약시 서면으로 명시해야 하는 사항이다.

TIP 근로체약 체결 시 근로조건의 의무적 명시(근로기준법 제17조 및 시행령 제8조)

㉠ 임금(구성항목, 계산방법, 지급방법)
㉡ 소정근로시간
㉢ 휴일
㉣ 연차 유급휴가
㉤ 대통령령으로 정하는 근로조건
- 취업의 장소와 종사하여야 할 업무에 관한 사항
- 취업규칙에서 정한 사항
- 사업장의 부속 기숙사에 근로자를 기숙하게 하는 경우에는 기숙사 규칙에서 정한 사항

2020년 4회 시행

41 남녀고용평등과 일 · 가정 양립 지원에 관한 법령상 직장 내 성희롱 예방 교육에 관한 설명으로 틀린 것은?

① 사업주는 성희롱 예방 교육을 분기별로 실시하여야 한다.
② 사업주는 성희롱 예방 교육의 내용을 근로자가 자유롭게 열람할 수 있는 장소에 항상 게시하거나 갖추어 두어 근로자에게 널리 알려야 한다.
③ 사업주는 성희롱 예방 교육기관에 위탁하여 실시할 수 있다.
④ 고용노동부장관은 성희롱 예방 교육기관이 정당한 사유 없이 강사를 3개월 이상 계속하여 두지 아니한 경우 그 지정을 취소할 수 있다.

해설

① 사업주는 성희롱 예방 교육을 분기별이 아닌 매년 실시하여야 한다.

ANSWER 38.④ 39.② 40.① 41.①

2020년 4회 시행

42 근로기준법령상 평균임금의 계산에서 제외되는 기간이 아닌 것은?

① 업무상 질병으로 요양하기 위하여 휴업한 기간

② 출산전후휴가 기간

③ 사용자의 귀책사유로 휴업한 기간

④ 근로자의 무단 결근기간

해설

④ 근로자퇴직급여보장법 제2조제4호 및 근로기준법 제2조제6호에 따라 퇴직금 산정을 위한 '평균임금'은 퇴직일 이전 3개월 동안에 그 근로자에게 지급된 임금의 총액을 그 기간의 총일수로 나누어 계산하며, 근로자의 무단결근 기간도 평균임금의 계산에 포함하여 산정하고 있다.

TIP 평균임금의 계산에서 제외되는 기간(근로기준법 시행령 제2조)

㉠ 근로계약을 체결하고 수습중에 있는 근로자가 수습을 시작한 날부터 3개월 이내의 기간
㉡ 사용자의 귀책사유로 휴업한 기간
㉢ 출산전후휴가 및 유산 · 사산 휴가 기간
㉣ 업무상부상 또는 질병으로 요양하기 위하여 휴업한 기간
㉤ 육아휴직 기간
㉥ 쟁의행위 기간
㉦ 병역의무를 이행하기 위하여 휴직하거나 근로하지 못한 기간(다만, 임금을 받은 경우에는 그러하지 아니하다.
㉧ 업무 외 부상이나 질병, 그 밖의 사유로 사용자의 승인을 받아 휴업한 기간

2020년 4회 시행

43 남녀고용평등과 일 · 가정 양립 지원에 관한 법령상 육아휴직에 관한 설명으로 틀린 것은?

① 육아휴직의 기간은 1년 이내로 한다.

② 사업주는 사업을 계속할 수 없는 경우 육아휴직 기간에 그 근로자를 해고할 수 있다.

③ 육아휴직 기간은 근속기간에 포함된다.

④ 기간제근로자의 육아휴직 기간은 기간제 및 단시간근로자 보호 등에 관한 법률에 따른 사용기간에 산입한다.

해설

④ 남녀고용평등과 일 · 가정 양립 지원에 관한 법령에 따르면, 육아휴직 기간은 일반 근로자의 근속기간에 포함되지만, 기간제 근로자와 파견근로자의 경우에는 사용기간 또는 근로자파견기간에 산입되지 않는다.
이는 육아휴직을 사용하더라도 휴직 후 남은 계약기간을 보장하여 근무할 수 있도록 하기 위한 조치이며, 결과적으로 기간제 및 파견근로자에 대해서만 근속기간에서 제외된다.

2020년 4회 시행

44 **남녀고용평등과 일 · 가정 양립 지원에 관한 법령상 명시된 남녀고용 평등실현과 일 · 가정 양립에 관한 기본계획에 포함되어야 할 사항으로 명시되어 있지 않은 것은?**

① 여성취업의 촉진에 관한 사항

② 국내 · 외 직업소개에 관한 사항

③ 남녀의 평등한 기회보장 및 대우에 관한 사항

④ 동일 가치 노동에 대한 동일 임금 지급의 정착에 관한 사항

해설

② 국내 · 외 직업소개에 관한 사항은 직업안정법에 규정된 내용이다.

TIP 남녀고용평등 실현과 일 · 가정 양립에 관한 기본계획에 포함되어야 할 사항(남녀고용평등과 일 · 가정 양립 지원에 관한 법률 제6조의2 제2항)

㉠ 여성취업의 촉진에 관한 사항
㉡ 남녀의 평등한 기회보장 및 대우에 관한 사항
㉢ 동일 가치 노동에 대한 동일 임금 지급의 정착에 관한 사항
㉣ 여성의 직업능력 개발에 관한 사항
㉤ 여성 근로자의 모성 보호에 관한 사항
㉥ 일 · 가정의 양립 지원에 관한 사항
㉦ 여성 근로자를 위한 복지시설의 설치 및 운영에 관한 사항
㉧ 직전 기본계획에 대한 평가
㉨ 그 밖에 남녀고용평등의 실현과 일 · 가정 양립 지원을 위하여 고용노동부장관이 필요하다고 인정하는 사항

2020년 4회 시행

45 **근로자퇴직급여 보장법에 대한 설명으로 옳지 않은 것은? (단, 기타 사항은 고려하지 않음)**

① 이 법은 상시 5인 이상 근로자를 사용하는 사업 또는 사업장에 적용한다.

② 사용자는 근로자가 퇴직한 경우에는 그 지급사유가 발생한 날부터 14일 이내에 퇴직금을 지급하여야 한다.

③ 퇴직 연금제도의 급여를 받을 권리는 양도하거나 담보로 제공할 수 없다.

④ 이 법에 따른 퇴직금을 받을 권리는 3년간 행사하지 아니하면 시효로 인하여 소멸한다.

해설

① 상시근로자 5인 이상은 근로기준법의 전체범위 적용 기준이다.
근로자퇴직급여 보장법은 근로자를 사용하는 모든 사업 또는 사업장에 적용한다. 다만, 동거하는 친족만을 사용하는 사업 및 가구 내 고용활동에는 적용하지 아니한다(근로자퇴직급여보장법 제3조(적용범위)).

ANSWER 42.④ 43.④ 44.② 45.①

2020년 4회 시행

46 **파견근로자 보호 등에 관한 법령에 관한 설명으로 틀린 것은?**

① 건설공사현장에서 이루어지는 업무에 대하여는 일시적으로 인력을 확보하여야 할 필요가 있는 경우 근로자파견사업을 행할 수 있다.

② 사용사업주는 파견근로자를 사용하고 있는 업무에 근로자를 직접 고용하려는 경우에는 해당 파견근로자를 우선적으로 고용하도록 노력하여야 한다.

③ 사용사업주는 파견근로자의 정당한 노동조합의 활동 등을 이유로 근로자 파견계약을 해지하여서는 아니 된다.

④ 근로자파견사업 허가의 유효기간은 3년으로 한다.

해설

① 건설공사현장에서 이루어지는 업무는 파견이 불가능하다.

TIP 근로자 파견 대상 업무(다(파견근로자 보호 등에 관한 법률 제5조 및 시행령 제2조)

파견근로자 보호 등에 관한 법령에 따르면, 근로자파견 대상 업무는 제조업의 직접생산공정 업무를 제외하고, 전문지식 · 기술 · 경험 또는 업무의 성질 등을 고려하여 적합하다고 판단되는 대통령령이 정한 직종에서만 허용된다. 그럼에도 불구하고 파견이 불가능한 업무는 다음과 같다(파견근로자 보호 등에 관한 법률 제5조 및 시행령 제2조).

㉠ 건설현장에서 이루어지는 업무

㉡ 근로자공급사업 허가를 받은 지역의 업무

㉢ 선원의 업무

㉣ 유해하거나 위험한 업무

㉤ 근로자 보호 등의 이유로 근로자파견사업의 대상으로는 적절하지 못하다고 인정하여 대통령령으로 정하는 업무(분진작업, 건강관리카드 발급대상, 간호조무사, 의료기사, 여객자동차운송사업 및 화물자동차운송사업에서의 운전)

2020년 4회 시행

47 **고용상 연령차별금지 및 고령자고용촉진에 관한 법령상 고령자 기준고용률이 틀린 것은?**

① 제조업 : 그 사업장의 상시근로자의 100분의 2

② 운수업 : 그 사업장의 상시근로자의 100분의 3

③ 부동산 및 임대업 : 그 사업장의 상시근로자의 100분의 6

④ 건설업 : 그 사업장의 상시근로자의 100분의 3

해설

② 고용상 연령차별금지 및 고령자고용촉진에 관한 법령상 운수업의 기준고용률은 그 사업장의 상시근로자의 100분의 6이다.

TIP 고령자 기준고용률(고용상 연령차별금지 및 고령자고용촉진에 관한 법률 시행령 제3조)

㉠ **제조업** : 그 사업장의 상시근로자수의 100분의 2

㉡ **운수업, 부동산 및 임대업** : 그 사업장의 상시근로자수의 100분의 6

㉢ **그 외의 산업** : 그 사업장의 상시근로자수의 100분의 3

ANSWER 46.① 47.②

학습 2 고용관련법규

2024년 4회 시행

1 우리나라 헌법에 규정된 노동 3권이 아닌 것은?

① 단체요구권 ② 단체행동권
③ 단체교섭권 ④ 단결권

해설

헌법 제33조 제1항
근로자는 근로조건 향상을 위하여 자주적인 단결권, 단체교섭권 및 단체행동권을 가진다.

2024년 4회 시행

2 고용정책기본법 시행령상 고용정책심의회의 전문위원회에 명시되지 않은 것은?

① 지역고용전문위원회
② 고용보험전문위원회
③ 장애고용촉진전문위원회
④ 건설근로자고용개선전문위원회

해설

전문위원회(고용정책기본법 시행령 제7조)
㉠ 지역고용전문위원회
㉡ 고용서비스전문위원회
㉢ 사회적기업육성전문위원회
㉣ 적극적고용개선전문위원회
㉤ 장애인고용촉진전문위원회
㉥ 가사근로자고용개선전문위원회
㉦ 건설근로자고용개선전문위원회
㉧ 직업능력개발전문위원회
㉨ 산업전환고용안정전문위원회

2024년 4회 시행

3 **고용정책 기본법령상 근로자의 고용촉진 및 사업주의 인력확보 지원시책이 아닌 것은?**

① 구직자와 구인자에 대한 지원

② 학생 등에 대한 직업지도

③ 취업취약계층의 고용촉진 지원

④ 업종별 · 지역별 고용조정의 지원

해설

근로자의 고용촉진 및 사업주의 인력확보 지원의 내용(고용정책기본법 제5장)

㉠ 구직자와 구인자에 대한 지원

㉡ 학생 등에 대한 직업지도

㉢ 청년 · 여성 · 고령자 등의 고용촉진의 지원

㉣ 취업취약계층의 고용촉진 지원

㉤ 일용근로자 등의 고용안정 지원

㉥ 사회서비스일자리 창출 및 사회적기업 육성

㉦ 기업의 고용창출 등 지원

㉧ 중소기업 인력확보지원계획의 수립 · 시행

㉨ 외국인근로자의 도입

2024년 4회 시행

4 **고용정책기본법령상 고용정책심의회에 대한 설명으로 틀린 것은?**

① 위원장을 포함한 25인 이내의 위원으로 구성한다.

② 고용노동부장관이 위원장이 된다.

③ 정책심의회에 분야별로 전문위원회를 둘 수 있다.

④ 고용노동부장관은 고용문제에 관하여 학식과 경험이 풍부한 사람을 고용정책심의회 위원으로 위촉할 수 있다.

해설

고용정책심의회는 위원장 1명을 포함한 30명 이내의 위원으로 구성한다(고용정책기본법 제10조 10항).

ANSWER 1.① 2.② 3.④ 4.①

2024년 4회 시행

5 고용보험법령상 고용안정 · 직업능력개발사업의 내용에 해당하지 않는 것은?

① 조기재취업 수당 지원
② 고용창출의 지원
③ 지역고용의 촉진
④ 임금피크제 지원금의 지급

해설

조기재취업 수당 지원은 실업급여 사업에 해당한다.

2024년 4회 시행

6 국민평생직업능력개발법령상 근로자의 정의로서 가장 적합한 것은?

① 1주 동안의 소정근로시간이 그 사업장에서 같은 종류의 업무에 종사하는 통상 근로자의 1주 동안 소정근로시간에 비해 짧은 자
② 직업의 종류와 관계없이 임금을 목적으로 사업이나 사업장에 근로를 제공하는 사람
③ 직업의 종류를 불문하고 임금 · 급료 기타 이에 준하는 수입에 의하여 생활하는 자
④ 사업주에게 고용된 사람과 취업할 의사가 있는 사람

해설

"근로자"란 사업주에게 고용된 사람과 취업할 의사가 있는 사람을 말한다(국민평생직업능력개발법 제2조 제4호).

2024년 4회 시행

7 국민평생직업능력개발법령상 직업능력개발훈련에 관한 설명으로 옳은 것은?

① 직업능력개발훈련은 18세 미만인 자에게는 실시할 수 없다.
② 직업능력개발훈련의 대상에는 취업할 의사가 있는 사람뿐만 아니라 사업주에게 고용된 사람도 포함된다.
③ 직업능력개발훈련 시설의 장은 직업능력개발훈련과 관련된 기술 등에 관한 표준을 정할 수 있다.
④ 산업재해보상보험법을 적용받는 사람도 재해 위로금을 받을 수 있다.

해설

직업능력개발훈련은 국민에게 직업에 필요한 직무수행능력을 습득 · 향상시키기 위하여 실시하는 훈련을 말한다. 근로자란 사업주에게 고용된 사람과 취업할 의사가 있는 사람을 말한다(국민평생직업능력개발법 제2조 제1호 및 제4호 참조).

2023년 4회 시행

8 고용보험법령상 육아기 근로시간 단축 급여에 관한 설명이다. (　　) 안에 알맞은 것은?

> 육아기 근로시간 단축 급여를 지급받으려는 사람은 육아기 근로시간 단축을 시작한 날 이후 1개월부터 끝난 날 이후 12개월 이내에 신청하여야 한다. 다만, 해당 기간에 대통령령으로 정하는 사유로 육아기 근로시간 단축 급여를 신청할 수 없었던 사람은 그 사유가 끝난 후 (　　)일 이내에 신청하여야 한다.

① 15일　　② 20일

③ 30일　　④ 60일

TIP 육아기 근로시간 단축 급여(고용보험법 제73조의2)

㉠ 고용노동부장관은 「남녀고용평등과 일 · 가정 양립 지원에 관한 법률」에 따른 육아기 근로시간 단축을 30일 이상 실시한 피보험자 중 육아기 근로시간 단축을 시작한 날 이전에 피보험 단위기간이 합산하여 180일 이상인 피보험자에게 육아기 근로시간 단축 급여를 지급한다.

㉡ 육아기 근로시간 단축 급여를 지급받으려는 사람은 육아기 근로시간 단축을 시작한 날 이후 1개월부터 끝난 날 이후 12개월 이내에 신청하여야 한다. 다만, 해당 기간에 대통령령으로 정하는 사유로 육아기 근로시간 단축 급여를 신청할 수 없었던 사람은 그 사유가 끝난 후 30일 이내에 신청하여야 한다.

2023년 4회 시행

9 국민평생직업능력개발법상 직업능력개발기본계획의 수립에 관한 설명으로 틀린 것은?

① 고용노동부장관은 직업능력개발기본계획을 5년마다 수립 · 시행하여야 한다.

② 직업능력개발기본계획에는 직업능력개발사업의 평가에 관한 사항이 포함되어야 한다.

③ 고용노동부장관은 직업능력개발기본계획을 수립하는 경우에는 사업주 단체 등 관련 기관 · 단체 등의 의견을 수렴하여야 한다.

④ 고용노동부장관이 직업능력개발기본계획을 수립한 때에는 지체 없이 국무총리에게 보고하여야 한다.

해설

④ 「직업능력개발법」 제6조(직업능력개발기본계획의 수립) 제4항에 따르면 고용노동부장관이 직업능력개발기본계획을 수립한 때에는 지체 없이 국무총리가 아니라 국회 소관 상임위원회에 보고하여야 한다.

ANSWER 5.① 6.④ 7.② 8.③ 9.④

2023년 4회 시행

10 채용절차의 공정화에 관한 법률에 관한 설명으로 틀린 것은?

① 이 법은 지방자치단체가 공무원을 채용하는 경우에는 적용하지 아니한다.

② 구인자는 그 직무의 수행에 필요하지 아니한 구직자 본인의 직계 존비속의 학력을 기초심사자료에 기재하도록 요구하여서는 아니 된다.

③ 구인자는 정당한 사유 없이 채용광고의 내용을 구직자에게 불리하게 변경하여서는 아니 된다.

④ 심층심사자료란 학위증명서 등 기초심사자료에 기재한 사항을 증명하는 일체의 자료를 말한다.

해설

④ "심층심사자료"란 작품집, 연구실적물 등 구직자의 실력을 알아볼 수 있는 모든 물건 및 자료를 말한다(채용절차의 공정화에 관한 법률 제2조 제5호).

TIP 채용절차의 공정화에 관한 법률 제2조의 내용은 다음과 같다.

㉠ "구인자"란 구직자를 채용하려는 자를 말한다.
㉡ "구직자"란 직업을 구하기 위하여 구인자의 채용광고에 응시하는 사람을 말한다.
㉢ "기초심사자료"란 구직자의 응시원서, 이력서 및 자기소개서를 말한다.
㉣ "입증자료"란 학위증명서, 경력증명서, 자격증명서 등 기초심사자료에 기재한 사항을 증명하는 모든 자료를 말한다.
㉤ "심층심사자료"란 작품집, 연구실적물 등 구직자의 실력을 알아볼 수 있는 모든 물건 및 자료를 말한다.
㉥ "채용서류"란 기초심사자료, 입증자료, 심층심사자료를 말한다.

2023년 4회 시행

11 헌법 제33조가 규정하고 있는 노동기본권에 관한 설명으로 틀린 것은?

① 헌법에 보장된 노동기본권에서는 사업장 단위의 복수노조설립이 금지되는 것으로 해석한다.

② 단결권을 향유할 주체에는 개별 근로자뿐만 아니라 근로자들이 결성한 단체도 포함된다.

③ 단체교섭권의 내용에는 교섭이 타결된 경우 단체협약체결권도 포함된다.

④ 단체행동권에 노동조합법상 사용자에게 인정되는 직장폐쇄는 포함되지 아니한다.

해설

① 헌법 제33조 제1항은 근로자의 노동 3권을 보장하지만, 복수노조를 금지하는 내용은 포함하고 있지 않다. 과거에는 「노동조합 및 노동관계조정법」에서 복수노조를 금지하여 하나의 사업장 내에 하나의 노동조합만 존재하도록 했으나, 2011년 7월 법 개정으로 복수노조가 허용되었다. 따라서 현재(2025년 기준)는 하나의 사업장 내에서도 2개 이상의 노동조합을 설립할 수 있으며, 단체교섭 시 교섭 창구 단일화 제도가 적용될 수 있다.

2023년 4회 시행

12 직업안정법령상 직업정보제공사업자가 준수해야 할 사항으로 틀린 것은?

① 구인자가 구인신청 당시 「근로기준법」에 따라 명단이 공개 중인 체불사업주인 경우 그 사실을 구직자가 알 수 있도록 게재할 것

② 직업정보제공매체 또는 직업정보제공사업의 광고문에 취업상담, 취업추천, 취업지원 등의 표현을 사용하지 아니할 것

③ 구인, 구직자의 주소 또는 전화번호는 기재하지 아니할 것

④ 「최저 임금법」에 따라 결정 · 고시된 최저 임금에 미달되는 구인정보를 제공하지 아니할 것

해설

③ 구인 · 구직 광고에는 구인 및 구직자의 주소 또는 전화번호를 기재하여야 한다.

TIP 직업정보제공사업자의 준수사항(직업안정법 시행령 제28조)

㉠ 구인자의 업체명, 성명 또는 사업자등록증 등을 확인할 수 없거나 구인자의 연락처가 사서함 등으로 표시되어 구인자의 신원 또는 정보가 확실하지 않은 구인광고를 게재하지 않을 것

㉡ 직업정보제공매체의 구인 · 구직의 광고에는 구인 · 구직자의 주소 또는 전화번호를 기재하고, 직업정보제공사업자의 주소 또는 전화번호는 기재하지 아니할 것

㉢ 직업정보제공매체 또는 직업정보제공사업의 광고문에 "(무료)취업상담" · "취업추천" · "취업지원"등의 표현을 사용하지 아니할 것

㉣ 구직자의 이력서 발송을 대행하거나 구직자에게 취업추천서를 발부하지 아니할 것

㉤ 직업정보제공매체에 정보이용자들이 알아보기 쉽게 법 제23조에 따른 신고로 부여받은 신고번호(직업소개사업을 겸하는 경우에는 법 제18조에 따른 신고로 부여받은 신고번호 또는 법 제19조에 따른 등록으로 부여받은 등록번호를 포함한다)를 표시할 것

㉥ 「최저임금법」 제10조에 따라 결정 고시된 최저임금에 미달되는 구인정보, 「성매매알선 등 행위의 처벌에 관한 법률」 제4조에 따른 금지행위가 행하여지는 업소에 대한 구인광고를 게재하지 아니할 것

2023년 4회 시행

13 직업안정법령상 신고를 하지 않고 무료직업소개사업을 할 수 있는 기관이 아닌 것은?

① 한국산업인력공단 ② 안전보건공단

③ 한국장애인고용공단 ④ 근로복지공단

해설

② 직업안정법에 따르면 국내 무료직업소개사업을 하려는 경우 주된 사업소의 소재지를 관할하는 특별자치도지사 · 시장 · 군수 및 구청장에게 신고하여야 하고, 국외 무료직업소개사업을 하려는 경우 고용노동부장관에게 신고하도록 되어 있다. 다만, 다음 기관은 신고를 하지 아니하고 무료직업소개사업을 할 수 있다. ㉠ 한국산업인력공단, ㉡ 한국장애인고용공단, ㉢ 근로복지공단, ㉣ 교육관계법에 따른 학교의 장, 「국민 평생 직업능력 개발법」에 따른 공공직업훈련시설의 장으로 규정하고 있다.

ANSWER 10.④ 11.① 12.③ 13.②

2023년 4회 시행

14 고용정책 기본법상 고용정책 기본계획에 포함되지 않는 것은?

① 고용동향과 인력의 수급전망에 관한 사항

② 사회적 기업 인증의 심사기준에 관한 사항

③ 고용에 관한 중장기 정책목표 및 방향

④ 인력의 수요와 공급에 영향을 미치는 경제, 산업, 교육, 복지 또는 인구정책 등의 동향에 관한 사항

해설

② 사회적 기업 인증의 심사에 관한 사항은 고용정책심의회의 심의사항에 속한다.

TIP 고용정책 기본계획의 수립 · 시행(고용정책 기본법 제8조)

기본계획에는 다음 각 호의 사항이 포함되어야 한다.

㉠ 고용에 관한 중장기 정책목표 및 방향

㉡ 인력의 수요와 공급에 영향을 미치는 경제, 산업, 교육, 복지 또는 인구정책 등의 동향(動向)에 관한 사항

㉢ 고용 동향과 인력의 수급 전망에 관한 사항

㉣ 국가에서 시행하는 고용에 관한 시책의 기본 방향에 관한 사항

㉤ 그 밖의 고용 관련 주요 시책에 관한 사항

2023년 4회 시행

15 고용정책 기본법령상 다음 ( ) 안에 들어갈 알맞은 것은?

실업대책사업을 적용할 때에 실업자로 보는 무급휴직자는 ( ) 개월 이상 기간을 정하여 무급으로 휴직하는 사람을 말한다.

① 3 ② 6

③ 9 ④ 12

해설

② 고용정책 기본법에 따르면, 고용노동부장관은 산업별 · 지역별 실업 상황을 조사하여 실업자가 다수 발생하거나 발생할 우려가 있는 경우, 또는 고용안정이 필요하다고 인정되는 경우 관계 중앙행정기관과 협의하여 실업대책사업을 실시할 수 있다. 또한, 6개월 이상 무급휴직하는 사람도 실업자의 범위에 포함하여 실업대책사업의 혜택을 받을 수 있도록 하고 있다.

2023년 4회 시행

16 **고용보험법령상 피보험자의 관리에 관한 설명으로 맞는 것은?**

① 보험관계 성립일 전에 고용된 근로자의 경우에는 그 근로자가 입사한 다음 날에 피보험자격을 취득한 것으로 본다.

② 피보험자가 사망한 경우에는 사망한 날에 피보험자격을 상실한다.

③ 피보험자가 고용보험의 적용 제외 근로자에 해당하게 된 경우에는 그 적용 제외 대상자가 된 다음 날에 피보험자격을 상실한다.

④ 적용 제외 근로자이었던 자가 이 법의 적용을 받게 된 경우에는 그 적용을 받게 된 날에 피보험 자격을 취득한 것으로 본다.

해설

④ 고용보험법 제13조, 제14조(고용보험의 취득일, 상실일)에서 고용보험 피보험 자격 취득일과 상실일은 Tip의 내용과 같다. 따라서 적용 제외 근로자였던 근로자가 고용보험법의 적용을 받게 된 경우에는 그 적용을 받게 된 날에 피보험 자격을 취득하게 되는 것이다.

TIP 고용보험법상 피보험자격의 취득일 및 상실일(고용보험법 제13조 및 제14조)

구분	해당 일자
취득일	• 근로자인 피보험자가 고용보험법이 적용되는 사업에 고용된 경우 : 고용된 날 • 적용 제외 근로자였던 사람이 고용보험법의 적용을 받게 된 경우 : 적용받게 된 날 • 고용산재보험료징수법에 따른 보험관계 성립일 전에 고용된 근로자의 경우 : 보험관계가 성립한 날 • 자영업자인 피보험자의 경우 : 보험관계가 성립한 날
상실일	• 근로자인 피보험자가 적용 제외 근로자에 해당하게 된 경우 : 적용 제외 대상자가 된 날 • 보험관계가 소멸한 경우 : 소멸한 날 • 이직한 경우 : 이직한 날의 다음 날 • 사망한 경우 : 사망한 날의 다음 날 • 자영업자인 피보험자의 경우 : 보험관계가 소멸한 날

ANSWER 14.② 15.② 16.④

2023년 4회 시행

17 고용보험법령에 의하면 피보험자격에 대하여 원수급인이 사업주가 된 경우에는 그 사업에 종사하는 근로자 중 원수급인이 고용하는 근로자 외의 근로자에 대하여는 그 근로자를 고용하는 하수급인이 신고하여야 하는데 그 하수급인에 속하지 않는 경우는?

① 「건설산업기본법」 제2조 제7호에 따른 건설사업자

② 「전기공사업법」 제2조 제3호에 따른 공사업자

③ 「경비업법」 제2조에 따른 경비 업자

④ 「소방시설공사업법」 제2조 제1항 제2호에 따른 소방시설업자

해설

③ 「경비업법」 제2조에 따른 경비 업자는 하수급의 신고대상에 해당하지 않는다.

TIP 피보험자격에 관한 신고 등(고용보험법 제15조)

원수급인이 사업주로 된 경우에 그 사업에 종사하는 근로자 중 원수급인이 고용하는 근로자 외의 근로자에 대하여는 그 근로자를 고용하는 다음 해당 사항에 하수급인이 제1항에 따른 신고를 하여야 한다. 이 경우 원수급인은 고용노동부령으로 정하는 바에 따라 하수급인에 관한 자료를 고용노동부장관에게 제출하여야 한다.

㉠ 「건설산업기본법」 제2조 제7호에 따른 건설사업자
㉡ 「주택법」 제4조에 따른 주택건설사업자
㉢ 「전기공사업법」 제2조 제3호에 따른 공사업자
㉣ 「정보통신공사업법」 제2조 제4호에 따른 정보통신공사업자
㉤ 「소방시설공사업법」 제2조 제1항 제2호에 따른 소방시설업자
㉥ 「국가유산수리 등에 관한 법률」 제14조에 따른 국가유산수리업자

2023년 4회 시행

18 국민평생직업능력개발법령상 직업능력개발훈련이 중요시 되어야 할 대상에 해당하지 않는 것은?

① 「국민생활기초 보장법」에 따른 수급권자

② 「제대군인지원에 관한 법률」에 따른 제대군인 및 전역예정자

③ 「중소기업기본법」에 따른 중소기업의 근로자

④ 「외국인근로자의 고용 등에 관한 법률」에 따른 외국인근로자

해설

④ 외국인 근로자는 직업능력개발훈련이 중요시 되는 대상에 해당되지 않는다.

TIP 직업능력개발훈련이 중요시 되어야 하는 대상(국민평생직업능력개발법 제3조 4호)

㉠ 고령자 · 장애인
㉡ 「국민기초생활 보장법」에 따른 수급권자
㉢ 국가유공자와 그 유족 또는 가족이나 보훈보상대상자와 그 유족 또는 가족
㉣ 5 · 18민주유공자와 그 유족 또는 가족
㉤ 제대군인 및 전역예정자
㉥ 여성근로자
㉦ 중소기업 근로자
㉧ 일용근로자, 일용근로자, 단시간근로자, 기간제근로자, 일시적 사업에 고용된 근로자, 파견근로자
㉨ 학교 밖 청소년

2022년 4회 시행

19 **직업안정법상 용어의 정의로 옳지 않은 것은?**

① "고용서비스"란 구인자 또는 구직자에 대한 고용정보의 제공, 직업소개, 직업지도 또는 직업능력개발 등 고용을 지원하는 서비스를 말한다.

② "근로자공급사업"이란 근로자파견사업을 포함하여 공급계약에 따라 근로자를 타인에게 사용하게 하는 사업을 말한다.

③ "무료직업소개사업"이란 수수료, 회비 또는그 밖의 어떠한 금품도 받지 아니하고 하는 직업소개사업을 말한다.

④ "직업소개"란 구인 또는 구직의 신청을 받아 구직자 또는 구인자(求人者)를 탐색하거나 구직자를 모집하여 구인자와 구직자 간에 고용계약이 성립되도록 알선하는 것을 말한다.

해설

② "근로자공급사업"이란 공급계약에 따라 근로자를 타인에게 사용하게 하는 사업을 말한다. 다만, 「파견근로자 보호 등에 관한 법률」에 따른 근로자파견사업은 제외한다(직업안정법 제12조 정의).

ANSWER 17.③ 18.④ 19.②

2022년 4회 시행

20 **고용보험법령상 고용보험기금의 용도를 모두 고른 것은?**

> ㉠ 직업능력개발 사업에 필요한 경비
> ㉡ 고용보험법령에서 정한 국민연금 보험료의 지원
> ㉢ 실업급여의 지급
> ㉣ 육아휴직 급여의 지급
> ㉤ 고용보험법령에서 정한 국민건강 보험료의 지원

① ㉠, ㉡, ㉤
② ㉡, ㉢, ㉣
③ ㉠, ㉡, ㉢, ㉣
④ ㉠, ㉡, ㉢, ㉣, ㉤

해설

③ 국민건강 보험료의 지원은 해당하지 않는다.

TIP 기금의 용도(고용보험법 제80조)

㉠ 고용안정 · 직업능력개발사업에 필요한 경비
㉡ 실업급여의 지급
㉢ 육아휴직 급여 및 출산전후휴가 급여등의 지급
㉣ 보험료의 반환
㉤ 일시 차입금의 상환금과 이자
㉥ 고용보험 법과 고용산재보험료징수법에 따른 업무를 대행하거나 위탁받은 자에 대한 출연금
㉦ 그 밖에 이 법의 시행을 위하여 필요한 경비

2022년 4회 시행

21 **직업안정법상 직업안정기관의 장이 구인신청의 수리(受理)를 거부하지 못하는 경우는?**

① 구인신청의 내용이 법령을 위반한 경우
② 구인신청의 내용 중 임금이 통상적인 근로조건에 비하여 현저히 부적당하다고 인정되는 경우
③ 구인자가 구인조건을 밝히기를 거부하는 경우
④ 구인자가 자격증을 요구하는 경우

해설

④ 구인자가 자격증을 요구하는 경우에는 구인신청을 거부할 수 없다.

TIP 구인의 신청(직업안정법 제8조)

직업안정기관의 장은 구인신청의 수리를 거부하여서는 아니 된다. 다만, 다음 어느 하나에 해당하는 경우에는 그러하지 아니하다.

㉠ 구인신청의 내용이 법령을 위반한 경우
㉡ 구인신청의 내용중 임금, 근로시간, 그 밖의 근로조건이 통상적인 근로조건에 비하여 현저하게 부적당하다고 인정되는 경우
㉢ 구인자가 구인조건을 밝히기를 거부하는 경우
㉣ 구인자가 구인신청 당시 「근로기준법」에 따라 명단이 공개 중인 체불사업주인 경우

2022년 4회 시행

22 헌법 제32조(근로의 권리)에 관한 설명으로 틀린 것은?

① 근로조건의 기준은 인간의 존엄성을 보장하도록 법률로 정한다.
② 신체장애자는 법률이 정하는 바에 의하여 우선적으로 근로의 기회를 부여받는다.
③ 여자의 근로는 특별한 보호를 받으며, 고용 · 임금 및 근로조건에 있어서 부당한 차별을 받지 아니한다.
④ 국가는 사회적 · 경제적 방법으로 근로자의 고용의 증진과 적정임금의 보장에 노력하여야 하며, 법률이 정하는 바에 의하여 최저임금제를 시행하여야 한다.

해설

② 헌법 제32조에서는 근로의 권리에 대해 명시하고 있으나, 신체장애자에 대한 우선적 근로 기회 부여에 관한 내용은 포함되지 않는다.

TIP 헌법 제32조

㉠ 모든 국민은 근로의 권리를 가진다. 국가는 사회적 · 경제적 방법으로 근로자의 고용의 증진과 적정임금의 보장에 노력하여야 하며, 법률이 정하는 바에 의하여 최저임금제를 시행하여야 한다.
㉡ 모든 국민은 근로의 의무를 진다. 국가는 근로의 의무의 내용과 조건을 민주주의원칙에 따라 법률로 정한다.
㉢ 근로조건의 기준은 인간의 존엄성을 보장하도록 법률로 정한다.
㉣ 여자의 근로는 특별한 보호를 받으며, 고용 · 임금 및 근로조건에 있어서 부당한 차별을 받지 아니한다.
㉤ 연소자의 근로는 특별한 보호를 받는다.
㉥ 국가유공자 · 상이군경 및 전몰군경의 유가족은 법률이 정하는 바에 의하여 우선적으로 근로의 기회를 부여받는다.

ANSWER 20.③ 21.④ 22.②

2022년 4회 시행

23 고용보험법상 육아휴직 급여에 관한 설명으로 틀린 것은?

① 피보험자가 사업주로부터 육아휴직을 이유로 금품을 지급받은 경우라도 이를 이유로 하여 육아휴직 급여가 감액되어 지급되어서는 아니 된다.

② 피보험자가 육아휴직 급여 기간 중에 그 사업에서 이직하거나 새로 취업한 경우에는 그 이직 또는 취업하였을 때부터 육아휴직 급여를 지급하지 아니한다.

③ 거짓이나 그 밖의 부정한 방법으로 육아휴직 급여를 받았거나 받으려 한 자에게는 그 급여를 받은 날 또는 받으려 한 날부터의 육아휴직 급여를 지급하지 아니한다.

④ 피보험자가 육아휴직 급여 기간 중에 새로 취업한 경우에는 그 사실을 직업안정기관의 장에게 신고하여야 하지만 1주간의 소정근로시간이 15시간 미만인 경우는 제외한다.

해설

① 고용보험법 제73조(육아휴직 급여의 지급 제한 등) 제3항에는 "피보험자가 사업주로부터 육아휴직을 이유로 금품을 지급받은 경우 대통령령으로 정하는 바에 따라 급여를 감액하여 지급할 수 있다."라고 명시되어있다. 즉, 사업주로부터 육아휴직 급여를 받은 경우 감액하여 지급할 수 있다.

2022년 4회 시행

24 직업안정법령상 국외 공급 근로자의 보호 및 국외 근로자 공급사업의 관리에 관한 설명으로 옳지 않은 것은?

① 공급대상 국가로부터 취업자격을 취득한 근로자만을 공급할 것

② 공급 근로자를 공급계약 외의 업무에 종사하게 하거나 공급계약기간을 초과하여 체류하게 하지 아니할 것

③ 국외의 임금수준 등을 고려하여 공급 근로자에게 적정 임금을 보장할 것

④ 임금은 매월 1회 이상 일정한 기일을 정하여 근로자 공급 사업자를 통해 해당 근로자에게 통화로 그 전액을 지급할 것

해설

④ 근로자 공급 사업자를 통해서가 아니라 해당 근로자에게 직접 지급하게 되어 있다.

TIP 국외 공급 근로자 보호 등(직업안정법 시행규칙 제41조 제1항 제4호)

임금은 매월 1회 이상 일정한 기일을 정하여 통화로 직접 해당 근로자에게 그 전액을 지급할 것

2022년 4회 시행

25 고용보험법령상 자영업자의 실업급여에 관한 설명으로 옳지 않은 것은?

① 자영업자인 피보험자의 실업급여의 종류에는 조기재취업 수당이 포함된다.

② 자영업자인 피보험자로서 폐업한 수급자격자에 대한 구직급여일액은 그 수급자격자의 기초일액에 100분의 60을 곱한 금액으로 한다.

③ 자영업자인 피보험자의 실업급여에는 취업촉진수당도 포함된다.

④ 자영업자인 피보험자의 구직급여 수급요건은 폐업일 이전 24개월간 자영업자인 피보험자로서 갖춘 피보험 단위기간이 합산하여 1년 이상이어야 한다.

해설

① 고용보험법 제69조의2에 따르면, 자영업자인 피보험자의 실업급여는 제37조에서 정한 실업급여와 동일하게 적용되지만, 연장급여와 조기재취업수당은 제외된다.

2022년 4회 시행

26 고용정책 기본법령상 대량 고용변동의 신고기준으로 옳은 것은?

① 상시근로자 300명 미만을 사용하는 사업 또는 사업장에서 1개월 이내 이직하는 근로자의 수가 30명 이상인 경우

② 상시근로자 100명 미만을 사용하는 사업 또는 사업장에서 1개월 이내 이직하는 근로자의 수가 10명 이상인 경우

③ 상시근로자 300명 이상을 사용하는 사업 또는 사업장에서 3개월 이내 이직하는 근로자의 총수가 100분의 10 이상인 경우

④ 상시근로자 100명 이상을 사용하는 사업 또는 사업장에서 1개월 이내 이직하는 근로자의 총수가 100분의 10 이상인 경우

해설

① 대량 고용변동의 신고 기준은 1개월 이내에 이직하는 근로자 수가 ㉠ 상시 근로자 300명 미만을 사용하는 사업 또는 사업장 : 30명 이상, ㉡ 상시 근로자 300명 이상을 사용하는 사업 또는 사업장 : 상시 근로자 총수의 100분의 10 이상일 경우이다(고용정책 기본법 시행령 제31조).

ANSWER 23.① 24.④ 25.① 26.①

2022년 4회 시행

27 국민평생직업능력개발법령상 직업능력개발훈련이 중요시 되어야 하는 대상자에 속하지 않는 경우는?

① 「제대군인지원에 관한 법률」에 따른 제대군인 및 전역예정자

② 일용근로자

③ 「외국인근로자의 고용 등에 관한 법률」에 따른 외국인

④ 「파견근로자 보호 등에 관한 법률」에 따른 파견근로자

해설

③ 외국인은 포함되어 있지 않다.

TIP 직업능력개발훈련이 중요시 되어야 하는 대상(국민평생직업능력개발법 제3조 4호)

㉠ 고령자 · 장애인
㉡ 「국민기초생활 보장법」에 따른 수급권자
㉢ 국가유공자와 그 유족 또는 가족이나 보훈보상대상자와 그 유족 또는 가족
㉣ 5 · 18민주유공자와 그 유족 또는 가족
㉤ 제대군인 및 전역예정자
㉥ 여성근로자
㉦ 중소기업 근로자
㉧ 일용근로자, 일용근로자, 단시간근로자, 기간제근로자, 일시적 사업에 고용된 근로자, 파견근로자
㉨ 학교 밖 청소년

2022년 4회 시행

28 채용절차의 공정화에 관한 법률에 관한 설명으로 틀린 것은?

① 이 법은 지방자치단체가 공무원을 채용하는 경우에는 적용하지 아니한다.

② 구인자는 그 직무의 수행에 필요하지 아니한 구직자 본인의 직계 존비속의 학력을 기초심사자료에 기재하도록 요구하여서는 아니 된다.

③ 심층심사자료란 학위증명서 등 기초심사자료에 기재한 사항을 증명하는 일체의 자료를 말한다.

④ 구인자는 정당한 사유 없이 채용광고의 내용을 구직자에게 불리하게 변경하여서는 아니 된다.

해설

③ "심층심사자료"란 작품집, 연구실적물 등 구직자의 실력을 알아볼 수 있는 모든 물건 및 자료를 말한다(채용절차의 공정화에 관한 법률 제2조 제5호)

TIP 채용절차의 공정화에 관한 법률 제2조의 내용은 다음과 같다.

㉠ "구인자"란 구직자를 채용하려는 자를 말한다.
㉡ "구직자"란 직업을 구하기 위하여 구인자의 채용광고에 응시하는 사람을 말한다.
㉢ "기초심사자료"란 구직자의 응시원서, 이력서 및 자기소개서를 말한다.
㉣ "입증자료"란 학위증명서, 경력증명서, 자격증명서 등 기초심사자료에 기재한 사항을 증명하는 모든 자료를 말한다.
㉤ "심층심사자료"란 작품집, 연구실적물 등 구직자의 실력을 알아볼 수 있는 모든 물건 및 자료를 말한다.
㉥ "채용서류"란 기초심사자료, 입증자료, 심층심사자료를 말한다.

2021년 4회 시행

29 고용정책 기본법령상 고용정책심의회 심의 사항이 아닌 것은?

① 인력의 공급구조와 산업구조의 변화등에 따른 고용 및 실업대책에 관한 사항
② 장애인의 고용촉진 및 직업재활을 위한 기본계획의 수립에 관한 사항
③ 고용정책 추진실적의 평가에 관한 사항
④ 지역고용정책기본계획의 수립 · 시행에 관한 사항

해설

④ 지역고용정책 기본계획의 수립 · 시행에 관한 사항은 지역고용정책심의회의 심의사항이다.

TIP 고용정책심의회 심의사항(고용정책 기본법 시행령 제2조)

㉠ 고용정책 기본계획의 수립에 관한 사항
㉡ 인력의 공급구조와 산업구조의 변화 등에 따른 고용 및 실업대책에 관한 사항
㉢ 고용영향평가 대상의 선정, 평가방법 등에 관한 사항
㉣ 재정지원 일자리 사업의 효율화에 관한 사항
㉤ 「사회적기업 육성법」에 따른 사회적기업 육성기본계획, 사회적기업 인증에 관한 사항, 그 밖에 사회적기업의 지원을 위하여 필요한 사항으로서 대통령령으로 정하는 사항
㉥ 「남녀고용평등과 일 · 가정 양립 지원에 관한 법률」에 따른 적극적 고용개선조치에 관한 중요사항
㉦ 「장애인고용촉진 및 직업재활법」에 따른 장애인의 고용촉진 및 직업재활을 위한 기본계획의 수립에 관한 사항 등
㉧ 「근로복지기본법」에 따른 근로복지증진에 관한 중요사항
㉨ 관계 중앙행정기관의 장이 고용과 관련하여 심의를 요청하는 사항
㉩ 그밖에 다른 법령에서 정책심의회의 심의를 거치도록 한 사항 및 대통령령으로 정하는 사항

ANSWER 27.③ 28.③ 29.④

2022년 4회 시행

30 **국민평생직업능력개발법상 고용노동부장관이 직업능력개발훈련교사의 자격을 취소하거나 정지시킬 수 있는 경우가 아닌 것은?**

① 자격증을 빌려준 경우

② 금고 이상의 형을 선고받고 그 집행이 끝나거나 집행이 면제된 날부터 2년이 지난 사람

③ 거짓이나 그 밖의 부정한 방법으로 자격증을 발급받은 경우

④ 고의 또는 중대한 과실로 직업능력 개발훈련에 중대한 지장을 준 경우

해설

② 직업능력개발훈련교사는 금고 이상의 형을 선고받고 그 집행이 끝나거나 집행이 면제된 날부터 2년이 지나지 아니한 사람은 될 수 없으며, 2년이 지난 사람은 결격 사유에서 제외되어 교사가 될 수 있다.

TIP 직업능력개발훈련교사의 자격취소 등(국민평생직업능력개발법 제35조)

㉠ 거짓이나 그 밖의 부정한 방법으로 자격증을 발급받은 경우
㉡ 직업능력개발훈련교사의 결격 사유 중 어느 하나에 해당하게 된 경우
㉢ 고의 또는 중대한 과실로 직업능력개발훈련에 중대한 지장을 준 경우
㉣ 자격증을 빌려준 경우

2021년 4회 시행

31 **직업안정법령상 직업소개에 대한 설명으로 틀린 것은?**

① 직업안정기관의 장은 구인자가 구인조건을 밝히기를 거부하는 경우 구인신청의 수리를 거부할 수 있다.

② 구인자가 직업안정기관의 장에게 구인신청을 할 때에는 근로조건을 구체적으로 밝힐 필요는 없다.

③ 직업안정기관의 장은 가능하면 구직자가 통근할 수 있는 지역에서 직업을 소개하도록 노력하여야 한다.

④ 직업안정기관의 장은 필요하다고 인정하여 구직자의 동의를 받은 경우에는 직업적성검사를 할 수 있다.

해설

② 구인자가 직업안정기관의 장에게 구인신청을 할 때에는 구직자가 취업할 업무의 내용과 근로조건을 구체적으로 밝혀야 하며, 직업안정기관의 장은 이를 구직자에게 알려 주어야 한다.

TIP 구인의 신청(직업안정법 제8조)

직업안정기관의 장은 구인신청의 수리를 거부하여서는 아니 된다. 다만, 다음 중 어느 하나에 해당하는 경우에는 그러하지 아니하다.

㉠ 구인신청의 내용이 법령을 위반한 경우
㉡ 구인신청의 내용 중 임금, 근로시간, 그 밖의 근로조건이 통상적인 근로조건에 비하여 현저하게 부적당하다고 인정되는 경우
㉢ 구인자가 구인조건을 밝히기를 거부하는 경우
㉣ 구인자가 구인신청 당시 「근로기준법」에 따라 명단이 공개 중인 체불사업주인 경우

2021년 4회 시행

32 **고용정책 기본법령상 사업주의 대량고용변동 신고 시 이직하는 근로자수에 포함되는 자는?**

① 수습으로 채용된 날부터 3개월 이내의 사람
② 자기의 사정 또는 자기에게 책임이 있는 사유로 이직하는 사람
③ 상시 근무가 필요하지 않은 업무에 고용된 사람
④ 일용근로자 또는 6개월 미만의 기간을 정하여 고용된 사람으로서 6개월을 초과하여 계속 고용되고 있는 사람

해설

④ 일용근로자 또는 6개월 미만의 기간을 정하여 고용된 사람으로서 6개월을 초과하여 계속 고용되고 있는 사람, 6개월을 초과하는 기간을 정하여 고용된 사람으로서 해당 기간을 초과하여 계속 고용되고 있는 사람 등 2가지에 속하는 사람은 대량 고용변동 발생 시에 신고해야 한다.

TIP 대량고용변동이 발생하더라도 신고사항에서 제외할 수 있는 근로자(고용정책 기본법 시행규칙 제6조)

㉠ 일용근로자 또는 기간을 정하여 고용된 사람(다만, 일용근로자 또는 6개월 미만의 기간을 정하여 고용된 사람으로서 6개월을 초과하여 계속 고용되고 있는 사람, 6개월을 초과하는 기간을 정하여 고용된 사람으로서 해당 기간을 초과하여 계속 고용되고 있는 사람 등 2가지에 속하는 사람은 대량고용 변동 발생시에 신고해야한다.)
㉡ 수습으로 채용된 날부터 3개월 이내의 사람
㉢ 자기의 사정 또는 자기에게 책임이 있는 사유로 이직하는 사람
㉣ 상시 근무가 필요하지 않은 업무에 고용된 사람
㉤ 천재지변이나 그 밖의 부득이한 사유로 사업을 계속할 수 없게 되어 이직하는 사람

ANSWER 30.② 31.② 32.④

2021년 4회 시행

33 헌법 제32조(근로의 권리)에 관한 설명으로 틀린 것은?

① 근로조건의 기준은 인간의 존엄성을 보장하도록 법률로 정한다.

② 신체장애자는 법률이 정하는 바에 의하여 우선적으로 근로의 기회를 부여받는다.

③ 여자의 근로는 특별한 보호를 받으며, 고용 · 임금 및 근로조건에 있어서 부당한 차별을 받지 아니한다.

④ 국가는 사회적 · 경제적 방법으로 근로자의 고용의 증진과 적정임금의 보장에 노력하여야 한다.

해설

② 헌법에는 장애인에 대한 우선적 근로기회 부여 조항이 포함되어 있지 않다.

TIP 헌법 제32조

㉠ 모든 국민은 근로의 권리를 가진다. 국가는 사회적 · 경제적 방법으로 근로자의 고용의 증진과 적정임금의 보장에 노력하여야 하며, 법률이 정하는 바에 의하여 최저임금제를 시행하여야 한다.
㉡ 모든 국민은 근로의 의무를 진다. 국가는 근로의 의무의 내용과 조건을 민주주의원칙에 따라 법률로 정한다.
㉢ 근로조건의 기준은 인간의 존엄성을 보장하도록 법률로 정한다.
㉣ 여자의 근로는 특별한 보호를 받으며, 고용 · 임금 및 근로조건에 있어서 부당한 차별을 받지 아니한다.
㉤ 연소자의 근로는 특별한 보호를 받는다.
㉥ 국가유공자 · 상이군경 및 전몰군경의 유가족은 법률이 정하는 바에 의하여 우선적으로 근로의 기회를 부여받는다.

2021년 4회 시행

34 고용보험법령상 이 법의 적용을 받는 자는?

① 일용근로자

② 별정우체국법에 따른 별정우체국 직원

③ 사립학교교직원 연금법의 적용을 받는 자

④ 지방공무원법에 따른 공무원

해설

②③④는 고용보험 제외 대상자이다.

TIP 고용보험법 제외 대상자(고용보험법 제10조)

㉠ 소정근로시간이 대통령령으로 정하는 시간 미만인 사람
㉡ 공무원(다만, 별정직공무원이거나 임기제공무원의 경우는 본인의 의사에 따라 고용보험 일부에 대해 가입 가능함) ㉢ 「사립학교교직원 연금법」의 적용을 받는 사람
㉣ 그 밖에 대통령령으로 정하는 사람(「별정우체국법」에 따른 별정우체국 직원)
㉤ 65세 이후에 고용되거나 자영업을 개시한 사람

2021년 4회 시행

35 고용보험법령상 폐업한 자영업자인 피보험자의 구직급여 수급 요건으로 틀린 것은?

① 법령을 위반하여 허가 취소를 받음에 따라 폐업한 경우가 아니어야 한다.

② 재취업을 위한 노력을 적극적으로 하여야 한다.

③ 폐업일 이전 18개월간 자영업자인 피보험자로서 갖춘 피보험 단위기간이 통산하여 180일 이상이어야 한다.

④ 근로의 의사와 능력이 있음에도 불구하고 취업을 하지 못한 상태에 있어야 한다.

해설

③ 고용보험법에 따르면, 자영업자가 구직급여를 받기 위해서는 폐업일 이전 24개월 동안 자영업자로 가입한 피보험 단위기간이 합산하여 1년 이상이어야 한다.

2021년 4회 시행

36 국민평생직업능력개발법령상 직업능력개발훈련이 중요시 되어야 할 대상에 해당하지 않는 것은?

① 「국민생활기초 보장법」에 따른 수급권자

② 제조업의 연구직에 종사하는 근로자

③ 「중소기업기본법」에 따른 중소기업의 근로자

④ 「제대군인지원에 관한 법률」에 따른 전역 예정자

해설

② 제조업의 연구직에 종사하는 근로자는 해당하지 않는다.

TIP 직업능력개발훈련이 중요시 되어야 하는 대상(국민평생직업능력개발법 제3조 4호)

㉠ 고령자 · 장애인
㉡ 「국민기초생활 보장법」에 따른 수급권자
㉢ 국가유공자와 그 유족 또는 가족이나 보훈보상대상자와 그 유족 또는 가족
㉣ 5 · 18민주유공자와 그 유족 또는 가족
㉤ 제대군인 및 전역예정자
㉥ 여성근로자
㉦ 중소기업 근로자
㉧ 일용근로자, 일용근로자, 단시간근로자, 기간제근로자, 일시적 사업에 고용된 근로자, 파견근로자
㉨ 학교 밖 청소년

ANSWER 33.② 34.① 35.③ 36.②

2021년 4회 시행

37 **국민 평생 직업능력 개발법령상 다음 (　) 안에 들어갈 내용을 순서대로 나열한 것은?**

> 사업주는 훈련계약을 체결할 때에는 해당 직업능력개발훈련을 받는 사람이 직업능력개발훈련을 이수한 후에 사업주가 지정하는 업무에 일정 기간 종사하도록 할 수 있다. 이 경우 그 기간은 (　)년 이내로 하되, 직업능력개발훈련기간의 (　)배를 초과할 수 없다.

① 2, 1　　② 2, 2

③ 5, 2　　④ 5, 3

해설

④ 국민평생직업능력개발법 제9조 제2항에 따르면, 사업주는 직업능력개발훈련을 제공할 때 훈련을 받은 사람이 지정된 업무에 일정 기간 종사하도록 할 수 있으나, 그 기간은 최대 5년을 초과할 수 없으며, 훈련기간의 3배를 넘을 수 없다.

2021년 4회 시행

38 **직업안정법령상 용어 정의에 관한 설명으로 틀린 것은?**

① '직업소개'란 구인 또는 구직의 신청을 받아 구직자 또는 구인자를 탐색하거나 구직자를 모집하여 구인자와 구직자 간에 고용계약이 성립되도록 알선하는 것을 말한다.

② '직업안정기관'이란 직업소개, 직업지도 등 직업알선업무를 수행하는 비영리법인과 공익단체를 말한다.

③ '모집'이란 근로자를 고용하려는 자가 취업하려는 사람에게 피고용인이 되도록 권유하거나 다른 사람으로 하여금 권유하게 하는 것을 말한다.

④ '고용서비스'란 구인자 또는 구직자에 대한 고용정보의 제공, 직업소개, 직업지도 또는 직업능력개발 등 고용을 지원하는 서비스를 말한다.

해설

② '직업안정기관'이란 직업소개, 직업지도 등 직업안정업무를 수행하는 지방고용노동행정기관을 말한다(직업안정법 제2조).

2021년 4회 시행

39 고용보험법령상 구직급여의 연장급여 종류에 해당되지 않는 것은?

① 지정연장급여 ② 특별연장급여

③ 개별연장급여 ④ 훈련연장급여

해설

① 고용보험법에 따라 실업급여는 구직급여, 취업촉진 수당, 연장급여, 상병급여로 구분된다. 취업촉진 수당은 조기재취업 수당, 직업능력개발 수당, 광역구직활동비, 이주비가 포함되며, 연장급여는 훈련연장급여, 개별연장급여, 특별연장급여로 구성된다.

2020년 4회 시행

40 고용정책 기본법령상 '근로자의 고용촉진 및 사업주의 인력확보 지원' 내용에 해당하지 않는 것은?

① 직업능력평가제도의 확립

② 고령자의 고용촉진의 지원

③ 외국인근로자의 도입

④ 학생 등에 대한 직업지도

해설

① 직업능력평가제도의 확립은 고용정책기본법 제4장 직업능력개발에 포함되는 내용이다.

TIP 근로자의 고용촉진 및 사업주의 인력확보 지원의 내용(고용정책기본법 제5장)

㉠ 구직자와 구인자에 대한 지원
㉡ 학생 등에 대한 직업지도
㉢ 청년 · 여성 · 고령자 등의 고용촉진의 지원
㉣ 취업취약계층의 고용촉진 지원
㉤ 일용근로자 등의 고용안정 지원
㉥ 사회서비스일자리 창출 및 사회적기업 육성
㉦ 기업의 고용창출 등 지원
㉧ 중소기업 인력확보지원계획의 수립 · 시행
㉨ 외국인근로자의 도입

ANSWER 37.④ 38.② 39.① 40.①

2020년 4회 시행

41 국민평생직업능력개발법상 직업능력개발기본계획의 수립에 관한 설명으로 틀린 것은?

① 고용노동부장관은 직업능력개발기본계획을 5년마다 수립 · 시행하여야 한다.

② 직업능력개발기본계획에는 직업능력개발사업의 평가에 관한 사항이 포함되어야 한다.

③ 고용노동부장관은 직업능력개발기본계획은 수립하는 경우에는 사업주 단체 등 관련 기관 · 단체 등의 의견을 수렴하여야 한다.

④ 고용노동부장관이 직업능력개발기본계획을 수립한 때에는 지체없이 국무총리에게 보고하여야 한다.

해설

④ 고용노동부장관이 직업능력개발기본계획을 수립한 때에는 지체 없이 국회 소관 상임위원회에 보고하여야 한다.(국민평생직업능력개발법 제5조 제4항)

2020년 4회 시행

42 고용정책 기본법령상 다음 ( ) 안에 들어갈 알맞은 것은?

> 실업대책사업을 적용할 때에 실업자로 보는 무급휴직자는 ( )개월 이상 기간을 정하여 무급으로 휴직하는 사람을 말한다.

① 3 ② 6

③ 9 ④ 12

해설

② 고용정책 기본법에 따르면, 고용노동부장관은 산업별 · 지역별 실업 상황을 조사하여 실업자가 다수 발생하거나 발생할 우려가 있는 경우, 또는 고용안정이 필요하다고 인정되는 경우 관계 중앙행정기관과 협의하여 실업대책사업을 실시할 수 있다. 또한, 6개월 이상 무급휴직하는 사람도 실업자의 범위에 포함하여 실업대책사업의 혜택을 받을 수 있도록 하고 있다.

2020년 4회 시행

43 고용보험법령상 피보험자의 관리에 관한 설명으로 틀린 것은?

① 피보험자가 사망한 경우에는 사망한 날의 다음 날에 피보험자격을 상실한다.

② 보험관계 성립일 전에 고용된 근로자의 경우에는 그 보험관계가 성립한 날에 피보험자격을 취득한 것으로 본다.

③ 피보험자가 고용보험의 적용 제외 근로자에 해당하게 된 경우에는 그 적용 제외 대상자가 된 날에 피보험자격을 상실한다.

④ 적용 제외 근로자이었던 자가 이 법의 적용을 받게 된 경우에는 그 적용을 받게 된 날의 다음 날에 피보험 자격을 취득한 것으로 본다.

해설

④ 적용 제외 근로자였던 근로자가 고용보험법의 적용을 받게 된 경우에는 그 적용을 받게 된 날에 피보험자격을 취득하게 된다.

TIP 고용보험법상 피보험자격의 취득일 및 상실일(고용보험법 제13조 및 제14조)

구분	해당 일자
취득일	• 근로자인 피보험자가 고용보험법이 적용되는 사업에 고용된 경우 : 고용된 날 • 적용 제외 근로자였던 사람이 고용보험법의 적용을 받게 된 경우 : 적용받게 된 날 • 고용산재보험료징수법에 따른 보험관계 성립일 전에 고용된 근로자의 경우 : 보험관계가 성립한 날 • 자영업자인 피보험자의 경우 : 보험관계가 성립한 날
상실일	• 근로자인 피보험자가 적용 제외 근로자에 해당하게 된 경우 : 적용 제외 대상자가 된 날 • 보험관계가 소멸한 경우 : 소멸한 날 • 이직한 경우 : 이직한 날의 다음 날 • 사망한 경우 : 사망한 날의 다음 날 • 자영업자인 피보험자의 경우 : 보험관계가 소멸한 날

ANSWER 41.④ 42.② 43.④

2020년 4회 시행

44 채용절차의 공정화에 관한 법률에 관한 설명으로 틀린 것은?

① 심층심사자료란 학위증명서 등 기초심사자료에 기재한 사항을 증명하는 일체의 자료를 말한다.

② 이 법은 지방자치단체가 공무원을 채용하는 경우에는 적용하지 아니한다.

③ 구인자는 정당한 사유 없이 채용광고의 내용을 구직자에게 불리하게 변경하여서는 아니된다.

④ 구인자는 그 직무의 수행에 필요하지 아니한 구직자 본인의 직계 존비속의 학력을 기초심사자료에 기재하도록 요구하여서는 아니 된다.

해설

① "심층심사자료"란 작품집, 연구실적물 등 구직자의 실력을 알아볼 수 있는 모든 물건 및 자료를 말한다(채용절차의 공정화에 관한 법률 제2조 제5호)

2020년 4회 시행

45 국민평생직업능력개발법령상 직업에 필요한 기초적 직무수행능력을 습득시키기 위하여 실시하는 직업능력개발훈련은?

① 향상훈련 ② 양성훈련

③ 전직훈련 ④ 혼합훈련

해설

② 직업에 필요한 기초적 직무수행능력을 습득시키기 위하여 실시하는 직업능력개발훈련은 양성(養成)훈련이다.

TIP 직업능력개발훈련의 구분 및 실시방법(국민평생직업능력개발법 시행령 제3조)

㉠ 훈련의 목적에 따른 구분
- 양성(養成)훈련 : 직업에 필요한 기초적 직무수행능력을 습득시키기 위하여 실시하는 직업능력개발훈련
- 향상훈련 : 양성훈련을 받은 사람이나 직업에 필요한 기초적 직무수행능력을 가지고 있는 사람에게 더 높은 직무수행능력을 습득시키거나 기술발전에 맞추어 지식 · 기능을 보충하게 하기 위하여 실시하는 직업능력개발훈련(①)
- 전직(轉職)훈련 : 종전의 직업과 유사하거나 새로운 직업에 필요한 직무수행능력을 습득시키기 위하여 실시하는 직업능력개발훈련(③)

㉡ 훈련의 방법에 따른 구분
- 집체(集體)훈련 : 직업능력개발훈련을 실시하기 위하여 설치한 훈련전용시설이나 그 밖에 훈련을 실시하기에 적합한 시설(산업체의 생산시설 및 근무장소는 제외한다)에서 실시하는 방법
- 현장훈련 : 산업체의 생산시설 또는 근무장소에서 실시하는 방법
- 원격훈련 : 먼 곳에 있는 사람에게 정보통신매체 등을 이용하여 실시하는 방법
- 혼합훈련 : 훈련방법을 2개 이상 병행하여 실시하는 방법

2020년 4회 시행

46 고용보험법령상 취업촉진 수당에 해당하지 않는 것은?

① 조기재취업수당
② 구직급여
③ 직업능력개발수당
④ 이주비

해설

② 구직급여는 취억촉진 수당에 해당하지 않는다.

TIP 취업촉진 수당의 종류(고용보험법 제37조 제2항)

㉠ 조기재취업 수당
㉡ 직업능력개발 수당
㉢ 광역 구직활동비
㉣ 이주비

2020년 4회 시행

47 고용보험법령상 수급권 보호에 관한 내용이다. (　　)에 들어갈 내용은?

실업급여를 받을 권리는 양도 또는 압류하거나 담보로 제공할 수 없으며, 실업급여수급계좌의 예금 중 (　　) 이하의 금액에 관한 채권은 압류할 수 없다.

① 월보수총액
② 월보험료액
③ 3개월 평균임금
④ 실업급여수급계좌에 입금된 금액 전액

해설

④ 고용보험법에 따라 실업급여는 양도 · 압류 · 담보 제공이 금지되며, 실업급여수급계좌에 입금된 금액 전액도 압류할 수 없다.

ANSWER 44.① 45.② 46.② 47.④

2020년 4회 시행

48 직업안정법령상 근로자공급사업에 관한 설명으로 틀린 것은?

① 국내 근로자공급사업은 노동조합만 사업의 허가를 받을 수 있다.

② 연예인을 대상으로 하는 국외 근로자공급사업은 금지된다.

③ 제조업의 경우 국외 근로자공급사업 허가를 받을 수 있다.

④ 국외 근로자공급사업을 하고자 하는 경우 일정한 자산 및 시설을 갖추고 있어야 한다.

해설

② 고용직업안정법에 따르면 국내 근로자공급사업은 노동조합만이 사업의 허가를 받아 운영할 수 있으며, 국외 근로자공급사업의 경우에는 국내에서 제조업 · 건설업 · 용역업 · 그 밖의 서비스업을 운영하는 사업자가 허가를 받을 수 있다. 다만, 연예인을 대상으로 하는 국외 근로자공급사업은 「민법」 제32조에 따른 비영리법인만이 허가를 받을 수 있으며, 허가를 받은 후에만 사업을 운영할 수 있다.

2020년 4회 시행

49 직업안정법령상 신고를 하지 않고 무료직업소개사업을 할 수 있는 기관이 아닌 것은?

① 한국산업 인력공단

② 안전보건공단

③ 한국장애인고용공단

④ 근로복지공단

해설

② 직업안정법에 따르면 국내 무료직업소개사업을 하려는 경우 주된 사업소의 소재지를 관할하는 특별자치도지사 · 시장 · 군수 및 구청장에게 신고하여야 하고, 국외 무료직업소개사업을 하려는 경우 고용노동부장관에게 신고하도록 되어 있다. 다만, 다음 기관은 신고를 하지 아니하고 무료직업소개사업을 할 수 있다. ㉠ 한국산업인력공단, ㉡ 한국장애인고용공단, ㉢ 근로복지공단, ㉣ 교육관계법에 따른 학교의 장, 「국민 평생 직업능력 개발법」에 따른 공공직업훈련시설의 장으로 규정하고 있다.

2020년 4회 시행

50 헌법 제32조에서 명시적으로 보장하고 있는 내용이 아닌 것은?

① 근로조건의 기준은 인간의 존엄성을 보장하도록 법률로 정한다.

② 연소자의 근로는 특별한 보호를 받는다.

③ 국가는 법률이 정하는 바에 의하여 최저임금제를 시행하여야 한다.

④ 장애인의 근로는 특별한 보호를 받으며, 고용 · 임금 및 근로조건에 있어서 부당한 차별을 받지 아니한다.

해설

④ 장애인에 대한 특별한 보호는 헌법 제32조에 명시되어 있지 않다.

TIP 헌법 제32조

㉠ 모든 국민은 근로의 권리를 가진다. 국가는 사회적 · 경제적 방법으로 근로자의 고용의 증진과 적정임금의 보장에 노력하여야 하며, 법률이 정하는 바에 의하여 최저임금제를 시행하여야 한다.
㉡ 모든 국민은 근로의 의무를 진다. 국가는 근로의 의무의 내용과 조건을 민주주의원칙에 따라 법률로 정한다.
㉢ 근로조건의 기준은 인간의 존엄성을 보장하도록 법률로 정한다.
㉣ 여자의 근로는 특별한 보호를 받으며, 고용 · 임금 및 근로조건에 있어서 부당한 차별을 받지 아니한다.
㉤ 연소자의 근로는 특별한 보호를 받는다.
㉥ 국가유공자 · 상이군경 및 전몰군경의 유가족은 법률이 정하는 바에 의하여 우선적으로 근로의 기회를 부여받는다.

ANSWER 48.② 49.② 50.④

CHAPTER 02

기타 직업상담관련법규

학습 1 개인정보보호관련법규

2024년 4회 시행

1 개인정보보호법령상 개인정보 보호위원회(이하 "보호위원회"라 한다)에 관한 설명으로 틀린 것은?

① 보호위원회는 상임위원 2명(위원장 1명, 부위원장 1명)을 포함한 9명의 위원으로 구성된다.

② 위원장과 위원의 임기는 2년으로 하되, 한 차례만 연임할 수 있다.

③ 보호위원회의 회의는 위원장이 필요하다고 인정하거나 재적위원 4분의 1 이상의 요구가 있는 경우에 위원장이 소집한다.

④ 보호위원회의 재적위원 과반수의 출석과 출석위원 과반수의 찬성으로 의결한다.

해설

위원장과 위원의 임기는 3년으로 하되, 한 차례만 연임할 수 있다(개인정보보호법 제7조의4).

2022년 4회 시행

2 **개인정보 보호법령상 다음에서 설명하고 있는 정의의 내용이 옳지 않은 것은?**

① '개인정보'란 살아 있는 개인에 관한 정보로서 성명, 주민등록번호 및 영상 등을 통하여 개인을 알아볼 수 있는 정보 등을 말한다.

② '정보주체'란 개인정보를 처리하고 이를 관리하는 기관을 말한다.

③ '개인정보처리자'란 업무를 목적으로 개인정보파일을 운용하기 위하여 스스로 또는 다른 사람을 통하여 개인정보를 처리하는 공공기관, 법인, 단체 및 개인 등을 말한다.

④ '영상정보처리기기'란 일정한 공간에 지속적으로 설치되어 사람 또는 사물의 영상 등을 촬영하거나 이를 유·무선망을 통하여 전송하는 장치로서 대통령령으로 정하는 장치를 말한다.

해설

② '정보주체'란 처리되는 정보에 의하여 알아볼 수 있는 사람으로서 그 정보의 주체가 되는 사람을 말한다(개인정보 보호법 제2조 정의).

2021년 4회 시행

3 **개인정보 보호법령상 3년 이하의 징역 또는 3천만원 이하의 벌금에 처하는 사람은?**

① 안전성 확보에 필요한 조치를 하지 아니하여 개인정보를 분실·도난·유출·위조, 변조 또는 훼손당한 자

② 개인정보의 처리를 정지하지 아니하고 계속 이용하거나 제3자에게 제공한 자

③ 직무상 알게 된 비밀을 누설하거나 직무상 목적 외에 이용한 자

④ 정정·삭제 등 필요한 조치를 하지 아니하고 개인정보를 계속 이용하거나 이를 제3자에게 제공한 자

해설

③ 개인정보 보호법 제72조에 따르면, 법령을 위반한 자에게 3년 이하의 징역 또는 3천만원 이하의 벌금에 처하게 하였으며 주요 위반 사항은 다음과 같다.

㉠ 영상정보처리기기의 설치 목적과 다른 목적으로 영상정보처리기기를 임의로 조작하거나 다른 곳을 비추는 자 또는 녹음기능을 사용한 자

㉡ 거짓이나 그 밖의 부정한 수단이나 방법으로 개인정보를 취득하거나 개인정보 처리에 관한 동의를 받는 행위를 한 자 및 그 사정을 알면서도 영리 또는 부정한 목적으로 개인정보를 제공받은 자

㉢ 직무상 알게 된 비밀을 누설하거나 직무상 목적 외에 이용한 자

ANSWER 1.② 2.② 3.③

직업상담사 1급 실기

PART 06

직업심리 및 전직지원

01 직업상담 진단
02 직업상담 초기면담
03 진로상담
04 취업상담
05 직업훈련상담
06 직업정보 분석
07 변화동기지원
08 전직역량분석
09 생애설계지원
10 전직목표설정
11 심층직업상담
12 직업상담 수퍼비전
13 직업정보 가공
14 취업지원 행사운영

CHAPTER

01 직업상담 진단

학습 1 진단 실시 결정하기

1 인지적 검사와 정서적 검사의 특징을 각각 3가지씩 설명하시오.

정답

① 인지적 검사
- ㉠ 인지 능력을 평가하기 위한 검사
- ㉡ 인간의 전체가 아닌 일부 능력만을 측정하는 능력검사
- ㉢ 일반적으로 문항의 정답이 있고, 시간제한이 엄격하게 적용
- ㉣ 최대한의 능력 발휘 요구(극대 수행 검사)

② 정서적 검사
- ㉠ 비인지적 검사, 정서 · 동기 · 흥미 · 태도 · 가치 등을 재는 검사
- ㉡ 정답이 없음, '~검사'라기보다 '~목록 또는 항목표'라고 함
- ㉢ 응답시간을 제한하지 않음, 최대한의 정직한 응답 요구
- ㉣ 가장 습관적으로 하는 행동을 선택(습관적 수행 검사)

※ 각 특징 중 3가지 선택해서 작성

TIP 검사 내용에 따른 분류

인지적 검사 (극대 수행 검사)	• 인지 능력을 평가하기 위한 검사이다. • 인간의 전체가 아닌 일부 능력만을 측정하는 능력검사이다. • 일반적으로 문항의 정답이 있고, 시간제한이 엄격하게 적용한다. • 최대한의 능력 발휘를 요구(극대 수행 검사)한다.
정서적 검사 (습관적 수행 검사)	• 비인지적 검사, 정서 · 동기 · 흥미 · 태도 · 가치 등을 재는 검사이다. • 정답이 없음, '~검사'라기보다 '~목록 또는 항목표'라고 한다. • 응답시간을 제한하지 않는다. 최대한의 정직한 응답을 요구한다. • 가장 습관적으로 하는 행동을 선택(습관적 수행 검사)한다.

2 심리검사 중 '사용 목적에 따른 분류'에 해당하는 2가지 검사를 적고 특징을 설명하시오.

정답

① **규준 참조 검사** : 개인의 점수를 다른 사람들의 점수와 비교해서 상대적으로 어떤 수준인지를 알아보는 것이 주목적인 검사로, 비교 기준이 되는 점수들을 규준(norm)이라고 하며, 이런 규준 집단(norm group)이라고 부르는 대표적인 집단을 통해 비교 점수들을 얻어낸다.

② **준거 참조 검사** : 어떤 기준 점수와 비교해서 이용하려는 검사를 말한다. 이때 기준 점수는 검사에 따라, 또 검사를 사용하는 기관이나 조직의 특성에 따라, 시기에 따라 각각 달라질 수 있다. 따라서 준거 참조 검사는 '규준'을 가지고 있지 않다.

TIP 사용 목적에 따른 분류

구분	내용
규준 참조 검사	• 개인의 점수를 다른 사람들의 점수와 비교해서 상대적으로 어떤 수준인지를 알아보는 것이 주목적인 검사이다. • 비교 기준이 되는 점수들을 규준(norm)이라고 하며, 이런 규준 집단(norm group)이라고 부르는 대표적인 집단을 통해 비교 점수들을 얻어낸다.
준거 참조 검사	• 어떤 기준 점수와 비교해서 이용하려는 검사이다. • 검사를 사용하는 기관이나 조직의 특성에 따라, 시기에 따라 각각 달라질 수 있다. 따라서 준거 참조 검사는 '규준'을 가지고 있지 않다.

3 인지적 검사와 정서적 검사의 특징 3가지와 각 유형별 포함되는 검사명 3가지를 기술하시오.

정답

① 인지적 검사

㉠ 정의

- 인지 능력을 평가하기 위한 검사이다.
- 인간의 전체가 아닌 일부 능력만을 측정하는 능력검사이다.
- 일반적으로 문항의 정답이 있고, 시간제한이 엄격하게 적용한다.
- 최대한의 능력 발휘를 요구(극대 수행 검사)한다.

㉡ 포함되는 검사 3가지

- 지능검사 : 유아용 웩슬러 지능검사(K-WPPSI-Ⅳ), 아동용 웩슬러 지능검사(K-WISC-Ⅴ), 한국판 웩슬러 지능검사(K-WAIS-Ⅴ)
- 적성검사 : GATB, 성인용 직업 적성검사, 적성검사, 직업 적성검사
- 성취도 검사 : 대학수학능력시험, SAT, 토플(TOEFL), 토익(TOEIC) 등

② 정서적 검사

㉠ 정의

- 비인지적 검사, 정서 · 동기 · 흥미 · 태도 · 가치 등을 재는 검사이다.
- 정답이 없음, '~검사'라기보다 '~목록 또는 항목표'라고 한다.
- 응답시간을 제한하지 않는다. 최대한의 정직한 응답을 요구한다.
- 가장 습관적으로 하는 행동을 선택(습관적 수행 검사)한다.

㉡ 포함되는 검사 3가지

• 성격검사 : 직업선호도검사 L형 중 성격검사, MMPI, MBTI
• 흥미검사 : 직업선호도검사 S형, 직업선호도검사 L형 중 흥미검사, 직업카드 심리검사, 스트롱(Strong) 진로 탐색 검사, 직업흥미검사
• 태도검사 : 직무만족도 검사, 학습 태도, 부모 양육 태도, 근무 태도

TIP 검사 내용에 따른 분류

구분	정의	내용
인지적 검사	• 인지 능력을 평가하기 위한 검사이다. • 인간의 전체가 아닌 일부 능력만을 측정하는 능력검사이다. • 일반적으로 문항의 정답이 있고, 시간제한이 엄격하게 적용한다. • 최대한의 능력 발휘를 요구(극대 수행 검사)한다.	• 지능검사 : 유아용 웩슬러 지능검사(K-WPPSI-Ⅳ), 아동용 웩슬러 지능검사(K-WISC-Ⅴ), 한국판 웩슬러 지능검사(K-WAIS-Ⅴ) • 적성검사 : GATB, 성인용 직업 적성검사, 적성검사, 직업 적성검사 • 성취도 검사 : 대학수학능력시험, SAT, 토플(TOEFL), 토익(TOEIC) 등
정서적 검사	• 비인지적 검사, 정서 · 동기 · 흥미 · 태도 · 가치 등을 재는 검사이다. • 정답이 없음. '~검사'라기보다 '~목록 또는 항목표'라고 한다. • 응답시간을 제한하지 않는다. 최대한의 정직한 응답을 요구한다. • 가장 습관적으로 하는 행동을 선택(습관적 수행 검사)한다.	• 성격검사 : 직업선호도검사 L형 중 성격검사, MMPI, MBTI • 흥미검사 : 직업선호도검사 S형, 직업선호도검사 L형 중 흥미검사, 직업카드 심리검사, 스트롱(Strong) 진로 탐색 검사, 직업 흥미검사 • 태도검사 : 직무만족도 검사, 학습 태도, 부모 양육 태도, 근무 태도

4 홀랜드의 개인 · 환경 간 적합성 모형을 토대로 하여 개발된 검사의 이론적 배경 3가지에 대해 기술하시오.

정답

① 사람들의 흥미는 6가지 유형으로 구분할 수 있다(직업 흥미 유형).
② 환경도 그 환경에서 일하는 사람들의 흥미에 대응하는 6가지 유형으로 구분할 수 있다(직업환경 유형).
③ 사람과 환경 유형이 일치하는 경우 최대한의 잠재력을 발휘한다. 이 이론에 따르면, 각 유형의 사람들은 성격이나 자신에 대한 평가, 선호하는 활동, 적성, 가치관 등 많은 분야에서 서로 독특함을 보인다. 홀랜드는 이를 이용해서 평소 활동, 자신의 유능함 지각, 선호하는 직업이나 분야, 일반적 성향 등의 영역에서 개인이 나타내는 6가지 유형 각각의 상대적 우열을 구분해 냄으로써 개인의 흥미 구조를 밝힐 수 있다고 주장했다. 또한, 각 직업환경은 그 환경에서 우세하게 생활하는 사람들의 흥미 유형을 반영하는 것이어서, 개인의 흥미 유형이 직업의 흥미 유형과 일치할 때 직업생활의 성과가 더 크다고 보았다.

5 다음은 내담자 가 씨의 직업선호도검사 S형에 대한 결과이다. 검사 결과를 바탕으로 다음 질문에 답하시오.

구분	현실형(R)	탐구형(I)	예술형(A)	사회형(S)	진취형(E)	관습형(C)
원점수	22	15	13	12	8	9
표준점수	65	62	58	47	51	48

1) 가 씨의 흥미코드를 판정하시오.

2) 판정된 코드의 특징을 설명하시오.

정답

1) 가 씨의 흥미코드를 판정하시오.

→ (현실형, 탐구형) 또는 (RI형)

원점수가 가장 큰 순서대로 2개의 흥미코드가 내담자 가 씨의 흥미코드가 된다.

2) 판정된 코드의 특징을 설명하시오.

→ 내담자 가 씨의 흥미코드의 특징은 첫 번째 코드 현실형(R형)은 현장에서 몸으로 부대끼는 활동과 기술을 사용하는 일에 관심이 많으며, 두 번째 코드 탐구형(I형)은 사람보다 아이디어를 강조하고, 추상적인 사고 능력을 가지고 있다고 볼 수 있다.

TIP 홀랜드의 6가지 흥미 유형의 특징

흥미유형	특징
현실형 (R : Realistic)	• 현장에서 몸으로 부대끼는 활동을 좋아한다. • 신체활동 + 기술사용 선호
탐구형 (I : Investigative)	• 사람보다는 아이디어를 강조하고, 추상적인 사고 능력을 가지고 있다. • (과학적인 지식에 대해) 연구 + 분석 + 사고 선호
예술형 (A : Artistic)	• 창의성을 지향하며, 아이디어와 재료를 사용해서 자신을 새로운 방식으로 표현하는 작업을 한다. • (사람들에 대한) 창의적 + 변화를 추구하는 일 선호
사회형 (S : Social)	• 다른 사람을 육성하고 계발하는 것을 좋아하며, 이익이 적더라도 도움이 필요한 사람을 돕는 일을 좋아한다. • (사람들에 대한) 조력 + 육성 + 지원 선호
진취형 (E : Enterprising)	• 물질이나 아이디어보다는 사람에게 관심을 가지며, 특정 목표를 달성하기 위해 타인을 통제하고 지배하는 데 관심이 있다. •(사람들을) 관리 + 설득 선호
관습형 (C : Conventional)	• 일반적으로 잘 짜여진 구조에서 일을 잘하고, 세밀하고 꼼꼼한 일에 능숙하다. • 비즈니스 사무행정 + 구조화된 상황 선호한다.

6 **직업선호도검사 L형에서 성격 Big Five이론으로 만들어진 성격검사의 성격 5요인별 점수를 보고 아래 질문에 대해 특징 2가지씩으로 해석하시오.**

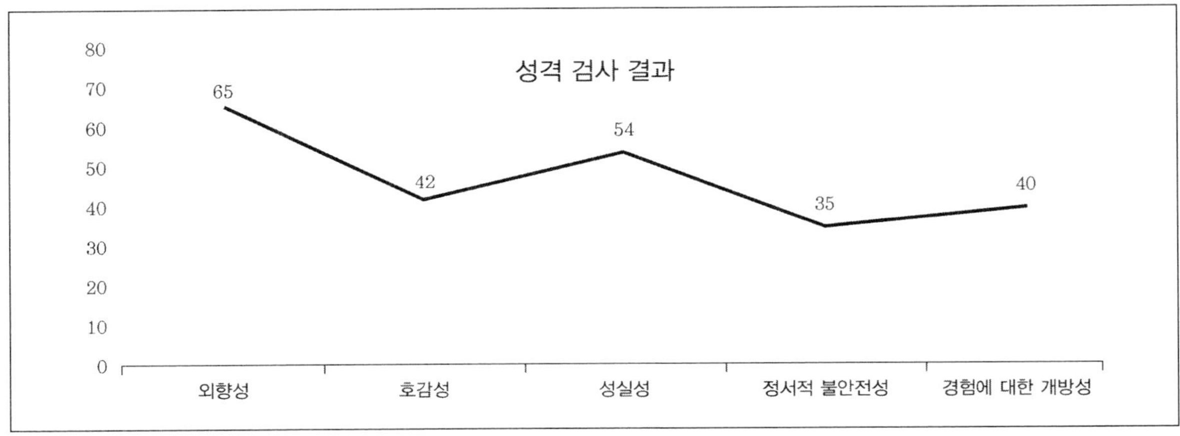

1) 가장 높은 점수의 성격 요인과 특징에 대해 해석하시오.

2) 가장 낮은 점수의 성격 요인과 특징에 대해 해석하시오.

정답

1) 가장 높은 점수의 성격 요인과 특징에 대해 해석하시오.

㉠ **가장 높은 점수의 성격 요인** : 외향성

㉡ **특징** : 외향성 점수가 높은 사람은 사교적일 뿐만 아니라 / 활달하고 말을 많이 하며 / 자기주장을 잘한다. / 그들은 흥분과 자극을 좋아하고 / 명랑하고 힘이 넘치며 / 선천적으로 낙관적이다.

2) 가장 낮은 점수의 성격 요인과 특징에 대해 해석하시오.

㉠ **가장 낮은 점수의 성격 요인** : 정서적 불안정성

㉡ **특징** : 정서적 불안정성 점수가 낮으면 정서적으로 안정되어 있고, / 어려운 상황에 큰 두려움 없이 직면할 수 있다. / 스트레스에 잘 대처할 수 있다.

TIP 직업선호도검사 L형의 성격 5요인 검사의 높음/낮음 점수 해석

성격 요인	점수	특징
외향성	높음	사교적일 뿐만 아니라 활달하고 말을 많이 하며, 자기주장을 잘한다. 그들은 흥분과 자극을 좋아하고, 명랑하고 힘이 넘치며, 선천적으로 낙관적이다.
	낮음	활기가 없다기보다는 꾸준하며 말수가 적고 독립적이다. 혼자 있기를 좋아하지만, 대인관계적 불안을 겪지는 않는다. 그리고 이들은 명랑하고 활달하지 않다고 해서 우울하거나 비관적이지도 않다.
호감성	높음	기본적으로 이타적인데, 그는 타인과 공감을 잘하고 기꺼이 도와주며, 상대방도 자신에게 도움을 줄 것이라고 생각하는 사람이다.
	낮음	자기중심적이고 타인의 의도를 의심하고 경쟁적이다.
성실성	높음	꼼꼼하고 정확하며 믿을 만하다. 또 이들은 목표를 가지고 행동하며, 의지가 강하다.
	낮음	점수가 낮은 사람이라고 해서 성실성에 대한 개념이 없는 것은 아니며, 단지 이들은 성실성의 측면들을 드러내는 데 있어서 점수가 높은 사람들에 비해 비교적 덜하다고 볼 수 있다.
정서적 불안정성	높음	쉽게 적응하지 못하고 스트레스를 잘 받으며 욕구통제에 어려움을 느낀다.
	낮음	정서적으로 안정되어 있고, 어려운 상황에 큰 두려움 없이 직면할 수 있다.
경험에 대한 개방성	높음	다양한 일들을 경험하기 좋아하고 관습에 얽매이지 않으며 새로운 가치관을 기꺼이 받아들이기도 한다.
	낮음	행동이나 외모에서 보수적인 경향이 있지만 권위주의적인 사람은 아니다.

7 직업카드 심리검사 활용의 관점 중 '흥미 사정'의 목적 5가지를 기술하시오.

정답

① 자기 인식 발전시키기
② 직업 대안 규명하기
③ 여가 선호와 직업 선호 구별하기
④ 직업, 교육상 불만족의 원인 규명하기
⑤ 직업 탐색 구체화하기

TIP 활용의 관점

활용의 관점	목적
가치 사정	• 자기 인식(self-awareness)의 발전 • 역할 갈등의 근거에 대한 확정 • 저수준의 동기, 성취의 근거 확정 • 개인의 다른 측면들을 사정할 수 있는 예비 단계 • 직업 선택이나 직업 전환을 바로잡아 주는 한 전략
흥미 사정	• 자기 인식 발전시키기 • 직업 대안 규명하기 • 여가 선호와 직업 선호 구별하기 • 직업, 교육상 불만족의 원인 규명하기 • 직업 탐색 구체화하기

8 MMPI의 타당도 척도 중 '무관한 응답을 평가하는 척도' 3가지에 대해 설명하시오.

정답

① **무응답(?) 척도** : 무응답 척도는 대답을 누락했거나 '그렇다' 또는 '아니다' 모두에 응답한 문항의 수이다. 이는 검사를 회피하려는 경우, 우유부단한 경우, 의미 있는 답변에 요구되는 정보나 경험 부족, 질문이 내담자에게 해당하지 않을 때 나타나며, 무응답이 30개 이상이면 해석을 보류한다.

② **무선반응 비일관성(VRIN) 척도** : 전형적으로 문항의 내용을 제대로 읽지도 않고 응답했거나 문항에 완전히 혹은 대부분 무선적으로 응답한 사람들을 구별해 내는 것으로, 원점수가 13점 이상일 때 검사 자료의 타당성을 의심할 수 있다.

③ **고정반응 비일관성(TRIN) 척도** : 문항 내용과 상관없이 무분별하게 '그렇다'로 응답하는 경향이나 '아니다'로 응답하는 경향 때문에 비일관적인 반응을 보인 사람들을 탐지하기 위해 개발되었다.

TIP MMPI의 타당도 척도

무관한 응답 평가 척도	• 무응답(?) 척도 : 무응답 척도는 대답을 누락했거나 '그렇다' 또는 '아니다' 모두에 응답한 문항의 수이다. 이는 검사를 회피하려는 경우, 우유부단한 경우, 의미 있는 답변에 요구되는 정보나 경험 부족, 질문이 내담자에게 해당하지 않을 때 나타나며, 무응답이 30개 이상이면 해석을 보류한다. • 무선반응 비일관성(VRIN) 척도 : 전형적으로 문항의 내용을 제대로 읽지도 않고 응답했거나 문항에 완전히 혹은 대부분 무선적으로 응답한 사람들을 구별해 내는 것으로, 원점수가 13점 이상일 때 검사 자료의 타당성을 의심할 수 있다. • 고정반응 비일관성(TRIN) 척도 : 문항 내용과 상관없이 무분별하게 '그렇다'로 응답하는 경향이나 '아니다'로 응답하는 경향 때문에 비일관적인 반응을 보인 사람들을 탐지하기 위해 개발되었다.
왜곡 응답 평가 척도	• 부인(L) 척도 : 이 척도는 원래 자신을 실제보다 더 좋게 드러내려는 의도를 탐지하는 척도이다. 점수가 높으면 정직하고 성실하게 응답하지 않았을 가능성, 자신의 부정적 특성 부인, 통찰력이 제한되고 사고의 유창성이 부족, 스트레스나 압력에 대한 인내력이 약함을 보이고, 점수가 낮으면 자신감이 있고 허용적인 사람, 가벼운 결점이나 단점을 인정하면서 각 문항에 솔직하게 답함을 의미한다. • 교정(K) 척도 : 정신병리를 부인하고 자신을 매우 좋게 드러내려는 수검자의 시도 혹은 이와 반대로 이를 과장하거나 자신을 매우 나쁘게 드러내려는 수검자의 시도를 좀 더 효과적으로 탐지할 수 있다. • 과장된 자기 제시(S) 척도 : 자기 자신을 매우 정직하고 책임감이 있으며, 심리적인 문제가 없고 도덕적인 결점도 거의 없고 다른 사람들과 매우 잘 어울리는 사람인 것처럼 드러내려는 경향을 평가한다. • 비전형(F) 척도 : 문항 내용을 제대로 읽지 않고 응답하거나 무선적으로 응답하는 것과 같은 이상 반응 경향 혹은 비전형적인 반응 결과를 탐지하기 위해 개발하였다. 점수가 높으면 모든 문항에 '그렇다'로 응답한 반응 편향, 부정적 방향으로 왜곡하거나 꾀병으로 과장하려는 시도를 나타낸다. • 비전형-후반부(FB) 척도 : 표준적인 F척도에 속하는 문항들은 시험용 검사지의 전반부에 배치되어 있어 후반부에 위치한 문항들의 수검자가 타당하게 응답했는지를 평가하기 위해 사용한다. • 비전형-정신병리(FP) 척도 : F척도 점수가 상승하는 이유는 내담자가 실제로 심각한 정신병리를 지니고 있기 때문일 수 있다는 점을 인식하여 F척도의 보완으로 설계하였다.

9 MMPI의 '임상 척도' 중 5가지를 선택해서 설명하시오.

정답

MMPI의 임상 척도

① **건강염려증**(Hs, Hypochondriasis) : 신체적 건강에 대해 집착하면서 질병에 대한 공포를 느끼는 상태이며, 점수가 높거나 극단적으로 점수가 높으면 극적이고 때로는 기이한 신체적 염려를 지닐 수 있고, 일반적으로 모호하고 불특정적인 신체적 불편감을 호소한다. 건강문제에 자주 집착하며 스트레스를 받으면 신체 증상을 나타내는 경향이 있다.

② **우울증**(D, Depression) : 사기가 저하되고 미래에 대한 희망을 상실하며 자신의 생활 상황에 대해 전반적인 불만족감을 갖는 것으로, 점수가 높으면 우울하고 슬프고 울적하고 불행하고 희망이 없다고 느낀다. 미래에 대해 대체로 비관적, 자살 시도의 가능성이 있다. 자신감 부족으로 자신을 쓸모없는 사람이라고 느끼며, 스트레스에 직면하면 쉽게 포기한다.

③ **히스테리**(Hy, Hysteria) : 스트레스 상황에서 히스테리 반응을 보이는 환자들을 가려내기 위한 것이며, 극단적으로 높은 점수는 고전적 히스테리 증상을 특징으로 하는 병리적 상태 가능성을 시사한다. 스트레스를 받으면 신체적 증상이 나타나고 신체적 증상을 이용하여 책임을 회피하는 경향이 있으며, 피상적이고 미성숙한 인간관계를 맺는다.

④ **반사회성**(Pd, Psychopathic deviate) : 반사회적 혹은 비도덕적인 유형의 반사회성 성격으로 진단되는 환자들을 가려내기 위한 것으로 점수가 높으면, 극단적으로는 비사교적이고 반사회적인 다양한 행동, 심지어는 범죄 행동에 연루되기 쉽다. 권위적인 인물에 반항, 매우 충동적이며 이기적, 자기중심적, 공격적 등을 나타낸다.

⑤ **남성성-여성성**(M, Masculinity-feminity) : 원래는 동성애 남성을 가려내는 목적으로 개발되었으며, 점수가 높으면 남성은 남성적 흥미가 부족하고, 여성은 전통적인 여성의 역할을 강하게 거부한다.

⑥ **편집증**(Pa,Paranoia) : 관계 사고, 피해의식, 웅대한 자기 개념, 의심성, 지나친 예민성, 경직된 의견 및 태도 등과 같은 편집증상을 가려내기 위한 것이다. 점수가 높으면 극단적으로 분명한 정신병적 행동을 나타내고, 피해망상, 과대망상, 인간관계에서 오는 사고가 많다. 타인의 의견에 예민하며 과도한 반응, 타인에 대한 의심과 경계심이 높다.

⑦ **강박증**(Pt,Psychasthenia) : 신경쇠약이라고 명명된 지나친 회의, 강박 행동, 강박사고, 이치에 맞지 않는 두려움을 측정하는 것이다. 점수가 높으면 지나치게 불안하고 긴장하고 초조해하는 모습을 띤다. 신경질적이고 과민하며 주의집중 곤란을 호소, 제정신을 잃어버리고 통제력을 상실할 것 같은 두려움 등이 있다.

⑧ **조현병**(Sc,Schizophernia) : 사고, 기분 및 행동의 장애를 특징으로 하는 조현병 환자 혹은 이와 유사한 증상을 가진 자를 가려내기 위한 문항으로 구성되어 있다. 점수가 높으면 그릇된 해석, 망상, 환각을 볼 수 있으며 위축된 행동, 공격적인 행동, 기태적인 행동 등을 보인다.

⑨ **경조증**(Ma,Hypomania) : 고양된 기분, 말과 행동의 빠른 속도, 화를 잘 내며, 사고의 비약, 단기간의 우울증 등과 같은 증상을 가려내기 위해 개발되었다. 점수가 높으면 과도한 목적이 없는 활동을 보이며, 빠른 말의 속도, 환각이나 과대망상, 정서적으로 매우 불안정, 심리적인 혼란, 사고의 비약, 쉽게 지루함을 느끼고 안절부절못하는 경향, 알코올이나 다른 약물을 남용할 가능성 등이 있다.

⑩ **내향성**(Si,Social introversion) : 사회적인 접촉이나 책임으로부터 물러서는 경향을 평가하기 위해 개발되었으며, 점수가 높으면, 사회적인 상황에서 심한 불안정감과 불편감을 느낀다. 수줍음이 많고 마음을 터놓지 않으며 소심하고 앞에 나서지 않는 삼가는 경향, 걱정이 많고 과민하며 불안해하는 경향이 있다.

학습 2 진단하기

1 진단 도구 선택 시 고려 사항 5가지에 대해 설명하시오.

정답

진단 도구 선택 시 고려 사항

① **평가자** : 진단이 자기 보고의 내담자 스스로 평가하는 것인지, 아니면 타인의 보고에 의한 측정으로 할 것인지에 따라 평가자의 임무가 주어진다.

② **진단 도구의 주제** : 인간의 심리적 평가, 정서적 특성, 인지적 변인, 행동 반응 등을 측정하는 것인지에 대한 판단이다.

③ **진단 실시 장소 및 방법** : 조용하고 독립되어 방해받지 않는 검사실에서 실시하여야 하며 컴퓨터, 휴대폰, 지필, 도구 등의 방법을 사용할지를 결정한다.

④ **진단 실시일** : 진단은 내담자가 좋은 조건의 상태에 있을 때 실시하여야 한다. 가령 신체적으로 힘든 상황이거나, 아니면 충격을 받은 상태이거나 하는 경우는 내담자를 정확히 평가할 수 없다.

⑤ **진단 실시 이유** : 동일한 진단 도구라고 할지라도 다양하게 사용된다. 예를 들면, 직업카드 심리검사는 구체적인 적합한 직업을 안내, 진로 태도, 의사결정, 진로 신화, 진로 갈등, 성격적 성향 등을 평가하여 활용할 수 있다.

2 다음에 제시된 직업카드 심리검사 결과 사례를 바탕으로 1) ~ 2) 질문에 답하시오.

순위	직업명	Holland 코드
1	직업상담사	SIE
2	상담심리학자	SIA
3	이벤트전문가	AES
4	디스플레이어	ARE
5	아나운서, MC	EAS
6	어학강사	SAE
7	사회단체활동가	SEA
8	감독 및 연출가	AIE
9	바리스타	SAR
10	여행상품개발자	AEI
11	항공기승무원	SRE
12	비서	CES

1) 내담자의 홀랜드 코드를 판정하시오.

2) 내담자의 판정된 홀랜드 코드를 바탕으로 가장 적합한 직업/적합한 직업/고려할 만한 직업 코드를 2가지씩 쓰시오.
   ① 가장 적합한 직업
   ② 적합한 직업
   ③ 고려할 만한 직업

정답

1) 내담자의 홀랜드 코드를 판정하시오.

→ 정답 : SAE

2) 내담자의 판정된 홀랜드 코드를 바탕으로 가장 적합한 직업/적합한 직업/고려할 만한 직업 코드를 2가지씩 쓰시오.

① 가장 적합한 직업 : SAE, SEA

② 적합한 직업 : ASE, AES

③ 고려할 만한 직업 : EAS, ESA

TIP 직업카드 심리검사의 3코드 도출 방법

R	0	x	3	=	0	2	x	2	=	4	1	x	1	=	1	5
I	0	x	3	=	0	3	x	2	=	6	1	x	1	=	1	7
A	4	x	3	=	12	3	x	2	=	6	2	x	1	=	2	20
S	6	x	3	=	18	0	x	2	=	0	3	x	1	=	3	21
E	1	x	3	=	3	4	x	2	=	8	5	x	1	=	5	16
C	1	x	3	=	3	0	x	2	=	0	0	x	1	=	0	3
																72

→ 점수가 큰 순서대로 'SAE'가 3코드가 된다(모든 점수의 합계가 72점인지 확인해야 된다).

※ 직업 흥미 유형 코드별 직업 판정

구분	내용
직업 판정 수준	판정 방법 SAE
가장 적합한 직업	3코드의 첫 번째 코드를 중심 : SAE, SEA
적합한 직업	3코드의 두 번째 코드를 중심 : ASE, AES
고려해 볼 만한 직업	3코드의 세 번째 코드를 중심 : EAS, ESA

학습 3 진단 결과 해석하기

1 진단 결과 해석 수준 3가지를 쓰고 설명하시오.

정답

① **구체적 수준**(concrete level) : 진단 결과 점수에 초점을 맞추어 기술하는 데 그치며, 해석이나 결론을 제시하지 않는다.
② **기계적 수준**(mechanical level) : 소검사와 요인 검사 간의 차이에 초점이 맞추어 기술하고 이에 대한 결론을 내린다. 워크넷(고용24)에서 제공되는 해석 수준에 해당한다.
③ **개별적 수준**(individualized level) : 진단 결과 점수를 통합하여 결론을 내리되, 내담자에 초점을 맞추어 진단 결과 점수를 해석한다. 직업카드 심리검사 해석 수준에 해당한다.

TIP 진단 결과 해석 수준

구체적 수준 (concrete level)	구체적 수준(concrete level)은 진단 결과 점수에 초점을 맞추어 기술하는 데 그치며, 해석이나 결론을 제시하지 않는다.
기계적 수준 (mechanical level)	소검사와 요인 검사 간의 차이에 초점이 맞추어 기술하고 이에 대한 결론을 내린다. 워크넷(고용24)에서 제공되는 해석 수준에 해당한다.
개별적 수준 (individualized level)	진단 결과 점수를 통합하여 결론을 내리되, 내담자에 초점을 맞추어 진단 결과 점수를 해석한다. 직업카드 심리검사 해석 수준에 해당한다.

2 홀랜드의 5개의 주요 개념에 대해 설명하시오.

정답

주요 개념	내용
일관성	유형들의 어떤 쌍들은 다른 유형의 쌍들보다 공통점을 더 많이 가지고 있다. 홀랜드 코드 첫 2개 문자를 사용하여 일관성의 수준을 높음(인접), 중간(다른 문자 1개), 낮음(다른 문자 2개)으로 나눈다. 〈개인과 환경에 대한 개념〉
차별성	1개의 유형에는 유사성이 많이 나타나지만, 다른 유형에는 별로 유사성이 나타나지 않는다. SDS 또는 VPI 프로파일로 측정된다. 〈환경에 대한 개념〉
정체성	개인에게 있어서 정체성이란 개인의 목표, 흥미, 재능에 대한 명확하고 견고한 청사진을 말한다. 환경에 있어서 정체성이란 조직의 투명성, 안정성, 목표 · 일 · 보상의 통합이라고 규정된다. MVS의 직업정체성 척도는 개인의 정체성을 측정하는데 사용하고, 이 점수가 낮은 사람들은 반대되는 직업 목표를 가진 사람들이 많다. 〈환경에 대한 개념〉
일치성	개인과 환경 간의 일치 정도(적합도)를 측정하는 것으로, 사람은 자신의 유형과 비슷하거나 정체성이 있는 환경 유형에서 일하거나 생활할 때 일치성이 높아지게 된다. 환경과 개인의 가장 좋지 않은 일치의 정도는 육각형에서 유형들이 반대 지점에 있을 때 나타난다. 〈환경에 대한 개념〉
계측성	유형들[환경] 내 또는 유형들 간의 관계는 육각형 모델에 따라 정리될 수 있는데, 육각형 모델에서 유형[환경]들 간의 거리는 그것들 사이의 이론적인 관계에 반비례한다. 〈개인에 대한 개념〉

3 **직업선호도검사 S형 실시 결과가 다음과 같다. 다음 질문에 답하시오.**

구분	현실형(R)	탐구형(I)	예술형(A)	사회형(S)	진취형(E)	관습형(C)
원점수	11	14	16	12	13	15
표준점수	42	48	51	45	40	45

1) 흥미 유형과 특징에 대해 설명하시오.

2) 일관성의 정의와 흥미 유형의 일관성에 대해 해석하시오.

3) 차별성의 정의와 흥미 유형의 차별성에 대해 해석하시오.

정답

1) **흥미 유형과 특징에 대해 설명하시오.**
(예술형, 관습형) 또는 (AC형)
내담자의 흥미유형은 AC형(예술형, 관습형)으로 첫 번째 코드 예술형(A형)은 창의성을 지향하며, 아이디어와 재료를 사용해서 자신을 새로운 방식으로 표현하는 작업을 하는 것을 선호하고, 두 번째 코드 관습형(C형)은 비즈니스 사무행정 분야와 잘 짜여진 구조에서 일을 잘하고, 세밀하고 꼼꼼한 일에 능숙한 편이다.

2) **일관성의 정의와 흥미 유형의 일관성에 대해 해석하시오.**
일관성은 유형들의 어떤 쌍들은 다른 유형의 쌍들보다 공통점을 더 많이 가지고 있다는 개념으로, 홀랜드 코드 첫 2개 문자를 사용하여 일관성의 수준을 높음(인접), 중간(다른 문자 1개), 낮음(다른 문자 2개)으로 나눈다. 도출된 흥미코드는 AC형(예술형, 관습형)으로 육각형 모형에서 두 문자사이에 다른 문자가 2개 끼어 있으므로 낮은 일관성 수준을 보인다.

3) **차별성의 정의와 흥미 유형의 차별성에 대해 해석하시오.**
차별성은 1개의 유형에는 유사성이 많이 나타나지만, 다른 유형에는 별로 유사성이 나타나지 않는다는 개념으로 육각형의 모양과 관련(6개 유형 중 선호와 비선호에 대한 구분)이 있으며, 검사결과의 육각형의 모양이 정육각형에 가까운 모양(6개 유형의 점수 차이가 거의 나타나지 않는)이므로 흥미 유형이 잘 변별되지 않는(선호하는 분야가 잘 변별되지 않는, 차별성이 크게 나타나지 않는) 패턴이라고 볼 수 있다.

TIP 홀랜드 6개의 흥미 유형과 특징

흥미유형	특징
현실형 (R : Realistic)	• 현장에서 몸으로 부대끼는 활동을 좋아한다. • 신체활동+기술사용 선호
탐구형 (I : Investigative)	• 사람보다는 아이디어를 강조하고, 추상적인 사고 능력을 가지고 있다. • (과학적인 지식에 대해) 연구+분석+사고 선호
예술형 (A : Artistic)	• 창의성을 지향하며, 아이디어와 재료를 사용해서 자신을 새로운 방식으로 표현하는 작업을 한다. • (사람들에 대한) 창의적+변화를 추구하는 일 선호
사회형 (S : Social)	• 다른 사람을 육성하고 계발하는 것을 좋아하며, 이익이 적더라도 도움이 필요한 사람을 돕는 일을 좋아한다. • (사람들에 대한) 조력+육성+지원 선호
진취형 (E : Enterprising)	• 물질이나 아이디어보다는 사람에게 관심을 가지며, 특정 목표를 달성하기 위해 타인을 통제하고 지배하는 데 관심이 있다. • (사람들을) 관리+설득 선호
관습형 (C : Conventional)	• 일반적으로 잘 짜여진 구조에서 일을 잘하고, 세밀하고 꼼꼼한 일에 능숙하다. • 비즈니스 사무행정 +구조화된 상황 선호

※ 홀랜드 5개의 주요 개념과 특징

주요 개념	내용
일관성	• 개인과 환경에 대한 개념 • 유형들의 어떤 쌍들은 다른 유형의 쌍들보다 공통점을 더 많이 가지고 있다. • 홀랜드 코드 첫 2개 문자를 사용하여 일관성의 수준을 높음(인접), 중간(다른 문자 1개), 낮음(다른 문자 2개)으로 나눈다.
차별성	• 환경에 대한 개념 • 1개의 유형에는 유사성이 많이 나타나지만, 다른 유형에는 별로 유사성이 나타나지 않는다. • SDS 또는 VPI 프로파일로 측정된다.
정체성	• 환경에 대한 개념 • 개인에게 있어서 정체성이란 개인의 목표, 흥미, 재능에 대한 명확하고 견고한 청사진을 말한다. 환경에 있어서 정체성이란 조직의 투명성, 안정성, 목표 · 일 · 보상의 통합이라고 규정된다. • MVS의 직업정체성 척도는 개인의 정체성을 측정하는데 사용하고, 이 점수가 낮은 사람들은 반대되는 직업 목표를 가진 사람들이 많다.
일치성	• 환경에 대한 개념 • 개인과 환경 간의 일치 정도(적합도)를 측정하는 것으로, 사람은 자신의 유형과 비슷하거나 정체성이 있는 환경 유형에서 일하거나 생활할 때 일치성이 높아지게 된다. • 환경과 개인의 가장 좋지 않은 일치의 정도는 육각형에서 유형들이 반대 지점에 있을 때 나타난다.
계측성	• 개인에 대한 개념 • 유형들(환경) 내 또는 유형들 간의 관계는 육각형 모델에 따라 정리될 수 있는데, 육각형 모델에서 유형(환경)들 간의 거리는 그것들 사이의 이론적인 관계에 반비례한다.

10 검사 결과 통보(전달) 시 유의사항을 5가지 기술하시오.

정답

① 기계적으로 전달해서는 안 되며, 적절한 해석을 담은 설명과 함께 전달되어야 한다.
② 쉽고 일상적인 용어로 전반적인 수행을 설명하고 질적인 해설을 덧붙이는 것이 좋다.
③ 그 정보를 받고 이용할 당사자의 특성을 참작해 보는 것이 바람직하다.
④ 검사 결과를 통보받는 사람이 경험하게 될 정서적인 반응도 고려할 필요가 있다.
⑤ 내담자에게 결과를 설명할 때에 내담자의 정서적 상태, 학력 수준, 연령 등에 따라 전문적 용어, 평가적 말투, 모호한 표현 등을 자제하고 잘 알아들을 수 있는 언어로 설명하여야 하며, 이때 내담자의 반응을 고려하여 필요하다면 다시 설명한다.

학습 4 진단 결과 보고서 작성하기

1 진단 결과 보고서 구성 절차를 서술하시오.

정답

진단 결과 보고서 구성 절차

① **자료 분석** : 진단 결과 보고서는 진단 결과에 근거하여 작성하되, 내담자의 초기면담지에 나타난 상담 주요 호소 문제를 확인하고, 진단 실시에서 나타난 내담자의 행동을 분석한다.

② **주제 확인** : 진단 결과와 초기면담지, 검사 태도 등에서 일관되게 나타나는 주제를 도출한다. 주제 분석을 통한 육각형 모형 해석과 도출된 주제와 어떤 연관이 있는지에 대해서도 확인해야 한다.

③ **내담자 주제 조직화** : 육각형 모형 해석을 근간으로 하여 3코드를 해석하여 주제를 조직화한다.

④ **개념화** : 내담자의 검사 자료에 대한 전체를 통합하고, 내담자에 대한 가설을 만들어 그 가설을 기초로 검사 보고서의 전체 맥락을 구성하여 구조를 만든다. 즉, 내담자의 통합된 맥락을 개념화한다.

2 직업카드 심리검사 카드 분류 속도와 가설에 대해 설명하시오.

정답

구분	분류 속도		가설
1집단	매우 빠름	10분 이내	• 분류 활동에 대한 거부감을 가진다. • 진로, 직업에 대해 무관심하다. • 자신보다 다른 세상과의 교류에 몰두한다.
2집단	빠름	10 ~ 19분	• 직관력 발달 – 의사결정 빠르다. • 직업 탐색이 부족하다. • 진로, 직업에 관심이 부족하다. • 분류 활동에 대한 거부감을 가진다.
3집단	평균	20 ~ 29분	• 자기 존중감, 자기 정체감이 발달되었다. • 합리적 의사결정 유형이다. • 자신의 꿈을 이루고자 하는 진로, 직업에 관심이 많다.
4집단	느림	30 ~ 39분	• 검사에 대한 기대가 크다. • 완벽을 추구한다. • 우유부단하다.
5집단	매우 느림	40분 이상	• 인지적 명확성이 낮은 경우이다. • 의사결정에 어려움이 있는 경우이다. • 검사 결과를 조작하려는 경우이다.

3 진단 결과에 의한 가설을 세울 때 진단 결과 간 유의사항 3가지에 대해 설명하시오.

정답

① **일치성과 불일치성 :** 내담자의 각 진단 결과의 일치성와 불일치성의 영역을 확인한다. 불일치가 있는 경우, 그 이유를 명확히 설명할 수 있도록 다각적인 해석을 한다. 이렇게 함으로써 직업상담가가 세운 가설을 지지하는 정보에 편향됨을 방지할 수 있다.

② **강조성 :** 직업상담가는 내담자에게 적절하고 명확하게 강조점을 제시하고 이 강조점의 중요성을 내담자에게 설명할 수 있어야 한다. 이 점은 결론을 제시할 때에 분명히 기술해야 하며, 현재 행동과 앞으로 예견되는 상황 등에 대한 객관적 근거와 추론을 구분할 필요가 있다. 이러한 강조점은 내담자의 진단 요구도와 관련이 있다.

③ **통합성 :** 진단의 각 영역 간의 해석을 통합함으로써 보고서의 가치를 갖게 된다. 이렇게 함으로써 잘못된 결론을 방지할 수 있다. 만약, 내담자가 요구하는 진단 결과가 명확하지 않다면, 이 점도 이유를 들어 명백히 밝혀야 한다.

TIP 진단 결과 간의 일치성과 불일치성

구분	내용
일치성과 불일치성	• 내담자의 각 진단 결과의 일치성과 불일치성의 영역을 확인한다. • 불일치가 있는 경우, 그 이유를 명확히 설명할 수 있도록 다각적으로 해석한다. • 이렇게 함으로써 직업상담가가 세운 가설을 지지하는 정보에 편향됨을 방지한다.
강조성	• 내담자에게 적절하고 명확하게 강조점을 제시한다. • 결론을 제시할 때에 분명히 기술해야 하며, 현재 행동과 앞으로 예견되는 상황 등에 대한 객관적 근거와 추론을 구분할 필요가 있다. • 강조점은 내담자의 진단 요구도와 관련이 있다.
통합성	진단의 각 영역 간의 해석을 통합함으로써 보고서의 가치를 갖게 된다. ⇒ 잘못된 결론 방지

4 진단 결과 보고서 작성(기술) 기법 5가지에 대해 설명하시오.

정답

① **들어가기와 끝내기** : 어떤 문장이건 간에 들어가기와 끝내기가 있기 마련이다. 들어가기는 편안한 마음에서 읽어 볼 수 있는 문장으로 시작하는 것이 좋다. '○○○ 님은 ……'과 같은 친숙하고 편안한 문장으로 들어간 다음, 그다음은 검사 결과 해석하는 본론을 기술한다. 끝내기는 검사 결과를 종합하는 내용으로 구성한다.

② **누구나 이해할 수 있는 언어로 작성** : 검사 보고서는 자칫 전문가 수준에서 사용되는 용어를 그대로 사용하기 쉽다. 사실 내담자들은 매우 다양한 정서적 상태에서 검사를 요청한 것이기 때문에 분석적인 용어에 익숙하지 않고, 자칫 마음의 상처를 받을 수도 있다. 또 내담자의 일반적인 교육 수준, 심리검사에 관한 지식 수준 등을 고려하여 작성하여야 하며, 내담자가 검사 결과서를 받고 나서 읽어 보고 느끼는 충격도 고려하여야 한다. 그렇다면 문장은 부드러워야 하며, '칭찬 후에는 경계', '경계 뒤에는 칭찬'으로 이어질 수 있도록 문장을 구성한다.

③ **검사 점수가 가지는 범위를 망라하여 기술** : 검사 점수가 지향하는 범위를 반드시 확인하여 내담자가 그 범위 내에 있음을 재차 강조하여야 한다. 그 범위는 내담자가 스스로 생각하기에 안도할 수 있는, 또한 자신이 생각한 범위에 가깝게 다가가야 하는 의미이기도 하다.

④ **통일성** : 통일성은 좋은 글쓰기의 닻과 같다. 통일성은 독자의 주의가 흩어지지 않게 해 준다. 그 뿐만 아니라 질서에 대한 독자의 무의식적인 요구를 충족시켜 주며, 독자에게 모든 것이 제대로 돌아가고 있다는 안심을 주기도 한다. 글 속에서는 여러 가지가 통일성을 갖추고 있어야 한다.

㉠ 대명사의 통일 : 내담자의 호칭을 통일하여야 한다.

㉡ 시제의 통일 : 시제는 글 쓰는 사람이 여러 단계의 시간을, 즉 과거부터 가상의 미래까지를 다룰 수 있게 한다.

㉢ 분위기의 통일 : 글을 쓸 때 평상적인 목소리로 이야기하듯이 쓸 수도 있고, 심각한 사건에 대해 설명하거나 중요한 사실을 제시하기 위해 어느 정도 공식적인 어투를 쓸 수도 있다.

⑤ **호칭 사용** : '○○○ 님은 ……'은 보편타당한 호칭이다. 이 호칭으로 기술하며, 중간중간 필요하면 이 호칭을 사용한다. 여러 번 사용하여 내담자와의 친밀감을 더한다.

TIP 진단 보고서의 기술 기법

구분	내용
들어가기와 끝내기	• 들어가기 : 편안한 마음에서 읽어볼 수 있는 문장으로 시작한다. • 끝내기 : 검사 결과를 종합하는 내용으로 구성한다.
누구나 이해할 수 있는 언어로 작성	• 전문가 수준에서 사용되는 용어나 분석적인 용어는 익숙하지 않고, 자칫 마음의 상처를 받을 수 있으므로 내담자의 교육수준, 지식수준 등을 고려하여 작성한다. • 내담자가 검사 결과서를 받고 나서 읽어 보고 느끼는 충격도 고려해야 한다. • 문장은 부드러워야 하며, '칭찬 후에는 경계', '경계 뒤에는 칭찬'으로 이어질 수 있도록 문장을 구성한다.
검사 점수가 가지는 범위를 망라하여 기술	검사점수가 지향하는 범위를 반드시 확인한다. ⇒ 내담자가 그 범위(내담자가 스스로 생각하기에 안도할 수 있는, 또한 자신이 생각한 범위에 가깝게 다가가야 하는 의미)내에 있음을 재차 강조한다.
통일성	• 좋은 글쓰기의 닻과 같다. • 독자의 주의가 흩어지지 않게 해준다. • 무의식적 요구를 충족시키고 독자에게 모든 것이 제대로 돌아가고 있다는 안심을 준다. • 대명사(내담자의 호칭) 시제, 분위기를 통일한다.
(보편 타당한)호칭 사용	• 'OOO 님' 이라는 보편 타당한 호칭을 사용한다. • 여러 번 사용하여 내담자와의 친밀감을 더한다.

5 진단 결과 보고서 작성 시 유의점 4가지를 쓰시오.

정답

진단 결과 보고서 작성 시 유의점

① 간단명료한 내용이어야 한다. 보고서는 범위가 제한적일 수밖에 없으므로 너무 장황하게 서술할 경우 그 의미나 의도가 제대로 전달되지 못할 수 있다.

② 정확한 사실에 근거해야 한다.

③ 객관적인 근거에 기초해야 한다.

④ 분명한 결론이 제시되어야 한다.

6 진단 결과 보고서 작성 양식의 항목과 내용 5가지를 기술하시오.

정답

진단 결과 보고서 작성 양식

① **경험한 직무** : 그동안 내담자가 종사한 직무를 망라하여 작성한다.

② **실시한 진단 도구** : 진단 도구명을 작성한다.

③ **진단 의뢰 사유** : 내담자와 진단 실시 전에 면담에서 나타난 내담자의 진단 요구도 및 직업상담가가 관찰한 진단 의뢰 사유를 기재한다.

④ **관찰된 행동** : 진단 실시의 태도, 속도, 몰입도 등에 대하여 제시하고, 특히 검사 점수에 영향을 줄 정도의 정서적 상황도 제시한다.

⑤ **평가 결과** : 진단 도구 매뉴얼에 제시된 검사 평가 결과를 그대로 제시한다.

⑥ **진단적 인상** : 진단 실시 전 면담, 검사 실시의 태도, 검사 결과 등에서 나타난 특징들을 제시한다.

⑦ **결론** : 진단 결과 전체를 통합하여 결론을 제시한다.

⑧ **요약** : 내담자의 진단 목적에 부합한 내용을 요약한다.

⑨ **제언** : 내담자의 진단 결과 다른 진단 실시가 요청되거나, 아니면 상담을 실시해야 되는 점 등을 제시한다.

CHAPTER

02 직업상담 초기면담

학습 1 친밀교감 형성하기

1 **직업상담 내담자 유형 3가지를 쓰고 설명하시오.**

정답

① **솔선수범 유형** : 대부분의 상담자들은 내담자가 협력적인 것으로 생각하고 있으며, 실제로 내담자는 자발적으로 상담하러 오는 경우가 많다.

② **유보적인 태도를 보이는 유형** : 이 유형의 내담자는 대부분 상담과정을 마음 내켜 하지 않기 때문에 상담자가 이 유형의 내담자를 만나면 무엇을 어떻게 해야 할지, 어떤 방법으로 진행해야 할지 당황하게 된다.

③ **상담과정에서 반항적이거나 변화하기를 꺼리거나 변화를 거부하는 유형** : 이러한 내담자들은 상담과정에 적극적으로 참여할 수 있지만, 요구를 변화시키는 고통을 경험하고 싶어하지 않는다. 그 대신 현재 행동의 명확성에 집착한다. 반항적인 내담자의 경우 결정 내리기를 거부하고, 문제를 다루는 데 있어서 피상적이며, 문제를 해결하려는 어떤 행동도 거부하고 상담자가 말하는 어떤 행위도 거부한다.

2 **초기면담의 주요 요소인 관계형성을 위한 상담기법 9가지 중에서 5가지를 쓰고 설명하시오.**

정답

① **친밀교감(rapport) 형성** : 내담자가 가지고 있는 긴장감을 풀어 주도록 노력하고, 상담 관계에서 유지되는 윤리적 문제와 비밀 유지의 원칙을 설명함으로써 불안을 감소시키고 친밀감을 형성시키는 과정이다.

② **감정이입(empathy)** : 상담자가 길을 전혀 잃어버리지 않고 마치 자신이 내담자 세계에서의 경험을 하는 듯한 능력이다.

③ **언어적 행동 및 비언어적 행동** : 내담자에게 중요한 것이 무엇인가를 논의하거나 이해시키려는 열망을 보여주는 의사소통을 포함

④ **자기 노출** : 자신의 사적인 정보를 드러내 보임으로써 자기 자신에 대해서 다른 사람이 알 수 있도록 하는 것이다.

⑤ **즉시성(immediacy)** : 상담자가 상담자 자신의 바람은 물론 내담자의 느낌, 인상, 기대 등에 대해서 이를 깨닫고 대화를 나누는 것이다.

⑥ **유머(humor)** : 상담에서 유머는 민감성과 시의성을 동시에 요구함. 내담자의 저항을 우회할 수 있고 긴장을 없앨 수 있을 뿐만 아니라 내담자를 심리적 고통에서 벗어나도록 도울 수도 있다.

⑦ **직면(confrontation)** : 내담자가 인정하고 싶지 않은 자신의 모순된 모습을 똑바로 바라볼 수 있도록 하기 위한 상담자의 지적이다.

⑧ **계약(contracting)** : 목표 달성에 포함된 과정과 최종 결과에 초점을 두고 이루어지는 상담자와 내담자의 약속이다.

⑨ **리허설(rehearsal)** : 내담자에게 선정된 행동을 연습하거나 실천하도록 함으로써 내담자가 계약을 실행하는 기회를 최대화하도록 도울 수 있다.

※ 9가지 중 5가지 선택해서 작성

3 **초기면담 시 라포형성에 도움이 되는 언어적 행동과 비언어적 행동을 5가지씩 쓰시오.**

1) 언어적 행동

2) 비언어적 행동

정답

1) 언어적 행동

① 이해 가능한 언어사용
② 내담자의 진술을 되돌아보고 명백히 함
③ 적절한 해석
④ 근본적인 신호에 대한 반응
⑤ 언어적 강화 사용(예 : '음', '알지요', '선생님은')
⑥ 적절하게 정보를 제공
⑦ 자아에 대한 질문에 답함
⑧ 긴장을 줄이기 위해 가끔 유머 사용
⑨ 비판단적임
⑩ 내담자의 진술을 더 많이 이해하도록 도움
⑪ 내담자로부터 성실한 피드백을 유도하기 위하여 시험적으로 해석하는 단계

※ 11가지 중 5가지 선택해서 작성

2) 비언어적 행동

① 내담자와 유사한 언어의 톤
② 기분 좋은 눈의 접촉을 유지
③ 가끔 고개를 끄덕임
④ 표정을 지음
⑤ 가끔 미소를 지음
⑥ 가끔 손짓을 함
⑦ 내담자에게 신체적으로 가볍게 접근함
⑧ 이야기의 부드러움
⑨ 내담자에게 몸을 기울임
⑩ 가끔 접촉함

※ 10가지 중 5가지 선택해서 작성

학습 2 호소논점 파악하기

1 기스버스와 무어가 제시한 직업상담 후기단계의 절차를 1), 2), 3)에 알맞게 쓰시오.

행동 취하기	1)	2)	3)	목적 또는 논점이 해결되었으면 상담 관계를 끝내기

정답

1) 직업 목표 및 행동 계획 발전시키기
2) 사용된 개입의 영향 평가하기
3) 목적 또는 목표가 해결되어 있지 않았다면 다시 한 번 순환하기

2 다음 제시된 내담자의 자기진술을 읽고 내담자의 호소논점을 4가지 기술하시오.

> "아무데나 괜찮은 곳으로 알선해 주세요. 전 뭐, 크게 바라는 거 없어요. 제가 체력이 약하니깐 일이 너무 힘들지 않은 곳이면 돼요. 급여는 뭐... 그냥 남들 정도면 되고요. 당장이라도 취업할 준비는 되어 있는데... 서류를 내도 번번이 떨어지니까 뭐가 문제인지 모르겠고, 그냥 이제 알아서 아무데나 알선해 주시면 좋겠어요."

정답

① 낮은 동기와 낮은 인지적 명확성이 확인되고, 구체성이 현저히 결여되어 있다.
② 말로는 당장 취업하고 싶다고 하지만 취업을 위한 현실적인 준비가 되어 있지 않다.
③ 자신의 문제에 대한 인식이 명확하지 않고 상담자에게 전적으로 의존한다.
④ 당장 취업하는 것이 논점인 것처럼 보이나, 내담자의 태도와 관련된 논점을 확인할 수 있다.

TIP 내담자의 자기진술 분석(예)

㉠ **아무데나 괜찮은 곳으로 알선해 주세요 전 뭐, 크게 바라는 거 없어요.** : '아무데나'와 '괜찮은 곳'은 모순이 있는 표현이다. 즉, 비현실적인 기대를 가졌을 가능성이 있으며, 직업선택의 기준이 불분명하다. 막상 알선을 하면 이것저것 조건을 따지며 취업을 미룰 수 있다.(낮은 동기, 낮은 인지적 명확성, 구체성의 결여 등)

㉡ **제가 체력이 약하니깐 일이 너무 힘들지 않은 곳이면 돼요. 급여는 뭐... 남들 정도면 되고요.** : 힘들지 않으면서 남들만큼 급여를 받을 수 있는 일을 막연히 얘기하고 있을 뿐 구체성이 없으며, 현실적으로 원하는 조건을 둘 다 충족시킬 수 있는 직업이 무엇인지에 대해 정보를 가지고 있지 않은 상태로 모든 결정을 상담자에게 의존하려고 한다.(낮은 취업 준비도, 정보부족, 책임회피, 높은 의존성, 타인의 경우를 판단의 준거로 삼음)

㉢ **당장이라도 취업할 준비는 되어 있는데... 서류도 번번이 떨어지니까 뭐가 문제인지 모르겠고, 그냥 이제 알아서 아무데나 알선해 주시면 좋겠어요.** : 말로는 취업할 준비가 되어 있다고 하지만 실제로는 전혀 준비되어 있지 않은 상황이며, 실패를 반복하고 있음에도 뭐가 문제인지 모르고 문제의 원인을 찾거나 해결하려는 의지가 없다. 상담자에게 공을 넘기고 스스로는 아무 노력도 시도하지 않으려고 한다.(낮은 동기, 낮은 인지적 명확성, 높은 의존성, 낮은 자존감, 자포자기 등)

※ 내담자의 자기진술 분석 결과에 따른 호소논점 정리(예)

㉠ 낮은 동기와 낮은 인지적 명확성이 확인되고, 구체성이 현저히 결여되어 있다.
㉡ 말로는 당장 취업하고 싶다고 하지만 취업을 위한 현실적인 준비가 되어 있지 않다.
㉢ 자신의 문제에 대한 인식이 명확하지 않고 상담자에게 전적으로 의존한다.
㉣ 당장 취업하는 것이 논점인 것처럼 보이나, 내담자의 태도와 관련된 논점을 확인할 수 있다.

4 다음 제시된 내담자의 자기진술을 읽고 내담자의 호소논점 5가지를 쓰시오.

> 제 친구가 선생님께 와서 검사를 받았는데, 어떤 직업이 자기에게 잘 맞는지를 알기 위한 검사라고 했어요. 그래서 저도 (제가) 무슨 일을 하고 싶어하는지 잘 몰라서 그 검사를 받아 보고 싶어 왔어요. 전 교육학을 전공하고 있는데요. 별로 좋아하지는 않아요. 제 부모님은, 특히 아버지는 제가 교사가 되어야 한다고 생각하시지만, 전 제 자신이 정말로 그것을 하고 싶어하는지 별로 확신이 들지 않아요. 전 이번 학기에 교생 실습을 나갔었고, 실습 평가 결과도 받았어요. 교사는 정말 좋은 직업이며, 아이들도 참 좋고, 직업 여건도 매우 좋은 편이지만, 전 제가 정말 그것을 원하고 있는지 알 수가 없어요. 전 그것을 별로 좋아하지 않는다는 생각이 들어요. 깊이 생각해 보면, 전 제가 교직을 좋아한다고 생각한 적이 한 번도 없었는데, 지금은 그 외에 뭘 할 수 있을지 모르겠어요. 전 단지 그 외의 것을 생각해 본 적이 없었어요. 전 검사를 받아서 제가 뭘 하고 싶어하는지를 알아보고 싶어요.

정답

① 낮은 진로성숙도
② 자기정체성의 혼돈
③ 자기이해와 탐색 부족
④ 직업정보 부족, 진로대안의 부재
⑤ 검사에 대한 지나친 기대
⑥ 부모의 압력에 의한 진로갈등
⑦ 의존적 태도(친구, 부모, 심리검사 등)에 의한 의사결정
※ 7가지 중 5가지 선택해서 작성

학습 3 구조화하기

1 상담 구조화의 유의 사항 5가지를 쓰시오.

정답

① 구조화는 타협해야 하는 것이지 강요되어서는 안 된다.
② 구조화는 내담자를 체벌하는 방식으로 이루어져서는 안 된다.
③ 구조화하는 이유를 내담자에게 설명해야 한다.
④ 내담자의 준비도와 상담관계의 흐름 등을 고려하여 구조화 시기를 정한다.
⑤ 지나치게 경직된 구조화는 내담자의 좌절과 저항을 유발할 수 있다.
⑥ 불필요하고 목적이 없는 규칙은 오히려 내담자의 활동을 억제한다.
⑦ 내담자의 인지, 정서, 행동적 특성을 고려해야 한다.
⑧ 상담관계를 원활하게 하는 것이 목적이며 치료적 효과가 있는 것은 아니다.
⑨ 상담의 초기단계에서 한 번으로 끝나는 것이 아니라 지속적으로 반복해서 상담 전 과정에서 상담을 재구조화해 나간다.
※ 9가지 중 5가지 선택해서 작성

2 기스버스와 무어(Gysbers & Moore, 1987)의 9가지 상담기법 중 5가지를 쓰시오.

정답

① 가정 사용하기
② 의미 있는 질문 및 지시 사용하기
③ 전이된 오류 정정하기
④ 분류 및 재구성하기
⑤ 저항감 재인식하기 및 다루기
⑥ 근거 없는 믿음 확인하기
⑦ 왜곡된 사고 확인하기
⑧ 반성의 장 마련하기
⑨ 변명에 초점 맞추기
※ 9가지 중 5가지 선택해서 작성

학습 4 전략 수립하기

1 **고트프레드슨(Gottfredson)의 진로포부의 발달단계(4단계)를 쓰시오.**

정답

① 힘과 크기 지향성(3 ~ 5세)
② 성역할 지향성(6 ~ 8세)
③ 사회적 가치 지향성(9 ~ 13세)
④ 내적, 고유한 자기지향성(14세 이후)

2 **사회학습 이론에서 진로발달 과정에 영향을 주는 요인 4가지를 쓰시오.**

정답

① 유전적 요인과 특별한 능력
② 환경조건과 사건
③ 학습경험
④ 과제 접근기술

TIP 사회학습 이론에서 진로발달 과정에 영향을 주는 요인

요인	내용
유전적 요인과 특별한 능력	유전적 요인과 특별한 능력을 진로결정 과정의 영향요인으로 보아야 하며, 개인의 진로기회를 제한하는 타고난 특질도 포함된다.
환경조건과 사건	개인의 통제를 넘어서 영향을 미치는 영향요인으로 환경에서의 특정한 사건, 기술발달, 활동, 진로선호 등이다.
학습경험	학습활동의 결과와 진로계획 및 발달에 대한 영향은 무엇보다도 활동, 개인의 유전적 특성, 특별한 능력과 기술, 과업 자체 등의 강화 혹은 비강화에 의해 결정된다.
과제 접근기술	문제 해결기술, 작업습관, 정신구조, 정서적·인지적 반응 등과 같이 개인이 발달시켜 온 기술의 집합이다. 이러한 발달된 기술의 집합은 개인이 직면한 문제와 과업의 결과를 결정한다.

3 윌리엄슨(Williamson)의 특성 – 요인 이론적 접근을 활용하여 해당 상담전략을 적용할 수 있는 직업상담 문제 진단의 범주를 쓰시오.

문제 진단	상담전략
1)	직접체험을 권장
2)	선택을 취소, 다른 대안 제시, 흥미검사와 직업정보를 사용하여 내담자의 사고 확대
3)	직접적인 충고, 흥미검사와 직업정보의 사용
4)	관련 분야 제안, 각 직업의 이해득실 검토

정답

1) 불확실한 선택
2) 현명하지 못한 선택
3) 진로 무선택
4) 흥미와 적성의 불일치

TIP 직업상담 문제 진단에 따른 상담전략 사례(특성 – 요인 이론적 접근)

문제 진단	상담전략
불확실한 선택	• 내담자가 직업을 선택했으나 자신의 결정에 의심을 나타냄, 섣부른 선택, 교육수준의 부족, 자기 이해의 부족, 직업세계에 대한 이해 부족, 실패에 대한 두려움, 친구와 가족에 대한 걱정, 자신의 적성에 대한 불안 등의 요인 • 상담전략 : 직접체험을 권장한다.
현명하지 못한 선택	• 내담자의 능력과 흥미 간의 불일치, 내담자의 능력과 직업요구 간의 불일치, 목표와 맞지 않는 적성, 흥미와 관계없는 목표, 직업 적응을 어렵게 하는 성격, 입직기회가 아주 적은 직업의 선택, 친구 · 친척의 고용 약속을 믿고 한 선택, 부모 · 타인의 압력에 따른 선택, 직업정보의 결핍, 특권에 대한 갈망, 진로에 대한 오해 등의 요인 • 상담전략 : 선택을 취소, 다른 대안 제시, 흥미검사와 직업정보를 사용하여 내담자의 사고를 확대 한다.
진로 무선택	• 진로를 선택하지 못하고, 자신이 무엇을 원하는지 모른다고 진술하는 경우 등 • 상담전략 : 직접적인 충고, 흥미검사와 직업정보를 사용한다.
흥미와 적성의 불일치	• 흥미 있는 직업에 적성이 낮은 경우, 적성이 있는 직업에 흥미가 낮은 경우, 흥미가 있는 직업이 있으나 그 직업을 가질 능력이 부족한 경우 등 • 상담전략 : 관련 분야 제안, 각 직업의 이해득실을 검토한다.

학습 5 초기면담 종결하기

1 **초기면담 종결 시 유의할 점 3가지를 쓰시오.**

정답

① 내담자와 상담자 간의 역할과 비밀 유지에 관해 상호 약속한 동의 내용을 요약한다. 이 요약은 상담자가 할 수도 있고, 내담자가 할 수도 있다.
② 상담을 진행하면서 필요하다면 과제물을 부여할 수 있다.
③ 상담 시 반드시 지켜야 할 준수 사항을 모두 지킨다.

CHAPTER

03 진로상담

학습 1 진로 논점 파악하기

1 **다음은 상담동기의 자발성에 따른 상담자와 내담자의 관계 유형에 대한 설명이다. 각 설명에 해당하는 내담자의 유형을 쓰시오.**

> ① 자신의 문제를 인식하고 그 문제를 상담을 통해 변화시키겠다는 동기가 강한 사람으로 상담에 대해 현실적인 기대를 가지고 있다.
> ② 본인의 의지와 상관없이 기관이나 부모에 의해서 비자발적으로 온 내담자로 상담에 대하여 알아보려고 하는 내담자이다.
> ③ 자신보다는 주변 다른 삶의 문제를 호소한다. 주로 불평만 할 뿐 변화에 대한 의지나 동기 수준이 낮고 자신이 변화해야 한다는 인식이 부족한 경우이다.

정답

① 고객 유형
② 방문자 유형
③ 불평자 유형

TIP 내담자의 자발성에 따른 상담자 유형(내담자의 상담동기 자발성에 따른 내담자와 상담자의 관계 유형)

고객 유형	• 자신의 문제를 인식하고, 그 문제를 상담을 통해 변화시키려는 의지나 동기가 강한 사람이다. • 상담에 대해 현실적인 기대를 갖고 있다.
방문자 유형	• 본인의 의지와 상관없이 기관이나 부모에 의해서 비자발적으로 온 사람이다. • 상담에 대하여 알아보려고 하는 내담자이다.
불평자 유형	• 자신보다는 주변의 다른 사람의 문제를 호소하며 주로 불평만 하는 사람이다. • 변화에 대한 의지나 동기 수준이 낮고 자신이 변화해야 한다는 인식이 부족한 내담자이다.

※ 해당 내용은 해결 중심 상담에서 분류하는 내담자 유형이다. 해결 중심 상담에서는 내담자의 상담 동기와 원하는 것, 상담자와의 상호작용 특성 등을 기준으로 상담자와 내담자의 관계성을 쉽고 편리하게 이해하기 위해 '고객 유형, 방문자 유형, 불평자 유형'으로 구분한다.

2 **다음에 제시된 몰입이론 측정 결과를 확인하여, 몰입 경험에 따른 진로문제의 유형, 기제에 따른 분류 집단, 발생 가능한 진로문제를 모두 쓰고, 해당 유형의 특징 3가지를 기술하시오.**

몰입척도 측정 결과 : 몰입 경험 + 6, 삶의 의미 −5

1) 진로 문제의 유형, 기제에 따른 분류 집단, 발생 가능한 진로문제

( ), ( ), ( )

2) 유형의 특징 3가지

( ), ( ), ( )

정답

1) 진로 문제의 유형, 기제에 따른 분류 집단, 발생 가능한 진로문제

(제2유형), (통합 미발달, 분화 발달 집단), (부정적인 몰입 경험)

2) 유형의 특징 3가지

① 일상의 몰입 경험은 높지만, 삶의 의미가 낮은 집단이다.

② 일상에서 몰입 경험은 많지만, 이들 활동이 수렴된 의미를 갖지 못한다.

③ 분화는 잘 일어나지만 통합이 적절하게 발달하지 못했기 때문에 몰입 경험은 보다 높은 재능 발달을 창출해 내지 못한다.

④ 정신적 에너지는 파편화되고 낭비되며 적절한 의미 부여가 되지 못한 몰입 경험은 진로 관련 불안과 혼란을 야기한다.

※ 4가지 중 3가지 선택해서 작성

TIP 몰입 경험에 따른 진로문제 유형

유형	삶의 의미	일상의 몰입 경험	통합 · 분화 집단		발생 가능한 진로문제
제1유형	○	○	통합 발달	분화 발달	보다 높은 자기발전 추구
제2유형	×	○	통합 미발달	분화 발달	부정적인 몰입 경험
제3유형	○	×	통합 발달	분화 미발달	비현실적인 기대
제4유형	×	×	통합 미발달	분화 미발달	무망감

㉠ 제1유형의 특징

- 일상의 몰입 경험이 삶 전체의 의미와 적절하게 통합
- 개인의 재능은 올바른 발달 과정을 거치고, 진로와 관련된 혼란이나 불안은 존재하지 않음
- 개인은 자신의 재능 영역에서 충분한 수월성을 보이고, 그 활동에 깊이 몰입하며 유능감과 만족감, 그리고 존재의 의미를 충분하게 느낄 수 있음

㉡ 제2유형의 특징

- 일상의 몰입 경험은 높지만, 삶의 의미가 낮은 집단
- 일상에서 몰입 경험은 많지만, 이들 활동이 수렴된 의미를 갖지 못함
- 분화는 잘 일어나지만 통합이 적절하게 발달하지 못했기 때문에 몰입 경험은 보다 높은 재능 발달을 창출해 내지 못함
- 정신적 에너지는 파편화되고 낭비되며 적절한 의미 부여가 되지 못한 몰입 경험은 진로 관련 불안과 혼란을 야기함
- 적절한 의미 부여가 되지 못한 몰입 경험은 진로 관련 불안과 혼란을 야기함

ⓒ 제3유형의 특징

- 일상의 몰입 경험은 낮지만 삶의 의미가 높은 집단
- 진로와 관련된 구체적인 행동은 하지 않으면서 생각만 함
- 자신의 진로에 대한 수렴된 목표와 의미는 가지고 있으나, 일상의 몰입 경험이 부족
- 생의 의미와 목표를 발견했다고 지각하지만, 실제로는 생의 의미와 관련된 일상의 경험을 하지 못함

ⓓ 제4유형의 특징

- 일상의 몰입 경험과 삶의 의미가 모두 낮은 집단
- 자기 자신에 대한 무존재감, 무가치함, 무력함 등을 호소
- 인생이나 진로에 대한 어떠한 전망과 가능성에 대해서도 회의적이며 절망감을 가지고 있음
- 성공 경험이나 긍정적인 몰입 경험을 가져보지 못함

3 상담 참여 동기의 자발성에 따른 내담자 유형 3가지와 그 의미를 기술하시오.

정답

① **고객 유형** : 자신의 문제를 인식하고 상담을 통해 변화하고자 하는 동기가 강한 사람으로 상담에 대한 현실적인 기대를 가지고 있는 내담자이다.

② **방문자 유형** : 본인 의지와 상관없이 비자발적으로 상담에 참여한 사람으로 상담에 대하여 알아보려고 하는 내담자이다.

③ **불평자 유형** : 자신보다는 주변 다른 삶의 문제를 호소한다. 주로 불평만 할 뿐 변화에 대한 의지나 동기 수준이 낮고 자신이 변화해야 한다는 인식이 부족한 경우이다.

TIP 내담자의 자발성에 따른 상담자 유형(내담자의 상담동기 자발성에 따른 내담자와 상담자의 관계 유형)

유형	내용
고객 유형	• 자신의 문제를 인식하고, 그 문제를 상담을 통해 변화시키려는 의지나 동기가 강한 사람이다. • 상담에 대해 현실적인 기대를 갖고 있다.
방문자 유형	• 본인의 의지와 상관없이 기관이나 부모에 의해서 비자발적으로 온 사람이다. • 상담에 대하여 알아보려고 하는 내담자이다.
불평자 유형	• 자신보다는 주변의 다른 사람의 문제를 호소하며 주로 불평만 하는 사람이다. • 변화에 대한 의지나 동기 수준이 낮고 자신이 변화해야 한다는 인식이 부족한 내담자이다.

※ 해당 내용은 해결 중심 상담에서 분류하는 내담자 유형이다. 해결 중심 상담에서는 내담자의 상담 동기와 원하는 것, 상담자와의 상호작용 특성 등을 기준으로 상담자와 내담자의 관계성을 쉽고 편리하게 이해하기 위해 '고객 유형, 방문자 유형, 불평자 유형'으로 구분한다.

학습 2 자기탐색 지원하기

1 진로 가계도를 해석할 때 고려할 사항 4가지를 설명하시오.

정답

① 가계도의 선과 기호를 탐색함으로써 가족의 전체적인 구조를 확인한다.
② 가계도 상에서 세대 간 반복되는 직업의 유형을 탐색한다.
③ 가족 구성원의 역할과 이들 직업 사이의 관계(또는 특성)를 알아본다.
④ 선을 탐색하여 가족 상호작용의 관계 유형을 이해한다.

TIP 진로 가계도 해석 시 고려할 사항

구분	내용
가족의 구조	• 가계도의 선과 기호가 어떻게 연결되어 있는지 탐색함으로써 가족의 구조를 확인한다. • 가족 형상과 형제 순위 등의 가족관계를 확인하여 가족의 전체적인 구조를 이해한다.
세대 간 반복되는 유형	• 가계도 상에서 반복되는 직업의 유형을 탐색한다. • 가족 유형은 세대를 거쳐 반복되는 경향이 있는데, 이러한 유형은 직업 유형에서도 나타날 가능성이 높다. • 사회 변화에 따라 직업의 형태는 시대상을 반영하지만 전문성과 역량 면에서(측면에서) 살펴볼 수 있다.
가족의 역할과 직업	• 가족 구성원의 역할과 이들 직업 사이의 관계를 알아본다. • 가계도를 탐색하면서 가족의 역할과 관련하여 직업의 사회 · 경제적 지위와 직업적 특성을 알아본다.
가족의 관계 유형	가족 상호작용의 (관계) 유형을 설명하는 선을 탐색하여 밀착, 친밀, 소원, 갈등적인 관계를 이해한다.

2 SWOT 분석 후 수립하는 4가지 전략과 의미를 설명하시오.

정답

① SO (공격적인 전략) : 강점을 활용해 기회를 살리는 전략이다.
② ST (다양화 전략) : 강점을 활용해 외부 환경의 위협 요소를 최소화하는 전략이다.
③ WO (방향 전환 전략) : 약점을 보완하여 외부 환경의 기회를 살리는 전략 또는 외부환경의 기회를 활용해 자신의 약점을 보완할 수 있는 전략이다.
④ WT (방어적 전략) : 약점을 보완하여 외부 환경의 위협 요소를 최소화하는 전략이다.

TIP 진로 SWOT 매트릭스

SO : 공격적인 전략	ST : 다양화 전략
• 강점을 가지고(활용해) 기회를 살리는 전략 • 기회를 살리기 위한 강점 발굴	• 강점을 활용해 외부 환경의 위협 요소를 최소화하는 전략 • 위협을 회피하기 위한 강점 발굴
WO : 방향 전환 전략	**WT : 방어적 전략**
• 외부 환경의 기회를 활용해 자신의 약점을 보완할 수 있는 전략 • 약점을 회피하기 위한 기회 발굴(약점 보완하여 기회를 살리는 전략) • 약점을 강점으로 전환하여 기회를 살리고, 기회를 살릴 수 없는 약점은 무시	• 약점을 보완하여 외부 환경의 위협 요소를 최소화하는 전략 • 약점을 보완할 수 없고 위협을 회피할 수 없다면 정면 대결 또는 철수

3 피터슨과 셀리그만이 제시한 강점 분류체계(VIA)의 핵심 덕목 6가지를 쓰시오.

정답

① 지혜 및 지식
② 용기
③ 자애
④ 절제
⑤ 정의
⑥ 초월성

TIP 강점 분류체계 : (VIC or VIA, value in action)

덕목	내용	요소
지혜 및 지식	더 나은 삶을 위해 지식을 습득하고 활용하는 것과 관련된 인지적 강점이다.	창의성, 호기심, 개방성, 학구열, 지혜
용기	목표 추구 과정에서 난관에 직면하더라도 이를 극복하면서 목표를 성취하려는 강인한 투지의 성격적 강점이다.	용감성, 끈기, 활력, 진실성
자애	다른 사람을 보살피고 이해하며, 그들과 따뜻하고 친밀한 관계를 형성하도록 돕는 성격적 강점이다.	친절, 사회지능, 사랑
절제	지나침으로부터 우리를 보호해주는 성격적 강점이다.	자기조절, 신중성, 겸손, 용서
정의	모든 개인과 개인을 둘러싼 사회 간의 건강한 상호작용에 기여하는 성격적 강점이다.	시민의식, 리더십, 공정성
초월성	현상과 행위에 대해 의미를 부여하고 보다 큰 우주와의 연결성을 추구한다.	감상력, 낙관성, 감사, 영성, 유머 감각

학습 3 직업정보 탐색하기

1 **내담자의 필요에 따라 진로정보를 제공할 때 교육적 목적과 동기부여를 위한 목적 3가지를 각각 쓰시오.**

1) 교육적 목적

2) 동기부여를 위한 목적

정답

1) 교육적 목적
   ① 정보를 알려주기
   ② 발전 및 확장하기
   ③ 수정하기
2) 동기부여를 위한 목적
   ① 자극하기
   ② 도전감을 갖도록 하기
   ③ 확신감을 갖도록 하기

2 아래 그림에 해당하는 조앤(Joann)의 직업선택 의사결정 과정 6단계를 순서대로 쓰시오.

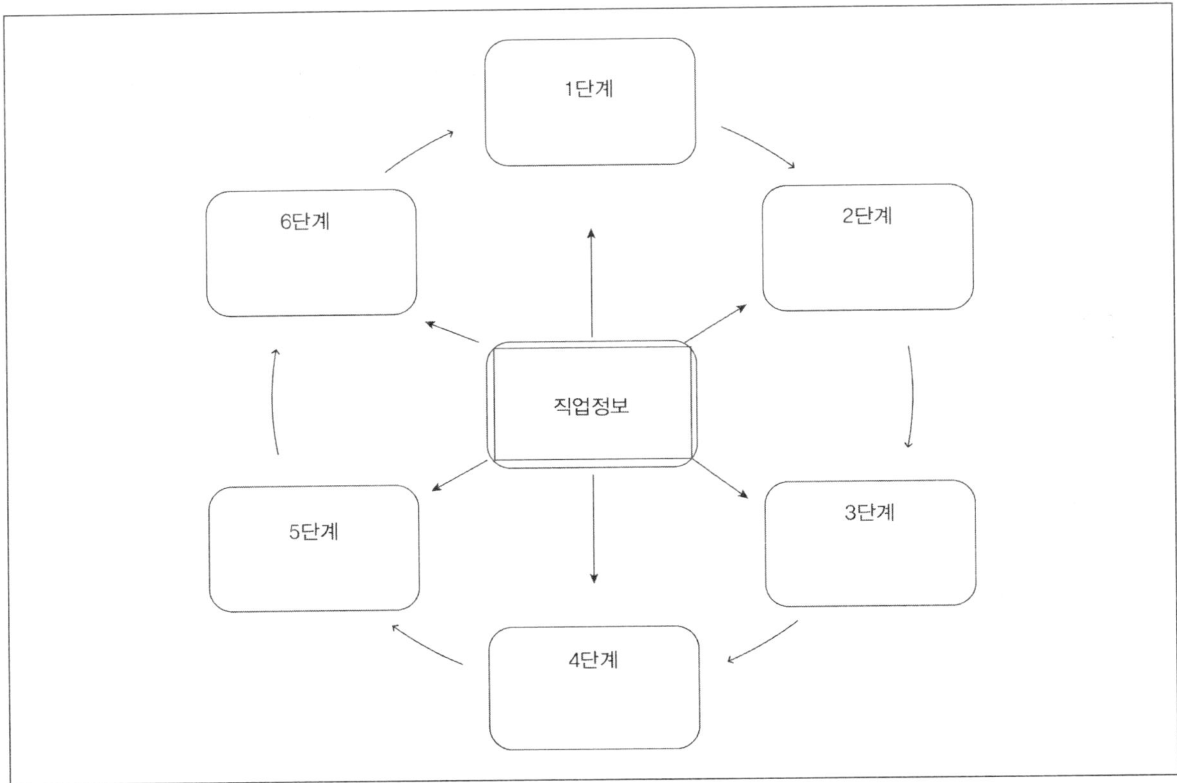

정답

① 1단계 : 직업선택의 인식
② 2단계 : 개인의 직업 특성 평가
③ 3단계 : 적합한 직업의 목록화
④ 4단계 : 직업목록에 관한 직업정보의 수집
⑤ 5단계 : 선택 직업의 결정
⑥ 6단계 : 선택 직업 진입을 위한 실천 행동

TIP 조앤(Joann, 2002)의 직업선택 의사결정과정 6단계

조앤(Joann)은 의사결정과정에서의 직업정보의 역할에 초점을 두고 의사결정과정을 구체화하였다.

단계	내용
1단계 : 직업선택의 인식	• 자신이 직업을 선택해야 하는 필요성을 인식하게 되는 단계이다. • 내담자가 직업선택 및 변화의 필요성을 인식한다는 것은 직업선택 과정을 시작하고 수행하게 되는 시작점으로 중요한 단계이다. • 개인의 내적인 과정이며, 1단계에 도달할 때까지 내담자는 직업정보를 활용하지 않으며, 내담자의 진로정보에 대한 욕구를 파악하는 중요한 이유가 된다.
2단계 : 개인의 직업특성 평가	• 내담자가 자신의 직업특성에 관해 객관적으로 탐색하고 확인하는 과정을 거쳐야 할 것이다. • 이 단계에서는 커리어넷과 워크넷(고용24)에서 제공하는 심리검사 등을 통하여 개인의 특성을 평가하며, 결과에 따라 적합한 직업을 탐색할 수 있다.
3단계 : 적합한 직업의 목록화	• 다양한 심리검사를 하고 결과를 종합하여 개인에게 적합한 직업목록을 생성한다.
4단계 : 직업목록에 관한 직업정보의 수집	• 직업선택 의사결정을 한 경우에는 직업정보를 가장 필요로 하게 되고, 다양한 경로를 통해 수집된 정보는 직업 목록상의 비교 준거로써 활용된다. • 4단계에서 필요로 하는 주요 정보는 직업 내용, 근로조건, 전망 등과 같은 직업 자체에 대한 정보와 요구하는 학력 수준, 능력 등과 같은 직업에 종사하는 인적 자원에 대한 정보로 유형화할 수 있다.
5단계 : 선택 직업의 결정	• 수집한 직업정보들을 활용하여 직업 간 비교를 통해 최종적으로 선택 직업을 결정하게 된다. • 이 단계에서는 많은 정보 중에서 내담자가 자신의 특성에 맞게 정보를 정리하고 비교할 수 있도록 도와준다.
6단계 : 선택 직업 진입을 위한 실천 행동	• 6단계에서는 내담자들이 선택 직업에 진입하기 위한 정보들을 요구하게 된다. • 자신이 선택한 직업에 바로 진입이 가능한지 혹은 훈련, 자격 취득, 진학 등과 같이 진입을 위한 준비 과정을 거쳐야 하는지를 결정하게 된다.

학습 4 진로계획 지원하기

1 하렌(Harren)이 제시한 의사결정 유형 3가지와 각 유형의 장단점을 설명하시오.

정답

① **합리적 유형** : 충분한 정보를 바탕으로 합리적으로 결정하고 결정에 대한 책임을 지지만 결정에 시간이 오래 걸린다.
② **직관적 유형** : 순간적으로 판단하여 다소 충동적으로 결정하지만 결정에 책임을 진다.
③ **의존적 유형** : 타인의 의견을 받아들여 결정하지만 결과의 책임을 남에게 돌린다.

TIP 하렌(Harren)의 의사결정 유형

㉠ 하렌은 효과적인 의사결정자는 적절한 자아존중감과 잘 분화되고 통합된 자아개념을 갖고 있으며, 합리적 의사결정 유형을 활용하고 의사결정에 대한 책임을 지는 사람으로, 성숙한 대인관계와 분명한 목적의식을 가진 사람이다.
㉡ 개인이 의사결정 과제를 지각하고 그에 반응하는 특징적인 방식을 말하며 합리적 유형, 직관적 유형, 의존적 유형으로 나누고 있다.

유형	특징
합리적 유형	• 충분한 정보를 바탕으로 합리적으로 결정하지만 결정에 시간이 오래 걸린다. • 정확한 정보를 바탕으로 의사결정을 한다.
직관적 유형	• 순간적으로 판단하여 다소 충동적으로 결정하지만 결정에 책임을 진다. • 자신의 결정에 따른 결과에 대해 책임을 진다.
의존적 유형	• 타인의 의견을 받아들여 결정하지만 결과의 책임을 남에게 돌린다. • 주변에 도움을 줄 수 있는 사람의 조언을 듣는다.

2 요스트(Yost)가 제시한 진로대안을 평가하는 방법 4가지를 쓰시오.

정답

① 원하는 성과 연습
② 찬반 연습
③ 대차대조표 연습
④ 확률추정 연습
⑤ 미래를 내다보는 연습
※ 5가지 중 4가지 선택해서 작성

학습 5 진로계획 실행 지원하기

1 GROW 코칭 모델의 프로세스 4단계를 순서대로 쓰고, 각 단계에서 수행할 내용을 1가지씩 쓰시오.

정답

① 1단계 : 목표 설정 : 주제 합의, 장기 목표 설정 중 1가지
② 2단계 : 현실 파악 : 내외부 장애요인 파악, 환경의 객관적 요소 인식, 자체 평가 유도 중 1가지
③ 3단계 : 대안 탐색 : 모든 가능한 대안 검토, 행동계획 설정 중 1가지
④ 4단계 : 실행 의지 : 실행 의지 구체적으로 확인, 지원, 시기, 방법 등 점검 중 1가지

TIP GROW 코칭 모델

㉠ GROW(goal, realty, option, will) 모델은 문제 정의(목표 설정), 원인 파악(현실 파악), 해결안 모색(대안 탐색), 실행(실행 의지) 등 일반적인 문제해결 프로세스를 따르고 있어 단순하며 적용이 쉬워 가장 많이 사용되는 모델이다.
㉡ 코칭은 질문과 경청, 피드백을 통한 과정에서 개인의 생각을 자극하고 사고의 지평을 넓혀 새로운 인식을 통해 스스로 현재 직면하고 있는 문제와 해결방법을 찾도록 돕는 과정이라고 할 수 있다.
㉢ GROW 모델은 코칭 모델로서 반드시 절차를 지켜야 하는 것은 아니다. 진로상담에서 내담자가 자신의 진로를 꾸준히 개발할 수 있는 역량을 키워주기 위한 수단일 뿐이므로 절차보다는 내담자의 흐름을 존중해 준다.

단계		수행 내용
Goal	목표(목표 설정)	주제 합의, 장기 목표 설정
Realty	현실(현실 파악)	내외부 장애요인 파악, 환경의 객관적 요소 인식, 자체 평가 유도
Option	대안(대안 탐색)	모든 가능한 대안 검토, 행동계획 설정
Will	실행 의지	실행 의지 구체적으로 확인, 지원, 시기, 방법

2 사회적 지지 자원의 구성 요인 4가지를 쓰시오.

정답

① 정서적 지지
② 평가적 지지
③ 정보적 지지
④ 물질적 지지

TIP 사회적 지지 척도

하위 요인	내용
정서적 지지	인간의 기본적인 사회 정서적 욕구를 만족시켜 주는 지지로 사랑, 이해, 격려, 신뢰, 관심, 공감적 경청 등에 관한 7개 문항으로 구성되어 있다.
평가적 지지	자신의 행위를 인정해 주거나 부정하는 등 자기평가와 관련된 정보를 전달하는 지지로 칭찬, 소질 인정, 인격 존중, 공정한 평가, 가치 고양, 의사 존중에 관한 6개 문항으로 구성되어 있다.
정보적 지지	개인이 문제에 대처하는 데 이용할 수 있는 정보를 제공하는 지지로 문제해결, 의사결정, 적응, 위기 등의 상황에서 제공되는 충고, 조언, 지도와 사회에 대한 지식 제공에 관한 6문항으로 구성되어 있다.
물질적 지지	일을 대신해 주거나 필요 시 돈, 물건, 서비스, 시간 등의 필요시 직접적으로 돕는 지지에 관한 5문항으로 구성되어 있다.

3 론돈(London)의 진로동기 모델 구성요소 3가지와 각 요소의 역할을 쓰시오.

정답

① **진로탄력성** : 진로동기를 유지하는 역할이다.
② **진로통찰력** : 진로동기를 촉발하는 요소이다.
③ **진로정체성** : 진로동기의 방향성을 결정하는 요소이다.

4 **진로탄력성과 진로적응성의 하위 구성 요인을 각각 모두 쓰시오.**

1) 진로탄력성 하위 구성 요인

2) 진로탄력성 하위 구성 요인

정답

1) 진로탄력성 하위 구성 요인
   ① 자기 신뢰
   ② 성취 열망
   ③ 진로 자립
   ④ 변화 대처
   ⑤ 관계 활용
2) 진로탄력성 하위 구성 요인
   ① 대인관계
   ② 목표의식
   ③ 주도성
   ④ 긍정성
   ⑤ 개방성

TIP 진로탄력성 척도

척도	내용
자기 신뢰	자신에 대한 긍정적인 지각과 어려운 상황이나 스트레스에도 불구하고 자신을 믿고 확신하며 자기 긍정성을 발휘하는 것이다.
성취 열망	개인이 세운 목표를 달성하고자 하는 의지이며, 어려움과 역경에 부딪혔을 때에도 자신의 미래를 낙관적으로 보고 인내와 끈기로 더 높은 목표를 달성하고자 하는 태도나 행동이다.
진로 자립	개인이 원하는 진로목표를 달성하는 능력과 노력을 의미하며, 지속적으로 학습하고 새로운 기술과 훈련을 주도적으로 계획하여 직무기술을 향상시키는 태도나 행동이다.
변화 대처	개인이 세운 진로목표를 달성하는 과정에서 예기치 않게 발생한 사건 또는 그로 인한 결과를 받아들이며 실패를 두려워하지 않고 부정적인 결과에서도 긍정적인 요소를 찾아 대처하는 태도나 행동이다.
관계 활용	진로상황에서 어려움이나 역경에 부딪혔을 때 개인이 활용할 수 있는 사회적 자원을 확보하고 대인관계 네트워크 구축과 긍정적인 관계를 활용하는 태도나 행동이다.

TIP 진로적응성 척도

척도	내용
목표의식	비전과 추구하는 목표를 명확히 하고 그 목표를 향해 착실히 준비하고 실행하는 것이다.
대인관계	다른 사람들을 배려하고 협력해서 일하고 의견 조율과 갈등 해결을 잘 하며 여러 사람들과 원만한 관계를 유지하는 것이다.
개방성	다양하고 새로운 의견과 문화, 환경을 편견 없이 수용하고 활용하며, 불확실한 상황에서도 편안한 마음을 유지하는 것이다.
주도성	누가 시키지 않아도 솔선해서 일하거나 모임을 이끌고 새로운 상황을 만드는 데 적극적으로 참여하여 새로운 기회를 찾는 것이다.
긍정성 (긍정적 태도)	자신의 상황을 긍정적으로 보고 실패나 시련 위기를 발전의 원동력으로 삼으며 희망과 가능성을 가지고 즐겁게 일하는 것이다.

5 진로탄력성과 진로적응성의 공통점과 차이점을 기술하시오.

1) 진로탄력성과 진로적응성의 공통점

2) 진로탄력성과 진로적응성의 차이점

정답

1) 진로탄력성과 진로적응성의 공통점
상황적으로 좋지 않은 환경적 조건 혹은 스트레스 상황을 가정하고 이 상황을 효과적으로 극복한다는 긍정적 의미가 내포되어 있다.

2) 진로탄력성과 진로적응성의 차이점
① (진로)탄력성은 이미 닥쳐와서 극복해낸 과거 역경 상황에 대한 회복력을 나타낸다.
② (진로)적응성은 아직 오지 않은 환경적 변화, 즉 불확실한 미래 상황에 대한 (긍정적, 적극적으로 대처하는) 태도(또는 능력)이다.

CHAPTER

04 취업상담

학습 1 내담자 구직역량 파악하기

1 **다음은 구직자 유형 분류이다. 유형별 정의와 취업 지원 서비스를 기술하시오.**

유형	유형의 정의 및 취업 지원 서비스	
고능력 – 저의지	유형 정의	
	취업지원 서비스	
저능력 – 고의지	유형 정의	
	취업지원 서비스	
고능력 – 고의지	유형 정의	
	취업지원 서비스	
저능력 – 저의지	유형 정의	
	취업지원 서비스	

정답

유형	유형의 정의 및 취업지원 서비스	
고능력 – 저의지	유형 정의	취업의지는 낮으나, 취업능력이 높은 자
	취업지원 서비스	집단상담 프로그램 등 의욕 증진 서비스 제공
저능력 – 고의지	유형 정의	취업의지는 높으나, 취업능력이 낮은 자
	취업지원 서비스	직업훈련, 취업특강 등 구직기술 향상 서비스 제공
고능력 – 고의지	유형 정의	취업의지와 취업능력이 높은 자
	취업지원 서비스	직업정보 제공 등의 지원
저능력 – 저의지	유형 정의	취업의지와 취업능력이 낮은 자
	취업지원 서비스	심층상담 등 밀착 서비스 필요

2 **다음에 제시한 직업기초능력의 하위 능력 2가지씩을 쓰시오.**

1) 의사소통 능력

2) 자원관리 능력

3) 자기개발 능력

4) 대인관계 능력

5) 조직이해 능력

정답

1) **의사소통 능력** : 문서이해능력, 문서작성능력, 경청능력, 의사표현능력, 기초외국어능력 중 2가지 선택해서 작성
2) **자원관리 능력** : 시간 관리 능력, 예산 관리 능력, 물적 자원 관리 능력, 인적 자원 관리 능력 중 2가지 선택해서 작성
3) **자기개발 능력** : 자아인식능력, 자기관리능력, 경력개발능력 중 2가지 선택해서 작성
4) **대인관계 능력** : 팀워크 능력, 리더십 능력, 갈등 관리 능력, 협상 능력, 고객 서비스 능력 중 2가지 선택해서 작성
5) **조직이해 능력** : 국제 감각, 조직 체제 이해 능력, 경영 이해 능력, 업무 이해 능력 중 2가지 선택해서 작성

TIP 직업기초능력의 정의 및 하위 역량(능력)

직업기초능력	정의 및 하위 능력
의사소통 능력	업무를 수행함에 있어서 글과 말을 읽고 들음으로써 다른 사람이 뜻한 바를 파악하고, 자기가 뜻한 바를 글과 말을 통해 정확하게 쓰거나 말하는 능력이다.
	문서 이해 능력, 문서 작성 능력, 경청 능력, 의사 표현 능력, 기초 외국어 능력이다.
수리 능력	업무를 수행함에 있어서 사칙연산, 통계, 확률의 의미를 정확하게 이해하고, 이를 업무에 적용하는 능력이다.
	기초 연산 능력, 기초 통계 능력, 도표 분석 능력, 도표 작성 능력이다.
문제해결 능력	업무를 수행함에 있어서 문제 상황이 발생하였을 경우, 창조적이고 논리적인 사고를 통하여 이를 올바르게 인식하고 적절히 해결하는 능력이다.
	사고력, 문제 처리 능력이다.
자기개발 능력	업무를 추진하는 데 있어서 스스로를 관리하고 개발하는 능력이다.
	자아 인식 능력, 자기관리 능력, 경력 개발 능력이다.
자원관리 능력	업무를 수행함에 있어서 시간, 자본, 재료 및 시설, 인적 자원 등의 자원 가운데 무엇이 얼마나 필요한지를 확인하고, 이용 가능한 자원을 최대한 수집하여 실제 업무에 어떻게 활용할 것인지를 계획하고 계획대로 업무 수행에 이를 할당하는 능력이다.
	시간 관리 능력, 예산 관리 능력, 물적 자원 관리 능력, 인적 자원 관리 능력이다.
대인관계 능력	업무를 수행함에 있어서 접촉하게 되는 사람들과 문제를 일으키지 않고 원만하게 지내는 능력이다.
	팀워크 능력, 리더십 능력, 갈등 관리 능력, 협상 능력, 고객 서비스 능력이다.
정보 능력	업무와 관련된 정보를 수집하고, 이를 분석하여 의미 있는 정보를 찾아내며, 의미 있는 정보를 업무 수행에 적절하도록 조직하고, 조직된 정보를 관리하며, 업무 수행에 이러한 정보를 활용하고, 이러한 제(모든) 과정에 컴퓨터를 사용하는 능력이다.
	컴퓨터 활용 능력, 정보 처리 능력이다.
기술 능력	업무를 수행함에 있어서 도구, 장치 등을 포함하여 필요한 기술에는 어떠한 것들이 있는지 이해하고, 실제로 업무를 수행함에 있어 적절한 기술을 선택하여 적용하는 능력이다.
	기술 이해 능력, 기술 선택 능력, 기술 적용 능력이다.
조직이해 능력	업무를 원활하게 수행하기 위해 국제적인 추세를 포함하여 조직의 체제와 경영에 대해 이해하는 능력이다.
	국제 감각, 조직 체제 이해 능력, 경영 이해 능력, 업무 이해 능력이다.
직업윤리	업무를 수행함에 있어서 원만한 직업 생활을 위해 필요한 태도, 매너, 올바른 직업관이다.
	근로 윤리, 공동체 윤리

3 **다음에 제시된 구직역량의 하위 역량 2가지씩을 쓰시오.**

1) 구직 지식군

2) 구직 기술군

3) 구직 태도군

4) 직무 적응군

정답

1) **구직 지식군** : 자기이해, 구직 희망 분야 이해, 전공지식, 외국어 능력, 구직 일반 상식 중 2가지 선택해서 작성
2) **구직 기술군** : 구직 의사결정 능력 구직 정보탐색 능력, 인적 네트워크 활용 능력, 구직서류 작성 능력, 구직 의사소통 능력 중 2가지 선택해서 작성
3) **구직 태도군** : 긍정적 가치관, 도전정신, 글로벌 마인드, 직업윤리 중 2가지 선택해서 작성
4) **직무 적응군** : 직무 및 조직 몰입, 현장 직무수행 능력, 대인관계 능력, 문제해결 능력, 자원 활용 능력, 자기관리 및 개발 능력 중 2가지 선택해서 작성

TIP 구직역량의 역량군별 하위 역량

구직 역량군	하위 역량
구직 지식군	자신에게 적합한 직장을 탐색하고 입직하기 위해 갖추어야 할 지식을 말한다.
	자기 이해, 구직 희망 분야 이해, 전공지식, 외국어 능력, 구직 일반 상식
구직 기술군	직장을 선택하고 그곳에 취업하는 데 필요한 실제적 기술을 말한다.
	구직 의사결정 능력, 구직 정보탐색 능력, 인적 네트워크 활용 능력, 구직서류 작성 능력, 구직 의사소통 능력
구직 태도군	직장에 취업하고 적응하는 데 갖추어야 할 태도 및 가치관이다.
	긍정적 가치관, 도전 정신, 글로벌 마인드, 직업윤리
직무 적응군	직장에서 직무를 성공적으로 수행하고 지속적인 발전을 가능하게 하는 능력을 의미한다.
	직무 및 조직 몰입, 현장 직무수행 능력, 대인관계 능력, 문제 해결 능력, 자원 활용 능력, 자기 관리 및 개발 능력

학습 2 취업목표 설정하기

1 **표준화된 직업정보 수집 과정을 순서대로 쓰시오.**

정답

① 직업 분류 제시하기
② 대안 만들기
③ 대안 목록 줄이기
④ 직업정보 수집하기

2 **취업효능감 프로그램의 구성 요인 4가지를 쓰고, 설명하시오.**

정답

① **수행 성취**
　㉠ 작은 일부터 성공을 경험하도록 하여 자신감을 높이고 아주 사소하게 보이는 비교적 작은 목표들부터 경험하여 성공에 대한 신념을 고무시킨다.
　㉡ 개인이 충분히 달성할 수 있는 작은 목표를 부여하고, 이를 성취할 수 있도록 격려하여 자기효능감을 증가시킨다.
② **대리 경험** : 이미 성공한 사람들이나 위인들을 모델(사례를 제시)로 하여 대리 경험(간접 학습)을 하게 해 주어 자기효능감이 증가하도록 한다.
③ **언어적 설득(강화)** : 격려의 말(격려와 칭찬 또는 지지의 말)이나 수행에 대한 구체적인 평가를 통해 구직자의 노력을 강화(잘 할 수 있다는 확신)시키고 설득하여, 자기효능감을 증진시킨다.
④ **정서적 안정(생리적 반응)** : 수행 상황에서 불안이나 공포를 낮추고 실패를 극복할 수 있다는 긍정적인 마음을 통해 정서적 각성을 하도록 하여 자기효능감을 높인다.

TIP NCS학습모듈별 '자기효능감 구성 요인' 용어 정리
　㉠ **취업상담** : 수행 성취, 대리 경험, 언어적 설득, 정서적 안정
　㉡ **직업상담 초기면담** : 성공 경험, 대리학습, 언어적 강화, 정서적 각성
　㉢ **심층직업상담** : 수행 성취도, 대리 경험, 언어적 설득, 생리적 반응

3 **직업 대안 선택 단계에서 구직자가 달성해야 하는 과제 4가지를 순서대로 쓰시오.**

정답

① 한 가지 직업을 선택하도록 준비하기
② 직업들을 평가하기
③ 직업들 가운데서 한 가지를 선택하기
④ 선택 조건에 이르기

학습 3 구인처 확보하기

1 진로경로 초기, 중기, 후기의 특징 2가지씩을 쓰시오.

1) 진로경로 초기

2) 진로경로 중기

3) 진로경로 후기

정답

진로경로 단계	특징
진로경로 초기	• 개인은 조직에서 스스로 자리를 확립하는 기회를 가지며, 자신의 능력을 증명해 보이기 위한 역할을 수행한다. • 작업 환경에서 조화로운 관계 구축하기, 조직의 규칙과 규율에 적응하기, 성과적인 성과 수행 증명하기 등의 과제를 수행하게 된다. • 객관적 지표들(봉급, 규율, 정책 등)과 주관적 지표들(기대 충족, 목적 달성, 개인적 욕구와 조직상의 욕구 간의 경험 등)은 평가용 준거로서 개인이 조직에서의 미래 방향을 결정하거나, 다른 작업 환경에서의 변화를 결정하는 데 사용된다. • 진로경로 초기 단계에서 주요한 전환 과정은 사회화 과정이다. ※ 위의 내용 중 2가지 선택해서 작성
진로경로 중기	• 생산성 유지 단계의 시작으로도 생각할 수 있는데, 작업하는 직책 및 상황을 증진시키기 위해서 계속 적응하는 것이 특징이다. • 새롭고 이질적인 기술, 생산 수요, 노동시장의 변화 등과 같은 다양한 원인들로부터 변화가 생긴다. • 개인은 실제의 장벽(성장이 전혀 없음, 느린 성장, 사양화된 조직)과 지각된 장벽(역할 혼동, 진로경로 정체 · 부진, 진로경로 성공과 방향에 대한 막연한 지각)을 반드시 구분해야 하는데, 이런 것들은 실제로 개인의 목적을 달성하려는 능력에 영향을 미치게 된다. • 조직에서 긍정적 성장 가능성을 발전시키고, 개인을 독려해 변화에 적응하게 하는 것은 바람직한 태도이다. • 진로경로 중기 단계는 반드시 연령과 관련된 것은 아니다. ※ 위의 내용 중 2가지 선택해서 작성
진로경로 후기	• 개인 생애의 초점은 조직의 외부에서 활동하는 데 있다. 개인은 외부의 흥미를 구축하고 조직으로 이탈하기 시작하며, 조직 활동도 권력 역할(power role)에서 사소한 역할(minor role)로 바뀌게 된다. • 조직 안에서 개인은 점점 책임을 줄이고 일을 넘길 준비를 하게 되는데, 진로경로 후기 단계의 주요한 적응 문제는 감소된 일 역할을 수용하는 것이다. • 개인은 진로경로 중기의 불확실성을 해소하여 조직을 하나의 전체로 보게 되고, 자신들의 미래와 같은 폭넓은 문제들에 초점을 맞추는 경향이 있다. • 진로경로 후기 단계에서의 정서적 지지는 일차적으로 동료로부터 나온다. ※ 위의 내용 중 2가지 선택해서 작성

2 「직업안정법」에서 제시된 고용정보의 내용 5가지를 쓰시오.

정답

① 경제 및 산업 동향
② 노동시장, 고용 · 실업 동향
③ 임금, 근로시간 등 근로조건
④ 직업에 관한 정보
⑤ 채용 · 승진 등 고용 관리에 관한 정보
⑥ 직업능력개발훈련에 관한 정보
⑦ 고용 관련 각종 지원 및 보조제도
⑧ 구인 · 구직에 관한 정보
※ 8가지 중 5가지 선택해서 작성

학습 4 구직활동 지원하기

1 다음은 기업 유형 분류이다. 내용을 읽고 알맞은 용어(단어, 개념)를 쓰시오.

① 자산 규모가 5,000억 원이 넘는 기업이거나, 3년 평균 매출이 1,500억 원 이상, 자기자본 1,000억 원 이상, 상시 직원 수 1,000명 이상 중에서 하나라도 충족이 되면 해당이 된다.
② 고용유지율(3년 이내 2회 연속 동종 업종 및 규모별 평균 대비 고용유지율이 높은 기업)과 신용평가 등급이 높고(신용등급이 BB- 이상 기업), 3년 이내 산재 · 사망 발생 사고가 없으며, 임금체불이 없는 기업이 선정된다.
③ 산업통상자원부 산하 준정부기관인 한국산업기술진흥원이 글로벌 기업으로의 성장 의지와 잠재력을 갖춘 중소 · 중견 기업 중 매출 대비 직 · 간접 수출액이 20% 이상이고, 최근 5년간 연평균 매출 증가율이 15% 이상이거나, 최근 3년 연구개발 투자비가 연 매출의 2% 이상이고, 매출 규모가 400억 원 ~ 1조 원인 기업을 선정한다.
④ 한국표준과학연구원의 연구비와 기업 매칭 펀드를 투입하여 중소기업에 필요한 기술을 참여 기업과 공동 개발하여 전수하는 사업이다.
⑤ 신생 창업 기업을 의미한다. 잠재력과 성장 가능성을 갖춘 기술 중심의 회사를 의미한다.

정답

① 중견기업
② 강소기업
③ 월드클래스 300
④ 히든 챔피언 육성 사업
⑤ 스타트업

2 **구직자의 취업 활동을 지원하기 위해 기업정보를 수집할 때 활용할 수 있는 방법을 5가지만 쓰시오.**

정답

① 기업 홈페이지
② 해당 산업 정기간행물
③ 매장 방문 및 현장 방문
④ 채용설명회 (또는 취업박람회)
⑤ 기업 현직자 인터뷰
⑥ 전자공시시스템(DART)
⑦ 워크넷(고용24) 외 사이트 활용(잡플래닛, 에프앤가이드 등)
⑧ 뉴스 또는 보도자료
⑨ 더브이씨(벤처기업 서칭)
※ 9가지 중 5가지 선택해서 작성

학습 5 내담자 구직 사후관리

1 노동 이동의 원인을 설명하는 이론 2가지(임금격차설과 취업기회설)를 비교하여 기술하시오.

1) 임금 격차설

2) 취업 기회설

정답

1) **임금 격차설** : 저임금의 산업 · 지역에서 고임금의 산업 · 지역으로 근로자가 이동한다는 노동력의 공급 측면을 강조한다.
2) **취업 기회설** : 타 산업 · 타 지역으로의 이동은 취업 기회의 증감에 의해 규정된다는 것으로 노동력의 수요 측면을 강조한다.

2 실업급여 종류 4가지를 쓰시오.

정답

① 구직급여
② 취업촉진수당
③ 연장급여
④ 상병급여

3 고용복지플러스센터에서 주로 진행되는 구직자 취업역량 강화 프로그램의 의미를 쓰고, 종류 3가지를 쓰시오.

정답

① **의미** : 구직자 분들의 취업의욕 강화와 자신감 회복 및 본인에 대한 이해와 강점 발견, 구직기술 습득 등 성공적인 취업을 돕는 프로그램이다.

② **종류**

㉠ 취업특강

㉡ 단기집단 프로그램

㉢ 집단상담 프로그램

TIP 구직자 취업역량강화 프로그램에 대한 설명

㉠ 고용복지플러스센터에서 주로 진행이 되며 CAP@, 취업희망 등 집단상담 및 단기집단프로그램, 취업특강 등으로 구성되어 있다.

㉡ 프로그램 내용과 참여 대상 등에 대한 설명과 더불어 프로그램 일정도 검색할 수 있고, 전국의 고용센터와 고용복지플러스센터의 프로그램 운영 일정을 한눈에 볼 수 있다.

㉢ 구직자의 취업의욕 강화와 자신감 회복은 물론 본인에 대한 이해와 강점 발견, 구직기술 습득 등 성공적인 취업을 돕는 프로그램이다.

㉣ '고용24(work24.go.kr) → 취업지원 → 취업역량강화' 발췌 내용이다.

안내 : 구직자 분들의 취업의욕강화와 자신감 화복은 물론 본인에 대한 이해와 강점 발견, 구직기술 습득 등 성공적인 취업을 돕는 다양하고 실효성 있는 프로그램을 지속적으로 운영하고 있습니다.

구직자취업역량 강화프로그램	
취업특강	• 고용시장에 대해 이해하고 구직에 필요한 정보를 빠르게 알 수 있도록 50명 내외로 진행되는 강의식 프로그램(2시간) • 채용동향, 취업정보 수집, 구직서류 작성법, 면접방법, 이미지메이킹 등 구직 관련 특강 • 구직에 필요한 정보를 습득하고자 하는 구직자
단기집단프로그램	• 자신에게 부족한 구직기술을 주제별로 선택하여 습득할 수 있도록 25명 이내로 구성된 그룹에 단기 (3~4시간)로 참여하는 실습 중심 프로그램 • 구직스트레스 다루기, 취업을 위한 "나" 이해하기, 직장인을 위한 대화의 기술, 면접기술 습득하기 등 주제별 실습 프로그램 • 기초직업능력 및 구직기술 향상이 필요한 구직자
집단상담프로그램	12명 내외의 소규모 그룹으로 참여하여 다양한 실습과 체험을 통해 취업의욕을 높이고 구직기술도 습득할 수 있는 집단상담 방식의 프로그램(2 ~ 5일 참여)

CHAPTER

05 직업훈련상담

학습 1 내담자 직무역량 파악하기

1 **네들러(Nadler, L. 1984)가 제시한 인적자원개발의 특성 5가지를 기술하시오.**

정답

① 반드시 의도적이고 계획적이며 조직적인 학습이어야 한다.
② 이러한 학습은 제한된 특정 기간 내에 이루어져야 하며, 시간 개념은 비용 측면 보다 학습 성취 및 성취 여부의 평가 시점을 더욱 중요시한다.
③ 조직의 현재 또는 미래의 직무와 관련이 있어야 하므로 뚜렷한 목적하에 조직의 직무성과 향상을 위하여 효과적인 방법과 내용을 계획적으로 추진하여야 한다.
④ 직무성과의 향상 가능성을 증대시켜야 한다.
⑤ 개인과 조직의 가능성을 증대시켜야 한다.

2 **인적자원 관리 영역 3가지와 영역별 해당하는 내용(범위)을 각각 3가지씩 쓰시오.**

정답

① **인적자원 개발** : 훈련과 계발, 조직개발, 진로 경로 개척
② **인적자원 환경** : 조직/직무 설계, 인적자원 기획, 수행관리 체계, 노사관계
※ 4가지 중 3가지 선택해서 작성
③ **인적자원 활용** : 선발 및 배치, 고용인 지원, 보상/유인, 직업정보(고용정보) 체계
※ 4가지 중 3가지 선택해서 작성

TIP 인적자원 관리 영역

㉠ **인적자원 개발 영역** : 훈련과 계발, 조직개발, 진로 경로 개척
㉡ **인적자원 환경 영역** : 조직/직무 설계, 인적자원 기획, 수행관리 체계, 노사관계
㉢ **인적자원 활용 영역** : 선발 및 배치, 보상/유인, 직업정보(고용정보) 체계, 고용인 지원

3 직업훈련 실시자의 성격에 따른 분류 3가지를 쓰고, 의미를 설명하시오.

정답

① **공공직업훈련** : 국가, 지방자치단체 또는 공공직업훈련법인이 숙련된 다능공 양성을 목표로 실시하는 정규 훈련방식의 직업훈련 형태이다.

② **인정직업훈련** : 공공직업훈련법인 이외에 비영리법인이 고용노동부장관의 인가를 받아 실시하는 기능공 양성목표를 가진 정규 훈련방식의 직업훈련 형태이다.

③ **사업 내 직업훈련** : 기업주가 단독 또는 타 기업주와 공동으로 사업체 내에서 기능공을 양성하거나 고용된 근로자에게 직무 향상 및 직무 보충 등을 훈련하는 직업훈련 형태이다.

TIP 직업훈련 형태에 따른 분류

㉠ 공공직업훈련

- 국가, 지방자치단체 또는 공공직업훈련법인이 숙련된 다능공 양성을 목표로 실시하는 정규 훈련방식의 직업훈련 형태이다.
- 국비 지원 : 훈련비 전액(수업료, 실습비, 실습복, 교재비 등 포함)
- 훈련생 전원에게 기숙사 제공 및 수료 후 취업 알선
- 생활보호대상자, 국가유공자녀에게는 소정의 훈련수당 지급

㉡ 인정직업훈련

- 공공직업훈련법인 이외에 개인이나 비영리법인이 고용노동부장관의 인가를 받아 실시하는 기능공 양성목표를 가진 정규 훈련방식의 직업훈련 형태이다.
- 법인과 개인이 각각 추구하는 영리 및 비영리 목적에 따라 훈련 직종을 선정하여 운영한다. 비영리단체인 사업주 단체나 지역공단 그리고 종교적 또는 복지적 측면이 강한 각종 기관과 단체가 참여하고 있으며 개인이 설립한 직업훈련원도 있다.

㉢ 사업 내 직업훈련

- 기업주가 단독 또는 타 기업주와 공동으로 사업체 내에서 기능공을 양성하거나 고용된 근로자에게 직무 향상 및 직무 보충 등을 훈련하는 직업훈련 형태이다.
- 기업체가 필요로 하는 직종에 대한 훈련을 실시하는 것으로 훈련 수료 후 소속 기업에 취업이 가능하다.

4 **「국민평생직업능력개발법」은 모든 국민의 평생에 걸친 직업능력개발을 촉진 · 지원하고 산업현장에서 필요한 인력을 양성하며 산학협력 등에 관한 사업을 수행함으로써 국민의 고용창출, 고용촉진, 고용안정 및 사회 · 경제적 지위 향상과 기업의 생산성 향상을 도모하고 능력중심사회의 구현 및 사회 · 경제의 발전에 이바지함을 목적으로 한다. 다음 「국민평생직업능력개발법」 설명을 보고 빈칸에 해당하는 관련 용어(단어, 개념)를 쓰시오.**

용어	설명
1)	국가 · 지방자치단체 및 대통령령으로 정하는 공공단체(이하 "공공단체"라 한다)가 직업능력개발훈련을 위하여 설치한 시설로서 제27조에 따라 고용노동부장관과 협의하거나 고용노동부장관의 승인을 받아 설치한 시설
2)	직업능력개발훈련을 위하여 설립 · 설치된 직업전문학교 · 실용전문학교 등의 시설로서 제28조에 따라 고용노동부장관이 지정한 시설
3)	「고등교육법」 제2조 제4호에 따른 전문대학으로서 학위과정인 제40조에 따른 다기능기술자과정 또는 학위전공심화과정을 운영하면서 직업훈련과정을 병설운영하는 교육 · 훈련기관
4)	직업능력개발훈련, 직업 · 진로 상담 및 경력개발 지원, 직업능력개발훈련 과정 · 매체의 개발 및 직업능력개발에 관한 조사 · 연구 등을 하는 사업
5)	모든 국민에게 평생에 걸쳐 직업에 필요한 직무수행능력(지능정보화 및 포괄적 직업 · 직무기초능력을 포함한다)을 습득 · 향상시키기 위하여 실시하는 훈련

정답

1) 공공직업훈련시설
2) 지정직업훈련시설
3) 기능대학
4) 직업능력개발사업
5) 직업능력개발훈련

TIP 국민평생직업능력개발법 제2조(정의)

㉠ "직업능력개발훈련"이란 모든 국민에게 평생에 걸쳐 직업에 필요한 직무수행능력(지능정보화 및 포괄적 직업 · 직무기초능력을 포함한다)을 습득 · 향상시키기 위하여 실시하는 훈련을 말한다.

㉡ "직업능력개발사업"이란 직업능력개발훈련, 직업 · 진로 상담 및 경력개발 지원, 직업능력개발훈련 과정 · 매체의 개발 및 직업능력개발에 관한 조사 · 연구 등을 하는 사업을 말한다.

㉢ "기능대학"이란 「고등교육법」 제2조 제4호에 따른 전문대학으로서 학위과정인 제40조에 따른 다기능기술자과정 또는 학위전공심화과정을 운영하면서 직업훈련과정을 병설운영하는 교육 · 훈련기관을 말한다.

㉣ "직업능력개발훈련시설"이란 다음 각 목의 시설을 말한다.

- 공공직업훈련시설 : 국가 · 지방자치단체 및 대통령령으로 정하는 공공단체(이하 "공공단체"라 한다)가 직업능력개발훈련을 위하여 설치한 시설로서 제27조에 따라 고용노동부장관과 협의하거나 고용노동부장관의 승인을 받아 설치한 시설
- 지정직업훈련시설 : 직업능력개발훈련을 위하여 설립 · 설치된 직업전문학교 · 실용전문학교 등의 시설로서 제28조에 따라 고용노동부장관이 지정한 시설

학습 2 직업훈련정보 수집하기

1 직업훈련 목적에 따른 구분 3가지를 쓰고, 설명하시오.

정답

① **양성훈련** : 직업에 필요한 기초적 직무수행능력을 습득시키기 위하여 실시하는 직업능력개발훈련이다.
② **향상훈련** : 양성훈련을 받은 사람이나 직업에 필요한 기초적 직무수행능력을 가지고 있는 사람에게 더 높은 직무수행능력을 습득시키거나 기술발전에 맞추어 지식 · 기능을 보충하게 하기 위하여 실시하는 직업능력개발훈련이다.
③ **전직훈련** : 종전의 직업과 유사하거나 새로운 직업에 필요한 직무수행능력을 습득시키기 위하여 실시하는 직업능력개발훈련이다.

TIP 훈련의 목적에 따른 구분(국민평생직업능력개발법 참조)

㉠ **양성(養成)훈련** : 직업에 필요한 기초적 직무수행능력을 습득시키기 위하여 실시하는 직업능력개발훈련이다.
㉡ **향상훈련** : 양성훈련을 받은 사람이나 직업에 필요한 기초적 직무수행능력을 가지고 있는 사람에게 더 높은 직무수행능력을 습득시키거나 기술발전에 맞추어 지식 · 기능을 보충하게 하기 위하여 실시하는 직업능력개발훈련이다.
㉢ **전직(轉職)훈련** : 종전의 직업과 유사하거나 새로운 직업에 필요한 직무수행능력을 습득시키기 위하여 실시하는 직업능력개발훈련이다.

2 직업훈련 방법에 따른 구분 4가지를 쓰고, 설명하시오.

정답

① **집체훈련** : 직업능력개발훈련을 실시하기 위하여 설치한 훈련전용시설 그 밖에 훈련을 실시하기에 적합한 시설(산업체의 생산시설 및 근무장소를 제외한다)에서 실시하는 방법이다.
② **현장훈련** : 산업체의 생산시설 또는 근무장소에서 실시하는 방법이다.
③ **원격훈련** : 정보통신매체 등을 이용하여 원격지에 있는 근로자에게 실시하는 직업능력개발훈련이다.
④ **혼합훈련** : 집체훈련, 현장훈련, 원격훈련을 혼합한 훈련이다.

TIP 훈련의 방법에 따른 구분(국민평생직업능력개발법 참조)

㉠ **집체(集體)훈련** : 직업능력개발훈련을 실시하기 위하여 설치한 훈련전용시설이나 그 밖에 훈련을 실시하기에 적합한 시설(산업체의 생산시설 및 근무장소는 제외한다)에서 실시하는 방법이다.
㉡ **현장훈련** : 산업체의 생산시설 또는 근무장소에서 실시하는 방법이다.
㉢ **원격훈련** : 먼 곳에 있는 사람에게 정보통신매체 등을 이용하여 실시하는 방법이다.
㉣ **혼합훈련** : 훈련방법을 2개 이상 병행하여 실시하는 방법이다.

3 **최근 4차 산업혁명에 대응하고, 현장 수요에 부응하기 위해 훈련방법의 다양화, 맞춤 · 개별식 훈련의 활성화가 진행되고 있다. 다음 설명을 보고 빈칸에 해당하는 훈련방식을 쓰시오.**

훈련방식	설명
1)	대규모 온라인 공개강좌
2)	역진행 수업방식으로 관련 정보 등 선행학습 후 강의실에서는 토의-토론식 수업 진행
3)	온라인과 오프라인을 병행하는 학습방식

정답

1) MOOC
2) 플립러닝(flipped learning)
3) 블렌디드 러닝(blended learning)

TIP 4차 산업혁명에 대응하고, 현장 수용에 부응하기 위한 훈련방법의 다양화, 맞춤 · 개별식 훈련의 활성화

㉠ **MOOC** : 대규모 온라인 공개강좌
㉡ **플립러닝**(flipped learning) : 역진행 수업방식으로 관련 정보 등 선행학습 후 강의실에서는 토의-토론식 수업을 진행
㉢ **블렌디드 러닝**(blended learning) : 온라인과 오프라인을 병행하는 학습 방식

4 **직업훈련과 자격은 서로 연계시켜 운영된다. 다음 「자격기본법」 제2조 정의에 대한 설명을 보고 빈칸에 해당하는 자격 관련 용어를 쓰시오.**

용어	설명
1)	국가직무능력표준을 바탕으로 학교교육 · 직업훈련(이하 "교육훈련"이라 한다) 및 자격이 상호 연계될 수 있도록 한 자격의 수준체계
2)	직무수행에 필요한 지식 · 기술 · 소양 등의 습득 정도가 일정한 기준과 절차에 따라 평가 또는 인정된 것
3)	자격을 부여하기 위하여 필요한 직무수행능력을 평가하는 과정
4)	자격의 관리 · 운영 수준이 국가자격과 같거나 비슷한 민간자격을 이 법에서 정한 절차에 따라 국가가 인정하는 행위

정답

1) 자격체제
2) 자격
3) 자격검정
4) 공인

TIP 자격기본법 제2조(정의)

㉠ "자격"이란 직무수행에 필요한 지식 · 기술 · 소양 등의 습득정도가 일정한 기준과 절차에 따라 평가 또는 인정된 것을 말한다.
㉡ "국가직무능력표준"이란 산업현장에서 직무를 수행하기 위하여 요구되는 지식 · 기술 · 소양 등의 내용을 국가가 산업부문별 · 수준별로 체계화한 것을 말한다.
㉢ "자격체제"란 국가직무능력표준을 바탕으로 학교교육 · 직업훈련(이하 "교육훈련"이라 한다) 및 자격이 상호 연계될 수 있도록 한 자격의 수준체계를 말한다.
㉣ "국가자격"이란 법령에 따라 국가가 신설하여 관리 · 운영하는 자격을 말한다.
㉤ "민간자격"이란 국가 외의 자가 신설하여 관리 · 운영하는 자격을 말한다.
㉥ "등록자격"이란 해당 주무부장관에게 등록한 민간자격 중 공인자격을 제외한 자격을 말한다.
㉦ "공인자격"이란 주무부장관이 공인한 민간자격을 말한다.
㉧ "자격검정"이란 자격을 부여하기 위하여 필요한 직무수행능력을 평가하는 과정을 말한다.
㉨ "공인"이란 자격의 관리 · 운영 수준이 국가자격과 같거나 비슷한 민간자격을 이 법에서 정한 절차에 따라 국가가 인정하는 행위를 말한다.

학습 3 훈련과정 선택 지원하기

1 홀랜드 이론의 4가지 가정을 기술하시오.

정답

① 6가지 성격유형 : 대부분의 사람들은 6가지 성격유형인 현실형, 탐구형, 예술형, 사회형, 진취형, 관습형을 가지고 있다.
② 6가지 작업환경유형 : 작업환경도 현실적, 탐구적, 예술적, 사회적, 진취적, 관습적 등으로 분류되는 6가지 유형 중의 하나로 분류된다.
③ 성격유형과 작업환경유형과 일치 : 사람들은 자신에게 맞는 환경을 찾는다.
④ 성격유형과 작업환경유형의 상호작용 : 성격과 환경이 상호작용하여 행동으로 나타난다.

2 홀랜드 이론의 5가지 주요개념을 쓰고, 설명하시오.

정답

① 일관성 : 성격유형과 환경모형 간의 관련 정도이다.
② 차별성 : 사람이나 환경이 얼마나 잘 구별되고 규정되는가를 나타내는 정도이다.
③ 정체성 : 자신에게 갖는 정체성 또는 환경에 대해 갖는 정체성이 얼마나 분명하고 안정되어 있는가를 평가하는 것이다.
④ 일치성 : 서로 다른 성격유형의 사람들은 각기 다른 환경을 필요로 한다.
⑤ 계측성 : 성격유형 또는 환경모형 간의 거리는 그들의 이론적 관계와 반비례한다는 것을 시사해 주는 모형이다.

TIP 홀랜드 이론의 5가지 주요 개념

개념	설명
일관성	성격유형과 환경모형을 연결지을 때, 어떤 쌍이 다른 쌍보다 더 가깝게 관련되어 있다. 즉, 일관성이란 성격유형과 환경모형 간의 관련 정도를 말한다. 일관성 또는 관련성은 어떤 직업을 얼마나 더 선호할 것인가에 영향을 준다.
차별성	어떤 성격과 환경은 다른 성격과 환경보다 더 분명하게 구별된다. 예컨대, 어떤 사람은 한 가지 성격유형과 유사하면서 다른 유형과는 거의 유사성을 발견할 수 없는 경우가 있다. 그리고 환경도 마찬가지로 어떤 한 가지 유형에만 지배되는 경우가 있다. 이와 반대로 여러 가지 성격유형과 골고루 유사한 사람, 또는 6가지 성격유형과 비슷한 특징을 가진 환경은 잘 구분되지 않을 뿐만 아니라 그 특징이 거의 구별되지 않는다. 이처럼 사람이나 환경이 얼마나 잘 구별되고 규정되는가를 나타내는 정도를 차별성이라고 한다.
정체성	자신에게 갖는 정체성 또는 환경에 대해 갖는 정체성이 얼마나 분명하고 안정되어 있는가를 평가하는 것이다. 개인적 정체성은 분명하고 안정된 인생의 목표, 흥미, 재능을 가짐으로써 얻게 되며, 환경적 정체성은 환경이나 조직이 분명하고도 통합된 목표, 직무, 보상이 일관되게 주어질 때 생긴다.
일치성	서로 다른 성격유형의 사람들은 각기 다른 환경을 필요로 한다. 왜냐하면 환경은 그 환경에 맞는 성격유형을 가진 사람들에게 더 많은 기회와 보상을 주기 때문이다. 그러나 어떤 환경모형이 그 환경에 맞지 않는 능력을 가진 사람에게 기회와 보상을 주었을 때, 성격유형과 환경모형은 조화를 이루지 못하게 된다.
계측성	성격유형과 환경모형 간의 관계는 육각형 모형에 따라 결정할 수 있다. 이때 6각형 모형은 "성격유형 또는 환경모형 간의 거리는 그들의 이론적 관계와 반비례한다."는 것을 시사해 주는 모형으로서 개인과 환경의 일관성 및 일치성을 분명하게 규정해 준다.

3 국가직무능력(NCS)에 기준이 제시되어 있는 훈련과정 5가지를 쓰시오.

정답

① 국민내일배움카드 훈련과정
② 국가기간전략산업직종
③ 과정평가형 훈련
④ 기업맞춤형 훈련
⑤ 스마트혼합 훈련
⑥ 일반고특화 훈련
⑦ K-디지털트레이닝
⑧ K-디지털기초역량 훈련
⑨ 실업자 원격훈련
⑩ 산업구조변화대응
⑪ 근로자 원격훈련
⑫ 근로자 외국어 훈련
⑬ 돌봄서비스 훈련
※ 13가지 중 5가지 선택해서 작성

TIP 국가직무능력(NCS)에 기준이 제시되어 있으며, 고용24를 통하여 신청이 가능한 훈련과정은 다음과 같다(2025년 기준).

㉠ 국민내일배움카드 훈련과정
㉡ 국가기간전략산업직종
㉢ 과정평가형 훈련
㉣ 기업맞춤형 훈련
㉤ 스마트혼합 훈련
㉥ 일반고특화 훈련
㉦ K-디지털트레이닝
㉧ K-디지털기초역량 훈련
㉨ 실업자 원격훈련
㉩ 산업구조변화대응
㉪ 근로자 원격훈련
㉫ 근로자 외국어 훈련
㉬ 돌봄서비스 훈련

4 국민내일배움카드 신청 제한 대상자 5가지를 쓰시오.

정답

① 현직 공무원
② 사립학교 교직원
③ 75세 이상인 자
④ 대규모 기업 근로자로서, 월 임금 300만 원 이상이고, 만 45세 미만인 자
⑤ 월 소득 500만 원 이상의 특수형태근로종사자
⑥ 사업기간이 1년 미만이거나 월 소득이 300만 원 이상인 법인대표
⑦ 사업기간이 1년 미만이거나 연 매출 4억 이상의 자영업자
⑧ 월 소득이 300만 원 이상인 비영리단체 대표
⑨ 졸업까지 남은 수업연한이 2년 이상인 대학/대학원 재학생
⑩ 고등학교 1～2학년 또는 졸업예정학년이 아닌 고등학교 재학생
※ 위의 대상자 중 5가지 선택해서 작성

TIP 국민내일배움카드 신청 제한자(고용24 참조)

㉠ 현직 공무원
㉡ 사립학교 교직원
㉢ 75세 이상인 자
㉣ 대규모 기업 근로자로서, 월 임금 300만 원 이상이고, 만 45세 미만인 자
㉤ 월 소득 500만 원 이상의 특수형태근로종사자
㉥ 사업기간이 1년 미만이거나 월 소득이 300만 원 이상인 법인대표
㉦ 사업기간이 1년 미만이거나 연 매출 4억 이상의 자영업자
㉧ 월 소득이 300만 원 이상인 비영리단체 대표
㉨ 졸업까지 남은 수업연한이 2년 이상인 대학/대학원 재학생
㉩ 고등학교 1～2학년 또는 졸업예정학년이 아닌 고등학교 재학생

학습 4 훈련목표 달성 촉진하기

1 직업훈련기관의 기능 5가지를 기술하시오.

정답

① 훈련에 대한 계획서 작성
② 훈련생에 대한 개인, 진로, 현장 적응 등에 대한 상담
③ 훈련생에 대한 법적 처리 문제 및 행정적인 절차 수행
④ 기업체와의 섭외 활동 및 훈련 홍보 활동
⑤ 기업체 기술 지원
⑥ 훈련과정 운영
⑦ 훈련 성과에 대한 평가 및 훈련생의 훈련능력 평가
⑧ 사후지도 실시
※ 8가지 중 5가지 선택해서 작성

2 직업훈련기관에서는 훈련 대상에 대하여 선발 기준을 마련한다. 훈련생 선발 기준 5가지를 기술하시오.

정답

① 훈련 프로그램의 참가하기를 희망하는 자
② 직업목표가 분명한 자
③ 교과 내용과 적성이 적합한 자
④ 수료 후에도 전공 분야에 계속 취업할 의사가 있는 자
⑤ 단정하고 성실하며 인내성이 있는 자
⑥ 우수한 인력으로서 기초적인 소질과 능력과 태도를 겸비한 자
⑦ 인간관계가 원만하고 자기 자신에 대한 이해가 있는 자
※ 7가지 중 5가지 선택해서 작성

3 **훈련기관은 훈련생의 훈련 이수 후 취업알선을 진행하기 위하여 취업대상 기업에 대해 정보를 수집하게 된다. 취업처에 대해 수집하는 정보 5가지를 기술하시오.**

정답

① 취업처 내에서 충원이 요구되는 직종
② 취업처의 향후 충원계획 및 감원계획
③ 초임금 및 근로조건
④ 취업처의 직종별 분포
⑤ 직원의 연간 이직률
⑥ 직원에 대한 복지
⑦ 시설 및 장비의 최신성 및 낙후성
※ 7가지 중 5가지 선택해서 작성

4 **훈련생의 훈련 참여를 위한 훈련기관 선정 시 점검해야 할 사항 5가지를 기술하시오.**

정답

① 기업체의 훈련 필요점에 대한 분석 능력
② 훈련 대상자의 훈련 요구도에 대한 분석 능력
③ 기업체의 관련 직무분석
④ 직무분석 결과에 적합한 훈련교재 선정
⑤ 기업주가 요구하는 훈련 내용 선정
⑥ 훈련교재에서 누락된 훈련 내용 추출 및 교안 작성
⑦ 훈련 내용에 맞는 장비 및 시설
⑧ 우수한 강사 보유
⑨ 훈련생의 탈락률 및 취업률
⑩ 해당 직종 산업계와의 네트워크 구축
※ 10가지 중 5가지 선택해서 작성

5 **노동시장에 처음 진입하기 전에 실시하는 직업훈련인 양성훈련이 갖는 효과 5가지를 기술하시오.**

정답

① 사회교육적 입장에서 생활 기법을 개발
② 자신에 대한 이해
③ 사회에 대한 인식과 지식
④ 경험의 성숙
⑤ 직업에 관한 지식 확장
⑥ 직업에 대한 표집활동과 직업인으로서 전이 가능
⑦ 직업정보에 관한 선택
⑧ 직업선택의 신중성
⑨ 작업장에 비형식적인 문화에 유입
⑩ 고용의 기회
※ 10가지 중 5가지 선택해서 작성

6 **직업훈련 생계비 대부 대상자 4가지를 기술하시오.**

정답

① 고용보험 피보험자격을 상실한 자 중 실업상태에 있는 자
② 고용보험 피보험자격을 취득한 비정규직 노동자
③ 고용보험 피보험자격을 취득한 근로자로서 휴직수당 등 금품을 받지 않고 휴직 중인 자
④ 자영업자 고용보험 임의가입중인 자
※ 직업훈련 생계비 대부 대상자는 해마다 변경될 가능성이 있으므로 '고용노동부 근로복지넷' 또는 '고용24' 사이트를 통해서 변경된 부분을 확인할 필요가 있습니다.

7 다음은 비정규직 근로자에 대한 설명이다. (　　) 안에 알맞은 용어(단어, 개념)를 쓰시오.

1) (　　　　　　　　　　)는 근로계약기간을 설정한 자 또는 정하지 않았으나 계약의 반복 갱신으로 계속 일할 수 있는 근로자와 비자발적 사유로 계속 근무를 기대할 수 없는 근로자를 포함한다.

2) (　　　　　　　　　　)는 근로계약기간을 설정한 근로자를 의미한다.

3) (　　　　　　　　　　)는 파견근로자, 용역근로자, 특수형태근로종사자, 가정 내 근로자, 일일(단기)근로자 등이 있다.

정답

1) 한시적 근로자
2) 기간제 근로자
3) 비전형 근로자

TIP 비정규직 근로자는 일차적으로 고용형태에 의해 정의되는 것으로 한시적 근로자, 시간제 근로자, 비전형 근로자 등으로 분류한다.

구분	내용
1. 한시적 근로자	근로계약기간을 정한 근로자(기간제 근로자), 또는 정하지 않았으나 계약의 반복 갱신으로 계속 일할 수 있는 근로자와 비자발적 사유로 계속 근무를 기대할 수 없는 근로자(비기간제 근로자)를 포함
– 기간제 근로자	근로계약기간을 설정한 근로자가 해당
– 비기간제 근로자	근로계약기간을 정하지 않았으나 계약의 반복 갱신으로 계속 일할 수 있는 근로자와 비자발적 사유(계약만료, 일의 완료, 이전 근무자 복귀, 계절근무 등)로 계속 근무를 기대할 수 없는 근로자
2. 시간제 근로자	직장(일)에서 근무하도록 정해진 소정의 근로시간이 동일 사업장에서 동일한 종류의 업무를 수행하는 근로자의 소정 근로시간보다 1시간이라도 짧은 근로자로, 평소 1주에 36시간 미만 일하기로 정해져 있는 경우 해당
3. 비전형 근로자	파견근로자, 용역근로자, 특수형태근로종사자, 가정 내(재택, 가내) 근로자, 일일(단기)근로자

8 다음은 비전형 근로자에 대한 설명이다. ( ) 안에 알맞은 용어(단어, 개념)를 쓰시오.

1) (   )는 독자적인 사무실, 점포 또는 작업장을 보유하지 않았으면서 비독립적인 형태로 업무를 수행하면서도, 다만 근로제공의 방법, 근로시간 등은 독자적으로 결정하고, 개인적으로 모집 · 판매 · 배달 · 운송 등의 업무를 통해 고객을 찾거나 맞이하여 상품이나 서비스를 제공하고 그 일을 한 만큼 소득을 얻는 근무형태를 의미한다.

2) (   )는 용역업체에 고용되어 이 업체의 지휘하에 이 업체와 용역계약을 맺은 다른 업체에서 근무하는 형태(예 : 청소용역, 경비용역업체 등에 근무하는 자)를 의미한다.

3) (   )는 재택근무, 가내하청 등과 같이 사업체에서 마련해 준 공동 작업장이 아닌 가정 내에서 근무(작업)가 이루어지는 근무 형태를 의미한다.

4) (   )는 임금을 지급하고 고용관계가 유지되는 고용주와 업무 지시를 하는 사용자가 일치하지 않는 경우로 파견 사업주가 근로자를 고용한 후 그 고용관계를 유지하면서 근로자 파견계약의 내용에 따라 사용 사업주의 사업장에서 지휘, 명령을 받아 사용 사업주를 위하여 근무하는 형태를 의미한다.

5) (   )는 근로계약을 정하지 않고, 일거리가 생겼을 경우 며칠 또는 몇 주씩 일하는 형태의 근로자를 의미한다.

정답

1) 특수형태근로종사자
2) 용역근로자
3) 가정 내 근로자
4) 파견근로자
5) 일일(단기) 근로자

CHAPTER

06 직업정보 분석

학습 1 분석목표 설정하기

1 직업정보 분석 시 유의사항 4가지를 기술하시오.

정답

① 동일한 직업정보일지라도 다각적인 분석 틀을 통해 다양한 논점에서 해석해야 한다.
② 기존의 이론과 연구를 토대로 전문적인 관점에서 분석한다.
③ 분석과 해석은 원자료의 생산일, 자료표집방법, 대상, 자료의 양 등을 검토하여야 한다.
④ 직업정보원과 제공원에 대해 제시한다.

2 직업정보는 분석의 필요성이 있다. 직업정보 분석의 필요성 기준에 맞춰서 진로단절여성의 직업 정보 분석 기준을 4가지 기술하시오.

정답

① 진로단절여성의 진로경로 개척의 유형, 진로단절기간, 자녀 수와 연령, 일경험 등을 고려한다.
② 진로단절여성의 지지체계, 자기효능감, 진로동기, 진로미래 등을 의미 있게 해석한다.
③ 진로단절여성의 단절원인에 대해 개인, 가정, 기업, 사회문화적 등 통합적 관점을 갖는다.
④ 여성의 생애주기를 고려한 진로발달의 관점과 성인지적 관점을 갖는다.
⑤ 진로단절여성의 직업복귀뿐만 아니라 직업유지의 지속성과 진로단절을 예방하는 것의 중요성을 인식한다.
※ 5가지 중 4가지 선택해서 작성

학습 2 직업정보 분석범위 설정하기

1 **노동수요 결정 요인 4가지를 쓰시오.**

정답

① 노동의 가격
② 생산되는 상품에 대한 소비자 수요의 크기
③ 다른 생산요소의 가격
④ 노동생산성의 변화나 생산기술 방식의 변화

TIP 노동수요 결정 요인

㉠ **노동의 가격에 의해 영향을 받는다.** : 임금이 상승하면 노동의 수요는 감소하고 임금이 하락하면 노동의 수요는 증가한다.
㉡ **노동의 수요는 생산되는 상품에 대한 소비자 수요의 크기에 의해서도 좌우된다.** : 상품에 대한 소비자의 수요가 증가하면 그 상품을 만드는 사람이 더 많이 필요해서 노동의 수요는 증가한다.
㉢ **노동의 수요는 다른 생산요소의 가격에 의해 영향을 받는다.** : 자본량의 변화는 자본재 가격의 변화에 따라 이루어지므로 다른 생산요소의 가격이 노동수요에 영향을 미치게 된다.
㉣ **노동생산성의 변화나 생산기술방식의 변화도 노동수요에 영향을 미친다.** : 기술변화나 생산성의 향상은 노동수요의 증가나 감소에 일정한 방향으로 영향을 미치는 것이 아니라, 생산비용의 감소나 생산증대를 통한 상품가격의 하락으로 추가적인 노동수요를 가져오는 등 그 영향이 일정하지 않음에 주의해야 한다.

2 **노동수요탄력성을 결정하는 요인 4가지를 쓰시오.**

정답

① 다른 생산요소의 수요의 가격탄력성
② 다른 생산요소와의 대체 가능성
③ 총생산비에 대한 노동의 비중
④ 상품에 대한 공급 탄력성

TIP 노동수요의 탄력성을 결정하는 요인

㉠ 노동수요의 탄력성은 기업의 생산물 시장에 있어서 생산물의 수요탄력성에 의해 영향을 받게 된다. 만약 임금률이 하락한다면 산업 내의 개별기업이 임금하락에 대응함에 따라 그 산업의 생산이 증가하게 된다. 생산량의 증가는 생산물 가격의 하락을 가져오게 되며 그 결과 개별기업의 한계생산가치곡선을 하향 이동시킨다.
㉡ 기업의 노동수요에 대한 탄력성은 총비용에서 차지하는 노동비용의 비율에 의해서도 영향을 받는다.
㉢ 노동수요의 탄력성에 영향을 미치는 다른 요인은 노동과 자본의 대체 가능성이다. 기업은 노동과 자본을 조합하여 일정한 생산량을 산출할 수 있다. 만일 기업이 생산요소를 결합하여 채용을 결정한다고 할 때, 일반적으로 자본사용을 증대하고 노동투입을 감소시킬 수 있다. 이때 동일한 생산량을 산출한다고 한다면 1단위 노동을 줄이기 위해 자본투입을 얼마만큼 증대시켜야 하는가는 기업에게 있어 중요한 문제이다.
㉣ 노동수요의 탄력성에 영향을 주는 요인은 노동을 대체할 수 있는 자본 또는 다른 생산요소의 공급탄력성이다. 전체 산업에 걸쳐 임금상승이 일어나고 그 결과로 개별기업의 자본수요가 증가한다면, 이러한 수요변화가 자본재 가격에 미치는 영향은 커지게 된다. 이 경우 자본재 가격의 상승은 임금상승 때문에 노동을 자본으로 대체시키려는 기업의 경향을 일부 상쇄시키는 작용을 하게 된다. 즉, 자본재 가격상승이 높을수록 노동에 대한 자본의 대체경향은 줄어들게 된다.

3 한국표준직업분류의 직능수준 4가지를 쓰고 간략히 서술하시오.

정답

① **제1직능 수준** : 단순하고 반복적이며, 때로는 육체적인 힘을 요하는 능력이다.
② **제2직능 수준** : 완벽하게 읽고 쓸 수 있는 능력과 정확한 계산 능력이다.
③ **제3직능 수준** : 복잡한 과업과 실제적인 업무를 수행할 정도의 전문적인 지식 보유해야 한다.
④ **제4직능 수준** : 매우 높은 수준의 이해력과 창의력 및 의사소통능력이 필요하다.

TIP 한국표준직업분류의 직능수준

㉠ 제1직능 수준
- 제1직능 수준은 단순하고 반복적이며 때로는 육체적인 힘을 요하는 과업을 수행한다.
- 최소한의 문자이해와 수리적 사고 능력이 요구되는 간단한 직무교육으로 누구나 수행할 수 있다.
- 제1직능 수준의 일부 직업에서는 초등교육이나 기초적인 교육(ISCED 수준1)을 필요로 한다.

㉡ 제2직능 수준
- 완벽하게 읽고 쓸 수 있는 능력과 정확한 계산 능력, 그리고 상당한 정도의 의사소통 능력을 필요로 한다.
- 보통 중등 이상 교육과정의 정규교육 이수(ISCED 수준2, 수준3) 또는 이에 상응하는 직업훈련이나 직업경험을 필요로 한다.
- 수준의 직업에 종사하는 자는 일부 전문적인 직무훈련과 실습과정이 요구되며, 훈련실습 기간은 정규훈련을 보완하거나 정규훈련의 일부 또는 전부를 대체할 수 있다.

㉢ 제3직능 수준
- 복잡한 과업과 실제적인 업무를 수행할 정도의 전문적인 지식을 보유하고 수리계산이나 의사소통 능력이 상당히 높아야 한다.
- 이러한 수준의 직업에 종사하는 자는 일정한 보충적 직무훈련, 및 실습과정이 요구될 수 있으며, 정규훈련 과정의 일부를 대체할 수도 있다. 또 유사한 직무를 수행함으로써 경험을 습득하여 이에 해당하는 수준에 이를 수도 있다.
- 일반적으로 중등교육을 마치고 1~3년 정도의 추가적인 교육과정(ISCED 수준5) 정도의 정규교육 또는 직업훈련을 필요로 한다.

㉣ 제4직능 수준
- 높은 수준의 이해력과 창의력 및 의사소통 능력이 필요하다.
- 이러한 수준의 직업에 종사하는 자는 일정한 보충적 직무훈련 및 실습이 요구된다. 또 유사한 직무를 수행함으로써 경험을 습득하여 이에 해당하는 수준에 이를 수도 있다.
- 분석과 문제해결, 연구와 교육 그리고 진료가 대표적인 직무분야이다.
- 일반적으로 4년 또는 그 이상 계속하여 학사, 석사나 그와 동등한 학위가 수여되는 교육수준(ISCED 수준6) 혹은 그 이상의 정규교육 또는 훈련을 필요로 한다.

4 한국표준산업분류의 분류기준 3가지를 쓰시오.

정답

① 산출물의 특성
② 투입물의 특성
③ 생산활동의 일반적인 결합형태

TIP 산업분류

산업분류는 생산단위가 주로 수행하고 있는 산업활동을 그 유사성에 따라 유형화한 것으로, 이는 다음과 같은 기준에 의하여 분류된다.

㉠ **산출물(생산된 재화 또는 제공된 서비스)의 특성**
- 산출물의 물리적 구성 및 가공단계
- 산출물의 수요처
- 산출물의 기능

㉡ **투입물의 특성** : 원재료, 생산공정, 생산기술 및 시설 등
㉢ 생산활동의 일반적인 결합형태

학습 3 직업정보 분석 실행하기

1 작업자 중심 직무분석 방법 5가지를 쓰시오.

정답

① 면담법
② 직무요소방법론
③ 직위분석질문지법
④ 데이컴법
⑤ 인지적 과업분석

TIP 작업자 중심 직무분석 방법

㉠ **면담법** : 최초분석법의 하나로 분석대상이 산업발전에 따라 새롭게 발생한 직무 또는 직업인 경우에 참고할 만한 자료가 없을 때 활용된다. 참고문헌이나 관련 자료가 드물고 그 분야에 많은 경험과 지식을 갖춘 사람이 없을 때 직접 작업현장을 방문하여 분석을 실시하는 경우가 많은데 많은 시간과 노력이 소요된다.

㉡ **직무요소 방법론(JEM, job element method)** : JEM은 작업자 중심 직무분석 방법 중 가장 오래된 방법으로 추상적인 특성보다는 작업행위와 이 행위의 결과에 초점을 맞춘 것으로 JEM의 요소는 행위와 관련 근거의 조합이다.

㉢ **직위분석 질문지법(PAQ, position analysis questionnaire)** : PAQ는 어니스트 맥코믹(Ernest McCormick)에 의해 1960년대에 개발되어 유기체(o)가 자극(s)을 받고 반응(r)하는 행동주의자들의 S-O-R 공식을 바탕으로 설계되었다. PAQ는 모든 직무에 같은 요소를 적용하기 위해 설계되었으며, 미국 사회보장 장애결정에 사용되는 직업분석 질문에 추가함으로써 오늘날 PAQ의 주 용도는 장애를 결정하는 것으로 많은 장애보험회사에서 사용된다.

㉣ **데이컴법(DACUM)** : 교과과정을 개발하는 데 활용되어 온 직업분석의 한 가지 기법을 말한다. 이 방법은 교육훈련을 목적으로 교육목표와 교육내용을 비교적 단시간 내에 추출하는 데 효과적이다. 이 기법은 미국과 캐나다의 교육계에서 일반화되고 있으며, 우리나라에서도 가장 일반적으로 사용하는 방법 중 하나이다.

㉤ **인지적 과업분석(CTA, cognitive task analysis)** : 인지심리학과 인지과학에 근간을 두고 개발되었으며, 1990년대부터 적용되기 시작하였다. 인지과학은 인지심리학, 컴퓨터과학, 공학, 철학 등을 혼합한 형태이며, 정신적 행동들의 모델을 만들어서 마음을 이해하는 것을 지향한다.

2 직무분석의 필요성 5가지를 기술하시오.

정답

① 효율적인 인재관리
② 직무수행평가에 대한 보상
③ 직업선택의 중요한 정보
④ 법적소송에 대한 보호
⑤ 기업의 인력감축 및 조정의 기초자료

TIP 직무분석의 필요성과 의의

㉠ 효율적인 인재관리

- 인재관리 과정 : 인재관리의 양성, 배분, 활용 등의 차원에서 채용, 지원자 선발, 직원훈련과 교육을 위해 직무분석은 필수적이다. 채용에서 직무기술서는 지원자의 기초가 되고, 이때의 직무분석은 처음으로 외적으로 적용되는 것으로 지원자가 직무에 대한 책임감, 기술, 그 외의 직무에 필요한 특성(능력)뿐만 아니라 어떠한 일을 하게 되는지 등의 직무의 종류, 지원자의 특성과 직무가 적용 가능한지 알아야 할 필요성이 있다.
- 지원자 선발 : 지원자 선발에 있어서 대부분 직무분석을 통해 후보자를 선택하며, 구인처에서는 성공적인 채용을 위해 직무에 필요한 세부사항, 지식, 기술 및 능력에 대해서 충분히 알고 있을 필요가 있다.
- 훈련과 교육 : 직원들의 훈련과 교육에 있어 직무적성이 분명해지며, 필요한 높은 수준의 능력이 없는 직원은 생산성이 적게 이루어지므로 다르게 다룰 수 있으며, 기존 직원의 적성을 분석 지도하고, 훈련 및 교육 프로그램을 만드는 데 직무분석이 사용된다.

㉡ **직무수행 평가에 대한 보상** : 직무수행 평가 측면에서 변경되는 보상체계, 직무에 다양한 수준을 결정하는 것은 직무분석의 근본적인 측면으로 직무에 따라 임금수준이 달라진다. 임금수준은 서로 다른 일에 다른 필요조건과 노력, 다른 근무조건이 포함될 때의 보상에 따라 결정되고, 동일한 일에 동일한 요인을 포함한 일은 동일한 임금으로 이끌어낸다. 유사한 일의 임금조사서에 의해 임금을 매기게 되며, 유사한 일의 비교라는 점이 불확실성을 내포하고 있기 때문에 임금의 평등에 관한 소송의 기초가 된다. 직무분석에 기초하는 보상체계는 복잡하고 어려운 과정이며 합리적인 수행평가 체계는 다양한 중요성 등급에 따른 개인에 의해 실행된 수행의 우수성을 평가하게 된다.

㉢ **직업선택의 중요한 정보** : 직업마다 구체적인 직무분석 자료를 갖고 있다면 이를 활용하는 직업상담가, 구직자 등은 구체적인 직업정보를 가지고 직업선택이 가능할 것이다. 진로설계 단계에서는 좀 더 자기에 맞는 구체적인 진로설정이 가능할 뿐만 아니라 직접적으로 구직활동을 하는 단계에서도 지원하는 기업의 채용직무에 대한 자료가 구체적으로 제공될수록 합리적·효율적 구직활동이 가능하다.

㉣ **법적 소송에 대한 보호** : 직무분석은 차별적인 고용의 근거를 두는 소송에 있어 주로 기업측에 유리하게 작용할 수 있는 위험성을 줄일 수 있다. 고용상태, 훈련, 급여, 고용을 포함한 작업환경 안에서 모든 개인이 공정하게 대우받는다는 것을 확인하기 위해 법률적인 결정이 직무와 관련된 자격 전부에 기초를 둘 필요가 있다. 직무분석에 기초한 표준화된 기준을 가지고 지원자를 비교하여 선택 방법에서 어떤 타당성을 기준으로 평가 측정되었는지 명확히 함으로써 기업과 개인 모두의 공정함을 지킬 수 있다.

㉤ **기업인력 감축 및 조정의 기초자료** : 인력감축이나 조정을 상시적으로 하고 있다. 이러한 구조조정 시 어느 직무가 기업의 핵심 업무인지를 파악하여 기업이 고유 업무로 가져갈 직무와 아웃소싱 등으로 전환하거나 다른 인력으로 대체 가능한지 판단하기 위해서는 직무분석 자료가 필수적이다. 많은 기업들이 이러한 자료의 부재로 인해 비용을 줄이기 위한 구조조정이 결과적으로 오히려 비용을 더 많이 지출하는 결과를 낳는 사례들이 증가하고 있다.

3 데이컴 워크숍의 기본원칙 6가지를 기술하시오.

정답

① 직급 연령 등을 고려하지 않고 모두 평등하게 참여한다.
② 아이디어를 자유롭게 공유하고 비판하지 않는다.
③ 발언권을 얻은 사람이 이야기 한다.
④ 비판보다는 건설적인 제안을 한다.
⑤ 기존의 관련 자료를 참고하지 않는다.
⑥ 워크숍을 이끄는 촉진자는 자신의 의견을 말하지 않는다.

TIP 데이컴법(DACUM)

㉠ 데이컴이란 'Developing A Curriculum'의 줄인 말로서 교과과정을 개발하는 데 활용되어 온 직업분석의 한 가지 기법을 말한다. 이 방법은 교육훈련을 목적으로 교육목표와 교육내용을 비교적 단시간 내에 추출하는 데 효과적이다. 이 기법은 미국과 캐나다의 교육계에서 일반화되고 있으며, 우리나라에서도 가장 일반적으로 사용하는 방법 중 하나이다.

㉡ 기본전제

- 전문적인 작업자는 다른 누구보다도 그 직무에 대하여 잘 기술할 수 있다.
- 한 가지 직무는 해당 직업에 종사하고 있는 숙련된 사람이 수행하는 작업명칭들로 충분히 기술될 수 있다.
- 모든 작업에는 그 작업을 올바르게 수행하는 데 필요한 관계 지식과 태도가 있다.
- 데이컴은 8~12명의 분석 협조자(panel member)로 구성된 데이컴 위원회를 중심으로 이루어진다.

학습 4 분석정보 평가하기

1 **대상자의 특수 논점에 따라 가진 특성 이외에 내담자 개인의 인식체계를 파악하기 위한 것으로 자기, 검색 및 통합 모델(self, search & synthesis model)이 있다. 합리적 추론(true reasoning) 접근법과 비교하여 설명하시오.**

정답

자기, 검색 및 통합 모델에 의하면, 자기(self)는 자기자신에 대한 정보를 발전시키는 것이며, 검색(search)은 현재 자신의 진로발달 요구에 부합되는 일의 세계에 대한 정보를 수집하는 것이고, 종합(synthesis)은 습득된 정보를 체계(framework)상에서 이용하거나, 그 체계 자체를 변화시키는 데 활용한다. 정보수집의 맥락은 매우 개별적이며, 지속적으로 변화 가능하며, 이 모델은 '자기－검색－통합'의 사이클을 따라 순환한다. 반면 합리적 추론(true reasoning) 접근법은 정보가 지식으로 변화되는 과정에서 대상자는 '연결'을 하는 당사자가 되어야 한다는 인식에서 출발한다. 개인적 반응의 변화 폭을 예측하고 체계상에서 새로운 정보의 위치를 발견할 때, 대상자 개개인이 정보를 해석하는 맥락이나 동화가 다르기 때문에 유사한 능력과 흥미목록을 가지고 있더라도 다른 진로경로에 흥미를 느낄 수 있다고 간주한다.

CHAPTER

07 변화동기 지원

학습 1 변화동기 확인하기

1 **다음에서 설명하는 개인작인신념(personal agency belief, 個人作因信念)의 유형을 순서대로 쓰시오.**

1) 동기가 가장 높은 유형, 부정적 사건에 대하여는 파급성과 연속성을 적고, 긍정적 사건에 대해서는 반대로 크게 생각하는 경향
2) 너무 도전적이거나 스트레스 상황에서도 지속적인 노력을 이끌어냄, 예상된 장애물과 어려움에 대해 미리 행동적 · 심리적으로 준비하도록 만듦
3) 보통의 능력신념과 긍정적 맥락신념으로 맥락을 목표 성취의 잠재적 장애물이기보다 강점의 근거로서 생각, 자신과 다른 지식을 가지고 있는 사람들과 협력해야 하고, 학습해야 하는 상황에서 유리
4) 목표성취를 위한 우호적 기대와 비우호적 기대 사이에 불확실성이나 망설임
5) 좋은 성과에서 비롯되는 작은 희망의 원인을 맥락보다는 자기 자신의 능력에서 찾으려고 하지만, 전체적으로 매우 동기가 상실된 상태
6) 자기비판과 자기평가 절하하는 경향이 있으나, 맥락에 대해서는 긍정적 신념을 가짐/ 이러한 유형을 나타내는 사람은 문제나 실패 시 맥락보다는 자신을 비난
7) 약한 능력신념과 보통 수준의 맥락신념으로 맥락이 자신을 도와주거나 지원하는 환경으로 보이지 않기 때문에 동기는 이 경우에 더 심각하게 손상되며 바라는 성과를 추구하는 노력을 지속하는 데 어려움을 갖음
8) 자신이나 맥락 어느 것이나 예상되는 부정적 사건을 나아지게 하려는 어떠한 잠재성도 발견할 수 없어서, 동기가 가장 악화된 유형
9) 강한 능력신념과 부정적 맥락신념을 보이지만 환경에 대한 적대성(분노나 적대감 적극적으로 표현)이 크고 실패나 문제에 대해 그들 자신보다는 맥락의 여러 측면을 비난
10) 강한 능력신념과 부정적 맥락신념으로 현실을 인정하고 어려움을 감내하고 용기를 가짐

정답

1) 강인한 유형, 2) 고집스런 유형, 3) 적당한 유형, 4) 상처받기 쉬운 유형, 5) 실망한 유형, 6) 깨지기 쉬운 유형, 7) 자기의심 유형, 8) 절망한 유형, 9) 대립하는 유형, 10) 수용하는 유형

개인작인신념(personal agency beliefs)은 동기체계이론(Motivational System Theory)에서 한 개인이 목표를 달성할 수 있는 능력과 환경에 대한 믿음을 의미한다. 이는 능력 신념(capability beliefs)과 맥락 신념(context beliefs)으로 구분되며, 이 두 가지 요소의 조합에 따라 다음과 같은 10가지 유형으로 분류된다. 각 유형은 능력 신념(강함, 보통/기타, 약함)과 맥락 신념(긍정적, 보통/기타, 부정적)의 조합으로 나타난다.

TIP 개인작인신념(personal agency beliefs)유형과 개념

유형	개념
강인한 유형 (R : Robust)	• 강한 능력신념 + 긍정적인 맥락신념 • 동기가 가장 높은 유형이다. 부정적 사건에 대하여는 파급성과 연속성을 적고, 긍정적 사건에 대해서는 반대로 크게 생각하는 경향이 있다.
고집스러운 유형 (T : Tenacious)	• 강한 능력신념 + 보통 수준의 맥락신념 • 너무 도전적이거나 스트레스 상황에서도 지속적인 노력을 이끌어 낸다. 예상된 장애물과 어려움에 대해 미리 행동적 · 심리적으로 준비하도록 만든다.
수용하는 유형 (A1 : Accepting)	• 강한 능력신념 + 부정적인 맥락신념 • 현실을 인정하고 받아들이는 경향이 있다.
대립하는 유형 (A2 : Antagonistic)	• 강한 능력신념 + 부정적인 맥락신념 • 환경에 대한 적대성이 크고 일반적으로 실패나 문제에 대해 자기 자신보다는 맥락의 여러 측면을 비난한다.
적당한 유형 (M : Modest)	• 보통 수준의 능력신념 + 긍정적인 맥락신념 • 맥락을 목표 성취의 잠재적 장애물이기보다 강점의 근거로서 생각한다. 자신과 다른 지식을 가지고 있는 사람들과 협력해야 하고, 학습해야 하는 상황에서 유리하다.
상처받기 쉬운 유형 (V : Vulnerable)	• 보통 수준의 능력신념 + 보통 수준의 맥락신념 • 목표 성취를 위한 우호적 기대와 비우호적 기대 사이에 불확실해 하거나 망설인다.
실망한 유형 (D : Discouraged)	• 보통 수준의 능력신념 + 부정적인 맥락신념 • 좋은 성과에서 비롯되는 작은 희망의 원인을 맥락보다는 자기 자신의 능력에서 찾으려고 하지만, 전체적으로 동기가 매우 상실된 상태이다.
깨지기 쉬운 유형 (F : Fragile)	• 약한 능력신념 + 긍정적인 맥락신념 • 자기비판과 자기평가 절하하는 경향이 있으나, 맥락에 대해서는 긍정적 신념을 가진다. 이러한 유형을 나타내는 사람은 문제나 실패 시 맥락보다는 자신을 비난한다.
자기의심 유형 (S : Self-doubting)	• 약한 능력신념 + 보통 수준의 맥락신념 • 자신의 능력에 대한 자신감이 근본적으로 너무 부족하다는 점에서 깨지기 쉬운 유형을 가진 사람들과 유사하다. 그러나 맥락이 자신을 도와 주거나 지원하는 환경으로 보이지 않기 때문에 동기는 이 경우에 더 심각하게 손상되며 바라는 성과를 추구하는 노력을 지속하는 데 어려움을 갖음
절망한 유형 (H : Hopeless)	• 약한 능력신념 + 부정적인 맥락신념 • 자신이나 맥락 어느 것이나 예상되는 부정적 사건을 나아지게 하려는 어떠한 잠재성도 발견할 수 없기 때문에, 동기가 가장 악화된 유형이다. 좋은 성과는 불가능한 것으로, 나쁜 성과는 필연적인 것으로 보이며 행동의 과정에 이러한 기대가 변할 것이라는 어떠한 상상도 할 수 없다. 우울과도 연관될 수 있다.

2 **초이론의 행동변화 5단계를 쓰고 설명하시오.**

정답

① **숙고 전**(precontemplation) : 6개월 안에 행동을 취할 의도를 갖지 않는다.
② **숙고**(contemplation) : 6개월 안에 행동을 취할 의도를 갖는다.
③ **준비**(preparation) : 30일 안에 즉각 행동에 옮길 의도가 있고, 약간의 행동을 취한다.
④ **행동**(action) : 외현적인 행동 변화가 6개월 이내 기간 동안 나타난다.
⑤ **유지**(maintenance) : 6개월 이상 외현적인 행동 변화가 나타나고 재발을 예방하는 행동을 한다.

3 **동기강화상담의 4가지 주요 원리를 포함하는 구체적 기법을 쓰시오.**

정답

① 공감 표현
② 불일치감 만들기
③ 저항과 함께 구르기
④ 자기효능감 지지하기

학습 2 변화계획 수립하기

1 듀발(Duvall, 1985)은 가족생활주기를 8단계로 분류하였다. 40대 이후의 전직지원 대상자의 가족생활주기는 6단계, 7단계, 8단계로 진행된다. 6단계부터 8단계까지 가족생활주기를 쓰고 단계별 발달과업을 각각 2개씩 기술하시오.

정답

① 6단계 성인자녀를 갖는 가족 : 가정의 물리적 설비와 자원을 재배치하기 / 부부관계를 재조정하기
② 7단계 중년기 가족 : 성인 부모의 부모를 돌보기 / 은퇴에 적응하기
③ 8단계 노화하는 가족 : 배우자의 죽음에 적응하기 / 임박한 죽음에 대처하기

TIP 듀발(Duvall)이 제시한 가족생활주기(6단계 ~ 8단계)와 발달과업

가족생활주기	발달과업
6단계 성인자녀를 갖는 가족	• 가정의 물리적 설비와 자원을 재배치하기 • 성인 생활로 들어가는 자녀들에게 필요한 생활비용을 충족시키기 • 자녀가 가정을 떠날 때 책임을 재할당하기 • 부부관계를 재조정하기 • 가족구성원들 사이의 의사소통을 유지하기 • 자녀의 결혼을 통하여 새로운 가족구성원을 받아들임으로써 가족 범위를 확대시키기
7단계 중년기 가족	• 텅 빈 보금자리에 적응하기 • 부부 사이의 관계를 계속해서 재조정하기 • 조부모의 생활에 적응하기 • 성인 부모의 부모를 돌보기 • 은퇴에 적응하기 • 쇠퇴하는 신체적, 정신적 기술에 대처하기
8단계 노화하는 가족	• 배우자의 죽음에 적응하기 • 계속되는 노화 과정에 적응하기 • 타인, 특히 그들의 자녀에 대한 의존에 대처하기 • 생활 배치에서의 변화에 적응하기 • 경제적 문제에서의 변화에 적응하기 • 임박한 죽음에 대처하기

2 여가의 기본적 특징 6가지를 쓰시오.

정답

① 해방성
② 자유선택성
③ 자기표현성
④ 가치창조성
⑤ 노동관계성
⑥ 생활양식성

TIP 여가의 기본적 특징 6가지와 개념

여가의 특징	개념
해방성 (Freedom)	여가는 인간이 처한 여러 가지 의무나 구속으로부터의 해방을 의미하며, 무엇인가를 해야만 하는 당위성과 구별되는 속성을 지닌다.
자유선택성 (Free-choice)	• 자발적인 활동으로, 개인이 스스로 좋아서 선택하고 즐겁게 참여하는 활동을 포함한다. • 자유재량성과 노동연관성 간의 함수관계에 따라 4가지 여가 형태로 나타날 수 있다. • 순수여가 : 행위자가 자유로운 선택을 하였으므로 노동과의 관계에서 독립성을 지닌다(전체 여가 중 31% 차지). • 보충적 여가 : 행위자가 자유로운 선택은 아니지만 노동과는 독립된 것이다(전체 여가 중 30% 차지). • 조정적 여가 : 행위자가 자유로운 선택을 하였지만 노동과 관련이 있는 것이다(전체 여가 중 22% 차지). • 준비 · 회복적 여가 : 선택의 자유는 없으나 노동과는 관계가 있는 것이다(전체 여가 중 17% 차지).
자기표현성 (Self-expression)	여가는 개인의 자기표현과 자기해방, 자기만족을 위한 수단으로 작용한다.
가치창조성 (Creation of values)	여가는 순수한 즐거움을 위한 가치창조적 활동이며, 쾌락과 가치 추구의 성격을 가진다.
노동관계성 (Work-relation)	• 여가의 중요한 특징 중 하나는 노동과의 긴밀한 상호작용관계에 있다. • 노동과 여가의 관계는 확대관계, 대립관계, 중립관계로 나누고 있다(Parker & Smith, 1976). • 확대관계(extension) : 노동과 여가의 구분이 불분명하나 대체로 노동을 중시하는 형태이며, 노동환경에 고도의 자율성이 존재하고 노동을 통하여 자신의 능력발휘를 추구하며 진정한 만족감을 얻게 되는 형태이다. • 대립관계(opposition) : 노동과 여가의 구분이 뚜렷하며 생활의 주된 관심은 비노동 분야. 그 결과 노동에 있어서 자율성이 낮고 능력의 발휘가 소극적이다. 이에 해당하는 대표적 집단으로는 육체노동자들이며, 이들 계층은 노동 외적 활동을 통하여 생활의 만족을 얻고자 하며 노동에 대한 보상을 여가에서 얻으려는 경향이 있다. • 중립관계(neutrality) : 노동과 여가의 구분이 보통 수준이며 생활 중심을 여가에 두기 때문에 노동에 대한 자율성이 부족하고 능력발휘의 정도가 약하다. 여기에는 반숙련 육체노동자, 성직자, 소수의 전문가 등이 해당한다.
생활양식성 (Lifestyle)	여가는 하나의 사회적 행동범주(category)로만 볼 수 없으며, 어떠한 생활에 서든 나타날 수 있는 행동양식(style of behavior)이라 주장한다.

3 **여가의 자유재량성과 노동연관성 간의 함수관계에 따른 여가의 형태 4가지를 쓰고 설명하시오.**

정답

① **순수 여가** : 행위자가 자유로운 선택을 하였으므로 노동과의 관계에서 독립성을 지닌다.
② **보충적 여가** : 행위자의 자유로운 선택은 아니지만, 노동과는 독립적이다.
③ **조정적 여가** : 행위자가 자유로운 선택을 하였지만, 노동과는 관련이 있다.
④ **준비적· 회복적 여가** : 행위자의 선택의 자유는 없었으나 노동과는 관계가 있다.

4 **일과 여가의 관계에 대한 3가지 유형을 쓰고 설명하시오.**

정답

① **연장(=확대)(extension)** : 일과 여가의 관계를 연장의 입장인 융합주의로 볼 경우, 일과 여가는 유사한 구조 및 행동목적으로 성립되어 있고, 양자의 구별은 명확하지 않으며 양자는 의식상에 동일한 것으로 생각한다.
② **대립(opposition)** : 일과 여가의 불일치성과 양자 사이의 명확한 경계선이 존재함을 강조한다.
③ **상호중립(neutrality)** : 일반적으로 일과 여가의 내용이 다르고 각 영역 간에는 어느 정도 구분이 존재한다는 모호한 입장이다. 일과 여가를 어느 정도 독립된 자기충족적 병립관계에 있는 것으로 보려는 견해이다.

5 **쿠블러 로스(Kubler – Ross)의 상실감 이해 모델에서 제시한 상실감 4단계를 순서대로 설명하시오.**

정답

① **첫 번째 단계** : 개인적 방호벽을 만들고 실직이 크게 영향을 미치지 않는다는 듯한 행동을 보인다.
② **두 번째 단계** : 슬픔이 분노로 표출된다.
③ **세 번째 단계** : 슬픔이나 걱정거리가 점점 깊어지면서 혼란스러운 상태가 된다.
④ **네 번째 단계** : 미래에 대한 상실감을 겪는다.

TIP

쿠블러 로스(Kubler–Ross, 1975)의 상실감 이해 모델은 인간이 중요한 것을 상실했을 때 경험하는 심리적 반응 단계를 설명하는 이론으로 전직지원 대상자가 실직을 경험하면, 이 모델에서 제시하는 4단계의 감정 변화를 겪을 수 있다. 쿠블러 로스의 상실감 이해 모델을 적용하면, 전직지원 대상자는 실직 후 충격 → 분노 → 슬픔과 혼란 → 미래에 대한 상실감의 단계를 거치게 된다.

학습 3 변화 지원하기

1 **변화계획 수립을 위한 '행동 변화' 방법 4가지를 쓰시오.**

정답

① 시간 소비 형태분석 하기
② 가족에게 이해 구하기
③ 역할 조정하기
④ 정보 수집하기

TIP 변화계획 수립을 위한 행동 변화

㉠ **시간 소비 형태분석 하기** : 전직지원 대상자가 자신의 시간 소비 형태를 들여다보고 좀 더 합리적인 시간 소비가 되도록 지원함으로써 전직지원의 목표 달성에 가깝게 접근할 수 있다.
㉡ **가족에게 이해 구하기** : 새로운 일을 계획하려면 가족과 토론하여 동의를 구하거나 양해를 구할 필요가 있다.
㉢ **역할 조정하기** : 역할들은 서로 잘 조화로워야 스스로도 편안하다. 상충 된 역할들은 갈등을 초래하게 되므로 전직지원 전문가는 역할에 대한 질문을 통하여 전직지원 대상자들이 역할들을 조정하는 작업을 하도록 돕는다.
㉣ **정보 수집하기** : 전직지원 대상자가 구하고자 하는 정보를 수집하고 분석하는 능력이야말로 미래 직업시장에서 반드시 갖추어야 하는 능력이다.

2 **전직지원 대상자의 변화지원을 위해 실시하는 집단상담 프로그램의 효과성 6가지를 쓰시오.**

정답

① 다른 전직지원 대상자의 관점 이해
② 더욱 효과적인 사회관계망 형성에 도움.
③ 유사 문제를 겪고 있는 전직지원 대상자와의 관심사와 아이디어의 공유 방법 숙지
④ 제시된 문제에 대한 다양한 대응책 강구
⑤ 다른 사람의 지원과 격려 획득
⑥ 유용한 정보수집

학습 4 변화 점검하기

1 전직지원 대상자가 전직지원에 임하는 자신을 평가하는 방법 3가지 쓰시오.

정답

① 자기신념 확인하기
② 타인의 평가
③ 자기를 둘러싼 인간관계망 점검하기

TIP

전직지원 대상자가 자신을 평가하는 과정은 새로운 직업 선택과 변화에 대비하는 데 필수적인 과정으로 이를 위해(이를 위한 방법에는) '자기신념 확인', '타인의 평가', '인간관계망 점검'의 3가지 방법이 있다.

CHAPTER

08 전직역량분석

학습 1 진로자본 파악하기

1 델피리피와 아서가(Defillipi & Arther, 1994) 제시한 진로자본 유형 3가지를 쓰고 각각 설명하시오.

정답

① 진로 성숙 역량(knowing-why) : 개인이 자신의 진로에 대해 갖고 있는 태도와 관점을 의미한다. / 내재적 동기, 개인적 학습 모색, 성장 경험 등을 포함한다.

② 전문지식 역량(knowing-how) : 개인이 자신의 일과 관련하여 갖는 진로 관련 기술과 업무 지식을 의미한다.

③ 인적 관계 역량(knowing-who) : 개인이 진로 안에서 갖게 되는 다양한 형태의 인간관계 및 사회적 연결망을 발전시키는 능력을 의미한다.

TIP 진로자본 유형과 개념

유형	개념
진로성숙 역량 : 이유 알기 (knowing-why)	• 진로 동기 부여 및 진로 정체성과 관련된 역량이다. • 개인이 자신의 진로에 대해 갖고 있는 태도와 관점을 뜻한다. • 내재적 동기, 개인적 학습 모색, 성장 경험 등을 포함한다. • 자신의 일과 직업에 대한 열정, 동기, 목적, 정체성이다.
전문지식 역량 : 방법 알기 (knowing-how)	• 개인들이 자신의 일과 관련하여 갖는 진로 관련 기술과 업무 지식을 의미한다. • 즉, 실제적인 업무 지식과 방법에 대한 지식이다. • 자신의 일과 경력에서 쌓이는 전문지식, 기술, 전문성이다.
인적관계 역량 : 사람 알기 (knowing-who)	• 개인들이 진로 안에서 갖게 되는 다양한 형태의 인간관계 및 사회적 연결망을 발전시키는 능력을 의미한다. • 자신의 일과 직업에서 형성된 애착, 관계, 명성, 정보, 상호의무이다.

2 **전직지원 대상자의 진로자본 유형을 쓰고 각각 설명하시오.**

정답

① **전문성** : 전직지원 대상자가 일자리에서 습득한 지식과 경험의 전문지식은 진로자본 형성의 주요 핵심역량이지만, 쏠린 형태이다.

② **관계성** : 전직지원 대상자에서 진로자본을 풍성하게 해석할 수 있는 부분은 여가활동과 관계자본이다. 관계자본은 이 자본으로도 전직지원 대상자가 전직을 시도하는 단초를 제공한다. 특히 관계자본은 진로성숙과 전문성은 물론 일과 관련된 모든 활동(여가활동, 사회봉사활동, 취미활동 등) 묶어 효과를 배가하는 중요한 진로자본이다.

③ **진로성숙** : 전직지원 대상자는 퇴직 전까지 직업유지를 하면서 진로성숙을 꾀하여 왔다.

TIP 전직지원 대상자의 진로자본 3가지 유형

㉠ **전직지원 대상자의 전문성** : 전직지원 대상자가 일자리에서 습득한 지식과 경험의 전문지식은 진로자본 형성의 주요 핵심역량이지만, 이 또한 한편으로 쏠린 형태이다. 전직에서 현재의 직무를 바탕으로 다른 직업으로의 전환이 가능하려면 유사 및 관련 직무로의 전환이 되어야 하는데, 전직지원 대상자는 이미 최고위까지 도달한 상태이기 때문에 직위로 볼 때에 더 이상의 전직이 가능하지 않다.

㉡ **전직지원 대상자의 관계성** : 전직지원 대상자에서 진로자본을 풍성하게 해석할 수 있는 부분은 여가활동과 관계자본이다. 여가활동은 직무를 수행하면서 만들어진 역량으로 일자리 창출의 바탕이 될 수 있다. 또 관계자본은 이 자본으로도 전직지원 대상자가 전직을 시도하는 단초를 제공하기도 하다. 특히 관계자본은 진로성숙과 전문성은 물론 일과 관련된 모든 활동, 즉 여가활동, 사회봉사활동, 취미활동 등을 망라한다. 특히 관계자본은 이러한 자본들을 묶어 효과를 배가하는 중요한 진로자본이다.

㉢ **전직지원 대상자의 진로성숙** : 전직지원 대상자는 퇴직 전까지 직업유지를 하면서 진로성숙을 꾀하여 왔다. 그러나 주된 일자리에서 어떤 상태로 있었느냐에 따라 일에 대한 열정, 동기 등이 개인차를 보이지만, 대부분의 전직지원 대상자는 재취업에 대한 요구도가 높게 나타난다.

3 개인 특성에 의한 진로자본 6가지를 쓰시오.

정답

① 태어난 순, ② 대뇌반구, ③ 타고난 자질, ④ 직업가계도, ⑤ 흥미/적성, ⑥ 가치

TIP 개인 특성에 의한 진로자본

㉠ 태어난 순과 진로는 관련이 있다(Peper, 1971). 연구에 따르면 첫째 아이는 책임감이 강하고 전통적인 직업을 선호하는 경향이 있으며, 둘째 이후의 자녀들은 더 창의적이고 자유로운 성향을 보일 가능성이 크다.

㉡ 대뇌반구의 기능 차이에 관한 연구인 스플리트(Split)의 뇌 연구에 따르면 왼쪽 및 오른쪽 대뇌반구가 다른 방법으로 정보를 투과하는 것을 보여주었는데 즉, 인간의 좌뇌(논리적 사고, 분석적 사고)와 우뇌(직관적 사고, 창의적 사고)의 차이는 개인이 정보를 처리하는 방식과 직업적 성향에 영향을 미친다는 것이다.

㉢ 타고난 자질은 4가지로 분류된다.

분류	내용
다중잠재 소유자 (multi-potentialed)	다중잠재 소유자(multi-potentialed)는 광범위한 흥미와 적성을 가졌기 때문에 진로 결정에 혼돈과 무결정의 결과를 가져온다.
조기 판명자 (early emergers)	• 어릴 때부터 과학, 수학, 음악 등의 분야에서 진로에 대한 흥미를 확고하게 나타낸다. • 어렸을 때부터 그 흥미 영역에 홀로 많은 시간을 보냈으며, 따라서 친구가 적은 편이다.
창조성 재능(소질)자 (creatively gifted)	• 독립적이고, 불순응자이며 자주 규칙을 깨뜨리는 사람들이다. • 자신에게 필요할지도 모르는 기초적 학문 과정에 특별히 관심을 가지지 않고, 오히려 시간의 낭비로 여긴다.
학문적 재능(소질)자 (academically gifted)	• 수준 높은 언어적 추론 기술, 학문적 우수성의 이력, 사회적 기대에 부응하는 경향이 있다. • 자기존중감의 주된 자원을 타인의 인정 여부에 의존하는 부류이다.

㉣ 직업가계도(vocational genograms)는 생물학적 친조부모와 양조부모, 양친, 숙모와 삼촌, 형제자매 등의 직업들을 도해로 표시하는 것으로, 가족 구성원의 직업 경로를 분석하여, 개인의 진로 선택과 직업적 경향에 미치는 영향을 분석한다.

㉤ 흥미, 적성은 성격의 특성모형과 밀접한 관련이 있는 홀랜드(1985)는 6개의 기본적 흥미유형을 현실형, 탐구형, 예술형, 사회형, 진취형, 관습형 등으로 가정하였다. 적성검사는 일반적성검사(GATB : general aptitude test battery)로서 지능, 언어능력, 수리능력, 공간적성, 형태지각, 사무력, 운동 반응, 손가락 재능, 손재능 등 9개의 요인으로 구성된다.

㉥ 가치는 개인이 삶에서 지향하는 목표나 신념을 의미하며, 자신의 행동을 결정하는 기준이 된다(Dawis, 1991). 가치는 개인의 중요한 신념을 나타내며, 자신과 타인의 행동을 판단하는 기준이 된다. 특정한 상황이 아닌 광범위한 상황에서 적용되는 행동, 목표, 바람직한 상태를 의미한다. 여러 가지 행동 방식 중에서 선택을 할 때 기준이 되는 규범적 표준이다. 학자마다 다르게 구분하나, 외재적 가치와 내재적 가치 그리고 외재적· 내재적 가치 모두를 나타내는 양가적 가치 등으로 분류한다.

4 **타고난 자질의 4가지 분류를 쓰고 각각의 특징을 설명하시오.**

정답

① **다중잠재 소유자**(multi-potentialed) : 광범위한 흥미와 적성을 가졌기 때문에 진로 결정에 혼돈과 무결정의 결과를 가져온다.

② **조기 판명자**(early emergers) : 어릴 때부터 과학, 수학, 음악 등의 분야에서 진로에 대한 흥미를 확고하게 나타내며, 그 흥미 영역에 홀로 많은 시간을 보냈으며, 따라서 친구가 적은 편이다.

③ **창조성 재능(소질)자**(creatively gifted) : 독립적이고, 불순응자이며, 자주 규칙을 깨뜨리는 사람들이며, 자신에게 필요할지도 모르는 기초적 학문 과정에 특별히 관심을 가지지 않고, 오히려 시간의 낭비로 여긴다.

④ **학문적 재능(소질)자**(academically gifted) : 수준 높은 언어적 추론 기술, 학문적 우수성의 이력, 사회적 기대에 부응하는 경향, 자기존중감의 주된 자원을 타인의 인정 여부에 의존하는 부류이다.

학습 2 직무역량 분석하기

1 **스펜서(Spencer) 역량의 5가지 유형을 쓰고 각각의 개념을 설명하시오.**

정답

① **기술**(Skill) : 특정한 신체적 혹은 정신적 과제를 수행할 수 있는 능력이다.
② **지식**(Knowledge) : 특정 분야에 대해 가지고 있는 정보이다.
③ **자기개념**(Self-concept) : 태도, 가치관 또는 자기상이다.
④ **특질**(Trait) : 신체적 특성, 상황정보에 대한 일관된 반응 성향이다.
⑤ **동기**(Motive) : 개인이 일관되게 마음에 품고 있거나 원하는 것이다.

TIP 스펜서(Spencer)의 역량 5가지 유형 개념과 예시

유형	개념과 예시
기술(skill)	• 특정한 신체적 혹은 정신적 과제를 수행할 수 있는 능력이다. • 예) 치과의사가 신경을 건드리지 않고 치료하는 능력, 5만 행의 코드를 논리적이고 순차적으로 조직화하는 프로그래머의 능력
지식(knowledge)	• 특정 분야에 대해 가지고 있는 정보이다. • 예) 외과의사가 인체 신경과 근육에 대해 알고 있는 정보이다.
자기개념(self-concept)	• 태도, 가치관 혹은 자기상이다. • 예) 스스로 환자를 아프지 않게 잘 치료할 수 있다는 신념
특질(traits)	• 신체적 특성, 상황정보에 대한 일관된 반응 성향을 의미이다. • 예) 미세한 손놀림으로 치료도구 등을 능란하게 다루는 것, 신속한 반응이나 좋은 시력 같은 전투기 조 종사에게 필요한 신체적 특질
동기(motive)	• 개인이 일관되게 마음에 품고 있거나 원하는 어떤 것이다. • 예) 부모님도 치통으로 고생하다가 돌아가셔서 치아가 아픈 사람을 잘 고쳐주고 싶다고 생각

2 역량의 개념적 특징 4가지를 쓰시오.

정답

① 역량은 행동이다.
② 역량은 성과와 연계된 행동이다.
③ 역량은 직무마다 다르고, 동일한 직무라도 상황이 바뀌면 요구되는 역량이 다를 수 있다.
④ 역량은 행동이기 때문에 관찰이 가능하며, 측정 및 개발할 수 있다.

TIP 역량 개념의 특징

역량(competence)은 '능력'이라는 뜻과 구분하지 않고 사용하지만, 엄밀하게는 분명한 차이가 존재한다. 역량의 개념적 특징은 다음과 같이 4가지로 요약할 수 있다.

㉠ 역량은 행동이다. : 역량은 보유하고 있는 지식이나 기술 그 자체가 아니라 내면의 동기, 가치, 태도 등이 지식이나 기술과 결합하여 나타나는 행동이다.즉, 보유 능력이 아니라 발휘 능력이자 실천 능력을 의미한다.

㉡ 역량은 성과와 연계된 행동이다. : 본인 의사를 상대에게 논리적으로 전달하는 능력이 매우 뛰어나더라도 그러한 특성이 해당 직무의 성과 창출을 위한 중요한 행동이 아니라면 일반적인 의미에서 '의사소통' 능력이 뛰어나다고 할 수 있지만, 해당 직무에 적합한 '역량'을 갖췄다고 할 수는 없다.

㉢ 역량은 직무마다 다르고, 동일한 직무라도 상황이 바뀌면 요구되는 역량이 다를 수 있다. : 동일한 영업 직무라도 기업마다, 상품마다 경쟁하는 환경이 다르기 때문에 영업 사원에게 필요한 역량도 다를 수밖에 없다. 또 군대 조직의 관리자, 공공부문의 관리자, 민간부문의 관리자에게 요구되는 리더십 특성은 다르게 나타날 수 있다.

㉣ 역량은 행동이기 때문에 관찰이 가능하며, 측정 · 개발할 수 있다. : 역량은 행동이기 때문에 객관적으로 측정할 수 있고, 그 측정 결과를 기반으로 피드백, 코칭, 자기성찰 등의 방법을 통해 개발이 가능하다.

예컨대, 토익(TOEIC) 980점을 획득한 학생이라고 해서 그가 역량이 뛰어나다고 말할 수는 없다. 점수는 그가 영어 구사 능력을 보유했다는 증거일 뿐이다. 역량은 실제로 외국인을 만나서 설득하고 거래를 성사시키는 행동을 보일 때 관찰됐다고 말한다.

3 역량 모델링을 위한 조사 방법 중 가장 많이 사용되는 방법 3가지와 각 특징을 설명하시오.

정답

① **행동사건 인터뷰**(BEI, Behavioral Event Interview) : 전문적 훈련을 받은 역량 평가사가 집단의 고성과자의 과거 특정한 성과를 발휘했을 당시에 대한 경험을 인터뷰 형식으로 구체적인 상황(situation), 업무(task), 행동(action), 결과(result)로 도출하는 방법이다. 정확한 행동특성을 파악할 수 있으나 시간이 많이 소요된다.
② **직무전문가**(SME, Subject Matter Expert) 워크숍 : 행동사건 인터뷰의 단점을 줄일 수 있는 방법으로 해당 직무의 전문가들을 한자리로 모아 각 직무를 성공적으로 수행하기 위한 조건들을 검토함으로써 역량을 도출하는 방법으로 주관적 판단에 의존하는 측면이 있지만, 복수의 전문가의 공통된 의견을 수렴하여 보완한다.
③ **설문지 조사법** : 사전에 표준화된 설문지를 제작 배포하여 집단 구성원들로부터 필요한 핵심 정보를 입수하는 방식이다.

4 중장년 직업역량 검사의 하위요인과 각 각의 하위 요인을 쓰시오.

정답

① **경력 활동** : 재취업 자신감 / 경력계획
② **직무 태도** : 직무적합도 / 직무만족
③ **직무능력** : 업무능력 / 관계 능력 / 인지능력 / 신체 능력
④ **개인 특성** : 자기평가 / 개방성
⑤ **기초자산** : 가족의 지지 / 건강

중장년 직업역량 검사는 만 45세 이상의 우리나라 고용환경과 중장년 근로자의 특성을 고려하여 개발되었으며 개인 특성뿐만 아니라 후기 진로 발달에 영향을 미치는 다양한 환경요인을 측정하여 경력 개발에 도움을 준다. 연령, 학력, 연봉 등을 기준으로 집단을 구분하여 피검사자와 동일한 집단과의 비교를 통해 상대적인 수준을 확인할 수 있다. 피검사자의 현 직종 및 최근 퇴직 직종에 종사하는 사람들, 이직 희망 직종에 종사하는 사람들과 기초 직무능력 수준을 비교할 수 있도록 정보를 제공한다. 피검사자의 현재 직업역량과 기초 직무능력을 통합적으로 고려하여 15개 직종 중 재취업에 알맞은 3개 직종을 추천한다. 검사 점수는 T점수로 제공되며 57점 이상은 '강점'을, 43점 이하는 '약점'을, 44점～56점은 '보통' 수준임을 의미한다.

TIP 중장년 직업역량 검사의 구성

주요 역량	하위요인	설명
경력활동	재취업자신감	자신이 재취업하기 위한 능력 및 노력에 대해 자신감을 갖고 있는지에 대한 내용이다.
	경력계획	자신의 경력을 위해서 장기적이고 실행 가능한 목표를 세우고, 목표 달성을 위해 얼마나 노력하는지에 대한 내용이다.
직무태도	직무적합도	현재 하고 있는 일이 자신의 특성 및 적성에 알맞은 정도이다.
	직무만족	자신이 현재 하고 있는 일에 대해 만족하는 정도이다.
직무능력	업무능력	지식을 사용하여 업무를 수행하는 능력이다.
	관계능력	다른 사람과의 관계에서 발생하는 문제를 적절히 해결하는 기술이다.
개인특성	자기평가	삶을 살아가는 능력에 대해 스스로 판단하는 정도이다.
	개방성	자기 자신을 둘러싼 세계에 대한 관심, 호기심, 다양한 경험에 대한 추구 및 포용 정도이다.
기초자산	가족의 지지	자신과 가족이 서로 얼마나 믿고 의지할 수 있는지에 대한 내용이다.
	건강	자신의 정신적, 신체적 건강에 대한 내용이다.

학습 3 역량진단 결과 통합하기

1 전직 지원 대상자의 역량평가의 기대효과 9가지를 기술하시오.

정답

① 전직지원 대상자가 재취업, 창업, 혹은 제3의 경로 등 향후 어떤 경력 코스로 이동할 것인지 의사결정을 돕는 자료가 된다.
② 역량평가를 통해 대상자를 정확히 선별하면 국가지원금 등 자원의 효율적 배분을 위한 기초 자료가 된다.
③ 역량평가 결과서는 중소기업 사장 등 전직지원 대상자의 재취업을 결정하는 의사결정자들에게 신속한 판단을 돕는다.
④ 전직지원 대상자에게 역량평가 결과서를 제공하면 부족한 역량을 확인하여 역량 개발 프로그램 참여 의지가 높아지고, 입사 서류와 함께 활용할 수 있다.
⑤ 역량평가 결과서가 헤드헌팅 업계 등에서 공신력 있게 유통되면 사회 전체적으로 경력자 채용 의사결정이 원활해질 수 있다.
⑥ 규명된 역량 모델과 직접 연계된 교육훈련 프로그램을 개발할 수 있다.
⑦ 전직을 앞둔 대상자들에게 자기 개발을 위해 어떤 노력이 필요한지 보다 설득력 있게 제시할 수 있다.
⑧ 전직지원을 위한 역량 모델링 및 교육훈련 프로그램 개발은 정부가 추진하는 NCS(국가직무능력표준) 작업과 연계되므로 국가적 정책 추진 방향과 일치한다.
⑨ 공공부문에서는 이미 여러 정부 부처 및 공기업에서 역량평가를 기반으로 승진 평가 등이 이루어지고 있으며, 민간 부문에서도 다양한 형태로 활용되고 있다.

TIP 역량평가 기대효과

기대효과	내용
경력 의사결정 지원	재취업, 창업 등 전직지원 대상자의 향후 경력 방향 설정을 돕는다.
자원 배분 효율화	국가지원금 등 자원의 효과적 활용을 위한 기초 자료가 된다.
신속한 재취업 결정 지원	중소기업 등 채용 담당자의 빠른 의사 결정을 돕는다.
역량 개발 유도	부족한 역량을 파악하여 교육 프로그램 참여를 촉진한다.
채용 시장 활성화	역량평가 결과가 공신력 있게 유통되면 경력자 채용이 원활해진다.
교육훈련 프로그램 개발	규명된 역량 모델을 바탕으로 맞춤형 교육을 설계할 수 있다.
자기개발 방향 제시	전직 대상자에게 필요한 역량 개발 방안을 구체적으로 안내한다.
국가 정책과 연계	NCS(국가직무능력표준) 등 정부 정책 방향과 일치한다.
공공 · 민간 활용 확대	공공 및 민간 부문에서 승진 평가 및 인사관리 등 다양하게 활용된다.

CHAPTER 09

생애설계지원

학습 1 생애주기별 주요과제 점검하기

1 **전직지원 대상자의 성인 후기(60세 이후) 4가지 발달영역과 과업에 대해 2가지씩 설명하시오.**

정답

① 지적 영역 : 세대 차의 사회변화 이해하기 / 은퇴 생활에 필요한 지식과 생활 배우기
② 정의적 영역 : 적극적으로 일하고 생활하려는 태도 유지하기 / 취미를 계속 살리고 여가를 즐겁게 보내기
③ 사회적 영역 : 동년배 노인들과 친교하기 / 가정과 직장에서 일과 책임을 합당하게 물려주기
④ 신체적 영역 : 줄어가는 체력과 건강에 적응하기 / 노년기에 알맞은 간단한 운동을 규칙적으로 하기

TIP 한국인의 중 · 노년기 발달과업은 평생교육적 관점에서 규정한 이론에 따르면 7단계로 구분된다. 7단계인 성인 후기(60세 이후)의 단계별 내용은 다음과 같다.

〈성인 후기(60세 이후) 발달과업〉

발달영역	특징
지적 영역	• 세대 차의 사회변화 이해하기 • 은퇴 생활에 필요한 지식과 생활 배우기 • 정치 · 경제 · 사회 · 문화에 대한 최신동향 알기 • 건강 증진을 위한 폭넓은 지식 가지기
정의적 영역	• 적극적으로 일하고 생활하려는 태도 유지하기 • 취미를 계속 살리고 여가를 즐겁게 보내기 • 정년퇴직과 수입감소에 적응하기 • 소외감과 허무감을 극복하고 인생의 의미 찾기 • 배우자 사망 후의 생활에 적응하기 • 동료 또는 자신의 죽음에 대하여 심리적으로 준비하기
사회적 영역	• 동년배 노인들과 친교하기 • 가정과 직장에서 일과 책임을 합당하게 물려주기 • 가정이나 사회에서 어른 구실하기 • 자녀 또는 손자들과 원만한 관계 유지하기
신체적 영역	• 줄어가는 체력과 건강에 적응하기 • 노년기에 알맞은 간단한 운동을 규칙적으로 하기 • 건강 유지에 필요한 섭생하기 • 지병이나 쇠약에 대해 바르게 처방하기

2 **우리나라 전직지원 대상자의 생애형태 3가지를 쓰고 각각 설명하시오.**

정답

① **자유로운 삶** : '일로부터 해방'을 꿈꾸고 일을 통해 자유를 가지고자 역동적이고 진취적인 삶을 영위하고자 하며, 여가 중심적이면서 허락되면 사회봉사의 일을 하며 수입 창출에 소극적인 유형이다.

② **앙코르 커리어** : 직업을 통해 삶의 의미를 찾고, 사회에 기여하며, 지속적으로 수입을 창출할 수 있음에 관건을 두고 선택한다.

③ **재취업** : 주된 일자리, 주변 일자리 등과 관련하여 지속적으로 경제적 활동을 희망한다.

TIP 우리나라 전직지원 대상자의 생애 형태는 수입 창출에 기준하여 보면, 자유로운 삶, 앙코르 커리어, 재취업 등 세 가지로 구분된다.

〈우리나라 전직지원 대상자의 생애형태〉

생애형태	특징
자유로운 삶	'일로부터 해방'을 꿈꾸고 일을 통해 자유를 가지고자 역동적이고 진취적인 삶을 영위하고자 하며, 여가 중심적이면서 허락되면 사회봉사의 일을 하며 수입 창출에 소극적인 유형이다.
앙코르 커리어	문제 해결 능력, 헌신, 유연성, 책임감, 낙천성, 판단력 등의 역량을 가진 전직지원 대상자들이 직업을 통해 삶의 의미를 찾고 사회에 기여하며 지속적으로 수입을 창출할 수 있음에 관건을 두고 선택한다.
재취업	주된 일자리, 주변 일자리 등과 관련하여 지속적으로 경제적 활동을 희망한다.

3 전직지원 대상자의 심리적 특성 6가지 쓰고 각각 설명하시오.

정답

① **퇴직에 대한 불안 반응** : 미래에 대한 염려를 포함하는 일반화된 불안장애는 퇴직 이후 기간에 나타난다.
② **퇴직에 대한 우울 반응** : 우울증은 전직지원 대상자들이 퇴직 후 가끔 경험하는 또 다른 정서적 반응이다.
③ **퇴직이라는 고정관념에 의한 자기효능감 훼손** : 전직지원 대상자는 퇴직이란 곧 연령이 고령화되었다는 것을 의미한다고 느낀다. 생리적으로 노후화되어 생산적인 일을 할 수 없다고 스스로 평가한다.
④ **목표설정과 시간관념 상실** : 전직지원 대상자들은 생애목표와 시간관리에 대해 도전적이고 생산적이기보다는 소극적인 방법으로 소비하고 관리한다.
⑤ **새로운 역할 탐색** : 전직지원 대상자들은 퇴직 이후의 삶에 효능감을 유지하기 위하여 제약된 사회 속에서 탐구를 계속한다.
⑥ **직업 복귀 욕구** : 전직지원 대상자에게 직업의 의미는 생활에 필요한 경제적 소득의 의미를 비롯하여 인간관계 형성을 통한 사회에 대한 소속감, 규칙적인 생활을 기반으로 한 건강 유지 등의 적극적 의미를 가진다.

TIP 전직지원 대상자는 퇴직에 대한 불안 반응, 퇴직에 대한 우울 반응, 퇴직이라는 고정관념에 의한 자기효능감 훼손, 목표설정과 시간관념 상실, 새로운 역할 탐색, 직업 복귀 욕구 등의 특성을 나타낸다. 세부 내용은 다음과 같다.

〈전직지원 대상자의 심리적 특성〉

심리적 특성	특징
퇴직에 대한 불안 반응	미래에 대한 염려를 포함하는 일반화된 불안장애는 퇴직 이후 기간에 나타난다.
퇴직에 대한 우울 반응	우울증은 전직지원 대상자들이 퇴직 후 가끔 경험하는 또 다른 정서적 반응이다.
퇴직이라는 고정관념에 의한 자기효능감 훼손	• 전직지원 대상자는 퇴직이란 곧 연령이 고령화되었다는 것을 의미한다고 느낀다. • 생리적으로 노후화되어 생산적인 일을 할 수 없다고 스스로 평가한다. • 전직지원 대상자는 퇴직이란 곧 '할 일이 없다'라는 의미로 받아들인다. 전직지원 대상자는 퇴직의 의미가 쉬는 것이라는 주위 사람들의 공통된 인식으로 인하여 전직지원 대상자 스스로 쉬어야 한다고 학습한다. • 새로움보다 과거에 집착하고 새로움을 대하면 회피하고자 하는 행동들이 나타난다. 이러한 전직지원 대상자의 각성된 신념은 부정적 자극제로 작용하여 효능감을 훼손한다. • 이미 은퇴한 자들이 목표가 없고, 할 일 없이 시간을 보내며, 병을 얻어 고생하다가 죽음을 맞이하는 것을 대리적 경험을 통하여 은퇴 이후의 생애를 그대로 받아들인다.
목표설정과 시간관념 상실	전직지원 대상자들은 생애목표와 시간관리에 대해 도전적이고 생산적이기보다는 소극적인 방법으로 소비하고 관리한다.
새로운 역할 탐색	전직지원 대상자들은 퇴직 이후의 삶에 효능감을 유지하기 위하여 제약된 사회 속에서 탐구를 계속한다.
직업 복귀 욕구	전직지원 대상자에게 직업의 의미는 생활에 필요한 경제적 소득의 의미를 비롯하여 인간관계 형성을 통한 사회에 대한 소속감, 규칙적인 생활을 기반으로 한 건강 유지 등의 적극적 의미를 가진다.

4 전직지원 대상자에게 필요한 생애설계의 개념에 대해 설명하시오.

정답

① 생애설계는 인생의 각 발달 단계에서 달성해야 할 과제를 미리 작성하여 앞으로 나타날 변화에 미리 준비하는 과정이다.

② 생애설계를 통해 현시점에서 자신을 되돌아보는 자기인식의 기회를 가지고, 이를 객관화 시킴으로써 보다 나은 미래를 위한 삶의 준비와 노력을 포함한 구체적인 과정이다. 즉 인생의 경험을 토대로 미래의 삶에 대한 목표와 실천 가능한 계획을 수립하는 것이다.

③ 은퇴 이후의 자립과 공존의 삶을 위한 토대를 마련하는 것이다.

④ 생애설계 작성의 궁극적 목적은 전직지원 대상자의 심리, 신체, 경제 사회적 측면의 삶을 사전에 미리 계획하고 설계해 나감으로써 궁극적으로 노년기 이후의 행복한 삶을 영위할 수 있도록 하는 것이다.

5 전직지원 대상자의 퇴직이라는 고정관념에 의한 자기효능감 훼손에 대해 설명하시오.

정답

① 전직지원 대상자는 퇴직이란 곧 연령이 고령화되었다는 것을 의미한다고 느낀다. 생리적으로 노후화되어 생산적인 일을 할 수 없다고 스스로 평가한다.

② 전직지원 대상자는 퇴직이란 곧 '할 일이 없다'라는 의미로 받아들인다. 전직지원 대상자는 퇴직의 의미가 쉬는 것이라는 주위 사람들의 공통된 인식으로 인하여 전직지원 대상자 스스로 쉬어야 한다고 학습한다.

③ 새로움보다 과거에 집착하고 새로움을 대하면 회피하고자 하는 행동들이 나타난다. 이러한 전직지원 대상자의 각성된 신념은 부정적 자극제로 작용하여 효능감을 훼손한다.

④ 이미 은퇴한 자들이 목표가 없고, 할 일 없이 시간을 보내며, 병을 얻어 고생하다가 죽음을 맞이하는 것을 대리적 경험을 통하여 은퇴 이후의 생애를 그대로 받아들인다.

6 전직지원 대상자의 교육적 욕구 5가지를 쓰고 각각 설명하시오.

정답

① **환경적응 욕구** : 사회에서 정상적인 기능을 유지하기 위한 교육을 받으려고 하는 욕구이다.

② **표현적 욕구** : 여러 가지 활동을 통하여 친구를 사귀고, 그 친교 관계를 장기간 유지시킴으로써 심리적 적응과 높은 정신건강 수준의 유지하려는 욕구이다.

③ **사회에 공헌하고자 하는 욕구** : 사회봉사 활동에 필요한 기능훈련을 받음으로써 자신뿐만 아니라 다른 사람을 위해 헌신하고자 하는 욕구이다.

④ **영향을 주려는 욕구** : 사회적 역할, 개인적 또는 집단적 활동을 통한 기술훈련, 사회적인 지식 그리고 활동에 대한 평가 등을 제공해 주려는 욕구이다.

⑤ **초월적 욕구** : 신체적 젊음보다 더 중요한 인생의 본질적 의미를 찾으려고 하는 욕구이다.

TIP 사회학자 맥클러스키(Howard Y. Mcclusky)는 전직지원 대상자의 5가지 욕구를 충족시키기 위해 교육에 참여하게 된다고 하였고, 5가지 욕구는 환경적응 욕구, 표현적 욕구, 사회에 공헌하고자 하는 욕구, 영향을 주려는 욕구, 초월적 욕구 등이 있다.

〈전직지원 대상자의 교육적 욕구〉

교육적 욕구	특징
환경적응 욕구 (coping needs)	전직지원 대상자들은 자신들의 노화에 따라 능력과 지식이 감퇴하여 일상생활에서 곤란을 겪게 되기 때문에, 사회에서 정상적인 기능을 유지하기 위한 교육을 받으려고 한다.
표현적 욕구 (expressive needs)	전직지원 대상자들은 자발적인 신체운동, 사회적 활동, 새로운 경험 등의 그 자체로부터 만족을 얻으려고 한다. 전직지원 대상자들은 여러 가지 활동을 통하여 친구를 사귀고, 그 친교 관계를 장기간 유지시킴으로써 심리적 적응과 높은 정신건강 수준의 유지를 바라고 있다.
사회에 공헌하고자 하는 욕구 (contributive needs)	전직지원 대상자들에게 새로운 교육을 통하여 어떤 기관이나 방향으로 자신의 에너지를 투입할 수 있는가에 대한 정보를 얻고, 사회봉사 활동에 필요한 기능훈련을 받음으로써 자신뿐만 아니라 다른 사람을 위해 헌신하고자 하는 욕구를 가지고 있다.
영향을 주려는 욕구 (influence needs)	전직지원 대상자들은 교육을 통해서 지역사회에 대해 자신들이 할 수 있는 사회적 역할, 개인적 또는 집단적 활동을 통한 기술훈련, 사회적인 지식 그리고 활동에 대한 평가 등을 제공해 주려는 욕구가 있다.
초월적 욕구 (trancendence needs)	전직지원 대상자들은 노년기에 현저하게 나타나는 신체적 퇴락을 경험하면서 신체적 젊음보다 더 중요한 인생의 본질적 의미를 찾으려고 하는 욕구가 있다.

7 **고령사회를 대비한 생애단계별 생애설계상담의 목표에 대해 5가지 쓰시오.**

정답

① 고령화 사회에서 인구학적인 변화 추이를 검토하고, 삶의 전체적인 특성을 파악한다.
② 풍요로운 삶과 미래설계를 위한 경제적 대비의 필요성을 인식하여 자산관리 계획을 수립한다.
③ 전 생애 발달 관점에서 생애주기별 직업과 일에 대한 능력을 증진시킨다.
④ 건강한 생활습관을 증진하고, 질병에 대한 노출을 감소시킨다.
⑤ 능동적인 사회활동을 촉진하고 새로운 인간관계를 구축한다.

TIP 생애설계상담은 단계별로 성공적인 미래를 준비하기 위한 기초적인 내용으로 장기적인 차원에서 성공적인 삶의 전환과 적응을 용이하게 도와주고, 이를 통해 퇴직 이후의 삶을 풍요롭게 하도록 고무하거나 지원하는 것이다. 따라서 생애설계상담의 목표는 다음과 같다.

〈생애설계상담의 목표〉

생애설계상담	내용
목표	• 생애주기별 특성에 관한 기초적 이해를 바탕으로 고령화 사회에서 인구학적인 변화 추이를 검토하고, 삶의 전체적인 특성을 전반적으로 파악한다. • 풍요로운 삶과 미래설계를 위한 경제적 대비의 필요성을 인식하여 자산관리에 대한 계획을 수립한다. • 전 생애 발달 관점에서 생애주기별 직업과 일에 관한 능력을 증진시킨다. • 신체적 노화과정을 이해하여 건강한 생활습관을 증진하고, 질병에 대한 노출을 감소시킨다. • 자신의 역할을 재점검하여 능동적인 사회활동을 촉진하고 새로운 인간관계를 구축한다. • 자신의 인적자본을 인식하고, 환경에 대한 지식을 높여 지속적인 자기완성을 이룬다. • 자기평가를 통하여 자기 가치를 재발견하고, 퇴직 후의 심리적 위기에 대비하여 안녕을 꾀한다. • 세대 간의 화합을 추구하고 원활한 가족관계를 이룬다.

학습 2 생애주기별 주요과제 상담하기

1 생애설계 주요 과제 우선순위화를 위한 유의사항에 대해 설명하시오.

정답

① 우선순위화한 주요과제를 선택할 수 있도록 집중하기
② 주요과제 평가하기
③ 주요과제들 가운데에서 우선순위화한 주요과제들 선택하기
④ 우선순위화한 주요과제 결정하기
주요과제 우선순위화 선택 단계는 생애설계상담에서 하나의 전환점이 된다. 따라서 우선순위화를 진행하는 과정에서 유의해야 할 과제가 있다. 이러한 점을 감안하여 전직지원 대상자가 우선순위화를 진행하도록 조력해야 한다.

2 전직지원 대상자의 생애주요과제 탐색 3가지 유형별 특징과 필요지원 서비스에 대해 설명하시오.

정답

<table>
<tr><th colspan="2">유형</th><th>내용</th></tr>
<tr><td rowspan="2">퇴직준비 부족형</td><td>특징</td><td>• 퇴직 준비 필요성의 인식이 낮거나, 퇴직에 대한 준비 부족으로 퇴직 이후의 적응이 어려운 상태이다.
• 전반적 영역과 자기관리에서 취하다.
• 네 가지 영역(재무, 건강, 관계, 여가 및 사회 참여)에서 특히 우선적으로 해결해야 할 대안 탐색 및 계획 수립 지원이 필요하다.
• 퇴직 이후의 삶에 대한 태도와 방향에 대한 점검이 필요하다.
• 지역 내 다양한 지원 시스템과 연계하여 체계적으로 관리해야 한다.</td></tr>
<tr><td>필요지원 서비스</td><td>• 생애설계 지원 시스템 정보제공
• 생애설계 프로그램
• 자기효능감 프로그램
• 비합리적 신념 깨기 프로그램
• 의사결정 프로그램 제공
• 직업정보 제공
• 훈련상담</td></tr>
<tr><td rowspan="2">퇴직준비 양호형</td><td>특징</td><td>• 어느 정도 퇴직 이후의 삶에 대한 준비의 필요성을 인식하고 있으나, 비교적 실질적 준비가 부족하다.
• 의식적으로 노력하면 개선의 여지가 많다.
• 정보제공을 비롯하여 취약한 영역에 보완할 수 있는 프로그램의 연계가 필요하다.</td></tr>
<tr><td>필요지원 서비스</td><td>• 생애설계 지원 시스템 정보제공
• 생애설계 프로그램
• 재무관리 정보제공
• 관리모드에서 실무모드 프로그램
• 훈련상담</td></tr>
<tr><td rowspan="2">퇴직준비 완료형</td><td>특징</td><td>• 비교적 퇴직 이후의 삶에 대한 준비가 잘 되어 있어 일과 여가를 균형감 있게 맞추면서 퇴직 이후의 삶을 보내고자 하는 유형이다.
• 정보제공을 중심으로 하되, 향후 대안 탐색에 대한 수정 · 보완하는 방향으로 진행한다.</td></tr>
<tr><td>필요지원 서비스</td><td>• 생애설계 프로그램
• 자원봉사 프로그램
• 투자 및 재무관리
• 교육 및 동아리 활동 지원</td></tr>
</table>

3 **전직지원 대상자 퇴직준비 부족형의 특징과 필요지원 서비스에 대해 3가지 설명하시오.**

정답

① **특징** : 퇴직 준비 필요성의 인식이 낮거나, 퇴직에 대한 준비 부족으로 퇴직 이후의 적응이 어려운 상태이며, 전반적 영역과 자기관리에서 취약하다.

② **필요지원 서비스** : 생애설계 지원 시스템 정보제공 / 생애설계 프로그램 / 자기효능감 프로그램

TIP 전직지원 대상자의 생애 주요과제 유형에 따른 준비도는 퇴직준비 부족형, 퇴직준비 양호형, 퇴직준비 완료형의 세 가지 유형으로 구분된다. 각 유형별로 특성에 맞는 진로대안을 탐색하고 선택할 수 있도록 지원하는 것이 필요하다.

〈퇴직준비 부족형의 특징과 필요지원 서비스〉

퇴직준비 부족형	내용
특징	• 퇴직 준비 필요성의 인식이 낮거나, 퇴직에 대한 준비 부족으로 퇴직 이후의 적응이 어려운 상태이다. • 전반적 영역과 자기관리에서 취약하다. • 네 가지 영역(재무, 건강, 관계, 여가 및 사회 참여)에서 특히 우선적으로 해결해야 할 대안 탐색 및 계획 수립 지원이 필요하다. • 퇴직 이후의 삶에 대한 태도와 방향에 대한 점검이 필요하다. • 지역 내 다양한 지원 시스템과 연계하여 체계적으로 관리해야 된다.
필요 지원서비스	• 생애설계 지원 시스템 정보제공 • 생애설계 프로그램 • 자기효능감 프로그램 • 비합리적 신념 깨기 프로그램 • 의사결정 프로그램 제공 • 직업정보 제공 • 훈련상담

4 **전직지원 대상자 퇴직 준비 양호형의 특징과 필요지원 서비스에 대해 3가지 설명하시오.**

정답

① **특징** : 어느 정도 퇴직 이후의 삶에 대한 준비의 필요성을 인식하고 있으나, 비교적 실질적인 준비가 부족한 상태이며, 의식적으로 노력하면 개선의 여지가 많다.

② **필요지원 서비스** : 생애설계 지원 시스템 정보제공 / 생애설계 프로그램 / 재무관리 정보제공
전직지원 대상자의 생애 주요과제 유형에 따른 준비도는 퇴직준비 부족형, 퇴직준비 양호형, 퇴직준비 완료형의 세 가지 유형으로 구분된다. 각 유형별로 특성에 맞는 진로대안을 탐색하고 선택할 수 있도록 지원하는 것이 필요하다.

TIP 퇴직준비 양호형의 특징과 필요지원 서비스

퇴직준비 양호형	내용
특징	• 어느 정도 퇴직 이후의 삶에 대한 준비의 필요성을 인식하고 있으나, 비교적 실질적인 준비가 부족하다. • 의식적으로 노력하면 개선의 여지가 많다. • 정보제공을 비롯하여 취약한 영역에 보완할 수 있는 프로그램의 연계가 필요하다.
필요 지원서비스	• 생애설계 지원 시스템 정보제공 • 생애설계 프로그램 • 재무관리 정보제공 • 관리모드에서 실무모드 프로그램 • 훈련상담

5 전직지원 대상자 퇴직 준비 완료형의 특징과 필요지원 서비스에 대해 3가지 설명하시오.

정답

① **특징** : 비교적 퇴직 이후의 삶에 대한 준비가 잘되어 있어 일과 여가를 균형감 있게 맞추면서 퇴직 이후의 삶을 보내고자 하는 유형으로 정보제공을 중심으로 하되, 향후 대안 탐색에 대한 수정 · 보완하는 방향으로 진행해야 한다.

② **필요지원 서비스** : 생애설계 프로그램 / 자원봉사 프로그램 / 투자 및 재무관리

전직지원 대상자의 생애 주요과제 유형에 따른 준비도는 퇴직준비 부족형, 퇴직준비 양호형, 퇴직준비 완료형의 세 가지 유형으로 구분된다. 각 유형별로 특성에 맞는 진로대안을 탐색하고 선택할 수 있도록 지원하는 것이 필요하다.

TIP 퇴직준비 완료형의 특징과 필요지원 서비스

퇴직준비 완료형	내용
특징	• 비교적 퇴직 이후의 삶에 대한 준비가 잘되어 있어 일과 여가를 균형감 있게 맞추면서 퇴직 이후의 삶을 보내고자 하는 유형이다. • 정보제공을 중심으로 하되, 향후 대안 탐색에 대한 수정 · 보완하는 방향으로 진행한다.
필요 지원서비스	• 생애설계 프로그램 • 자원봉사 프로그램 • 투자 및 재무관리 • 교육 및 동아리 활동 지원

학습 3 생애설계계획서 작성 지원하기

1 전직지원 대상자의 생애설계상담 끝맺음 회기에 확인해야 할 내용에 대해 설명하시오.

정답

① **끝맺음 회기 되돌아 보기** : 처음에 전직지원 대상자가 상담에 왔을 때 어떤 상태였는지, 어떤 길을 거쳐 지금의 종료까지 오게 되었는지 등을 돌아보는 시간이다.

② **전직지원 대상자의 강점 되돌아 보기** : 끝맺음 회기는 중요한 삶의 이슈들을 다루는 전직지원 대상자의 강점을 다시 강조하는 시간이다.

③ **평가시간** : 전직지원 대상자와 함께 상담자는 상담 과정 평가에 대한 질문을 통해 함께 생각해 볼 수 있다.

④ **다음 단계로 나아가는 시간** : 상담 후 전직지원 대상자는 다음에 무엇을 해야 할지에 대한 명확한 그림을 가지고, 그것을 수행하는 데 자신감을 느껴야 한다.

생애설계상담에서 가장 바람직한 것은 전직지원 대상자가 상담에서 원했던 것이 만족되었을 때 종결이 이루어지는 것이다. 효과적인 상담의 끝맺음을 위해 다음 내용을 점검해야 한다.

TIP 생애설계상담의 끝맺음 회기에 확인해야 할 내용

끝맺음 상담	내용
끝맺음 회기 되돌아 보기	• 처음에 전직지원 대상자가 상담에 왔을 때 어떤 상태였는지, 어떤 길을 거쳐 지금의 종료까지 오게 되었는지 등을 돌아보는 시간이다. • 전직지원 대상자가 상담 과정의 개별적인 부분들이 어떻게 전체 상담 과정을 구성하게 되는지를 이해하는 데 도움을 준다.
전직지원 대상자의 강점 되돌아 보기	• 끝맺음 회기는 중요한 삶의 이슈들을 다루는 전직지원 대상자의 강점을 다시 강조하는 시간이다. • 상담 과정에서 효과적이었던 것을 전직지원 대상자가 자기 것으로 만드는 것은 어려운 일이다. • 따라서 종결 시점에서 강점들을 되새겨 보는 것이 중요하다.
평가시간	• 전직지원 대상자와 함께 상담자는 상담 과정 평가에 대한 질문을 통해 함께 생각해 볼 수 있다. • 모든 상담이 좋을 때도 있고, 잘 안될 때도 있다는 사실을 자연스럽게 여긴다. • 전직지원 대상자 개인적 경험을 더 많이 이해하는 것은 전직지원 전문가와 전직지원 대상자로 하여금 상담의 변화과정을 이해하도록 돕는다.
다음 단계로 나아가는 시간	• 상담 후 전직지원 대상자는 다음에 무엇을 해야 할지에 대한 명확한 그림을 가지고, 그것을 수행하는 데 자신감을 느껴야 한다. • 전직지원 대상자는 필요한 경우 언제든 다시 전직지원 전문가를 찾을 수 있다는 것을 전달받고 격려받는 느낌을 주도록 한다.

2 생애설계상담의 사후관리 방법에 대해 설명하시오.

정답

사후관리 면담은 생애설계상담이 종결된 이후 일정한 시간이 지난 뒤에 내담자와 촉진하는 활동으로 구성된다.

① 전직지원 대상자의 변화가 얼마나 유지되고 있는지를 점검하고 생애설계계획서의 계획대로 진행되고 있는지를 파악하는 활동이다.

② 전직지원 대상자의 추후 면담은 그동안 진행했던 상담에 대한 실행여부 점검에 주안점을 둔다.

③ 실행하는 과정에서 발생 되는 문제에 있어 격려하고 지지하는 방향으로 추후 면담을 진행한다.

④ 생애설계에 따라 수행하는지 여부에 대한 관찰, 격려 등이 필요하다.

⑤ 상담 종결 이후 진행되는 과정이기 때문에 전직지원 대상자의 완전한 성숙과 문제해결을 위해 상담을 하는 것이 아니라 현실적 한계에서 타협점을 찾도록 지원하는 데 있다.

⑥ 추후 면담 과정에서 발생 되는 전직지원 대상자의 새로운 논점이나 문제가 있을 경우에는 전직지원 대상자 스스로 해결을 할 수 있도록 하거나, 관련 기관을 안내하는 것이 바람직하다.

3 생애설계상담가로서 전직지원전문가의 역할에 대해 설명하시오.

정답

생애설계상담에서 다루어진 생애설계 범위는 재무, 건강, 관계, 여가 및 사회 참여 등으로 구성되어 있다. 따라서 전직지원 대상자의 생애설계는 퇴직 이후의 삶에 대한 준비내용이 다루어져야 한다. 생애설계 상담자로서 전직지원전문가는 다음의 요건을 갖출 필요가 있다.

① 인생 후반부에 대한 전반적 지식을 갖추고, 생애단계별 특성을 이해해야 한다.

② 생애설계 준비 프로그램의 개발, 실시, 평가 등 전 과정에 대한 전문적 지식을 갖추어야 한다.

③ 직업상담과 직업상담 프로그램을 동시에 운영하여야 그 효과를 가져올 수 있다.

④ 생애설계상담은 다양한 활동 전문가와 연계하여 생애설계상담을 진행하여야 하며, 연관된 기관과도 긴밀한 관계를 가지고 전직지원 대상자의 사후관리에 활용할 수 있어야 한다.

CHAPTER

10 전직목표설정

학습 1 전직대안 도출하기

1 전직목표 설정의 중요성에 대해 설명하시오.

정답

전직은 재취업, 창업, 창직, 귀농귀촌, 신진로 개발 등 다양한 형태로 설정된다.

① 자신의 역량과 필요의 관점에서 자신에게 적합한 기회를 선택하는 기준이 된다.
② 단기목표뿐만 아니라 생애 관점에서 성취하고자 하는 명확한 그림을 갖게 된다.
③ 지속적으로 전직목표를 달성하기 위해, 필요한 지식, 요건을 달성하기 위한 단계별 과정관리가 용이하다.
④ 본인의 역량과 보유 진로자본을 효율적으로 활용하고 배분할 수 있다.

2 전직목표 설정을 위한 전직대안 유형 5가지를 쓰고 설명하시오.

정답

① **재취업** : 퇴직 후 본인의 직무경력과 진로자본을 기반으로 퇴직 후 동일업종 또는 다른 업종으로 취업하는 것이다.
② **창업** : 영리를 목적으로 수익 창출 활동을 하기 위해 아이템을 가지고 경영자원을 확보하여 사업을 시작하는 것을 말한다.
③ **창직** : 개인이 자신의 지식, 기술, 능력, 흥미, 적성 등을 활용한 창조적 아이디어와 활동을 통해 새로운 직업을 개발 또는 발굴하고 이를 통해 일자리를 창출하는 것이다.
④ **귀농귀촌** : 귀농은 농촌 지역으로 이주하기 직전에 도시지역에 1년 이상 주민등록이 되어 있던 사람이 농촌 지역으로 이주한 후 주민등록 전입신고를 하고 농업경영체에 등록함을 말한다. 귀촌은 농촌 지역으로 이주하기 직전에 도시지역에 1년 이상 주민등록이 되어 있던 사람이 농촌 지역으로 이주한 후 주민등록 전입신고를 한 사람을 의미한다.
⑤ **신 진로개발** : 보유한 역량과 진로자본을 토대로 새롭게 진로를 개발하는 것을 말한다.

3 진로자본으로 전직대안을 도출하는 방법 4가지 쓰고 예를 들어 설명하시오.

정답

① **과거 직무경력으로 전직대안 도출하기** : HR 직무경력을 보유한 전직지원 대상자를 인사업무 담당 직무로 재취업하는 것을 전직대안으로 도출하는 것이 하나의 예이다.

② **보유 전문성으로 전직대안 도출하기** : 노무사 자격증을 보유한 전직지원 대상자를 노무법인 컨설팅 법인에 재취업하는 것을 전직대안으로 도출하는 것이 하나의 예이다.

③ **관계 자원으로 전직대안 도출하기** : 지인이 운영하는 창업 아이템을 관계 자원으로 보유한 전직지원 대상자를 창업에 도전하는 것을 전직대안으로 도출하는 것이 하나의 예이다.

④ **직무경력, 보유 전문성, 관계 자원을 혼용하여 전직대안 도출하기** : HR 직무경력, 노무사 자격증 보유, 노무법인 네트워크를 보유한 전직지원 대상자에게 노무법인 컨설팅 1인 기업을 전직대안으로 도출하는 것이 하나의 예이다.

4 진로자본과 개인특성을 활용하여 전직대안을 도출하는 방법에 대해 설명하시오.

정답

① **진로자본과 직업 적성, 흥미를 조합하여 전직대안 도출하기** : 진로자본으로서 연구 기술 분야 경력과 관련 분야 석사 학위와 적성, 흥미로서 가르치기와 설득의 강점을 보유한 대상자에게 산학협력 중점교수를 전직대안으로 도출하는 것이 하나의 예이다.

② **진로자본과 직업가치를 조합하여 전직대안 도출하기** : 진로자본으로서 경영관리 경력과 직업 가치로서 사회적 기여를 높은 가치로 생각하는 대상자에게 사회적 기업 총괄 관리자로 재취업을 전직대안으로 도출하는 것이 하나의 예이다.

③ **진로자본과 직업흥미, 직업가치를 조합하여 전직대안 도출하기** : 진로자본으로 지인이 청소를 전문업으로 하고 있고, 전직지원 대상자도 청소업에 관심이 많고, 창업가 역량이 높다면 기술 전수를 통한 청소전문업 창업에 도전하는 것을 전직대안으로 도출하는 것이 하나의 예이다.

5 전직대안 도출을 위해 전직지원 대상자에게 확인해야 할 고려요소를 쓰시오.

정답

전직지원 대상자는 전직대안 우선순위를 도출하기 어려워하는 경우가 대부분이다. 따라서 전직지원 대상자의 의견과 생각을 우선 들어보고, 다음의 고려요소를 통해 우선순위를 도출할 수 있다.

① "기대소득과 부합되는 직업인지 "

② "지속성을 가질 수 있는 직업인지 "

③ "나의 직업가치와 맞는 직업인지 "

④ "부가적으로 내가 생각하는 또 다른 중요한 기준이 있다면 그 기준과 부합하는지"

학습 2 전직목표 확정하기

1 **전직지원 대상자의 전직대안으로서 재취업의 유형 5가지를 쓰고 설명하시오.**

정답

① **동종산업 동일직무로 재취업** : 기존 경력을 잘 활용할 수 있는 가장 이상적인 재취업 형태이다.
② **동종산업 다른직무로 재취업** : 특정 산업에 대한 이해도가 높고 2개 이상의 분야에 직무 전문성을 보유하고 있는 경우에 고려할 수 있다.
③ **다른산업 동일직무로 재취업** : 직무 전문성을 기초로 업종의 폭을 넓혀서 재취업하는 형태이다.
④ **다른산업 다른직무로 재취업** : 새로운 진로개발을 통해 해당 직무가 요구하는 조건을 충족한 후 도전할 수 있는 재취업 형태이다.
⑤ **전문계약직** : 기업의 매출 확대, 연구과제 수행, 시장전략 수립 등 다양하고 특화된 단기과제를 해결하기 위해 전문가를 단기계약 형태로 채용하여 문제해결을 하는 경우에 해당된다.

재취업은 퇴직 후 본인의 직무경력과 진로자본을 기반으로 퇴직 후 동일업종 또는 다른 업종으로 취업하는 것이다.

TIP 전직대안으로서 재취업의 유형

재취업 유형	내용
동종산업 동일직무로 재취업	• 기존 경력을 잘 활용할 수 있는 가장 이상적인 재취업 형태이다. • 통상급여나 처우조건도 기존조건을 유지하거나 높여서 갈 확률이 높다.
동종산업 다른직무로 재취업	특정 산업에 대한 이해도가 높고 2개 이상의 분야에 직무 전문성을 보유하고 있는 경우에 고려할 수 있다.
다른산업 동일직무로 재취업	• 직무 전문성을 기초로 업종의 폭을 넓혀서 재취업하는 형태이다. • 특정 직무에 대해 보유하고 있는 전문성이 높을수록 다른 산업으로 확장할 수 있는 기회가 높다.
다른산업 다른직무로 재취업	• 새로운 진로개발을 통해 해당 직무가 요구하는 조건을 충족한 후 도전할 수 있는 재취업 형태이다. • 중장년의 경우 네트워킹을 통해 재취업되는 경우도 있다.
전문계약직	• 기업의 매출확대, 연구과제 수행, 시장전략 수립 등 다양하고 특화된 단기과제를 해결하기 위해 전문가를 단기계약 형태로 채용하여 문제해결을 하는 경우에 해당된다. • 과제가 잘 해결되어 결과에 대해 경영진이 만족하는 경우에는 전문계약직으로 참여했다가 정규직 또는 계약직 형태로 신분이 전환되는 경우도 있다.

2 전직지원 대상자의 전직대안으로서 창업의 유형 5가지를 쓰고 설명하시오.

정답

① **독립창업** : 가맹본부에 속하지 않고 독립 브랜드와 아이템으로 창업하는 것을 말한다.
② **프랜차이즈창업** : 가맹본부의 브랜드, 규모, 본인의 관심 업종을 감안하여 아이템을 결정하는 창업 방법이다.
③ **외주창업** : 자신이 근무하던 기업으로부터 비용 절감이나 효율화를 목적으로 외부에 업무를 위탁하거나 외주를 주는 일감을 직접 받아서 서비스를 제공하는 형태의 창업 방법이다.
④ **전문가 창업** : 전문성을 기반으로 개인 또는 유사 전문가와 협업하여 창업하는 형태이다.
⑤ **1인 지식기업** : 자신의 직무 전문성 취미, 관심 영역 등을 강의 또는 컨설팅 형태의 지식 서비스로 제공하거나 지식상품을 고객에게 판매하는 형태이다. 최초 창업비용은 거의 들지 않고 N잡러로 활동이 가능하다.

창업은 영리를 목적으로 수익 창출 활동을 하기 위해 아이템을 가지고 경영자원을 확보하여 사업을 시작하는 것을 말한다.

TIP 전직대안으로서 창업의 유형

창업유형	내용
독립창업	• 가맹본부에 속하지 않고 독립 브랜드와 아이템으로 창업하는 것으로 가장 바람직한 형태이다. • 단 초보 창업자에게는 준비 과정이 부족하거나 사업 노하우가 축적되지 않은 상태에서 진행할 경우 그만큼의 리스크도 커진다.
프랜차이즈 창업	• 가맹본부의 브랜드, 규모, 본인의 관심 업종을 감안하여 아이템을 결정한다. • 프랜차이즈 창업은 가맹본부 선택이 성패의 중요한 요소로 작용하기 때문에 매출 대비 수익성, 투자 대비 수익성을 꼼꼼히 확인한 후 선택하여야 한다.
외주창업	• 전직지원 대상자가 자신이 근무하던 기업으로부터 비용 절감이나 효율화를 목적으로 외부에 업무를 위탁하거나 외주를 주는 일감을 직접 받아서 서비스를 제공하는 형태의 창업을 말한다. • 물품조달, 청소용역, 인사 또는 경리업무 중 단순 업무 등을 외주로 주는 경우가 있다.
전문가 창업	• 전직지원 대상자의 전문성을 기반으로 개인 또는 유사 전문가와 협업하여 창업을 하는 형태이다.
1인 지식기업	• 자신의 직무 전문성 취미, 관심 영역 등을 강의 또는 컨설팅 형태의 지식 서비스로 제공하거나 지식상품을 고객에게 판매하는 형태이다. • 최초 창업비용은 거의 들지 않고 N잡러로 활동이 가능하다.

3 전직지원 대상자의 전직대안으로서 협동조합의 정의와 특징에 대해 설명하시오.

정답

① 협동조합의 정의

㉠ 공동으로 소유되고 민주적으로 운영되는 사업체를 통하여 경제적, 사회적, 문화적 필요와 욕구를 충족시키고자 하는 사람들이 자발적으로 결정한 조직이다.

㉡ 협동조합은 공동의 목적을 가진 5인 이상이 모여 조직한 사업체이다.

② 협동조합의 특징

㉠ 보험, 금융을 제외한 사업종류의 제한이 없다.

㉡ 의결권은 출자규모와 상관없이 1인 1표제이다.

㉢ 책임범위는 조합원의 출자자산에 한정한 유한책임이다.

㉣ 가입과 탈퇴는 자유롭다.

㉤ 배당은 전체 배당액의 100분의 50 이상을 협동조합 사업이용 실적에 따라 배당하게 되어 있다.

학습 3 실행계획 수립하기

1 **구체적인 단기, 장기 전직목표 수립의 중요성 4가지 쓰고 설명하시오.**

정답

① **실행력 제고** : 목표를 통해 진행 상황을 측정하고 현재 위치를 쉽게 점검할 수 있다.
② **동기부여** : 목표수립은 동기부여의 원천이다
③ **전직활동에 몰입** : 스스로에게 가치 있는 것이 무엇인지 상기시켜 주고 무엇을 위해 활동하고 있는지에 대한 명확한 초점을 제공한다.
④ **주변인들에게 전직기회에 대한 도움받기가 용이** : 명확한 목표는 주변인에게 전직 기회와 관련한 도움 요청을 구체화하여 전달가능 하도록 한다.

전직목표 수립의 목적을 분명히 함으로써 전직지원 대상자의 동기유발을 촉진 시킨다. 목표를 구체화할수록 동기부여와 실행력을 높일 수 있다. 단기 전직목표는 1년 이내에 실행을, 중기 전직목표는 2～5년 내 실행을, 장기 전직목표는 5년 이후에 실행을 목표로 설정한다.

TIP 단기, 장기 전직목표 수립의 중요성

전직목표 수립 중요성	내용
실행력 제고	• 목표를 통해 진행 상황을 측정하고 현재 위치를 쉽게 점검할 수 있다. • 진행 상황을 분명하게 점검함으로 인해 추진력을 제고할 수 있다.
동기부여	• 목표 수립은 동기부여의 원천이다. • 진행 과정이 힘들 때 계속 추진하기 위한 동기를 부여해 준다.
전직활동에 몰입	• 스스로에게 가치 있는 것이 무엇인지 상기시켜 주고 무엇을 위해 활동하고 있는지에 대한 명확한 초점을 제공한다. • 무의미한 작업에 시간을 낭비하지 않고 지금, 이 순간에 집중할 목표를 통해 전직활동에 몰입도를 높여주고 조급해하지 않으면서 시간 관리를 가능하도록 도와준다.
주변인들에게 전직기회에 대한 도움받기가 용이	• 명확한 목표는 주변인에게 전직 기회와 관련한 도움 요청을 구체화하여 전달가능하도록 한다. • 전직지원 대상자의 구체적인 니즈를 명확하게 인식시켜 줌으로써 구체화된 전직 관련 정보수집에 도움을 받을 수 있다.

2 전직지원상자의 전직목표 수립 시 단기, 장기목표에 대해 각각 3가지씩 설명하시오.

정답

① 단기 전직목표
　㉠ 당장에 실행하여야 하는 우선순위가 가장 높은 목표이다.
　㉡ 장기적인 목표보다 더 구체적이며 측정가능 하도록 실행계획을 수립하여야 한다.
　㉢ 진입가능성과 준비도가 가장 높은 영역으로 목표달성에 대한 기대가 가장 높은 목표이다.

② 장기 전직목표
　㉠ 단기 전직목표를 실행 후 차선으로 실행할 수 있는 전직목표이다.
　㉡ 단기 전직목표를 더 전문화하거나 발전시킨 단기 전직목표의 확장 개념의 목표이다.
　㉢ 생애주기에 따라 단기 전직목표를 수행하지 못할 경우 단기 전직목표의 대안 형태의 목표일 수 있다.

TIP 단기 전직목표와 장기 전직목표의 특징

전직목표	특징
단기 전직목표	• 당장에 실행하여야 하는 우선순위가 가장 높은 목표이다. • 장기적인 목표보다 더 구체적이며 측정가능하도록 실행계획을 수립하여야 한다. • 진입가능성과 준비도가 가장 높은 영역으로 목표 달성에 대한 기대가 가장 높은 목표이다.
장기 전직목표	• 단기 전직목표를 실행 후 차선으로 실행할 수 있는 전직목표이다. • 단기 전직목표를 더 전문화하거나 발전시킨 단기 전직목표의 확장 개념의 목표이다. • 생애주기에 따라 단기 전직목표를 수행하지 못할 경우 단기 전직목표의 대안 형태의 목표일 수 있다. • 준비도와 진입가능성을 고려하여 우선순위를 낮추어 목표를 수립하는 경우이다. • 장기 전직목표는 2 ~ 10년 이상의 기간으로 설정한다. • 단기 전직목표보다 더 열망적이며 구체적일 필요는 없지만, 현실적인 계획을 수립하여야 한다.

3 **전직목표 실행 계획수립을 위한 목표기법 4가지를 쓰고 설명하시오.**

정답

① **상황대응 계획법** : 환경변화에 부적절하다고 판단되는 경우 신 환경에 적절히 대응하기 위한 기법이다.
② **시나리오 계획법** : 미래에 전개될 시나리오를 가정하여 여러 시나리오를 통해 예측하는 기법이다
③ **프로젝트 관리기법** : 환경변화에 예산과 특성을 맞추어 프로젝트 작업들을 시간 내에 완료하기 위해 사용하는 기법이다
④ **스마트 목표설정기법** : 조지 도란에 의해 제시된 목표설정기법으로 일반적인 계획과 목표를 수립할 때 많이 사용하는 기법이다. 5단계로 구성되어 있다.

계획은 목표를 관리하는 가장 중요하고 핵심적인 요인이다. 계획 작성을 위해 참고할만한 계획수립기법의 종류로는 상황대응 계획법, 시나리오 계획법, 프로젝트 관리기법, 스마트 목표설정기법 등이 있다.

TIP 계획수립 기법의 종류

계획수립 기법	내용
상황대응 계획법	• 환경변화에 부적절하다고 판단되는 경우 신 환경에 적절히 대응하기 위한 기법이다. • 예 : IMF 경제위기와 같은 대외 상황이 갑자기 발생할 때 대응하기 위한 기법이다.
시나리오 계획법	• 미래에 전개될 시나리오를 가정하여 여러 시나리오를 통해 예측하는 기법이다 • 예 : 남북이 통일된다는 가정하여 통일을 위한 여러 가지 방법을 시나리오를 통해 예측하고 대응책을 마련하는 기법이다
프로젝트 관리기법	• 환경변화에 예산과 특성을 맞추어 프로젝트 작업들을 시간 내에 완료하기 위해 사용하는 기법이다. • 예 : ○○○자격증 취득을 위해 필요한 일정, 예산, 결과물을 예측하여 관리하는 기법이다.
스마트 목표설정기법	• 조지 도란에 의해 제시된 목표설정기법이다 • 일반적인 계획과 목표를 수립할 때 많이 사용하는 기법으로 5단계로 구성되어 있다.

4 조지 도란(George T. doran)이 제시한 스마트 목표설정기법 5단계를 설명하시오.

정답

① S(specific) : 목표는 구체적으로 기록한다.
② M(measurable) : 목표는 측정 가능해야 한다.
③ A(achievable) : 목표란 성취가 가능해야 한다.
④ R(relevant) : 자신과 관계있는 목표여야 한다.
⑤ T(time-bound) : 목표 달성 시기를 정해 둔다.

TIP 스마트 목표설정기법은 조지 도란(George T. doran)이 제시한 목표설정기법으로 5단계로 구성되어 있다.

〈스마트 목표설정기법의 5단계〉

스마트 목표설정 기법	특징
S(specific)	명확하고 구체적인 행동계획을 수립하는 것을 의미한다.
M(measurable)	• 목표를 설정할 때 측정 가능한 숫자를 제시하라는 것이다. • 목표 달성 여부를 판단하기 위해서는 목표에 대한 측정이 가능해야 한다.
A(achievable)	목표가 설정되었다면, 실현시킬 수 있도록 필요한 자세, 능력, 기술, 그리고 금전적인 부분까지도 함께 고려해야 한다. 하지만 너무 쉽게 이루거나, 이루지 못할 막연한 목표는 세우지 않는 것이 좋다. 현재 자신의 상황을 알고 달성 가능한 목표를 세우는 것이 중요하다.
R(relevant)	자신의 꿈과 연관 있는 목표를 수립하여야 한다.
T(time-bound)	• 목표를 설정할 때 기한 설정이 매우 중요하다. • 목표 달성에 있어서 적정 수준의 기한 설정을 통해 적정한 자극과 동시에 일정 관리를 수반하도록 해야 한다.

5 **스마트 목표설정기법에서 제시하는 1단계는 S(specific)이다. 이때 6W에 대해 설명하시오.**

정답

S(specific)의 목표는 구체적으로 기록한다는 것은 명확하고 구체적인 행동계획을 수립하는 것을 의미한다. 구체적인 목표를 설정하기 위해서는 다음과 같은 6가지의 W에 대해 답을 할 수 있어야 한다.

① who : 누구의 목표이며, 누가 하는 것인가?

② what : 무엇을 달성하고 싶은 것인가?

③ where : 어디서 달성하려는 것인가?

④ when : 목표 달성에 필요한 시간은?

⑤ which : 목표 달성에 필요한 조건이나 제약은?

⑥ why : 목표 달성의 이유와 목적 나에게 주어진 보상은?

CHAPTER 11

심층직업상담

학습 1 심층직업상담 논점 진단하기

1 검사 도구 및 검사지 활용 방법을 5가지 기술하시오.

정답

① 직업 흥미의 영역 확인하기
② 직업 선택 또는 선호도 확정 짓기
③ 직업 훈련 프로그램에서 공부가 가능한 전공 과목이나 프로그램 확인하기
④ 전반적 태도나 능력 결정하기
⑤ 심층적인 탐색을 위해 직업의 범주를 확장시키거나 좁히기
⑥ 성격의 장단점 파악하기
⑦ 직업 불만족의 원인 찾아내기
⑧ 직업을 결정하기 어렵거나 결정을 내리지 못하는 원인 파악하기
⑨ 직업 가치 명확히 하기
※ 9가지 중 5가지 선택해서 작성

2 취업취약계층의 주요 호소논점과 관련된 진로장벽을 5가지 기술하시오.

정답

① 수동적인 태도를 보이는 경우가 많고 일부의 경우 눈 맞춤이 어렵다.
② 일상생활의 패턴이 불규칙하거나 체중, 청결 등의 문제가 발견되기도 한다.
③ 낮은 자기존중감, 낮은 자기효능감, 소극적 자기주장 등 공통적 현상이 나타난다.
④ 대인관계의 문제(부적응, 기피)를 겪는다.
⑤ 가족 · 생계 · 심리적 문제가 복합적이다.
⑥ 위기적 상황에 놓인 경우가 있다.
⑦ 우울 · 불안 · 분노 등 스트레스가 높다.
⑧ 인지적 명확성이 낮은 경우이다.
⑨ 정신병리적 문제 비율이 높다.
⑩ 여러 가지 진로장벽이 복합적으로 동반된다.
※ 10가지 중 5가지 선택해서 작성

3 **내담자들이 느끼는 진로장벽의 의미와 크라이티스와 고트프레드슨이 제시한 진로장벽에 대해 설명하시오.**

1) 진로장벽의 의미

2) 크라이티스의 진로장벽

3) 고트프레드슨의 진로장벽

정답

1) 진로장벽의 의미

진로장벽(career barrier)이라 함은 여러 경험들, 예를 들면 취업, 진학, 승진, 직업의 지속, 가사와 직장생활의 병행, 직무 행동 등을 수행하는 과정에서 개인의 진로선택, 진로목표, 직업 포부, 동기 등에 영향을 미치거나, 역할 행동을 방해할 것으로 지각되는 여러 부정적 사건이나 사태 등을 의미한다.

2) 크라이티스의 진로장벽

크라이티스는 여성의 진로장벽에 대해 내적 장벽과 외적 장벽으로 구분하였으며, 오리어리(O'Leary, 1974)는 내적 장벽[낮은 자존감, 성공에 대한 공포, 역할 갈등, 직업 승진에 따른 부정적 결과, 실패에 대한 두려움, 결과에 대한 낮은 기대 등] 6가지, 외적 장벽[관리직 여성에 대한 태도, 사회적 성역할에 대한 고정관념, 여성 능력에 대한 태도 등] 5가지로 제시하였다.

3) 고트프레드슨의 진로장벽

고트프레드슨(Gottfredson, 1981)은 개인의 자기개념과 지각된 직업에 대한 접근 용이성 사이의 상호작용이 사회나 경제 환경 내에서의 장벽을 포함해서 일어난다는 것을 기술하면서 개인들이 직업적인 열망을 실행하기 위해 장벽에 직면할 때 사람들은 자신들의 목표를 타협할 필요에 마주치게 된다는 것을 제시했다. 고트프레드슨은 '자기개념', '사회적이고 경제적인 환경' 그리고 '자기개념과 환경의 상호작용' 세 영역에서 장벽에 대한 개인의 인식과 반응의 중요성을 강조했다.

학습 2 심층직업상담 구조화하기

1 다음 사례를 읽고 내담자의 인지적 명확성 문제, 상담자의 개입방법 및 개입전략을 작성하시오.

> 내담자 : 나는 기계공학 전공 말고는 아무것도 생각할 수 없어요. 난 그 외의 일을 한다는 것을 상상할 수도 없어요.

1) 인지적 명확성 문제

2) 개입방법

3) 개입전략

정답

1) 인지적 명확성의 문제 : 양면적 사고

2) 개입방법 : 역설적 사고 – 증상을 기술한다.

3) 개입전략

A. 바꾸어야 할 사고를 인식시키기

B. 사고 전환에 대해 계약을 맺기

C. 그리고 나서 그 사고를 지속시키도록 하기

TIP 양면적 사고에 대한 상담

> 내담자 : 나는 기계공학 전공 말고는 아무것도 생각할 수 없어요. 난 그 외의 일을 한다는 것을 상상할 수도 없어요.
> 상담자 : 학생이 기술자가 되지 못한다면, 큰 재앙이라도 일어날 것처럼 들리는군요. 그런데 학생은 기계공학을 하기에는 그다지 성적이 좋지 않군요.
> 내담자 : 그래서 미칠 것 같아요. 꼭 낙제할 것 같아요.
> 상담자 : 학생 인생에서 다른 대안을 생각해 보지 않는다면 정말 문제가 되겠네요.
> 개입 : 역설적 사고 – 증상을 기술한다.
> A. 바꾸어야 할 사고를 인식시키기
> B. 사고 전환에 대해 계약을 맺기
> C. 그리고 나서 그 사고를 지속시키도록 하기
> 상담자 : 학생이 기계공학에 대해 가지고 있는 생각을 바꾸는 데 동의할 것이라고 생각합니다.
> 내담자 : 예. 그렇지만 잘할 수 없을 것 같아요.
> 상담자 : 제안을 하나 하지요. 학생 마음속에 있는 '기계공학이 아니면 안 돼.'라는 생각을 계속하고 있는 것입니다. 다음 주까지 매일 깨어 있을 때, 학생은 반복해서 계속 그 생각을 하고 있어야 합니다. 생각을 바꿀 필요가 있다고 동의했지만, 그렇게 하지 않도록 해보세요. 전 학생이 그 생각을 계속하고 있을 수 있다고 봅니다.

개입방법이 역설적 사고이어야 하는 이유는 내담자가 기계공학 외의 다른 가능성을 전혀 고려하지 않는 고착된 사고방식을 가지고 있기 때문이다. 내담자는 '기계공학이 아니면 안 된다'는 강한 신념을 가지고 있어서 다른 대안을 받아들이기 어려운 상태이다. 일반적으로 이런 경우, 직접적으로 사고를 바꾸려 하면 저항이 커질 수 있다. 그래서 상담자는 역설적 사고 기법을 사용하여 오히려 그 생각을 지속하도록 요청함으로써, 내담자가 스스로 자신의 사고방식의 문제를 깨닫도록 할 수 있기 때문이다.

2 **다음 사례를 읽고 내담자의 인지적 명확성 문제, 상담자의 개입방법 및 개입전략을 작성하시오.**

> 내담자 : 난 아직도 결정을 못 했어요. ○○대학에 다니는 4명의 학생들을 아는데, 그들은 모두 똑같아요.

1) 인지적 명확성 문제

2) 개입방법

3) 개입전략

정답

1) **인지적 명확성 문제** : 복잡한 오정보
2) **개입방법** : 논리적 분석
3) **개입전략**
   A. 바꾸어야 할 사고를 인식시키기
   B. 사고 전환에 대해 계약을 맺기
   C. 그리고 나서 그 사고를 지속시키도록 하기

TIP 복잡한 오정보의 인지적 명확성 면담

> 내담자 : 난 아직도 결정을 못 했어요. ○○대학에 다니는 4명의 학생들을 아는데, 그들은 모두 똑같아요.
> 개입 : 논리적 분석
> A. 논리적으로 문제를 분석한다.
> B. 분석을 제공한다.
> C. 잘못된 논리 체계를 재구성한다.
> 상담자 : 학생이 말한 것을 논리적인 입장에서 생각해 봅시다. 첫째로, ○○대학에는 5,000명 이상의 학생들이 있어요. 학생은 그들 중 단지 4명만 만났어요. 그 정도만으로 결론을 내리는 데는 문제가 있는 것 같군요. 전체를 다 생각해 보세요. 당신은 시험이 끝난 후에 ○○대학을 좋아하지 않을 수도 있어요. 하지만 고정관념보다는 사실에 근거해서 결정을 내리는 것이 중요합니다.

개입방법이 '논리적 분석'이어야 하는 이유는 상담자는 내담자의 잘못된 일반화의 오류를 지적하고 논리적인 근거를 제시하여 객관적이고 합리적인 판단을 할 수 있는 기회를 제공할 수 있기 때문이다. 내담자는 4명의 학생만 보고 전체를 판단하는 잘못된 일반화를 하고 있다. 상담자는 대학에는 5,000명이 있으며, 일부 경험만으로 결론 내리기 어렵다는 논리적 근거를 제공한다. 내담자가 더 많은 정보를 고려하고 고정관념에서 벗어나도록 사고를 확장하고 감정이 아닌, 사실 기반으로 결정을 내릴 필요성을 인식하게 되어 논리적이고 균형잡힌 판단을 할 수 있도록 도울 수 있기 때문이다.

3 내담자의 자기진술 분석을 통한 호소논점 3가지와 인지적 명확성 문제 유형 3가지를 쓰시오.

> "아무데나 괜찮은 곳으로 알선해 주세요. 전 뭐, 크게 바라는 거 없어요. 제가 체력이 약하니깐 일이 너무 힘들지 않은 곳이면 돼요. 급여는 뭐... 그냥 남들 정도면 되고요. 당장이라도 취업할 준비는 되어 있는데... 서류를 내도 번번이 떨어지니까 뭐가 문제인지 모르겠고, 그냥 이제 알아서 아무데나 알선해 주시면 좋겠어요."

1) 호소논점

2) 인지적 명확성 문제 유형 3가지

정답

1) 호소논점
① 낮은 동기와 낮은 인지적 명확성이 확인되고, 구체성이 현저히 결여되어 있다.
② 말로는 당장 취업하고 싶다고 하지만 취업을 위한 현실적인 준비가 되어 있지 않다.
③ 자신의 문제에 대한 인식이 명확하지 않고 상담자에게 전적으로 의존한다.
④ 당장 취업하는 것이 논점인 것처럼 보이나, 내담자의 태도와 관련된 논점을 확인할 수 있다.
※ 4가지 중 3가지 선택해서 작성

2) 인지적 명확성 문제 유형 3가지
① 구체성의 결여
② 자기인식의 부족
③ 미래시간에 대한 미계획

TIP 내담자의 자기진술 분석(예)

㉠ **아무데나 괜찮은 곳으로 알선해 주세요 전 뭐, 크게 바라는 거 없어요** : '아무데나'와 '괜찮은 곳'은 모순이 있는 표현이다. 즉, 비현실적인 기대를 가졌을 가능성이 있으며, 직업선택의 기준이 불분명하다. 막상 알선을 하면 이것저것 조건을 따지며 취업을 미룰 수 있다(낮은 동기, 낮은 인지적 명확성, 구체성의 결여 등).

㉡ **제가 체력이 약하니깐 일이 너무 힘들지 않은 곳이면 돼요. 급여는 뭐... 남들 정도면 되고요** : 힘들지 않으면서 남들만큼 급여를 받을 수 있는 일을 막연히 얘기하고 있을 뿐 구체성이 없으며, 현실적으로 원하는 조건을 둘 다 충족시킬 수 있는 직업이 무엇인지에 대해 정보를 가지고 있지 않은 상태로 모든 결정을 상담자에게 의존하려고 한다(낮은 취업 준비도, 정보부족, 책임회피, 높은 의존성, 타인의 경우를 판단의 준거로 삼음).

ⓒ **당장이라도 취업할 준비는 되어 있는데... 서류도 번번이 떨어지니까 뭐가 문제인지 모르겠고, 그냥 이제 알아서 아무데나 알선해 주시면 좋겠어요** : 말로는 취업할 준비가 되어 있다고 하지만 실제로는 전혀 준비되어 있지 않은 상황이며, 실패를 반복하고 있음에도 뭐가 문제인지 모르고 문제의 원인을 찾거나 해결하려는 의지가 없다. 상담자에게 공을 넘기고 스스로는 아무 노력도 시도하지 않으려고 한다(낮은 동기, 낮은 인지적 명확성, 높은 의존성, 낮은 자존감, 자포자기 등).

※ 내담자의 자기진술 분석 결과에 따른 호소논점 정리(예)

㉠ 낮은 동기와 낮은 인지적 명확성이 확인되고, 구체성이 현저히 결여되어 있다.
㉡ 말로는 당장 취업하고 싶다고 하지만 취업을 위한 현실적인 준비가 되어 있지 않다.
ⓒ 자신의 문제에 대한 인식이 명확하지 않고 상담자에게 전적으로 의존한다.
㉣ 당장 취업하는 것이 논점인 것처럼 보이나, 내담자의 태도와 관련된 논점을 확인할 수 있다.

4 수퍼의 C-DAC(Career Development Assessment Counseling) 모형의 평가단계 4단계를 기술하시오.

정답

수퍼는 1990년대에 이르러 자신의 이론을 진로상담과 접목하고자 하였으며, 그 접근법을 C-DAC 모형이라고 하였다. C-DAC 모형은 수퍼의 생애공간이론에서 도출된 것으로 내담자가 생애역할에 부여한 우선순위를 결정하는 것과 관련된다. 4가지 영역에 대한 평가는 다음과 같다.

① 내담자의 생애 구조와 직업 역할을 평가한다 : 내담자가 수행하는 다양한 역할과 각 역할의 중요성을 명료화로 시작하여, 자녀, 학생, 배우자, 시민, 직업인, 여가인 등 개인의 삶에서 정의되는 핵심적인 역할과 주변적인 역할을 평가한다. 또한, 직업인으로서의 역할이 다른 역할에 비해 얼마나 더 중요한지를 탐색한다.

② 내담자의 진로발달 수준과 자원에 대해 평가한다 : 상담자는 내담자의 진로 문제와 관련된 발달 과업을 파악해야 하며, 내담자가 보유한 극복 자원을 평가함으로써 문제에 보다 명확하게 접근할 수 있다. 극복 자원은 내담자가 특정 발달 과업을 해결하는 데 필요한 태도나 능력을 의미한다.

③ 내담자의 직업적 정체성에 대해 평가한다 : 내담자의 가치관, 흥미, 성격 등 다양한 특성을 평가하면서 내담자의 직업적 정체성을 탐구하고, 이러한 정체성이 내담자의 생애에서 여러 역할로 어떻게 나타나는지를 살펴보는 과정이다. 심리검사 결과로 얻어진 다양한 정보를 통합하는 방법 외에도, 직업인으로서의 특성과 다른 생애 역할의 특성을 이해함으로써 내담자의 직업적 정체성을 더욱 깊이 있게 탐색할 수 있다.

④ 내담자의 직업적 자기개념과 생애 주제를 평가한다. : 이 단계는 이전 단계와는 달리 내담자의 주관적인 자아개념을 평가하는 과정이다. 내담자의 자아개념을 분석하기 위해 현재의 자기상에 중점을 두는 횡단적 접근과, 생애 전반에 걸쳐 발달해온 주제를 다루는 종단적 접근을 활용한다. 이는 내담자가 자신과 세상을 어떻게 인식하고 있는지를 파악하는 과정이며, 상담자는 내담자가 과거와 현재의 자신을 어떻게 설명하는지를 경청함으로써 자아개념을 평가한다.

5 **수퍼의 진로발달단계 중 성장기, 탐색기, 확립기의 특징과 과업을 기술하시오**

1) 성장기
   ① 특징
   ② 과업

2) 탐색기
   ① 특징
   ② 과업

3) 확립기
   ① 특징
   ② 과업

정답

수퍼(Super)는 진로를 전생애적 발달과정으로 보았다.

1) **성장기**(출생 ~ 14세, 15세)

① **특징** : 성장기의 아동은 자신이 좋아하는 것과 잘하는 것을 인식하며, 일과 관련된 기본적인 자기이해를 형성한다. 이 시기는 환상기, 흥미기, 능력기의 하위 단계로 구분되며, 아동은 이를 통해 자신의 흥미와 능력을 탐색하고 점차 현실적인 진로 인식을 형성하게 된다.

② **과업** : 자기(self)에 대한 지각이 생겨나고 직업세계에 대한 기본적인 이해가 이루어지는 것이 진로와 관련한 이 시기의 발달과업이다.

2) **탐색기**(15 ~ 24세)

① **특징** : 탐색기는 청소년기부터 초기 성인기에 해당한다. 아동 – 청소년 – 성인으로 이어지는, 즉 일생 동안 신체적 및 인지적인 면에서 가장 변화무상한 시기라고 할 수 있다.

② **과업** : 미래에 대한 계획 수립이 주요한 진로발달 과업이며, 상급학교 진학이나 구직을 위한 의사결정이 이루어지는 시기다. 이 과정에서 탐색기는 결정화, 구체화, 실행의 하위단계로 나뉜다. 결정화기는 성장기에 얻은 직업과 자신에 대한 정보를 바탕으로 선호 직업을 명확히 하는 과정이다. 구체화기는 고려해 왔던 직업들 중에서 선택할 수 있는 의사결정 능력을 요구한다. 실행기는 선택한 분야를 향해 행동을 취하는 것이 발달과업이다.

3) **확립기**(25 ~ 44세)

① **특징** : 주로 25세 ~ 44세까지의 청년기 및 장년기의 성인기에 해당하며, 직업 역할 속에서 자기개념을 실행해 가는 시기다. 확립기의 목표는 개인의 내부와 외부 세계를 효과적으로 연결하는 것으로, 성인은 직업세계에 처음 입문한 후 직장 내에서 자신의 능력을 발휘하며 중요한 구성원으로 자리잡게 된다. 확립기는 정착, 공고화, 발전의 하위 단계로 나뉜다.

② **과업** : 정착, 공고화, 발전의 발달과업을 수행한다. 정착기는 직업 입문단계로, 개인이 조직문화를 이해하고 자신의 직업 적합성을 평가하는 시기이다. 공고화기에서는 직업에 안정적으로 정착하며 신뢰받는 생산자로 성장하고, 발전기에는 승진과 함께 더 높은 책임을 맡으며 직업적 성취를 극대화 한다.

TIP 수퍼의 진로발달단계는 성장기 – 탐색기 – 확립기 – 유지기 – 쇠퇴기 5단계로 구분하였다.

㉠ **유지기**(45 ~ 64세)

- 특징 : 유지기는 중년기에 해당하며, 직업에 안정적으로 정착한 이후 성과를 유지하거나 향상시키기 위해 노력하는 시기이다. 생산성과 효율성, 직업적 안정성에 대한 관심이 커진다.
- 과업 : 개인은 유지, 갱신, 혁신의 발달과업에 직면한다. 기존 직무를 안정적으로 수행하면서 변화에 유연하게 대응하고, 기술과 성과를 유지 · 개선하는 것이 주요 과업이다. 일부는 직무 재설계나 새로운 분야로의 전환을 통해 직업 생애를 조정하기도 한다.

㉡ **쇠퇴기**(65세 이상)

- 특징 : 쇠퇴기는 노년기에 해당하며, 직업 활동에서 점차 물러나 여가와 가족, 사회적 관계에 중심을 두는 은퇴 시기이다. 신체적 · 인지적 기능의 감소도 나타난다.
- 과업 : 감속, 은퇴 준비, 은퇴 생활의 진로발달과업이 존재한다. 직업 역할을 서서히 줄이고 은퇴를 준비하며, 새로운 생활 방식에 적응하는 것이 핵심이다. 또한 생애를 돌아보며 성취에 대한 의미를 정리하고 통합하는 과업도 중요하다.

6 **내담자 A 씨를 상담할 때 진로발달이론과 사회인지진로이론 중 어떤 것을 사용할지 고민 중이다. 각 상담 이론의 상담 목표와 기본 가정을 비교하여 설명하시오.**

1) 진로발달이론
   ① 상담목표
   ② 기본 가정

2) 사회인지진로이론
   ① 상담목표
   ② 기본 가정

3) 진로발달이론과 사회인지진로이론의 비교 및 활용

정답

1) 진로발달이론

① 상담목표

㉠ 내담자 스스로 자신의 생애 역할에 대한 통합적이고 적합한 개념을 형성하여 이를 수용할 수 있도록 한다.

㉡ 자기 스스로 현실에 반하는 자기개념을 검토하도록 한다.

㉢ 내담자가 자기개념을 실현시키고 일에서의 성공, 사회적 기여, 개인적 만족을 기대할 수 있는 진로선택을 하도록 한다.

② 기본 가정

수퍼의 전생애-공간이론을 기반으로 하며, 인간의 진로는 성장, 탐색, 확립, 유지, 쇠퇴의 생애 발달 과정을 거친다. 자아개념은 개인의 경험과 사회적 피드백을 통해 변화하며, 직업 선택은 이러한 자아개념을 실현하는 과정이다. 직업 만족도는 자신의 자아개념을 얼마나 직업에서 실현할 수 있는가에 따라 결정된다. 진로 발달은 개인의 능력, 가치, 흥미뿐만 아니라 부모의 사회경제적 수준, 교육, 기회 등 환경적 요인에도 영향을 받는다.

2) 사회인지진로이론

① 상담목표

㉠ 자기효능감을 높이는 것, 긍정적이고 현실적인 결과 기대를 갖는 것, 목표를 수립하는 것이 일차적 상담목표이다.

㉡ 진로 준비 행동에 대한 구체적인 계획을 세우고, 진로장벽을 인식하고 제거하는 것도 상담의 중요한 목표가 된다.

② 기본 가정

진로 선택과 발달은 자기효능감, 결과 기대, 목표의 상호작용에 의해 이루어진다. 개인의 진로 흥미는 자기효능감과 결과 기대에 의해 결정되며, 흥미를 가진 영역에서 목표를 설정하고 행동으로 이어진다. 능력이나 적성도 중요하지만, 자기효능감이 개인의 목표 설정과 진로 행동에 더 큰 영향을 미친다. 진로장벽(예 : 성별, 사회경제적 요인)이 개인의 선택에 영향을 미치며, 이를 극복하기 위한 전략이 필요하다.

3) 진로발달이론과 사회인지진로이론의 비교 및 활용

진로발달이론은 장기적인 생애 진로 발달 과정을 강조하며, 내담자가 자신의 자아개념을 형성하고 직업 선택을 통해 이를 실현할 수 있도록 돕는 것이 목표이다. 사회인지진로이론은 진로 선택과 행동을 결정하는 심리적 요인(자기효능감, 결과기대 등)에 초점을 맞추고, 진로 장벽을 극복하고 구체적인 목표를 설정하도록 돕는 것이 핵심이다. 따라서 내담자가 장기적인 진로 발달 과정에서 자신의 정체성과 역할을 탐색하는 경우에는 진로발달이론이 적합하고, 내담자가 진로 결정 과정에서 자신감 부족, 환경적 장벽, 실행 계획의 어려움을 겪는 경우에는 사회인지진로이론을 적용하는 것이 효과적이다.

7 직업적응이론(TWA)에서 개인과 환경이 상호작용하는 4가지 성격유형에 대해 설명하시오.

정답

① **민첩성/신속성(celerity)** : 환경과의 작용에서 빨리 혹은 천천히 반응하는 정도
  ㉠ 개인이 환경에 얼마나 빠르게 반응하는지를 나타낸다.
  ㉡ 어떤 사람은 변화에 즉각적으로 반응하는 반면, 일부는 천천히 적응하는 경향이 있다.

② **속도/역량(pace)** : 활동수준이 높거나 낮은 정도
  ㉠ 개인의 작업 활동 수준이 얼마나 높은지 또는 낮은지를 의미한다.
  ㉡ 업무 수행 속도가 빠른 사람과 느린 사람이 존재하며, 이는 직업 적응 과정에서 중요한 요소가 된다.

③ **리듬/규칙성(rhythm)** : 활동수준의 패턴이 안정적이거나 특정한 사이클이 있는지의 여부
  ㉠ 개인의 작업 패턴이 일정한지 또는 특정한 사이클을 따르는지 나타낸다.
  ㉡ 일부 사람은 매일 일정한 속도로 일하는 반면, 어떤 삶은 특정한 주기에 따라 집중력이 변화할 수 있다.

④ **지구력/지속성(endurance)** : 환경과의 상호작용에서의 반응의 길이
  ㉠ 환경과의 상호작용에서 반응을 얼마나 오래 유지하는지를 의미한다.
  ㉡ 즉, 어려운 상황에서도 끈기 있게 지속적으로 적응하려는 성향을 반영한다.

이 네 가지 성격유형은 개인이 직업 환경에서 어떻게 반응하고 적응하는지를 설명하는 중요한 요소로, 직업 선택 및 직무 만족도를 예측하는 데 활용할 수 있다.

TIP 직업적응이론

직업적응이론(Theory of Work Adjustment)에서는 개인의 성격구조를 파악하는 데 가치와 능력의 파악을 중시한다. 가치와 능력은 개인이 성장하면서 노출되는 환경에서 주어지는 강화에 의해 안정적으로 변한다고 가정된다. 성격양식이란 성격구조가 작동하는 방식을 뜻하는데, 민첩성, 속도, 리듬, 지속성의 네 가지 차원으로 구분된다. 이와 같이 개인의 성격을 이해할 때, 개인의 성격 중 직업과 밀접하게 관련되는 부분을 직업성격이라 한다. 직업성격은 다음의 두 가지 도구를 이용해 평가가 가능하다.

㉠ **일반적성검사** : 개인의 능력을 평가
㉡ **미네소타중요도 검사** : 개인의 욕구는 가치를 평가하는 미네소타중요도검사를 통해 평가, 20개의 욕구에 대한 개인의 중요도를 측정하며, MIQ에 포함된 20개의 욕구는 성취, 편안함, 지위, 이타성, 안정성, 자율성 등 6개의 가치 요인으로 묶여진다.

8 직업적응이론(TWA)에서 적응유형 변인이 개인의 만족, 조직의 만족, 적응을 매개한다고 가정한다. 이 이론에서 제시하는 적응 유형 변인 2가지를 설명하고, 직업상담에서의 의미를 기술하시오.

1) 적응 유형 변인

2) 직업상담에서의 의미

정답

1) 적응 유형의 변인

㉠ **유연성** : 개인은 자신과 환경과의 부조화의 정도가 받아들일 수 있는 범위 내라면, 특별한 대처행동 없이 환경에 적응하게 된다. 즉 유연성이 높을수록 적응을 위한 추가적인 노력이 필요하지 않으며, 조직 내에서 비교적 쉽게 만족을 느낄 가능성이 크다.

㉡ **인내력** : 개인과 환경 간 부조화가 허용 범위를 초과할 경우, 적응행동을 통해 해결하려는 노력이 필요하다. 개인은 적극적 행동(환경 변화 시도)이나 반응적 행동(자기 변화 노력)을 통해 부조화를 줄이려 하며, 이러한 노력을 지속하는 정도가 인내력과 관련된다. 노력의 결과로 부조화가 줄어들면 개인-환경 간 적응이 이루어졌다고 볼 수 있으며, 만약 부조화가 지속된다면 결국 이직을 고려하게 될 것이다.

2) 직업상담에서의 의미

유연성과 인내력의 수준을 파악하는 것은 내담자의 직업 적응력을 평가하는 데 중요한 요소가 된다. 유연성이 높은 내담자는 환경 변화에 쉽게 적응할 수 있지만, 낮은 경우 조직 내 스트레스를 더 많이 경험할 수 있다. 인내력이 높은 내담자는 직업 내 어려움에도 오랜 기간 적응하려는 노력을 하지만, 너무 낮으면 쉽게 이직을 고려할 가능성이 크다. 따라서 직업상담에서는 내담자의 유연성과 인내력 수준을 평가하여, 적절한 직업환경을 찾고 적응 전략을 수립할 수 있도록 지원해야 한다.

TIP 직업적응이론

㉠ 개인과 환경 간의 상호작용과 조화를 강조하면서, 개인은 환경이 원하는 기술을 가지고 있고 직업 환경은 개인의 욕구를 충족시켜 줄 강화안을 가지고 있을 때 조화로운 상태로 보았다.

㉡ 직업적응을 알기 위해 다위스와 롭퀴스트(Dawis & Lofquist, 1984)는 개인의 능력과 직업가치에 대한 객관적인 측정(일반적성검사, 미네소타 중요도 검사)을 강조하였다.

㉢ 직업적응 유형으로 '민첩성(celerity)', '속도(pace)', '지구력(endurance)', '리듬(rhythm)' 등 4가지를 제시하였다.

- 민첩성 : 환경 변화에 대해 얼마나 빠르게 반응하는지를 나타냄
- 속도 : 주어진 과업을 수행하는 활동 수준이나 작업 속도를 의미함
- 지구력 : 직무 수행을 얼마나 오랫동안 지속할 수 있는지를 나타냄
- 리듬 : 활동 수행의 패턴이나 주기적 변화의 규칙성을 의미함

㉣ '유연성', '인내력'의 적응 유형 변인이 개인의 만족, 조직의 만족, 적응을 매개한다고 보았으며, '유연성'의 한계를 넘어선 지점에서 '적극적 방식', '소극적 방식'에 따라 적응 행동이 나타날 수 있다고 하였다.

9 **진로자본(Defillippi 외, 1994)을 구성하는 세 가지 역량과 내용을 쓰시오.**

정답

① **진로 성숙 역량**(Knowing-why) : 개인이 자신의 진로에 대해 갖고 있는 태도와 관점을 뜻한다. 수타리(Suutari, 2003)는 이러한 역량을 내재적 동기, 개인적 학습 모색, 성장 경험으로 기술하였다. 또 딕만과 해리스(Dickman & Harris, 2005)는 지식 노동자가 진로지도를 통해 발달해 가는 정체성, 가치관, 관심 등이라고 보았으며, 진로 기간이 길어질수록 진로 성숙 역량의 중요성이 더욱 상승한다고 주장하였다.

② **전문 지식 역량**(Knowing-how) : 개인들이 자신의 일과 관련하여 가지는 진로 관련 기술과 업무 지식을 의미한다(Defillippi 외, 1994). 실제적인 업무 지식과 방법에 대한 지식을 의미하는 것으로 이는 업무를 통해 비형식적으로 학습되는 암묵지(tacit knowledge)와 공식적 훈련과 교육의 결과로 얻어지는 형식지(explicit knowledge)를 모두 포함한다(진성미, 2009 재인용).

③ **인적 관계 역량**(knowing-who) : 개인들이 진로 안에서 갖게 되는 다양한 형태의 인간관계 및 사회적 연결망을 발전시키는 능력을 의미한다. 이러한 사회연결망은 사회적 자본과도 맥락을 같이 하기 때문에, 다양한 수준의 사회적 연결망을 통해 진로 역량을 발달시키는 것이 중요하다고 할 수 있다(Raidar 외, 1996).

TIP 진로자본

진로자본은 진로 분야에 있어 가치가 있는 자본의 독특한 형태로서 진로 역량이 진로자본으로 바뀐 용어이다. 진로 역량은 진로 동기부여, 진로 정체성과 연관된 '이유 알기(knowing why)', 직무 관련 지식이나 기술과 관련된 '방법 알기(knowing-how)', 사회적 관계를 형성하는 '사람 알기(knowing-ho)'이다(최은영, 2014 재인용). 이후 경제자본, 사회자본, 문화자본 세 가지 유형으로 구분하였다(Mayrhofer 외, 2004). 진로자본은 자본이라는 경제적 관점에서 비롯된 용어를 확장시켜 사용하고 있는 개념이다. 즉, 진로자본은 축적된 진로 역량이며 개인의 일과 삶, 진로에 있어 가지고 있는 지식, 역량, 특성으로 소득을 창출할 수 있는 자원으로 본다.

10 **다음 사례를 읽고 특성 · 요인이론으로 논점진단, 상담목표, 개입전략을 작성하시오.**

> 내담자 : 40대 가장인데 지난달에 갑자기 직장을 그만두게 되었어요. 아내도 전업주부이고요. 애들은 중학생, 고등학생인데 걱정이에요. 뭘 해야 할지도 모르겠습니다.

1) 논점 진단

2) 상담목표

3) 개입전략

정답

1) **논점진단** : 윌리암슨이 분류한 직업문제 유형에 따라 진로 무선택, 불확실한 선택, 흥미와 적성의 모순, 어리석은 선택 중 '진로 무선택'에 해당

2) **상담목표** : 합리적인 과정에 의해 진로선택이 이루어질 수 있도록 지도

3) **개입전략** : 자기이해(관계형성과 면담법, 직업심리검사 실시와 해석), 직업세계 이해(직업정보 제공 및 분석), 합리적 의사결정 연습(잠정적 직업선택 연습)

TIP 특성 · 요인 이론에 따른 상담목표

㉠ 현명한 직업선택을 하도록 돕는 것
㉡ 내담자가 자신의 특성을 명확히 이해하도록 하는 것
㉢ 내담자가 직업의 특성에 대해 명확히 이해하도록 하는 것
㉣ 의사결정에서 나타나는 문제를 확인하고 합리적 의사결정을 돕는 것

11 **다음의 내용을 보고 진로 구성주의의 개념을 설명하고 상담자가 활용할 수 있는 '진로 이야기 면접'의 8가지의 질문 중 5가지를 쓰시오.**

> ※ 진로 구성주의 이론의 '진로이야기(career story)' 상담전략
>
> 1. 사빅카스의 '진로 이야기 면접(career story interview)' 활용
>   (1) 진로 양식 면접은 내담자의 이야기를 이끌어내는 전략으로 활용 가능한 구조화된 면접이다.
>   (2) 상담자는 내담자에게 준비된 8개의 질문을 한다.

1) 진로 구성주의 개념

2) 진로 이야기 면접(CSI) 질문 5가지

정답

1) **진로 구성주의 개념**
   개인이 자신의 진로 관련 행동과 직업적 경험에 의미를 부여하면서 스스로 진로를 구성해 간다고 보는 이론이다.
2) **진로 이야기 면접(CSI) 질문 5가지**
   ① 이 시간을 어떻게 활용하고 싶습니까?
   ② 당신이 어릴 적 존경했던 롤 모델 3인은 누구이며, 그 이유는 무엇입니까?(존경하는 인물)
   ③ 당신이 좋아하는 잡지(TV 프로그램 또는 웹사이트)는 무엇이며, 그 이유는 무엇입니까?(좋아하는 잡지/TV 프로그램)
   ④ 좋아하는 책/영화
   ⑤ 좋아하는 좌우명이나 명언
   ⑥ 좋아하는 과목(교과목에 대한 선호)
   ⑦ 여가 시간은 어떻게 보내나요?
   ⑧ 당신의 삶에서 가장 어릴 적 기억에 대해 이야기해 주세요.(3가지)(생애 초기 기억)

※ 10가지 중 5가지 선택해서 작성

학습 3 직업심리 치료하기

1 **벡(Beck)이 주장한 심리적 부적응을 가져오는 자동적 사고인 '인지삼제' 내용 3가지를 쓰시오.**

정답

① 자기에 대해 비관적인 생각(예 : 나는 무가치한 사람이다.)
② 앞날에 대한 염세주의적 생각(예 : 나의 앞날은 희망이 없다.)
③ 세상에 대한 부정적인 생각(예 : 세상은 살기가 매우 힘든 곳이다.)

TIP 벡의 이론의 주요 내용

벡은 내담자가 지닌 정서적 불편감 또는 행동 문제들과 관련된 역기능적 사고를 찾고 내담자와 협동적으로 역기능적인 사고를 수정하여, 정서적 불편감 또는 행동 문제들을 해결해 나가는 치료법으로 인지치료를 제안하였다.

㉠ 자동적 사고

사람들은 대개 어떤 사건에 접하게 되면 자동적으로 어떤 생각들을 떠올리게 되는데, 이를 자동적 사고(automatic thoughts)라 한다. 사람들이 경험하는 심리적인 문제는 스트레스 사건을 경험했을 때 자동적으로 떠올리는 부정적인 내용의 자동적 사고에 의해 발생하는 것이다. 심리적 부적응[우울증 등]을 가져오는 자동적 사고는 크게 3가지의 내용으로 구성되는데 이를 '인지삼제(cognitive triad)'라 한다.

㉡ 인지삼제

- 자기에 대해 비관적인 생각(예 : 나는 무가치한 사람이다.)
- 앞날에 대한 염세주의적 생각(예 : 나의 앞날은 희망이 없다.)
- 세상에 대한 부정적인 생각(예 : 세상은 살기가 매우 힘든 곳이다.)

㉢ 인지적 오류

역기능적 인지도식은 자동적 사고와 인지적 오류를 발생시키는 역할을 하는데, 인지적 오류(cognitive errors)란 현실을 제대로 지각하지 못하거나 사실 또는 그 의미를 왜곡하여 받아들이는 것을 뜻한다. 사람들이 이러한 오류를 많이 범할수록 심리적 문제를 겪게 될 가능성이 더 커진다. 인지적 오류의 몇 가지 종류들은 아래와 같다.

구분	내용
흑백논리	• 사건의 의미를 이분법적인 범주의 둘 중의 하나로 해석하는 오류 • 회색지대를 인정하지 않는 것
과잉 일반화	한두 번의 사건에 근거하여 일반적인 결론을 내리고 무관한 상황에도 그 결론을 적용시키는 오류
선택적 추상화	상황이나 사건의 주된 내용은 무시하고 특정한 일부의 정보에만 주의를 기울여 전체의 의미를 해석하는 오류
의미 확대, 의미축소	사건의 중요성이나 의미를 지나치게 과장하거나 축소하는 것

2 엘리스(Ellis)가 주장한 내담자의 비합리적인 신념체계를 다루는 REBT에서 활용하는 A,B,C,D,E모형의 각 알파벳이 뜻하는 것을 기술하시오.

정답

① A : 선행 사건 : 개인에게 일반적인 감정 동요 및 행동에 영향을 끼치는 사건, 앞서 일어난 사건이다.
② B : 신념 체계 : 선행 사건에 대해 개인이 갖게 되는 신념, 합리적이거나 비합리적인 결과를 초래한다.
③ C : 결과 : 선행 사건과 신념이 결합되어 나타나는 정서적 · 행동적 결과, 합리적 신념은 합리적 결과를 비합리적 신념은 비합리적 결과를 초래한다.
④ D : 논박 : 비합리적 결과를 초래한 신념을 합리적 신념으로 바꿀 수 있도록 촉구하고 설득하며 논박한다.
⑤ E : 효과 : 논박의 효과로 인해 비합리적 신념이 합리적 신념으로 바뀌는 효과이다.

TIP 엘리스(Ellis)의 합리적 · 정서적 · 행동적 치료(REBT : Rational Emotive Behavior Therapy)

인간의 비합리적인 사고는 비합리적인 신념 체계에서 일어난다고 믿는다. 이 접근법에서는 내담자의 정서적 혼란과 관계되는 비합리적인 신념 체계를 논박하여 이를 최소화하거나 보다 합리적인 신념 체계로 바꾸도록 하여 현실적으로 효과적이며 융통성 있는 인생관을 가질 수 있도록 하는 데 중점을 둔다.

㉠ REBT 이론의 기본 가정

- 인간은 이성에 따라 합리적이고 올바른 사고를 할 수 있는 동시에 왜곡된 사고를 할 수도 있는 잠재 기능을 가지고 태어났다.
- REBT 이론의 근본적인 전제는 동일한 부정적 상황이라도 개인마다 자신과 타인을 둘러싼 세계에 대한 의미와 철학, 평가하는 신념 등에 따라서 각자 다르게 받아들일 수 있다.
- 만약 비합리적으로 상황을 받아들일 경우 심리적 장애를 경험할 수 있다.

㉡ 비합리적 신념의 구분

비합리적 신념은 타당화될 수 없고, 융통성 없는 사고방식으로 주로 "~을 절대 해서는 안 된다.", "~을 하면 비참해질 것이다." 등의 형태를 띤다. 선행 사건을 신념 체계를 통해 해석함으로써 정서적-행동적 결과가 생긴다. 만약 비합리적 신념 체계를 통해 선행 사건을 받아들였을 경우 심리적 장애 또는 심할 경우 정신적 질환이 발생한다.

〈비합리적 신념의 판단 기준〉

구분	내용
융통성	'모든', '항상', '반드시', '꼭', '결코', '당연히', '~이어야만' 등과 같은 단어가 들어가는 생각들은 융통성이 없고, 따라서 비합리적이다.
현실성	현실적으로 실현 불가능한 생각들이다. 예를 들어 '나는 완벽한 딸이 되어야 한다'라는 생각에서 '완벽한 딸'이라는 것은 이상적인 얘기일 뿐 현실적이지 않은 비합리적 신념이다.

㉢ 비합리적 신념의 교정과 정서적 건강

정서적 문제로부터 벗어날 수 있기 위해서는 비합리적 신념들을 합리적인 신념들로 대체해야 한다.

※ 비합리적 신념을 논박을 통해 합리적 신념들로 대체하는 방법

엘리스의 A-B-C-D-E 모형

㉠ A(Activating event) : 선행 사건
개인에게 일반적인 감정 동요 및 행동에 영향을 끼치는 사건, 앞서 일어난 사건

㉡ B(Belief system) : 신념 체계
선행 사건에 대해 개인이 갖게 되는 신념, 합리적이거나 비합리적인 결과를 초래

㉢ C(Consequence) : 결과
선행 사건과 신념이 결합되어 나타나는 정서적 · 행동적 결과, 합리적 신념은 합리적 결과를 비합리적 신념은 비합리적 결과를 초래

㉣ D(Dispute) : 논박
비합리적 결과를 초래한 신념을 합리적 신념으로 바꿀 수 있도록 촉구하고 설득하며 논박

㉤ E(Effect) : 효과
논박의 효과로 인해 비합리적 신념이 합리적 신념으로 바뀌는 효과

〈A-B-C-D-E 모형 도식화〉

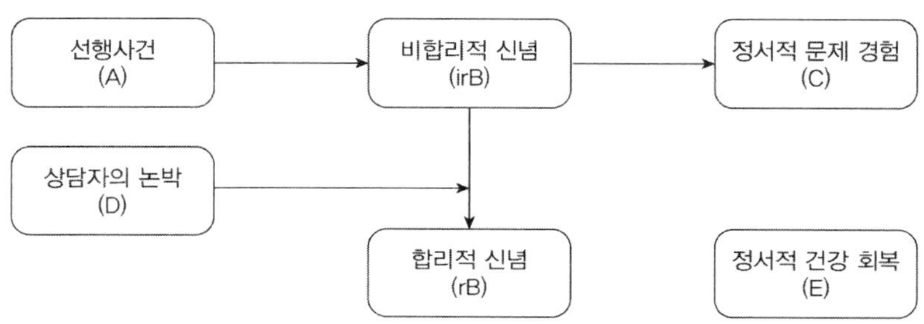

3 실업자가 겪는 주요 증후군 5가지를 쓰시오.

정답

① 대인공포증, ② 우울증(초기), ③ 자기주장 미숙, ④ 조증(초기), ⑤ 무기력, ⑥ 낮은 자존감, ⑦ 지나친 자기 중심, ⑧ 부모 갈등 심화, ⑨ 타인 의존증, ⑪ 우유부단, ⑫ 은둔형, ⑬ 부정적 사고, ⑭ 장기 실업자 증후군, ⑮ 심한 불안증, ⑯ 틱(tic) 증상
※ 16가지 중 5가지 선택해서 작성

4 **내담자들이 변화의 과정에서 경험할 수 있는 견디기 어려운 비판에 대해 대처하고 극복하도록 지원하는 방법(단계)을 쓰시오.**

정답

① **공감하기 단계** : 비난에 대하여 공감하고, 그 다음 질문을 한다.

② **무장 해제시키는 단계** : 비난하는 사람을 교묘하게 무장 해제시키는 것이다. 비난하는 사람이 맞건 틀리건, 우선 그 사람에게 동의하는 것이다. 그다음 상대방이 이성을 찾았을 때 어떤 부분에 잘못이 있었는지에 대하여 의견을 제시하도록 한다.

③ **피드백과 협상** : 공감 기법을 사용해서 상대방의 말에 경청했고, 무장 해제 기법을 사용해서 어떤 식으로든 상대방에게 동의했다면, 이제는 상대방에게 내담자의 입장이나 느낌을 또렷하고 단호하게 설명할 수 있는 입장이 된다. 상대방의 비난이 전혀 근거가 없거나 틀렸다고 할지라도 서로가 지닌 차이에 대해 협상할 수 있다.

TIP 내담자들이 변화의 과정에서 경험할 수 있는 견디기 어려운 비판에 대해 대처하고 극복하도록 지원

㉠ **공감하기 단계** : 비난에 대하여 공감하고, 그 다음 질문을 한다.

> 질문 단계
> 1. 질문을 할 때는 판단하려 한다거나 방어적이 되어서는 안 된다.
> 2. 구체적인 정보를 얻기 위해 계속해서 질문한다.
> 3. 비난하는 사람의 눈을 통해 세상을 바라보려고 해야 한다.
> 4. 그 사람이 모호하고 모욕적인 말들로 당신을 공격한다면, 좀 더 구체적으로 말해 달라고 요청하고, 당신에 관해 그 사람이 싫어하는 것이 무엇인지 정확하게 지적해 달라고 요청한다.
> 5. 이렇게 구체적으로 질문을 함으로써 상대방이 나를 완전히 거부할 가능성을 최소화할 수 있게 된다.
> 6. 또 두 사람이 해결할 수 있는 구체적인 문제들이 무엇인지 알 수 있게 된다.
> 7. 이 과정을 통해 화나 적개심을 완화시키고, 비난하거나 논쟁하는 분위기에서 문제를 해결하는 쪽으로 분위기가 바뀔 수 있다.

㉡ **무장 해제시키는 단계** : 비난하는 사람을 교묘하게 무장 해제시키는 것이다. 비난하는 사람이 맞건 틀리건, 우선 그 사람에게 동의하는 것이다. 그다음 상대방이 이성을 찾았을 때 어떤 부분에 잘못이 있었는지에 대하여 의견을 제시하도록 한다.

㉢ **피드백과 협상** : 공감 기법을 사용해서 상대방의 말에 경청했고, 무장 해제 기법을 사용해서 어떤 식으로든 상대방에게 동의했다면, 이제는 상대방에게 내담자의 입장이나 느낌을 또렷하고 단호하게 설명할 수 있는 입장이 된다. 상대방의 비난이 전혀 근거가 없거나 틀렸다고 할지라도 서로가 지닌 차이에 대해 협상할 수 있다.

5 우유부단한 내담자를 돕기 위한 상담전략을 알맞게 기술하시오.

유형	상담전략
실패의 공포로 인한 우유부단	①
중요한 타인의 영향에 의한 우유부단	②
다재다능함으로 인한 우유부단	③

정답

① 자기효능감 증진에 초점을 맞추어야 함
② 자기 탐구를 강화하여 타인의 영향에서 벗어날 수 있도록 함
③ 의사결정 기법이 제공되어야 함

TIP 우유부단의 의미

의사결정 단계에서 생기는 가장 보편적인 문제는 하나의 선택에 도달하는 데 있어서 실패를 경험하는 것이다. 살로몬(Salomone, 1982)은 내담자들을 미결정 상태(undecided)의 내담자들과 우유부단한(indecisive) 내담자들로 구분하였다. 우유부단한 내담자는 직업 결정뿐만 아니라 심리 기능의 여러 국면들을 어렵게 하는 개인적인 문제들을 지니고 있으며, 자기강도, 자존심, 명확한 정체감 등이 부족할 수 있다. 또한 대체로 직업에 대해 부정적인 태도를 가지고 있으며, 의사결정에 내포된 위험 부담을 두려워하기도 한다. 만성적으로 우유부단한 사람들은 대부분 높은 수준의 불안을 경험하는데, 지나친 우유부단함을 가진 내담자들이 이 영역의 어려움을 드러내지 않으면서 직업 선택을 하는 단계까지 도달하기란 보통 어려운 것이 아니다.

※ 우유부단의 이유

㉠ **실패에 대한 공포** : 실패에 대한 공포는 우유부단함의 공통적인 이유이다(Saltoun, 1985). 내담자 중에는 의사결정을 유보하고 있는 한 여전히 잠재력을 가지고 있다고 느끼는 내담자가 있으며, 뭔가를 할 때 자신에게 중요한 어떤 기준에 따라 충분히 잘하지 못하는 사람이기보다는 오히려 실제로는 아무것도 하지 않으면서 성공 잠재력을 지닌 사람이 되는 것이 더 낫다고 생각하는 내담자도 있다.
㉡ **중요한 타인들의 영향** : 내담자가 선택을 못 하는 공통적인 이유는 다른 사람과의 관계와 관련이 있다. 이들은 자신의 의사결정이 다른 사람의 삶에 미칠지도 모르는 부정적인 결과를 두려워하고 죄의식을 가진다.
㉢ **완벽하려는 욕구** : 융통성 없고 완벽하려는 욕구는 우유부단의 일반적인 이유이다.
㉣ **성급한 결정 내리기** : 또 다른 종류의 어려운 문제는 '조급한 의사결정자'라고 불리는 내담자의 경우인데, 이들은 일단 수중에 직업 목록을 가지게 되면, 의사결정 과정을 피해 가고 싶은 유혹을 받는다.
㉤ **우유부단함에 대한 강화** : 내담자들이 우유부단하여 의사결정을 못하는 경우가 있다.
㉥ **다재다능** : 다양한 분야에 관심과 능력을 보이는 매우 뛰어난 사람들의 우유부단함은 다재다능함에서 나온다.
㉦ **좋은 직업들의 부재** : 가장 심각한 우유부단의 이유는 좋은 직업들이 없다는 것이다.
㉧ **선택에 대한 불만족**
- 선택에 대한 회의(2차 사고) : 실제 선택에 대한 가장 일반적인 반응은 2차 사고, 즉 회의이다.
- 선택에 대한 두려움 : 중요한 의사결정 후의 또 다른 일반적 반응은 생애에서 선택을 해야 한다는 것에 대한 두려움이다.
- 선택한 후의 허탈감 : 의사결정을 하는 데 필요한 모든 노력을 한 후에 어떤 사람들은 허탈감을 느끼고, 때로는 무감동 상태에 이를 수도 있다.

학습 4 변화 분석하기

1 **내담자의 행동을 이해하고 해석하는데 기본이 되는 상담 기법 중 전이된 오류 정정하기의 정보의 오류 5가지와 그에 대해 설명하시오.**

정답

① **삭제 :** 내담자의 경험을 이야기함에 있어서 중요한 부분이 빠졌을 때 일어난다. 예를 들면, 내담자가 "나는 맞지 않아요."고 말할 때 "어디에 맞지 않는다는 거지요?"라는 보충 질문이 필요한데, 이러한 질문은 내담자가 빠뜨린 것을 보충할 수 있는 기회를 마련해 준다.

② **불확실한 인물의 인용** : 명사나 대명사를 잘못 사용했을 경우에 일어나기 쉽다. 상담을 하면서 "그들은 나를 잘 몰라요."라고 할 때 "누가 당신을 이해하지 못한다고요?"하고 되물음으로써 '그들'을 분명히 해 둘 필요가 있다.

③ **불분명한 동사의 사용** : "내 상관은 나를 무시하려 들죠."라는 모호한 동사를 내담자가 사용했을 경우에 '당신의 상관이 특히 어떤 점에서 당신을 무시한다는 생각이 드나요?"라고 되물음으로써 불분명한 동사(무시한다)의 뜻을 분명히 해 둘 수 있다.

④ **참고 자료** : 내담자가 어떤 사람이나 장소, 사건을 이야기할 때 구체적으로 말하지 않는 경우에 일어난다.

⑤ **제한적 어투의 사용** : 어떤 내담자들은 '그러나 나는 할 수 없어요.'라든가, '나는 이렇게 해야만 해요.'라는 말을 사용함으로써 자기 자신의 세계를 제한시키려 든다.

TIP 전이된 오류 정정하기

정보의 오류	• 삭제 : 내담자의 경험을 이야기함에 있어서 중요한 부분이 빠졌을 때 • 불확실한 인물의 인용 : 명사나 대명사를 잘못 사용했을 경우 • 불분명한 동사의 사용 : 모호한 동사를 내담자가 사용할 때 • 참고 자료 : 내담자가 어떤 사람이나 장소, 사건을 이야기할 때 구체적으로 말하지 않는 경우 • 제한적 어투의 사용 : 자기 자신의 세계를 제한시키려 할 때
한계의 오류	• 예외를 인정하지 않는 것 • 불가능을 가정하는 것 • 어쩔 수 없음을 가정하는 것
논리적 오류	• 잘못된 인간관계 오류 • 마음의 해석 • 제한된 일반화

2 **내담자들이 침묵하는 이유를 5가지 설명하시오.**

정답

① **두려움** : 자신의 생각과 느낌을 말하고 싶지만, 상담자가 어떻게 생각할지 두려워한다.

② **생각을 정리하고 있는 중** : 내담자가 자신의 말이나 상담자의 피드백에 대해 생각하고 있거나 처리중일 경우, 상담자는 아무 말도 하지 않고 내담자가 충분히 생각할 시간을 주는 것이 필요하다.

③ **원래 말수가 적은 사람** : 무리해서 말을 시킬 경우, 불편해하고 더 위축될 가능성이 있기 때문에 조용한 것을 허용하되 주의를 기울여서 말을 시켜야 한다.

④ **정신적 부재** : 상담 외의 다른 생각에 빠져 있는 경우(아이들 문제, 보고서, 경제적인 문제)이다.

⑤ **혼란스러움** : 내담자가 상담 장면에서 일어나는 일들에 대해 명확하지 않고 혼란스러워한다.

⑥ **지루함** : 이야기되는 주제가 재미없거나 한 사람 혹은 한 가지 주제에 너무 많은 시간이 소비되어 따분해하는 경우이다.

⑦ **헌신의 결여** : 상담에 대한 동기 부여가 부족한 경우, 억지로 상담을 받는 경우이다.

⑧ **신뢰 부족** : 상담자에 대한 신뢰감이 부족하고, 상담 장면이 심리적으로 안전하지 않다고 느끼는 경우이다.

⑨ **상담자에 대해 위협을 느낌** : 상담자가 상담 과정을 지나치게 지배하거나 지나치게 지시적일 경우 내담자는 뒤로 물러나 있고, 말하기보다는 단지 듣고 있으려 하는 경향이 있다.

※ 9가지 중 5가지 선택해서 작성

CHAPTER 12

직업상담 수퍼비전

학습 1 직업상담 수퍼비전 준비하기

1 수퍼바이저 유형 3가지를 제시하고 각 유형의 특징을 2가지씩 설명하시오.

정답

① 호의적 유형
- 특징 : 평등하고 협력적인 방법으로 수퍼바이저가 친절하며, 개방적이고 지지적인 태도를 보이는 유형이다.
- 예시 : 친근하고 융통성이 있으며, 믿어 주고, 따뜻하며, 개방적이고, 긍정적이며, 지지적인 태도

② 대인민감적 유형
- 특징 : 관계 지향적인 접근으로서 수퍼바이지에 초점을 두고, 이들의 감정과 문제를 지각하여 치료적 · 반응적 방식으로 수퍼바이지가 새롭고 창의적인 관심을 가지도록 하는 유형이다.
- 예시 : 사려 깊고, 헌신적이고, 정성을 들이고, 창의적 이면서 직관력이 있고, 역량이 있으며, 치료적 관계

③ 과업지향적 유형
- 특징 : 주로 내용과 과업 중심으로 접근하며, 수퍼비전의 목표를 분명히 하고, 이에 적합한 실제적이고 체계적이며 구체적인 방안을 제시하며, 구조화된 형식의 유형
- 예시 : 초점이 분명하고, 목표 지향적이며, 철저하고, 구조화되며, 명백하고, 실제적이며, 구체적인 형태

※ 유형의 특징 중 2가지 이상의 키워드를 포함하여 작성

TIP 수퍼바이저의 유형(Friedlander, M. L. & Ward(1984.)의 수퍼바이저 유형)

수퍼바이저 유형	특징
호의적 유형	평등하고 협력적인 방법으로 수퍼바이저가 친절하며, 개방적이고 지지적인 태도를 보이는 유형이다. ※ 호의적 (유형) 예시 : 친근하고, 융통성이 있으며, 믿어 주고, 따뜻하며, 개방적이고, 긍정적이며, 지지적인 태도
대인 민감적 유형	관계 지향적인 접근으로서 수퍼바이지에 초점을 두고, 이들의 감정과 문제를 지각하여 치료적 · 반응적 방식으로 수퍼바이지가 새롭고 창의적인 관심을 가지도록 하는 유형이다. ※ 대인 민감적 (유형) 예시 : 사려 깊고, 헌신적이고, 정성을 들이고, 창의적이면서 직관력이 있고, 역량이 있으며, 치료적 관계
과업 지향적 유형	주로 내용과 과업 중심으로 접근하며, 수퍼비전의 목표를 분명히 하고, 이에 적합한 실제적이고 체계적이며 구체적인 방안을 제시하며, 구조화된 형식의 유형이다. ※ 과업 지향적 (유형)예시 : 초점이 분명하고, 목표 지향적이며, 철저하고, 구조화되며, 명백하고, 실제적이며, 구체적인 형태

2 **다음 예문을 보고 A~C 수퍼바이저의 유형을 쓰고 각 유형별 특징을 2가지씩 설명하시오.**

> 수퍼바이저 A : 상담자도 실수를 할 수 있어요. 상담자도 인간이니까요.
> 실수를 통해 더욱 발전할 수 있으니 함께 노력해보죠.
> 수퍼바이저 B : 상담을 하다 보면 감정 탐색이 많이 필요한 거 같아요.
> 감정 소진을 최소화시키는 방법을 우리 함께 찾아볼까요?
> 수퍼바이저 C : 오늘은 인지치료 이론에 대한 상담 시연을 해보도록 하겠습니다.
> 시연을 통해 어떤 개입방법을 써야 하는지 알아보겠습니다.

정답

① A 유형 : **호의적 유형**
- 특징 : 평등하고 협력적인 방법으로 수퍼바이저가 친절하며, 개방적이고 지지적인 태도를 보이는 유형이다.
- 예시 : 친근하고 융통성이 있으며, 믿어 주고, 따뜻하며, 개방적이고, 긍정적이며, 지지적인 태도

② B 유형 : **대인민감적 유형**
- 특징 : 관계 지향적인 접근으로서 수퍼바이지에 초점을 두고, 이들의 감정과 문제를 지각하여 치료적 · 반응적 방식으로 수퍼바이지가 새롭고 창의적인 관심을 가지도록 하는 유형이다.
- 예시 : 사려 깊고, 헌신적이고, 정성을 들이고, 창의적이면서 직관력이 있고, 역량이 있으며, 치료적 관계

③ C 유형 : **과업지향적 유형**
- 특징 : 주로 내용과 과업 중심으로 접근하며, 수퍼비전의 목표를 분명히 하고, 이에 적합한 실제적이고 체계적이며 구체적인 방안을 제시하며, 구조화된 형식의 유형이다.
- 예시 : 초점이 분명하고, 목표 지향적이며, 철저하고, 구조화되며, 명백하고, 실제적이며, 구체적인 형태

※ 유형의 특징 중 2가지 이상의 키워드를 포함하여 작성

TIP 수퍼바이저의 유형(Friedlander, M. L. & Ward(1984.)의 수퍼바이저 유형)

수퍼바이저 유형	특징
호의적 유형	평등하고 협력적인 방법으로 수퍼바이저가 친절하며, 개방적이고 지지적인 태도를 보이는 유형이다. ※ 호의적 (유형) 예시 : 친근하고, 융통성이 있으며, 믿어 주고, 따뜻하며, 개방적이고, 긍정적이며, 지지적인 태도
대인 민감적 유형	관계 지향적인 접근으로서 수퍼바이지에 초점을 두고, 이들의 감정과 문제를 지각하여 치료적 · 반응적 방식으로 수퍼바이지가 새롭고 창의적인 관심을 가지도록 하는 유형이다. ※ 대인 민감적 (유형) 예시 : 사려 깊고, 헌신적이고, 정성을 들이고, 창의적이면서 직관력이 있고, 역량이 있으며, 치료적 관계
과업 지향적 유형	주로 내용과 과업 중심으로 접근하며, 수퍼비전의 목표를 분명히 하고, 이에 적합한 실제적이고 체계적이며 구체적인 방안을 제시하며, 구조화된 형식의 유형이다. ※ 과업 지향적 (유형)예시 : 초점이 분명하고, 목표 지향적이며, 철저하고, 구조화되며, 명백하고, 실제적이며, 구체적인 형태

3 **수퍼바이저의 역할 4가지와 각 역할별 특징을 2가지씩 기술하시오.**

정답

① 교사 역할은 강점을 발견하고 자기 이해를 촉진하며, 실용적 가치를 전파한다.
② 자문가 역할은 상담에 대한 사례의 자문을 실시하고 점검하며, 상담의 목표를 달성할 수 있도록 일을 지도하고 감독한다.
③ 코치 역할은 강점을 평가하며, 임상적 접근을 다각화로 할 수 있도록 촉진하고, 초보 상담자에게 지지적 역할을 제공한다.
④ 멘토 역할은 역할로서 롤모델링하고, 전문적인 성장을 촉진시키며, 미래 수퍼바이저를 양성하는 역할을 한다.
※ 역할의 특징 중 2가지 이상의 키워드를 포함하여 작성

TIP 수퍼바이저의 역할

수퍼바이저 역할	특징(NCS학습모듈 p.4 ~ 5)
교사	수퍼바이지의 강점을 발견하고 자기 이해를 촉진하며, 실용적 가치를 전파하고 전문적 성장을 도움으로써 상담가로서의 지식과 기술의 발전을 돕는 역할을 한다.
상담자	수퍼바이지가 수행한 상담에 대한 사례의 자문을 실시하고 점검하며, 상담의 목표를 달성할 수 있도록 일을 지도하고 감독한다. 또 새롭게 이직하는 상담원에게 교육을 실시하거나 지도하는 역할을 한다.
코치	수퍼바이지의 사기를 돋우고, 강점을 평가하며, 임상적 접근을 다각화로 할 수 있도록 촉진하고, 초보 상담자에게 지지적 역할을 제공한다.
멘토	수퍼바이지에게 역할로서 롤모델링하고, 전문적인 성장을 촉진시키며, 정체성을 확립하고 미래 수퍼바이저를 양성하는 역할을 한다
	특징(NCS학습모듈 p.6)
교사	수퍼비전을 통해 가설 설정, 사례 개념화, 개입 방법의 선택과 적용, 상담목표 설정과 전략 수립 등을 토의하고 가르칠 수 있다.
자문가	상담 사례나 기법 등에 대한 수퍼바이지의 다양한 질문 및 조언 요구에 대응하여 적절한 자문을 제공할 수 있다.
치료자	수퍼바이지의 개인적 문제[역전이를 알아차리지 못하는 등]로 인해 상담과정 수행에 영향을 받는 경우, 수퍼바이저는 치료자의 역할을 수행할 수 있다.
평가자	수퍼바이지의 발달 수준, 장점과 약점, 개인적인 문제 보유 여부 등 상담전문가로서의 자격 및 수행을 평가할 수 있다.
멘토	수퍼바이지는 수퍼바이저를 모델 삼아 비슷한 수준으로 발전하고자 하는 기대를 가질 수 있으며, 수퍼바이저는 멘토로서 역할을 수행할 수 있다.

4 알렌의 수퍼바이지들의 좋았던 경험 5가지를 기술하시오.

정답

① 진술하는 수퍼비전의 방법들에 대해 직접적인 피드백
② 내담자를 이해할 수 있는 개념적 틀 제시
③ 실수를 학습의 기회로 환영하는 면
④ 상담기법을 가르치고 새로운 아이디어와 기법 활용을 격려하는 것
⑤ 잦은 칭찬과 격려
⑥ 개방적인 피드백
⑦ 읽을 것 추천
⑧ 상담자의 발달적 이슈와 관련된 탐색을 격려하는 것
※ 8가지 중 5가지 선택해서 작성

5 수퍼비전 관계 형성을 위한 준비사항 3가지에 대해 기술하시오.

정답

① **수퍼비전의 방법 선택** : 수퍼바이저는 수퍼바이지의 성격, 경력, 보유 지식, 수행 직무내용, 수행 직무기술, 발전 가능성 등을 분석하고, 수퍼바이저(지)에게 제공할 수퍼비전의 가설을 설정한다. 기술 이전의 경우 이러한 가설들을 단계적으로 구상한다. 수퍼바이지에게 그동안의 직무 수행 내용 및 사용한 기법, 수퍼비전의 요구도 등을 작성하도록 하고, 분석된 내용을 함께 고려하여 설정된 가설을 수정 · 보완한다.

② **수퍼바이저의 특성 고려** : 수퍼바이저와 수퍼바이지가 서로 위계적이고 종속적인 관계로의 발전은 수퍼바이저의 개인적 특성에 의하므로 자신의 성격(수퍼바이저)에 대하여 명확한 이해를 가져야 한다. 프리드랜더와 와드(Friedlander & Ward, 1984)는 수퍼바이저의 특성을 결정짓는 요소들에 대하여 수퍼바이저의 세계관, 이론적 정향, 스타일 – 역할, 전략 – 초점, 형식, 기법 등 6가지로 제시하였다.

③ **수퍼바이저의 스타일 점검** : 수퍼바이저의 스타일이란, 수퍼바이저가 수퍼바이지를 대하고, 수퍼비전을 진행하는 독특한 방식을 말한다(Boyd, 1978). 수퍼바이저의 스타일을 구성하는 요소들로는 목소리의 성량과 음질, 얼굴의 표정, 자세, 제스처, 묻는 질문에 대한 반응 방식, 제공하는 해설, 회기의 조직과 구조, 사용하는 예들과 이론, 제안의 내용, 제안하는 방법 등을 들 수 있다. 이와 같이 스타일은 타인과 의사소통을 시도하는 데에서 사용되는 하나의 형태이다(Munson, 1983).

6 이상적인 수퍼바이저의 공통점 4가지에 대해 기술하시오.

정답

① 피드백을 체계적으로 한다. 객관성 있고 정확하며, 일관성 있는 피드백은 주관적인 요인에 영향 받은 피드백보다 더 신뢰할 수 있다.
② 중요한 사건이 일어난 직후에 피드백을 한다.
③ 피드백이 긍정적이든 부정적이든 명백하고 구체적인 준거를 기초로 제시하고(해야) 분명하게 이해된다.
④ 양방적인 의사소통으로 대화가 되기 때문에 수퍼바이지가 능동적으로 참여하여 제안이 만들어진다(만들어져야 한다).

7 수퍼바이저로서 자신의 전문성 및 역량의 범위와 수준을 점검하기 위한 질문들 중 5가지를 기술하시오.

정답

① 나는 상담자로서 어떤 교육을 받아왔는가?
② 어떤 유형의 내담자에게 가장 효과적이었나? 버겁거나 효과적이지 않았던 내담자들은 어떠한 특성을 가진 사람들이었나?
③ 나는 교사, 상담자, 자문가 등 어떤 역할에 대한 경험이 많은가? 경험이 적었던 역할은 무엇인가?
④ 어떤 상담 접근법에서 효과적이며 편안하게 수퍼비전을 받았는가? 그것은 어떤 요인 때문이었는가?
⑤ 내가 선호하는 수퍼비전 양식은? 그 이유는? 그런 방법으로 수퍼비전 하는 수퍼바이저는 누구였는가? 다른 수퍼비전 양식을 가진 수퍼바이저는 어떤 사람들이었나? 이들 사이에는 어떤 차이가 있는가?
⑥ 수퍼바이지로서의 경험에서 효율적이었던 개입법으로 생각되는 것은 무엇이었나? 당시 나의 정서적 · 인지적 · 행동적 반응은 어떠했나? 수퍼비전에서 나는 이 개입법을 언제 사용할 수 있겠는가?
⑦ 나는 수퍼비전과 수퍼바이저에 대해 어떤 기대를 가졌었는가? 시간이 지나며 그 기대는 어떻게 변했나? 나와 같은 기대를 가진 수퍼바이지는 누가 있었고 다른 기대를 가졌던 수퍼바이지를 기억해 본다면 그들은 어떠한 기대를 가졌었나? 이들의 차이는 무엇인가?
※ 7가지 중 5가지 선택해서 작성

8 수퍼비전 사례 준비를 위해 도움이 되는 지침들 중 5가지를 기술하시오.

정답

① 내담자의 현재 문제를 간단히 설명하라.
② 회기에서의 목표에 대해 기술하라.
③ 회기에서의 역동성을 설명하라.
④ 내담자의 배경을 포함하여 회기 중 알게 된 중요한 정보들을 설명하라.
⑤ 회기 중 논의된 주요 문제들을 요약하라.
⑥ 현재 문제와 관련된 발달적, 문화적 정보를 설명하라.
⑦ 내담자의 문제에 대해 처음 가졌던 개념적인 해석을 기술하라.
⑧ 현재의 문제에 대한 개념적 해석의 변화(또는 확대)를 설명하라.
⑨ 진단 기준에 의거해 진단들을 나열하라.
⑩ 내담자에 대한 첫 치료 계획을 기술하라.
⑪ 치료 계획의 변화[또는 확대]를 설명하라.
⑫ 치료 계획을 바탕으로 한 다음 회기의 목표를 기술하라.
  ㉠ 이 회기에서 목표가 어느 정도 달성되었는가?
  ㉡ 이 사례에서 윤리적 염려가 되는 내용이 있는가?
⑬ 회기에 대한 개인적인 성찰을 공유하라.
⑭ 수퍼바이저에게 조언을 구하고자 하는 구체적인 질문들을 기술하라.
※ 14가지 중 5가지 선택해서 작성

학습 2 직업상담 수퍼비전 논점 파악하기

1 스톨텐버그와 델워스(Stoltenberg & Delworth, 1987)의 상담가 통합 발달 모형(IDM)에서 상담가의 발달단계를 구분하는 3가지 요소를 쓰시오.

정답

① 상담가의 자율성
② 상담가의 동기
③ 자기 자각 · 타인 자각

TIP

스톨텐버그와 델워스(Stoltenberg & Delworth)의 상담가 통합 발달 모형(IDM)의 발달단계 전문가로서의 성장을 평가하는 3가지 요소 : 상담가의 자율성, 동기, 자기 자각 · 타인 자각

㉠ **동기** : 수퍼바이지가 임상적 훈련과 실제에 쏟는 관심, 투자, 노력을 반영한다.
㉡ **자율성** : 수퍼바이지가 수퍼바이저로부터 독립한 정도를 반영한다.
㉢ **자기 자각 · 타인 자각**(자신과 타인에 대한 인식) : 자심과 내담자에 대한 자기인식의 정도를 반영한다.

〈상담가 통합발달 모형(IDM)에서 전문가로서의 성장을 평가하는 태도적 특성의 세 가지 측면〉

발달 단계	자율성	동기	자기 자각 · 타인 자각	수퍼비전 환경
1수준 의존 단계	의존적이고 모방적	• 높은 동기 수준 • 높은 불안 수준	자기-타인 자각 부족	• 상담 기술 교육, 심리적지지 • 구조화된 수퍼비전 제공,
2수준 의존-자율 간의 갈등단계	• 독립욕구 • 의존-자율간의 갈등	• 대체로 자신감 • 혼란, 절망, 우유부단	• 상담과 자신에 대한 자각이 늘어남 • 내담자에게 집중, 가끔 과도한 밀착	• 상담자를 지지 • 요청할 때 적극적이고 지시적인 수퍼비전 개입
3수준 조건적인 의존단계	자율적인 상담자	안정됨	자신에 대한 통찰과 함께 내담자에게 공감적	• 수퍼바이저는 상담자를 동료로 대하고 자율을 허락 • 주로 자문형식, 성찰적 수퍼비전
4수준 대선배 상담가 단계	세 가지 특성에서 모두 수준 3에 도달, 대인관계적, 인지적 측면, 직업적으로도 원숙한 상태			수퍼바이저와 상담자는 동료로서 협동 관계를 유지

2 **스톨텐버그와 델워스(Stoltenberg & Delworth, 1987)의 상담가 통합 발달 모형(IDM)에서 제시하는 상담자의 발달 단계를 쓰고 각 발달 수준별 특징을 2가지씩 설명하시오.**

정답

① **의존 단계** : 인간 행동에 대한 지적 이해는 있으나 상담 경험이 없다. 상담의 기본적 기술인 공감, 반영, 명료화 등이 훈련되어야 한다.

② **의존-자율 간의 갈등 단계** : 자신의 동기와 행동에 대해 통찰하려고 노력한다. 상담 기술이 습득되고, 선택할 대안들이 많아짐에 따라 자신감이 느는 한편, 상담에 대한 책임감 증가에 부담을 갖는다.

③ **조건적 의존단계** : 상담가로서의 정체감과 전문인으로서의 자신감이 증진된다. 자신의 의존적 욕구, 신경증적 동기에 대한 통찰이 는다.

④ **대선배 상담가 단계** : 자신의 개인적 한계점을 이해하고, 스스로 상담할 수 있는 단계에 이른다. 자신의 가치, 개인적 특징, 능력에 대한 이해가 증가하고 자신의 가치관 안에 전문인으로서의 정체감을 효과적으로 통합한다.

TIP 상담가 통합발달 모형(IDM)의 상담가 발달단계와 수준별 특징

발달 단계	특징
1수준 의존 단계	• 인간 행동에 대한 지적 이해는 있으나 상담 경험이 없다. • 상담의 기본적 기술인 공감, 반영, 명료화 등이 훈련되어야 한다. • 이 수준의 상담가는 의존적이라 수퍼바이저의 지시와 충고를 듣고 싶어한다. • 상담가는 불안하여 자신이 내담자에게 미치는 영향에 대한 통찰이 없다. ※ 수퍼비전 환경 : 상담가의 불안을 통제하기 위하여 충분히 구조화된 환경 안에서 자율성을 격려하는 것이다. 수퍼바이저는 상담가가 원하는 지시, 해석, 지지, 알아차리기 훈련, 솔선수범 등을 사용한다.
2수준 의존-자율간의 갈등단계	• 자신의 동기와 행동에 대해 통찰하려고 노력한다. • 상담 기술이 습득되고, 선택할 대안들이 많아짐에 따라 자신감이 느는 한편, 상담에 대한 책임감 증가에 부담을 갖는다. • 수퍼바이저 모방에 만족하지 않고 나름대로 새로운 시도를 한다. ※ 수퍼비전 환경 : 수퍼비전을 덜 구조화하며 상당히 자율성을 부여한다. 따라서 수퍼바이저는 1수준보다 지시를 줄이고 양가감정을 명료화하며 모델을 더 많이 보일 것을 권한다.
3수준 조건적인 의존단계	• 상담가로서의 정체감과 전문인으로서의 자신감이 증진된다. • 자신의 의존적 욕구, 신경증적 동기에 대한 통찰이 는다. • 상담 기술을 맹목적으로 사용하지 않고 융통성 있게 사용한다. ※ 수퍼비전 환경 : 상담가에 의해[수퍼바이저가 아니라] 제공된 구조를 따른다. 이는 이 시점의 상담가는 상당히 자율적이기 때문이다. 수퍼바이저와 동료적인 관계로 되어 가며 실제적 예를 함께 나눈다. 이 수준에서 상담가와 수퍼바이저는 수퍼비전을 통해 서로 지지와 통찰을 얻는다.
4수준 대선배 상담가 단계	• 자신의 개인적 한계점을 이해하고, 스스로 상담할 수 있는 단계에 이른다. • 자신의 가치, 개인적 특징, 능력에 대한 이해가 증가하고 자신의 가치관 안에 전문인으로서의 정체감을 효과적으로 통합한다. ※ 수퍼비전 환경 : 수퍼비전이 별로 중요하지 않다. 이 수준까지 수퍼비전이 계속된다면 수퍼비전 관계는 동료관계일 것이다.

3 상담자의 발달 수준에 따라 제시한 수퍼비전의 논점 5가지와 그 내용에 대해 기술하시오.

정답

① 상담 대화 기술은 내담자가 말로 표현하는 내용을 정확하게 알아듣고 이해하는 것이며, 내담자에게 상담자의 의사를 효과적으로 표현하는 것이다. 내담자의 비언어적 표현(얼굴 표정, 시선, 자세, 동작)의 특징을 관찰하고, 억양, 목소리 변화를 감지하는 것이다.

② 사례 이해는 내담자의 호소 논점, 상담 받고자 하는 이유를 파악하는 것이다. 내담자의 핵심 문제, 결점, 강점, 사회적 · 심리적 자원에 대한 평가를 포함한다. 내담자의 감정 양식, 표현 양식, 대응 양식, 대인관계 양식을 파악하고, 내담자의 기능 상태, 문제를 지속시키는 내 · 외적 역동, 스트레스원(stressor)을 파악하는 것이다. 또한 내담자 문제와 역동을 이해하고, 이를 이론적 틀에 근거해서 파악하는 것이다.

③ 알아차리기는 내담자 말의 내용뿐만 아니라 의미(핵심 메시지)까지 이해하는 것이다. 내담자의 내부에서 일어나는 감정, 생각, 의도, 의문, 기타 감각 등을 알아차리는 능력, 상담자의 내부에서 일어나는 감정, 생각, 의도, 의문, 기타 감각 등을 알아차리는 능력, 내담자-상담자 사이에 일어나는 상호작용 과정을 보고, 그 의미를 이해하는 것이다. 내담자 비언어적 표현의 특징이 의미하는 바를 아는 것이다.

④ 상담계획(목표, 전략, 개입 등)은 사례 이해에 기초하여 합리적인 상담목표를 세우고 이를 합의하는 것이다. 상담 목표에 맞는 체계적인 상담계획을 수립하고, 목표에 적합한 상담방법을 선택하는 것이다. 내담자의 변화를 촉진시키고, 증폭시키고자 하는 상담자의 의도가 담긴 대화를 포함한다. 각종 처치 및 개입기술(해석, 직면, 빈 의자 기법)이 이에 해당 한다.

⑤ 상담자의 태도는 내담자를 한 인간으로 존중하고, 내담자를 사랑하고 수용하는 태도를 말한다. 인간에 대한 긍정적인 시각, 융통성 있는 태도도 이에 포함된다. 상담자 자신에 대한 객관적이고 폭넓은 이해, 상담자로서의 자신감, 가치판단 보류, 내담자에 대한 인내심, 윤리적인 태도, 상담에 대한 신념 등도 이 영역에 해당한다.

TIP 우리나라 수퍼바이저들이 구분한 상담자의 발달 수준에 따라 제시한 논점

상담 대화 기술	• 내담자가 말로 표현하는 내용을 정확하게 알아듣고 이해하는 것이며, 내담자에게 상담자의 의사를 효과적으로 표현하는 것이다. • 내담자의 비언어적 표현(얼굴 표정, 시선, 자세, 동작)의 특징을 관찰하고, 억양, 목소리 변화를 감지하는 것이다.
사례 이해	• 내담자의 호소 논점, 상담 받고자 하는 이유를 파악하는 것이다. • 내담자의 핵심 문제, 결점, 강점, 사회적 · 심리적 자원에 대한 평가를 포함한다. • 내담자의 감정 양식, 표현 양식, 대응 양식, 대인관계 양식을 파악하고, 내담자의 기능 상태, 문제를 지속시키는 내 · 외적 역동, 스트레스원(stressor)을 파악하는 것이다. • 또한 내담자 문제와 역동을 이해하고, 이를 이론적 틀에 근거해서 파악하는 것이다.
알아차리기	• 내담자 말의 내용뿐만 아니라 의미(핵심 메시지)까지 이해하는 것이다. • 내담자의 내부에서 일어나는 감정, 생각, 의도, 의문, 기타 감각 등을 알아차리는 능력, 상담자의 내부에서 일어나는 감정, 생각, 의도, 의문, 기타 감각 등을 알아차리는 능력, 내담자-상담자 사이에 일어나는 상호작용 과정을 보고, 그 의미를 이해하는 것이다. • 내담자 비언어적 표현의 특징이 의미하는 바를 아는 것이다.
상담계획 (목표, 전략, 개입 등)	• 사례 이해에 기초하여 합리적인 상담목표를 세우고 이를 합의하는 것이다. • 상담목표에 맞는 체계적인 상담계획을 수립하고, 목표에 적합한 상담방법을 선택하는 것이다. • 내담자의 변화를 촉진시키고, 증폭시키고자 하는 상담자의 의도가 담긴 대화를 포함한다. • 각종 처치 및 개입기술(해석, 직면, 빈 의자 기법)이 이에 해당한다.
상담자의 태도	• 내담자를 한 인간으로 존중하고, 내담자를 사랑하고 수용하는 태도를 말한다. • 인간에 대한 긍정적인 시각, 융통성 있는 태도도 이에 포함된다. 상담자 자신에 대한 객관적이고 폭넓은 이해, 상담자로서의 자신감, 가치판단 보류, 내담자에 대한 인내심, 윤리적인 태도, 상담에 대한 신념 등도 이 영역에 해당한다.

4 감정노동 강도의 결정요인 4가지를 쓰고 설명하시오.

정답

① **감정표현의 빈도** : 상담자와 내담자 간의 상호작용 빈도에 초점을 둔다.
② **표현규범에 대한 주의성** : 표현규범에 대한 주의성이 클수록 상담자에게 더 많은 정신적인 에너지와 신체적인 노력이 요구되며 감정표현에 있어서 더 많은 노동이 필요하게 된다. 주의성에는 감정표현 기간과 강도의 개념이 포함된다. 감정의 강도는 "얼마나 강하게 또는 어떠한 태도로 감정을 경험하는가 또는 표현하는가?"와 관련된 것이다.
③ **감정의 다양성** : 특별한 상황에 맞추어 감정표현을 자주 바꾸어야 하는 상담자는 더 많은 계획과 자신의 행동에 대한 의식적인 관찰이 더 많이 필요하다. 제한적인 시간 내에 표현하는 감정이 자주 바뀌는 것은 상담자로 하여금 더 많은 계획과 예측을 요구하며, 이는 더 많은 감정노동을 수반하게 한다.
④ **감정적 부조화** : 감정적 부조화는 상담자들이 실제로 느끼는 감정과 조직에서 요구하는 감정표현이 충돌할 때 발생한다. 감정적 부조화로 인해 정서적 소진이 발생하고, 직무만족도가 감소한다.

5 감정노동 근로자의 상담자 개인 차원에서의 스트레스 관리방법 4가지를 기술하시오.

정답

① 자신의 감정을 다스리는 방법을 습득한다.
② 감정노동으로 인한 스트레스 증상 완화법을 활용한다(근육이완법, 복식호흡, 긍정적으로 생각하기, 자신의 감정 털어놓기, 자기주장 훈련, 생활습관 개선).
③ 힘들 때, 어려움을 나눌 수 있는 상사나 동료를 만든다.
④ 효율적 의사소통 방법을 익힌다.
⑤ 규칙적 운동, 규칙적 식생활 등 긍정적이고 올바른 생활습관을 갖는다.
⑥ 동호회 활동이나 봉사활동 등을 통해 심리적으로 재충전할 수 있는 기회를 갖는다.
※ 6가지 중 4가지 선택해서 작성

TIP 감정노동 근로자의 보호와 스트레스 관리

구분	내용
사업주, 보건관리자 및 관리감독자의 관리	• 감정노동이 직무 스트레스의 중요한 요인이라는 인식을 한다. • 안전 · 보건 교육에 감정노동에 관한 내용을 포함한다. • 감정노동 자체를 완화시키는 방안을 마련한다.(서비스 제공 고객의 적정 수, 친절교육 등의 영향 고려, 직무순환, 서비스에 대한 기준 마련, 휴식을 위한 편안한 공간 제공) • 고객과의 갈등이 발생할 때 (근로자와 고객의 이야기를 경청하고, 회사 차원에서 개선해야 할 점, 지원해야 할 점을 먼저) 조치한다. • 적정 서비스의 제공(근로자, 회사, 고객 '모두가 행복한 서비스' 문화 정착을 위한 조치)한다.
개인 차원의 관리	• 자신의 감정을 다스리는 방법을 습득한다. • 감정노동으로 인한 스트레스 증상 완화법을 활용한다(근육이완법, 복식호흡, 긍정적으로 생각하기, 자신의 감정 털어놓기, 자기주장 훈련, 생활습관 개선). • 힘들 때, 어려움을 나눌 수 있는 상사나 동료를 만든다. • 효율적 의사소통 방법을 익힌다. • 규칙적 운동, 규칙적 식생활 등 긍정적이고 올바른 생활습관을 갖는다. • 동호회 활동이나 봉사활동 등을 통해 심리적으로 재충전할 수 있는 기회를 갖는다.

6 버나드와 굿이어(Bernard & Goodyear)가 제안한 수퍼바이지 평가에서 고려해야 할 요소 5가지를 기술하시오.

정답

① 수퍼바이저는 수퍼비전 관계가 동등한 관계가 아니라는 점을 명심해야 한다. 수퍼바이지는 수퍼비전에서 상처받기 쉬운, 취약한 입장이라는 점을 수퍼바이저는 인식하고 있어야 한다.
② 수퍼바이저는 자신의 임상적 역할뿐만 아니라 관리자로서의 역할도 분명하게 언급할 필요가 있다.
③ 수퍼바이지의 기대와 역할의 명료성 또한 필수적이다.
④ 평가 과정은 수퍼바이지에게 미리 자세히 설명되어야 한다. 수퍼비전 관계의 예상 기간, 수퍼비전에서 선호하는 방법과 이 방법들이 어떻게 이용될지, 수퍼바이지의 발달을 평가할 때 고려할 추가적인 요인들, 사례 발표 횟수, 그리고 어떻게 평가가 수행되고 이용될 것인지 등과 같은 평가 과정과 절차상의 다양한 주제들을 포함해야 한다.
⑤ 수퍼바이지의 방어적 태도는 상담 수퍼비전 내에서 공개적으로 탐색되어야 한다.
⑥ 수퍼비전에서 나타날 수 있는 개인차도 공개적으로 탐색되어야 한다. 문화적인 차이, 선호하는 상담 이론, 수퍼바이저와 수퍼바이지의 역량 등 다양한 방면에서 개인차가 나타날 수 있다.
⑦ 수퍼비전에서 평가는 상호적이고 연속적인 과정이어야 한다. 즉, 수퍼비전과 수퍼바이저에 대한 수퍼바이지의 평가는 수퍼비전 과정에 수용되고, 동시에 수퍼비전과 수퍼바이저에 대한 수퍼바이저의 평가 역시 수퍼비전 과정에 포함되어야 한다. 따라서 수퍼바이지와 수퍼바이저 모두 수퍼비전 내용을 결정하는 데 적극적으로 관여해야 한다.
⑧ 수퍼비전 평가는 수퍼비전 전체 과정의 구조화 속에서 계획적으로 이루어져야 한다.
⑨ 수퍼바이지에 대한 성급한 평가는 피해야 한다. 수퍼바이저는 수퍼바이지를 서로 비교하여 우열을 따지기보다는 수퍼비전 과정을 통해 배워야 하는 기준에 부합하고 개별 수퍼바이지가 자신의 역량을 최대한 발휘하도록 도와야 한다.이를 위해서 도전적이면서도 활기차고 협력적인 수퍼비전 분위기가 조성되도록 해야 한다.
⑩ 수퍼바이지는 수퍼바이저의 전문가로서의 성장을 파악할 수 있어야 한다. 이를 위해서 수퍼비전 과정에서 수퍼바이지의 피드백을 요구하고, 받은 피드백을 수퍼비전 과정에 반영하는 것이 필요하다.
⑪ 수퍼바이저는 수퍼비전에 관련된 모든 상호관계를 주시해야 한다. 관계가 너무 가까워지거나 멀어지면 좋은 평가를 하기 어렵다.
※ 11가지 중 5가지 선택해서 작성

7 효과적인 수퍼비전에 대한 수퍼바이지의 지각 3가지에 대해 기술하시오.

정답

① 직접적인 도움을 긍정적으로 평가(모델링하기, 수퍼바이저의 경험 나누기 등 함
② 도전적, 성장을 도와주는 개입을 효과적인 수퍼비전 구성 요소를 부정적으로 지각할 수 있음
③ 직접적인 대안 제안, 구체적인 상담 방법 가르쳐주기를 더 선호(시범 보이기 등)함

TIP 효과적인 수퍼비전에 대한 수퍼바이저와 수퍼바이지의 지각 차이

㉠ Wortington & Roehlke(1979)
- 수퍼바이저 지각 : 설교적, 교수적 수퍼비전을 좋지 않은 것으로 여김
- 수퍼바이지 지각 : 직접적인 도움을 긍정적으로 평가(모델링하기, 수퍼바이저의 경험 나누기 등)

㉡ Worthen & McNeill(1996)
- 수퍼바이저 지각 : 도전적, 성장을 도와주는 개입을 효과적인 수퍼비전 구성 요소로 지각
- 수퍼바이지 지각 : 도전적, 성장을 도와주는 개입을 효과적인 수퍼비전을 부정적으로 지각할 수 있음

㉢ 손진희(2004)
- 수퍼바이저 지각 : 자율성 신장을 중요하게 생각(자신감 고취, 정서적 지지, 스스로 평가하도록 하기 등)
- 수퍼바이지 지각 : 직접적인 대안 제안, 구체적인 상담 방법 가르쳐주기를 더 선호(시범 보이기 등)

8 직업상담 수퍼비전의 논점을 구체화 하기 위한 질문들 5가지를 기술하시오.

정답

① 수퍼바이지가 통합되고 정확한 이론적 배경을 가지고 있는가?
② 내담자 특성별 · 직업적 논점별 관련 이론들을 활용할 수 있는가?
③ 진단 평가 능력이 전문적인가?
④ 진단 평가 도구 선택에 기준이 맞는 것인가?
⑤ 진단 평가 해석을 내담자 특성과 검사 점수에 적합하게 보고할 수 있는가?
⑥ 상담 진행 시 특정 사례에 사용된 기법과 개입 방법에 대하여 설명할 수 있는가?
⑦ 직업정보 수집과 분석 과정에서 보완하여야 할 방법이 있는가?
⑧ 자신이 개입한 것이 바람직하지 못한 결과를 낳았는지 이해하고 있는가?
⑨ 수퍼바이지가 향후 보강해야 할 능력이 있다면 무엇인가?
⑩ 윤리적 지침에 대하여 정확히 이해하고 실천하려고 노력하였는가?
⑪ 자신의 능력과 한계에 대하여 충분히 이해하고 있는가?
※ 11가지 중 5가지 선택해서 작성

학습 3 직업상담 수퍼비전 구조화하기

1 헤인즈, 코레이와 멀톤(Haynes, Corey & Moulton, 2006)이 제시한 수퍼비전의 목표 5가지를 기술하시오.

정답

① 상담 이론, 방법, 실무에 대한 지식 갖추기
② 다양한 내담자와 작업할 수 있는 상담 방법의 적용 능력 기르기
③ 진단과 개입 방법에 대한 폭넓은 이해 능력 기르기
④ 자신의 능력적 한계를 알고 자문과 수퍼비전을 요구하기
⑤ 공감, 존중과 진솔성의 기본적 상담 기술을 발달시키기
⑥ 개인의 문제가 어떻게 상담에 영향을 주고, 이러한 문제들이 내담자에게 어떠한 영향을 주는지를 지각하기
⑦ 어떤 내담자와 작업하기가 쉽고, 어떤 내담자와는 더 어려운지, 그리고 그 이유가 무엇인지를 탐색하기
⑧ 내담자들의 저항을 알아차리고, 그것에 대해 어떻게 작업해야 하는지를 알기
⑨ 관련된 윤리 조항을 알기
⑩ 상담에서 경험하는 윤리적 문제에 대한 올바른 판단과 분명한 의사결정 모형을 발달시키기
⑪ 임상 실습에 영향을 미치는 법적 측면에 대해 자각하기
⑫ 다문화 문제가 상담 과정에 미치는 영향과 내담자와 동료들 간의 문화적 차이점에 대한 작업 방법 파악하기
⑬ 다문화적 문제가 상담 과정에 어떤 영향을 미치는지, 그리고 내담자와 동료들 간의 문화적 차이에 대해 어떻게 작업해야 하는지에 대해 알기
⑭ 상담 실무 과정에서 자신에 대한 확신을 발달시키기
⑮ 상담자로서 자신의 개인적 역할을 검토하는 능력을 발달시키기
⑯ 실수 위험이 있더라도 도전하고, 이런 점에 대해 수퍼비전에서 다루기
⑰ 자기 자신의 상담 스타일을 발달시키려고 노력하기
⑱ 스스로 자신을 평가하는 방법을 개발하기
※ 18가지 중 5가지 선택해서 작성

2 헤인즈, 코레이와 멀톤(2006)의 수퍼비전 발달 단계와 목표에 대해 서술하시오.

정답

① 1단계 : 수퍼바이저의 철저한 점검과 관리
② 2단계 : 책임감의 공유
③ 3단계 : 숙련된 수퍼바이지의 독립적인 역할 수행

3 **수퍼비전 첫 회기가 끝나기 전 수퍼바이저와 수퍼바이지가 논의하여 명료화해야 되는 사항 5가지를 기술하시오.**

정답

① 얼마나 자주, 어느 정도의 시간으로, 어디서 만날 것인가? 등을 논의한다.
② 녹음 자료, 동영상 자료, 기록 등은 무엇을 사용할 것인가? 매번 같은 내담자로 할 것인가? 등을 논의한다.
③ 어떻게 내담자에게(의) 비밀을 보장할 것인가? 수퍼바이지는 어떻게 녹음 자료를 준비할 것인가? 녹음된 자료를 모두 사용할 것인가? 일부만 발췌할 것인가? 등을 논의한다.
④ 어떤 구조와 순서로 진행할 것인가? 내담자에 대한 요약으로 시작할 것인가? 상담자의 질문으로 시작할 것인가? 사례연구로 할 것인가? 등을 논의한다.
⑤ 자살 시도와 같은 위기를 어떻게 다룰 것인가? 위기 시 수퍼바이저가 나와 접촉할 수 있는 방법은? 만약 연결되지 않을 때에는 어떻게 대응할 것인가? 등을 논의한다.
⑥ 수퍼바이지를 어떤 기준으로 어떻게 평가할 것인가? 평가 도구로 할 것인가? 장점과 보완해야 할 점을 기술하도록 할 것인가? 표준화된 평가지에 점검하도록 할 것인가? 등을 논의한다.
⑦ 수퍼바이지는 어떤 유형의 내담자와 상담할 것인가? 그리고 수퍼바이저는 수퍼바이지가 상담하는 기관을 방문하고 관찰할 것인가? 등을 논의한다.
※ 7가지 중 5가지 선택해서 작성

4 **직업상담 수퍼비전 발달 단계인 초기, 중간, 종결 단계의 목표를 설정하시오.**

정답

① **초기 단계 수퍼비전의 목표** : 수퍼비전 관계를 발전시키고, 수퍼바이지 능력을 평가하며, 초기 경험을 교육하고 점검하는 것 등을 목표로 설정할 수 있다.
② **중간 단계 수퍼비전의 목표** : 의존적 실무에서 독립적 실무로의 전환 등을 목표로 설정할 수 있다.
이 단계에서 수퍼바이지의 모험적 · 도전적 욕구와 수퍼바이저의 신중함으로 인해 수퍼비전 관계에서 갈등이 나타날 수 있다.
③ **종결단계 수퍼비전의 목표** : 독립성을 키우고 수퍼바이지가 독립적인 전문가로서 일할 수 있도록 준비시키는 것 등이 목표가 될 수 있다.

5 **직업상담 수퍼비전 구조화를 위한 수행 Tip 3가지를 기술하시오.**

정답

① 수퍼비전의 방법을 결정하고 구체적인 방법을 목록화하여 체계적으로 구조화한다.
② 수퍼비전의 핵심은 수퍼비전 관계 발달이므로 수퍼바이지의 발달 수준과 수퍼비전 작업 동맹을 고려하여 구조화하고 수퍼비전 목표를 설정한다.
③ 구조화 및 계약 설정의 과정에서 수퍼바이저나 수퍼바이지의 어느 한쪽의 의견이 일방적으로 반영되지 않도록 유의하고 구조화의 과정이 너무 수용적이거나 너무 강압적이 되지 않도록 한다.

학습 4 직업상담 수퍼비전 실행하기

1 직업상담 수퍼비전 개입 방법 4가지를 선택하여 내용과 장점 2가지씩 설명하시오.

정답

방법	내용	장점
구두발표	임상적 상황에 대한 구두보고, 임상적 상황에 대한 집단토의	• 격식에 얽매이지 않는다. • 시간 대비 효과적이다. • 임상적 상황에 즉각적으로 대응할 수 있다. • 임상가가 보고에 포함하는 내용을 통해 임상가의 관점과 이해도를 가늠할 수 있다.
축어록	진행기록들, 전체 회기 또는 회기 중 일부의 축어록	• 치료 계획을 현재 진행 중인 세션에 적응(적용) 할 수 있다. • 사례 개념화와 서술 능력을 향상시켜준다. • 회상과 반성 능력을 기를 수 있다. • 회귀(회기)들에 대한 서면화된 기록이 남게 된다.
기록검토	회기노트, 차트 등의 문서검토	• 수퍼바이저의 중요한 역할 중 하나는 문서의 기준 준수를 인증하는 것이다. • 질적 통제를 위한 수단을 제공한다. • 기록의 일관성을 보장할 수 있다.
사례자문/ 사례관리	사례에 관한 논의 간략한 사례 개관	• 정보를 조직화하고, 문제를 개념화하며, 임상적 개입을 결정하는 것을 돕는다. • 이슈들들[예 : 문화적 이슈들], 이론과 시술을 통합하고 더 나은 자기인식을 촉진한다. • 치료계획의 중요한 요소이다. 사례 자문 방식은 수퍼바이지의 사례에 대한 논의를 포함하며, 가장 일반적인 수퍼비전 방식이다(Goodyear & Nelson, 1997). 사례 자문은 보통 대화로 진행되는데, 수퍼바이지가 상담 사례와 관련된 중요한 내용들을 사례 보고서 형식으로 정리해 와서 말로 설명하게 된다. 사례 보고서에 포함되어야 할 사항으로는 일반적인 내용[예 : 내담자의 인적사항과 가족 사항, 내방 경위, 호소 문제와 주요 심리검사 결과 등] 외에도 내담자에 대한 상담자의 평가, 상담자의 상담목표와 전략, 상담자가 수퍼비전에서 도움 받고 싶은 점 등 다양하다.
직접관찰	수퍼바이저가 회기를 직접 (관)찰하고, 임상가에 제한적인 제안이나 코멘트를 제공함.	• 치료의 질을 보호하는 가운데 기본적인 기술들을 가르칠 수 있다. • 수련생의 회기의 방향이 긍정적으로 바뀌는 것을 보고 경험하게 된다. • 수퍼바이저로 하여금 내담자의 안녕을 위해 개입해야할 시점에 개입할 수 있도록 한다. 직접 관찰 방식은 수퍼바이지의 상담 장면을 직접 관찰할 수 있는 다양한 방법이다. 가장 일반적인 것은 수퍼바이저나 수퍼바이저를 포함한 관찰팀이 수퍼바이지가 상담하는 장면을 일방경(one-way glass)이나 비디오 화면을 통해 직접 관찰하는 방식이다. 또 상담을 진행하는 방에 수퍼바이저가 직접 들어가서 관찰을 하는 방식도 있다. 이렇게 직접 관찰을 하는 경우에는 내담자의 얼굴이 수퍼바이저에게 공개되기 때문에 내담자가 경험하는 부담이 다른 수퍼비전 방식에 비해 더 클 수 있다. 따라서 직접 관찰을 하는 경우, 수퍼비전 방식에 대해 수퍼바이지는 내담자에게 미리 알리고 반드시 동의를 구해야 한다.

오디오녹음	회기를 녹음하고, 검토함	• 기술적으로 쉽고 비용이 저렴하다. • 전반적인 친교형성, 속도, 개입들을 확인할 수 있다. • 회기를 방해하지 않는 도구이다. • 임상 회의나 팀 회의 때 함께 들을 수 있다.
비디오녹화	회기를 녹화하고, 검토함	• 언어적/비언어적 정보를 모두 검토할 수 있는 매체이다. • 임상적 기술에 대한 자료를 제공한다. • 집단 수퍼비전 회기에서 함께 볼 수 있다. • 직접 관찰의 대안으로 사용할 수 있다. • 대안적 개입을 제공하기 용이하다. • 회기 내용, 회기의 인지적, 정서적 측면을 아울러 다룰 수 있다.
웹캠	인터넷 수퍼비전 화상회의	• 어떤 컴퓨터에서나 접속할 수 있다. • 시간을 효율적으로 사용할 수 있다. • 설치와 사용 비용이 중간 정도이다.
공동촉진과 모델링	• 수퍼바이저와 수퍼바이지가 회기를 함께 운영함 • 수퍼바이지가 지켜보는 가운데 수퍼바이저가 특정한 기술을 시연함 • 수퍼바이지가 해당 기술을 역할 연기하는 과정이 뒤따르기도 함	• 수퍼바이지를 관찰하면서 동시에 기술을 시연해 줄 수 있다. • 내담자에게 더 도움이 될 수 있다. • 수퍼바이지의 기술 습득을 점진적으로 촉진하며, 향상 정도를 관찰할 수 있다. • 다루기 어려운 내담자의 경우, 수퍼바이저가 회기 진행을 직접 도와 줄수 있다.
역할연기	임상 상황을 역할 연기함	• 학습 과정을 북돋운다. • 수퍼바이저가 수퍼바이지의 기술을 직접 관찰 할 수 있다. • 수퍼바이지에게 다른 관점을 배울 수 있게 할 수 있다. • 수퍼바이지에게 새로운 기술을 연습할 수 있는 안전한 환경을 제공한다.
대인관계 과정 회상(IPR)	상담 중의 생각, 느낌을 회상하게 하는 방법	• 상담 장면을 회상하여 표현하지 못한 생각, 느낌, 지각 등을 자각케 하는 경험은 상담자의 자각 수준을 높여주고 상담자로서 자신을 이해하는 데 도움이 된다. • 내담자, 상담자와 내담자의 상호작용에 대한 이해를 높이는 데에도 효과적이다.

※ 11가지 중 4가지 선택해서 작성

2 수퍼바이지의 수준별 개입방법을 4가지로 설명하시오.

정답

① **초심자 수퍼바이지** : 수퍼비전 관계를 촉진하기 위해 지지하고 반영하는 기법을 많이 사용하고, 상담에 필요한 기본적인 대화 기술과 사례에 대한 이해를 많이 다룬다.

② **숙련된 수퍼바이지** : 감정과 행동의 차이나 수퍼바이지가 실제 상담한 것과 효율적인 상담과의 차이를 직면시키는 기법을 지지와 함께 사용하는 것이 효과적이다.

③ **좀 숙련된 수퍼바이지** : 동료로서 지식을 나누고 보다 독립적으로 기능할 수 있도록 한다.

④ **고도로 숙련된 수퍼바이지** : 특정한 내담자의 공동 치료자로 참여하며 수퍼바이저를 관찰하는 것도 유용하다. 또는 다른 상담 접근을 하는 여러 명의 수퍼바이저, 다양한 수퍼비전 스타일을 경험함으로써 이들의 피드백을 자신의 상담에 통합할 수 있게 하는 것도 적합하다.

3 로젠버그(Rosonberg)의 수퍼비전 고급 전략 5가지를 기술하시오.

정답

① 전략 18. 변화이론에 대한 수퍼바이지의 탐색을 격려한다.

② 전략 19. 수퍼바이지의 사례 개념화를 돕는다.

　㉠ 내담자의 이야기를 경청하고 대인 패턴을 탐색한다.

　㉡ 내담자의 문제에서 사회적 · 역사적 맥락을 탐색한다.

　㉢ 내담자의 강점과 자원을 평가한다.

　㉣ 가설을 설정한다.

　㉤ 목표를 설정하고, 접근법을 선택하며, 계약을 체결한다.

③ 전략 20. 내담자에 대한 이해를 촉진하기 위해 수퍼바이지의 감정을 탐색한다.

④ 전략 21. 수퍼바이지가 내담자와의 행동에서 단서를 확인, 사용하도록 격려한다.

⑤ 전략 22. 한 회기 내에서 수퍼바이지의 의도를 탐색한다.

⑥ 전략 23. 발달상의 도전거리를 제시한다.

⑦ 전략 24. 수퍼바이지 · 내담자의 경계 문제를 탐색한다.

⑧ 전략 25. 내담자를 다루기 위한 적절한 전략을 모델링할 수 있도록 평행 과정을 사용한다.

⑨ 전략 26. 수퍼바이지의 아이디어와 행동을 긍정적 방식으로 재구성하고 그 위에 구축한다.

⑩ 전략 27. 내담자의 경험에 의해 발생한 수퍼바이지의 고통스러운 감정을 처리하도록 돕는다.

※ 10가지 중 5가지 선택해서 작성

4 로젠버그(Rosonberg)의 수퍼비전 초급 전략 중 '교사 기능' 5가지를 기술하시오.

정답

① 전략 1. 관찰된 상담 회기의 상호작용을 평가한다.
② 전략 2. 수퍼바이지에게 내담자에 관한 가설을 제공하도록 한다.
③ 전략 3. 적절한 개입 방법을 확인한다.
④ 전략 4. 개입 기법을 가르치거나, 시범을 보이거나, 모델 역할을 한다.
⑤ 전략 5. 구체적인 전략과 개입 방법 이면의 근거를 설명한다.
⑥ 전략 6. 상담 회기에서 중요한 사건들을 해석한다.
※ 6가지 중 5가지 선택해서 작성

TIP 로젠버그(Rosonberg)의 수퍼비전 초급 수준 전략

초급	전략
교사 기능	전략 1. 관찰된 상담 회기의 상호작용을 평가한다. 전략 2. 수퍼바이지에게 내담자에 관한 가설을 제공하도록 한다. 전략 3. 적절한 개입 방법을 확인한다. 전략 4. 개입 기법을 가르치거나, 시범을 보이거나, 모델 역할을 한다. 전략 5. 구체적인 전략과 개입 방법 이면의 근거를 설명한다. 전략 6. 상담 회기에서 중요한 사건들을 해석한다.
상담자 기능	전략 7. 상담 회기 동안 수퍼바이지의 감정을 탐색한다. 전략 8. 수퍼비전 회기 동안 수퍼바이지의 감정을 탐색한다. 전략 9. 구체적인 기법이나 개입 방법에 관한 수퍼바이지의 감정을 탐색한다. 전략 10. 상담 회기에서 자신감, 불안에 대한 수퍼바이지의 자기탐색을 격려한다. 전략 11. 수퍼바이지가 개인 역량과 성장을 위한 영역을 설정하는 것을 돕는다. 전략 12. 수퍼바이지에게 자신의 정동[情動, 감정의 움직임]과 방어를 처리할 수 있는 기회를 제공한다.
자문가 기능	전략 13. 수퍼바이지용 대안적 개입 방법이나 사례 개념화를 제공한다. 전략 14. 수퍼바이지가 전략과 개입 방법에 대해 브레인스토밍 하도록 격려한다. 전략 15. 수퍼바이지가 내담자의 문제와 동기에 대해 논의하도록 격려한다. 전략 16. 수퍼비전 회기 중 수퍼바이지의 욕구 충족을 추구하고 시도한다. 전략 17. 수퍼바이지가 수퍼비전 회기를 구조화하게 한다.

5 사례 개념화의 적절성 검토사항 3가지에 대해 기술하시오.

정답

① 논점 파악을 위해 내담자의 정보를 종합적으로 검토하였는가?
② 논점 진단과 상담목표 설정 시 공식적인 이론에 기반을 두었는가?
③ 내담자의 논점, 상담 목표, 상담전략과 개입 기법 등이 일관된 맥락으로 구조화되었는가?

6 효과적인 수퍼비전의 원리와 개입 전략 5가지를 기술하시오.

정답

① 수퍼바이지의 기대와 요구를 탐색하고, 이를 충족시키도록 노력한다.
② 수퍼바이지와 수퍼바이저는 수퍼비전 목표를 합의하여 결정한다.
③ 내담자의 주 호소 문제, 상담 동기, 문제 원인, 상황적 배경 등에 대해 수퍼바이지가 가설을 세우도록 격려한다.
④ 수퍼바이지가 상담전략과 개입 방법에 대해 가능한 여러 가지 대안을 탐색한다.
⑤ 가설에 맞는 적절한 상담 개입 방법을 수퍼바이지가 스스로 찾도록 돕는다.
⑥ 상담 시간 중 수퍼바이지 반응에 대해 수퍼바이지의 의도를 탐색하도록 한다.
⑦ 내담자의 행동과 수퍼바이지 자신의 행동에 나타난 단서를 인식하고, 이를 활용하는 능력을 개발하도록 돕는다.
⑧ 상담 회기 중에 나타난 수퍼바이지와 내담자의 상호작용을 평가한다.
⑨ 수퍼바이저가 수퍼바이지에게 대안적인 개입 방법과 사례에 대한 이론적 이해를 제시한다.
⑩ 수퍼바이지가 이론적인 틀에서 사례를 이해하도록 돕는다.
※ 10가지 중 5가지 선택해서 작성

7 직업상담 수퍼비전 실행 시 수행 팁 5가지를 기술하시오.

정답

① 수퍼비전은 지속적으로 이루어져야 하며, 정기적으로 이루어져야 한다.
② 아무리 뛰어난 수퍼바이저라고 할지라도 개입의 시기와 방법에 대한 논란의 여지가 많다. 그러므로 수퍼바이저도 동료의 수퍼비전을 받아야 한다.
③ 수퍼바이지가 스스로 자신의 장단점을 이해하도록 하고, 수퍼바이저는 칭찬과 용기를 주어야 한다.
④ 수퍼비전 결과는 수퍼비전 진행 시에 실시되지만, 결과 보고서를 작성하여 수퍼바이지와 그 내용에 대하여 다시 한번 토의하여 확정한다.
⑤ 윤리적인 면이 강조되고 있는 시대에 부응하여 윤리적인 자세와 태도를 촉구하여야 한다.

학습 5 직업상담 수퍼비전 평가하기

1 수퍼비전 평가 단계를 5단계로 설명하시오.

정답

① **수퍼비전 목표 및 목적 설정의 타당성** : 수퍼바이지가 주로 활동한 영역 및 대상, 수련 활동, 관련 자격증 등을 검토하고, 수퍼바이지에게 필요한 수퍼비전을 확인하며 목표와 목적을 설정하고 계획을 수립하였는지를 평가한다.
② **수퍼바이지의 수퍼비전 요구도에 의한 구조화** : 수퍼바이저는 수퍼바이지와 면담하여 진단 평가, 직업상담, 직업정보 가공, 교육지도 등에서 발생하는 수퍼비전의 요구도를 파악하며, 수퍼비전의 구조를 구상하고 수퍼바이지의 의견을 듣는다.
③ **수퍼비전 진행** : 수퍼비전의 구조와 다음의 수퍼비전 항목에 따라 수퍼비전을 실시한다.
④ **수퍼바이지의 만족도 조사** : 수퍼바이저는 수퍼비전이 끝나고 수퍼바이저(지)에게 만족도를 질문하거나 기술하도록 하고, 그 결과에 대하여 응답해 준다.
⑤ **수퍼비전 결과 보고서 작성** : 수퍼비전의 각 항목에 의거하여 평가 보고서를 작성한다.

2 직업상담 윤리 수퍼비전 단계를 4단계로 설명하시오.

정답

① **인간 존중과 내담자 권리** : 어떤 경우라도 내담자가 인간으로서의 가치를 존중받아야 하며, 상담 내용이 보호받아야 하는 원칙을 수퍼바이지가 정확히 인식하고 있는지에 대하여 평가한다.
② **내담자에 대한 책임** : 내담자의 호소 문제를 해결하고 종결하는 것이 수퍼바이지의 임무이다. 그러나 상담 회기가 지나도 나아지지 않거나, 내담자와의 관계에서 오해의 소지가 있거나, 수퍼바이지의 영역 밖이라면 다른 전문가에게 의뢰하거나 적절한 기관으로 안내하여야 한다. 수퍼바이저는 내담자 호소와 수퍼바이지의 태도에 대하여 수퍼비전을 한다.
③ **비밀의 보장** : 내담자의 정보는 개인 식별이 가능한 정보를 보호하여야 하며, 정보의 파기에 대하여 구체적인 방법을 세워야 한다. 그러나 자신이나 타인, 혹은 사회에 심각한 위해를 가할 상황이 분명하면 상담자는 적절한 절차를 거쳐 정보를 공개할 수 있지만, 내담자의 위험을 최소화하여야 한다. 상담의 전 과정에서 이러한 문제들이 지켜졌는지 수퍼바이저는 점검한다.
④ **유인, 유도, 속임수** : 내담자가 검사 실시, 상담 진행 과정 등에 대해 동의하에 상담을 실시하여야 하는데, 수퍼바이지가 내담자의 동의 없이 직업 심리검사를 실시하거나, 과도한 상담 효과를 제시하거나 하는 등의 유인, 유도가 있었는지 수퍼바이저는 점검해야 한다. 내담자에게 점점 상담 효과가 나타난다는 속이기(deception)는 사용이 필요할 수도 있지만, 반드시 필요했는지에 대한 수퍼바이저의 점검이 필요하다.

3 **수퍼비전 종결 시 다룰 수 있는 주제들 3가지를 기술하시오.**

정답

① 수퍼바이지의 종결과 이별에 대한 감정을 다룬다.

② 수퍼비전에서 학습한 것을 정리한다.

③ 수퍼비전에서 학습한 것을 실제 상담에 적용하고 앞으로 남은 과제를 점검하는 것이다. 구체적으로 이번 수퍼비전에서 배운 것은 무엇인지, 아직 남아 있는 학습 과제는 무엇인지, 이번 수퍼비전에 참여한 것의 개인적인 의미는 무엇인지, 이러한 내용에 대해 수퍼바이지가 수퍼비전에서 학습한 것을 이해하고 통합하고 정리하여 자신의 것으로 만들 수 있도록 돕는 것이 필요하다.

CHAPTER 13

직업정보 가공

학습 1 직업정보 요구도 분석하기

1 **정보격차를 기반으로 직업정보의 특수함을 고려하여 직업정보 문해력 5가지 수준에 대해 서술하시오.**

정답

① **1수준** : 대상자가 필요한 직업정보의 특성과 범위를 결정할 수 있는 역량이다.
② **2수준** : 필요한 직업정보에 효과적이고 전략적으로 접근하는 역량이다.
③ **3수준** : 획득한 직업정보와 정보원을 비판적으로 평가하고 선택한 정보를 자신의 가치와 지식체계에 통합하는 역량이다.
④ **4수준** : 구체적 목표를 이루기 위한 직업정보를 필요한 과정에 효과적으로 사용하는 역량이다.
⑤ **5수준** : 직업정보를 둘러싼 법적 · 경제적 · 사회적 문제를 이해하고 직업윤리적 기준에 적합하게 직업정보에 접근하고 사용하는 역량이다.

직업정보 문해력은 대상자의 정보 수준을 평가하는 능력과 역량에 대한 개념에서 시작되어 직업정보 문해력으로 적용된다. 대상자의 직업정보 수준은 정보 문해력을 기반으로 직업정보의 특수함을 고려하여 직업정보에 대한 내담자의 역량을 평가하는 것이 필요하다. 미국 ACRL(association of college and research libraries)에서 정보문해력 역량 기준을 5가지로 제시하고 있다.

TIP 기준별 정보 문해력 역량

수준 단계	특징
기준 1	대상자가 필요한 직업정보의 특성과 범위를 결정할 수 있는 역량이다.
기준 2	필요한 직업정보에 효과적이고 전략적으로 접근하는 역량이다.
기준 3	획득한 직업정보와 정보원을 비판적으로 평가하고 선택한 정보를 자신의 가치와 지식체계에 통합하는 역량이다.
기준 4	구체적인 목표를 이루기 위한 직업정보를 필요한 과정에 효과적으로 사용하는 역량이다.
기준 5	직업정보를 둘러싼 법적 · 경제적 · 사회적 문제를 이해하고 윤리적 · 법적 기준에 적합하게 직업정보에 접근하고 사용하는 역량이다.

2 생애주기 따른 진로발달 단계별 직업정보의 역할에 대해 서술하시오.

정답

① **아동기** : 인지발달을 고려하여 직업정보는 구체적이고 분명해야 하며, 주로 학교 프로그램을 통해 전달된다. 프로그램의 활동은 가족이나 가정에 초점을 두고 체험활동이나 놀이, 관찰을 통해 가능하다.

② **청소년기** : 정체성과 역할 혼미라는 과정을 거치므로 가치체계가 성립되는 중요한 과정이며, 자기개념을 직업세계에 연결해주는 작업이 필요하다. 청소년의 진로성숙과 직업정체성에 맞는 적절한 직업정보를 제공해야 한다.

③ **성인진입기** : 청소년기에서 성인기로 넘어가는 하나의 독립적인 단계로 자신이 하고 싶은 일이 무엇인지 명확히 하기 위한 단계로 실질적인 직업활동이 구체화되어야 한다. 이 시기에 갖게 되는 불안감을 낮추고, 미래 가능성에 대한 낙관적 태도를 심어주는 것이 바람직하다.

④ **성인기** : 다양한 생애역할 변화와 실직, 진로전환, 은퇴 등을 경험하게 되는 시기로 다시 진로목표를 세우고 건설적인 구직전략을 개발하도록 도와야 한다.

샤프(Sharf, 2016)는 직업정보 단계는 대상자의 생애주기에 따른 진로발달을 고려하여 아동기, 청소년기, 후기 청소년기, 성인기 등으로 나누었다.

TIP 생애주기에 따른 진로발달 단계별 직업정보의 역할

발달 단계	직업정보의 역할
아동기	• 아동기는 인지발달을 고려하여 주어지는 직업정보는 구체적이고 분명해야 한다. • 직업에 대한 학습은 부담을 주지 않는 범위 안에서 작은 단위로 이루어져야 한다. • 주로 학교 프로그램을 통해 전달되는 경우가 많다. • 프로그램의 활동은 가족이나 가정에 초점을 두고 체험활동이나 놀이, 관찰을 통해 가능하다. • 활동을 구성할 때는 아동의 학습단계와 정보처리 능력에 맞게 구성하는 것이 바람직하다. • 제공되는 정보에는 성적편견이 없어야 한다.
청소년기	• 진로선택을 염두에 두고 교육적으로 전념하는 단계로 추상적 사고를 할 수 있게 되어 문제를 해결하고 계획을 세우는 능력이 발달하고 진로계획을 크게 촉진시킨다. • 정체성과 역할 혼미라는 과정을 거치므로 가치체계가 성립되는 중요한 과정이며, 자신의 역량을 평가할 수 있는 능력이 생긴다. • 개인의 다른 특징을 기술하기 위해 자기개념을 직업세계에 연결해주는 작업이 필요하다. • 직업 정체성을 발달시키는 과정이 중요한데, 개인은 환경으로부터 얻은 정보를 점차 자기개념과 정체성에 통합시키기 위해 노력해야 한다. • 청소년의 진로성숙과 직업정체성에 맞는 적절한 직업정보를 제공해야 한다.
성인진입기	• 청소년기에서 성인기로 넘어가는 하나의 독립적인 단계이다. • 자신이 하고 싶은 일이 무엇인지 명확히 하기 위한 단계로 실질적인 직업활동이 구체화되어야 한다. • 막연한 직업정보가 아니라 실제 어떤 직무를 어떤 작업환경과 조직문화 안에서 펼칠 것인가 등 직무 중심의 구체적이고 실질적인 지원이 필요하다. • 정체성, 역할에 대한 고민 등 심리적 지원도 함께 이루어져야 하며, 이 시기에 갖게 되는 불안감을 낮추고, 미래 가능성에 대한 낙관적 태도를 심어주는 것이 바람직하다.
성인기	• 다양한 생애역할 변화와 실직, 진로전환, 은퇴 등을 경험하게 된다. • 충격과 부정적인 정서적 영향에 적절하게 대처하도록 도와야 한다. • 다시 진로목표를 세우고 건설적인 구직전략을 개발하도록 도와야 한다.

학습 2 직업정보 가공 기획하기

1 **직업정보 가공을 위한 대상자의 특성 조사방법에 대해 5가지를 쓰고 설명하시오.**

정답

① **문헌자료조사** : 문헌자료조사는 필수적으로 포함되어야 하며, 대상자와 관련된 다양한 연구보고서, 학술지, 논문 등 자료를 수집한다.
② **설문조사** : 대상자들에게 필요한 문항으로 설문지를 구성하여 대상 이용자들에게 배포하여, 응답한 뒤 설문지를 수거한다.
③ **면담법** : 대상자에 대한 문헌자료가 거의 없거나 부족한 경우, 최근 자료가 없는 경우 대상에 대한 심층적 이해와 직접적 요구를 들을 수 있는 측면에서 좋은 방법이다.
④ **관찰법** : 관련 대상들이 자주 이용하는 단체, 기관, 모임 등에 참여하여 행동특성을 이해하는 데 도움이 된다.
⑤ **델파이기법** : 전문가 위원회를 구성하여 접촉하지 않고 3~4회에 걸쳐 개방형 질문에 대한 답을 수집한다.

TIP 직업정보 가공 기획을 위한 대상자 특성 조사방법

조사방법	특징
문헌자료조사	• 문헌자료조사는 필수적으로 포함되어야 하며, 대상자와 관련된 다양한 연구보고서, 학술지, 논문 등 자료를 수집한다. • 자료들을 모두 수집하고, 여기서 공통적으로 발견되는 특성과 논점을 정리한다.
설문조사	• 대상자들에게 필요한 문항으로 설문지를 구성하여 대상 이용자들에게 배포하여, 응답한 뒤 설문지를 수거한다. • 대상에 따라서는 설문지를 아무 설명 없이 배포해서는 안 된다. • 한국어에 능통하지 않거나 한국문화에 낯선 경우 문해력이 낮은 대상의 경우는 각별히 주의해야 한다.
면담법	• 대상자에 대한 문헌자료가 거의 없거나 부족한 경우, 최근 자료가 없는 경우 대상에 대한 심층적 이해와 직접적 요구를 들을 수 있는 측면에서 좋은 방법이다. • 면담은 내담자의 동의를 얻어 녹음하는 것이 좋으며, 구조화된 질문지를 가지고 면담하는 것이 좋다. • 사전에 대상자의 양해 아래 면담을 하며, 내담자가 자신의 이야기를 솔직하고 편안하게 할 수 있는 분위기를 조성하는 것이 필요하다.
관찰법	• 관련 대상들이 자주 이용하는 단체, 기관, 모임 등에 참여하여 행동특성을 이해하는 데 도움이 된다. • 관련 모임에 직접 참여하여 정보를 얻기 위해서는 참여 관찰의 목적과 결과의 활용취지를 잘 설명하고 양해와 동의를 얻어 이루어져야 한다.
델파이기법	• 전문가 위원회를 구성하여 접촉하지 않고 3~4회에 걸쳐 개방형 질문에 대한 답을 수집한다. • 1차 개방형 질문의 답변들을 정리하고 구조화하여 객관식 문항으로 구성한 뒤 동일한 패널들에게 다시 질문하는 방식이다.

학습 3 직업정보 가공 실행하기

1 직업정보 가공을 위한 정보 매체의 특성을 기술하시오.

정답

직업정보 가공을 위해 매체의 특성을 파악해야 그에 맞는 콘텐츠의 구성과 이후 체계화 및 전달과정까지 적절하게 연결될 수 있다. 이병기(2017)가 제시한 정보매체의 특성은 다음과 같다.

① 정보매체가 달라지면 수록할 수 있는 기호가 달라진다.
② 정보매체가 수록할 수 있는 기호에 의해 전달의 강도가 달라진다.
③ 정보매체가 달라지면 수록할 수 있는 정보의 양이 달라진다.
④ 정보매체가 달라지면 정보의 전달속도가 달라진다.
⑤ 정보매체에 따라 정보 수용자의 인지체계가 달라진다.
⑥ 정보매체에 따라서 보편성의 정도가 달라진다.
⑦ 휴대 이동 및 이용의 편리성과 경제성이 달라진다.

2 직업정보 가공 시 유의할 점에 대해 3가지 쓰시오.

정답

① 가독성의 중요성
② 사용성의 중요성
③ 직업콘텐츠의 객관성과 정확성

직업정보 가공 시에는 가독성, 사용성, 직업콘텐츠의 객관성과 정확성 등을 유의해야 한다.

TIP 직업정보 가공 시 유의점

유의할 점	내용
가독성의 중요성	• 넓은 의미의 가독성은 독자가 언어기호를 시각적으로 파악하기 쉬운 정도를 일컫는 개념인 식별성(legibility)과 가독성(readability) 두 가지 의미를 포함한다. • 직업정보 가독성은 글자와 관련된 타이포그래피뿐만 아니라 본문 편집양식의 난이도와도 관계된다. • 타이포그래피(typograpy)는 활자 서체의 배열을 말하는데, 특히 문자 또는 활판적 기호를 중심으로 2차원적 표현을 가리킨다.
사용성의 중요성	• 인쇄물 중심의 직업정보에서 인터넷과 모바일 매체를 활용한 직업정보들이 확대되고 미래사회는 스마트폰을 통해 직업정보를 얻는 것이 가장 보편화될 것이다. • 이러한 앱과 모바일 환경에서 적합한 사용성을 고려하는 것이 필요하다
직업콘텐츠의 객관성과 정확성	• 가공 시에 사용하는 콘텐츠는 특정 직업에 대한 특성과 장단점이 편견 없이 제공되어야 한다. • 가공자의 의견이나 의미가 부여되지 않은 객관적인 콘텐츠를 제시해야 하며, 이해를 돕기 위한 그림이 특정 직업에 대한 고정관념을 강화하는 방향으로 제시되어서는 안된다.

3 **내담자의 직업선택을 위한 6단계에 대해 서술하시오.**

정답

① **1단계** : 직업선택을 인식하는 단계
② **2단계** : 내담자의 직업 관련 다양한 특성 평가 단계
③ **3단계** : 적합직무의 범위 구체화 단계
④ **4단계** : 도전 가능한 직업에 대한 정보수집 단계
⑤ **5단계** : 직업선택 결정 단계
⑥ **6단계** : 선택 직업을 얻기 위한 구체적 실행 단계

내담자의 직업 의사결정 단계에 따라 필요한 직업정보와 제공되는 방식도 다를 수 있다. 이 단계는 내담자가 동일한 순서로 거치는 것은 아니며, 특정 단계를 건너뛰기도 하고 비순차적으로 혹은 순환적으로 진행되기도 한다.

TIP 직업 의사결정 단계별 직업정보의 특징

직업선택 단계	특징
1단계	• 모든 가능성을 다 열어놓은 진로선택 과정에서 막연하게 직업정보를 탐색하던 과정보다 좀 더 실질적이고 현실적인 직업정보가 필요하다. • 내담자의 진로발달 단계에 따른 진로성숙의 문제, 역할갈등이나 현재 고민하는 진로장벽과 진로갈등 등을 종합적으로 판단하여 직업정체성의 단계에 대한 사정이 필요하다.
2단계	• 직업선택의 필요성을 인식하고 자신에 대한 이해와 탐색을 하는 단계로 내담자의 흥미, 적성, 직업 가치관 등을 토대로 생애진로 주제를 확인하고 과거의 일 경험과 직업역량을 평가하는 단계이다. • 필요한 직업정보는 내담자가 직업을 선택하는 데 있어 자신을 정확하게 분석하고 이해하도록 지원할 수 있어야 한다.
3단계	• 내담자의 정확한 평가를 토대로 맞는 직무군으로 좁혀 나가는 단계이다. • 2단계에서 실시한 다양한 검사를 토대로 적합한 직업으로 추천된 직업목록에서 공통된 직무를 좁혀 내는 것이 필요하다.
4단계	• 적합 직무의 범위를 직업과 연관해서 무엇이 있는지 조사하는 것이 먼저 선행되어야 한다. • 적합직무 범위에 해당되는 직업의 하는 일, 교육 · 자격 · 훈련, 임금, 직업만족도, 전망, 능력, 지식, 환경 등의 직업정보가 필요하다.
5단계	• 4단계에서 수집한 정보를 모아서 정리하고 비교 분석을 통해 최종 직업을 선택하는 과정이다. • 이 단계는 다른 단계에서 제공되는 직업정보가 포함될 수 있으며, 특히 진로의사결정 과정에서 빠질 수 있는 함정들에 대한 정보가 필요하다.
6단계	• 5단계에서 의사결정한 직업을 얻기 위해 구체적으로 해야 하는 실행을 준비하는 단계이다. • 이 단계에서 필요한 직업정보는 채용정보, 자격 관련 정보, 직업훈련 정보, 진학정보 등이 있다.

4 **직업선택 결정단계에서 나타날 수 있는 내담자의 의사결정 함정 6가지 쓰고 설명하시오.**

정답

① **시간지연의 함정** : 일시적인 불편함을 회피하고자 의사결정을 지속적으로 미루는 유형이다.
② **악화의 함정** : 아닌 것을 알면서도 멈추지 못해서 늘 후회하는 유형
③ **무지의 함정** : 추측을 근거로 자신이 보고 싶은 정보만을 취사 선택해서 의사결정을 성급하게 내리는 유형이다.
④ **투자의 함정** : 시간, 돈, 자원의 사전지출로 인하여 다른 선택을 하지 못하는 유형이다.
⑤ **무선택의 함정** : 할까 말까 고민에서는 안 하는 것을, 이것과 저것 중에서 선택하는 고민에서는 아무것도 선택하지 않는 유형이다.
⑥ **몰이사냥의 함정** : 여러 사람들의 압박 속에 시간이 부족하여 충분한 의사결정의 과정 없이 궁지에 몰려 선택하는 유형이다.

직업선택 결정 단계에서는 진로의사결정 과정에서 빠질 수 있는 함정들에 대한 정보가 필요하다. 내담자가 의사결정과정에서 함정에 빠져 비합리적인 선택을 하지 않도록 안내해야 한다.

TIP 의사결정의 함정

의사결정 함정	특징
시간지연의 함정	• 일시적인 불편함을 회피하고자 의사결정을 지속적으로 미루는 유형이다. • 의사결정자는 더 이상 매력적인 대안을 만들어 낼 수 없을 때까지 불편한 의사결정을 계속해서 미루느라 의사결정의 주기가 길다.
악화의 함정	• 아닌 것을 알면서도 멈추지 못해서 늘 후회하는 유형이다. • 행동에 대한 보상이 점점 줄어 들거나 행동에 대한 처벌이 점점 증가할 때 발생한다. • 마약, 게임 중독 등이 대표적이다.
무지의 함정	• 추측을 근거로 자신이 보고 싶은 정보만을 취사 선택해서 의사결정을 성급하게 내리는 유형이다. • 행동에 대한 부정적인 결과가 처음부터 이행되지 않거나 예견되지 않는다. • 정보의 오류를 범할 수 있으므로 성급한 결론을 내리기 전에 올바르고 검증된 정보를 찾아 판단하는 것이 필요하다.
투자의 함정	• 시간, 돈, 자원의 사전지출로 인하여 다른 선택을 하지 못하는 유형이다 • 버티는 것만이 능사가 아니라 일보 전진을 위한 일보 후퇴가 필요하다.
무선택의 함정	• 할까 말까 고민에서는 안 하는 것을, 이것과 저것 중에서 선택하는 고민에서는 아무것도 선택하지 않는 유형이다. • 아무것도 선택하지 않으면 다음 단계로 넘어갈 수 없으며, 잘못된 선택을 통해 배울 기회를 얻기 위해서라도 선택하는 연습이 필요하다.
몰이사냥의 함정	• 여러 사람들의 압박 속에 시간이 부족하여 충분한 의사결정의 과정 없이 궁지에 몰려 선택하는 유형이다. • 압박이 어디에서부터 오는지 파악해서 그 압박이 스스로 만들어낸 궁지가 아닌지 진지하게 생각해 보고, 시간이 없는 상황에서도 합리성과 집중을 발휘하는 것이 요구된다.

5 **직업정보 매체의 종류 6가지와 장단점에 대해 설명하시오.**

정답

① **인쇄자료** : 특별한 툴이 없어도 열람이 가능하며 비교적 간편하게 사용이 가능하나, 동기유발을 통한 효율적인 전달에 어려움이 있다.

② **영상자료** : 세대를 걸쳐 사람들에게 관심과 집중을 이끌어낼 수 있는 장점이 있으나, 원래의 취지나 의도와는 달리 왜곡되게 전달될 위험도 고려해야 한다.

③ **전자자료** : 다른 자료에 비해 검색이 용이하며, 전달성과 편리성이 높고, 한 번 제작된 이후에는 반복적으로 사용 가능하여 경제적이다. 하지만 정보통신기술에 익숙하지 않은 사람에게는 접근성이 떨어진다.

④ **직업프로그램** : 서로 다른 요소들을 한꺼번에 제공 받을 수 있다는 장점이 있으나 초기 구축비용과 유지비용이 높다는 단점이 있다.

⑤ **직업체험** : 대상의 눈높이에 맞게 실제 재현된 직업현장에서 다양한 직무를 경험할 수 있는 장점이 있으나, 특정 직업의 모든 직무를 체험할 수 없으므로 일부의 단면만 보여준다.

⑥ **직무경험** : 직무에 대해 현장에 가장 가까운 지식과 경험을 얻을 수 있는 좋은 방법이나, 인원의 제약이 있어 다수가 참여하기 어렵다.

직업정보 매체는 직업정보를 어떤 형식으로 담아서 어떻게 전달할 것인가의 의미로 직업정보를 누구에게 왜 어떤 목적으로 어떤 맥락에서 전달하는가에 따라 정보전달의 매체는 달라져야 한다.

TIP 직업정보 매체의 종류와 장단점

직업정보매체	장단점
인쇄자료	• 특별한 툴이 없어도 열람이 가능하며 비교적 간편하게 사용이 가능하다. • 모든 사람들의 접근이 용이하다는 장점을 갖고 있다. • 평면적이고 일방적이라 직업정보를 수동적으로 수용하고, 학생들에게는 동기유발을 통한 효율적인 전달에 어려움이 있다.
영상자료	• 그림, 사진, TV, 영화 등 영상으로 표현된 모든 영상물을 포함하는 것으로 질 높은 콘텐츠와 스토리를 가지고 제작된 동영상은 세대를 걸쳐 사람들에게 관심과 집중을 이끌어낼 수 있는 장점이 있다. • 전체 내용을 다 보지 않고 일부 내용을 선택적으로 시청함으로써 원래의 취지나 의도와는 달리 왜곡되게 전달될 위험도 고려해야 한다.
전자자료	• 다른 자료에 비해 검색이 용이하며, 전달성과 편리성이 높고, 한 번 제작된 이후에는 반복적으로 사용 가능하여 경제적이다. • 정보통신기술에 익숙하지 않은 사람에게는 접근성이 떨어진다는 단점이 있다.
직업프로그램	• 온라인 오프라인 형태로 운영될 수 있는데, 서로 다른 요소들을 한꺼번에 제공받을 수 있다는 장점이 있다. • 초기 구축비용과 유지비용이 높다는 단점이 있다.
직업체험	• 다양한 직업을 대상의 눈높이에 맞게 실제 재현된 직업현장에서 다양한 직무를 경험할 수 있는 장점이 있다. • 반면에 특정 직업의 모든 직무를 체험할 수 없으므로 일부의 단면만 보여주는 것이라 실제 직업에 비해 더 긍정적으로 혹은 더 부정적으로 그려질 가능성이 있다.
직무경험	• 직무에 대해 현장에 가장 가까운 지식과 경험을 얻을 수 있는 좋은 방법이다. • 이후 취업 시에 관련 경력으로 인정받을 수 있다.

학습 4 가공 결과 품질 점검하기

1 **직업정보 가공 품질 사용성 평가를 위한 제품수행 프로그램 7원칙에 대해 서술하시오.**

정답

① **원칙 1** : 공평한 사용에 대한 배려
② **원칙 2** : 사용상의 유연성 확보
③ **원칙 3** : 간단하고 직관적 사용
④ **원칙 4** : 정보전달에 대한 배려
⑤ **원칙 5** : 사고와 오조작의 방지
⑥ **원칙 6** : 육체적 부담의 최소화
⑦ **원칙 7** : 적당한 크기와 공간의 확보

제품수행 프로그램(PPP : Product Performance Program) 평가모델은 유니버설 디자인의 달성도를 평가하는 프로그램으로 평가의 기준은 7원칙과 3부칙으로 구성되어 있다

TIP 제품수행 프로그램 평가모델 기준

평가기준	내용
원칙 1	평등한 사용, 차별의 배제, 선택 폭의 제공, 불안감의 배제, 폭넓은 호감
원칙 2	사용에 대한 자유도, 좌우 손잡이 수용, 정확도에 대한 관용, 작업하는 속도의 자유도, 사용하는 환경에 대한 배려
원칙 3	복잡함에 대한 배제, 직감과의 일치, 언어에 관계 없는 이해, 조작순서의 명확함, 조작방법의 반응, 오감의 활용
원칙 4	복수전달 수준의 활용, 인지에 대한 선택 폭 확보, 정보의 정리, 파악하기 쉬운 구조, 보조수단 및 환경에 대한 배려
원칙 5	사고를 방지하는 구조, 위험요소의 격리, 사고의 예방, 경고시스템의 준비, 실수나 사고에 대한 배려, 현상복귀를 위한 방법, 모든 안전성에 대한 배려
원칙 6	쾌적한 사용 자세, 적당한 힘으로 제어, 무의미한 반복 동작의 배제, 신체에 대한 부담의 경감, 지각에 대한 부담의 경감
원칙 7	중요한 요소의 인지, 적절한 배치, 다양한 체격에 대응, 보조장치, 및 간병인에 대한 배려, 적당한 형태나 크기
부칙 1	내구성의 확보, 적정한 가격, 제조비용의 절감, 운영비용 절감, 유지성
부칙 2	친근하고 편안한 아름다움, 실용성과 기능미의 양립, 높은 품질, 소재를 살린 가공과 제조, 좋은 사용감의 제공
부칙 3	청결한 사용, 인체에 안전함, 자연환경에 안전함, 재생 · 재사용의 추진, 병용에 의한 위험성의 배제, 환경문제와 공해의 회피

2 닐슨이 제시한 휴리스틱 사용성 평가기준에 대해 기술하시오.

정답

닐슨의 휴리스틱 평가모델은 휴리스틱 평가를 사용자 인터페이스 디자인에서 사용성에 대한 문제를 찾아내기 위한 방법으로 10가지 사용성 평가기준을 제시하였다.

① 시스템 상태의 가시성
② 실제 세상과 시스템의 일치
③ 사용자 장악력과 탈출
④ 일관성과 표준
⑤ 오류방지
⑥ 요청보다 재인지
⑦ 유연성과 효율성
⑧ 미적이고 단순한 디자인
⑨ 오류 복구
⑩ 도움말과 참고문헌

TIP 닐슨의 사용성 평가 기준

평가기준	내용
시스템 상태의 가시성	시스템은 항상 사용자에게 합리적인 시기에 적절한 방법을 통해 무엇이 진행 중인지 알려주어야 한다.
실제 세상과 시스템의 일치	시스템은 시스템 중심의 용어가 아니라 사용자에게 친숙한 단어, 문구, 콘셉트를 통해 사용자의 언어를 말해야 한다.
사용자 장악력과 탈출	사용자는 종종 실수로 시스템의 기능을 선택하여 이어지는 다른 질문들 없이 그 상황을 빠져나갈 수 있는 길을 원함. 실행취소와 재실행을 제공한다.
일관성과 표준	사용자가 다른 용어들이 같은 것을 의미하는지 고민하게 해서는 안되며, 일반적인 관계는 지켜야 한다.
오류방지	좋은 에러 메시지보다 그것의 발생을 처음부터 막는 것이 바람직하다.
요청보다 재인지	오브젝트, 행동, 위치의 시각화. 사용자가 하나의 질문사항에서 다른 질문사항으로 정보를 기억하도록 해서는 안 됨. 시스템 사용에 관한 지침들은 시각화하거나 혹은 적절한 어느 때라도 쉽게 파악할 수 있어야 한다.
유연성과 효율성	촉진 요소들은 종종 숙련된 사용자들의 인터랙션을 더욱 빠르게 하며, 시스템은 초보 사용자나 숙련된 사용자 모두를 만족시켜 줄 수 있다. 사용자가 빈번한 조작을 자신에게 맞출 수 있도록 해야 한다.
미적이고 단순한 디자인	대화창은 관련이 없거나 거의 필요하지 않은 정보를 담고 있어서는 안 됨. 모든 필요하지 않은 요소들은 필요한 요소들의 상대적 가시성을 떨어뜨린다.
오류 복구	에러 메시지는 쉬운 언어로 표현되어야 하며, 문제점을 정확하게 예측하고 발전적인 해결책을 제시해야 한다.
도움말과 참고문헌	시스템이 사용설명서 없이 사용이 가능하다면 바람직하겠지만 도움 기능과 사용설명서를 제공하는 것은 많은 경우에 필요하다. 그런 정보는 찾기 쉬워야 하며, 사용자의 업무에 초점을 맞추어야 하고 수행할 단계를 구체적으로 보여주며, 또 너무 많아서는 안 된다.

CHAPTER 14

취업지원 행사운영

학습 1 행사범위 결정하기

1 **행사 계획 시 유의사항 4가지를 기술하시오.**

정답

① 실현 가능해야 한다.
② 세부사항 계획 시에는 전체적인 전략에서 벗어나지 않아야 한다.
③ 행사 계획은 한 번 확정했다고 끝이 아니라 지속적으로 조정하고, 수정하는 과정이다.
④ 행사는 종합예술과 같아 다양한 분야 전문가들과의 협업의 과정이므로 전문가 의견을 존중한다.

2 **행사계획 전 분석해야 할 내용을 6가지를 쓰시오.**

정답

① 인구통계학적 특성과 사회통계학적 분석
② 행사 주최/주관 분석
③ 참가동기 분석
④ 참여자의 체류시간 분석
⑤ 참여자의 지역분석
⑥ 행사 개최시기 분석

TIP 행사계획 전 분석

㉠ **인구통계학적 특성과 사회통계학적 분석** : 행사 대상자의 많은 부분이 인구통계학적 변수(나이, 성별 등)와 사회통계학적 변수(학력, 진로단절, 장애, 전직 등)에 의해 결정된다.
㉡ **행사 주최/주관 분석** : 행사의 주최자와 주관자가 동일한 경우는 행사전담팀을 구성 실행하면 되고, 발주자로서 행사의 실행을 외부에 위탁하는 경우는 적합한 업체 선택과 관리가 중요하다. 입찰방식을 통해 타 기관에 행사를 위탁하여 실행하는 경우는 발주기관의 특성과 요구사항을 정확히 전달하는 것이 성공적인 행사를 위해 필요하다.
㉢ **참가동기 분석** : 전년도 행사 참가자의 참여동기를 분석하여 구직자의 요구도를 파악할 수 있다.
㉣ **참여자의 체류시간 분석** : 참여자가 어느 기업 부스에 몰리는지, 어느 프로그램을 선호하는지, 얼마나 행사장에 머무르는지를 분석하여 행사장 내 각 부스 면적 결정과 동선계획, 대응능력 등 계획수립에 반영한다.
㉤ **참여자의 지역분석** : 참가자의 지역적 분포를 분석하여 행사장을 결정하거나 홍보전략에 참조한다.
㉥ **행사 개최시기 분석** : 기업의 채용형태가 수시채용으로 변화하고 있기는 하지만 대상자 및 지역, 그리고 구인기업 상황에 따라 채용시기가 달라질 수 있으므로 적절한 시기에 개최할 수 있도록 고려한다.

학습 2 행사 계획하기

1 **행사유형 중 취업박람회의 행사 목표 6가지를 기술하시오.**

정답

① 구인기업과 구직자의 현장면접을 통한 취업 지원
② 예비구직자의 취업서류 및 면접 체험
③ 직업훈련기관 및 고용서비스 기관들의 정보 제공
④ 구직자들에게 취업정보 제공
⑤ 구직자들의 구직역량 향상
⑥ 기업홍보

2 **행사 시기를 결정하고자 한다. 이때 고려해야 할 사항을 5가지를 쓰시오.**

정답

① 행사 개최시기의 날씨, 기후, 계절 동향
② 행사 표적 고객의 개최시기 동향 분석(시험기간, 졸업시즌 등)
③ 국내외적으로 행사에 영향을 줄 수 있는 정치, 경제적 동향
④ 행사장소의 사용이 용이한 시점
⑤ 충분한 행사 준비기간 확보
⑥ 타 (취업)행사의 중복 여부
⑦ 지역의 협업기관의 동향

3 **행사장소를 결정하고자 한다. 이때 고려해야 할 사항을 5가지를 쓰시오.**

정답

① 누구나 찾기 쉬운 지명도가 있는 장소
② 개최장소 주변 환경
③ 행사장 안전성
④ 행사 동선계획과 사고 예방에 주의
⑤ 장소 이용료 및 인허가 상황
⑥ 교통의 편리성(접근성 용이)
⑦ 주차시설 확보 여부
⑧ 대상자와 친밀도가 있는 장소(학교, 체육관, 복지관 등)
⑨ 행사장 외 편의시설 상태

4 행사 구성 조직유형을 3가지 제시하고 각 조직유형의 특징을 설명하시오.

정답

① **단순운영 조직** : 소규모 행사에 적합. 소수인원으로 탄력적으로 운영할 수 있는 장점에 비해 1인이 다양한 업무를 소화해야 하므로 전문성이 떨어지는 단점이 있다.

② **네트워크 조직** : 아웃소싱을 통해 외부 위탁하거나 전략적 제휴로 외부 전문가에게 맡기는 조직 형태. 관주도형 행사에 많이 사용. 특화된 외부업체를 활용하여 전문성을 충분히 이용할 수 있고 소수 인원으로도 가능하여 예산 절감효과가 있는 장점이 있고, 계약이행과정에서 업체와의 갈등이 발생할 수 있다거나 관리를 철저히 하지 않으면 정보가 유출되는 단점이 있다.

③ **기능 조직** : 전문성과 창의성을 극대화할 수 있으며 단순한 조직에서 복잡한 조직으로 변화가 용이함. 대규모 취업박람회 운영에 적합하다.

④ **프로그램 중심 조직** : 프로그램 간 관련성이 적어 독립된 장소에서 산발적으로 개최. 프로그램의 요소들이 매트릭스처럼 얽혀 있는 구조를 지님. 독립적으로 운영되어도 전체적인 흐름을 파악하고 관리하는 책임자가 필요하다.

⑤ **프로젝트팀 조직** : 국가적 행사를 위해 임시적으로 구성하는 조직. 수평적 조직으로서 숙련된 전문가들이 배치되고 많은 자원봉사자 필요하다.

5 기업의 CI는 다양한 기능적 이점이 있다. 마케팅 관점에서의 이점 5가지를 쓰시오.

정답

① 기업 및 브랜드에 대한 긍정적 태도 상승
② 이해관계자 친밀감 유도
③ 광고 및 홍보 효율성 상승
④ 기업의 신시장 진입 용이
⑤ 브랜드 로얄티 증가

TIP CI의 기능(김한석, 2003)

㉠ 내부적 이점
- 기업 구성원의 사기를 높이고 동기를 유발
- 종업원의 이직률 감소
- 제품 및 서비스 질 향상
- 우수인재 채용 용이
- 구성원 간의 통합 증진

㉡ 재무적 이점
- 기업의 안정성을 유도하여 주식 가격 상승
- 기업합병 및 주식 취득 용이
- 경쟁기업 공격으로부터 보호

㉢ 마케팅 이점
- 기업 및 브랜드에 대한 긍정적 태도 상승
- 이해관계자 친밀감 유도
- 광고 및 홍보 효율성 상승
- 기업의 신시장 진입 용이
- 브랜드 로얄티 증가

6 **취업행사 예산은 행사가 확정되어 실제 개최 결정을 하면 다시 예산계획을 세우게 된다. 메튜스(Matthews, 2012)는 예산계획에 필요한 단계를 5단계로 구분한다. 메튜스의 예산계획 5단계를 순서대로 서술하시오.**

정답

① 비용 추적 시스템 개발 단계
② 항목별 지출리스트 작성 단계
③ 항목별 실제비용 산출 단계
④ 비용 산정과 업데이트 단계
⑤ 추가비용 처리 단계

TIP 메튜스의 예산계획 5단계

㉠ **비용 추적 시스템 개발 단계** : 예산서는 한 번 작성하면 끝나는 것이 아니라 행사 기획단계부터 실행단계까지 끊임없이 변경되므로 예산에 대한 효과적인 추적 시스템이 필요하다.
㉡ **항목별 지출리스트 작성 단계** : 인건비, 행사비, 시설투자비, 홍보비, 추진운영비 등 항목별 지출리스트를 작성한다.
㉢ **항목별 실제비용 산출 단계** : 항목별 실비용을 산출하기 위해서는 항목별 지출리스트를 근거로 해당 협력업체로부터 견적을 받고 지난 행사결과보고서를 참고로 실제비용을 산출한다.
㉣ **비용 산정과 업데이트 단계** : 기획을 완벽하게 하더라도 행사를 시행하는 과정에서 누락된 예산에 대한 지속적인 검토를 통해서 변동사항은 예산에 반영한다.
㉤ **추가비용 처리 단계** : 행사기획을 완벽하게 하더라도 행사를 시행하다 보면 예기치 못한 상황에 따른 추가예산 확보와 미처 포함하지 못한 추가예산이 발생하게 된다.

학습 3 행사 홍보하기

1 홍보매체 선정 시 고려해야 할 사항 5가지를 쓰시오.

정답

① 타깃 선정
② 홍보 시기
③ 홍보지역 결정
④ 홍보매체 결정
⑤ 예산 확인

TIP 홍보매체 선정 시 고려해야 할 사항

㉠ **타깃 선정** : 매체를 선정할 때 기초가 되는 것은 타깃 선정이다. 타깃은 행사를 홍보하기 위한 구체적 소비자 집단으로 그들의 수요를 읽을 수 있는 통찰력이 필요하다.

- 취업행사 취지와 목적에 맞는 대상자인가?
- 대상자가 필요로 하는 욕구는 무엇인가?
- 대상자 특성에 따른 적합한 매체는 무엇인가?

㉡ **홍보 시기** : 홍보가 결정되면 홍보는 언제 할 것이며 기간은 얼마나 할 것인지를 결정해야 한다.

㉢ **홍보지역 결정** : 홍보를 어느 곳에 할 것인가에 대한 결정이다. 행사 범위가 나라 전체인지, 광역시도 또는 자치단체인지에 따라 홍보지역을 결정한다.

㉣ **홍보매체 결정** : 홍보대상자 특성, 홍보시기와 지역, 매체유형별 장단점을 파악하여 어떤 매체를 활용할 것인가 결정한다.

㉤ **예산 확인** : 선택한 홍보매체에 투입되는 예산이 예산 범위 안에 있는지 확인한다.

2 **인터넷광고는 시간과 공간의 확장, 광고내용 변경의 용이성, 상대적으로 저렴한 비용 등으로 확산되는 추세이다. 인터넷 광고 방법을 5가지를 쓰시오.**

정답

① 배너광고
② 검색광고
③ 메일광고
④ 스플래시 스크린
⑤ 스폿 리싱
⑥ URL
⑦ 채팅룸

TIP 인터넷 광고

인터넷을 활용한 광고로 행사 홈페이지를 활용한 홍보활동과 배너광고, 검색광고 등이 있다. 전기통신기술의 발달과 새로운 인터넷 서비스 등장, 그리고 젊은 층의 선호도에 따라 빠른 속도로 진화하고 있다. 다양한 형태와 쌍방향 커뮤니케이션, 시간과 공간 확장, 광고내용 변경의 용이성, 그리고 상대적으로 저렴한 비용으로 인터넷 광고가 확산되고 있다.

㉠ **배너광고** : 인터넷에서 가장 일반적이고 유용한 광고 중 하나로 웹사이트 광고주 사이트와 링크를 설정한 화면 게시
㉡ **검색광고** : 특정 단어를 검색창에 입력할 때 뜨는 광고
㉢ **메일광고** : 메일 매거진(mail magazine)에 광고주 웹사이트 게재
㉣ **스플래시 스크린**(splash screen) : 일반적으로 애플리케이션 로딩되기 전 일시적으로 나타나게 하는 광고
㉤ **스폿 리싱**(spot leasing) : 홈페이지 내 일부 공간을 임대해 사용
㉥ URL(uniform resource locator) : 웹 페이지 위치를 나타내는 주소로 네트워크를 이용하는 곳은 어디든지 필요 정 보와 자원 등 위치를 나타낼 수 있음.
㉦ **채팅 룸**(chatting rooms) : 컴퓨터 통신망 안에서 사용자가 자유롭게 대화를 나누는 곳

3 오프라인 마케팅과 온라인 마케팅을 시간, 비용, 공간, 형태 면에서 간략히 비교하여 설명하시오.

정답

① **오프라인 마케팅** : 시간의 제약조건이 있으며, 비용면에서 부담이 큰 반면, 공간적 측면에서 제약이 따른다. 전단지, 플랜카드 등의 형태로 활용될 수 있다.

② **온라인 마케팅** : 시간 제약조건이 없으며, 비용의 부담이 오프라인 마케팅에 비해 적다. 공간의 제약 없이 홍보가 가능하며 포털광고, 바이럴 마케팅의 형태로 활용될 수 있다.

TIP 오프라인 마케팅과 온라인 마케팅 비교

구분	오프라인 마케팅	온라인 마케팅
시간	제약조건이 있음	제약조건이 없음
비용	비용 부담이 큼	비용 부담이 적음
공간	홍보 시 특정 영역에서만 효과	공간의 제약을 받지 않고 홍보 가능
형태	전단지, 플랜카드, 거리 이벤트	포털광고, 바이럴마케팅

학습 4 행사 운영하기

1 리허설 평가회의 때 협의 또는 확정해야 하는 내용 6가지를 기술하시오.

정답

① 행사 전체적 흐름과 부분 간의 조화 및 협업 확인
② 발생할 수 있는 사고 방지 대책 확인
③ 모든 출연자 참석 여부 및 역할 분담 확인
④ 개막식 참여 VIP 및 의전 확인
⑤ 계획서 일정 및 시간별 운영 가능 여부 확인
⑥ 사기 진작 및 성공 결의 다지기

2 벨롱기의 위기 대응방법 5가지를 쓰시오.

정답

① 행사 취소
② 위험요소 제거
③ 위험요소 축소
④ 대안선택
⑤ 위험분산 및 이전

3 위기대응 전략 5가지를 쓰고 설명하시오.

정답

① **부인전략** : 전략의 준비로는 사건이나 위기사항이 행사와 무관하다고 주장하거나 사고를 은폐한다.
② **책임회피 전략** : 위기상황을 벗어나기 위하여 도발, 불가피성, 사고, 좋은 의도 등으로 책임을 회피한다.
③ **사건의 공격성 축소 전략** : 비난은 인정하나 입지강화, 최소화, 차별화, 초월, 공격자 공격, 보상 등의 방법으로 사건의 심각성을 심각하게 인정하지 않는다.
④ **교정행위** : 위기상황에 대한 비난을 인정하고 차후 재발 방지 노력을 약속한다.
⑤ **사과** : 책임을 모두 인정하고 사과하며 나아가 피해보상에 대한 책임도 진다.

4 리허설 3단계를 차례대로 쓰고 설명하시오.

정답

① **기술 리허설** : 영상, 조명, 음향 등 장비 설치를 끝낸 후 담당 엔지니어와 총감독이 이상 유무를 확인하는 것이다.
② **사전 리허설** : 기술 리허설 후 행사에 참여하는 스태프와 출연자, 엔지니어 등이 총감독과 동선 및 흐름을 맞춰보는 것이다.
③ **최종 리허설** : 실제 행사와 동일하게 진행하는 것이다.

5 리허설의 종류를 4가지 쓰고 각 특징에 대해 설명하시오.

정답

① **리딩 리허설**(reading rehearsal) : 작가와 연출자가 참여 대본을 읽어봄으로써 연출 의지를 출연진, 스태프에게 인지 시키는 것이다.
② **드레스 리허설**(dress rehearsal) : 실제 본 공연이나 방송에서 사용되는 화장, 의상, 조명, 음향 등 모든 조건을 완 비하고 실제와 동일하게 실시하는 것이다.
③ **카메라 리허설**(camera rehearsal) :실제 촬영을 하듯이 카메라 위치, 동선에 따른 카메라 위치, 기술문제 등을 점검하는 것이다.
④ **런 스루 리허설**(run through rehearsal) : 카메라를 작동하지 않은 상태에서 실제와 같이 마지막으로 진행하는 것이다.

학습 5 행사평가하기

1 **행사기획 효과성 분석방법 6가지를 쓰고 각 방법에 대해 설명하시오.**

정답

① **다이렉트 효과** : 행사 참여자 수, 참가기업 수, 면접자 수, 취업자 수 등은 효과 측정이 비교적 용이하다.
② **퍼블리시티 효과** : 홍보매체를 통한 효과로 매스미디어의 노출빈도를 파악하여 측정 가능하다.
③ **커뮤니케이션 효과** : 행사 주최자의 지명도, 행사의 주제, 콘셉트를 분석한다.
④ **인센티브 효과** : 협업기관, 협력업체와의 관계 개선 및 직원 상호간의 결속 여부 등을 분석할 수 있다.
⑤ **직접 파급효과** : 행사를 인지하고 참여했던 사람들의 구전효과를 파악한다.
⑥ **간접 파급효과** : 정치, 경제, 지역 등 매우 복잡하고 다양한 영역에서 평가작업이 요구되는데 효과 측정이 매우 어렵다.

2 행사결과보고서 작성 시 보고서 내용에 포함해야 할 내용 7가지를 쓰시오.

정답

① 종합보고
② 사진과 그래프
③ 홍보 성과
④ 행사 목적
⑤ 예산과 결산
⑥ 정량적 평가
⑦ 정성적 평가

TIP 행사결과보고서 내용

㉠ 종합보고(executive summary)를 작성한다.
- 행사보고서에는 전체 보고서 내용을 짧게 요약한 종합보고가 들어가야 한다.
- 행사결과에 관심을 갖는 사람들을 위한 '종합보고서'와 행사를 직접 계획하고, 진행하고, 후원한 사람들을 위한 '상세보고서' 등 두 가지 보고서를 작성한다.

㉡ 행사보고서에 사진과 그래프를 추가한다.

㉢ 홍보 성과를 정리한다.
- 목표한 만큼 행사가 얼마나 언론에 노출이 되었는지 확인한다.
- 종이광고나 기사에 후원사의 이름이나 광고가 얼마나 등장했는지 살펴보고 발행비용 및 광고비용의 대비효과도 분석한다.

㉣ **행사목적 서술**
- 행사의 목적을 결과와 함께 서술하는 것은 중요하다.
- 행사의 원래 목적과 어떤 목표를 세웠는지 기록하고 행사 프로그램에 관한 정보를 포함한다.

㉤ **예산과 결산**
- 항상 기획된 예산과 실제비용, 예상수익과 실제수익을 비교한다.
- 계획과 결과를 비교한 후 효과적이었던 부분과 개선이 필요한 부분을 분석한다.

㉥ **정량적 평가**(성과를 통계로 확인)
- 행사의 성공 여부는 가시적으로 얼마나 많은 사람이 행사장을 방문했으며 얼마나 많은 기업이 참여했고 취업자 수는 얼마인가 등등의 정량적 수치이다.
- 행사 참석 인원, 참여 구인업체 수, 현장 면접 인원수, 현장 채용 인원수, 추후 최종합격자 확인 후 그 숫자, 각 프로그램별 참여자 수 등등 성과를 통계로 확인할 수 있도록 최대한 세세하게 분석함으로써 보고서의 신뢰도를 높인다.

㉦ **정성적 평가**(행사관계자 및 참여자 의견 기록)
- 보고서에는 통계수치뿐만 아니라, 사람들의 의견도 포함한다.
- 제3자의 보고서도 포함한다.
- 공간 활용 분석한다.